五至十世纪

统万城 夏州城

考古发现与研究

陕西省考古研究院 编著

邢福来 侯甬坚 主编

考古编

WUZHISHISHIJI
TONGWANCHENGXIAZHOUCHENG
KAOGUFAXIANYUYANJIU

陕西新华出版传媒集团
三秦出版社

图书在版编目（CIP）数据

五至十世纪统万城夏州城考古发现与研究 / 陕西省考古研究院编著；邢福来，侯甬坚主编 .—西安：三秦出版社，2022.7
ISBN 978-7-5518-2469-9

Ⅰ.①五… Ⅱ.①陕… ②邢… ③侯… Ⅲ.①古城遗址（考古）—考古发现—研究—靖边县—五胡十六国时代
Ⅳ.① K878.34

中国版本图书馆 CIP 数据核字（2021）第 208287 号

五至十世纪统万城夏州城考古发现与研究

陕西省考古研究院 编著　邢福来 侯甬坚 主编

出 品 人 支旭仲 **总 编 辑** 赵建黎 **总 策 划** 贾　云
责任编辑 甄仕优 **编辑助理** 孙海洋 **责任校对** 赵　炜　王昱聪
出版发行 陕西新华出版传媒集团　三秦出版社
社　　址 西安市雁塔区曲江新区登高路 1388 号
电　　话 （029）81205236
邮政编码 710061
印　　刷 西安雁展印务有限公司
开　　本 787mm × 1092mm　1/16
印　　张 61.5
字　　数 685 千字
版　　次 2022 年 12 月第 1 版
印　　次 2022 年 12 月第 1 次印刷
标准书号 ISBN 978-7-5518-2469-9
定　　价 999.00 元（全四册）
网　　址 http://www.sqcbs.cn

目　录

序

公元五世纪初（407），赫连勃勃“乃赦其境内，改元为凤翔。以叱干阿利领将作大匠，发岭北夷夏十万人，于朔方水北、黑水之南营建都城。勃勃自言：‘朕方统一天下，君临万邦，可以统万为名。’”统万城建成后，历经大夏、北魏、西魏、北周、隋、唐、五代，至十世纪末（994），宋太宗下《废夏州旧城诏》，统万城被官方焚毁。

“突厥始毕可汗将其众渡河至夏州，夏州，汉朔方之地，赫连所都统万也，魏灭赫连，以为统万镇。魏太和十一年，置夏州，因赫连故国名以名州，隋大业改州为朔方郡，今复以朔方郡为夏州”。

500多年间，统万城抑或夏州、朔方郡一直是中国北部重要的军事、交通要地，也是目前保存较为完好的城市遗址。

“誓扫匈奴不顾身，五千貂锦丧胡尘。可怜无定河边骨，犹是春闺梦里人”！唐代诗人陈陶一首《陇西行》，不仅让人对浴血奋战壮烈殉国的将士们充满崇敬之情，也让人对无定河边的统万城心生好奇。

回望历史，我们不胜唏嘘，坚城并未确保大夏国国运久长，竣工后才十几年，大夏政权就土崩瓦解，空留精工细筑、坚固亮眼的白色城堡茕然屹立于塞外旷野，尽管丧失了都城地位，但却并未退出历史舞台，成为跨越多个朝代的地域性政治中心，成为不同种族军民戍卫栖身和生息之所。年光流转，赫连勃勃当年绝想不到，真正将统万城利用到极致的居然是党项族人及其西夏政权，在此居留长达350年，其中作为政治中心超过百年。他们不仅反客为主，而且踵事增华，使统万城（夏州城）达到自身发展史上的巅峰。坚固的统万城，每每成为党项攻宋的桥头堡，终于招致北宋朝廷的“废毁”，并开启党项政权大举西进、经略并定鼎今夏平原的序幕。据文献记载，“废毁”后的统万城，并未马上废弃，而是重新被党项人占据，李继迁还曾“徙绥州吏民之半”至统万城。直至西夏灭亡，统万城才真正荒废。

《五至十世纪统万城夏州城考古发现与研究》一书，由陕西省考古研究院编，约650千字、1000余幅图片。内容上主要由四部分组成，第一部分大夏国都统万城遗址的发现与确认，对统万城遗址地理位置、保存现状、统万城的建造、废弃及历史沿革，以及如何认定其为统万城等进行了阐述，并回顾了大夏国都统万城遗址自道光二十五年间（1845）重新发现和20世纪70年代戴应新先生做的调查、测绘及试掘，以及统万城遗址2005年后作为国家大遗址保护项目以来做的大量考古工作。第二部分分门别类地介绍2002年以后的主要考古发现，资料多属首次公布（这些发现主要有：对永安台及西城西南隅台基础的清理、发现护城壕、清理西城西门及瓮城、清理西城南垣外马面、东城大型夯土建筑基址的清理、西梁及查干圪台祭祀台遗址清理、周边墓葬的调查及清理等）。第三部分是发掘者通过对大量发掘资料的整理，形成的几点新认识，主要是对统万城城市规划的探讨、对东城建造年代的推定、对统万城防御体系的复原、对统万城周边墓葬布局及时代的研究。第四部分为综合研究，主要有统万城周围地理环境研究、河流研究、统万城及周边出土与丝路有关文物研究、统万城出土动物骨骼研究、统万城周边墓葬出土人类骨骼种族研究、统万城申遗历程及亟待解决的难题，等等。

本书分《考古编》《研究编》《图版编》三编四册，由邢福来、侯甬坚主编。其中，《考古编》由主持考古发掘的考古队负责人执笔，用翔实丰富的考古发掘资料记录，展现了统万城的兴衰变迁史；《研究编》作者均为国内历史地理、民族史等学科方面的权威专家，他们依托考古发现及最新科学探测成果，对统万城的历史自然和人文景观、都城兴衰、人口迁替、动植物蜕变、文化融合等做了深入研究，其成果均是近年来的，此前众多学者的成果已在不少书籍出版，这一编不再重复收录；《图版编》由寻访、测量、发掘三个阶段时的珍贵图册，以及统万城周边出土文物图册组成。申遗部分由全程负责申遗工作的同志编写。

记得宿白先生在《中国大百科全书·考古卷》统万城条目里写道："（统万城）分东西两城，两城外围有郭城。西城和郭城都用略带青灰色的夯土版筑。东城系后建，所以西城即当时统万城的内城。"东城大型夯土建筑基址的发掘，发现夯土基址叠压于唐末五代地层之上，这座建筑，从布局看属东城主体建筑，加之东西城城垣高度、厚度、夯土颜色，特别是西城东垣外马面位于东城内等因素，作者认为东城始建于唐末五代，确为后建，证实了先生敏锐的判断力。

"上承汉魏、下启隋唐"，两晋十六国南北朝时期，中国古代城市布局发生了很大的变化。作为这一阶段保存最完好的都城，统万城有长方形的城垣，城垣外有护城壕及密集的马面，城门外均有瓮城，防御体系堪称中国古代城市的典范。被北魏武帝称为"蕞尔小国"的大夏，统治区域东、北方隔河有其视为仇敌的北魏，西有北凉、西秦、南有东晋。在列强夹缝中生存的赫连勃勃更注重都城的防御体系建设。《晋书》卷一三〇《赫连勃勃载记》："阿利性尤工巧，然残忍刻暴，乃蒸土筑城，锥入一寸，即杀作者而并筑之。勃勃以为忠，故委以营缮之任"。在叱干阿利严督下，建成后的统万城奢华、坚固，可以说是中国古代城市建设的典范。《续世说》卷九："夏世祖性豪侈。筑统万城，高十仞，基厚三十步，上广十步，宫墙高五仞，其坚可以砺刀斧。台榭壮大，皆雕镂图画，被以绮绣穷极文采。"有坚固的城墙，叱干阿利还督造精利的兵器。《资治通鉴》卷一二〇："凡造兵器成，呈之，工人必有死者：射甲不入则斩弓人，入则斩甲匠。又铸铜为一大鼓，飞廉、翁仲、铜驼、龙虎之属，饰以黄金，列于宫殿之前。凡杀工匠数千，由是器物皆精利。"郦道元《水经注·河水》卷三："雉堞虽久，崇墉若新，并造五兵，器锐精利，乃咸百炼，为龙雀大镮，号曰大夏龙雀。铭其背曰：古之利器，吴楚湛卢，大夏龙雀，名冠神都，可以怀远，可以柔逋，如风靡草，威服九区，世甚珍之。"

国之大事在祀与戎。统万城的发掘资料，不仅给我们展示了城市完备的防御体系，也让我们看到汉化的匈奴贵族对祭祀礼仪的重视。西梁夯土遗址位于统万城南，隔河与统万城相望，由围墙及三个夯土台组成，这种布局与明清北京城天坛类似。除中间夯土台发现柱洞外，南北夯土台均未发现。这一带自隋唐开始，除利用夯土台做墓葬的洞室外，鲜有后人活动的痕迹，基本未发现建筑材料。说明南北夯土台可能为露天祭祀场所。查干圪台祭祀遗址位于统万城北，过去有人认为是赫连勃勃和梁皇后的墓葬，通过发掘确认为郊祀遗址。两处祭祀遗址的发掘，为我们研究十六国时期祭祀文化提供了难得的资料。

统万城周边北魏晚期至宋代墓葬的发掘，让我们看到了中国丧葬文化的地域性特征。墓葬朝向考虑地形和阳光阴阳面因素较多，不似关中地区北周以后基本为坐北朝南走向。

统万城遗址，是东晋十六国时期匈奴后裔赫连勃勃建立的大夏国都城遗址，不管是建城时间还是所处毛乌素沙漠这样的区位环境，抑或是游牧民族建立的都城遗址这一特质属性，都是考古界高度关注、不懈探索的课。陕西省考古研究院在统万城遗址工作多年，资料一直未见较为系统的公布，该书的出版，将为学界研究统万城提供难得的资料。

邢福来　侯甬坚

2021 年 10 月

第一章　大夏国都统万城遗址的发现与确认

一、统万城遗址保存概况

1. 统万城遗址的地理位置

统万城遗址，位于陕西省榆林市靖边县北部，毗邻内蒙古自治区鄂尔多斯市乌审旗（图一，统万城遗址位置示意图），是十六国时期匈奴族后裔赫连勃勃建立的大夏国留下的一座都城遗址，1996 年被国务院公布为第四批全国重点文物保护单位。

统万城遗址地处毛乌素沙漠南缘，红柳河与纳林河之间的台地上（图版 26、27、28、29）。南距靖边县城所在地张家畔镇 58 千米，东北距榆林约 78 千米，与同属大夏时期的巴拉素古城（白城台）相距 46 千米（图二，统万城遗址在榆林位置示意图）。

作为十六国时期大夏国都，统万城扼守西域与北魏都城平城之间的交通要道，是这一时期中原与西域文化交流融合的重要节点城市。同时，它又是汉民族农耕经济与北方少数民族游牧经济交

图一　统万城遗址位置示意图

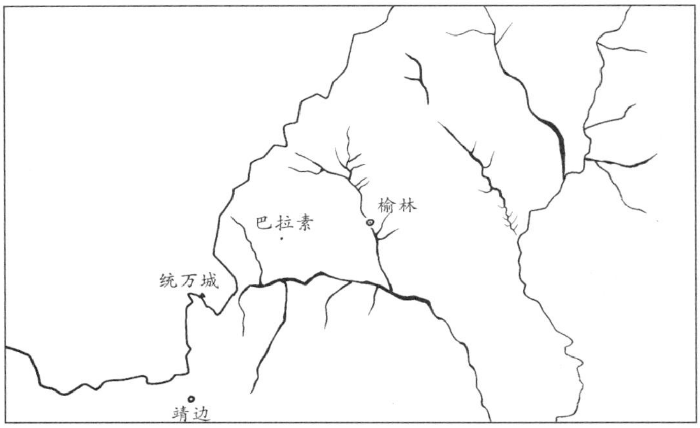

⊙榆林　●巴拉素　▲统万城　○靖边

图二　统万城遗址在榆林位置示意图

汇地区。

统万城是十六国北朝及隋唐乃至北宋时期中国北部规模较大的城市，也是魏晋南北朝时期我国北方地区兵家必争之地。由于大夏国所处的特定历史时期复杂的民族关系及其都城所在地特殊的地理位置，统万城遗址不仅一直得到历史、考古学界的关注，同时也得到研究历史地理、东西交通、民族关系、环境变迁等方面专家的极大关注。

2. 统万城遗址简介

统万城遗址位于东经 108° 46′ 16.01″—108° 52′ 16.01″，北纬 37° 59′ 37.12″—38° 02′ 27.03″ 之间，因流沙影响，台地西北略高，海拔 1142—120 米。南有无定河上游红柳河，河谷深达 40 余米。东北部约 10 千米有纳林河，河谷为村民居住区及主要农用耕地，种植玉米、水稻、土豆、谷子等农作物。遗址大部被沙漠覆盖，只有城垣、马面、隅台等露出地面。一道道随风流动的明沙梁使原本平缓的地表变得起伏不平，坑洼遍地，满目黄沙，鲜有草木。随着国家退耕还林、禁止放牧等政策的落实，20 世纪 90 年代后，地表逐渐被沙蒿、沙柳等沙漠植被覆盖，流沙基本得到扼制。

现存统万城遗址分为外郭城、东城和西城。西城保存得最好（图三，统万城遗址测绘图）。

外郭城呈曲尺形，周长 13865.4 米，其中南垣长 4853.5 米、西垣 200 米、东垣 891 米，大部被沙漠掩埋。外郭城面积达 7.7 平方千米，西北部凸出，城垣走向与东西城城垣基本平行。东南隅台遗迹尚在，过去村民取隅台中心夯土建房，形成大坑，幸周边夯土尚存。东北部部分城垣得以留存，与

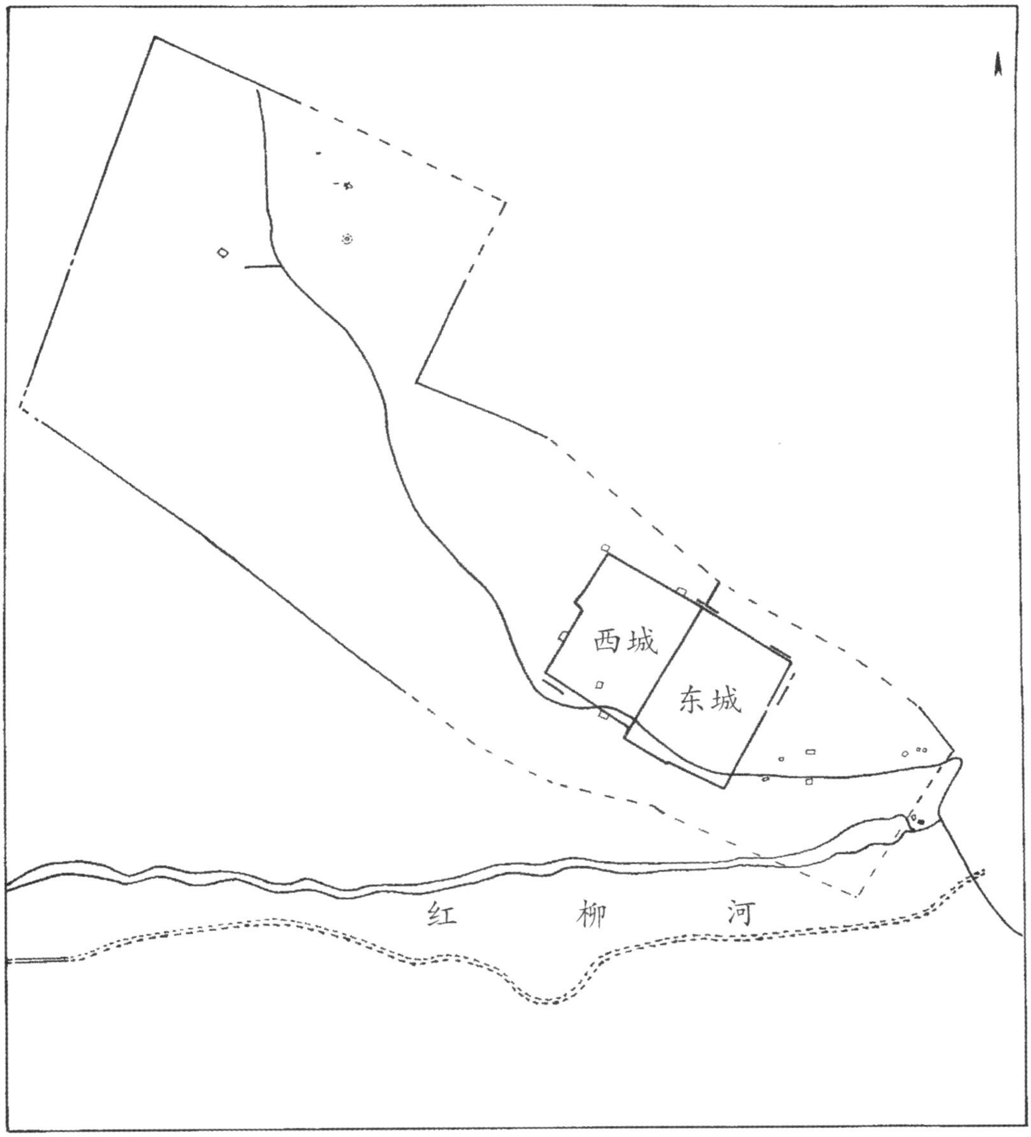

图三　统万城遗址测绘图

隅台同样，夯土被村民取走，形成壕沟，边缘夯土尚在。城垣宽 8 米，南部被红柳河冲毁，大部城垣被沙漠覆盖。

西城周长 247 米，其中东垣南北长 69 米（不含隅墩）、东西宽 7.7—12.9 米、高 10.5—11 米，由白黏土、白灰、沙子混合夯实构成，土质坚硬，夯层厚 0.1—0.13 米，墙体剖面呈梯形，上窄下宽。

西垣南北长648.7米、东西宽12.3—13米、高7.5—14.5米，由二段组成，至南向北378米，折向西34米，再向北27米。由白黏土、白灰、沙子混合夯实构成，土质坚硬，剖面呈梯形，上窄下宽（图版30）。马面已确认9个。

北垣东西长524.5米、南北宽11—14米、高7.8—12米，由白黏土、白灰、沙子混合夯实构成，夯层厚0.1—0.13米，土质坚硬，墙体剖面呈梯形，上窄下宽。马面10个（图版41、42、43）。

南垣东西长464.8米、南北宽10—11.5米、高7.8—12米、厚4—10.5米，由白黏土、白灰、沙子混合夯实构成，夯层厚0.1—0.13米，质坚硬，墙体剖面呈梯形，上窄下宽。

东南隅台　位于西城东南角，大部被沙土覆盖，呈曲尺形，东西长21—24米、南北宽15—16.5米、深4.8—9米，地表下0—4.3米见夯土层，厚4.6—9米，由白黏土、白灰、沙子混合夯实构成，土质坚硬。地面现存夯土南北长9米、东西宽9米、高约1—4.2米，呈正方形，夯层清晰，夯面平整，夯层厚0.08—0.13米。

西南隅台　位于西城西南角，地面现存夯土台南北长43.8米、东西宽25米、高约10—26.67米，夯层清晰，夯面平整，夯层厚0.08—0.13米（图版32、34、35、36、37、38）。

西北隅台　位于西城西北角，地面现存夯土台呈长方形，南北长3米、东西宽27米、高约8.5米，夯层清晰，夯面平整，夯层厚0.1—0.15米。

东北隅台　位于西城东北角，现存夯土台呈椭圆形，南北长4—8.5米、东西宽3.5—8米、高约4米，夯层清晰，夯面平整，夯层厚0.1—0.13米。周围有近代墓无法卡探。

永安台遗址，位于统万城西城区内南部略偏西处，南距西城南垣96米，距西垣248米，距东垣235米，距北垣564米。东距南北城门连线85米。现存夯土台南北长18米，东西宽13米、高19米，夯层90层（图版40）。

西城保存最好，现存墙基厚约16米。四隅都有高于城垣的宽大的长方形或方形隅台，其中西南隅台自基础以上保留26.67米，为现存统万城遗址的制高点。城垣外一周有方形马面或城垛40个，其中城南9个、城西 9 个、城北 10 个、城东 12 个（图版 33、39、41、42）。值得一提的是城东马面位于东城内。城内西南部有永安台基址，地面以上残存 19 米。城内西北部被厚达 5 米余沙层覆盖，东南部地面散布板瓦及残陶瓷片。

东城周长 2614 米，其中东垣南北长 753 米、墙基宽 7.5—9.5 米、残高 0.3—3.6 米，由褐白、褐黄、褐灰杂色黏土颗粒夯筑构成，夯层厚 0.1—0.13 米，土质较硬，墙体剖面呈梯形，上窄下宽；西垣长 765 米、墙基宽 9—11 米、高 6—10.8 米，土质硬，没发现马面。北垣长 524 米，墙基宽 8—12 米、高 4.9—7 米，由含白、青、灰色颗粒的沙土夯实构成，土质硬；南垣长 572 米，墙基宽 9—11 米、高 1.3—5.5 米，土质硬。东城保存得略差，墙基厚 1 米左右。四隅都有高于城垣的长方形或方形隅台，城南、北、东三面城墙外有马面 45 个，其中南侧 14 个、北侧 13 个、东侧 18 个（图版 31）。

城垣、隅墩、马面均由苍白色土夯筑而成。夯层厚 15—20 厘米，城门道、隅墩拐角夯层略薄，为 12—14 厘米。东、西城隔墙夯层厚 2—40 厘米。西城城垣夯层薄，也最为坚固。

3. 文献记载中统万城的修建、废弃及沿用

《晋书》卷一三〇《赫连勃勃载记》第三〇记载，赫连勃勃“乃赦其境内，改元为凤翔。以叱干阿利领将作大匠，发岭北夷夏十万人，于朔方水北、黑水之南营起都城。阿利性尤工巧，然残忍刻暴，乃蒸土筑城，锥入一寸，即杀作者而并筑之。勃勃以为忠，故委以营缮之任”。真兴元年（419）宫殿落成。勃勃自言：“朕方统一天下，君临万邦，可以统万为名。”《续世说·卷九》记载：“夏世祖性豪侈。筑统万城，高十仞，基厚三十步，上广十步，宫墙高五仞，其坚可以砺刀斧。台榭壮大，皆雕镂图画，被以绮绣穷极文采。”大夏国灭亡后，北魏改统万城为统万镇，太和十一年（487）以此为夏州治所。隋代统万城属朔方郡，大业末年梁师都据此称帝，国号梁。唐代以其地复为夏州，置都督府。天宝元年（742）改为朔方郡，乾元元年（758）复为夏州。由于党项族以此为据点侵扰北宋，淳化五年（994），

太宗下诏毁废统万城，迁居民于绥、银等州[①]。从此，统万城从人们的视野中消失，直到清道光年间，沉睡于毛乌素沙漠数百年的统万城遗址重新被人发现。

4. 统万城早年调查发掘概况

清代横山知县何炳勋于道光二十五年（1845）寻访统万城（图版 3—8），并将调查收获写成《复榆林徐太守松查夏统万城故址禀》（图版 9—12），对统万城遗址的地理位置、自然环境及保存状况进行了如实的描绘。

1956 年，陕西省文管会、陕西省博物馆联合对统万城遗址进行了考古调查（图版 15 下、16、17、18、19、20、21、22），绘制了城址平面图（图版 23、24），并对墩台、马面等进行了拍照。征集到莲花纹瓦当、方砖、铜镜、铜“驸马都尉”印、壶形印，以及瓷狮等文物。

陕西省文物管理委员会戴应新等先生于 1975—1996 年间对统万城遗址进行了多次调查，并对遗址进行了钻探和试掘。戴应新所著《赫连勃勃与统万城》一书，通过文献对大夏国、赫连勃勃及统万城等相关问题进行了详尽而可信的考证，对统万城遗址进行了较为准确的测绘，并且有重点地进行了部分钻探和试掘工作。

戴先生在统万城东、西城内各清理宫殿或衙署基址一处，其中西城宫殿位于东门内偏南，距东垣 21 米，面南，有砖砌台阶，夯土围墙长 8 米、宽 64 米、厚 0.8 米。由门厅、前殿和后殿组成，夯土台基高 1.2—1.5 米。台基下垫铺一层木炭屑和草木灰，再往下即为细沙。地面抹一层含有石灰的细沙。东城东北部宫殿基址，高出地面 2 米，有方形石础及壁画残块。

另外，他还对西城南垣外靠近隅台处的马面进行了清理，这座马面上部露出方形竖坑，边长 7 米、深 6 米，内壁光滑陡直，无门洞，南北两壁

①《宋大诏令集》卷第一百五十九《政事》十二录《废夏州旧城诏》：“日者李继迁辄负国恩，荐为边患，鸠率邻国，侵掠边陲。朕不欲加兵，盖思静乱，遂令李继捧授之节制，俾镇夏台。外则式遏乱略，内则抚绥黎庶。而乃枭音相和，狐性多疑。爰与肺腑之亲。潜结辅车之势，迭为表里。孤负倚毗。须举偏师，用平三窟，眷兹民庶，久困兵锋。盖由百雉之城，深在强邻之境，豺狼因而为援，蛇豕得以兴妖。思殄余风，用迁善地。勉务革者之态，永怀按堵之心。其夏州旧域，宜令废毁，居民并迁于绥、银等州，分以官地给之，长史倍加抚存。”

有檩洞和棚板残迹。竖坑为上、下两层，内藏松、柏、侧柏、杉木、柠条、沙打旺、沙蒿、沙柳及高粱米等，还清出许多圆卵石（图版 15 上）。他由此推断，中空的马面兼作储存粮秣、柴草及武器的仓库使用。经钻探，城址建筑物废墟的瓦块层下，是原生自然堆积的细沙。

5. 统万城近年的考古工作

2002 年 9—11 月，陕西省考古研究所配合维修工程对统万城西城西南隅台及永安台基址进行清理，并首次发现护城壕。

2002 年 11 月，陕西省考古研究所与国家博物馆合作对统万城一带进行航空摄影。

2004 年 7 月，陕西省考古研究所与北京大学邓辉教授合作调查统万城遗址，发现部分外郭城北垣残迹。

2006 年，统万城作为国家大遗址保护项目开始启动，9 月中旬—11 月初，主要做了以下几项工作：第一，对统万城遗址进行全面测绘。这次测绘采用全站仪结合 GPS 全球定位系统，对统万城外郭城、西城、东城及周围地区地形地貌、遗迹进行测绘；第二，配合测绘，对外郭城进行了全面调查；第三，配合测绘，对外郭城、西城、东城部分城垣、马面进行清理，揭去浮沙，露出夯土，测绘完成后进行了回填；第四，在西城东南部选择约 3000 平方米进行钻探，对统万城周边墓葬群进行了初步调查。

2008 年 6 月 10 日—11 月 9 日，继续调查确认外郭城城垣（图版 135—138）；发掘西门外瓮城；钻探外郭城内 2 处及红柳河南岸 3 处夯土遗址、护城壕；对调查、发掘、钻探出的遗迹利用全站仪结合 GPS 全球定位系统进行测绘（图版 57、58）；聘请西安大地测绘公司对统万城遗址进行航空摄影、测绘。

2009 年 8—9 月，对东城 3 座城门进行了钻探。

2010 年对同属大夏的白城台进行了调查和测绘，另外还在统万城西城内发掘探方 6 个，揭露出一批蒙元时期建筑基址。

2011 年 9—11 月，在统万城南 3 千米八大梁、谷地梁清理北魏晚期至西魏时期墓葬 5 座，另外继续发掘西城内 6 个探方。

2012 年，统万城遗址的考古工作有遗址钻探、发掘、墓葬调查、发掘等（图版 60、61）。

2013 年，发掘东城东北部大型夯土建筑基址，发掘西城（南垣外）4—7 号马面，开始对统万城遗址进行全面钻探，首先钻探西城东北部。

2014 年，发掘西城西门，钻探西城东部、南部。

2015 年，发掘统万城东南及西北两处夯土台祭祀遗址，发掘西塔梁北朝至唐代墓葬 14 座。钻探东城，确认了东西城城垣基础规模、掩埋深度；钻探确认马面。

2016 年，钻探东城外台地北半部，钻探确认西城城垣基础规模、马面数量及规模。

2017 年，钻探东城外台地南半部、电瓶车环线及南部夯土祭祀遗址所在台地。

统万城遗址的发掘，引起学术界的极大关注。著名考古学家李伯谦、张庆捷（图版 44—47）、陈星灿、刘莉（图版 53、54），以及古代史专家荣新江、历史地理学家邓辉（图版 56）等亲临现场指导。陕西省考古研究院焦南峰、张建林、王占奎（图版 49）、王炜林（图版 51、52）等赴工地检查指导。2013 年，靖边县主持召开“统万城建城 1600 周年国际学术研讨会”。王小蒙致辞，邢福来做了统万城考古工作的发言（图版 55）。

二、统万城遗址的确认

1. 历史文献中对统万城地理位置的描述

宋司马光撰、胡三省注《资治通鉴》卷第一百一十六，义熙九年（癸丑、413）：“夏王勃勃大赦，改元凤翔；以叱干阿利领将作大匠，发岭北夷、夏十万人筑都城于朔方水北、黑水之南。《水经注》‘奢延水又谓之朔方水，源出奢延县西南赤沙阜，东北流经奢延县故城南。赫连于是水之南筑统万城。奢延水又东流，黑水入焉，水出奢延县黑涧，东南历沙陵，注奢延水。

统万城，唐为夏州定难节度使治所。’勃勃曰：‘朕方统一天下，君临万邦，宜名新城曰统万。’阿利性巧而残忍，蒸土筑城，锥入一寸，即杀作者而并筑之。勃勃以为忠，委任之。凡造兵器成，呈之，工人必有死者：射甲不入则斩弓人，入则斩甲匠。又铸铜为一大鼓，飞廉、翁仲、铜驼、龙虎之属，饰以黄金，列于宫殿之前。凡杀工匠数千，由是器物皆精利。”

北魏郦道元《水经注》卷三《河水》：“奢延水注之，水西出奢延县西南赤沙阜，东北流，《山海经》所谓生水出孟山者也。郭景纯曰：孟或作明。汉破羌将军段颎破羌于奢延泽，虏走洛川。洛川在南，俗因县土谓之奢延水，又谓之朔方水矣。东北流，经其县故城南，王莽之奢节也。赫连龙昇七年，于是水之北，黑水之南，遣将作大匠梁公叱干阿利改筑大城，名曰统万城。蒸土加功。雉堞虽久，崇墉若新，并造五兵，器锐精利，乃咸百炼，为龙雀大镮，号曰大夏龙雀。铭其背曰：‘古之利器，吴、楚湛卢，大夏龙雀，名冠神都，可以怀远，可以柔逋，如风靡草，威服九区。’世甚珍之。又铸铜为大鼓，及飞廉、翁仲、铜驼、龙虎，皆以黄金饰之，列于宫殿之前，则今夏州治也。奢延水又东北与温泉合。源西北出沙溪，而东南流注奢延水。奢延水又东，黑水入焉，水出奢延县黑涧，东南历沙陵，注奢延水。奢延水又东合交兰水，水出龟兹县交兰谷，东南流注奢延水。奢延水又东北流，与镜波水合，水源出南邪山南谷，东北流，注于奢延水”。

北魏崔鸿《十六国春秋》卷六十八 夏录三记载：“凤翔元年春三月，大赦境内殊死已下。改元凤翔 [水经注作龙昇七年]，以叱干阿利领将作大匠，发岭北夷夏十万余户改筑都城于朔方水之北，黑水之南，名曰‘统万城’。下书曰：‘古人制起城邑，或因山水，或以义立名，今都城已建，万堵斯作，克成弗远，宜有美名，朕方统一天下，君临万邦，可以统万为名’。阿利性尤工巧，然残忍刻暴，视民如草芥。乃蒸土加功，以锥刺之，锥入一寸即杀作人而并筑之，刺之不入即杀行锥者。勃勃以为忠，故委以营缮之任。”

北宋乐史《太平寰宇记》载：统万城，《水经注》：“赫连勃勃于无定河北，黑水之南，筑此城。”勃勃书云：“今都城已建，宜立美名，朕方统一天下，君临万国，宜以统万为名。”其城土色白而牢固，有亢敌楼，峻崄，非人力可攻。郦道元云：“统万城蒸土加功，雉堞虽久，崇墉若新。”其城南门曰朝宋，北门曰平朔，东门曰招魏，西门曰服凉。其子城在罗城，东门曰凤阳，本有三门，夷人多尚东，故东向开。真珠楼、通天楼，皆勃勃建，在城内。契吴城，在县北一百二十五里，赫连昌因山所筑。隋置白城镇，后废。什贲故城，在县理北，即汉朔方县故城，《诗》所谓王命南仲，城彼朔方；是也。汉武帝元朔二年，收河南地，置朔方、五原郡。使校尉苏建筑朔方，公孙弘数谏，以为罢敝中国以奉无用之地，愿罢之。上使朱买臣难弘，发十策，弘不得一，由是卒城之。自汉至今，常为关中根柢。黄河，西自灵州怀远县界流入。”

北魏崔鸿《十六国春秋》：“赫连勃勃北游契吴而叹曰：‘美哉斯阜！临广泽而带清流。吾行地多矣，自马领以北，大河以南，未有若斯之壮丽矣。’”雕山，连亘郡界。无定河，一名朔方水，亦曰奢延水，源出县南，即汉李陵失利于此河之外。乌水，旧名黑水，以周太祖讳，名曰乌水，源出县北平地，亦契吴之麓。

奢延水，古河流名。又称朔水、朔方水。即今陕西省境内黄河支流无定河。《元和郡县志》：“无定河，一名奢延水。自银州抚宁县界流入。”

上述记载虽大同小异，但都确定统万城位于朔方水北，黑水之南。《元和郡县志》更明确指出奢延水即为无定河。

2. 考古调查及发掘的证据

通过考古调查，榆林一带现有两座白色夯土古城，一座位于无定河北岸，当地人称为白城则，另一座位于榆林市榆阳区巴拉素镇，俗称“白城台”，距无定河约 50 千米，戴应新先生认为应该是代来城①，榆林文管办四有资料认为其年代是西夏时期②。2010 年，我们对白城台古城进行调查、测绘，发现有唐宋时期耀州窑瓷片，加之其夯土成分、夯筑方法、城市布局都与统万城相似，其年代当与统万城相当。

考古发现的证据一是白城则古城内的地层堆积及出土文物的时代，二是文物部门在白城则古城周边征集到的诸多的唐代墓志，明确记载墓葬距统万城的距离及方位，与此记载吻合的古城现存的只有白城则古城，从而佐证白城则古城为唐人所知的统万城、朔方城或夏州城。例如：

---

①戴应新：《赫连勃勃与统万城》，西安：陕西人民出版社，1990 年。

②榆林市四有档案。

“唐故化州司户参军上柱国曹（恽）…粤（开元）十六年七月廿一日，与夫人贾氏合葬于统万城南廿里之平原，礼也。”[①] “唐故上柱国杨（会）…因官寓夏，宅彼朔方…以（开元）廿四年七月七日，葬于统万城东卅里原，礼也。”[②]

“大唐故左卫亲卫上柱国扶风马（文静）…开元廿年十一月三日，合葬于朔方挚磨忏原，礼也。”[③] “大唐故上骑都尉权（通）…以（景龙）三年岁次己酉十月甲申朔廿六日己酉，合葬于夏州城东五里原，礼也。”

综上所述，无论文献记载或考古资料均证实统万城遗址确为位于今陕西靖边县北部无定河边的白城则古城。

①康兰英主编：《榆林碑石——陕西金石文献汇集》，《曹恽墓志铭并盖》，西安：三秦出版社，2003年10月第1版。

② 康兰英主编：《榆林碑石——陕西金石文献汇集》，《杨会墓志铭并盖》，西安：三秦出版社，2003年10月第1版。

③ 康兰英主编：《榆林碑石——陕西金石文献汇集》，《马文静墓志铭并盖》，西安：三秦出版社，2003年第1版。

第二章　统万城及夏州城的考古工作

一、统万城及夏州城的考古发掘

1. 永安台基址清理

永安台遗址，位于统万城西城区内南部略偏西处，南距西城南垣 96 米，距西垣 248 米，距东垣 235 米，距北垣 564 米。东距南北城门连线 85 米。现存南北长 18 米、东西宽 13 米、高 19 米，夯层 90 层。

地理坐标：东经 108° 51′ 00.78″，北纬 37° 59′ 54.01″，海拔 1173 米。2002 年 9 月 23 日至 10 月 21 日，为配合保护加固工程，我们对永安台基址范围进行了清理确认。

①　发掘方法与地层关系

本次考古发掘过程中，为了搞清楚永安台规模及基础结构情况，我们采用探沟法进行发掘，沿现存台基底部，以正方向布探沟 4 条。编号分别为：南 G1，东 G2，北 G3，西 G4。

南 G1　南北长 16 米、东西宽 2 米，从现存地面向下清理至深 5—5.75 米。

东 G2　东西长 28 米、南北宽 2 米，从现存地面向下清理至深 4.9—5.7 米。

北 G3　南北长 18 米、东西宽 2 米，从现存地面向下清理至深 3.75—8 米。

西G4　东西长25米、南北宽2米，从现存地面向下清理至深4.8—5.85米。

永安台周围现存地貌坑洼较多，起伏不平，大体呈北高南低的缓坡状，4个探沟解剖深度落差很大，但地层关系比较明确清晰，地层叠压大同小异。我们以南G1地层关系为例加以说明（图四，永安台G1西壁地层堆积图）。

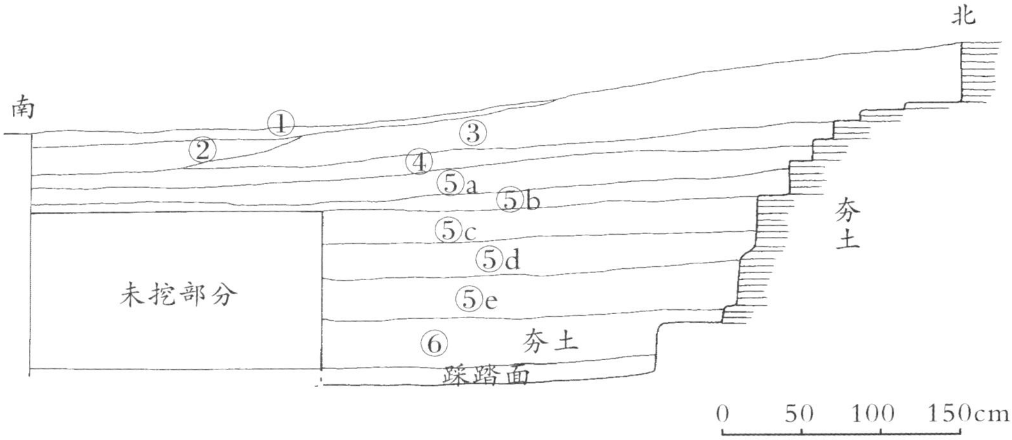

图四　永安台G1西壁地层堆积图

G1自上而下地层依土质土色可分7层：

第①层为现代农耕土层，耕土层只分布于永安台东部、南部，西部、北部为厚达5米以上的沙梁，不宜耕种。耕土层厚0.1—0.2米，浅黄褐色沙土，土质松软，内含大量植物根系、零星的近现代瓷器碎渣。

第②层，浅灰色土层，厚约0.5米，土色浅灰色，土质较硬，较纯净，内含零星的早期瓦片碎渣。

第③层，灰白色土层，厚0.2—1.2米，土色灰白色，内含大量白灰及石英沙颗粒。此层在南北向小区域内落差较大，南边较厚，向北渐薄，为一层夯土倒塌所形成的堆积层。

第④层，白灰色土层，厚约0.2—0.45米，土色灰中泛白，土质稍硬，较纯净。

第⑤层，灰色土层，较厚，以灰色土为主，以土色的微小变化从上至下可分为5个小层：A层，厚1.2米，土色泛灰，内含大量的瓦片及动物骨骼。B层，厚0.3—1.8米，土色泛灰，内含大量的唐至五代时期白、黑釉瓷片及灰烬。C层，厚0.2—1.5米，土色呈浅灰色，土质松软，内含有大量残瓦片，牛、马、骆驼骨骼残块。D层，厚0.3—1.7米，土色泛灰，内含少量早期瓦、唐代残瓷片。E层，厚0.2—1米，土色浅灰色，土质亦松软，内含零星的瓦片及动物骨骼碎渣。

第⑥层，黄褐色杂土层，厚0.6—3米，土色黄褐色，土质较硬，内含少量的瓦砾及动物骨骼残块，出土有唐代瓷碗残片。

第⑦层为踩踏地面，土色青褐色，土质坚硬，厚约0.2—0.35米，绕永安台夯土基础向外扩展，最宽约5.5米，推测为修筑永安台时人员活动所形成的踩踏硬面。此层以下便是原始浅黄沙土层，经钻探，沙土层厚度在3米以上。

从出土器物判断，第⑦层踩踏面为修建永安台时所留，时代应为大夏时期，第⑤层、第⑥层为唐五代时期堆积，第④层为宋代堆积，第②、③层为统万城被焚毁后的堆积，第①层为现代农耕层堆积。

在北G3、西G4底部，紧贴台基向外有一层夯土层，向外扩展，宽窄不等，厚0.45米左右，推测此夯土层连接其他建筑，此层以下亦为厚度在3米以上原始沙土层。

② 出土遗物

4条探沟内出土了大量遗物，器型有砖、瓦残块，陶器残片，大量的瓷器残片碎渣，瓷器釉色有白、黑、青、浅黄色等，可辨器型有碗、盘、壶、罐等。这些瓷片一般处于4层以下各层内，从器物形制判断，其时代多为唐至五代时期，最晚为宋代。除以上陶、瓷器残片外，出土物最多的为大量动物骨骼残块，有马、牛、羊、猪、骆驼骨骼等。

③ 永安台形制结构推测

永安台遗址是用石英砂、白灰、白色黏土夯筑而成的台榭式建筑，夯层一般厚度为0.12—0.15米，夯层全部为平夯。现存地面以上部分，原始平面应呈长方形，四壁由下至上逐渐收缩，正视为上窄下宽的梯形，方向与城墙一致，东面留有两个壁柱槽。经1600余年的风雨剥蚀，发掘时四壁面已坍塌严重，平面已呈不规则形，顶面不平整，四壁面粗糙，坑洼不平。

残存高度约 19 米。

通过解剖清理，我们对永安台建筑结构与规模有了大体的了解。高大的台基及基座用三合土夯筑而成，土质密实坚硬，不含其他杂物，采用平夯，夯层厚 0.12—0.15 米。修建时先将地面挖成方形大坑，然后夯筑操平基础，再逐层夯筑基座，基座的平面形制呈长方形，剖面呈逐级叠涩回缩台阶式，各台阶宽窄不等，高低不一，表面不平整。4 个探沟内解剖的台阶数不尽相同，多则 9 级，少则 6 级，这应是长期风雨剥蚀所致。台面最宽 0.75 米、最高 1 米，最窄 0.25 米、最低 0.2 米。台基座通高 3.85 米左右，永安台通体加上基座现存通高约在 23 米以上。夯土高台东壁留有 2 个壁柱痕，从现存状况看，其北侧还应有 1 个壁柱，因倒塌严重，只有东壁为原始夯土台壁，推测顶部原应有坐西朝东阁楼式建筑，面阔至少 5 间，进深或为 3 间。

2. 西城西南隅台基础清理

西南隅台，位于统万城西城西城墙与南城墙交会处，是统万城遗址的制高点。发掘工作从 2002 年 9 月 23 日开始，至 2002 年 10 月 10 日结束。

① 发掘方法与地层关系

本次考古发掘的目的，是搞清楚西城西南隅台从现存地面以下基础结构情况及与西、南城墙基础衔接结构情况，我们采用挖探沟解剖的发掘方法，沿现存地面隅台底边为基线，在西城墙南端外壁下布一条方向为北偏西 55° 的探沟，编号为 XG1。在隅台西壁中部下正对西壁布一条方向为北偏西 45° 的探沟，编号为 XG2。在隅台南壁中部下正对南壁布一条方向为北偏东 46° 的探沟，编号 XG3。

XG1　东西长 23 米、南北宽 2 米、从现存地面向下解剖最深 3.7 米。

XG2　东西长 23.5 米、南北宽 2 米、从现存地面向下解剖最深 2 米。

XG3　南北长 31.6 米、东西宽 2 米、从现存地面向下解剖最深 2.2 米。

西城西南隅台周壁外围地貌为一低洼地带，沿隅台周壁向外呈放射状弧形缓坡地势，3 个探沟两端解剖深度落差很大，两端高差在 8.5 米以上，探沟内的各文化层由台基端向外逐渐加厚，大多数地层越靠近台基就逐渐消失，XG3 地层最详尽清晰，我们以此为例作一说明。

XG3 文化层可分 6 层（图五，西城西南隅台 XG3 西壁地层堆积图）：

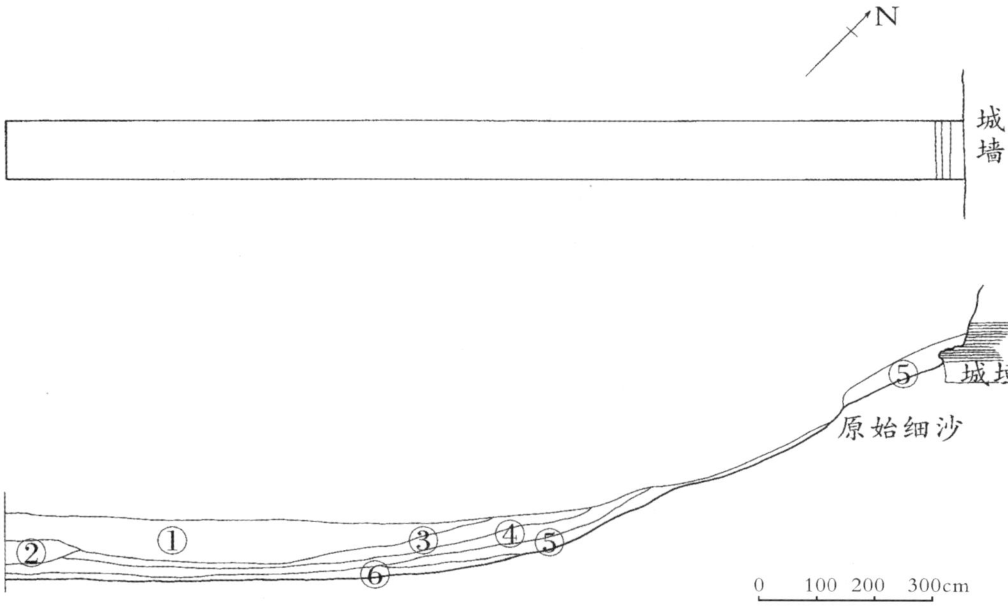

图五　西城西南隅台 XG3 西壁地层堆积图

第①层地表层，最厚 1.4 米，土色灰黑色，土质松软，湿度大，上部内含大量植物根系，下部较纯净，该层只分布于探沟的南部。

第②层黄色沙土层，厚约 0.8 米，土色黄色，土质松散，较纯净，内含少量植物根茎，只分布于探沟的南部。

第③层灰白色土层，厚 0.2—0.5 米，土色灰白色，内含少量的夯土块。此层从探沟中部较平坦处起，由北向南呈斜坡状堆积。

第④层黄色沙土层，厚约 0.4 米，土色黄色，土质松散，内含少量黏土块。分布于探沟的南部，由北向南呈斜坡状堆积。

第⑤层灰白色土层，土色灰白色，土质较硬，内含大量的夯土块。只分布于探沟的北部，由北向南呈斜坡状堆积，探沟北端仅此一层，其下便是原始沙土层。

第⑥层黄褐色沙土层，厚 0.2—0.4 米，土色黄褐色，土质松散，内含少量的瓦块、早期陶器残片及动物骨骼残块，分布于探沟南部地势较平坦处，此层下为原始细沙层。

各堆积层均为西南隅台经风吹雨淋风化及坍塌堆积而成。

② 遗迹与出土遗物

发掘 XG1 时，在探沟东部发现了护城壕遗址（下文详述），壕沟岸堤顶面被第④层叠压（G1 地层分为 4 层）。

3 条探沟内出土古代遗物很少，只是在 G1 第④层内出土少量白釉瓷碗片，白釉雪亮晶莹，胎色白，质坚细密，淘洗精细，碗为壁形底，时代为唐。G3 第⑥层下仅发现少量残瓦片、陶器残片碎渣、动物残骨块等。

③ 西城西南隅台形制结构

西南隅台亦是用石英沙、白灰、黏土三合土夯筑而成的高台式建筑，夯层一般厚度为 0.06—0.13 米，全部为平夯。由于隅台处于西城墙与南城墙交会拐角向外延伸部分，原始平面应呈西南—东北向长方形，四壁墙体由下至上逐渐收缩，正视呈上窄下宽的梯形。现存地面以上隅台平面呈不规则“凸”字形，经 1600 余年的风雨剥蚀，四壁夯土垮塌严重，特别是西南边两拐角。四壁面坑洼不平直。残存底边长 26.5—36 米、宽 14.5—25 米，残存通高约（加上基础）26.67 米。西南隅台外壁均未发现壁柱痕。

通过解剖清理，对西南隅台的夯筑基础及与西、南两城墙基础有了一个较清晰的认识，隅台基础是用三合土夯筑而成，土质密实坚硬，不含其他杂物，采用平夯，夯土中夹有纴木。它与西、南两城墙基础处在一条水平线，应为同时修造，修建时先挖一个西南—东北向长方形土坑凹槽，与西、南两城墙基槽相连接，并操平地面，再用三合土逐层分块夯筑，使之成为一长方形台基座，基础高 1 米左右，以隅台底边为基线，台基向外凸出约 0.5—0.6 米。

3. 护城壕的发现及清理

2002 年，在发掘西城西南隅台遗址时，在 XG1 西半部分发现了护城壕遗址，为了确定护城壕的准确性，2008 年又在东、西城北，东城东，西城南陆续勘探出夯土结构的护城壕遗迹。

① XG1 地层关系

在发掘西城西南隅台时，采用挖探沟解剖的发掘方法，以西城墙底边为基线，在西城墙南端外壁下布一条方向为北偏西 55° 的探沟，编号为 XG1。XG1 东西长 23 米、南北宽 2 米，从现存地面向下解剖最深 3.7 米。

此处地势东高西低，沿西城墙基向外呈缓坡地势，越向外地层堆积越厚。XG1 内的文化层堆积清晰，共分 4 层（图六，护城壕剖面图）：第①层地表层，厚 0.4—1.1 米，土色泛白，含沙量较少，土质松软，包含物较少，仅发现零星的灰陶布纹瓦残片、现代青花瓷碗残片、黑釉瓷罐残片，马牙、羊腿骨残块、鸡骨残块等时有发现；还有零星的兽骨有被火烧烤的痕迹，呈黑褐色。第②层黄沙层，最厚 1.6 米，越向城墙根就逐渐消失，此文化层应是风沙扬尘堆积而成，越向低洼处堆积越厚，土质较纯净。第③层淤沙层，最厚 0.2 米，越向城墙根就逐渐消失，土色黄泛白，内含瓦渣块、城墙崩塌的白色夯土块、零星的兽骨渣块等，此层应是水土流失堆积而成。第④层黄沙层，最厚 0.5 米，越向城墙根就逐渐消失，内含碎瓦片，及少量白釉璧形底瓷碗片，其时代应为唐。

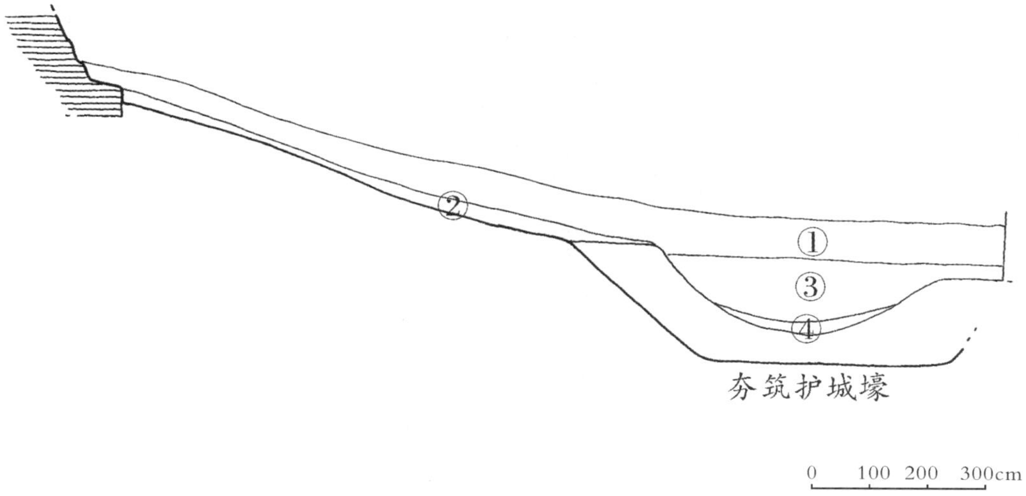

图六 护城壕剖面图

发掘该层时，在距现存地表深 1.1 米处发现了护城壕东堤岸，我们随即向南、北、西 3 个方向扩方，对此段护城壕进行了清理发掘。

② 护城壕结构现状

西城墙外护城壕走向与城墙走向平行，随着地势的高低起伏，有的地方坡度很大。清理的这段护城壕距西城墙基间距约 11.8 米，平面呈多重长方形，横剖面呈锅形凹槽状，壕沟两边堤岸及沟底均用三合土夯筑而成，土质纯净，密实坚硬，两堤壁面光滑。现存的夯筑护城壕（包括两边堤岸）顶面宽 11.5 米、壕沟上口宽 7.1 米、夯筑两边壕堤宽 1.8—2.2 米，现存深度 2.2 米，经勘探知壕沟底部夯土厚 0.8 米。经过实际发掘观察，发现“可砺刀斧”的夯土遇水即软，现存城垣遭破坏最甚的就是下雨时墙体表面雨水冲刷留下的痕迹。另一方面，并不蓄水的护城壕，两壁光滑，其实很难逾越，发掘时工作人员不借助梯子等工具上下极为不便。

护城壕夯土与西南隅台夯土色泽及包含物类似，故护城壕和西南隅台应是与统万城同时代的设施，是统万城防御体系的重要组成部分。

4. 西城西门及瓮城清理

2008—2009 年通过对统万城遗址东、西城城门遗址钻探、发掘表明，统万城东、西城城门外均有瓮城，西城探明 3 处，分别为西门及瓮城、南门及瓮城、北门及瓮城。东城探明 2 处，分别为南门及瓮城、北门及瓮城，东门瓮城因当地村民取夯土建房，损毁严重，暂无法确认。2008 年，为了给统万城遗址的规划保护工作提供较详细的考古资料，又为了搞清楚西门与瓮城的布局特征、形制结构、分布范围、兴废时间等重要学术问题，首先对西城西门及瓮城进行了考古发掘。

西城西门，位于统万城遗址西城的西城垣中部略偏南，瓮城位于西城垣外，与西门相通（图版 75、76、77 上）。地理坐标：北部北纬 38° 00′ 1.88″，东经 108° 50′ 54.58″。南部北纬 38° 00′ 1.18″，东经 108° 54′ 1.23″。西门及瓮城的发掘工作从 2008 年 7 月 9 日开始，至 2008 年 10 月 29 日发掘清理完毕。

① 西门瓮城的发掘清理

A. 发掘方法

经过对统万城遗址西城西门瓮城的勘探调查表明，该区域风沙侵蚀和覆盖堆积层较厚，瓮城遗址掩埋较深，考古发掘拟采用人工和机械挖掘相结合的方法，用机械对上部堆积沙层进行清理，接近文化层时再布设探方进行细致发掘。依照《田野考古工作规程》为指导，在所需发掘区域内南北向横三纵二布设探方 6 个，各探方之间预留宽 1 米的隔梁，由南向北依次编号为 T1—T6。探方方向北偏西 35° 。由于受发掘区域遗存分布限制，各探方规格不等，布方面积有所不同。实际发掘以探方为单位，根据土质土色的变化由上至下逐层划分地层关系及遗迹单位，按先晚期后早期的堆积顺序依次清理，最后再照相、绘图，完成单位探方的发掘。出土遗物以遗迹类型或堆积层位为单位编号收集归类。

T1　位于瓮城内南部，东邻 T4，北邻 T2，布方面积 8×8 平方米，实际发掘面积约 93 平方米。

T2　位于瓮城内中部、西城墙垣下，南邻 T1，北邻 T3，东邻 T5，布方面积 8×8 平方米，实际发掘面积约 82.5 平方米。

T3　位于瓮城内西北角，南邻 T2，东邻 T6，布方面积约 8×8 平方米，实际发掘面积约 100 平方米。

T4　位于瓮城内东南角，北邻 T5，西邻 T1，布方面积约 8.1×6.6 平方米，实际发掘面积约 50 平方米。

T5　位于瓮城内城门口处，北邻 T6，西邻 T2，南邻 T4，布方面积 7×6.6 平方米，实际发掘面积约 50 平方米。

T6　位于瓮城内东北角，南邻 T5，西邻 T3，布方面积约 8×8 平方米，实际发掘面积约 60.55 平方米。

B. 地层关系

由于瓮城发掘是在机械挖掘 8 米后开始布方，6 个探方内古文化层堆积不尽相同，少则 5 层，多则 9 层，以堆积 5 层为多。但各探方相对应的文化层清晰，包含物基本相同，我们就以文化层堆积最厚的 T1 为例说明（图七，T1 地层剖面图）。

T1 发掘总深度为 0.6—0.8 米，地层堆积关系按土质土色可划分为 9 层：第①层褐色沙土，分布于探方东南部，厚 0.1—0.15 米，内含少量夯土块，出土少量板瓦残片。

第②层深黄色沙砾层，分布于探方东南部，厚 0.1—0.3 米，土质较疏

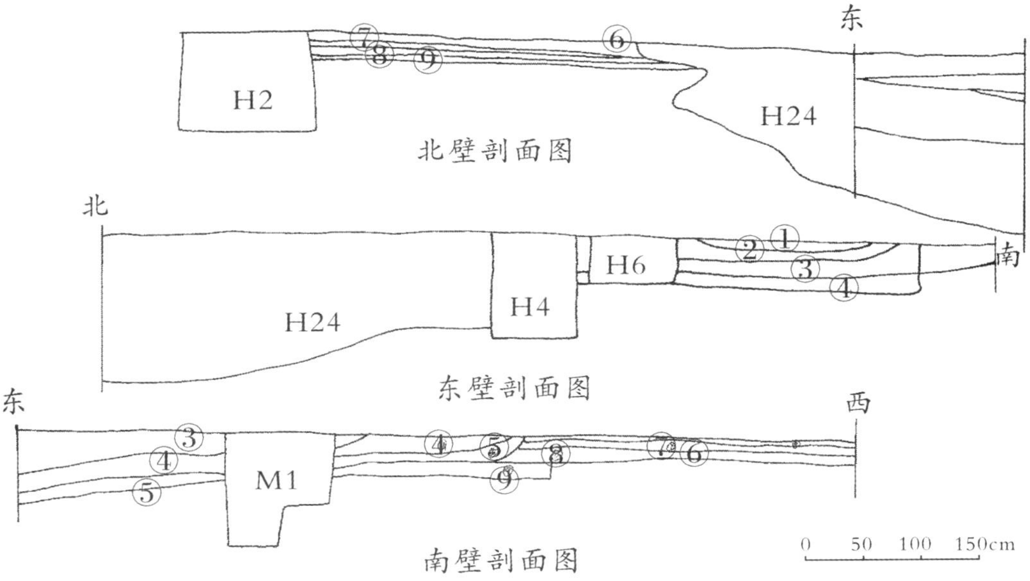

图七　T1 地层剖面图

松干燥，砂砾纯净无包含物。

第③层淤沙层，分布于探方东南部，厚 0.15—0.35 米，土质松散，红褐色砂砾，内含少量灰烬。

第④层浅灰褐色沙土，分布于探方东南部，厚 0.1—0.25 米，土质较疏松干燥，内含少量灰烬，出土少量灰陶残片和板瓦残片等。

第⑤层深灰褐色沙土，分布于探方东南部，厚 0.05—0.15 米，土质疏松干燥，内含灰烬，出土少量灰陶残片和板瓦残片等。

第⑥层黄褐色沙土，分布于探方西部，厚 0.05—0.1 米，土质松散干燥，内含少量灰星，出土少量板瓦和筒瓦残片。该层分布在 T2、T3 和 T6 内相当于第②层。

第⑦层为踩踏硬面，分布于探方西部，厚 0.05—0.1 米，白褐色土，土质干燥，表面经踩踏稍硬，无包含物。该层在 T2、T3 和 T6 内相当于第③层。

第⑧层黄褐色沙土，分布于探方西部，厚 0.05—0.15 米，土质较硬，出土少量灰陶残片和板瓦残片。该层在 T2、T3 和 T6 内相当于第④层。

第⑨层为踩踏硬面，分布于探方西部，厚 0.1—0.2 米，浅黄褐色土，土质干燥，表面经踩踏较硬，出土少量泥质灰陶残片和板瓦残片。该层在T2、T3和T6内相当于第⑤层。此层以下有一层红褐色沙土及一层灰白色泥土，土质稍硬较纯净，应为原始生土层。

统万城地处毛乌素沙漠南缘，每到冬、春季肆虐的朔风裹挟沙土，给大地盖上一层黄沙。从发掘情况来看，虽地层较多，但每层堆积都较薄。因出土物较单一，变化较小，不易分期，我们只能说第⑨层为大夏时期建设统万城时形成的踩踏面，第⑧层至第②层为北朝时期堆积，第①层约为隋唐时期堆积。

C. 其他文化遗迹及出土遗物

6个探方内共清理出隋墓1座、瓦棺墓2座、井1眼、灰坑27座，以及两层活动踩踏硬面等。

隋墓，编号M1，位于T1东南部，开口于第①层下。该墓为竖穴台阶式墓道单偏洞室墓，坐东北向西南，方向210°　。墓室底距现地表深1.2米。结构由墓道、封门和墓室3部分组成（图八，T1M1平剖面图）。

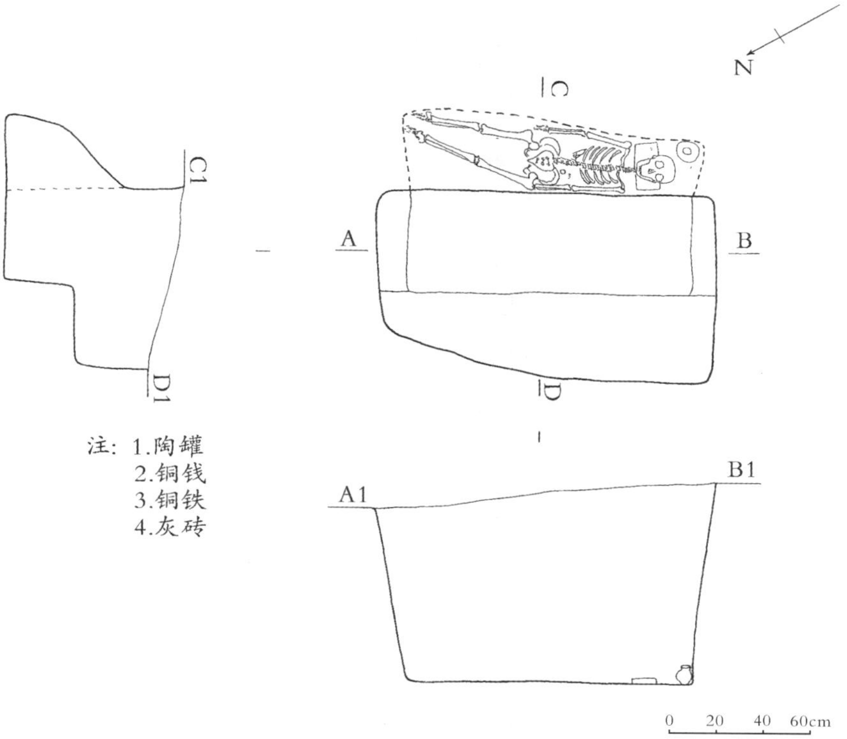

图八　T1M1 平剖面图

墓道　平面呈梯形，南宽北窄，墓道南、北两壁由开口至底部较斜直内收，东壁竖直。西壁凿设有生土层台阶，由开口至底部逐级内收，形成口大底小，底部较平整，近于长方形。由于墓葬开口上部已遭破坏，台阶仅残存底部一级较完整，台阶面宽 0.5 米、高 0.5 米。墓道开口长 2.32 米、宽 0.95—1.3 米、底长 1.93 米、宽 0.7 米。内填黄褐色沙土，土质疏松干燥，包含少量植物根系、夯土残块等。

封门　位于墓室入口，用夯土块垒砌而成，宽 0.2 米、高 0.45 米。

墓室　凿挖于墓道东侧东壁底，平面呈梯形，北宽南窄，弧顶土洞式结构。墓室稍显狭窄，壁面较粗涩不光滑，地面较平坦，与墓道底位于同一水平面上，内填褐色花沙土和坍塌土，土质疏松。墓室北端宽 0.57 米、南端宽 0.4 米、南北进深 2 米、通高 0.4—0.8 米。

墓室内葬一人，骨架保存较完整，不见葬具痕迹。墓主仰身直肢葬，头向西南，面向西，双臂自然下垂置腹侧，双腿稍向东北侧平直并拢，骨架长约 1.9 米。初步推测应为一成年男性，骨骼较粗壮健康（采集颅骨和盆骨）。墓主头部枕 1 块条形砖，口内含 1 枚五铢钱，腰部置有五铢钱 6 枚，墓室东南角放置陶罐 1 件，基本完整，口向上。

该墓随葬遗物有陶罐 1 件，放置于墓室东南角；五铢铜钱 7 枚，均为隋五铢，放置于墓主口内和腰部；条砖 1 块，枕于墓主头骨下。根据墓葬形制及随葬遗物特征，初步推断该墓为隋代墓葬。

W1（瓦棺墓）　位于 T1 中部偏东南，开口于第①层下。竖穴土圹墓室，平面呈不规则四边形，南宽北窄，方向 204°。墓壁上下较斜直，壁面粗涩坑洼，底部凹凸不平。内填褐色花沙土，土质疏松干燥。墓口长 0.72—1 米、宽 0.65—0.8 米、深 0.26 米。墓底中部用 4 块板瓦对扣，内葬一小孩。板瓦现已移位，板瓦规格：长 38 厘米，宽 27 厘米，厚 2 厘米。墓主骨架保存较差，侧身直肢葬，身体侧向西，头南足北，面向西，双腿并拢，两膝微屈。墓主头顶端残存铁器 1 块，墓室东北部置 3 块小石块（图九，T1W1 平剖面图，图版 77 下）。

根据地层关系推断这座瓦棺墓与 M1 时代相当，可能也为隋墓。

W2　位于 T5 内东北角，开口不清。竖穴土圹墓室，平面呈东西向梯形，西宽东窄，方向 80°。墓壁竖直规整，底部平整。内填褐色花沙土，

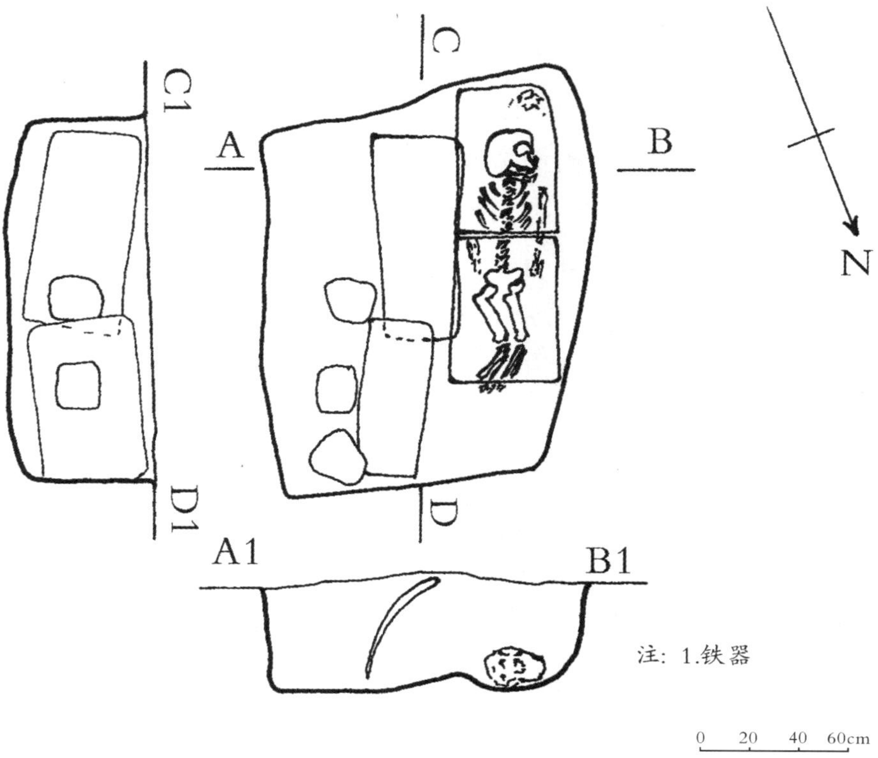

图九 T1W1 平剖面图

土质疏松干燥。墓室长 1.1 米、西宽 0.6 米、东宽 0.5 米、残深 0.2 米。墓底中部用 4 块板瓦对扣用作葬具，内葬 1 人。板瓦长约 47 厘米，宽 37 厘米，厚 2 厘米。墓主遗骸保存较差，侧身直肢葬，头向西南，面向北，颅骨碎裂。墓主头顶端残存铁器 1 块（图十，T5W2 平剖面图）。

根据地层关系推断这座瓦棺墓与 M1 时代相当，可能也为隋墓。

灰坑　6 个探方共清理灰坑 27 个，按发掘先后顺序编号。

北朝早期灰坑

均位于 T3 第⑤层下，其中 H23 被城墙夯土叠压，相对早于统万城建城时间（图十一，T3 灰坑分布图）。

H22　位于 T3 中部偏南，开口于第⑤层下，东距 H21 约 1.5 米，东北部叠压于 H9 之下。坑口平面呈南北向长方形，坑壁由坑口至坑底斜直外扩，坑底大于坑口。壁面修整较平滑，坑底局部凹陷不平。坑口长 2.45 米、宽 1.2 米、底长 2.6 米、宽 1.5 米、深 1.4 米。坑内填黄色沙土，土质

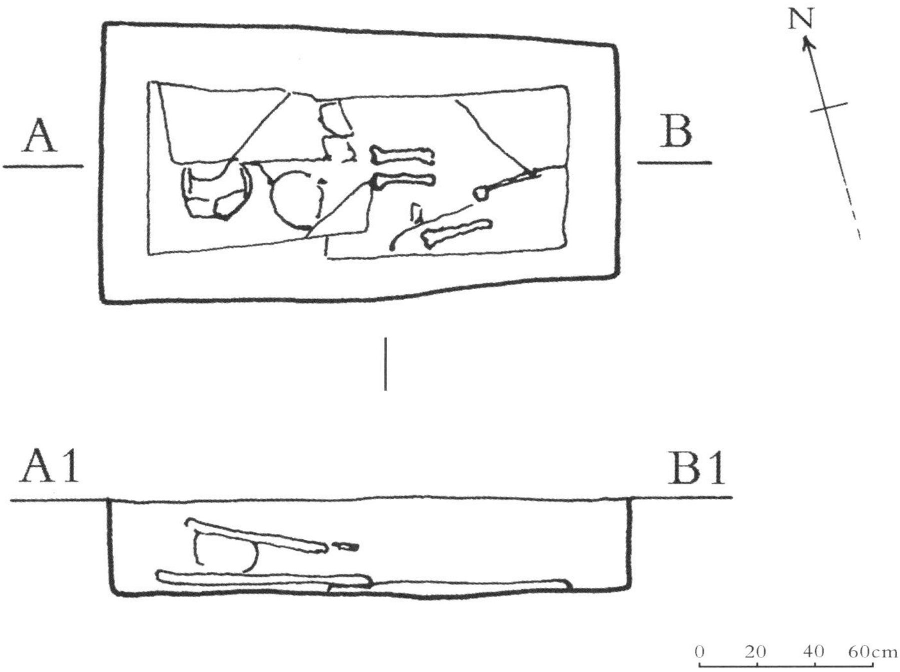

图十　T5W2 平剖面图

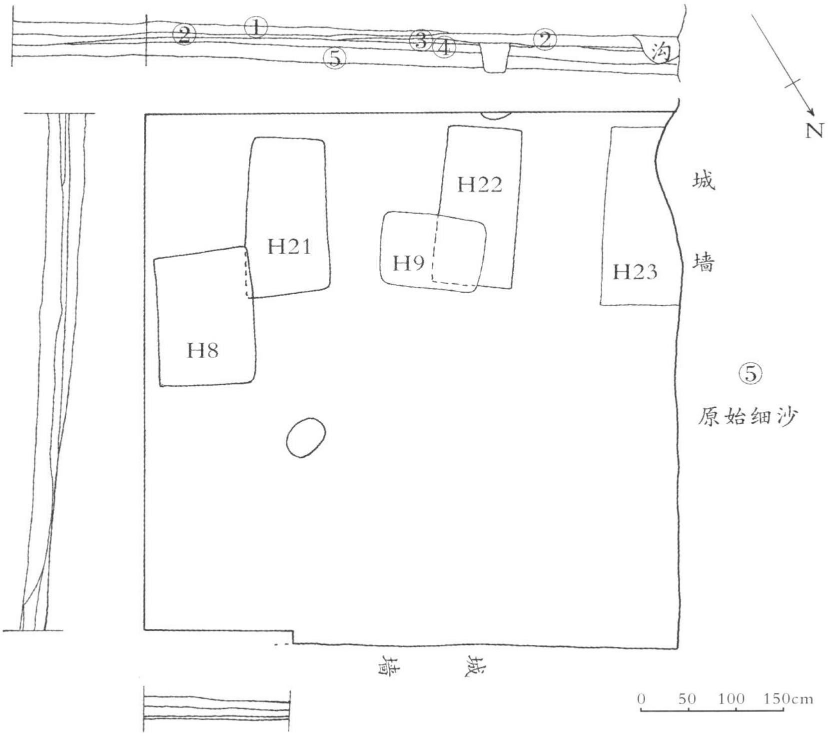

图十一　T3 灰坑分布图

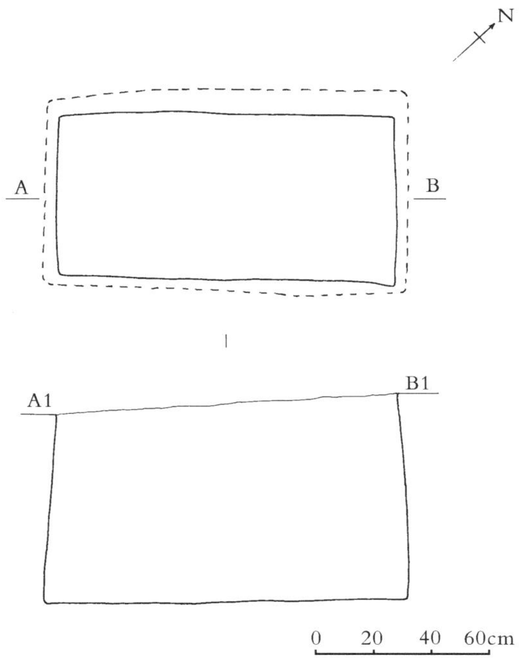

图十二　T3H22 平剖面图

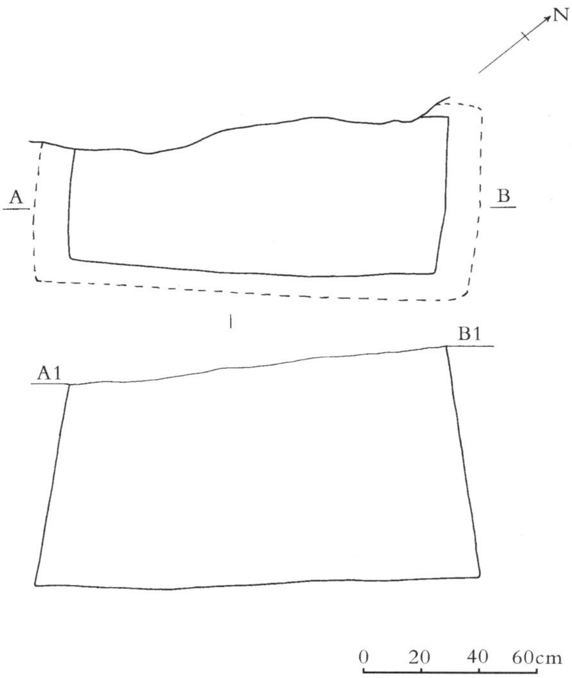

图十三　T3H23 平剖面图

松散，内含有大量的灰白色斑点（图十二，T3H22 平剖面图）。

H23　位于T3西南角，开口于第⑤层下，西部被夯土墙垣打破。现坑口平面呈南北向长方形，坑壁由坑口至坑底斜直外扩，坑底大于坑口。壁面修整较平滑，坑底局部凹陷不平。坑口长1.75米、宽1.2米、底长3.3米、宽1.5米、深1.5米（图十三，T3H23平剖面图）。坑内填黄色沙土，土质松散，内含有大量的灰白色斑点，出土物有灰陶残片1块，素面，残存较小，器型不可辨。

H21　位于T3东南角，开口于第⑤层下，西距H9约0.8米，坑壁东北角被H8打破。坑口平面呈南北向梯形，北宽南窄。坑壁由坑口至坑底斜直外扩，坑底大于坑口。壁面修整较平滑，坑底局部内凹不平，略呈缓坡，南宽北窄。坑口长2.4米、宽1.15—1.3米、底长2.6米、宽1.5—1.7米、深1.4米（图十四，T3H21平剖面图）。坑内填黄色沙土，土质松散，内含有大量的灰白色斑点，出土筒瓦残片 1 块。

北朝中晚期灰坑

均位于第②层下，打破第③层。可分为长方形灰坑、梯形灰坑。

长方形灰坑

H5　位于 T6 东南部，开口于第②层下，打破第③④层。坑口平面呈东西向长方形，坑壁由坑口至坑底竖直规整，壁面修整平滑，坑底局部凹凸不甚平坦。坑口长 1.7 米、宽 0.75 米、深 0.6—0.64 米（图十五，T6H5 平剖面图）。坑内填土黑灰色。

H10　位于 T6 东端中部，开口于第②层下，打破第③④⑤层及生土层。坑口平面呈东西向长方形，坑壁向下斜直内收，形成口大底小倒梯形，底部坑洼不平。坑壁北侧西端向北拐折，与南部坑壁形成“曲尺”形状，拐折部分平面呈梯形，南宽北窄，底部呈陡坡状，较南部坑底稍浅。坑口东西长 1.73 米、宽 0.5—0.6 米、底长 1.65 米、宽 0.45

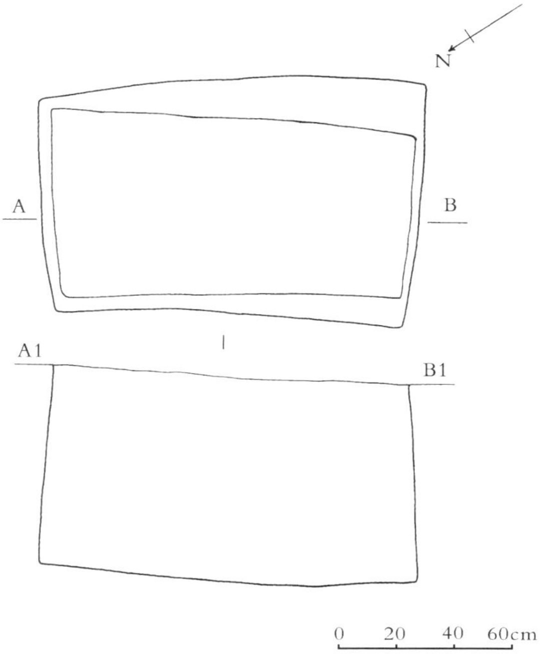

图十四　T3H21 平剖面图

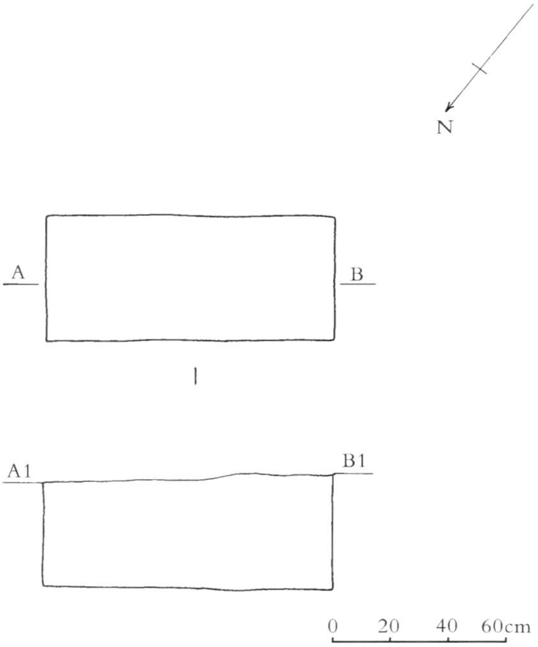

图十五　T6H5 平剖面图

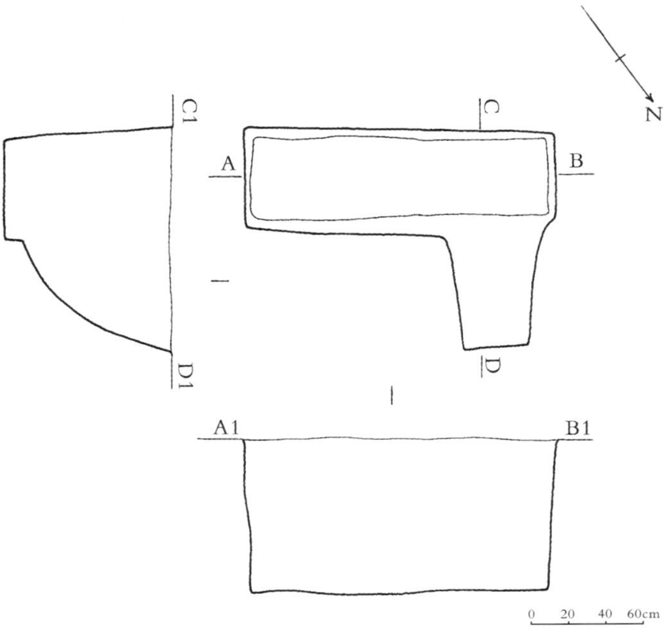

图十六　T6H10 平剖面图

米、深 0.94 米，拐折部分南北长 0.64 米、宽 0.36—0.54 米、深 0.8 米（图十六，T6H10 平剖面图）。坑内填土灰白色，土质较疏松，无包含物。

H16　位于 T6 内东南角，开口于第②层下，打破第③—⑤层及生土层，且南部打破同一层位下 H17 东北角。坑口平面呈南北向长方形，北壁圆弧形内收至坑底，南壁竖直，壁面整修粗涩不齐，底部坑洼不平坦。坑口长 0.9 米、宽 0.4 米、深 0.5 米（图十七，T6H16 平剖面图）。坑内填灰白色花土，土质稍硬，内含少量陶片及瓦片等。

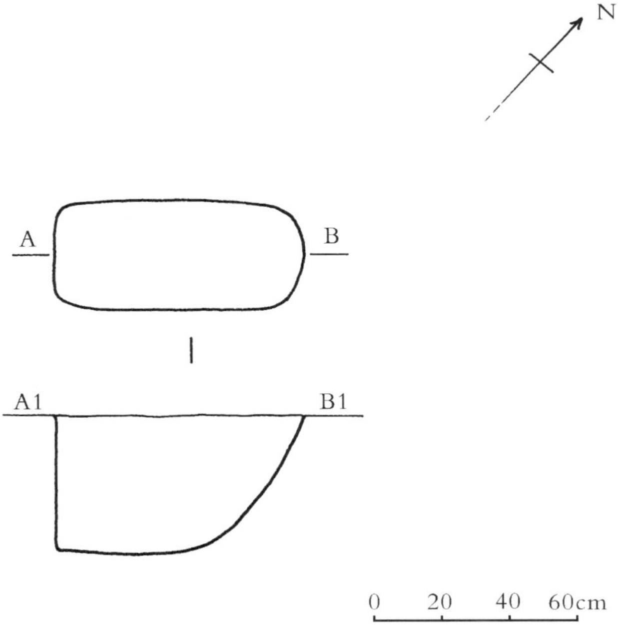

图十七　T6H16 平剖面图

H17　位于 T6 东南角，开口于第②层下，打破第③④⑤层及生土层，且东北角被同一层位的 H16 南部打破，H17 较 H16 稍深。H17 西北部打破第⑤层下 H20 东南部。坑口平面呈东西向长方形，坑壁较竖直，壁面粗涩不齐，底部坑洼不平坦。

坑口长1.86米、宽0.48米、深0.76米（图十八，T6H17平剖面图）。坑内填灰褐色花土，土质松散，内含少量陶片及瓦片等。初步推断H16晚于H17及H20。

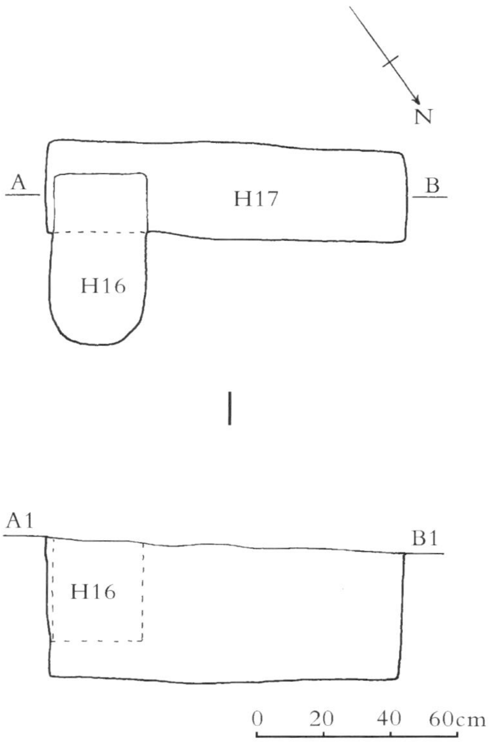

图十八　T6H17平剖面图

H20　位于T6东南部，开口于第⑤层下，打破生土层，且东南部被第②层下H17西北部打破。坑口平面呈南北向长方形，坑壁稍斜直外扩至底部，形成口小底大的袋状。壁面粗涩不光滑，底部坑洼不平坦，略呈缓斜坡状，南宽北窄。坑口长1.92米、宽0.94米、底长2米、宽1.04—1.12米、深0.87—0.92米（图十九，T6H20平剖面图）。坑内填灰褐色花土，土质松散，内含少量陶器残片及瓦片等。同时，H20东北部叠压于第②层H5西南部底下，初步推断H20早于H17，早于H5。

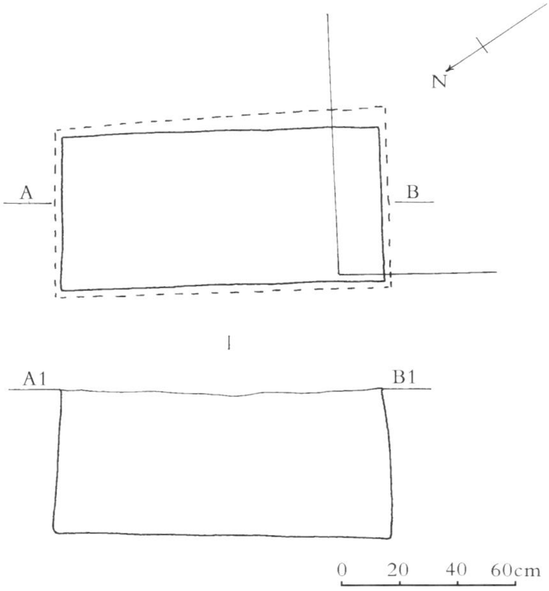

图十九　T6H20平剖面图

梯形灰坑

H18　位于T6东北角，开口于第②层下，打破第③④⑤层及生土层，且北部打破同一层位的H19西南部。坑口平面呈南北向梯形，北宽南窄。坑口边壁较平直规整，东、西、北三壁竖直，南壁弧形内收至底部。壁面粗涩不光滑，底部

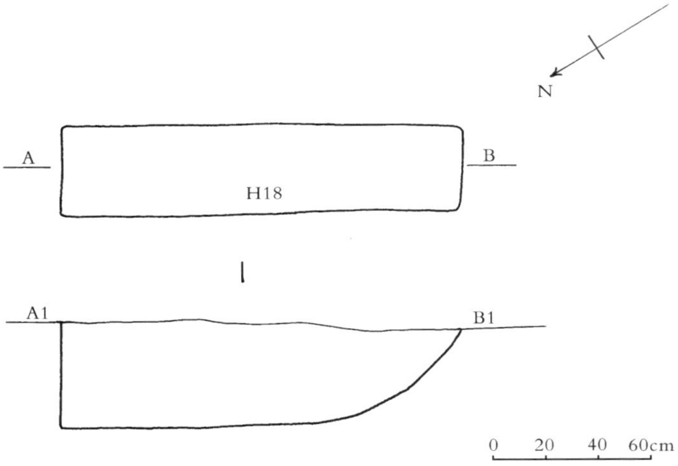

图二〇 T6H18 平剖面图

坑洼不平坦。坑口长2米、宽0.4—0.48米、深0.54米（图二〇，T6H18平剖面图）。坑内填灰褐色花土，土质松散，内含少量陶器残片及瓦片等。

H19 位于T6东北角，开口于第②层下，打破第③—⑤层及生土层，且西南部被同一层位的H18北部打破，H19较H18略深。坑口平面呈东西向梯形，东宽西窄。坑壁较竖直规整，壁面平滑，底部呈东高西低的缓斜坡状。坑口长1.6米、宽0.64—0.76米、深0.88米（图二一，T6H19平剖面图）。坑内填灰褐色花土，土质松散，内含少量陶片及瓦片等。初步推断H19早于H18。

隋代灰坑

均开口于第①层下，打破第②层。分为圆形灰坑、椭圆形灰坑、长方形灰坑等。

圆形灰坑

H1 位于T1西南端，开口于第①层下，坑壁西侧部分打破夯土城垣，北侧部分打破H3。坑口平面呈圆形，坑壁由坑口至坑底斜直外扩，形成口小底大的袋状。壁面修整较光滑，西侧壁面局部残留有工具修凿痕迹，痕宽0.05米。坑底呈南高北低的缓斜坡，坡面较平滑。坑口直径2.6米、坑

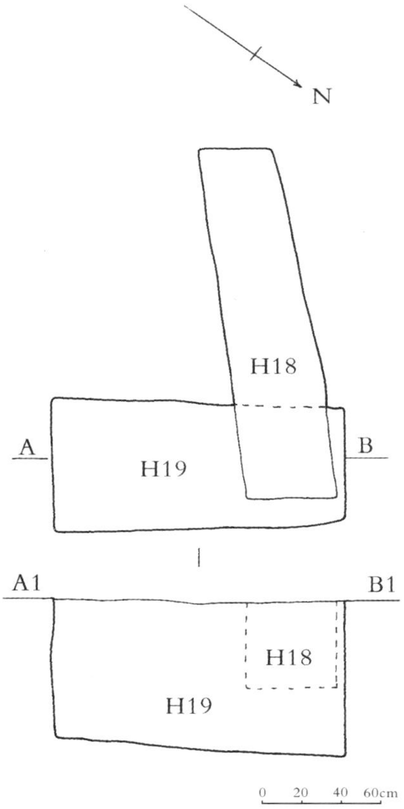

图二一 T6H19 平剖面图

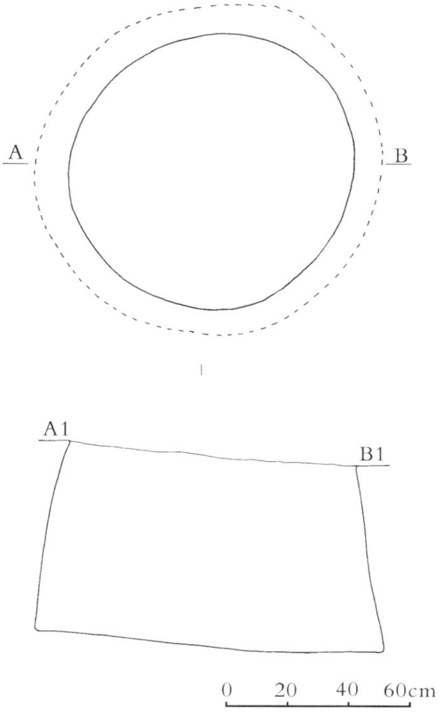

图二二　T1H1 平剖面图

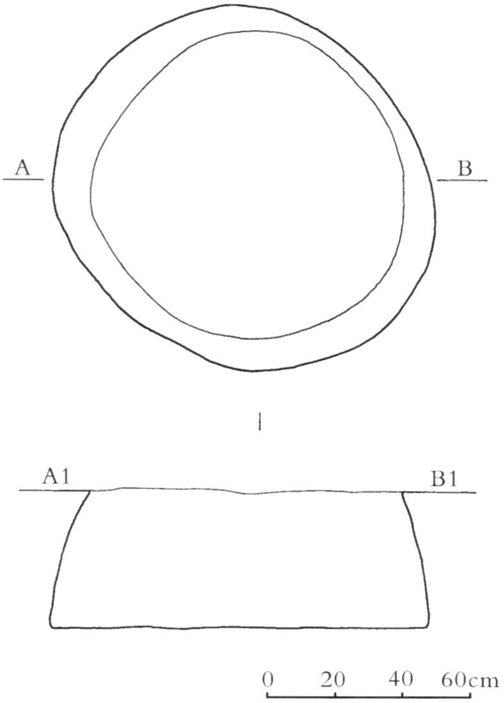

图二三　T1H3 平剖面图

底直径 3.04—3.16 米、深 1.74—1.8 米（图二二，T1H1 平剖面图）。坑内填褐色沙土，夹杂少量白色黏土，土质松散干燥，出土少量灰陶残片、板瓦、筒瓦残片、残铁块、兽骨等，根据陶片口沿可辨器型有罐和盆等。

H3　位于 T1 西端偏中部，开口于第①层下，坑壁西侧部分打破西部夯土城垣，坑底部被 H1 打破。坑口平面呈不规则圆形，坑壁由坑口至坑底稍弧斜外扩，形成口小底大的袋状，底呈不规则椭圆形。壁面修整较光滑，底部平整。坑口直径 1.54 米、底径 1.74—1.88 米、深 0.7 米（图二三，T1H3 平剖面图）。坑内填褐色花沙土，土质较疏松，内含少量灰陶残片和板瓦残片、兽骨等。

椭圆形灰坑

H4　位于 T1 东中部，开口于第①层下，打破 H24。坑口平面呈不规则椭圆形，坑壁西侧较竖直，东侧上部较斜直，下部竖直，底稍小于口。壁面不甚规整，底部较平坦。坑口东西长径 1.2 米、南北短径 1 米、底径 0.88—

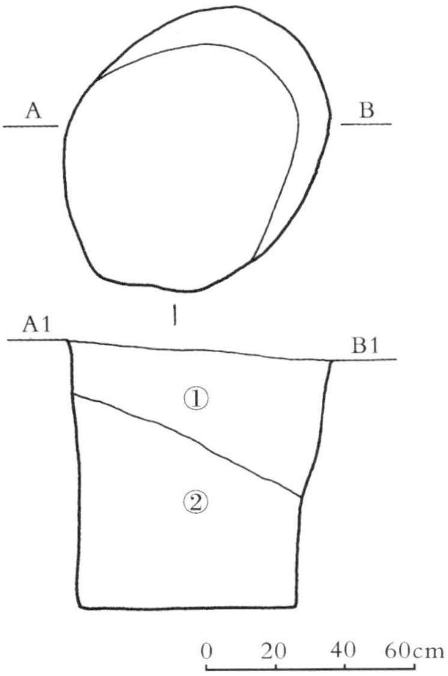

图二四　T1H4 平剖面图

0.96 米、深 1.05 米（图二四，T1H4 平剖面图）。坑内填土可分两层：第①层灰白色沙土，夹杂少量夯土块，厚 0.2—0.5 米，土质松散，内含少量板瓦残片；第②层灰褐色沙土，夹杂淤土层，厚 0.4—0.85 米，土质松散，内含少量板瓦残片和兽骨等。

H7　位于 T5 北端中部，开口于第①层下，打破第②④⑤层及生土层。平面呈南北向椭圆形，面积较大，贯通 T5 与 T6，南部长约 2.66 米，在 T5 内；北部长约 3.6 米，在 T6 南端中部。坑口边壁粗涩不齐，坑壁由坑口至坑底斜直内收，形成口大底小的倒梯形，壁面粗涩坑洼。底北部低于南部约 0.15 米，较平坦。坑口长 6.26 米、宽 2.5 米、底长 4.52 米、宽 2 米、残深 1.2—1.35 米（图二五，T5T6H7 平剖面图）。坑内填土呈灰褐色，土质松散，内含有铁器残片、砖瓦块和陶罐残片等。H7 西南部分打破同一层位的 H26 东北角，南部打破 H27 北部，初步推断 H26 和 H27 应早于 H7。

H14　位于 T6 西端中部，开口于第①层下，打破第②④⑤层及生土层，且中北部被同一层位的 H13 东南部打破。坑口平面呈东西向椭圆形（发掘时西部叠压于隔梁下，后打掉隔梁进行完整揭露），坑

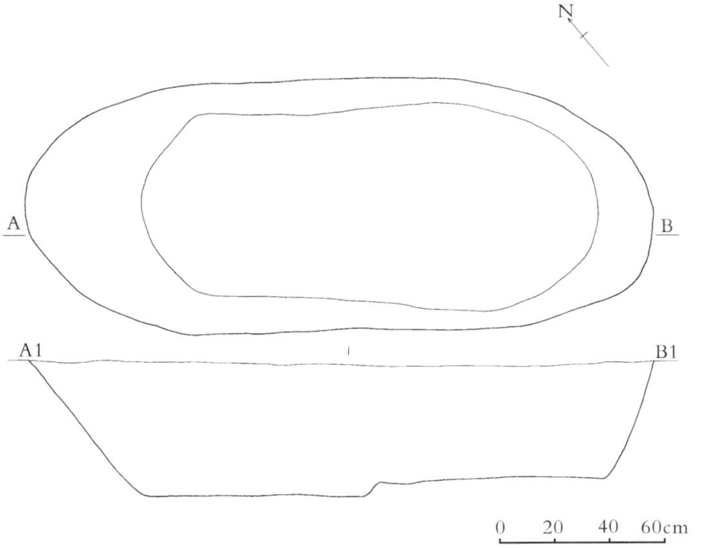

图二五　T5T6H7 平剖面图

壁弧收，底部较平坦。坑口长 2.6 米、宽 1.6 米、深 0.7 米（图二六，T6H14 平剖面图）。坑内填灰白色花土，土质较松散干燥，内含少量陶片及瓦片等。

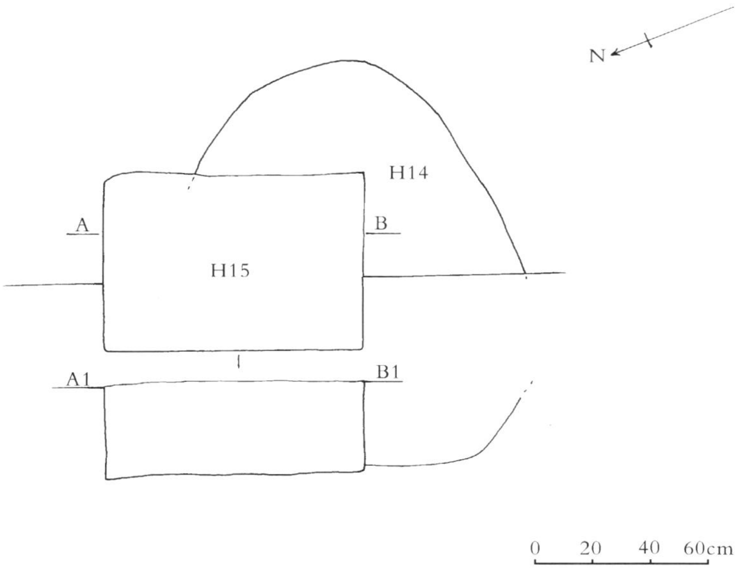

图二六 T6H14 平剖面图

H25 位于 T5 西端中部偏北，开口于第①层下，发掘时西部叠压于隔梁下，后打掉隔梁进行完整揭露，东北角局部打破同一层位的 H26 西侧局部，东南角局部打破 H24 中北部。坑口平面呈南北向椭圆形，坑壁由坑口至坑底圆弧内收，壁面较粗涩不光滑，底部坑洼不平，南部较北部略深。坑口南北长径 4.6 米、东西短径 3.2 米、深 0.4—1 米（图二七，T5H25 平剖面图）。坑内填黑灰色淤土，土质松散，内含木炭屑、草木灰、砖瓦块、石块、灰陶残片和兽骨等。出土物有残铜簪 4 节。

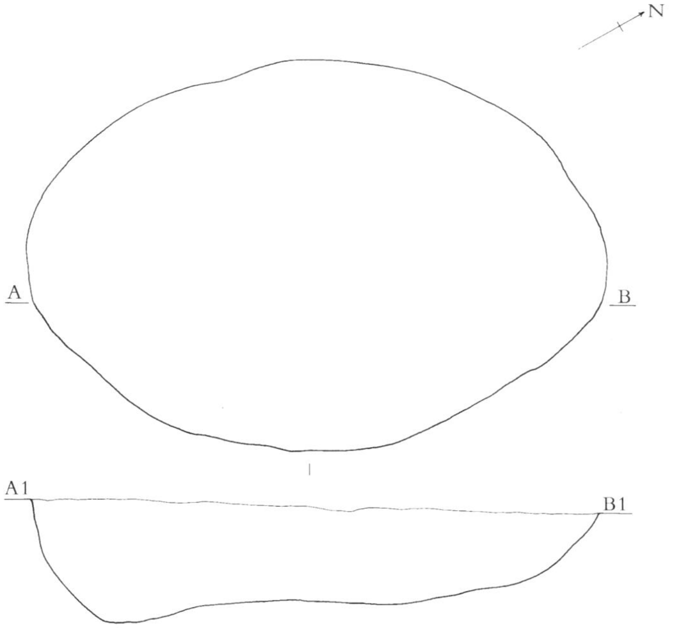

图二七 T5H25 平剖面图

长方形灰坑

H2　位于 T1 西北角，开口于第①层下。坑口呈南北向长方形，坑壁由坑口至坑底稍斜直外扩，形成口小底大倒梯形。壁面整修光滑，底部较平坦。坑口长 2.5 米、宽 1.4 米、底长 2.6 米、宽 1.46—1.52 米、深 1.2—1.44 米（图二八，T1H2 平剖面图）。坑内填土可分两层：第①层白色花沙土，厚 0.45—0.55 米，土质松散，内含少量板瓦残片和兽骨；第②层褐色花沙土，厚 0.7—1 米，土质松散，内含少量泥质灰陶残片、板瓦残片、兽骨及骨器 14 节（编号 T1H2：1）等。

H8　位于 T3 东南部偏中，方向北偏东 30° 。坑口平面呈南北向长方形，坑口四壁微外弧，坑壁竖直略外弧扩，坑底略大于口。壁面光滑平整，坑底凹凸不平坦。坑口长 2.14 米、宽 1.3 米、中部最宽 1.4 米、底长 2.2 米、宽 1.44 米、中部最宽 1.5 米、残深 0.8 米（图二九，T3H8 平剖面图）。坑内填土呈灰褐色，土质松散，出土物有陶片、瓦片。

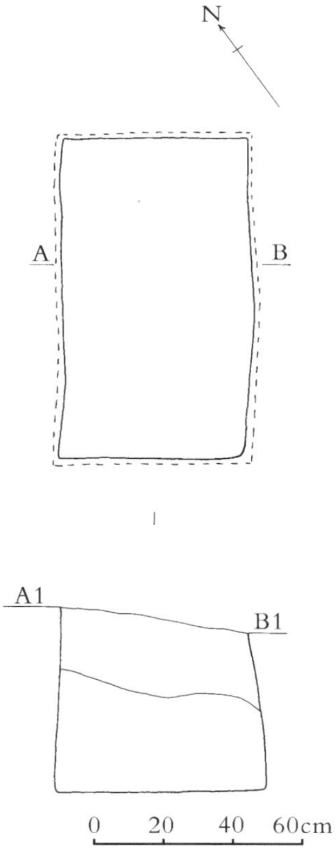

图二八　T1H2 平剖面图

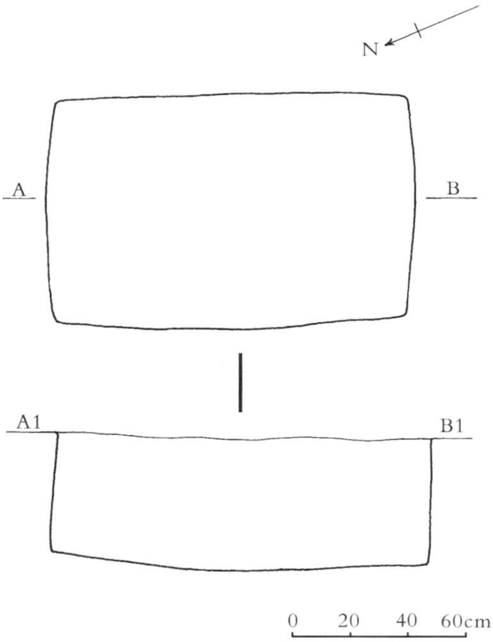

图二九　T3H8 平剖面图

H9　位于T3中部偏南，东距H21约0.8米，方向北偏西50°。坑口平面呈东西向长方形，东侧坑壁外弧，其余三壁由坑口至坑底竖直平滑，坑底呈东高西低的缓坡状，局部凹陷不平。坑口长1.5米、宽1.13米、残深0.4米（图三〇，T3H9平剖面图）坑内填土呈灰褐色，土质松散，含沙量较大，无包含物。

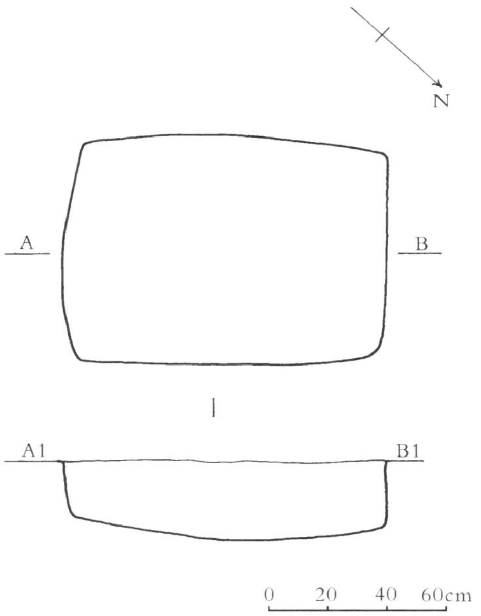

图三〇　T3H9平剖面图

H13　位于T6西端中部，开口于第①层下，打破第②③④⑤层及生土层，且东南部打破同一层位的H14北中部。坑口平面呈南北向长方形（发掘时西部叠压于隔梁下，后打掉隔梁进行完整揭露），坑壁竖直规整，壁面整修平齐光滑，底部坑洼不甚平坦。坑口长1.7米、宽1.2米、深0.63米（图三一，T6H13平剖面图）。坑内填灰褐色花土，土质松散，内含少量陶片及瓦片等。

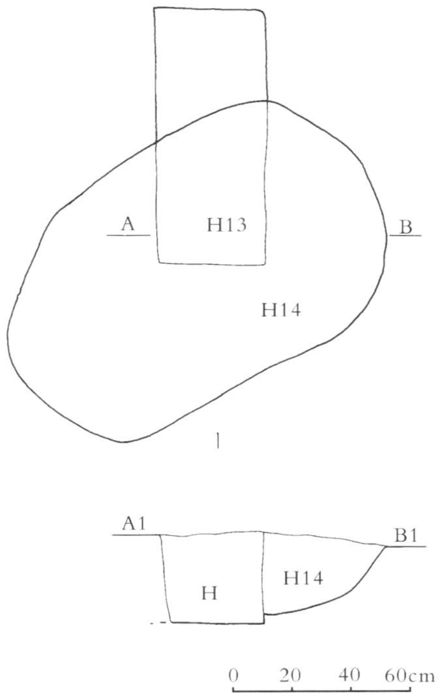

图三一　T6H13平剖面图

H26　位于T5西北角，开口于第①层下，西侧部分被同一层位的H25东北角打破，东北角亦被同一层位的H7西南部打破，东南角被H27西北角打破。现发掘部分坑口平面呈南北向不规则四边形，北宽南窄，边壁弧凸不均，底呈坑洼不平的陡坡状。现坑口

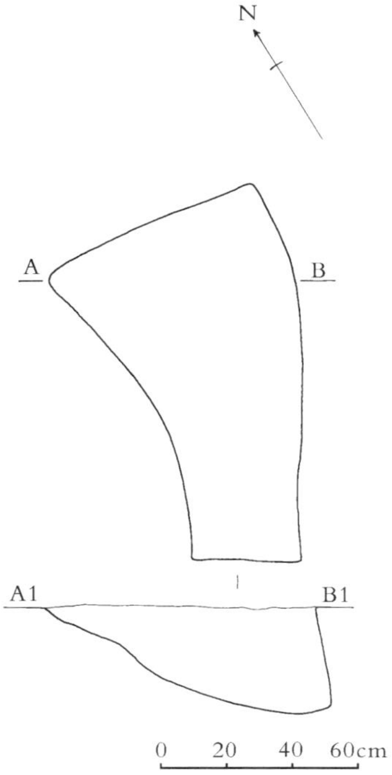

图三二　T5H26 平剖面图

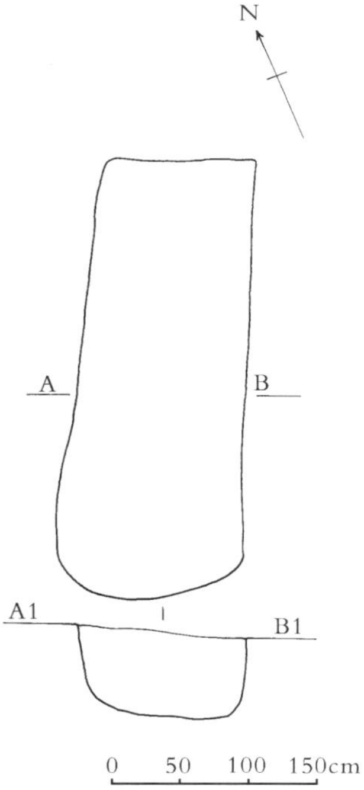

图三三　T5H27 平剖面图

南北残长 2.9 米、宽 0.8—1.76 米、深 0.1—0.8 米（图三二，T5H26 平剖面图）。坑内为黑灰色淤土，土质松散，内含木炭屑、草木灰、砖瓦块、石块、灰陶残片和兽骨等，另有带釉瓦片 1 块。初步推断 H26 应早于 H27 早于 H7，H26 早于 H25。

H27　位于 T5 中部，开口于第①层下，北部被同一层位的 H7 南部打破，中南部打破 H24 东部，西北角打破 H26 东南角。坑口平面呈南北向近长方形，南宽北窄，坑口南壁圆弧，其余三壁较斜直。坑壁由坑口至坑底斜弧内收，壁面粗涩不光滑，底部坑洼不甚平坦。坑口长 6.8 米、宽 2.25—2.75 米、深 1.25—1.5 米（图三三，T5H27 平剖面图）。坑内填土花杂，土质松散，内含木炭屑、草木灰、砖瓦块、石块、灰陶残片和兽骨等，夹杂少量夯土块和烧土块。出土物有瓦片、陶器残片、瓦当残片 1 块、陶盆口沿、罐口沿、罐腹部残片等。初步推断 H26 早于 H27 早于 H7，H24 早于 H27。

井　1 眼。编号 J1：位于 T2 中部偏西，西距 H12 0.6 米。井口平面呈圆形，直径 0.9 米。井壁垂直光滑，壁面附着有大量的植物根系。井壁两侧凿有对称、上下错位的半椭圆形脚窝，脚窝口宽 0.16—0.2 米、进深 0.18

米、高0.14米，上下间距0.2—0.24米。发掘深至4.6米时，因井壁为黄沙层，土质结构松散不稳定，遂停止发掘。经钻探深至13米时，仍未见底。井内填灰褐色沙土，土质松散，内含有大量的小黑点，包含物有零星的残瓦片、灰陶残片和兽骨等。

活动硬面、坑洞及沟道

人类活动留下的踩踏面共有两层，平坦、坚硬，分布于全部6个探方。

第一层即地层第③层，被开口于第①层、第②层下的灰坑打破。

T2西南角错落分布有6个圆形坑洞，口径约0.1米、深0.28—0.35米，坑壁竖直平滑，底部平整。T3仅残存西侧局部。T6现存东北部，厚0.2—0.25米、东西长6.9米、南北宽4米。

第二层即地层第⑤层。T2西北部由南向北错落分布有5个坑洞，编号K1—K5，前4个坑洞平面近似方形，K5为圆形。K1坑壁较垂直平滑，底部平坦，边长0.3米、深0.3米；K2坑壁东西两壁较垂直，南北两壁内收至底部，形成口大底小的倒梯形，坑口南北长0.22米、东西宽0.18米、深0.28米，底东西长0.14米、南北宽0.05米；K3坑壁由坑口至坑底斜直内收，形成口大底小的倒梯形，壁面修整光滑，底部平坦坚硬，坑口南北长0.23米、东西宽0.2米、底长0.15米、宽0.14米、深0.28米；K4坑壁较垂直平滑，底部平坦，边长0.3米、深0.28米；K5位于T2西北角城垣下，平面呈圆形，口大底小，口径0.35米、底径0.28米、深0.3米，坑内填红褐色沙土，土质松散，无包含物。

T3的北部分布有较多的圆形和方形坑洞，布局无规律可循，坑洞口径约0.1—0.2米不等，深0.2—0.3米。

活动硬面在T6内除东南局部不存在外，其余皆有分布，厚0.07—0.1米、南北长7.8米、东西宽4.5米。

K1　位于T6北端中部偏西，东距K2约1.55米，圆形，直径0.4米，距探方北壁0.25米、东壁3.8米。

K2　位于T6内北端中部偏东，西距K1约1.55米，圆形，直径0.35米，距探方北壁0.2米、东壁1.95米。

K3　位于T6内H10西壁西侧偏北，南距K4约0.2米，圆形，直径0.2米。

K4 位于T6内H10西壁西侧偏南，北距K3约0.2米，圆形，直径0.1米。

T6内发掘的10个灰坑中，存在3组打破或叠压关系，即探方西壁中部偏南的H13打破H14，东南角H16打破H17、H17打破H20、H20叠压于H5之下，东北角H18打破H19。10个灰坑中，除H7、H13和H14开口于第①层、H20开口于第⑤层外，其余均开口于第②层下，根据其打破关系和层位关系初步推断，H5→H14→H13→H7，H19→H18，H20→H17→H16→H5。由于灰坑内无完整且有价值的器物出土，仅根据残存砖瓦、陶器残片难以确定其具体时代。

沟 T2内西部墙垣下有一条南北向的沟道，其北部与T3内相接，沟宽0.3米、深0.12—0.3米，沟内填土呈浅黄色，土质松散干燥，内含有少量兽骨。T2内出土物仅有少量的瓦片、灰陶残片等，陶片器型不可辨。

在城垣下有一条南北向的沟道，打破该层硬面，沟宽0.5—0.65米、深0.4米。沟内填浅黄色沙土，内含有较多的兽骨。在该层的表面，南壁下有一个圆形坑洞，口大底小，口径0.45米、底径0.3米、深0.45米，因大部分压在探方隔梁下，无法清理。

D. *西门瓮城的布局规模*

2008年发掘统万城西城西门外瓮城，布探方6个，发掘面积约300平方米，清理出隋墓1座、瓦棺墓2座、井1眼、灰坑27座，两层人类活动所形成的踩踏硬面，明确了瓮城的规模与结构。发掘确认西城西门瓮城俯视平面呈南北向长方形，横截面呈倒梯形，瓮城门位于南侧，与西门呈90°角，瓮城门坍塌后以夯土块封堵，未发掘。其平面外圈（包括城垣顶宽）南北长38.5米、东西宽22米，瓮城内空间顶部长3米、宽20.7米、从残存城垣顶面至地面深1米左右；瓮城内空间底部（即地面）南北长27.6米、东西宽16.3米，瓮城垣宽3.8—4.15米。从发掘情况看，至迟在隋代，西门及瓮城门已坍塌，以夯土块封堵，瓮城内成为废墟。宋代地层普遍有灰烬、木炭块等，从而证明宋太宗下诏（994）毁废统万城的记载不虚。

② 西门门道的发掘清理

A. *发掘方法*

西门门道发掘分两次进行，第一次发掘自2008年8月23日开始，

9月2日结束，发掘清理距现存地表深约5.3米，文化层堆积共15层。第二次发掘是在第一次发掘的基础上进行，发掘工作自2014年7月10日开始，10月31日结束。两次门道发掘东西长13.5米、南北宽6.6米，面积约89.10平方米，解剖总深度10.5米。

2014年，为了解决西城内道路及西城门结构布局等问题，参考勘探资料数据，我们在西城西门东侧进口与西城垣结合部布设方向为30° 的长方形探沟，编号TG1，地理坐标：南壁中部，北纬38° 00′ 1.18″，东经108° 54′ 23″。TG1南北长23米、东西宽9米。由于在发掘过程中发现房址F1，为确保其完整性，加之勘探得知深约5米见生土层，同时考虑到道路宽度及走向等问题，遂在TG1中部向东扩方约5×9平方米，实际发掘面积约260平方米，解剖深度5.7米。TG1发掘工作自2014年7月19日开始至2014年10月23日结束，10月26日解剖TG1东北部及中部偏南，面积约5平方米，搞清后，于2014年10月31日完成本年度田野工作（图版62、63、64、65、66、67、68、69）。

B. 地层关系及出土遗物

发掘时西门洞与TG1虽处于同一区域内，但现存地面有一定的高差，TG1内古文化层堆积相对较薄，文化层清晰，叠压关系明确，共分14层；而西门道所处范围内的文化层堆积较厚，两次发掘共分文化层21层，地层关系复杂，但层次还比较清晰，两处7层以上各层相互对应，比较统一，但门道内8层以下有许多文化层在TG1内消失。现以门道内地层堆积为例做以说明（图三四1–3，西门门道关键柱西壁剖面图）。

第①层浅黄褐色沙层，厚0.7—1.75米，分布于整个门道探方内，南北厚而中部较薄，应为长年的风沙侵蚀覆盖形成，土质松散，夹杂有植物根系、砖瓦碎块、礌石残块等。

第②层黑灰褐色土，最厚0.3米，分布于门道西南部，土质较疏松，含有少量砖瓦块、兽骨和灰陶残片等，距地表深1.2—1.9米。

第③层浅灰褐色土，厚0.2—0.85米，距地表深1.5—2.5米，分布于整个门道探方内，土质较疏松，夹杂有木炭屑、铁器残块、砖瓦块、兽骨、残石块、灰陶片、瓷片等，可辨器型有陶罐、盆、壶等，纹饰主要有横竖线暗纹和弦纹等，瓷片有酱釉、白釉、绿釉和青釉等，器型以碗、罐为主。

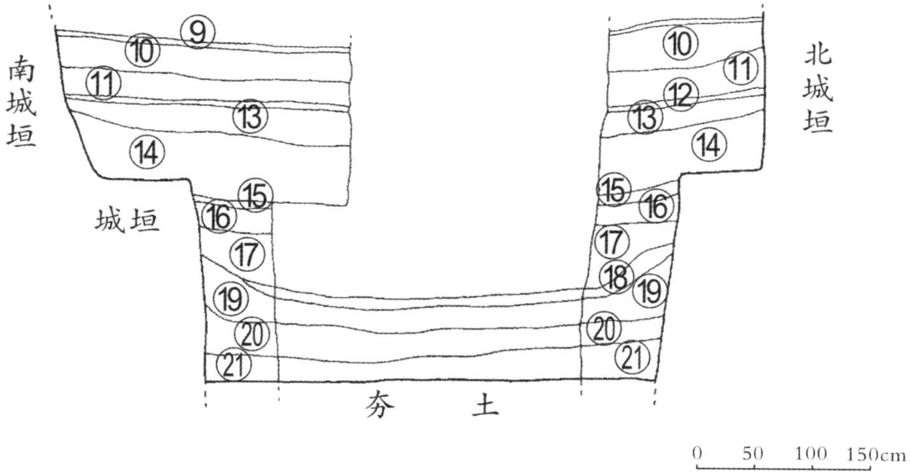

图三四 -1 西门门道关键柱东部剖面图

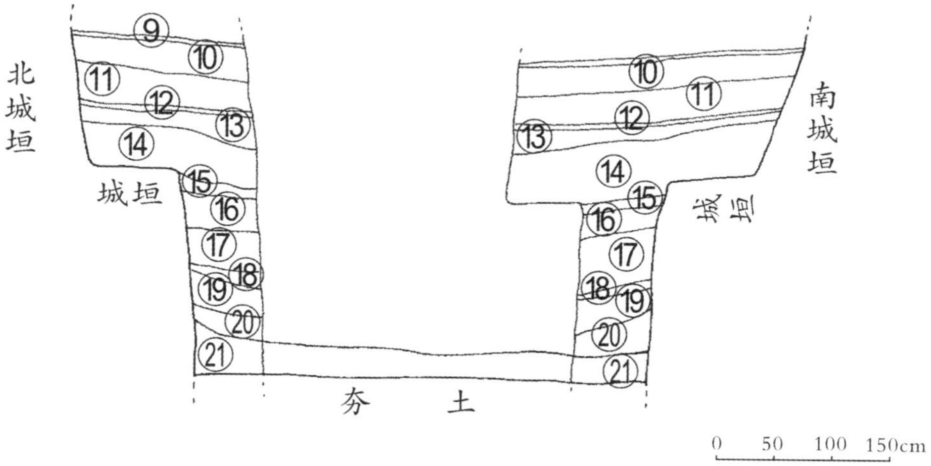

图三四 -2 西门门道关键柱西壁剖面图

第④层灰褐色土，厚0.15—0.9米，距地表深2.2—3.2米，分布于整个门道探方内，土质疏松，夹杂有残铁器、砖瓦块、石块、兽骨、灰陶器及瓷片等，可辨器型有陶罐、盆、壶等，瓷器釉色以青釉为主，其次为白釉和酱黄釉等，纹饰以素面为主，其次有暗花、印花纹等。

第⑤层黑褐色土，最厚0.7米，距地表深2.5米，分布于门道探方中部偏北，土质稍硬，夹杂有砖瓦块、石块、残铁器、炼渣、兽骨及灰陶片、瓷片等，可辨器型有陶罐、盆等，纹饰有方格暗纹，内壁饰麻点、弦纹等，瓷片较少，以白瓷为主，其次有青瓷、酱釉瓷等，器型以碗为主。

第⑥层浅黄褐色沙土，最厚 0.4 米，距地表深 2 米，分布门道探方中部偏东，土质较松散干燥，沙层明显，夹杂有木炭屑、砖瓦块、兽骨以及少量残陶片等，陶片量少而破碎，器型难辨。

第⑦层草木灰烬层，厚 0.1—0.15 米，土质松散，土色深黑，夹杂少量沙性土壤，内含少量陶、瓦残片和黑瓷残片等。此层为宋代层，应该是统万城遭焚毁后留下的遗迹。

第⑧层黄褐色沙土，厚 0.15—0.25 米，土质疏松，夹杂少量白色黏土颗粒，内含少量瓦片、灰陶残片及黑、白瓷片和兽骨等。

第⑨层活动硬面，厚 0.05—0.1 米，土质较硬，表面有踩踏痕迹，土色呈白褐色，应为实用（房址）地面。在东、南、北部原夯土墙上有另垒砌的夯土块，草拌泥粘合，夯土块现存高 0.5—1.2 米、上部厚 0.4 米、下部厚 0.2 米，壁面用草拌泥抹平，厚 0.02 米。西部夯土块现存较少。地面南北长 1 米、东西宽 9.4 米，中部被现代人活动所破坏。该处第⑥—⑨层应为宋代堆积层。

第⑩层浅黄褐色沙土层，厚 0.35—0.5 米，土质较疏松干燥，内夹杂较多夯土块，北部夯土上有少量草拌泥，出土少量灰陶残片及黑、白瓷片、板瓦、筒瓦残片和兽骨等。

第 ⑪ 层深黄褐色沙土层，厚 0.45—0.75 米，土质较疏松，内夹杂少量白色黏土颗粒和风沙侵蚀覆盖层，东部和北部夯土墙上抹有少量草拌泥，出土少量灰陶残片及黑、白瓷片、砖瓦块和兽骨等。

第 ⑫ 层为活动硬面，厚 0.05—0.1 米，土质较硬，表面有踩踏痕迹，土色呈白褐色，应为实用地面。该地面南部保存较差，第 ⑪、⑫ 层东、北部夯土墙上涂抹草拌泥应为该地面墙壁，现存高 0.9—1.1 米，地面南北长 1 米、东西宽 9.2 米，中部被后人活动所破坏。

第 ⑬ 层浅灰褐色沙土层，厚 0.15—0.45 米，土质较硬，内夹杂白色黏土颗粒和少量夯土块，出土少量灰陶残片及黑、白瓷片、铁器残块和较多的板瓦残片、兽骨等。较重要的有陶纺轮 1 件，中部带两孔；残石器 1 件；残玉璧 1 件。

第 ⑭ 层灰褐色沙土层，厚 0.3—0.4 米，土质较硬，内夹杂较多风沙侵蚀覆盖层和白色黏土颗粒，出土较多板瓦和筒瓦残片、少量灰陶残片及黑、白瓷片，砖块和兽骨等。

第 ⑮ 层深灰褐色沙土层，厚 0.1—0.6 米，土质较硬，内夹杂少量烧红土块和木炭屑，出土较多板瓦和筒瓦残片、少量灰陶残片、白瓷片、铁器残块和兽骨等。

第 ⑯ 层灰白褐色土层，厚 0.2—06 米，分布于门道中西部，部分延伸至东部后补夯土下，未发掘。内含白土块，土质较硬，夹杂有少量砖瓦块、兽骨、残石块、炼渣和灰陶残片等。该层下开口有四条东西向坑槽遗迹。

第 ⑰ 层倒塌废弃层，厚 0.3—0.72 米，分布于门道中西部，浅灰褐色土，土质较硬，内含少量砖瓦块等。

第 ⑱ 层深青灰褐色土层，厚 0.1—0.5 米，由东向西倾斜，西部较厚，局部填充城垣夯土块，土质稍硬，夹杂有砖瓦块、兽骨、石块及灰陶器残片及瓷片等，可辨器型有陶罐、盆、壶等，纹饰以弦纹为主，其次为横、竖条暗纹等。

第 ⑲ 层灰黄褐色土层，厚 0.25—0.5 米，分布于门道内中部偏西，部分延伸至东部夯土内，中部堆积较厚，两侧稍薄，土质松软，内含砖瓦块、铁器、兽骨、残石块及灰陶片、瓷片等，可辨器型有陶罐、盆、壶、碗等，纹饰以横、竖线暗纹为主，其次为弦纹等，瓷器釉色有白釉、茶叶末釉、黄釉等。出土黄釉陶碗 1 件，可复原。

第 ⑳ 层黄黑褐色土层，厚 0.2—0.55 米，两边薄，中部厚，倾斜堆积，分布于整个门道，土质松软，夹杂有砖瓦块、兽骨、残石块及灰陶片、筒瓦等，可辨器型以盘口高领罐为主，其次为盆等。筒瓦 1 件，较完整，长 57 厘米，宽 18 厘米，厚 2.5 厘米。

第 ㉑ 层灰黑褐色土层，厚 0.2—0.72 米，土质较疏松，分布于整个门道内，内含残石块、兽骨、砖瓦块、灰陶残片等，可辨器型有陶罐、盆等（图三四，西门关键柱剖面图）。

两处地层相对应关系及时代推测为：门道内发现的 G1、G2 与 TG1 内的 G1、G2 相连。TG1 内第⑨层相当于门道内第 ⑳ 层，TG1 内第 ⑪ 层相当于门道内第 ㉑ 层。第⑦层为宋代文化层，门道内第 ⑮—⑲ 层为唐代堆积层，第 ⑳、㉑ 层为南北朝时期。这样，①层为现代堆积，②—⑥层为

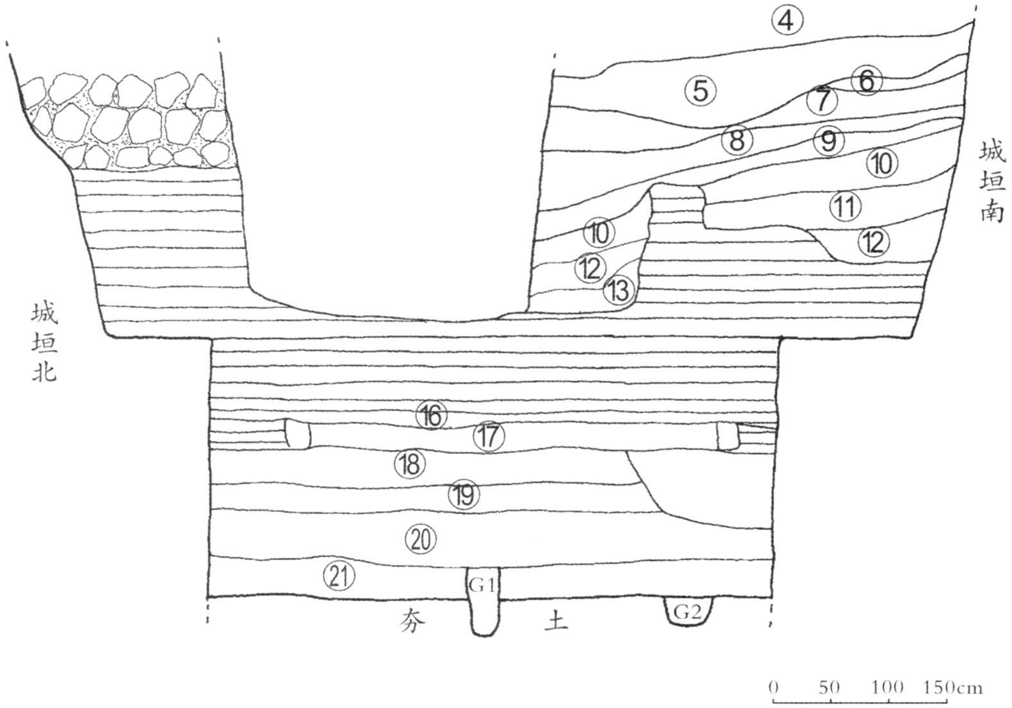

图三四 -3 西门门道关键柱剖面图

宋代以后堆积，⑦层为宋代堆积，⑧—⑭ 层为五代、宋代堆积，⑮—⑲ 层为唐代堆积，⑳、㉑ 层为北朝时期堆积。

C. **其他文化遗迹及出土遗物**

门道发掘清理的文化遗迹有灰坑 6 座、沟 2 条、房址 1 处，以及第 ⑯ 层下遗迹 1 处、壁柱槽及柱坑遗迹、门垛及其他遗迹。TG1 发掘清理出灰坑 21 座、井 7 眼、房址 2 处、沟 2 条、夯土遗迹 3 处、柱洞 46 个。现按门道内遗迹及 TG1 内遗迹两部分叙述。

门道内遗迹

灰坑　共 6 座，编号 H1—H6。根据地层关系及出土物分析，H1、H2 为唐代灰坑，H3、H4、H5、H6 为北朝时期灰坑。

北朝时期灰坑

H3　位于西门门道西侧与瓮城相连，开口于第 ⑳ 层下，打破 G1、活动硬面及门道南北夯土拐角，西部延伸至瓮城内，由于瓮城已于 2008 年发掘，故其西部未揭露，结构不明。现发掘 H3 平面似不规则三角形，南、

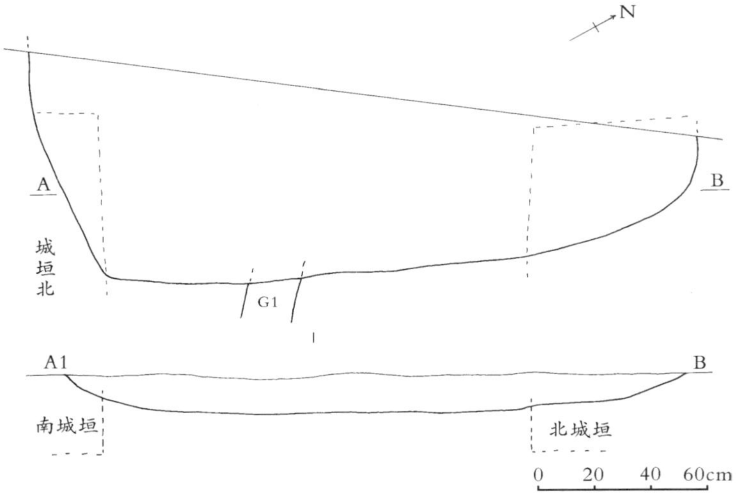

图三五　西门门道 H3 平剖面图

北两端分别打破门道拐角。坑壁粗涩向下斜收，底部凹凸不平。坑口南北长 6 米、北部东西宽 0.6 米、南部东西宽 2 米、中部深约 0.35 米（图三五，西门门道 H3 平剖面图）。坑内填浅黄灰褐色土，土质松散干燥，夹杂有少量木炭屑、砖瓦块、兽骨及少量陶片等。坑底部堆积厚约 0.01 米的淤积沙层。初步判断 H3 应为 G1 排水流入瓮城内冲刷而成。

H4　位于西门门道内中部偏南，开口于第 ⑳ 层下，打破 G1、H5 及夯土。平面呈南北向不规则长方形，坑口北壁较圆弧，南壁平直，壁面向下斜收至底部。底部较平坦，局部有坑洼。坑口长 2.78 米、宽 0.65 米、深约 0.08—0.1 米（图三六，西门门道 H4 平剖面图）。坑内填灰褐色土，土质稍硬，夹杂有少量兽骨、砖瓦块及灰陶片等。

H5　位于西门门道中部偏南，开口于第 ㉑ 层下，北壁偏中部被 H4

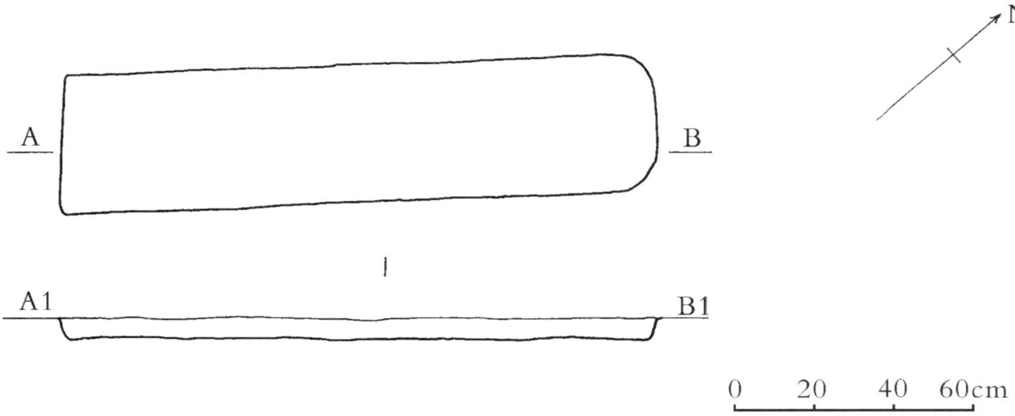

图三六　西门门道 H4 平剖面图

打破，同时打破底部夯土。平面呈不规则形状，坑壁平滑较竖直规整，底部呈三级台阶状，局部高低不平。坑口东西长 2.1 米、东部最宽处 0.7 米、西部最宽处 0.6 米、深约 0.1—0.3 米（图三七，西门门道 H5 平剖面图）。坑内填灰黄褐色土，土质松软干燥，夹杂有少量木炭粒、砖瓦块、残石块、兽骨及灰陶片等。

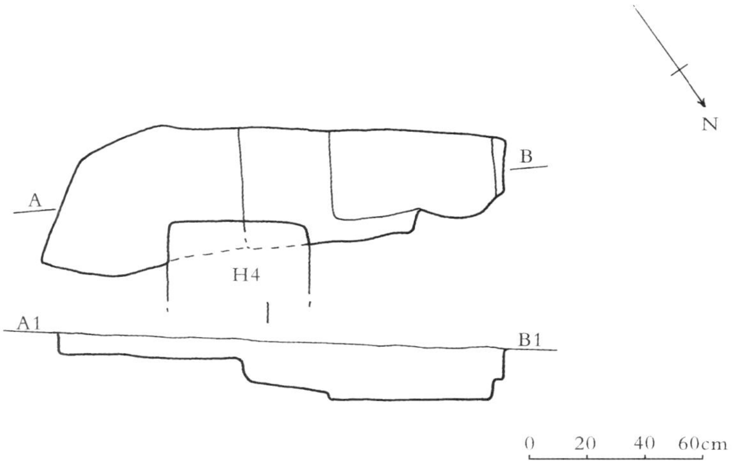

图三七　西门门道 H5 平剖面图

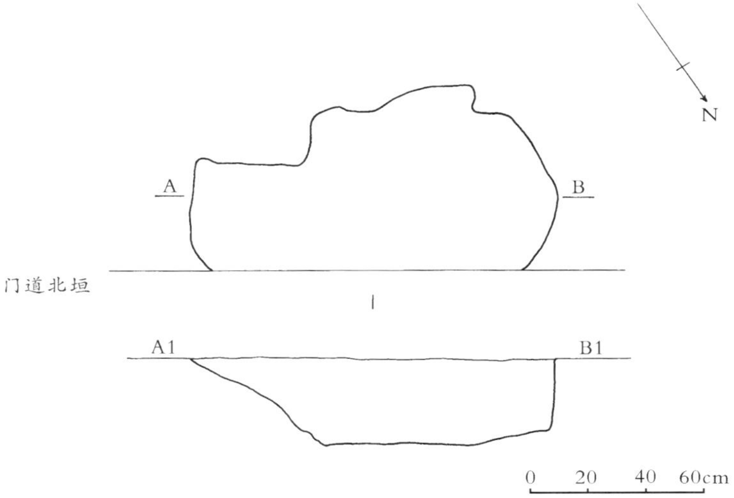

图三八　西门门道 H6 平剖面图

H6　位于西门门道中部偏北，开口于第 ㉑ 层下，打破夯土。平面呈东西向不规则形状，坑口粗涩不齐，西壁坑口圆弧，坑壁较竖直微斜收至底部，东壁斜直收，底部高低不平。坑口长 2.2 米、宽 0.7—1.15 米、深约 0.52 米（图三八，西门门道 H6 平剖面图）。坑内填浅黄灰褐色土，土质稍硬，内含有少量砖瓦块、残石块、兽骨残渣及灰陶片等，可辨器型有高领罐口沿、腹等。

唐代灰坑

H1　位于西门门道西南部，开口于第 ⑮ 层下，打破第 ⑯ 层。平面呈

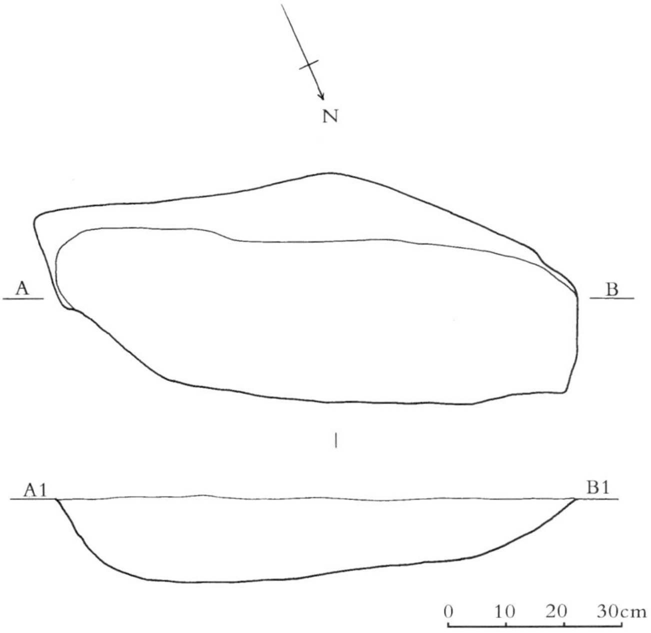

图三九　西门门道 H1 平剖面图

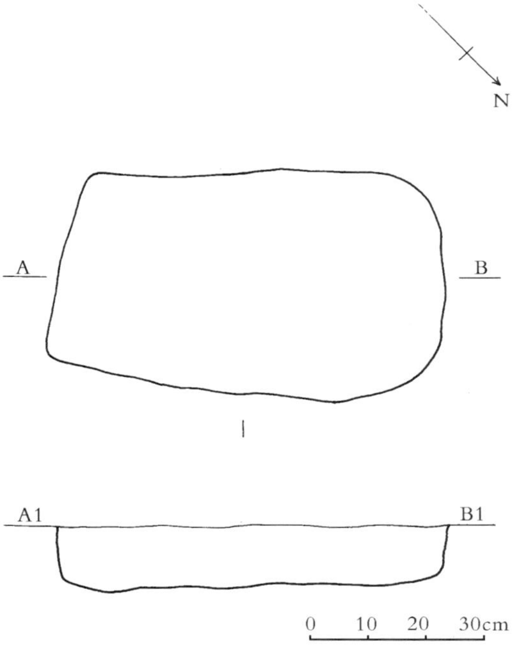

图四〇　西门门道 H2 平剖面图

不规则椭圆形，袋状坑，北部坑壁外弧较竖直，南部坑壁内斜收，底部呈西浅东深的斜坡状。坑口东西长 1.5 米、南北宽 0.45—0.68 米、深约 0.25 米（图三九，西门门道 H1 平剖面图）。坑内填灰褐色土，土质松散干燥，夹杂有少量木炭屑、植物根系及碎砖瓦块等。

H2　西门门道西南部，开口于第 ⑮ 层下，打破第 ⑯ 层，西南距 H1 约 0.5 米。平面呈东西向不规则长方形，西宽东窄。坑口西壁稍圆弧，向下稍斜内收至底部，东壁坑口较竖直向下斜收。底部较平坦，局部有坑洼。坑口东西长 1.05 米、南北宽 0.52—0.65 米、深约 0.18 米（图四〇，西门门道 H2 平剖面图）。坑内填浅灰褐色土及浅黄褐色沙土，土质松散干燥，夹杂有零星木炭屑、兽骨、灰陶片及大量砖瓦块等，灰陶片器型以陶罐腹部为多。

北朝时期排水沟　2条，编号G1、G2。

G1　位于西门门道中部，开口于第⑳层下，打破第㉑层及门道内夯土，中部被H4打破，西部被H3打破。在清理完第㉑层后发现，由于G1底部较狭窄加之较深，不便大面积发掘，故在第⑳层下开口后清理约0.5米深，再清理掉第㉑层后，继续清理G1至底部。G1平面呈东西向长条形，部分边壁有水流冲刷塌陷痕迹，沟道中部较狭窄，其余边壁较规整向下内收，底部东高西低，略呈缓斜坡状，凹凸不平，横剖面呈“U”字形。现发掘G1东西长约11.58米、宽0.25—0.55米、深0.93米（图四一，西门门道G1平剖面图）。内填浅黄灰褐色沙土，土质较松散干燥，夹杂有木炭粒、砖瓦块、兽骨及灰陶残片等。发掘表明，其与西城西门东部TG1内的G1为一整体，供城内积水排泄于瓮城内，属北朝时期统万城排水系统的一部分。

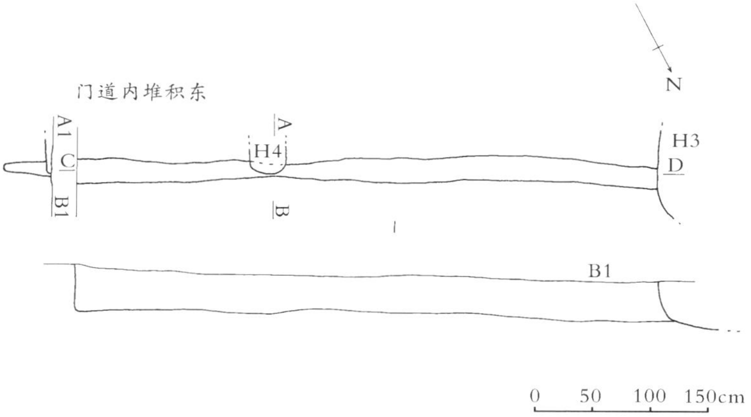

图四一　西门门道G1平剖面图

G2　位于西门门道内南侧，开口于第㉑层下，打破底部夯土部分。在清理完第㉑层后发现，该处沙土堆积较多，且土质松散，依次向下清理至底部。G2平面呈“长条形”，东西向横穿门道，横截面呈“U”形，东部上口破坏严重，中部底面南北向平铺残条砖2块，北壁卧砌残条砖2块。西部向南修建改道，底部东高西低，微呈斜坡状。由于2008年已对瓮城内进行过发掘，因此现发掘G2东西长约13米、口宽0.3—0.95米、底宽0.18—0.35米、深0.15—0.28米，西部较浅。中部砌砖规格长约16厘米，宽13厘米，厚5厘米（图四二，西门门道G1平剖面图）。G2内填浅灰褐色沙土及黄褐色沙粒，土质较松散干燥，夹杂有少量砖瓦块、兽骨及灰陶残片等。发掘表明，其与西城西门TG1内的G2相连接，供城内积水横穿门道流入

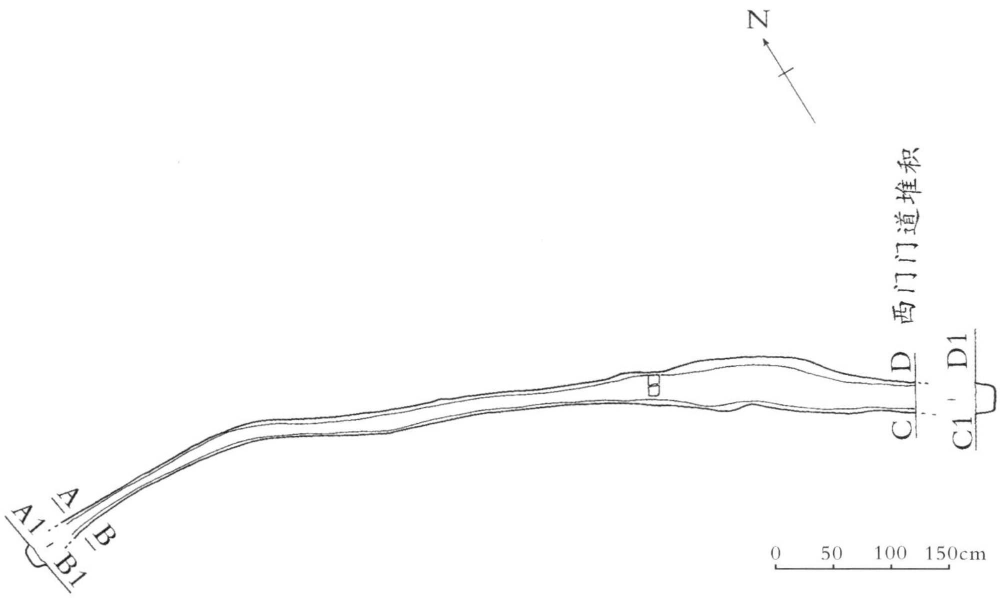

图四二 西门门道 G1 平剖面图

瓮城内，属排水系统一部分，时代为北朝。

唐代房址 1处，编号 F1。

位于西门门道东部，开口于第 ⑮ 层下，打破第 ⑯ 层。平面近方形，四周壁面连接呈斜直状，边长不等，上部结构破坏严重，仅存底部四角柱础石或柱础坑。踩踏面部分未见门道及其他迹象。东北、东南角础石为方形砂石，均残，西北角础石圆形，西南角仅存近长方形柱础坑 1 个，内无柱础石。长 3.84—4.2 米、宽 3.8—3.55 米、底部踩踏硬面厚约 0.02—0.04 米（图四三，西门房址 F1 平剖面图）。

柱础石：东北角，方形砂石，边长 38 厘米，厚 18 厘米，中部残断；东南角，北距东北角柱础石 3.05 米，方形砂石，边长 42 厘米，厚 18 厘米，砂石中部残断为 4 块，西北角雕琢有一圆形臼窝，直径 6 厘米，深 4 厘米；西南角，东距东南角柱础石 2.5 米。为不规则长方形柱坑，东西长 0.55 米、南北宽 0.45 米、深 0.36 米，底部较平；西北角，南距西南角柱础石 3.3 米，东邻间距 2.9 米。圆形柱坑，内有圆形砂石质柱础石 1 件，柱坑直径 0.5 米、深 0.4 米，砂石直径 0.4 厘米，厚 0.16 厘米。

内填浅褐色沙土，土质较松散干燥，夹杂有木炭屑、残陶片、兽骨及大量砖瓦块等，修复陶瓮 1 件（图版 278、280），方砖 1 块（图版

316）。初步推断该房址建筑年代应为唐。

唐代地栿槽

位于西门门道内，遗迹叠压于第⑯层下，由4条长条形坑槽组成，南、北各两条，西北及东南两条坑槽较长，东北、西南两条较短，均为西北—东南走向。地栿编号：东北为1、东南为2、西南为3、西北为4。现分述如下：

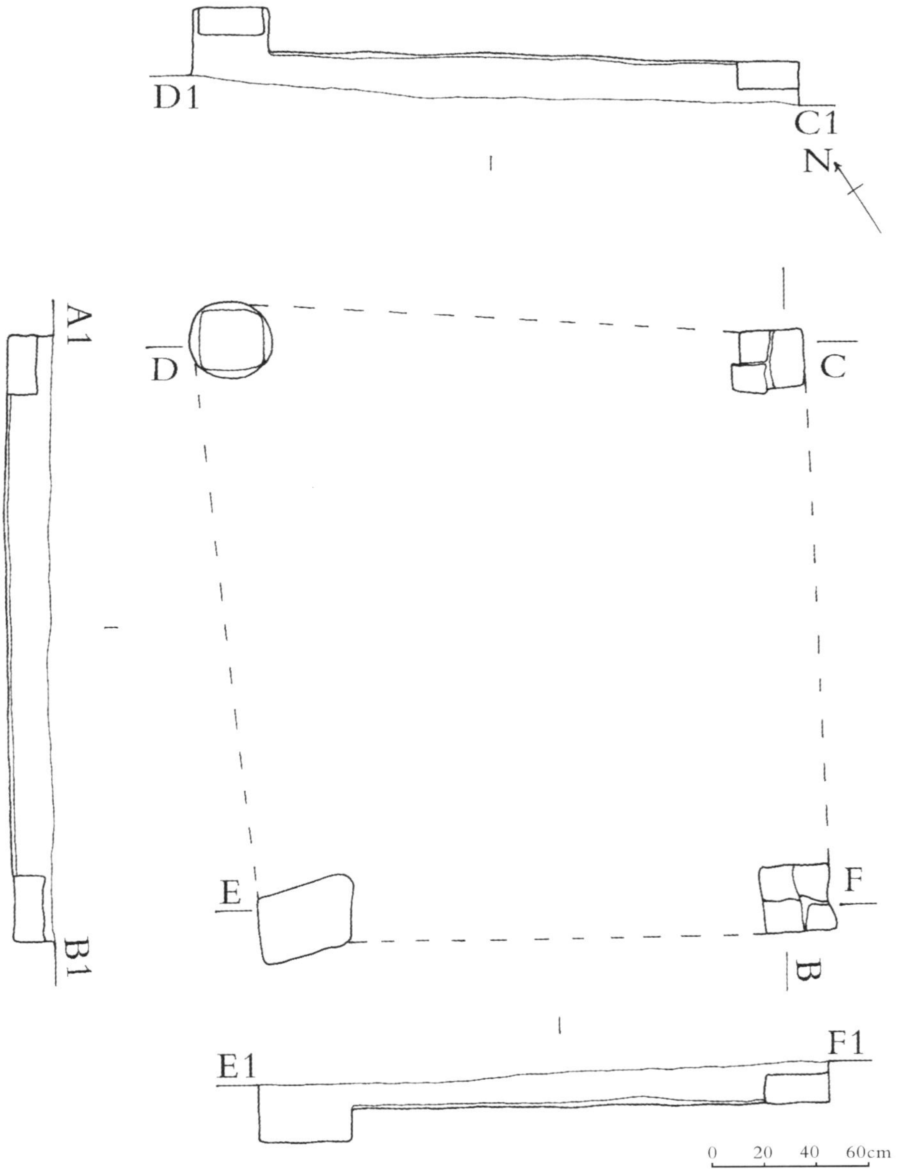

图四三　西门房址F1平剖面图

1. 仅发掘清理西部，其余部分延伸至东部，叠压于后补夯土之下，未完整揭露。发掘长度 1.3 米、宽 0.3 米、深 0.4 米，经钻探可知，坑槽东西总长约 6.8 米，距北部夯土约 0.9 米。坑槽内填浅黄灰褐色土，土质松软，夹杂有兽骨、砖瓦块等，坑底较平，局部残留有朽木痕迹。

2. 仅发掘清理西部，其余部分延伸至东部，叠压于后补夯土之下，未完整揭露。发掘长度 2.75 米、宽 0.22—0.28 米、深 0.4 米，解剖门道南部结构可知，坑槽东西总长约 8.3 米，北距 1 号 4.6 米，距南部夯土约 0.4—0.5 米。坑槽内填灰褐色土，土质松软，夹杂有木炭屑、兽骨、砖瓦块等，坑底较平，残留有朽木痕迹。

3. 发掘长度 3.55 米、宽 0.38 米、深 0.2 米，东距 2 号 5 米，距南部夯土约 0.55—0.6 米。坑槽内填黑灰褐色土，局部掺杂黄褐色沙土，土质松软，未见包含物，底部较平，东部残留有朽木痕迹及焚烧过的块状木炭，上部有明显的塌陷痕迹。

4. 东西长 5.7 米、南北宽 0.2—0.25 米、深 0.34 米，南距 3 号 4.3 米，东距 1 号坑槽 4.32 米，距北部夯土约 0.7—1 米。坑槽内填灰褐色土，土质松软，内含木炭屑及少量砖瓦块等，底部较平，东部残留有朽木痕迹，厚约 0.01 米（图四四，地栿平剖面图）。

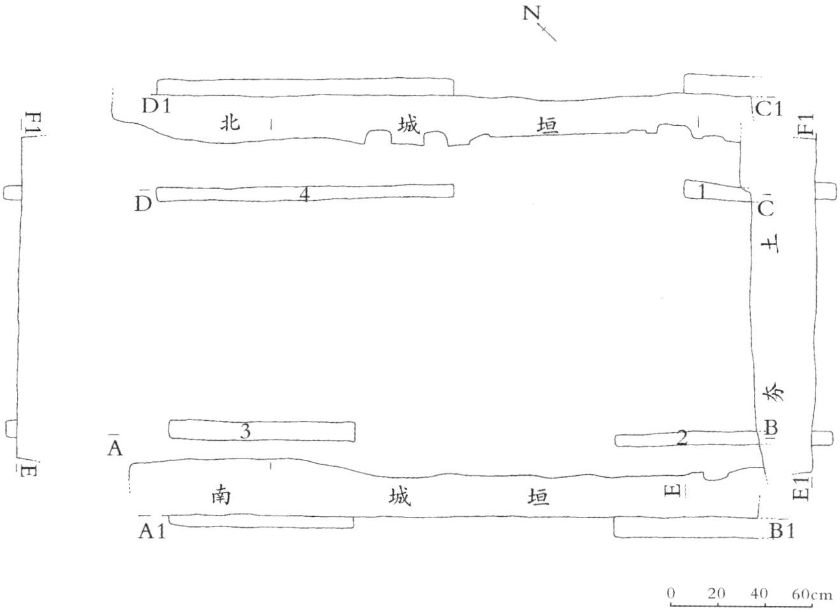

图四四 地栿平剖面图

通过解剖门道南部横截面可知，发掘清理的 4 条地栿坑均塌陷，保存较差，叠压于门道后补夯土下的部分保存较好。坑槽内均东西向横置有宽 20 厘米，厚 15 厘米的方木。该遗迹在第 ⑯ 层下暴露，打破第 ⑰ 层。第 ⑰ 层纯属人为有意识的铺垫城垣夯土，厚 0.6—0.75 米。西城西门瓮城废弃后，为封堵门道，底部放置方木整体夯筑，但不知何原因，今发掘清理的区域放置方木后并未夯筑，仅夯筑门道东半部分。初步推测该遗迹年代最晚为唐代。

北朝时期统万城西门排叉柱坑遗迹

在西门道南北两侧夯土壁面上分别留有排列整齐的排叉柱槽各 15 个，共 30 个（发掘 25 个）。南侧编号：1—9 号、3—35 号；北侧编号：1—18 号、40 号（北壁东部未解剖发掘，为复原示意图，壁柱槽暂未编号）。壁柱槽均打破墙壁中部平台南北两侧夯土壁面，方形柱槽明显留有工具凿修痕迹。柱槽形状由东向西错杂排列，其顺序为圆形—方形—圆形 2—方形—圆形 2—方形—圆形—方形—圆形—方形—圆形—方形—圆形，计有圆形柱槽 9 个，方形柱槽 6 个。当第 ㉑ 层解剖完后发现，在门道南北两壁地面以下，各残留有东西长 14.8 米、宽 0.22 米、厚 0.16 米的地栿横木槽，地栿木多已腐朽成灰，两栿木上以榫卯套接圆木或方木壁柱各 15 根。现将 25 个壁柱槽形制结构简述如下（图四五，西城西门洞底部遗迹分布图，图版 78、

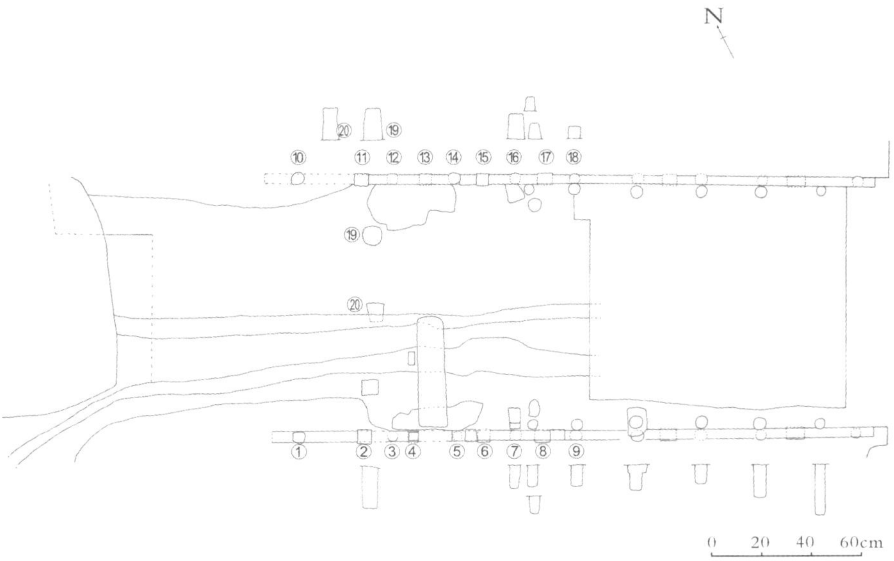

图四五　西城西门洞底部遗迹分布图

79、80）。

南壁1号：圆形立柱槽，底部呈五边形，直径约0.3米，上部向东倾斜，残留高度3米，距门道西端约5.1米。2号：方形立柱槽，厚0.34米、残高2.9米，西距1号立柱槽约1.25米。3号：圆形立柱槽，直径0.24米、进深0.08米、残留高度2.95米，西距2号立柱槽0.4米。4号：方形立柱槽，厚0.26米，朽木残留直径0.2米，残留高度0.5—1.3米，西距3号圆立柱槽0.28米。5号：圆形立柱槽，直径0.2米、进深0.08米、残留高度2.35米，西距4号立柱槽0.82米。6号：方形立柱槽，厚0.3米、进深0.1米、残留高度3米，西距5号立柱槽0.4米。7号：圆形立柱槽，直径0.3米、进深0.1米、残留高度2.5米，西距6号立柱槽0.5米。8号：方形立柱槽，宽0.4米、厚0.3米、进深0.16米、残留高度3米，西距7号立柱槽0.32米。9号：圆形立柱槽，直径0.3米、进深0.2米、残留高度2.9米，西距8号立柱槽0.48米。30号：圆形立柱槽，直径0.3米、进深0.08米，现发掘残留高度1米，西距9号立柱槽1.2米。31号：方形立柱槽，宽0.4米、厚0.3米、进深0.06米，现发掘残留高度1米，西距30号立柱0.4米。32号：圆形立柱槽，直径0.3米、进深0.1米，现发掘残留高度1米，西距31号立柱槽0.45米。33号：圆形立柱，直径0.25米、进深0.15米，现发掘残留高度0.95米，西距32号立柱槽1.2米。34号：方形立柱槽，宽0.45米、厚0.3米、进深0.13米，现发掘残留高度1米，西距33号立柱槽0.5米。35号：圆形立柱槽，直径0.22米、进深0.04米，现发掘残留高度0.5米，西距34号立柱槽1.15米，东距门道东端约0.65米，距底部地栿东部0.32米（图四六，西门门洞排叉柱洞正视图）。

北壁10号：圆形立柱槽，直径0.3米，上部向东倾斜，残留高度2.3米，西距底部地栿西端约0.65米。11号：方形立柱槽，厚0.32米，底部保存较好，

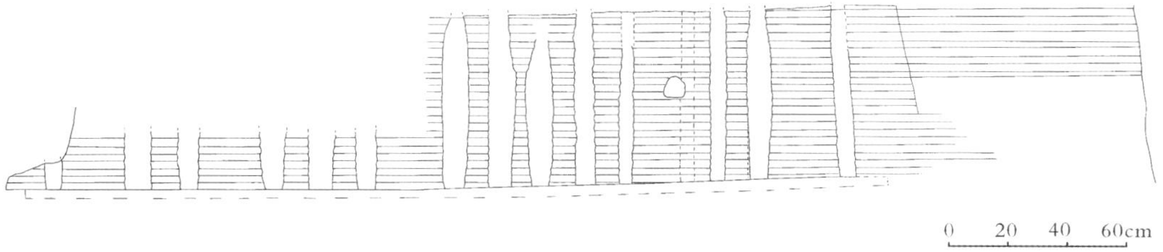

图四六　西门门洞排叉柱洞正视图

残留高度约3米，西距10号立柱槽1.24米。12号：圆形立柱槽，直径0.26米、进深0.1米、残留高度2.7米，西距11号立柱槽0.45米。13号：方形立柱槽，厚0.3米、进深0.05米、残存高度0.35米，西距12号立柱槽0.5米。14号：圆形立柱槽，直径0.26—0.28米、进深0.1米、残存高度2.6米，西距13号立柱槽0.4米。15号：方形立柱槽，直径0.3米、进深0.16米、残存高度3.05米，西距14号立柱槽0.4米。16号：圆形立柱槽，直径0.26米、进深0.13米、残存高度3米，西距15号立柱槽0.5米。17号：方形立柱槽，宽0.38米、厚0.28米、进深0.15米、残存高度2.45米，西距16号立柱槽0.4米。18号：圆形立柱槽，直径0.24米、进深0.16米、残存高度2.6米，西距17号立柱槽0.4米（图四七，西门门洞北侧排叉柱槽正视图）。

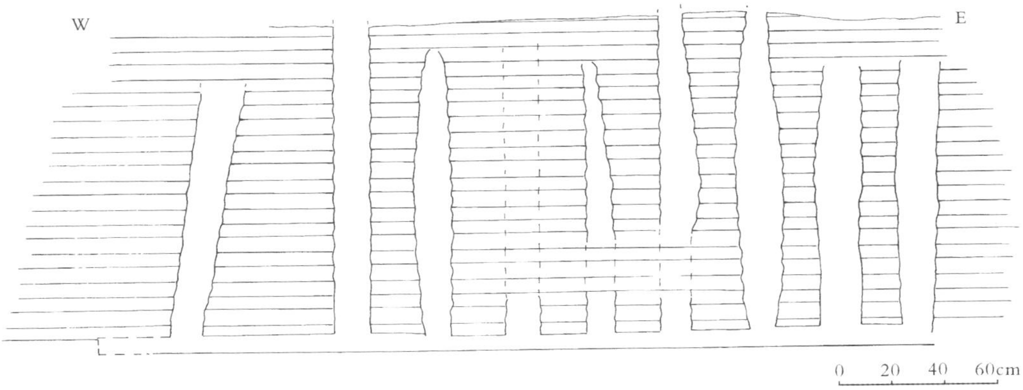

图四七　西门门洞北侧排叉柱槽正视图

在西门道地面中部偏东，南北两排壁柱槽内侧各有8个圆形及不规则形柱洞（坑），与东部南北两壁上的圆形壁柱槽相对应，南侧编号：22—25号、36—39号；北侧编号：26—29号（东部4个柱洞未发掘）。柱洞直径0.2—0.3米、深度0.5—1.3米、间距1.1—1.2米之间，均打破门道地面夯土。西部发现H5、H6两个灰坑，推测柱洞数量还应有所增加。在门道地面中部偏西处，清理出柱坑3个，编号19—21号，呈南北向排列，北端为圆形坑，直径0.5米、深0.8米；中间为梯形坑，南窄北宽，长0.45米、宽0.3—0.4米、深0.8米，与北边圆形柱坑间距1.4米；南端为方形坑，边长0.4米、深1.1米，北距梯形柱坑1.42米。

门垛遗迹　分别为南夯土门垛和北夯土门垛，位于门道东端南北两边，夯层厚约0.12—0.18米，破坏较严重，南北门垛上口加门道宽度约16.8米，下口加门道宽度20.6米，底部距现存地面高9米。南门垛底部南北宽6.8米、东西长3.5米，北门垛底部南北宽7.3米、东西长3.5米。横截面均呈梯形。

其他遗迹　通过对西门道发掘及解剖TG1硬面两处可知，西城西门先夯筑南北宽20.8米、东西长19.2米、西部高0.7米、东部高1.5米的基础平台后，东部留有宽1—1.1米的夯土，门垛南北边缘留有宽0.1米的夯土放大角，再夯筑南、北门垛及门道部分。平台基础顶大底小，呈倒梯形，外围垫有暗红褐色沙土及青灰白色黏土，西部长2.4米、宽3.9米的夯土较薄，仅存约0.1米的硬面向西延伸通往瓮城。通过发掘可知，统万城遗址西城西门为单门洞结构，排叉柱上应有木构建筑，宋太宗淳化五年（994）遭焚毁后，仅存底部方形与圆形壁柱槽和柱坑遗迹，门的具体位置较难确认。

门道东部未发掘区域为后补夯土，堆积为浅灰褐色土，土质稍硬，内夹杂有砖瓦块及木炭屑等，应为平夯，夯层厚度0.08—0.15米，中部留有一平台，东西长4米、南北宽4.8米，距顶部高约5.5米，用途不明，年代最晚下限应为唐代。

门道最底层发现两条宽约0.4—0.45米、深约0.03—0.05米的凹槽，内垫有砖瓦块、兽骨等。东西向横穿门道，总宽度约1.8米，应为道路中心部位，西部被H3打破，中部被G1、G2打破。

从发掘TG1底部情况来看，西城西门通往城内道路不能确认，未发现车辙痕迹。底部硬面向南较薄，厚0.04—0.05米。南部发现夯土遗迹一处，因发掘面积较小，推测进西门向南的道路较难成立，可能还要向东部延伸发掘才能确认。道路向北、向东可能性较大。解剖硬面北部清理发现，该处硬面土色呈深褐色，堆积两层厚约0.15米，与南部硬面土色区别较大，东部土色有明显变化（图四八，西城西门道平剖面图）。

TG1内遗迹：

灰坑　共21座，编号H1—H21。

依据层位关系结合出土物分析，H1至H4、H6至H7开口于第③层下，H5、H8开口于第④层下，H13开口于第⑥层下，H4开口于第⑦层下，H9至H12、H15至H16开口于第⑧层下，H17至H19开口于第⑨层

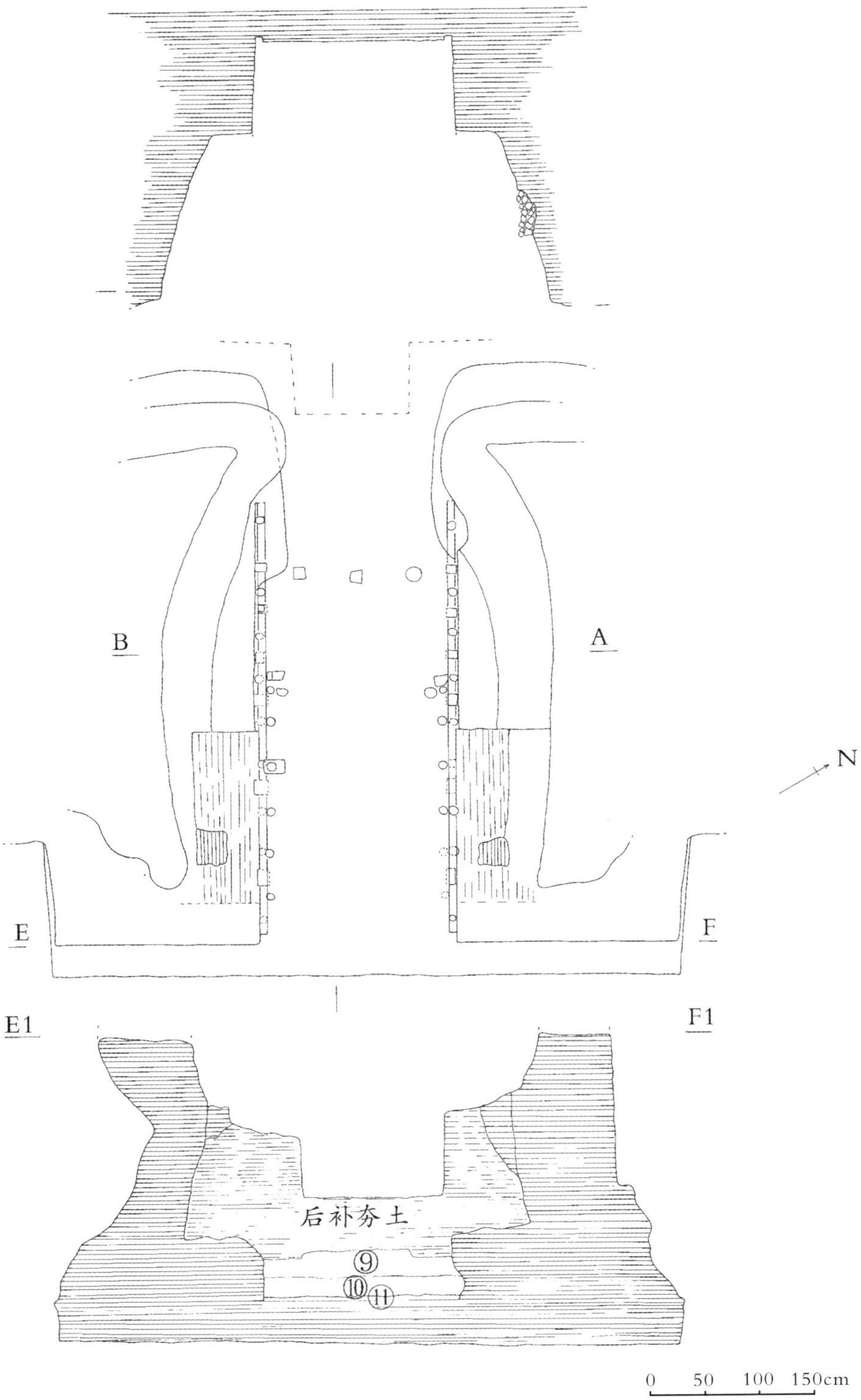

图四八　西城西门道平剖面图

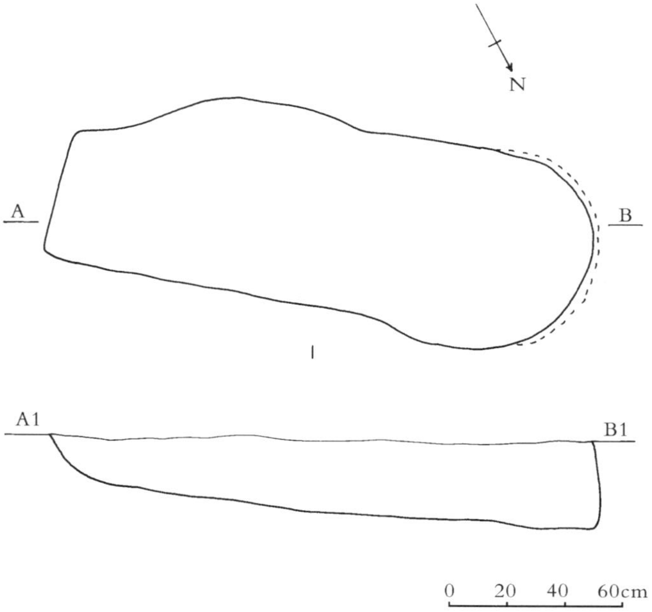

图四九　西城西门 TG1H20 平剖面图

下，H20、H21 开口于第⑩层下。同时 H9 打破 H15，有的灰坑打破城垣。它们之间存在相对的时间早晚关系。具体来说，H20、H21 时代最早，约为唐代早期；H17、H18、H19 次之，属唐代中期；H9、H10、H11、H12、H15、H16 再次，约为晚唐五代；H4 约为五代末宋初；H13 为统万城遭焚毁后的遗迹，约为金元时期；H5、H8 约为元明；H1、H2、H3、H6、H7 最晚，约为明清时期。

唐代早期灰坑　两座，均被第⑩层叠压。

H20　在清理完第⑩层后于探沟东北部偏中处发现，坑口平面呈东西向不规则形，西部坑口圆弧，坑壁由上至下外弧收至底部，中东部坑壁亦不规整，由上至下斜弧收至底部，壁面粗涩不光滑。底部呈东高西低的斜坡状，坡面凹凸不平。坑口东西长 3.5 米、南北宽 0.85—1.3 米、深 0.2—0.58 米（图四九，西城西门 TG1H20 平剖面图）。坑内填浅灰黑褐色土，土质稍硬，内含砖瓦块、兽骨、残石块及少量灰陶残片等，可辨器型有陶罐、盆、壶等。坑内出筒瓦 1 件，残断。

H21　位于西城西门 TG1 西北角外，开口于第⑩层下，打破第 ⑫ 层。H21 北部延伸至探沟北壁内，未完整揭露。现发掘坑口平面呈东西向不规则长方形，坑壁斜弧收至底部，底中部较平坦。坑口东西长 2.25 米、南北宽 0.54—0.6 米、深 0.4—0.6 米（图五〇，西城西门 TG1H21 平剖面图）。内填黄灰褐色土，土质疏松，内含木炭屑、砖瓦块、碎石块及灰陶残片等，可辨器型有陶细颈盘口罐，纹饰以弦纹、素面为主。该坑出土铜带扣 1 件，较完整；臼状石器1件，较完整。

唐代中期　3座，被第⑨层叠压。

H17　位于西城西门TG1南部稍偏西，开口于第⑨层下，打破第⑩层及J2和南城垣，北距J5约1.05米。H17坑口平面呈不规则形，坑口边壁圆弧，南部壁面局部塌陷，壁面挖凿较粗糙。底部稍呈缓斜坡，坑洼不平。坑口东西最长径1.9米、南北短径1.4—1.75米、深0.4米（图五一，西城西门TG1H17平剖面图）。内填灰褐色土，土质疏松，内含砖瓦块、兽骨、残石块及大量灰陶残片、酱釉瓷片等。陶器纹饰有素面、弦纹及刻划纹等，可辨器型以盆为主，其次为罐、壶、双耳罐等。修复陶擂钵1件（图版286、287下左、下右）。

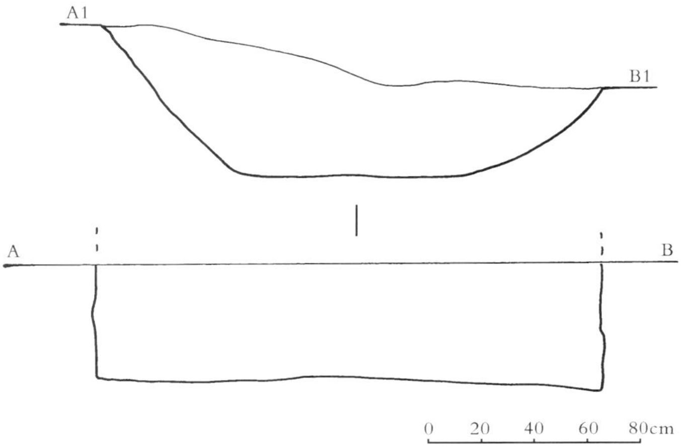

图五〇　西城西门TG1H21平剖面图

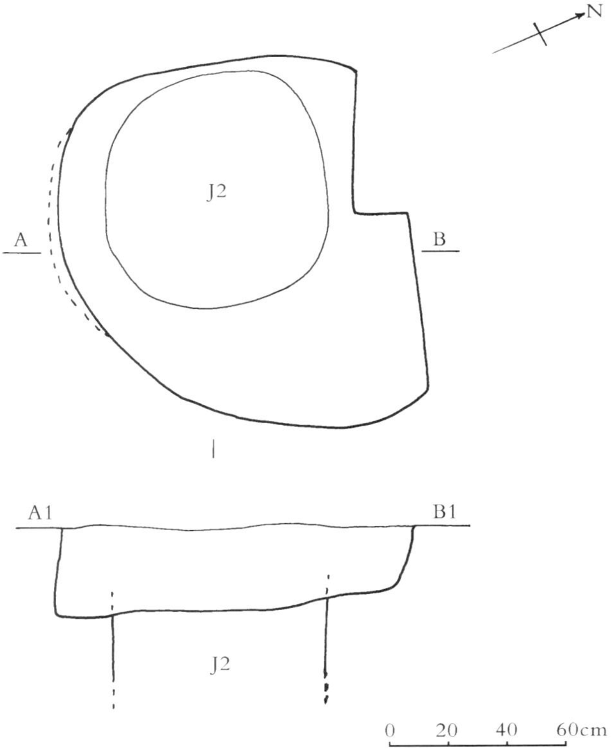

图五一　西城西门TG1H17平剖面图

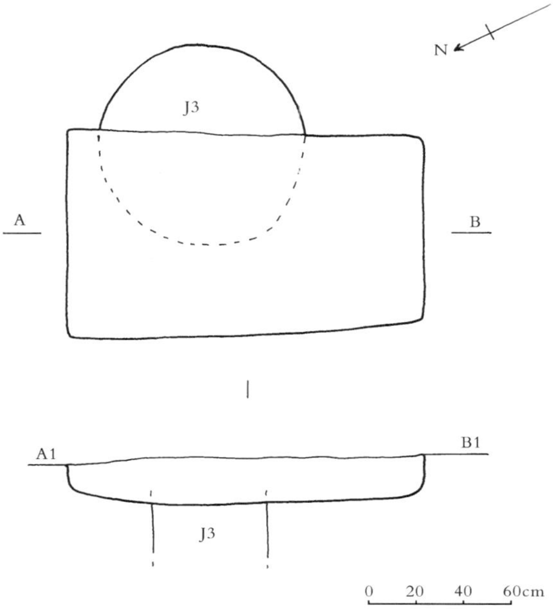

图五二 西城西门 TG1H18 平剖面图

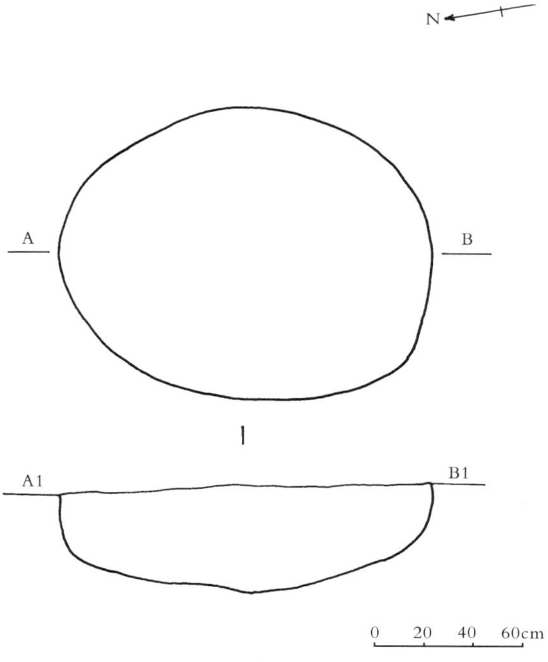

图五三 西城西门 TG1H19 平剖面图

H18 位于西城西门 TG1 东南角，开口于第⑨层下，打破 J3 及第 ⑪ 层，北距 H17 约 1.6 米，东北距 J4 约 1.87 米。坑口平面呈梯形，北宽南窄，坑壁较竖直规整，壁面平滑，底部内凹。坑口南北长 1.88 米、南宽 1 米、北宽 1.12 米、深 0.26 米（图五二，西城西门 TG1H18 平剖面图）。内填浅灰褐色土，土质疏松，内含木炭屑、砖瓦块、兽骨、残石块、铁器、瓦当及大量灰陶残片等，可辨器型以灰陶罐为主，其次为盆等。

H19 位于西城西门 TG1 北部，开口于第⑨层下，打破第⑩层。坑口平面呈椭圆形，坑壁斜弧内收至底部，壁面粗涩不齐，底中部凹陷，凹凸不平。坑口南北长径 1.9 米、东西短径 1.5 米、深 0.3—0.56 米（图五三，西城西门 TG1H19 平剖面图）。内填黑褐色土，土质疏松，内含木炭屑、砖瓦块、兽骨、残石块及少量灰陶残片等，陶器纹饰均为素面，可辨器型有高领罐口沿。

唐代晚期至五代 6 座，均被第⑧层叠压。依形状分为

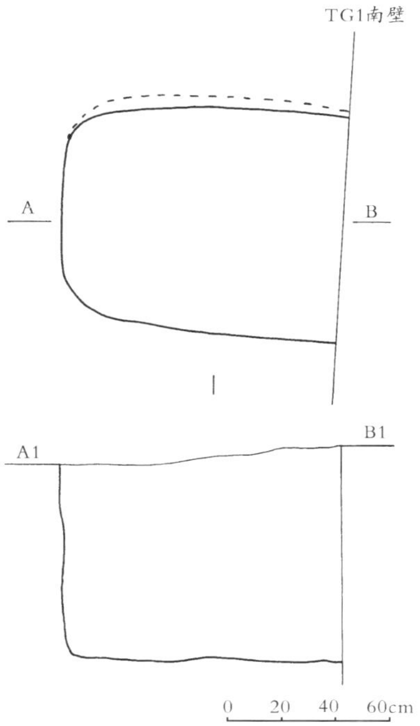

图五四　西城西门 TG1H9 平剖面图

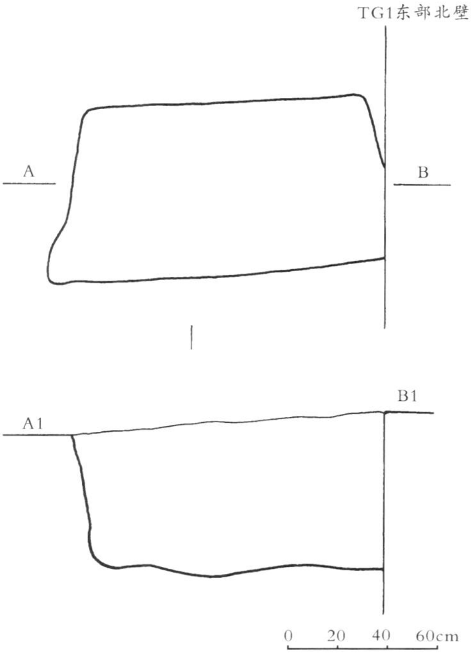

图五五　西城西门 TG1H12 平剖面图

不规则梯形、不规则长方形、椭圆形等。

不规则梯形灰坑

H9　位于西城西门 TG1 南端偏东，部分叠压于探沟南壁内，未发掘，开口于第⑧层下，打破第⑨层，西距 H11 约 2.4 米，东侧紧邻 H15。现发掘平面呈南北向不规则梯形，南宽北窄。坑东部壁面较粗糙，局部内凹，北、西两壁面有明显筑坑时遗留的工具修整痕迹，底部较平坦。现发掘坑口南北长 1.44 米、东西宽 0.9—1.2 米、深 1.1 米。工具痕迹长 0.1—0.12 米、宽 0.03 米（图五四，西城西门 TG1H9 平剖面图）。坑内填黑灰褐色土，土质松散干燥，内含有木炭屑、兽骨、残铁器及陶、瓷器残片、砖瓦块、碎石块等。

H12　位于西城西门 TG1 东部偏北，西南距 J1 约 0.75 米，开口于第⑧层下，打破第⑨层，东北角延伸至探沟北壁底。平面呈南北向不规则梯形，西短东长，南宽北窄。坑壁向下斜直内收至底部，壁面较规整，底部凹凸不平。坑壁东北角叠压于 TG1 东部北壁下。坑口南北长 1.2—1.4 米、东西宽 0.7—0.75 米、深 0.66 米（图五五，西城西门 TG1H12 平剖面图）。

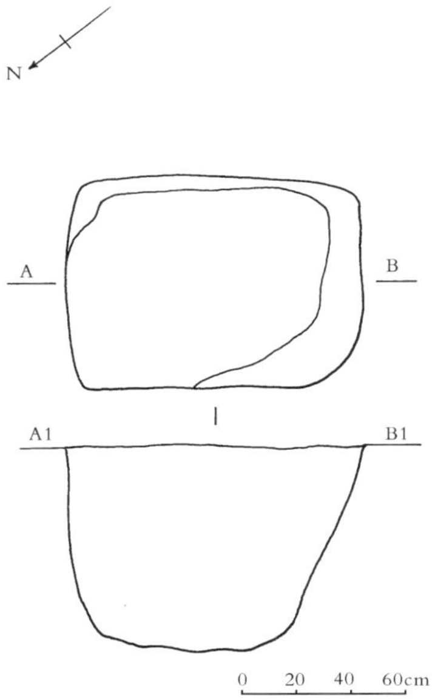

图五六　西城西门 TG1H10 平剖面图

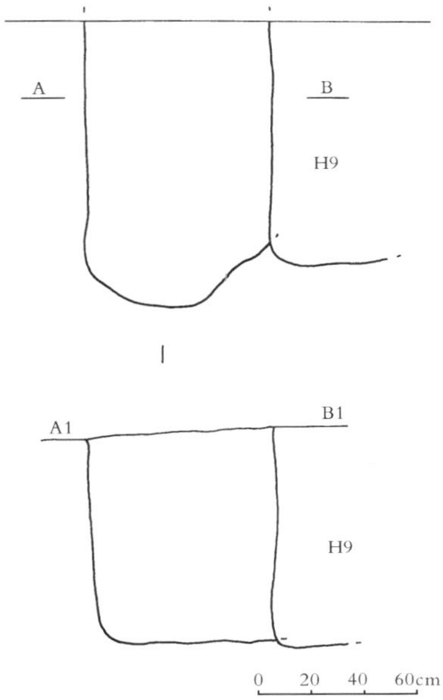

图五七　西城西门 TG1H15 平剖面图

坑内填浅黄褐色沙土，土质稍硬，内含有少量木炭屑、兽骨、灰陶残片及纺轮等。该坑出土陶纺轮 1 件，基本完整。

不规则长方形灰坑

H10　位于西城西门 TG1 南部略偏东，南壁靠近 H9 和 H15 约 0.3 米，开口于第⑧层下，打破第⑨层。平面呈南北向不规则长方形，坑西南壁斜直内收至底部，斜度较大，西北壁较竖直，四角圆弧。局部壁面较平滑规整，坑壁上部遗留有工具修筑痕迹，长约 0.12 米、宽 0.06—0.08 米。底部凹凸不平。坑口南北长 1.4 米、东西宽 1 米、深 1 米（图五六，西城西门 TG1H10 平剖面图）。坑内填黑灰褐色土，土质较松散干燥，内含有木炭屑、兽骨、少量砖瓦块及碎石块、灰陶器、瓷器残片，可辨器型有陶碗、罐、盆等。

H15　位于西城西门 TG1 东南端，西壁被 H9 打破，北距 H10 约 0.15 米，开口于第⑧层下，打破第⑨层，南部延伸至探沟南壁内，未完全揭露。现发掘坑口平面呈不规则长方形，坑口北壁外弧凸，不规整，坑壁较竖直规整，壁面光滑，底部凹凸不甚平整。现发掘部分坑口南北长 1.5 米、东西宽 0.94 米、深 1.1 米（图五七，西城西门 TG1H15 平剖面图）。坑内填灰褐色土，土质较疏松，内含木炭屑、砖瓦块、兽骨、残石块、灰陶残片及白瓷残片等，陶器纹饰有弦纹、刻划纹等，可辨器型有陶罐、盆、壶、碗等。

漏斗形灰坑

H11　位于西城西门 TG1 西南角，开口于第⑧层下，打破 J7 及南城垣。为漏斗形坑，口大底小，坑壁向下斜弧内收，底部较斜直，壁面平滑规整。底部近圆形，较平坦。坑西北壁打破 J7 东部约三分之二和夯土城垣西北角局部。坑口东西长径 2.4 米、南北短径 2 米、底部直径 1.3 米、深 2.16 米（图五八，西城西门 TG1H11 平剖面图）。坑内填浅褐色土，土质较松散干燥，内含有大量砖瓦块、骨器、礌石、兽骨、残石刻及少量木炭屑、陶器残片等，可辨器型有陶罐、盆等，初步判断乃人为有意识的填埋（图版 70、71、72、73）。

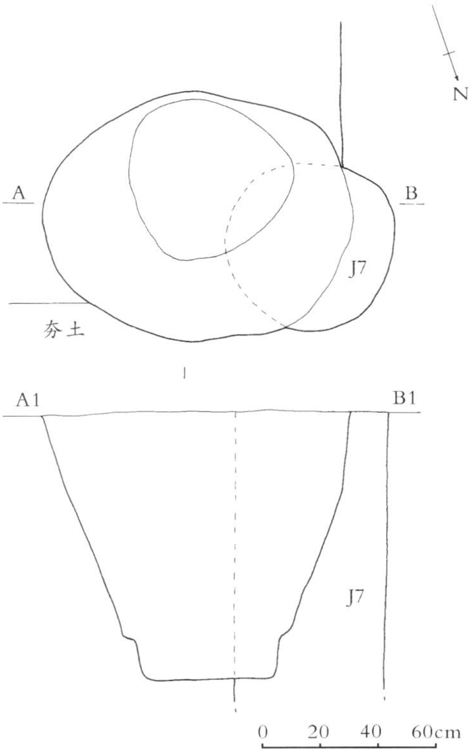

图五八　西城西门 TG1H11 平剖面图

该坑内出土遗物丰富，计有礌石 460 个，形状有圆球形和不规则形两种，针对完整礌石抽样检测，质量约 2.6—8.75 千克，直径 14—20 厘米；石刻伎乐 1 件，残（图版 74、294）；石兽头 1 件，残；石雕力士像 1 件，仅存上半身（图版 74 右上）；石雕四面佛 1 件，残（图版 289、290、291、292）；增长天王残件（图版 293），仅存残块；石雕底座 1 件，断裂成 3 个残块；骨笄 1 件，残；石建筑构件（图版 341）；石磨盘 3 件，残；石雕兽头 1 件，残（图版 336）。根据坑内包含遗物初步推断，H11 应为唐代灰坑。

H16　位于西城西门 TG1 扩方区域东南部，北距 J1 约 0.87 米，东端延伸至探沟东壁内，未完整揭露，东端中部被 H14 东壁打破，开口于第⑧层下，打破第⑨层。现发掘坑口平面呈不规则椭圆形，坑口边壁粗涩不齐，

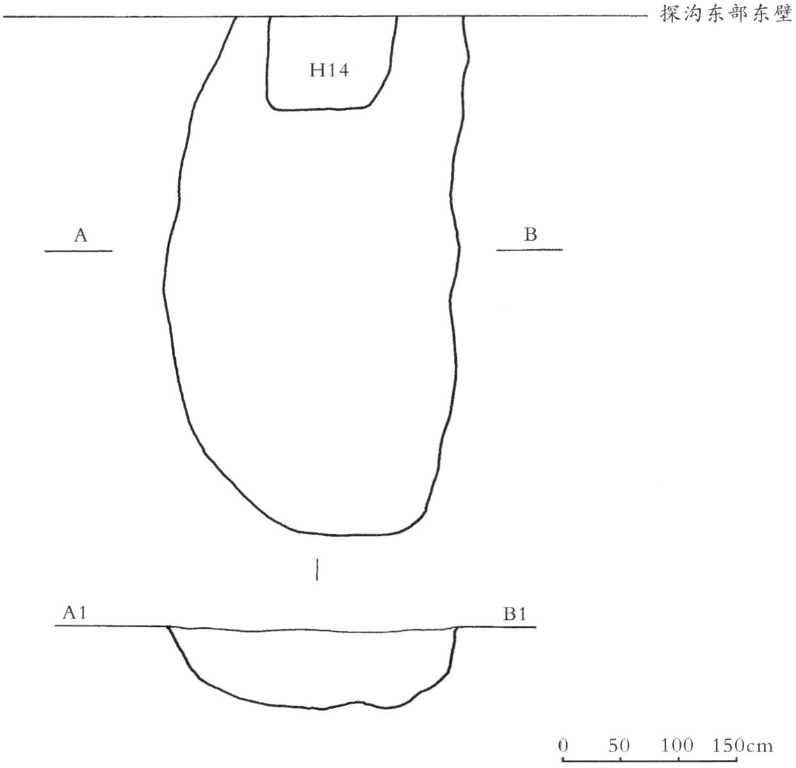

图五九 西城西门 TG1H16 平剖面图

坑壁弧内收至底部，壁面平齐规整，底部不平坦。现发掘坑口东西长 5.5 米、南北宽 1.7—3 米、深 0.9 米（图五九，西城西门 TG1H16 平剖面图）。坑内填黑褐色土，土质稍硬，内含木炭屑、砖瓦块、兽骨、残石块、灰陶残片等。

五代末宋初 被第⑦层叠压。

H14 位于西城西门 TG1 东部（扩方部分东壁）略偏南，开口于第⑦层下，打破第⑧层，东部延伸至探沟东壁内，未完整揭露。现发掘坑口平面呈梯形，东宽西窄，口大底小。坑口中部内凹，坑壁向下斜内收至底部，壁面上部有筑坑时遗留的工具痕迹，中下部壁面较粗糙。底部呈半椭圆形，不平坦。现发掘部分坑口东西长 1 米、东宽 1.3 米、西宽 1 米、底部长 0.85 米、宽 1 米、深 0.82—0.94 米（图六〇，西城西门 TG1H14 平剖面图）。坑内填浅灰褐色土，土质较疏松，坑内堆积层次较明显，中部薄两边厚。内含木炭屑、砖瓦块、兽骨、残石块、残铜饰、灰陶器、白瓷残片、

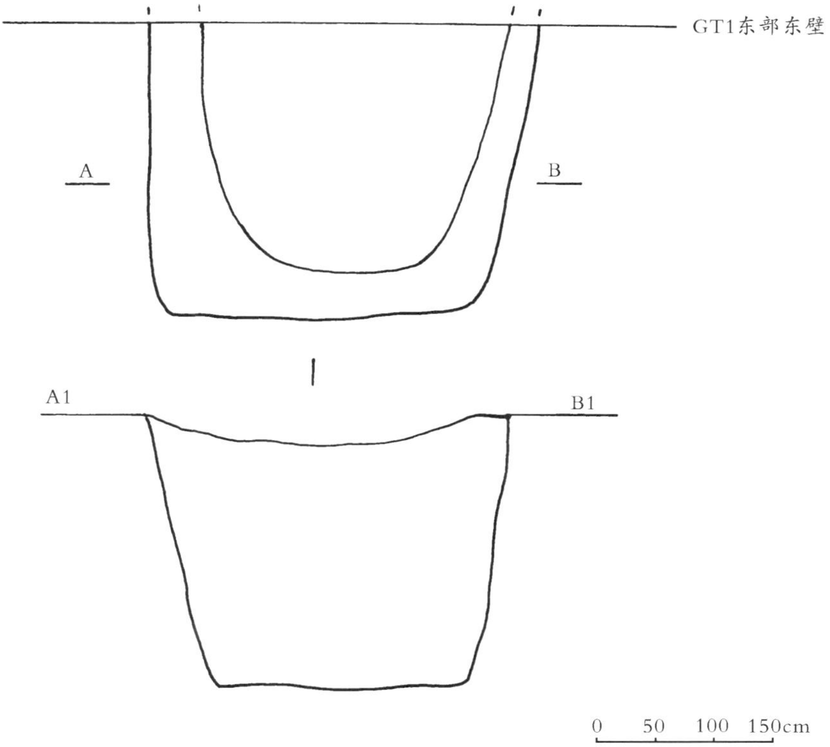

图六〇　西城西门 TG1H14 平剖面图

绿釉陶器残片等，可辨器型有陶罐、盆、碗等。陶器纹饰有弦纹，横、竖条暗纹，内饰麻点纹等。

唐代井　6 眼。编号 J1—J6。

J1　位于西城西门 TG1 东部偏北，开口于第⑧层下，打破第⑫层。由于 J1 直径小且较深，故在清理至深 1.5 米时暂停，待发掘完第⑩层后，再继续向下清理至结束。J1 平面呈圆形，口大底小，井壁向下微斜直内收，壁面修整平滑，底部较平坦，亦呈圆形。井开口直径 1.5 米、底直径 1.06 米、深 2.3 米（图六一，西城西门 TG1J1 平剖面图）。内填浅灰褐色土，

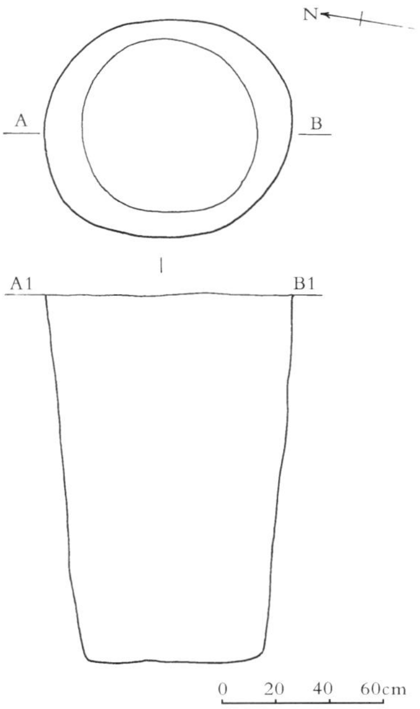

图六一　西城西门 TG1J1 平剖面图

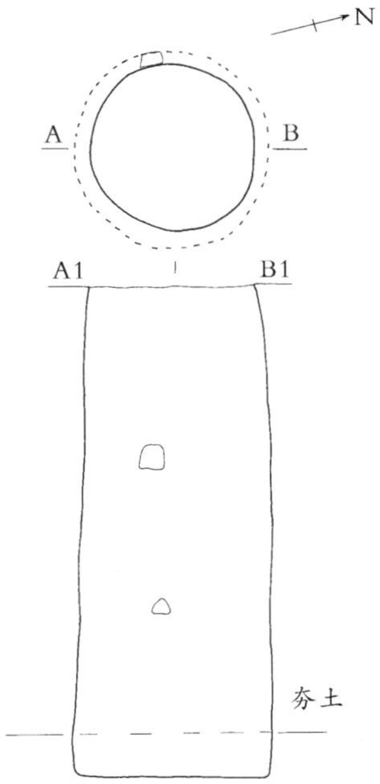

图六二 –1　西城西门 TG1J2 平剖面图

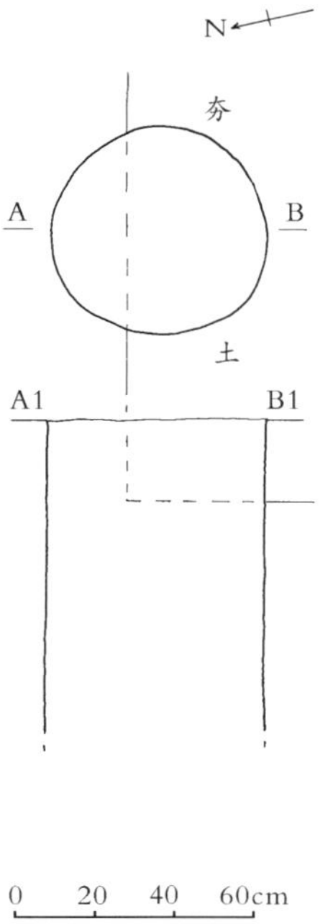

图六二 –2　西城西门 TG1J3 平剖面图

土质松软，内含少量木炭屑、砖瓦块、残石块、兽骨、灰陶残片、铜钱等，可辨器型有陶罐、盆、壶等。井内距开口深约 0.8 米时，出土五铢铜钱 1 枚，保存较完整。

J2　位于西城西门 TG1 南部稍偏西，北距 J5 约 1.55 米，开口于第⑨层下，被 H17 打破，且 J2 打破西门南门垛夯土及生土层。平面呈圆形，口小底大，井壁向下微斜直外扩，边壁修整平滑，壁面遗留有明显的工具挖凿痕迹，遗痕长 0.1—0.15 米、宽 0.02—0.03 米。底部较平坦，亦呈圆形。井壁西侧壁面中部凿挖有两个脚窝，上下间距约 0.93 米，从上至下第一个脚窝呈梯形，宽 0.16 米、进深 0.1 米、高 0.16 米，距井口约 1.15 米；第二个脚窝呈三角形，宽 0.13 米、进深 0.06 米、高 0.11 米（图六二 –1，西城西门 TG1J2 平剖面图）。井内填浅灰褐色土，土质松软，内含砖瓦块、残石块、兽骨、灰陶残片、残铁器等，可辨器型有陶罐、盆等。

J3　位于西城西门 TG1 东南角，开口于第⑨层下，北距 J4 约 2.05 米。J3 打破南部夯土遗迹及生土层，且被 H18 打破。由于 J3 较深，为防止塌陷，发掘深至 3.5 米后即结束。J3 平面呈圆形，井壁向下竖直规整，壁面铲修光滑。井口直径 1.1 米，发掘深至 3.5 米，未及井底（图六二 –2，西城西门 TG1J3 平剖面图）。内填浅褐色土，土质松软，内含木炭屑、砖瓦块、残石块、兽骨及大量灰陶残片等，可辨器型有陶盆、壶等。

J4　位于西城西门 TG1 南部略偏东，开口于第⑨层下，打破生土层，南距 J3 约 2.05 米。由于 J4 向下可发掘面积受限且较深，因打破生土层，生土层为黄褐色沙土，土质松散干燥，为防止塌陷，发掘深至 3 米后即结束。J4 东部叠压于探沟东壁内，现发掘平面略呈圆形，井壁向下竖直规整，微斜收，壁面铲修光滑。井口直径约 1 米（图六三 –1，西城西门 TG1J4 平剖面图）。内填浅灰褐色土，土质松软，内含砖瓦块、残石块、兽骨、铁器、木炭屑和灰陶器残片等。

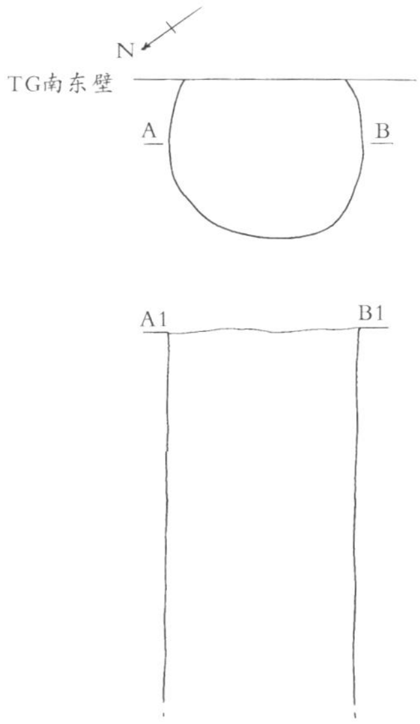

图六三 –1，西城西门 TG1J4 平剖面图

J5　位于西城西门 TG1 南部偏西，开口于第⑨层下，南距 J2 约 1.55 米。J5 打破西门南门垛夯土及柱洞、生土层。平面呈椭圆形，口大底小，井壁向下微斜直内收，边壁修整平滑，壁面遗留有明显的工具挖凿痕迹，遗痕长 0.1—0.15 米、宽 0.02—0.03 米。底部较平坦，亦呈椭圆形。井口南北径 1.3 米、东西径 1.6 米、底径 1.2 米、深 2.5 米。井西北侧壁面中部凿挖有 5 个三角形脚窝，上下间距约 0.4 米，从上至下第一个脚窝宽 0.12 米、进深 0.1 米、高 0.08 米；第二个脚窝宽 0.08 米、进深 0.06 米、高 0.06 米；第 3 个脚窝宽 0.15 米、进深 0.08 米、高 0.14 米；第 4 个脚窝宽 0.08 米、进深 0.12 米、高 0.11 米；第五个脚窝宽 0.14 米、进深 0.06 米、高 0.1 米（图六三 –2，西城西门 TG1J5 平剖面图）。内填浅灰褐色沙土，局部夹杂黄褐色沙层，土质松软，内含木炭屑、砖瓦块、残石块、兽骨、残铁器、朽木痕迹（斜置，长约 0.7 米）、灰陶残片及铜钱数枚、条砖等，砖长 28.5 厘米，

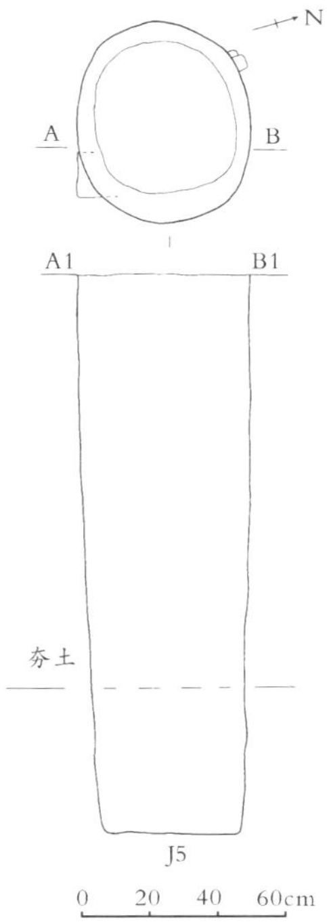

图六三 –2，西城西门 TG1J5 平剖面图

宽 11 厘米，厚 4 厘米。在井底出土铜钱数枚，锈蚀严重，钱文字迹不清；出土残铁器数块（已打石膏包提取）。

J6　位于西城西门 TG1 扩方区域内东壁中部，开口于第⑨层下，大部分在探方东壁以外，未发掘。

根据地层关系结合出土物分析，6 眼井时代均为唐代。

沟　2 条。编号 G1、G2。

G1　位于西城西门 TG1 中部偏南，开口于第⑨层下，打破第 ⑬ 层及门道内夯土，沟道东北部被 H13 打破。G1 东部延伸至探沟东壁外及门道内，现发掘平面呈长条形，沟东部塌陷，破坏较严重，西部保存较好。上口由东向西渐窄，口大底小，壁面陡斜内收，底部窄平，东深西浅。东西长 4.12 米、上口东部宽 1.35 米、西部宽 0.5 米、底宽 0.16—0.18 米、深 1.14—1.6 米。沟内填浅灰褐色土，土质疏松，伴有少量木炭屑、兽骨、残砖瓦块、碎石块及灰陶残片等。

根据地层关系结合出土器物判断，G1 时代约为唐。

G2　位于西城西门 TG1 中部偏南，开口于第 ⑪ 层下，打破第 ⑬ 层及门道夯土。G2 东西向横穿 TG1 中南部，东部延伸至探沟东壁外，西部延伸至西门门道内，未完整揭露。现发掘平面呈长条形，东宽西窄，口大底小，纵剖面呈“V”字形，边壁较规整，向下斜直内收至底，底部窄平。沟西部南壁上部，平铺残条砖 6 块，应是该处原壁破坏严重，所铺残砖可起到护壁的作用。现存铺砖总长约 0.9 米，砖长 12—22 厘米，宽 16 厘米，厚 6 厘米。已发掘沟东西长 4 厘米，口宽 0.32—0.35 米、底宽 0.12 米、深 0.68 米。内填浅黄灰褐色土，土质疏松，伴有少量木炭屑、兽骨、残砖瓦块、碎石块及灰陶残片等。G2 与门道内 G2 互相连接畅通，应为一整体结构，将城内积水排泄于瓮城内，初步判断当为南北朝时期的排水系统。

唐代夯土与夯土硬面遗迹　共 5 处

TG1 第⑩层揭露完后，发现夯土遗迹 1 处及柱洞 3 个。夯土遗迹位于探沟的东北部，部分延伸至发掘区外。已掘的夯土遗迹长 1.3 米、宽 0.2—1.3 米、厚 0.6 米。1 号、2 号柱洞均为长方形，打破南门垛夯土，长 0.6 米、宽 0.5 米，未发掘至底部，二者间距 1.55 米；3 号柱洞为圆形，直径 0.4 米，未发掘至底部。

TG1 第 ⑪ 层揭露完后，在探沟的南部、东部发现夯土遗迹 3 处及门道，东侧夯土硬面 1 处。南部夯土遗迹东、南两壁部分延伸至发掘区域外，东西长 3.1 米、南北宽 2.1 米、厚约 0.45 米；东部北侧夯土遗迹东西长 4 米、南北宽 0.2 米，勘探确认厚约 0.75 米；东部东侧夯土遗迹南北长 4 米、东西宽 0.7 米，厚度不明。夯土硬面位于门道东侧 1 米处，中间最厚 1.5 米，其余东部厚 0.1—0.15 米，南部硬面厚 0.04—0.05 米。

D. **西门遗址结构及规模**

2014 年发掘统万城西城西门遗址，面积约 600 平方米，明确了西城西门结构、夯筑方法以及城门废弃时间。统万城西城西门平面呈“亞”字形，单门洞结构，门道东、西外侧均有凸出夯土台，进深 20.6 米。门道为西北—东南走向，东西进深 19.5 米、南北宽 6.5 米。门道底部夯土厚 0.8—1.2 米、西部底宽 3.9 米，内含砂石。门道南、北两侧各有一排 15 个排叉柱洞，有圆形与六边形：六边形柱洞 6×2 个，直径 0.26—0.45 米；圆形 9×2 个，直径约 0.2 米。两边柱洞自下而上侧向门道中央，柱洞一半在夯土内。柱洞底部有东西向地栿横木，长 14.75 米、直径 0.25 米、厚 0.2 米。门道伸向城内及瓮城部分两端侧均有凸出的夯土台，用以加固城门，南侧宽 6.8 米，北侧宽 7.3 米，基础凸出夯土放大角 0.5—1.3 米。门道中部南、北各有一个似为门墩石被移走后留下的方坑，两坑之间亦有一似顶门石被移走后留下的方坑。门道内有唐代东西向排水渠（沟），并有 4 个柱础石。从唐至蒙元，西门门道内均有人为利用南北两侧夯土及废弃建筑材料搭建住屋的迹象。西门内发现唐代灰坑、井，并多有打破夯土的情况，其中 TG1H11 出土礌石 460 个，石刻残件多块。从地层堆积看，隋代西门瓮城废弃后，西门内侧人为修筑夯土，隔断城内与瓮城的连接。在文化层堆积内，发现有北朝至唐代遗迹与遗物。西门的发掘，使我们对统万城整体防御体系有了更深的了解。同时，为西城城市布局及历代沿用状况的研究提供了新的资料。

5. 东城大型夯土建筑基址

东城大型夯土建筑基址，位于统万城东城中部偏东北，2012 年对统万城遗址东城现存地面隆起部分进行钻探时被发现。根据发掘情况实测遗址四方地理坐标为南部：北纬 37° 59′ 51.73″，东经 108° 51′ 29.30″。北部：北纬 37° 59′ 53.24″，东经 108° 51′ 30.45″。东部：北纬 37° 59′ 52.05″，东经 108° 51′ 30.37″。西部：北纬 37° 59′ 52.91″，东经 108° 51′ 28.97″。为了全面揭露该遗址的形制结构、分布范围及其文化属性，在 2013 年我们对其进行了考古发掘。具体发掘工作是从 2013 年 5 月 12 日开始，至 2013 年 7 月 20 日清理结束（图版 105）。

① 发掘方法与地层关系

本次考古发掘，是为了彻底搞清楚东城大型夯土基址形制结构、功用性质、建造年代，从主体建筑推知东城的建造年代。为此，我们采用布探方的发掘方法，全面揭露遗址全貌。该处地势中部高隆，周边低洼呈缓坡状，形似“馒头”，周围散落有大量砖瓦残片等建筑构件。我们严格按照《田野考古工作规程》的科学布方。在遗址所处发掘区域正南北向布设横向七行，纵向七列 1 米 ×1 米探方 31 个，总布方面积 3100 平方米，实际发掘面积约 2504 平方米。探方发掘编号方式为“2013 统万城东城Ⅱ区＋探方号”，具体发掘探方号从北边中部一方始，由西向东逐行顺序编号。探方号为 T0757、T0854—T0859、T0955—T0960、T1055—T1060、T1155—T1159、T1255—T1259、T1357—T1358。

在完成各探方发掘和全面揭露基址遗迹后，为搞清该区域地层堆积与夯土建筑遗址间的关系，以求解决其营建时代等问题，遂于探方 T0956 西壁下布设了长 5 米，宽 2 米的探沟一条，解剖遗址西坡道夯土。经解剖发掘，遗址建筑区域文化层可划分为 8 层，地层关系清晰明了。

第①层耕土层，厚约 0.1—0.2 米，地表面含有大量砖、瓦等建筑构件残块。

第②层夯土层，厚约 0.5—0.6 米，分布于整条探沟，土质结构密实坚硬，纯净无包含物。

第③层填充覆盖层，厚约 0.1—0.35 米，分布于探沟中部偏西，浅黄褐色沙层，土质松散，内含少许瓦片碎渣和兽骨等。

第④层夯土层，厚约 0.5—1.65 米，此层除探沟内西南部未发现外，其余皆有分布，土质结构密实坚硬。距地表深约1.75米处夯土为平夯，共11层，夯层厚0.05—0.2米，纯净无包含物。

第⑤层灰褐色沙土层，厚约0.8—1米，距地表深约2.65米，土质疏松，内含少许木炭屑、兽骨残块、灰陶片及白瓷片等，可辨器型有罐、盆、碗等。根据该层包含器物特征，初步判断该层应为唐代文化层。

第⑥层黑灰褐色沙土层，厚约0.3—0.7米，距地表深约3.3米，土质松散，内含少许砖瓦块、木炭屑、兽骨残块、残铁器、灰陶片及白、黑瓷片等，可辨器型有罐、盆、碗等。根据该层包含器物特征，初步判断该层亦为唐代文化层。

第⑦层青灰色土层，厚0.05—0.15米，距地表深约3.5米，土质结构密实较硬，内含少量砖瓦块等。

第⑧层浅黄褐色沙土层，厚约0.8米，距地表深约4.2米，土质结构密实较硬，土质较纯净，仅含少量兽骨碎渣。以下为原始沙土层（图六三，东城Ⅱ区TG1四壁剖面图）。

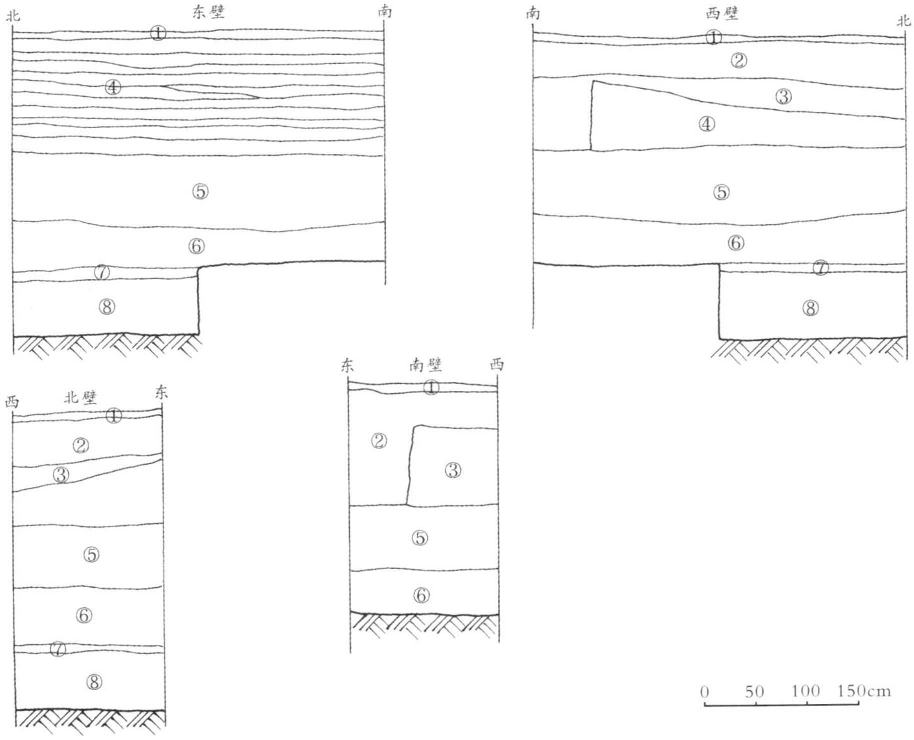

图六三　东城Ⅱ区TG1四壁剖面图

夯土建筑遗址暴露于第①层下，建筑遗址所属的夯土基址处于第②至第④层间。

② 夯土建筑基址形制结构

通过考古发掘表明，统万城东城大型夯土基址为一座土木结构的高台建筑，顶面房屋建筑已全毁弃，仅残存建筑的夯筑基础部分，其夯筑基址坐东北向西南，方向 220° ，与东城南北垣方向基本一致。由中央主体台基、回廊、柱洞、散水、漫道（图版 104 上中）等 5 部分组成。由于北漫道、东漫道未完整揭露，现发掘的建筑基址南北水平总长 54.02 米、东西宽 53 米，经钻探中心夯土主体台基最厚约 1.9 米（图六四，东城建筑基址平剖图，图版 102）。

主体台基　位于建筑基址最中央，暴露于第①层下，由于近现代耕种土地及其他原因等破坏，仅存留夯土部分，其余建筑痕迹已荡然无存，现存平台地貌中部高凸，周围较低呈缓坡状。平面近方形，南北水平总长 27.04 米，东西宽 28.75 米，面积约 777.4 平方米。夯土为三合一土，结构

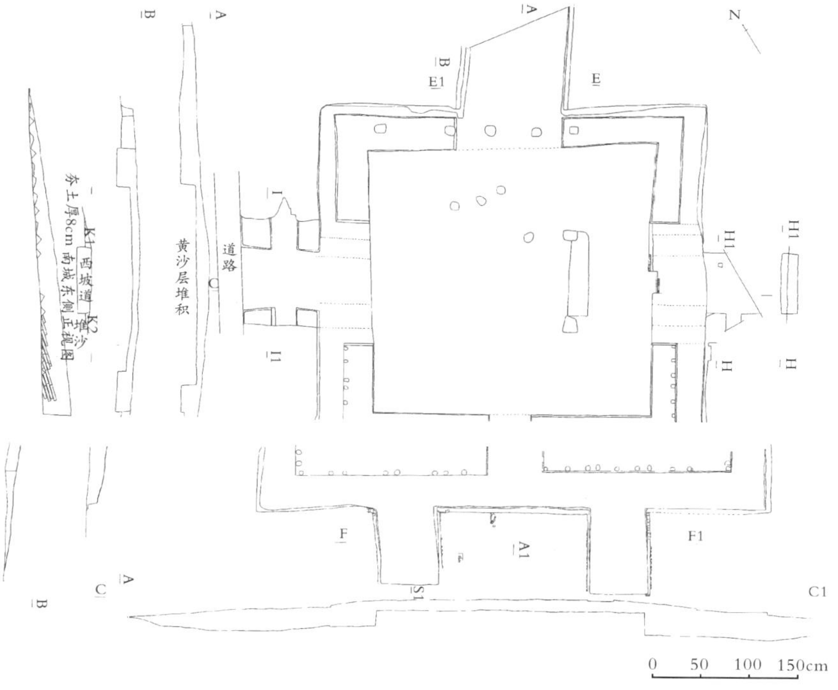

图六四　东城建筑基址平剖图

密实，质地坚硬。结合勘探数据可知，台基结构为先夯筑底部宽约 3.6—4 米的夯土基槽 1 周，现存深度 1.9 米，中部再填覆厚约 1 米的浅黄褐色沙层，再逐层夯筑上部夯土，现存上部夯土厚约 0.9 米。因未解剖该部分夯土，故夯层厚度及夯筑方法无从知晓。

曲尺形坑槽　共 4 个。位于中央台基外围四拐角处，4 个曲尺形坑槽互不衔接，两坑槽间距各不相同，间距最小 4.25 米，最大 12.25 米。按发掘先后顺序编号：西南部 K1，东南部 K2，西北部 K3，东北部 K4。曲尺形坑槽均暴露于第①层下，平面呈曲尺形，口大底小，横剖面呈覆斗状（图版 106 上）。K1 和 K2 保存较规整，内侧紧贴夯土平台边壁面均涂抹厚 0.01—0.02 米的白黏土，平整光滑，底部外侧均有柱洞（图版 104 右上，106 左下，107 上、下），洞内未发现朽木痕迹及柱础石。坑底部踩踏硬面保存较好，厚度约 0.01 米。K3 和 K4 保存较差，内侧壁面涂刷白黏土已脱落，坑底部凹凸不平（图版 103、104 上左、下）。现分述如下：

K1　内填浅灰褐色土，土质较软，伴有少许木炭粒、植物根系、砖瓦块、灰陶、瓷残片、瓦当及大量兽骨等。可辨器型有灰陶罐、盆等，瓷片有青釉、白釉、黑釉和茶叶末釉等。器型以瓷罐、碗等为主，瓦当以兽面为主。K1 东北高西南低，曲尺上口短边南北水平长 9.6 米、东西宽 2.95 米、深 0.68—1.18 米；长边东西水平长 15 米、南北宽 2.2—2.5 米、深 0.68—0.85 米。底部短边南北水平长 9.35 米、宽 2.8—2.9 米；长边东西水平长 14.9 米、宽 2.1—2.4 米。底部有柱洞共 15 个，内均填浅黄灰色沙土，土质较软。按发掘的先后顺序编号，由东向西再向北依次为 D1—D15：D1 平面呈椭圆形，边壁弧收向下，底部较平，长 0.42 米、宽 0.2—0.35 米、深 0.24 米，距离 K1 东壁底部 1.6 米；D2 平面呈椭圆形，东西较长，弧壁内收，底部较平，南北最大直径 0.32 米，东部最大直径 0.36 米、深 0.2 米，东邻 D1 约 1.05 米；D3 平面近似椭圆形，弧壁内收至底部，底较平，直径 0.37 米 ×0.4 米、深 0.24 米，东临 D2 约 0.54 米；D4 平面近似椭圆形，壁面较规整向下微收，底部平坦，直径 0.5—0.52 米、深 0.22 米，东距 D3 约 2.55 米。D5 平面近似椭圆形，弧壁内收，底部较平坦，直径 0.36—0.4 米、深 0.22 米，东距 D4 约 0.5 米；D6 平面近似椭圆形，底部接近锥形，直径 0.3—0.34 米、深 0.24 米，东距 D5 约 2.7 米；D7 平面近似椭圆形，弧壁内收，底部较平，直径0.35—0.4米、深0.28米，东距D6约0.7米；D8位于K1底部西南角处，平面呈长方形，壁面竖直向下，底部较平，南北长0.34米、东西宽0.3米、深0.2米，距K1西南角0.25米。D9平面近似椭圆形，壁面不规则，向下斜收，底部凹凸不平，直径0.38—0.45米、深0.24米，南邻D8约0.4米；D10平面呈圆形，锅形底，直径0.34米、深0.24米，南距D9约0.5米；D11平面近方形，弧壁内收，底部较平，直径0.35—0.4米、深0.24米，南距D10约1.35米；D12平面呈不规则形状，边壁不规则，向下内收，底部稍平，南北长0.4米、南宽0.35米、北宽0.18米、深0.24米，南距D11约1.25米；D13平面近长方形，弧壁内收，底部较平，东西长0.45米、南北宽0.28—0.3米、深0.26米，南邻D12约0.34米；D14平面近长方形，边壁较规整向下斜收，底部较平，东西长0.4米、南北宽0.24—0.28米、深0.32米，南距D13约1.4米；D15位于K1西北角，平面呈不规则形状，边壁不规则，向下斜收，底部稍平，东西水平长0.45米、南北宽0.15—0.35米、深0.2米。K1底部踩踏硬面由北向南、由东向西稍倾斜。

K2　内填灰黑褐色土，土质较松软，内含有少许木炭屑、植物根系、砖瓦碎渣、碎石块、灰陶、瓷片及大量兽骨残块等。K2曲尺短边上口南北水平长9.4米、北宽2.5米、南宽2.7米、深1.1—1.7米；长边东西水平长14.9米、南北宽2米、深0.94—1.02米，坑底西北浅东南深。坑底短边南北水平长9.12米、东西宽2.39—2.47米；长边东西水平长14.7米、南北宽1.78米。底部硬面由北向南、由西向东稍斜，共发掘清理柱洞17个，内均填黄灰色沙土，土质较软。柱洞由北向南再向西顺序编号为D1—D17。D1平面长方形，弧壁内收，底部稍平，东西长0.35米、南北宽0.25米、深0.1米，位于K2东北角；D2平面近方形，边壁不规则向下内收，底部为锅底形，东西长0.4米、南北宽0.3米、深0.26米，北距D11.1米；D3平面近圆形，弧壁内收，底部稍平，直径0.4—0.42米、深0.26米，北距D21米；D4平面近方形，壁面较规则向下微收，底部较平，东西长0.4米、南北宽0.36米、深0.24米，北距D30.73米；D5平面近方形，锅形底，东西长0.38米、南北宽0.34米、深0.12米，北距D41.3米；D6平面近圆形，壁面较规整向下内收，底部较平，直径0.34—0.36米、深0.14米，北距D5约1.1米。D7平面呈椭圆形，弧壁内收，底部稍平，东西长0.42米、南北宽 0.2—0.38 米、深 0.15 米，北距 D6 约 0.9 米。D8 平面呈方形，壁面较竖直规整，底部较平，边长 0.4—0.42 米、深 0.12 米，位于 K2 东南角，北邻 D7 约 0.15 米。D9 平面呈不规则形，边壁不规则向下内收，东西长 0.42 米、南北宽 0.1—0.38 米、深 0.12 米，东距 D8 约 2.4 米。D10 平面呈圆形，弧壁内收，底部稍平，直径 0.38 米、深 0.17 米，东距 D9 约 0.95 米。D11 平面呈椭圆形，边壁较规整向下内收，底部稍平，南北长 0.42 米、东西宽 0.2—0.32 米、深 0.26 米，东距 D10 约 1.53 米。D12 平面近长方形，边壁较规整向下微收，底部较平，宽 0.32 米 ×0.42 米、深 0.24 米，东临 D11 约 0.6 米。D13 平面呈不规则形，锅形底，南北长 0.26—0.3 米、东西宽 0.2—0.32 米、深 0.16 米，东距 D121.3 米；D14 平面呈椭圆形，边壁不规则向下内收，底部稍平，东西最大径 0.32 米、南北最大径 0.46 米、深 0.3 米，东距 D131.2 米；D15 平面近圆形，弧壁内收，底部较平，直径 0.36—0.4 米、深 0.25 米，东临 D140.45 米；D16 平面近圆形，弧壁内收，底部较平，直径 0.38—0.4 米、深 0.22 米，东距 D151.2 米；D17 平面近方形，壁面较规整向下内收，底部稍平，东西长 0.32 米、南北宽 0.3 米、深 0.3 米，位于 K2 西南角。出土石雕佛头（图版 329）。

K3　西北深东南浅，曲尺形短边上口南北水平长 7.4—11.15 米、宽 3.2—3.4 米、深 0.78—1.15 米；长边东西水平长 9.4—12.6 米、宽 3.5—3.75 米、深 0.78—1.2 米；坑底短边南北水平长 10.8 米、宽 3.1—3.3 米，长边东西水平长 10.1 米、宽 3.3—3.5 米，底部凹凸不平。K3 内文化层堆积二层：第①层为黄灰褐色夯土，厚 0.2—0.45 米，由南向北倾斜，土质稍硬，内含少许砖瓦块等。第②层黄灰褐色沙土，土质较松软，厚 0.58—0.75 米，内含大量木炭颗粒、砖瓦块、兽骨及少量灰陶片、瓷片、板瓦、陶砚残块、残瓦当等。可辨器型有灰陶盏、罐、盆等；瓷片釉色有白釉、青釉、茶叶末釉等，器型有罐、碗等；完整板瓦 1 件，出土于 K3 东南部，板瓦长 37 厘米，宽 18—22 厘米，厚 2 厘米，内饰布纹。瓦当纹饰以兽面为主。陶、瓷器的纹饰有弦纹、附加堆纹、横竖条暗纹等。坑底北部距北壁底 2.7 米及 6 米处，有两处东西向宽 0.6—1.5 米的夯土遗迹，其用途不明。出土筒瓦 1 件（图版 325 上），石雕猴头（图版 334），石雕狮头残件（图版 335），陶盏 1 件（图版 265），莲花纹瓦当 1 件（图版 319），兽面瓦当

5件（图版320下、321下、322、323），陶雕塑残件1件（图版324下），铁镞（图版311左上）。

K4　东北深西南浅，曲尺形长边上口东西水平长9.6—12.3米、南北宽2.8—3.1米、深1—1.6米；短边南北水平长8.1—11.15米、东西宽2.7—3.1米、深1—1.4米。坑底长边东西水平长12米、南北宽约2.7—2.9米；短边南北水平长10.8米、东西宽约2.45—2.7米。K4内文化层堆积两层：第①层为黄灰褐色夯土，厚0.2—0.45米，南高北低，倾斜分布，结构较疏松，土质稍硬，并含有少许砖瓦碎渣等。该层夯土筑法为圆夯，夯窝较清楚，直径0.06—0.1米、深约0.05米。清理K4过程中，内壁面明显有倒塌及用板瓦加泥土补修的痕迹；第②层为浅黄灰褐色土，土质较松软，厚0.8—1.5米，内含大量木炭屑、砖瓦块、兽骨及少量灰陶片、瓷片、建筑构件等。K4底部凹凸不平，共清理灰坑两个，编号H20、H21，灶坑5座，编号Z7—Z11。出土莲花纹石雕底座1个，残（图版324右）。

外围夯土　所谓外围夯土，是指曲尺形坑槽之间的夯土及曲尺形坑槽外侧与坡道之间夯土部分。建筑遗址南半部分外围夯土保存较好，口小底大，横截面呈梯形，因未解剖夯土，所以夯筑方式不清，但夯层厚度从发掘的曲尺形坑槽K1和K2外侧壁面清晰可见，厚度约0.06—0.13米不等，土色较花杂，并伴有砖瓦块等。北半部分外围夯土保存较差，破坏较严重，厚度不详。

外围夯土测量数据：东南角—西南角东西水平总长39.5米、南北宽2.5—3米、厚1.2米；东南角—西北角南北水平总长37.1米、东西宽1.35—2.6米，厚度不明；西北角—东北角东西水平总长39.15米、南北宽0.5—1米、厚约0.78—1.5米；东北角—东南角南北水平总长37米、东西宽1.7—2.55米、厚0.94—1.7米。

曲尺形坑槽K1与K2间距4.25米、宽2—2.3米、夯土厚度约1.5米；K1与K3间距12.35米，钻探知夯土厚度约1.5米，该处夯土土色稍有变化，应为同一时期夯筑的版接缝，夯土宽度2—4.8米不等；K3与K4水平间距10.8米，经钻探知夯土厚度约1.8米；K4与K2水平间距12.25米，经钻探知夯土厚度约2米，该处夯土土色稍有变化，应为同一时期夯筑夯土版接缝较明显，夯土宽1.5—5米不等。

斜坡漫道　建筑遗址东、南、西、北四面均有斜坡漫道，唯独南面有两条，应为主道，均为夯土筑就建成，因未解剖，不详。

东坡道西高东低，坡度较平缓，约 5°，现发掘东西水平总长 5.5 米、宽 6.25 米，钻探坡道夯土最厚约 0.75 米，以下为浅黄褐色沙层。

南坡道依照发掘先后顺序编号，南 1 为西部坡道，南 2 为东部坡道，横截面均为梯形。南 1 坡道坡长 6.5 米、宽 4.6 米，坡度均为 15°。坡道底部东侧南北向单条砖卧砖侧立一排，呈"棱角牙子"形，距坡底部为 0.2 米，仅存 8 块，露出地面 0.05—0.1 米不等，砖厚 5 厘米。南 2 坡道与南 1 坡道间距 12.2 米，坡长 7 米、宽 4.3—4.5 米，坡度 15°。坡道两侧均有南北向单卧砖侧立一排，俗称"棱角牙子"。东壁现保存单条砖错缝平砌部分砖墙，砖墙长 2.2 米、宽 0.2 米、高 0.18—0.58 米不等，应为护壁而筑。条砖规格：长 34 厘米，宽 18—20 厘米，厚 5 厘米。坡底东南部为两排单条砖横向侧砌，残长 0.42 米、宽 0.11 米。

西坡道坡长 7.7 米、宽 6—6.5 米，坡度 15°，经钻探坡道夯土厚度 0.1—0.8 米，底部填充浅黄褐色沙层。

北坡道现发掘坡长 11.2 米、宽 9.8 米，坡度为 10°，经钻探知现存上部夯土厚度约 0.5 米，以下为浅黄褐色沙层。

其他迹象　东坡道南侧有一条宽约 1.5 米、长 1.75 米的小坡道，坡度约为 10°，距离东坡道西端约 2 米，其用途不明。

西坡道南北两侧均有小坡道，南侧小坡道长 1.8 米、宽 2.1 米，坡度为 5°，东西两侧各有长方形坑 1 处，用途不明。北侧小坡道残长 5.8 米、宽 2.5 米，坡度 15°，东西两侧同南侧相同，均有长方形坑 1 处，其用途不详。西坡道与西部宽 9.5 米的南北向道路 L1 连接，L1 走向与夯土基址平行，为东北—西南向，应为东城主要道路。

散水　南坡道 1 与南坡道 2 之间保存较好，开口于第②层下，由宽 0.4 米、东西长 11.6 米、厚 0.1 米的夯土构建而成，南坡道 1 西侧、东侧平铺残方砖 1 块，方砖规格 33 厘米 ×34 厘米，厚 5 厘米。

从发掘南坡道 1 与南坡道 2 之间来看，中部踩踏面上应平铺方砖 1 层，后因破坏等其他原因，仅西南部残留平铺方砖 1 块。北部偏西处距南坡道 1 西 4 米，散水南部清理出有板瓦相扣、形似筒状遗迹出现，现发掘长度 0.8

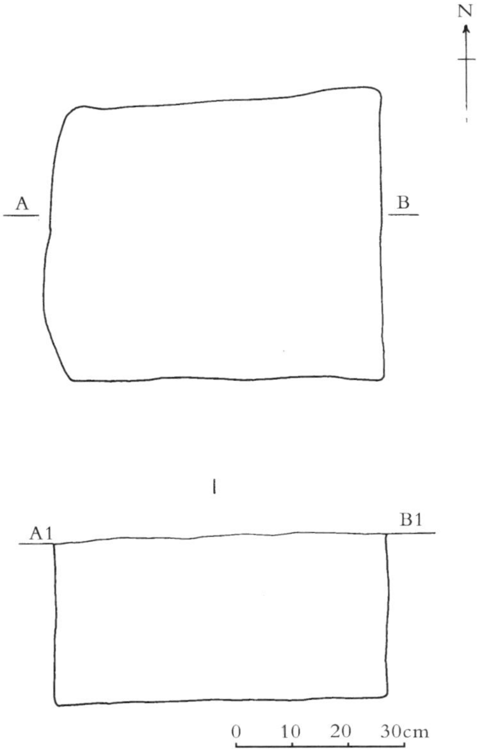

图六五　东城Ⅱ H20 平剖面图

米、宽 0.35 米，是否为排水系统也不无可能。

③　其他遗迹与出土遗物

通过对东城大型夯土遗址的发掘，在曲尺形 K4 底部发现不规则形灰坑 2 个、不规则形灶坑 5 座，发掘西坡道西部时发现一条道路与坡道南北向相衔接。

宋代灰坑　2 座。编号 H20、H21。

H20　位于Ⅱ T1059 曲尺形坑槽 K4 东南部，开口打破底部踩踏硬面。平面呈不规则长方形，边壁较规整，竖直向下至底部，底部较平坦。南北长 0.8—0.9 米、东西宽 0.92 米、深 0.48 米（图六五，东城Ⅱ H20 平剖面图，图版 107 左上）。内填浅黄灰色沙土，质较软，内含兽骨、残陶片、少量木炭屑、瓦块等。坑内堆积应为人为所填。

H21　位于Ⅱ T0959 曲尺形坑 K4 底部偏东北部，开口于 K4 堆积下、打破底部踩踏硬面。平面呈椭圆形，壁面较规整，竖直向下至底部，底部较平坦。东西水平长 1 米、南北宽 0.12—0.43 米、深 0.16 米（图六六，东城Ⅱ H21 平剖面图）。内填灰黑褐色土，含沙量较大，

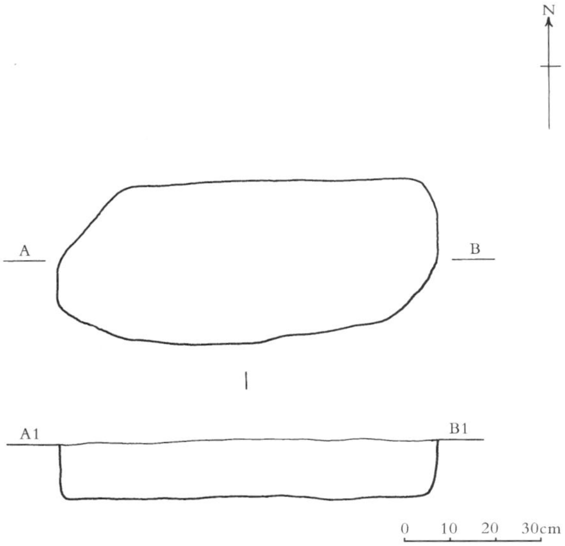

图六六　东城Ⅱ H21 平剖面图

质较松软，含有少量木炭屑、砖瓦块等。坑内应为人为的堆积填土。

宋代灶坑　5座。编号Z7—Z11。

Z7　位于Ⅱ T0959曲尺形坑槽K4底部西端，南距Z9约0.5米，北距Z8约0.45米，开口于K4的堆积层下，打破底部踩踏硬面。平面近似铲形，由灶坑、烟道两部分组成，烟道位于灶坑东边，底部由东向西倾斜；灶坑西壁向下斜收至底部，东壁向下竖直至底部，灶坑底部较平。水平东西总长0.75米、南北宽约0.5米，灶坑直径0.5米、深度0.32米；烟道东西长0.25米、宽0.24米、深0.12米，底斜坡长度0.28米，坡度约15°（图六七，东城Ⅱ Z7平剖面图）。坑壁有明显的烧结硬面痕迹。内填灰褐色土，土质较松软，内含有少量草木灰、砖瓦块，未见其他包含物。人为堆积填土。

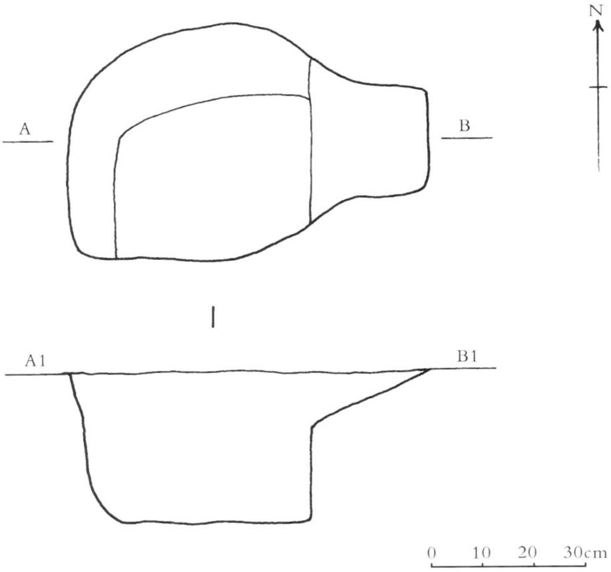

图六七　东城Ⅱ Z7平剖面图

Z8　位于Ⅱ T0959曲尺形坑槽K4底部西北角，开口于K4堆积层下，打破踩踏硬面。平面近似圆形，周壁竖直至底部，底部由东向西倾斜，坑西南处有一小坑，壁面竖直，底部较平坦。东西径0.5米、南北径0.52米、总深度0.3米。小坑径0.14米×0.16米、深0.16米（图六八，东城灶Ⅱ Z8平剖面图）。

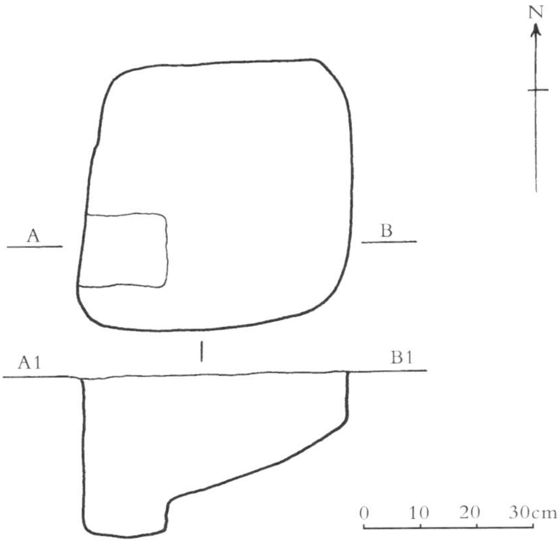

图六八　东城灶Ⅱ Z8平剖面图

壁面局部有较硬烧结痕。内填灰黑褐土，质较松软，含有少量木炭屑、草木灰等，未见其他包含物。废弃后人为有意识填充。

Z9　位于Ⅱ T0959 曲尺形坑槽 K4 西南角，开口于 K4 堆积层下，打破底部踩踏硬面。平面呈不规则形状，口小底大，东壁向外斜扩至底，其余壁面均向下内收至底部，底部较平坦。上口东西长 0.45—0.6 米、南北长 0.6—0.75 米，下口东西长 0.4—0.65 米、南北长 0.58—0.65 米、深 0.4 米（图六九，东城Ⅱ Z9 平剖面图）。壁面大部分有烧结硬面。内填灰黑褐土，土质较松软，内含少量木炭屑、草木灰、砖瓦块、兽骨及青、白瓷残片等，可辨器型者有瓷碗等。灶坑废弃后，人为堆积填土。

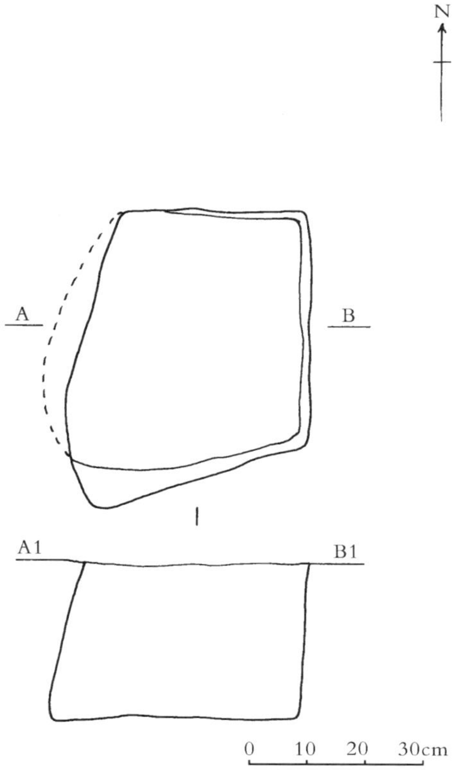

图六九　东城Ⅱ Z9 平剖面图

Z10　位于曲尺形坑槽 K4 西部略偏北，西距 Z9 约 0.72 米，开口于 K4 堆积层下，打破底部踩踏硬面。平面近似圆形，口大底小，壁面斜收至底部，底部西高东低，呈斜坡状。上口直径 0.5 米 ×0.6 米、底径 0.53 米、深 0.1—0.34 米（图七〇，东城Ⅱ Z10 平剖面图）。东壁面有

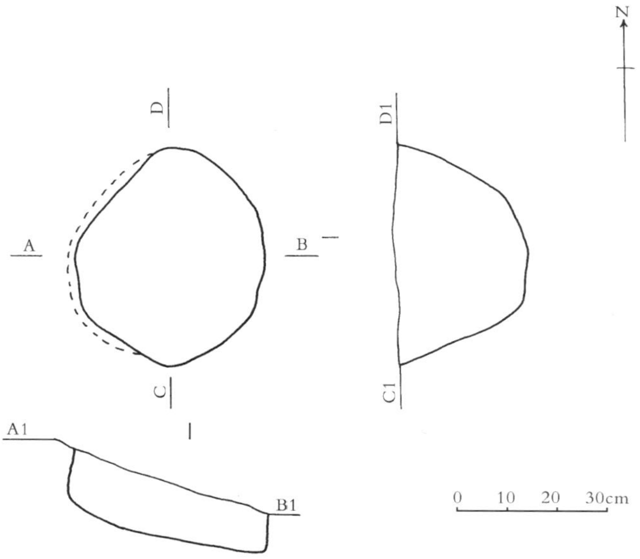

图七〇　东城Ⅱ Z10 平剖面图

少量烧结硬面。内填浅灰褐色土，土质较松软，内含少量草木灰、砖瓦块、兽骨两块。内填土应是人为堆积。

Z11　位于Ⅱ T0959 曲尺形坑槽 K4 西部略偏北，西距 H21 约 0.5 米，距 K4 北壁底部 2.1 米，开口于 K4 堆积下，打破底部踩踏硬面。平面呈不规则形状，壁面斜收，底中部有一不规则形小坑，底部北高南低，呈斜坡状，由于该灶坑破坏严重，从实际清理来看，东部壁面斜收，推测为烟道部分，中部为灶坑。上口东西水平长 1.35 米、南北宽 0.22—0.68 米、深 0.25 米；下部不规则形小坑东西长 0.52 米、南北宽 0.3—0.43 米、深 0.17 米（图七一，东城Ⅱ Z11 平剖面图）。壁面局部保存有烧结硬面。内填灰黑褐色土，土质较松软，内含灰陶片、碎砖块、兽骨及少量草木灰等。其内填土是人为的堆积。

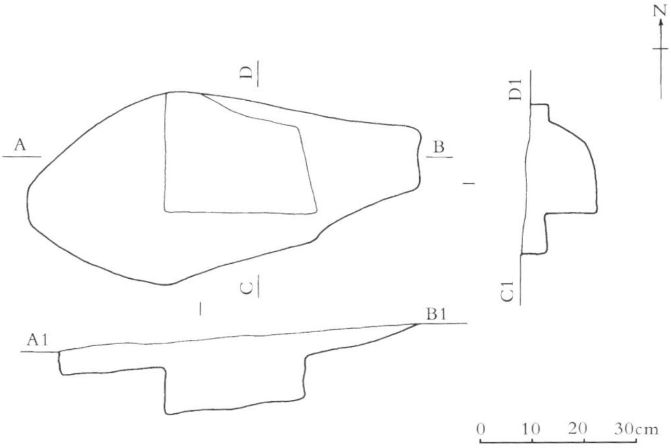

图七一　东城Ⅱ Z11 平剖面图

晚唐五代—宋初道路　1 条。编号 L1。位于西坡道西侧，与西坡道南北向相衔接。路面宽 9.5 米，走向与夯土遗址平行，亦为东北—西南向，与东城东西垣基本平行，为东城南北向主要大路。

从所发掘的探方地层中及 4 个曲尺形坑槽填土中出土大量的古代遗物，按其用途可分为三类，第一类为陶质、瓷质生活用具，如灰陶罐、陶盆（图版 264）、陶盘、陶碗、陶盏残片、陶砚残片等；白釉、青釉、茶叶末釉瓷罐、瓷碗（图版 306 下）等。第二类为大量的陶质、石质建筑材料及雕刻，器型主要有条砖、方砖、筒瓦、板瓦（图版 106 右下）、兽面瓦当（图版 320 上、321 上）、莲花纹瓦当（图版 318）、陶兽头残块；残石柱础（图版 338）、石雕佛头（图版 330、331）、石雕残件（图版 332、333）、玉璧残块（图版 306 上）、卜骨（图版 307）、石仰覆莲瓣底座等。第三类为铁器残件。有铁蒺藜（图版 311 右上）、铁镰（图版 311 左下）、铁镘残块（图版 311 右下）。

根据地层关系结合出土物，我们认为东城大型夯土建筑的建成年代当在晚唐五代时期，随着北宋政府焚毁统万城，这座建筑与统万城其他建筑一样遭到拆除、焚毁废弃。

6. 西城南垣外 4—7 号马面清理

统万城西城四面城垣外均夯筑有高大的马面，马面属于城市防御体系的重要组成部分。为了解马面的结构、建筑规模以及与城垣之间的关系等问题，2013 年为配合统万城马面的保护工程，我们对西城南垣外自西向东编号 4—7 号马面夯筑基础进行了发掘（图版 81）。发掘结果表明，西城南垣外 7 座马面，除 4 号与南城垣连接外，其余马面均独立存在。又经勘探，其余三面城垣外的马面，似乎都与城垣连为一体。马面基础均在现地表以下 4—8 米，马面现存高度 11—12 米左右，部分马面及城垣基础外均有 5 排柱洞，可能更多的作用是防御。对西城南垣外 4—7 号马面基础的发掘，我们亦采用布设探沟发掘方法进行解剖，现将 4—7 号马面发掘结果作以简述。

① 4 号马面

4 号马面　位于西城南垣外中部偏西，东距 5 号马面 39 米，地理坐标：北纬 37° 59′ 52.45″，东经 108° 50′ 55.57″，海拔 1174 米。2013 年 7 月 8 日开始发掘，至 2013 年 8 月 5 日清理结束，历时 28 天（图版 82 上、84）。

发掘方法　以马面现存地表底边为基准，在马面的西北角、东壁偏北部、南壁偏东部布设探沟 3 条，依次编号为：TG1、TG2、TG3。

TG1　东西长 4 米、南北宽 3 米、解剖深度 2 米，发掘面积 12 平方米，扩方面积 3.80 平方米。北壁中部地理坐标：北纬 37° 59′ 53″，东经 108° 50′ 55.63″。南壁中部地理坐标：北纬 37° 59′ 52.85″，东经 108° 50′ 55.46″（图版 83 上）。

TG2　东西长 6 米、南北宽 3 米、解剖深度 4.5 米，发掘面积 18 平方米。西壁地理坐标：北纬 37° 59′ 52.45″，东经 108° 50′ 55.98″。东壁地理坐标：北纬 37° 59′ 52.31″，东经 108° 50′ 56.23″。

TG3　东西长 4 米、南北宽 3 米、解剖深度 5.5 米，发掘面积 12 平方米。西壁地理坐标：北纬 37°　59′　52.27″，东经 108°　50′　52.21″。东壁地理坐标：北纬 37°　59′　52.21″，东经 108°　50′　55.65″。

地层关系　3 条探沟内的文化层堆积大同小异，唯 TG3 地层关系最为复杂。现以 TG3 西壁地层为例做一说明。

TG3　内文化层可分为 12 层，均为风沙堆积或水冲堆积。

第①层土色灰黄色，由北向南倾斜堆积，厚 0.03—0.13 米，土质松散，内含大量植物根系、碎石块等。

第②层土色呈灰白色，由北向南倾斜堆积，主要分布于探沟西北部，最厚 0.12 米，深 0.03—0.13 米，土质较松散，内含植物根系、碎石块、残砖块、夯土残块等。

第③层土色呈灰白色，分布于探沟西北部，由北向南倾斜堆积，为坍塌夯土层，最厚 0.35 米，深 0.05—0.2 米，土质较硬，包含有少量植物根系。

第④层土色呈灰色，分布于探沟东北部，由北向南倾斜，最厚 0.25 米，深 0.05—0.35 米，土质松散，内含有植物根系、木炭屑、碎石块等。

第⑤层土色呈灰白色，分布于探沟北部，由北向南倾斜，最厚 0.5 米，深 0.03—0.45 米，为马面坍塌的夯土堆积，土质较硬，包含有植物根系。

第⑥层土色呈灰褐色，分布于西北部，由北向南倾斜，最厚 0.35 米，深 0.15—0.75 米，土质较硬，为坍塌夯土层，包含物有植物根系。

第⑦层土色呈灰黄色，主要分布于探沟北部，由南向北倾斜，最厚 1.5 米，深 0.05—0.85 米，土质稍松软，为淤积层，包含物有植物根系、碎石块、夯土块等。

第⑧层黄色沙土，由北向南倾斜，厚 0.1—0.85 米，深 0.1—2.25 米，土质较松软，包含物有陶、瓷残片，瓦当残片，碎砖块等。

第⑨层土色呈黄灰色，由北向南倾斜，厚 0.3—0.55 米，深 0.95—2.5 米，土质较硬，包含物有陶、瓷残片，残瓦片，残砖块，碎石块等。

第⑩层土色呈灰白色，由北向南稍有倾斜，厚 0.5—0.8 米，深 1.5—2.8 米，土质较硬，包含物有陶瓷残片、碎石块、残瓦等。此层下北部叠压马面基础夯土。

第 ⑪ 层土色呈黄灰色，由北向南倾斜，最厚 0.8 米，深 2.85—3.65 米，土质较硬，包含物有砖、瓦残片、夯土块等。此层下北部有夯土。

第⑫层土色呈灰色，由北向南倾斜，厚0.26—1.3米，深2.85—3.65米，土质松散，包含物有陶器残片、碎瓦片、碎石块、木炭屑等。探沟底距现地表3.8米—5.2米（图七二，西城南垣外4号马面TG3四壁地层剖面图），此层下北部为夯土，南部为活动面及柱洞。

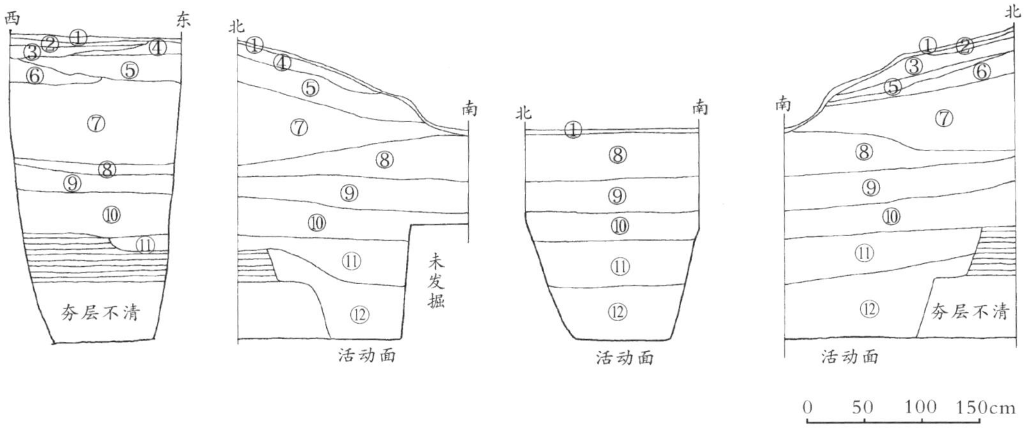

图七二 西城南垣外4号马面TG3四壁地层剖面图

其他文化遗迹　在发掘3条探沟时，发现的其他文化遗迹较多，简述如下：

活动面　3个探沟内均发现两层人类活动遗留的踩踏面，第①层活动面叠压于第④层下，距现地表深0.85米，叠压第⑤⑥⑦层，南北长3米、东西宽约2米，踩踏面厚约0.15米。呈灰褐色，土质硬，内含有小瓦渣等。分布全部探沟，位于马面夯土基础外围。第②层活动面开口于第⑩层下，顶面距现地表深3.9—4.5米，由于发掘面积较小，范围大小不详。为灰土，土质较硬，夹杂有木炭屑、小石粒等。

加补夯土遗迹　在TG1北、东部发现有加补夯土层，夯土为小圆夯，夯窝直径0.05米，加补夯土宽0.67—0.7米，夯土现存厚0.6—0.8米。在扩方后知南城墙存在多次修补情况，加补夯土与城墙和马面之间的板缝较大，其内填土为黄灰色土，夹杂有砖块。在加补夯土拐角处有半椭圆形夯土与加补夯土为二次修成，其内夯土有砖块，用途不详。

柱洞遗迹　在TG3内发现7个圆柱洞，大小不等，直径为0.1—0.14米，均位于加补夯土的外侧，即南侧，深度为 0.8 米以上。这种柱洞在清理西南隅台基础时也有发现，估计是用来保护夯土城墙的（图版 82 下）。

扰坑遗迹　在 TG2 内发现 3 个开口于不同层位，形状各异的扰坑。第一扰坑开口于第②层下，打破第③④两层，部分压在探沟东壁下，在探沟内呈半圆形，南北长 0.35 米、东西宽 0.18 米、深 0.25 米，开口距地表深 0.25 米。填土为灰沙土，土质松散，未见包含物。第二扰坑开口于第③层下，开口距现地表深 0.4 米，打破第④⑤⑥层，部分压在探沟北壁下，平面呈长方形，口小底大，开口南北长 0.84 米、东西宽 0.45 米、底宽 0.65 米、深 0.8 米，内填土为纯黄沙，土质松软，包含物有石块、砖块等。第三扰坑开口于第④层下，打破第⑤⑥层，开口距现地表 0.6 米，部分压在探沟北壁下，平面呈长方形。东西长 0.4 米、南北宽 0.3 米、深 0.35 米。其内填土为灰黄沙土，土质松散，未见包含物。

出土遗物　在 TG2 内出土铁杈 1 件，时代不明。

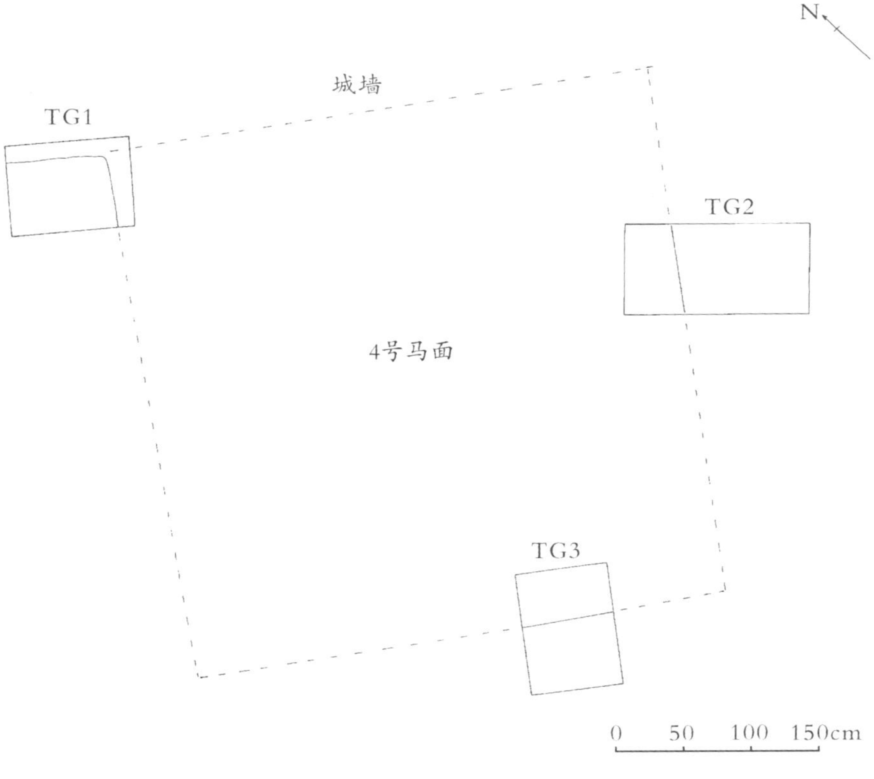

图七三　西城南垣外 4 号马面平面图

形制结构 经钻探4号马面基础平面略呈方形，方向40°。基础四周边长约17.65米，从基础底部至现残存顶面通高约7.6—8米，全部用三合一土夯筑而成，夯层厚度约0.08—0.15米，除TG1发现的加补夯土用小圆夯外，其余夯层全部平夯。现覆盖于地表以下马面基础（包括少部分马面墙）高度4.2—5.5米，叠压于第⑩层下。4号马面的基础处理，是在事先操平的地面上，夯筑方形基础台座，基座外放角四边比马面墙底边宽出0.5米，台座高1.1米，叠压于第⑪层下。台座四壁从下向上收缩，整体呈底大顶小的梯形方台。由于台座夯土未解剖，夯层厚度不清。马面四周墙体从底边开始至顶面，夯土逐层回缩，四周墙体正视呈底大顶小的梯形，整体呈覆斗形。马面顶部有无其他建筑已不清。通过TG1的发掘，可证明4号马面与南城墙相衔接，但两者夯筑基础之间明显存在夯筑版接缝，南城墙基础又叠压于马面基础上，两者应存在建造时间早晚的关系（图七三，西城南垣外4号马面平面图）。

② 5号马面

5号马面 位于统万城西城南垣外中部略偏东，西距4号马面39米，东距6号马面33.5米，马面基础北距南城墙4.2米。地理坐标：西北角北纬37° 59′ 52.09″，东经108° 50′ 56.97″。西南角北纬37° 59′ 51.70″，东经108° 50′ 56.80″。发掘工作从2013年7月12日开始，至2013年8月5日清理结束，历时25天。

发掘方法 我们以马面现存地表底边为基准，在马面与南城垣之间，布设一条东西向探沟，编号TG1；在马面西南角布设一条方形探沟，编号TG2；当TG1北部下挖到底部时，出现了密集柱洞，为了不破坏柱洞遗迹，进一步了解马面的基础结构，我们就在TG1北部，紧贴马面西北角布设了一条东西向探沟，编号TG3。

TG1东西长2米、南北宽4米、解剖深度5.25米，发掘面积80平方米。

TG2为方形，边长4米、解剖深度3.6米，发掘面积16平方米。

TG3东西长2米、南北宽1.5米、解剖深度2米，发掘面积3平方米。

地层关系 TG1（含TG3）位于马面和南城垣之间，所处位置地势中部凸起，向南北两边斜下，呈缓坡状，文化层堆积中间厚，南北两边渐薄，

地层堆积复杂但却清晰。TG2 处于马面西南角外，布方较短，地表平坦，地层堆积较简单。我们就以 TG1 及 TG3 内地层为例做一说明。

TG1 北壁文化层可分 10 层：

第①层表土层，厚 0.05—0.15 米，含有大量植物根系，及近现代砖瓦残片、碎石块等。

第②层沙土层，厚 0.05—0.6 米，含有少量砖瓦块，及近现代碎瓷片、陶器残片、兽骨残渣等。

第③层沙土层，厚 0.05—0.8 米，分布于探沟中部偏东，土质较松软，内含砖、瓦、石残块、铁丝及近现代生活废弃物等。

第④层马面城墙倒塌堆积层，厚 0.1—1.3 米，内含少量砖瓦残块，动物骨头及瓷、陶片等。

第⑤层沙土层，厚 0.05—1 米，分布于探沟中部偏西，土质较松软，含有少许木炭屑、砖、瓦、石碎块等。

第⑥层沙土层，厚 0.1—0.8 米，土质稍硬，内含少量石块、瓦块、木炭屑及陶、瓷碎片等。

第⑦层城墙夯土倒塌堆积，厚 0.3—0.5 米，土质较硬，内含少许木炭屑、夯土残块、兽骨等。该层下有一层厚 0.04 米的踩踏面。

第⑧层沙土层，深 3.2 米，土质较硬，内含大量瓦块、砖块、兽骨等。该层下清理出铁蒺藜数枚及 M1。

第⑨层沙土层，厚 0.5—0.95 米，深 4.1 米，土质较硬，内含少量木炭屑、兽骨等，该层下出现柱洞遗迹。

第⑩层细沙土层，厚 0.05—0.45 米，深 4.5 米，土质较硬，内含少量

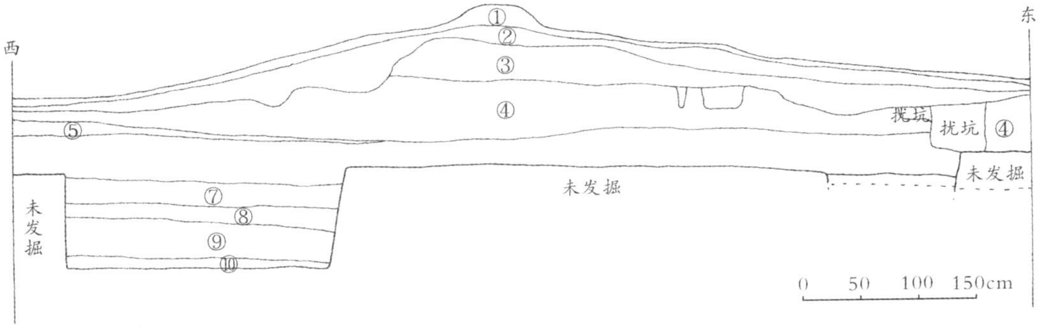

图七四　西城南垣外 5 号马面 TG1 北壁地层剖面图

木炭粒屑（图七四，西城南垣外 5 号马面 TG1 北壁地层剖面图）。

TG3 位于 5 号马面西北角，是在 TG1 发掘至第⑨层时，在不破坏柱洞遗迹的情况下布方，经解剖，文化层为第 ⑪ 到第 ⑯ 层：

第 ⑪ 层深黄色沙质层，土质较松软。

第 ⑫ 层为倒塌夯土层，土色灰白色。

第 ⑬ 层黄沙层。

第 ⑭ 层灰白色倒塌夯土层。

第 ⑮ 层红沙层，土质较硬。

第 ⑯ 层红沙土层，土质较硬，该层下为原始生土层，浅白色（图七五，西城南垣外 5 号马面 TG3 平面及四壁地层剖面图）。

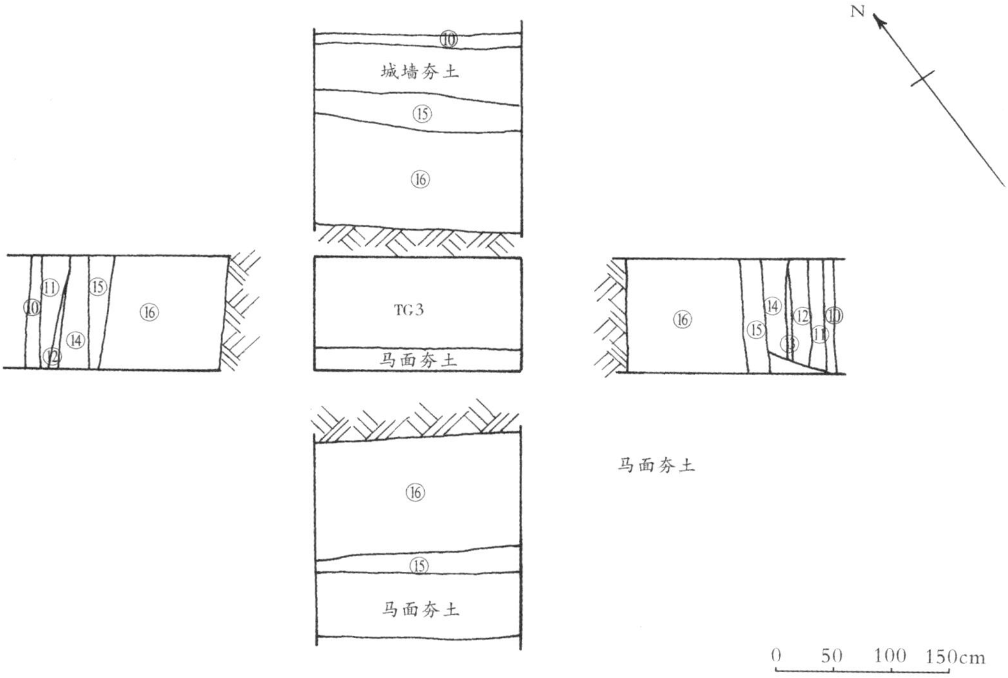

图七五　西城南垣外 5 号马面 TG3 平面及四壁地层剖面图

其他文化遗迹

发掘 TG1 时，发现有墓葬、柱洞等。

M1：在探沟中东部发现一竖穴土圹墓，编号 M1，开口于第⑧层下，打破第⑨层。平面呈长方形，土圹竖穴式，葬具为“瓦棺”，其时代不详（图版 83 下）。

柱洞遗迹　在 TG1 的第⑨层下、TG2 的第⑥层下，出现了密集的小圆

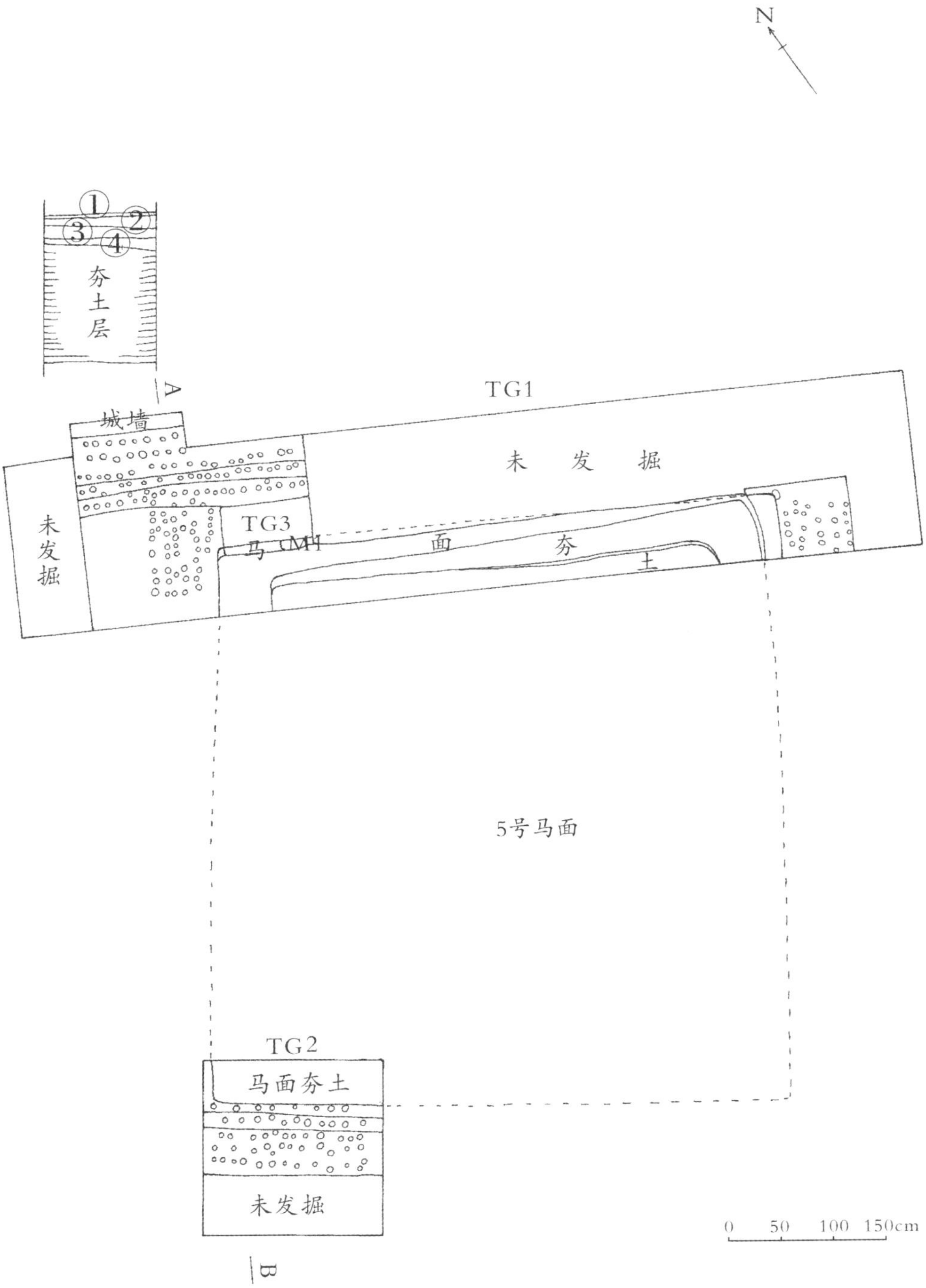

图七六　西城南垣外 5 号马面平面图

柱洞遗迹，两探沟内的柱洞遗迹处在同一水平面上，柱洞紧紧围绕马面夯土基础四周，分布密集而且较有规律，少部分较散乱。柱洞一般排列5—6排，柱洞间距0.05—0.2米，排间距0.1—0.25米。柱洞呈圆锥形，深约0.5—0.8米，直径0.08—0.15米。柱洞分布在TG2内南北宽约1.5米，东西向两边延伸。在TG1东端的分布宽度与TG2内相同，在西端分布平面呈“T”字形，宽度在1.5—1米之间。该马面应建立在厚约1.3米的红褐色沙层上，马面周围和城垣与马面间柱洞相连接，这种柱洞内原应插木桩一类的东西，亦属防御体系的一部分（图七六，西城南垣外5号马面平面图，图版86）。

踩踏面　在TG1第⑦层下有一层厚0.04米的人类活动遗留的踩踏面。土质较硬，呈浅灰褐色。

出土遗物　在TG1第⑧层下，出土铁蒺藜数枚，与柱洞开口处在同一平面上（图版87上）。

形制结构　5号马面基础部分平面亦呈方形，方向与4号马面相同。基础四周边长未钻探，从基础底部至现残存顶面通高约10.2米。全部用三合土夯筑而成，夯层厚度约0.12—0.17米，夯层全部平夯。现地表以下马面基础（包括少部分马面墙）高度6.3米，叠压于第⑥层下。5号马面的基础处理，亦是在事先操平的地面上，夯筑方形夯土台基，基座外放角四边比马面墙底边宽出0.75米，台座高0.8米，叠压于第⑨层下。台座四壁从下向上收缩，整体呈底大顶小的梯形方台。由于台座夯土未解剖，夯层厚度不清。马面四周墙体从底边开始至顶面，夯土逐层回缩，四周墙体正视呈底大顶小的梯形，整体呈覆斗形。通过TG1的发掘，南城墙从基础底边向上残存高度7.4米，马面夯筑基础与南城墙基础分离，互不衔接，二者夯筑基础之间相距4.2米，中间亦有柱洞分开。从TG1北部柱洞分布来观察，南城墙基础外围亦分布有柱洞遗迹。通过TG2、TG3发现，城垣基础与马面基础之间，及马面基础（基座）周围均有夯土痕迹，较粗糙，夯土厚0.5—0.7米，底部有一层厚约0.2—0.3米的红色胶泥土，以下为红褐色沙土层，钻探知厚约1.1—1.3米，马面应建在该层红褐色沙土之上（图七七，西城南垣外5号马面结构图，图版85、87下、88、89）。

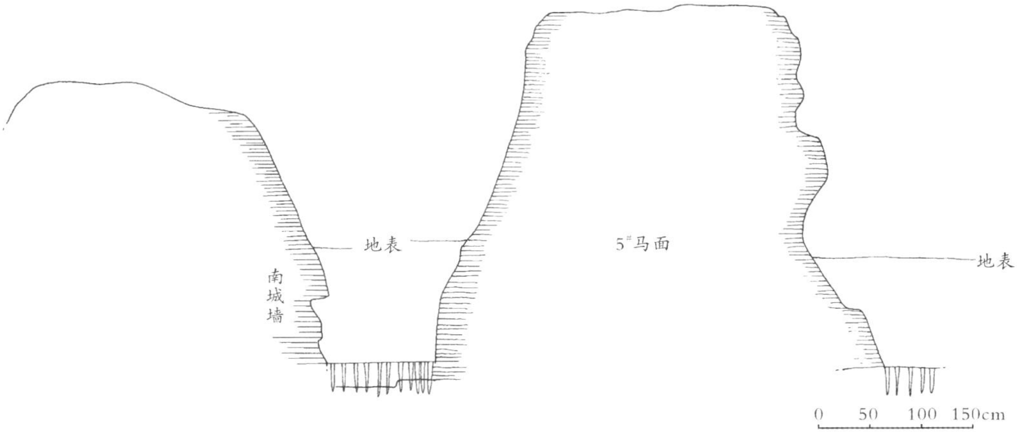

图七七 西城南垣外5号马面结构图

③ 6号马面

6号马面 位于西城南垣外东中部，东距7号马面36米，西距5号马面33.5米。现存地表北距南城垣9.5米，马面与城垣基础间距3.75米。地理坐标：北纬37° 59′ 50.79″，东经108° 50′ 58.64″，海拔1175米。2013年7月25日开始发掘，8月21日清理结束，历时27天。

发掘方法 我们以马面现存地表底边为基准，正对马面的南壁中部，西壁中部及东北角与南城垣交界处布设探沟3条，依次编号为：TG1、TG2、TG3。

TG1 南北长6米、东西宽4米、解剖深度5.5米，发掘面积24平方米。

TG2 东西长7米、南北宽4.75米、解剖深度6.5米，发掘面积35平方米。探沟方向40°。

TG3 平面呈曲尺形，南北最长8米、东西最宽5米、解剖深度6.75米，发掘面积40.5平方米。

地层关系 三条探沟内的文化层堆积不尽相同，TG1、TG3文化层堆积较薄而且简单，而TG2地层关系最为复杂而清晰。现以TG2南壁地层堆积为例做一说明。

TG2地层堆积可分8层：

第①层表土层，厚0.1—0.5米，土质较松散，内含有大量植物根系、砖瓦碎片、碎石块等。由东向西倾斜，内有现代扰坑。

第②层黄灰褐沙土层，最厚0.45米，距地表深0.5—1.3米。分布于探沟东部及西部，中部缺失，土质较松软，内含有少量植物根系、碎石块、白黏土块等。

第③层马面墙壁倒塌层，灰褐色土，最厚0.65米，距地表深0.5—1.5米。分布于探沟东部，土质稍硬，含少许木炭屑、砖瓦碎块等。

第④层马面墙壁倒塌层，最厚0.6米，距地表深1.2—1.9米，浅灰褐色土，分布于探沟东部，土质稍硬，含少许木炭屑、白黏土块等。该层下马面夯土暴露。

第⑤层马面墙壁倒塌层，最厚0.95米，距地表深2.3米，黄灰褐色土，分布于探沟东部，土质稍硬，内含黄沙及少量墙体倒塌土块及碎石块等。

第⑥层黄沙层，厚3.3米，距地表深4.2米，内含少许兽骨、灰陶片、瓷片、木炭屑、砖瓦块等。可辨器型的有陶碗、陶缸等。该层下发现夯土平台1处。

第⑦层黄灰色土层，厚0.2—0.9米，距地表深5.1米，土质较软，东高西低呈斜坡状。内含少许砖瓦块、木炭屑等。少许灰陶片，出土铁镞1件。

第⑧层黄褐色沙层，厚1米，距地表深6.4米，内含较多白黏土块、木炭屑、少许兽骨、碎石块等（图七八-1，西城南垣外6号马面TG2北壁、西壁；图七八-2，西城南垣外6号马面TG2东壁、南壁剖面图）。以下为踩踏活动硬面。

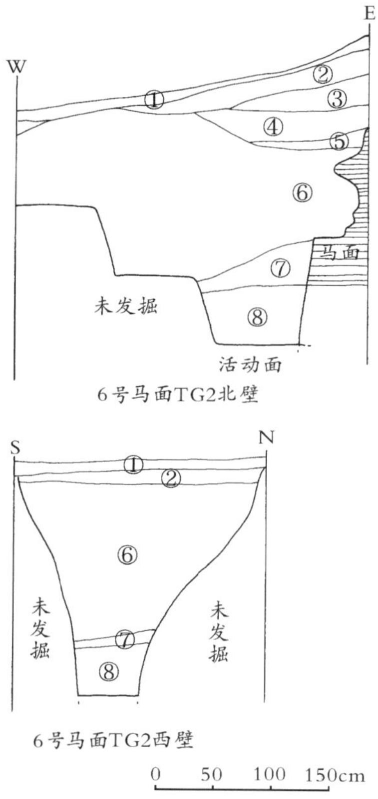

图七八-1 西城南垣外6号马面TG2北壁、西壁剖面图

其他文化遗迹 在TG2东南角，距地表深2.7米时，马面夯土壁面明显有3层土坯补修痕迹，修补范围南北长0.6米、高度0.5米，土坯规格14.5厘米×10—5厘米。在TG2第⑧层下发现有修建马面时的活动踩踏面，土色浅灰色，土质较硬。

出土遗物 在TG2第⑥层下出土陶碗1件，修复成形。在第⑦层下出土铁镞1件，锈蚀严重。在TG3第⑤层下出土铁蒺藜6件，

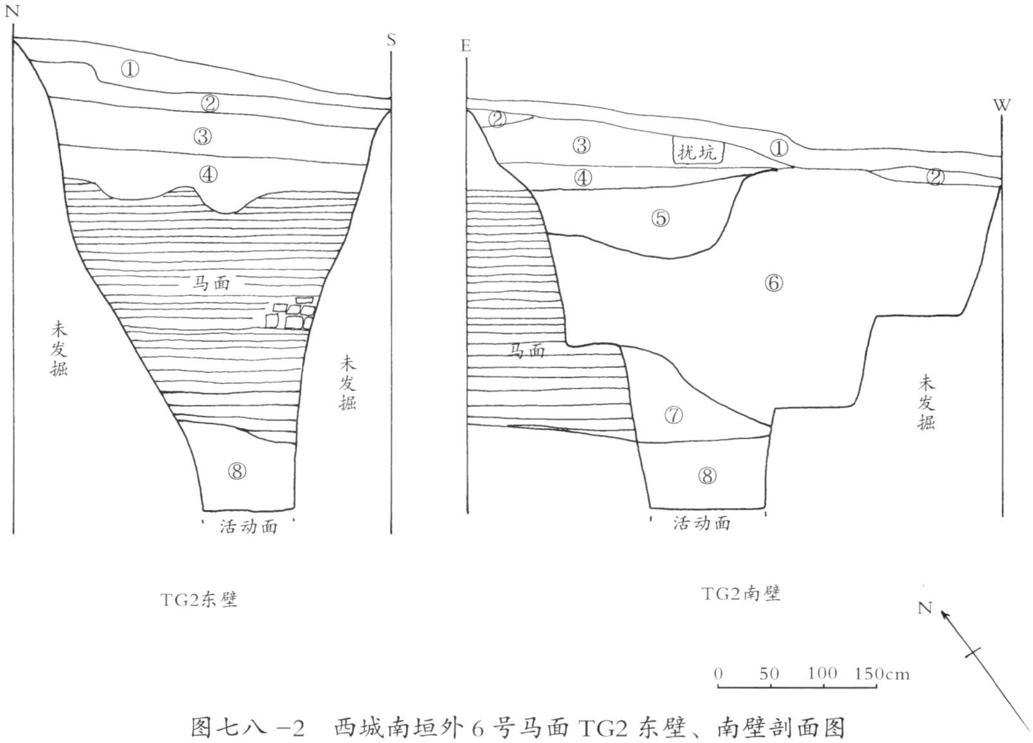

图七八 -2　西城南垣外 6 号马面 TG2 东壁、南壁剖面图

形制与 5 号马面出土的铁蒺藜相同。铁扣件 1 件，时代不明。

形制结构　6 号马面基础部分平面略呈南北向梯形，北窄南宽，方向与 5 号马面相同。基础四周边长北宽 12.5 米、南宽 15 米、东宽 11.6 米、西宽 12.2 米，从基础底部至顶部现存高度约 12.25 米。全部用三合一土夯筑而成，夯层厚 0.08—0.17 米，夯层全部平夯。现

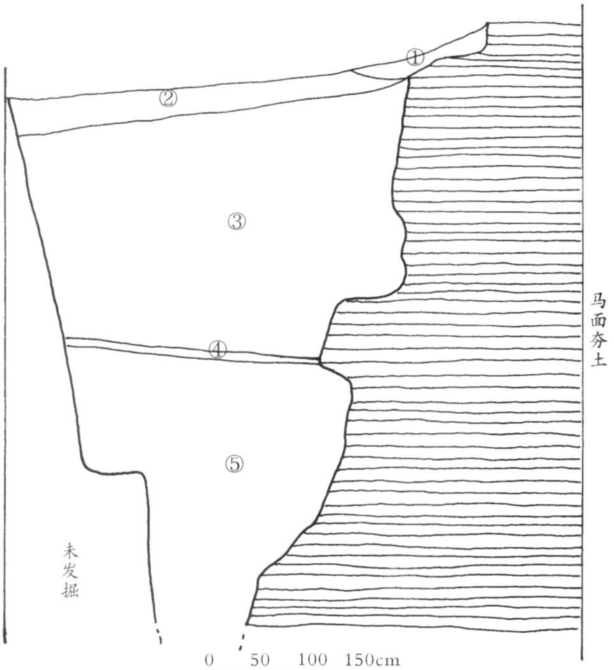

图七九 -1　西城 6 号马面 TG2 南壁剖面图

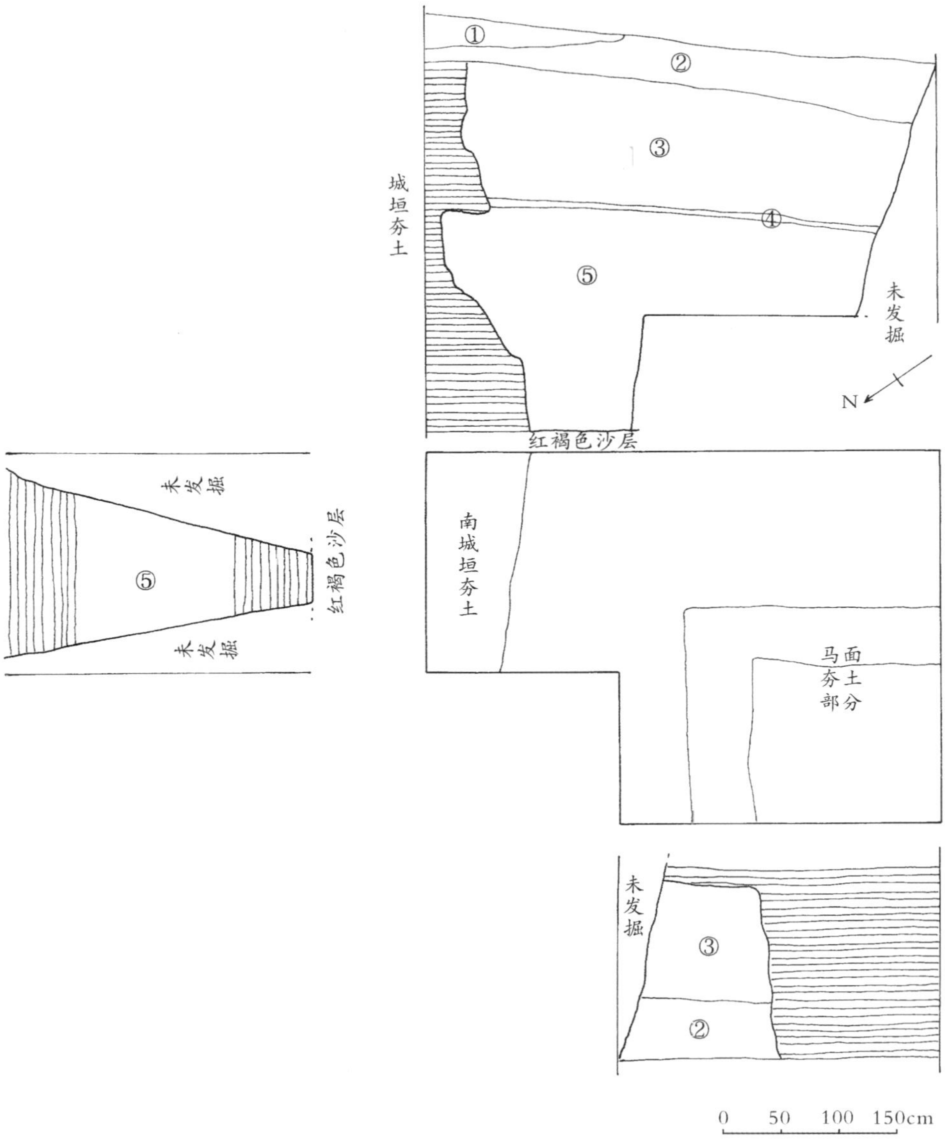

图七九 -2　西城南垣外 6 号马面 TG3 平面、东西北壁剖面图

存地面高度 4.6—6.3 米、宽 5.5—8 米。现覆盖于地表以下马面基础（包括少部分马面墙）高度 6.5 米，叠压于第④层下，距现地表深 1.9 米。通过 TG3 发掘可知南城垣距地表深 6.75 米，现残存通高约 10.25 米，地表以上部分高约 2 米（图七九 -1、2，西城南垣外 6 号马面 TG3 平面、四壁剖面图）。墙体夯层厚度与马面夯层厚度基本一致。基础底部夯层厚约 0.15—0.17 厘米。发掘处南城墙地理坐标：北纬 37° 59′ 51.22″，东经

108° 50′ 59.17″ 。6 号马面的基础处理，亦是在事先操平的地面上，夯筑基台座，基座顶面距现地表深 4.2 米，叠压于第⑥层下。外放角四边比马面墙底边宽出 0.62—0.66 米，北高南低，土质密实坚硬。高（厚）0.9—1 米，夯层为 7 层，夯层厚度为 0.08—0.2 米不等。台座四壁从下向上收缩，整体呈底大顶小的梯形方台。马面四周墙体从底边开始至顶面，夯土逐层回缩，四周墙体正视呈底大顶小的梯形，整体呈覆斗形。通过 TG1 的发掘，马面夯筑基础与南城墙基础分离，互不衔接，二者夯筑基础之间相距 3.75 米。马面夯筑基础以下为红褐色沙土层，钻探得知厚约 1 米以上，马面应建在该层红褐色沙土之上。经 3 条探沟的发掘，6 号马面与之相邻的南城垣，埋于地下的部分壁面多处垮塌，垮塌严重部分向主体内进深最大约 1 米（图八〇，西城南垣外 6 号马面结构图，图版 90、91、92、93、）。

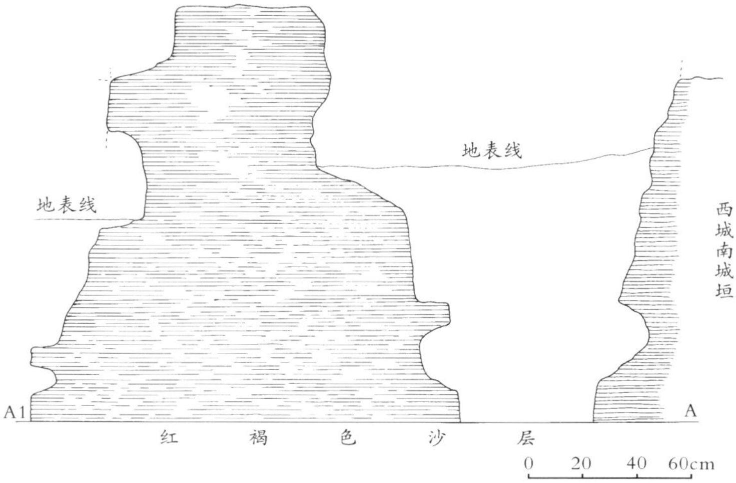

图八〇　西城南垣外 6 号马面结构图

④ 7 号马面

7 号马面　位于西城南翁城以西 31.5 米处，西距 6 号马面 36 米，现存地面北距南城垣 7.5 米，马面基础与城垣基础间距 4.1 米（图八一 -1，7 号马面结构图）。地理坐标：北纬 37° 59′ 50.02″ ，东经 108° 50′ 59.58″ 。发掘工作从 2013 年 7 月 23 日开始，至 8 月 10 日清理结束，历时 19 天。

发掘方法　我们以马面现存地表底边为基准，正对马面的南壁中部及马面的东北角与南城垣交界处布设探沟两条，依次编号为：TG1、TG2。

TG1　南北长 8 米、东西宽 4 米、解剖深度 6.75 米，发掘面积 32 平方米。

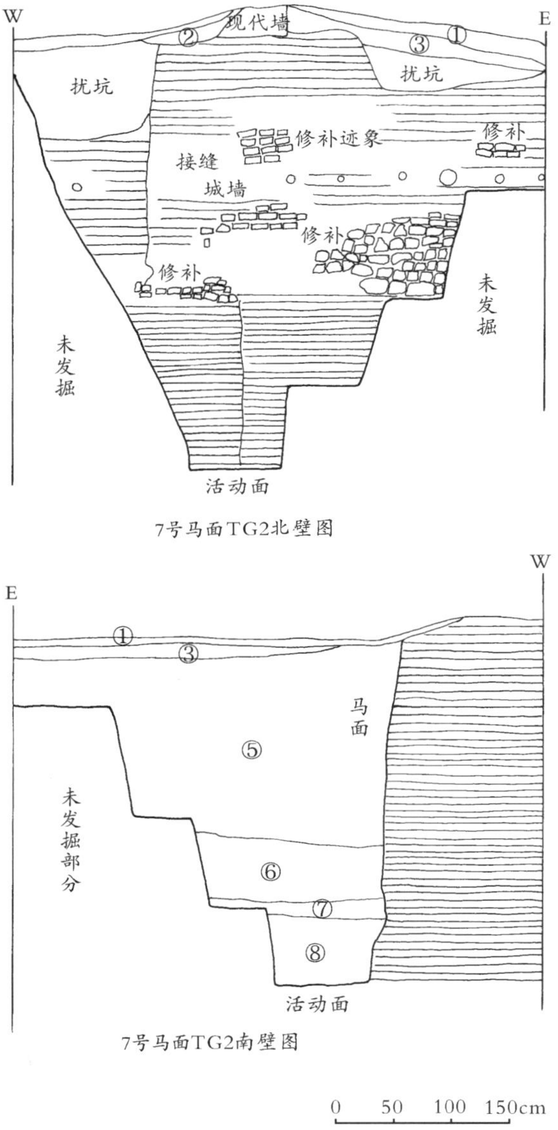

图八一 -1，西城南垣外 7 号马面 TG2 南北壁剖面图

TG2 东西长 8 米、南北宽 8 米、解剖深度 6.7 米，发掘面积 64 平方米。

地层关系 两条探沟内的文化层堆积基本相同，TG1 所处位置地势较低，文化层堆积为 6 层，TG2 位于南城垣和马面之间，地层堆积较厚，为 8 层，地层关系复杂但清晰。现以 TG2 地层堆积为例做一说明。

第①层表土层，最厚 0.2 米，土色呈浅灰色，土质松散，北高南低，包含较多杂草根系。

第②层风沙堆积层，最厚 0.18 米，土色呈深黄色，土质松散。有零星木炭屑。该层分布不均，仅分布于探沟内西北部。

第③层风沙堆积层，厚 0.9 米，土色呈深黄褐色，土质松散，呈北高南低缓坡状分布，该层分布较均匀。

第④层马面城墙倒塌堆积层，最厚 0.65 米，土色呈深灰色，土质稍硬。呈南高北低缓坡状分布。该层仅分布在探沟内西南部。

第⑤层风沙堆积层，厚 2.1—3.3 米，土色呈深黄色，土质松散，呈西北高东南低坡状分布。

第⑥层水土流失冲积层，距地表深 2.7—3.8 米，厚 0.2—1 米，土色呈浅灰色，土质稍硬，淤层明显。呈北高南低分布，夹杂零星黑釉瓷碎片等。

第⑦层深黄色沙层，厚 0.2—0.65 米，距地表深 3.4—4.1 米，土色呈深黄色，土质松散，有较多木炭屑。

第⑧层灰黄色淤积层，厚 1—2 米，距地表深 4.2—5.2 米。土色呈灰黄色，土质稍硬。内含较多木炭屑，零星白釉、黑釉残瓷碎片、瓦片，兽骨块等。该层分布均匀，呈西北高东南低坡状分布（图八一 –1，西城南垣外 7 号马面 TG2 南北壁剖面图；图八一 –2，西城南垣外 7 号马面 TG2 东西壁剖面图）。

其他文化遗迹　通过两条探沟的发掘，在被揭露的马面墙壁上及南城墙壁面上发现多处土坯砖块修补的痕迹，在 TG2 发掘所暴露的一段南城垣上发现了一排柱洞遗迹。

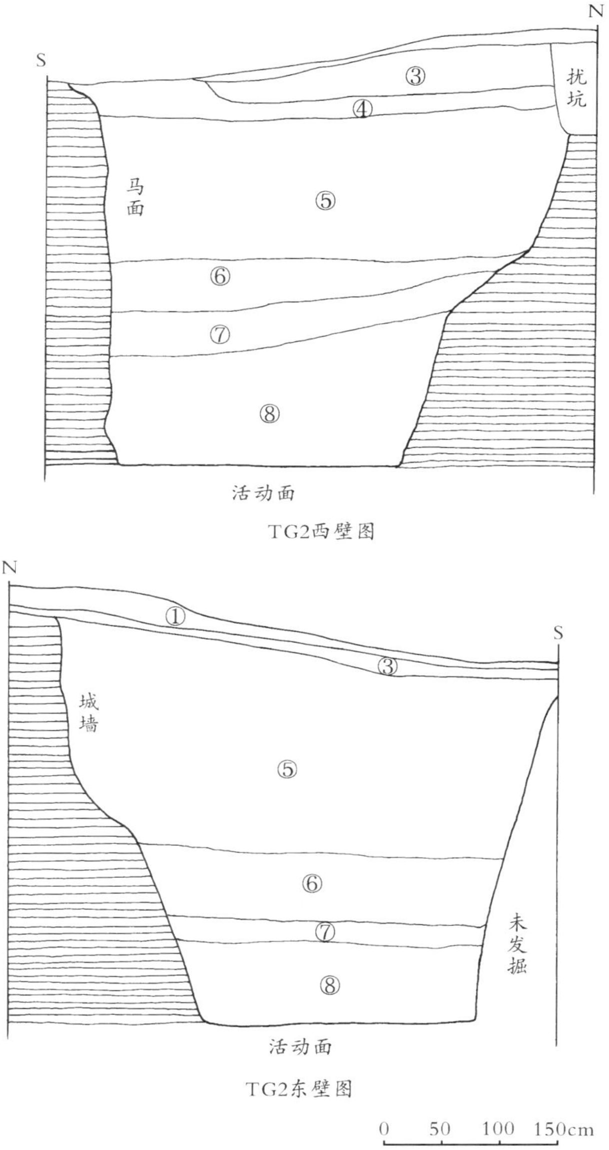

图八一 –2　西城南垣外 7 号马面 TG2 东西壁剖面图

土坯加补遗迹　TG1 北壁所暴露出的马面墙中部壁面，距残存马面顶高 2.9 米处有土坯加补墙面痕迹，加补土坯 4 行，加补范围东西长 1.7 米、高 0.5 米，土坯厚度 0.1—0.15 米。

TG2 北壁所暴露出的南城墙外侧中部壁面上，城墙顶部以下 1.9—3.7 米之间表面风蚀较为严重，发现有 5 处土坯修补的痕迹，版接缝 2 处，柱洞一排 9 个。

土坯修补痕迹 1　位于发掘城墙中部，西距版接缝 1.4 米处，距墙顶部 1.5 米，修补土坯 4 层，修补范围东西长 0.8 米、高 0.55 米。

土坯修补痕迹 2　西距土坯修补痕迹 1 约 2.75 米，位于发掘城墙东部，距墙顶部 0.9 米，修补土坯 2 层，修补范围东西长 0.75 米、高 0.2 米。

土坯修补痕迹 3　位于发掘城墙修补痕迹 1 下方约 0.6 米处，西距墙版接缝 0.8 米处，距墙顶部 2.6 米，修补土坯 4 层，修补范围东西长 1.6 米、高 0.65 米。

土坯修补痕迹 4　西到墙体版接缝 1.4 米，东到墙基版接缝，即位于城墙两个版接缝之间，距墙顶部 3.65 米。修补土坯计 2—3 层，修补范围东西长 1.55 米、高 0.15—0.4 米。

土坯修补痕迹 5　西距墙基版接缝 1 米，位于发掘城墙东部，修补土坯 8 层，距墙顶部 1.9 米，修补范围东西长 2—2.25 米，现存高 1.3 米。

土坯规格：残长 15—35 厘米，残宽 17—25 厘米，厚 10—15 厘米。

城墙近底部保存尚好，边壁平整，修整很好，未见修补痕迹。收分在 0.8—0.9 米之间，基部较宽。

柱洞遗迹　距残存南城墙顶部最高处 2.2 米处发现一排呈东西向分布的柱洞，共 7 个，洞直径 0.1—0.18 米，间距 0.5—0.8 米，进深 0.6 米左右。在距墙顶部 5.35 米，东距版接缝 0.8 米，西距城墙基部版接缝 1.85 米处，东西两边各分布一小柱洞，洞径 0.08 米、进深 0.1 米左右。

版接缝遗迹　共 2 处。即 TG2 南城墙和墙基版接缝。

墙体版接缝位于发掘城墙上部，缝隙宽 0.05—0.08 米，上下较直。东距 TG2 东壁 6 米、西距 TG2 西壁 2—2.1 米、现存高度 4 米。

墙基版接缝西距 TG2 西壁 3.4 米，东距 TG2 东壁 4.60、缝隙宽 0.03—0.06 米、现存高 2.25 米，版接缝稍直。上下两个版接缝东西间距 1.4 米。

形制结构　7 号马面基础部分平面略呈南北向方形，方向 132°。基础四周边长北宽 10.75 米、南宽 10.5 米、东宽 1 米、西宽 9.5 米，从基础底部至顶部现存最高约 12.2 米。墙体全部用三合一土夯筑而成，夯层厚 0.08—0.12 米，夯层全部平夯。现存地面高度 6.2 米、东西长 2.6 米、南北宽 1.1 米左右。马面四周墙体从底边开始至顶面，夯土逐层回缩，四周墙体正视呈底大顶小的梯形，整体呈覆斗形。现覆盖于地表以下马面基础（包括少部分马面墙）

高度6—6.5米，叠压于第②层下，距现地表深0.4米。7号马面的基础处理，亦是在事先操平的地面上，夯筑基台座，基座顶面距现地表深5.5—6米，叠压于第⑥层下。外放角四边比马面墙底边宽出0.55米，土质密实坚硬。残高（厚）约0.55米，夯层厚度为0.08—0.17米不等。台座四壁从下向上收缩，整体呈底大顶小的梯形方台。在基座外围发现修建马面时人类活动的踩踏面。通过TG2的发掘，马面夯筑基础与南城墙基础分离，互不衔接，二者夯筑基础之间相距4.1米。马面夯筑基础以下为红褐色沙土层，钻探知厚约1.3米以上，马面应建在该层红褐色沙土之上（图版94—101）。

通过TG2发掘可知，位于该探沟内北部的南城垣基础距地表深6—6.25米，方向130°，现残存通高约7.85米、地表以上部分高约0.4—1.6米、顶部南北宽0.4—0.7米，墙体夯层厚度与马面夯层厚度基本一致。TG2内发掘南城垣东西长8米、基部南北宽2.8米、发掘城墙最高6.25米，基础底边叠压于第⑧层下，基础底部夯层厚约0.08—0.17米。南城垣夯土呈灰白色，土质坚硬，结构密实，夯层明显（图八二，西城南垣外7号马面平面图）。

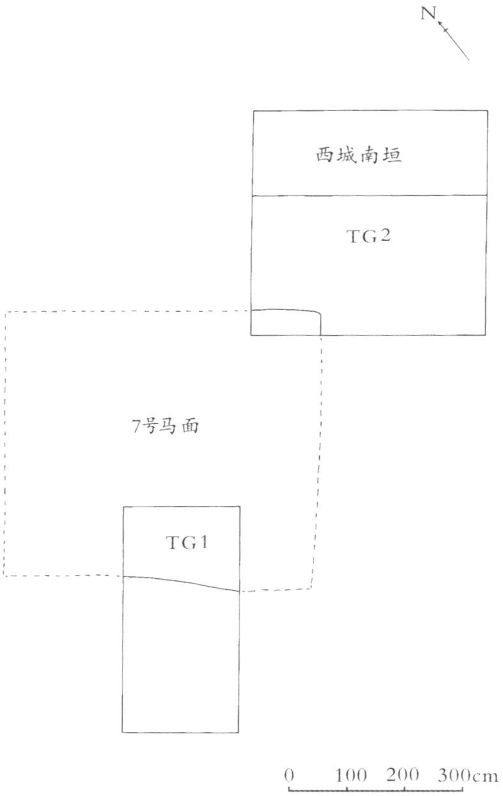

图八二　西城南垣外7号马面平面图

7. 西梁祭祀遗址

西梁祭祀遗址地处统万城遗址东南、无定河上游红柳河南岸两条小支流之间的台地上，西北距统万城直线距离约2千米，东北距白城则行政村约1千米（图版108），地理坐标北纬37° 58′ 44.06″，东经108° 51′ 39.55″，海拔高度1166.3米。遗址周围由于风沙侵蚀堆积而形成沙丘缓坡，北部为黄土冲沟断崖，西北邻圪洞河，东接当地人所谓的“干沟子”（河内常年水流量较小），南邻魏家畔林场。

① 发掘经过与工作方法

A. 田野勘探与发掘经过

2015 年 6 月 19 日至 8 月 2 日，统万城考古队对该夯土遗址进行了田野勘探调查，发现了夯土围墙和墩台等遗迹，规模宏大。勘探表明，该夯土遗址保存现状堪忧。围墙残断不全，墙体多处夯土早已被人类活动破坏毁弃，或自然风化塌毁，现仅见墙垣西南角和东北角保存较完整。在围墙内中部，分布有南、中、北 3 处白色夯土墩台，方向接近正北。墩台顶部均裸露于地表，四周墙基掩埋于黄沙下，地表周围凿挖有大量盗洞和散落的陶器残片（图版 109）。

2015 年 7 月至 11 月，为搞清西梁夯土台遗址的建筑年代、建筑结构与夯筑方法、遗存性质以及和统万城之间的关系等问题，我们对围墙西南垣、东北垣和 3 座夯土墩台进行了田野考古发掘。

B. 工作方法

田野工作采用勘探与发掘相结合的方式进行。严格按照《田野考古工作规程》，参考勘探资料，在夯土基址四周布设一定规模的探沟与探方，采用全人工方式自上而下逐层发掘，遗迹堆积按先晚期后早期的顺序依次清理，最后再照相、绘图，并完成发掘记录。田野勘探面积约 70000 余平方米，发掘面积约 1600 余平方米。

围墙范围由勘探确认，并在西南角和东北角布设两条规格为 10 × 10 平方米的探方进行发掘，编号 T1 和 T2，主要为解决围墙的拐角结构、墙垣的夯筑方法，以及墙垣高度、夯层厚度等问题。为解决围墙内 3 座墩台的形制规模、夯筑结构与夯筑方法等问题，在南墩台四周按逆时针方向（东、北、西、南）布设规模不等的 5 条探沟进行清理，编号为 TG1、TG2、TG7、TG9 和 TG10，发掘面积约 424.25 平方米；在中墩台四周相对（南北、东西）布设规模不等的 4 条探沟进行清理，编号为 TG3、TG4 和 TG5、TG6，发掘面积约 234 平方米；在北墩台四周按逆时针方向（西、南、东、北）布设规模不等的 4 条探沟进行清理，编号为 TG8、TG11、TG12 和 TG13，发掘面积约 747 平方米。最后再将 3 座墩台顶部覆盖的沙土进行清理，使夯土完全暴露于地面，对整个西梁夯土台基址遗存进行航拍。

C. 探方、探沟的布设与发掘面积

T1　位于西梁夯土遗址围墙墙基的西南角，地理坐标：外角北纬37°　58′　52.01″，东经108°　51′　43.64″。内角北纬37°　58′　51.95″，东经108°　51′　35.51″。发掘工作于2015年8月23日开始，至9月16日结束，历时25天。发掘面积9米×9米，发掘深度1.5—2米。

T2　位于西梁夯土遗址围墙墙基的东北角，地理坐标：外角北纬37°　58′　41.27″，东经108°　51′　35.40″。内角北纬37°　58′　41.35″，东经108°　51′　43.53″。发掘工作于2015年9月17日开始，10月10日结束。发掘面积9米×9米，发掘深度0.75—1.5米。

TG1　位于南夯土墩台东中部，方向正南北，布方面积7.5米×7.5米，此处地表呈东南高西北低的缓坡状，发掘深度6.2—7.5米。发掘工作于2015年7月6日开始，8月9日结束。

TG2　位于南夯土墩台北中部，方向正南北。布方面积13米×6米，此处地表呈南高北低、东西较平缓的斜坡地带，发掘分为东、西两部分，西半部（6米×6米）发掘深至0.2—0.5米时，夯土北壁西侧斜坡漫道暴露。东半部（7米×6米）发掘深至5.3—5.85米时，原生黄褐色或青白色沙层暴露，南壁沙层之上为苍白色夯土，即南墩台北壁面，夯层明显。发掘工作于2015年7月6日开始，7月31日结束。

TG3　位于中夯土墩台的南中部边缘，方向正南北。北距TG4 12米，布方面积6米×6米，此处地表较平缓，周围分布有多处盗洞，黄沙覆盖层下即为中墩台夯土表面，夯土边缘被扰动破坏，参差不齐较凌乱，发掘深约0.9—1.1米时，探沟北部夯土见底。发掘工作于2015年8月2日开始，5日结束。

TG4　位于中夯土墩台的北中部边缘，方向正南北。南距TG3 12米，布方面积13米×6米，此处地表呈东南高西北低的缓坡状，相对高差约0.85米，黄沙覆盖层下即为墩台夯土表面，发掘深约0.05—0.35米时墩台夯土裸露，夯土边缘被扰动破坏较凌乱，边缘表层夯土已不存在。为搞清夯土厚度与夯筑方法，以及与自然地层间的关系，在探沟内北部夯土两侧开挖两条长 5.75 米、宽 0.8 米、深 0.75 米的解剖沟，夯土打破第②、③层及原生土层，北壁为自然地层堆积。发掘工作于 2015 年 8 月 6 日开始，8 月 8 日结束。

TG5 位于中夯土墩台的东中部边缘，方向正南北。西距 TG6 21 米，布方面积 6 米 ×6 米。此处地表呈南北较平缓、西高东低的斜坡状，相对高差约 0.35 米，黄沙覆盖层下即为墩台夯土表面，夯土边缘被扰动破坏较凌乱，边缘表层夯土已不存，发掘深约 1—1.35 米时夯土见底。夯土主要分布于探沟内西部，呈南北向梯形，北宽 0.8 米、南宽 1.9 米、厚约 1 米，夯土打破第②、③层及原生土层，中东部主要为自然地层堆积。发掘工作于 2015 年 8 月 9 日开始，15 日结束。

TG6 位于中夯土墩台的西中部边缘，东距 TG5 21 米，布方面积 14 米 ×6 米，方向正南北。此处地表呈南北较平缓、东高西低的斜坡状，相对高差约 1 米，墩台夯土局部裸露于地表，其余覆盖于黄沙下，夯土边缘被扰动破坏较凌乱，边缘表层夯土已不存，发掘深约 0.5—1.2 米时夯土见底。探沟内东部夯土呈灰白色，中部夯土呈深灰色。2015 年 8 月 16—18 日发掘。

TG7 位于南夯土墩台西北角，方向正南北。布方面积 1 米 ×8 米，此处地表呈东南高西北低的斜坡地带，发掘至现墩台地表深约 2—3 米时，原始暗红褐色沙土层暴露。探沟东南部暴露的夯土即为南墩台西北角结构，夯土打破原始沙土层。发掘工作于 2015 年 8 月 11 日开始，至 8 月 24 日结束，历时 14 天。

TG8 位于北夯土墩台西中部，方向正南北。探沟南北长 38 米，东西宽 2 米，面积 108 平方米，解剖深度 1.5 米左右。此处堆积由东北向西南渐厚，呈斜坡状。发掘工作于 2015 年 8 月 21 日开始，9 月 7 日结束。

TG9 位于南夯土墩台南部偏东，方向正南北。布方面积 5 米 ×6 米，此处地表呈北高南低、东西稍平缓的斜坡地带，发掘深至 0.6—2.3 米时，墩台南斜坡漫道及东南拐角暴露。探沟东北部发掘深至 2.3 米时，原地表暗红褐色沙土显露，西北部暴露的夯土即为墩台地上部分（即南墩台东南部结构），夯层明显。发掘工作于 2015 年 9 月 24 日开始，清理出南斜坡漫道后，继续向东扩方 14 米进行发掘，清理部分遗迹后，至 11 月 11 日结束。

TG10　位于南夯土墩台西部边缘偏北，方向正南北，布方面积 10 米 ×2.5 米。此处地表呈东高西低、南北稍平缓的斜坡地带，发掘至现墩台地表深约 0.25—2 米时，原始暗红褐色沙土层暴露。探沟东部暴露的夯土即为南墩台西壁，夯土打破原始地表层及以下原生沙土层。发掘工作于 2015 年 8 月 25 日开始，清理出墩台西部边缘及部分夯土遗迹后，于 8 月 29 日继续向南扩方 24 米，清理部分遗迹后，至 9 月 10 日结束，实际发掘面积约 85 平方米。发掘期间因雨停工两天，实际历时 15 天。

TG11　位于北夯土墩台南部，方向正东西。探沟东西长 27 米，南北宽 5 米，面积 165 平方米，此处地表呈北高南低的斜坡状，解剖深度 0.1—0.5 米时，北墩台南壁夯土、南斜坡漫道及 12 座墓葬（发掘 2 座）开口暴露。发掘工作于 2015 年 10 月 24 日开始，11 月 4 日结束，历时 11 天。

TG12　位于北夯土墩台东部，方向正南北。探沟南北长 34.5 米，东西宽 6 米，面积 234 平方米，此处地层中部较厚，南北两侧较薄，解剖深度 1.1 米时，北墩台东壁、东南角夯土、东斜坡漫道及 21 座墓葬（发掘 5 座）、1 座灰坑开口暴露。发掘工作于 2015 年 9 月 20 日开始，10 月 23 日结束，历时 34 天，中间因雨天及工作安排等因素，有不间断的停工，实际发掘 18 天。

TG13　位于北夯土墩台北部，方向正东西。探沟东西长 37.8 米，南北宽 2 米，面积 114 平方米，解剖深度 1 米左右，当厚约 0.6 米的地表层揭取后，北墩台北壁夯土、东北角夯土及 2 座古墓葬开口暴露。发掘工作于 2015 年 9 月 7 日开始，9 月 19 日结束，历时 13 天。

②　地层堆积与夯土关系

西梁夯土墩台遗址周围由于风沙侵蚀堆积而形成沙丘缓坡地带，各墩台四周边缘低缓、中间高凸，多呈缓斜坡状，各探沟内的地层堆积大同小异，其地层堆积大致可以划分为 4 层：

第①层：现地表层，浅黄褐色沙土，风沙侵蚀覆盖形成，厚 0.05—1.9 米，堆积薄厚不均，土质干燥松散，内含大量植物根系。该层下开口有墓葬及暴露部分夯土遗迹。

第②层：倒塌废弃层，厚 0.15—1.1 米，主要分布于围墙西南和东北垣、南墩台南部、北墩台北中部等区域，为墩台、墙垣夯土塌毁所致，土色较混杂，土质结构较密实坚硬，未发现包含物。

第③层：原地表层，暗红褐色沙土，厚0.05—1.5米，除围墙东北垣和北墩台西部不见该层外，其余区域均有分布，土质密实略硬，未发现包含物。围墙与墩台夯土以该层为界分为地下和地上两部分。

第④层：生土层，为黄沙层，局部夹杂青灰白色黏土，土质结构密实稍硬。该层及以下为原生自然地层。

③ 西梁夯土墩台的形制与结构

西梁夯土墩台遗址主要由围墙、南墩台、中墩台和北墩台等四部分组成（图八三，西梁祭祀遗址钻探平面图）。

A. 围墙

围墙整体平面呈梯形，方向北偏东5°，墙垣南宽北窄，现仅存东北、西南墙角及部分墙体，东南和西北墙垣风化损毁严重。东北角墙垣裸露于地面，红褐色夯土，东垣残长108米，向南逐渐消失，北垣残长26米，向西逐渐消失。西南垣拐角呈直角，深灰褐色夯土，内含青灰色斑点土，土质坚硬密实。现存西垣残长162米，中部残断28米，向北逐渐消失；南垣仅存两段，西南部残长27米，距西南角约117米处残存长约18米。通过勘探与发掘复原，初步确认围墙南北长约35米、东西宽约185—217米，周长1102米，面积70000余平方米，墙体底宽约1.3—1.9米、顶宽

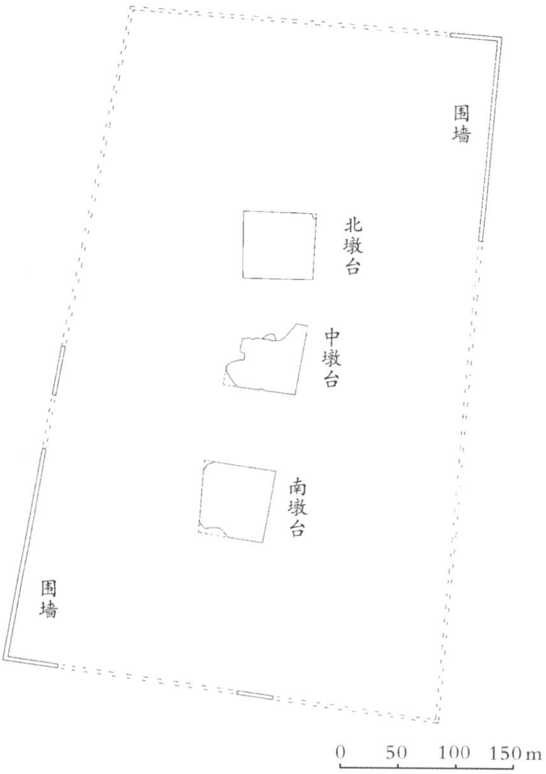

图八三　西梁祭祀遗址钻探平面图

1.9—2.2 米、厚 1.1—1.6 米。

围墙构筑方式是先在选址上开挖“回”形基槽，基槽截面呈上大下小的梯形，然后再在基槽内分段夯筑墙体的地下基础部分，并溢出地表，转角为整体夯筑，最后再在地基之上夯筑墙体的地上部分。墙体共夯筑 7 层，圆夯与平夯相结合，夯窝直径约 0.08 米，四垣均顶宽底窄，壁面内斜。

西南垣夯层第 4—7 层为地基部分，高约 0.6—1.1 米，夯土内含沙量较高，夯面薄厚不均，呈倾斜状，夯层厚约 0.1—0.3 米；第 1—3 层为地

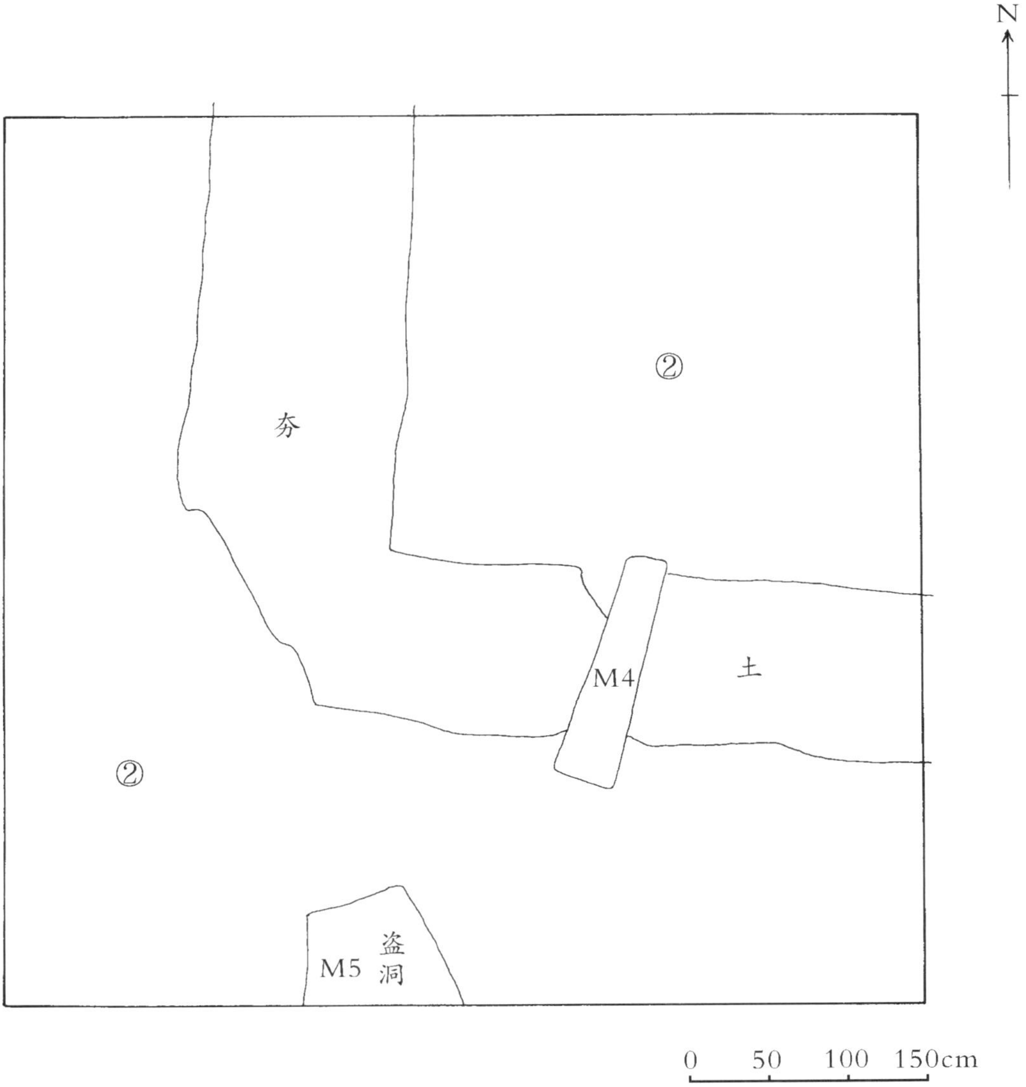

图八四 -1 围墙西南角平剖面图

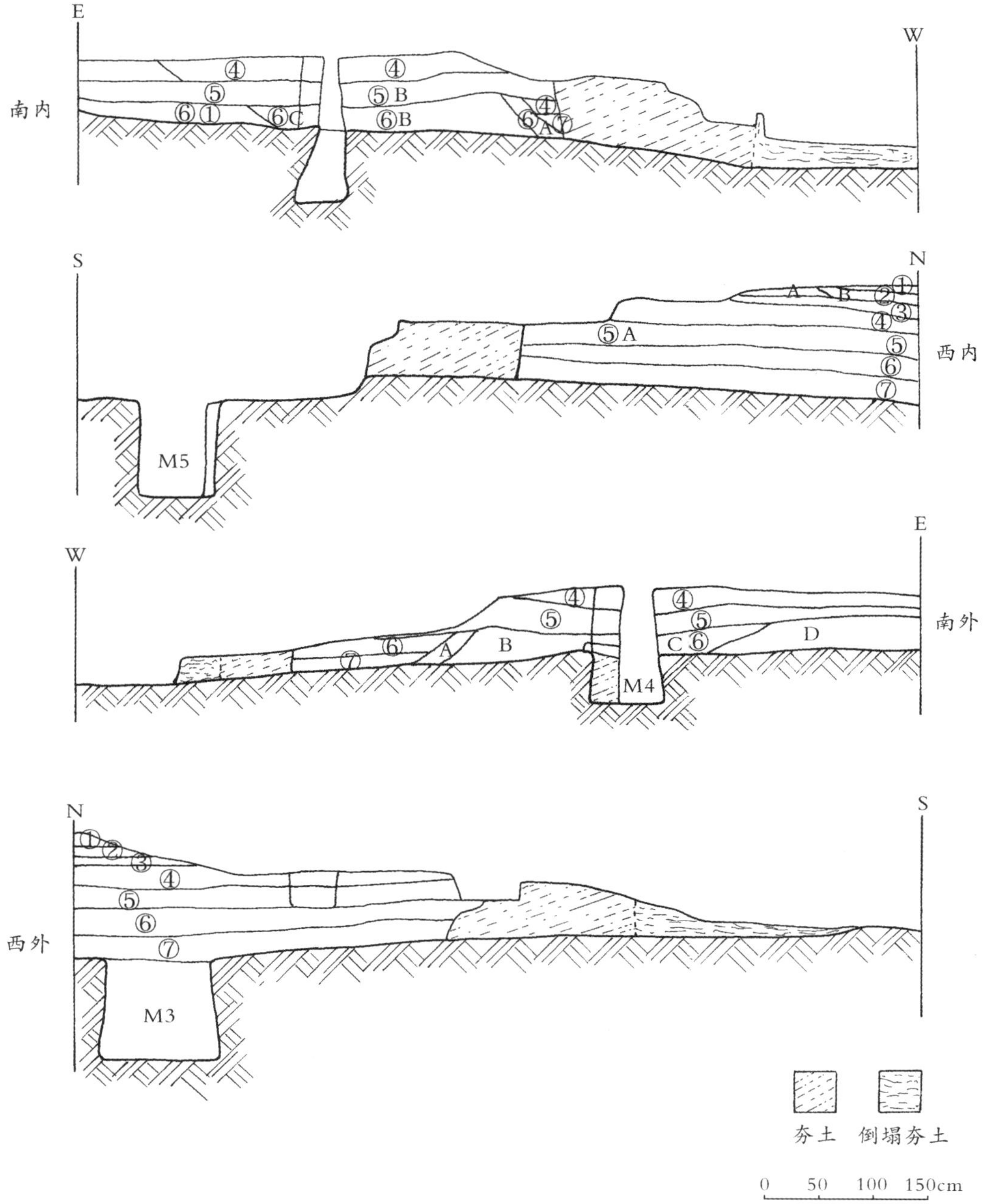

图八四 -2　围墙西南墙剖面图

上墙体部分，厚约 0.4 米，土质内含有白黏土，夯层厚 0.1—0.15 米（图八四 -1，围墙西南角平剖面图；图八四 -2，围墙西南墙剖面图，图版 123 上）。与西南垣夯土相比，东北垣夯筑质量稍好，西南垣夯土可见有暗红

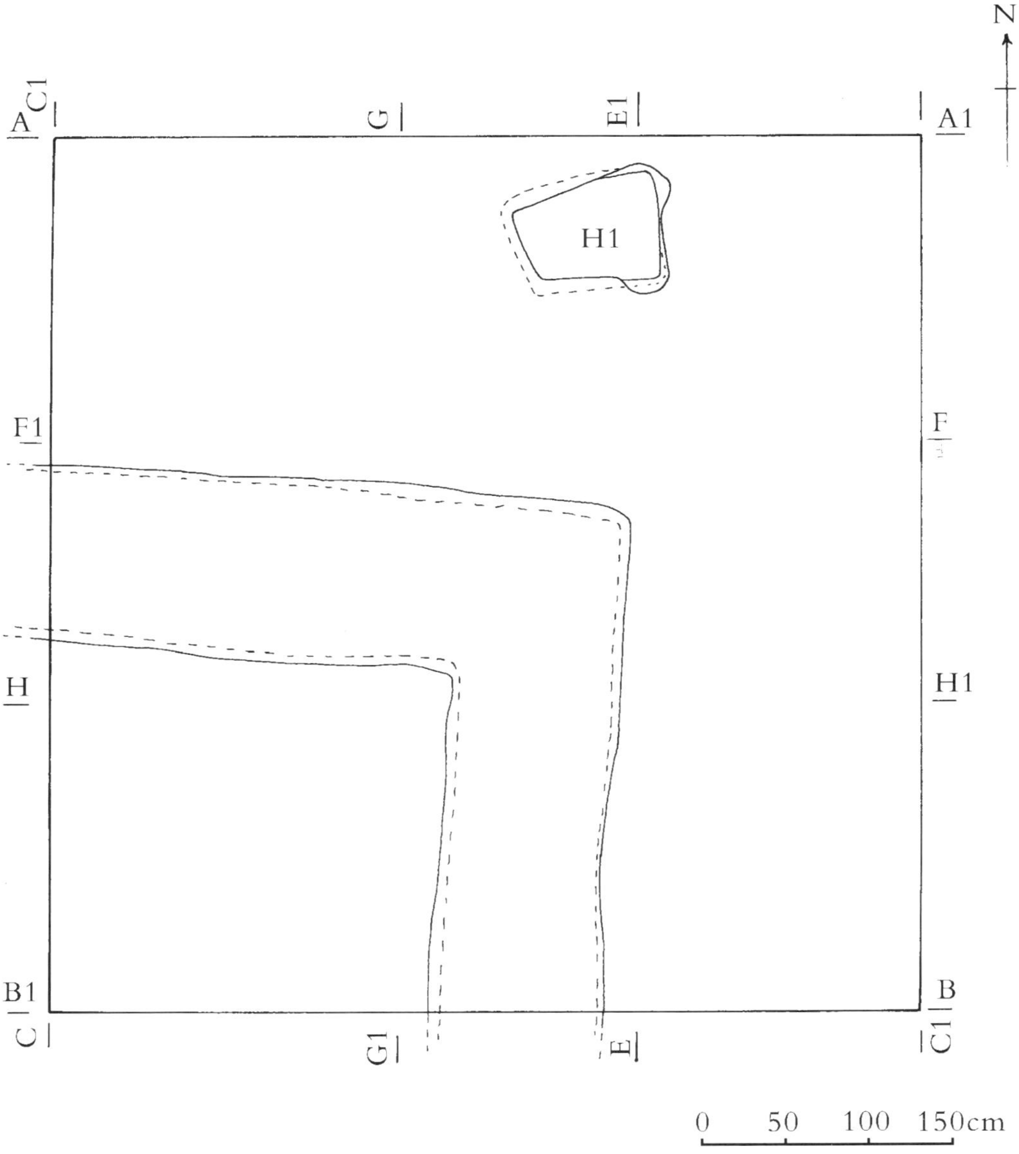

图八五　围墙东北角平面图

褐色沙土的原地表分界层，而在东北垣夯土间未发现有明显的原地表堆积痕迹，故而推断西南垣现存7层夯土应为墙垣的地基部分，厚约1.25—1.45米（图八五，围墙东北角平面图；图八六，围墙东北角东部外壁剖面图，图版123下、124、125）。

从探方第②层倒塌的灰褐色夯土堆积看，东北垣原地表之上墙体或因风沙侵蚀和人类活动等因素影响，早已被破坏不复存在，仅西垣南段尚存

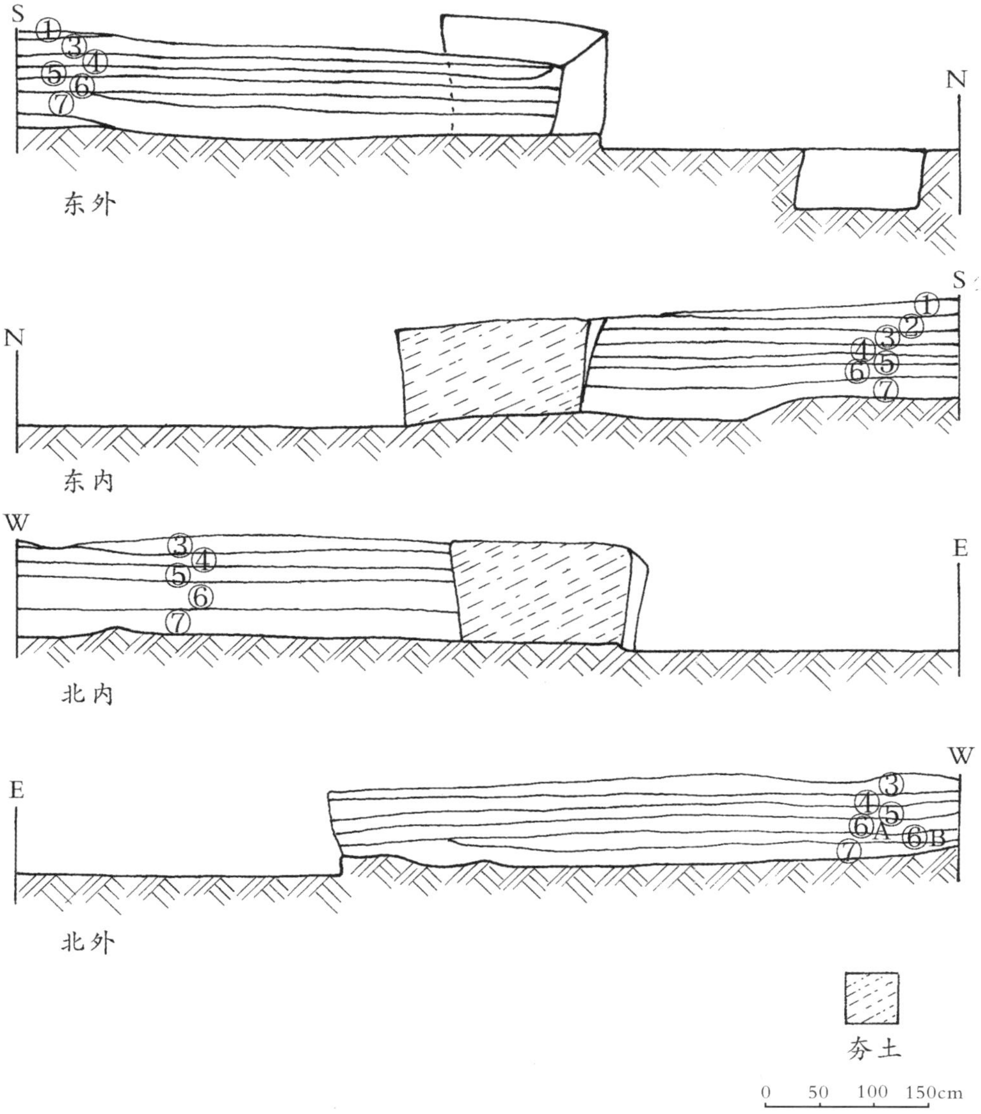

图八六　围墙东北角东部外壁剖面图

少许。同时发现，围墙东北垣地基夯筑厚度与西南垣地基存在明显差异，推测其应依地势而建，而墙垣夯层也多呈倾斜状，这也许与夯筑时填土不均或方向不同有关。

B. **南墩台**

南墩台位于围墙内中部偏南，方向正北，距围墙南垣约 77.5 米、西垣约 82.5 米，距北墩台直线距离约 95 米。经发掘确认，南墩台平面近方形，四壁稍斜直，四角均近于直角，南北长37米、东西宽36米。北壁东西长35.5米、东壁南北长37米、西南部拐角厚约2米，夯土被当地村民迁祖坟时机械取土破坏；南壁复原东西长36米、东部残长17.5米；西壁复原南北长36.5米、北部残长30.5米；从现存墩台顶中部距底部高约8.8米（周缘夯土厚约4.5—5.1米不等），面积约1332平方米（图八七，南夯土台平面图，图版110）。

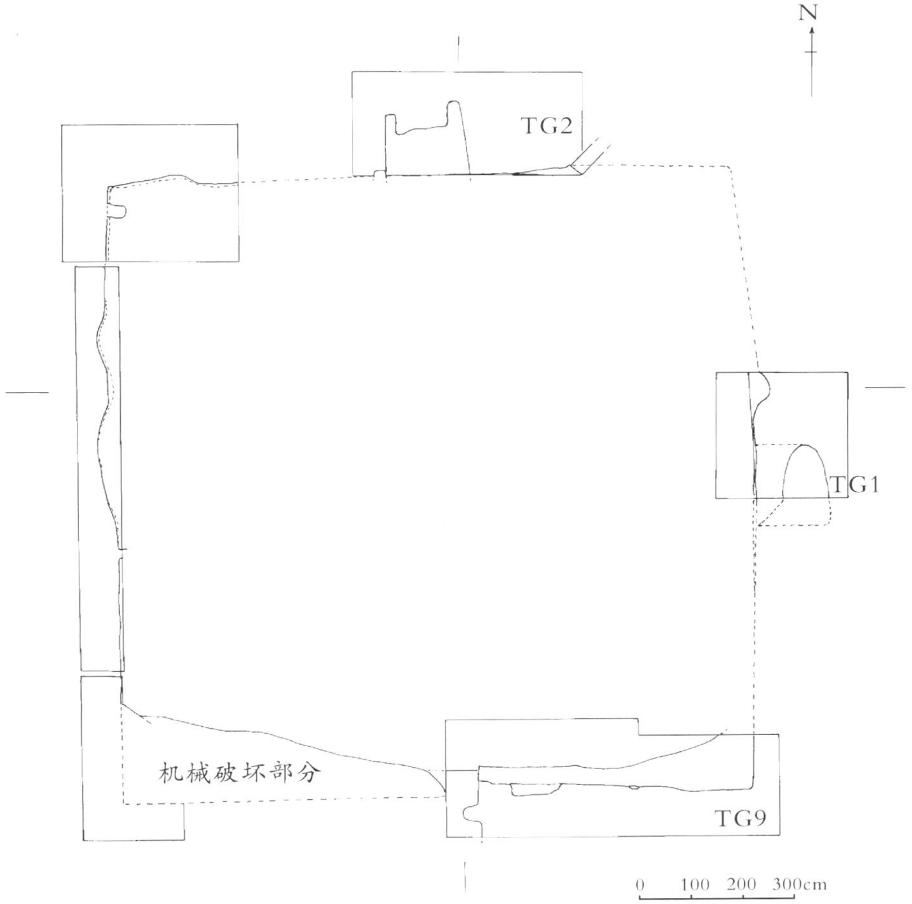

图八七　南夯土台平面图

墩台结构主要包含两部分（以北壁剖面为例），第一部分为地下基础部分，其构筑方式是先在原地表下挖一口大底小的“斗”形方坑，坑壁内斜收，坑口南北长36.5—37米、东西宽35.5—36米，底部规格不明。再于坑底逐层填土夯筑并溢出地表。该部分夯土壁面由上至下陡直斜内收，高约4.8米，与底部形成78° 夹角，壁面光滑平整，夯筑层次明显。先于坑底铺垫厚约1.1米的浅黄褐色沙土，稍做平整，未经夯打，再在其上夯筑20层夯土至地表，即TG2南壁剖面夯7—26层，底部8层（夯19—26层）厚约1.4米，夯筑较精细，土色呈黄褐色，土层内白黏土含量低于沙土，圆夯，夯面坚硬平整，夯窝分布较致密，夯窝直径0.06—0.1米，夯层厚约0.15—0.2米；中间3层（夯16—18层）为粗夯，土色呈红褐色，土料内白黏土含量减少，夹杂少量黄褐色沙土，夯层厚度不均，层厚约0.4—0.65米不等；近地表9层（夯7—15层）厚约1米为精夯，土色呈苍白色，夯土内白黏土含量高于沙土，夯面薄而平整致密，局部可见有圆形夯窝，应为圆夯和平夯相结合夯筑而成，逐层夯打坚结硬实，夯层平均厚约0.1—0.12米。

第二部分为地上覆斗状夯土，夯筑高约4米，顶中部较平坦，略似“椭圆形”，四周呈低缓斜坡状，底部近方形，由灰褐、黑褐、红褐和深褐色花土精夯，含沙量较少。地表之上厚约1米夯筑层次明显（即TG2南壁剖面夯1—6层），平夯或圆夯相结合，夯面薄而平整坚硬，局部添加有浅黄褐色沙土，夯层厚约0.1—0.12米，夯窝直径0.04—0.1米。墩台东、南、北三面正中部于原地表（红褐色沙土）之上夯筑有通往墩台顶部的斜坡漫道。现唯独西漫道形制不明，从发掘迹象看，西漫道应位于墩台的西南部，被当地村民机械取土时损毁而不存在。

北漫道与南漫道相对应，平面呈长方形。北漫道由南向北夯土逐渐变薄至消失，局部被破坏，现存南北长4.5米、东西宽3.5—4.5米、厚约0—0.4米，坡度约25° ，由灰白褐色料土夯筑而成（图版113下）。南漫道西侧部分被机械取土破坏不存在，中部被一墓葬打破不甚规则，夯土由北向南渐变薄呈坡状消失，现存南北长4.25米、东西残宽1.9—2米、厚0—0.45米，夯层厚约0.1—0.15米。东漫道东部被破坏较早，夯土由西向东渐变薄至消失，西端与东壁衔接处夯土被一近现代扰坑破坏不存在，现仅见漫道中部一段夯土保存较好（图版113上）。现存东漫道东西残长4.2米、南北宽4.8米、厚0—0.65米，由5层灰褐色料土夯筑而成，夯层厚约0.1—0.15米（图八八，南夯土台剖面图，图版111、112）。

C. **中墩台**

中墩台位于围墙内正中部，居南、北墩台之间，方向北偏东10° ，距

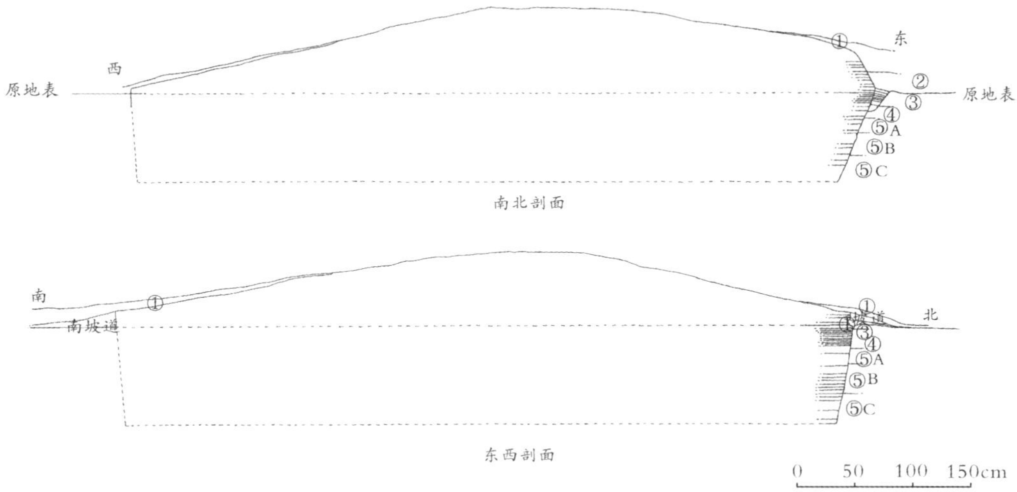

图八八 南夯土台剖面图

南墩台 4 米、北墩台 25 米。经发掘确认，中墩台平面呈不规则形，边缘夯土较薄、中部较厚，整体呈边缘平缓、中部隆起的龟背状。中墩台东西（南壁长约 29.5 米保存较好）长约 36.7 米、南北（东壁）宽 35 米、顶中部距底部高 1.1 米，面积约 1260 平方米。西、北壁边缘损毁呈不甚规则弧曲形，西北、西南角呈圆弧形，东壁较平直规整，南壁稍斜直，东北、东南角均呈直角（图版 114）。

经解剖确定，中墩台（以东、南壁剖面为例）夯土共夯筑 4 层，厚约 0.8—1.1 米，其建筑方式是先在原地表下挖一定规格的竖穴方坑，再在坑底填土逐层夯筑而成。第①、②层灰白褐色夯土，圆夯和平夯相结合，夯筑坚固精细，厚 0.16—0.5 米，夯窝直径 0.06—0.1 米；第③、④层红褐色夯土，土质内夹杂少量白黏土，粗夯或稍作平整，厚 0.38—0.6 米。第一、二层夯土应为墩台地上部分，第③、④层为墩台地下基础部分。夯土四周边缘中部原地表之上应夯筑有通往墩台顶部的斜坡漫道，东漫道位于东壁中部偏南，漫道现状呈东窄西宽的半椭圆形，东西长约 3.35 米、南北宽 7—12.5 米、厚 0—0.3 米。北漫道位于北壁边缘中部，现状呈南宽北窄的方弧形，南北长约 3 米、东西宽 4—6.5 米、厚 0—0.2 米。西、南漫道或因残毁不确定。

中墩台周边发现有 1—6 号圆形夯土柱础坑，沿墩台西、北、东三壁边缘夯土外侧分布。1 号位于西南角北侧，直径 0.5 米；2 号位于西北角东侧，直径 1 米；3 号位于 2 号东侧约 5.4 米处，直径 0.9—1 米；4 号位于北漫道东侧中部，直径 0.7—0.8 米；5 号位于东漫道西侧中部，直径 0.6 米；6 号位于东漫道外南侧，直径 1.4 米。这 6 个柱础坑应与中墩台的建筑有关。另外在中墩台东北角和西南角清理灰坑 4 座（编号 H3—H6），均打破夯土修建，初步推断其应为贮藏坑，具体时代不确定，可能与该遗址的修建或祭祀仪式等有关（图八九，中墩台平剖图，图版 115、116、117）。

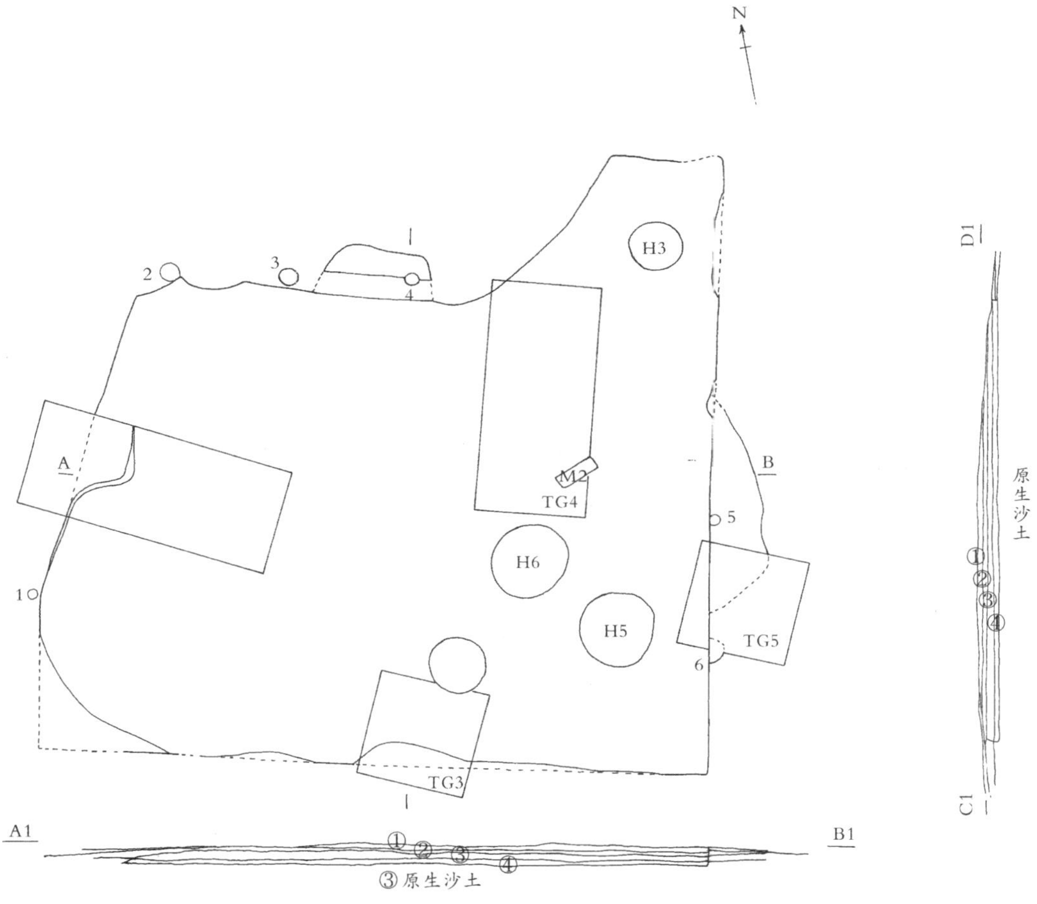

图八九　中墩台平剖图

D. **北墩台**

北墩台位于围墙内中部偏北，方向北偏东 15°，距围墙北垣约 98.5 米、东垣约 81.5 米。经发掘确认，北墩台平面近方形，东西水平长约 38 米、南北宽约 35—36 米，南壁残长 37.5 米、北壁残长 37 米、西壁水平长 34.75 米、

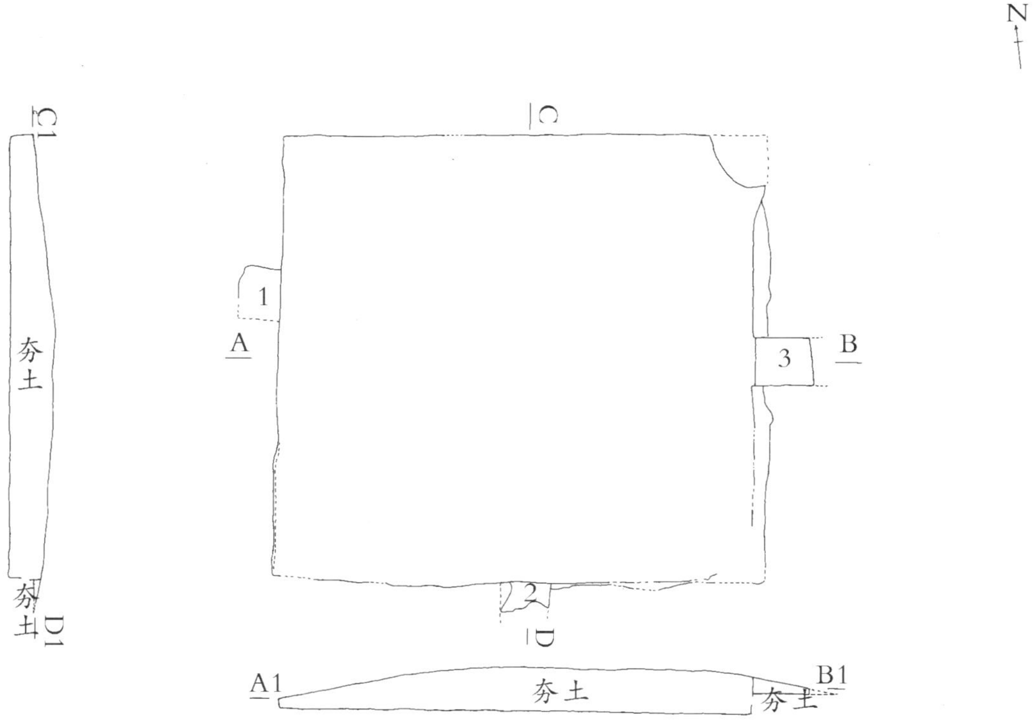

图九〇　北墩台平剖图

东壁残长 35.5 米，顶中部距底部高 3.5 米，面积约 1349 平方米（图九〇，北墩台平剖图，图版 118）。

北墩台建筑方式与南墩台相同（以北壁剖面为例），地下基础部分夯土厚 0.8—1.5 米，壁面由上至下陡直内斜收，边缘残损不甚规则，四角均为直角。西壁仅见底部两层夯土，厚约 0.75 米，其余三壁夯土较厚，夯层明显。北壁夯层最厚至现地表有 12 层，底部两层沙土厚约 0.5 米夯筑粗糙，近地表夯筑精细，土质内含少量白黏土，夯面薄而平整，圆夯，夯窝直径约 0.1 米，夯层厚 0.1—0.15 米。地上覆斗形夯土，高约 2 米，顶中部较平坦，苍白色黏土精夯，含沙量较少，平夯或圆夯相结合。该部分夯土底部东北角、东南角塌毁，现存西南角和西北角均呈直角（图版 119、120、121、122）。

墩台东、南、西三面中部均在原地表之上夯筑有斜坡漫道与墩台夯土护坡相接。东漫道残长 4.40、宽 3.8 米，灰褐色夯土由西向东渐变薄至消失，呈斜坡状，坡度约 15° —20° ，夯土厚 0—1.3 米，夯层厚约 0.15 米。东漫道两侧另有一条南北走向的夯土台面，形制规整，全长约 24 米，与墩台地上夯土东壁中部形成一宽约 1 米、高 0.1—0.9 米的台阶，其余三壁未见此迹象。南漫道残长 1.9—2.3 米、宽 3.2—3.7 米，深灰褐色夯土由北向南渐变薄至消失，呈斜坡状，坡度约 20° ，夯土厚 0—0.6 米。西漫道长 3.3 米、宽 4 米，灰褐或深褐色沙土粗夯，夯土由东向西渐变薄至消失，呈斜坡状，坡度约 2° —25° ，夯土厚 0—0.5 米。北壁无坡道迹象。

E. 夯土墩台年代与性质判断

在发掘过程中，于围墙及 3 座墩台四周边缘共清理出墓葬 57 座，其中北墩台东、南被分布密集的墓葬打破（图九一，西梁北夯土台基址平面图）这些墓葬多已被盗掘破坏，通过对其中 13 座未被盗掘墓葬的发掘了解，

图九一　西梁北夯土台基址平面图

判断其年代当属隋唐时期。由于这一带为沙漠分布区域，沙土层厚，夯土筑成的墩台相对较为坚固、不易垮塌，于是隋唐时期人们在夯土台边缘为逝去者挖掘墓道、掏墓室。

西梁夯土台遗址在隋唐时期便被废弃，转而被当地百姓辟为墓地使用，其建造年代当早于隋唐。结合统万城历史沿革，我们认为营建年代应与统万城同期，又因其位于统万城遗址东南郊，从其建筑位置与统万城之间的空间布局关系分析，应为礼制性建筑，可能与大夏国时期统万城的祭祀活动有关。

围墙内 3 座墩台形制结构与夯筑方法基本一致，但其营建规模具有明显差异，中墩台明显逊于南、北墩台，推测三者之间在具体的祭祀活动中可能有着不同的功能划分或礼制性差异。另通过对围墙西南垣和东北垣的发掘发现，围墙地上墙垣部分塌毁严重，夯筑质量亦不够精细，地下基础部分夯土厚度西南垣与东北垣明显差异较大，推测其应依地势而建。

④ 其他遗迹与出土遗物

在西梁围墙、3 个墩台遗址发掘中所布设的两个探方和 13 条探沟内，共发现墓葬 57 座，已发掘清理了 13 座，编号 M1—M13；发掘灰坑 6 座，编号 H1—H6；灶坑 1 座，编号 Z1。现分述如下。

A. 墓葬

M1　位于西梁夯土台遗址围墙内南墩台北中部 TG2 东南角，墓道南壁地理坐标：北纬 37°　58′　44.62″，东经 108°　51′　39.93″。此处地势呈南高北低、东西较平缓的斜坡地带。墓道开口于第①层黄沙土层下，打破夯土墩台北边沿。发掘工作从 2015 年 7 月 10 日开始，7 月 11 日结束。

M1 为斜坡墓道单室土洞墓，平面呈长方形，坐西南向东北，方向 40°，墓葬水平总长 7.2 米，墓底距现地表深约 3.1 米，由墓道、封门、墓室三部分组成（图九二，西梁夯土台 M1 平剖面图）。

墓道　位于墓葬北半部分，南连墓室。平面呈长方形，南端开口略宽，土圹斜坡式结构。墓道北半部东、西两壁面较竖直规整，口底同大，南半部东、西两壁面由开口至底部稍斜直外扩，横剖面呈底大口小“八”字形。南壁有清晰可见的夯土墩台夯层。斜坡地面平直光滑，坡度 25°。墓道内

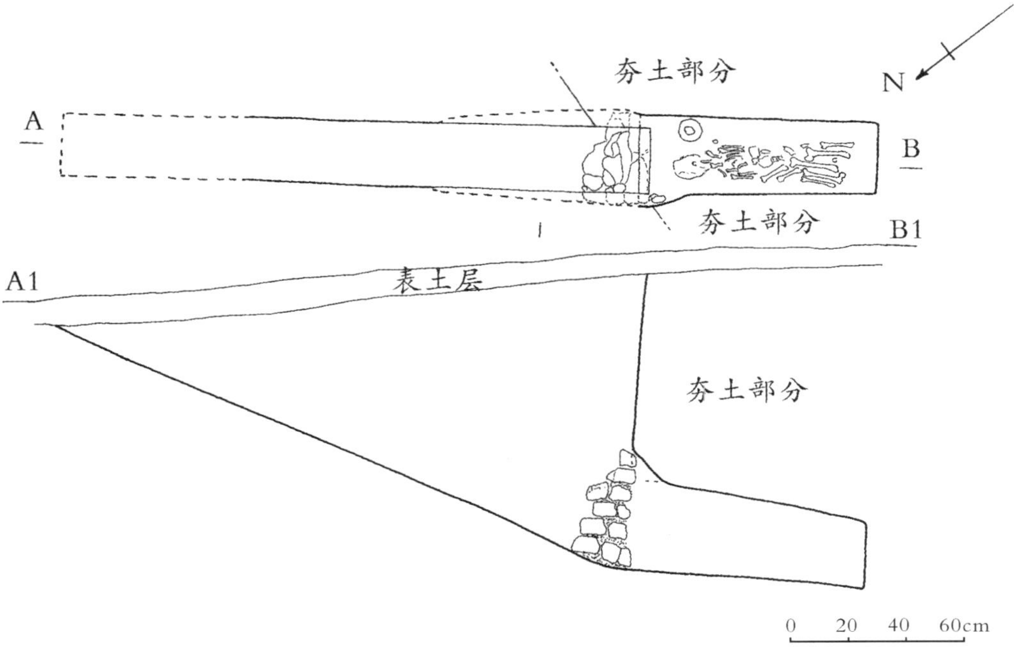

图九二　西梁夯土台 M1 平剖面图

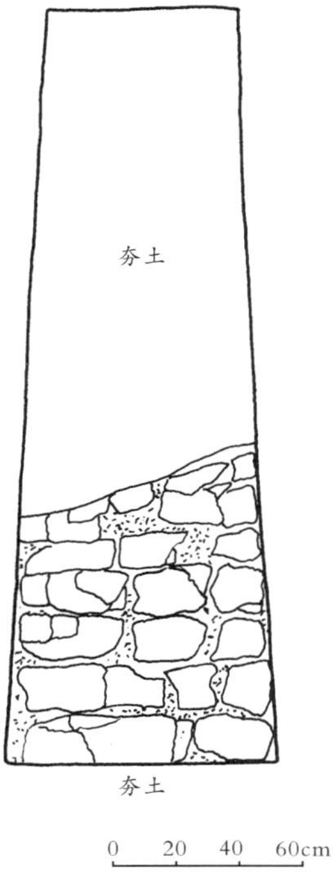

图九三　西梁南夯土遗址 M1 封门正视图

填五花土，土质松散，局部夹杂有白色黏土和夯土残块。开口长 5.2 米、宽 0.56—0.6 米，斜坡长 5.5 米、宽 0.56—0.86 米、坡底距开口深 2.7 米。

封门　封堵于墓室入口处，是用凿挖墓葬时残存的白色夯土块逐层平砌而成，共砌筑 6 层。封门高 1.1 米、宽 0.86 米、厚 0.6 米。夯土块长 0.15—0.3 米、宽 0.1—0.2 米、厚 0.15 米（图九三，西梁南夯土遗址 M1 封门正视图）。

墓室　位于墓葬最南端，平面呈梯形，北宽南窄，土圹窑洞式结构。墓室入口西壁局部塌陷，用夯土残块平砌。墓室顶及底面均由北向南倾斜，形成入口高而里壁低，东西两直壁约从 0.56 米处为拱顶，斜坡地面平缓。壁面遗留有明显的工具修凿的纵向痕迹，长 0.08—0.1 米、宽约 0.02 米。墓室内填浅黄褐色沙土，土质较松散。应是人为有意识地填充入内，土质较纯净，封门无扰动迹象。墓室进深2.1米、宽0.64—0.86米、通高0.6—0.8米。

葬具与葬式　墓室内未发现葬具痕迹，中部纵向放置墓主骨架1具，骨架保存稍差。仰身屈肢葬，头北足南，颅骨腐朽殆尽，面向不清，盆骨及下肢骨尚好，双腿弯曲，骨骼较粗壮，性别、年龄待鉴定。

出土遗物　该墓出土随葬品2件，隋五铢铜钱1枚（M1：1），放置于墓主左肩胛骨东部。陶罐1件（M1：2）放置于墓室入口处东部，口沿残佚（图版127上）。

墓葬建造晚于夯土墩台遗址，从形制结构及出土器物特征看，当为隋代墓葬。

M2　位于西梁夯土墩台遗址围墙内中墩台北中部TG4东南角，此处地势呈东南高西北低的缓坡状。墓葬开口于第①层黄沙土层下，距现地表深0.1米，打破墩台夯土。2015年8月6日发掘。

M2为竖穴土坑墓，平面呈梯形，西南宽东北窄，方向225°。墓室长1.93米、宽0.65—0.85米、底距现地表深0.3米。墓壁较竖直规整，底部平缓，四角圆弧。墓室内填五花土，土质松散，夹杂有白色黏土和夯土残块等。

该墓为夫妇二人合葬墓，墓室内未见葬具痕迹，底中部纵向放置两具骨架，并上下叠压，骨架保存完整。两位墓主人均为仰身直肢葬，头西南足东北，面向不清。四肢舒展伸直，身长约1.8米（图版127左下）。

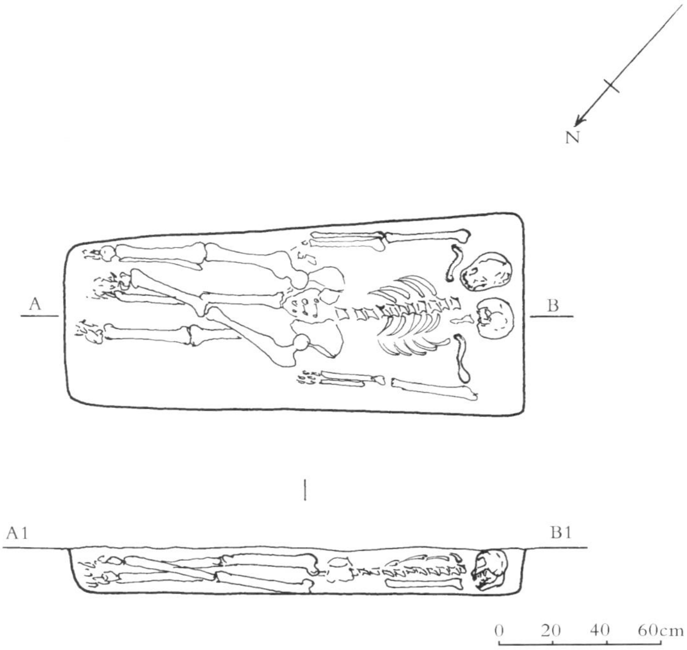

图九四　西梁夯土台M2平剖面图

该墓出土随葬品仅1件铜带扣（M2：1），放置于墓主腰部，带扣长3.1厘米（图九四，西梁夯土台M2平剖面图）。

根据墓葬形制及出土遗物特征推断，该墓为隋唐时期墓葬。

M3　位于西梁夯土墩台遗址围墙内西垣外T1内西北角，南距墙垣西南角约4.7米。墓道开口于第③层白褐色沙层下，距现地表深1.3米，打破第④、⑥层，墓室凿挖于围墙西垣夯土下，由于墓道西部延伸至T1外，故仅发掘探方内暴露部分。发掘工作从2015年9月12日开始，13日结束。

M3为竖穴墓道单室土洞墓，平面近似梯形，东宽西窄，坐东北向西南，方向245°，其水平长约2.3米，墓室底距现地表深约2.9米。由墓道、封门、墓室三部分组成。

墓道　位于墓葬西南，东北向连接墓室，平面呈长方形，土圹竖穴式结构。墓道东端稍宽。南、北两壁由开口至底部稍斜弧外扩，形成口小底大“八”字形，壁面未做修整较粗涩，墓道西部延伸至探方外，未完整揭露。地面略呈缓斜坡底，坡面修整光滑，坡度3°。墓道内填五花土，土质松散，夹杂有大量夯土残块。现发掘墓道开口长1.34米、宽0.94—1米、底宽1.04—1.25米、底距原始开口线深1.45米。

封门　位于墓室入口外，用夯土块垒砌，现多已坍塌，墓口两侧仅残存少量，残高0.25米。

墓室　位于墓葬东北，西南向接墓道，挖凿于围墙西垣夯土墙基下，平面呈梯形状，东宽西窄，土圹拱顶窑洞室结构。墓顶局部垮塌，仅发掘墓室西半部。墓壁较规整，壁面沙土易崩塌，局部稍显粗涩。墓室底与墓道底处于同一斜坡面上，坡面均匀平缓。墓室内填淤积沙土和坍塌土，土质较松散。现发掘墓室进深1.26米、宽1.25—1.35米、残高1米。

葬具与葬式　墓室内未见葬具痕迹，中部纵向放置骨架1具，墓主遗骸保存稍好，颅骨完整，其葬式为仰身直肢葬，头西足东，面向北，头部南侧下枕半块板瓦，下肢骨未发掘，上肢舒展，骨骼较粗壮，初步判断为成年男性（图版127右下）。

出土遗物　该墓出土随葬品2件，陶壶1件，放置于墓室西南角，口颈残佚，腹径18.1厘米，底径10厘米，残高22.3厘米。板瓦残片，倒扣放置于墓主头骨下南侧。残长14.5厘米，宽18.9厘米，厚2.3厘米（图九五，西梁夯土台 M3 平剖面图）。

根据墓葬形制及出土遗物特征推断，该墓为隋唐时期墓葬。

M4　位于西梁夯土台遗址围墙南垣西段 T1 内东南部，西距墙垣西南角约 2.5 米。墓道开口于第①层黄褐色沙层下，距现地表深约 0.15—0.35 米，打破第②—⑤层及青白色原生沙土，且打破围墙南垣第④—⑥层黄灰褐色夯土，墓室凿挖于围墙内南垣夯土底部沙层上。

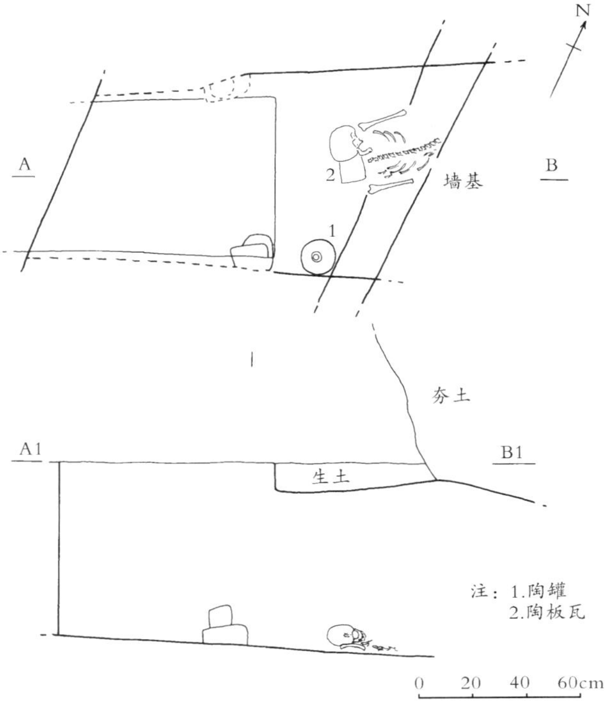

图九五　西梁夯土台 M3 平剖面图

发掘工作从 2015 年 9 月 14 日开始，15 日结束，历时两天。

M4 为斜坡墓道单室土洞墓，平面呈斜背“刀”形，坐北向南，方向 195°，墓葬水平长约 3.8 米，墓室底距现地表深约 2.75 米。由墓道和墓室两部分组成。

墓道　位于墓葬南半部分，北连墓室。平面呈南北向梯形，南宽北窄。墓道被一梯形盗洞破坏，东、西两壁局部坍塌，由南向北略斜直内收，东西两壁面上部较规整光滑，近底部稍显粗涩。南端开口坡底较陡斜，北部斜坡底较平缓，坡度 13°。墓道内填五花土，土质松散，夹杂有大量夯土残块。开口南北长 1.7 米、宽 0.7—0.8 米、底坡长 1.9 米。

墓室　位于墓葬北半部分，南接墓道，凿挖于围墙内南垣夯土底沙层上。平面略呈梯形，南宽北窄，土圹拱顶窑洞式结构。墓室西壁在墓口外弧折，由南端入口向北（内）逐渐直斜收，东壁与墓道东壁处同一条直线上，由墓口至室内逐渐直斜收，北壁较平直。拱顶及地面均为南高北低的倾斜状，地面与墓道地面处于同一斜坡面上，坡面均匀平缓。四壁修凿较

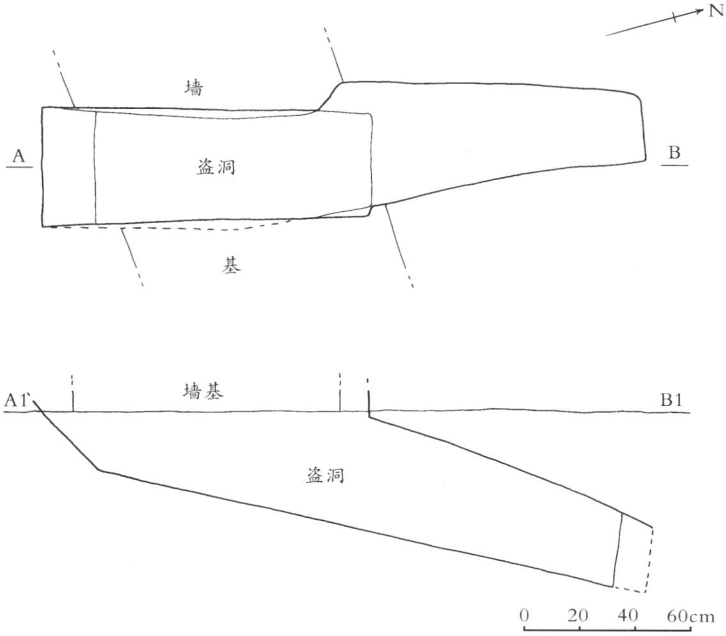

图九六　西梁夯土台 M4 平剖面图

粗涩，局部壁面沙土崩塌。内填淤积沙土和坍塌土，土质较松散。南北进深 2.15 米、 面宽 0.45—0.85 米、 通高 0.42—0.75 米（图九六，西梁夯土台 M4 平剖面图）。

葬具与葬式　该墓未见葬具痕迹。由于盗扰破坏，仅在墓室填土中发现少量骨渣，墓主葬式、性别、年龄等均已不清。

该墓无随葬品出土，根据墓葬形制特征推断，应为隋唐时期墓葬。

M5　位于西梁夯土台遗址围墙西南角外约 2 米处，即 T1 内南端偏中部，墓道开口于第①层黄褐色沙层下，距现地表深约 0.2 米，打破第②、③层沙土。发掘工作从 2015 年 9 月 13 日开始，至 14 日结束，历时两天。

M5 为竖穴斜坡底墓道单室土洞墓，平面似弧背“刀”形，坐东向西，方向 250°。东西水平总长 3.65 米，墓室底距现地表深 2.13 米。由墓道和墓室两部分组成。

墓道　位于墓葬西半部分，平面呈东西向梯形，西宽东窄，中部被盗洞破坏。南、北、西三壁由开口至底部逐渐斜直内收，形成口大底小深“斗”状。东壁较竖直规整，壁面较光滑。底面呈斜坡状，西窄东宽，坡面均匀平滑，坡度 19°。墓道内填五花土，土质松散，夹杂有少量夯土残块和朽木灰点等。开口东西长 1.36 米、南北宽 0.7—0.8 米，坡底长 1.2 米、宽 0.37—0.8 米，坡底距原始开口深 1.62 米。

墓室　位于墓葬东半部分，西接墓道，凿挖于围墙西南垣外的沙层上。平面呈东西向梯形，西宽东窄，土圹拱顶窑洞式结构，保存较完整。该墓室向北歪斜，与墓道不在一条中轴线上。北壁较斜直，南壁稍拱弧，东壁竖直规整。南北两直壁约从 0.3 米起为拱顶，拱顶与地面从入口向内均倾斜，形成西高东低的斜面，斜坡地面较墓道地面稍平缓，坡度 7° 。墓室内填淤积沙土和盗扰的花杂土，土质较松散，包含少量骨渣、朽木灰等。东西进深 2.3 米、面宽 0.7—0.8 米、通高 0.5—1.05 米（图九七，西梁夯土台 M5 平剖面图）。

葬具与葬式　墓室内遭盗扰破坏较凌乱，仅见少量朽木灰迹，葬具结构不明。仅在填土内见少量骨渣，墓主葬式、性别、年龄均不清。

该墓发现长方形盗洞 1 个，位于墓道中部，开口于地表，深及墓底进入墓室，内填淤积沙土和盗扰土，土质较松散，包含少量骨渣、朽木灰。推断为现代盗洞。

该墓无随葬品出土，根据墓葬形制特征推断，应属隋唐时期墓葬。

M6　位于西梁夯土台遗址围墙内北墩台东部偏北，即 TG11 的东北部，南距 M7 10 米，墓道开口于第①层黄褐色沙层下，距现地表深约 0.12 米，打破夯土墩台。发掘工作从 2015 年 9 月 22 日开始，并于当日清理结束。

M6 为竖穴带台阶式墓道单室土洞墓，平面呈倒“甲”字形，坐西向东，方向 90° ，墓葬东西水平总长 4 米，墓室底距现地表深约 2.9 米。由墓道、封门、墓室三部分组成。

墓道　位于墓葬东部，西连墓室。平面呈东西向长方形，

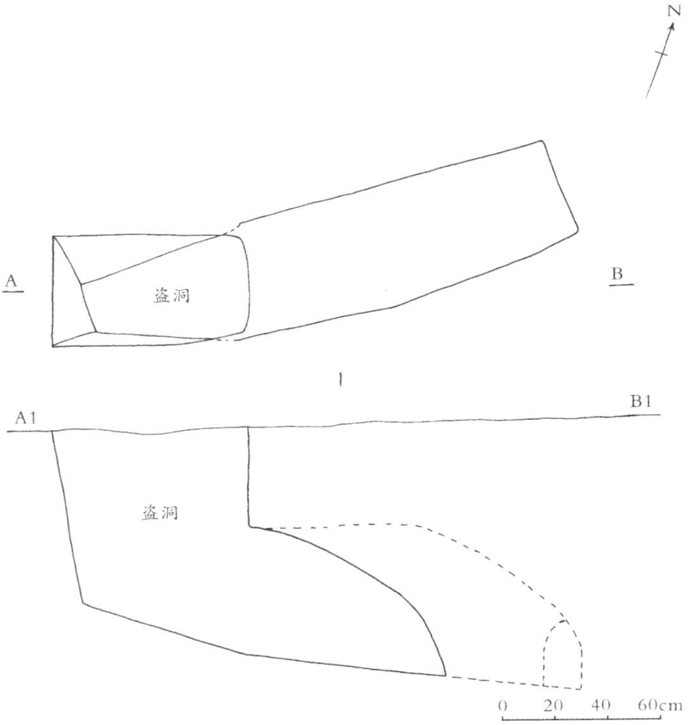

图九七　西梁夯土台 M5 平剖面图

东壁微宽于西壁，土圹竖穴带台阶式结构。南、北、东三壁由开口至底部逐渐斜直内收，形成口大底小，而西壁由开口至墓室洞顶稍斜直外扩，四壁面修整平滑。墓道底呈级台阶状，台阶面平整，高 0.47 米。内填黄褐色沙土，土质松散，沙粒细小纯净，夹杂有少量夯土残块和植物根系等。开口东西长 1.94 米、南北宽 1.05—1.11 米，底通长 2.05 米、宽 1 米，底距原始开口深 0.7—2 米。

封门　封堵于墓室入口处，是用夯土块封门，堆砌杂乱，夯土块大小不一，多已倒塌于墓室填土中。

墓室　位于墓葬西部，东接墓道，凿挖于墩台夯土下。平面呈东西向梯形，东端入口宽而里（西）壁窄，土圹拱顶窑洞式结构，保存较完整。墓室稍向南侧扭歪，南、北两壁较斜直，西壁较竖直规整。南北两直壁约从 0.45 米处起拱顶，拱顶从东端入口向内倾斜，东高西低。墓室地面与墓道西部地面基本在一条水平线上，平整光滑。内填淤积沙土，土质较松散，包含较多夯土块和植物根系等，填土距拱顶高约 0.1 米为空洞。东西水平进深 1.9 米、南北面宽 0.6—0.9 米、通高 0.46—0.9 米（图九八，西梁夯土台 M6 平剖面图）。

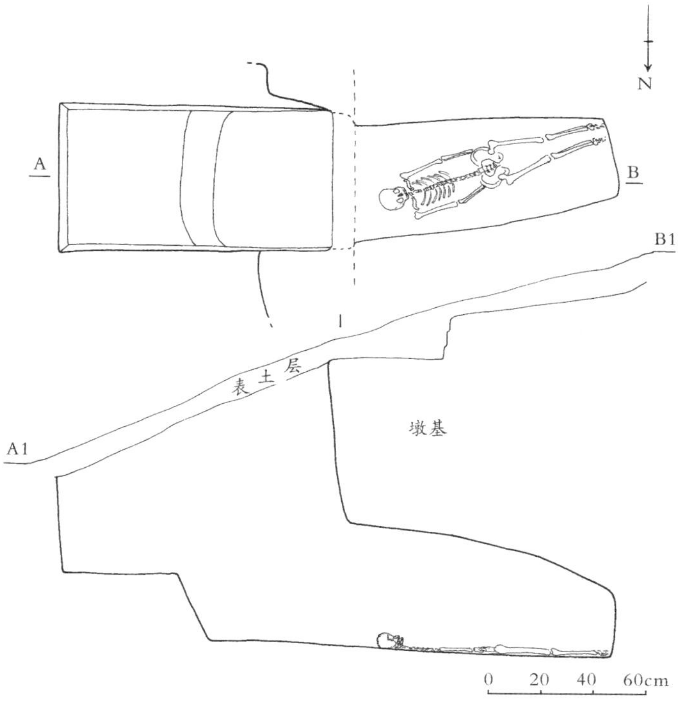

图九八　西梁夯土台 M6 平剖面图

葬具与葬式　墓室内未见葬具痕迹。墓室中部纵向斜置骨架 1 具，骨架保存较完整。其葬式为仰身直肢葬，头东北（外）足西南，面向上，四肢自然伸直，自然下垂置腹侧，双腿微并拢。骨架长约 1.7 米。依据颅骨及骨盆特征，初步判断墓主人为女性，年龄约 35—45 岁（图版 126 左上）。

该墓无随葬品出土，根据墓葬形制结构特征推断，应属隋唐时期墓葬。

M7 位于西梁夯土台遗址围墙内北墩台东中部，即 TG12 东中部，北距 M6 约 1 米，墓道开口层位不明。发掘工作从 2015 年 10 月 15 日开始，

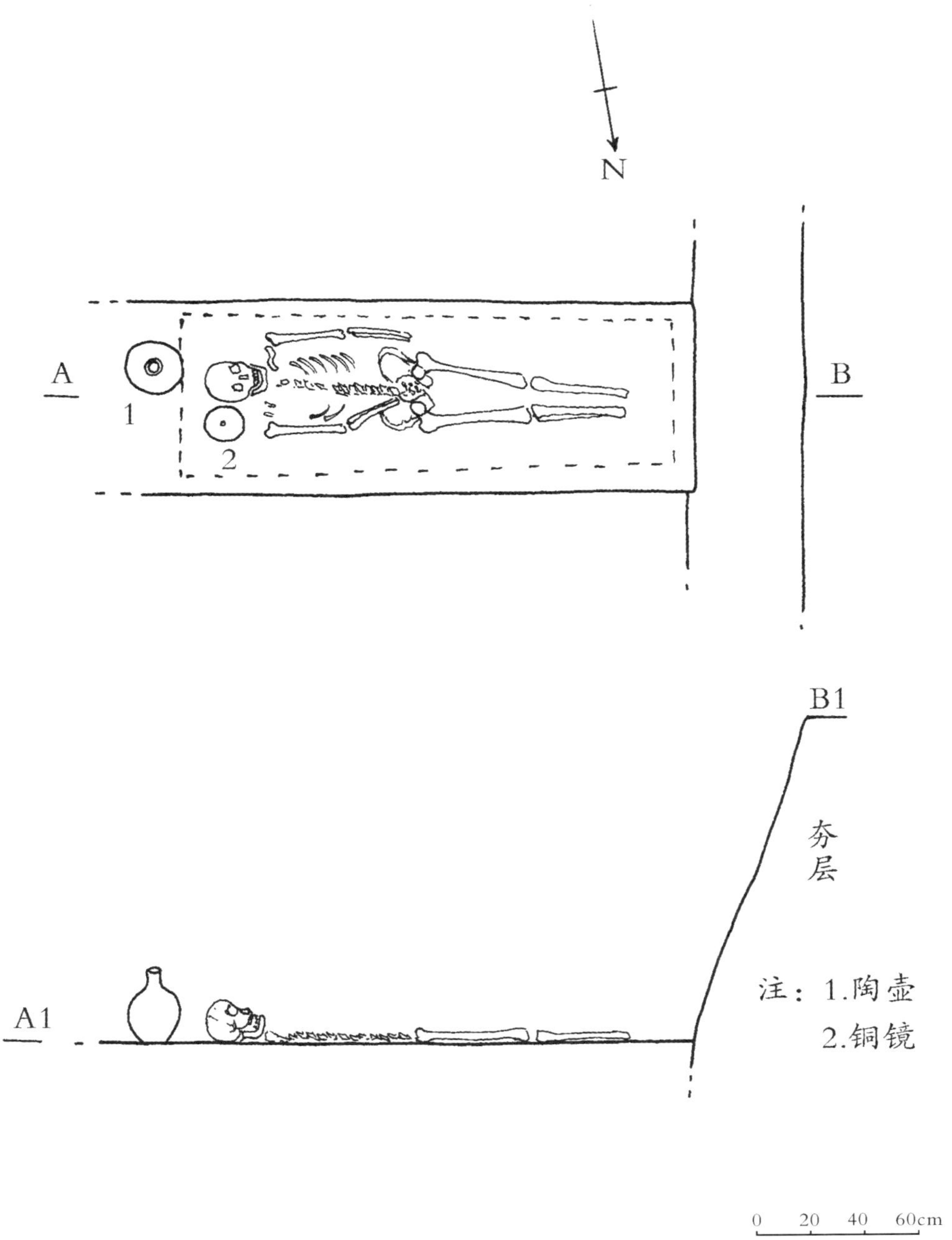

图九九 M7 平剖面图

并于当日清理结束。

墓室　M7 破坏严重，不见墓道，仅存墓室底部，推测为风沙侵蚀或人类活动将其墓道、墓室上部堆积毁坏殆尽。现存墓室呈东西向长方形，方向 100°，残长约 1.95 米、宽 0.7 米、深 0.1 米，墓底较平整。墓室填花杂土，多为碎块状夯土。墓室东侧有少量较大夯土块，疑为封门。西梁夯土打破墩台夯土约 0.04 米，墓底最深处距现地表约 1.2 米（图九九，M7 平剖面图）。

葬具与葬式　墓室中部有朽木痕迹和铁锈渍，初步判断葬具为木棺，东西纵向放置，棺痕长约 1.77 米、宽 0.54—0.6 米。棺内放置骨架 1 具，保存较完整。墓主人仰身直肢，头东足西，面向上，四肢自然伸直，右手置于腰部，左手直伸置于腹侧，双腿并拢，骨架长约 1.52 米。依据颅骨、牙齿及骨盆特征，初步判断墓主人为女性，年龄约 35—45 岁。

出土遗物　该墓出土随葬品 4 件（组）：陶壶 1 件，放置于墓室入口处偏南。六瓣菱花形铜镜（M7：2）1 件，放置于墓主头骨北侧。蝴蝶形铜合页一组 3 件（M7：3-1、2、3），放置于墓主胸部右上侧和左肩东南侧。六瓣花形铜钮扣一组 2 枚（M7：4-1、2），放置于墓主头骨南侧（图版 126 右上）。

根据墓葬形制及随葬遗物特征推断，该墓为唐代墓葬。

M8　位于西梁夯土台遗址围墙内北墩台东部偏南 TG12 内，北距 M7 约 6 米，西南距 M9 约 5 米。墓道和墓室均打破墩台夯土，墓道东部被破坏无存，原开口层位不详。墓室西南角被一古墓葬打破，同时叠压、打破另一座古墓葬。由于两座打破和叠压墓葬均被盗扰破坏，故未发掘。该墓发掘工作于 2015 年 10 月 23 日开始，至 24 日清理结束，历时两天。

M8 为竖穴墓道单室土洞墓，平面呈“刀”形，坐西向东，方向 105°，东西水平总长 2.9 米，墓室底距现地表深约 1.07 米。由墓道和墓室两部分组成。

墓道　位于墓葬东部，西连墓室，东部被破坏不存。现存部分西宽东窄，南壁较平直规整，北壁稍斜直，底部较平坦。墓道内填花杂土，土质松散，夹杂有少量夯土残块和植物根系等。墓道残长 0.84 米、宽 0.6—0.75 米。

墓室　位于墓葬西部，东接墓道，凿挖于墩台夯土下。平面东西向梯形，西宽东窄，依据墓室壁残存的弧形，原应为土圹拱顶窑洞式结构。墓室北壁较弧曲，与墓道北壁基本处于同一壁面上，南壁稍外弧，西壁斜直规整，壁面平整光滑。底面略呈东低西高的小斜坡。内填淤积沙土，土质较松散，包含少量夯土块、朽木灰和植物根系等，器物残片夹杂其中。墓室东西进深 2.06 米、南北面宽 0.9—1.15 米（图一〇〇，西梁夯土台 M8 平剖面图）。

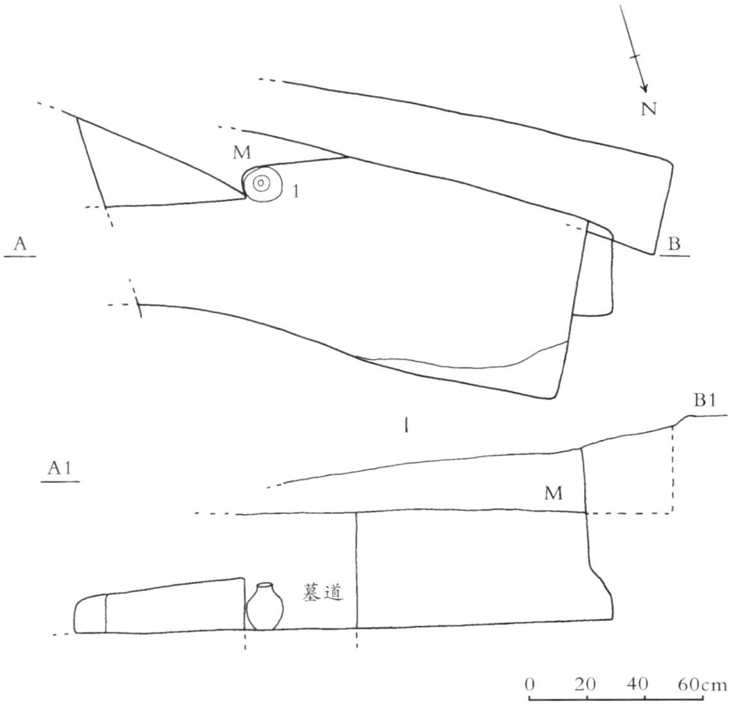

图一〇〇　西梁夯土台 M8 平剖面图

葬具与葬式　墓室内仅见少量朽木灰迹和棺钉锈渍，葬具应为木棺，结构、尺寸和位置等均已不清。墓室内填土仅见少量骨骼碎块，墓主葬式、性别、年龄均已不清。

遗迹与随葬遗物　墓道和墓室均遭盗扰破坏，墓室部分破坏面积较大，盗洞形状不明，填土内夹杂有塑料制品，应为现代盗扰。

该墓出土随葬品 2 件：陶罐（M8：1）1 件，放置于墓室东南角，腹部残损。彩绘陶罐（M8：2）1 件，出土于墓室填土中，已残成碎片，无法修复，腹壁为白粉地矾红彩。

根据墓葬形制结构特征推断，该墓为隋唐时期墓葬。

M9　位于西梁夯土台遗址围墙内北墩台南部偏东 TG11 内，东北距 M10 0.5 米，墓道开口于厚约 0.9 米的沙层下。墓道开口呈南北向长方形，边线清晰规整。墓道南部叠压于探沟外的沙层下，未发掘。该墓位于北墩台南部夯土外，与夯土墩台之间无打破、叠压关系。发掘工作从 2015 年

10 月 28 日开始，至 29 日清理结束，历时两天。

M9 为竖穴墓道单室土洞墓，平面呈“甲”字形，坐北向南，方向 168°，现发掘南北水平总长 2.15 米，墓室底距现存地表深 2.8 米。由墓道、封门、墓室三部分组成。

墓道　位于墓葬南部，平面略呈南北向长方形，北宽南窄，土圹竖穴式结构。东、西两壁由开口至底部稍斜直外扩，底大口小，北壁由开口至底部稍向南倾斜，三壁面较粗涩，底部稍平坦。墓道内填黄褐色沙土，土质松散，夹杂有少量植物根系。现发掘墓道开口南北长 0.8 米、面宽 0.6—0.65 米、底长 0.7 米、宽 0.75 米，底面距原始开口深 1.5 米。

封门　封堵于墓室入口处，是用夯土块逐层堆砌，夯土块大小不一、形状各异。封门残高 0.4 米、墙厚 0.32 米。

墓室　位于墓葬北部，凿挖于沙土层下。平面呈南北向梯形，南宽北窄。土圹拱顶窑洞式结构，墓室四角均圆弧，东、西两壁由南向北渐斜直内收，南、北两壁稍平直，壁面平滑，地面平整。墓室内填淤积沙土，土质较松散，内含少量骨骼残块、朽木灰迹和铁钉残块等。南北进深 1.45 米、东西面宽 0.9—1.45 米、通高 0.6 米（图一〇一，西梁夯土墩台 M9 平剖面图）。

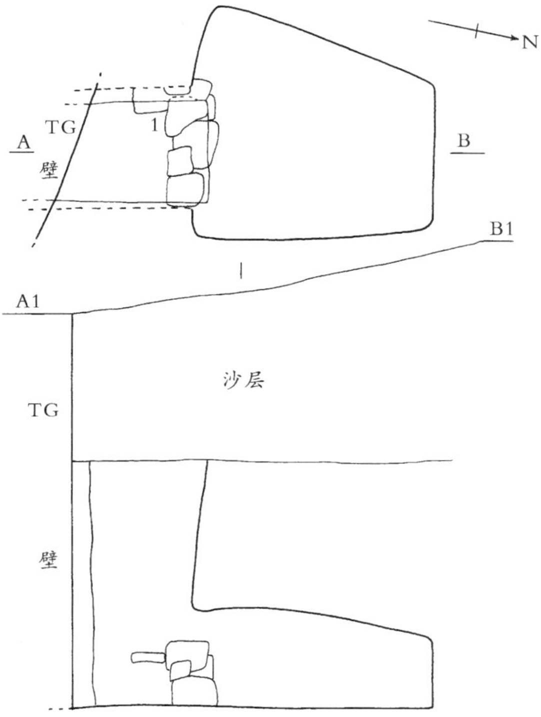

图一〇一　西梁夯土墩台 M9 平剖面图

葬具与葬式　墓室内仅见少量朽木灰迹和铁钉锈渍，葬具应为木棺，腐朽成灰，结构、尺寸和位置等均已不清。墓室内填土中仅见少量骨骼残块，墓主人葬式、性别和年龄等均已不清。

遗迹与出土遗物　墓室区域内分布大面积花杂土，盗洞形状不明，初步推测应为早期盗扰破坏。

该墓出土残砖墓志（M9：1）1块，放置于墓道西北角封门前，阴刻楷书铭八字："朔方郡婦女趙鍕銘"。

根据墓葬形制特征推断，该墓为隋唐时期墓葬。

M10　位于西梁夯土台遗址围墙内北墩台南部偏东TG11内，西南距M9 0.5米，墓道原开口层位已不清，墓室打破墩台夯土，墓葬所处地势呈南低北高的斜坡状，墓室处堆积较厚。发掘工作于2015年10月28日开始，至29日清理结束，历时两天。

M10为斜坡墓道单室土洞墓，平面略呈曲尺形，坐西北向东南，方向150°。墓葬南北水平总长4.7米，墓室底距现地表深约2.45米。由墓道和墓室两部分组成。

墓道　位于墓葬南部，北连墓室。平面略呈南北向长方形，南宽北窄，土圹斜坡式结构。东、西两壁由原始开口至坡底逐渐弧曲内收，口大底小，北壁由开口至坡底向北斜直，三壁面修整粗涩。墓道南端开口设置一宽约0.24米的斜坡台阶后，底部凹弧呈斜坡状至墓室入口，坡面稍平滑，坡度10°。墓道内填黄褐色沙土，土质松散，夹杂有少量白色夯土残块和植物根系等。开口南北长2.8米、东西宽0.73—0.84米、坡底长3.2米、宽0.75—0.84米、坡底距原始开口深1.02米。

墓室　位于墓葬北部，南接墓道，凿挖于墩台夯土下。平面呈长方形，南端入口稍宽于北壁，土圹拱顶窑洞式结构，墓室稍向西歪斜。东、西两壁由南向北逐渐向东斜直，北壁稍斜直规整，壁面原修整光滑。拱顶南高北低，壁面平滑，地面平整。内填淤积沙土，土质较松散，包含少量夯土残块和植物根系等，距顶部高约0.2米为空洞无填土。墓室南北进深1.8米、东西面宽0.62—0.8米、通高0.5—0.83米（图一〇二，西梁夯土台M10平剖面图）。

葬具与葬式　墓室内仅见少量朽木灰迹和铁钉锈渍，葬具应为木棺，腐朽成灰，结构、尺寸、摆放位置等均已不清。在墓室内填土中，仅见少量黄色骨骼碎渣，墓主人葬式、性别和年龄等亦不清。

出土遗物　该墓出土随葬品3件（组）：陶塔式罐一套2件（M10：1-1、2），放置于墓室入口西南角，缺盖。白釉瓷碗1件（M10：2），墓室入口处中部，塔式罐东侧。残铁片1件（M10：3），放置于墓室南端中部。

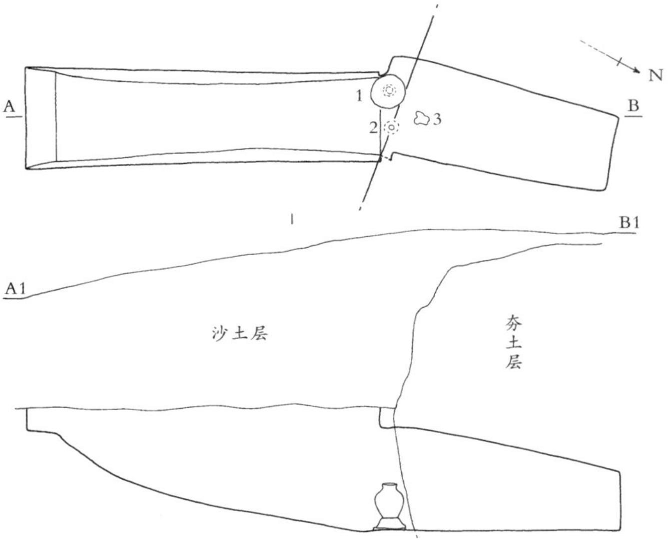

图一〇二　西梁夯土台 M10 平剖面图

根据墓葬形制及出土遗物特征推断，该墓为唐代墓葬。

M11　位于西梁夯土台遗址围墙内北墩台南部偏西 TG11 内，东距 M9 14 米，西距 M12 3 米。墓道原开口层位现已不清，南部残毁，北部及墓室打破墩台夯土。墓葬所处地势呈南低北高的斜坡状，墓室处堆积较厚。发掘工作从 2015 年 11 月 4 日开始，并于当日结束。

M11 为斜坡墓道单室土洞墓，平面呈长方形，坐西北向东南，方向 166°，墓葬南北水平长 3.3 米，墓室底距现存地表深约 1.4 米。由墓道和墓室两部分组成。

墓道　位于墓葬东南部，西北连接墓室。平面呈长方形，南宽北窄。西南部残毁，仅存北部。东、西两壁由开口至底部逐渐斜直内收，口大底小，壁面修整较光滑，地面呈缓斜坡，坡度 14°，坡面平滑。墓道内填黄褐色沙土，土质松散，夹杂有少量白色夯土残块和植物根系等。墓道开口残长 1.57 米、宽 0.92—1 米，坡底残长 1.63 米、宽 0.86—0.9 米，坡底距原始开口深 0.9 米。

墓室　位于墓葬西北部，东南接墓道，凿挖于墩台夯土下。平面近似长方形，南宽北窄，土圹拱顶窑洞式结构，与墓道基本在一条直线上。墓室东、西两壁由南向北稍向西歪斜，与墓道两壁基本处于同一壁面上，北壁规整平滑。拱顶南高北低，顶面修整光滑，墓道、墓室地面同为一斜坡面，坡面平滑。内多填夯土残块，土质较松散，包含少量植物根系。南北进深 1.85 米、东西宽 0.75—0.92 米、通高 0.45—0.8 米（图一〇三，西梁夯土台 M11 平剖面图）。

葬具与葬式　墓室入口内偏中部，倒置灰陶瓮棺 1 件，口、底残缺，残高 0.37 米、腹径 0.36 米（图版 126 右下）。瓮棺内有颅骨残块和少量肋骨，无四肢骨，初步推测为二次迁葬，墓主性别、年龄等均已不清。

出土遗物　该墓出土随葬品 2 件：陶瓮棺 1 件（M11：1），放置于墓室入处口中部，原倒置，有残缺。唐开元通宝铜钱 1 枚（M11：2），放置于墓主颅骨内。

根据墓葬形制及出土遗物特征推断，该墓为唐代墓葬。

M12　位于西梁夯土台遗址围墙内北墩台西南角 TG11 内，东距 M11 3 米。墓道开口于第①层厚约 0.5 米的沙土层下，墓葬所处地势呈南低北高的斜坡状，墓室处堆积较厚，墓室打破墩台夯土。发掘工作从 2015 年 11 月 5 日开始，并于当日清理结束。

M12 为斜坡墓道单室土洞墓，平面近似长方形，坐南向北，方向 15°，南北水平总长 4.05 米，墓室底距现存地表深 1.87 米。由墓道、封门、墓室三部分组成。

墓道　位于墓葬南部，北连墓室，平面近似长方形，北宽南窄，土圹斜坡式结构。墓道东、西两壁由开口至底部逐渐斜直内收，口大底小，北壁较竖直规整，壁面修整光滑。坡底缓斜，坡度 6°，接近墓室入口处较平坦。墓道内填黄褐色沙土，土质松散，夹杂有少量白色夯土残块和植物根系等。开口

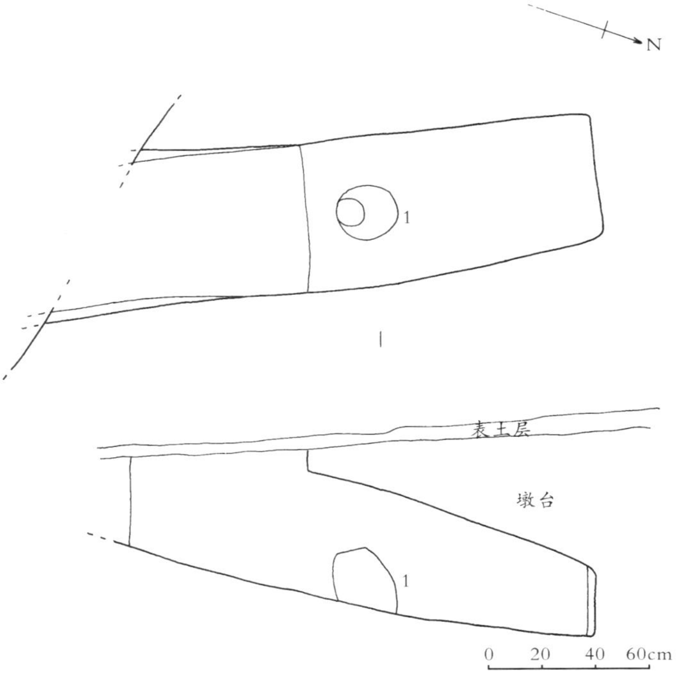

图一〇三　西梁夯土台 M11 平剖面图

南北长 1.4 米、东西宽 0.82—0.91 米，坡底长 1.4 米、宽 0.75—0.8 米，北壁从原始开口到坡底深 1.26 米。

封门　封堵于墓室入口内，是用灰褐色夯土块逐层错缝垒砌两重，外砌 8 层，内砌 6 层。外侧夯土块长 0.16—0.22 米、宽 0.13—0.2 米、厚 0.08—0.12 米；内侧夯土块长 0.35—0.45 米、宽 0.43 米、厚 0.1—0.15 米。封门残高 0.82 米、厚 0.7 米。

墓室　位于墓葬北半部分，南接墓道，凿挖墩台夯土层下。平面近似长方形，北宽南窄，土圹拱顶窑洞式结构，与墓道基本处在同一条中轴线上。墓室东、西两壁由南向北略向东斜直，北壁竖直，三壁面原修整平直光滑。拱顶呈南高北低的斜面，壁面亦修整平滑，墓道、墓室地面为同一斜坡面，坡面平滑，近南（里）壁处稍平坦。墓室内多填夯土残块，土质较松散，内含少量沙土和植物根系等。南北进深 2.65 米、东西面宽 0.8—0.95 米、通高 0.5—0.85 米（图一〇四，西梁夯土台 M12 平剖面图）。

葬具与葬式　墓室内未见葬具痕迹。墓室内中部纵向放置骨架 1 具，骨骼保存完好。仰身直肢葬，头南足北，面向东，四肢自然伸直，双腿并拢，骨架长约 1.85 米，骨骼较粗壮。依据颅骨、牙齿以及骨盆等特征，初步判

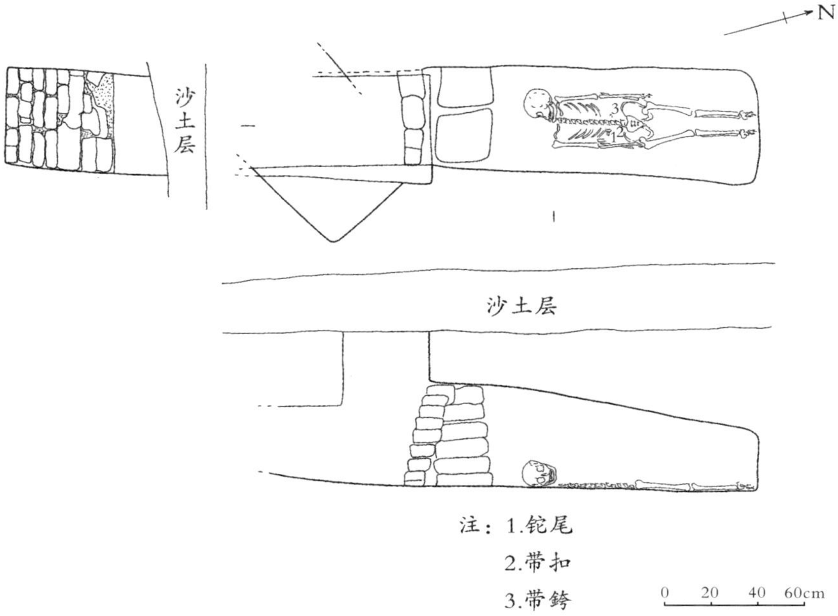

图一〇四　西梁夯土台 M12 平剖面图

断墓主人为男性，年龄约 45 岁左右。

出土遗物　该墓出铜带具一组 4 件，计有铜鉈尾 1 枚（M12：1），铜带扣 1 枚（M12：2），铜方形带銙 2 枚（M12：3-1、2）

根据墓葬形制及出土遗物特征推断，该墓为唐代墓葬。

M13　位于西梁夯土台基址围墙内南墩台北中部，TG2 西南角外，地表呈东南高西北低的缓坡。墓葬开口于第①层黄沙土层下，打破北漫道及墩台中部夯土。

发掘工作从 2015 年 11 月 21 日开始，并于当日清理结束。

M13 为竖穴土坑墓，方向 170°，平面略呈梯形，南宽北窄，口大底小。四壁不甚规整，向下内弧收，四角圆弧，底部较平整。墓室内填灰褐色花杂土，土质稍硬，夹杂有白色黏土和夯土残块等。开口南北长 1.75 米、东西宽 0.36—0.6 米、中部最宽 0.88 米、底面长 1.75 米、宽 0.36—0.8 米、深 0.1—0.4 米，底面距现地表深 0.46 米（图一〇五，西梁夯土台遗址 M13 平剖面图）。

葬具与葬式　不见葬具痕迹。墓室中部纵向放置两具骨架，西侧骨架保存较好，东侧较差。西侧墓主为侧身直肢葬，头南足北，面向东。东侧墓主颅骨残碎，头南足北，面向不清，应为仰身直肢葬。初步推测应为夫妻合葬墓。在墓主颅骨南部发现有动物脊椎骨和肋骨（图版 126 左下）。

该墓无随葬品出土，根据墓葬形制推断，应为隋唐时期墓葬。

B. 灰坑

H1　位于西梁夯土台遗址围墙东北角外，T2 内北中部，开口于第①层下。发掘工作从 2015 年 9 月 20 日开始，并于当日清理结束。

坑口平面呈东西向长方形，方向 80°，东宽西窄，口小底大，四

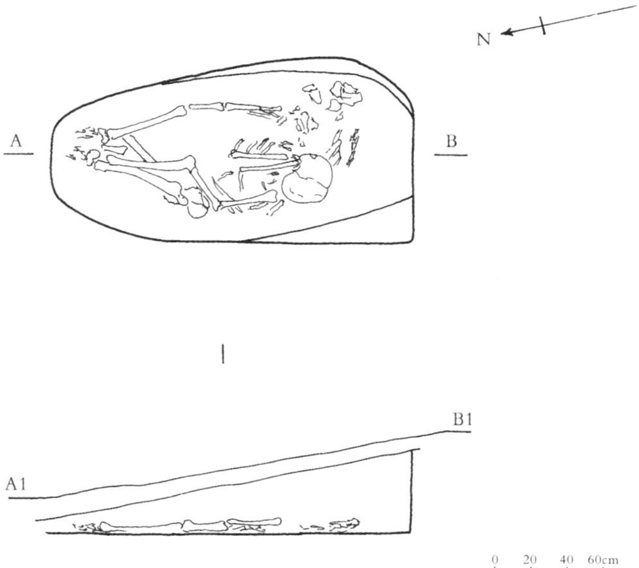

图一〇五　西梁夯土台遗址 M13 平剖面图

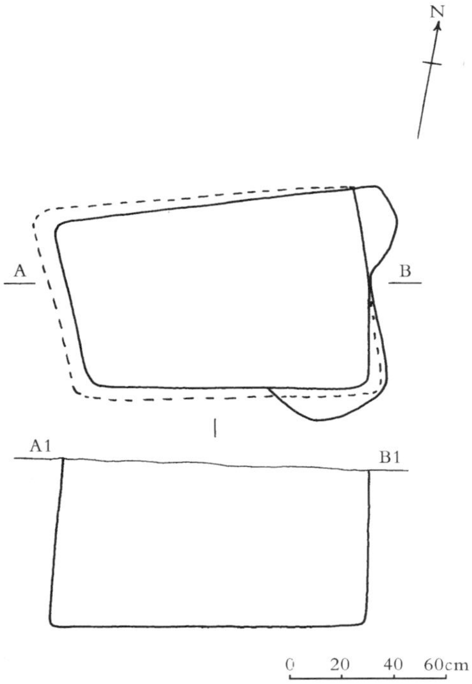

图一〇六　西梁夯土台 H1 平剖面图

壁稍斜直，东南角和西北角不甚规整。西、北壁向下稍斜直外扩，壁面较平滑，东壁向下较竖直，底部平坦。坑口长 1.5 米、宽 0.8—1 米，底面长 1.6 米、宽 0.9—1.06 米，底面距开口深 0.86 米。内填黄褐色沙土，土质疏松，内含少量植物根系、灰陶残片和骨骼残块等。具体时代不明（图一〇六，西梁夯土台 H1 平剖面图）。

H2　位于西梁夯土台遗址北墩台东南部，TG11 内东南角，开口于第①层厚约 1.3 米的黄沙下，西邻 M10 0.6 米，北邻 M8 5 米。H2 叠压于一古墓葬上，同时打破另一座古墓葬墓道西南部。发掘工作从 2015 年 11 月 4 日开始，并于当日清理结束。

坑口平面呈不规则椭圆形，口大底小，坑壁向下斜直内收，底部平坦。坑口东西长 2.6 米，南北长 3 米，底面东西长 2.5 米、南北长 2.94 米，底面距开口深 0.2 米，距现地表深 1.5 米（图一〇七，西梁夯土台 H2 平剖面图）。坑内填黄褐色沙土，土质疏松，坑底埋葬有马骨，马头骨向西，颈骨向东。经发掘表明，北墩台周围穿凿墓葬多属于隋唐时期，从 H2 叠压并打破古墓葬看，其时代应晚于墓葬。

H3 位于西梁夯土台遗址围墙内中墩台东北角，开口于第①层下，打破墩台夯土，东部深 0.6 米、西部深 0.35 米，底部东南被一墓室打破，同时打破墩台夯土及生土层。发掘工作从 2015 年 11 月 12 日开始，至 13 日清理结束，历时两天。

坑口平面近似圆形，口大底小，北部壁面较规整向下内弧收，东南部壁面坍塌微向外弧收，底部较平坦。坑口直径 2.78—2.84 米、底部直径 2.72—2.8 米、底面距开口深 1.2 米（图一〇八，西梁夯土台 M3 平剖面图）。坑内填浅黄褐色沙土，土质疏松，夹杂大量植物根系及少量木炭屑等，未发

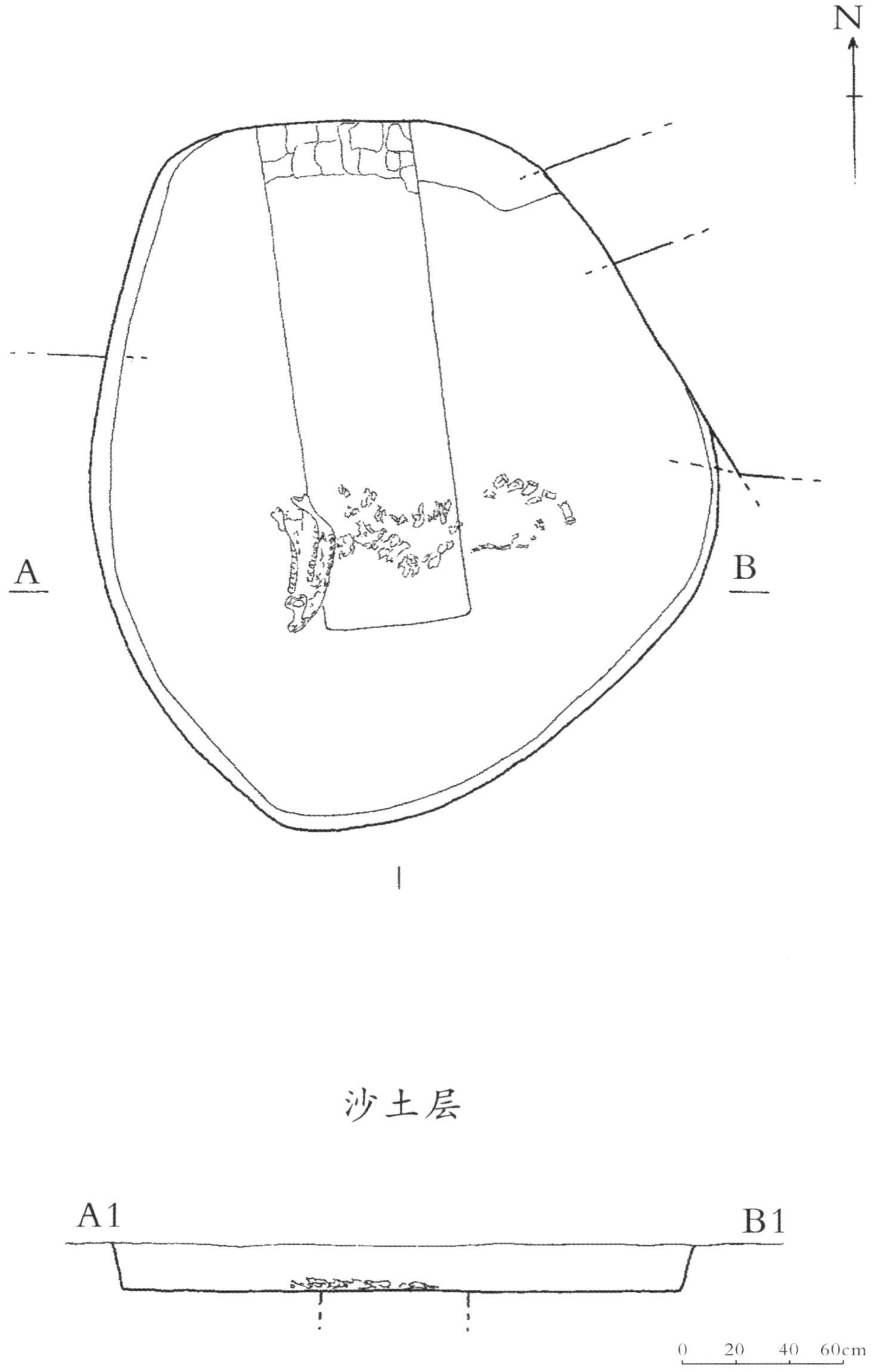

图一〇七　西梁夯土台 H2 平剖面图

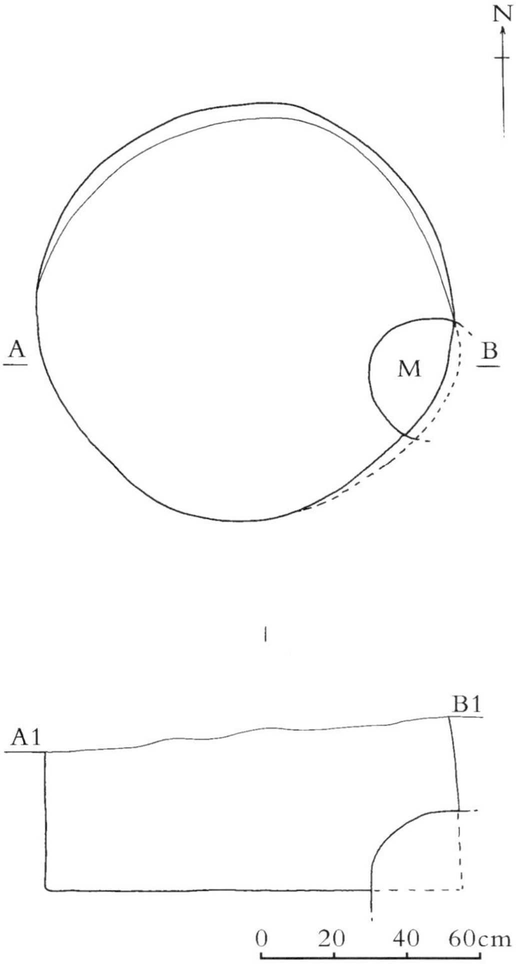

图一〇八　西梁夯土台 M3 平剖面图

现包含物。初步推测其用途应为贮藏坑，具体时代不明。

H4　位于西梁夯土台遗址围墙内中墩台东南角西侧，东邻 M5 5.7 米，东北距 M6 3.5 米，开口于第①层厚约 0.1—0.15 米的沙土层下，打破墩台夯土及生土层。发掘工作从 2015 年 11 月 13 日开始，至 16 日清理结束，历时 4 天。

坑口平面近圆形，口大底小，壁面向下内弧收，下部壁面较上部壁面稍规整平滑。底部较平坦，呈椭圆形。坑口直径 3—3.1 米、底部直径 2.4—2.8 米、底面距开口深 2 米。坑内堆积可分为 3 层，由西向东填充入内：第①层浅黄褐色沙土，厚 0.25—0.9 米，堆积西南薄东北厚，土质疏松，内含大量植物根系；第②层黄灰褐色沙土，厚 0.3—1 米，堆积西南薄东北厚，土质疏松，内含少量木炭屑；第③层灰白褐色黏土，厚 0.32—1.45 米，堆积东北薄西南厚，土质稍硬，内含少量木炭屑、灰陶残片和兽骨等，灰陶残片均为陶罐腹部残片，素面无纹。坑内堆积由自然及人类活动共同作用而形成，第①层为自然堆积，第②、③层属人为有意识地填充入内。初步推测其用途应为贮藏坑，具体时代不明（图一〇九，西梁夯土台 H4 平剖面图）。

H5　位于西梁夯土台遗址围墙内中墩台东南角东侧，北邻 M6 2.1 米，西南邻 M4 5.7 米，开口于第①层厚约 0.1—0.15 米的沙土下，打破墩台夯土及生土层。发掘工作从 2015 年 11 月 14 日开始，至 18 日清理结束，历时 5 天。

坑口平面近似圆形，口大底小，剖面呈倒梯形，坑壁上部深约 1.1 米，壁面向外斜弧，下部向内弧收至底，底部较平坦。坑壁中部及东南部壁面坍塌较多。坑口直径 4 米、底部直径 3.4 米，底面距开口深 2.7 米（图一一〇，西梁中夯土台 H5 平剖面图）。坑内填浅黄褐色沙土，土质疏松，夹杂有夯土块，内含植物根系及少量木炭屑、灰陶残片、兽骨等。灰陶残片均为素面，器型应为陶罐腹部。初步推测其应为贮藏坑，具体时代不明。

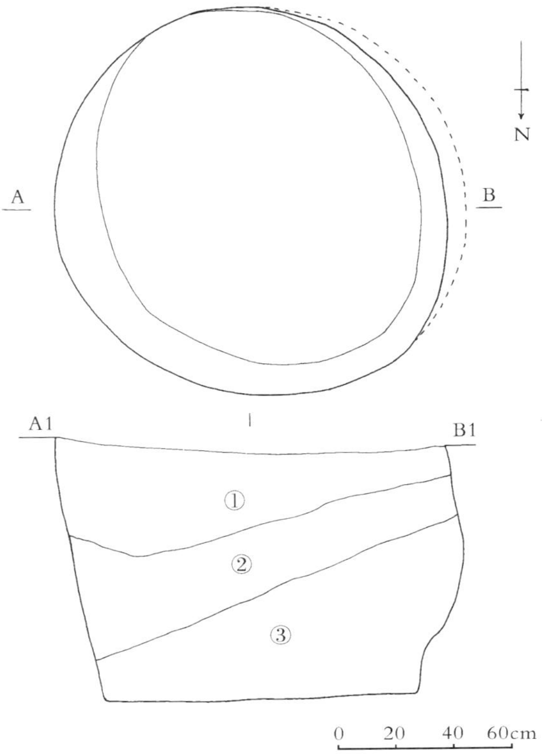

图一〇九　西梁夯土台 H4 平剖面图

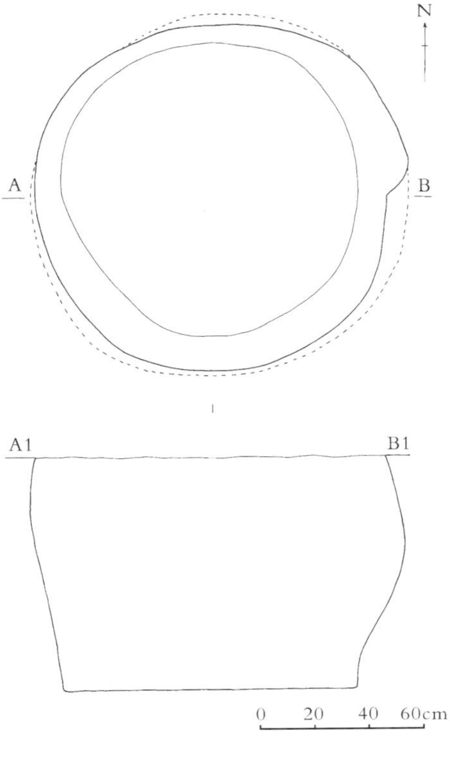

图一一〇　西梁中夯土台 H5 平剖面图

H6　位于西梁夯土墩台遗址围墙内中墩台东南角北侧，南邻 M5 2.1 米，西南邻 M4 3.5 米，开口于第①层下，打破墩台夯土及生土层。发掘工作从 2015 年 11 月 16 日开始，至 20 日清理结束，历时 5 天。

坑口平面近圆形，口大底小，剖面呈倒梯形，坑壁较规整光滑，壁面向下内斜弧收至底部，底面较平坦，坑壁中部夯土层下局部壁面坍塌

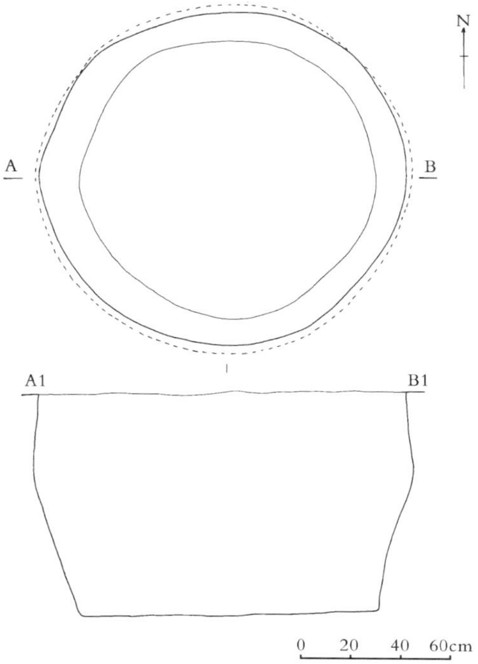

图一一一　西梁中夯土台 H6 平剖面图

较甚。坑口直径 3.94—4.05 米、底面直径 3.46 米、底面距开口深 2.7 米（图一一一，西梁中夯土台 H6 平剖面图）。坑壁上部打破墩台夯土，夯土厚约 1.1 米，夯土以下 0.5 米为坍塌土。坑内填浅黄褐色沙土，土质疏松，局部夹杂有少量坍塌夯土块，内含少量植物根系、木炭屑、灰陶罐残片、兽骨、石块等。灰陶罐残片均素面无纹，仅石块正面有刻划纹饰，边缘及底部均已打磨，怀疑为建筑构件。初步推测其应为贮藏坑，具体时代不明。

C. 灶坑

Z1　位于西梁夯土台遗址围墙内南墩台 TG1 东南角，开口于第①层下，距现地表深约 1.5 米。发掘工作从 2015 年 7 月 12 日开始，并于当日清理结束。

平面呈葫芦形，斜坡状火道，口大底小，坑壁内收成斜坡状。东西长 0.8 米、南北宽约 0.2—0.5 米、底面距开口深 0.15 米（图一一二，西梁夯土台 Z1 平剖面图）。灶坑内填沙土，坑壁有火烧土痕迹，底部表面有灰白褐色灰渍。

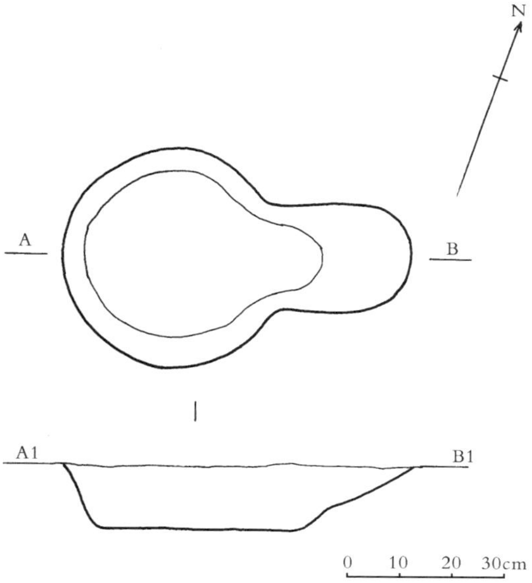

图一一二　西梁夯土台 Z1 平剖面图

8. 查干圪台夯土台遗址

查干圪台夯土台遗址位于统万城遗址西城西北、外郭城内西北垣东部的荒漠中，南距无定河约 3 千米，东南距西城直线距离约 2.3 千米，地理坐标：1 号墩台北纬 38° 01′ 14.68″，东经 108° 50′ 8.33″，海拔高度约 1164 米。2 号墩台北纬 38° 01′ 13.69″，东经 108° 50′ 1.33″，海拔高度约 1164 米。

查干圪台周围地势开阔高敞，四面均为一望无际的荒漠景观，风沙侵蚀堆积形成的沙梁沟壑此起彼伏，错落有致。夯土台遗址所在区域西南部，有村民住宅和农场，以及一条通往城外的便道。

2008 年 6 月 10 日至 11 月 9 日，统万城考古队在外郭城调查时对该夯土遗址 1 号、3 号墩台进行了田野考古钻探，2015 年继续钻探时发现 2 号墩台，这 3 座墩台遗迹呈“品”字形分布，编号 1—3 号。2015 年 7 月至 10 月，为彻底搞清楚查干圪台夯土墩台遗址的建筑年代、建筑结构与夯筑方法、遗存性质，以及和统万城之间的关系等问题，先对 1 号、2 号夯土墩台遗址进行了田野考古发掘，由于 3 号圆丘形夯土遗迹处在村民住宅区内，未发掘。1 号、2 号夯土墩台遗址发掘情况简述如下。

① 1 号夯土墩台遗址的发掘

1 号夯土墩台　位于便道东侧，掩埋于沙层下，西距 2 号夯土墩台约 19 米。发掘工作从 2015 年 8 月 11 日开始，10 月 28 日清理结束。

A. 发掘经过与工作方法

为了搞清楚 1 号夯土墩台的形制结构与夯筑方法等，本次发掘采用探方、探沟以及两条解剖沟的工作方法，在 1 号夯土墩台中心夯土及外围夯土周围共计布设探方 1 个，编号 T1；探沟 9 条，编号 TG1—TG9。由于墩台西漫道较长，为明确西漫道的长度与夯筑结构，随即又在西漫道的中部及西端布设探沟两条，编号 TG10、TG11。1 号夯土墩台发掘总面积约 580 平方米。各发掘单位布设与发掘概况如下：

T1　位于 1 号夯土墩台西南部，北邻 TG4，南邻 TG7。发掘工作从 2015 年 8 月 21 日开始，至 8 月 28 日结束，历时 8 天。发掘面积 81 平方米（9 米 ×9 米），解剖深度约 2.8 米。清理出的遗迹有：南漫道，呈南北向夯土斜坡漫道，开口于第①层下，发掘平面呈长方形，剖面呈梯形，发掘长度 11 米、宽 1—1.2 米。墩台外围夯土，南部被一沙坑扰乱，夯土西边缘较规则，现发掘南北长 7—7.5 米、厚 0.5—1 米，南部夯土较薄，夯层

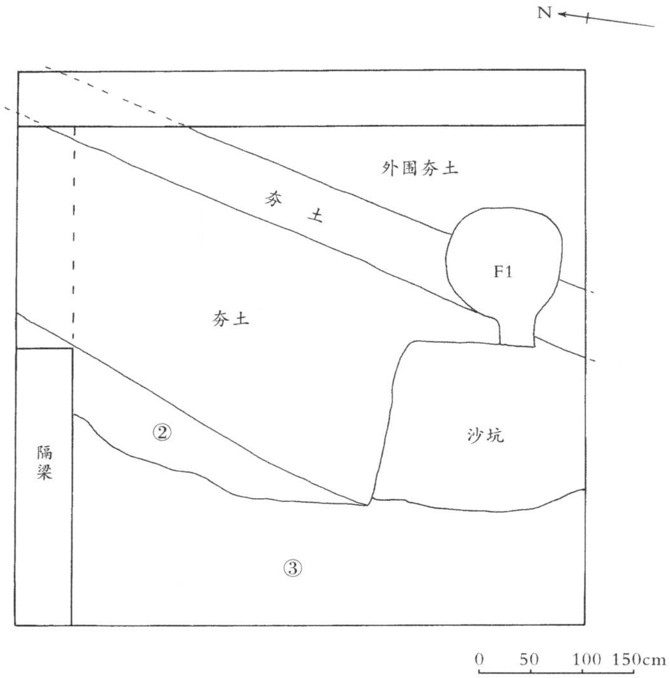

图一一三　查干圪台1号夯土台T1遗迹分布图

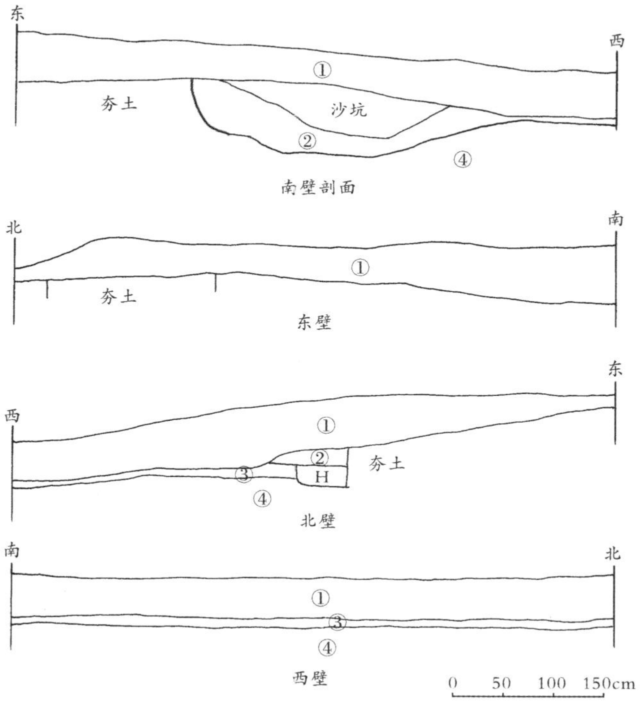

图一一四　查干圪台1号夯土台T1四壁剖面图

厚约0.1—0.15米（图一一三，查干圪台1号夯土台T1遗迹分布图；图一一四，查干圪台1号夯土台T1四壁剖面图）。房址F1，位于T1内南端中部，开口第①层下，打破南漫道夯土，平面呈圆形。灰坑一座（未发掘），开口于第②层下，打破第③层，墩台外围夯土叠压于坑上，部分延伸至发掘区外。

TG1　位于1号墩台北部，方向北偏西30°，地理坐标：北纬38° 01′ 14.68″，东经108° 50′ 8.33″。发掘工作从2015年8月11日开始，至8月13日结束，历时3天。发掘面积72平方米（8米×9米），解剖深度1米左右。清理后，揭露出1号墩台夯土底部平台基础的西壁、北壁部分及西北角，开口于第①层，打破第②、④层。墩台底部平台基础

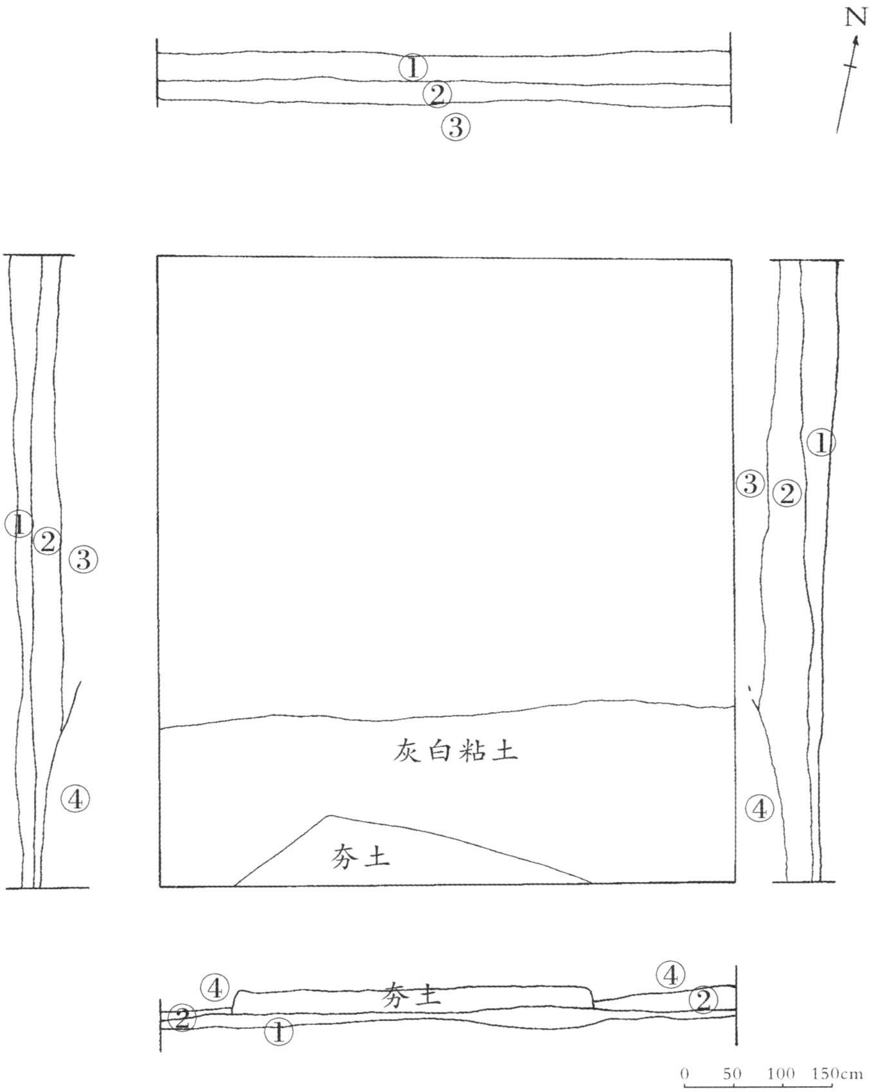

图一一五　查干圪台 1 号夯土台 TG1 平剖面图

顶面大底部小，壁面内斜，西北角较规整。现发掘西壁长 1.6 米、北壁长 3.75 米、夯土厚 0.3 米（图一一五，查干圪台 1 号夯土台 TG1 平剖面图）。

TG2　位于 1 号墩台中部偏南，方向北偏西 30°，发掘工作从 2015 年 8 月 14 日开始，并于当日清理结束。发掘面积 4 米 ×6 米，解剖深度约 1 米。清理后，揭露出 1 号墩台中部夯土，开口于第①层下，土质坚硬，东宽西窄，宽 1.25—2.25 米。墩台外围夯土，开口于第①层下，土色较杂乱，土质稍松软，呈北高南低的斜坡状堆积（图一一六，查干圪台 1 号夯土台

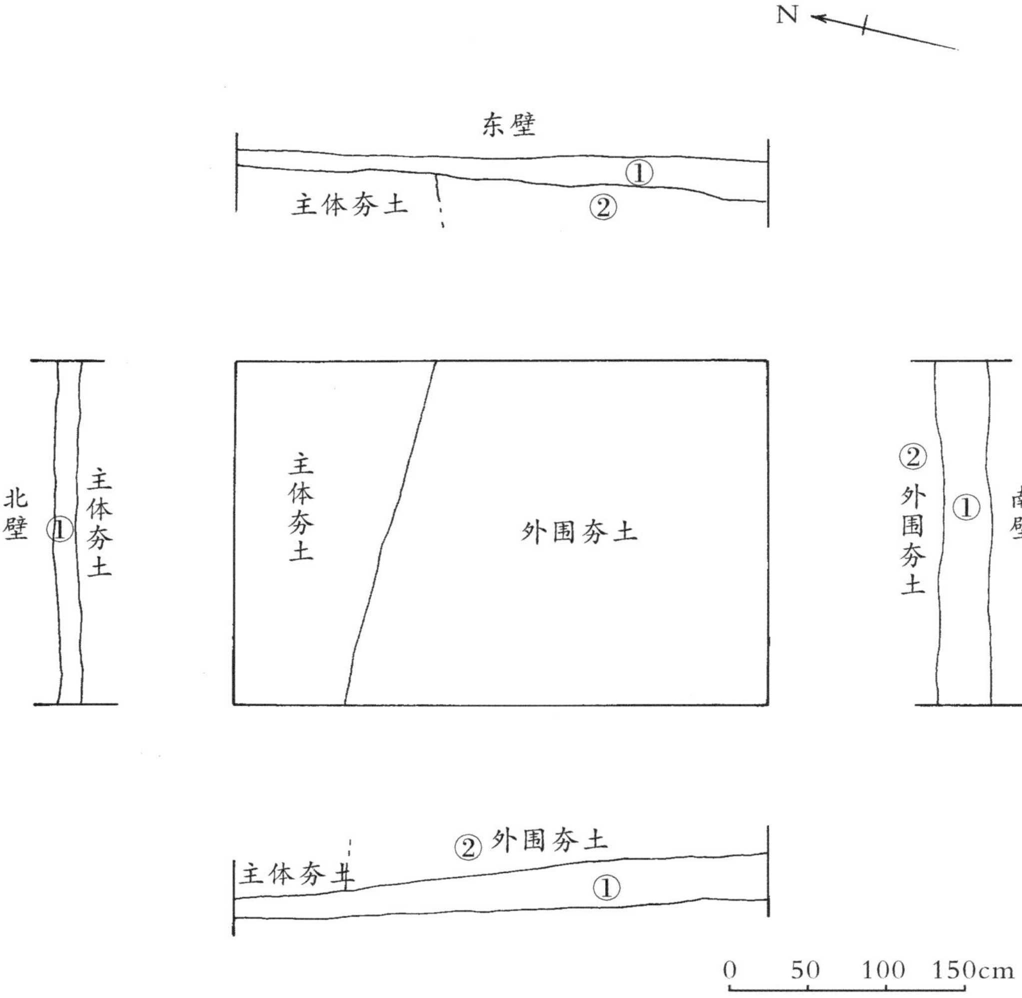

图一一六　查干圪台 1 号夯土台 TG2 平剖面图

TG2 平剖面图）。

TG3　位于 1 号墩台东北部，方向北偏西 25°，地理坐标：北纬 38° 01′ 14.46″，东经 108° 50′ 8.91″。发掘工作从 2015 年 8 月 15 日开始，并于当日清理结束。发掘面积 4 米 ×6 米，解剖深度约 2.8 米。清理后，底部平台基础的东北角及东壁、北壁，东北拐角为直角，东壁、北壁较竖直，夯土顶面大底部小。现发掘东壁长 3.2 米、北壁长 1.5 米、夯土均厚约 0.3 米（图一一七，查干圪台 1 号夯土台 TG3 平剖面图）。

TG4　位于 1 号墩台西侧，方向北偏西 20°。发掘工作从 2015 年 8

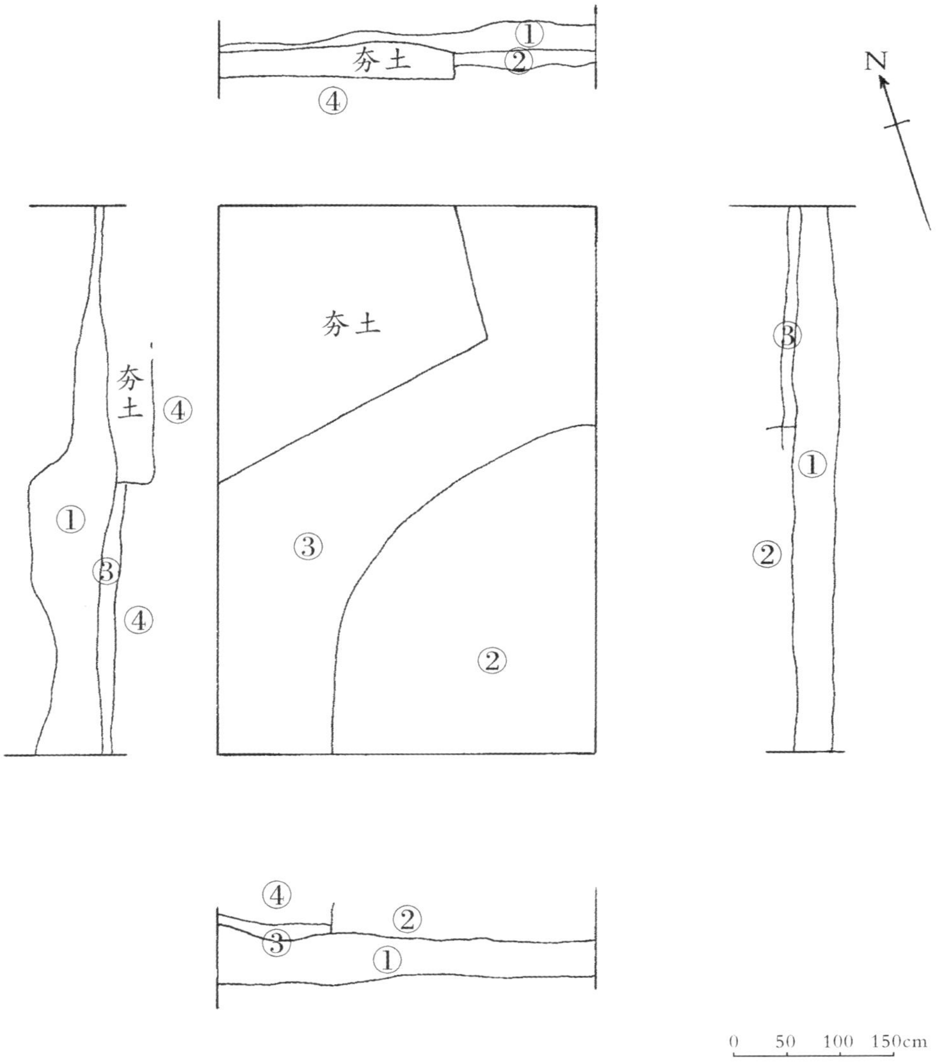

图一一七　查干圪台 1 号夯土台 TG3 平剖面图

月 16 日开始，至 8 月 29 日清理结束，历时 14 天，中间因雨天及工作安排等因素有不间断的停工，实际发掘 8 天。发掘面积 4 米 ×14 米，解剖深度约 1.25 米。清理结束后，暴露出 1 号墩台北部东西向长条形夯土，东高西低，西宽东窄，现发掘长度约 5 米、宽 1.4—1.6 米、深 0.5—0.6 米、夯层厚 0.1—0.15 米，中部版接缝宽 0.01 米。1 号墩台中部凸出近似方形夯土平台，南北长 4.2 米、东西宽 2.4 米、夯土厚 0.5—0.8 米、夯层厚约 0.12—0.15 米，现存顶部凹凸不平。1 号墩台西壁夯土边缘，南北长 6 米、

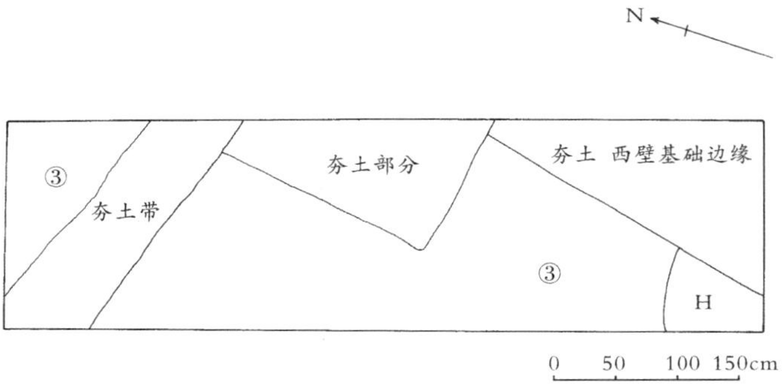

图一一八 查干圪台 1 号夯土台 TG4 ②下遗址分布图

夯土厚 0.5—0.85 米、夯层厚 0.1—0.2 米，底部厚约 0.2 米为粗夯（图一一八，查干圪台 1 号夯土台 TG4 ②下遗址分布图；图一一九，TG4 ③下遗址分布及四壁剖面图）。发现了灰坑 H1，开口于第②层下，打破第③层，部分延伸至探沟西壁外，未发掘。从剖面观察，西壁夯土边缘叠压于 H1 之上，具体形制、规格等不明。

TG5 位于 1 号墩台东南部，方向北偏西 30°。发掘工作从 2015 年 8 月 30 日开始，至 9 月 4 日清理结束，历时 6 天。发掘面积 6 米 ×8 米，解剖深度 1.25 米。当发现夯土坡道后，遂于 9 月 2 日向西扩方 2 米，继续清理发掘，并对夯土坡道东侧进行解剖，搞清了中部夯土、夯土坡道及外围夯土之间的关系。

清理发现夯土坡道，开口于第①层下，呈北高南低的斜坡状，平面呈

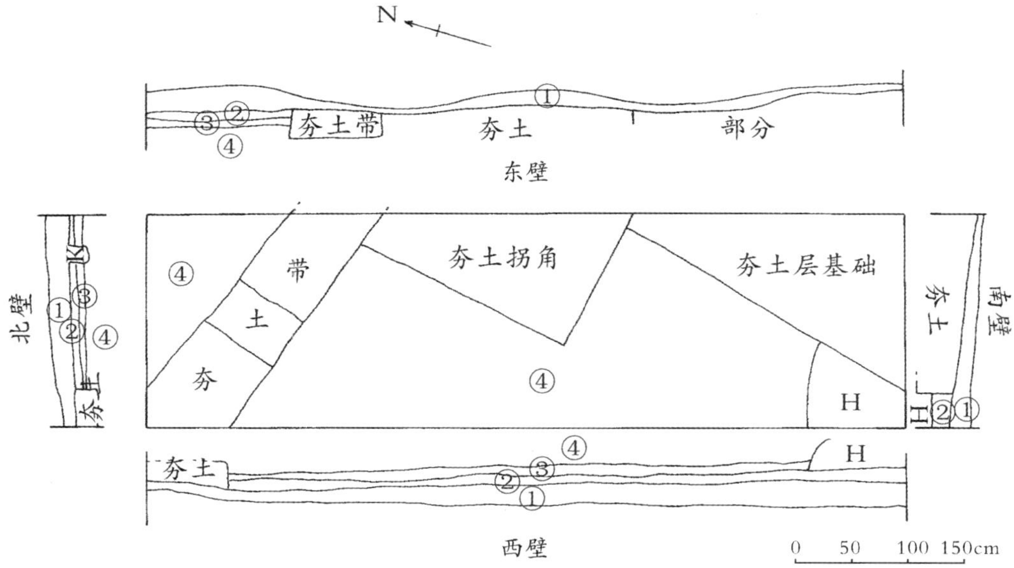

图一一九 TG4 ③下遗址分布及四壁剖面图

长方形，横截面呈梯形，夯层厚 0.12—0.15 米，现发掘长 4.6 米、宽 1.4—1.5 米，现存高度 2.6 米。中部主体夯土，开口于第①层下，边缘较清晰，横截面呈梯形，夯层厚 0.12—0.15 米，底部基础厚约 0.45 米为粗夯。外围夯土，开口于第①层下，倾斜堆积，叠压于暗红褐色沙土之上（图一二〇，查干圪台 1 号夯土台 TG5 平剖面图）。

TG6　位于 1 号墩台南部，方向北偏西 20° 。发掘工作从 2015 年 9 月 6 日开始，并于当日清理结束。发掘面积 4 米 ×6 米，解剖深度约 1.5 米。清理结束后，暴露出 1 号墩台外围夯土，开口于第①层下，叠压第③层，分布于探沟中部偏北，外边缘夯土呈不规则形状（图一二一，查干圪台 1 号夯土台 TG6 平剖面图）。

TG7　位于 1 号墩台西南部，北邻 T1，方向北偏西 20° 。发掘工作从 2015 年 9 月 8 日开始，至 9 月 20 日清结束，历时 13 天，中间因雨天

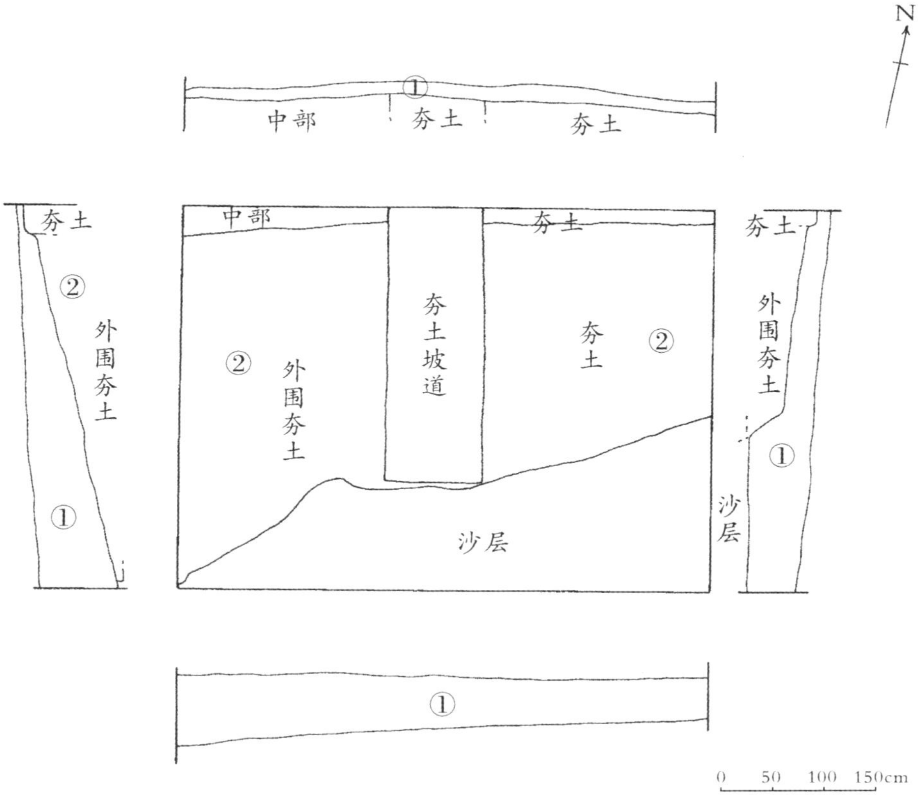

图一二〇　查干圪台 1 号夯土台 TG5 平剖面图

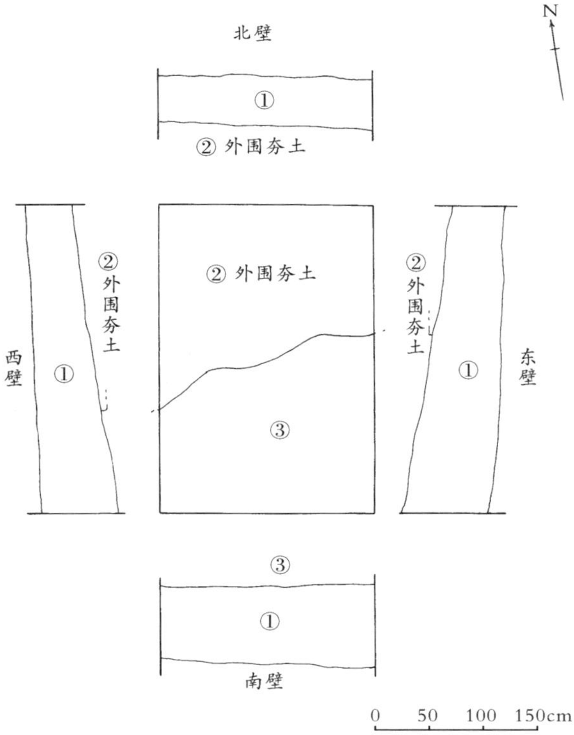

图一二一　查干圪台 1 号夯土台 TG6 平剖面图

及工作安排等因素有不间断的停工，实际工作 8 天。发掘面积 5 米 ×9 米，解剖深度约 1.1 米。清理结束后，暴露出 1 号墩台南部漫道，开口于第①层下，打破第③层，现发掘平面呈梯形，长 5.5 米、南端宽约 1.5 米。外围夯土，开口第①层下，北高南低呈斜坡状，土质稍松散，土色花杂，边缘不规则（图一二二，查干圪台 1 号夯土台 TG7 平剖面图）。

TG8、TG9　TG8 位于 TG6 西部，TG9 位于 TG6 东部，两个探沟发掘清理后，其地层堆积及暴露出遗迹均与 TG6 相同。

TG10　位于 1 号墩台西漫道西中部，方向正北。发掘工作从 2015 年 10 月 19 日开始，并于当日清理结束。发掘面积 3 米 ×4 米，解剖深度约 2.5 米。清理结束后，揭露出西漫道中部夯土，夯土层开口于第①层下，打破第④层，现发掘平面呈长方形，顶部及底部均较平整，宽 1.46 米、厚 0.35 米（图一二三，查干圪台 1 号夯土台 TG10 平剖面图）。夯土呈深灰褐

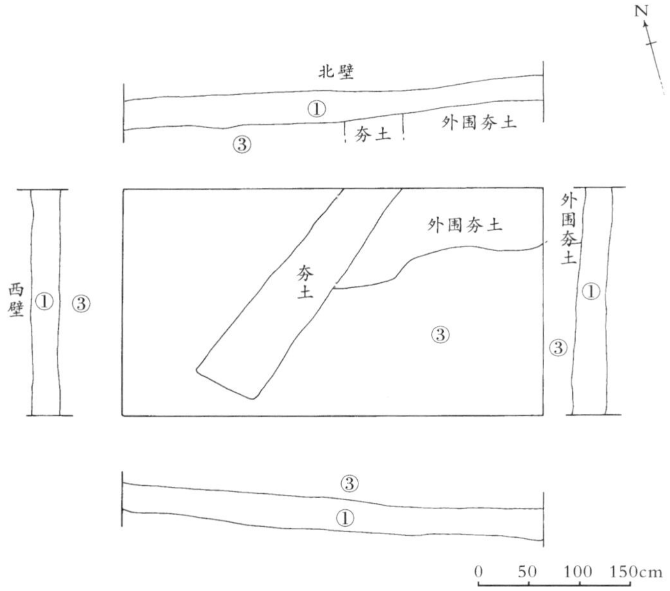

图一二二　查干圪台 1 号夯土台 TG7 平剖面图

色，土质稍硬，壁面较规整。

TG11　位于1号墩台西漫道最西端，方向正北。2015年10月19日清理。面积15.2平方米（3.8米×4米），解剖深度约1.6米。清理结束后，揭露出西漫道最西端夯土，开口于第①层下，打破第④层生土层，现发掘平面呈长方形，呈东高西低的斜坡状，向西逐渐消失，长3.75米、宽1.5—1.6米、厚0.16—0.22米（图一二四，查干圪台1号夯土台TG11平剖图，图版128）。夯土呈深灰褐色，土质稍硬，壁面较规整，底部较平。

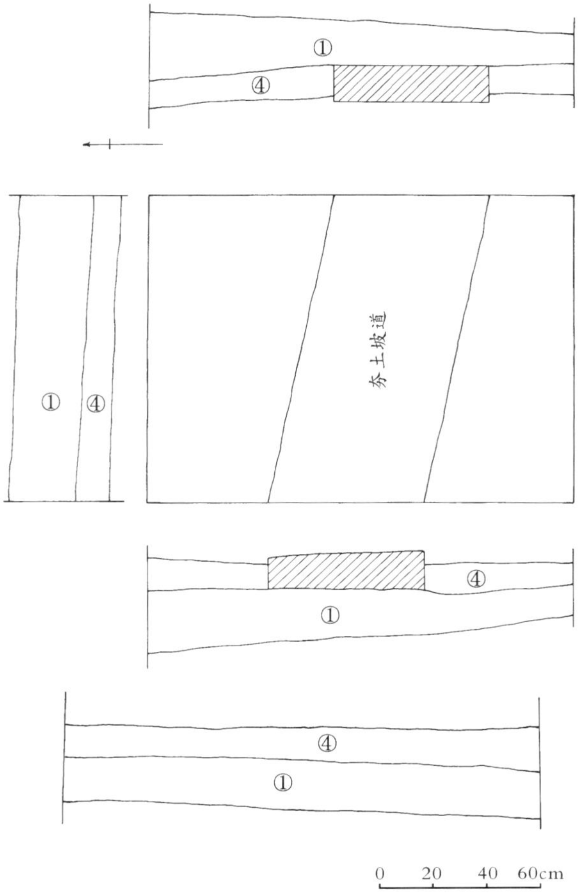

图一二三　查干圪台1号夯土台TG10平剖面图

B. **地层堆积与墩台夯土之间关系**

查干圪台1号夯土墩台现状呈不规则形，遭近村民取土修房破坏较严重，北部夯土裸露，东、西、南部被流沙覆盖。墩台周围地层堆积按其土质土色可分为三层：

第①层，现地表层，厚0.05—1.65米，浅黄褐色沙土，风沙侵蚀堆积而成，分布于整个夯土墩台表面，堆积顶部较薄、四周稍厚、南部最厚，沙土内夹杂有大量植物根系，土质较松散。该层下暴露1号墩台所有夯土遗迹，包括F1和F2。

第②层，外围夯土覆盖层，厚0.05—1.2米，分布于墩台东、西、南三部。西部青灰白色土，土质稍硬，厚0.1—0.32米，粗夯，局部夹杂夯土块。东、南部灰褐色花土及黄色沙土，土质较硬，呈内高外低的倾斜状堆积，厚0—

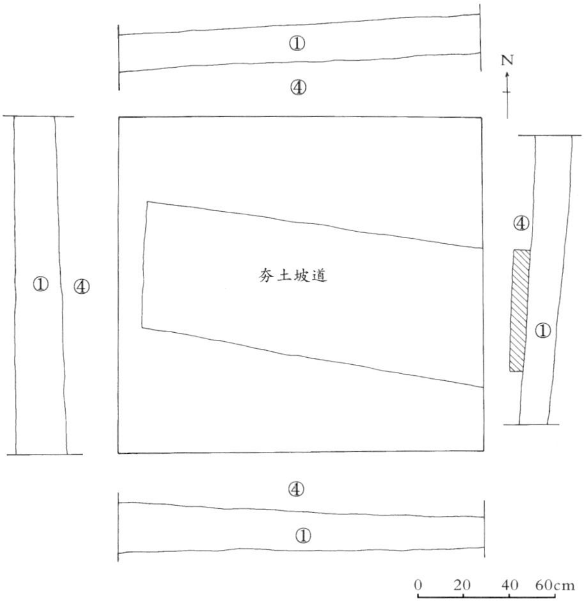

图一二四　查干圪台1号夯土台TG11平剖图

0.4米，粗夯，属于墩台外缘夯土护坡部分。

第③层，原始地表层，厚0.05—0.2米，暗红褐色沙土，土质结构密实较硬。除西部TG10、TG11未发现该层外，其他发掘单位内均发现该层堆积。墩台西北部夯土打破该层，东南部夯土夯筑于该层之上。该层以下为自然形成的原始生土层。灰白色黏土，土质结构密实坚硬，土质纯净无包含物，应为湖泊沉积形成的原始生土层。墩台西漫道夯土及中心夯土西北部均打破该层（图一二五，查干圪台1号夯土台地层剖面图）。

C.1 **号墩台的形制结构与夯筑方法**

查干圪台1号夯土墩台距统万城西城西北隅台约226米，西距2号夯土墩台约19米，方向5°。经发掘确认，1号夯土墩台结构主要由西漫道、南漫道、东漫道、中部夯土台和外围夯土等部分组成（图一二六，查干圪台1号夯土台平剖面图，图版128下），分述如下：

斜坡漫道　西、东、南3条斜坡漫道交会于1

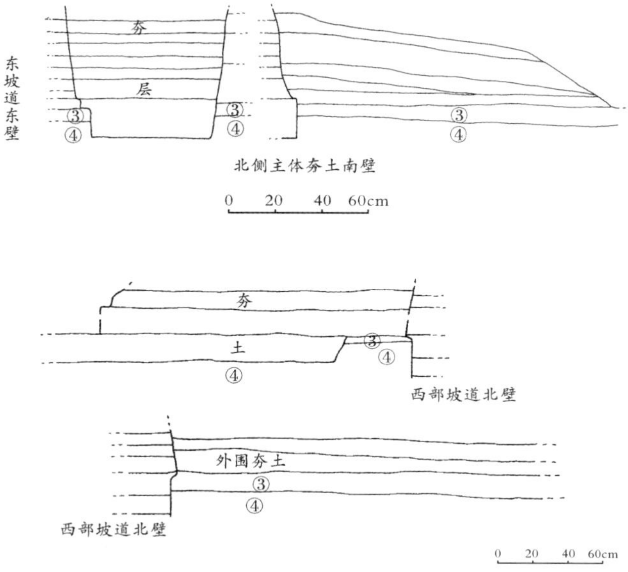

图一二五　查干圪台1号夯土台地层剖面图

号夯土墩台正中部。东、西两条漫道分别位于墩台的东、西两侧中部。

西漫道　为西北—东南走向，方向 280°，夯土由西向东逐渐加厚变窄，呈缓坡状。全长 79.5 米、西北部顶宽 1.46—1.5 米、底宽 1.6 米、夯土厚约 0.1—1 米。东南部南、北两侧为墩台中央夯土，顶宽 1.2 米，底宽不明。

东漫道　建于第③层暗红褐色沙土之上，于墩台中心与西漫道相接，呈东西向一条直线，由西向东夯土逐渐加宽变薄，呈缓坡状。全长 12.5 米、顶宽 1.2 米、底宽 1.5 米、夯土厚 0.1—1.8 米，底部高于西漫道底 0.5 米，夯层厚 0.1—0.18 米。

南漫道　位于墩台南侧中部略偏西，方向 190°，与东漫道相连呈矩尺形结构，拐角接近直角，由南向北夯土逐渐加厚、顶部变窄呈斜坡状。南部被 F1 打破，北部被 F2 打破。其全长 24 米、南端底宽 1.5 米、北端顶宽 0.8 米，夯土厚约 2 米。

3 条斜坡漫道于墩台正中相交处夯筑最厚，从中部盗洞剖面观察，夯土厚约 2.3 米、夯层厚 0.12—0.2 米。底部基础粗夯两层，厚 0.1—0.36 米，土色较花杂，土质稍硬。从 3 条漫道“T”字形接口观察，西漫道和南漫道应为同时期夯筑而成，东漫道于地表独立夯筑，稍晚于西、南漫道，剖面均呈倒梯形，顶面大而底部小，壁面均斜直内收（图版 129，130 上、左中、右中）。

中央夯土台　处于整个墩台的核心位置，由底部基础和地上夯土台两部分组成。北侧夯土破坏严重，仅存底部基础，夯土厚约 0.3 米，中部夯土露出地面，高 2 米。所以中部夯土地表以上呈不规则圆形，底部基础近似方形平台，剖面呈倒梯形，顶面大而底部小，壁面斜直内收。南北长 14 米、东西宽 12.2 米、厚约 0.3—0.5 米。平台分块夯筑于漫道两侧，高出地表，四角均呈直角。北部为整块夯筑，东西长 12.2 米、宽 9 米。南部分两块夯筑，南漫道东侧向东夯筑长 8 米、宽 3.8 米、厚 2.3 米；西侧向西夯筑长 6.5 米、宽 4.5 米、残厚 0.5—1 米，凸出平台外 2.6 米。

外围夯土　由两部分组成，其一为长条形夯土平台，其二为外缘覆盖夯土护坡（图版 130 左下）。长条形夯土平台位于南漫道西侧，中央墩台西部凸出夯土的南侧，北高南低，呈斜坡状，南端被一沙坑打破，现发掘南北残长 13.2 米、东西宽 4 米，打破第③层暗红褐色沙土。外缘覆盖夯土

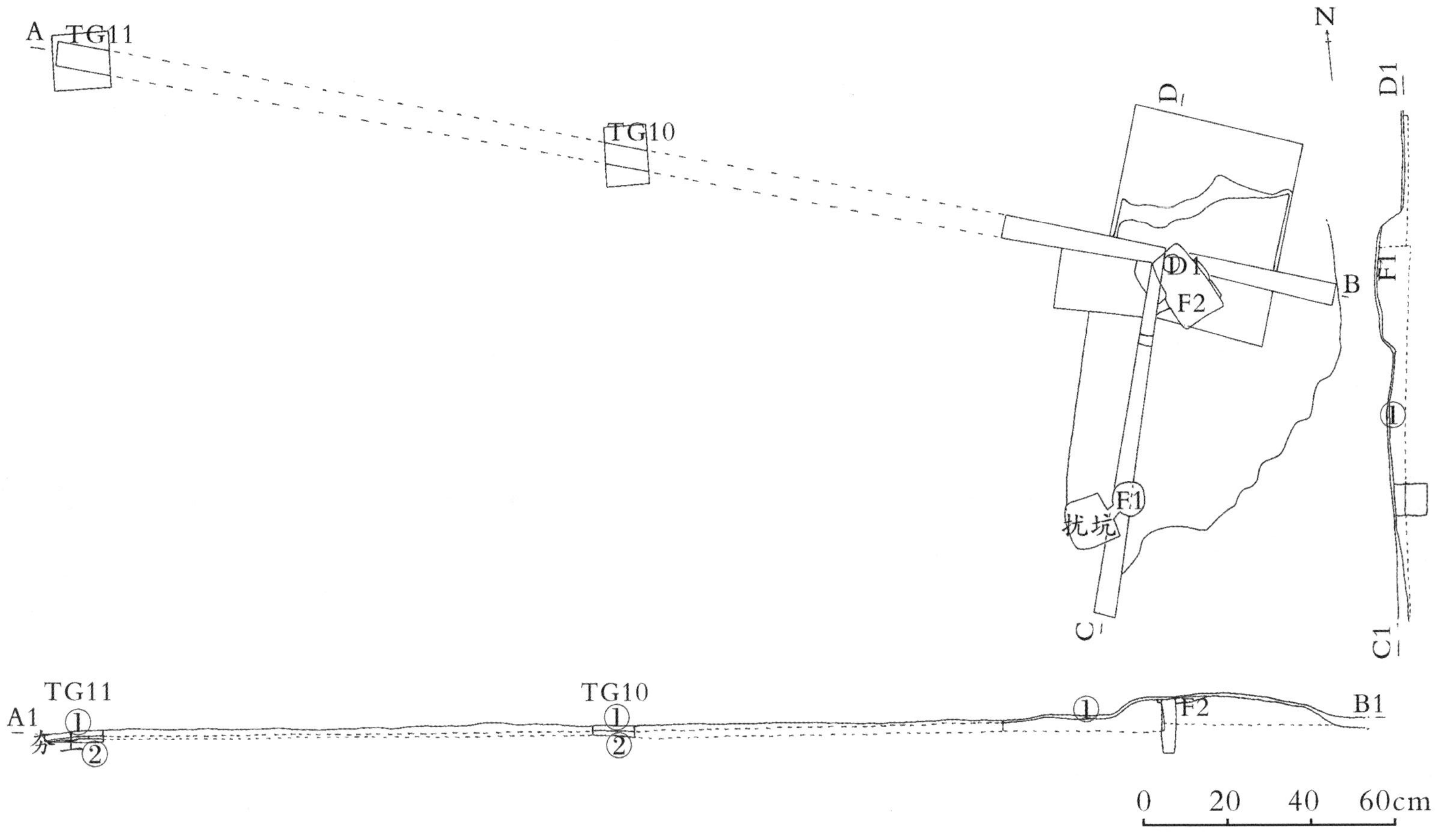

图一二六　查干圪台1号夯土台平剖面图

护坡，厚0.1—0.85米，灰白色土质夯筑，夯筑较粗，夯层厚0.1—0.2米，夯土由外缘向中心聚拢包裹呈山丘状，现存东南部夯土较完整，近圆弧形，最大直径17米，最小直径3米，由北向南倾斜。西北部夯土破坏殆尽。现发掘1号夯土墩台中心整体南北残长27米、东西残宽20.5米，初步测算原墩台面积约600平方米。

夯筑方法 整个1号墩台夯土采用圆夯、平夯相结合，外围粗夯的夯筑方式。由于是分组、分块结合而成，其夯筑先后顺序有较明显差异。

漫道 选址上先整体夯筑西、南漫道，呈矩尺形，然后再于西漫道东侧地表上夯筑东漫道，与西、南漫道相交呈“T”字形。西漫道先于深约0.1—0.36米的基槽内夯筑基础，为粗夯，夯筑高出原地表，土色花杂，土质稍硬，壁面斜直内收。西漫道基础较其他夯土部分及东漫道深约0.15—0.5米。南漫道与东漫道中间夯土部分未解剖，但从中部盗洞南剖面观察，其应夯筑于第③层原地表之上。

中央夯土墩台与外围夯土 在3条漫道相交的中心位置挖掘南北向方形基槽，于基槽内分块夯筑方形平台基础与地面夯土。夯筑顺序为：北部整块夯土—南漫道东侧及东漫道西侧夯土块—南漫道西侧凸出夯土块部分—凸出夯土块南部长条形夯土—外缘夯土护坡，使中央夯土台坚固并形成圆丘形结构。北部整块夯土基础高于西漫道基础0.15米，间隔0.5—0.65米生土层隔梁，底部均为顶大底小，壁面向下斜内收，横截面呈倒梯形，均打破第③、④层生土层。北侧夯土基础部分低于东漫道0.35米，东漫道与东南外缘覆盖夯土均夯筑于第③层原地表之上，西部凸出夯土及西南长条形夯土均打破第③层0.1—0.15米，底部较平坦（图版130中右、131、132、133）。

② 2号夯土墩台遗址的发掘

2号夯土墩台 亦位于便道东侧，掩埋于沙层下，东距1号夯土墩台约19米，东南距3号夯土墩台约26米。发掘工作从2015年8月19日开始，8月27日结束。

A. 发掘经过与工作方法

为了解2号夯土墩台的分布范围、夯土厚度、夯筑方法与结构等问题，在夯土墩台中部正南北向、正东西向呈“十”字形布设探沟两条，编号南北向为TG1、东西向为TG2，布方面积13米×2米，清理深度约0.4—0.5米。当清理出墩台边缘后，沿南部夯土外边缘顺时针揭取墩台表面覆盖土层，至拐角及东南部坡道暴露即结束，实际发掘面积约95平方米。

B. 地层堆积与墩台夯土关系

2号夯土墩台现地表沙土覆盖西北深而东南浅，当TG1和TG2发掘深至0.1—0.5米时，灰白色黏土层暴露，墩台夯土层见底。地层堆积按其土质土色可分为3层：

第①层，地表沙土覆盖层，厚0.1—0.18米，分布于整个夯土墩台表面，以风沙侵蚀堆积而成，堆积呈西北厚东南薄的斜坡状，土质较松散，内夹杂有较多植物根系。

第②层，暗红褐色沙土层，厚0.1—0.15米，分布于整条探沟，基本呈平行堆积，土质较硬，该层应为原始地表层。夯土墩台打破该层，不见包含物。

第③层，灰白色黏土层，分布于整条探沟，土质结构致密坚硬，土质纯净无包含物，应为湖泊沉积形成的原始生土层，夯土墩台打破该层，深约0.15米。

C.2号墩台的形制结构与夯筑方法

2号夯土墩台呈苍白色，方向35°，从残存的夯土遗址看，墩台呈周边低平，中部高隆的龟背状，平面近似方形，四壁内收，底部平整，主要由东南部坡道和中央主夯土墩台两部分组成。

中央主夯土墩台　顶面大而底部小，剖面呈倒梯形，其构筑方式是先在原地面下挖一个长、宽各6.8米，深约0.2米的竖穴方坑，在坑内填充白色料土而夯筑基础，夯土基础高出地表。墩台四缘夯土夯筑较薄，中部夯筑较厚，夯筑方法应为平夯，夯土坚结硬实，夯筑较精细。墩台边长约6.8—6.9米、边缘夯土厚0.18—0.3米、中部夯土厚0.4—0.5米。

东南部坡道　坡道夯土平面近似长方形，由西向东倾斜，夯土亦由厚变薄，后逐渐消失。从坡道西端与主墩台之间的版接缝看（宽1.1米间隙），该坡道应为独立夯筑，其夯筑方法是在原地表由东向西夯筑一道斜坡与主墩台相衔接，属于通往墩台的斜坡漫道。漫道边缘风蚀残损严重，现东西最长 5.5 米、宽 2 米、厚 0—0.3 米（图一二七，查干圪台 2 号夯土台平剖面图）。

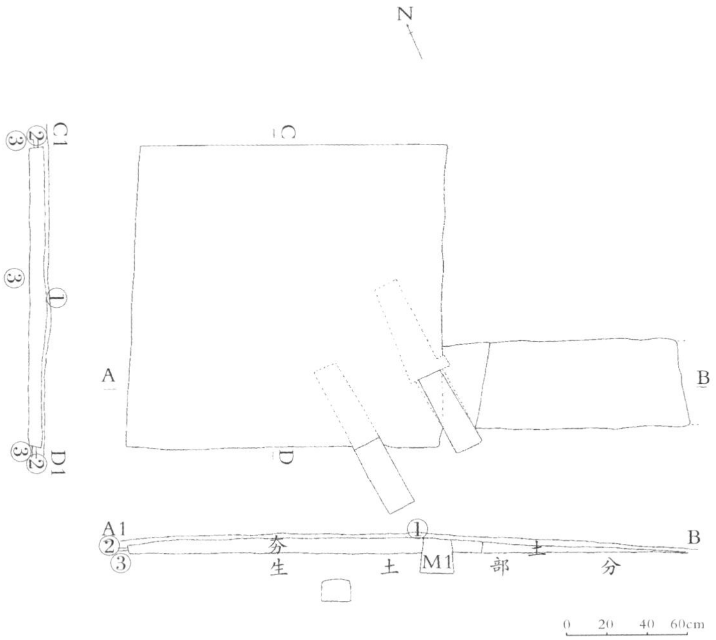

图一二七　查干圪台 2 号夯土台平剖面图

③　查干圪台两座夯土墩台建筑年代与文化属性推测

经发掘确认，查干圪台 2 号方形主墩台东南角被两座唐代墓葬打破，从墓葬内出土器物特征判断，这两座墓葬当在中唐时期。据此判断，该夯土墩台在唐代时便已毁弃而被辟为墓地使用，由于在发掘过程中尚未发现其他时代遗物，因而对其建造时代尚不明确。从夯土墩台的建筑位置与统万城之间的空间布局看，查干圪台 3 个夯土墩台应组成为一组礼制性建筑，地处统万城的西北，其可能为大夏国时期统万城的郊祀场所，时代当在十六国至北朝时期。另依据《统万城铭》载统万城“广五郊之义，尊七庙之制，崇左社之规，建右稷之礼”，可见统万城有着完整的礼制建筑规划，这两处夯土台遗址或许与郊祀相关。

④　其他遗迹与出土遗物

在发掘 1 号夯土墩台时发现两座房屋建筑遗址，编号 F1、F2。发掘 2 号夯土墩台时发现墓葬两座，编号 M1、M2。现分类简述如下。

统万城焚毁后的房屋遗迹

F1　位于查干圪台 1 号夯土墩台西南部，开口于第①层下，打破墩台南漫道及生土层。发掘工作从 2015 年 8 月 28 日开始，29 日清理结束。

F1 由门道、单屋室两部分组成，坐东向西。门道平面呈东西向长方

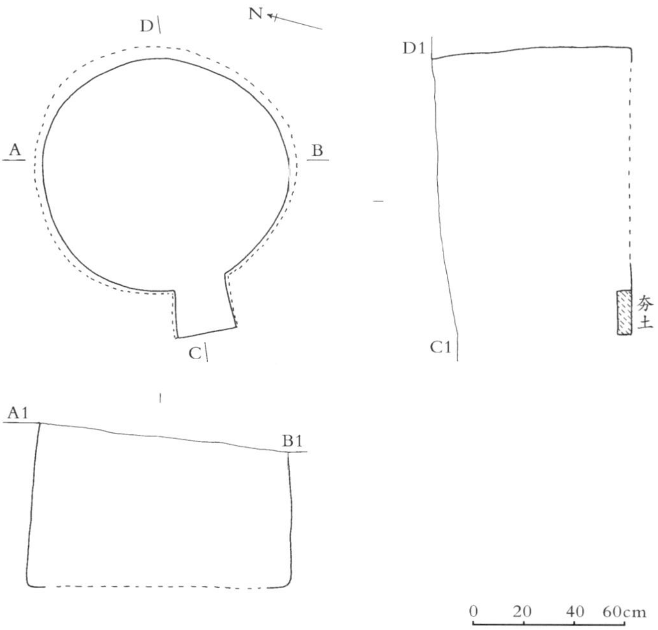

图一二八　查干圪台 F1 平剖面图

形，横截面呈梯形，口小底大，壁面向下略斜直外扩至底部，底部较平坦；屋室位于门道东部，平面呈圆形，口小底大，壁面较规整，稍外弧至底部，地面中部遭破坏，周围较平坦。室内地面低于门道地面，在门口形成高约 0.14 米的一级台阶。门道进深 0.58 米、宽 0.5—0.6 米，底面距原始开口深 1.7 米。屋室开口直径 2.36 米，底部直径 2.5 米、深 1.9 米（图一二八，查干圪台 F1 平剖面图）。房址内填浅黄褐色沙土，土质松散，内含少量木炭屑，未见其他包含物，应为自然堆积形成。房址建筑晚于墩台，具体时代不明。

F2　位于查干圪台 1 号夯土墩台中部，开口于表土层下，打破墩台夯土。发掘工作从 2015 年 9 月 7 日开始，10 日清理结束。

F2 坐西北向东南，方向 264°，由门道、单屋室、火炕和灶坑四部分组成（图一二九，查干圪房址 F2 平剖面图）。

门道　位于单室西墙中部，平面呈东西向长方形，西端残毁，门道与屋室之间有两级台阶，台阶高 0.16 米。第二级台阶下有一直径约 0.4 米的圆形浅坑，原应搁置有垫脚石之类的东西。门道东西残长 1.3 米、宽 0.8 米。

单屋室　位于门道东侧，呈半地穴式结构，平面呈南北向长方形，北宽南窄，南、北壁较平直，东、西壁稍斜直，壁面局部塌毁不太规整。室内西南部有两个圆形浅坑，用途不明，东南角有一梯形平台，长 0.86—0.9 米、宽 0.5 米、高 0.36 米。室内空间南北长 5.4 米、宽 2.2—3 米、深 0.34—0.5

米。房址内填灰黄褐色沙土，夹杂夯土残块，土质松散，内含陶缸残片及动物骨骼残块等，应为房址废弃后堆积形成。

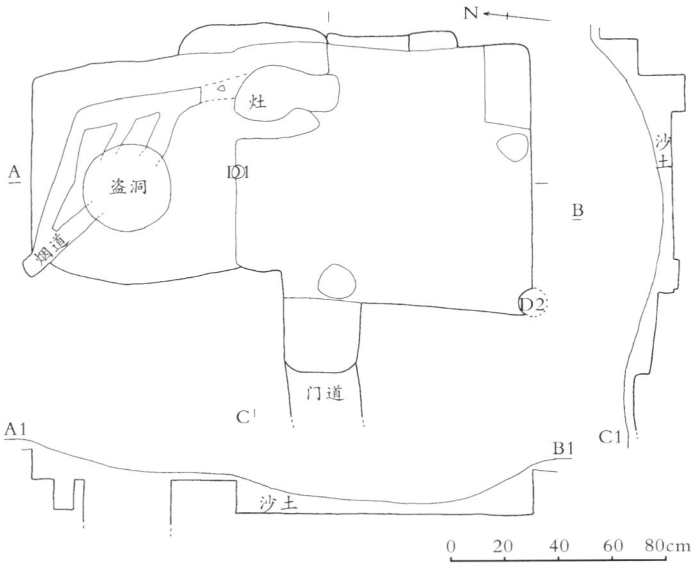

图一二九　查干圪台房址 F2 平剖面图

火炕　室内北部置火炕，炕沿东南角置灶，炕底中部挖凿 3 条火道与东南角和西北角聚拢呈曲尺形，与灶坑连通，西北墙角外为烟囱出口。火炕东西长 2.4—2.5 米、南北宽 1.1 米、高 0.36 米。火道深 0.34 米、宽 0.2—0.3 米，壁面有黑色烟熏渍，内填灰褐色沙土，夹杂有夯土残块、陶缸残片、残砖块和木炭屑等。

单眼灶坑　平面呈椭圆形，南北长 1.12 米、宽 0.4—0.6 米、深 0.5 米。灶坑内填灰褐色沙土，夹杂有夯土颗粒，厚约 0.45 米，近底部堆积厚约 0.05 米的灰白色灰烬，底部残留有黑色燃烧物烧结层，坑壁有烧红土结硬面，包含物内有陶缸残片、瓷碗残片、木炭屑和动物骨骼残块等。室内西南角和炕沿中部各有一个圆形柱洞，洞壁可见有黑色朽木灰迹，炕沿柱洞直径 0.14 米、深 0.4 米，西南角柱洞直径 0.32 米、深 0.4 米。

房址建筑晚于墩台，从火炕中部的盗洞内可见墩台夯土的厚度，推测应为统万城焚毁后的建筑。

唐代墓葬

M1　位于查干圪台 2 号方形墩台东南角，西距 M2 1.5 米。墓道开口于第①层沙土层下，距地表深 0.1 米，打破夯土墩台及原生土层。发掘工作从 2015 年 8 月 25 日开始，并于当日清理结束。

M1 为竖穴斜坡底墓道单室土洞墓，平面呈南北向“刀”形，坐北向南，方向 170°，其南北水平总长 4.1 米，墓室底距现存地表深约 1 米。由墓道、

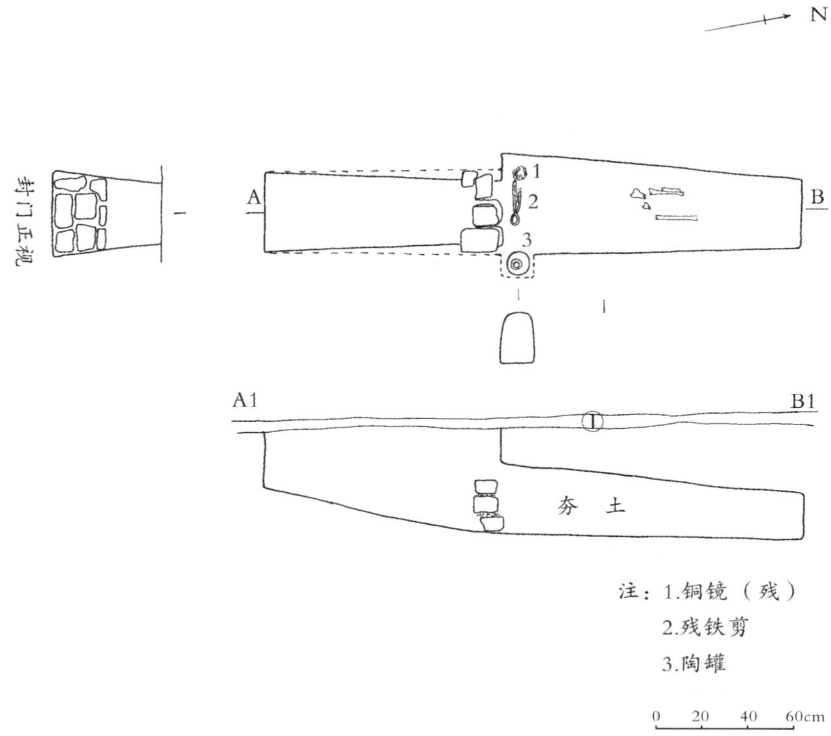

图一三〇 查干圪台 M1 平剖面图

封门、墓室、壁龛四部分组成（图一三〇，查干圪台 M1 平剖面图，图版 134 上）。

墓道　位于墓葬的南半部分，平面略呈梯形，南宽北窄，土圹竖穴式结构。墓道东、西两壁由开口至底部逐渐斜直外扩，形成口小底大“八”字形，南、北两壁较竖直规整，四壁面修整光滑。底面呈 9° 斜坡，坡面光滑平缓。内填黄褐色沙土，土质松散，局部夹杂有白色黏土和夯土残块。其开口南北长 1.8 米、东西宽 0.48—0.65 米，坡底长 1.85 米、宽 0.66 米，北端从坡底距原始开口深 0.9 米，南端深 0.45 米。

封门　封堵于墓室入口处，用凿挖墓葬时残存的白色夯土块逐层平砌而成，仅存 3 层，夯土块长 0.15—0.3 米、宽 0.18 米、厚 0.14 米不等。封门上薄下厚，残高 0.4 米、面宽 0.6—0.7 米、墙厚 0.2 米。

墓室　位于墓葬北半部分，平面呈南北向梯形，南宽北窄，土圹平顶窑洞式结构，平顶呈南高北低的倾斜状，壁面较平滑规整。墓室底面由入口至里壁逐渐倾斜，坡面较墓道地面更平缓，东壁与墓道东壁基本处于同一条直线，西壁外折，由南向北逐渐斜直内收，里（北）壁较竖直光滑。内填黄褐色沙土，土质松散，局部夹杂有白色黏土和夯土残块。其南北进深 2.3 米、东西面宽 0.55—0.8 米、通高 0.37—0.57 米。

壁龛　位于墓室东南角，纵向长方形，壁面斜直，土圹拱顶龛洞式结构，地面平整。其东西进深 0.2 米、南北面宽 0.25 米、通高 0.4 米。

葬具与葬式　墓室填土中发现零星铁棺钉锈渍，未见朽木痕迹，葬具结构不清。墓室中部纵向放置骨架一具，应为仰身直肢葬，头南足北，颅骨腐朽殆尽，面向不清。墓主遗骸保存极差，仅存少许下肢骨，应属一个体骨骼，性别、年龄待鉴定（图版 134 上）。

随葬遗物　该墓出土随葬品 3 件，鹊鸟花枝纹铜镜 1 件（M1：1），放置于墓室入口西侧，稍残。铁剪 1 件（M1：2），放置于墓室入口中部，锈残。彩绘陶罐 1 件（M1：3），放置于东壁龛内，腹底及肩部绘仰、覆莲瓣。

根据墓葬形制及出土遗物特征推断，该墓为唐代（中唐时期）墓葬。

M2　位于 2 号方形墩台东南角，东距 M1 约 1.5 米。墓道开口于第①层沙土层下，距地表深 0.1 米，打破夯土墩台及原生土层。发掘工作从 2015 年 8 月 25 日开始，至 26 日清理结束，历时两天。

M2 为斜坡墓道单室土洞墓，平面近似南北向长方形，坐北向南，方向 170°，墓葬南北水平总长 3.7 米，墓室底距现存地表深约 1.77 米。由墓道和墓室两部分组成（图一三一，查干圪台 M2 平剖面图，图版 134 下）。

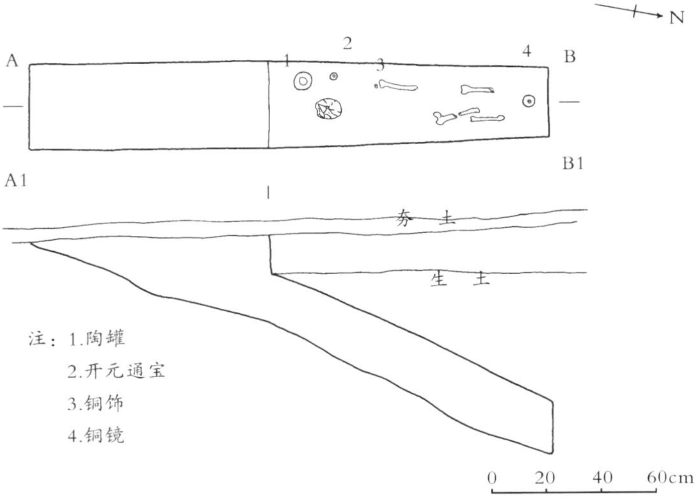

图一三一　查干圪台 M2 平剖面图

墓道　位于墓葬南半部分，平面呈南北向长方形，土圹斜坡式结构，东、西、北三壁竖直规整，壁面光滑。坡面较平滑，坡度

15° —25° 。内填黄褐色沙土，土质松散，局部夹杂有白色黏土和夯土残块。开口南北长 1.7 米、宽 0.64 米，斜坡长 1.8 米、北壁从坡底距开口深 0.64 米。

墓室　位于墓葬北半部分，平面近似长方形，北端稍窄。墓室顶接近于平顶，与墓室地面基本平行，均呈南高北低的倾斜状，壁面较平滑规整。墓室东、西两壁与墓道两壁处于同一壁面上，由南向北渐斜直内收，北壁竖直规整，壁面平滑。墓室底斜坡与墓道底基本处于同一坡面上，较墓道底稍陡。内填黄褐色沙土，土质松散，局部夹杂有白色黏土和夯土残块。其南北水平进深 2 米、斜坡长 2.25 米、东西面宽 0.52—0.64 米、通高 0.4 米。

葬具与葬式　在墓室填土中发现少量铁棺钉锈渍，未见朽木痕迹，葬具结构不清。墓室中部纵向放置骨架 1 具，墓主遗骨保存较差，仅存部分颅骨和下肢骨，上肢骨腐朽殆尽，应属一个体骨骼，其葬式为仰身直肢葬，头南足北，面向不清。墓主性别、年龄待鉴定（图版 134 下）。

随葬遗物　该墓出土随葬品 4 件，陶三足罐 1 件（M2：1），放置于墓室入口处偏西，三兽蹄形足。唐开元通宝铜钱 1 枚（M2：2），放置于墓主头骨西侧。铜饰残片 1 件（M2：3），放置于墓室中部偏西，锈蚀残损。蜂蝶纹铜镜 1 面，放置于墓室北中部。

根据墓葬形制及出土遗物特征推断，该墓为唐代（中唐时期）墓葬。

9. 砖瓦窑

2011 年 10 月份，在统万城东南方向的八大梁发掘了砖瓦窑 4 座，编号 Y1—Y4。

①　1 号窑考古发现

Y1　位于统万城东南方向的八大梁西侧沟边，北邻白城则村，南邻刘梁村，东邻张（家畔）巴（图湾）公路。地理坐标：北纬 37° 58′ 22.44″，东经 108° 52′ 0.64″，海拔 115 米。发掘工作从 2011 年 10 月 24 日开始，至 26 日清理结束。

该窑开口于厚厚的一层沙土下，修造于生土层中，平面呈卵圆形，纵剖面呈不规则的馒头状，坐东向西，方向 270° 。东西水平总长 4.8 米，火膛地面距残存开口最深 2.3 米。由火道、火膛、窑室与窑床、出烟孔与烟道等部分组成。

火道　位于窑的最西端，东与火膛相通。平面呈东西向长条形，土圹竖坑式结构，火道南北两壁竖直，口底等宽，壁面修整光滑，西壁从开口向下直斜收至火膛口。内填灰黑色花杂土，土质松散，内夹杂植物根茎、木炭屑、烧红土块等。开口东西长 0.6 米、南北宽 0.24 米、东端最深 0.9 米。

火膛　西接火道，东连窑床，平面呈半弧形，纵剖面呈倒梯形，土圹竖坑式结构，火膛顶斜上与窑室弧顶相连，发掘时已坍塌损毁，南北两壁圆弧竖直，壁面修整光滑，经长期火烤已形成厚约 0.1 米的青灰色烧结硬面，东壁（即窑床西立沿）从下向上斜直外扩，壁面修整光滑。火膛地面坑洼不平整，与火道东端地面平行，比窑床面低 1 米。内填灰褐色花杂土，土质干燥较硬，内夹杂木炭块、草木灰、烧红土块、砖、石块等。东西进深 0.5—0.8 米、南北面宽 0.8—1.7 米、残存高度约 0.9—1.6 米。

窑室与窑床　西接火膛，东连出烟孔。平面呈东西向弧边梯形，纵剖面原始形状呈馒头状，土圹窑洞式结构，窑室顶面圆弧形，西低东高，发掘时已全部坍塌，南、北、东（里）三壁稍外弧，壁面从下向上逐渐斜收，形成窑室成弧顶，修整光滑，经长期火烤，内壁面形成厚约 0.06 米的青灰色烧结硬面，壁面外侧形成厚约 0.2—0.3 米的烧红土硬面。窑室地面即为窑床，窑床顶面基本平整，稍呈东高西低，西立沿（即火膛东壁）从上向下斜外扩，比火膛地面高 1 米。窑室内填灰褐色五花土，土质干燥较硬，内含砖块、瓦片、炉渣、木炭块、烧红土块、陶器口沿残片、动物骨骼残块等。窑室东西进深 3.4 米、残存高度 1.1 米；窑床东进深 2.65 米、南北面宽 1.75—2.5 米。

出烟孔与烟道　在窑室里（东）壁下部，与窑床面平行，并排开凿 5 个方形出烟孔，向东与烟道相通，5 个出烟孔正视均呈方形，其中最中间一孔是在窑室东壁上挖凿一漏斗状凹槽，直通窑室顶部，顶口原直通烟囱，上部原应用条砖或土坯封堵，使其与窑室里壁平齐。5 个出烟孔面宽 0.2 米、高 0.25 米、进深 0.24 米。烟道位于陶窑的最东端，西与出烟孔相通，平面呈南北横向半圆弧形，土圹弧顶洞式结构，发掘时弧顶已全部坍塌，四周壁从下向上逐渐回收，形成弧顶，顶中原与烟囱相通，壁面原修整光滑，经长期火烤烟熏，已形成厚厚的一层烧红土硬面，地面平整，与出烟孔、窑床面平行。内填灰黑色花杂土，土质密实较硬，内夹杂植物根茎、烧红土块等。烟道东西进深 0.54 米、南北面宽 2.4 米、残存高度 1.1 米（图一三二，Y1 平剖面图）。

该陶窑填土中出土大量砖、瓦残块及陶器残片、动物骨骼等，依此推断，其属性为专门烧造砖瓦的陶窑。

② 2号窑考古发现

Y2　位于统万城东南方向的八大梁西侧沟边，北邻白城则村，南邻刘梁村，东邻张巴公路，北邻 Y1，南邻 Y3、Y4。地理坐标：北纬 37°　58′　21.55″，东经 108°　52′　1.13″，海拔 1165 米。发掘工作从 2011 年 10 月 26 日开始，至 2011 年 10 月 28 日清理结束，历时 3 天。

该窑开口于厚厚的一层沙土下，修造于生土层中，平面呈弧边三角形，纵剖面呈不规则的馒头状，坐东向西，方向 270°。东西水平总长 4.1 米，火膛地面距残存开口最深 2.15 米。由火道、火膛、窑室与窑床、烟道等部分组成。

火道　位于窑的最西端，东与火膛相通。平面呈东西向长条形，土圹竖坑式结构，火道南北两壁竖直，口底等宽，西壁圆弧，壁面修整光滑，火道地面呈斜坡状，西高东低，直斜至火膛口。内填灰黑色花杂土，土质松散，含沙量大，内夹杂植物根茎、木炭屑、烧红土块、料姜石结核颗粒等。其开口东西长 0.84 米、南北宽 0.3 米、斜坡地面长 0.8 米、东端最深 0.3 米。

火膛　西接火道，东连窑床，平面呈弧边梯形，纵剖面呈不规则长方形，土圹竖坑式结构，火膛弧顶斜上与窑室弧顶相连，发掘时多已坍塌损毁，南北两壁外弧，从下至上逐渐弧收，形成弧顶，壁面修整光滑，经长期火烤已形成厚厚的青灰色烧结硬面，东壁（即窑床西立沿）从下向上斜直外扩，壁面修整光滑。火膛地面亦呈斜坡状，西高东低，西端与火道地面相连，地面不平整，东端比窑床面低 0.64 米。内填灰黑色花杂土，土质松散，内夹杂烧红土块、砖、瓦块、木炭块、草木灰、炉渣等。其东西进深 1.1 米、南北面宽 0.6—1.55 米、残存高度约 0.45—1.7 米。

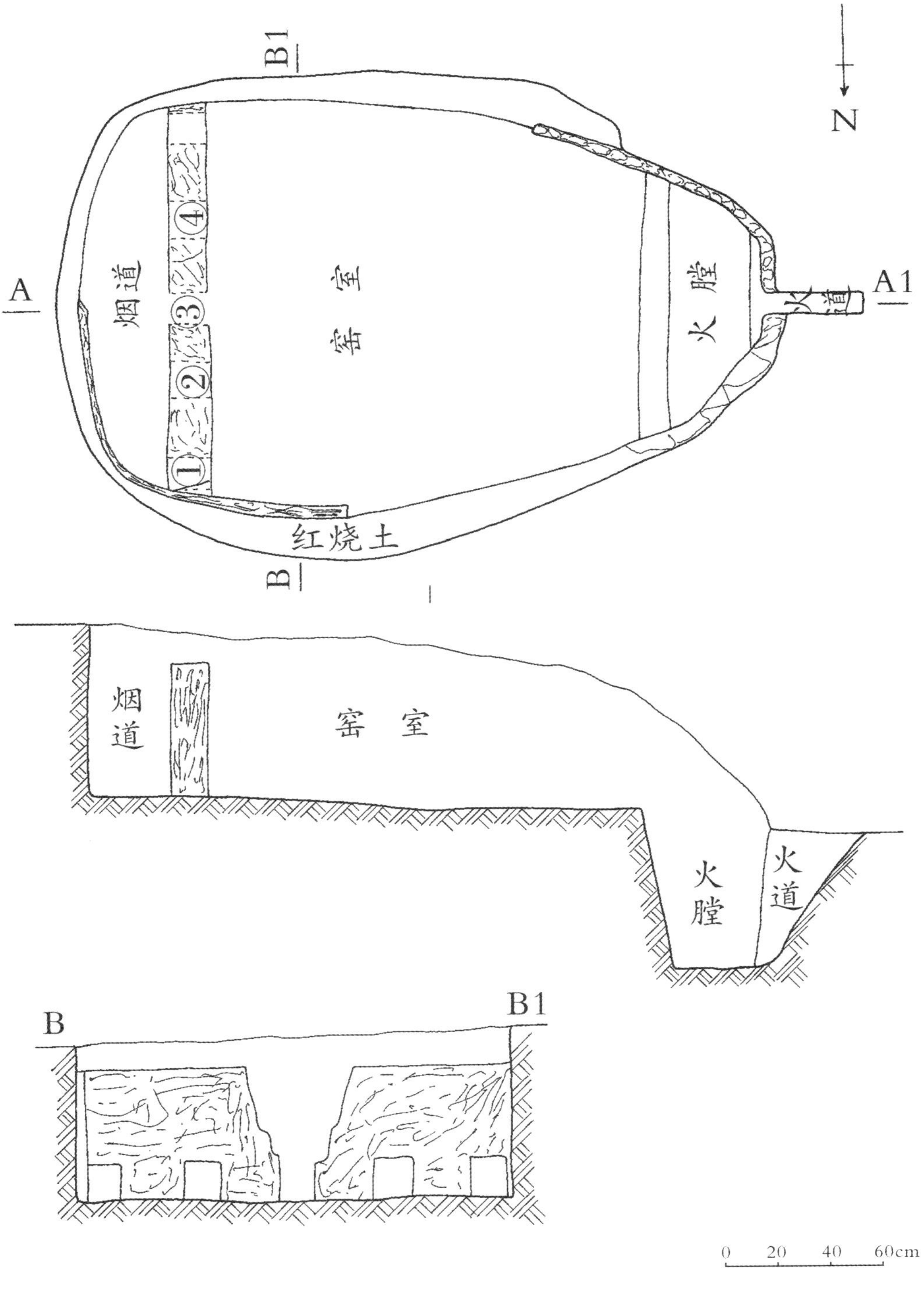

图一三二　Y1平剖面图

窑室与窑床　西接火膛，东连出烟道。平面呈东西向弧边梯形，纵剖面原始形状呈馒头状，土圹窑洞式结构。窑室顶面弧形，西低东高，发掘时大部分已坍塌，南、北两壁稍外弧，壁面从下向上逐渐斜收，形成窑室弧顶，铲平修整光滑，经长期火烤，内壁面形成厚厚的青灰色烧结硬面，壁面外侧形成厚厚的烧红土硬面，窑室里（东）壁竖直，壁面光滑。窑室地面即为窑床，窑床顶面平整，西立沿（即火膛东壁）从上向下斜外扩，比火膛地面高 0.64 米。窑室内填黄褐色五花土，土质干燥，密实较硬，内含植物根茎、烧红土块、砖块、瓦片、沙土等。窑室（包括火膛）东西进深 2.9 米、残存高度 1.55 米；窑床东进深 1.8 米、南北面宽 1.6—2.3 米。

出烟道　在窑室东（里）壁上挖凿 3 道纵向凹槽，即成出烟道，中间凹槽竖直，两端凹槽外弧斜上，在窑室顶与中间凹槽相交汇，直通窑室顶上烟囱。3 个烟道底部留有 3 个出烟孔，烟孔以上用条砖或土坯垒砌封口，使其与窑室里壁平齐，发掘时封口砖多已脱落毁弃，仅存烟道凹槽。烟道内填灰黑色花杂土，土质松散，夹杂植物根茎、木炭碎渣、烧红土块等。烟道面宽 0.15—0.2 米、进深 0.4—0.48 米、残高约 1.6—1.7 米（图一三三 –1，Y2 正视图；图一三三 –2，Y2 平剖面图）。

该陶窑填土中出土大量砖、瓦残块，依此推断，其属性为专门烧造砖瓦的砖瓦窑。火道内填土中出土陶瓦当 2 件，编号 Y2：1、2，修复完整。

③　3 号窑考古发现

Y3　位于统万城东南方向的八大梁西侧沟边，北邻白城则村，南邻刘梁村，东邻公路，北与 Y1、Y2 相邻，西与 Y4 相邻。地理坐标：北纬 37°　58′　21.45″，东经 108°　52′　1.74″，海拔 1164 米。发掘工作从 2011 年 10 月 28 日开始，11 月 1 日清理结束。

该窑开口于厚厚的一层沙土下，修造于生土层中，平面呈宽直柄弧刃铲形，纵剖面呈不规则的馒头状，坐东向西，方向 270°。东西水平总长 5.7 米，火膛地面距残存开口最深 3.4 米。由火道、火膛、窑室与窑床、烟道与烟囱等部分组成。

火道　位于窑的最西端，东与火膛相通。平面呈东西向长方形，土圹竖坑式结构，火道南北两壁竖直，口底等宽，西壁从开口向下微斜收，形成口长底稍短，壁面修整光滑，火道地面较平整，由西向东稍倾斜，西高东低，直斜至火膛口。内填花杂土，土质密实较硬，含沙量大，内夹杂草木灰、木炭屑、烧红土块、砖瓦残片等。开口东西长 2.2 米、南北宽 0.7 米、地面长 1.9 米、深 0.5 米。

火膛　西接火道，东连窑床，平面呈弧边梯形，纵剖面呈不规则三角形，土圹竖坑式结构，火膛弧顶保存较完整，上与窑室弧顶相连，南北两壁外弧，从下至上逐渐弧收，形成弧顶，壁面修整光滑，经长期火烤已形成厚厚的青灰色烧结硬面，东壁（即窑床西立沿）基本竖直，是

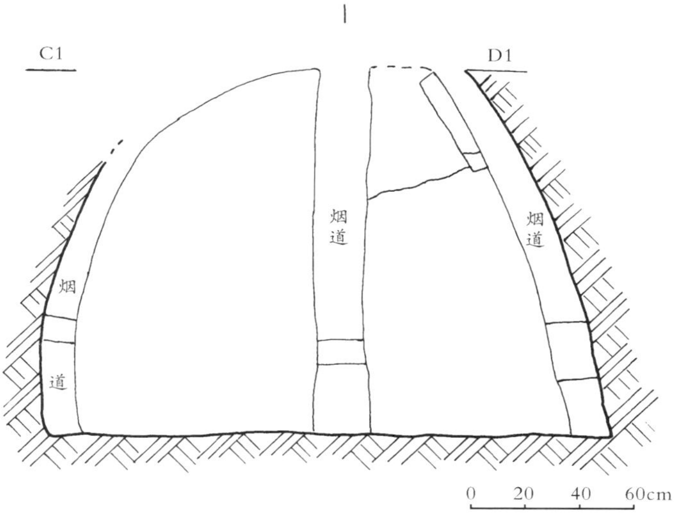

图一三三 -1　Y2 正视图

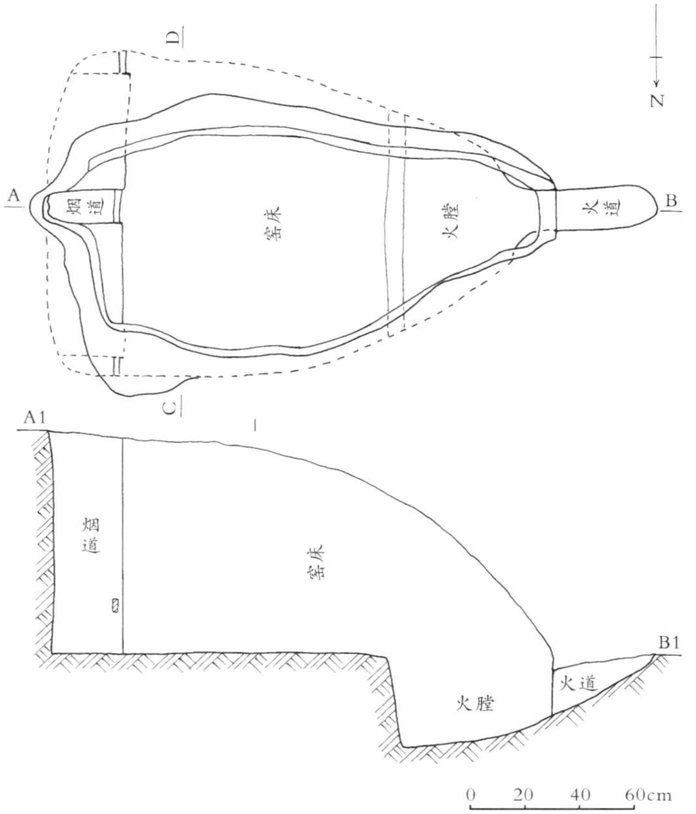

图一三三 -2　Y2 平剖面图

用条砖丁向平砌而成，共砌砖 19 层，每层用砖 30 多块。火膛地面由西向东呈陡坡状，西高东低，西端与火道地面相连，坡面不平整，东端比窑床面低 1 米。内填灰黑色花杂土，土质较硬，内夹杂烧红土块、砖、瓦残块、料姜石结核颗粒等。东西进深 1 米、南北面宽 0.9—2.3 米、斜坡地面长 1.25 米、地面至弧顶高度约 1.7—3.1 米。

窑室与窑床　西接火膛，东连出烟道。平面呈东西向弧边梯形，纵剖面呈馒头状，土圹窑洞式结构。窑室顶面弧形，西低东高，发掘时窑室弧顶中东部塌陷成一圆形洞口，直径约 1—1.1 米。窑室南、北两壁稍外弧，壁面从下向上逐渐斜收，形成窑室成弧顶，原铲平修整光滑，经长期火烤，内壁面形成厚厚的青灰色烧结硬面，壁面外侧形成厚厚的烧红土硬面，窑室里（东）壁竖直，壁面光滑。窑室地面即为窑床，平面呈东西向弧边梯形，窑床顶面平整，西立沿（即火膛东壁）用条砖砌成，比火膛东端地面高出 1 米。窑室内填黄褐色细沙土，土质密实较硬，内含植物根茎、烧红土块、砖块、瓦片等。窑室（包括火膛）东西进深 2.5 米、残存高度 2.3 米；窑床东进深 1.7 米、南北面宽 2.3—2.7 米。

出烟道与烟囱　在窑室东（里）壁上挖凿 3 道纵向凹槽，即出烟道，中间凹槽竖直，两端凹槽下部亦竖直，上部即窑室顶上弧，与中间凹槽相交，直通窑室顶上烟囱。3 个烟道底部留有 3 个出烟孔，烟孔以上用条砖或土坯垒砌封口，使其与窑室里壁平齐，发掘时封口砖已全部脱落毁弃，仅存烟道凹槽。烟道内填灰黄褐色细沙土，土质松散，夹杂植物根茎、瓦片、砖块、料姜石结核颗粒、少量草木灰等。烟道面宽 0.25—0.3 米、进深0.4—0.8 米、

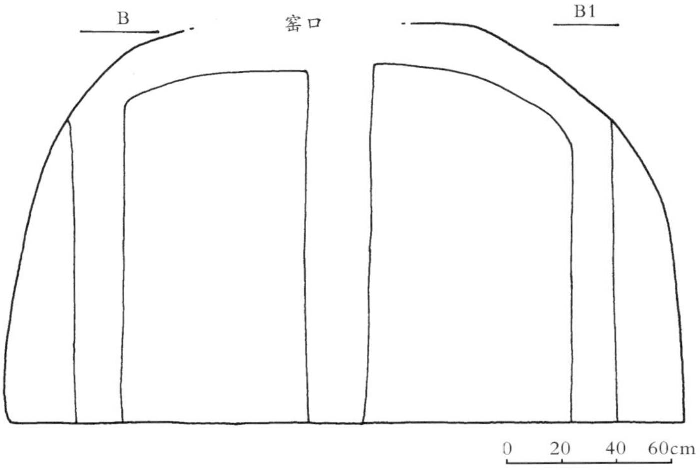

图一三四　Y3 烟道正视图

残高约1.8—2米（图一三四，Y3烟道正视图）。该陶窑室顶东壁正中，正对中间烟道顶上还残留一段烟囱，平面呈圆形，壁面竖直光滑，直径0.34米、残高0.6米（图一三五，Y3平剖面图）。

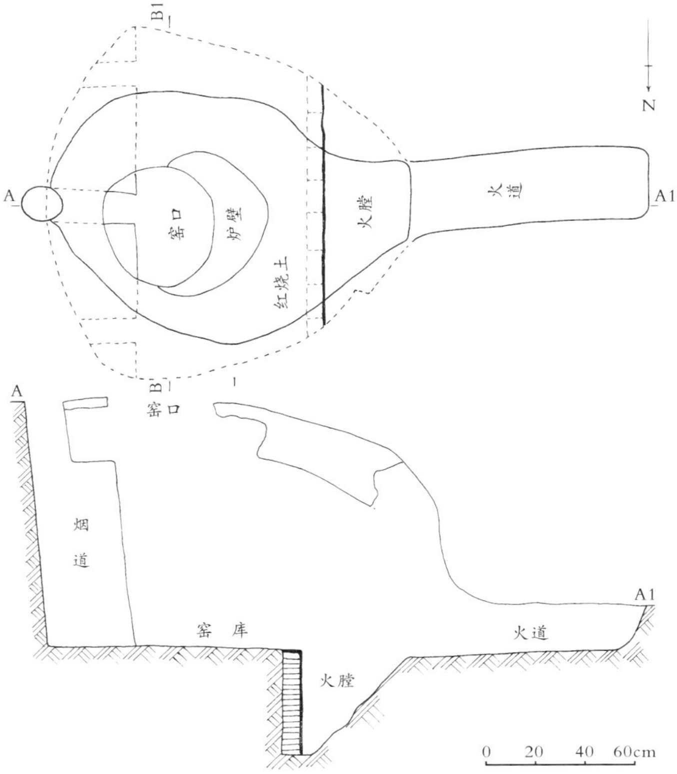

图一三五 Y3平剖面图

在该窑的窑床上，埋葬一人，骨架保存完整，无葬具痕迹。此人似为一成年男性，其葬式为侧身曲肢葬，头东足西，面向上，两上肢骨自然下垂置腹侧，两下肢骨曲膝向北，两脚微分开。肢体长1.4米、肩宽0.35米、盆骨宽0.36米（图一三六，Y3人骨平面图）。推测是将陶窑改建为墓葬。窑室填土中出土瓦当1件，编号Y3：1，修复完整。填土中出土大量砖、瓦残块，依次推断，其属性为专门烧造砖瓦的砖瓦窑。

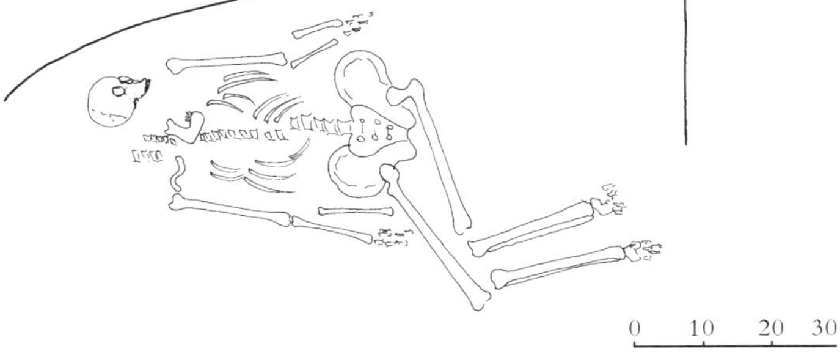

图一三六 Y3人骨平面图

④ 4号窑考古发现

Y4 位于统万城东南方向的八大梁西侧沟边，北邻白城则村，南邻刘梁村，东邻公路，北与Y1、Y2相邻，东南与Y3相邻。地理坐标：北纬 37° 58′ 21.51″，东经 108° 52′ 1.41″，海拔 1163 米。发掘工作从 2011 年 11 月 2 日开始，11 月 9 日清理结束。

该窑开口于厚厚的一层沙土下，修造于生土层中，平面呈不规则椭圆形，纵剖面呈不规则的馒头状，坐东向西，方向 270°。东西水平总长 4.6 米，火膛地面距残存开口最深 3.3 米。由火道、火膛、窑室与窑床、烟道等部分组成。

火道　位于最西端，东与火膛相通。该窑火道较短，平面呈东西向长方形，砖砌竖坑式结构，火道南北两壁竖直，口底等宽，壁面上部用条砖顺向错缝平砌，共砌砖 7 层，每层用砖约 3 块。西壁从开口向下竖直，口底等长，壁面修整光滑，火道地面较平整，比火膛地面高出 0.84 米。内填灰黑色花杂土，土质松散，内夹杂植物根茎、碎石块、木炭屑、烧红土块、砖瓦残片等。东西长 0.52 米、南北宽 0.32 米、深 0.8 米。

火膛　西接火道，东连窑床，平面呈不规则弧边梯形，纵剖面呈不规则倒梯形，土圹竖坑式结构，火膛弧顶已坍塌，原弧顶斜上与窑室弧顶相连，南北两壁外弧，从下至上逐渐弧收，形成弧顶，壁面原修整光滑，经长期使用，现已粗糙不平整，再经长期火烤已形成厚厚的青灰色烧结硬面。东西两壁从上至下逐渐斜直回收，壁面坑洼不平，东壁（即窑床西立沿）有条砖丁向平砌修补的痕迹。火膛地面较平整，东端比窑床面低 1.3 米。内填灰黑色花杂土，含灰大，土质松散，内夹杂烧红土块，白灰，木炭块，砖、瓦残块，腐朽的植物根茎等。东西进深 1.8—0.45 米、南北面宽 0.8—1.85 米、地面至弧顶高度约 2.5 米。

窑室与窑床　西接火膛，东连出烟道。平面呈东西向弧边梯形，纵剖面呈馒头状，土圹窑洞式结构。窑室顶面原呈弧形，西低东高，发掘时窑室弧顶多已坍塌。窑室南、北两壁稍外弧，壁面从下向上逐渐斜收，形成窑室成弧顶，原铲平修整光滑，经长期使用火烤，壁面已不平整，内壁面形成厚厚的青灰色烧结硬面，整个窑室壁面外侧形成厚约 0.3—0.5 米的烧红土硬面，窑室里（东）壁竖直，壁面坍塌严重，有用条砖顺向平砌修补的痕迹。窑室地面即为窑床，平面呈东西向弧边梯形，窑床顶面平整，西立沿（即火膛东壁）比火膛东端地面高出 1.3 米。窑室内填黄褐色五花土，土质密实较硬，内含植物根茎、烧红土块、炉渣、砖块、瓦片等。窑室（包括火膛）东西进深 3.5 米、残存高度 1.95 米；窑床东进深 2.4 米、南北面宽 1.9—2.7 米。

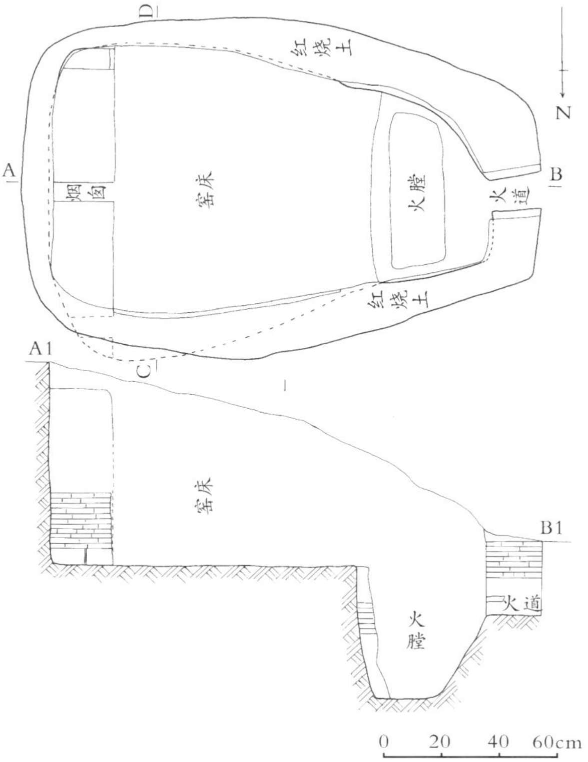

图一三七 –1　Y4 平剖面图

烟道　在窑室东（里）壁上挖凿 3 道纵向凹槽，即成烟道，中间凹槽竖直，两端凹外弧斜上，在窑室顶与中间凹槽相交，直通窑室顶上烟囱，其中中间烟道凹槽下部，出烟孔以上用条砖丁向错缝平砌，共砌砖 11 层，每层用砖 3 块。3 个烟道底部留有 3 个出烟孔，正视呈方形，烟孔两壁用单条砖立砖侧砌，烟孔以上原用条砖或土坯垒砌封口，使其与窑室里壁平齐，发掘时封口砖多已脱落毁弃，仅存烟道凹槽。烟道内填黄褐色五花土，土质密实较硬，内夹杂植物根茎、烧红土块等。烟道面宽 0.18—0.2 米、进 深 0.4—0.56 米、残高 1.7 米左右。出烟孔面宽 0.2 米、高 0.16 米，进深与出烟道相同（图一三七 –1，Y4 平剖面图；图一三七 –2，Y4 后壁正视图）。该陶窑填

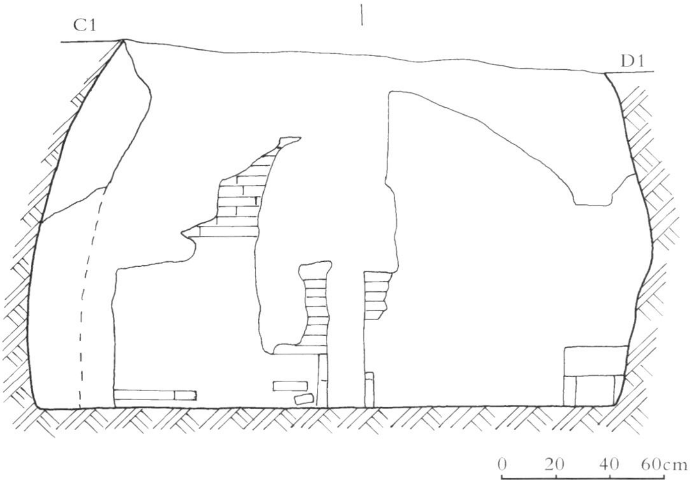

一三七 –2　Y4 后壁正视图

土中出土大量砖、瓦残块，依次推断，其属性为专门烧造砖瓦的砖瓦窑。

通过对4座砖瓦窑出土器物与统万城出土器物对比分析，砖瓦窑的使用年代为北朝，可能与修建统万城有关。除已经清理的4座外，附近沟边还发现有露出的砖瓦窑址。

10. 西城地层堆积

为了搞清楚统万城西城内道路布局，在西城永安台遗址东北方向布设了6个探方，探方位于西城南北门连线与西门垂直线交接处，6个探方西南距永安台遗址约106米，西距西城西门约324米，东距西城东垣16米，南距西城南门约20米，北距西城北垣约49米（图版59下）。地理坐标：北纬37° 59′ 55.74″，东经108° 51′ 05.39″，海拔1172米。现将6个探方发掘结果简述如下。

① 发掘经过与工作方法

6个探方的发掘历经3个年头，因气候及地层普遍较深的原因，第一次发掘工作开始于2010年7月，至9月份结束；第二次发掘从2011年10月1日始，至2011年10月30日停工；第三次发掘从2012年7月5日开始，至2012年10月20日清理全部结束（图版59上）。

6个探方的布设为正北正南二纵三横，编号从西南角第一方起，自西向东横向由南及北依次排序：T0101、T0102，T0201、T0202，T0301、T0302。布方面积每方10米×10米，发掘总面积为600平方米，每方东、北两边存留宽1米的隔梁，实际发掘面积486平方米。在6个探方发掘清理过程中，对随时出现的各类遗迹找清范围，划出界线，弄清性质关系，分别进行清理。对出现的遗物按单位分别收集。根据土色、土质划分出遗迹与地层。对于各类遗迹的编号在6个探方内统一进行，以发现遗迹的早晚排序编号。对清理完毕的遗迹分别进行绘图、照相、记录等工作。

T0101　发掘面积9米×9米，解剖深度3—3.5米，地层堆积可分为9层。清理出文化遗迹有灰坑28座，编号：H6、H53、H55—H63、H101、H102、H106—H109、H116—H123、H127、H128、H131。灶坑1个，

编号：Z3。房屋遗迹 2 处，编号：F2、F10。

T0102　发掘面积 9 米 ×9 米，解剖深度 3.75—4 米。地层堆积可分为 9 层。清理出文化遗迹有灰坑 39 座，编号：H3—H5、H12—H18、H25、H26、H28—H31、H36—H45、H79、H84—H89、H97、H99、H132—H135。井一眼，编号 J1。房屋遗迹 4 处，编号：F1、F7、F9、F11。

T0201　发掘面积 9 米 ×9 米，解剖深度 3.5—4 米。地层堆积可分为 13 层。清理出文化遗迹有灰坑 16 座，编号：H64—H73、H80、H111、H112、H114、H129、H130。沟 1 条，编号：G1。

T0202　发掘面积 9 米 ×9 米，解剖深度 3.6—4 米。地层堆积可分为 13 层。清理出文化遗迹有灰坑 41 座，编号：H9—H11、H23、H24、H27、H32—H35、H74、H75、H77、H78、H91—H96、H98、H100、H103—H105、H110、H113、H124—H126、H135—H139、H185—H189。房屋遗迹 4 处，编号：F12—F15。

T0301　发掘面积 9 米 ×9 米，解剖深度 3.75—4 米。地层堆积可分为 13 层。清理出文化遗迹有灰坑 12 座，编号：H54、H81—H83、H163—H170。沟 2 条，编号：G9、G12。

T0302　发掘面积 9 米 ×9 米，解剖深度 4.25—4.5 米。地层堆积可分为 14 层。清理出文化遗迹有灰坑 38 座，编号：H1、H7、H8、H19、H21、H22、H46—H52、H14—H162、H171、H172。井 6 眼，编号：J2、J3、J4、J5、J6、J7。沟 4 条，编号：G3、G4、G10、G11。灶坑 1 个，编号：Z2。房屋遗迹 4 处，编号：F5、F6、F8、F16。路 1 条，编号：L1。

在 6 个探方中，有些遗迹横跨几个探方，跨探方的遗迹列表如下：

表一　　**跨探方遗迹统计表**

遗迹名称	灰坑		路		沟				墙	总计
遗迹编号	H20	H76	L2	L3	G5	G6	G7	G8	Q1 Q2	

续表

遗迹名称	灰坑		路		沟				墙	总计
所跨探方	T0301 T0302	T0202 T0102	T0301 T0302	T0301 T0302	T0301 T0302	T0301 T0302 T0201	T0201 T0301 T0302	T0201 T0301 T0302	T0301 T0302	
小计	1	1	1	1	1	1	1	1	1	
合计	2		2		4				1	9

② 探方内的地层关系举例

经解剖发掘，6 个探方中的地层堆积不尽相同，最薄的地层堆积可划分 8 层，最厚的堆积可化分 14 层，6 个探方中唯 T0302 地层堆积最厚亦清晰，我们就以 T0302 地层堆积为例做以简述。

T0302 地层堆积分为 14 层：

①为现代耕土层，厚 0.2—1.1 米，土色呈浅灰色，土质松散，内含大量植物根系、现代生活垃圾等。

②层明清堆积层，厚 0.2—0.55 米，距现地表深 0.2—1.1 米，土色呈灰色，土质松散，内含植物根系、青花瓷片等。H1 开口于此层下。

第③层宋元堆积层，厚 0.15—0.3 米，距现地表深 0.5—1.45 米，土色呈灰黄色，土质松散，内含素面瓦片，砖块，白、酱釉瓷片等。H1 打破此层，H19、G3、H20 开口于此层下。

第④层宋元堆积层，厚 0—0.4 米，距现地表深 0.85—1.75 米，主要分布在探方北部，土色呈浅黄色，土质松散，内含白、青、酱釉瓷片等。H1、H20 打破此层，H21、H46、G4 开口于此层下。

第⑤层五代堆积层，厚 0—0.3 米，距现地表深 0.65—0.95 米，主要分布在探方南部，土色呈灰褐色，土质松散，内含陶、瓷、瓦片及动物骨骼等，H19、H1、G3 打破此层，H22、H171、L2 开口于此层下。

第⑥层五代堆积层，厚 0—0.52 米，距现地表深 1.85—2.2 米，主要分布在探方西部，土色呈浅灰色，土质松散，包含物有动物骨骼、陶片、青釉瓷片等。H172 开口于此层下，H21、H46、G4、H171、G5、H20 打破此层。

第⑦层五代堆积层，厚 0—0.62 米，距现地表深 2.1—2.6 米，主要分布在探方西北部，土色呈灰色，土质较硬，内含陶片、青釉瓷片、瓦片、石块、动物骨块等。G7、Q1、Q2 开口于此层下，H171、H172 打破此层。

第⑧层唐代堆积层，厚0—0.35米，距现地表深0.85—1.23米，主要分布在探方东南部，土色呈灰色，土质松散，内含陶、瓷、瓦片，砖块、石块、动物骨块等，相当于统一地层的第⑨层。

第⑨层唐代堆积层，厚0—0.4米，距现地表深1—1.5米，主要分布在探方东南部，土色呈浅灰色，土质松散，内含陶、瓷、瓦片，砖块、石块、木炭屑等，此层相当于统一地层的第⑩层。

第⑩层唐代堆积层，厚0—0.85米，距现地表深1—1.8米，主要分布在探方南部，土色呈灰褐色，土质松散，内含陶、瓷、瓦片，砖块、石块、木炭屑、动物骨块等。Z2开口于此层下，此层相当于统一地层的第⑪层。H19、G3、H22、H47、H48、H49、H50、H51、H52打破此层。

第⑪层唐代堆积层，厚0.2—0.62米，距现地表深1.7—2.05米，主要分布在探方南部，土色呈浅灰色，土质松散，内含陶、瓷、瓦片、砖块、石块、动物骨块等。H140、H141开口于此层下，H46、H22、H172、Q1、Q2、H48、Z2打破此层。此层相当于统一地层的第⑫层。

第⑫层唐代堆积层，厚0—0.5米，距现地表深2.05—2.35米，主要分布在探方南部，土色呈灰色，土质松散，内含陶、瓷、瓦片，砖块、石块、动物骨块等。J2、J3、J4、J5、J6、J7、H142、H143、H148、H149、H150、G10、F16开口于此层下，H46、Q1、Q2、H140、H141打破此层。此层相当于统一地层的第⑬层。

第⑬层唐代堆积层，厚0—0.5米，距现地表深2.45—3.1米，除东北角未见外，其余均有分布，土色呈灰褐色，土质松散，内含陶、瓷、瓦片，砖块、石块、动物骨块等。H144、H145、H146、H147、H151、H152、H153、H154、H155、H156、H157、H158、H159、H160、H161、H162、L3、G11均开口于此层下，Q1、Q2、H140、H141、H142、H143、H148、H149、H150、G10、J2、J3、J4、J7打破此层，此层相当于统一地层的第⑭层。

第⑭层南北朝堆积层，厚0—0.45米，底距现地表深3—3.85米，土色呈浅灰黄色，土质松散，包含物有陶片、瓦片、砖块、石块、动物骨块等。主要分布在探方北部，其余地方分布零散。H143、H148、H149、H150、G10、J2、J3、J4、J7、H144、H145、H146、H147、H153、H154、

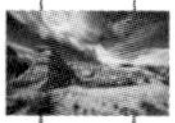

H157、H158、H159、H160、H161、H162、G11 打破此层，此层相当于统一地层的第⑮层（图一三八 -1、2，T0302 四壁剖面图）。

各探方最底一层下，均为薄厚不一的统万城最早期人类活动所形成的较硬的活动地面层。其下为黄色沙土，即生土层，距现地表 3.55—4.1 米。

现将 6 个探方的地层堆积关系对照表列如下：

表二　2012 年统万城西城Ⅰ区 6 个探方地层统一编号对照表

统一号	T0101 地层号	T0201 地层号	T0301 地层号	T0102 地层号	T0202 地层号	T0302 地层号
①	①	①	①	①	①	①
②	②	②	②	②	②	②
③	③	③	③	③	③	③
④	④	④	④	④	④	④
⑤			⑤		⑤	⑤
⑥		⑤	⑥			⑥
⑦		⑥⑦	⑦			⑦
⑧				⑤	⑥	
⑨	⑤	⑨		⑤	⑦	⑧
⑩	⑤	⑨		⑤	⑧	⑨
⑪	⑥	⑧⑩	⑧	⑥	⑨	⑩
⑫	⑥	⑧⑩	⑨	⑥	⑩	⑪
⑬	⑦	⑪	⑩	⑦	⑪	⑫
⑭	⑦	⑫	⑪	⑦	⑫	⑬
⑮	⑧		⑫	⑧		⑭
	活动面	活动面	活动面	活动面	活动面	活动面

③　各类遗迹及出土遗物简述

6 个探方内清理的文化遗迹有灰坑 189 座、沟 12 条、井 7 眼、房屋遗址 16 处、道路 3 条、灶坑 3 处、夯土墙 2 段。现将 6 个探方内发掘清理的各类遗迹统计表列举如下：

表三　　2012年统万城西城6个探方发掘遗迹统计表

遗迹名称	灰　　坑	沟	井	房	路	灶	墙
遗迹编号	H1、H2、H3、H4、H5、H6、H7、H8、H9、H10、H11、H12、H13、H14、H15、H16、H17、H18、H19、H20、H21、H22、H23、H24、H25、H26、H27、H28、H29、H30、H31、H32、H33、H34、H35、H36、H37、H38、H39、H40、H41、H42、H43、H44、H45、H46、H47、H48、H49、H50、H51、H52、H53、H54、H55、H56、H57、H58、H59、H60、H61、H62、H63、H64、H65、H66、H67、H68、H69、H70、H71、H72、H73、H74、H75、H76、H77、H78、H79、H80、H81、H82、H83、H84、H85、H86、H87、H88、H89、□、H91、H92、H93、H94、H95、H96、H97、H98、H99、H100、H101、H102、H103、H104、H105、H106、H107、H108、H109、H110、H111、H112、H113、H114、H116、H117、H118、H119、H120、H121、H122、H123、H124、H125、H126、H127、H128、H129、H130、H131、H132、H133、H134、▲、▲、H136、H137、H138、H139、H140、H141、H142、H143、H144、H145、H146、H147、H148、H149、H150、H151、H152、H153、H154、H155、H156、H157、H158、H159、H160、H161、H162、H163、H164、H165、H166、H167、H168、H169、H170、H171、H172、★、★、★、★、★、★、★、★、★、★、★、★、H185、H186、H187、H188、H189	G1 G2 G3 G4 G5 G6 G7 G8 G9 G10 G11 G12	J1 J2 J3 J4 J5 J6 J7	F11 F12 F13 F14 F15 F16	L2 L3	Z2 Z3	Q1Q2

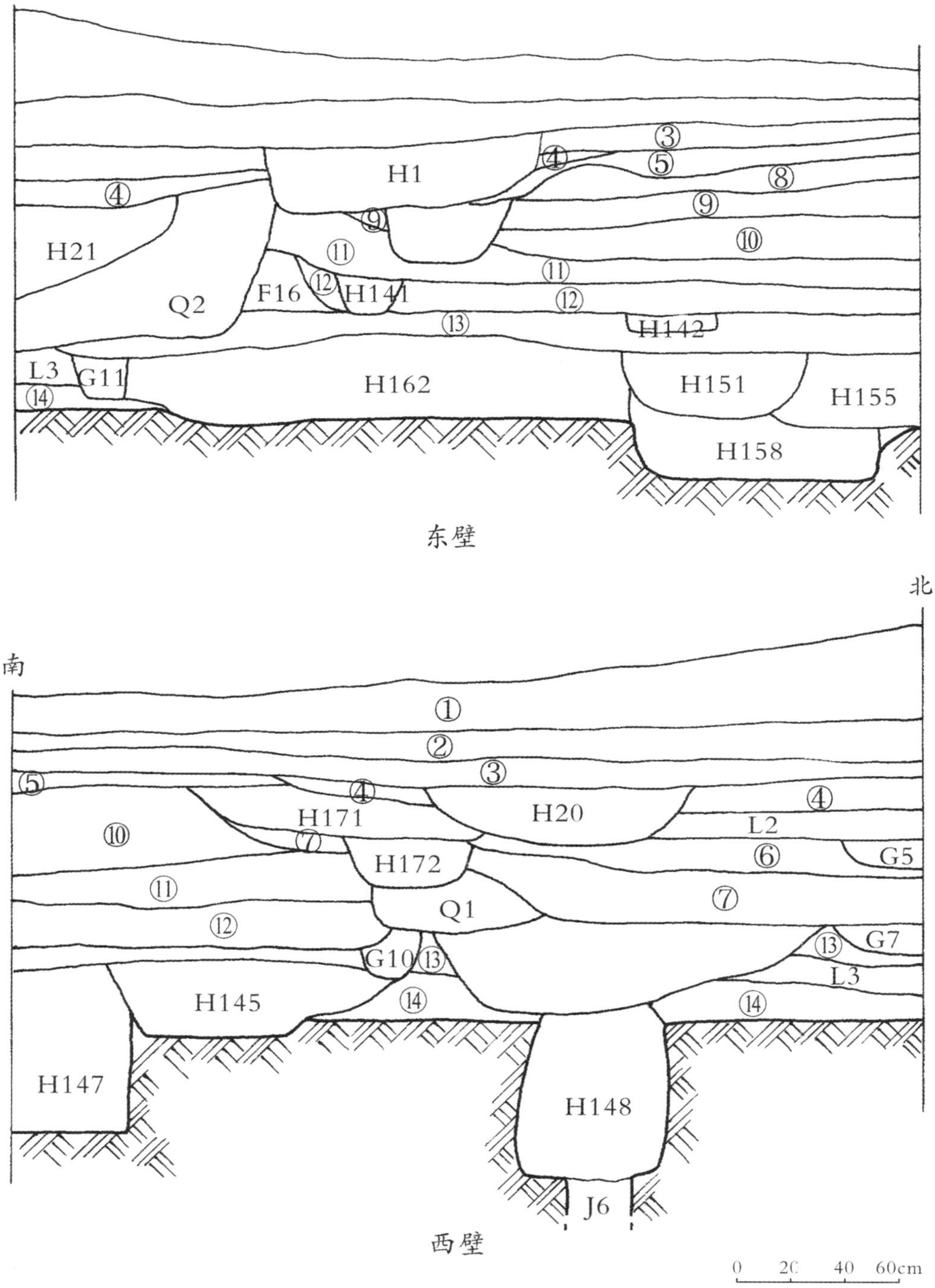

图一三八 -1　T0302 四壁剖面图

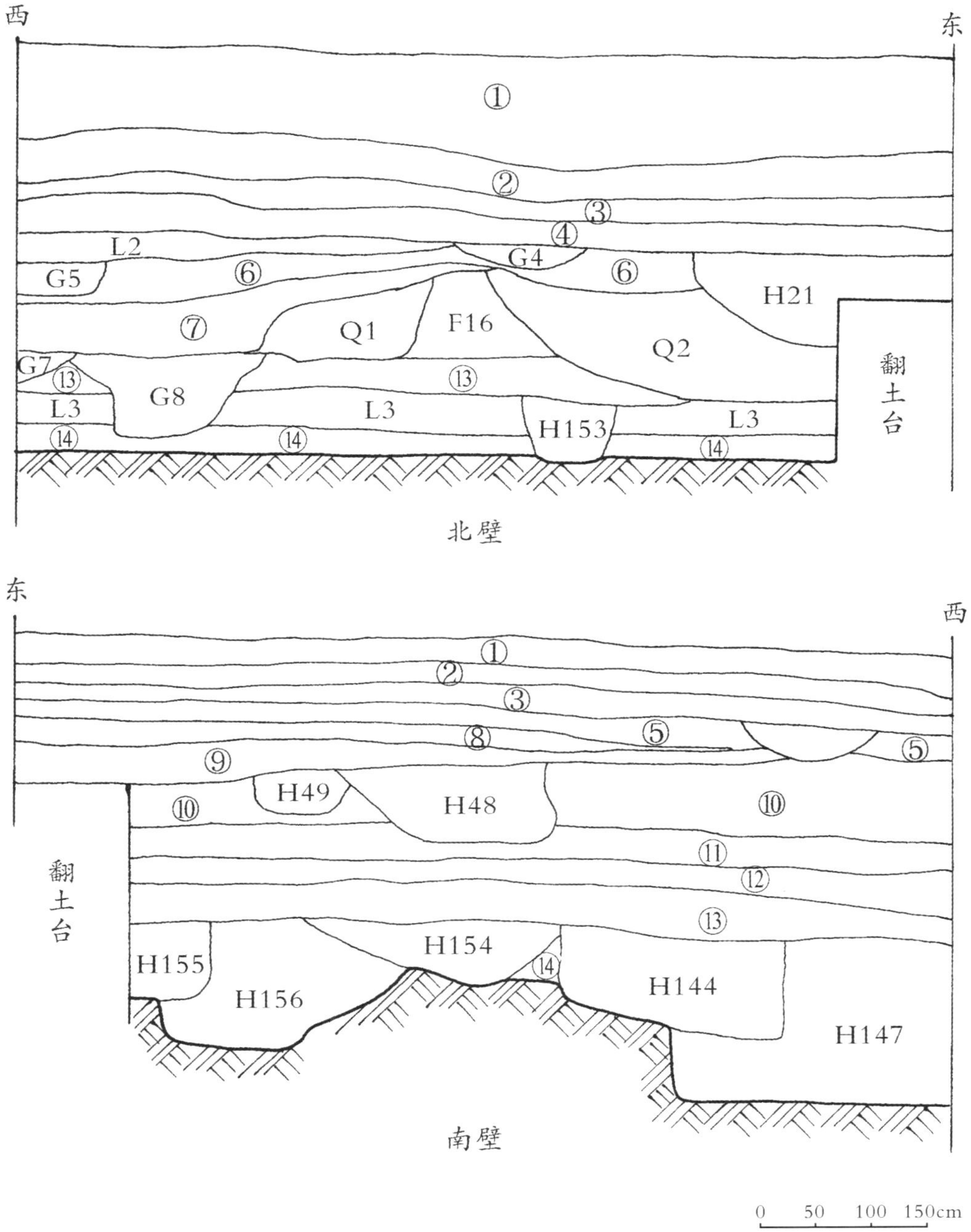

图一三八 -2 T0302 四壁剖面图

A. 灰坑

共 189 座，实际发掘 165 座，开口层位及时代各不相同。以下按时代顺序及灰坑类型作一简述。

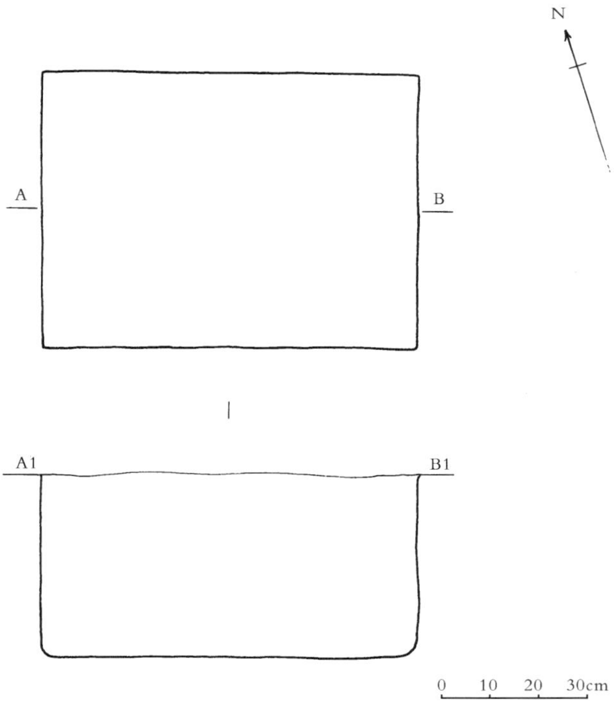

图一三九 H135-2 平剖面图

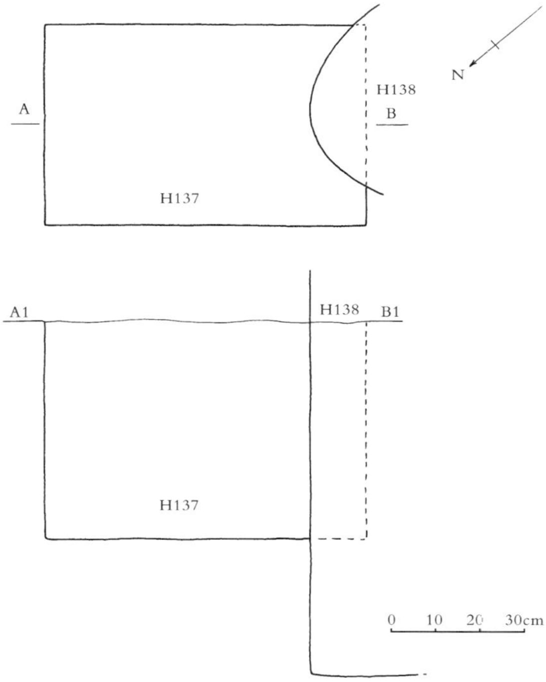

图一四〇 H137 平剖面图

北朝时期灰坑

长方形灰坑

H135-2 位于 T0202 北部偏东，东邻 H136，开口于第⑫层下，打破生土层，开口距现地表深 3.5 米，2012 年 9 月 23 日清理。平面呈长方形，口底同大，坑壁竖直且坚硬，底面平整。长 1 米、宽 0.75 米、深 0.4 米（图一三九，H135-2 平剖面图）。内填浅灰色沙土，土质松散纯净。

H137 位于 T0202 东部，一角与探方东壁重合，北邻 H136，开口于第⑫层下，打破生土层，南壁被 H138 打破，开口距现地表深 3.4 米，2012 年 9 月 23 日清理。平面呈长方形，坑壁规整坚硬，底面平整。长 1.15 米、宽 0.75 米、深 0.8 米（图一四〇，H137 平剖面图）。内填深褐色土，土质松散，含少量灰烬，无代表性遗物。

H153 位于 T0302 北部偏东，开口于第⑬层下，打破第⑭层、生土层及

L3，南部又被J7所打破，部分压在T0302北壁下。开口距现地表深3.4米，底面距现地表深4.05米，2012年10月16日清理。平面呈长方形，口大底小，壁面斜收，修造粗糙，底面较平整。开口南北长0.7米、东西宽0.68—0.76米，底面南北长0.6米、东西宽0.3—0.41米、深0.65米。填土呈灰褐色，土质松散，内含有少量陶片、瓦片、骨块等，出土筒瓦1件（图一四一，H153平剖面图，图版325下）。

H159　位于T0302中北部，开口于第⑬层下，打破第⑭层、生土层及H161、L3，西北部又被J3、J7打破，开口距现地表深3.35米，底距现地表深4.05米，2012年10月16日清理。平面呈长方形，壁面竖直，壁面修整细致光滑，底面较平整。南北残长1.12米、东西宽0.9米、深0.7米（图一四二，H159平剖面图）。填土为灰色沙土，土质松散，内含有少量陶片、瓦片、骨块、石块等。

H160　位于T0302东北部，开口于第⑬层下，打破第⑭层、生土层及G11、L3。开口距现地表深3.35米，底面距现地表深3.87米，2012年10月16日清理。平

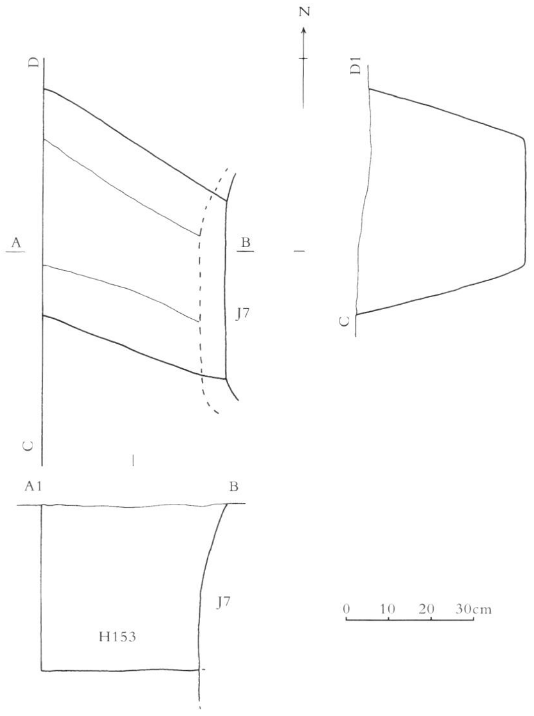

图一四一　H153平剖面图

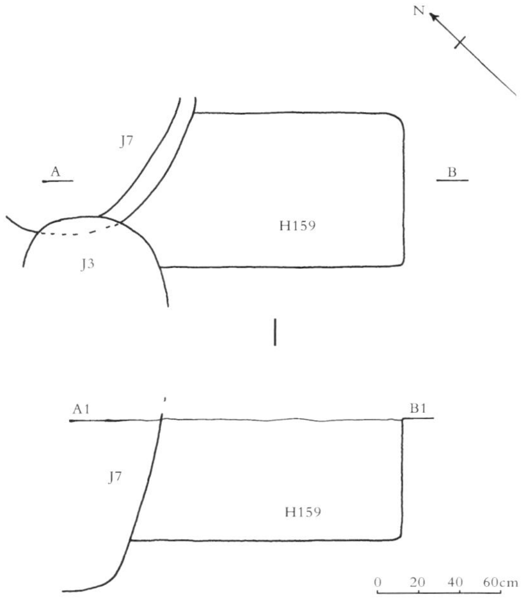

图一四二　H159平剖面图

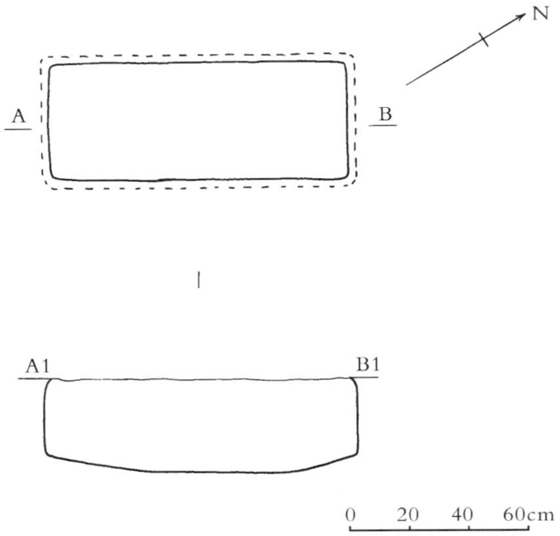

图一四三　H160 平剖面图

面呈长方形，壁面从开口向下斜外扩，口小底大，壁面修造较细致光滑，底面较平整。开口南北长 1.6 米，东西宽 0.66 米，底面南北长 1.68 米、东西宽 0.74 米、深 0.52 米。填土呈灰褐色，土质松散，内含有少量陶片、骨块、瓦片等（图一四三，H160 平剖面图）。

H163　位于 T0301 西南部，开口于第 ⑪ 层下，打破生土层、H165、H167、H168。又被 H54、G12 打破，南北两侧均被破坏，只保存东西两侧边沿，开口距现地表深 3 米，2012 年 10 月 18 日清理。在探方内平面呈长方形，壁面较竖直，修造较细致规整，底面较平整。南北残长 2.6—4 米、东西宽 1.55 米、深 0.3 米。填土为黄灰色，土质松散，内含有少量瓦片、骨块、陶片等（图一四四，H163 平剖面图）。

H167　位于 T0301 南部偏西，开口于第 ⑪ 层下，打破生土层，北部边沿又被 H163、H165 打破，部分压在探方南壁下。开口距现地表深 3—3.1 米、底面距现地表深 3.5 米，2012 年 10 月 20 日清理。平面略呈长方形，壁面较竖直，修造较细致光滑，底部较平整。现发掘

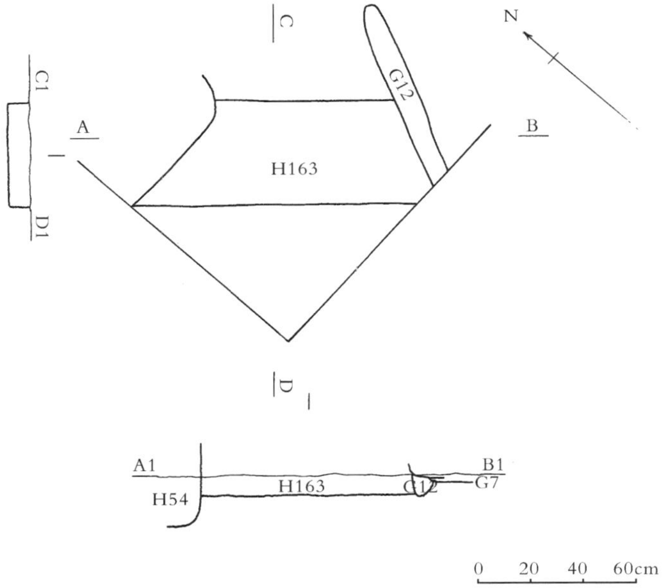

图一四四　H163 平剖面图

东壁长 0.9 米、西壁长 1.46 米、南北宽 0.74—0.83 米、深 0.5 米（图一四五，H167 平剖面图）。填土为灰褐色，土质松散，内含有骨块、瓦片、砖块、石块等，未见有陶、瓷片。

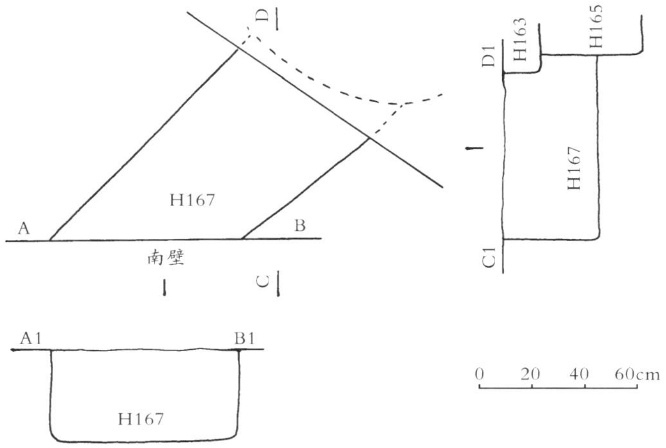

图一四五　H167 平剖面图

H168　位于 T0301 南部，开口于第 ⑫ 层下，打破生土层，又被 G12、H163、H165 打破，南端压在探方南壁下，开口距现地表深 2.95 米，2012 年 10 月 20 日清理。平面呈不规则长方形，东壁南端被破坏无存，壁面从开口向下斜内收，口大底小，壁面粗糙，底面不平整。开口西壁长 3.45 米，东壁长 2.8 米、宽 1.5 米，底面长 3.3 米、宽 1.4—2.6 米、深 0.7 米（图一四六，H168 平剖面图）。填土呈浅黄色，土质松散，内含有陶片、骨块、瓦片、砖块、石块、木炭屑、夯土块等。砖块上有文字，出土有陶高领罐口沿。

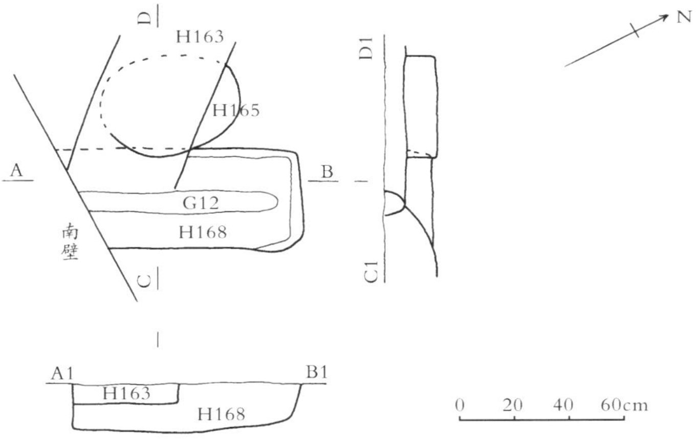

图一四六　H168 平剖面图

H169　位于 T0301 东部偏南，开口于第 ⑫ 层下，打破生土层，部分压在探方东壁下，开口距现地表深 3.15 米、底面距现地表深 3.55 米，2012 年 10 月 20 日清理（图一四七 -1，H169 平面位置图）。平面略呈不规则长方形，壁面粗糙不规整，部分壁面斜内收，部分壁面斜外扩，形成

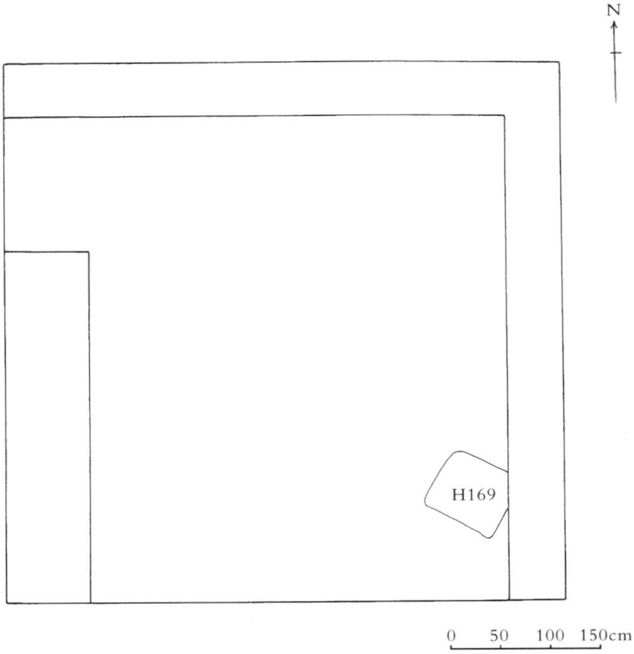

图一四七 -1 H169 平面位置图

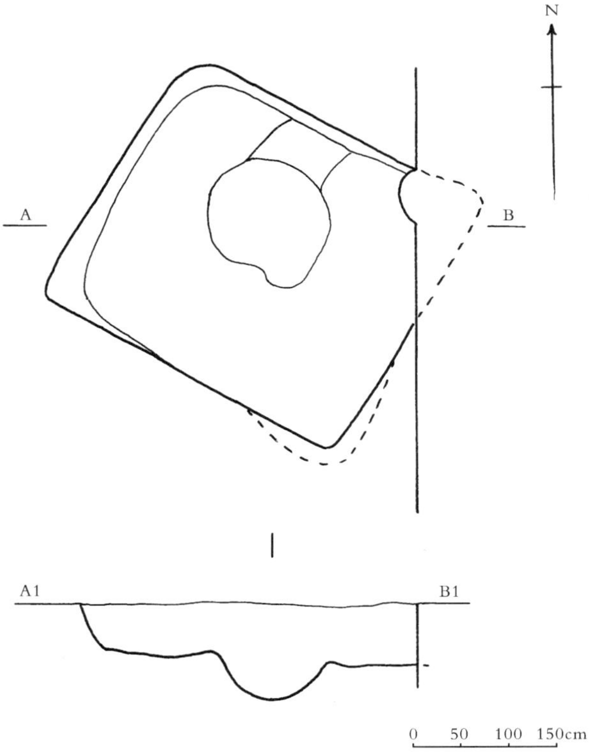

图一四七 -2 H169 平剖面图

口底大小各不相同，底面凹凸不平，坑底中间有一小凹坑。开口东西长 3.5 米、南北宽 3 米，底面东西长 3.15 米、南北宽 2.85 米、深 0.2—0.4 米（图一四七 -2，H169 平剖面图）。填土呈浅黄色，土质松散，内含有少量陶片、瓦片、石块等。

方形灰坑

H113 位于 T0202 内北部，开口于 ⑫ 层下。开口距现地表深 3 米，2012 年 9 月 13 日清理。平面略呈方形，剖面呈较规则的等腰梯形，坑壁修造细致光滑，底面不平，为斜坡状。开口边长 0.4—0.45 米，底面边长 0.62 米、深 0.3 米。内填浅灰色沙土，土质松散，无包含物，底面较硬。应属北朝（图一四八，H113 平剖面图）。

H188 位于 T0202 北部，开口于第 ⑫ 层下，打破活动面及生土层。又被 H135 打破，部分压在探方北壁下，开口距现地表深 3.17—3.3 米，底面距现地表深3.67—3.65米，2012年9月27日清理。平面呈方形，壁面较竖直光滑，底面不平整。其南北长3.55米、东西长3.3—3.55米、深0.35—0.5米。填土为浅灰色沙土，土质松散（图一四九，H188平剖面图）。

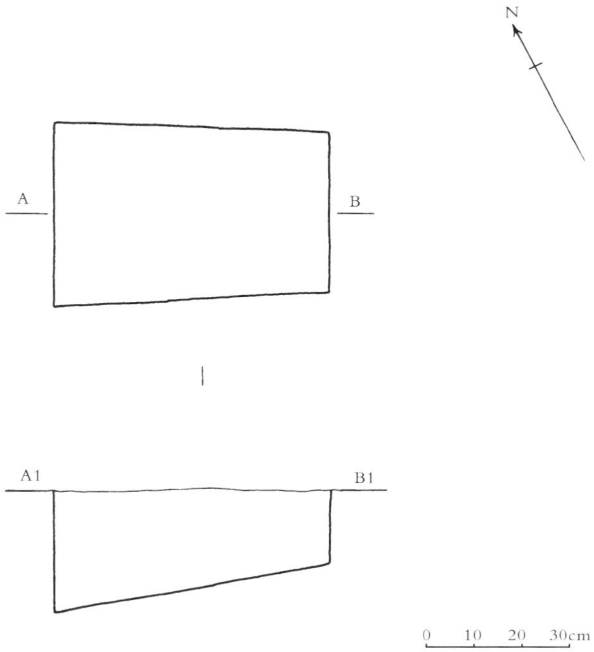

图一四八 H113平剖面图

梯形灰坑

H152 位于T0302中部，开口于第⑬层下，打破生土层及H156、H161。开口距现地表深3米，底面距现地表深4米，2012年10月15日清理。平面略呈梯形，口小底大，四壁从开口至底微斜外扩，壁面修造细致光滑，底面平整。开口东西长1.65米、南北宽0.45—0.66米，底面南北长1.85米、东西宽0.65—0.86米，深1米（图一五〇，H152平剖面图）。填土呈灰褐色，土质松散，内含有陶片、瓦片、骨块、石块、砖块等。

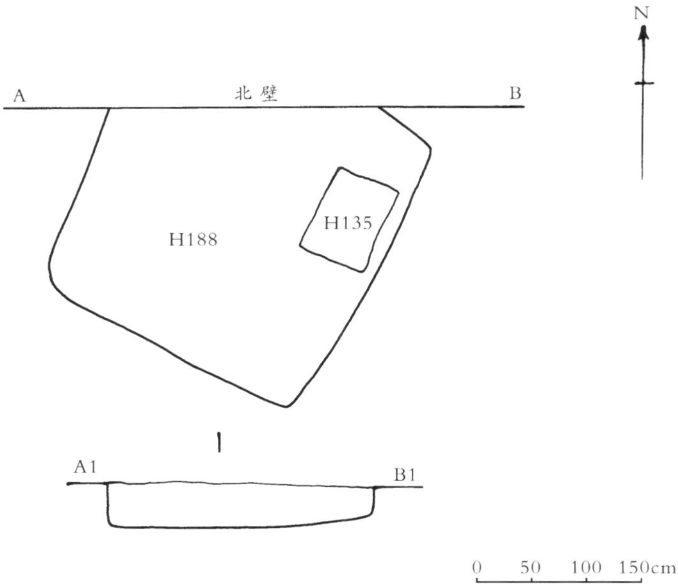

图一四九 H188平剖面图

H185 位于T0202西北部，开口于第⑫层下，打破活动面及生土层，

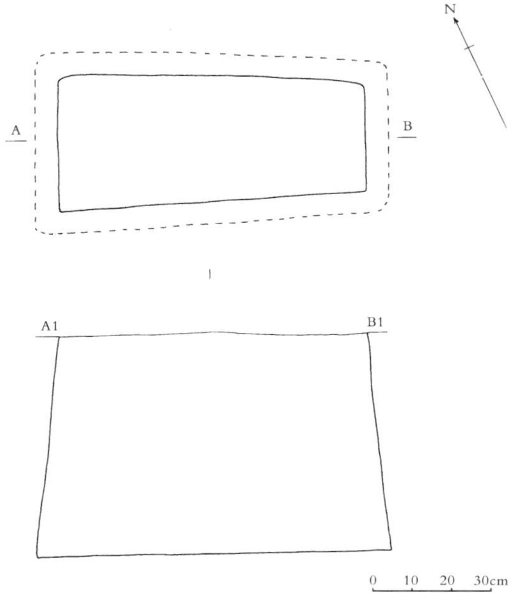

图一五〇　H152 平剖面图

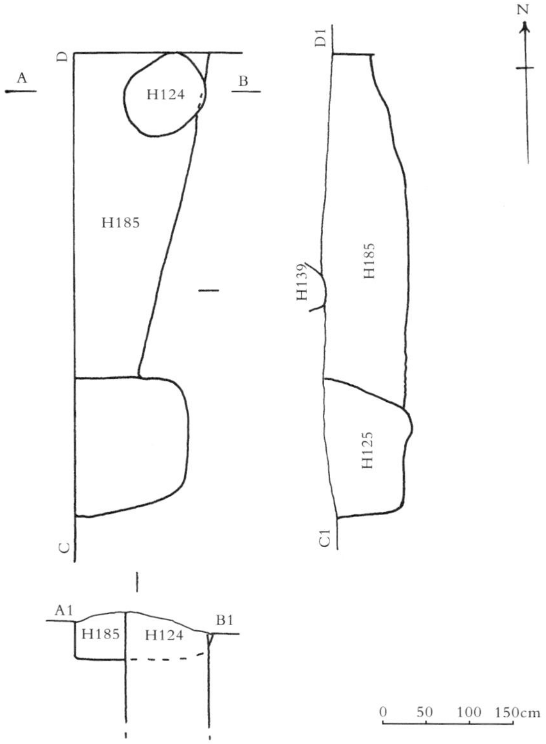

图一五一　H185 平剖面图

又被 H139、H125、H124 打破，部分压在探方西、北壁下，开口距现地表深 3.02 米，底面距现地表深 4.02 米，2012 年 9 月 27 日清理。在探方内平面呈梯形，南窄北宽，壁面凹凸不平，修造粗糙，底面高低不平。南北长 4.1 米、东西宽 0.75—1.65 米、深 0.25—1 米（图一五一，H185 平剖面图）。填土为浅灰色沙土，土质松散。

椭圆形灰坑

H154　位于 T0302 南部，开口于第⑬层下，打破第⑭层、生土层及 H157、H158，部分压在 T0302 南壁下。开口距现地表深 2.85 米、底面距地表深 3.53 米，2012 年 10 月 15 日清理。在探方内平面呈半椭圆形，口大底小，东壁斜收，坡度较缓，北、西壁坡度较陡，底部不平整。开口东西长 2.58 米、南北宽 0.7 米，底面东西长 0.42 米、南北宽 0.34 米、深 0.68 米（图一五二，H154 平剖面图）。填土呈灰褐色，土质松散，内含少量瓦片、骨块、陶片、砖块、石块等。

H156　位于T0302中南部，开口于第⑬层下，打破生土层及H161，北部被H152所打穿，开口距现地表深3米，底距现地表深3.64米，2012年10月16日清理。平面呈椭圆形，壁面竖直，修造粗糙，底面不平整，坑底面北部有一较浅的小凹坑，坑壁上部及底部均有一层淤泥，可能是未回填时进水形成的。南北长2.68米、东西宽0.98米、深0.6—0.64米（图一五三，H156平剖面图）。填土呈灰色，土质松散，内含有陶片、瓦片、骨块、砖块等。

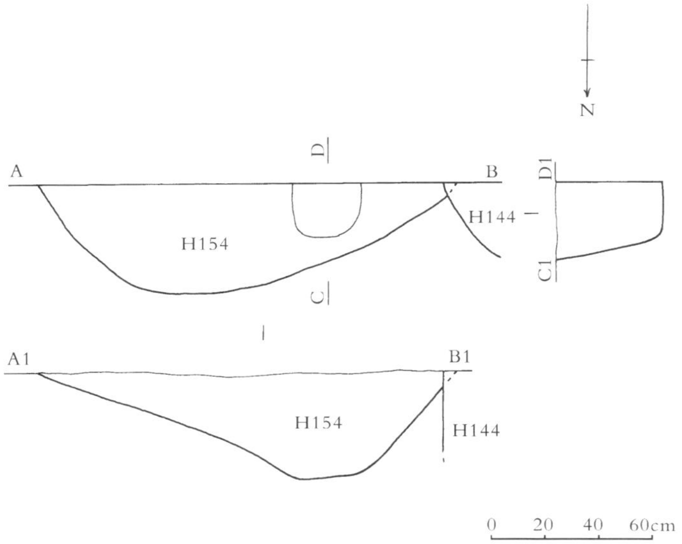

图一五二　H154平剖面图

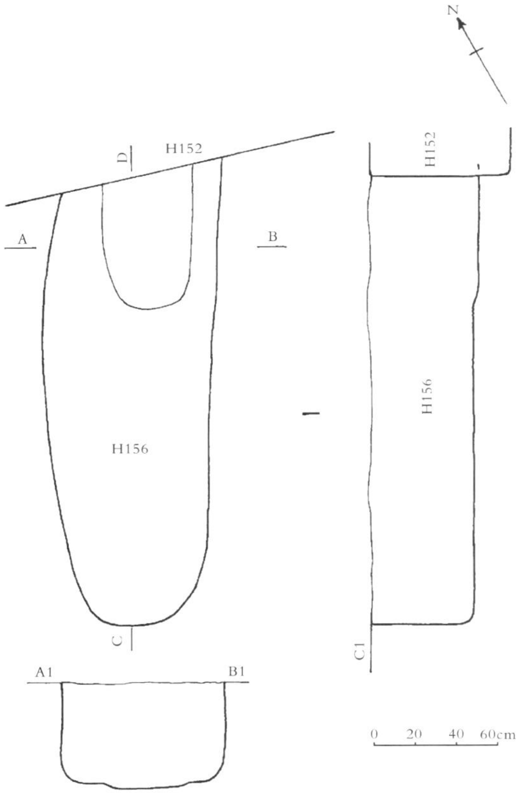

图一五三　H156平剖面图

H157　位于T0302南部，开口于第⑬层下，打破第⑭层及生土层，又被H154打破，开口距现地表深2.85米，底距现地表深3.55米，2012年10月15日清理。平面呈椭圆形，口小底大，坑壁中间宽，口与底同宽，可能是进水坍塌形成的，坑壁原修造较细致光滑，底面平整，坑壁及底部均有一层淤泥，可能是

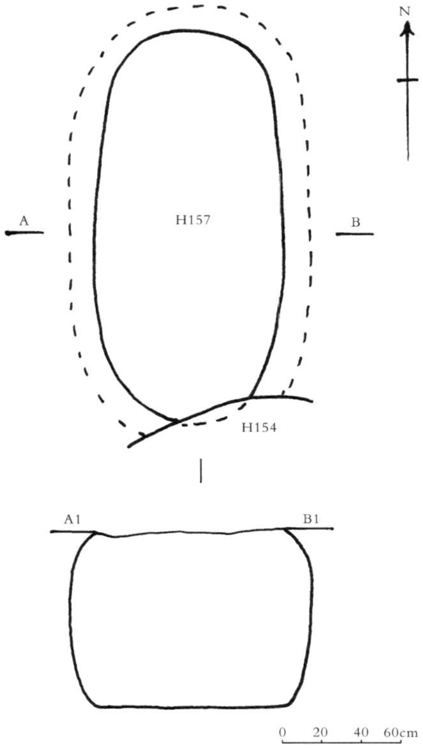

图一五四 H157 平剖面图

在坑未回填前进水形成的。开口南北长1.6米、东西宽0.72米，底面南北长1.8米、东西宽0.92米、深0.7米（图一五四，H157平剖面图）。填土呈灰褐色，土质松散，内含有陶片、瓦片、砖块、石块、骨块等。

H165 位于T0301内西南部，开口于第⑪层下，打破生土层及H167，又被H163所打破，开口距现地表深3米、底面距现地表深3.75—3.8米，2012年10月20日清理。平面呈不规则椭圆形，壁面竖直光滑，底面不平整，南北长2米、东西宽1.5米、深0.45—0.75米（图一五五，H165平剖面图）。填土呈灰褐色，土质松散，内含少量陶片、瓦片、骨块、砖块、石块、木炭屑等。

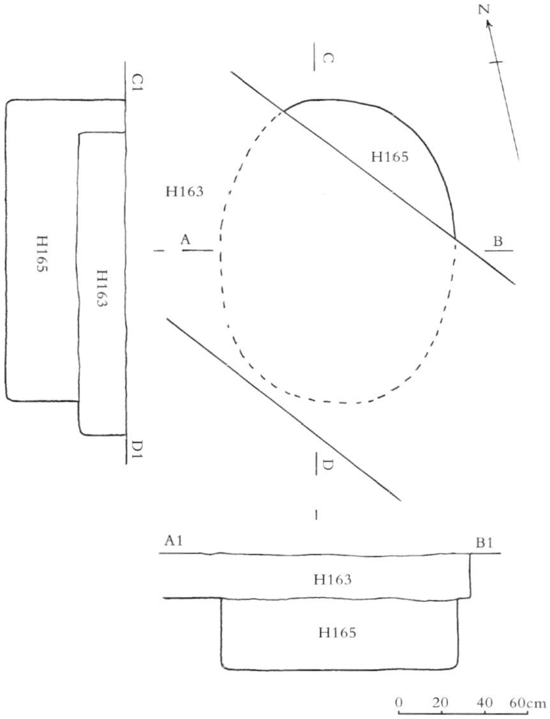

图一五五 H165 平剖面图

H166 位于T0301东部，开口于第⑧层下，打破第⑫层及生土层。开口距现地表深2.4米，底面距现地表深3.9米，2012年10月19日清理。平面呈椭圆形，壁面斜内收，口大底小，壁面凹凸不平，修造粗糙，底部呈锅底状。现发掘南北长2米、东西宽1.16米、深1.5米。填土可分为4层：第①层厚0.54米，土色呈灰褐色，土质松散，内含有瓦片、骨块等。第②层厚0.3米，土色呈浅灰色，土质松散，内含有骨块、木炭屑等。第③层厚0.48米，土色呈灰褐色，土质松散，内含有砖块、石块、瓦片等。第④层厚0.18米，土色呈浅灰色，土质松散，内含有木炭屑、瓦片等（图一五六，H166平剖面图）。

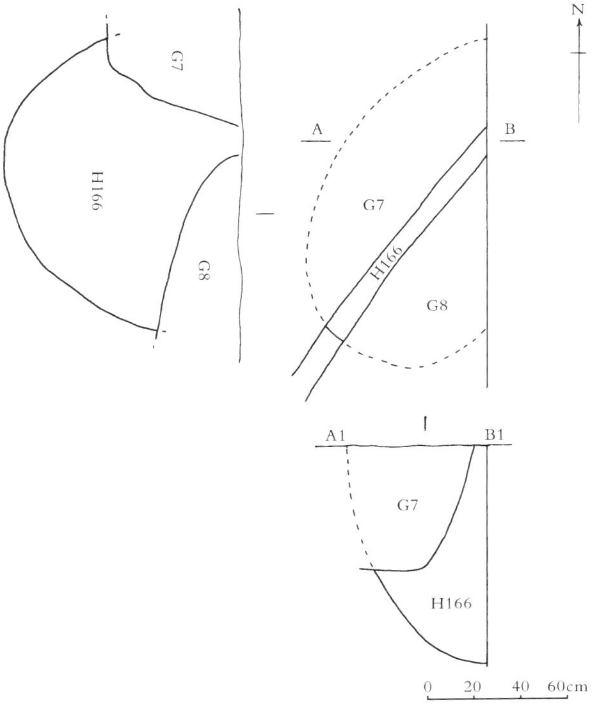

图一五六　H166平剖面图

圆形灰坑

H187　位于探方T0202南部略偏西，开口于第⑩层下，打破生土层，又被H103、H189、H98、H186打破，部分压在探方南壁下，开口距现地表深2.5—2.7米，底面距现地表深4.45米，2012年9月20日清理。在探方内平面呈半圆形，壁面从开口向下斜收，口大底小，壁面凹凸不平，修造粗糙，底部呈锅底状。东西长4.4米、南北宽1.65米、深2.05米。填土灰色，土质松散，内含有瓦片、骨块、石块等（图一五七，H187平剖面图）。

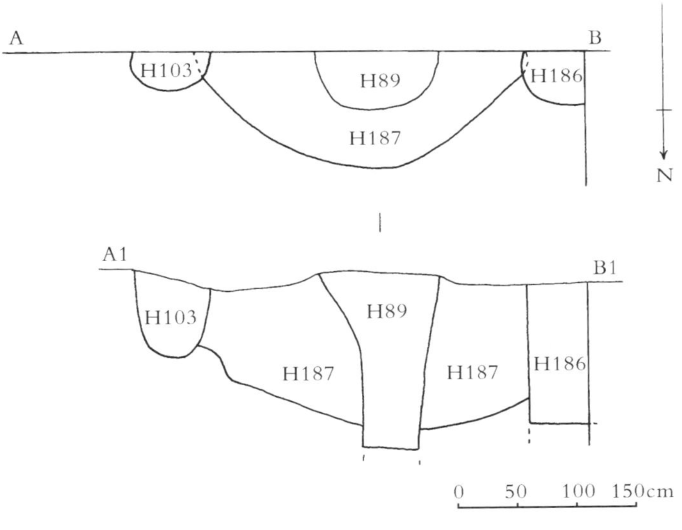

图一五七　H187平剖面图

不规则形灰坑

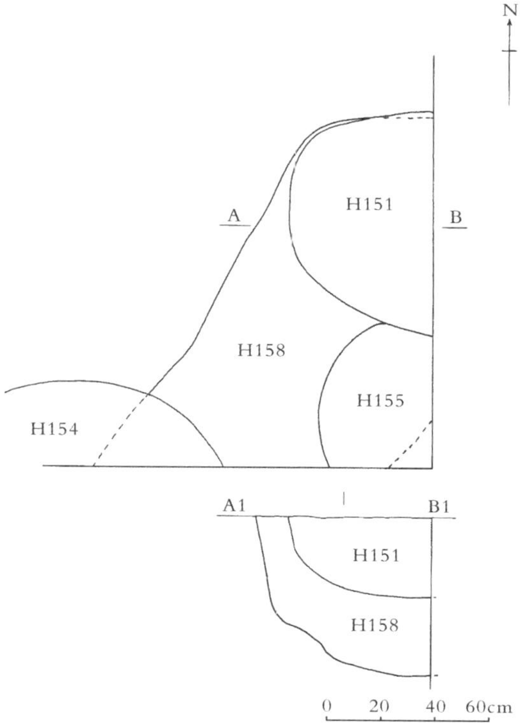

图一五八 H158 平剖面图

H158 位于 T0302 东南角，开口于第⑬层下，打破第⑭层、生土层及 H162，又被 H151、H154、H155 打破，部分压在 T0302 东、南壁下。开口距现地表深 3 米，底距现地表深 4.3 米，2012 年 10 月 15 日清理。在探方内平面呈不规则形，口大底小，壁面凹凸不平，底面不平整。南北长 2.9 米、东西宽 2.7 米、深 1.3 米（图一五八，H158 平剖面图）。填土呈灰褐色，土质松散，内含有陶片、瓦片、骨块、砖块、石块、木炭屑等。出土陶罐 1 件，编号 H158：1，修复完整（图版 255 下、275）。铜器 1 件，编号 H158：2，锈残。

唐代灰坑举例

椭圆形灰坑

H49 位于探方 T0302 内南部，开口于第⑨层下，打破第⑩层，被 H47、H48 打破，开口距现地表深 1.3—1.45 米，底距现地表深 1.8 米，2012 年 9 月 1 日清理。平面呈椭圆形，周壁较竖直光滑，底部较平整，部分压在探方南壁下，西端上部被 H48 打破。东西长 1.27 米、南北宽 0.77 米、深 0.5 米（图

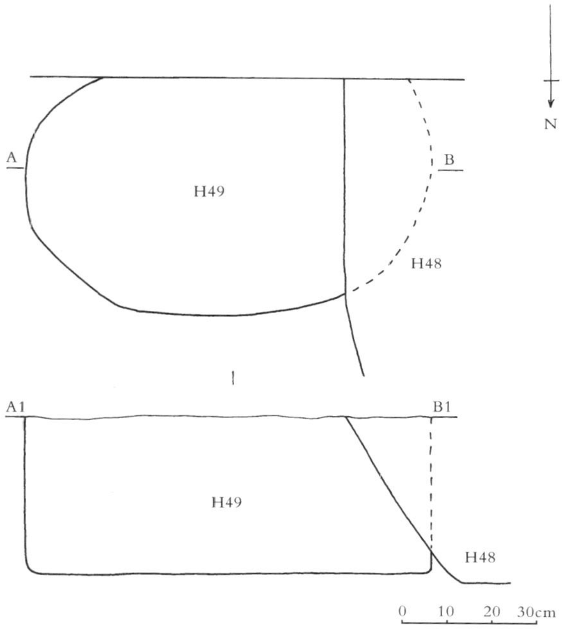

图一五九 H49 平剖面图

一五九，H49平剖面图）。填土土色呈浅灰色，土质松散，含沙量大，内含有少量瓦片、骨块、木炭屑等。

H82　位于T0301西部，开口于H54下，打破H82上部，而H82打破生土层。开口距地表深3.74米，底部距现地表深4.25米，2012年9月1日清理。平面呈椭圆形，口大底小，壁面内斜收，细致光滑，底部较平整。开口南北长1.48米、东西宽1.16米，底部南北长1.54米、东西宽1.29米、深0.51米（图一六〇，H82平剖面图）。填土土色为灰褐色，土质松散，内含有陶、瓷残片，琉璃瓦片，砖块，石块，骨块，木炭屑等。

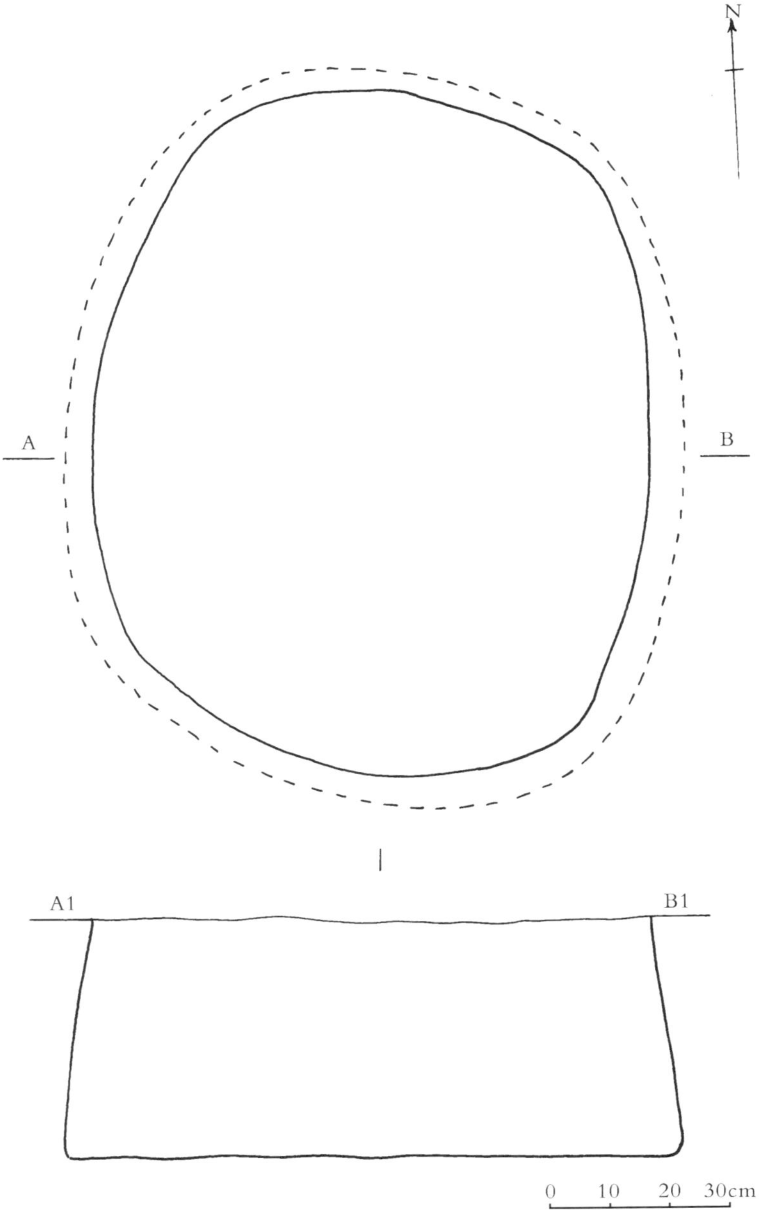

图一六〇　H82平剖面图

H83　位于T0301内西北部，开口于第⑦层下，打破第⑨层。开口距现地表深3.9米，底距现地表深4.2米，2012年9月1日清理。坑较浅，平面呈椭圆形，口大底小，壁面内斜收，底呈锅底状。东西

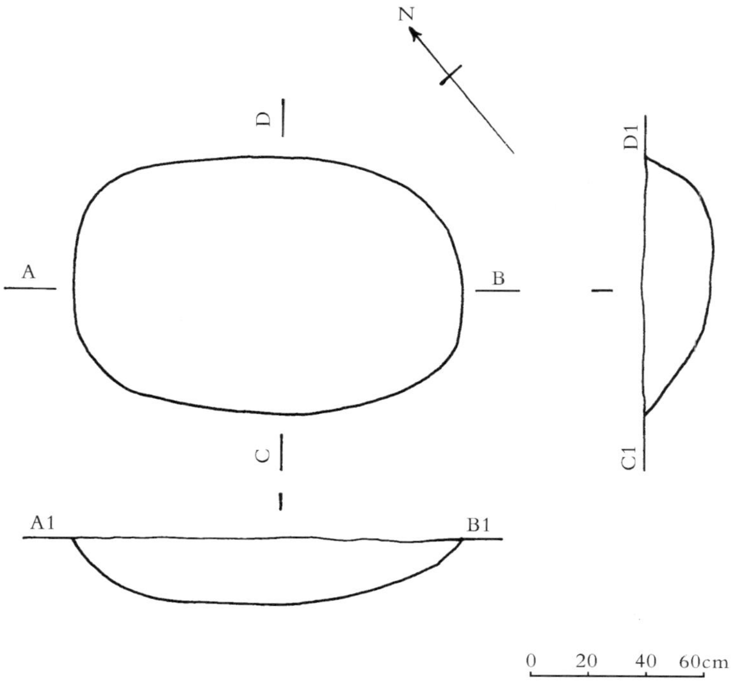

图一六一　H83 平剖面图

长1.5米、南北宽1.05米、深0.3米（图一六一，H83平剖面图）。填土土色呈灰褐色，土质松散，内含有骨块、木炭屑、瓷片、瓦片等。出土瓷碗2件，修复成形。

H127　位于T0101西北部，开口于第⑦层下，打破第⑧层及生土层。开口距现地表深2.8米，2012年9月16日清理。平面呈不规整的椭圆形，壁面斜内收，口大底略小，壁面修造粗糙，地面不平整。长径3.4米、短径1.45米、深0.6—0.9米（图一六二，H127平剖面图）。内填浅褐色沙土，土质松散，内含大量瓦片、砖块、草木灰、兽骨、少量的灰陶片。

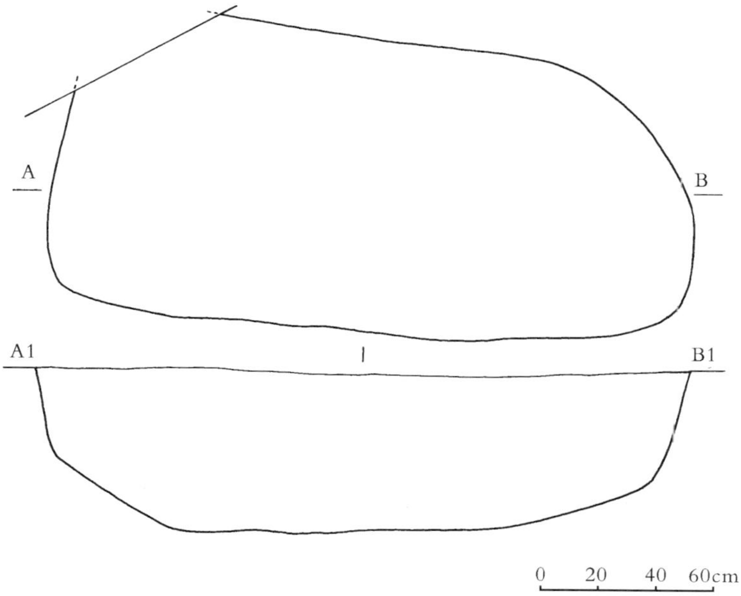

图一六二　H127 平剖面图

H133　位于T0102的南部，开口于第⑧层下，打破第⑨层及生土层，又被H99

打破，南端压在探方壁下，开口距现地表深3.2米，2012年9月22日清理。平面呈不规整的椭圆形，壁面向下斜内收，口大底小，底面平整。长径残长1.5米、短径长1.3米、深0.78米（图一六三，H133平剖面图）。内填浅褐色沙土，土质松散，内含瓦片、草木灰、兽骨等。

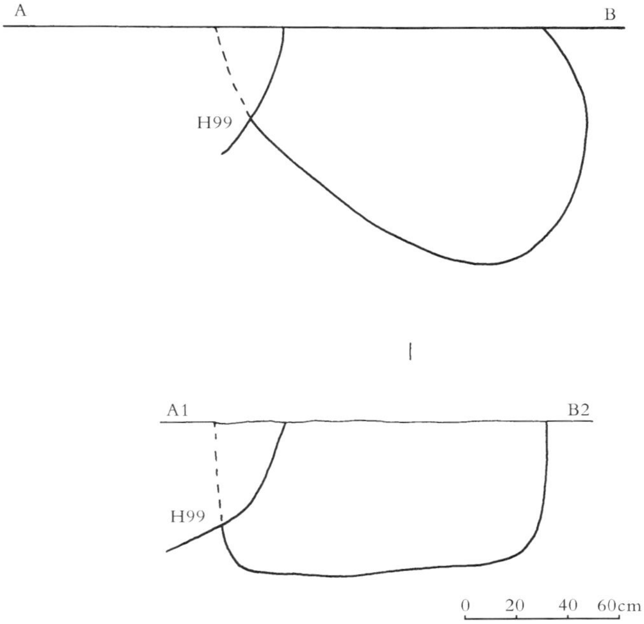

图一六三　H133平剖面图

H148　位于T0302西部略偏北，开口于第⑫层下，打破第⑬、⑭层及生土层，打破H149、H150、J5、J6、G10、F16、L3，又被G8打破，部分压在探方西壁下。开口距现地表深2.82米，底距现地表深5.25米，2012年10月13日清理。该坑为J5、J6坍塌形成。在探方内平面呈椭圆形，口小底大，壁面凹凸不平，底面较平整，各壁面均有进水残留的淤泥。其下叠压J5、J6。开口东西长2.4米、南北宽1.56米，底面东西长2.56米、底面南北宽1.98米、深1.76米（图一六四，H148平剖面图）米。填土呈灰色，土质松散，内含有陶片、瓦片、砖块、石块等。

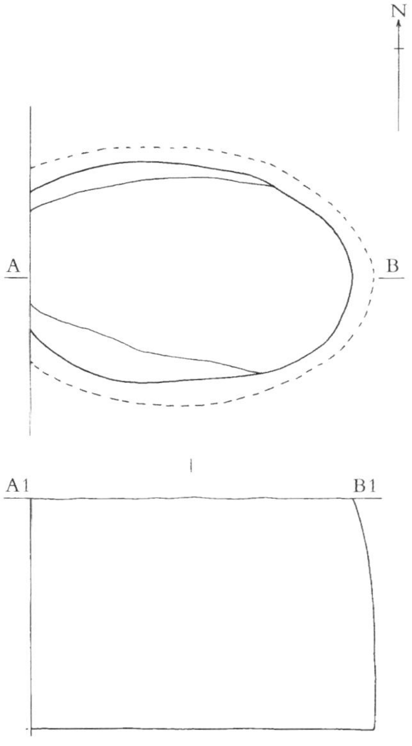

图一六四　H148平剖面图

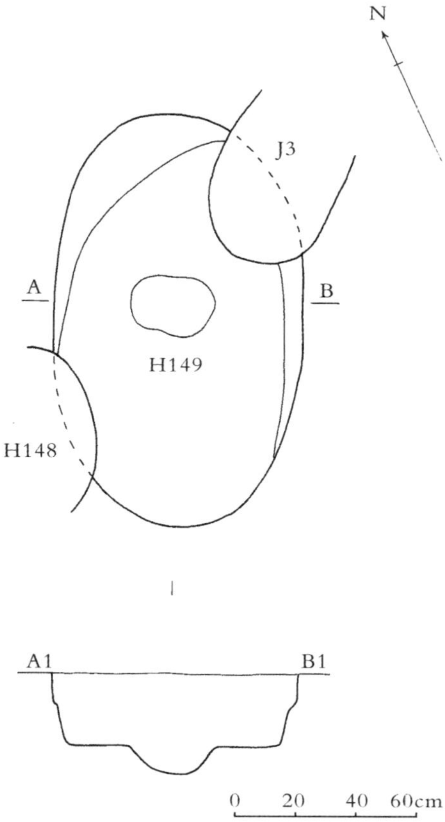

图一六五　H149 平剖面图

图一六六　H84 平剖面图

H149　位于 T0302 中西部，开口于第 ⑫ 层下，打破第 ⑬、⑭ 层，生土层及 L3，又被 H148 及 J3 打破，开口距现地表深 2.8 米，底距现地表深 3.26—3.44 米。2012 年 10 月 13 日清理。平面略呈椭圆形，口大底小，四壁均斜内收，并留有一级平台，底面不平整，底部有一凹坑。开口南北长 2.64 米、东西宽 1.52 米，底面南北长 2.36 米、东西宽 1.32 米、深 0.46—0.64 米；底部小凹坑东西长 0.52 米，南北宽 0.38 米、深 0.18 米（图一六五，H149 平剖面图）。填土呈灰褐色，土质松散，内含有瓦片、骨块、木炭屑、砖块等。

圆形灰坑

H84　位于 T0102 的东南部，南邻 H85，开口于第⑥层下，打破第⑦、⑧两层及生土层。开口距地表深 2.4 米，2012 年 8 月 24 日清理。平面呈圆形，壁面竖直较粗糙，底面平整。开口直径 0.8 米、深 2.6 米（图一六六，H84

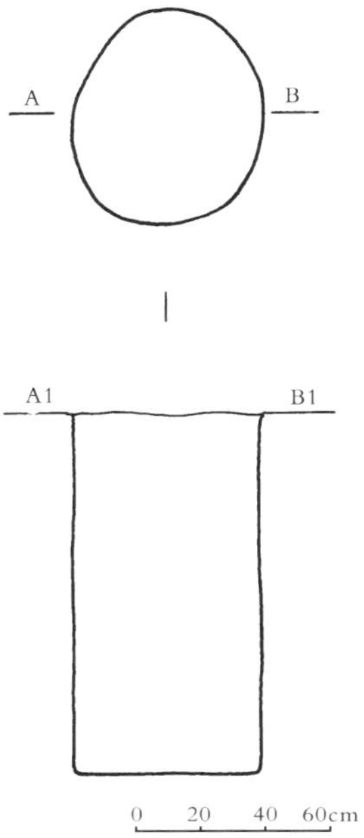

图一六七 H87 平剖面图

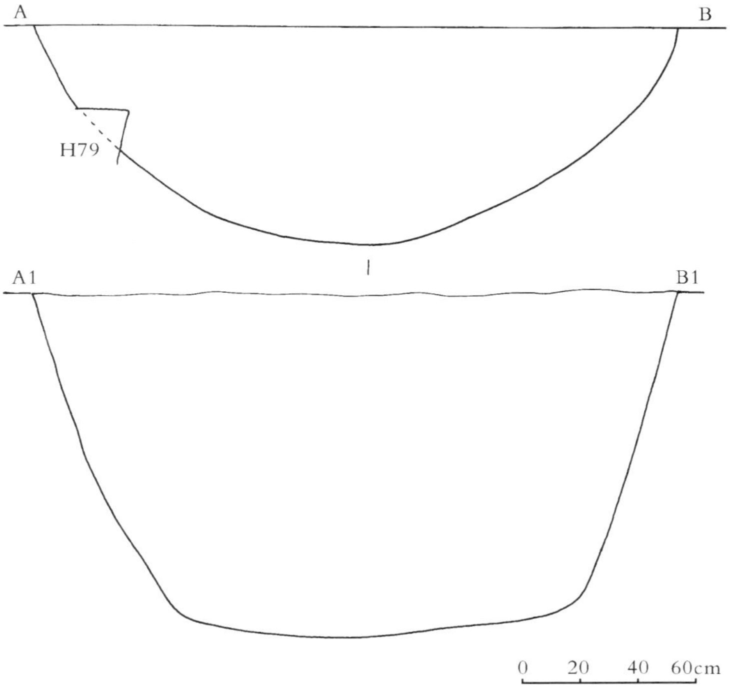

图一六八　H88 平剖面图

平剖面图）。内填深灰色沙土，土质松散，内含草木灰、瓦片、兽骨等。应属唐代灰坑。

H87　位于 T0102 的西南部，开口于第⑥层下，打破第⑦层。开口距现地表深 2.4 米，2012 年 8 月 25 日清理。平面略呈圆形，壁面竖直较粗糙，底面较平整。长径 0.7 米、短径 0.6 米、深约 1.2 米（图一六七，H87 平剖面图）。内填灰色沙土，土质松散，内含草木灰、瓦片、兽骨等。根据出土物初步判断为唐代灰坑。

H88　位于 T0102 的西北部，开口于第⑥层下，打破第⑦层，又被 H79 打破。开口距现地表深 2.4 米，2012 年 8 月 27 日清理。平面呈圆形，北端压在探方隔梁下，壁面斜内收较粗糙，形成口大底小，底面较平整。开口直径 3.75 米、深约 2.1 米（图一六八，H88 平剖面图）。内填灰色沙土，土质较松散，内含大量的草木灰、兽骨、瓦片及少量的灰陶片、瓷片等。

H99　位于 T0102 的东南部，开口于第⑥层下，打破第⑦至第⑨层及生土层。开口距现地表深 2.3 米，2012 年 8 月 30 日清理。平面呈圆形，

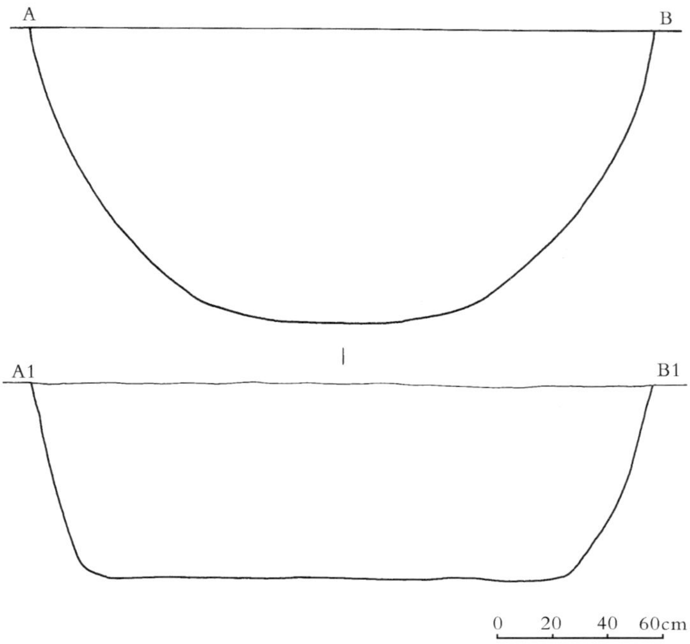

图一六九　H99 平剖面图

南端压在探方壁下，壁面斜内收，壁面粗糙，底面较平整。东西径长 3.4 米、南北径残长 1.65 米、深 1.1 米（图一六九，H99 平剖面图）。内填浅褐色沙土，土质松散，内含草木灰、兽骨、瓦片、石块及少量的灰陶片，纹饰有波浪纹、网纹等，可分辨出器型的有陶罐、盆沿残片。

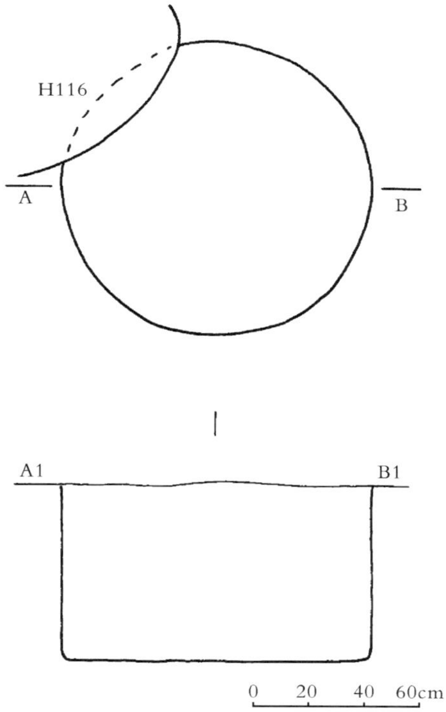

图一七〇　H122 平剖面图

H122　位于 T0101 东北部，开口于第⑦层下，打破 H119、第⑧层及生土层，又被 H116 所打破。开口距现地表深 2.8 米，清理工作于 2012 年 9 月 16 日当天完成。平面呈圆形，坑壁竖直较粗糙，底部平整。开口直径 1.2 米、深 0.7 米（图一七〇，H122 平剖面图）。内填浅褐色沙土，土质松散，内含草木灰、兽骨、瓦片及零星灰陶片。

H128　位于 T0101 东南部，开口于第⑦层下，打破第⑧层及生土层，东端压在探方壁下，开口距现地表深 2.8 米，2012 年 9 月 17 日清理。平面呈圆形，壁面竖直较粗糙，底面平整。

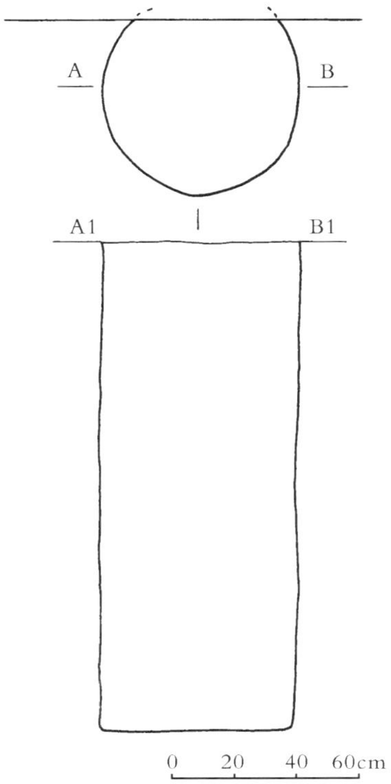

图一七一　H128 平剖面图

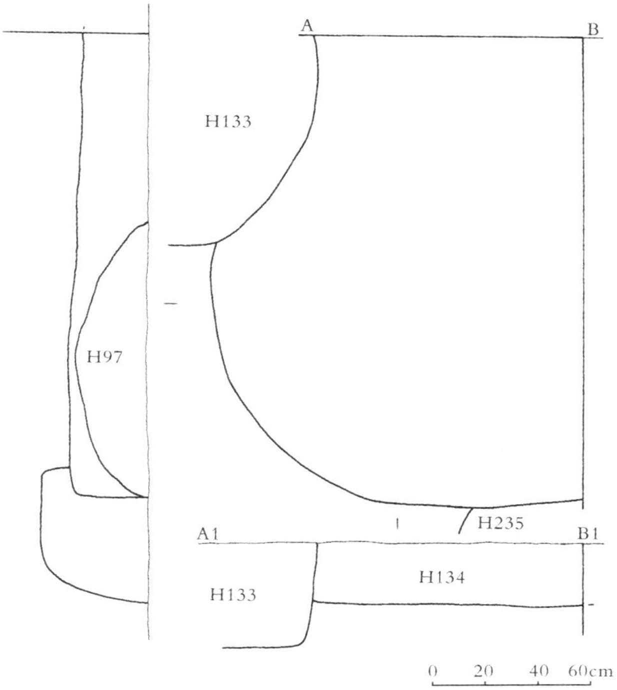

图一七二　H134 平剖面图

直径 0.8 米、深 2.2 米（图一七一，H128 平剖面图）。内填灰褐色沙土，土质松散，内含瓦片、兽骨、草木灰及少量的灰陶片等。

H134　位于 T0102 的西南部，开口于第⑧层下，打破第⑨层和生土层及 H135，又分别被 H97、H133 打破，开口距地表深 3.2 米，2012 年 9 月 22 日清理。平面呈圆形，残留部分坑壁较竖直规整，底面平整。直壁残径长 3.20、深 0.4 米（图一七二，H134 平剖面图）。内填浅褐色沙土，含草木灰、兽骨、瓦片、砖块等。

H144　位于 T0302 南部略偏西，开口于第 ⑫ 层下，打破第 ⑬、⑭ 层及生土层，又打破 H146、H147、H154，被 J4 打破，大部分压在 T0302 南壁下，具体形状不详。开口距现地表深 2.95 米，底距现地表深 3.95 米，2012 年 10 月 14 日清理。在探方内平面呈半圆形，口大底小，壁面斜收且粗糙，底面不平整，整体呈东高西低。开口东西长 2.1 米、南北宽 0.72 米，

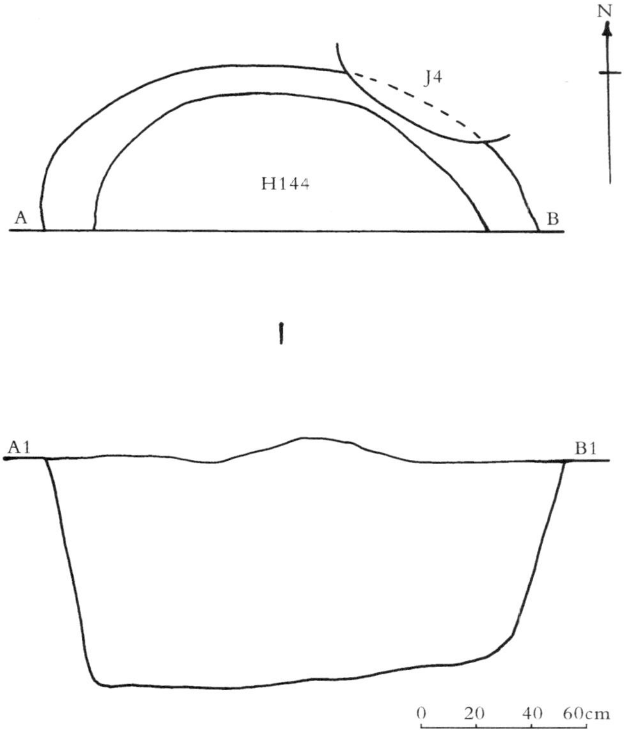

图一七三　H144 平剖面图

底面东西长 1.68 米、南北宽 0.6 米、深 1.1—0.8 米（图一七三，H144 平剖面图）。填土呈灰褐色，土质松散，内含有陶、瓷残片及瓦片、砖块、骨块、石块等。出土铜器 1 件，编号 H144：1，残。

H145　位于 T0302 西部偏南，开口于第⑬层下，打破第⑭层、生土层及 H146、H147，又被 G10 打破。大部分压在 T0302 西壁下，具体形状不详。开口距现地表深 2.25—2.45 米，底距现地表深 3.25 米，2012 年 10 月 14 日清理。在探方内平面呈半圆形，口大底小，壁面粗糙，凹凸不平，底部略平整。开口南北长 2.85 米、东西宽 1.2 米，底面南北 1.3 米、东西宽 0.25 米、深 0.8 米（图一七四，H145 平剖面图）。填土呈灰褐色，土质松散，内含有少量陶片、砖块、瓦片、骨块等。

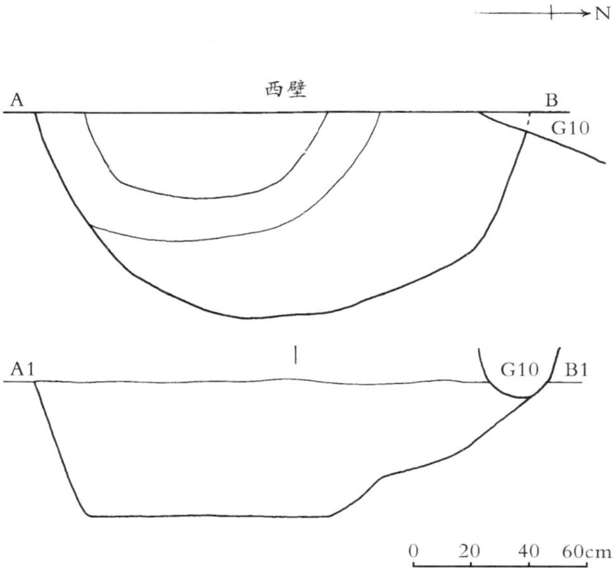

图一七四　H145 平剖面图

长方形灰坑

H48　位于探方 T0302 内南部，开口于第⑨层下，打破 H49 及第

⑩、⑪层，又被 H47 打破。开口距现地表深 1.26 米，底距现地表深 1.86 米，2012 年 9 月 1 日清理。平面应为长方形，由于坍塌现状呈不规则形，四壁修造细致光滑，底部较平整，壁面均有烧结痕迹，东侧壁坍塌无存，整个烧结面外有较薄的烧红土，底部亦为烧结面。西北部有一不规则形坑与其相连为一体，亦有烧结面，推测为烟道，西侧被 H47 打破。坍塌使 H48 口大底小，烟道底部呈西高东低。其开口南北长 2.38 米、东西宽 1.28—2.16 米、底部南北长 2.38 米、东西宽 1.28—1.64 米，深 0.6 米（图一七六，H79 平剖面图）；烟道长 1.2 米、宽 0.1—0.15 米、深 0.3 米（图一七五，H48 平剖面图）；高于 H48 底 0.3 米。填土分为两层：上部呈深灰褐色，土质较硬，内含炉渣、铁锈块及瓦片等，厚 0.47 米；下部堆积呈灰褐色，土质松软，内含陶瓷残片、瓦片、砖块等。出土陶盆 1 件、陶球 1 件。

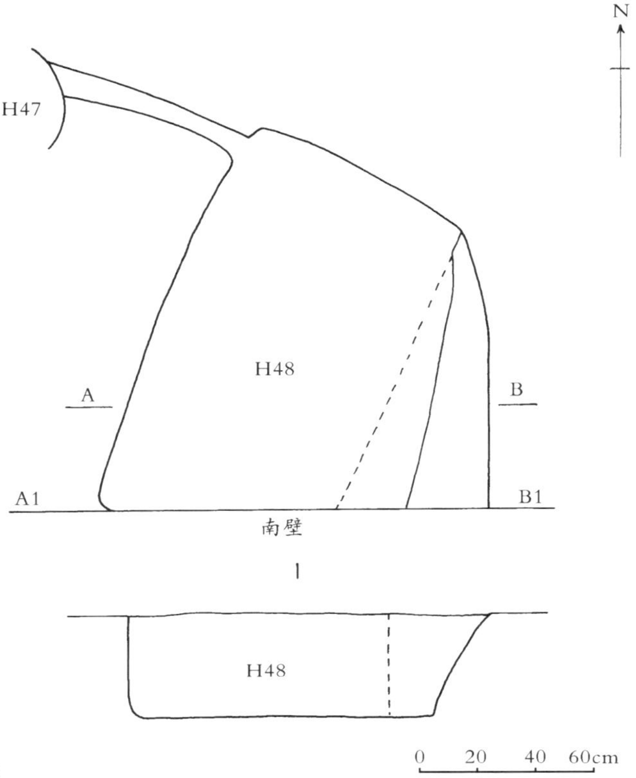

图一七五　H48 平剖面图

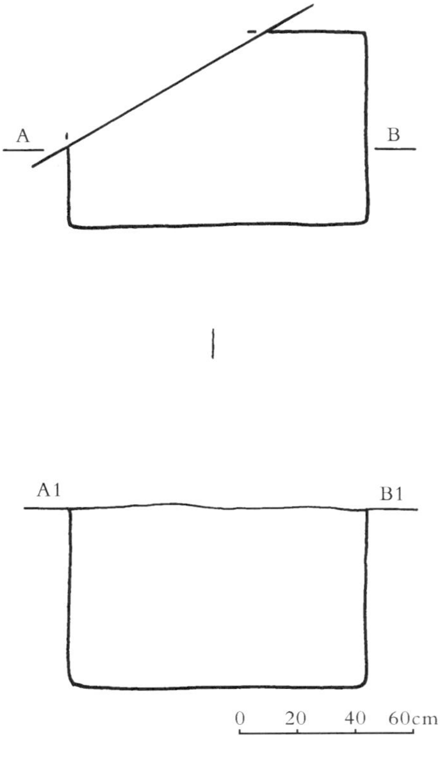

图一七六　H79 平剖面图

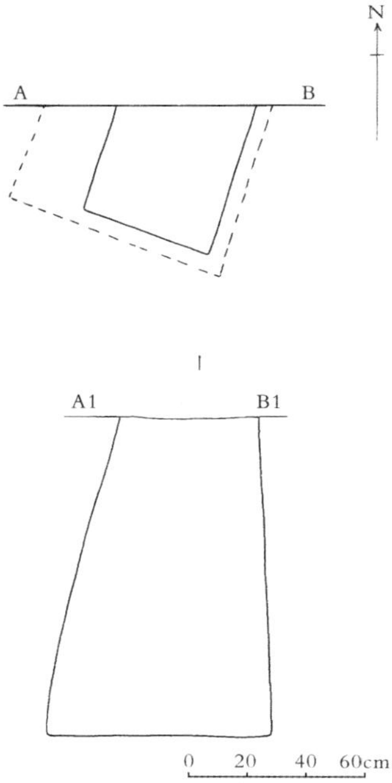

图一七七　H92 平剖面图

H79　位于 T0102 的西北部，开口于第⑥层下，打破 H88，开口距现地表深约 2.4 米，2012 年 8 月 24 日清理。平面呈长方形，西端压在探方壁下，壁面较竖直，壁面修造较粗糙，西边残长 0.3 米、东边长 0.96 米、北壁长 0.64 米、南壁残长 0.26 米、深约 0.6 米。内填灰色沙土，土质松散，内含草木灰、兽骨、少量的灰陶片及白瓷片等。根据出土物初步判断为唐代灰坑。

H92　位于 T0202 北部偏东，开口于第⑧层下，打破第⑨至⑫层及活动面、生土层。开口距地表深 1.65 米，底距现地表深 3.7 米，清理工作分两次进行，2012 年 8 月 27 日清理少部分，2012 年 9 月 19 日发掘结束，在探方内平面呈长方形，坑壁微斜直外扩，口小底大，壁面修造细致光滑，底面平整。开口南北长 0.7—1 米、东西宽 0.85 米，底部南北长 0.6—1.15 米、东西宽 1.35 米、深 2.05 米（图一七七，H92 平剖面图）。填土呈灰褐色，土质较硬，主要是炉渣，内含有瓦片、砖块、木炭屑、锈铁块等，最底部有 0.1 米的灰烬土。

H93　位于 T0202 内东北部，开口于第⑧层下，打破第⑨—⑪层。开口距现地表深 1.65 米，底距现地表深 2.85 米，2012 年 9 月 2 日清理。平面呈束腰形，口小底大，南北两壁面内弧收，使灰坑中间较窄，两端宽，四壁面修造细致光滑，底面较平整。上口东西长 1.3 米、南北宽 0.48—0.7 米，底部东西长 1.9 米、南北宽 0.96—1.23 米，深 1.1 米（图一七八，H93 平剖面

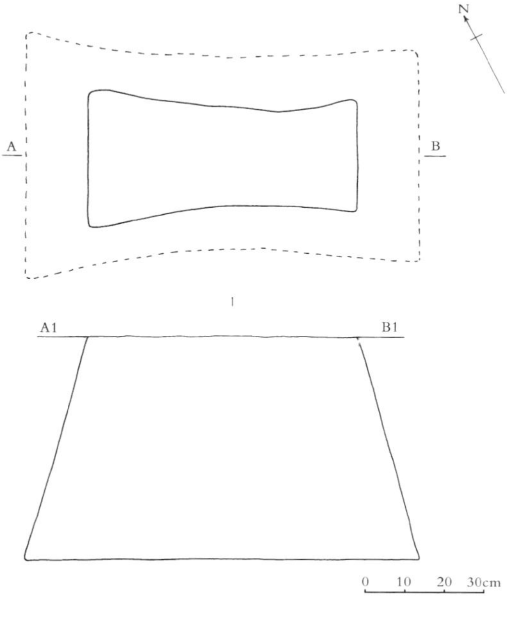

图一七八　H93 平剖面图

图）。填灰土，土质松散，主要包含有炉渣、瓦片、陶片，炼渣内含有锈铁块。

H94　位于T0202东北部，开口于第⑧层下，打破第⑨至⑪层。开口距现地表深1.7米，底距现地表深2.8米，2012年9月2日清理。平面呈束腰形，口小底大，南北两壁内弧收，使得坑中间窄两端宽，东西两壁较竖直，壁面光滑，底面平整。上口东西长1.6米、南北宽0.48—0.6米，底面东西长1.9米、南北宽0.86—1.02米、深1米（图一七九，H94平剖面图）。各壁面均有淤泥痕迹，推测在此坑填土不久，坑内大量进水。填土分为两层：第①层厚0.7米，土色呈灰褐色，土质较硬，主要以炉渣为主，无陶片。第②层厚0.3米，土色呈浅灰色，土质松散，内含有少量瓦片、木炭屑、陶片等。

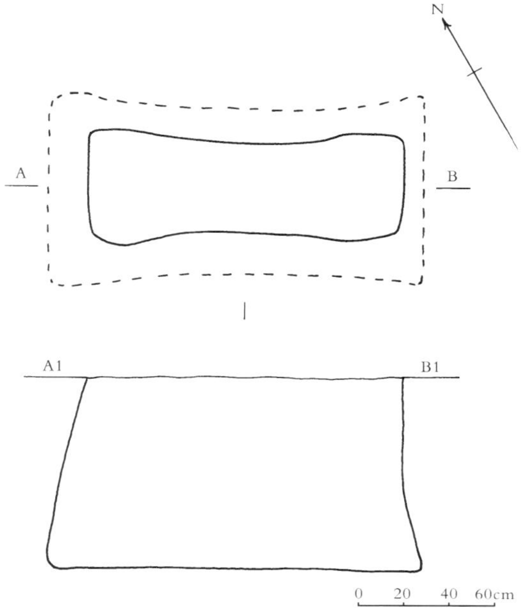

图一七九　H94平剖面图

H95　位于T0202北部偏西，开口于第⑧层下，打破第⑨至⑫层。开口距现地表深1.45—1.75米，底距现地表深2.55米，2012年8月27日清理。平面呈东西向长方形，部分压在T0202北壁下，壁面竖直，修造细致光滑，底面平整。东西长1.28米、南北宽0.6米、深1.1米（图一八〇，H95平剖面图）。填土呈灰褐色，

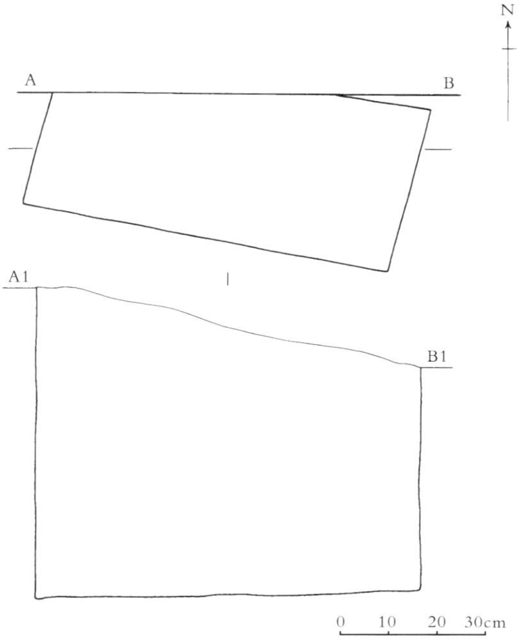

图一八〇　H95平剖面图

土质较硬，内含有瓦片、骨块、锈铁块，主要是以炉渣为主。

H96　位于T0202内西南部，开口于第⑧层下，打破第⑨—⑪层。开口距现地表深1.75米，底距现地表深2.57米，2012年9月2日清理。平面呈东西向梯形，西宽东窄，四壁微斜直外扩，口小底大，壁面修造细致光滑，底面平整。上口南北长1.1米、东西宽0.42—0.5米，底面南北长1.2米、东西宽0.52—0.6米、深0.82米（图一八一，H96平剖面图）。该坑在回填土时进水，进水痕迹距现坑口0.4米，坑底部坍塌。内堆积为1层，土色呈浅灰色，土质松软，内含有木炭屑及零星小瓦片、骨块、陶片等。

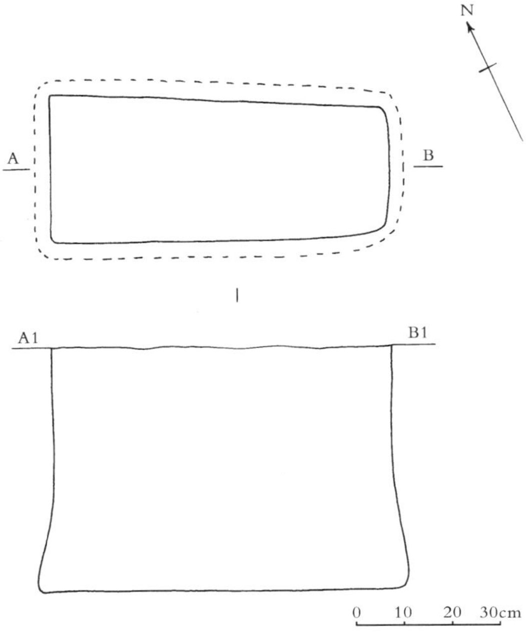

图一八一　H96平剖面图

H117　位于T0101东南部，开口于第⑦层下，打破第⑧层，开口距现地表深2.8米，2012年9月13日清理。平面呈长方形，东南部压在探方壁下，坑壁微斜外扩，口小底稍大，壁面规整光滑，底面平整。残长1.2—1.4米、残宽0.72—0.8米、深0.4米（图一八二，H117平剖面图）。内填深褐色沙土，土质松散，内含兽骨、瓦片、少量的灰陶片等。

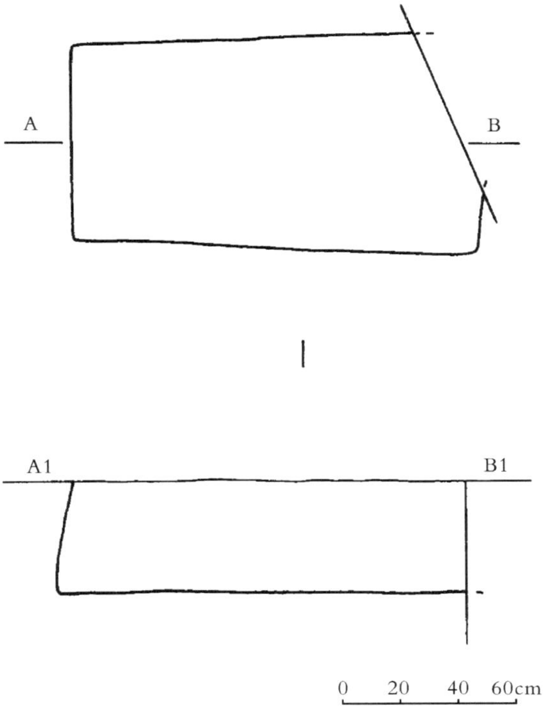

图一八二　H117平剖面图

H118 位于T0101东南部，南邻H117，开口于第⑦层下，打破第⑧层，开口距现地表深2.8米，2012年9月13日清理。平面呈长方形，坑壁竖直较粗糙，底面平整。开口长1.1米、宽0.5米、深0.4米（图一八三，H118平剖面图）。内填深灰色沙土，土质松散，内含草木灰、兽骨、瓦片、零星灰陶片等。

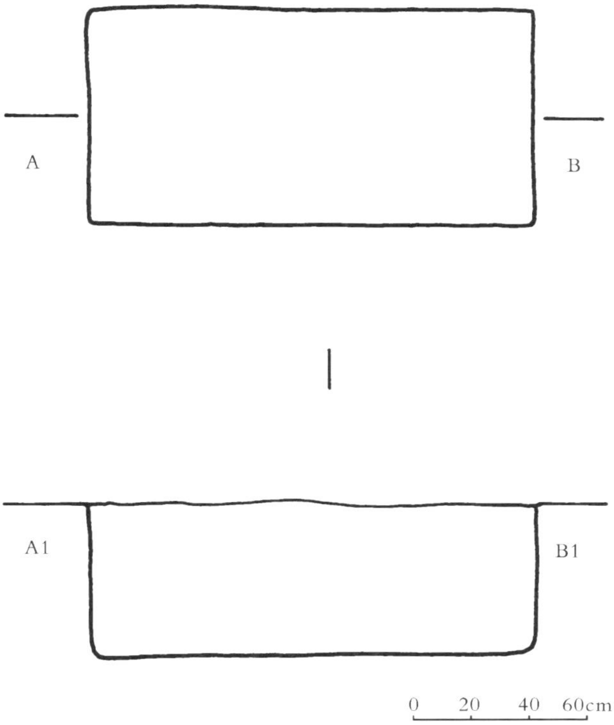

图一八三 H118平剖面图

H119 位于T0101中部，开口于第⑦层下，分别被H106、H109、H116、H122、H131所打破，开口距现地表深2.8米，2012年9月17日清理。平面呈长方形，口小底略大，坑壁较规整，底面北高南低。东边残长7米、西边残长8.2米、南端宽1.5米、北端宽1.3米、北部深0.8米、南部深0.9米（图一八四，H119平剖面图）。内填深灰色沙土，土质松散，内含草木灰、兽骨、瓦片及少量的灰陶片。

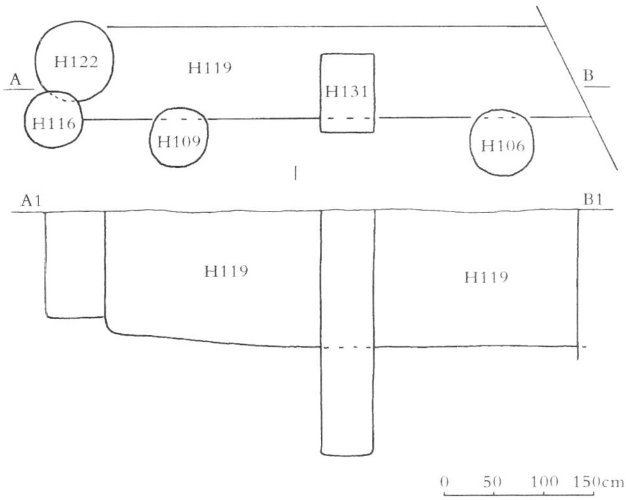

图一八四 H119平剖面图

H131 位于T0101中部，开口于第⑦层下，打破第⑧层及H119，开口距现地表深2.8米，

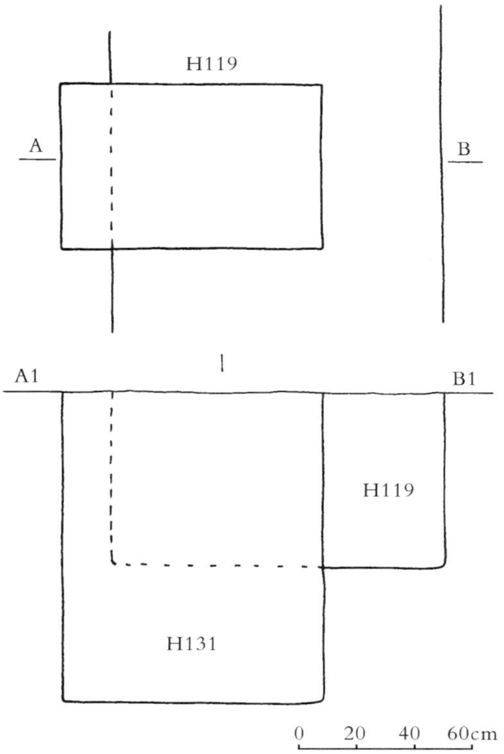

图一八五　H131 平剖面图

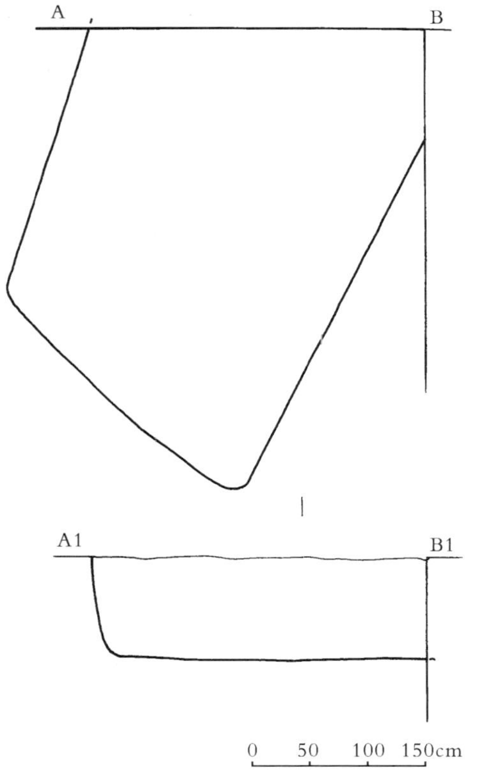

图一八六　H132 平剖面图

2012 年 9 月 17 日清理。平面呈长方形，壁面竖直，修造较粗糙，底面平整。长 1.3 米、宽 0.86 米、深 1.6 米（图一八五，H131 平剖面图）。内填浅褐色沙土，土质松散，内含草木灰、兽骨、瓦片、砖块及少量灰陶片。

H132　位于 T0102 的东北部，开口于第⑦层下，打破第⑧层，东北部压在探方北壁及东壁下，开口距现地表深 2.3 米，2012 年 9 月 20 日清理。平面呈长方形，壁面下斜内收，口大底小，底面平整。西壁残长 3.3 米、东壁残长 4.4 米、南壁宽 3.5 米、北壁宽 4.2 米、深 1.2 米（图一八六，H132 平剖面图）。内填浅黄色沙土，土质松散，含少量的瓦片、砖块、草木灰、兽骨等。

H141　位于 T0302 东部偏北，开口于第 ⑪ 层下，打破第 ⑫、⑬ 及 H162，部分压在东侧隔梁下，开口距现地表深 2.25 米，底距现地表深 3.29 米，2012 年 10 月 3 日清理。平面呈长方形，壁面向下斜收，口大底小，底面较平整。开口东西长 1.48 米、南北宽 0.74 米，底面东西长 1.33 米、南北宽 0.52

米、深1.04米（图一八七，H141平剖面图）。内填土呈灰褐色，土质松散，内含陶、瓷、瓦片及骨块、木炭屑、烧红土块等。复原陶盆1件，H141：1（图版271）。

H142　位于T0302东部偏南，开口于第⑫层下，打破第⑬层。开口距现地表深2.6米，底距现地表深2.82米，2012年10月3日清理。该坑较浅，部分压在东部隔梁下，平面呈梯形，壁面竖直光滑，壁面均涂抹白灰墙皮，白灰墙皮厚0.2米。底面不平整，周围高中间低。东西长3.04米、南北宽2.1—2.2

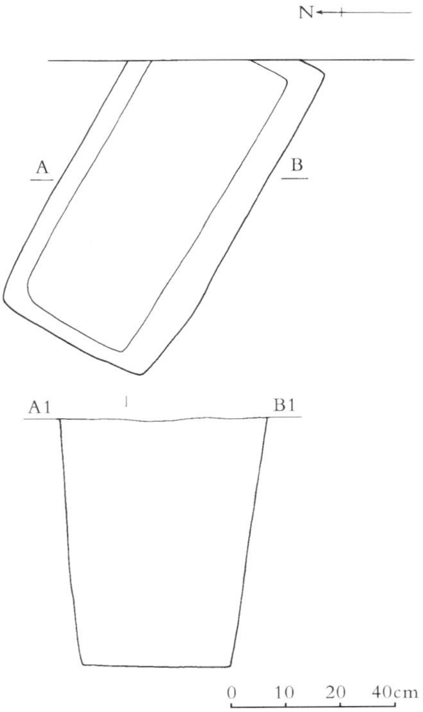

图一八七　H141平剖面图

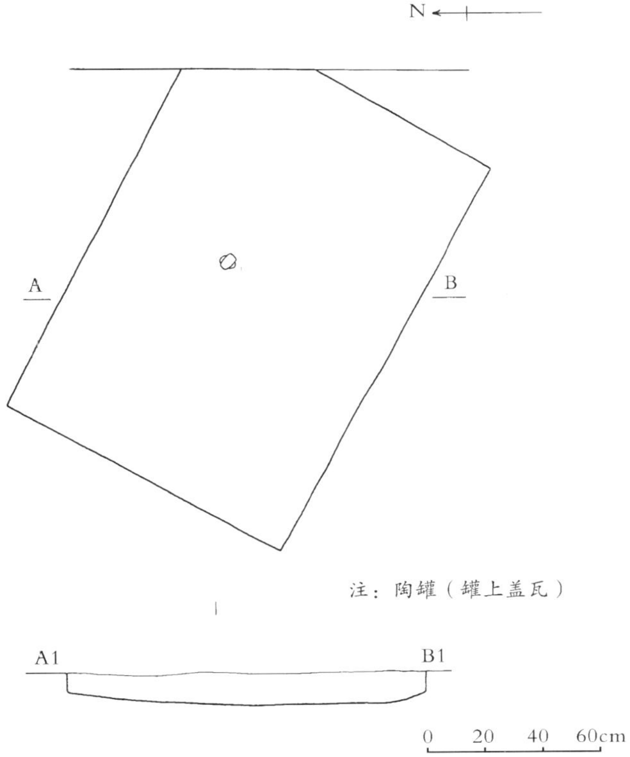

图一九〇　H142平剖面图

米、深0.22米（图一九〇，H142平剖面图）。填土呈浅灰色沙土，土质松散，内含有动物骨块、木炭屑、砖块、瓦片等。该坑出陶罐1件，较完整（图版255上、274）。

不规则形灰坑

H47　位于探方T0302内西南部，开口于第⑨层下，打破第⑩层及H48，开口距现地表深1.26米，底距现地表深1.78米，2012年8月18日清理。

平面呈不规则形，口大底小，壁面粗糙，底面不平整，东壁微弧，南北两壁中部较直，西壁微外弧。开口南北长2米、东西宽1.44米，底面南北长1.84米、东西宽1.22米、深0.52米（图一八八，H47平剖面图）。填土为浅灰色沙土，土质松软，内含烧红土块、陶片、骨块等。

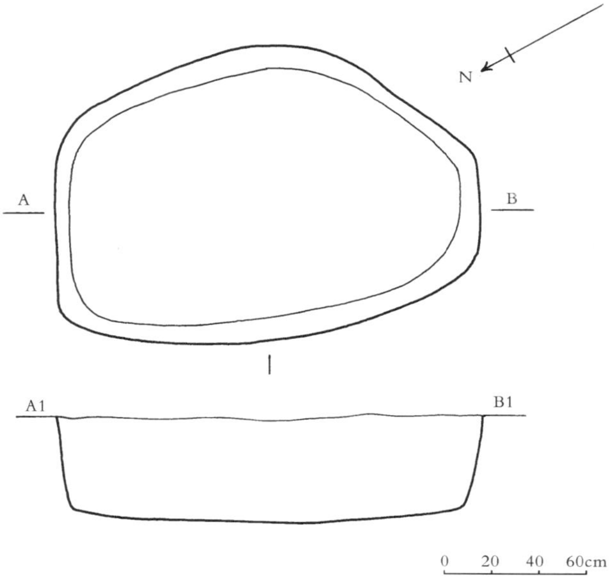

图一八八　H47平剖面图

H54　位于T0301内西部，开口于第⑦层下，打破H82、第⑨层及生土层，开口距现地表深2.7米，底距现地表深3.8米，2012年9月1日至2日清理。平面呈不规则形，口大底小，壁面粗糙，北壁向下内斜收，东壁较竖直，南壁外斜扩，底部略平整，由于灰坑的坍塌，形成地层下陷。开口南北长3.2米、东西宽2.3米，底部南北长1.58—3.5米、东西宽2.3米、深1.35米（图一八九，H54平剖面图）。填土分为两层：第①层，厚0.26—0.7米，土色呈浅灰色，土质较硬。第②层，厚0.28—0.4米，土色呈灰褐色，土质松散。包含物有陶瓷残片、骨块、石

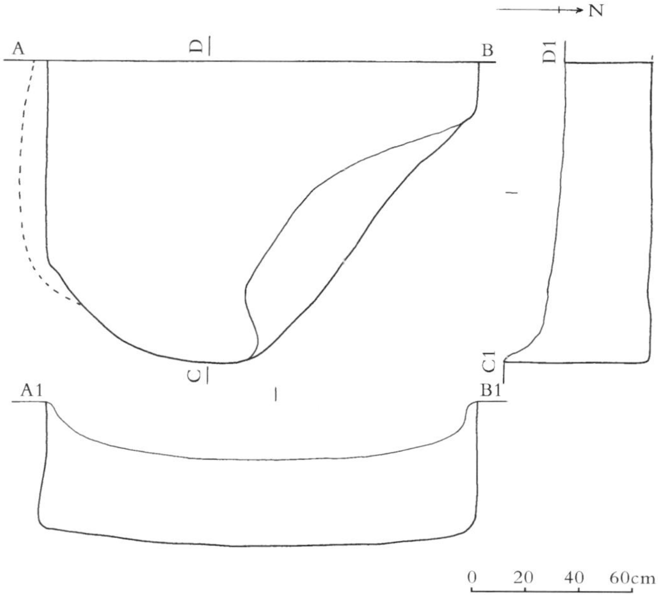

图一八九　H54平剖面图

块、瓦片等。出土陶盆2件，H54：1，复原（图版266），H54：2（图版268左上）。

五代至宋初灰坑

椭圆形灰坑

H13　位于T0102的西南部，开口于第④层下，打破H25及第⑤层，开口距地表深约1.4米，2012年7月8日清理。平面呈不规则椭圆形，口大底小，坑壁粗糙内收，底部北高南低。开口南北径1.74米、东西径1.06米、北端深0.3米、南端深0.5米（图一九一，H13平剖面图）。内填浅褐色沙土，土质较松散，内含瓦片、兽骨、木灰星、少量的灰陶片、白瓷片等，可辨认的器型有陶罐口沿、白瓷碗残片等。依据其开口层位及填土内出土的器物残片可推断为五代时期灰坑。

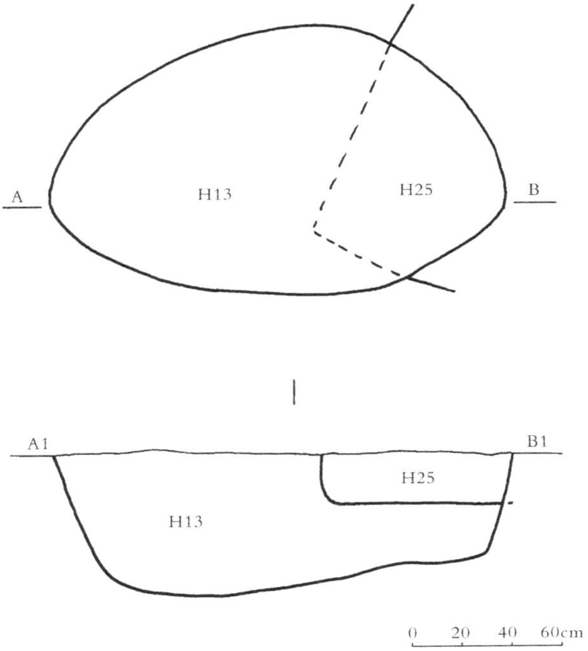

图一九一　H13平剖面图

H14　位于T0102的东南部，开口于第④层下，打破第⑤层，开口距地表深1.4米，2012年7月8日清理。平面呈椭圆形，口大底小，坑壁内收，较粗糙，坑底北高南低。开口南北径1.56米、东西径1.1米、南端深0.4米、北端深0.3米（图一九二，H14平剖面图）。内填浅褐色沙土，土质松散，内含瓦片、砖块、木灰星、兽骨、少

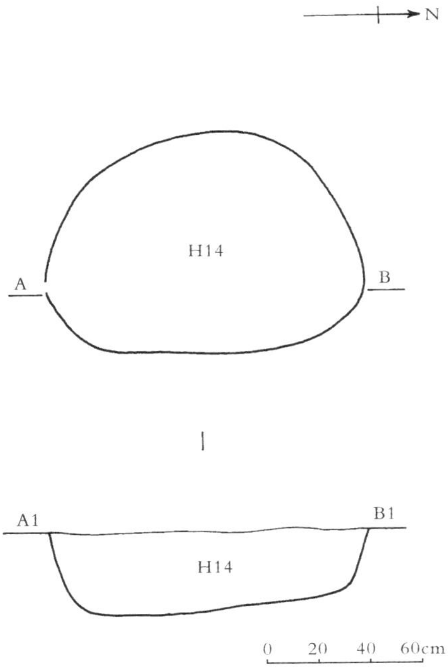

图一九二　H14平剖面图

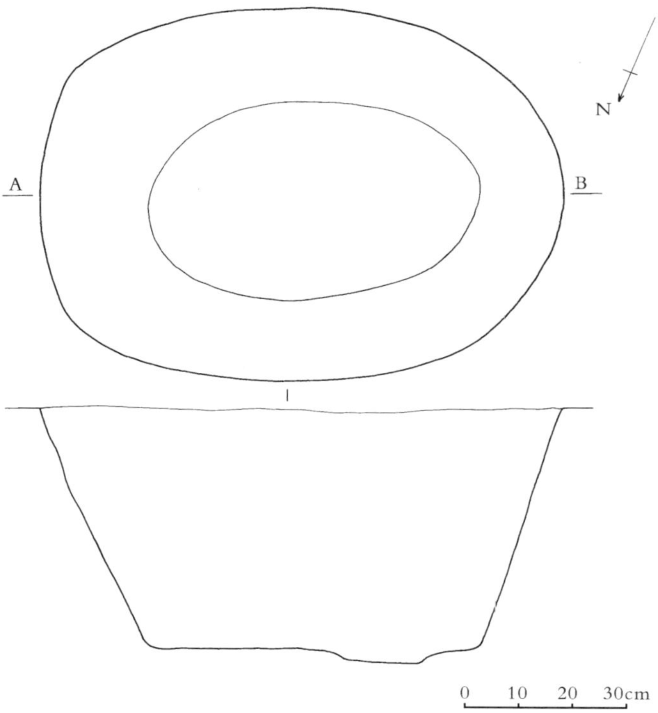

图一九三　H27 平剖面图

量的灰陶片、白瓷片等，可辨认器型的有陶罐口沿、罐底、瓷碗、钵口沿、底足等。根据开口层位及出土的器物残片推断为五代时期灰坑。

H27　位于 T0202 内南部。开口于第④层下，开口距现地表深 1.2 米，底距现地表深 2.1 米，打破 H34、F14 及第⑧、⑨、⑩层，被 H10 打破。2012 年 7 月 27 日清理。平面呈椭圆形，剖面呈“斗”状，口大底小，壁面粗糙，东、南两壁微外弧，西、北两壁均内斜收，底部较平整，西部微凸。灰坑中部被 2011 年发掘的灰坑打破，南壁被扰一部分。上口东西长 1.9 米、南北宽 1.4 米、底部东西长 1.2 米、南北宽 0.75 米、深 0.9—0.95 米（图一九三，H27 平剖面图）。填土土色浅灰，土质松散，含沙量大，包含物有陶片、瓷片、瓦片、石块、木炭屑、烧红土块等。可辨器型有罐、盒、钵；瓷片可辨器型有罐、碗。修复成形的器物有：瓷碗 1 件，陶罐 4 件（图版 243），陶盏 1 件，陶盆 1 件、陶扑满 1 件（图版 273 上）。

H34　位于 T0202 中西部，开口于第⑤层下，开口距现地表深 1.3 米，底距现地表深 1.8 米，被 H27、H32、H33 所打破，打破 F14、第⑦和⑧两层。2012 年 7 月 28 日清理。平面呈椭圆形，口大底小，壁面修造粗糙，底部不平整，略呈弧形，西、南两壁较竖直，东壁不清，北壁西端亦竖直，东端微外弧。开口东西长 3.26 米、南北宽 1.4—1.5 米，底部东西长 3.26 米、南北宽 1.4 米、深 0.5 米（图一九四，H34 平剖面图）。填土堆积分为两层：堆积方向由东向西，第①层位于灰坑西端，土色呈浅灰色，土质松散，内

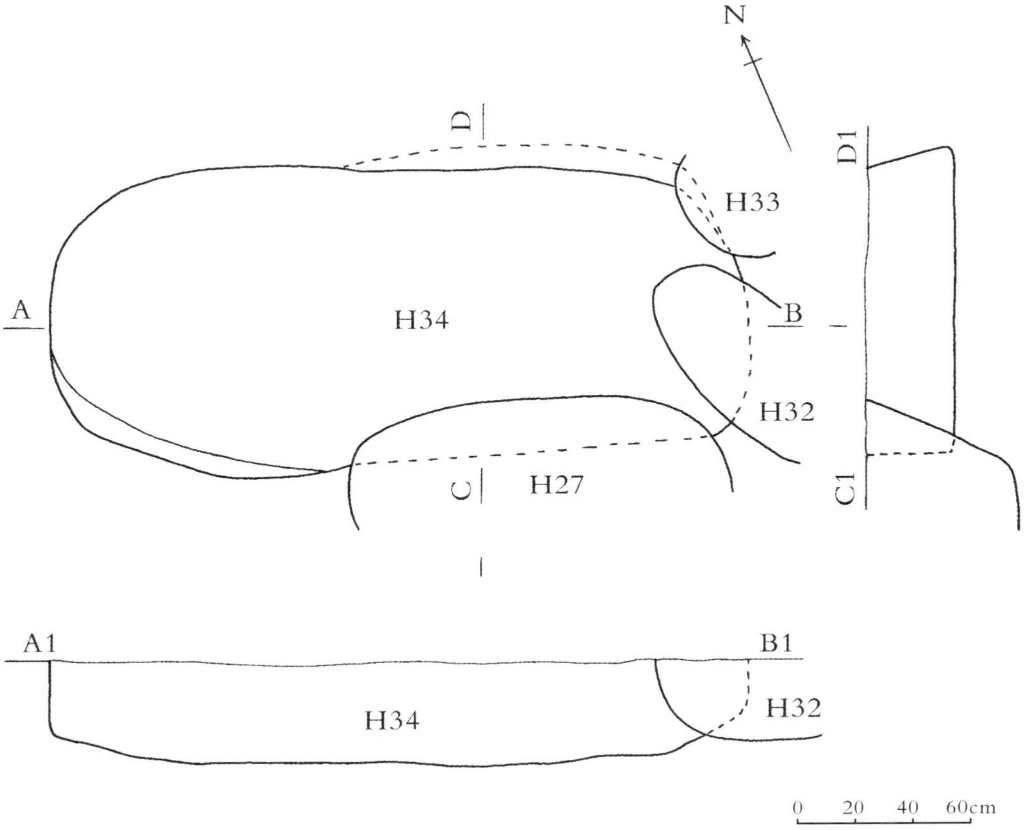

图一九四　H34 平剖面图

含有陶片、瓦片等。第②层位于灰坑东端，土色呈灰褐色，土质松散，内含有陶瓷片、瓦片、木炭屑、烧红土点等。

H78　位于 T0202 内南部略偏西，部分压在南壁下，开口于第④层下，打破第⑧、⑨两层及 F12，又被 H74、H75、H76、H77 打破，开口距现地表深 1.1 米，底距现地表深 1.73 米，2012 年 8 月 3 日清理。H78 东西两壁上部基本无存，只残存底面少部分，但 H78 打穿 F12 地面。在探方内平面呈半椭圆形，剖面呈“斗”状，口大底小，由于破坏严重，只有北壁保存较完整，壁面粗糙微外弧，底面不平整，南北较平，东西较弧。在探方内上口东西长 2.5 米、南北 0.85 米，底部东西长 2.06 米、南北宽 0.4 米、深 0.63 米。填土可分为 7 层，均呈周围高，中间低凹。第①层浅灰色土，厚 0.1 米，土质松散，内含瓦片等；第②层灰褐色土，厚 0.06 米，土质较硬，内

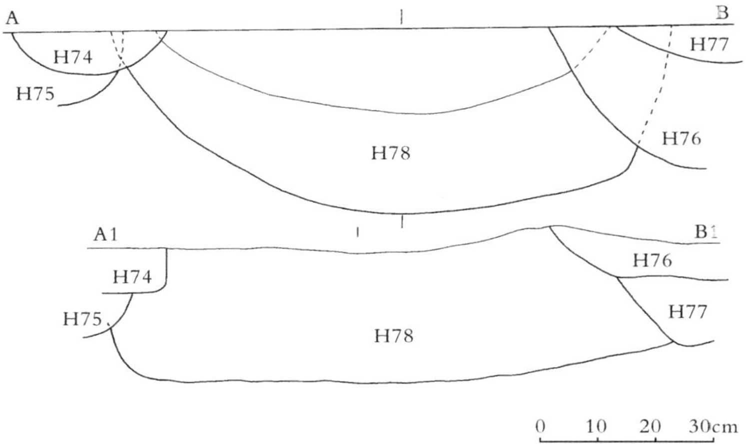

图一九五 H78 平剖面图

含较多的木炭屑；第③层黄沙土，厚 0.05 米，土质松软，内含木炭屑；第④层灰褐色土，厚 0.07 米，土质较硬，内含木炭屑、瓦渣等。第⑤层黑褐色土，厚 0.12 米，土质松软，内含骨块、木炭屑、烧土粒等；第⑥层黄沙土，厚 0.04 米，土质较硬，自然堆积，无包含物；第⑦层浅灰色土，厚 0.19 米，土质松散，内含有瓦片、陶片、骨块、木炭屑等。第①、②、④、⑤、⑦层为人为堆积层；第③、⑥层为自然堆积层（图一九五，H78 平剖面图）。

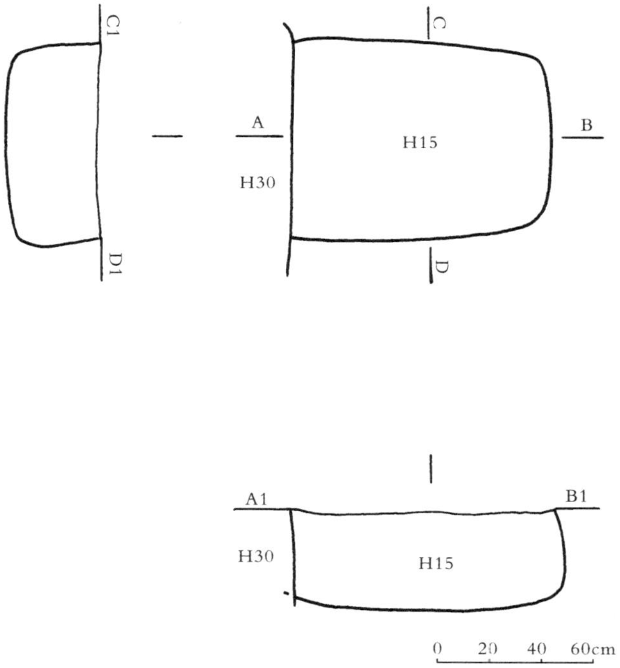

图一九六 H15 平剖面图

长方形灰坑

H15 位于 T0102 的东南部，开口于第④层下，打破第⑤层，开口距地表深 1.4 米，2012 年 7 月 8 日清理。平面呈圆角长方形，坑壁内收光滑，坑底较平整，西端被 H30 打破。东西残长 0.94 米、东端宽 0.6 米、西端宽 0.74 米、深 0.32 米（图一九六，H15 平剖面图）。内填浅褐色沙土，土质松散，内含木炭渣、兽骨、瓦片、少量灰陶片等，填土内出骨梳背1件，较完整（图版308上）。根据出土物判断为五代时期灰坑。

H30　位于T0102的东南部，开口于第④层下，打破第⑤层及H15，开口距地表深1.4米，2012年7月14日清理。平面呈长方形，口大底小，坑壁内收粗糙，地面北高南略深。开口长2.6米、宽0.6米、北端深0.2米、南端深0.3米（图一九七，H30平剖面图）。内填浅白色沙土，土质松散，内含草木灰及较多的兽骨、瓦块等。应属五代时期灰坑。

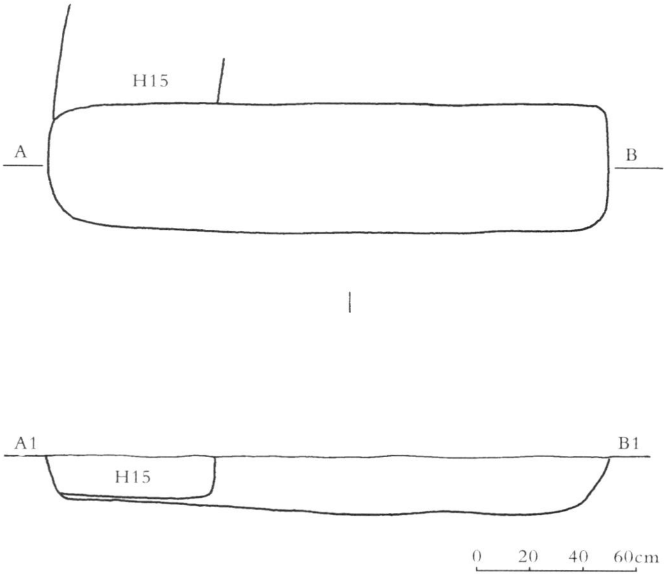

图一九七　H30平剖面图

H37　位于T0102的西部，南邻H36，开口距地表深1.8米，2012年7月19日清理。平面略呈长方形，东宽西窄，形状较规整，坑壁竖直且光滑，底面平整。南北长1.2米、东壁宽0.56米、西壁宽0.48米、深1米（图一九八，H37平剖面图）。填土为灰褐色沙土，土质松散，内含大量木灰、烧土块、兽骨、瓦片、少量的灰陶片、白瓷片等。应属五代时期灰坑。

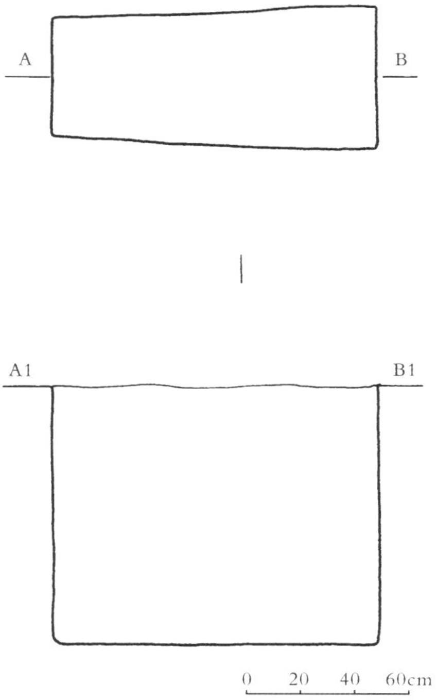

图一九八　H37平剖面图

H45　位于T0102的南部，东邻H44，开口于第⑤层下，打破第⑥层，

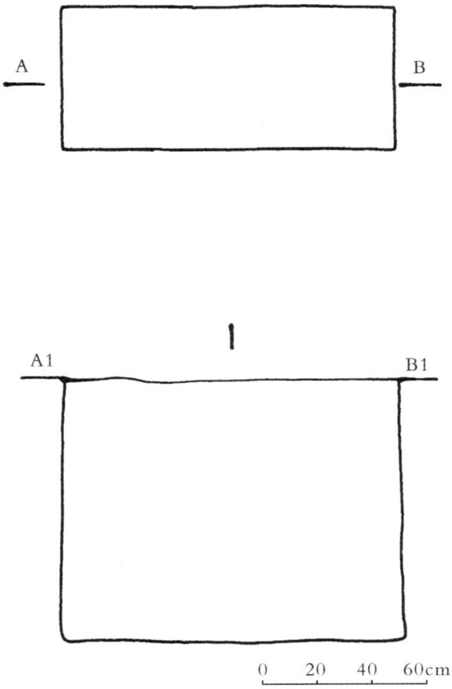

图一九九　H45 平剖面图

开口距现地表深 1.8 米，2012 年 7 月 20 日清理。平面呈长方形，土圹竖穴式，坑壁较竖直，壁面光滑，底面平整。长 1.2 米、宽 0.45 米、深 0.98 米（图一九九，H45 平剖面图）。填土为深褐色沙土，土质松散，内含草木灰、瓦片、兽骨、少量的素面灰陶片等。应属五代时期灰坑。

H57　位于 T0101 的南部，开口于第④层下，打破第⑤层，南邻 H56，开口至地表深 1.25 米，2012 年 7 月 27 日清理。平面呈长方形，土圹竖穴式，口小底稍大，坑壁斜直较光滑，底面平整。开口长 1.1 米、北宽 0.5 米、西宽 0.46 米、底端长 1.2 米、宽 0.56—0.6 米、深 0.8 米（图二〇〇，H57 平剖面图）。填土一致，为灰色沙土，土质松散，内含大量的灰烬，少量的灰陶片、兽骨、瓦片等。应属五代时期灰坑。

方形灰坑

H38　位于 T0102 的中北部，东邻 H39，开口于第⑤层下，打破第⑥层，开口距现地表深 1.8 米，2012 年 7 月 18 日清理。平面呈方形，直边圆角，坑壁外弧，修造较粗糙，地面平整较硬。北端少量压于探方壁下，口小底稍大。

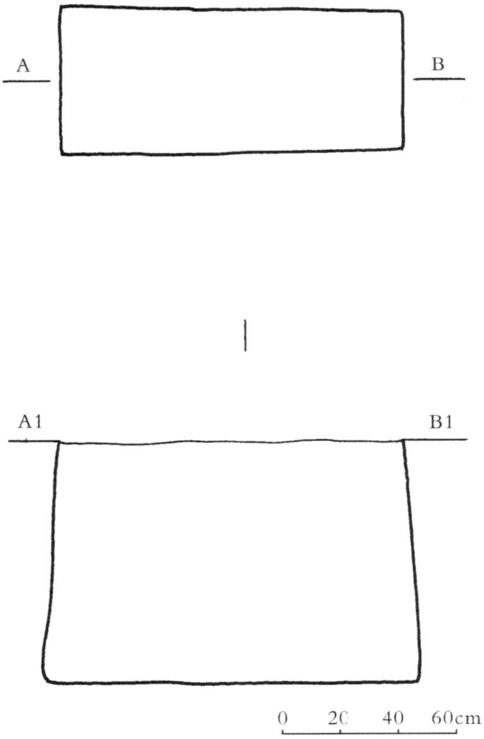

图二〇〇　H57 平剖面图

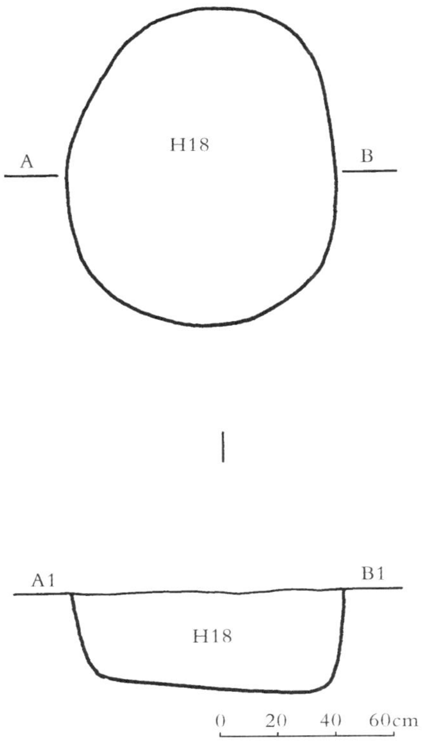

图二〇一　H38 平剖面图

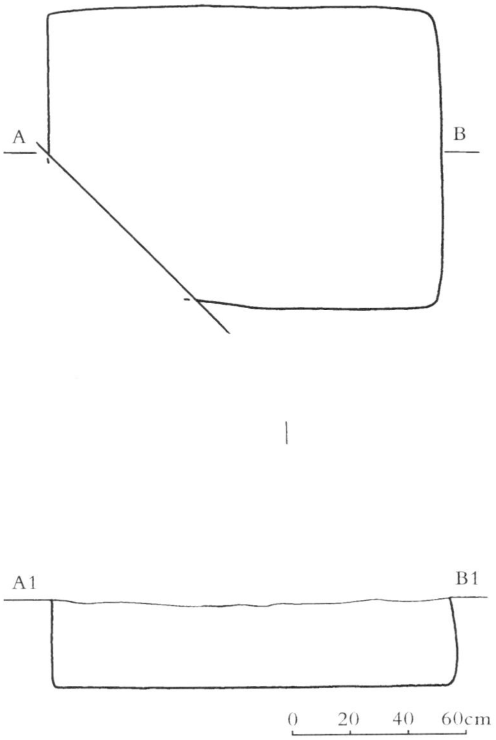

图二〇二　H18 平剖面图

南北长 1.64 米、东西宽 1.32 米、深 0.4 米（图二〇一，H38 平剖面图）。填土为灰色沙土，土质松散，内含较多的瓦片、砖块、兽骨、木灰，少量的灰陶片。应属五代时期灰坑。

圆形灰坑

H18　位于 T0102 的东北部，开口于第④层下，打破第⑤层，开口距地表深 1.4 米，2012 年 7 月 8 日清理。平面呈圆形，口大底小，坑壁较粗糙且内收，坑底不平整。开口东西径 0.82 米、南北径 0.86 米、深 0.3 米（图二〇二，H18 平剖面图）。内填灰色沙土，土质较松散，内含大量的木炭屑、瓦片、残砖块、少量的灰陶片及青、白瓷片，可辨别的器型有陶罐口沿、瓷钵、碗口沿、底足等。根据填土内出土的器物残片，可推断为五代时期灰坑。

H29　位于 T0102 的东中部，开口于第④层下，打破第⑤层及 H31，开口至地表深 1.4 米，2012 年 7 月 13 日清理。平面呈圆形，坑壁

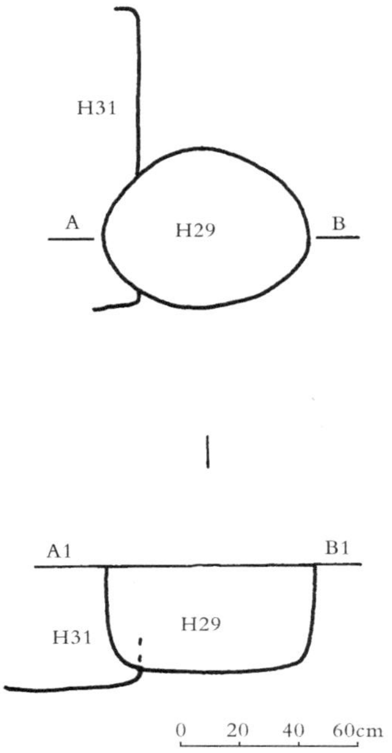

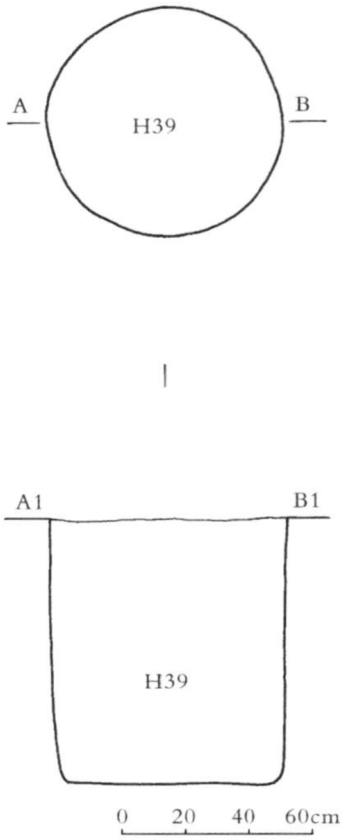

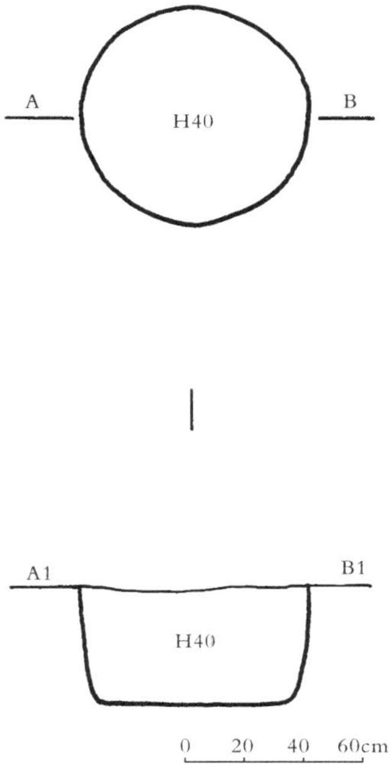

图二〇三　H29 平剖面图　　图二〇四　H39 平剖面图　　图二〇五　H40 平剖面图

较竖直粗糙，底面较平整。东西径长 0.6 米、南北径长 0.44 米、深 0.32 米（图二〇三，H29 平剖面图）。内填土为深褐色沙土，土质松散，内含草木灰、瓦片、烧红土块、少量的灰陶片。应属五代时期灰坑。

H39　位于 T0102 的东北部，开口于第⑤层下，打破第⑥层，开口距现地表深 1.8 米，2012 年 7 月 19 日清理。平面呈圆形，坑壁较竖直，壁面粗糙，底面平整。开口直径 1.05 米、深 1.2 米（图二〇四，H39 平剖面图）。内填灰褐色沙土，土质松散，内含草木灰、石块、瓦块、少量的灰陶片、白瓷片、兽骨等。应属五代时期灰坑。

H40　位于 T0102 的中部，东邻 H42，开口于第⑤层下，打破⑥层。开口距现地表深 1.8 米，2012 年 7 月 19 日清理。平面呈圆形，口大底小，坑壁内斜收，壁面粗糙，底面较平整。开口直径 0.56 米、深 0.3 米（图二〇五，H40 平剖面图）。填土为深灰色沙土，土质松散，内含草木灰、瓦片、砖块等。复原陶盆 1 件（图版 287 左上）。

H41　位于 T0102 的中部，北邻 H42，并打破 H42，开口距现地表深 1.8 米，2012 年 7 月 19 日清理。平面呈圆形，坑壁较竖直，壁面粗糙，坑

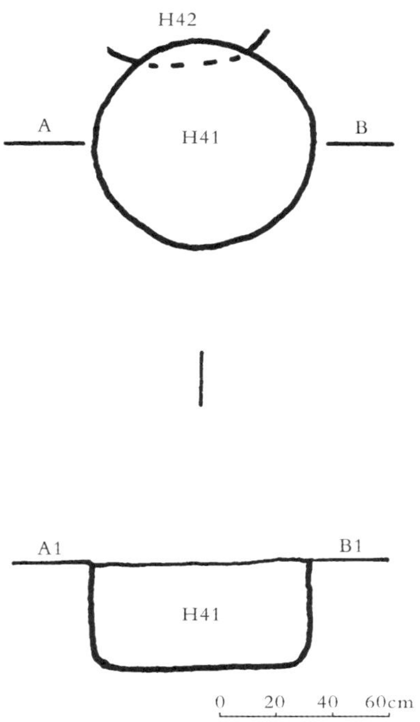

图二〇六　H41 平剖面图

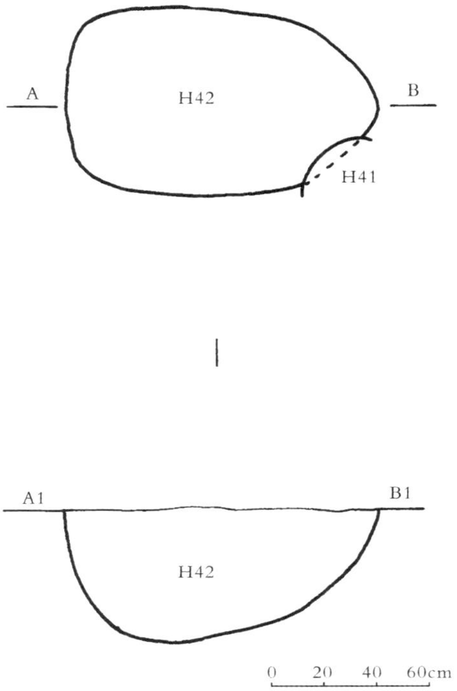

图二〇七　H42 平剖面图

底较平整。开口直径 0.4 米、深 0.2 米（图二〇六，H41 平剖面图）。填土为灰色沙土，土质松散，内含草木灰、瓦片等。应属五代时期灰坑。

H42　位于 T0102 的中部，东邻 H43，开口于第⑤层下，打破第⑥层。开口距现地表深 1.8 米，2012 年 7 月 19 日清理。平面呈不规整圆形，壁面内收粗糙，底面东浅西深，不平整。开口东西径 1.04 米、南北径 0.65 米、东端深 0.3 米、西端深 0.45 米（图二〇七，H42 平剖面图）。填土为灰白色沙土，土质松散，内含草木灰、砖块、瓦片、兽骨、少量的素面灰陶片等。应属五代时期灰坑。

H43　位于 T0102 的西南部，西邻 H36，开口于第⑤层下，打破第⑥层，开口距现地表深 1.8 米，2012 年 7 月 19 日清理。平面呈圆形，口大底小，坑壁内斜收，壁面粗糙，底面平整。口径 0.56 米、底径 0.52 米、深 0.2 米（图二〇八，H43 平剖面图）。内填浅褐色沙土，土质松散，内含草木灰、兽骨、瓦片等。应属五代时期灰坑。出土陶钵 1 件，稍残。

H62　位于 T0101 的中北部，开口于第④层下，打破第⑤层。开口距现地表深 1.25 米，2012 年 7 月 26 日清理。平面呈圆形，口大底小，坑壁

图二〇八　H43 平剖面图

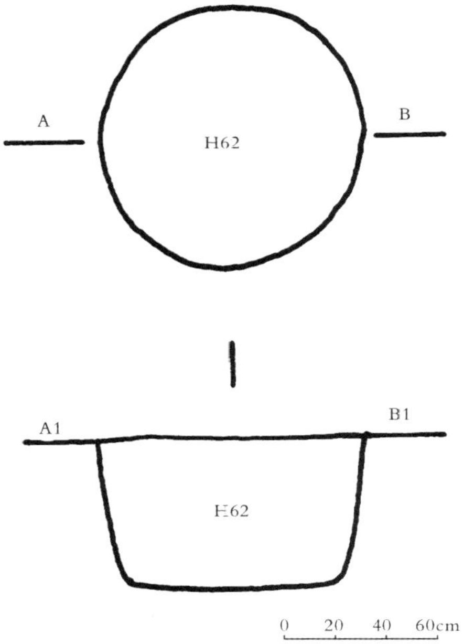

图二〇九　H62 平剖面图

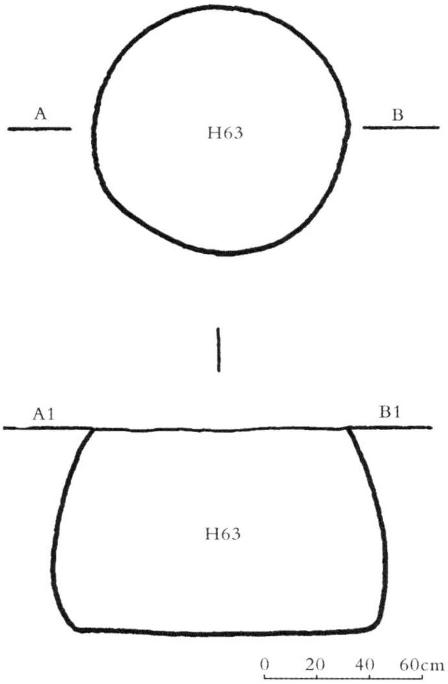

图二一〇　H63 平剖面图

斜收较粗糙，底面平整。开口直径 0.52 米、底端直径 0.4 米、深 0.3 米（图二〇九，H62 平剖面图）。内填浅褐色沙土，土质松散，内含草木灰、瓦片、兽骨等。应属五代时期灰坑。

H63　位于 T0101 的东北部，开口于第④层下，打破第⑤层，开口距现地表深 1.25 米，2012 年 7 月 26 日清理。平面呈圆形，口小底大，坑壁弧形，底面平整。开口直径 0.52 米、底面直径 0.6 米、深 0.4 米（图二一〇，H63 平剖面图）。填土为灰色沙土，土质松散，内含较多的草木灰、少量的灰陶片。应属五代时期灰坑。出土瓦当 1 件，稍残（图版 317、319 上、319 左下）。

不规则形灰坑

H22　位于T0302内东部。开口于第⑤层下，被H1打破，打破Z2及第⑨、⑩、⑪层。开口距现地表深1.4米，2012年9月1日清理。平面呈不规则形，口大底小，部分压在探方东壁下，壁面粗糙，底部较平。上口东西长1.38米、南北宽1.2米，底部东西长1.31米、南北宽0.8米、坑深0.6米（图二一一，H22平剖面图）。填土土色浅灰，土质松软，含沙量大，包含有陶片、瓷片、瓦片、兽骨块、烧红土块等。

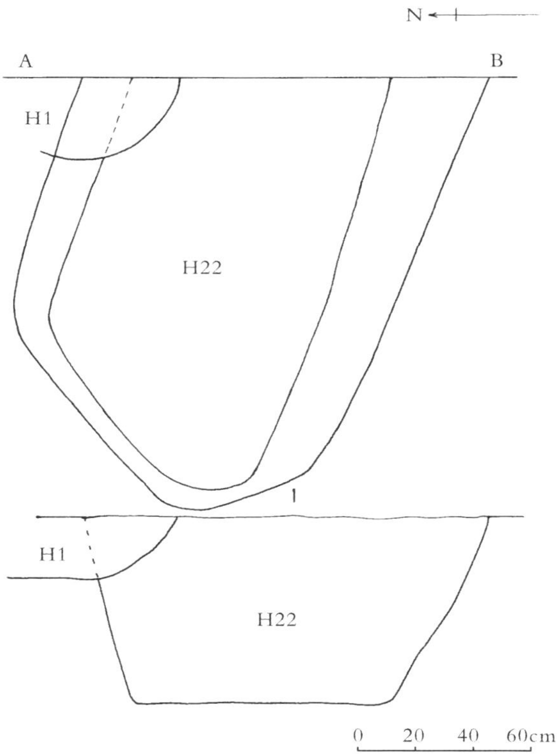

图二一一　H22平剖面图

H31　位于T0102的中部，开口于第④层下，打破第⑤层，被H29打破。2012年7月14日清理。平面呈不规则形，壁面修造粗糙，底面较平整。开口北边长0.9米、南边长1米、东边长0.9米、西边长1米、西端深0.3米、东端深0.34米（图二一二，H31平剖面图）。内填灰色沙土，土质松散，内含烧红土块、草木灰、兽骨、瓦片及少量的灰陶片、三彩片等。该坑出土可修复成形的器物2件（组）。应

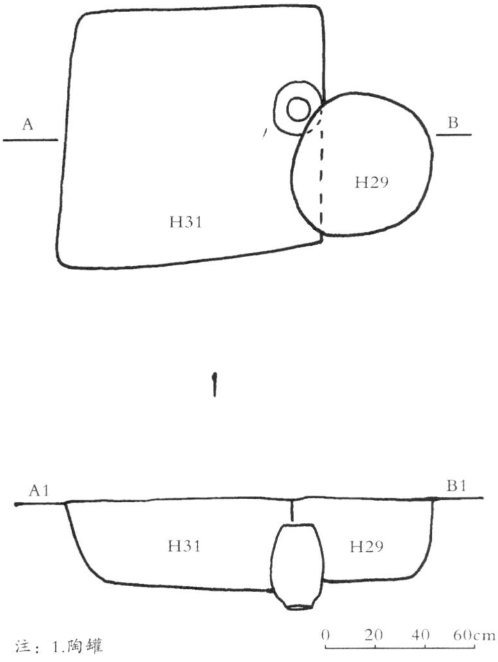

图二一二　H31平剖面图

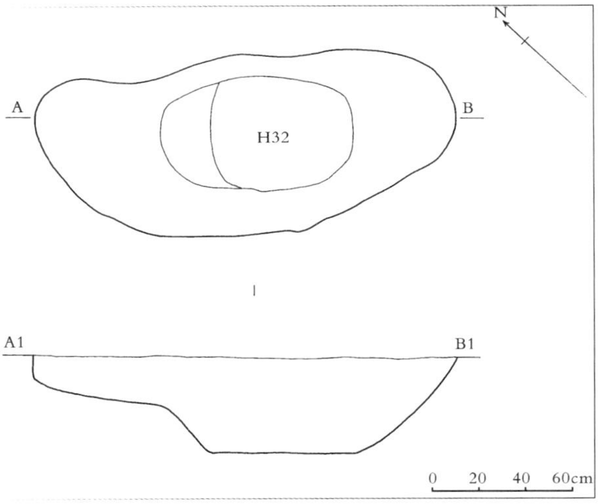

图二一三　H32 平剖面图

属五代时期灰坑。

H32　位于T0202内南部，开口于第④层下，打破H34、F14、第⑤层。开口距现地表深1.2米，底距现地表深1.6米。2012年7月27日清理。平面呈不规则形，口大底小，壁面粗糙，底部不平，底部西端高于南端。开口东西长1.72米、南北最宽0.76米、底部东西长0.58米、南北宽0.47米、深0.1—0.4米、底部西端高于南端0.2米（图二一三，H32平剖面图）。填土土色浅灰，土质松散，含沙量大，内含有陶片、骨块、木炭屑等，出土可复原陶罐1件。

H46　位于探方T0302内北中部，开口于第④层下，打破第⑥、⑪、⑫层，被G4所打破，开口距现地表深1.7米，底距现地表深2.3米。2012年8月18日清理。平面呈不规则形，口大底小，壁面竖直平整，底部高低不平。四壁及底部有烟火熏烧过的痕迹。开口东西长1.56米、南北宽0.38—0.62米，底部东西长1.49米、南北宽0.3—0.5米、深0.3—0.6米。坑底部有两个小坑，用途不详，西侧坑直径约0.5米、深0.22米；东侧坑东西宽0.26米、南北长0.34米、深0.16米（图二一四，H46平剖面图）。填土土

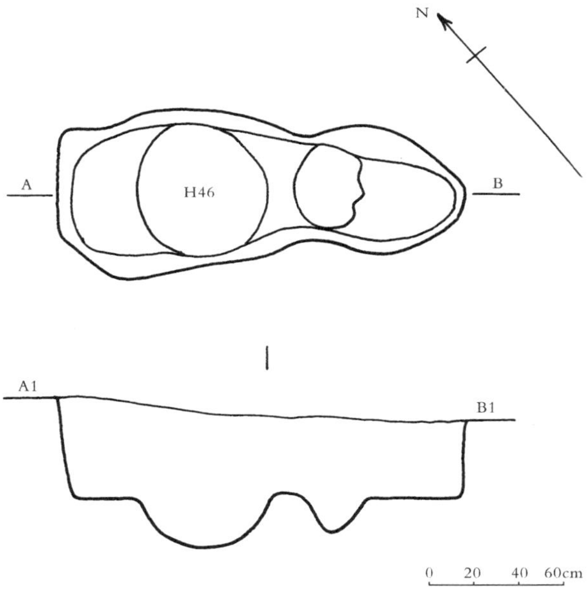

图二一四　H46 平剖面图

色浅灰，土质松软，含沙量大，内含少量陶片、骨块、瓦片、木炭屑等。

宋元时期灰坑举例

椭圆形灰坑

H2　位于探方T0202西北角，开口于第③层下，打破第④层。2011年10月17日清理。平面呈椭圆形，口略大于底，壁面直斜内收为平底。长2.3米、宽1.56米、深0.6米（图二一五，H2平剖面图）。填土堆积分为两层：第①层厚0.3米，黄沙土，土质松软，内含有少量兽骨、瓦片、砖块；第②层厚0.2米，土色灰色，土质松软，内含有陶器残碎片，可辨器型的有陶缸、钵、碗等。

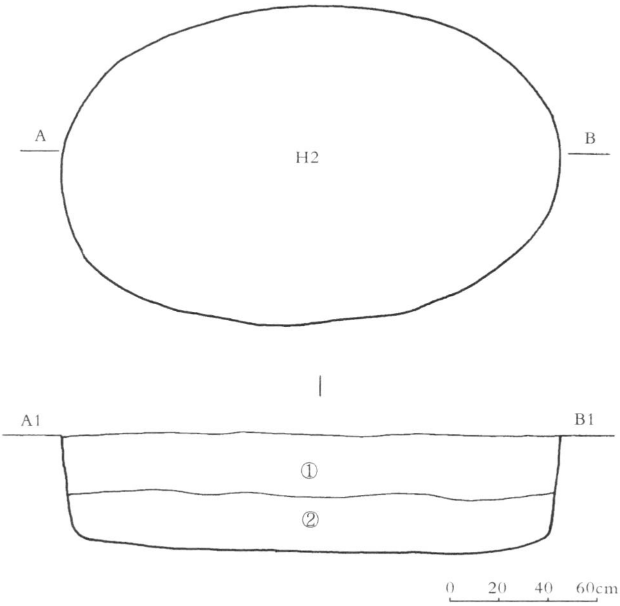

图二一五　H2平剖面图

H5　位于探方T0102东南部，开口于第③层下，打破第④层。清理工作从2011年10月19日开始，至10月21日结束。平面呈椭圆形，口大底小，壁面直斜，内收成近平底。开口长径2.2米、短径1.9米、底边径1.8米、深0.79米（图二一六，H5平剖面图）。填土土色灰黄，土质松软，夹杂少量木炭屑，碎烧红土块。内含有残砖瓦碎块、少量兽骨、陶器残碎片，可分

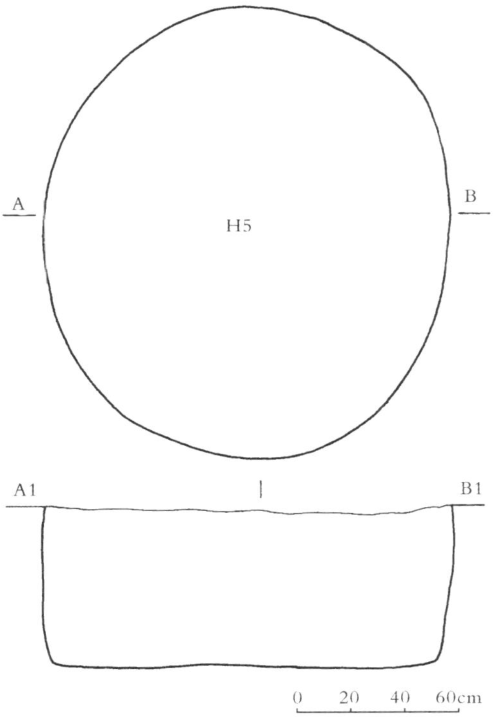

图二一六　H5平剖面图

辨器型的有陶罐、盆、碗等。

H10　位于探方T0202南部，开口于第④层下，打破第⑤层，2011年11月1日清理。平面近似椭圆形，口大底小，其四周壁面向外弧形外扩，下端向内收成近平底。开口长1.9米、宽1.6米、深0.44米（图二一七，H10平剖面图）。填土土色深灰，土质松软，夹杂烧红土块，内含有少量兽骨、瓦片、砖块、陶器残碎片，可分辨器型的有陶缸等。

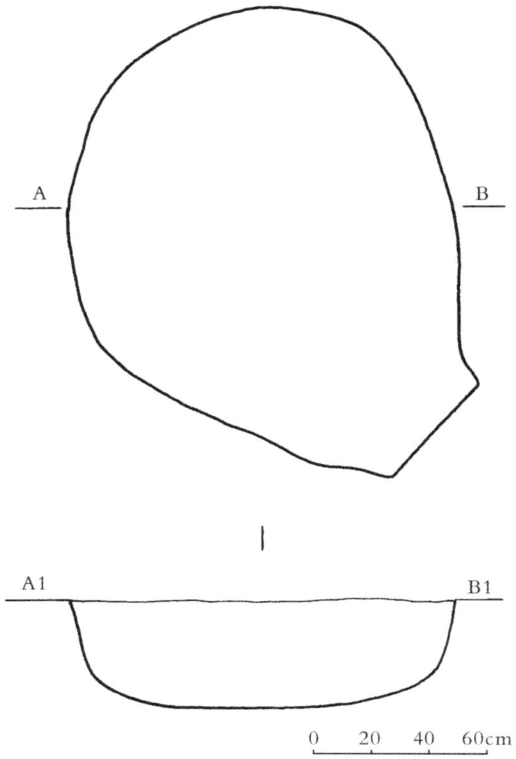

图二一七　H10平剖面图

H11　位于探方T0202西南角，开口于第④层下，打破第⑤层，2011年10月31日清理。平面呈椭圆形，口略大于底，西南壁面呈斜坡状向内收，东北壁面呈斜坡微扩，底部内收成近平底。开口长1.8米、宽0.58米、深0.98米（图二一八，H11平剖面图）。填土土色深灰，土质松软，夹杂烧红土块，内含有少量兽骨、瓦片、砖块、陶器残碎片等。

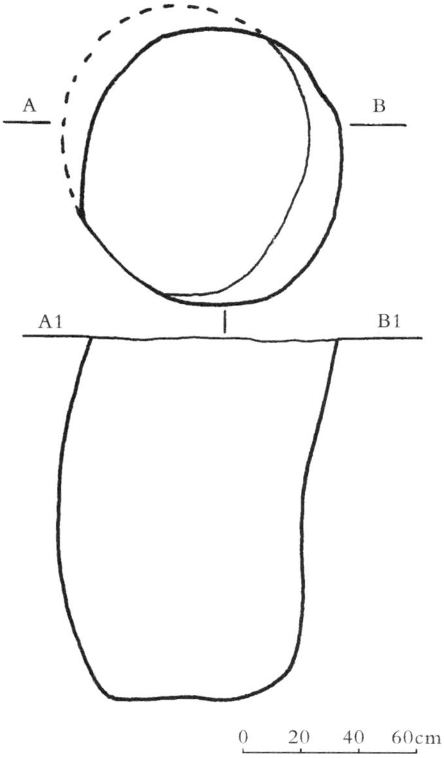

图二一八　H11平剖面图

H19　位于T0302内西南部。开口于第③层下。开口距现地表深0.75米，底距现地表深1.35米，清理工作于2012年9月1日当天完成。平面呈椭圆形，壁面竖直较粗糙，底部较平滑。开口南北长1.44米、东西宽0.72—1.04米、深0.6米（图二一九，H19平剖面图）。填土呈浅灰色，土质松散，含沙量大，内含有陶瓷片、石块、兽骨渣等。该坑填土内出土残陶盆（H19：1）1件。

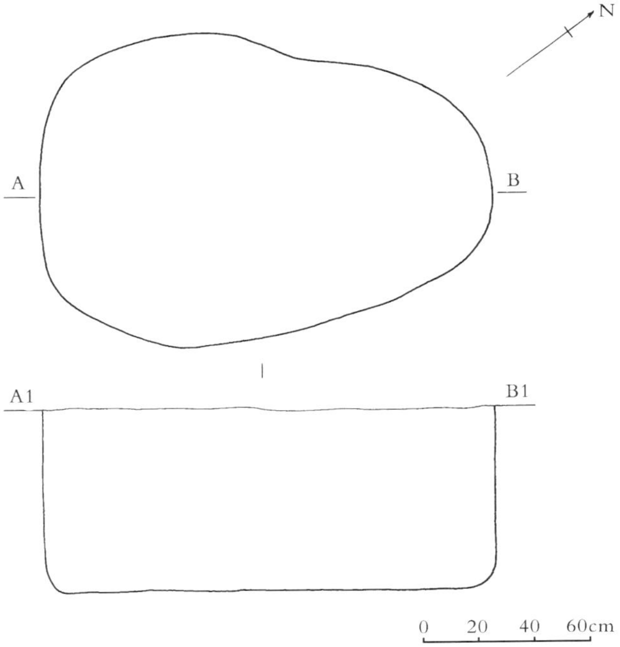

图二一九　H19平剖面图

H23　位于T0202内西部偏北。开口于第③层下，开口距现地表深1.38米，2012年7月25日清理。平面略呈椭圆形，坑较浅，壁面竖直粗糙，底部较平整。南北长0.8米、东西宽0.7米、深0.38米（图二二〇，H23平剖面图）。填土土色浅灰，土质松散，含沙量大，包含物有陶片、石块、瓦片、木炭屑等，陶片可辨器型有盆、罐残口沿，出土可复原器物2件，其中陶碗1件（图版260）。

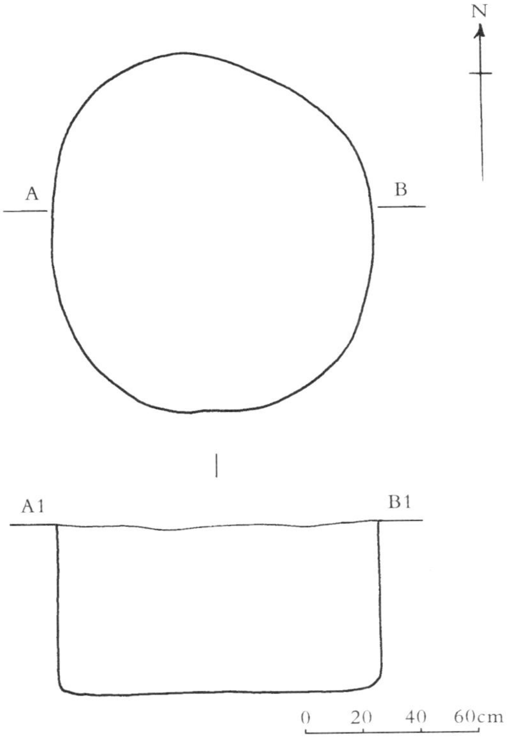

图二二〇　H23平剖面图

圆形灰坑

H4　位于探方T0102东南角，一部分延伸至探方外，开口于第③层下，打破第④层。2011年10月20日清理完成。平面呈圆形，口略大于底，底面平整。

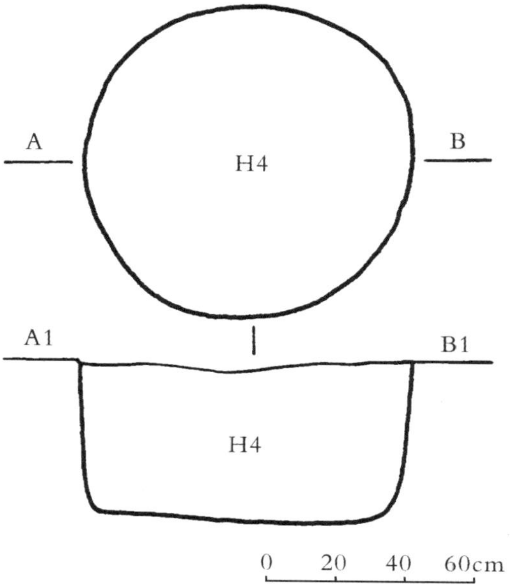

图二二一　H4 平剖面图

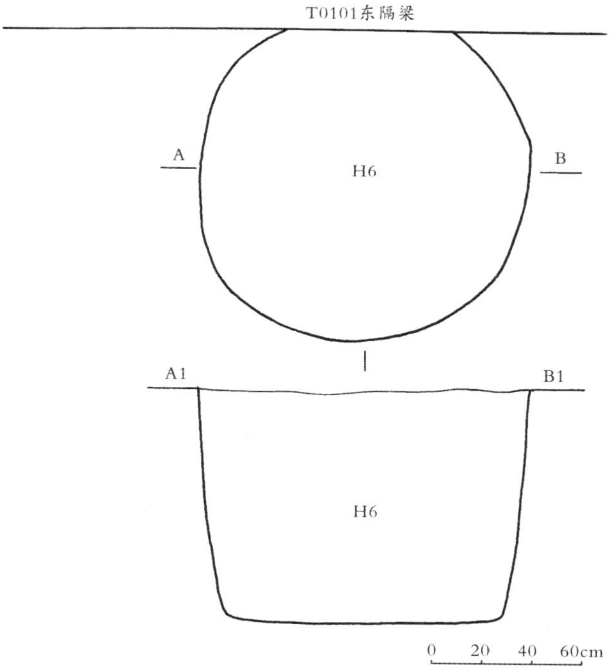

图二二二　H6 平剖面图

开口直径 0.7 米、深 0.38 米（图二二一，H4 平剖面图）。填土深灰色，土质松软，夹杂大量木炭屑，内含有残碎的砖瓦块、兽骨、陶器碎残片。

H6　位于探方 T0101 东部及东隔梁下，方向为南北向，开口于第③层下，打破第④层。清理工作从 2011 年 10 月 22 日开始，至 10 月 23 日结束。平面略呈圆形，口略大于底，壁面斜直，内收成平底。开口径 1.6 米、底径 1.36 米、深 1.16 米（图二二二，H6 平剖面图）。填土为深黄灰色沙土，含沙量大，内含有大量兽骨、瓷器碎片、陶器碎片、瓦片、砖块、花纹砖块、石块、瓦当小残块、烧红土碎块、木炭屑等。可分辨器型的有陶罐、盆、碗等。

H9　位于探方 T0202 中部偏北，开口于第④层下，打破第⑤层。2011 年 11 月 11 日清理。平面圆形，四周壁面向外弧形外扩，下端向内收成平底。

直径1.1—1.2米、深1.18米(图二二三，H9平剖面图)。填土土色深灰，土质松软，夹杂烧红土块，内含有少量兽骨、瓦片、砖块、陶器残碎片，可分辨器型的有陶缸、碗等。

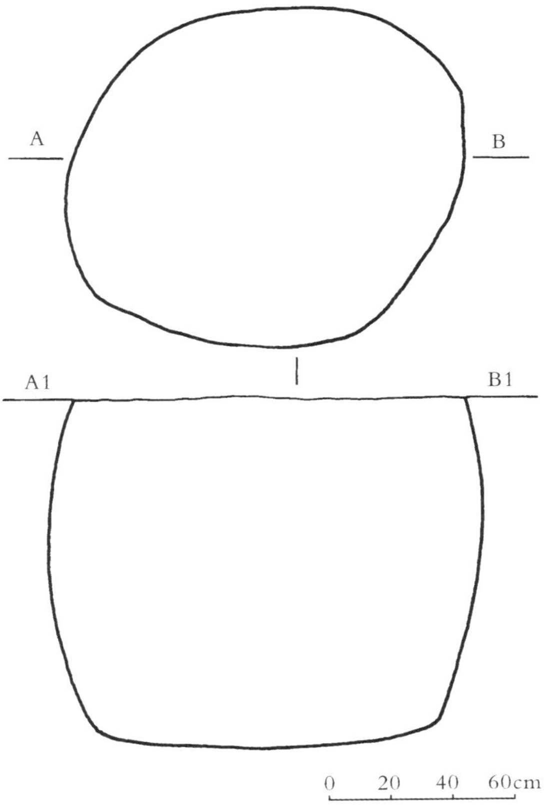

图二二三 H9平剖面图

方形灰坑

H3 位于T0102探方东南角，一部分延伸至探方外，开口于第③层下，打破第④层。2011年10月19日清理完成。平面略呈方形，口略大于底，壁面直斜粗糙，内收成平底。口边长0.76米、底边长0.7米、深0.48米(图二二四，H3平剖面图)。填土堆积分2层：第①层厚0.2—0.24米，深灰色土，夹杂大量灰点，土质松软，内含有残碎的砖瓦块。第②层厚0.22米，灰白色填土，土质较硬，内含有少量兽骨、瓦片、砖块、陶器碎残片，可辨器型的有陶罐。

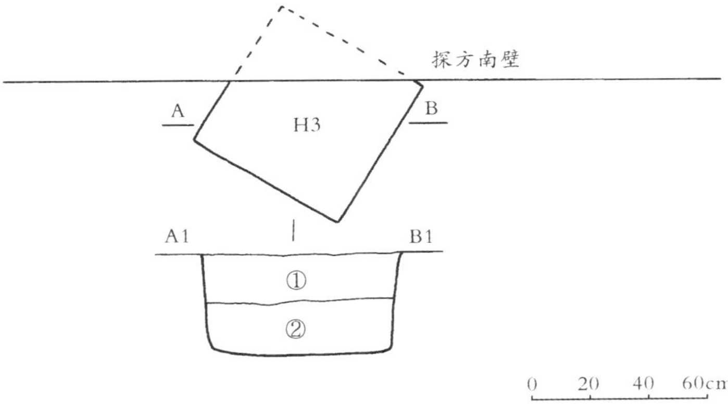

图二二四 H3平剖面图

长方形灰坑

H8 位于探方T0302西北部，开口于第③层下，打破第④层。清理工作从2011年10月28日开始，至10月29日结束。平面呈长方形，口大底小，壁面斜直，内

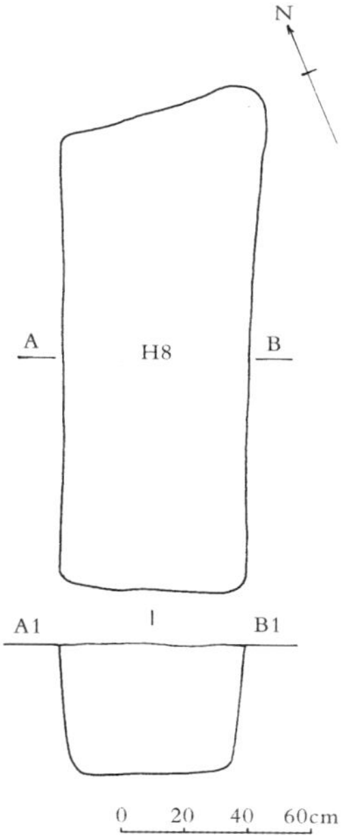

图二二五　H8 平剖面图

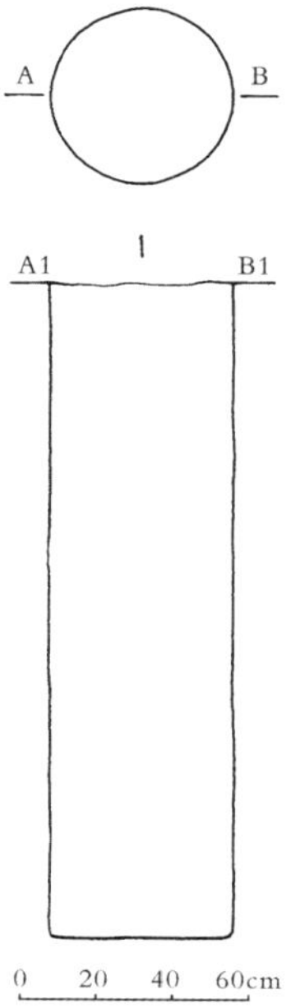

图二二六　J1 平剖面图

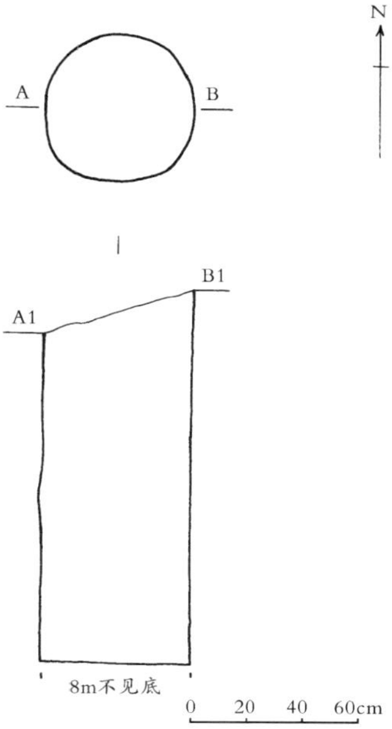

图二二七　J2 平剖面图

收成平底。开口长 2.3—2.8 米、宽 1 米、深 0.7 米（图二二五，H8 平剖面图）。填土土色深灰，土质松软，夹杂少量木炭屑，内含有少量兽骨、瓦片、砖块、陶器残碎片。

B. 井

在 6 个探方内，共清理出井 21 口，编号 J1—J21，以编号顺序分述如下。

J1　位于 T0102 的西北部，开口于第⑦层下，打破第⑧层及生土层，开口距现地表深 2.6 米，2012 年 8 月 29 日清理。平面呈圆形，壁面竖直光滑，修造较规整，底面平整，底部淤积大量的灰沙土。直径 0.76 米、深 2.8 米（图二二六，J1 平剖面图）。内填深灰色沙土，内含瓦片、砖块、木灰、兽骨、酱黄釉瓷碗残片、灰陶片。根据地层关系结合出土器物特征初步判断为唐代井。

J2　位于 T0302 西南部，开口于第 ⑫ 层下，打破第 ⑬、⑭ 层及生土层。开口距现地表深 2.7 米，现发掘深度距现地表深 4.7 米，2012 年 10 月 12 日清理。平面呈圆形，壁面较竖直，修造较粗糙，由于坍塌，未发掘到底，故底部情况不详。直径 0.8 米、发掘深度 1.76—2.06 米（图二二七，J2 平剖面图）。填土呈灰褐色，土质松散，内含有陶片、瓦片、骨块、砖块、石块等。钻探 8 米深不见底。

J3　位于 T0302 中北部，开口于第 ⑫ 层下，打破第 ⑬、⑭ 层及生土层及 H149、H159、H161、J7、L3。开口距现地表深 2.75 米，发掘深度距现地表 5.29 米，2012 年 10 月 16 日清理。平面呈椭圆形，口大底小，壁面较竖直，修造细致光滑，上部由于坍塌而形成椭圆形，底部呈圆形。该井西南部有一凹槽，从开口向下 0.26 米处起一直延伸至井底，凹槽进深 0.14 米、宽 0.24 米，平面呈三角形，推测可能是在挖井时，人上下用脚踩踏成的。该井开口东西径 1.54 米、南北径 0.96 米、底部径 0.8 米，发掘深度 2.54 米（图二二八，J3 平剖面图）。填土呈灰褐色，土质松散，内含有陶片、骨块、砖块、石块等。钻探 7 米深不见底。

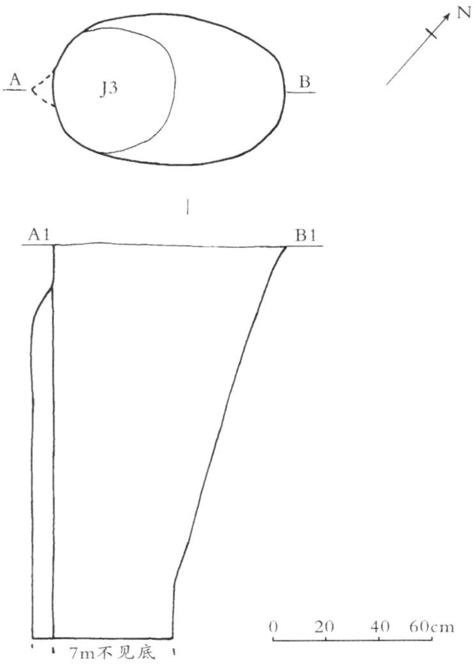

图二二八　J3 平剖面图

J4　位于 T0302 南部，开口于第 ⑫ 层下，打破第 ⑬、⑭ 层及生土层、H144，又被 H143 打破。开口距现地表深 2.85 米，现发掘底部距地表深 3.67 米，2012 年 10 月 14 日清理。平面呈圆形，壁面坍塌严重，周围均有裂缝，只发掘了一部分，未清理到底。底部结构及壁面不详。直径 0.88 米、现发掘深度 0.82 米（图二二九，J4 平剖面图）。填土呈灰褐色，土质松散，包含物有少量陶片、瓦片、砖块等。钻探 8 米深不见底。

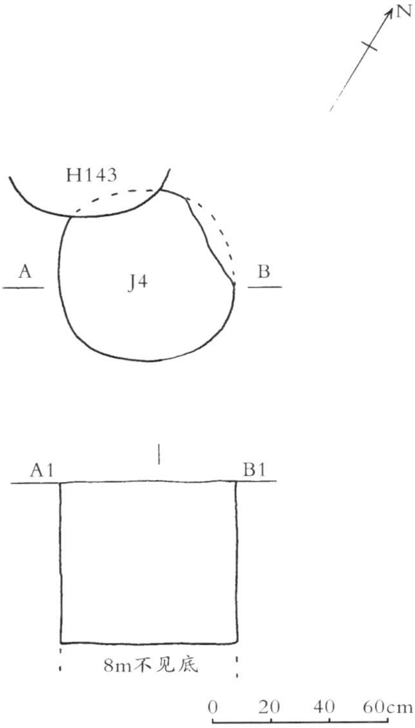

图二二九　J4 平剖面图

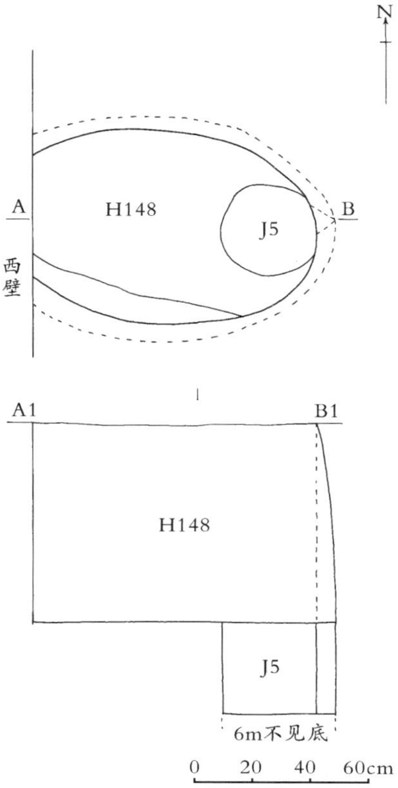

图二三〇　J5平剖面图

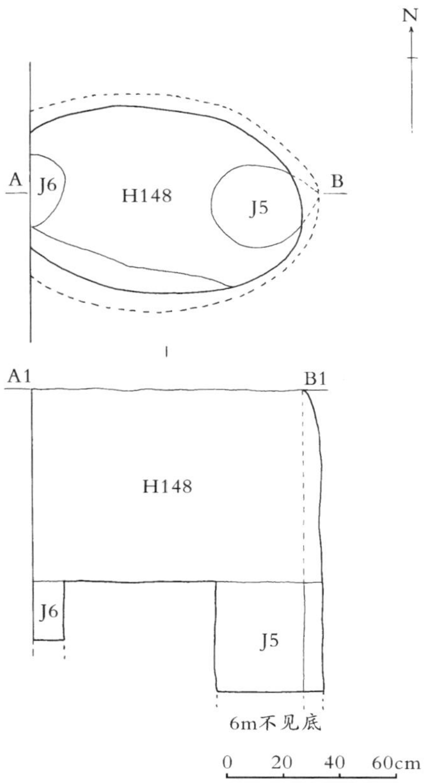

图二三一　J6平剖面图

J5　位于T0302西部，开口于H148下，打破生土层。开口距现地表深5.25米，现发掘底部距地表深6.01米，2012年10月16日清理。平面呈圆形，壁面修造较细致光滑，由于坍塌未发掘到底。东侧壁面有一宽0.24米、进深0.16米的三角形凹槽，一直延伸至井底，推测是在挖井时，人上下踩踏而形成。直径0.8米、现发掘深度0.76米（图二三〇，J5平剖面图）。填土呈灰褐色，土质松散，内含有陶片、瓦片、砖块、石块等。钻探6米深不见底。

J6　位于T0302西部，开口于H148下，打破生土层，大部分压在T0302西壁下，开口距现地表深5.25米，现发掘底面距地表深5.79米，2012年10月17日清理。在探方内平面呈半圆形，因面积较小，只发掘清理了一部分，未清理到底，壁面竖直，修造较细致光滑。南北径0.66米、东西径0.3米、现发掘深度0.54米（图二三一，J6平剖面图）。填土呈灰褐色，土质松散，内含有骨块、瓦片等。

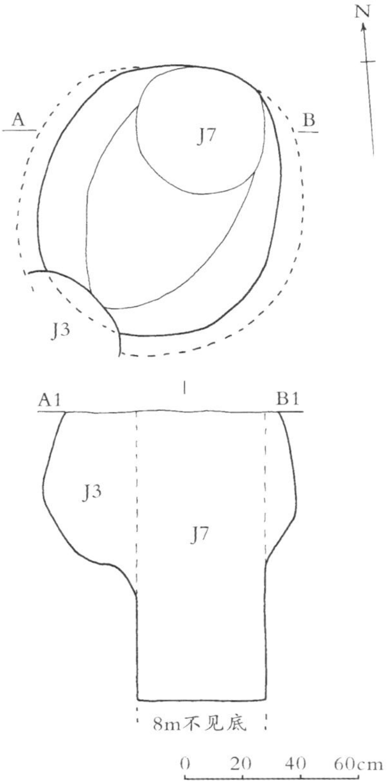

图二三二　J7平剖面图

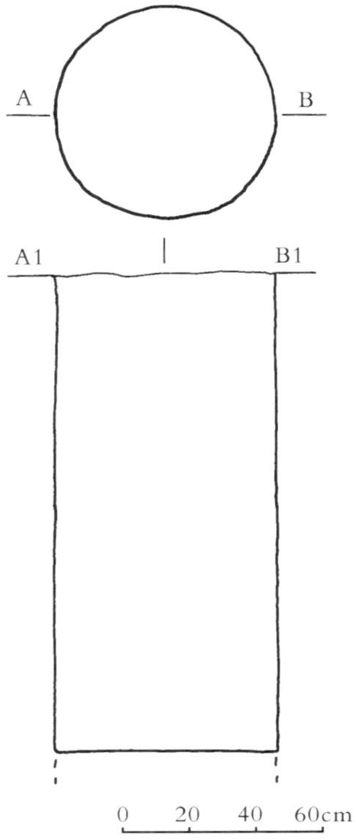

图二三三　J8平剖面图

J7　位于T0302北部，开口于第⑫层下，打破第⑬、⑭层及生土层、H159、H153、H161、F16、L3，又被J3所打破。开口距现地表深3.4米，现发掘底面距地表深5.26米。2012年10月17日清理。平面呈不规则形，由于坍塌形成口大底小，壁面原修造较细致光滑，未发掘到底。开口南北径1.80米、东西径1.55米、底部径0.8米、深1.86米（图二三二，J7平剖面图）。填土呈灰褐色，土质松散，内含有陶片、瓦片、砖块、骨块等。钻探8米深不见底。

J8　原H102，位于T0101的西南部，开口于第⑤层下，打破第⑥至⑧层及生土层。开口距地表深1.6米，清理工作于2012年9月2日开始，因此坑较深，所以随探方下逐层进行清理。平面呈圆形，壁面竖直较粗糙。直径0.8米、深4.7米不见底（图二三三，J8平剖面图）。内填深灰色沙土，土质松散，内含大量的瓦片、砖块、兽骨、灰陶片及少量的瓷片等。根据出土物判断为唐代井。出土陶碗1件，修复成形。

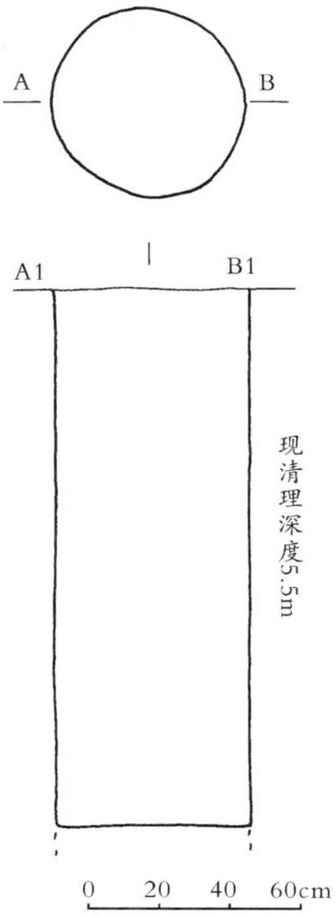

图二三四　J9 平剖面图

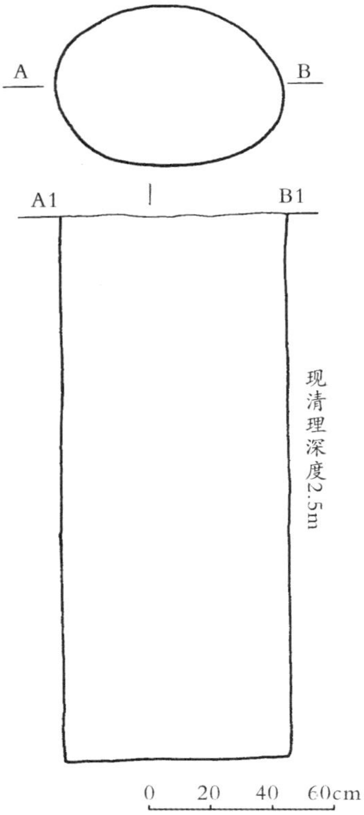

图二三五　J10 平剖面图

J9　原 H106，位于 T0101 的西南部，开口于第⑤层下，打破第⑥、⑦、⑧层及生土层。开口距地表深 1.6 米，2012 年 9 月 5 日清理，因该井较深，随探方逐层清理。平面略呈圆形，壁面竖直较粗糙。直径 0.8 米，现清理深度为 5.5 米不见底（图二三四，J9 平剖面图）。内填浅褐色沙土，土质松散，内含瓦片、砖块、兽骨、灰陶片等。根据出土物判断为唐代井。

J10　原 H109，位于 T0101 的北部，北邻 H109，开口于第⑥层下，打破第⑦、⑧、⑨层及生土层，开口距现地表深 2.4 米，由于该井较深，清理工作于 2012 年 9 月 7 日开始，随着探方逐层清理。平面略呈圆形，壁面竖直而不规整，较粗糙。开口直径 0.76—1 米、现清理深度为 2.5 米仍不见底（图二三五，J10 平剖面图）。内填深灰色沙土，土质松散，内含瓦片、砖块、兽骨等。根据开口层位判断为唐代井。

J11　原 H111，位于 T0201 东南部，开口于第⑩层下，打破第 ⑪ 层。清理工作从 2012 年 9 月 10 日开始，至 9 月 12 日清理完毕，历时 3 天。

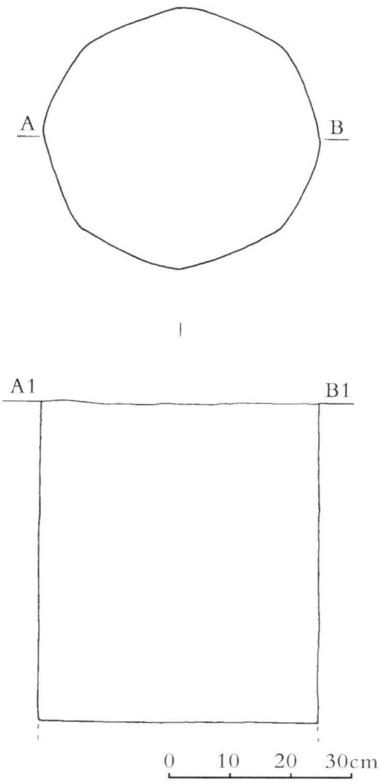

图二三六　J11 平剖面图

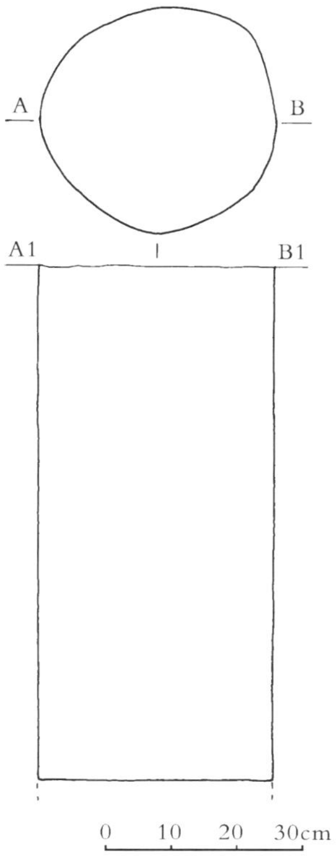

图二三七　J12 平剖面图

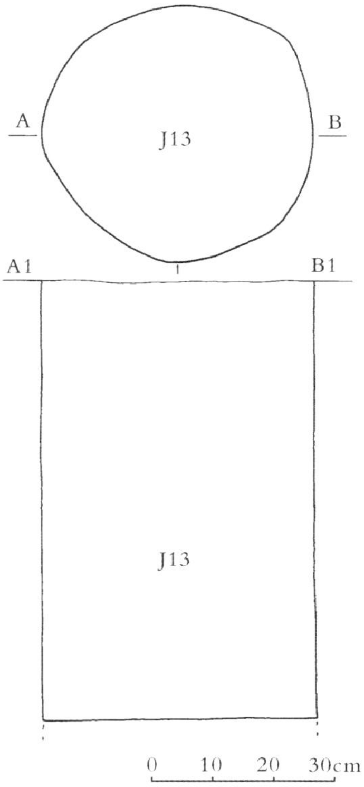

图二三八　J13 平剖面图

平面呈圆形，直径 1 米，现发掘深度 4 米不见底（图二三六，J11 平剖面图）。内填松散的灰褐色花土，包含少量木炭屑、草木灰、残陶片等，应为唐代水井。

J12　原 H112，位于 T0201 内中部，开口于第 ⑪ 层下，打破第 ⑫ 层。清理工作从 2012 年 9 月 14 日开始，至 9 月 16 日清理完毕，历时 3 天。平面呈圆形，直径 0.7 米、现发掘深度 4.5 米，不见底（图二三七，J12 平剖面图）。内填松散的灰褐色花土，含少量残陶片。应为唐代水井。

J13　原 H114，位于 T0201 内中部，开口于第 ⑪ 层下，打破第 ⑫ 层。清理工作从 2012 年 9 月 14 日开始，至 9 月 17 日结束，历时 4 天。平面呈圆形，直径 0.9 米、现清理深度 4 米，不及底（图二三八，J13 平剖面图）。内填松散的灰褐色花土，含少量残陶片、骨块等，应为水井。

J14　原 H116，位于 T0101 东北部，开口于第⑦层下，打破第⑧层及生土层。开口至地表深 2.8 米，由于较深，清理工作于 2012 年 9 月 13 日开始，

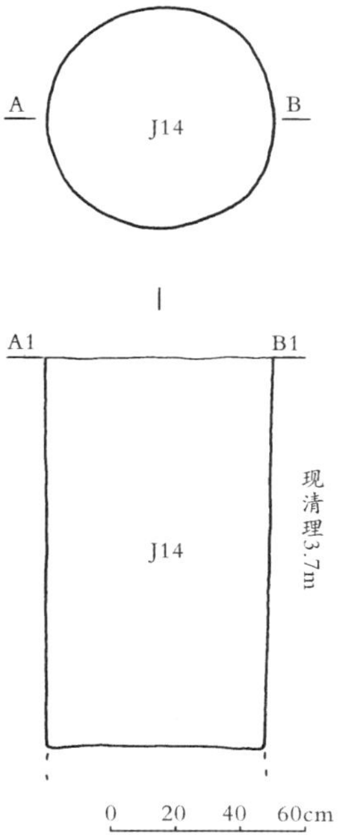

图二三九 J4 平剖面图

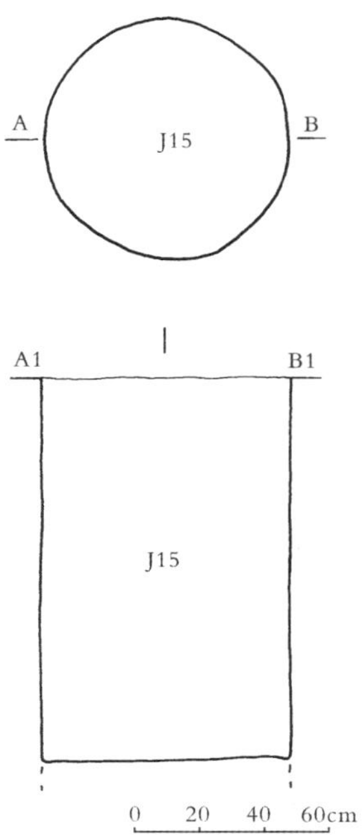

图二四〇 J15 平剖面图

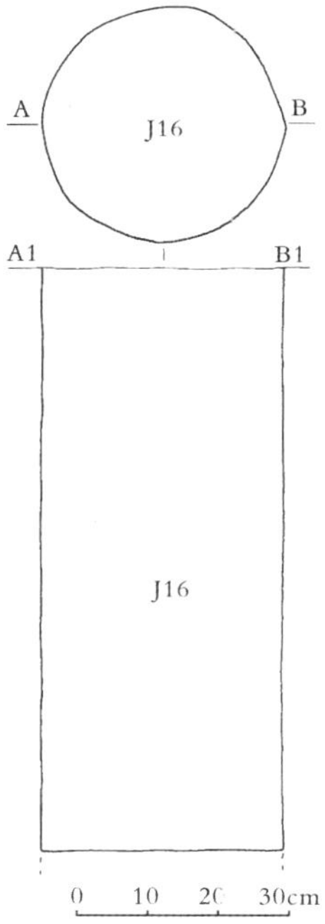

图二四一 J16 平剖面图

随探方逐层清理。平面略呈圆形，坑壁不规整，壁面较粗糙，底面平整。开口直径 0.9 米、现清理深度为 3.7 米，不及底（图二三九，J4 平剖面图）。内填深褐色沙土，土质松散，内含兽骨、草木灰、瓦片、石块及少量的白瓷片、灰陶片等。根据出土物判断为唐代水井。出土 1 枚开元通宝。

J15　原 H120，位于 T0101 中东部，开口于第⑦层下，打破第⑧、⑨层及生土层。开口距现地表深 2.8 米，清理工作从 2012 年 9 月 15 日开始，至 9 月 20 日结束，历时 6 天。平面呈圆形，坑壁较规整光滑，因坑壁为沙土层，清理到一定程度暂停。直径 1 米、现清理深度为 4.4 米，不及底（图二四〇，J15 平剖面图）。内填褐色沙土，土质松散，内含较多瓦片、砖块、筒瓦片、草木灰、兽骨及少量的白瓷片。根据出土物判断 J15 为唐代井。

J16　原 H130，位于 T0201 东南部，开口于第 ⑪ 层下，打破第 ⑫ 层及生土层，清理工作从 2012 年 9 月 16 日开始，至 9 月 18 日清理完毕，历时 3 天。平面略呈圆形，坑壁竖直光滑。直径 0.8 米、现发掘深度 4 米，尚不及底（图二四一，J16 平剖面图）。内填松散的灰褐色花土，含少量陶片及瓷片，应为唐代井。

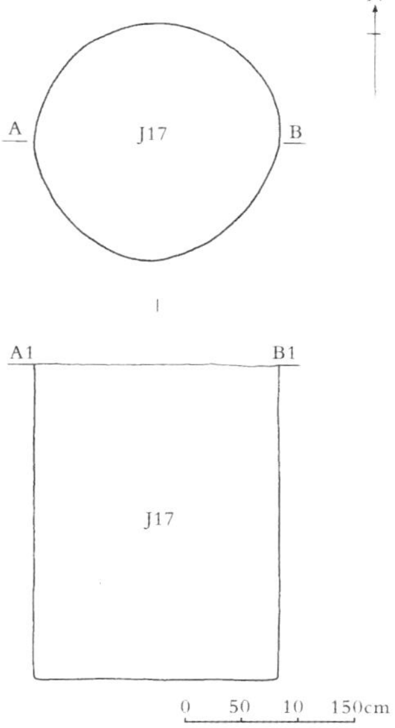

图二四二　J17 平剖面图

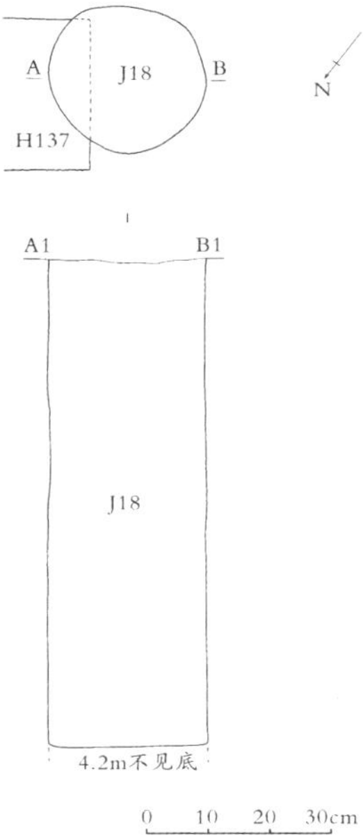

图二四三　J18 平剖面图

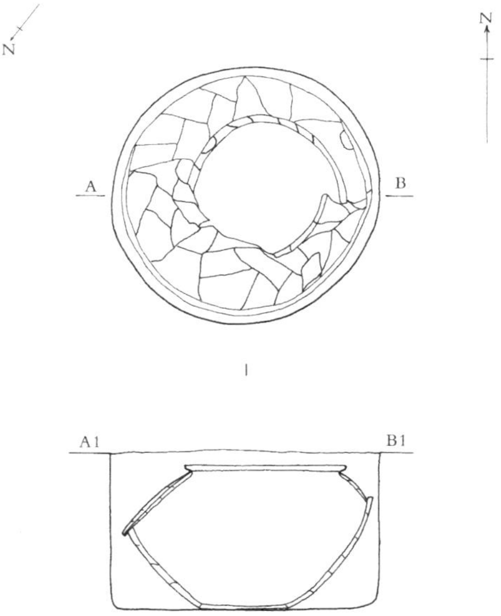

图二四四　J19 平剖面图

J17　原 H136，位于 T0202 东部，紧贴探方东壁，南邻 H137，开口于第⑫层下，打破生土层，2012 年 9 月 23 日清理。平面呈圆形，剖面呈圆筒状，口底同大，坑壁竖直光滑，上部较坚硬，下部为黄沙坑壁，底面平整。直径 0.9 米，现发掘深度为 1.2 米，尚不及底（图二四二，J17 平剖面图）。内填深灰色沙土，土质松散，含少量灰烬、瓦片等，为唐代井。

J18　原 H138，位于探方东部，开口于第⑧层下，打破 H137，开口距现地表深 1.75 米，2012 年 9 月 24 日清理。平面圆形，坑壁竖直光滑，口底同大，底面平整。直径 0.75 米，现发掘深度为 2.45 米，用探铲钻探深 4.2 米到底（图二四三，J18 平剖面图）。内填深褐色沙土，质地松散，含大量兽骨、瓦片、陶瓷片等。

J19　原 H140，位于 T0302 中部。开口于第⑪层，打破第⑫、⑬层。开口距现地表深 2.3 米，底距现地表深 2.9 米，2012 年 9 月 29 日清理。平面呈圆形，壁面竖直，修造细致光滑，底面较平整。直径 1 米、深 0.6 米（图二四四，J19 平剖面图）。内填土为黄色沙土，土质松散，内含陶片、瓦片、木炭屑等。底面中心挖一小坑，坑内放置陶罐 1 件。应为贮藏井。

J20　原 H143，位于 T0302 南部。开口于第⑫层下，打破 J4、第⑬和⑭层及生土层。开口距现地表深 2.4 米，现发掘底面距地表深 3.65 米，2012 年 10 月 14 日清理。平面呈椭圆形，由于坍塌形成口大底小，未发掘到底，怀疑为一口井。开口南北长 1.4 米、东西宽 0.95 米、底部直径 0.8 米、现发掘深度 1.25 米，钻探深 8 米，不见底。（图二四五，J20 平剖面图）。填土为浅灰色，土质松散，内含有瓦片、陶片、骨块等。出土瓷碗 1 件修复完整。骨器 1 件，完整。

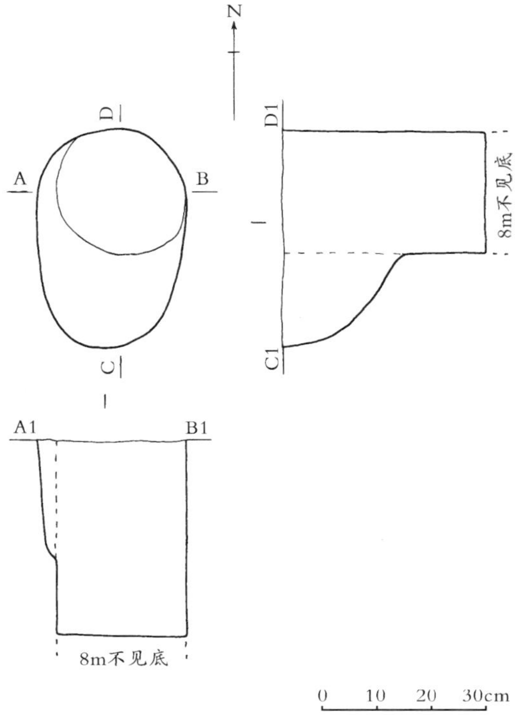

图二四五　J20 平剖面图

J21　原 H186，位于 T0202 西南角，开口于第⑩层下，打破第⑫层、生土层及 H187，又被 H189 打破，部分压在探方西、南壁下，开口距现地表深 2.45 米，2012 年 9 月 13 日清理。在探方内平面呈扇形，壁面较竖直光滑，未发掘到底，经钻探至 8 米仍不见底，推测应为一口井。在探方内南北径 0.75 米、东西径 0.8 米，现发掘深度 1.95 米（图二四六，J21 平剖面图）。填土呈灰褐色，土质松散，内含有骨块、砖块等。

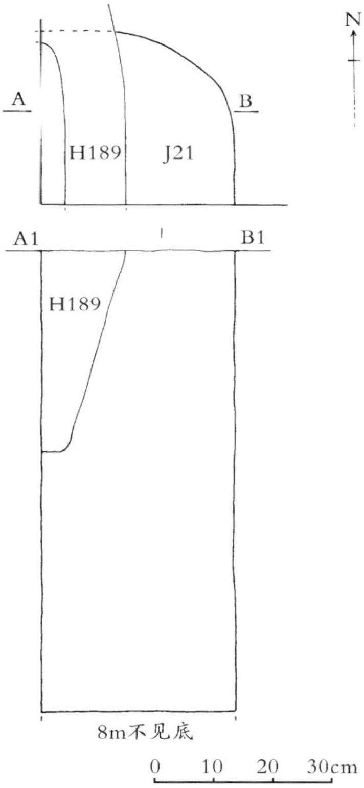

图二四六　J21 平剖面图

6 个探方发现多达 21 口井，大多应该为水井，使用年代基本为唐代。密布的水井，也许与统万城所处地理位置有关，统万城南即为红柳河、城东北有纳林河，地势总体平坦，周围湖泊分布较多，从周边众多村名带“海”“海则”“滩”“淖”可得到印证，地下水位高，打井取水较为方便。另一方面，这里地处毛乌素沙漠，从发掘情况看，水井都打在沙层，也就是说沙层中就有比较丰沛的地下水，但水井极易塌陷，塌陷后的水井遭弃用，人们会在附近重新打一口新井。

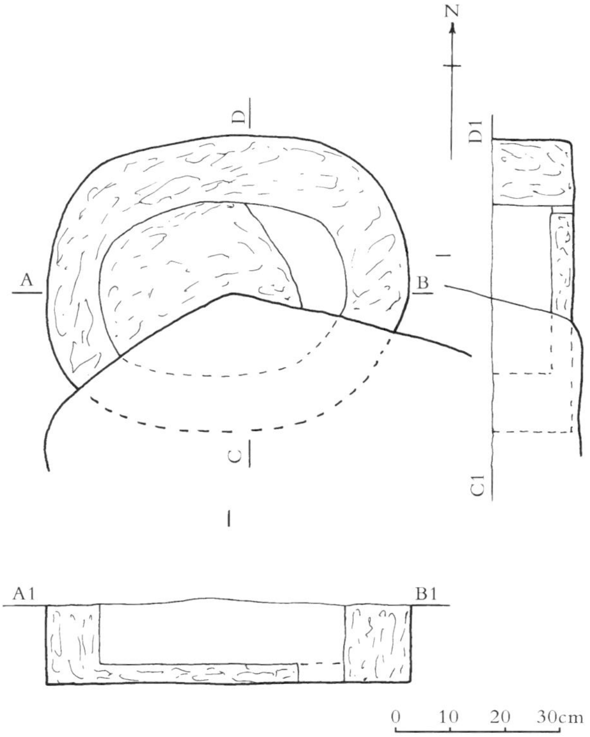

图二四七　Z2 平剖面图

C. **灶坑**

灶坑 3 座，编号 Z1—Z3，分别位于探方 T0101、T0302 内。唐代及唐末五代时期各 1 座。

唐代灶坑

Z2　位于 T0302 东部，开口于第⑩层下，南端被 H22 所打破。开口距现地表深 2 米，底面距现地表深 2.15 米，清理工作于 2012 年 9 月 2 日当天结束。由于破坏严重，平面略呈椭圆形，壁面较竖直，表面为烧红土，底部较平整，底面东侧被破坏无存。东西长 0.61 米、南北残宽 0.25—0.4 米、经复原，南北宽 0.45 米、深 0.15 米。外围烧红土厚 0.13—0.17 米、底部烧红土厚 0.05 米（图二四七，Z2 平剖面图）。内填土为 1 层，土色呈灰褐色，土质较松散，内含有少量陶片、木炭屑、瓦片、骨块、烧红土块等。根据地层关系分析，这座灶使用年代约为唐代。

唐末五代灶坑

Z3　位于 T0101 的东北部，开口于第⑤层下，打破第⑥层。清理工作于 2012 年 9 月 5 日当天完成。平面呈长方形，用条砖围砌而成，现仅存灶坑底部分，其他结构已不明，残长 0.33 米、宽 0.15 米、厚（深）0.05 米。

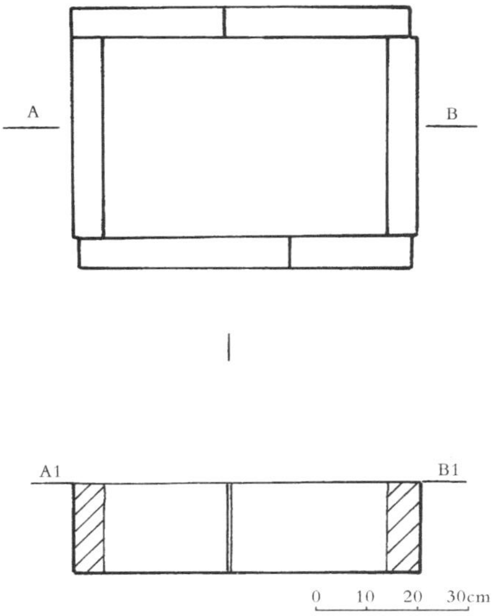

图二四八　Z3 平剖面图

原始长约0.56米、宽约0.44米、深约0.15米（图二四八，Z3平剖面图）。内填灰色沙土，土质松散，内含大量的灰烬结块。

根据地层关系分析，这座灶使用年代为唐末五代。

D. 房址

在6个探方内，共发现房屋遗址16座，2011年清理出10座，编号F1—F10，2012年清理出6座，编号F11—F16，分布于不同探方内，它们的开口层位各不相同。使用年代为在宋及以前的分述如下：

北朝房址

F16　位于探方T0302东北部，开口于第⑫层下，被J3、J7及H148所打破，部分压在探方北壁及东部翻土台下。开口距现地表深2.2米，底面距现地表深3.02米，2012年10月7日清理。地面以上结构破坏怠尽，仅残存西、北两道土坯墙体。在探方内平面呈“L”形，两道墙体剖面均呈梯形，建造在一条水平线上，室内地面已破坏无存。西墙长3.2米、顶宽0.24米、底宽0.86米、残高0.82米；北墙长4.4米、顶宽0.25米、底宽0.74—0.98米、残高0.66米。土坯规格长36厘米，宽24厘米，厚6厘米（图二四九，F16平剖面图）。室内无堆积层，填土为第⑫层。

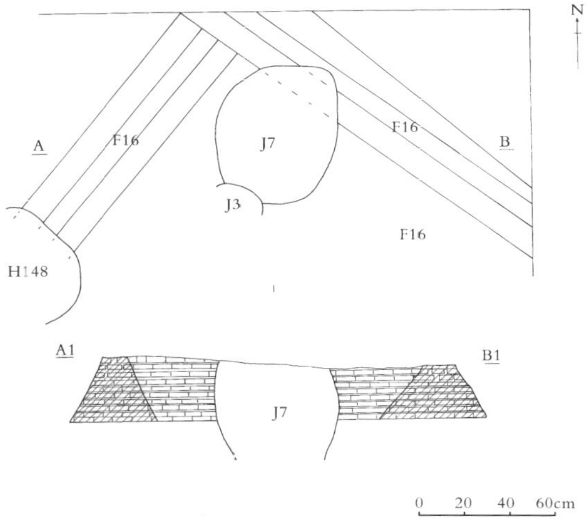

图二四九　F16 平剖面图

唐代房址

F12　位于探方T0202西南部，开口于第⑦层下，部分压在探方西壁及南壁下，被H10、H11、H75、H77、H78所打破，开口距现地表深1.4米，底面距现地表深1.5—1.9米，2012年9月2—3日清理。破坏严重，残留较少，残存墙体内侧均有白灰墙皮，地面人为做过处理，较硬，地面不平整，四周高而中间低。室内堆积与地面之间有一层较薄的黑土相隔，墙基壁面清晰。F12—F15各墙体之间相互利用，但墙体宽度不等，故怀疑F12为池子一类的遗迹。平面呈长方形，残留的东侧墙体较高，其他均很低，东侧墙体为瓦片倒立相互重叠之间填土修筑形成，这种结构断断续续不完整。室内面积东西长5.52米、南北残宽3米、残高0.05—0.5米；西侧墙体宽0.15—0.22米、残高0.1米；北侧墙体宽0.24—0.32米、残高0.05—0.08米；东侧墙体宽0.32米、残高0.5米（图二五〇，F12平剖面图）。室内堆积为1层，土色呈灰白色，土质松散，内含有少许陶、瓷残片、瓦片、砖块等。

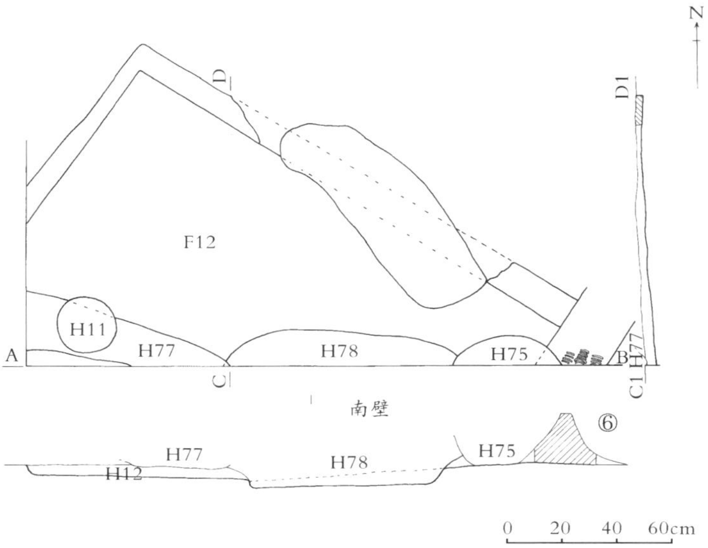

图二五〇 F12平剖面图

根据地层关系分析，F12建造及使用年代为唐。

F13 位于探方T0202西部，开口于第⑦层下，打破第⑧、⑨两层。又被G6所打破，叠压于H100之上。开口距现地表深1.04米，底面距现地表深1.45米，2012年9月2日清理。破坏严重，只残存东墙体少部分，其他只残存有一层活动硬面，四周墙体已破坏至原始地面上，墙体内侧亦涂抹白灰墙皮。在探方内平面呈长方形，四周边缘只存残墙体外侧线，较清晰，地面较平整。室内面积南北长3.6米、东西宽1.1—2.6米、残存墙壁最高0.45米。室内东部有一灶坑，平面呈不规则形，周围用条砖砌成，只残留火门、火膛、烟道。建造方法是先在地面上挖一长条形坑，坑的两

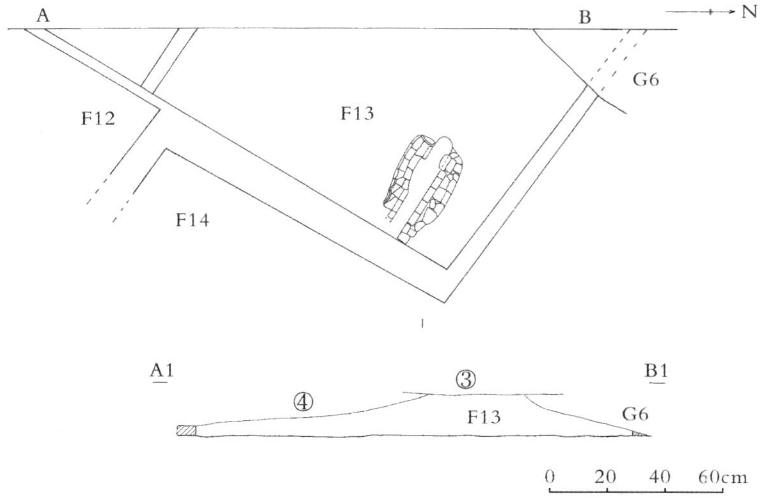

图二五一　F13 平剖面图

长边用条砖平砌，并且高于地面，外围是用残条砖随意垒砌而成，灶坑西侧砖墙向外倾斜，形成口大底小，东侧砖墙与房子墙体相连接，推测西侧开有火门，中间为火膛，东侧为烟道，烟道开凿于房子墙体上。灶坑东西长 1.26 米、南北宽 0.66 米、残高 0.18 米；火门宽 0.2 米、进深 0.18 米、残高 0.14 米；火膛宽 0.24 米、进深 0.58 米，残高 0.18 米；烟道宽 0.16 米，进深 0.54 米，高 0.05—0.18 米（图二五一，F13 平剖面图）。室内填土为 1 层，土色呈灰褐色，土质松软，内含有陶片、瓦片、砖块、木炭屑、骨块等。灶坑内填土为灰黑色，土质松软，内含少量瓦片、砖块、骨块等，骨块均被火烧烤过。

根据地层关系分析，F13 建造及使用年代为唐。

F14　位于 T0202 中部，开口于第⑦层下，打破第⑧层，又被 H10、H27、H32、H33、H34 所打破，开口距现地表深 1.4 米，底面距现地表深 1.62 米，四周高中间低，与 F12、F13、F15 之间的墙体相互利用，为同时期的遗迹，推测可能是池子一类的遗迹。2012 年 9 月 2—3 日清理。平面略呈长方形，残留壁面清晰，残存壁面上均涂抹白灰墙皮，地面不平整，呈四周高中间低。室内面积东西长 5.1 米、南北宽 3.2 米、墙壁残高 0.1—0.22 米；残留的东墙长 3.66 米、宽 0.4 米、残高 0.16 米；南墙长 5.8 米、宽 0.26 米、残高 0.05—0.1 米；西墙长 3.66 米、宽 0.3 米、残高 0.1 米；北墙长 5.8 米、宽 0.2 米、高 0.1—0.22 米。在室内东部紧贴墙体内侧有一层瓦片铺垫的路面，呈南北向，北部破坏无存，路面长 1.7 米、宽 1.1 米（图二五二，F14 平剖面图）。室内堆积与地面之间有一层较薄的黑土相隔，内填土为 1 层，

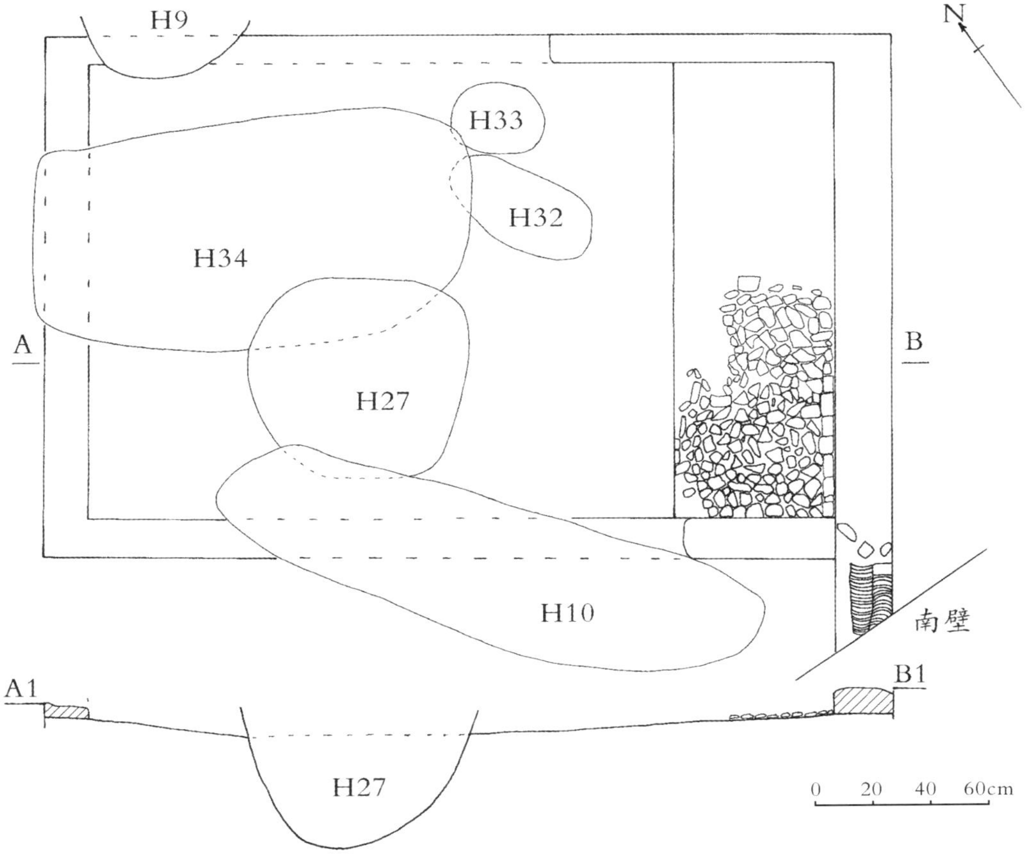

图二五二　F14 平剖面图

土色呈灰色，土质松散，夹杂少量瓦片，陶、瓷残片，骨块等。修复黑釉瓜棱腹执壶 1 件（图版 304）。

根据地层关系分析，F14 建造及使用年代为唐。

F15　位于探方 T0202 北部，开口于第⑦层下，打破第⑧层，被 H9 打破部分压在探方北壁下，从实际发掘观察，部分应伸入 T0302 内，但在发掘 T0302 时未发现，推测可能已被破坏。开口距现地表深 1.4 米，底面距现地表深 1.65 米，2012 年 9 月 2—4 日清理。破坏严重，仅残存室内活动地面，与 F12、F13 之间存在墙体相互利用的关系，故而推测 F12—F15 为同一时期的遗迹。平面略呈长方形，墙体残存很少，只有西南角残存两道砖与土坯墙体，应为室内的隔墙残留或者灶、炕一类的残存墙壁，室内踩踏面较平整。F15 室内面积东西长 8.55 米、南北最宽 5.54 米、残墙壁最高

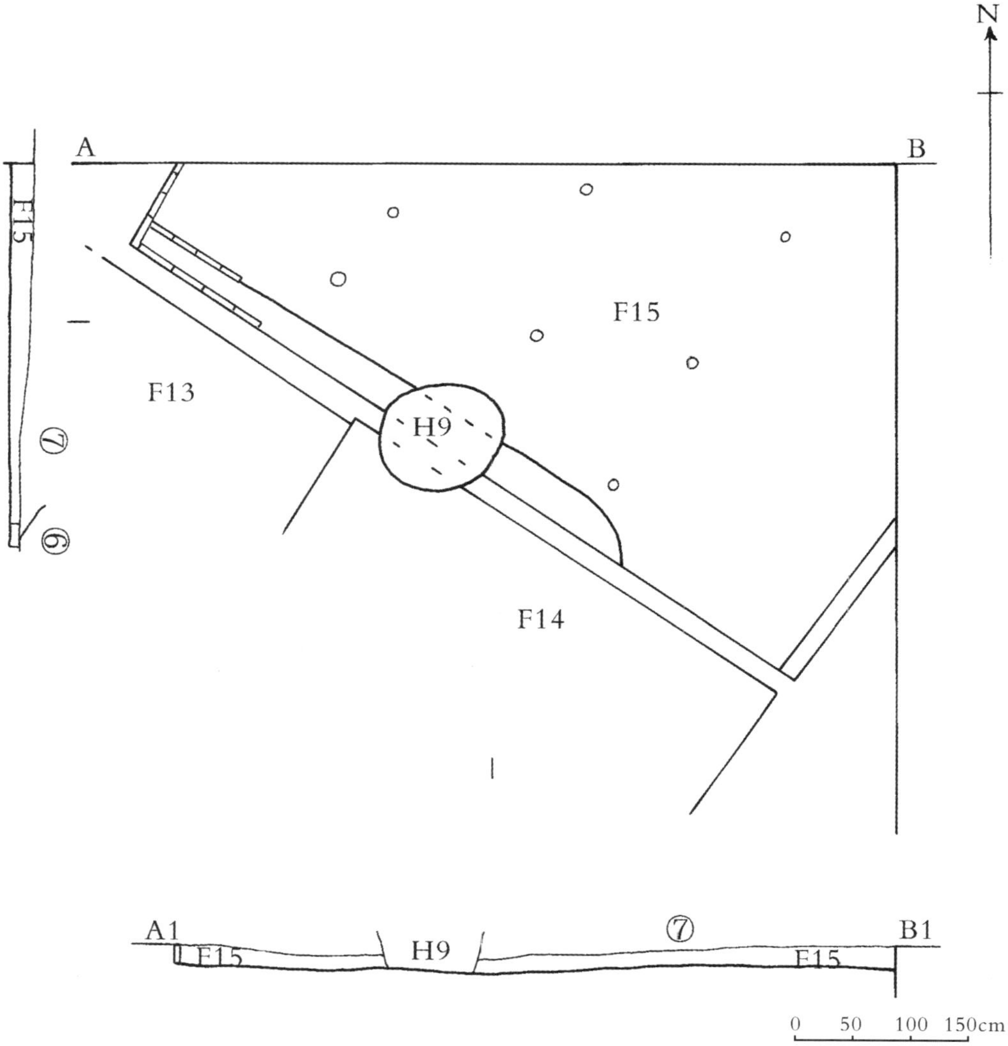

图二五三　F15 平剖面图

0.25 米。西南角残存砖墙东西长 1.1 米、北墙仅残存少量土坯，西墙长 1 米、南墙长 1.54 米、残存高度均为 0.15 米（图二五三，F15 平剖面图）。砖与土坯长度不等，为 0.12—0.38 米、厚 0.05 米。该房室内有 3 排柱洞，柱洞深 0.1—0.3 米，方向基本一致，只有中间一排柱洞方向稍有偏差，柱洞深浅不等。推测该房面阔可能为 3 间，室内未见较大的柱洞及柱础。填土为 1 层，土色呈浅灰色，土质松散，夹杂少量瓦片、陶片、骨块、木炭屑等。

根据地层关系分析，F15 建造及使用年代为唐。

E. **道路**

探方 T0301、T0302 内发现道路 3 条，编号 L1—L3，暴露于不同层位，宋及以前的介绍如下：

北朝隋唐路面

L3　位于探方 T0301 北部及 T0302 北部，叠压于第 ⑪ 层下及 G7 下。路面距现地表深 2.85—3.3 米，底面距现地表深 3.65 米，2012 年 10 月 16 日清理。路面中间有两道凹槽，经解剖分析确定为车辙，路面分为 4 层，两层沙土，两层踩踏路面。由于 L3 东西两侧均未清理到边，平面形状不详，踩踏面保存较好，并且有车辙，但路面高低不平，南部被破坏严重，已无存，只能看到北部路面，车辙间的踩踏面较高。现发掘南北长 7 米、东西宽 17.9 米、踩踏面厚 0.01—0.15 米。两层通厚 0.3—0.45 米；车辙间距为 1.1 米、车辙深 0.05—0.1 米。通过解剖，路面共分 4 层，第①、③层为路面上覆盖的沙土层，亦经过踩踏，第②、④层为踩踏面。第①层厚 0.1—0.2 米，土色呈灰黄色，土质硬，内含少量瓦块渣、小陶片等。第②层厚 0.06—0.15 米，土色呈灰褐色，土质硬，未见包含物。第③层，厚 0.05—0.15 米，土色呈灰黄色，土质硬，未见包含物。第④层厚 0—0.05 米，土色呈灰褐色，土质硬，未见包含物。以地层叠压关系推测，第②层应为唐代路面，第④层有可能为南北朝时期路面（图二五四，L3 平剖面图）。

五代—宋代

L2　位于探方 T0301 内及 T0302 西北部，叠压于第④层下，打破第⑥层及 H81、G5，又被 H20、H171 及柱洞打破。路面距现地表深 0.7—1.75 米，底面距现地表深 0.75—2.15 米，2012 年 8 月 4—6 日清理。有两层较好的踩踏面，部分伸入 T0201 内，因已被破坏，故分布范围不详。现只发掘东部路面，西部未发掘到边，具体平面形状不详。发掘的路面呈东北—西南走向，东南角踩踏面保存较差，可能是路的边缘部分，因踩踏较少所造成，其余踏面层次分明，较好的踩踏面有 3 层，较差的踩踏面有 1 层，发掘东西宽 14.2 米、南北长 9 米、厚 0—0.4 米。4 层踩踏面：第①层厚 0—0.1 米，土色呈灰褐色，土质较硬，内含有少量陶片、瓷片、瓦片等；第②层，厚 0—0.1 米，土色呈灰黄色，土质较硬，内含有骨块、瓦片等；第③层厚 0—0.11 米，土色呈灰褐色，土质较硬，内含有骨块、木炭屑等；第④层厚 0—0.1

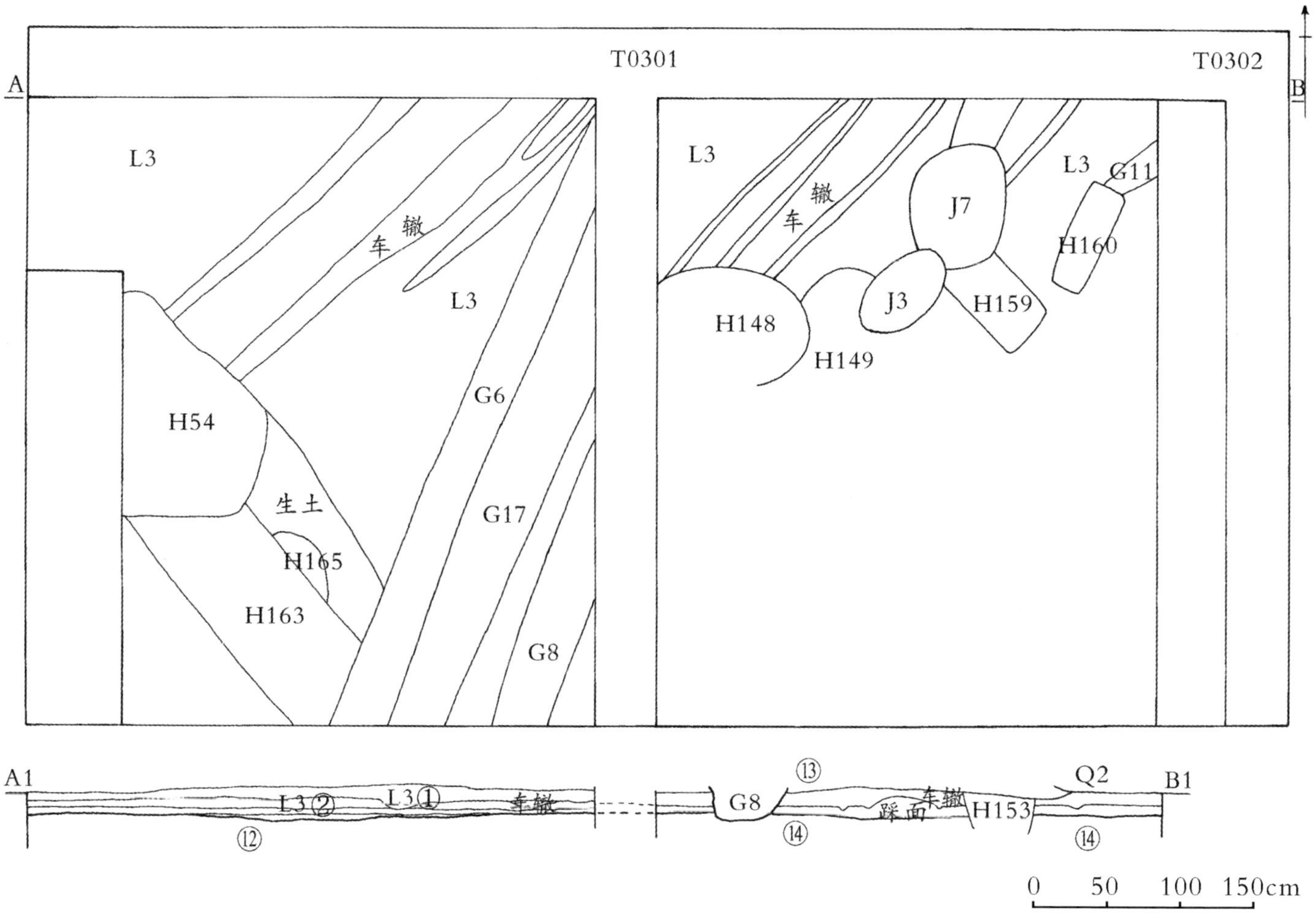
T0301
T0302
A
B
L3
车辙
L3
H54
生土
H165
H163
G6
G17
G8
L3
车辙
J7
L3
G11
H160
J3
H159
H148
H149
A1
L3②
L3①
车辙
⑫
G8
⑬
⑭
车辙
踩面
H153
Q2
B1
⑭
0 50 100 150cm

图二五四　L3平剖面图

米，土色呈灰黄色，土质较硬，内含有瓦片、砖块等。在踩踏面的第①层出土石器1件，编号L2：1，长3.56厘米，宽1.50厘米，厚1.30厘米（图二五五，L2平剖面图）。根据地层关系分析，这条道路使用年代为五代—宋。

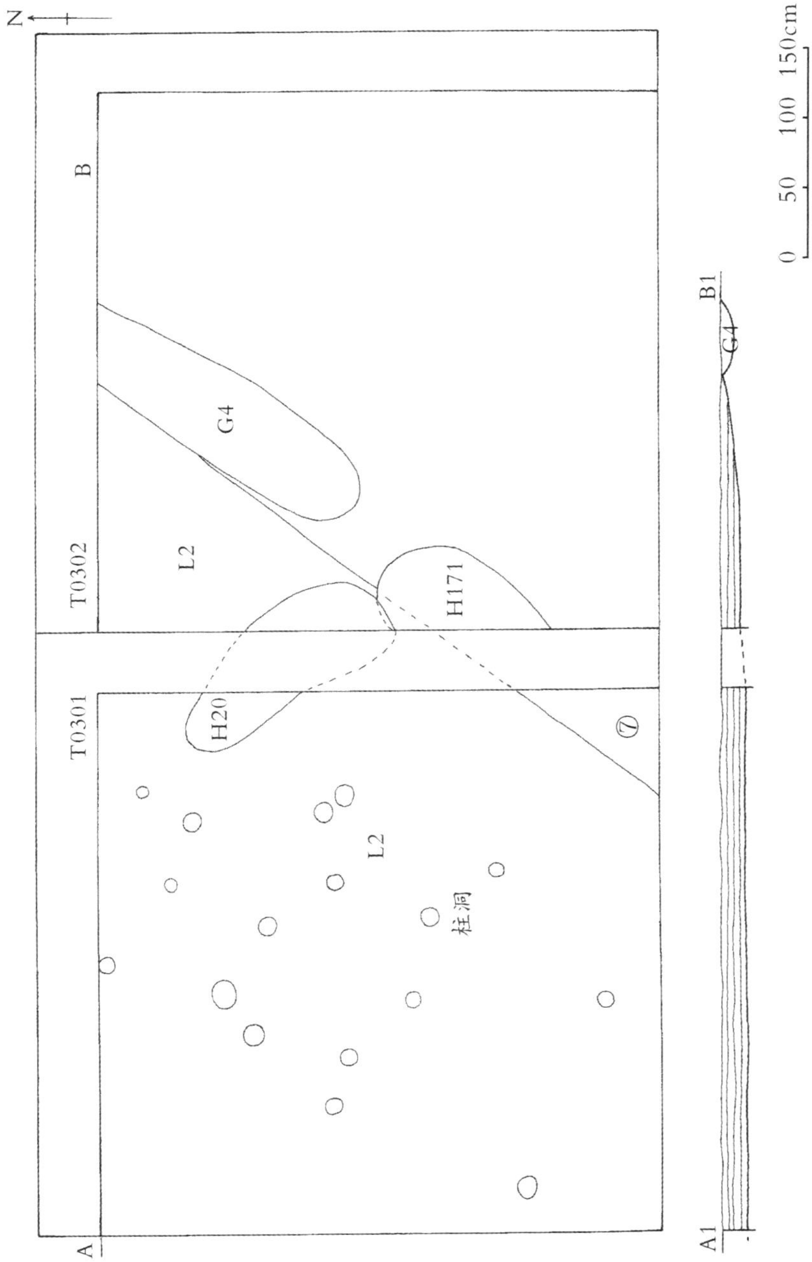

图二五五 L2平剖面图

F. 沟

在6个探方内，共发现沟12条，编号G1—G12，它们开口于不同层位下，有些沟横跨几个探方。宋代及以前的有：

G5　位于探方 T0301 内中部，部分延伸至 T0302 内，开口于 L2 下，打破第⑥、⑦两层，西部被 H81 所打穿，开口距现地表深 1.9 米，底面距现地表深 2.1—2.4 米，清理工作于 2011 年 9 月 1 日当天结束。平面呈长方形，东北—西南走向，壁面较竖直，修造细致光滑，底面呈西高东低。现发掘东西长 2.76—3.4 米、南北宽 0.75—1 米、深 0.2—0.5 米（图二五六，G5 平剖面图）。沟内堆积可分为 3 层：第①层厚 0.1 米，土色呈灰褐色，为淤土，土质较硬。第②层厚 0.2 米，土色呈黄色沙土，土质较硬。第③层厚 0.1 米，土色呈灰褐色，土质较松软。各层内均含有少量陶片、瓦片、木炭屑等。根据地层关系分析，G5 使用年代约为五代—宋代。

G6　位于探方 T0301 内东南部，延伸至 T0302 东北部，T0201 西北部，开口于第⑦层下，打破第⑨层及生土层。开口距现地表深 2.2—2.95 米，底面距现地表深 2.95—4 米，清理工作于 2011 年 9 月 1 日当天结束。该沟呈东北—西南走向，中部有一条断面，使得底部呈南高北低，推测可能为排水方便而设置。在探方 T0301 内平面呈长方形，口大底小，北端

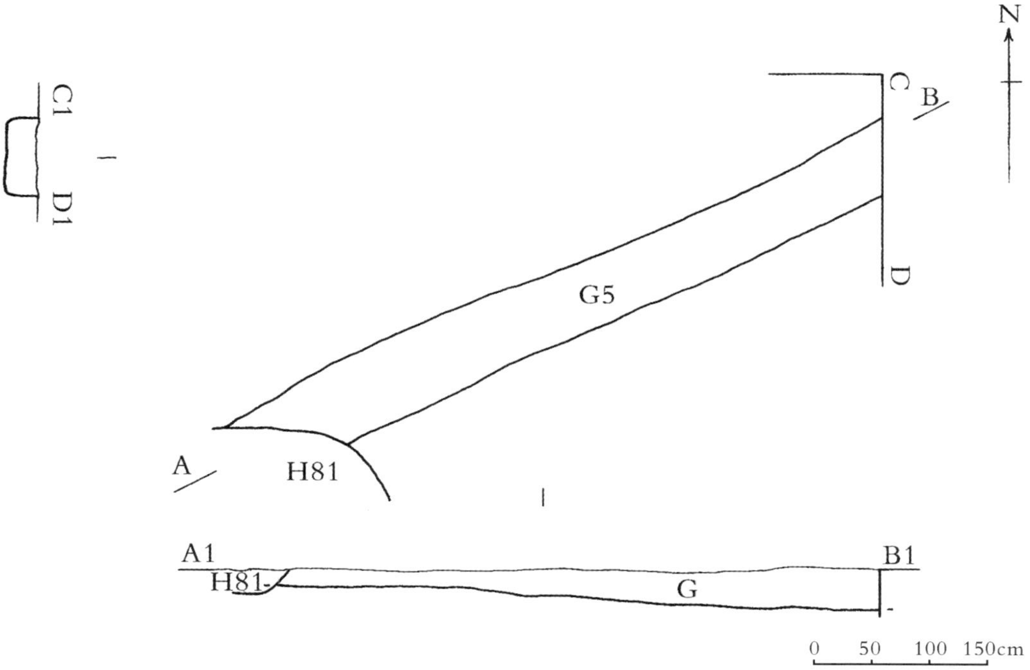

图二五六　G5 平剖面图

东壁上部有坍塌，壁面斜直清晰，修造较细致规整，底面呈南高北低，西壁斜度较小，东壁斜度较大，在探方南壁向北3.5米处形成一断面，使南部底面高于北部0.2米。现发掘南北开口长15.5米、东西宽0.72—1.4米，底面南北长15.5米、东西宽0.4米、深0.5—1.04米（图二五七，G6平剖面图）。该沟南部底面淤土非常明显，分析可能是排水沟，水由南向北排泻。内填土为两层：第①层厚0.4米，土色呈灰褐色，土质较松散，主要分布在沟南部；第②层厚0.36—1.1米，土色呈浅灰色，土质松散，含沙量大。

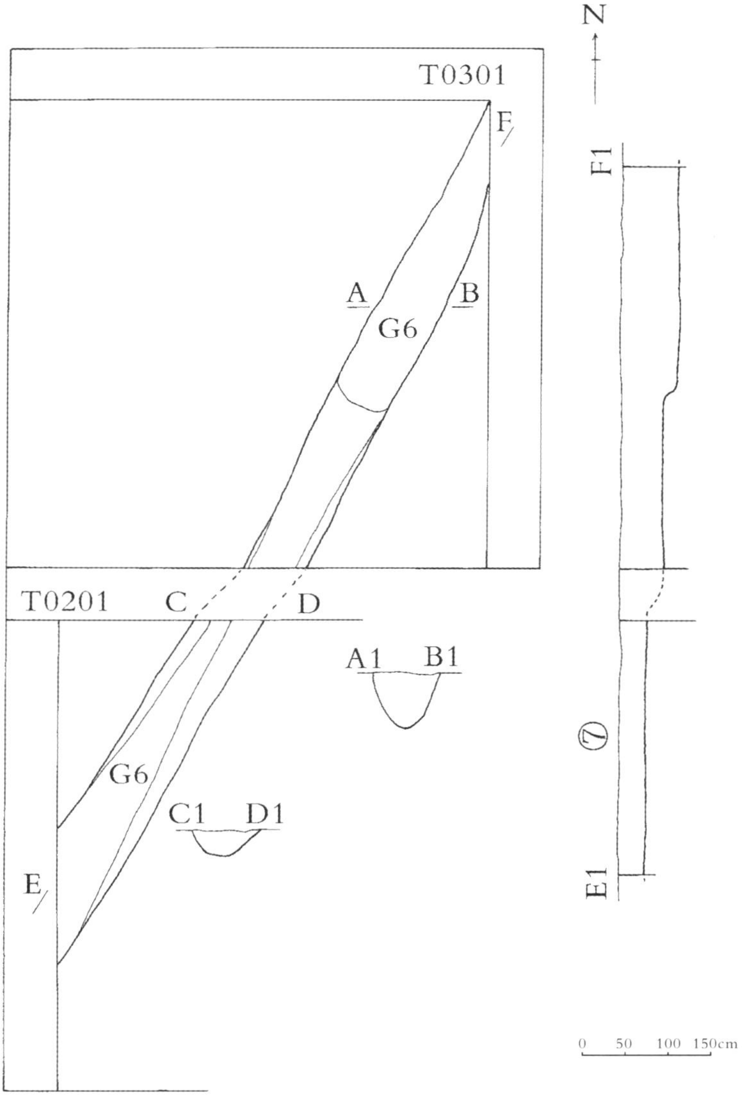

图二五七　G6平剖面图

两层之间有一层较薄的淤泥土，厚约 0.2 米。两层内均含有陶片、石块、木炭屑等。根据地层关系分析，G6 使用年代约为唐代。

G7　位于探方 T0201 内西部，开口于第⑥层下，打破统一地层的⑫、⑮层及 G8，又被 G6 所打破，清理工作于 2012 年 9 月 8—9 日完成。平面呈长条形，南北向分布，口大底小，壁面修造粗糙。南北长 19.35 米、开口宽 1—2.1 米、底面宽—1.2 米、深 0.3—1 米（图二五八，G6、G7 平剖面图）。内填较松散的灰褐色花土，内含大量草木灰、木炭屑、动物骨骼及陶、瓷残片等。根据地层关系分析，G7 使用年代约为唐代。

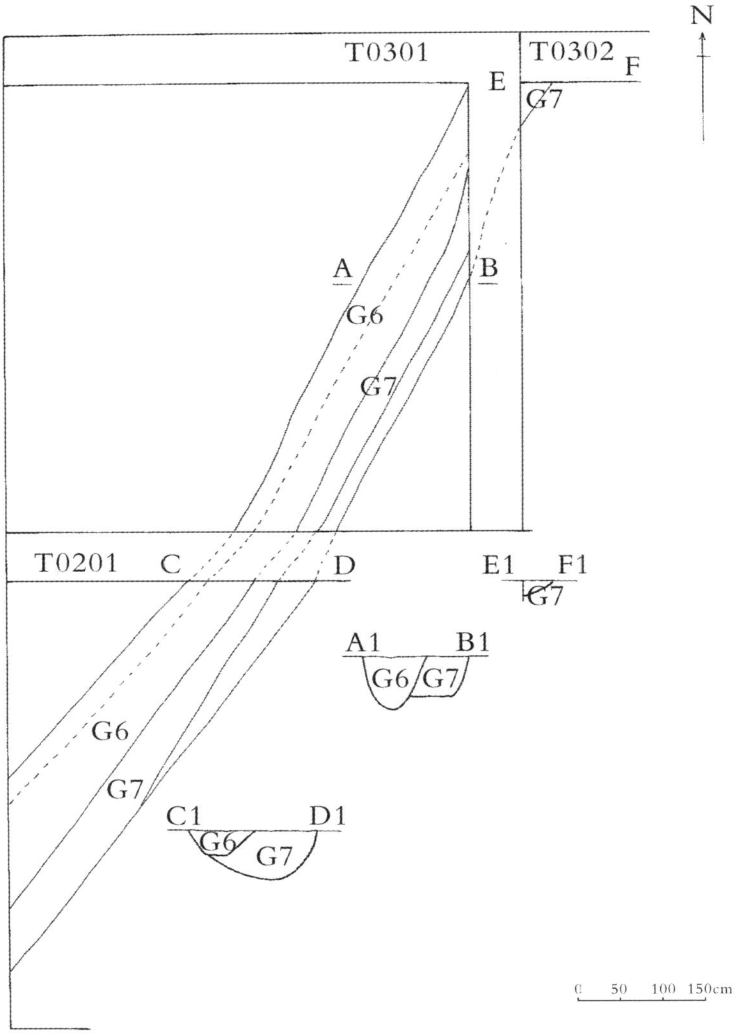

图二五八　G6、G7 平剖面图

G8　位于探方 T0201 西部，T0301 东南以及 T0302 西北部，开口于第⑧层下，打破统一地层的第⑫—⑮层及活动面、生土层，又被 G7 所打破。清理工作于 2012 年 9 月 12—13 日完成。平面呈长条形，南北向分布，口大底小，壁面修造粗糙不规整。其南北长 21.8 米、开口宽 1.1—2.4 米、底面宽 0—1.6 米、深 0.8—1.35 米（图二五九，G8 平剖面图）。内填灰褐色花土，土质松散，含少量陶片、骨块等。根据地层关系分析，G8 使用年代约为唐代。

G9　位于 T0301 内西北部。开口于第⑦层下，打破统一地层的第⑪

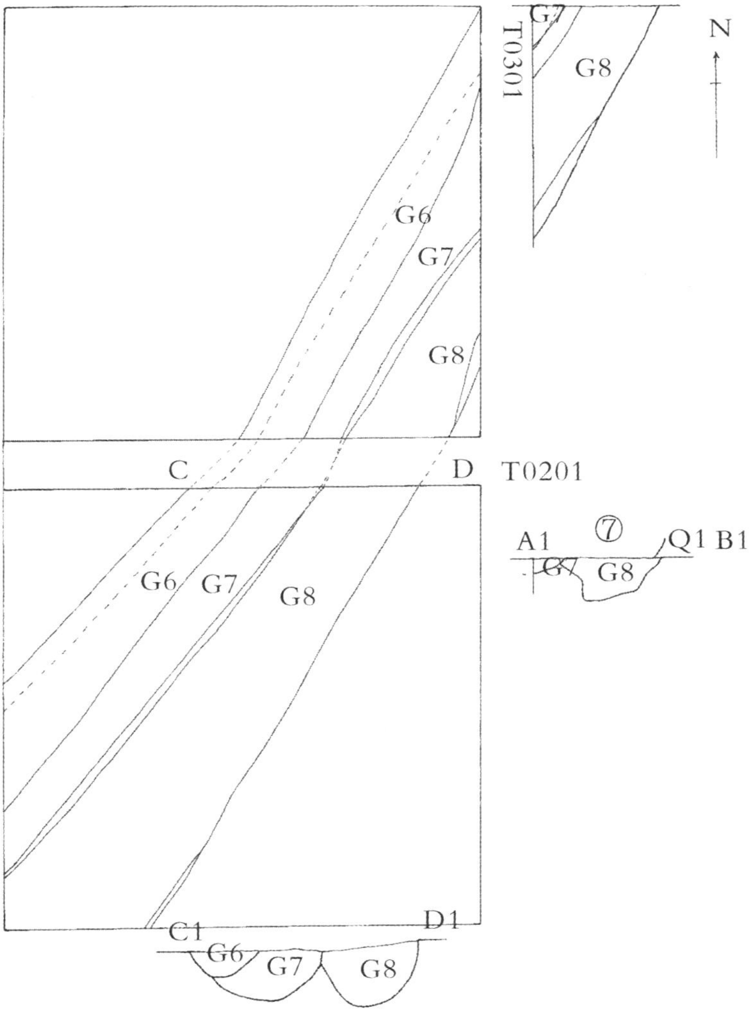

图二五九　G8 平剖面图

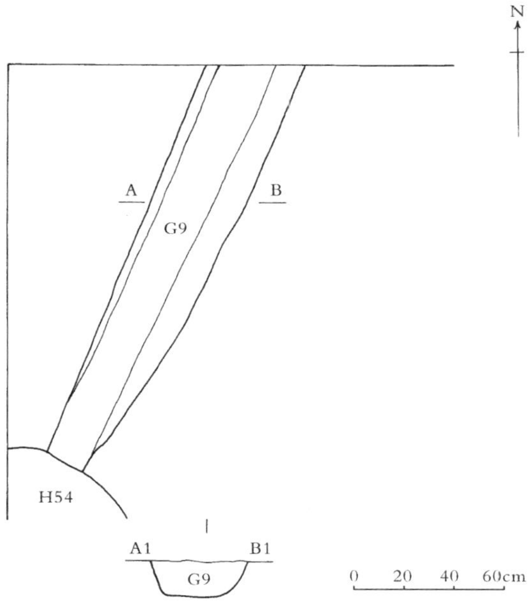

图二六〇　G9 平剖面图

层，部分延伸到 T0301 内北壁下，具体长度不详，南部又被 H54 所打破，开口距现地表深 2.9 米，底面距现地表深 3.15 米，清理工作于 2012 年 10 月 16 日当天完成。平面呈长条形，呈东北—西南走向，壁面清晰，修造较粗糙，口大底小，横剖面呈倒梯形，底面较平整。开口东西宽 0.28—0.7 米、底面东西宽 0.28—0.4 米、深 0.25 米（图二六〇，G9 平剖面图）。底部有一层较薄的灰褐色淤泥，内填土为 1 层，土色呈浅灰色沙土，土质松散，夹杂少量瓦片、石块、骨块等。根据地层关系分析，G9 使用年代约为唐代。

G10　位于探方 T0302 内西部，开口于第 ⑫ 层下，打破第 ⑬、⑭ 两层及 H145，部分压在 T0302 西壁下，北部又被 H148 所打破，开口距现地表深 2.55—2.75 米，底面距现地表深 3.25 米，清理工作于 2012 年 10 月 16 日当天结束。平面呈长方形，呈东北—西南走向，壁面修造粗糙，口大底小，横剖面呈倒梯形，底面呈弧形下凹。其南北残长 1.2 米、东西宽 0.17—0.22 米、深 0.22—0.5 米（图二六一，G10 平剖面图）。填土呈灰褐色，土质松散，内含有骨块、少量瓦片等。根据地层关系分析，G10 使用年代约为唐代。

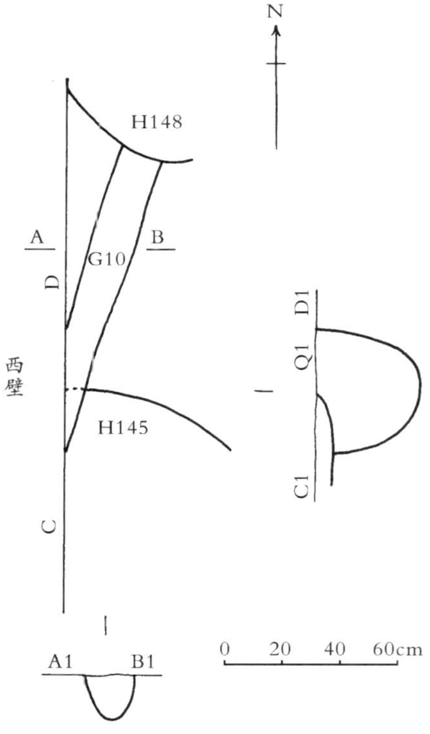

图二六一，G10 平剖面图

G11 位于T0302内东部偏北，开口于第⑬层下，打破第⑭层及L3，南部又被H160所打破，部分压在T0302东部翻土台下，开口距现地表深3.4米，底面距现地表深3.8米，清理工作于2012年10月16日当天结束，平面呈长方形，壁面修造粗糙，口大底小，横剖面呈倒梯形，底面不平整。其东西长0.84米、开口南北宽0.44米、底面宽0.3米、深0.4米（图二六二，G11平剖面图）。填土呈浅灰色沙土，土质松散，未见包含物。该沟底部有一层很薄的灰褐色淤泥，加之位于L3东侧，由于发掘面积较小，推测为L3东侧的排水沟。根据地层关系分析，G11使用年代约为唐代。

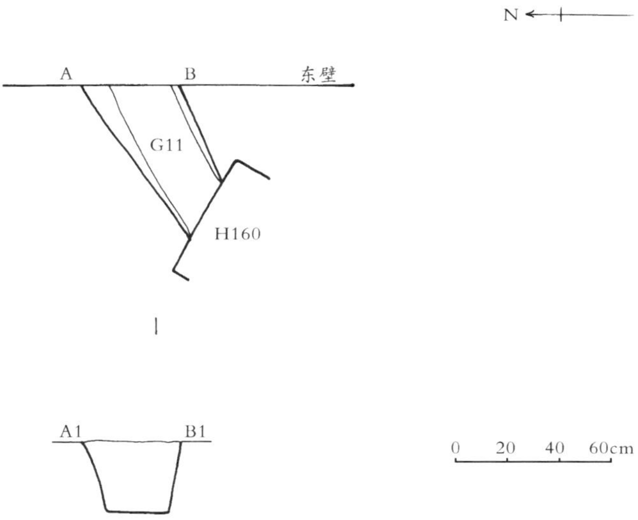

图二六二　G11平剖面图

G12 位于探方T0301内南部，部分压在探方南壁下，开口于G7及第⑪层下，开口距现地表深3米，底面距现地表深3.3米，清理工作于2011年10月18日当天完成。平面呈长方形，东北—西南走向，壁面修造规整光滑，口大底小，横剖面呈倒梯形，底面高低不平。南北长2.78米、东西宽0.7—0.76米、深0.3米（图二六三，G12平剖面图）。填土呈灰褐色，土质较硬，内含少量瓦片、骨块、石块等。根据地层关系分析，G12使用年代约为唐代。

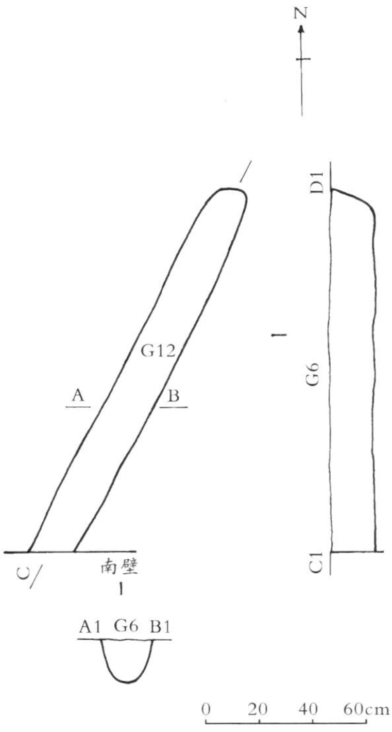

图二六三　G12平剖面图

G. 墙

在探方 T0301、T0302 内发现两道夯土墙遗迹，编号 Q1、Q2。Q1 位于探方 T0302 内西北部及 T0301 东南部，Q2 位于 T0302 东北部，两道墙方向呈垂直相向，均叠压于统一地层的第 ⑪ 层下，部分压在 T0302 北壁及东壁下，Q1 被 H172 所打破，Q2 被 H21 所打破，顶面距现地表深 1.35—2.6 米，底面距现地表深 3.5 米。平面均呈长方形，上窄下宽，均向外倾斜，两墙底部较平整，但不在一条水平线上。Q1 南北长 5.5 米、东西宽 1—1.45 米、残高 0.3—1.05 米；Q2 东西长 5.3 米、东西现发掘宽度 2.6 米、残高 1.6 米。夯土墙层面上的夯窝直径约 0.03 米、夯层厚度约 0.1—0.12 米。Q1 夯层清楚，现残留 11 层，均为灰褐色土，土质坚硬，在夯土内发现有两块唐代小瓷片，在夯面上有一层很薄的沙土。Q2 夯层残存 12 层，为灰褐色土，土质坚硬，未发现遗物。两道夯土墙均向外倾斜，两墙之间的关系不清。但从两墙体均向外倾斜，推测可能为护坡墙之类的遗迹，具体用途不详（图二六四，Q1、Q2 平剖面图）。

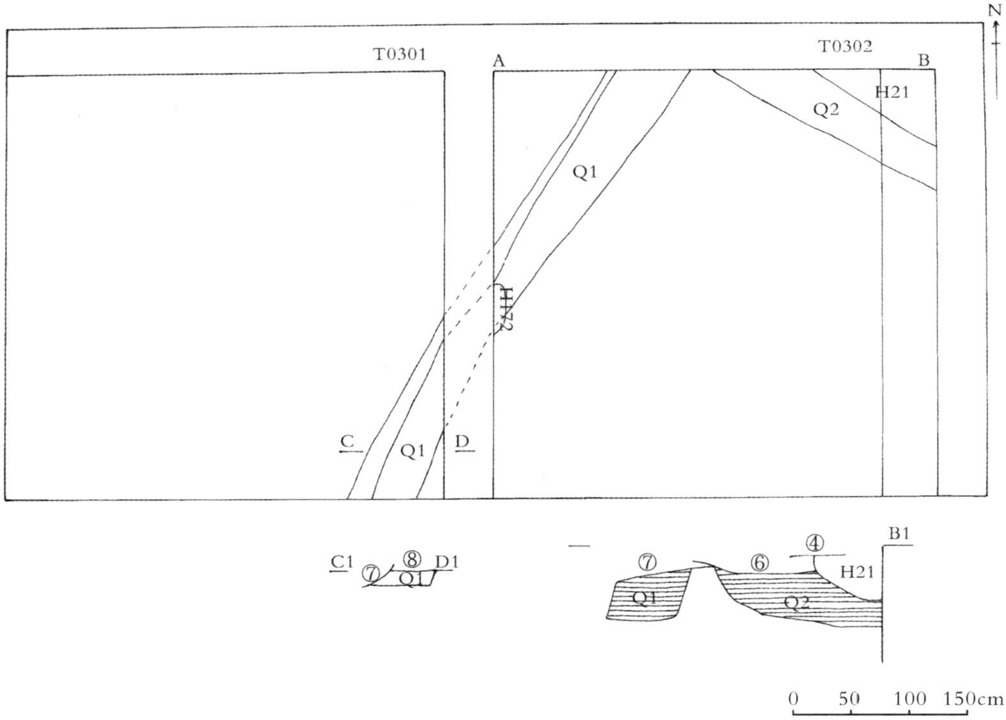

图二六四　Q1、Q2 平剖面图

第三章　统万城及夏州城墓葬群考古发掘

一、北朝壁画墓

八大梁墓地

M1　位于红墩界镇白城则村五队（即西梁组）的八大梁，西北距统万城西城西门瓮城直线距离约3.7千米，与统万城隔无定河上游—红柳河河谷相望，东部及南部均与席季滩村刘梁组相接。发掘前地表可见一个较大较深的盗洞，位于墓道西端至甬道口处，上部无填土，下部与甬道及墓室连通。

墓葬结构与壁画

墓葬开口于斜坡状地表，为一座斜坡墓道单室土洞墓，方向70°，自东向西由墓道、封门、甬道、墓室四部分组成，总长17.5米（图二六五，八大梁M1平剖面图）。墓道深0—5.56米，上口长14.2、宽1—1.1米，下口长13.96米、宽1—1.56米。两壁较直，但较粗糙；底部较平整，近甬道口处坡度不明显。封门用素面长方形青砖垒砌，仅存两侧部分，残高1.26—1.42米。甬道平面呈长方形，进深0.78米、宽1.16米、高1.34米。拱顶、平底，入口处及内壁整体涂绘一层灰白色底子后又在底部及侧缘涂绘红彩边框。入口两侧于生土层上雕刻柱式尖拱形仿石窟门，柱体涂绘红彩（图版142下中）。尖拱形门楣两侧绘火焰纹装饰，其两侧稍低的壁面各绘一飞天，南侧飞天残存右腿以下及飘带局部。柱式拱门上部区域在生土层上整体减地14厘米后在高70厘米的区域内绘制壁画，大部残损或不清楚，两侧可能为忍冬卷草装饰，中间可能为一展翅的正视朱雀。壁

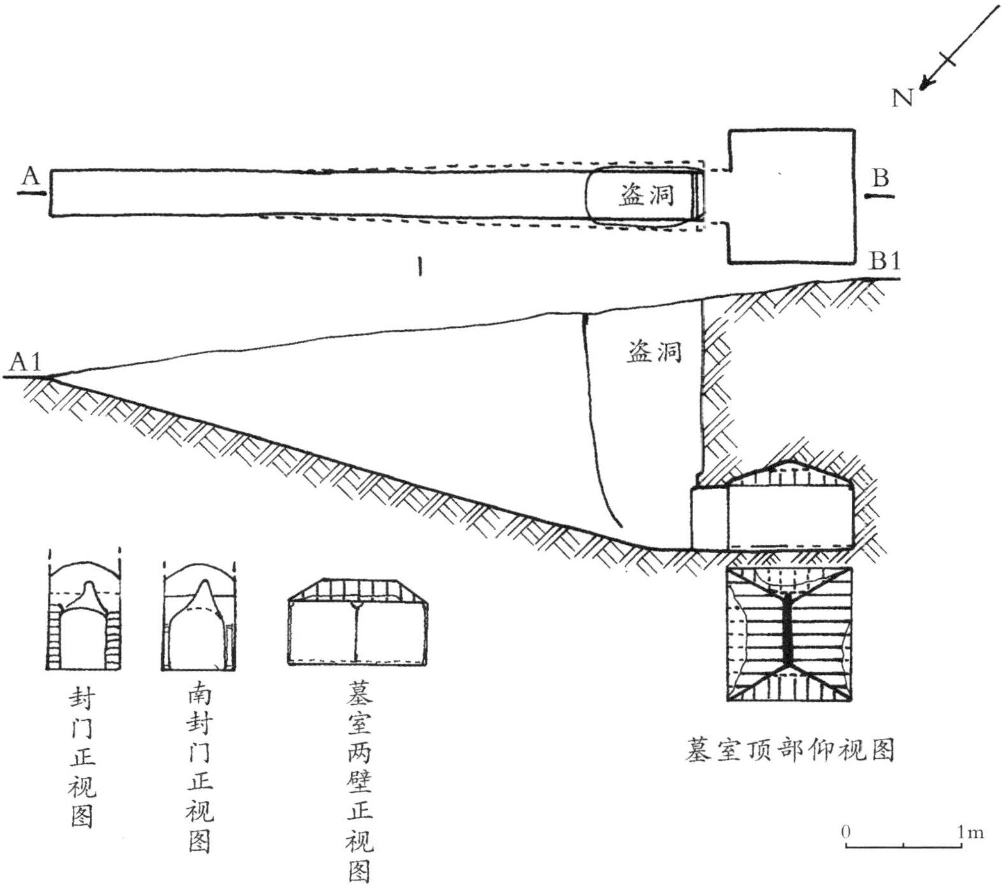

图二六五　八大梁 M1 平剖面图

画以黑彩线绘为主。墓室整体为歇山顶梁柱结构，平面呈长方形，横宽 2.98 米、纵深 2.76 米，四壁高 1.4 米、中间顶高 1.88 米。脊檩整体为生土层雕刻并满涂红彩，其余檐檩、梁、椽、柱均以红彩绘制而成。墓室 4 个转角各绘一角柱，西壁中间绘一檐柱，合计 6 柱。柱础样式因淤层及盗扰破坏而不清楚，柱体下粗上窄，斗拱为一斗二升式，整体略呈圜底盆状。四壁于檐檩、立柱和底部的红色界框范围内，以黑彩线绘为主满绘壁画（图版 150 上）。自墓室底部向上约 42 厘米范围内的壁画大部分被淤层破坏或覆盖，从局部可辨部分来看，画面内容与上面是连贯的。下面对壁画内容做一介绍：

东壁南、北两侧分别绘制一尊立于覆莲座上的力士，力士两侧绘莲花、莲叶。两尊力士造型基本一致，身体粗短，大眼圆睁，鹰钩高鼻，双手叉腰或举过头顶。黑发于头顶束成小髻，八字胡外撇，两鬓及下颌须发浓密，戴大耳珰、项圈及手镯，上身及双腿袒裸，腰系裹布，跣足。飘带绕至身前后，经肘部下垂后飘。覆莲座扁平，莲台较大，莲瓣较圆润。莲花及莲叶均为纵向，高低参差，细长茎，花瓣窄长（图版 142 上、左下、140 左下、147、149 上）。北壁壁画较复杂，画面大体可以分为三部分：第一部分为东、西两端的简约山林轮廓及奔跑的鹿和蹲踞的虎等动物（图版 143）。第二部分为东端山林动物内侧的门吏，体形较大，头微斜向东（即墓室口方向），身体正立。束髻，髻外戴小冠，小眼微眯，鼻梁较低，鼻头圆钝，“八”字胡外撇，下颌及两腮表现下垂的胡须。上身外披裲裆，内着阔袖长衫，下身穿宽腿裤，膝下部分收束起褶下垂，脚似穿大“U”字口鞋。手执环首仪刀下端，刀首伸至右肩外，垂系细穗（图版 146 左下）。第三部分为门吏至西端山林之间的部分，主要表现胡僧礼拜舍利塔的场面（图版 148 下、149 下、141 下）。该部分画面西侧为一体量较大的树，树顶几乎与其东侧门吏头顶平齐，树干由 3 道稍粗的微弧线条表现，上部分出外曲垂下的枝叶（图版 145 右上）。树西侧画面以舍利塔为中心，塔刹自下而上由方形 2 层叠涩须弥座、5 层瓣状边缘华盖、桃形火焰摩尼宝珠组成，两侧装饰花饰、链状带饰和铃铛。覆钵式塔顶下为自上而下逐渐内收的 4 层叠涩，最上层叠涩两端分别垂系一铃铛。塔身较小，整体瘦高，正面中下部为双线勾画的拱门，门两侧偏上部分别有一个纵长方形龛。塔基 4 层叠涩。塔两侧上部为二飞天，东高西低，侧身相对而飞，造型基本相同，身体整体较瘦，弯曲近直角，姿态略显僵硬。乘三朵云纹，戴双叉形小花冠，双臂弯曲下垂或上举，双腿伸直或微曲。戴耳珰、项圈、手镯，上身袒裸，飘带中段于肩后后飘，两端向前绕双肘后飘于身后。腰束飘带，两端后飘，下身穿裤，覆及脚踝，跣足（图版 145 下、146 右下）。塔下部为 6 名立姿僧人，体态较小，东西向一字排开，除最东侧者回头东望以外，其余五僧均身体向西斜侧，头顶可见浓密黑发，高鼻，鬓角至下颌表现或浓密或淡疏的须发。双手或掩于袈裟下或出露屈指执细长斜弧莲茎。外披双领下垂式袈裟，内着僧祇支和长裙，脚穿尖头靴或未表现鞋靴样式（图版 144 上）。西侧为一侧身而跪的胡人形象，面东而跪，头微仰，面部表情平静而虔诚，高鼻，双臂内曲，双手相合，腹部表面可见纵向缝合线。帽子下露出黑密微卷的头发，鬓角至下颌以及人中两侧至嘴角两侧均可见黑密微卷的须发。外穿圆领窄袖袍服，腹下腰间可见袍服腰带，两端伸出体外。下身穿裤，于脚踝处束起；脚穿尖头靴（图版 146 右上）。胡人与最西侧立僧脚部之间可见一高喇叭口、圈足、鼓腹、敛口器物，口部可见出露的桃形火焰纹摩尼宝珠上部。6 名立姿胡僧与胡人后面有一面西侧身吐舌而蹲的虎（图版 144 右下），与其对应的是最东侧立姿胡僧东侧的一条侧身面西行走的龙（图版 146 左上）。龙与东侧飞天之间还有一组东高西低、相对而立的动物，种类相同，似鼠，东侧较大者执一高过西侧较小者的高喇叭口圈足碗（图版 145 上中）。6 名立姿僧人下面可见体量较大的纵向细长茎莲花与桃形火焰纹摩尼宝珠图案，但大部被淤层覆盖，难以辨识。

西壁壁画以中部檐柱为中心分为南北两部分。北部北侧为轮廓简约的山林及面南侧身做蹲踞或行走或奔跑状的披花垫大象、鹿、盘羊、兔、似虎动物等（图版 148 上、143 下）；南侧为一跪于绳床上的僧人与一立姿僧人。绳床较高，背面上部及座均为绳子编成的菱形网格。绳床右侧为一根纵向细长茎莲花，下面前部可见一竖置净瓶，小喇叭口、细长束颈、喇叭口式高圈足。跪姿僧人微向南斜侧，头微低，眼睛眯起，面部圆润，鹰钩鼻，双手于袈裟下相合，两鬓至下颌须发迹象不太明显。身披袈裟，一端绕覆头顶后前伸，自双臂内侧外翻斜垂（图版 142 右下）。立姿僧人位于胡床前方，体态较大，头向南斜侧，姿态、服饰与北壁自西向东第二位立姿胡僧基本相同。胡床及山林动物之间的壁面绘有云朵纹及太阳纹。云朵纹与北壁飞天所乘云朵样式相同，云头朝南。太阳以白彩满涂表现，太阳内以黑彩绘一面南展翅翘尾侧立的剪影式三足乌（图版 150 右下），太阳上缘打破檐檩。太阳及三足乌的绘画技法不同于其他部分的壁画，表面布满不匀称的赫红彩痕迹。南部两侧为山林，中间为一较大高台建筑。山林轮廓简约，未配置动物。建筑向北斜侧，屋顶为歇山式，与墓室的歇山顶样式相对应，正脊和垂脊端头装饰弧尖状鸱吻。高台基上外围有一周围栏回廊，回廊与建筑的门均面北而开，回廊口有通往地面的台阶。此外，建筑上方可见线绘的圆形月亮，内绘蟾蜍及玉兔捣药图案（图版 143 左上）。

南壁自西向东以 4 组轮廓简约的连续山林图为背景，绘有跪姿僧人、奔跑的大角山羊（图版 144 左下）、引导人、手持环首仪刀的门吏。其中，跪姿僧人跪于绳床上，其面貌及服饰均与西壁和北壁立姿僧人相同，绳床及床边莲花样式与西壁相同。引导人上身整体微前倾，似作行走状，头顶束小髻，髻外戴小冠，小冠样式与北壁门吏相同，鹰钩鼻。身穿宽大的交衽阔袖袍服，领部较高，右手持短弧茎莲花。门吏与北壁门吏面貌、姿态、装束均相同，只是位置偏东，靠近墓室口。

葬具、葬式与随葬品　墓室盗扰及淤积破坏严重，葬具无存，质地和样式不明；人骨仅存少量残块且已扰乱，葬式不明。

随葬品仅存少量，陶灯 2 件，1 件复原，1 件残损，陶盏 4 件，铁钉 2

图二六六　八大梁 M1 出土器物图

枚，铁环 2 件（图二六六，八大梁 M1 出土器物图）。

陶灯 2011YJBM1：1，夹砂灰陶，轮制，表面及底部均可见旋转刮抹痕，整体呈豆形。灯盘敞口，平沿方唇，沿内侧可见一道阴线刻痕，内外缘微凸，唇下内折；斜腹微鼓，中部可见一周两道相连的较高较宽凸棱状弦纹，腹下斜收，与柄相连；柄部中空，自上而下逐渐变粗；座呈倒喇叭口状，平底，内部中空，外表为 4 层自上而下逐渐扩大的同心圆式叠涩。高 14 厘米，底径 14 厘米，灯盘深 3.8 厘米，口径 10 厘米（图二六六，1，图版 244 左下）。陶盏 4 件，3 件复原，1 件残损。夹砂灰陶，轮制，表面可见旋转刮抹痕，盏盘内刮抹痕旋转收束于底部。敞口微敛、圆唇，腹部微鼓、腹下斜收，底厚而大，略呈饼状。标本 2011YJBM1：5，高 3.6 厘米，深 2.8 厘米，底径 6.3 厘米，口径 7.8 厘米（图二六六，2）。标本 2011YJBM1：6，高 2.5 厘米，深 1.8 厘米，底径 6.1 厘米，口径 7.8 厘米（图二六六，3）。标本 2011YJBM1：9，高 3.5 厘米，深 3 厘米，口径 7.8 厘米，底径 6.2 厘米，口沿局部可见红色残迹，外壁一侧可见刻划文字，似为“思”或“恩”（图二六六，4）。

铁钉 2 枚，均残，锈蚀严重。

铁环 2 件，1 件基本完整，1 件残存两段，均锈蚀严重。圆形环体环径 1.1 厘米；环体上可见与环体相连的不规则凸起，可能为铺首与环之间的连接部分。标本 2011YJBM1：8，孔径 10.8 厘米（图二六六，5）。

M2　位于八大梁墓地 M1 西北的山坡上，盗扰严重。发掘前地表可见一个较大的盗洞，打破墓道东端、甬道上部及墓室前端，平面略呈不规则圆形，上部无填土，下部与甬道及墓室连通。

墓葬结构　墓葬开口于斜坡状地表，为一座斜坡墓道单室土洞墓，方向 270°，自西向东由墓道、封门、甬道、墓室四部分组成，总长 8.1 米（图二六七，八大梁 M2 平剖面图）。

墓道　深 0—3.6 米、长 4.98 米，口底同宽，西窄东宽呈梯形，西宽 0.98 米、东宽 1.2 米。东端呈台阶式下切 0.34 米后为平底，与甬道前端平齐。两壁较直且较光滑。封门为砌砖，残高 0.3—0.6 米，砌砖的底部有一层厚 5 厘米的垫土层。

甬道平面呈长方形，进深 0.48 米、宽 0.88 米、残高 1.36 米。顶部坍塌，

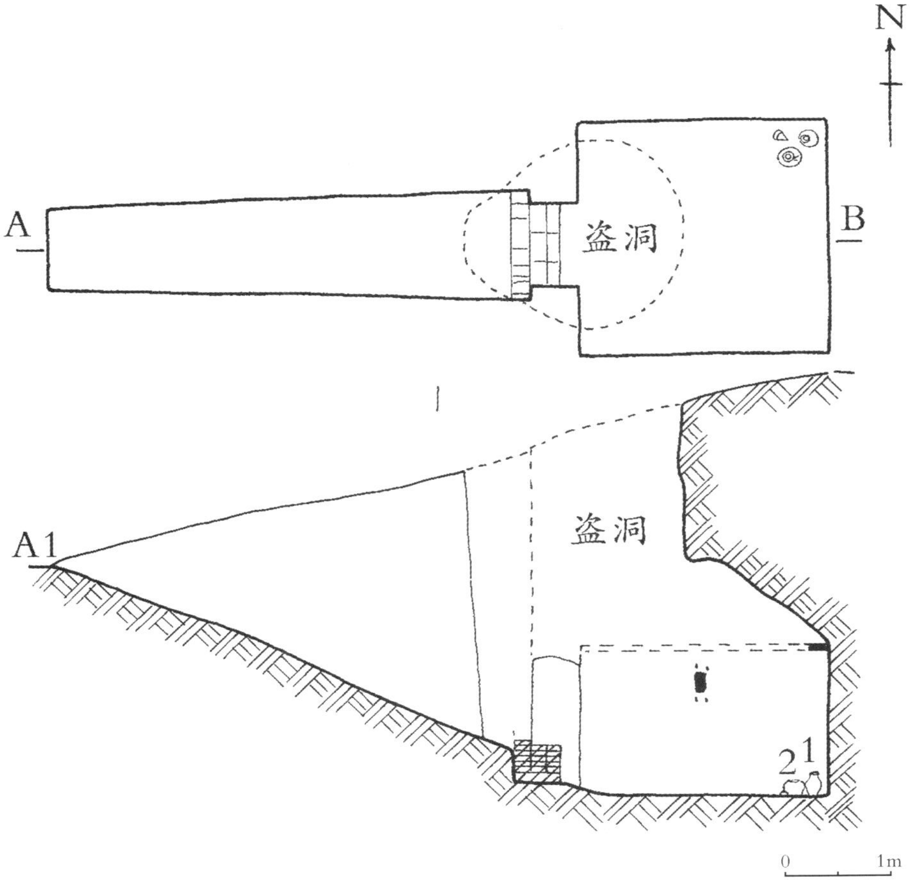

图二六七　八大梁M2平剖面图

样式不明。内壁较平整，局部残存零星涂绘的灰白底色。

墓室平面近方形，南北横长2.52米、东西进深2.58米，四壁高1.62米。顶部坍塌，原来样式不明。底部靠近墓室口处呈缓坡状，其余部分较平整。四壁局部可见残存的灰白底色及红色彩绘：东壁仅残存南端上缘的横向红色彩绘条带及其下的灰白底色局部，横向红色条带宽5厘米，可能为檐檩一段；北壁仅存中间上部的一道纵向红彩条带及灰白底色局部，纵向红彩条带宽10厘米，可能为立柱一段；西壁北侧中上部可见残存的灰白色底子；南壁仅可见零星灰白底色残迹。从残存的红彩条带来看，不排除该墓墓室原来亦绘有仿木结构梁柱样式的可能性。

葬具、葬式与随葬品　墓室盗扰、坍塌及淤积破坏十分严重，未发现

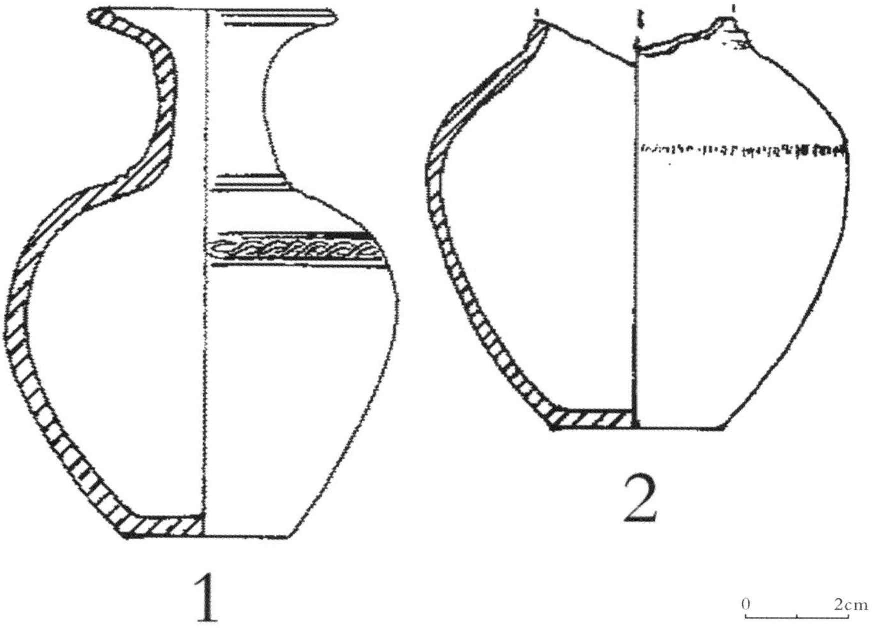

图二六八 -1，2 大梁 M1 出土陶壶

葬具迹象，质地和样式均不明；人骨仅存零星残块且已扰乱，葬式亦不明。

随葬品仅存 2 件陶壶。其中 1 件复原，1 件颈部至口沿残损。2011YJBM2：1，夹砂灰陶，轮制，喇叭状侈口，宽平沿，圆唇，束颈，圆肩鼓腹，腹下斜收，小平底，颈肩相接部饰一道或两道扁平或凸棱状

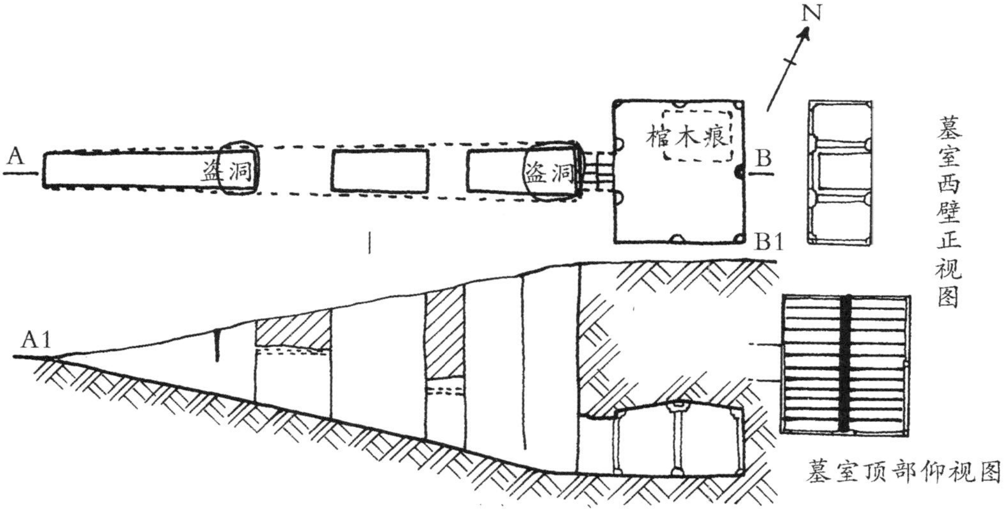

图二六九 八大梁 M3 平剖面图

弦纹，肩腹相接装饰扁平弦纹间以链条状纹样或刻划成窄棱状竖线纹。2011YJBM2：2，口径 6.3 厘米，底径 4.9 厘米，高 15.7 厘米（图二六八 -1）。底径 5.2 厘米，残高 13.2 厘米（图二六八 -2）。

M3　位于八大梁墓地 M2 东侧，盗扰严重。发掘前地表可见两个盗洞，分别位于第一过洞口和墓道东端至甬道口处。第一过洞口盗洞平面略呈椭圆形，上部无填土，下部与过洞口顶部连通。墓道东端至甬道口盗洞平面略呈圆角梯形，上部无填土，下部与封门中上部及甬道、墓室连通。

墓葬结构　墓葬开口于斜坡状地表，为一座斜坡墓道带天井和过洞的单室土洞墓，方向 240° ，自西向东由墓道、第一过洞、第一天井、第二过洞、第二天井、封门、甬道、墓室组成，总长 20.42 米（图二六九，八大梁 M3 平剖面图）。

墓道　深 0—6.3 米，上口长 15.66 米、西宽 1 米、东宽 1.4 米，下口长 15.52 米、西宽 1 米、东宽 1.8 米。近甬道口部的一段墓道底部坡度很缓，几乎与甬道及墓室底面平齐。两壁斜直，壁面较粗糙。第一过洞和第二过洞顶部均已无存，原来样式不明。内壁较粗糙。

第一过洞宽 1.12 米、进深 2.2 米。入口处于生土层上雕刻出宽 4 厘米的斜刹门框样式并施以红彩，北侧残存生土层雕刻、红色彩绘的燕尾状门楣下端，门框及门楣最大残高 1.54 米。

第二过洞宽 1.2 米、进深 1.2 米。入口处于生土层上雕刻出内折门框、燕尾状门楣并施以红彩。

第一天井平面呈纵长方形，上口长 2.8 米、下口长 2.74 米、宽 1.2 米、东端深 4.6 米。

第二天井平面呈窄长梯形，上口东宽 1.4 米、西宽 1.2 米、长 3.34 米，下口长 3.2 米，东端 6.3 米。

封门　为土坯逐层平砌，残高 0.8 米、宽 1.08 米。土坯大小不一，宽 24 厘米，厚 20 厘米，长 17—40 厘米，有不同程度的破损。甬道平面呈长方形，进深 1.16 米、横宽 1.08 米、高 1.6 米，平顶、平底，内壁较平整。入口两侧较光滑，生土层雕刻、红色彩绘内折门框和燕尾状门楣。

墓室　平面呈长方形，南北横长 4.1 米、东西进深 3.74 米。东、西两壁高 1.82 米，南、北两壁中间高 2.2 米。底部较平。整体为两面坡式硬山

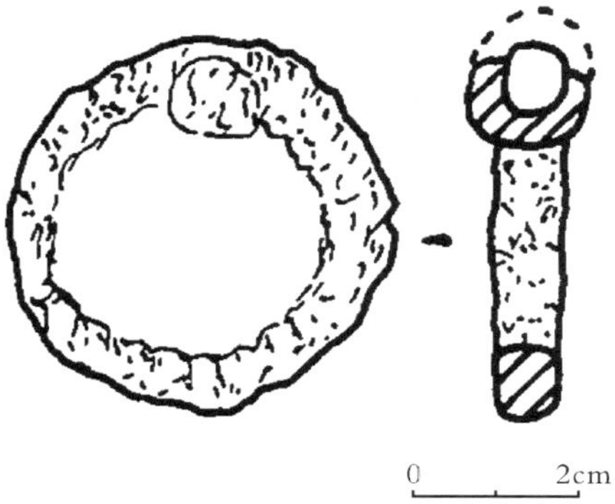

图二七〇　八大梁 M3 出土铁环

顶梁柱结构，脊檩、东西檐檩、顶部椽子均为方柱体。四角各有一角柱，东壁、南壁、北壁中间各有一檐柱，西壁墓室口两侧各有一檐柱，共计 9 柱，柱头以斗拱承接檐檩或脊檩。柱子样式基本相同，柱础略呈覆盆状；柱体为六面体，角柱高 1.5 米、脊柱高 1.66 米、檐柱高 1.46 米；斗拱均为一斗二升样式，拱下缘自下而上、自内而外两次弧角转折，内部空间呈左右对称的三角形。

葬具、葬式与随葬品　墓室盗扰严重，葬具仅存凌乱的棺板残块，原应为木棺。墓室北部可见一层长 2 米、宽 1.5 米的棺木痕迹，据此可知木棺应位于墓室北部。

人骨无存，葬式不明。

随葬品仅发现铁环 6 件，均基本完整，圆形环体锈蚀严重，环径 1.1 厘米；环体上均可见与环体相连的不规则凸起，锈蚀严重，可能为铺首与环之间的连接部分。标本：2011YJBM3：1，孔径 5.8 厘米（图二七〇，八大梁 M3 出土铁环）。

谷地梁墓地

M1　位于红墩界镇席季滩村刘梁组界内的谷地梁，与八大梁墓地隔沟相望。盗扰严重，发掘前地表可见一个较大较深的盗洞，位于墓道东端至甬道口，平面呈不规则椭圆形，上部无填土，下部与甬道上部及墓室上部相通。

墓葬结构与壁画　墓葬开口于斜坡状地表，为一座斜坡墓道单室土洞墓，方向 270°，自西向东由墓道、封门、甬道、墓室四部分组成，总长 22.5 米（图二七一，谷地梁 M1 平剖面图）。

墓道　深 0—5.4 米，上部长 18.6 米、宽 0.95—1.05 米，下部长 18.4 米、宽 0.95—1.3 米。两壁较直，壁面总体较粗糙，仅东端中下部与甬道口相接的部分表面较光滑，可见残存的灰白底色。墓道东段与封门相接部分的底部自西向东铺垫一层厚约 2—5 厘米的灰白色土，夹杂较多的与封门土

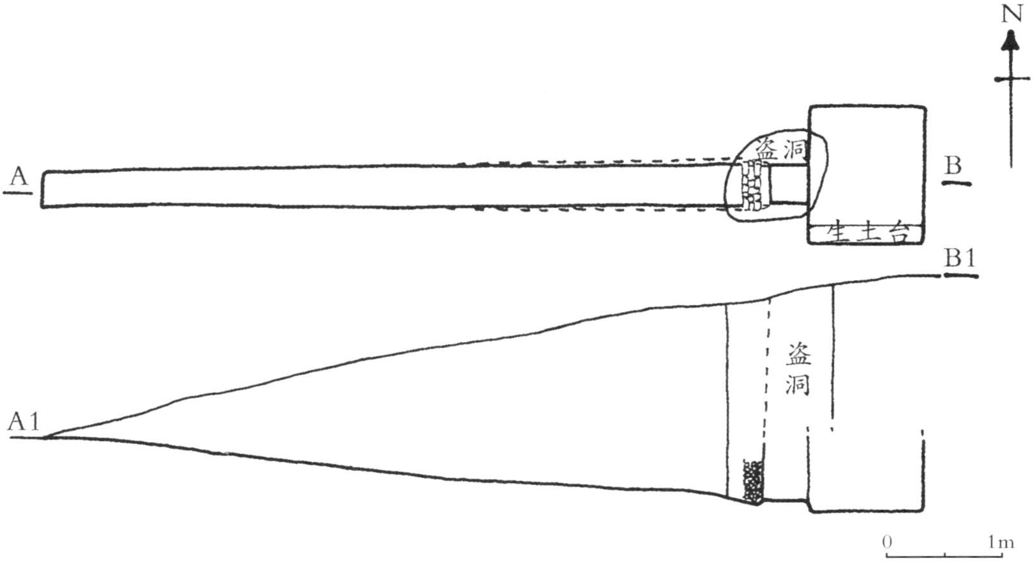

图二七一　谷地梁 M1 平剖面图

块质地相同的青灰色颗粒。该层垫土使得墓道坡度，尤其是东段坡度非常平缓，很可能是为方便下葬和封门所铺垫。封门残高 1.18—1.3 米，由青灰色不规则土块垒砌而成（图二七二，谷地梁 M1 封门正视图）。

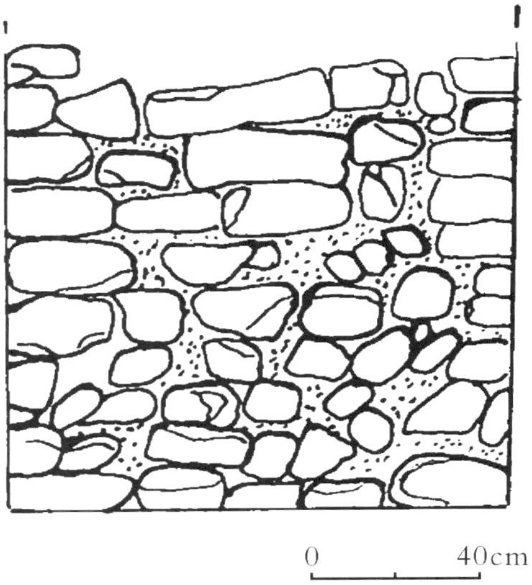

图二七二　谷地梁 M1 封门正视图

甬道　平面呈长方形，残高 1.7 米、进深 1.2 米、宽 1 米。顶部前端被盗洞破坏、后端坍塌，原来样式不明；底部较平整。入口两侧底部雕刻出生土层门墩，横宽 15 厘米，纵长 25 厘米，高 4 厘米。两侧及内壁均满涂灰白色底子。两侧内缘及内壁外缘以纵向连续红彩绘出门框样式，宽分别为 5 厘米。两侧红彩门框上部可见于生土层上减地雕刻的门楣，呈燕尾状，黑彩勾边，红彩填充。

墓室平面呈长方形，南北横长 3.55 米、东西进深 2.95 米。顶部坍塌，原来样式不明，残高 2 米。底部较平，南侧有一长方形生土层台，台东西

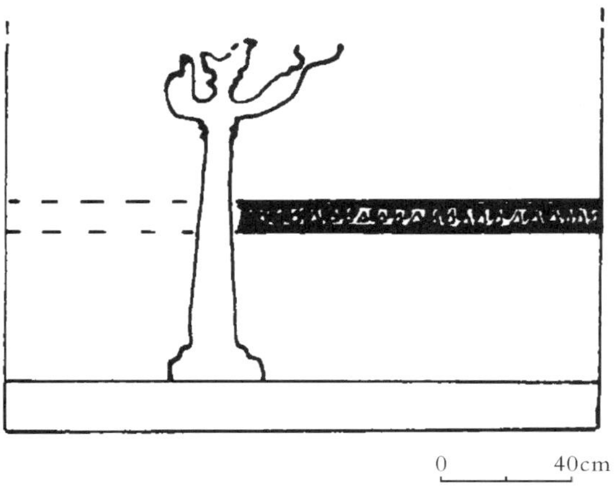

图二七三　谷地梁 M1 墓室南壁正视图

长 2.95 米、南北宽 0.5 米、高 0.25 米，表面为原始生土层，无彩绘，可能为放置随葬品或棺具的台子。墓室内壁可见以红彩绘制的立柱、梁、椽（图版 150 左下），仅残存局部。其中，南壁立柱残高 1.76 米，柱础为方形，两层，上小下大；柱身上窄下宽；斗拱为一斗二升式，下部略呈圜底钵状。据此可知，墓室原应有彩绘仿木结构。除彩绘立柱外，墓室四壁还在灰白底色上以红彩为主、黑彩为辅绘制壁画，线条弯粗，保存状况很差。四壁中部可见一道宽 0.16 米、距墓室底部 1.03 米的彩绘横向连续倒三角纹条带，其上部可见壁画、下部则未见明显的壁画痕迹。东壁壁画仅存北侧上部局部及南侧上部一角，红色彩绘，无明显的黑彩勾边痕迹，内容难以辨识，似为花草纹样。南壁东侧仅存零星红彩壁画线条，内容无法辨识；西侧壁画残存部分可见黑彩勾边痕迹，内容较难辨识，似为一树一展翅动物或两个展翅动物（图二七三，谷地梁 M1 墓室南壁正视图）。西壁北侧壁画仅存零星红彩线条，内容无法确定。北壁壁画大部残损，仅存立柱西侧的零星壁画线条，局部可见黑彩勾边痕迹，内容无法确定。

葬具、葬式与随葬品　墓室盗扰、坍塌及淤积破坏严重，根据墓室扰土中发现的零碎棺木残块推测，葬具应为木质；人骨无存，葬式不明。

随葬品残存很少，仅发现少量陶壶残片与铁钉。陶壶残片 3 块，分别为口沿残片 1 块、肩腹部残片 1 块、腹底部残片 1 块。夹砂灰陶，轮制。喇叭侈口，宽平沿，圆唇，圆肩鼓腹，腹下斜收，小平底，肩腹相接部装饰扁平弦纹间以平行水波纹。

铁钉 5 枚，3 枚基本完整，2 枚有残损。钉首无存或因锈蚀无法辨识原来形制，可能为圆形或方形；钉身锈蚀严重，局部可辨，原应为四棱锥体。

谷地梁墓地

M2　紧邻谷地梁墓地 M1，盗扰严重。发掘前地表可见一个较大较深的盗洞，位于墓道东端至甬道口，平面略呈椭圆形，上部无填土，下部与甬道、墓室中下部连通。

墓葬结构　墓葬开口于斜坡状地表，为一座斜坡墓道单室土洞墓，方向 245°，自西向东由墓道、封门、甬道、墓室四部分组成，总长 15.4 米（图二七四，谷地梁 M2 平剖面图）。

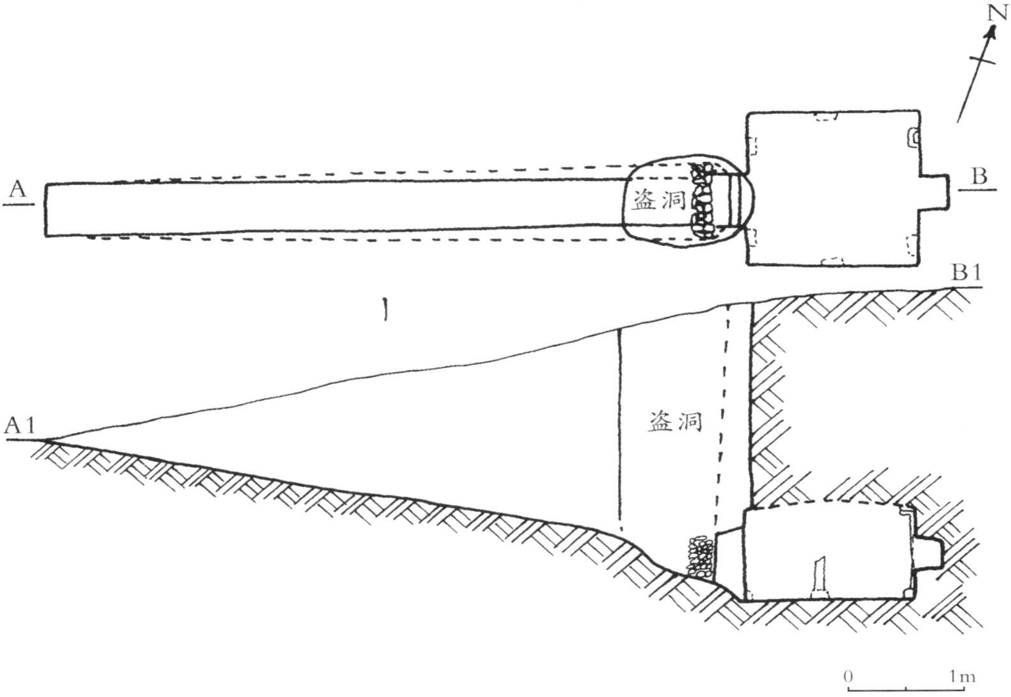

图二七四　谷地梁 M2 平剖面图

墓道　深 0—5.54 米，上部长 12.1 米、西宽 1.1 米、东宽 0.96 米；下部长 11.8 米、西宽 1.1 米、东宽 1.54 米。底部坡面局部略有弧度，不是很平整，坡度整体较缓，仅在东段近甬道口处出现一小段较陡的弧坡。两壁较直，总体较粗糙，仅东端中下部与甬道口相接的墓道壁表面较光滑，但未见明确的灰白色涂绘痕迹。

封门　残高 0.8 米，由较小的不规则青灰色土块无规则垒砌而成，土块间夹杂有青灰色颗粒。甬道平面呈长方形，进深 0.56 米、宽 1.06 米、

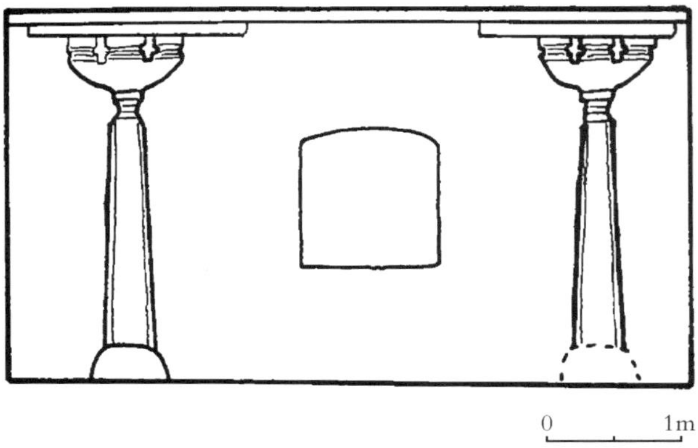

图二七五　谷地梁 M2 墓室东壁正视图

残高 0.8 米。顶部被盗洞破坏，原来样式不明。底部前端为较陡的短坡，后端与墓室底部平齐。入口两侧于生土层上雕刻出门框，带一道内折转角。两侧及内壁局部可见灰白色底子，门框转角处边缘以红彩涂绘。

墓室　平面近正方形，南北横长 3.1 米、东西进深 3 米，整体为生土层雕刻的两面坡式硬山顶梁柱结构。顶部现大部分坍塌，仅存东坡两端的长方形椽、南壁中间的长方形脊檩头端、南壁和北壁东端的长方形梁东端。根据脊檩头端可知墓室顶部高 2 米，根据东壁保存的檐檩可知四壁高 1.8 米。东壁和西壁各雕刻两柱，东壁两柱保存较好，柱间为壁龛（图二七五，谷地梁 M2 墓室东壁正视图），西壁两柱保存较差；南壁和北壁中间雕刻 1 柱，均保存较差。四壁 6 柱样式应相同，柱体涂红，斗拱表面以红彩勾边。柱础略呈覆盆状，表面局部可见灰白底色上的红色彩绘残迹，可能为花草纹装饰；柱体整体下宽上窄，截面略呈梯形，高 1.24 米；斗拱样式为一斗三升坐于圜底钵状拱头的 3 个台面上；斗拱与檐檩之间为一根枋木。

葬具、葬式与随葬品　墓室盗扰、坍塌及淤积破坏严重，葬具无存，质地和样式不明；人骨亦无存，葬式不明。

随葬品仅残存 1 件陶壶，2011YSGM2：1，夹砂灰陶，轮制，喇叭侈口，宽平沿，圆唇，束颈，圆肩鼓腹，腹下斜收，小平底，颈肩相接部饰扁平弦纹，肩腹相接部装饰扁平弦纹间以平行水波纹。口径 13.2 厘米，底径 10.2 厘米，高 29.6 厘米（图二七六，谷地梁 M2 出土的陶壶）。

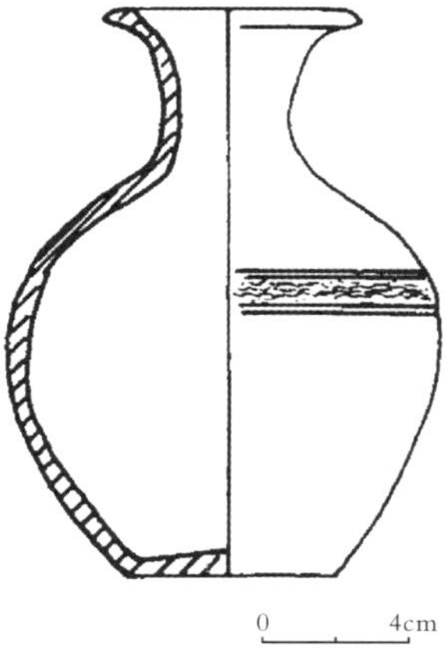

图二七六　谷地梁 M2 出土的陶壶

2011年抢救发掘的5座墓葬距十六国时期的大夏国（407—431）都城统万城不足4千米。统万城在公元427年被北魏攻破后即为北魏统万镇治所，公元431年至唐代均为夏州治所，一直是北方重镇，周边地区墓葬分布密集，数量庞大。八大梁墓地M2和谷地梁墓地M1、M2出土的束颈侈口平沿陶壶普遍见于山西、内蒙古周边地区的北魏墓葬[①]中，形制基本相同，并且装饰位置均在颈肩相接部至肩腹相接部，装饰纹样则以弦纹和水波纹等鲜卑文化传统装饰纹样为主。

八大梁墓地

M1　墓室壁画具有浓郁的佛教色彩和鲜明的胡风因素，与周边地区已经发现的墓室壁画内容和题材[②]均有较大不同。墓室北壁西侧的礼拜佛塔跪姿胡人头戴虚帽、身穿圆领窄袖袍服，应为一位粟特信徒，很可能为该墓墓主人的形象。而若要将其与西壁出现的相对年轻的坐于胡床上的僧人形象和南壁的老年坐于胡床上的僧人形象做一点尝试性的关联的话，可能的解释之一有可能为壁画内容表现了墓主人生前信仰佛教的经历。粟特人宗教信仰中的佛教因素，主要源自其本土的贵霜佛教及商路沿途新疆至山西大同一线的佛教。统万城及周边地区在北朝时期是中西交通要道，北魏时期就曾将活跃在北凉首都姑臧的西域粟特人经统万城迁到平城[③]。北壁壁画中的飞天与陕北地区延安市安塞县大佛寺第四窟飞天样式相近，体态较瘦长，头顶束髻不明显，戴小花冠，姿态略显僵硬，飘带末端略显散乱，服饰和装束较简约。安塞与靖边相邻，二者

①乌兰察布盟文物工作站，和林格尔县文物管理所：《内蒙古和林格尔西沟子村北魏墓》，《文物》1992年第8期。山西省考古研究所，大同市博物馆：《大同南郊北魏墓群发掘简报》，《文物》1992年第8期。大同市考古研究所：《山西大同七里村北魏墓群发掘简报》，《文物》2006年第10期。大同市考古研究所：《山西大同云波里路北魏壁画墓发掘简报》，《文物》2011年第12期。大同市考古研究所：《山西大同沙岭北魏壁画墓发掘简报》，《文物》2006年第10期。

②大同市考古研究所：《山西大同沙岭北魏壁画墓发掘简报》，《文物》2006年第10期。山西省考古研究所，大同市考古研究所：《山西大同市大同县陈庄北魏墓发掘简报》，《文物》2011年第12期。大同市考古研究所：《山西大同云波里路北魏壁画墓发掘简报》，《文物》2011年第12期。大同市考古研究所：《山西大同文瀛路北魏壁画墓发掘简报》，《文物》2011年第12期。

③荣新江：《中古中西交通史上的统万城》，刊于陕西师范大学西北环发中心编《统万城遗址综合研究》，西安：三秦出版社，2004年，第31页。

距离较近，这些相似性可能源自相近的时代性以及共同的来源——云冈石窟第二期晚期至第三期（5 世纪末—6 世纪初），尤其是第三期完全汉化后的飞天样式有关[①]。此外，东壁两侧力士形象与固原北魏漆棺画墓漆棺前档两侧的力士形象相近，力士周围的莲叶样式亦与安塞大佛寺第四窟莲叶完全相同，风格简约写实。谷地梁墓地 M1 壁画根据残存画面所反映的红彩为主、黑彩勾边技法，以及三角纹装饰带、弯曲粗线条式纹样风格等，均与山西大同云波里路北魏墓壁画具有相似性。

综上所述，我们认为此次发掘的 5 座仿木结构壁画墓的时代上限应不早于 5 世纪末至 6 世纪初，即北魏晚期，下限可能到西魏，为研究北朝时期统万城及周边地区在中西交通中的地位和作用，以及该地区的民族、宗教、文化、丧葬习俗提供了非常重要的新材料，具有极其重要的学术研究价值。

二、其他北朝墓举例

八大梁 M5　位于榆林市靖边县八大梁墓地东部，当地人称为“烂窑峁”的小缓坡上，地势北高南低。地理坐标：墓道南端为北纬 37° 58′ 47.20″，东经 108° 52′ 60.9″。墓道北端为北纬 37° 58′ 62″，东经 108° 52′ 61.93″。墓道南端被 M4 墓室所打破，开口于第①层下，打破第②层及生土层。2012 年 9 月 14—18 日清理。

墓葬形制为斜坡墓道单室土洞墓，平面呈直柄刀形，坐东北向西南，方向 215°，墓葬南北水平总长 12.6 米，墓室底距现地表深 5 米。由墓道、甬道、墓室三部分组成（图版 152 上、右下）。

墓道　位于墓葬的南半部分，北连甬道。平面呈长方形，土圹斜坡式结构。墓道东西两壁基本竖直，口底等宽，北壁从原始开口至甬道顶亦竖

①宿白：《平城实力的集聚和“云冈模式”的形成于发展》，刊于云冈石窟文物保管所编《中国石窟·云冈石窟（一）》，北京：文物出版社，1991 年第 187—192 页。

直，三壁面修造较规整光滑，坡面斜直光滑。墓道内填五花土，含沙量较大，土质稍硬，未经夯打。南北水平长 9.8 米、东西宽 0.78—0.8 米，北部坡长约 1.3 米，北壁从原始开口至坡底深 6 米。

甬道　南接墓道，北连墓室，平面呈南北向长方形，原应为拱顶洞式结构，发掘时拱顶部已被盗扰破坏，甬道入口处东西两边各有宽 0.04 米的收分折棱，以象征门洞，东西两壁基本竖直，壁面修整光滑。地面为斜坡状，坡度同墓道。内填塌土及淤土。进深 0.8 米、面宽 0.6 米、现存高度 1—1.1 米。

墓室　位于墓葬的最北端，南接甬道，平面近似于正方形，土圹穹窿顶窑洞式结构，墓室四壁从地面向上基本竖直，约从 1.2 米处内收成拱窟窿顶，穹顶弧高约 0.7 米，四壁面及穹顶修造规整光滑，地面平整光滑。墓室内填五花土及淤土。四壁边长 2.6 米，通高 1.9 米。

该墓被盗严重，木棺具结构已不清，从现场发掘观察，棺具原应纵向放置于墓室东部，只是在填土中发现少量木灰痕迹。

墓主骨架已荡然无存，年龄、性别、葬式均不清。

出土随葬品　4 件，陶罐 3 件，陶瓶 1 件，散乱地分布于墓室（图版 152 左下）。

陶罐　3 件。均泥质灰陶，轮制，形制大小各不同。

标本　八大梁 M5：2，喇叭形大侈口，窄平折沿，厚方唇，粗高颈紧束，窄溜肩，深腹上部圆鼓，下部斜收成平底。颈底部刻划一道阴弦纹。口径 12.3 厘米，腹径 17.8 厘米，底径 10.1 厘米，通高 23 厘米。

标本　八大梁 M5：3，喇叭形大侈口，窄平折沿，薄尖唇，粗高颈紧束，窄溜肩，圆球形深腹微鼓，下部内瘪收成小平底。腹壁表面粗涩不光滑，有模糊的轮制旋痕。口径 10.5 厘米，腹径 16.3 厘米，底径 8.3 厘米，通高 21.5 厘米。

陶壶　1 件。八大梁 M5：4（图版 246）。

陶瓶　1 件。八大梁 M5：1，泥质灰黑陶，轮制，口沿已残佚，细高颈紧束，广鼓肩，圆球形深腹，下部斜收成小平底，底收微内凹。颈部饰密集的竖线纹，颈底部饰一道凸弦纹。肩部满饰放射状竖线纹，肩底部、腹上部、腹中上部各饰一道凸弦纹，腹上部两弦纹间嵌饰模糊的菱角形网状纹，腹下部饰密集的竖线纹。腹径 17 厘米，底径 9.3 厘米，残高 23.8

厘米（图版 247）。

八大梁 M10　位于靖边县八大梁墓地东部为“烂窑峁”的小土堡缓坡，该处地势北高南低，墓道南端为北纬 37° 58′ 44.8″，东经 108° 52′ 65″ ；墓道北端为北纬 37° 58′ 45.5″，东经 108° 52′ 65.6″，墓道开口于第①层下，打破第②层生土层。2012 年 10 月 11—14 日发掘。

M10 座北向南，平面呈“甲”字形的土洞室墓，方向为 220° ，发掘水平总长为 17.8 米，距地表深 5.6 米，由墓道、过洞、天井、甬道、墓室五部分组成（图版 157）。

墓道　位于墓室西南部，平面呈长方形，底部为斜坡状，填五花土，含沙量较大，质稍硬，未经夯打。

墓道水平总长 4 米，宽 1.2 米，北端深 2.8 米。

过洞　紧连墓道，为平顶，进深 2.1 米，宽 1.1 米，高 1.6 米，过洞内填土为淤土，土质较为松散。

天井　长 2.8 米，宽 1.4 米，高 3.1 米，填土为沙土，土质较硬，天井西壁发现一动物形状的壁画（图版 158 左上）。

甬道　紧连墓室，水平形状为梯形，进深 0.9 米，北宽 1.4 米，南宽 1 米，甬道北低南高，甬道顶为平顶。

墓室　位于天井东北部，水平形状为长方形，东北宽 3.2 米，西南宽 2.9 米，高 1.8 米。

墓室门阙高 1.96 米，宽 1.4 米，颜色为红色。墓室内有 7 根立柱，宽 0.11—0.14 米，后壁两根相距 1.2—1.5 米，东壁两根相距 1.1—1.2 米，北壁两根相距 1—1.4 米（图版 158 中、下）。

木棺　保存较好，有 4 块较大的长方形棺板，位于墓室北部。仅存一个体下颌骨，性别及年龄不详。

该墓出土随葬品 11 件（组），质类有陶器、铜器、铁器、泥质器等。器型有陶罐、陶灯、铜泡钉、铁老鸭嘴衔环、泥质武士俑等。

泥质武士俑　1 件。八大梁 M10：10，放置于墓室西南部，泥质，模制兼手修，已残成碎片，残缺太多，无法修复成形。俑表面原涂白彩底，铠甲上用红、黑彩描绘出鱼鳞甲纹。

陶单耳罐　1 件。八大梁 M10：2，放置于墓室西部。泥质灰陶，轮制，修复成形。罐大侈口，高领，尖唇，粗矮径紧束，溜肩，圆球形深腹，小平底，口沿与肩部附加一宽扁形半环耳，已残佚。颈底部一戳划纹，腹壁上有模糊的轮制旋痕。口径 8.5 厘米，腹径 12 厘米，底径 5.4 厘米，通高 13.9 厘米。

陶罐　1 件。八大梁 M10：11，放置于墓室西南部。泥质灰黑陶，轮制，颈部以上已残缺，广鼓肩，扁圆球形深腹，平底，底心内凹。腹径 13.1 厘米，底径 7.5 厘米，残高 11.7 厘米。

陶灯　1 件。八大梁 M10：1，放置于墓室西部。泥质灰陶，轮制，修复成形。灯整体呈豆形，灯盘呈深腹钵形，窄折沿，方唇，腹壁斜直收，底心小内凹，圆筒柱状粗柄，薄圆饼形底座。口径 11.4 厘米，座径 10 厘米，通高 12.6 厘米。

铜泡钉　1 件。八大梁 M10：9，放置于墓室东部，器呈蘑菇状，圆形钉帽，面凸背凹，四棱锥状长钉，尖锈残佚。长 2.3 厘米，帽径 4.2 厘米（图版 310 左上）。

铁老鸭嘴衔环　一组 6 件。八大梁 M10：3—8，放置于墓室中部，木棺具周围。铁质，铸造成形，6 件形制大小相同。由老鸭嘴套环和铁环两部分组成。老鸭嘴多已残佚，仅存套环与铁环锈粘在一体。铁环呈粗四棱体，截面略呈椭圆形，环径 9.8 厘米，环粗 1.2 厘米。

彩绘棺具朽木残块　1 件。八大梁 M10：12，棺板正面平整，原似白彩地，表面用黑彩描画出四瓣草叶纹 6 朵。板残长 25 厘米，宽 4 厘米。

八大梁 M12　位于靖边县刘梁村，八大梁墓地东部为“烂窑峁”的小土堡缓坡，该处地势北高南低，墓道南端为北纬 37° 58′ 22.74″，东经 108° 52′ 34.56″；墓道北端为北纬 37° 58′ 28.92″，东经 108° 52′ 35.03″。墓道开口于第①层下，打破②层生土层。2012 年 10 月 15—24 日清理。

该墓坐北向南，平面呈“甲”字形，斜坡墓道单天井土洞室墓，方向 240°，水平总长为 18.6 米，距地表深 7.6 米，由墓道、过洞、天井、封门、墓室五部分组成（图版 159）。

墓道　平面呈长方形，壁面平整，竖直，底部为斜坡状，长 11 米，南部上宽 0.7 米，北部上宽 0.9 米，下宽 0.82 米，深 3.4 米。内填五花土，含沙量较大，质稍硬，未经夯打。

过洞　平面呈长方形，壁面平整，竖直，长 2.6 米，宽 0.6 米，深 0.4 米。

天井　平面呈长方形，壁面平整，竖直，长 2.6 米，南宽 0.84 米，北宽 0.9 米，深 0.64 米。

封门　平面呈长方形，残长 0.78 米，残宽 0.9 米，残高 0.4 米。

墓室　平面呈长方形，壁面平整，竖直，长 2.6 米，南宽 2.4 米，北宽 2.58 米，深 7.2 米，墓室内有壁画，绘有太阳、月亮、莲花，后壁绘有一条龙。莲花位于墓室顶部，直径约为 0.16 米，东与月亮（蟾蜍）相距 0.18 米，直径 0.14 米，东距太阳（三足鸟）相距 0.56 米，直径 0.16 米，后壁龙长 1.54 米，前部宽 0.24 米，后部宽 0.1 米，墓室后有一土台子，长 2.2 米，宽 0.68 米，高 0.32 米。

葬具为木棺，保存较差，尺寸不详。

出土随葬品 7 件（组），有陶器、铁器、角质器。器型有：陶罐、陶壶；铁釜残底、铁三足器座、角管状器等。均散乱分布于墓室填土中。

陶罐 3 件。八大梁 M12：3，均泥质灰陶，轮制，修复成形。3 件形制大小各不相同。

八大梁 M12：2，泥质夹砂灰陶，轮制，口沿修复完整。罐侈口，窄平沿，尖圆唇，矮束颈，窄溜肩，圆鼓腹，腹下部斜弧收，平底微凹。腹壁饰模糊的磨光菱形网格暗纹，底部有轮制旋痕。口径 11 厘米，腹径 15.6 厘米，底径 8.6 厘米，通高 21.8 厘米（图版 251 上）。

八大梁 M12：3，泥质灰陶，轮制。罐喇叭形大侈口，窄平折沿，尖唇，粗矮颈紧束，鼓溜肩，深腹上部圆鼓，下部斜收成平底。通体原似涂白彩，现已脱落。口径 18.8 厘米，腹径 26.5 厘米，底径 12.5 厘米，通高 31 厘米。

八大梁 M12：4，泥质灰黑陶，轮制。罐大侈口，窄立沿外折，圆唇，立沿底边饰一栉齿状纹，粗矮颈紧束，广鼓溜肩，深腹上部圆鼓，下部斜收成小平底。颈底部、肩底部、腹上部各饰一道凸弦纹，腹部有模糊的划竖线纹。口径 9 厘米，腹径 13.3 厘米，底径 6 厘米，通高 16.3 厘米。

陶壶　1 件。八大梁 M12：1，夹砂灰陶，轮制。壶小侈口，窄内折沿，沿内外缘微凸，圆唇，细长束颈，颈底一周窄凸棱箍，圆鼓肩，腹上部圆鼓，下部斜收，平底。肩腹部饰模糊的纵向磨光暗弦纹，器表略显晦涩。口径 5.8 厘米，腹径 13.5 厘米，底径 7.3 厘米，高 21 厘米（图版 245、249 右下）。

铁釜底残片　1件。八大梁M12：5，铁质，铸造成形，锈蚀严重，仅残存釜圜底部分，底部原铸3个宽扁形高足，均已残佚。

铁三足器座　1件。八大梁M12：6，铁质，铸造成形，锈蚀严重，仅残存二分之一，器座呈宽厚圆环形，口沿外撇，圜底原铸3个宽条状高足。口沿径14.5厘米，座宽2.6厘米，通高7.5厘米。

角质器　1件。八大梁M12：6，角质，雕琢成形，器呈细圆管状，中间有穿孔，表面钙化粗涩。长4.5厘米，径1厘米。

八大梁M13　位于靖边县八大梁墓地东部为“烂窑峁”的小土堡缓坡，该处地势北高南低，墓道南端为北纬37° 58′ 29.31″，东经108° 52′ 33.93″；墓道北端为北纬37° 58′ 33.93″，东经108° 52′ 34.47″。墓道开口于第①层下，打破第②层生土层。

2012年10月23—29日清理。该墓为一坐北向南，平面呈“凸”字形的土洞室墓，方向为250°，水平总长为13.50厘米，距地表深7米，由墓道和墓室两部分组成（图版160左）。

墓道　平面呈长方形，壁面较平整，竖直，底部为斜坡状，长10.4米，南宽0.9米，中宽0.8米，北宽0.9米，深6米。内填五花土，含沙量较大，质稍硬，未经夯打。

墓室　平面近似正方形，拱顶，壁面较为平整，底部平，顶部南高北低，墓室长2.7米，宽2.75米，洞室南高2.5米，北高2.2米，1.9米处起拱。

该墓出土随葬品9件（组），有陶器、铁器两类。器型有陶罐、陶壶、铁老鸭嘴衔环。随葬品散乱地分布于墓室填土中，应为盗扰所致（图版160右上、右下）。

陶罐　3件。均泥质灰陶，轮制，修复成形。3件形制大小各不相同。

八大梁M13：1，泥质灰陶，轮制，口沿修复。罐喇叭形侈口，窄平折沿，方圆唇，粗高颈紧束，窄溜肩，深腹上部圆鼓，下部斜收成小平底。颈底部饰一戳划的栉齿状纹。口径13.8厘米，腹径19.4厘米，底径10.3厘米，通高27.1厘米。

八大梁M13：3，泥质灰黑陶，轮制，口沿腹部修复。罐圆侈口，宽立沿形成一宽带箍，方唇，粗矮颈紧束，广鼓肩，扁圆球状深腹，下部斜收成小平底。立沿宽箍上饰一网格状索带纹，颈底部、肩底部各饰一道凸弦纹，腹上部饰一道阴弦纹，腹壁粗涩不光滑。口径 9.8 厘米，腹径 16.2 厘米，底径 7.5 厘米，通高 16.4 厘米。

八大梁 M13：5，泥质灰黑陶，轮制，口沿修复。其形制与 1 号罐相似，唯体形较小。罐喇叭形大侈口，宽平折沿，方圆唇，沿面上饰一宽带阴弦纹，粗高颈微束，广鼓溜肩，深腹上部圆鼓，下部斜收成小平底。底心大内凹。颈部用黑彩描绘一周栉齿状纹，腹部满饰用黑彩描绘的棱角形网状纹。口径 11.1 厘米，腹径 14.1 厘米，底径 7 厘米，通高 18 厘米。

陶壶　2 件。均泥质灰陶，轮制，修复成形。两件形制大小各不相同。

八大梁 M13：2，口沿修复完整，泥质夹砂灰陶，轮制。壶小侈口，窄平沿，尖圆唇，短束颈，颈底有一周轮制抹痕，圆肩，腹上部圆鼓，下部斜收，小平底，底边缘有轮制刮抹痕。颈肩部饰磨光的纵向暗弦纹，腹部饰磨光的菱形网格暗纹，纹样均较模糊。内壁可见有明显的轮制旋痕。口径 7.3 厘米，腹径 10.1 厘米，底径 5.2 厘米，高 12 厘米（图版 248 上）。

八大梁 M13：4，口沿修复完整。泥质夹砂灰陶，轮制。壶喇叭形侈口，宽平沿，尖唇，唇下内折，细束颈，圆肩鼓腹，腹下斜弧收，小平底，底边缘一周抹棱。颈部有明显的轮制旋痕，颈底饰一周纵向戳点纹，肩腹部饰磨光的菱形网格暗纹。口径 11.3 厘米，腹径 18.2 厘米，底径 6.4 厘米，高 26.8 厘米（图版 251 左下）。

铁老鸭嘴衔环　一组 4 件。八大梁 M13：6—9，铁质，铸造成形，锈蚀严重，已残缺不全。4 件形制大小相同。八大梁 M13：6，由老鸭嘴套环与铁环组成，老鸭嘴均残佚，仅存套环与铁环锈粘在一起。铁环为四棱状粗铁条曲折而成，横截面略呈椭圆形。环径 8.6 厘米，环体粗 1 厘米。

西塔林场 M4　位于榆林市靖边县红墩界镇白城则村西南西塔梁峁区，北距统万城约两千米处，红墩界旅游专线项目穿越墓地而过。M4 位于发掘区东南部，M4 墓道被 M2 墓道所打破。地势西高东低，呈缓坡地带。地理坐标：墓道北纬 37° 58′ 47.13″，东经 108° 51′ 11.19″。墓室北纬 37° 58′ 47.64″，东经 108° 51′ 11.73″。墓道开口于第①层黄褐色沙土层下，沙土层厚约 3.45—4.4 米，打破第②层生土层。该墓发掘工作从 2013 年 7 月 13 日开始，至 8 月 5 日结束，历时 23 天，中途因雨天停工 1 天，实际发掘 22 天。

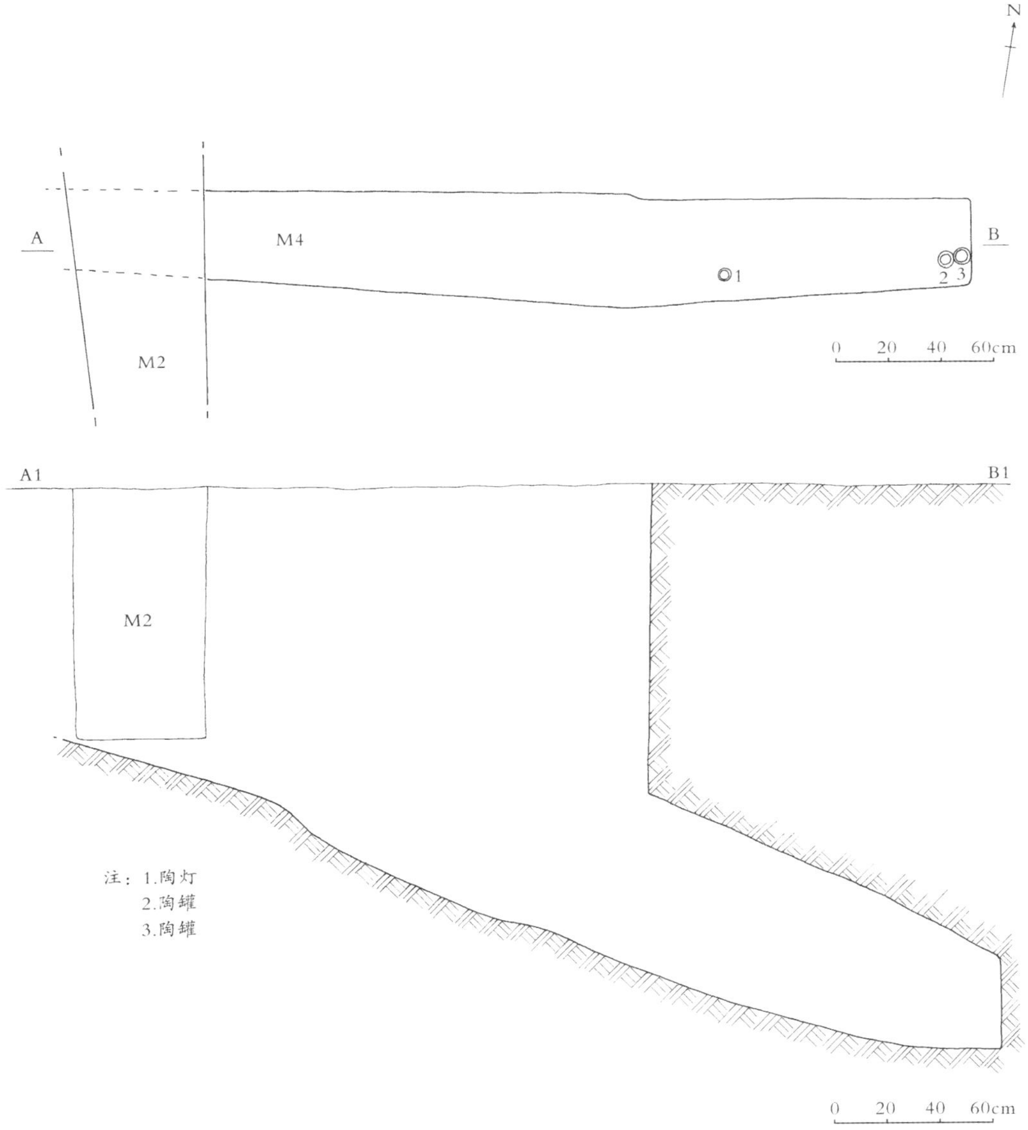

图二七七　西塔林场 M4 平剖面

该墓为竖穴墓道单室土洞墓，墓道稍宽于墓室，坐东向西，方向 257°。水平残长 7.4 米，墓室底距现存地表深 8 米左右。由墓道、墓室两部分组成（图二七七，西塔林场 M4 平剖面，图版 232）。

墓道　位于墓葬西半部，东连墓室，平面呈东西向长方形，西端开口稍窄于东端，土圹竖穴斜坡式。墓道西端被 M2 墓道所打破，南、北、东三壁从开口至斜坡底面基本竖直，口底等宽，三壁面已做修整，较平整光滑。

墓道底面略呈缓坡状，西高东低，坡度15° 左右，坡面高低起伏，不斜直平整。墓道内填黄褐色沙土，土质较松软，未经夯打，内含少量植物根系。墓道开口东西水平残长3.45米、西端宽0.72米、东端宽0.95米、坡底残长4.9米，东壁从坡底距原始开口深3.85米、从现地表距坡底深7.9米。

墓室　位于墓葬的东半部，西接墓道，平面呈东西向长方形，西端入口稍宽于里（东）壁，土圹平顶窑洞式结构。墓室入口南北两侧稍作斜折棱，使墓室入口稍窄于墓道。南、北、东三壁从下至上基本竖直，形成平顶，顶面从入口向内壁斜下收，形成入口高而里壁低，三壁面原稍做修整，较规整光滑。墓室地面亦呈缓坡状，坡度同墓道，坡面不太斜直。内填浅黄褐色细沙土，土质较松软。东西向进深2.65米、西端入口宽0.9米、东壁宽0.72米、通高1.4—0.75米。未发现葬具与墓主骨架痕迹。

出土随葬品3件，陶罐2件，陶灯1件。两件陶罐放置于墓室东南角，陶灯放置于墓室中部。

陶罐　2件。放置于墓室东南角，泥质灰陶，轮制。两件形制相同，唯大小稍有不同。罐喇叭形大侈口，窄沿面上一道凹弦纹，形成双重沿，沿面外斜刹，粗矮径微束，窄溜肩，深腹上部圆鼓，下部斜收成小平底。颈底部饰一道戳划纹，底面有轮制所形成的破式同心圆痕，腹壁上有模糊的轮制旋痕。

西塔林场M4：2，口径9厘米，腹径10.2厘米，底径5厘米，通高9.6厘米。

西塔林场M4：3，口径8.6厘米，腹径10.2厘米，底径5.3厘米，通高11厘米。

陶灯　1件。西塔林场M4：1，泥质夹砂灰陶，轮制。灯整体呈豆形，灯盘直口微侈，圆唇，圆鼓腹较浅，腹下弧收与空柱状柄相连。柄上端对穿两个圆孔，柄下端一周凸棱箍，倒喇叭口状底座圆鼓，座底平微内凹。通高11厘米，灯盘口径7厘米，腹深3.5厘米，底座径8厘米（图版244上）。

三、隋代至初唐墓葬

西塔梁旅游专线 M5　位于榆林市靖边县红墩界镇白城则村西南西塔梁峁区，北距统万城约两千米处，红墩界旅游专线项目穿越墓地而过。M5 位于发掘区的中部偏北，西南邻 M3 2.5 米。地势较平坦。地理坐标：墓道东南角北纬 37° 58′ 41.93″，东经 108° 50′ 55.65″，海拔高度 1162 米。墓道开口于第①层（地表层）黄褐色沙土层下，沙层厚约 0.2 米，打破原始生沙土层。发掘工作从 2015 年 7 月 26 日开始，至 8 月 4 日清理结束，历时 8 天。

墓葬形制为斜坡墓道单室土洞墓，平面呈南北向直柄铲形，坐北向南，方向 175°。墓葬南北向水平总长 7.56 米，墓室底距现存地表深 4.1 米。由墓道、甬道、封门、墓室四部分组成（图二七八，西塔梁旅游专线 M5 平剖面图）。

墓道　位于墓葬南半部，北连甬道，平面长方形，南端开口稍宽于北端，土圹斜坡式结构，坡度 31°。东、西两壁从开口至坡底逐渐弧形外扩，横剖面形成口小底大“八”字形，坡底北宽南窄，壁面修造较粗涩，局部有垮塌。北壁从开口至甬道顶基本竖直，壁面局部修整平滑，近甬道顶处被盗洞破坏而垮塌。墓道坡底从南端开口至 2.2 米处，坡面中部设置有 2 级脚窝状生土层台阶，平面呈马蹄形，宽 0.2—0.26 米、进深 0.2—0.23 米、高 0.09—0.16 米、间距 0.5 米，台阶以北至墓室入口处为斜坡面，坡面高低起伏，不斜直平整。墓道内填灰褐色沙土，未经夯打，土质松散干燥，与墓壁易分离，包含较多植物根系。墓道开口南北长 5 米、东西宽 0.62—0.74 米，斜坡长 6.23 米、宽 0.74—0.98 米，北壁从坡底距现地表深 3.63 米。

甬道　南接墓道，北连墓室，平面呈南北向长方形，土圹过洞式结构。甬道入口处东西两侧壁各有 0.06 米的收分折棱，以示门洞，顶部结构已被盗洞破坏而坍塌，东西两壁从坡底向上基本竖直，两直壁起拱高度已不清，

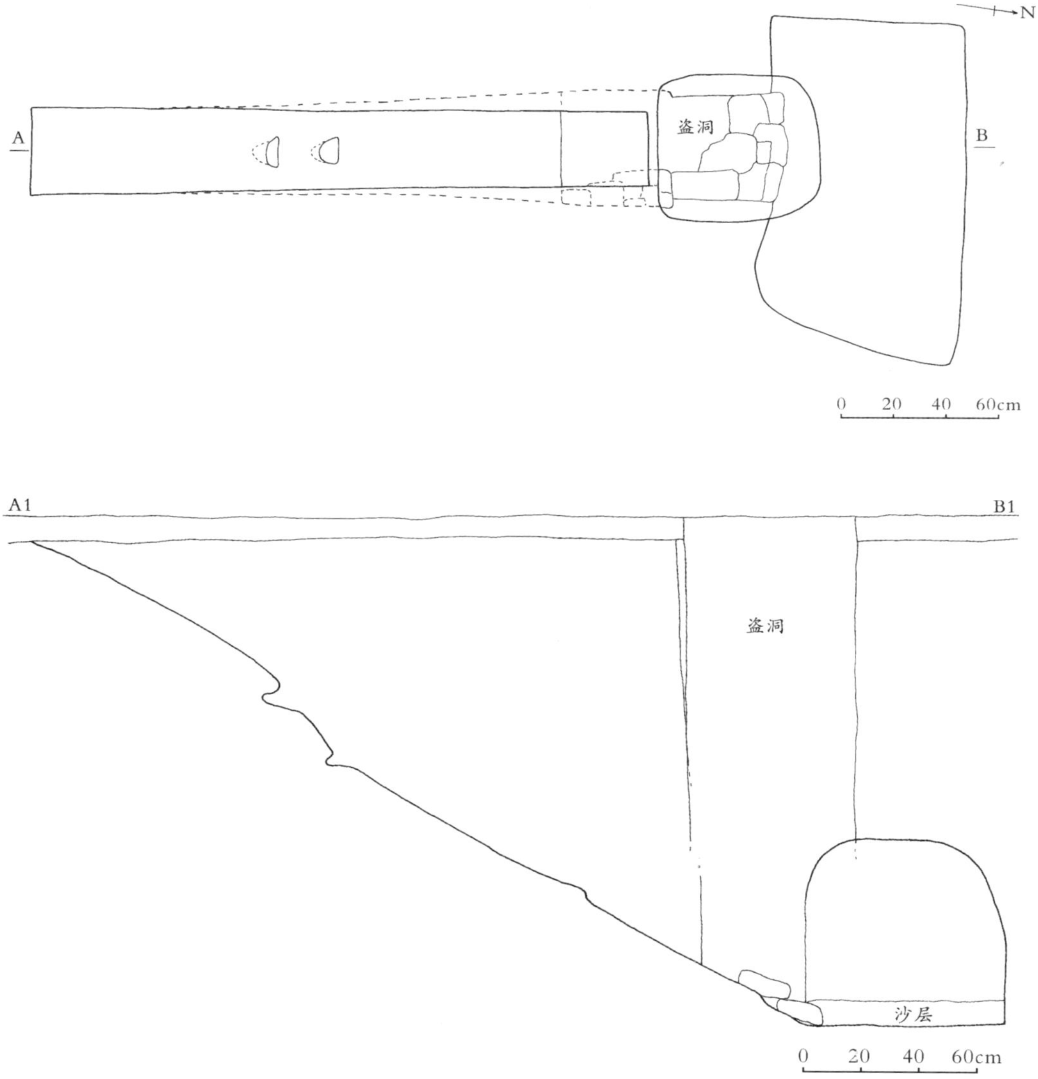

图二七八　西塔梁旅游专线 M5 平剖面图

壁面原修整光滑。地面亦呈斜坡状，坡度同墓道。内填土与墓道填土相似。南北进深 0.8 米、东西宽 0.86 米、残存高度 1.1 米。

封门　该墓有土坯封门，封堵于甬道内，墓室入口前，因盗扰破坏，坍塌严重，仅残存底部数块，散落凌乱，结构不明。土坯为红褐色砂砾或白色黏土制成。厚而坚硬，规格大小不一，长约 33—53 厘米，宽 25 厘米，厚 16 厘米。封门残高 0.46 米、面宽 0.8 米。

墓室　位于墓葬北端，南接甬道，平面呈东西横向长方形，土圹拱顶窑洞式结构。墓室四壁较方弧。修造不太平直规整，但壁面原铲平修整，较光滑，南北两长壁从地面向上斜弧收，起拱高度不明显，形成较平的弧顶。墓室地面修整较平坦。墓室内填土花杂，土质较松散，多为坍塌的墓壁原生沙土或盗扰土，底部填土内含少量骨渣和朽木痕迹。墓室南壁宽 2.5 米、北壁宽 2.85 米、西壁宽 1.57 米、东宽 1.4 米、通高约 1.5 米。

该墓已严重被盗，只是在墓室底部填土中发现少量骨渣粉末和朽木痕迹，其葬具结构及墓主葬式、性别、年龄等均已不清。

方弧形盗洞位于甬道顶部与墓室入口处，南北长 1.3 米、东西宽 1.22 米，开口于现地表，垂直向下进入墓室，墓室内被盗掘殆尽。内填土松散易流动，应为近现代盗洞。

出土随葬品仅五铢钱 1 枚。出土于墓室扰土中。为隋代五铢钱，钱品相较差，经长期使用，钱肉上出现了 5 个残孔，钱外廓宽而规整，好孔方大，钱文篆书对读，字体较小，笔画纤细，字迹清晰，“五”字交笔斜直，背肉光素。钱径 2.2 厘米，好径 0.7 厘米。重 2 克。

西塔梁旅游专线 M9　位于榆林市靖边县红墩界镇白城则村西南西塔梁峁区，北距统万城约两千米处，红墩界旅游专线项目穿越墓地而过。M9 位于发掘区的西部偏西南侧，北距 M6 3 米。墓道东南角叠压于 M10 墓室西北角。地势较平坦。地理坐标：墓道东南角北纬 37°　58′　41.94″，东经 108°　50′　54.97″，海拔高度 1162 米。墓道开口于第①层（地表层）黄褐色沙土层下，沙层厚约 0.2 米，打破原始生沙土层。该墓发掘工作从 2015 年 8 月 6 日开始，至 8 月 11 日清理结束，历时 6 天。

M9 为斜坡墓道单室土洞墓，平面呈铲形，坐西北向东南，方向 149°。墓水平总长 6.84 米，墓室底距现存地表深 3.3 米。由墓道、封门、墓室三部分组成（图二七九，西塔梁 M9 平剖面图）。

墓道　位于墓葬东南部，开口平面呈东南—西北长方形，土圹斜坡式结构，坡度约 15°—40°。墓道两侧壁中部从开口至坡底逐渐斜弧内收，形成两端开口与坡底等宽，而中部开口窄而坡底宽的亚腰形，壁面修造较粗涩，坑洼不平整，局部有垮塌。西北端长约 0.65 米的壁面被盗洞破坏，垮塌较粗糙。墓道坡底部略呈三级斜坡阶梯状，坡面高低起伏，凹凸不斜直。墓道内灰褐色沙土填实，砂砾细小，未经夯打，土质松散干燥，易与墓壁原生沙土剥离，包含少量植物根系及黄褐色水锈痕迹。墓道开口残长3.6米、宽1米，斜坡长5米、宽0.8—1米，西北壁从坡底距原始开口深2.62米。

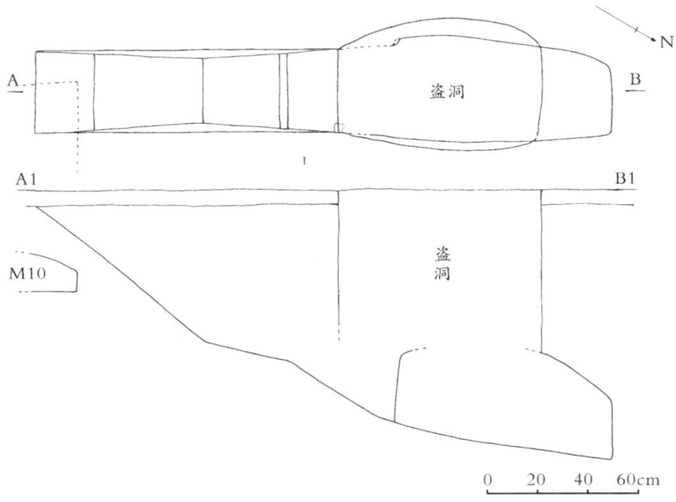

图二七九　西塔梁M9平剖面图

封门　该墓原有土坯封门，原封堵于墓道西北壁下，墓室入口前，因盗扰破坏严重，仅存底部少量残块，土坯为红褐色砂砾土制成，多呈不规则形，封门结构高度均不清。

墓室　位于墓葬西北部，东南接墓道，平面呈东南—西北向不规则长方形，墓室顶前半部分因盗扰破坏而坍塌，西北端水平进深约0.83米，顶部保存完好，应为拱顶窑洞式结构。墓室两侧壁中部略外弧，里（西北）壁较平直。墓室壁面经整修较平滑，地面由入口至里壁端呈斜坡状，坡面较墓道坡面平缓，坡度8°左右，两侧直壁约从0.7米内收成拱顶，拱顶弧高已不清。墓室填土花杂，夹杂有土坯残块和墓壁坍塌的原生沙土块，底部填土包含少量骨渣和朽木灰迹。墓室进深2.63米、入口宽1.1米、里壁宽0.83米、通高1.2米左右。

该墓为木棺具单人葬，因盗扰破坏严重，仅在墓室填土中发现少量朽木灰痕，木棺具的摆放位置、结构和大小尺寸等均已不清。

墓主骨架已不存在，仅在墓室填土中发现少量散乱的骨骼碎块，故墓主葬式、性别和年龄均已不清。

盗洞1个，位于墓道西北端与墓室前半部分之间，平面呈南北向长方形，两侧长边圆弧，长约2.4米、宽1—1.13米，中部最宽1.6米，开口于现地表，垂直向下进入墓室，墓道西北壁和墓室前半部破坏严重，室内扰动凌乱。盗洞内填松散易流动的沙土，包含少量枯枝和骨骼残块等，应为现代盗洞。

该墓出土随葬品 2 件（组），计有刻铭砖 1 块，出土于盗洞填土中，五铢钱一组 3 枚，出土于墓室填土中。

刻铭砖　1 块。西塔梁旅游专线 M9：1，出土于盗洞扰土中，是用一块残条砖刻成，砖面未经打磨，阴刻楷书铭二行八字："朔方郡妇　女赵碑铭"。砖残长 18 厘米，宽 11 厘米，厚 5.2 厘米。

铜钱　一组 3 枚。西塔梁旅游专线 M9：2—1、2、3，均为隋五铢，出土于墓室填土中，钱品相较佳，外廓宽而规整，好孔方大，钱文篆书对读，字体较小，笔画纤细，字迹清晰，"五"字交笔斜直，背肉光素。钱径 2.3 厘米，好径 0.75 厘米。重 2.4 克。

根据出土的纪铭砖墨书"张□□永隆三年十月"，初步推断该墓为梁国（梁师都建立）永隆三年（即公元 619 年，唐武德二年）墓葬。墓主人为张氏。

据《新唐书·卷一百·列传第十二》记载，梁师都于隋大业十三年即公元617年联兵突厥反隋，据雕阴、弘化、延安等郡，称帝建立梁国，建元"永隆"，历十二年，于唐贞观二年即公元 628 年唐军压境被堂弟梁洛仁所杀，梁国覆灭。唐以其地复为夏州（今陕西横山区西）。

另唐高宗时期亦曾用"永隆"年号（680—681），但使用不足两年（681 年 9 月改开耀元），故出现"永隆三年"纪铭的可能性不大。再结合该墓出土的隋五铢钱判断，说明其时其地唐代货币还尚未铸行流通，当排除为唐高宗时期墓葬。

据此分析，M9 为隋末唐初梁师都建梁国时期属地（朔方郡，今陕西横山县西、靖边县东北）内墓葬的可能性最大。

西塔林场 M7　位于榆林市靖边县红墩界镇白城则村西南西塔梁峁区，北距统万城约两千米处，红墩界旅游专线项目穿越墓地而过。M7 位于发掘区东北部，地势东高西低，呈缓坡地带。东邻 M5、M6 约 9 米，南邻 M2、M4 17 米，西邻 M1 22 米，北邻 M3 15 米，地理坐标：墓道东端北纬 37°　58′　17.75″，东经 108°　51′　12.77″。墓室西端北纬 37°　58′　47.68″，东经 108°　51′　12.63″。墓道开口于第①层浅黄色沙土层下，沙土层厚约 3 米，打破第②层生土层。发掘工作从 2013 年 7 月 28 日开始，至 8 月 8 日结束，历时 11 天。

该墓为斜坡墓道偏洞室墓，平面呈长直柄铲形，坐西北向东南，方向125° 。水平总长7.6米，墓室底距现存地表深4.88米左右。由墓道、甬道、墓室三部分组成（图二八〇，西塔林场M7平剖面图，图版236、237）。

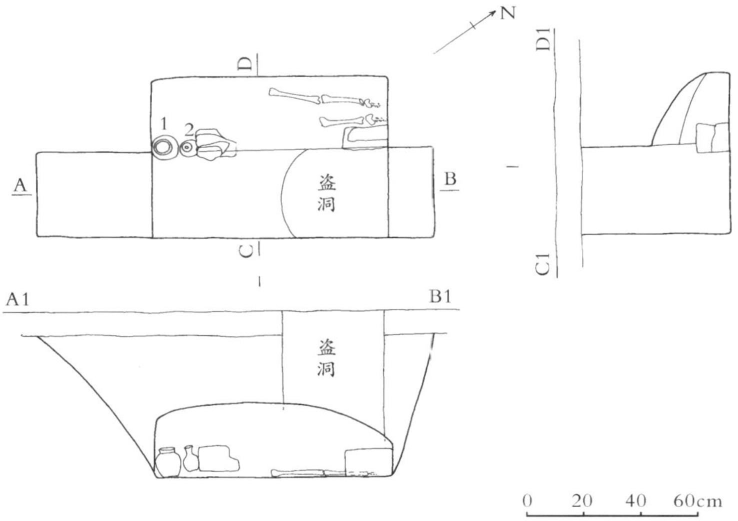

图二八〇　西塔林场M7平剖面图

墓道　位于墓葬东南半部分，西北向连接甬道，平面呈东南—西北向长方形，土圹斜坡式结构，坡度20° 左右。墓道两侧壁、西北壁从原始开口至坡底基本竖直，口底等宽，三壁面原稍做修整，较平整光滑。墓道坡底高低起伏，不斜直平整。墓道内填浅黄色沙土，土质较松软，未经夯打，内含少量植物根系。开口东南—西北向，水平长4.6米、面宽0.7米、坡底长4.8米，西北壁从坡底距原始开口深1.56米，距现地表深4.5米。

甬道　东南向接墓道，西北向连墓室，平面呈东南—西北向长方形，土圹平顶过洞式结构。甬道面宽与墓道等宽，东西两壁从下至上基本竖直，壁面修整光滑，形成平顶，甬道顶从入口向内逐渐斜下收，地面为斜坡，坡度同墓道，与顶部平行，较斜直平整。内填土与墓室填土相同。进深1.1米、面宽0.68米、通高0.8米。

墓室　位于墓葬的西北部，东南向接甬道，平面呈东南—西北向梯形，东南壁宽于里（西北）壁，土圹平顶窑洞式结构。墓室四壁从下至上基本竖直，形成平顶，平顶由东南端入口向内（西北）逐渐斜下收，形成入口高而里壁低，发掘时顶部多已坍塌，四壁面及平顶原做修整，较规整光滑，墓室地面平整。内填浅黄褐色细沙土及淤土，土质较松软。进深1.9米、东南壁宽1.3米、里壁宽0.98米、入口高1.4米、里壁高1.2米。

未发现葬具，墓主骨架散乱不全。

出土随葬品5件，有陶器、铜器、铁器、蚌器4类。器型有陶罐、铜钱、铁镜、蚌壳等。随葬品集中放置于墓室中部偏入口处。

陶罐　2件。放置于墓室中部入口处，均泥质灰陶，轮制，两件形制大小不相同。

西塔林场M7：1，喇叭形大侈口，窄沿外斜刹，尖唇，粗矮颈紧束，窄溜肩，深腹上部圆鼓，下部斜收成平底，外底心内凹，并有轮制所形成的同心圆痕。罐外壁原涂白彩，大多已脱落。口径15.2厘米，腹径19厘米，底径9.9厘米，通高20.5厘米。

西塔林场M7：2，圆直口，低领，方圆唇，窄溜肩，深腹圆鼓，平底，肩部相对两个扁半环耳。肩、腹壁上有模糊的轮制旋痕。口径14.6厘米，腹径25.7厘米，底径16.4厘米，通高24.1厘米。

铜钱　一组4枚。西塔林场M7：5-1、2、3、4，放置于墓室中部入口处，还有一枚残碎，铜质，浇铸成形，均为隋五铢钱。钱品相较佳，内外廓规整，外廓较宽，好孔方大，钱文字体较小，笔画纤细，字迹清晰，“五”交笔较直。钱径2.3厘米，好径0.8厘米。重2.4克。

铁镜　1面。西塔林场M7：3，放置于墓室中部入口处，铁质，铸造成形，锈蚀严重。镜为半球形钮，钮座及背面纹饰已锈蚀不清。镜面微凸。径17.4厘米，厚0.4厘米。

蚌壳　一合2件。西塔林场M7：4，放置于墓室中部入口处，蚌质，天然生成，有残损。平面呈扇形，背面多已钙化，内凹面呈白色，较光滑。背面上部有天然生成淡绿色栉齿状纹，下半部有天然生成的破式同心圆痕，顶端内合口呈草叶状齿口。高6.1厘米，扇面宽7.2厘米，一合厚3厘米。

四、唐代墓葬举例

八大梁M4　位于榆林市靖边县八大梁墓地东部为“烂窑峁”的

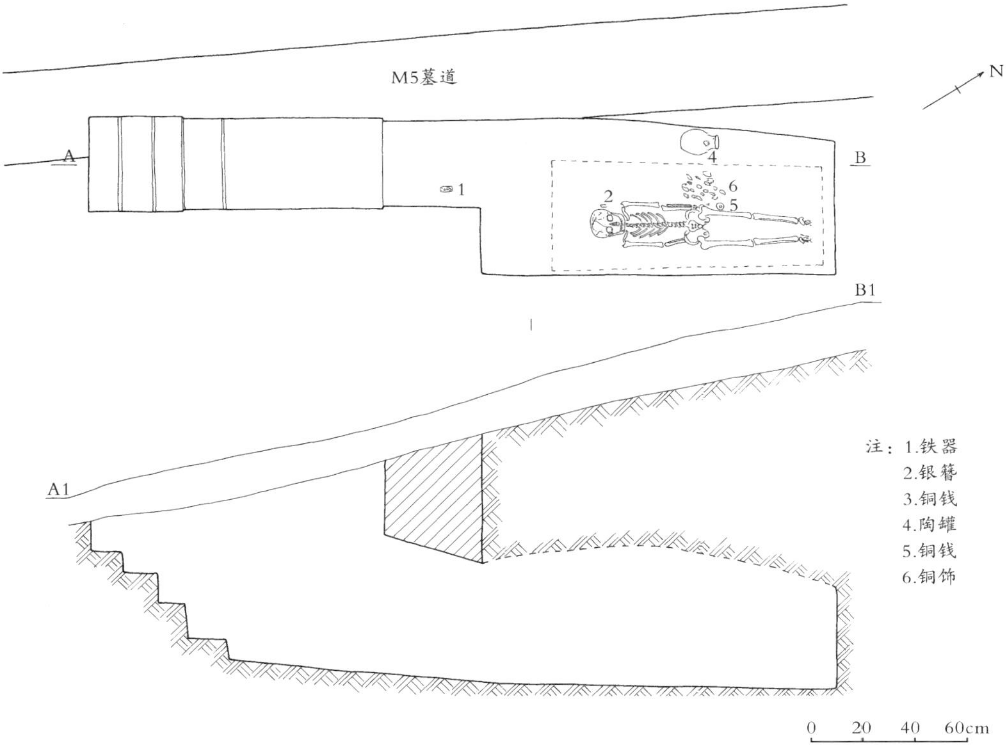

图二八一　八大梁 M4 平剖面

小土堡缓坡上，地势北高南低，呈缓坡地带。地理坐标：墓道南端为北纬 37° 58′ 28.43″，东经 108° 52′ 36.65″。墓道北端为北纬 37° 58′ 28.58″，东经 108° 52′ 36.78″。打破 M5 墓道东部，开口于第①层下，打破第②层与生土层。2012 年 9 月 14—16 日发掘。

M4 为斜坡带台阶墓道单室土洞墓，平面呈直柄弧背刀形，坐东北向西南，方向 210°，墓葬南北水平总长 6.1 米，墓室底距现地表深 3.2 米，由墓道、甬道、墓室三部分组成（图二八一，八大梁 M4 平剖面图，图版 151 左上）。

墓道　位于墓葬的南部，北连甬道。平面呈长方形，土圹斜坡带台阶式结构，墓道东西两壁基本竖直，口底等宽，北壁从原始开口至甬道顶基本竖直，三壁面修造较规整光滑。墓道南半部分修造成 4 级台阶，各级台面、立沿修造较规整，台面宽 0.22—0.32 米、高 0.16—0.3 米；北半部为缓斜坡状，从第三级台阶处，东西两壁各有 0.02 米收分折棱，两壁从上至下逐渐斜收，口宽底窄，坡面斜直光滑。墓道内填五花土，含沙量较大，土质稍硬，未经夯打。南北水平长 2.4 米、东西宽 0.76—0.8 米、北部坡长约 1.3 米、北壁从原始开口至坡底深 1.8 米。

甬道　南接墓道，北连墓室，平面呈南北向长方形，原应为拱顶洞式结构，发掘时拱顶部已塌陷，甬道入口处东西两边各有宽 0.04 米的收分折棱，以象征门洞，东西两壁基本竖直，壁面修整光滑。地面为斜坡状，坡度同墓道。内填塌土及淤土。进深 0.8 米、面宽 0.72 米、现存高度 1—1.2 米。

墓室　位于墓葬的最北端，南接甬道，平面呈南北向梯形，南宽北窄，土圹拱顶窑洞式结构，南、北、东三壁平直，西壁微弧，东西两壁约从 0.85 米处起拱券顶，拱顶弧高约 0.35 米，四壁面修造规整光滑。地面略称斜坡状，平整光滑。墓室内填塌土及淤土，南北进深 2.9 米、东西面宽 1.14—1.28 米、通高 1.2 米（图版 151 右上、右中）。

该墓为木棺具二人合葬墓，木棺纵向放置于墓室东部略偏北，现均已腐朽成灰，但底部灰迹结构清晰，平面略呈南北向长方形，前档面南，长 2.32 米、前档（南）宽 0.94 米、后档（北）宽 0.82 米，原始高度不清。

棺内葬二人，西侧墓主骨骼已焚烧，似为迁葬；东侧墓主骨架保存较完整，应为一成年男性，仰身直肢葬，头南足北，面向上，两臂自然下垂置腹侧，两腿骨平置，两踝骨并拢。骨架长 1.7 米、肩宽 0.4 米、盆骨宽 0.3 米。

墓室出土随葬品 6 件（组），有陶器、银器、铜器、铁器等。器型有陶罐、银簪、铜钱、铜饰残件、铁器残件等。主要集中放置于墓主骨架周围。

陶罐　1 件。八大梁 M4：4，放置于墓室西壁下中部。修复成形，泥质灰陶，轮制。罐小圆侈口，窄平折沿，厚方唇，广溜肩，深腹上部圆鼓，下部斜收成小平底。罐肩底部阴刻楷书铭文一字“男”。口径 9.6 厘米，腹径 22.4 厘米，底径 13.3 厘米，通高 27.5 厘米（图版 151 左下）。

银钗　1 件。八大梁 M4：2，放置于墓主头骨左侧，银质，捶揲成形，原应由细银条曲折成“U”形，仅残存一股，首端粗而向插端渐细。残长 10 厘米。重 3.27 克。

铜钱　一组 2 枚。八大梁 M4：3、5，均唐开元通宝钱，一枚含于墓主口中，一枚握于墓主左手。钱品相较佳，内外廓窄而规整，好孔方正较小，背肉上端有一仰月纹。钱文隶楷对读，字体较大，笔画略粗，字迹清晰，“元”

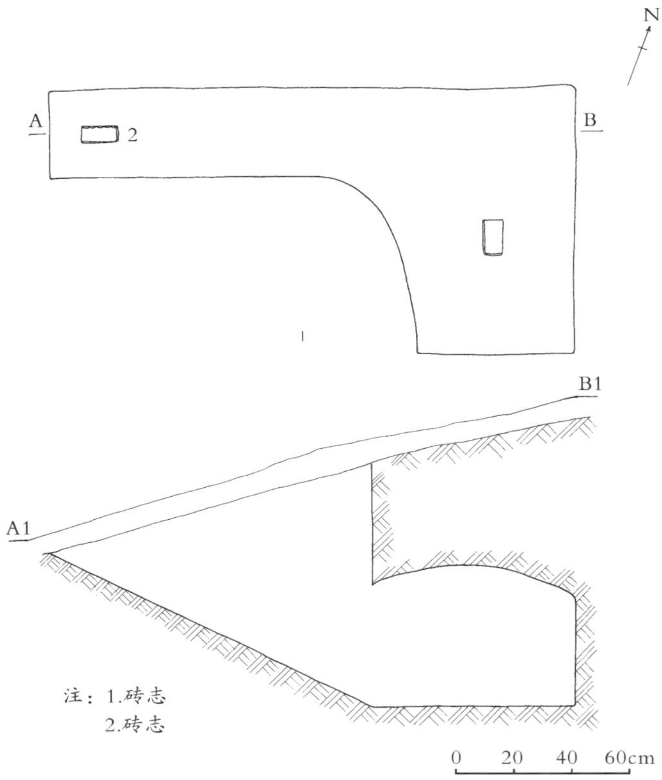

图二八二　八大梁 M6 平剖面图

字二画右上挑。钱径 2.5 厘米，好径 0.55 厘米。重 3.23—3.77 克（图版 151 右下）。

铜饰残片　1 件。八大梁 M4：6，放置于焚烧的墓主骨骼中，铜质，捶揲成形。似为一铜带銙一角，内侧凹面角有销钉残痕。厚 0.8 厘米。

铁器残片　1 件。八大梁 M4：1，放置于甬道填土中，铁质，铸造成形，锈蚀严重。器呈长方形薄铁板状，用途不明。残长 11.7 厘米，宽 6 厘米，厚 0.5 厘米。

八大梁 M6　位于榆林市靖边县八大梁墓地东部，此处为“烂窑峁”的小土堡缓坡上，该处地势北高南低，缓坡状。地理坐标：墓道南端为北纬 37°　58′　46.8″，东经 108°　52′　61.7″。墓道北端为北纬 37°　58′　46.9″，东经 108°　52′　61.7″。墓道开口于第①层下，打破第②层及生土层。2012 年 10 月 3—8 日发掘。

墓葬形制为斜坡墓道单室土洞墓，平面呈曲尺形，坐东北向西南，方向 226°，墓葬南北水平总长 4.6 米，墓室底距现地表深 2.8 米。由墓道、墓室两部分组成（图二八二，八大梁 M6 平剖面图，图版 153 下）。

墓道　位于墓葬的南部，北连墓室。平面呈长方形，土圹斜坡式结构。墓道东、西、北三壁基本竖直，口底等宽，三壁面修造较规整光滑，坡面斜直光滑。墓道内填五花土，含沙量较大，土质稍硬，未经夯打。南北水平长 2.8 米、东西宽 0.8 米、斜坡长 3.1 米、北壁从原始开口至坡底深 2.4 米。

墓室　位于墓葬北半部，南接墓道，平面呈南北横向长方形，土圹拱顶窑洞式结构，墓室东、西、北壁三壁平直，南壁微内弧，四壁从地面向上基本竖直，南北两直壁约从 1 米处内收成拱顶，拱顶弧高约 0.2 米以上，四壁面及拱顶修造规整光滑，地面平整光滑。墓室内填五花土及淤土。南北进深 2.4 米、东西面宽 1.6 米、通高 1.2 米。

未见棺具和墓主骨架痕迹。

出土随葬品仅有长砖墓志 2 块，一件放置于墓室中部地面，一件放置于墓道南端入口处。

刻字砖墓志　1 方。八大梁 M6：1，是用一块条砖刻成，长方形，长 32.9 厘米，宽 13.8 厘米，厚 3—4.5 厘米。背面有绳纹，刻划有“秦平”字样，面抛光阴刻楷书铭五行，满行 12 字，共 44 字（图版 288 左）。

夏州朔方縣清化鄉人武騎尉

秦文義貞觀廿三年七月

十五日身故埋在官菌小水

□東川北墓頭蕀子□

為記

墨书砖墓志　1 方。八大梁 M6：2，亦是用一块条砖刻成，长 31.1 厘米，宽 13.5—14.3 厘米，厚 3.5—4.8 厘米。长方形，薄厚不均，背无纹饰，面抛光，墨书楷书志铭 4 行 44 字，志铭内容与八大梁 M6：1 雷同，最后一列模糊不清（图版 288 右）。

夏州朔方縣清化鄉人武騎尉秦□

義貞觀廿三年七月十五日身故埋□

□官菌小水□東川北墓頭蕀莧

為記

八大梁 M8　位于榆林市靖边县八大梁墓地东部，俗称“烂窑峁”的小土堡缓坡上，该处地势北高南低，呈缓坡状。地理坐标：墓道南

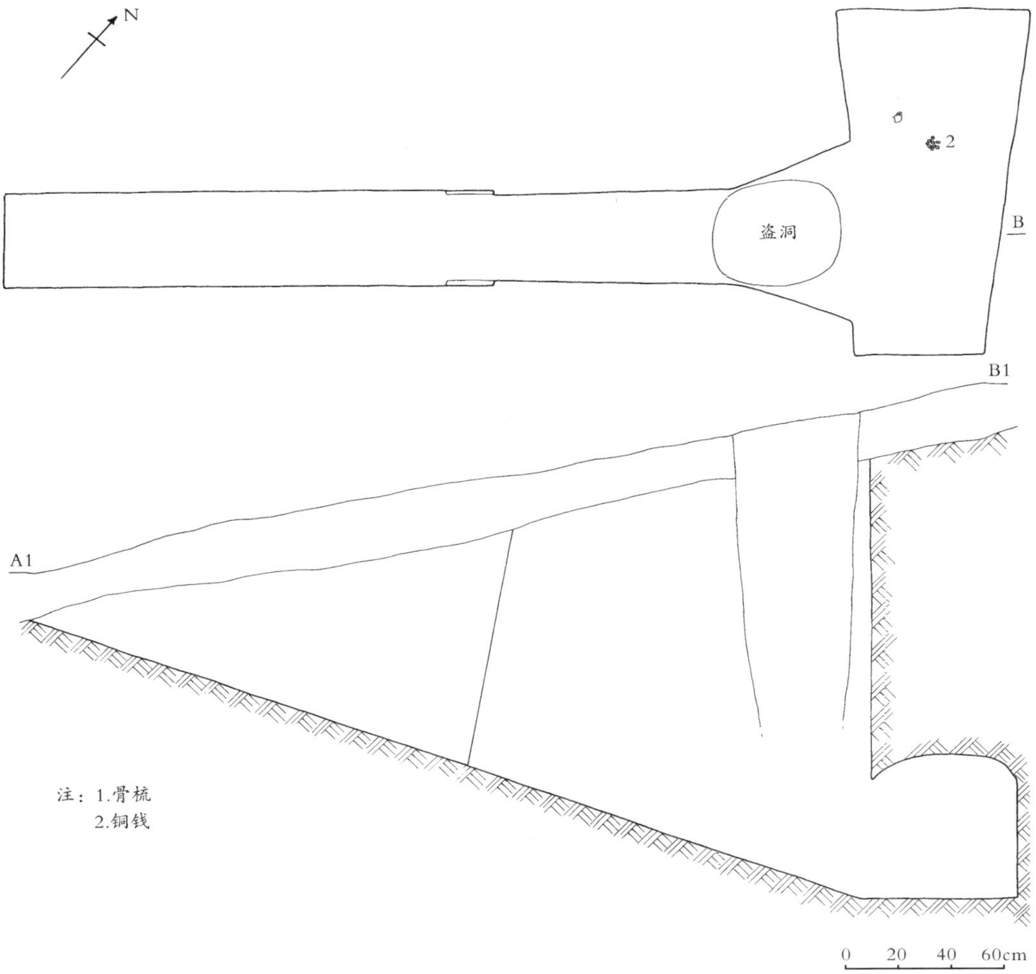

图二八三　八大梁 M8 平剖面图

端为北纬 37°　58′　46.4″　，东经 108°　52′　36.0″　。墓道北端为北纬 37°　58′　46.5″　，东经 108°　52′　41.0″　。墓道开口于第①层下，打破第②层与生土层。2012 年 10 月 19—23 日清理。

墓葬形制为斜坡墓道单室土洞墓，平面呈长直柄不规则铲形，坐东北向西南，方向 220°　，墓葬南北水平总长 8.4 米，墓室底距现地表深 4.4 米，由墓道、甬道、墓室三部分组成（图二八三，八大梁 M8 平剖面图）。

墓道　位于墓葬的南半部，北连甬道。平面呈长方形，土圹斜坡式结构。墓道东西两壁基本竖直，口底等宽，壁面修造规整光滑，在墓道中部，东西两壁从开口至坡底各有宽 0.05 米的收分折棱，墓道北部随之变窄，北壁已被盗洞破坏，斜坡地面平直光滑。墓道内填五花土，含沙量较大，土质稍硬，未经夯打。南北水平长 6 米、南半部分宽 0.8 米、北半部分宽 0.72 米、斜坡长约 7.2 米（包括甬道地面）、北壁从原始开口至坡底深 32 米（图版 155 上）。

甬道　南接墓道，北连墓室，平面呈喇叭口形，南端入口窄而北端进口宽，南端入口已被盗洞破坏，结构不详。地面为斜坡，坡度同墓道，坡面平整光滑。内填较松散的花杂土。南北进深 0.9 米、南入口宽 0.8 米、北进口宽 1.5 米，原始高度已不清。

墓室　位于墓葬最北端，南接甬道，平面呈东西横向梯形，西壁宽而东壁窄，土圹拱顶窑洞式结构，四壁从地面向上基本竖直，南北两直壁约从 0.9 米处内收成拱顶，拱顶弧高约 0.3 米，四壁面修造规整光滑，地面较平整。墓室内填塌土及淤土。南北进深 1.05—1.6 米、东西长 2.9 米、通高 1.2 米（图版 155 左下）。

该墓被盗严重，未见棺具和墓主骨架痕迹。

在甬道顶上发现有 1 个盗洞，平面呈圆形，直径 0.9—1 米，开口于地表上，直通甬道底，已将甬道壁面及顶部破坏，墓室已被扰动，内填沙土，从开口层位看为现代盗洞。

墓室中部出土随葬品 2 件（组），骨梳 1 件，开元通宝铜钱 31 枚。

骨梳　1 件。八大梁 M8：1，出土于墓室中部，骨质，雕刻成形，已残，梳呈长方形，齿端稍宽于首端，首端圆弧，梳齿密集。其长 10 厘米，宽 6.2 厘米。

铜钱　31 枚。八大梁 M8：2-1—31，散置于墓室中部，均为唐开元通宝钱，铜质，浇铸成形。钱品相较佳，内外廓规整，好孔方正，背肉光素无纹。钱文隶楷对读，字体较小，笔画纤细，字迹清晰，“元”字二画圆弧右上挑。钱径 2.5 厘米，好径 0.6 厘米。重 3.87 克（图版 155 右下）。

谷地梁 M9　位于榆林市靖边县白城则村西南部的谷地梁小沙包缓坡处，自然地势东北高而西南低，呈缓坡地状。地理坐标：北纬 37°　58′　50.62″，东经 108°　52′　18.05″。墓道开口于第①层浅黄褐色沙层下，沙层厚约 2.5—4 米，打破第②层生土层。发掘工作自 2012 年 6

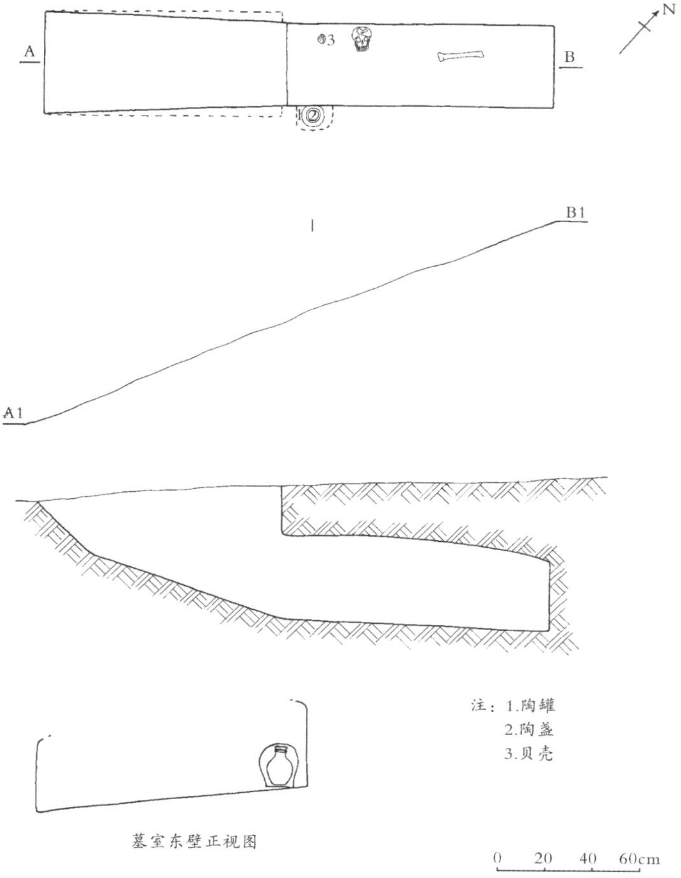

图二八四　谷地梁 M9 平剖面图

月 14 日开始至 6 月 21 日结束，历时 8 天。

该墓为斜坡墓道单室土洞墓，平面略呈宽直柄铲形，坐东北向西南，方向 225°。墓葬水平总长 3.8 米，墓室底距现存地表深 5.2 米。由墓道、壁龛、墓室三部分组成（图二八四，谷地梁 M9 平剖面图，图版 192 上）。

墓道　位于墓葬的西南部，平面略呈长方形，西宽端开口略宽于东北端，土圹斜坡式结构，坡度约 15°。墓道两侧壁从原始开口至坡底逐渐外扩，形成口小底大“八”字形，东北壁从开口至墓室洞顶基本竖直，三壁面稍做修整，略显粗糙。墓道坡底开口端甩一陡坡，东北部坡度平缓，坡面较平整光滑。内填松散的五花土，含少量植物根系。长 1.8 米、西南端开口宽 0.8 米，东北端宽 0.54 米、坡底部宽 0.8 米、东北壁从坡底距现地表深 4.3 米。

墓室　位于墓葬东北部，西南接墓道，平面呈东北—西南向长方形，土拱顶窑洞式结构。墓室西南端入口处两边各有宽 0.08 米的收分折棱，以表示门洞，使得墓室面宽窄于墓道，两侧壁竖直光滑，两直壁约从 0.54 米处开始内收成拱顶，拱顶弧高 0.14 米，接近于平顶，该墓室拱顶及地面由入口向内倾斜，地面从入口向内呈缓坡状，较平整光滑。墓室内填较硬的淤土和塌土，进深 2 米、面宽 0.64 米、通高 0.68 米。

壁龛　在墓室南壁西部，墓室入口内挖凿一呈方形的小壁龛，正视呈椭圆形，壁面未做修整，内放置陶罐、陶盏各1件。进深0.18米、面宽0.2米、高0.34米（图版192左下）。

未发现葬具痕迹。仅残存墓主头骨少许以及少量肢骨残块（图版192右下），故而墓主性别、年龄不清。

出土随葬品4件，陶罐、陶盏各1件，原放置于壁龛内；蚌壳1件，放置于墓室入口处。铜钱1枚，采集于地表层下。

陶罐　1件。谷地梁M9：1，泥质灰陶，轮制。罐小圆侈口，窄平折沿，厚方唇，侈口上部饰一道凸弦纹，折沿内侧亦饰一道凸弦纹，细矮颈紧束，鼓溜肩，深腹上部圆鼓，下部斜收成小平底。通体原涂白彩，现多已脱落。口径8.9厘米，腹径19.5厘米，底径9厘米，通高28厘米。

陶盏　1件。谷地梁M9：2，泥质灰陶，轮制。盏敞口，圆唇，腹较浅，腹壁弧收，内底微起鸡心，小平底，底面上有轮制所形成破式同心圆痕，腹壁上部有一凸折棱。口沿原涂黑彩，通体原涂白彩，现多已脱落。口径11厘米，底径3.7厘米，高4.6厘米。

铜钱　1枚。谷地梁M9：4，铜质，浇铸成形。为唐开元通宝钱，钱品相较差，钱体轻薄，外廓窄而低平，内廓宽面高凸，好孔放正，背肉光素无纹。钱文隶楷对读，字体较大，笔画纤细，字迹较清晰，“元”二画右上挑，元字左侧有一星纹。钱径2.3厘米，好径0.6厘米。重3.5克。

蚌壳　1件。谷地梁M9：3，蚌质，天然生成。器呈扇面形，边沿已残，表面钙化严重，背面上有半弧条状纹，内侧合口处有草叶状齿口。其残宽2.5厘米，高2.3厘米。

谷地梁M10　位于靖边县白城则村西南部的谷地梁小沙包缓坡处，坐标北纬37°58′47.86″，东经108°52′13.19″，地势东北高西南低，东邻M7两米，西距M11约1米，开口于第①层浅黄褐色沙层下，打破②层生土层。

2012年6月14日开始至6月19日清理。

该墓为一座东南西北走向，平面近似“铲形”的土洞室墓，方向为332°，水平总长6.2米，墓底距地表深度为3.1米。由墓道、封门、墓室三部分组成。

墓道　位于墓室西北，平面呈梯形，口小底大，底为台阶（1级）斜坡状，边壁修造较规整，上口长2.44米，东南宽0.44米，西北宽0.64米，下口宽0.9—

0.65 米，墓道底部 2.2 米处，有台阶 1 台，高 0.2 米，宽 0.8 米，以下为斜坡，坡度约 30° ，距开口深度为 2.3 米（图版 193 左）。

封门　为土坯封门，残存高度为 0.84 米，土坯宽 0.18—0.34 米，长为 0.2—0.35 米，厚约 0.1 米，土坯均为残块状（图版 193 右上）。

墓室　土洞室，平面呈不规则形状，顶西北高，东南低，呈斜坡状，底部进入墓室口为斜坡，进深 0.6 米，其余为平底，边壁修造一般，洞口高度为 0.74 米，中部高度为 1 米，底水平总长 2 米，宽度为 0.78—1.5 米，口部上部生土层厚约 1.4 米（图版 193 右中）。

发现少许棺钉，未发现棺木痕迹。

仰身直肢葬，头向西，面向不详，为一个个体，骨架已采集，性别和年龄均不详（图版 193 右下）。

该墓出土随葬品仅陶瓶 1 件，残砖墓志 1 块，放置于墓室入口处。

陶瓶　1 件。谷地梁 M10：1，泥质黑陶，轮制。颈部以上已残佚，瓶广鼓肩，深腹上部圆鼓，下部斜收成小平底。表面光素无纹。腹径 14.5 厘米，底径 7.3 厘米，残高 15.2 厘米。

残砖墓志　1 块。谷地梁 M10：1，该砖志原似刻在一块方砖上，砖未经打磨，表面粗涩，背面饰粗篮纹。正面残存阴刻楷书铭文二行五字："故人　武二娘"。背面铭文一行三字"故人武"。砖残长 19 厘米，宽 16.5 厘米，厚 5.8 厘米。

田满梁壕 M4　位于榆林市靖边县田满梁壕北侧小沙梁缓坡下部，南距"张家畔至巴图湾公路"约 4 米。地势较平坦，北部稍高一些。地理坐标：北纬 37° 57′ 9.68″，东经 108° 53′ 2.19″。北邻 M1 1.5 米，西邻 M10 5 米，东紧邻 M5。墓道开口于第①层浅黄褐色沙层下，沙层厚 0.4—0.65 米，打破第②层生土层。发掘工作自 2012 年 4 月 27 日开始，至 5 月 11 日清理结束，历时 15 天。

该墓为斜坡台阶式墓道多天井单室土洞墓，平面略呈折背刀形，坐东北向西南，方向 210° 。墓葬东北—西南向水平总长 12.9 米，墓室底距现存地表深 7.8 米。由墓道、过洞、天井、甬道、墓室等部分组成（图二八五，田满梁壕 M4 平剖面图）。经实际发掘观察，M4 应有两个过洞和两个天井，第二过洞与第二天井已被盗洞破坏，具体结构已不清，唯第一

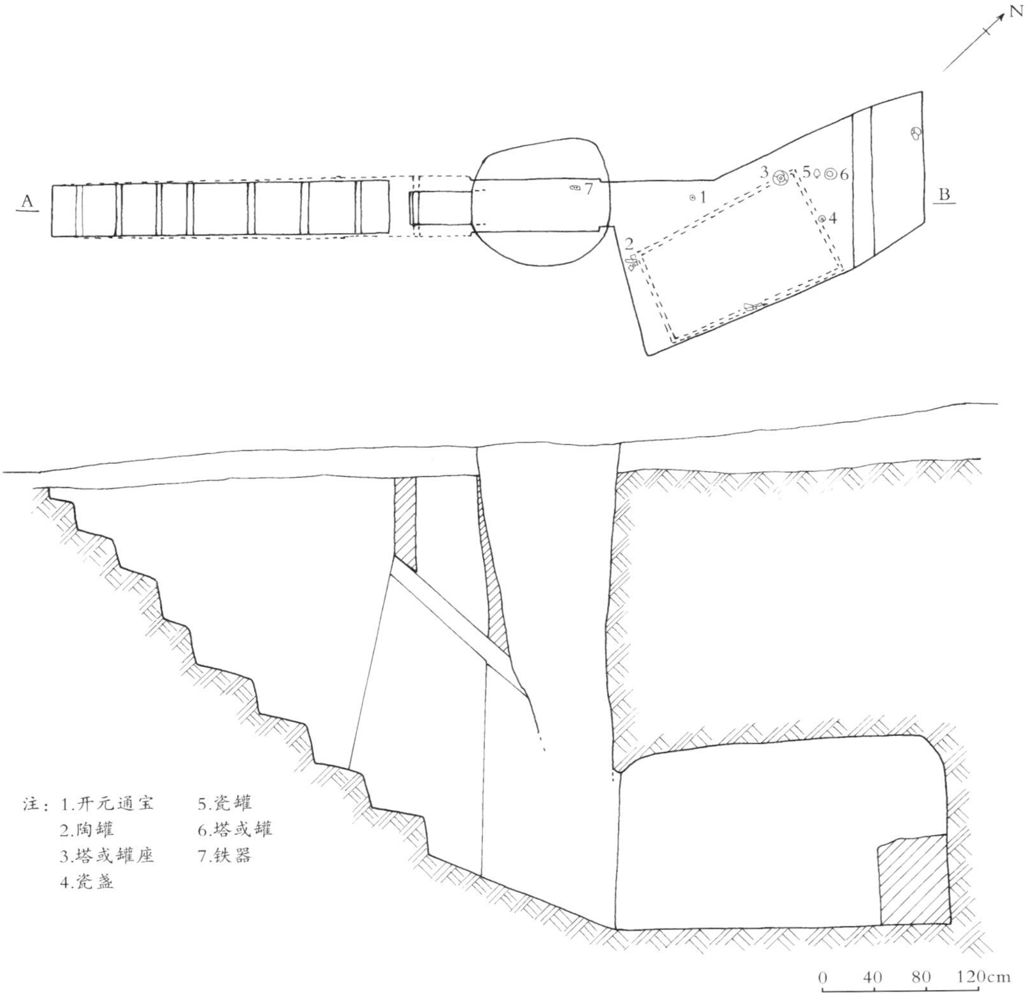

图二八五　田满梁壕 M4 平剖面图

过洞与第一天井结构保存还完整（图版 165、166、167、168 左上）。

墓道　位于墓葬西南端，东北向连接过洞，平面呈东北—西南向长方形，土圹斜坡台阶式结构，墓道两侧壁从原始开口至坡底逐渐外扩，横剖面形成口窄底宽的“八”字形，东北壁从原始开口至过洞顶基本竖直，三壁面原稍做修整，较平整光滑。该墓道从西南端开口至过洞入口处修造成 7 级台阶形，各级台阶面及立沿修造较规整光滑，从西南端开口第一级台阶开始，至过洞入口处第七级台阶终，各级台阶面宽：0.32 米、0.5 米、0.5 米、0.4 米、0.8 米、0.7 米、0.7 米，台阶面高度依次为：0.2 米、0.42 米、0.6 米、0.54 米、0.5 米、0.6 米、0.74 米，7 级台阶所形成的直线坡度为 20°。墓道内填五花沙土，土质较松软，未经夯打。内含少量植物根系。开口水平长 4.8 米、宽 0.8 米、坡底宽 0.96 米、东北壁从坡底距原始开口深 2.2 米、距现地表深 2.4 米。

第一过洞　西南接墓道，东北连天井，平面呈横向长方形，土圹拱顶洞式结构。过洞入口两边各有宽 0.08 米的收分折棱，并向前（西南）倾斜，两侧直壁从下向上基本竖直，两直壁约从 3 米处内收成拱顶，拱顶弧高 0.32 米，两壁面修整光滑。过洞地面和天井地面亦为两级台阶状，应为墓道台阶的延续，台面宽 0.6—0.8 米、高 0.55—0.6 米。过洞内填土与墓道填土相同，均为松散的五花沙土。面宽 0.88 米、进深 0.3 米、通高 3.8 米。

第一天井　西南接第一过洞，东北连第二过洞。平面呈西南—东北向长方形，土圹竖井式结构。天井四壁从原始开口至过洞顶基本竖直，四壁面稍做修整，壁面略显粗糙。天井下部两侧壁从坡底向上基本竖直，两直壁顶上微见拱顶，横剖面呈宽直柄铲形，两侧起高度与前后过洞等高，壁面铲平修整光滑。天井下地面亦为台阶状，与第一过台阶相连接。天井内填较硬的五花沙土。长 1 米、宽 0.5 米、西南壁从原始开口至过洞顶深 1.4 米、东北壁深 2.4 米。

第二过洞与第二天井，二者被一盗洞所破坏，具体结构已不清，唯残存第二过洞入口两侧的收分折棱，宽 0.08 米，微向前倾斜。两侧直壁拱高度及拱顶弧高与第一过洞相同。第二过洞和天井地面为斜坡，坡度约 20°，坡面斜直光滑。二者水平进深 1.9 米、面宽 0.8 米，西南端从原始开口至坡底深 6 米、东北端深 6.8 米。

甬道　短甬道西南接第二天井，东北连接墓室。平面呈横向长方形，土圹拱顶洞式结构。甬道入口两侧均有宽 0.08 米的收分折棱，以示门洞，两侧壁从下向上基本竖直，两直壁约从 3.2 米处内收成拱顶，拱顶弧高 0.4 米，壁面及拱顶原修整平直光滑。内填土与墓室填土相同。面宽 0.8 米、进深 0.2 米、通高 3.6 米。

墓室　位于墓葬的最东北端，西南接甬道，向东北方向歪斜，与墓道不在一条中轴线上。平面呈西南—东北向长方形，土圹拱顶窑洞式结构。墓室四壁平直光滑，从下至上微斜收，东、西两直壁约从 2.1 米处内收成拱顶，拱顶弧高约 0.7 米。在墓室里（东北）壁下部，修造一高 0.9 米、宽 1 米的生土层台面，生土层台立沿竖直光滑，顶面倾斜不平整，用途不明。墓室地面平整，内填浅黄褐色细沙土及淤沙土。进深 4.6 米、面宽 2.3 米、通高 2.8 米。

木棺具单人葬，木棺具已朽成灰，棺具底部结构清晰，平面呈西南—东北向梯形，前档面东北（里），纵向放置于墓室西南部，棺帮紧贴东壁。长 2.8 米、前档宽 1.85 米、后档宽 1.55 米、棺板厚 0.05 米，残存高度 0.05 米。

由于严重被盗，墓主骨架保存极差，仅在生土层台面上发现人头骨残块，故而墓主葬式、性别、年龄均不清。

棺底内辅垫有木炭块，清理时多混杂于填土中，棺底内残存少量。

发现盗洞 1 个，位于第二过洞与第二天井间，已将过洞和天井完全破坏，平面呈圆形，直径 2.2—2 米。从开口层位及填土分析，应为现代人盗扰。

出土随葬品 7 件（组），有陶器、瓷器、铜器、铁器 4 类。器型有陶罐、陶塔式罐；瓷瓶、瓷盏；铜钱；铁器残件。随葬品散乱分布于墓室填土中及棺具周围，应为盗扰所致（图版 168 右上、下）。

陶器　3 件（组）。有陶罐、陶彩绘塔式罐。还出土 1 件黑陶小罐，残缺太多，无法修复成形，故未编号。

陶罐　1 件。田满梁壕 M4：2，泥质灰陶，轮制。罐小直口，窄折沿内斜刹，中间一道弦纹，形成双重沿，方唇，粗矮颈，窄溜肩，深腹上部圆鼓，下部斜收成平底，肩、腹壁上有模糊的轮制旋痕。口径 10.4 厘米，腹径 20.5 厘米，底径 11.6 厘米，通高 25.1 厘米。

陶彩绘塔式罐　一套 2 件。田满梁 M4：3、6，泥质灰陶，轮制加手制。由罐和底座两部分组成，缺盖。罐小侈口，窄平折沿，厚方唇，细高颈，溜肩，深腹上部圆鼓，下部斜收成小平底。颈中部用白彩描绘 1 条宽带箍，肩上部用白彩描绘 1 圈覆莲瓣纹，肩腹交界处用白、黄彩描绘 4 朵盛开的海棠花形，腹壁用白、黄彩描绘 4 朵宝相团花，4 朵团花间用 3 条宽带相连，腹下部各团花间用白、黄彩亦嵌饰 4 朵海棠花形，与腹上部海棠花相对应，腹底部亦用白彩绘 1 圈仰莲瓣纹。底座呈覆盆形，座顶面平滑，中心有 1 圆孔，边沿切削成 1 圈斜外张的栉齿状纹，组面 1 个空心团花状。腹壁斜外撇，中间束腰，底沿斜外折，方圆唇。腹壁中间束腰处，镂空相对的四组圆孔，每组两孔。双孔外圈用白彩描绘成两瓣花形，4 组双孔间用白彩描绘成 5 瓣花形 4 朵。通高 39.1 厘米，罐口径 9.6 厘米，腹径 20.2 厘米，底径 10 厘米，高 28.5 厘米；底座顶径 17 厘米，底径 21.7 厘米，高 11.6 厘米（图版 282）。

瓷器　2 件。器型有双耳黑釉瓷瓶、茶末叶釉瓷盏。

黑釉瓷灯　田满梁 M4：4，瓷质，轮制。盏圆口，宽沿外折，圆唇，腹直壁较浅，圜底附空柱状短柄。柄下端倒喇叭口形足，足沿刮削直壁，足底内凹，底心有凹旋痕和凸起。盏口沿及外腹壁施茶末釉，内壁、圜底及柄足露胎素烧。胎色土黄，胎质坚硬夹杂砂砾。口径 6.4 厘米，沿宽 2.1 厘米，足径 4.55 厘米，高 5 厘米（图版 298）为黑釉瓷灯。

双耳黑釉瓷瓶　1 件。田满梁壕 M4：5，瓷质，轮制。瓶颈以上已残佚，溜肩，卵圆球形深腹，高圈足，足底一圈阴弦纹，肩部原有相对的两个环耳，均已残佚。腹壁施黑釉，釉层较厚，但浑浊不光亮，腹底及圈足露胎素烧。胎色灰白，质坚细密，淘洗较精细。腹壁上有明显的瓦阶状轮制旋痕。腹径 9.6 厘米，足径 6 厘米，残高 13 厘米。

铜钱　一组 2 枚。田满梁壕 M4：1-1—2，均为唐开元通宝，铜质，浇铸成形，1 枚残破。钱品相较佳，内外廓规整，好孔方正，钱文隶楷对读，字体较大，笔画纤细，字迹清晰，“元”字二画右上挑。背肉光素无纹。钱径 2.6 厘米，好径 0.7 厘米。重 3.6 克。

铁器残件　1 件。田满梁壕 M4：7，铁质，铸造成形，锈蚀严重，已残成碎片。原似为一长方形薄铁板，用途不明。

田满梁壕 M6　位于榆林市靖边县田满梁壕北侧小沙梁中部缓坡上，西距“张家畔至巴图湾公路”约 4 米。地势北高南低，为平缓坡地。地理坐标：北纬 37°　57′　9.82″，东经 108°　53′　2.22″。北邻 M7 5 米，东邻 M3 8 米，南邻 M52 米。墓道开口于第①层浅黄褐色沙层下，沙层厚 0.2 米，打破第②层生土层。发掘工作自 2012 年 4 月 27 日开始，至 5 月 2 日清理结束，历时 7 天。

该墓为竖穴墓道单室土洞墓，平面略呈直背刀形，坐东北向西南，方向 230°。墓葬东北—西南向水平总长 4.5 米，墓室底距现存地表深 2.85 米。由墓道、墓室两部分组成（图二八六，田满梁壕 M6 平剖面图）。

墓道　位于墓葬西半部，东北向连接墓室，墓道东北端延伸至墓室内。

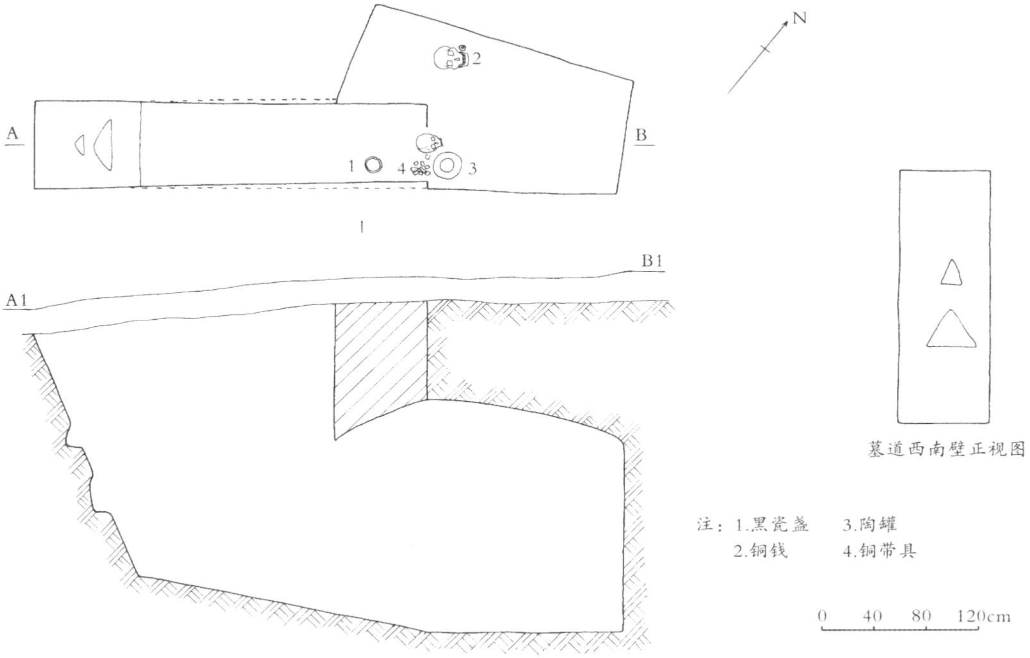

图二八六　田满梁壕 M6 平剖面图

平面呈东北—西南向长方形，西南端稍宽于东北端，土圹竖穴式结构，两侧壁从原始开口向坡底逐渐外扩，口窄底稍宽，墓道东北壁从开口至墓室顶基本竖直，而西南壁从开口至底逐渐斜收，口大底小。当西南壁深至 0.7 米处，壁面挖凿两个三角形脚窝，两个脚窝间距 0.2 米。第一个脚窝面宽 0.16 米、高 0.2 米、进深 0.1 米；第二个脚窝面宽 0.4 米、高 0.3 米、进深 0.14 米。墓道四壁面修整光滑。墓道底呈缓斜坡状，西南高而东北低，修整斜直光滑，东北端延伸至墓室内。墓道内填五花沙土，土质较松软，未经夯打。开口水平长 3 米、西南端宽 0.7 米、东北端宽 0.6 米、坡底宽 0.7 米、坡长 2.3 米、东北壁从坡底距原始开口深 2.4 米、距现地表深 2.6 米。

墓室　位于墓葬的东北部，西南连接墓道。平面呈西南—东北向梯形，西南壁宽而里（东北）壁窄，土圹拱顶窑洞式结构。墓室四壁平直光滑，两侧直壁从下至上基本竖直，两直壁约从 1.5 米处内收成拱顶，拱顶弧高约 0.35 米。四壁面及拱顶修造规整光滑。墓室地面平整，内填浅黄褐色细沙土及淤沙土，土质松软。进深 2.2 米、西南壁宽 1.5 米、里壁宽 0.9 米、通高 1.85 米。

该墓为木棺双人合葬墓，木棺已朽成灰，结构已不清，只是在墓室填土中发现少量朽木灰迹及零星锈残的铁棺钉。

在墓室底部偏西南部清理出两个头骨，并列放置于墓室西南部壁下，两头骨均向西南，面向上，似为一男一女成年人，其余骨骼多已朽成黄色粉末或残块，均散乱，故而葬式不清。推侧应为夫妻合葬墓，有迁葬的可能性。

出土随葬品 4 件（组），有陶器、瓷器、铜器 3 类。器型有陶罐、瓷碗、铜钱、铜腰带。随葬品还散乱分布于墓室填土中及棺具周围，应为盗扰所致（图版 170 下）。

陶罐　1 件。田满梁壕 M6：3，放置于墓室填土中，泥质灰黑陶，轮制。罐小侈口，宽平折沿，厚方唇。细矮颈紧束，颈顶一圈宽带箍，鼓溜肩，深腹上部圆鼓，下部斜收成小平底。口沿、肩部满饰模糊的轮制所形成的同心圆痕，腹壁满饰紧条状划纹。口径 10.6 厘米，腹径 22.2 厘米，底径 12.2 厘米，通高 32 厘米。

内白外酱釉瓷碗　1 件。田满梁壕 M6：1，放置于墓室填土中，瓷质，轮制，修复完整。碗敞口，圆唇，斜弧腹壁，矮假圈足，平底。唇沿及腹内壁满施白釉，腹外壁及足沿满施酱褐色釉，釉色较浑浊，足底露胎。外腹壁局部有泪痕积釉，积釉处颜色较深。胎壁土黄较厚，胎质坚硬夹杂砂砾，淘洗较粗。口径 12 厘米，足径 6.3 厘米，足厚 0.5 厘米，高 4.1 厘米（图版 299）。

铜钱　1 枚。田满梁壕 M6：2，为唐开元通宝钱，放置于墓室棺具内，铜质，浇铸成形。钱品相较佳，磨损太甚，内外廓规整，好孔方正，钱文隶楷对读，字体较小，笔画纤细，字迹清晰，“元”字二画两端上挑，背肉光素无纹。钱径 2.5 厘米，好径 0.6 厘米。重 3.5 克。

鎏金铜腰带　一套 11 枚。标本田满梁 M6：4-1—11，放置于墓室棺具内墓主骨架上，铜质，捶揲铆接成形。其由带头（扣）1 枚、方形带銙 4 枚、弧形带銙 4 枚、鉈尾 2 枚共 11 枚组成，腰带各铜件原用革带相连接，各部件腹腔内均残存革带腐朽痕迹。铜带头平面呈椭圆形，已残断，正面原鎏金，多已脱落。首端宽扁斜刹，底两端曲折成圆管状，内插接细圆柱状轴承，用以套接扣针卷轴，扣针已残佚。长径 5.5 厘米，短径 3.4 厘米。

方形带銙平面呈方形，正背两面均鎏金。正面捶揲成1方形框，背面为1方形薄铜片，二者内侧四角各用1枚销钉铆接，下端开一长条形插孔，正面插孔宽长，背面插孔窄短，正背两面间留有空间以便穿系革带。边长3.6厘米，厚1.1厘米。弧形带銙，其制作结构方法与方形銙相同，唯首端呈弧形，内侧用3个呈三角形分布的销钉铆接，两面间亦留空间以穿系革带，下端长条形插孔亦是上宽长，下窄短，通体鎏金。宽3.5厘米，高2.9厘米，厚1厘米。铜鉈尾有大、小各1枚，与带銙相比较，小的应与前两种带銙相配套，而大的似为另一腰带的鉈尾。两件鉈尾形制结构相同，平面均呈长方形，末端圆弧，正面呈长方形框，背面为长方形薄铜片，大的正背两面内侧前端两排4个，末端1个共5个销钉相铆接，小的内侧呈三角形分布的3个销钉相铆接，前端正背两面留有空间以便插接革带，两件鉈尾均通体鎏金，小的背面有残缺。大的长8.1厘米，宽3.8厘米，厚0.9厘米；小的长5.3厘米，宽3.3厘米，厚0.4厘米。

田满梁壕M7　位于榆林市靖边县田满梁壕北侧小沙梁上部缓坡上，西距“张家畔至巴图湾公路”约4米。地势北高南低，呈缓坡状。地理坐标：北纬37°　57′　9.86″，东经108°　53′　2.20″。北邻M2约3米，西邻M1约1米，西南邻M6约5米。墓道开口于第①层浅黄褐色沙层下，沙层厚约0.3—2.2米，打破第②层生土层。发掘工作自2012年5月6日开始至5月13日清理结束，历时8天。

该墓为斜坡带台阶墓道单室土洞墓，平面略呈直背刀形，坐东北向西南，方向240°。墓葬水平总长10.8米，墓室底距现存地表深6.2米。由墓道、甬道、墓室三部分组成（图二八七，田满梁壕M7平剖面图，图版171上）。

墓道　位于墓葬西南部，东北向连接甬道，平面呈东北—西南向长方形，西南端开口稍宽于东北端，土圹斜坡带台阶式结构，坡度20°。墓道两侧壁从原始开口至坡底逐渐外扩，口窄底稍宽，壁面修整平直光滑，东北壁从原始开口至甬道顶基本竖直，壁面亦修整光滑。墓道斜坡地面中部修造成两级台阶状，第一级台阶面宽1.4米、台高0.72米；第二级台阶高0.2米，台阶以下为斜坡面直至甬道东北端进口。墓道斜坡面及台阶面均踩踏斜直光滑。墓道内填五花沙土，土质较松软，未经夯打，内含少量植物根系。开口水平长7米、西南开口宽0.7米、东北端开口宽0.6米、坡底宽0.7米、

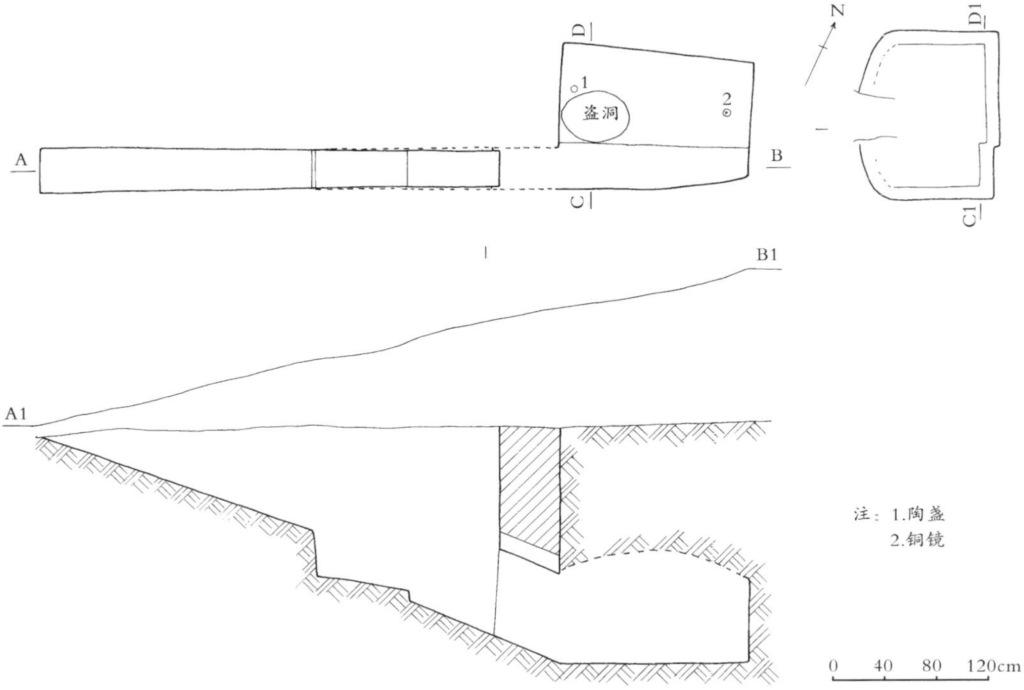

图二八七　田满梁壕 M7 平剖面图

坡底长 7.6 米、东北壁从坡底距原始开口深 3.2 米、距现地表深 5 米。

甬道　西南接墓道，东北连接墓室，平面呈长方形，土圹拱顶过洞式结构。甬道入口两侧均有宽 0.04 米的收分折棱，以示门洞，两侧壁从下向上基本竖直，两直壁约从 1.3 米处内收成拱顶，拱顶弧高约 0.3 米，壁面及拱顶修整平直光滑。甬道地面为斜坡，坡度同墓道。内填土与墓室填土相同。面宽 0.64 米，进深 0.9 米，通高 1.6 米。

墓室　位于墓葬的东北端，西南接甬道。平面呈西南—东北向梯形，西南壁宽而里（东北）壁窄，土圹拱顶窑洞式结构。墓室西、南、北三壁平直，而东壁稍弧，从下至上基本竖直，两侧直壁约从 1.3 米处内收成拱顶，拱顶弧高约 0.4 米，四壁面及拱顶修造规整光滑，拱顶西南部已被盗洞破坏坍塌。墓室地面平整，分为东西两部分，西部地面低于东部地面约 0.1 米。内填浅黄褐色细沙土及淤沙土，土质松软。进深 2.92 米、西南壁宽 2.32 米、里壁宽 1.8 米、通高 1.7 米（图版 171 右下）。

该墓盗扰严重，未发现棺具及墓主骨骼。

盗洞 1 个，位于墓室西南部顶上，已将墓室顶部破坏，深至墓底，平面呈椭圆形，径 0.8—1 米，内填松散的沙土及现代生活垃圾。从开口层位及填土分析，应为现代人盗扰。

该墓出土随葬品仅 2 件，陶灯盏 1 件，放置于墓室西北部；铜镜 1 件，放置于墓室东中部。

陶盏　1 件。田满梁壕 M7：1，泥质灰陶，轮制，制作较粗糙，口向一侧倾斜。盏敞口，圆唇，腹壁弧斜较浅，底粗涩不平整。腹壁有裂痕，口沿及内、外腹壁局部有烟熏黑渍，器表有明显的轮制旋痕。口径 8.9 厘米，底径 5.5 厘米，高 3.8 厘米（图版 297 右下）。

海兽葡萄纹铜镜　1 件。田满梁壕 M7：2，铜质，铸造磨制成形，已残裂。镜面平滑，稍有锈蚀。镜钮已残佚，背面中间 1 道高凸弦纹，将镜背分成内外两区，内区饰相对的 4 只高浮雕海兽纹，海兽做爬匐状，海兽间嵌饰浮雕阔叶缠枝葡萄纹。外区高浮雕 8 只瑞鸟纹，瑞鸟似有喜鹊、燕子、锦鸡、鸳鸯等。瑞鸟纹间衬饰浮雕阔叶缠枝葡萄纹。镜窄沿高凸，沿面内斜刹，在上下两圈弦纹间嵌饰四瓣花形 1 圈。径 12 厘米，沿厚 1.4 厘米（图版 171 左下）。

瓦渣梁 M15　位于榆林市靖边县白城则村南部的瓦渣梁北部的小沙堡缓坡处，东距“张家畔至巴图湾公路”约 150 米。西距村民李体政家约 1 米。地势东高西低，呈缓坡状。地理坐标：北纬 37°　59′　3.01″，东经 108°　52′　21.16″。M15 打破 M17 墓道，墓道开口于第①层浅黄褐色沙层下，沙层厚约 1.1 米，打破第②层灰褐色生土层。发掘工作自 2012 年 6 月 25 日开始至 6 月 26 日清理结束，历时两天。

该墓为斜坡墓道单室土洞墓，平面略呈宽直柄铲形，坐东北向西南，方向 244°。墓葬水平总长 5.1 米，墓室底距现存地表深 2.46 米。由墓道、墓室两部分组成（图二八八，瓦渣梁 M15 平剖面图）。

墓道　位于墓葬西南部，东北连接墓室，平面呈西南—东北向长方形，土圹斜坡式结构，坡度约 20°。墓道两侧壁从原始开口至坡底基本竖直，口底等宽，东北壁从原始开口至过洞顶亦竖直，发掘时已坍塌，三壁面稍做修整，较规整光滑，墓道坡底面斜直平整。内填五花沙土，土质较松软，未经夯打，内含少量植物根系。开口水平长 2.6 米、西南端开口宽 1.16 米、东北端宽 1.12 米、东北壁从坡底距原始开口深 1.3 米、距现地表深 2.46 米。

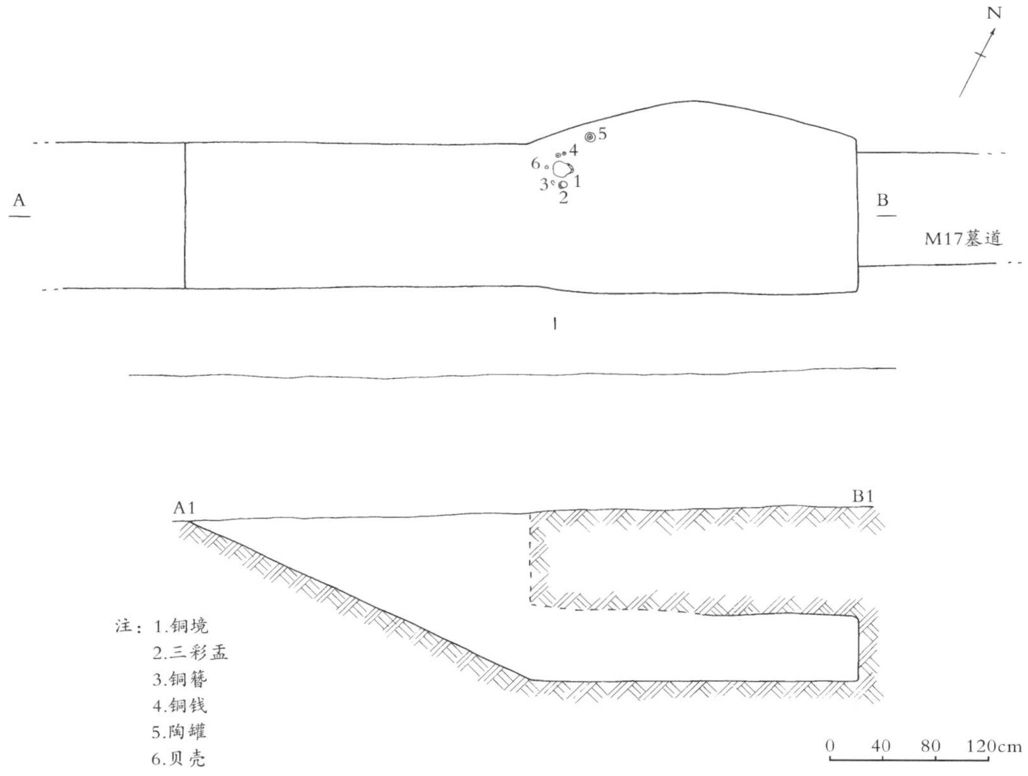

图二八八　瓦渣梁 M15 平剖面图

墓室　位于墓葬的东北半部分，西南接墓道，平面长方形，墓室面宽稍大于墓道，土圹平顶窑洞式结构。墓室东壁与里（东北）壁平直光滑，而西侧壁外扩，形成弧状壁面，三壁从下至上微斜收，形成平顶，发掘时墓室西南半部分顶已坍塌。墓室地面平整。内填浅黄褐色细沙土、塌土及淤沙土。进深 2.5 米，面宽 1.2—1.5 米，通高 0.52 米。

在墓室填土中仅见墓主头骨残块，葬具与葬式均已不清。

该墓共出土随葬品 6 件（组），有陶器、三彩器、铜器、蚌器 4 类。器型有陶瓶、三彩盂、铜镜、铜钗、铜钱、贝壳等。随葬品集中放置于墓室西南角，应为盗扰所致。

陶瓶　1 件。瓦渣梁 M15：5，放置于墓室口入西南角，泥质灰陶，轮制，颈部以上已残缺，圆鼓肩，圆球形深腹，小平底。腹壁上坑坑洼洼不光滑。腹径 16.2 厘米，底径 9.7 厘米，残高 19 厘米。

三彩盂　1 件。瓦渣梁 M15：2，放置于墓室口入西南角，高温陶质，轮制，基本完整。盂小敛口，窄沿外一圈凹痕，圆鼓肩，圆鼓腹，下腹壁弧收成小平底。上腹壁施三彩釉，下腹壁及底部露白胎，局部有流釉痕和剥釉痕，釉面光亮有冰裂纹。胎壁有明显的轮制旋痕，附着黑渍。口径 3.2 厘米，腹径 7.5 厘米，底径 3.5 厘米，高 4.7 厘米（图版 302）。

铜镜　1 件。瓦渣梁 M15：1，放置于墓室入口西南角。铜质，浇铸磨制成形，粘接完整。镜背局部生绿锈有布纹痕迹，圆钮穿孔，无钮座，中部一圈凸棱形成内外两区，立沿有一圈凸弦纹，素方缘，镜面光亮无锈蚀。直径 7.5 厘米，厚 0.7 厘米（图版 301 右）。

铜钗　1 件。瓦渣梁 M15：3，出土于墓室口入西南角，铜质，捶揲成形，钗是用细铜条曲折成"U"形，双股已残断，首端捶揲成椭圆形弧曲状，双股从首端向插端渐细。残长 2.8 厘米，双股间宽 1.4 厘米。

铜钱　一组 2 枚。瓦渣梁 M15：4–1、2，出土于墓室口入西南角，均为唐开元通宝。钱品相较佳，内外廓规整，好孔方正，钱文隶楷对读，字体较大笔画较粗，字迹清晰，"元"字二画右上挑。一枚背肉光素，一枚背肉下方有一星纹高凸。钱径 2.5 厘米，好径 0.6 厘米。重 3.8 克。

蚌壳　1 枚。瓦渣梁 M15：6，出土于墓室入口西南角，蚌质，天然生成，仅残存一小片，背面有天然生成的黑色斜线纹。

瓦渣梁 M23　位于靖边县白城则村南的瓦渣梁以西的较为平坦的小沙梁处，坐标：墓道北纬 37° 59′ 3.01″，东经 108° 52′ 21.79″，墓室北纬 37° 59′ 3.02″，东经 108° 52′ 21.93″，西距 M16 5 米，打破 M2 2 墓道，开口于①层浅黄褐色沙层下，打破 M22 及生土层。2012 年 8 月 8 日清理。采用人工大开挖的方法，去掉上部厚约 20—50 厘米浅黄褐色沙层后，墓道开口线露出，逐层清理。

M23 坐东向西，为斜坡墓道单室土洞基，方向 260°，距地表总深度为 1.6 米，水平总长 3.3 米。由墓道、墓室两部分组成。

墓道　平面呈长方形，顶部较平，前部被盗洞破坏，壁面修造粗糙，底为斜坡状，长 1.5 米，宽 0.8 米，深 0.7 米，底部斜坡为 15°，斜坡长 1.55 米，与墓室相接处，南北两壁各有 4 厘米收分。

墓室　平面呈长方形，顶部较平，前部被盗洞破坏，壁面修造不精细，底为斜坡状，长 1.8 米，宽 0.74 米，壁面高度 0.5 米，顶部距底部最高处为 0.6

米。发现少许棺钉，应为木棺，盗扰严重，骨骼残留少许，葬式不详，头骨仅存少量残块。

该墓出土随葬品仅石刻残块 1 件，陶罐残片 1 件。

石刻残块 1 件。瓦渣梁 M23：1，出土于墓道填土中，麻砂石质，表面原打磨光滑，面上现残存减地阴线刻绕枝阔叶忍冬花 1 朵，余白处嵌饰盛开的小团花。似为盛唐时期之物。残长 19 厘米，宽 16 厘米，厚 5.5 厘米。

陶罐底残片 1 片。瓦渣梁 M23：2，出土于墓道填土中，为一灰陶罐底沿残片。

瓦渣梁 M24 位于榆林市靖边县白城则村南部的瓦渣梁西北部，东距“张家畔至巴图湾公路”约 150 米。地势较平坦。墓道地理坐标：北纬 37° 59′ 3.26″，东经 108° 52′ 21.87″。墓室地理坐标：北纬 37° 59′ 3.13″，东经 108° 52′ 21.76″。南邻 M18 5 米，北邻 M23 约 2 米，墓室叠压于 M22 墓道下。墓道开口于第①层浅黄褐色沙层下，沙层厚约 0.5 米，打破第②层灰褐色生土层。发掘工作自 2012 年 8 月 9 日开始至 8 月 10 日清理结束，历时两天。清理 M22 墓道时，发现 M24 墓室东北角塌陷露出，清理完 M22 后再清理 M24，当去掉上部 50 厘米沙层后，墓道东壁露出，墓道残长约 0.38 米。

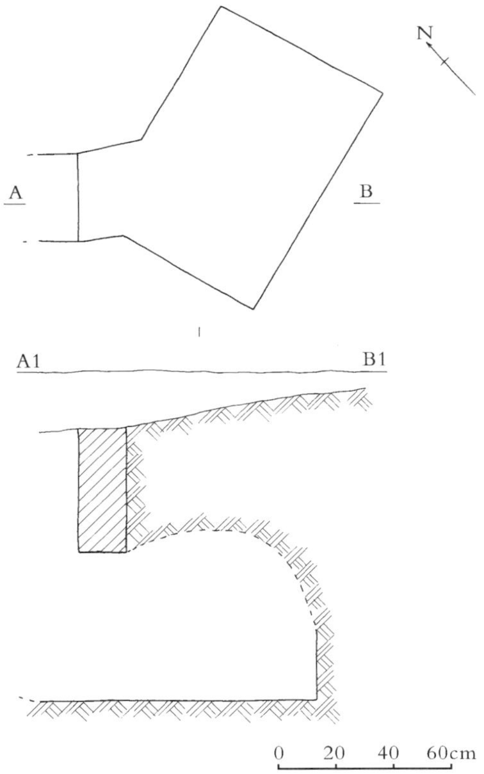

图二八九 瓦渣梁 M24 平剖面图

该墓为斜坡墓道单室土洞墓，平面略呈“靴”形，坐东向西，方向 280°。墓葬东西向水平残长 2.4 米，墓室底距现存地表深 2.9 米。由墓道、甬道、墓室三部分组成（图二八九，瓦渣梁 M24 平剖面图，图版 222 上）。

墓道 位于墓葬的西半部分，东连甬道，由于墓道西端大部分未清理，所以现在发掘的长度为 0.38

米、南北宽 0.78 米、东壁从原始开口至坡底深 2.4 米。

甬道　西接墓道，东连墓室。该墓甬道较短，平面呈横向长方形，土圹平顶过洞式结构。甬道南北两侧壁从下向上基本竖直，顶为平顶，壁面及平顶修造较规整。甬道地面平整，与墓室地面平行。内填土与墓室填土相同。其面宽 0.8 米、进深 0.4 米、通高 1.3 米。

墓室　位于墓葬的东半部分，西接甬道，平面呈南北向长方形，土圹穹窿顶窑洞式结构。该墓室曲折向北，与墓道不在一条水平线上。墓室四壁平直光滑，从下至上基本竖直，四直壁约从 0.66 米处内收成拱穹窿顶，穹窿顶弧高约 0.85 米，发掘时穹窿顶多已坍塌。墓室地面平整，与甬道地面在一条水平线上。内填浅黄褐色沙土及淤土，土质较松散。南北向进深 2.2 米、东西面宽 1.58 米、通高 1.5 米左右。

该墓为木棺具夫妇二人同穴同棺合葬墓，木棺具已腐朽成灰，但底部灰迹结构较清晰，平面呈南北向梯形，纵向放置于墓室中部略偏西南，前档面里（北）长 1.7 米、宽 0.7 米；后档宽 0.6 米、棺板厚 0.05 米，原始

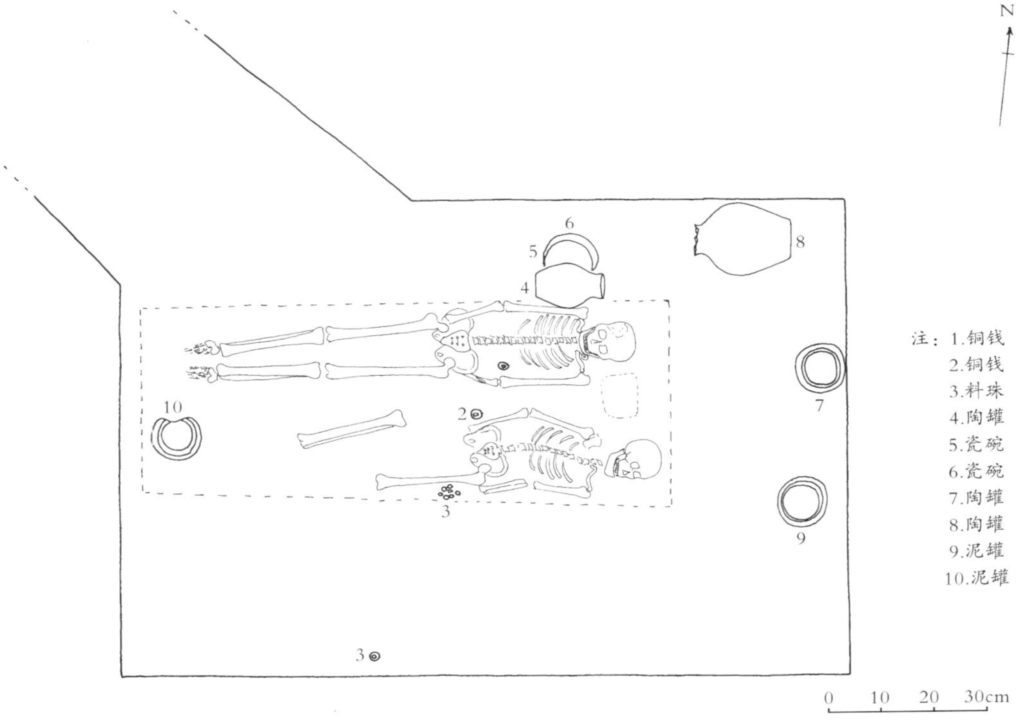

图二九〇　随葬器物分布图

高度已不清。

墓主均为成年人，骨架保存较完整，男性居左（东），女性居右（西），其葬式均为仰身直肢葬，头北足南，面向上，（男性面侧向东），两臂自然下垂置腹侧，两腿并列平置，两踝骨并拢（男性腿骨已挪位）。女性骨架长 1.42 米、肩宽 0.25 米、盆骨宽 0.18 米；男性骨架残长 1.2 米、肩宽 0.22 米、盆骨宽 0.15 米。在两个墓主头骨之间有一长 0.15 米、宽 0.1 米、厚 0.06 米的灰包，推测其用途为隔离固定两位墓主头骨。

墓室内有大量浸水淤积，墓主骨架明显漂浮抬高，距棺底 0.5 米。

该墓出土随葬品 11 件（组），有陶器、瓷器、铜器、料器 4 类。器型有陶罐、瓷碗、铜钱、料珠等。陶瓷器均放置于墓室西北部，铜钱、料珠为墓主随身携带的生活用品（图二九〇，随葬器物分布图，图版 222 左下、右中、右下）。

陶罐 6 件。编号瓦渣梁 M24：4、7—11，形制大小各不相同。

瓦渣梁 M24：4，放置于①号骨架旁，泥质灰陶，轮制。罐圆直口微侈，窄平折沿，厚方唇，粗高颈微束，窄溜肩，深腹上部微鼓，下部斜收成平底。肩部用黑彩描绘出细竖线纹。腹部有模糊的轮制旋痕。口径 8.8 厘米，腹径 15.3 厘米，底径 9 厘米，通高 22.1 厘米。

瓦渣梁 M24：7，放置于墓室北壁下中部，泥质夹砂灰陶，轮制。罐敞口，圆唇，矮颈，折肩，上腹部微圆鼓，下腹弧收，薄饼形底足，足跟外撇，足底有轮制旋痕。颈部有轮制形成的凹凸旋痕，肩部饰连续波曲形磨光暗弦纹，肩腹部一道凸棱箍，腹上部饰数道暗弦纹圈带，下部饰竖线暗弦纹，纹样均较模糊。口径 13.3 厘米，腹径 18.1 厘米，底径 9 厘米，通高 15 厘米（图版 249 左上）。

瓦渣梁 M24：8，出土于墓室西北部，距墓室顶 0.2 米填土中，原残碎，修复成形，泥质灰陶，轮制。罐口沿已残佚，细矮颈微束，窄溜肩，深腹上部圆鼓，下部斜收成平底，底心大内凹，原在底部钻相对的 4 个穿透小圆孔。通体素净无纹。腹径 23 厘米，底径 13.2 厘米，残高 32.7 厘米。

瓦渣梁 M24：9，放置于墓室北部偏东，出土时残碎，修复成形，泥质灰褐陶，轮制。罐大圆直口微侈，窄卷沿呈低矮领，圆唇，腹较浅，微外鼓，腹底内瘪，形成厚平底。口径 16 厘米，腹径 15.7 厘米，底径 12.1

厘米，通高 11.2 厘米。

瓦渣梁 M24：10，放置于棺内南中部，出土时残碎，修复成形，泥质灰褐陶，轮制。形制与 M24：9 基本相似，唯体已变形，圆直口，窄平沿，低矮领，紧束颈，腹较浅，微外鼓，腹底内瘪，形成厚平底。腹壁上有明显的轮制旋痕。口径 15.7 厘米 ×13.5 厘米，腹径 16.2 厘米，底径 11.6 厘米，通高 12.1 厘米。

瓦渣梁 M24：11，放置于墓室北壁下中部，修复完整，泥质夹砂黄褐陶，轮制，制作较粗糙。罐敞口微敛，圆唇，矮颈近无，溜肩，上腹圆鼓，下腹斜收，平底，沿边一周抹棱。腹壁有模糊的轮制旋痕。口径 15.2 厘米，腹径 16.4 厘米，底径 11.5 厘米，高 11.6 厘米（图版 249 左下、257）。

青釉瓷碗　1 件。瓦渣梁 M24：5，放置于 4 号陶罐西侧，瓷质，轮制。碗敞口，窄卷沿，圆唇，腹壁斜直，内底较平，璧形圈足，内壁及外壁上部施青釉，釉下涂灰白色化妆土，釉层较薄，但晶莹明亮，外腹底及圈足露胎素烧。内底边沿三角形分布 3 个支垫痕，内壁上亦有两个粘釉疤痕。胎色灰白，质坚细密，淘洗精细，腹外壁及内底心有明显的轮制同心圆痕。口径 18.6 厘米，足径 8 厘米，通高 6.5 厘米（图版 296 上）。

白釉瓷碗　1 件。瓦渣梁 M24：6，叠压于 5 号瓷碗下，瓷质，轮制，口沿局部残缺。碗敞口，沿上切削 5 个三角形豁口，使碗呈五瓣葵口，细窄沿外折，尖唇，腹较浅，腹壁直斜收，大内凹底心，矮圈足，足跟内斜刹，足内起鸡心。碗内底边沿三角形分布 3 个支垫痕。内壁及外壁上部施白釉，釉下涂白色化妆土，釉层较厚，晶莹明亮，玻璃质感强，外腹底及圈足露胎素烧。胎色灰黄，质坚细密，淘洗较精细。腹外壁上部饰轮制所形成的瓦阶状弦纹，腹外底及圈足上有明显的轮制同心圆痕。口径 17 厘米，足径 6.4 厘米，通高 4.5 厘米（图版 296 下）。

铜钱　3 枚，编号瓦渣梁 M24：1-1、2、3，均为唐开元通宝钱，其中 2 枚残缺不全，1 枚含墓主口中，另 2 枚分别握于两个墓主手中。瓦渣梁 M24：1-1，钱品相极差，锈蚀严重，钱体轻薄，边廓不规整，好孔不方正。钱文隶楷对读，字体较小，笔画纤细，字迹较模糊，“元”字二画右上挑，背肉光素。钱径 2.4 厘米，好径 0.7 厘米。重 2.1 克。

料珠串饰　一组 14 枚。瓦渣梁 M24：3-1—14，散置于②号墓主骨架上，左手中，一枚残破，珠子质地有白玉、玻璃、玛瑙等，形状有圆管状 3 枚、圆饼状 9 枚，1 枚中心均有圆穿孔。圆饼形分大小两种：大的径 1.1 厘米，厚 0.6 厘米；小的径 1 厘米，厚 0.45 厘米；圆管状长 0.9 厘米，径 0.6 厘米。卵圆形长 1.2 厘米，径 0.5—0.7 厘米。

西塔梁旅游专线 M1　位于榆林市靖边县红墩界镇白城则村西南西塔梁峁区，北距统万城约两千米处，红墩界旅游专线项目穿越墓地而过。M1 位于发掘区东南部夯土墙垣内，距现代夯土墙垣西北角约 7.8 米。地势较平坦。地理坐标：墓道东南角北纬 37° 58′ 40.72″，东经 108° 50′ 56.97″，海拔高度 1162 米。墓道开口于第①层（地表层）黄褐色沙土层下，沙层厚约 0.2—0.3 米，打破第②层原始生沙土层。该墓发掘工作从 2015 年 7 月 15—22 日清理。

墓葬形制为斜坡带台阶墓道单天井单室土洞墓，平面呈宽直柄折背刀形，坐北向南，方向 185°。墓葬南北向水平总长 6.8 米，墓室底距现存地表深 4 米。由墓道、过洞、天井、甬道、墓室五部分组成。

墓道　位于墓葬最南端，北连过洞，平面呈南北向梯形，开口南宽北窄，坡底北宽南窄，土圹斜坡台阶式结构，坡度 42°，南端开口被一现代扰坑所破坏。墓道东西两壁从开口至坡底，由南向北呈斜直状逐渐外扩，横剖面呈口窄底宽“八”字形，壁面修造较平齐规整，局部可见修筑工具痕迹。北壁从开口至过洞顶基本竖直，壁面较平整。长斜坡底面较陡峭，带有 6 个台阶状脚窝，脚窝设置于斜坡底中部，呈马蹄形，前 4 个凿挖设置较紧密，脚窝面宽 0.28—0.45 米、进深 0.16—0.34 米、高 0.14—0.28 米。墓道内填灰褐色沙土，未经夯打，土质干燥较硬，包含大量植物根系。墓道开口残长 2.55 米、宽 0.57—0.97 米、斜坡长 3.3 米、宽 0.98—1.13 米，北壁从坡底距现地表深 2.7 米。

过洞　南接墓道，北连天井，过洞较短，平面呈东西横向长方形，为拱顶洞式结构。过洞入口处东西两边各有宽 0.05 米收分折棱，并向前（南）稍倾斜，以示门洞，东西两壁由过洞顶至坡底较斜直，壁面略粗涩。两直壁约从 1.4 米处内收成拱顶，拱顶弧高 0.25 米。斜坡底面南端部分与墓道底处于同一坡面，坡度与墓道相同，北端部分为斜坡台阶状，坡面较陡峭，坡度 70°。过洞、天井及甬道内填土与墓道一致，土质较松散。过洞水平进深 0.4 米、坡底面长 1.03 米、东西面宽 1.05 米、洞高 1.63 米。

天井　南接过洞，北连甬道，平面呈南北向长方形，土圹竖井式结构。天井北部已被盗洞破坏，仅存南端局部，壁面上下较竖直平滑，口小底大。底部斜坡较墓道与过洞底面平缓，坡度 27°，与过洞底面基本等宽。天井开口残长 0.16 米、宽 0.51 米、底坡长 1 米、宽 1.05 米，北端底面距现地表深 3.76 米。

甬道　南接天井，北通墓室，平面呈南北向梯形，顶部已被盗洞破坏，顶部结构塌陷不明。甬道入口处东西两边稍有收分，以示门洞，洞口两侧壁面较竖直。东西两直壁剖面呈梯形，壁面修整较竖直平滑。甬道地面高于天井坡底 0.06 米，稍呈缓坡面，由南向北至墓室入口渐变宽。西壁西北角外折与墓室西南壁相连，东壁东北角向内直收约 0.05 米与墓室东壁相接。甬道进深 0.74 米、面宽 0.98—1.03 米、残高 0.83 米。

墓室　位于墓葬最北端，南接甬道，土圹拱顶窑洞式结构，平面呈南北向不规则梯形，南壁宽而里（北）壁窄，东壁由南向北略内弧曲，其余三壁斜直，墓室北部拱顶结构保存完好，东西两直壁高 0.7 米处内收成拱顶，拱顶最大弧高约 0.9 米。四壁面原修整光滑，可见有明显的工具修筑遗痕。墓室地面略呈缓坡状，与甬道地面处于同一斜坡面上，南宽北窄。墓室内填土花杂，多为坍塌的墓壁原生沙土，水流淤痕明显，呈铁锈色，底部填土内含少量骨渣和朽木痕迹，土质较松散。墓室南北水平进深 2.11 米、东西面宽 0.8—1.94 米、通高约 1.6 米。

该墓为木棺具单人葬，木棺具已腐朽成灰，由于盗扰破坏，仅在墓室底西侧发现少量木灰痕迹，从实际发掘观察，平面呈梯形，原东北—西南向放置于墓室西侧，前档面南。残长 1.8 米，前档宽 0.63 米，后档宽 0.42 米，原始高度已不清。

墓主骨架因盗扰破坏已荡然无存，仅在墓室填土中发现少量骨粉末，故墓主葬式、性别、年龄等均已不明。

盗洞 1 个，位于天井与墓室之间，平面呈南北向椭圆形，南北径 1.8 米、东西径 1.22 米，开口于现地表，深至墓底，内填土松散花杂，包含少量枯枝、陶器残片等。天井北部、甬道及墓室南端局部遭到严重破坏，墓室被盗掘殆尽，仅在盗洞扰土和墓室填土内发现部分陶器残片，初步推断为现代盗扰。

出土随葬品 2 件，陶罐、陶塔式罐盖各 1 件。

陶罐　1 件。西塔梁旅游专线 M1：1，出土于盗洞与甬道扰土中，泥质灰陶，轮制。罐喇叭形侈口，窄折沿，沿面下凹外斜刹，厚方唇下斜收，细高颈，广溜肩上鼓，深腹上部圆鼓，下部斜收成小平底。肩部满饰轮制所形成的同心圆痕，腹部满饰轮制所形成的瓦阶状旋痕。口径 10.9 厘米，腹径 25.8 厘米，底径 13.4 厘米，通高 33 厘米。

陶塔式罐盖　1 件。西塔梁旅游专线 M1：2，出土于墓室中部偏东部。盖呈 3 级宝相轮塔刹，圆柱形刹柱，顶级呈桃形宝珠顶，2 级相轮呈圆饼形，底级相轮亦呈圆饼形，底面呈覆钵形子口。盖径 12.1 厘米，通高 14 厘米。

西塔梁旅游专线 M11　位于榆林市靖边县红墩界镇白城则村西南西塔梁峁区，北距统万城约两千米处，红墩界旅游专线项目穿越墓地而过。M11 位于发掘区的东侧偏中部，西侧紧邻 M13，南邻 M14 约 1.5 米。地势较平坦。地理坐标：墓道东南角北纬 37°　58′　41.24″，东经 108°　50′　56.37″，海拔高度 1162 米。墓道开口于第①层（地表层）黄褐色沙土层下，沙层厚约 0.2—0.75 米，打破原始生沙土层。该墓发掘工作从 2015 年 8 月 11 日开始，至 8 月 18 日清理结束，历时 8 天。

该墓为竖穴墓道单室土洞墓，短直柄刀形，坐西北向东南，方向 140°　。水平总长 4.1 米，墓室底距现存地表深 2.4 米。由墓道、墓室两部分组成（图二九一，西塔梁 M11 平剖面图）。

墓道　位于墓葬东南部，平面呈东南—西北向长方形，土圹竖穴式结构。墓道东南壁及两侧壁从开口至底面稍斜收，形成口大底小的倒梯形。壁面修整较粗涩，坑洼不平整，局部有垮塌，西北端壁面被盗洞破坏，结构不清。墓道底面修整较平坦。墓道内填灰褐色沙土，砂砾细小，未经夯打，土质松散干燥，易与墓壁原生沙土剥离，包含较多植物根系。墓道开口残长 1.6 米、宽 0.87 米、底面长 1.5 米、宽 0.8 米、底面距原始开口深 2.01 米。

墓室　位于墓葬西北部，东南接墓道，平面呈不规则梯形状，东南壁宽而里壁（西北）窄，土圹拱顶窑洞式结构。墓室顶部已全部垮塌，西北壁顶上微见拱顶。墓室东、西、南三壁弧曲不平直，北壁较竖直规整，四壁面稍做修整，局部较粗涩不平整。地面经修整较平坦，比墓道底面低约 0.2

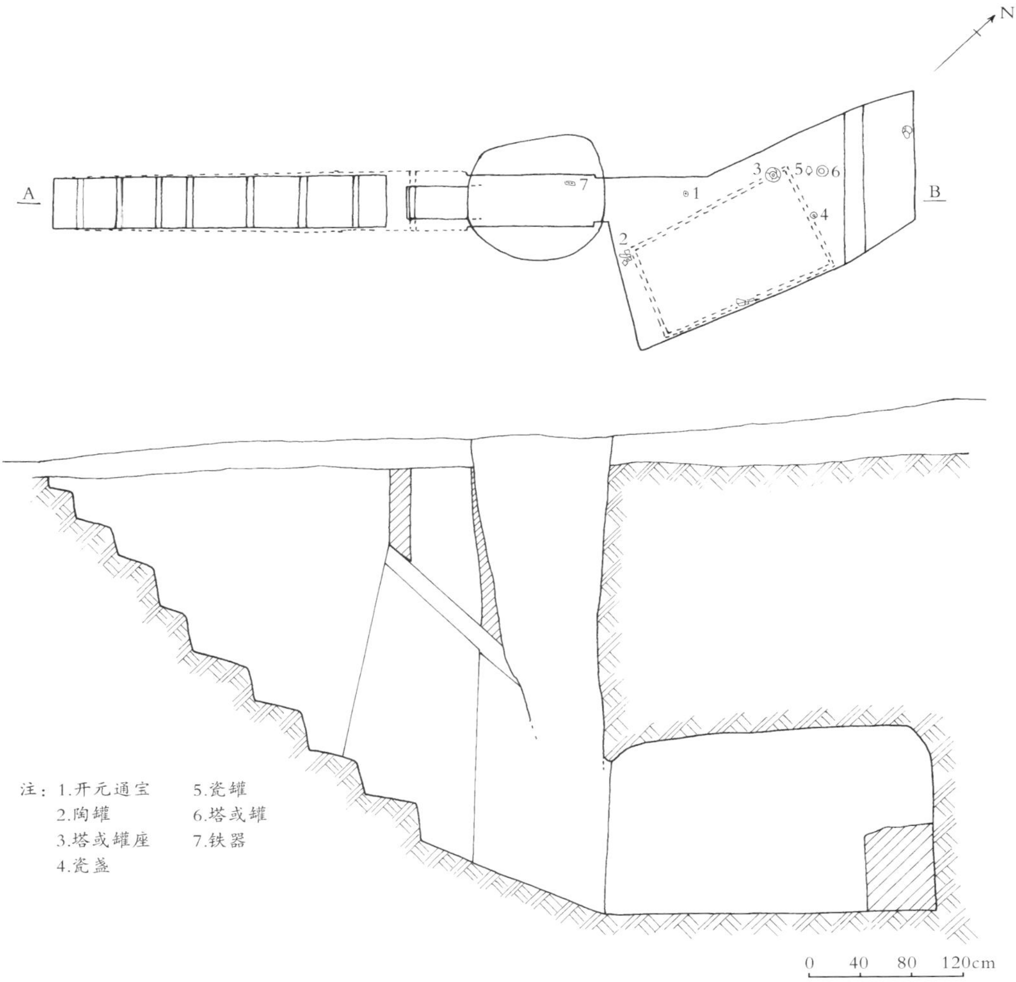

图二九一　西塔梁 M11 平剖面图

米。墓内室填坍塌的黄褐色原生沙土和盗扰杂土，土质较干燥，包含少量植物根系、骨骼残块和朽木等。墓室东南—西北向进深 2.31 米、东南壁宽 1.62 米、里壁宽 0.68 米、残高 0.75 米。

该墓为夫妇二人同穴合葬墓，葬具情况不明，仅在墓室填土中发现少量朽木灰迹。

墓主二人均为成年人，纵向放置于墓室中西部，骨架保存东差，男性居东，女性居西，东侧男性骨架因盗扰破坏，已不见头骨。从实际观察，二人均为仰身直肢葬，头南（外）足北（里），两臂自然下垂置腹侧，两腿并列平直，两脚并拢。西侧女性骨架长约 1.8 米，而男性骨架长度已不清。

方圆形盗洞1个，位于墓道东北端与墓室入口之间，开口于地表，南北长1.15米、东西宽约1.2米，垂直向下进入墓室，墓室东南部遭到严重破坏，东侧墓主头骨不见。盗洞内填松散易流动的沙土，包含少量枯枝败叶和骨骼残块等，应为现代盗洞。

出土随葬品5件（组），有陶器、铜器、铁器等，器型有陶罐、铜钱、铜带具、铁钗等。散乱分布于墓室内填土中。

陶罐　1件。西塔梁旅游专线M11：1，出土于墓室东壁下中部偏南，泥质灰陶，轮制。罐小直口，沿已残佚，细矮颈，鼓溜肩，深腹上部圆鼓，下部斜收成小平底。腹壁上有模糊的轮制旋痕。口径（残）6.8厘米，腹径20.1厘米，底径11.5厘米，通高24.7厘米。

铜钱　1枚。西塔梁旅游专线M11：2，出土于西侧墓主口内，为唐开元通宝钱，铜质，浇铸成形。钱品相较差，体小轻薄，内外廓规整，好孔方正，钱文隶楷对读，字体较小，笔画纤细，字迹较清晰。“元”字二画平直，背肉光素。钱径2.3厘米，好径0.65厘米。重3.5克。

铜方形带銙　1件。西塔梁旅游专线M11：4，出土于西侧墓主胸部，铜质，捶揲成形，钗残存背面，呈方形薄铜片，内侧四角原各有一销钉与正面连接，上端镂刻一长条形插孔。残高2.8厘米，宽3.1厘米。

铜带具饰　一组2枚。西塔梁旅游专线M11：5-1—2，出土于西侧墓主腹部，铜质，捶揲成形，锈蚀严重，两枚形制相同，唯长短不同，器型较小，应属冥器性质。器呈椭圆形，正背两面内侧用两枚销钉连接。大的长1.5厘米，宽0.4厘米；小的长1厘米，宽0.5厘米。

铁钗　1件。西塔梁旅游专线M11：3，出土于墓主头侧，铁质，捶揲成形，锈蚀严重，已残断，仅存首端少部分，是用细铁条曲折而成，首端粗而圆弧，两钗股由首端向插端渐细。残长6.5厘米，宽1.2厘米。

五、五代时期墓葬

谷地梁 M14　位于榆林市靖边县白城则村南部的瓦渣梁东部偏北的小沙包缓坡处，东距“张家畔至巴图湾公路”约 1500 米。地势北高南低，呈缓坡状。地理坐标：北纬 37°　58′　55.41″，东经 108°　52′　32.31″。北距 M13 5 米，墓道开口于第①层浅黄褐色沙层下，沙层厚约 3.1—4.7 米，打破第②层灰褐色生土层。发掘工作自 2012 年 6 月 21 日开始至 7 月 7 日清理结束，历时 16 天。

该墓为斜坡台阶式墓道带天井单室土洞墓，平面略呈长直柄铲形，坐东北向西南，方向 210°。墓葬水平总长 7.3 米，墓室底距现存地表深 8.8 米。由墓道、过洞、天井、甬道、封门墓室等部分组成（图二九二，M14 平剖面图，

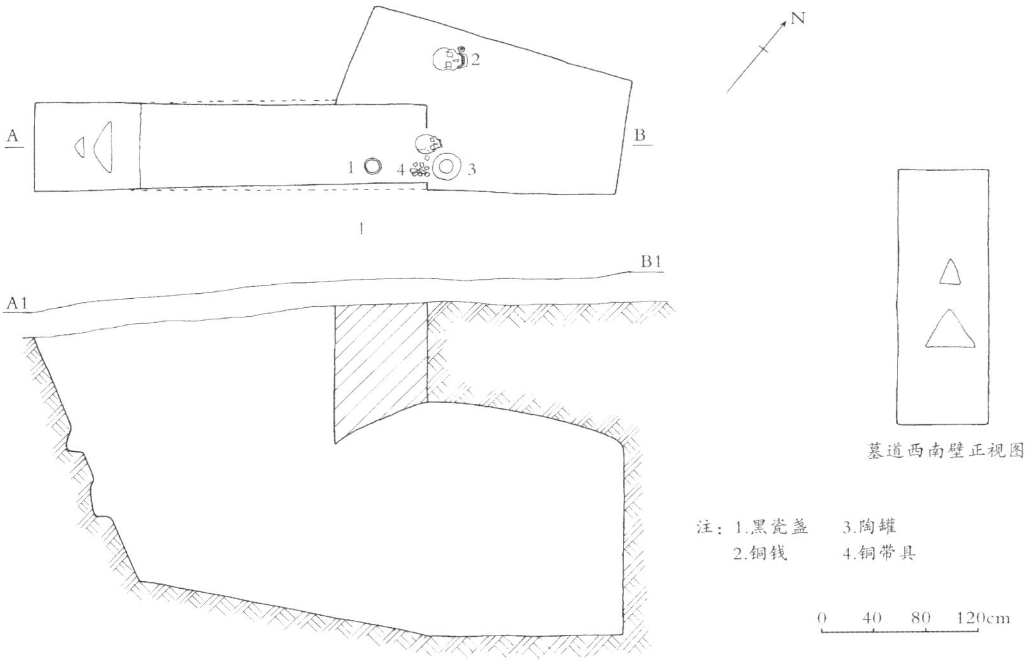

图二九二　谷地梁 M14 平剖面图

为 M11、M12）。

墓道　位于墓葬西南端，东北向连接过洞，平面呈东北—西南向长方形，西南端开口稍宽于东北端，土圹斜坡台阶式结构，墓道两侧壁从原始开口至坡底基本竖直，口底等宽，东北壁从原始开口至过洞顶亦竖直，三壁面原稍做修整，较平整光滑。墓道坡底从西南端开口至过洞入口处修造成 5 级台阶形，各级台阶面及立沿修造较规整光滑，西南端第一级台阶面宽 0.4 米、距原始开口高 0.4 米，其余 4 级台面宽各不相同，约在 0.24—0.44 米之间，台阶面高度均为 0.5 米。墓道内填五花沙土，土质较松软，未经夯打。内含少量植物根系。墓道开口水平长 3 米、西南端开口宽 0.65 米、东北端宽 0.54 米、东北壁从坡底距原始开口深 3.36 米、距现地表深 4.9 米（图版 196）。

过洞　西南接墓道，东北连天井，平面长方形，土圹拱顶洞式结构。过洞入口两边各有宽 0.04 米的收分折棱，并向前（西南）倾斜，两侧直壁从下向上基本竖直，两直壁约从 1.85 米处内收成拱顶，拱顶弧高 0.55 米，两壁面原修整光滑。过洞地面平整，与天井、甬道、墓室地面均在一条水平线上。过洞内填土与墓室填土相同，均为松散的五花沙土。其面宽 0.44 米、进深 0.46 米、通高 2.4 米。

天井　西南接过洞，东北连接甬道。平面长方形，土圹竖井式结构。天井四壁从原始开口至过洞、甬道顶基本竖直，四壁面原稍做修整，壁面较光滑。天井下部两侧壁从坡底向上基本竖直，两直壁顶上微见拱顶，横剖面呈宽直柄铲形，两侧起拱高度与前过洞等高，壁面原铲平修整光滑。天井下地面平整，与甬道、墓室地面平行。天井内填较硬的五花沙土，内含大量植物根系。开口长 1.14 米、宽 0.4 米、地面宽 0.44 米、西南壁从原始开口至过洞顶深 1.12 米、东北壁从原始开口至甬道顶深 2.45 米。

封门　该墓有土坯封门，封堵于天井东北壁下，甬道入口内，仅残存 1 层，其余均倒塌于甬道填土中。土坯竖向平砌，每层用土坯 3 块。残存封门宽 0.46 米、高 0.1 米，墙体厚 0.4 米。

甬道　西南接天井，东北连接墓室。平面呈长方形，土圹平顶过洞式结构。甬道入口两侧均有宽 0.05 米的收分折棱，以示门洞，两侧壁从下向上基本竖直，甬道顶为平顶，壁面及平顶含沙量大，原修造不太规整。甬道地面平整，与墓室地面平行。内填土与墓室填土相同。其面宽 0.46 米、进深 0.6—0.9 米、通高 1.2 米。

墓室　位于墓葬的最东北端，西南接甬道，平面呈长方形，西南壁略宽于里（东北）壁，土圹穹窿顶窑洞式结构。墓室西南壁两侧错位，不在一条直线上，其余三壁平直光滑，从下至上微斜收，四直壁约从 1.05 米处内收成拱顶，顶弧高约 0.45 米。墓室地面平整，与甬道地面平行。内填浅黄褐色细沙土及淤沙土。墓室进深 1.8—2.1 米、面宽 1.58—1.66 米、通高 1.5 米。

该墓为木棺具单人葬，由于严重盗扰，只在墓室填土中发现少量锈残的铁棺钉，未见朽木痕迹，棺具结构已不清。

墓主骨架保存极差，均呈粉末状，无法采集，墓主性别、年龄、葬式均不清。

共出土随葬品 5 件（组），有陶器、瓷器、铜器。器型有陶塔式罐、瓷碗、铜钱等。随葬品散乱地分布于墓道台阶上及墓室填土中，应为盗扰所致（图版 197）。

彩绘塔式罐　一套 3 件。由盖、罐和座三部分组成。谷地梁 M14：5-1—3，放置于墓室北部偏西，修复完整。泥质夹砂灰陶，轮制，座底边沿有粘接抹痕。盖呈葫芦状宝顶，中空，顶部出尖，顶刹面均匀分布 3 个小圆形透孔，下腹壁施黑衣，器表有轮制旋痕。罐敛口，宽沿内折，圆唇，短颈，圆鼓肩，深腹圆鼓，下腹壁斜弧收，平底。颈部一周戳印纹箍带，腹壁涂黑衣彩绘。肩部白彩描绘一周四朵散开的三叶莲瓣，中部涂朱脱落。上腹部白彩描绘一周四朵盛开的莲花，花蕊涂朱脱落，花朵间用白彩横抹三道隔开。下腹部白彩描绘一周仰莲瓣。覆盆式底座，敞口，宽沿内折，方圆唇，上腹壁微圆鼓，下腹壁束收，平底，底沿捏制一周八朵外撇的仰莲瓣。腹壁亦涂黑衣，白彩描绘一周三朵椭心形仰莲瓣和三朵盛开的莲花相间隔，仰莲瓣中部镂空。通高 44.5 厘米，盖高 10.7 厘米，罐口径 11 厘米，腹径 23.5 厘米，底径 9.6 厘米，高 25.5 厘米，底座口径 26.2 厘米，底径 15.6 厘米，高 13.1 厘米（图版 283、284、285）。

瓷碗　3 件。放置于墓道第二台阶处，墓道北端底部，墓室中部偏北。3 件形制、大小、釉色各不相同。

青釉瓷碗　1件。瓦渣梁M14：1，瓷质，轮制，修复完整。碗敞口，圆唇，腹壁斜直略深，矮圈足，足跟微外撇，小平底，内、外底心均微凸。内、外腹壁及圈足均满施青釉，施釉均匀，釉面光洁有细小冰裂纹。口径14.1厘米，足径4.1厘米，足高0.6厘米，高4.9厘米（图版300）。

白釉瓷碗　1件。谷地梁M14：2，瓷质，轮制，修复完整。碗敞口，圆唇，浅弧腹，内底平坦，矮圈足，足底内凹。碗内壁及外腹壁上部施白釉，外腹底施青釉，足底露胎。施釉均匀明快，白釉面有细小冰裂纹，内底沿有4个支烧钉剥釉痕，口沿外壁附着有少量黑渍。胎壁土黄夹杂砂砾，足底有明显的轮制同心圆旋痕。口径12.2厘米，足径4.6厘米，足厚0.4厘米，高3.3厘米（图版297M14：1）。

青釉葵口瓷碗　1件。谷地梁M14：4，瓷质，轮制，基本完整。碗敞口，圆唇，十二曲葵口，浅腹，腹壁斜弧，与葵口相对应内、外腹壁有12道纵向凸棱和凹痕，内底平坦，矮圈足，足跟微外撇，足底心微凸。满施青釉，足沿粘砂涩圈，施釉均匀，釉面光洁有冰裂纹，泛灰白色土沁。高4.5厘米，口径13.6厘米，足径6.1厘米，足高1厘米（图版303）。

铜钱　1枚。标本谷地梁M14：3，出土于墓室中部偏北，锈蚀严重，已残碎，无法修复，似为唐开元通宝钱。

六、宋代墓葬

谷地梁M4　位于靖边县白城则村南部的谷地梁西侧的小沙梁缓坡处，自然地势西高东低，坐标北纬37° 58′ 42.51″，东经108° 52′ 19.01″，以墓道东端为基点测量，开口①层浅黄褐色沙层下，打破②层生土层。

近似长方形盗洞，打破天井及过洞上部和墓室西壁，为现代盗洞，长2.2米，宽0.84—1.08米。

2012年5月27日开始发掘，6月8日清理结束（图版178）。

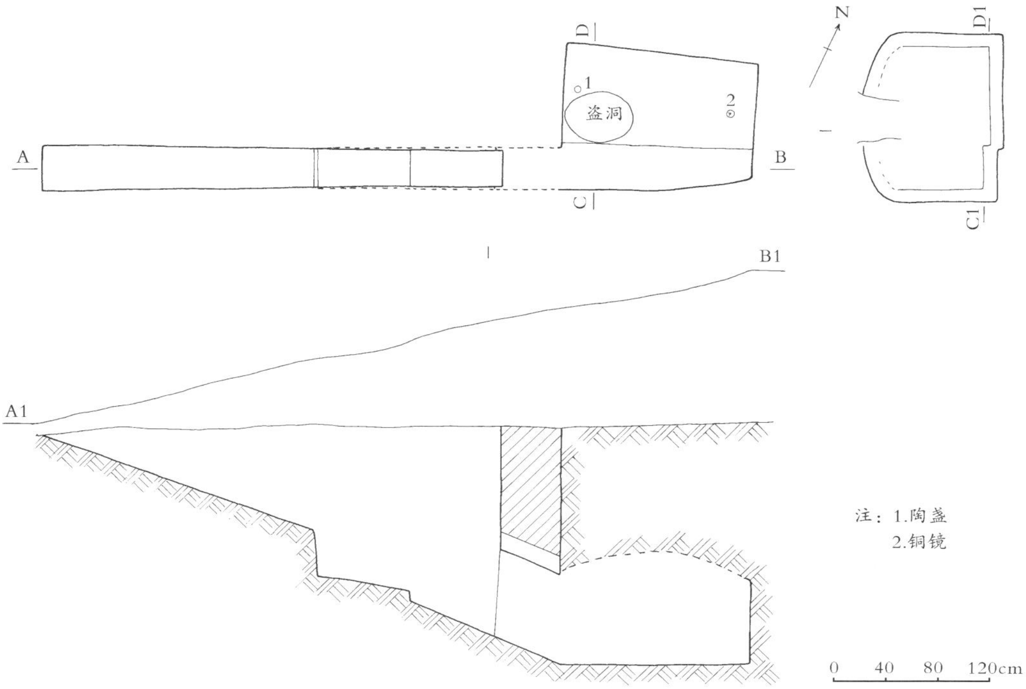

图二九三　谷地梁 M4 平剖面图

该墓坐西朝东，平面近似铲形的砖室墓，方向 95°，水平总长 10.44 米，距地表总深度为 6 米，由墓道、过洞、天井、封门、甬道、墓室六部分组成（图二九三，谷地梁 M4 平剖面图，图版 176、177）。

墓道　位于墓室以东，平面呈梯形，东宽西窄，口小底大，壁面修造规整，底部为台阶式（共 11 级），长 5.28 米，东宽 0.8 米，西宽 0.6 米，深度为 5.1 米，西部宽 0.78—0.9 米，台阶面稍斜，斜度约 20°，西宽 0.24—0.4 米不等，高度均在 0.2—0.5 米不等。填土五花沙土，质稍硬，未经夯打，内含少量植物根系、少量砖块等（图版 179 下）。

过洞　位于墓道和天井之间，顶部为拱顶，残长 1 米，底部较平，进深 0.5 米，底宽 0.85 米，高位 3.6 米，拱顶部距开口现存高度为 1.2 米。

天井　平面呈长方形，上部为盗洞所扰，长 1.6 米，宽 0.5 米，直壁，底宽 1 米，与甬道口部两壁各有 0.1—0.18 米收分。

封门　位于甬道中部，距甬道口进深 0.4 米，砖封门，残高 0.9 米，为单砖错缝平砌，底部 0.52 米为活土，填土未经夯打。

甬道　与墓室相连接，东端为土洞，拱顶距墓室口部 0.48 米处为砖结构，拱顶，甬道进深0.9米、高度1.3米、宽度0.8米，底部较平，东端土洞1.16米外起拱，西端砖拱顶高0.84米处起拱，砖的尺寸与封门和墓室内的一样，尺寸为30厘米×15厘米×5.5厘米（图版180上）。

墓室　为砖拱顶结构，顶部为穹窿顶，底部较平，四壁均为单砖错缝平砌，0.8米后逐渐微收，至顶收，长2.4—2.7米，墓室宽2.16米，在墓室北壁、西壁、南壁均有砖雕“仿木门窗”结构，局部有彩绘已脱落，北壁保存较好，宽0.78米，高0.4米，均距底0.5米，门卫一块方砖，绘有门栓锁，其他两壁均遭破坏，墓室高度为2.36米，在墓室口部有一长1.6米、宽0.5米的长方形竖坑，壁面用砖围砌，其用途不详（图版179上、181）。

木棺，盗扰严重，尺寸不详，仅存少许骨骼残块。

随葬品5件（组），均为残器，有陶瓶口颈残片、陶质装饰器残块、铜钱、黑釉瓷罐底残片、铁器残片等。散置于墓室西北角及甬道内。

陶瓶口颈残片　1件。谷地梁M4：1，放置于墓室西北角，泥质灰陶，轮制。瓶喇叭形侈口，窄平折沿微外斜刹，薄方唇外斜刹，细高颈，中部微束，颈底有一道凸弦纹，广鼓肩。口径9.5厘米，颈高5.5厘米（图版180左下）。

陶质装饰器残块　2件。谷地梁M4：5-1—2，放置于甬道西端南侧，泥制灰陶，手工制作，似用砖块雕刻而成。一大一小，大的呈鸟尾形，小的呈鱼形，正面均刻划竖条纹，呈羽翼状。大的长8厘米，宽4.4厘米；小的长6.5厘米，宽2.2厘米，厚2厘米。

黑釉瓷罐残底　1件。谷地梁M4：4，放置于墓室入口北侧，瓷质，轮制。罐高圈足，足沿外撇，足跟1圈阴弦纹，足心微起鸡心。罐内外壁施黑釉，釉色晶莹明亮，腹底部及圈足露胎素烧，胎色灰白，质坚细密，淘洗精细。圈足径5.8厘米，足高0.7厘米。

铜钱　一组2枚。谷地梁M4：2-1—2，放置于墓室西北角，铜质，浇铸成形。一枚为祥符元宝，一枚为至道元宝（图版180右下）。

祥符元宝　1枚。钱品相较佳，内外廓宽而规整，好孔方正较小，钱文楷书，右旋读，字体较小，笔画较粗，字迹清晰。“元”字一画为圆点。背肉光素无纹。钱径2.5厘米，好径0.6厘米。重3.55克。

至道元宝　1枚。钱品相较佳，内外廓宽而规整，背面磨损严重，好孔方正较小，背肉光素无纹。钱文楷书，右旋读，字体较大，笔画较粗，“元”字二画右上挑。钱径 2.5 厘米，好径 0.6 厘米。重 3.9 克。

铁器残块　1 件。谷地梁 M4：3，位于墓室西北角。

谷地梁 M5　位于靖边县白城则村南的谷地梁东北处的小沙梁上，地势西高东低，呈缓坡状，坐标北纬 37° 58′ 46.45″、东经 108° 52′ 22.83″，以墓道最前端为基点，北距 M12 300 厘米，开口于①层浅黄褐色沙层下，打破②层生土层。已盗扰，盗洞与天井尺寸一致，封门及墓室底部已破坏，应为现代人所扰。

2012 年 6 月 2—18 日清理。采用人工大开挖方法先清掉上层覆盖厚约 1.3 米黄褐色沙层后，墓道和天井开口线露出，清理墓道后清理墓室。

该墓坐西向东，平面近似刀形，方向 80° ，水平总长 12.8 米，距地表总深度 7.04 米，由墓道、过洞、天井、封门、甬道、墓室六部分组成。

墓道　位于墓室东侧，连接过洞，平面呈梯形，口小底大，壁面修造规整，底为台阶状（共 11 级），长 5.6 米，东宽 0.88 米，西宽 0.7 米，深度为 5.86 米，底宽 0.88—1.06 米。台阶台面较斜，宽度 0.3—0.4 米，高度 0.2—0.6 米不等。

过洞　位于墓道和天井之间，顶为拱顶，壁面规整，底为平底，进深 0.5 米，底宽 0.96 米，拱高 4.4 米。

天井　平面呈长方形，上部长 1.5 米、宽 0.46 米，直壁，底宽 0.96 米，与甬道口部两壁各有 0.08 米收分。

封门　位于甬道外侧，砖封门，由于盗扰严重，排列无规则，凌乱不堪，砖尺寸与墓室长条砖一样皆 30 厘米 ×15 厘米 ×5.5 厘米。

甬道　与墓室相连接，东端为土洞平顶，西侧为砖结构，砖拱顶，进深 1.1 米，高度为 1.62 米，底为平底，宽度为 0.84 米，东端土洞为 0.6—0.7 米，西侧砖结构进深 0.36—0.5 米不等，1.08 米外起拱。

墓室　为砖室结构，穹窿顶，底部为砖铺地，方砖及长条砖，方砖位于墓室内北侧，范围占底部三分之二，方砖尺寸 30 厘米 ×30 厘米 ×6 厘米，墓室北壁、西壁、南壁均有砖雕，“仿木”结构门窗，并有彩绘红、黑两种颜色，距墓室底高度 0.5 厘米，高度均在 96 厘米，高度均为 30 厘米，北壁“仿木”门绘有门栓、锁，其他两壁均描涂门环，墓室水平长 236 厘米，宽 268 厘米，洞高 234 厘米，起拱为 144 厘米，四壁均为单砖错缝平砌至起拱后，逐层微收至顶部稍平，墓室口部有一长 124 厘米，宽 32 厘米，低于墓室 20 厘米的长方形坑，其用途不详（图版 184、185、186）。

葬具为木棺，盗扰严重，棺木已采集标本。

葬式不详，发掘清理中仅存少许残骨骼，已朽，未采集，两块骨骼焚烧过。

该墓出土随葬品 2 件（组），残铁器 1 件，铜钱一组 7 枚。

铜钱　一组 7 枚，谷地梁 M5：2-1—7，散置于墓室中部偏南处，铜质，浇铸成形，均为北宋钱，计有至道元宝 1 枚、景德元宝 1 枚、祥符元宝 2 枚、祥符通宝 1 枚、天禧通宝 1 枚、天圣元宝 1 枚。

至道元宝　1 枚。钱品相较佳，内外廓宽而规整，好孔方正较小，背肉磨损平滑。钱文草书，右旋读，字体较小，笔画纤细，字迹清晰。“元”字一画为点，二画两端不挑。钱径 2.4 厘米，好径 0.6 厘米。重 3.0 克。

景德元宝　1 枚。钱品相较佳，内外廓宽而规整，好孔方正较小，背肉光素无纹。钱文楷书，右旋读，字体较大，笔画较粗高凸，字迹清晰。“元”字二画右上挑。钱径 2.5 厘米，好径 0.55 厘米。重 3.7 克。

祥符元宝　2 枚。钱品相较佳，内外廓宽而规整，好孔方正较小，钱文楷书，右旋读，字体较小，笔画较粗，字迹清晰。“元”字一画为圆点。背肉光素无纹。钱径 2.5 厘米，好径 0.5 厘米。重 3.2 克。

祥符通宝　1 枚。钱品相较佳，内外廓宽而规整，好孔方正较大，钱文楷书，右旋读，字体较小，笔画较粗，字迹模糊不清。背外廓特宽，背肉光素无纹。钱径 2.5 厘米，好径 0.6 厘米。重 3.7 克。

天禧通宝　1 枚。钱品相较佳，内外廓宽而规整，好孔方正较小，钱文楷书，右旋读，字体较大，笔画较粗，字迹清晰。背肉光素无纹。钱径 2.5 厘米，好径 0.55 厘米。重 4.15 克。

天圣元宝　1 枚。钱品相较差，边廓有残损，内外廓宽而规整，好孔方正较大，钱文篆书，右旋读，字体较大，笔画纤细，字迹较清晰。背肉磨损严重，光素无纹。钱径 2.5 厘米，好径 0.6 厘米。残重 3.0 克。

铁器残片　一组 5 片。标本谷地梁 M5：1，位于墓室中部偏西，铁质。铸造成形，锈蚀严重，似为一铁镜残片。

第四章　统万城遗址出土文物

一、统万城出土文物

陶器　灯　八大梁　M1：1，修复完整。夹砂灰陶，轮制，表面及底部均可见旋转刮抹痕，整体呈豆形。灯盘敞口，平沿方唇，沿内侧可见一块道阴线刻痕，内外缘微凸，唇下内折，弧腹微鼓，中部可见一周两道相连的较高较宽凸棱状弦纹。腹下斜收与空柱状柄相连，柄自上而下渐变粗。座呈倒喇叭口状，平底，内部中空，外表为 4 层自上而下逐渐扩大的同心圆式叠涩。通高 13.6 厘米，灯盘口径 10.5 厘米，深 3.2 厘米，底座直径 13.2 厘米（图版 244 左下）。

2012 统万城瓦渣梁　M26：1，修复完整。泥质夹砂灰陶，轮制，体中空。灯盘敞口，窄平沿，沿内缘一周尖棱，尖圆唇，浅弧腹，内底中部有一圆孔与灯座通透。灯座中部束收，对穿两个圆孔，下部微鼓斜弧收，平封底内凹。腹壁有明显的轮制旋痕，灯盘口沿内壁有黑色烟熏渍。通高 15.8 厘米，灯盘口径 10.6 厘米，深 3.4 厘米，底座直径 9.2 厘米（图版 244 右下）。

2013 统西塔梁　M4：1，基本完整。泥质夹砂灰陶，轮制。灯整体呈豆形，灯盘直口，圆唇，圆鼓腹较浅，腹下弧收与空柱状柄相连。柄上端对穿两个圆孔，下端一周凸棱与倒喇叭口状底座相连，座平封底内凹。器表有明显的轮制旋痕。通高 11 厘米，灯盘口径 7 厘米，深 3.5 厘米，底座直径 8 厘米（图版 244 上）。

壶　2012 八大梁　M13：2，口沿修复完整。泥质夹砂灰陶，轮制。壶小侈口，窄平沿，尖圆唇，短束颈，颈底有一周轮制抹痕，圆肩，腹上部圆鼓，下部斜收，小平底，底边缘有轮制刮抹痕。颈肩部饰磨光的纵向暗弦纹，腹部饰磨光的菱形网格暗纹，纹样均较模糊。内壁可见有明显的轮制旋痕。口径 7.3 厘米，腹径 10.1 厘米，底径 5.2 厘米，高 12 厘米（图版 248 上）。

2012 八大梁　M13：4，口沿修复完整。泥质夹砂灰陶，轮制。壶喇叭形侈口，宽平沿，尖唇，唇下内折，细束颈，圆肩鼓腹，腹下斜弧收，小平底，底边缘一周抹棱。颈部有明显的轮制旋痕，颈底饰一周纵向戳点纹，肩腹部饰磨光的菱形网格暗纹。口径 11.3 厘米，腹径 18.2 厘米，底径 6.4 厘米，高 26.8 厘米（图版 251 左下）。

2012 统万城 T0202⑬，修复完整。泥质灰陶，轮制。壶体较高，敞口，平沿微凹，尖圆唇，矮束颈，溜肩，深腹，上腹壁圆鼓，下腹壁弧斜收，平底。颈部有明显的轮制旋痕，颈底刻划一周水波纹，肩腹部饰满磨光菱形网格暗弦纹。口径 16.5 厘米，腹径 31.2 厘米，底径 16.4 厘米，高 42.6 厘米（图版 241）。

2012 八大梁　M12：1，陶壶，夹砂灰陶，轮制。壶小侈口，窄内折沿，沿内外缘微凸，圆唇，细长束颈，颈底一周窄凸棱箍，圆鼓肩，腹上部圆鼓，下部斜收，平底。肩腹部饰模糊的纵向磨光暗弦纹，器表略显晦涩。口径 5.8 厘米，腹径 13.5 厘米，底径 7.3 厘米，高 21 厘米（图版 245）。

盘口壶　2012 谷地梁　M8：2，修复完整。泥质夹砂灰陶，轮制。壶盘口，窄沿外折，方圆唇，短颈，圆肩，腹上部较圆鼓，下部斜弧收，平底。颈部一周有模糊的凸棱，肩腹部饰纵向疏密不等的磨光放射状暗弦纹，近底部腹壁有轮制形成的细凹弦纹。器表有数道裂纹，裂纹两侧钻有小圆形透孔，腹上部有两组 4 个、中部 1 组 3 个、下部 3 组 6 个、底部 1 组 2 个。口径 10.4 厘米，腹径 22.5 厘米，底径 10.6 厘米，高 32.1 厘米（图版 251 右下）。

罐　2012 八大梁　M12：2，口沿修复完整。泥质夹砂灰陶，轮制。罐侈口，窄平沿，尖圆唇，矮束颈，窄溜肩，圆鼓腹，腹下部斜弧收，平底微凹。腹壁饰模糊的磨光菱形网格暗纹，底部有轮制旋痕。口径 11 厘米，腹径 15.6 厘米，底径 8.6 厘米，高 21.8 厘米（图版 251 上）。

2015 西梁　M7：1，泥质灰陶，轮制，完整。罐喇叭形侈口，窄平折沿，厚方唇，细高颈紧束，鼓溜肩，深腹上部圆鼓，下部紧斜收成小平底，底面上有密集的轮制所形成的同心圆痕，腹壁下部也有轮制所形成稀疏的同心圆痕。口径 8 厘米，腹径 16 厘米，底径 7.2 厘米，高 22.3 厘米。

2015 西梁　M8：1，泥质灰陶，轮制，稍残，修复成形。罐喇叭形侈口，窄平折沿，沿面外斜刹，圆唇，细矮颈紧束，窄溜肩，深腹上部圆鼓，下部斜收成小平底，底面上有密集的轮制所形成的同心圆痕，腹壁上有明显的轮制旋痕。口径 10.5 厘米，腹径 19 厘米，底径 10 厘米，高 23.1 厘米。

2015 西梁　M1：2，泥质灰陶，轮制，颈部以上已残佚，无法修复完整。罐鼓溜肩，深腹上部圆鼓，下部斜收成小平底，底心内凹。肩上部、腹上部各刻划两道阴弦纹，各组成一条宽带箍，腹上部散点分布有模糊的席状纹，并嵌饰 4 个圆圈纹，颈底部有 2 个相对的小圆孔。腹径 23 厘米，底径 11.3 厘米，残高 28 厘米。

2015 西梁　M3：1，泥质灰陶，轮制，颈部以上已残佚，无法修复完整。罐鼓溜肩，深腹上部圆鼓，下部斜收成小平底。肩下部、腹上部各刻划两道阴弦纹，各组成一条宽带箍，颈底部饰一道阴弦纹，并钻有两个相对的小圆孔。腹径 18.6 厘米，底径 9.8 厘米，残高 21.6 厘米。

2015 西塔梁　采集：1，泥质灰陶，轮制，有残缺，修复完整。罐侈口，窄沿斜刹，矮颈紧束，窄溜肩，深腹上部圆鼓，下部内瘪收成小平底。肩下部、腹壁面粗涩不光滑。口径 12 厘米，腹径 18.3 厘米，底径 9.6 厘米，高 22 厘米。

2015 西塔梁　采集：4，泥质灰陶，轮制，有残缺，修复完整。罐侈口，宽卷沿，厚圆唇，细矮颈紧束，鼓溜肩，深腹上部圆鼓，下部斜收成小平底。通体满饰轮制所形成的瓦阶状旋痕。口径 11.5 厘米，腹径 24 厘米，底径 12 厘米，高 29.3 厘米。

2012 统万城瓦渣梁　M24：7，陶罐，基本完整。泥质夹砂灰陶，轮制。罐敞口，圆唇，短颈，折肩，上腹部微圆鼓，下腹弧收，薄饼形底足，足跟外撇，足底有轮制旋痕。颈部有轮制形成的凹凸旋痕，肩部饰连续波曲形磨光暗弦纹，肩腹部一道凸棱箍，腹上部饰数道暗弦纹圈带，下部饰竖线暗弦纹，纹样均较模糊。口径 13.3 厘米，腹径 18.1 厘米，底径 9 厘米，高 15 厘米（图版 249 左上）。

2012 统万城瓦渣梁　M24：11，陶罐，修复完整。泥质夹砂黄褐陶，轮制，制作较粗糙。罐敞口微敛，圆唇，短颈近无，溜肩，上腹圆鼓，下腹斜曲收，平底，沿边一周抹棱。腹壁有模糊的轮制旋痕。口径 15.2 厘米，腹径 16.4 厘米，底径 11.5 厘米，高 11.6 厘米（图版 249 左下）。

双耳罐　标本 2013 西塔梁　采集：1，泥质灰黑陶，轮制，有残缺，修复完整。罐侈口，斜高领，尖唇，颈紧束，广鼓溜肩，深腹上部圆鼓，下部斜收成小平底，腹上部附加相对的两个凹面扁环状耳，通体满饰散点分布模糊的席状纹，肩下部饰两道宽带箍，并嵌饰密集的细绳纹。口径 12.3 厘米，腹径 30.7 厘米，底径 15.2 厘米，高 36.2 厘米。

2011 八大梁　采集：5，泥质灰黑陶，轮制，残破，修复成形。罐大侈口，窄折沿，厚方唇，矮颈紧束，窄溜肩，扁圆球状深腹，平底，底心微内凹，口沿与肩部附加相对的两个凹面扁环状耳。腹壁粗涩不光滑。口径 18.8 厘米，腹径 24.5 厘米，底径 13.8 厘米，高 20 厘米。

单耳罐　2012 统谷地梁　M6：1，口沿修复完整。泥质夹砂灰陶，轮制，口沿向一侧倾斜。罐敞口，窄沿外折，短颈，折肩，口沿至肩部附宽扁状单耳鋬。上腹部圆鼓，下腹斜弧收，小平底微凹。颈肩部有轮制形成的细凸弦纹，颈底饰一周戳点纹。器表覆盖黑色烟熏渍，局部有细裂纹。口径 10 厘米，腹径 14.2 厘米，底径 5.8 厘米，高 15.2 厘米（图版 249 右上、250）。

灶　2012 谷地梁　M3：2，修复完整。泥质夹砂灰陶，模制、轮制兼手工修整，而后将釜、挡火墙与灶体粘接为一体。灶体呈不甚规则的梯体，底面较平，侧壁及灶面凹凸不平。灶体前壁开不落地方形火膛口，火膛口两侧略弧，后壁封闭自上而下内斜，上端中部有一圆形出烟孔。灶面前端粘附“山”字形挡火墙，中部单眼置釜。釜弇口，口沿外一周凸棱，圆鼓肩，上腹圆鼓，下腹斜收，平底。腹部两周凹弦纹形成一道窄棱箍。通高 10.5 厘米，灶体长 15 厘米，宽 8.4 厘米，高 7 厘米，火膛口长 7.4 厘米，宽 6.1 厘米，挡火墙长 7.4 厘米，高 2.7 厘米，釜口径 3.4 厘米，腹径 7.8 厘米（图版 248 下）。

铜泡钉　2012 八大梁　M10：9，钹笠形帽，四棱柱状钉身，尖锈残佚。长 2.3 厘米，帽径 4.2 厘米（图版 310 左上）。

石器　2012 统瓦渣梁　M25：1，墨色，长方条形，表面磨光，两端侧边稍弧较窄薄，中部较厚，断面长方形，一端中部有一小圆形透孔。长 14 厘米，两端宽 1 厘米，厚 0.4 厘米，中部最宽 1.8 厘米，厚 0.8 厘米（图版 310 右下）。

石刻　北魏四面佛　2014 统西城西门　TG1H11，砂岩质地，浮雕，残（图版 289、290、291、292）。

骨锥　2012 统瓦渣梁　M25：3，骨角器，表面原磨光呈浅黄色，中部弧弯，角尖略残，断面圆形，尾端粗圆内空，对穿有两个小圆孔。长 16.5 厘米，最大圆径 1.8 厘米（图版 308 下）。

二、隋唐夏州城出土文物

瓷器　白釉瓷碗　标本 2012 统　T0101 ③，瓷质，轮制。残存一片，修复成形。碗敞口，尖唇，深腹，腹壁斜直，平底，矮圈足。通体施白釉，釉色微泛黄，晶莹明亮。腹外壁下部及圈足露胎素烧，胎色灰白，质坚细密。口径 19.3 厘米，足径 7 厘米，高 7 厘米。

2012 统万城 T0102 ④，白釉瓷碗，轮制，修复完整。碗敞口，圆唇，腹壁弧曲，矮假圈足，足沿斜削，平底微内凹，有轮制同心圆旋痕。内壁施满釉，内底均匀分布 3 个支烧痕，外壁施釉过半，腹底及圈足素烧。白釉泛黄，釉面光洁有细小冰裂纹。胎壁稍薄质坚，胎色浅灰黄，淘洗较细腻。口径 19.3 厘米，足径 8.1 厘米，足厚 0.6 厘米，高 6 厘米。

2012 统万城 T0301 ⑥，瓷质，轮制。残存二分之一，修复成形。碗敞口，方唇，腹较浅，大内凹底心，内底上三角形分布 3 个支垫痕。薄圆形圈足，足心大内凹，底心施薄釉。腹内壁及外腹壁上部施青色化妆土，上覆施白釉，釉色微泛黄，釉厚而晶莹明亮，玻璃质感强。腹外壁底部及圈足露胎素烧，胎色灰白，质坚细腻。口径 12.1 厘米，足径 4.6 厘米，高 3.3 厘米。

2011 统万城 T0202 ③，瓷质，轮制。残存约五分之一，修复成形。

碗敞口微敛，尖唇，沿边斜刹，腹较浅，腹壁斜收微鼓，大内凹底心，薄壁形圈足，足沿斜削。腹内壁及外腹壁上部施白釉，釉色微泛黄，釉厚而晶莹明亮，玻璃质感较强。腹外壁底部及圈足露胎素烧，胎色呈灰色，质坚细腻。淘洗精细。口径 14.3 厘米，圈足径 7.5 厘米，高 4 厘米。

2011 统万城 G7：3，瓷质，轮制。残存约五分之一，修复成形。碗敞口，厚圆唇，浅腹，腹壁直斜收，大内凹底心，底心残存 1 个支垫痕，薄壁形圈足，腹内外壁施白釉，釉色微泛黄，釉厚而晶莹明亮，玻璃质感较强。圈足露胎素烧，胎色灰白，质坚细腻。淘洗精细。口径 14.5 厘米，圈足径 7.4 厘米，高 3.7 厘米。

2012 统万城 H106，瓷质，轮制。残存约三分之一，修复成形。碗敞口，圆唇，腹较浅，腹壁弧收，大内凹底心，薄圆饼形圈足，足沿斜削。腹内壁及外壁上部涂一层白色化妆土，施白釉，釉色泛青，釉层薄而较明亮。腹外壁下部及圈足露胎素烧，胎色灰白，胎质坚硬，但淘洗不精，内含细砂，表面粗涩。口径 12.5 厘米，圈足径 6.2 厘米，高 4.3 厘米。

2012 统万城 T0201⑫，瓷质，轮制。残存约五分之一，修复成形。碗敞口，圆唇，腹较浅，腹壁斜收微鼓，大内凹底心，内底心有支垫痕，薄壁形圈足，足沿斜削。通体施白釉，釉色雪白，釉层厚而明亮，玻璃质感强。圈足底露胎素烧，胎色洁白，质坚细腻，淘洗精细。口径 15.4 厘米，圈足径 7.5 厘米，高 3.8 厘米。

2012 统万城 T0101 ⑥，瓷质，轮制。残存约五分之一，修复成形。碗敞口，圆唇，腹较浅，腹壁较厚斜收微鼓，大内凹底心，内底心有支垫痕，薄壁形圈足。通体施白釉，釉色白中泛青，釉层厚而明亮，玻璃质感强。圈足底露胎素烧，胎色洁白，质坚细腻，淘洗精细。口径 13.6 厘米，圈足径 7.1 厘米，高 3.2 厘米。

2012 统万城 H83：2，瓷质，轮制。残存约三分之一，修复成形。碗敞口，沿边微外折，尖唇，口沿边切削 3 个三角形豁口，形成三瓣葵口，腹壁上正对豁口起一凸棱。腹较浅，腹壁较厚斜收微鼓，大内凹底心，内底心有支垫痕，薄壁形圈足，足沿斜削。通体施白釉，釉色泛黄，釉层较厚，晶莹明亮，玻璃质感强。圈足底露胎素烧，胎色洁白，质坚细腻，淘洗精细。

口径15厘米，圈足径7厘米，高4厘米。

2014统万城西城西门　TG1H10：1，瓷质，轮制。残存约三分之一，修复成形。碗敞口，窄沿边加厚外折，圆唇，腹较浅，腹壁较薄斜收，大内凹底心，腹壁上有明显的轮制旋痕，薄壁形圈足，足沿斜削。通体施白釉，釉色白中泛青，釉层厚而明亮，玻璃质感强。圈足底露胎素烧，胎色灰白，质坚细腻，淘洗精细。口径15.8厘米，圈足径6.2厘米，高3.8厘米。

2012统万城T0101⑥，瓷质，轮制。残存约四分之一，修复成形。碗敞口，窄卷沿，圆唇，腹较浅，腹壁斜收微鼓，小内凹底心，矮圈足，足沿斜削。腹内壁及外壁上部涂抹一层白色化妆土，并施白釉，釉层厚而明亮，玻璃质感较强。腹外壁下部及圈足露胎素烧，胎色灰白，质坚细腻，淘洗精细。口径11.5厘米，圈足径4厘米，高3.7厘米。

2012统万城T0201TG7：1，瓷质，轮制。残存约五分之一，修复成形。碗敞口，圆唇，腹较浅，腹壁斜收微鼓，大内凹底心，薄圆饼形圈足，底心微内凹，足沿斜削。腹内壁及外壁上部施青白釉，釉层厚而明亮，玻璃质感较强。腹外壁下部及圈足露胎素烧，胎色灰白，质坚细腻，淘洗精细。口径12.8厘米，圈足径6.5厘米，高4厘米。

2013统万城东城Ⅱ坑　4：6，瓷质，轮制。残存约五分之一，修复成形。碗敞口，窄沿外折，圆唇，浅腹，腹壁斜收，大内凹底心，内底有支垫痕，薄圆饼形圈足，足心大内凹。腹内壁及外壁上部，圈足底施白釉，釉色泛黄，晶莹明亮，玻璃质感强。腹外壁下部及足沿露胎素烧，胎色灰白，质坚细腻，淘洗精细。口径12.8厘米，足径4.8厘米，高3.5厘米。

2013统万城东城Ⅱ　T0857K3：4，瓷质，轮制。残存约五分之一，修复成形。碗敞口，窄沿微外折，圆唇，浅腹，腹壁斜收，大内凹底心，内底有支垫痕，薄圆饼形圈足，足心大内凹。腹内壁及外壁上部施白釉，釉色微泛黄，晶莹明亮。腹外壁下部及圈足露胎素烧，胎色灰白，质坚细腻，淘洗精细。口径12.5厘米，足径5.2厘米，高3.4厘米。

2013统万城东城Ⅱ　T0857K3：5，瓷质，轮制。残存约五分之一，修复成形。碗敞口，窄沿微外折，圆唇，浅腹，腹壁斜收，大内凹底心，薄圆饼形圈足，足心大内凹。腹内壁及外壁上部施白釉，釉层较厚，釉色微泛黄，晶莹明亮，外壁中部有聚釉现象。腹外壁下部及圈足露胎素烧，胎色青灰，质坚细腻，淘洗精细。口径 13.2 厘米，足径 4.5 厘米，高 3.3 厘米。

2012 统万城 T0102 ⑥，瓷质，轮制。残存约三分之一，修复成形。碗敞口，厚方唇，腹较浅，腹壁斜直收，大内凹底心，薄壁形圈足，足底面有明显的同心圆痕。通体施青白釉，釉层厚而晶莹明亮，有玉质感，外腹底有聚釉滴。圈足露胎素烧，胎色灰白，胎壁厚重，质坚细腻，淘洗精细。口径 12.8 厘米，足径 7 厘米，高 8.5 厘米。

2012 统万城 H54：3，瓷质，轮制。残存约二分之一，修复成形。碗敞口，窄沿边微外折，圆唇，腹较深，腹壁斜收微外鼓，大内凹底心，矮壁形圈足，足心微起鸡心。内腹壁及外壁上部原涂白色化妆土，并施白釉，釉色微泛黄，釉层薄而较浑浊，不太明亮。腹外壁下部及圈足露胎素烧，胎色灰黄，胎壁较薄，质坚细腻，淘洗精细。口径 12.5 厘米，足径 5 厘米，高 4.4 厘米。

2012 统万城 H54：4，瓷质，轮制。残存约二分之一，修复成形。碗敞口，窄沿微折，方圆唇，腹较浅，腹壁斜收，大内凹底心，内底心残存一个支垫痕，薄圆饼形矮圈足，足底大内凹，足沿斜削，并有两圈同心圆痕。腹内壁及外壁上部施白釉，釉色微泛黄，并涂一层玻璃质青釉，釉层厚而晶莹明亮，有极强的玻璃质感。腹外壁下部及圈足露胎素烧，胎色灰白，胎体较薄，质坚细腻，淘洗精细。腹外壁有模糊的轮制旋痕。口径 11.7 厘米，足径 5.2 厘米，高 3.1 厘米。

2012 统万城 T0202 ⑤：2，瓷质，轮制。残存约三分之一，修复成形。碗敞口，窄沿微外折，圆唇，腹较浅，腹壁斜收，大内凹底心，薄圆饼形矮圈足，足沿斜削，足底大内凹。腹内壁及外壁上部施白釉，并涂一层玻璃质青釉，釉层薄而晶莹明亮，玻璃质感强。腹外壁下部及圈足露胎素烧，胎色灰白，胎壁较薄，质坚细腻，淘洗精细。外腹壁上有模糊的轮制旋痕。口径 11.5 厘米，足径 4.6 厘米，高 3.5 厘米。

2014 统万城 TG1H3：1，瓷质，轮制。残存约三分之一，修复成形。碗敞口，尖圆唇，浅腹，腹壁斜收微鼓，小平底心，内底上有支垫痕，薄壁形矮圈足。通体施白釉，釉色泛黄，釉层厚而晶莹明亮，玻璃质感强。圈足露胎素烧，胎色铁灰色，内含黑色砂粒，胎壁较薄，质坚略粗，淘洗不精细。外腹壁上有明显的轮制旋痕。口径 12.8 厘米，足径 4 厘米，高 3.8 厘米。

2012 统万城 T0301 ⑥，瓷质，轮制。残存约四分之一，修复成形。碗敞口，窄沿加厚外折，圆唇，浅腹，腹壁斜收微鼓，小平底心，内底上残存两个支垫痕，薄壁形矮圈足，足沿斜削，足底内斜刹。腹内壁及口沿处涂抹一层白色化妆土，并施白釉，釉色泛黄，釉层厚而浑浊不明亮。外腹壁下部及圈足露胎素烧，胎色灰黄，胎壁较厚，质坚细密，淘洗精细。口径 11.5 厘米，足径 4.5 厘米，高 3.6 厘米。

2014 统万城西城西门 TG1 ⑧，瓷质，轮制。残存约五分之一，修复成形。碗敞口，厚圆唇，浅腹，腹壁直斜收，大内凹底心，内底上残存一个支垫痕，薄壁形矮圈足，足沿斜削。通体施白釉，釉色泛青，釉层厚而晶莹明亮。圈足底露胎素烧，胎色灰白，胎壁厚重，质坚细密，内含零星小盲点。口径 14.3 厘米，足径 7.3 厘米，高 3.8 厘米。

2012 统万城西城西门 TG1 ③，瓷质，轮制。残存约二分之一，修复成形。碗敞口，口沿加厚外折，圆唇，腹较深，腹壁斜收微鼓，大内凹底心，内底上有三个三角形的支垫痕，矮圈足，足底内斜刹，腹外壁上部微内瘪，形成一个凹面宽带箍。腹内壁及外壁上部施白釉，并涂抹一层玻璃质青釉，使得釉色泛青，釉层薄厚不匀，内壁上有聚釉滴，釉色晶莹明亮。腹外壁下部及圈足露胎素烧，胎色青灰，胎壁较厚，质坚细密，淘洗精细。腹外壁下部及圈足上有密集的轮制所形成的同心圆痕。口径 13.1 厘米，足径 5.2 厘米，高 4 厘米。

2012 统万城 H116，瓷质，轮制。残存约三分之一，修复成形。碗敞口，厚圆唇，浅腹，腹壁直斜收，大内凹底心，内底上残存两个支垫痕，薄壁形矮圈足。通体施白釉，釉色泛青，釉层厚而晶莹明亮，玻璃质感强。圈足底露胎素烧，胎色灰白，胎壁厚重，质坚细腻。口径 15 厘米，足径 8.2 厘米，高 3.8 厘米。

2012 统万城 T0302H143：2，瓷质，轮制。残存约四分之一，修复成形。碗敞口，口沿微外折，厚圆唇，腹较深，腹壁直斜收，大内凹底心，内底上残存两个支垫痕，薄壁形矮圈足。通体施白釉，釉色泛青，釉层厚而晶莹明亮，玻璃质感强。圈足底露胎素烧，胎色灰白，胎壁厚重，质坚细腻，淘洗精细。口径 15.5 厘米，足径 7.7 厘米，高 4.6 厘米。

2012 统万城 T0202 ⑩：20，瓷质，轮制。残存约三分之一，修复成形。碗敞口，厚圆唇，腹较浅，腹壁直斜收，大内凹底心，内底上残存两个支垫痕，薄壁形矮圈足。通体施白釉，釉色泛黄，釉层厚而晶莹明亮，玻璃质感强。圈足露胎素烧，胎色灰白，胎壁厚重，质坚细腻，淘洗精细。口径 14.8 厘米，足径 7.5 厘米，高 3.9 厘米。

2012 统万城 G7，瓷质，轮制。残存约六分之一，修复成形。碗敞口，厚圆唇，腹较浅，腹壁直斜收，大内凹底心，内底上残存一个支垫痕，薄圆饼形矮圈足，足沿斜削。通体施白釉，釉色泛青，釉层厚而较浑浊，不太明亮。圈足底露胎素烧，胎色灰白，胎壁较厚，质坚细腻，淘洗精细。口径 15.3 厘米，足径 8 厘米，高 4 厘米。

2012 统万城 T0202 ⑩，瓷质，轮制。残存约五分之一，修复成形。碗敞口，厚圆唇，腹较深，腹壁直斜收，大内凹底心，薄壁形矮圈足。通体施白釉，釉色泛青，釉层较薄，但晶莹明亮，玻璃质感强。圈足底露胎素烧，胎色灰白，胎壁较薄，质坚细腻，淘洗精细。腹外壁有模糊的轮制旋痕。口径 14.3 厘米，足径 6.9 厘米，高 4.2 厘米。

2012 统万城 T0301G7，瓷质，轮制。残存约四分之一，修复成形。碗敞口，厚圆唇，腹较浅，腹壁直斜收，大内凹底心，内底上残存两个支垫痕，薄壁形矮圈足，足沿斜削，足底有密集的轮制同心圆痕。通体施白釉，釉色泛青，釉层厚而较浑浊，不太明亮。圈足露胎素烧，胎色灰白，胎壁较厚，质坚细腻，淘洗精细。口径 15.5 厘米，足径 7.8 厘米，高 4.2 厘米。

2012 统万城 G7，瓷质，轮制。残存两小片，修复成形。碗直口微侈，窄沿加厚外折，圆唇，深腹，腹壁斜收微鼓，大内凹底心，薄圆饼形矮圈足，足沿斜削，足底大内凹，有密集的轮制同心圆痕。腹内壁及外壁上部施白釉，釉色泛黄，釉层薄而浑浊不明亮。外壁下部及圈足露胎素烧，胎色灰黄，胎壁较薄，质坚细腻，淘洗精细。口径 16.8 厘米，足径 8.6 厘米，高 7.8 厘米。

2012 统万城 T0201 ④，瓷质，轮制。残存少量残片，修复成形。碗敞口，窄平折沿，尖唇，外壁口沿下饰一道凹面凸棱箍，形成双重沿，深腹，腹壁斜收微鼓，小内凹底心，薄壁形矮圈足，足沿斜削，足底内斜刹。内壁及外壁上部涂抹一层灰白色化妆土，并施白釉，釉色泛黄，釉层薄而晶莹明亮，有玻璃质感，外腹壁上有流釉现象。外壁下部及圈足露胎素烧，胎色青灰，胎壁较薄，质坚细腻，淘洗精细。腹外壁下部及足底有密集的轮制同心圆痕。口径 20.8 厘米，足径 8.5 厘米，高 9.7 厘米。

2012 统万城 T0201 ⑧，白釉瓷碗，轮制，修复完整。碗敞口，圆唇，斜弧壁，内底心微凹，矮圈足，足沿为内斜刹，足底心微隆。内外壁施白釉，釉面较光洁，内壁满釉，外壁施釉过半，口沿下局部有一道剥釉痕，腹底及圈足素烧。胎壁稍薄质坚，胎色土黄，淘洗稍粗。口径 14.3 厘米，足径 5.4 厘米，足宽 1 厘米，足厚 0.5 厘米，高 4.7 厘米。

2012 统万城 T0301 ⑥：3，白釉瓷碗，轮制，修复完整。碗敞口，圆唇，浅弧腹，矮假圈足，足沿斜削，平凹底，底心有轮制同心圆旋痕。内外壁施满釉，釉面有细小开片纹，内壁白釉清洁，外壁上部白釉，下部青釉，局部及足底露白胎，胎质细腻坚硬。口径 12.1 厘米，足径 4.75 厘米，足厚 0.5 厘米，高 3.3 厘米。

青釉瓷碗　2015 西梁　M10：2，瓷质，轮制，完整。碗敞口，圆唇，浅腹，腹壁斜收微鼓，大内凹底心，薄圆饼形矮圈足，足沿斜削，足底大内凹。内壁及外壁上部施青釉，釉色泛白，釉层厚而晶莹明亮，内壁底部有零星的黑色小盲点。腹外壁下部及圈足露胎素烧，胎色青灰，胎壁厚重，质坚细腻，淘洗精细。口径 12.7 厘米，足径 6.3 厘米，高 4 厘米。

2011 统万城 T0102 ④，瓷质，轮制。残存约三分之二，修复成形。碗敞口，圆唇，浅腹，腹壁直斜收，小内凹底心，内底心有 3 个呈三角分布支垫痕，腹壁上有模糊的轮制旋痕，薄圆饼形圈足，足心内凹，中间刻划一道阴弦纹。腹内壁及外壁上部涂一层白色化妆土，并施淡黄色釉，釉层薄而晶莹明亮。腹外壁下部及圈足露胎素烧，胎色青灰，质坚细密，淘洗精细。口径 11.5 厘米，圈足径 4.3 厘米，高 3 厘米。

2012 统万城 T0102 ④，瓷质，轮制。残存约六分之一，修复成形。碗敞口，尖圆唇，浅腹，腹壁斜收，大内凹底心，矮圈足，足沿斜削。腹内壁及外壁上部施青釉，釉层薄而晶莹明亮，有玻璃质感。腹外壁下部及圈足露胎素烧，胎色青灰，质坚细腻，淘洗精细。口径 13.1 厘米，足径 4 厘米，高 3.8 厘米。

2012 统万城 T0102 ⑥，瓷质，轮制。残存约六分之一，修复成形。碗敞口，窄沿外折，圆唇，腹较浅，腹壁斜收微鼓，大内凹底心，壁形圈足，足沿斜削，足心有模糊的同心圆痕。通体施青釉，釉层厚而晶莹明亮，有玻璃质感。圈足露胎素烧，胎色灰白，质坚细腻，淘洗精细。口径 14 厘米，足径 5.8 厘米，高 4 厘米。

2012 统万城 T0202 ⑤：1，瓷质，轮制。残存约二分之一，修复成形。碗敞口，沿外壁加厚，形成一个窄带箍，尖唇，腹较浅，腹壁斜直收，大内凹底心，内底心原应有 3 个三角形支垫痕，现残存两个，薄壁形圈足，足底面中间剔削一道阴弦纹，腹内壁及口沿处原涂一层白色化妆土，并施浅黄色釉，釉层厚而明亮，有玻璃质感，外腹底及圈足露胎素烧，胎色青灰，胎壁较厚，质坚细腻，淘洗精细。口径 12.3 厘米，足径 6 厘米，高 3.5 厘米。

2012 统万城 T0202 ⑥：10，瓷质，轮制。残存约四分之一，修复成形。碗敞口，窄沿微折，圆唇，浅腹，腹壁斜收，大内凹底心，内底心残存 1 个支垫痕，圆饼形矮圈足，足底大内凹。腹内壁及外壁上部涂抹一层灰白色化妆土，并施青色玻璃质釉，釉层薄而晶莹明亮，有玉质感。腹外壁下部及圈足露胎素烧，胎色青灰，胎体较薄，质坚粗涩，内含黑色砂粒，淘洗不精细。口径 12.5 厘米，足径 4.5 厘米，高 3.3 厘米。

2012 统万城 T0101 ⑥，瓷质，轮制。残存约四分之一，修复成形。碗敞口，圆唇，腹较深，腹壁弧收微鼓，大内凹底心，内底原似 3 个支垫痕，残存 1 个。薄圆饼形圈足，足心内凹，足沿斜削。碗内壁施较厚的淡黄色釉，晶莹光亮，外壁涂一层薄青釉。圈足露胎素烧，胎色灰白，胎质坚硬，淘洗不精，含砂量大，表面粗涩。口径 13.2 厘米，圈足径 6.5 厘米，高 4.2 厘米。

2012 统万城 G8，瓷质，轮制。残存约六分之一，修复成形。碗敞口，窄沿微折，圆唇，腹较深，腹壁斜收微鼓，大内凹底心，薄圆饼形矮圈足。腹内壁及口沿施青白釉，釉层厚而明亮，腹外壁施黑釉，釉厚而浑浊，不太明亮，圈足底露胎素烧，胎色青灰，胎体较厚，质坚细腻，淘洗精细。腹外壁有模糊的轮制旋痕。口径 12.7 厘米，足径 6.2 厘米，高 4.3 厘米。

2012 统万城采集：41，瓷质，轮制。残存约三分之一，修复成形。碗敞口，窄沿微折，圆唇，浅腹，腹壁斜收，小内凹底心，内底心有 3 个呈三角形分布的支垫痕，薄圆饼形矮圈足，足底大内凹，并分布有密集的同心圆痕。腹内壁及外壁上部施青灰色釉，并涂一层玻璃质青釉，釉层厚而晶莹明亮。腹外壁下部及圈足露胎素烧，胎色青灰，胎体较薄，质坚细密，淘洗较精细。腹外壁有模糊的轮制旋痕。口径 11.8 厘米，足径 4.7 厘米，高 3.3 厘米。

2014 统万城西城西门 H10：2，瓷质，轮制。残存约五分之一，修复成形。碗敞口，圆唇，浅腹，腹壁斜收，大内凹底心，璧形矮圈足。通体施青釉，釉层厚而晶莹明亮，有玉质感。圈足露胎素烧，胎色灰白，胎体较厚，质坚细腻，淘洗精细。口径 14.2 厘米，足径 6.7 厘米，高 3.5 厘米。

2014 统万城西城西门 TG1H16，瓷质，轮制。残存约六分之一，修复成形。碗敞口，方圆唇，浅腹，腹壁斜收微鼓，大内凹底心，内底上残存一个支垫痕，薄璧形矮圈足。通体施青釉，釉层厚而晶莹明亮，外腹壁上有聚釉滴。圈足露胎素烧，胎色灰白，胎壁较厚，质坚细密，淘洗精细。口径 14.8 厘米，足径 7.8 厘米，高 4.1 厘米。

2012 统万城 T0202 ⑤：3，瓷质，轮制。残存约五分之一，修复成形。碗敞口，窄沿加厚外折，圆唇，腹较深，腹壁斜收微鼓，大内凹底心，矮圈足。腹内壁及外壁上部施青釉，釉色泛白，釉层较薄而晶莹明亮。腹外壁下部及圈足露胎素烧，胎色青灰，胎壁较薄，质坚细腻，淘洗精细。腹外壁有模糊的轮制旋痕。口径 12 厘米，足径 4.2 厘米，高 4.2 厘米。

青釉瓷杯　2012 统万城 T0102 ⑥，瓷杯，轮制，修复完整。杯直口，圆唇，筒形腹斜弧收，小圜底，器表凹凸坑洼不平。内外壁施满釉，釉色黑绿混浊，烧造温度不均。口径 5 厘米，高 6.8 厘米（图版 314 右上）。

黑釉瓷器　盒　2012 统万城 T0301（8）：11，瓷质，轮制。残存三分之一，修复成形。盒弇口，薄圆唇，凹面折肩斜刹，深腹微外鼓，大内凹底心，高圈足。肩部及腹内壁满施黑釉，釉色晶莹明亮，有极强的玻璃质感，腹外壁上部涂抹白色化妆土，并用黑釉涂 4 个半圆弧形，腹外壁下部及圈足露胎素烧，胎色灰白，质坚细密，淘洗精细。口径 10.5 厘米，腹径 5.6 厘米，足径 5.1 厘米，通高 5.7 厘米。

2012 统万城 H45，瓷质，轮制。残存约三分之一，修复成形。盒盖已残佚，盒为高子口，方唇，窄平沿，腹较浅，腹壁竖直，大内凹底心，盒底外圈斜刹，内圈平整。盒内壁施青釉，釉层薄而晶莹明亮，腹壁施一圈黑釉，釉色玻璃质感极强。口沿及盒底露胎素烧，胎色灰白，质坚细腻，淘洗精细。子口径 4.9 厘米，底内圈径 3.5 厘米，高 2 厘米。

盒盖　标本 2012 统万城 H54，瓷质，轮制。残存约五分之一，修复成形。盒盖呈覆钵形，直口，方唇，腹较浅，腹壁竖直，大内凹底心，盖面隆起，盖顶中心为圈足形握手。盖面外圈及底内施黑釉，釉层厚而晶莹明亮，玻璃质感强。盖顶握手露胎素烧，胎色灰白，质坚细腻，淘洗精细。底口径 10.6 厘米，握手径 5 厘米，高 3.6 厘米。

盏　2012 统万城 T0102 ⑤：2，瓷质，轮制。残存约四分之一，修复成形。盏敞口微弇，圆唇，腹较深，腹壁斜收微鼓，底心大内凹，薄圆饼形底。内壁及外壁上部施黑釉，釉层厚而晶莹明亮，有玻璃质感，口沿及外壁下部露胎素烧，胎色铁黑色，胎壁较厚，质坚粗涩，内含大量黑色砂粒，淘洗不精细。口径 11.2 厘米，底径 5.2 厘米，高 3.4 厘米。

2012 统万城 T0102 ⑤：3，瓷质，轮制。残存约六分之一，修复成形。盏敞口，圆唇，腹较浅，腹壁斜收微鼓，平底。内壁及外壁上部施黑釉，釉层厚而晶莹明亮，有玻璃质感，口沿及外壁下部露胎素烧，胎色铁黑色，胎壁较厚，质坚粗涩，内含大量黑色砂粒，淘洗不精细。口径 11.0、底径 5.5、高 3.6 厘米。

碗　2013 统万城西城 5 号马面 G1 ⑧：48，瓷质，轮制。口沿残缺一小片，修复成形。碗敞口，圆唇，腹较深，腹壁斜收，底心较平，有黑色叠圈，高圈足，足沿斜削，大内凹足心。腹内壁施酱黑色釉，釉层较厚，釉色浑浊不太明亮。腹外壁有明显的轮制旋痕，外腹壁及圈足露胎素烧，胎色灰黄，质坚粗涩，淘洗不精细，内含砂量大。口径 8.2 厘米，足径 2.5 厘米，高 3.3 厘米。

执壶　2012 统万城 T0202 ⑩：21，瓷质，轮制。残缺较多，难以修复完整。壶颈以上残缺，应为圆侈口，窄沿外折，尖圆唇，窄鼓肩，深腹上部圆鼓，下部直斜收，薄圆饼形圆足外撇，足沿斜削，腹底及圈足上有轮制同心圆痕，肩部一侧斜上耸一短管状流，流下粗下细，正对管流一侧的口沿与肩部附加一扁环状鋬手。外壁施黑釉，釉层厚而晶莹明亮，玻璃质感极强，内壁及圈足露胎素烧，胎色灰白，胎壁较薄，质坚细密，淘洗精细。腹内壁满饰轮制所形成的瓦阶状旋痕。腹径 30 厘米，足径 10.5 厘米，残高 18.2 厘米。

瓶　2011 统万城 T0102 ④，瓷质，轮制。残缺较多，难以修复完整。瓶鼓溜肩，深腹上部圆鼓，下部斜收。外壁施黑釉，釉层厚而晶莹明亮，有极强的玻璃质感。内壁露胎素烧，胎色青灰，质坚细密，淘洗精细。腹内外壁上有明显的轮制旋痕。

酱釉瓷器　碗　2012 统万城 T1，瓷质，轮制。残存约三分之一，修复成形。碗敞口，口沿微外折，尖唇，腹较深，腹壁直斜收，大内凹底心，内底上残存两个凸起的支垫痕，薄壁形矮圈足，足沿斜削。通体施酱黄釉，釉层厚而晶莹明亮，有极强的玻璃质感。圈足底露胎素烧，胎色青灰，胎壁较厚，质坚细腻，淘洗较精细，腹内壁上有零星的小盲点，外壁口沿下有两道模糊的阴弦纹。口径 14.2 厘米，足径 7.2 厘米，高 4.3 厘米。

2012 田满梁壕 M6：1，瓷碗，轮制，修复完整。碗敞口，圆唇，斜弧腹壁，矮假圈足，平底。唇沿及腹内壁满施白釉，腹外壁及足沿满施酱褐色釉，釉色较浊，足底露胎。外腹壁局部有泪痕积釉，积釉处颜色较深。胎壁土黄较厚，胎质坚硬夹杂砂砾，淘洗较粗。口径 12 厘米，足径 6.3 厘米，足厚 0.5 厘米，高 4.1 厘米。

2014 统西城西门 T19⑲：1，瓷质，轮制。残存约四分之一，修复成形。碗敞口，口沿微外折，方圆唇，腹较深，腹壁斜收微鼓，大内凹底心，内底上残存 1 个支垫痕，厚壁形矮圈足，足沿斜削。腹内壁及外壁上部涂抹一层白色化妆土，并施酱黄釉，釉层厚而浑浊不明亮，釉面上满布因窑变所形成的白色盲点。外壁底部及圈足露胎素烧，胎色青灰，胎壁厚重，质坚较细腻。外腹壁上有模糊的轮制旋痕。口径 15.5 厘米，足径 7 厘米，高 5 厘米。

盆　2012 统万城 T0202⑫，瓷质，轮制。残存约四分之一，修复成形。盆敞口，宽平折沿，厚方圆唇，深腹壁斜下收，大内凹底心，厚圆饼形圈足微外撇，足沿斜削，足底中心一圈阴弦纹，足沿边 3 个呈三角形分布的支垫痕，腹壁有明显的轮制旋痕。通体原涂白色化妆土，施酱绿色釉，口沿釉层薄面泛黄，腹壁釉厚而晶莹明亮，有明显的玻璃质感。饼形圈足露胎素烧，胎色灰白，质坚细密，淘洗精细。口径 23.5 厘米，足径 12 厘米，高 11.5 厘米。

茶叶末釉瓷器　碗　2012统万城T0202⑪，瓷质，轮制。残存约六分之一，修复成形。碗敞口，圆唇，腹较深，腹壁斜收微外鼓，大内凹底心，腹壁上有模糊的轮制旋痕，厚壁形圈足。通体施茶叶末釉，釉泛黄褐色，釉层厚而浑浊，不光亮。圈足露胎素烧，胎色青灰，质坚细腻，淘洗精细。口径13.3厘米，圈足径7.2厘米，高5厘米。

2012统万城T0102⑫，瓷质，轮制。残存约四分之一，修复成形。碗敞口，口沿微折，圆唇，腹较深，腹壁斜收微鼓，大内凹底心，内底残存一个支垫痕，厚壁形圈足，足沿斜削。腹内壁及外壁上部涂一层白色化妆土，并施茶叶末釉，釉层薄而浑暗不明亮。外壁下部及圈足露胎素烧，胎色灰黄褐色，胎壁厚重，质坚细密，内含少量黑色砂粒。口径16.3厘米，足径8厘米，高5.8厘米。

盏　2012统万城H100，瓷质，轮制。残存约六分之一，修复成形。盏敞口，厚圆唇，腹较深，腹壁斜收微鼓，大内凹底心，外底平整。内壁施茶叶末釉，釉层薄而浑浊不光亮，口沿及外壁露胎素烧，胎色灰白，胎壁较厚，质坚细腻，淘洗精细。腹外壁上有明显的轮制同心圆痕。口径10.4厘米，底径4.8厘米，高4.2厘米。

2012统万城田满梁壕M4：4，茶末釉瓷盏，轮制，基本完整。盏圆口，宽沿外折，圆唇，腹直壁较浅，圜底附空柱状短柄。柄下端倒喇叭口形足，足沿刮削直壁，足底内凹，底心有凹旋痕和凸起。盏口沿及外腹壁施茶末釉，内壁、圜底及柄足露胎素烧。胎色土黄，胎质坚硬夹杂砂砾。口径6.4厘米，沿宽2.1厘米，足径4.55厘米，高5厘米。

执壶　2012统万城T0102⑥：8，茶末釉瓷执壶，带盖，轮制，修复完整。盖圆唇，浅盘腹，顶圆形捉手。壶盘口，圆唇，短颈，圆肩，上腹圆鼓，下腹斜曲收，平底。上腹部一侧捏塑双圆棱半环状执把，另一侧为圆柱状短流。唇局部、执把及短流附近腹壁施茶末釉，余露灰黄胎，局部附着烟熏黑渍。胎质坚硬，胎壁有明显的轮制旋痕。通高18.9、盖直径8.6厘米，壶口径9.3厘米，腹径13.4厘米，底径7厘米（图版305）。

器盖　2012统万城T0101⑤：4，茶末釉瓷器盖，轮制，修复完整。子口内敛，宽沿，圆唇，圆腹微鼓，矮假圈足捉手。外壁满施茶末釉（豆绿色），内壁露灰黄胎微泛红，胎质细腻坚硬。盖直径 14.6 厘米，高 5.2 厘米，捉手直径 6.8 厘米。

陶器　陶碗　2012 统万城 T0101⑤: 7，修复完整。泥质夹砂灰陶，轮制。碗敞口微敛，方圆唇，斜弧腹，平底微凹，内底鸡心凸。腹壁风化剥损较粗涩，内壁有明显的轮制旋痕，局部附着黑渍。口径 18.7 厘米，底径 8 厘米，高 7.2 厘米。

陶钵　2012 统万城 T0302⑫：13，修复完整。泥质夹砂灰陶，轮制。钵敞口微敛，窄外折沿，沿内缘尖凸，圆唇，腹壁曲弧，平底。腹壁有轮制形成的凹凸棱和旋痕。口径 17.7 厘米，底径 7.5 厘米，高 6.9 厘米（图版 267）。

2012 统万城 T0202 ⑦：15，修复完整。泥质夹砂灰陶，轮制。钵敛口，窄内斜沿，圆唇，腹上部微外鼓，下部斜曲收，平底微凹。足底及腹壁有细密的轮制旋痕。口径 17.7 厘米，底径 8.3 厘米，高 7.4 厘米（图版 270 下）。

2011 统万城 T0202 ④：6，修复完整。泥质夹砂灰陶，轮制。钵敛口，圆唇，上腹微鼓，下腹弧收，平底，底有轮制旋痕。内、外腹壁深灰褐色较平光，外腹壁有模糊的暗弦纹，内腹壁饰竖线条暗纹。口径 15.7 厘米，底径 7.5 厘米，高 9.3 厘米。

2012 统万城 H43：1，修复完整。泥质灰陶，轮制。钵敞口，尖圆唇，斜弧腹，平底微凹，底及腹壁有明显的轮制旋痕。口径 9.2 厘米，底径 5 厘米，高 3.4 厘米。

陶盆　2012 统万城 T0101 ⑥，修复完整。泥质灰陶，轮制。盆敞口，宽内折沿，圆唇，腹上壁微圆鼓，下部曲弧，矮假圈足，平底。腹壁有细密的轮制旋痕。口径 17.5 厘米，底径 7.5 厘米，高 7.3 厘米（图版 273 下）。

2012 统 T0102 ⑥，修复完整。泥质夹砂灰陶，轮制。盆敞口，宽折沿，厚方唇，腹上部微圆鼓，下部斜曲收，平底。腹壁有明显的轮制旋痕和细凹弦纹。口径 25.7 厘米，底径 13 厘米，高 8.7 厘米（图版 270 上）。

标本 2012 统万城　T0202 ⑩：19，修复完整。泥质灰陶，轮制。盆敞口，宽沿微外折，圆唇微卷，斜曲腹，平底，内底心微凸。外腹壁有轮制形成的凹凸弦纹，局部附着黑渍，内壁较光滑，布满细密的轮制旋痕。口径 24

厘米，底径 12 厘米，高 8.4 厘米（图版 269 上）。

2012 统万城 T0101 ⑥，修复完整。泥质灰陶，轮制。盆敞口，宽平沿，方圆唇，浅腹斜弧曲，平底。外腹壁有轮制形成的凹凸弦纹棱。口径 25.4 厘米，底径 11.2 厘米，高 7.2 厘米。

2012 统 H141，修复完整。泥质灰陶，轮制。盆大敞口，宽外折沿，方圆唇，浅斜腹，平底微内凹，内底心圆凸。外腹壁有细密的轮制旋痕，上部有一道凹凸棱，内壁较光滑。口径 25.2 厘米，沿宽 1.9 厘米，底径 12.2 厘米，高 7.1 厘米。

2012 统万城 H140：2，修复完整。泥质灰陶，轮制。盆敞口，宽沿微内折，方圆唇，上腹壁微弧鼓，下腹斜弧内收，平底。外腹壁有轮制形成的凹凸细弦纹，近底局部钻有两个小圆孔，内腹壁表面凹凸坑洼较粗涩。口径 45.6 厘米，底径 21.6 厘米，高 16 厘米。

2014 统万城西城西门 H17，残存一半，修复完整。泥质灰陶，轮制。盆敞口，宽平沿，尖圆唇，深腹，上腹壁微鼓，下腹壁斜弧收，平底，底心有一空心圆柱。唇沿有明显的轮制旋痕，内腹壁自上而下刻划四组纹饰。近口沿部及近腹底各刻划一凹凸阴阳弦纹，每周数道不等。近口部弦纹之下刻划一周连续波曲纹，波曲纹之下刻划一周松枝针叶状纹样，纹样间再刻划以纵向连续波曲纹隔开。腹底光素，内底心中部凸起空心圆柱，圆柱顶面大底部小，顶面由圆心开始向外连续刻划出凹凸阴阳弦纹。口径 52.8 厘米，底径 24.5 厘米，高 22.1 厘米，空柱底径 10.5 厘米，顶面直径 13.4 厘米，高 6.9 厘米（图版 272 下）。

塔式罐　2015 统万城西梁 M10：1-1—2，泥质灰陶，轮制，完整。由罐和底座两部分组成，缺盖。罐圆侈口，窄卷沿，圆唇，细矮颈紧束，鼓溜肩，深腹上部圆鼓，下部斜收成小平底，罐腹壁上有模糊的轮制旋痕，通体彩绘，肩上部用白彩绘双层圆圈纹一周，肩下部用白彩绘覆莲瓣纹 1 周，腹中部用白彩绘 4 朵盛开的阔叶牡丹花，下部绘仰莲瓣一周，多已脱落。底座呈覆盆形，盆敞口，宽折卷沿，圆唇，深腹，腹壁直斜直收，盆底即座顶平整。腹壁上有明显的瓦阶状轮制旋痕，上部用白彩描绘两道弦纹，弦纹间嵌饰双层圆圈纹一周，下部描绘双层覆莲瓣纹一周。罐口径 10.8 厘米，腹径 20.3 厘米，底径 11.6 厘米，高 27.1 厘米；底座口径 24.8 厘米，顶径 11.6 厘米，高 6.8 厘米；通高 35 厘米。

三足罐　2015 统万城查圪台 M2：1，泥质灰陶，轮制，有残缺，修复成形。罐大侈口，窄折沿，方圆唇，矮颈紧束，窄溜肩，扁圆球状深腹，圜底，底心小圆平，腹下部附加 3 个矮兽蹄形足。腹壁上有模糊的轮制旋痕。口径 13.5 厘米，腹径 18.8 厘米，高 15.5 厘米。

灯盏　2012 田满梁壕　M7: 1，基本完整。泥质灰陶，轮制，制作较粗糙，口向一侧倾斜。盏敞口，圆唇，腹壁弧斜较浅，底粗涩不平整。腹壁有裂痕，口沿及内、外腹壁局部有烟熏黑渍，器表有明显的轮制旋痕。口径 8.9 厘米，底径 5.5 厘米，高 3.8 厘米。

罐　2012 统万城 T0101 ⑥：1，基本完整。泥质夹砂灰陶，轮制。罐侈口，尖圆唇，短颈，窄溜肩，圆鼓腹，下腹部斜收，平底。腹壁有模糊的暗弦纹印，底部有明显的轮制旋痕。口径 11.6 厘米，腹径 17 厘米，底径 8.7 厘米，高 13.4 厘米。

2012 统万城　T0302H158：2，口沿修复完整。泥质夹砂灰陶，轮制。罐直口，圆唇，无颈，窄平肩，上腹扁圆鼓，下腹壁弧斜收，平底微凹。素面，腹壁可见有模糊的轮制旋痕。口径 13.6 厘米，腹径 18.5 厘米，底径 12.1 厘米，高 11 厘米。

2012 统万城　T0201⑪：2，修复完整。泥质灰陶，轮制。罐敞口，宽平沿，短颈，窄溜肩，上腹壁扁圆鼓，下腹弧收，矮假圈足，足底一凹痕，底心内凹。器表较平光，腹壁有轮制旋痕及暗弦纹。口径 16.6 厘米，腹径 20.3 厘米，底径 10.5 厘米，高 9.7 厘米。

2012 统万城　H142: 1，基本完整。泥质夹砂灰陶，轮制。罐直口，圆唇，短颈，溜肩，深腹，腹上部圆鼓，下部斜曲收，平底微凹。底及腹壁有细密的轮制旋痕。口径 10.2 厘米，腹径 16 厘米，底径 8.9 厘米，高 13.1 厘米。

2014 统西城西门　TG1H2：1，修复完整。泥质夹砂灰陶，轮制。罐整体似葫芦形，附小罐状口。小罐敛口，窄内折沿，圆唇，矮颈，溜肩，圆鼓腹，腹壁有轮制形成的凹凸细弦纹，腹下斜收接罐体短束颈。罐圆鼓肩，上腹部圆鼓，下腹部斜收，平底，器表有明显的轮制旋痕。肩腹部磨光饰横竖条暗弦纹，纹样较模糊，腹底局部风化较粗涩。口径 6.2 厘米，腹径 19.8 厘米，底径 10.5 厘米，高 27.6 厘米（图版 281）。

2012 统万城 F11：2，口沿修复完整。泥质夹砂灰陶，轮制。罐敞口，平沿略宽，沿下 1 道凹痕形成双尖圆唇，短颈，溜肩，腹壁上部圆鼓，下部斜弧收，平底微凹。肩腹部磨光饰放射状竖条暗弦纹。口径 10.5 厘米，腹径 18.7 厘米，底径 10.3 厘米，高 28.1 厘米。

2012 统万城 H25：1，修复完整。泥质夹砂灰陶，轮制。罐体瘦高，直口，圆唇，矮颈，溜肩，腹壁上部圆鼓，中下部弧斜收，平底。腹壁有模糊的轮制旋痕。口径 11.7 厘米，腹径 21.5 厘米，底径 11.7 厘米，高 34.7 厘米。

双耳罐 2012 统万城 T0202⑫：23，基本完整。泥质灰褐陶，轮制。罐敛口，窄内折沿，尖圆唇，短束颈，圆肩，腹上部微圆鼓，下部弧收，平凹底，底沿一周斜抹痕。肩腹部附对称的宽凹面半环双耳，腹下部有指印痕，器表原打磨光滑，现已风化较粗涩。口径 10.5 厘米，腹径 15.7 厘米，底径 10.2 厘米，高 17.4 厘米（图版 276）。

2012 统万城 I 区 H27：7，修复完整。泥质夹砂灰陶，轮制。罐敞口，窄内折沿，方圆唇，短颈，窄溜肩，腹上部微圆鼓，下部弧斜收，小平底。肩腹部附对称的环形双耳，器表有细密的轮制旋痕，肩腹部饰放射状竖条暗弦纹。口径 16.7 厘米，腹径 22.2 厘米，底径 9.9 厘米，高 24.5 厘米。

缸 2014 统万城西城西门 TG1F1：1，修复完整。泥质夹砂灰陶，轮制。缸体高大，直口，卷圆唇较粗涩，短颈，溜肩，大深腹，上腹壁圆鼓，下腹壁斜收，平底。内腹壁粗糙，外腹壁局部风化较粗涩，肩腹部饰满磨光的纵横交织的方格暗弦纹，腹壁局部有圆形钻孔。口径 34.3 厘米，腹径 50 厘米，底径 22 厘米，高 55.5 厘米（图版 278、280）。

2012 统万城 T0302H140：1，修复完整。泥质灰陶，轮制。缸体胖高，直口微敛，厚卷沿，方圆唇，短颈，溜肩，大深腹，上腹壁圆鼓，下腹壁弧斜收，平底。内腹壁较粗涩有麻点纹，外腹壁光素，局部有细密的轮制旋痕。口径 43.8 厘米，腹径 74.3 厘米，底径 30.3 厘米，高 74 厘米（图版 279）。

球 2012 统万城 T0101 ⑤：5，基本完整。泥质灰陶，不甚规则的圆球形，表面凹凸坑洼不平。直径 3.9 厘米。

砖志　2012八大梁　M6：1，砖志，一方，长方形，长32.9厘米，宽13.8厘米，厚3—4.5厘米。背绳纹，刻划有“秦平”字样（图版343左），正面楷书阴刻，五行，共44字（图版343右）。志文如下：

夏州朔方縣清化鄉人武騎尉

秦文義貞觀廿三年七月

十五日身故埋在官菌小水

□東川北墓頭蘇子□

為記

2012八大梁M6：2，砖志，一方，长方形，薄厚不均，背无纹饰，面光墨书志铭与（2012八大梁M6：1）几乎相同，最后一列模糊不清。长31.1厘米，宽13.5—14.3厘米，厚3.5—4.8厘米（图版288）。志文如下：

夏州朔方縣清化鄉人武騎尉秦□

義貞觀廿三年七月十五日身故埋□

□官菌小水□東川北墓頭蘇莧

為記

铜镜　2012统万城瓦渣梁M15：1，模铸，粘接完整。镜背局部生绿锈有布纹痕迹，圆钮穿孔，无座，中一凸棱形成内外两区，立沿有一凸弦纹，素方缘，镜面光亮无锈蚀。直径7.5厘米、缘厚0.7厘米（图版301右）。

铜镊　2012统万城T0302H144：1，基本完整。铜条锤揲成形，一端圆柱状作挖耳，一端两股扁条状作镊子。锈蚀。长10.2厘米（图版310右上）。

唐三彩　2012统万城瓦渣梁　M15：2，三彩盂，轮制，基本完整。盂小敛口，窄沿外一凹痕，圆鼓肩，圆鼓腹，下腹壁弧收成小平底。上腹壁施三彩釉，下腹壁及底部露白胎，局部有流釉痕和剥釉痕，釉面光亮有冰裂纹。胎壁有明显的轮制旋痕，附着黑渍。口径3.2厘米，腹径7.5厘米，底径3.5厘米，高4.7厘米。

釉陶碗　2012 统万城 T0302⑬：18，轮制，修复完整。碗敞口，圆唇、浅弧腹、矮假圈足、平底微凹，有轮制旋痕。内外壁满施青黄釉，釉面局部有剥釉痕，腹底局部积釉，积釉处釉色较深。胎壁略厚质坚，底露红胎，淘洗较细腻。口径 15.8 厘米，足径 7.2 厘米，足厚 0.7 厘米，高 4.8 厘米。

石器　2012 统万城 T0202 ⑧：16，石器，基本完整。石质，墨色，长方形，两短边较薄，质感滑润。长 19.3 厘米，宽 4 厘米，厚 1.1 厘米。

石刻　2014 统西城西门 TG1H11，石雕增长天王，砂岩质地，头及下肢残佚。

2014 统万城西城西门采集：1，石刻铭，青石质，残存少许（图版 295）。

2014 统万城西城西门 TG1H11，石鸱吻，砂岩质地，残。

2014 统万城西城西门　TG1H11，石刻伎乐图，砂岩质地，残（图版 294）。

2014 统万城西城西门 TG1H11，石柱，砂岩质地，残断。

板瓦　2012 统万城 T0101 ⑦，粘接完整。泥质灰陶，瓦身梯形弧，略厚重，表面平光有细密的凹凸弦痕，内面饰布纹有两条凹痕。长 42 厘米，宽 23—25.7 厘米，厚 1.6 厘米。

筒瓦　2012 统万城 H153，基本完整。泥质灰陶，瓦身拱弧略厚重，表面结垢较粗涩，瓦唇较长，内面饰布纹，局部有颜色较深的附着物。瓦长 41.5 厘米，宽 12 厘米，厚 1.7 厘米，瓦唇长 5 厘米，宽 7.7 厘米，厚 1.5 厘米。

2012 统万城 H63：1，筒瓦，基本完整。瓦身较短略厚重，表面结垢粗涩，内面饰布纹。瓦身一端出短唇，另一端粘附乳钉钮联珠纹圆瓦当，当面斜边缘有明显接茬，内面有粘抹痕。当心单枚圆形钉钮，钉钮外绕一周 6 个三角形小圆钉钮，再一周凸弦棱外饰 120 枚联珠，联珠纹外一周窄带弦棱。瓦身长 18.2 厘米，宽 12.3 厘米，厚 2.3 厘米，唇长 2.7 厘米，宽 8.6 厘米，厚 1.1 厘米，当直径 12.5 厘米。

2013 统万城东城 Ⅱ T0856K3：1，筒瓦，粘接完整。瓦身略厚重，面结垢稍粗涩，内面饰布纹。瓦身一端出短斜唇，另一端粘附兽面联珠纹圆瓦当，当面斜边缘，内面有粘抹痕。当心模印浮雕兽面，倒“八”字形眉，凹眼圆睛，鼻孔圆张，龇牙咧嘴。兽面外128枚联珠纹，最外一周凸弦棱。内面平光刻划有细凹线槽。瓦身长36厘米，宽14厘米，厚2.2厘米，唇长4.3厘米，宽9.3厘米，厚0.7厘米，当直径12.5厘米，厚4.3厘米。

2013统万城东城Ⅱ T0856K3：2，筒瓦，粘接修复。瓦身残断稍短略厚重，表面结垢粗涩，内面饰布纹。瓦身一端粘附乳钉纹圆瓦当，当面宽斜边缘，内面抹平无纹。当心低陷，最中心单枚圆形钉钮，再由内及外一凸弦棱，弦棱内饰乳钉纹共两周。瓦身残长19.7厘米，宽13.7厘米，厚1.9厘米，当直径13.5厘米，厚1.2厘米。

骨笄　2012统万城T0101⑦：9，基本完整。骨质，打磨光滑，薄宽扁条形，首窄薄，尾宽弧形，淡白色泽。长14.2厘米，最宽1.6厘米（图版309上）。

2012统万城T0202⑪：22，基本完整。骨质，打磨光滑，窄细扁长条形，首端尖利，尾端“圭”形，淡黄色泽。长17.65厘米，最宽0.6厘米（图版309下）。

铁箭镞　2012统万城T0302⑫：15，锈蚀残损。三棱镞，尖锋，短圆柱状铤。长7.3厘米（图版310左下）。

礌石 2012统万城T0302⑪：12，基本完整。红砂岩质地，表面坑洼粗涩。直径15.6厘米（图版337）。

三、五代宋初夏州城出土文物

五代文物瓷器

青釉碗　2012瓦渣梁M14：1，青釉瓷碗，轮制，修复完整。碗敞口，圆唇，腹壁斜直略深，矮圈足，足跟微外撇，小平底，内、外底心均微凸。内、外腹壁及圈足均满施青釉，施釉均匀，釉面光洁有细小冰裂纹。口径14.1

厘米，足径 4.1 厘米，足高 0.6 厘米，高 4.9 厘米（图版 297 上、300）。

2012 统瓦渣梁 M14：4，青釉葵口瓷碗，轮制，基本完整。碗敞口，圆唇，十二曲葵口，浅腹，腹壁斜弧，与葵口相对应内、外腹壁有 12 道纵向凸棱和凹痕，内底平坦，矮圈足，足跟微外撇，足底心微凸。满施青釉，足沿粘砂涩圈，施釉均匀，釉面光洁有冰裂纹，泛灰白色土沁。高 4.5 厘米，口径 13.6 厘米，足径 6.1 厘米，足高 1 厘米（图版 303）。

白釉碗　2012 瓦渣梁　M14：2，白釉瓷碗，轮制，修复完整。碗敞口，圆唇，浅弧腹，内底平坦，矮圈足，足底内凹。碗内壁及外腹壁上部施白釉，外腹底施青釉，足底露胎。施釉均匀明快，白釉面有细小冰裂纹，内底沿有 4 个支烧钉剥釉痕，口沿外壁附着有少量黑渍。胎壁土黄夹杂砂砾，足底有明显的轮制同心圆旋痕。口径 12.2 厘米，足径 4.6 厘米，足厚 0.4 厘米，高 3.3 厘米。

黑釉瓜棱腹执壶　2012 统万城　F14：1，轮制，修复完整。壶喇叭形侈口，尖圆唇，细束颈，平肩，上腹部圆鼓呈十一瓣瓜棱形，下腹部斜内弧收，假圈足，足跟外撇，足沿斜削，平底内凹。颈肩捏塑宽带双凹面执把，肩部有一斜直柱状短流。器表施黑釉，局部泛黄褐色，釉面有较强的玻璃质感，足素烧。胎色暗黄夹杂斑点，胎质坚硬，淘洗不够精细。口径 9.4 厘米，腹径 14 厘米，底径 7.4 厘米，高 25.4 厘米（图版 304）。

宋代文物陶器

彩绘塔式罐　2012 瓦渣梁　M14：5，修复完整。泥质夹砂灰陶，轮制，座底边沿有粘接抹痕。一套 3 件，由盖、罐和座组成。盖葫芦状宝顶，中空，顶部出尖，顶刹面均匀分布 3 个小圆形透孔，下腹壁施黑衣，器表有轮制旋痕。罐敛口，宽沿内折，圆唇，短颈，圆鼓肩，深腹圆鼓，下腹壁斜弧收，平底。颈部一周戳印纹箍带，腹壁涂黑衣彩绘。肩部白彩描绘一周 4 朵散开的三叶莲瓣，中部涂朱脱落。上腹部白彩描绘一周 4 朵盛开的莲花，花蕊涂朱脱落，花朵间用白彩横抹 3 道隔开。下腹部白彩描绘一周仰莲瓣。覆盆式底座，敞口，宽沿内折，方圆唇，上腹壁微圆鼓，下腹壁束收，平底，底沿捏制一周 8 朵外撇的仰莲瓣。腹壁亦涂黑衣，白彩描绘一周 3 朵椭心形仰莲瓣和 3 朵盛开的莲花相间隔，仰莲瓣中部镂空。通高 44.5 厘米，盖高 10.7 厘米，罐口径 11 厘米，腹径 23.5 厘米，底径 9.6 厘米，高 25.5 厘米，底座口径 26.2 厘米，底径 15.6 厘米，高 13.1 厘米（图版 283、284、285）。

钵　2012 统万城Ⅰ区　T0102 ⑤：1，修复完整。泥质夹砂灰陶，轮制。钵敛口，方圆唇，深腹，腹壁斜弧收，圆饼形底足，内底心乳突。外腹壁上部有一细凹弦纹，足底有明显的轮制旋痕，内壁有轮制形成的细凹弦纹和磨光的放射状暗竖线条纹。口径 19.1 厘米，底径 7.3 厘米，高 8.5 厘米。

2012 统万城　T0102 ④：7，修复完整。泥质夹砂灰陶，轮制。钵敛口，圆唇，深腹，上腹壁微圆鼓，下腹弧斜收，平底。器表较平光，外腹壁有模糊的暗弦纹，内腹壁饰暗竖线条纹。底部有轮制旋痕。口径 16.8 厘米，底径 8.1 厘米，高 9.8 厘米。

2012 统万城　T0301 ⑥：4，修复完整。泥质夹砂灰陶，轮制。钵口微敛，窄沿内折，圆唇，短颈，溜肩，圆鼓腹，平底微凹。腹壁有明显的轮制旋痕，内底心微凸。口径 20.9 厘米，腹径 23.7 厘米，底径 20.2 厘米，高 11.4 厘米（图版 268 右上）。

2012 统万城　H54：1，修复完整。泥质夹砂灰陶，轮制。钵直口，圆唇，短粗颈近无，圆鼓腹，平凹底。腹壁有模糊的轮制旋痕，内底心微凸，器表质感稍粗涩。口径 19.3 厘米，腹径 21.4 厘米，底径 16 厘米，高 10 厘米。

2012 统万城　H69：1，修复完整。泥质夹砂灰陶，轮制。钵直口，圆唇，短粗颈近无，圆鼓腹，下腹壁斜收，底缘一抹棱，边沿稍平，底心凹凸。腹壁有模糊的轮制旋痕，器表质感粗涩扎手。口径 18 厘米，腹径 20.9 厘米，底径 15.5 厘米，高 11.8 厘米。

扑满　2011 统万城　F11 ③下：1，基本完整。泥质夹砂灰陶，轮制。罐状，平顶中部有一细缝孔，边缘有两道模糊的细线纹，深腹，上部圆鼓，下部斜直收，平底。内空，底部有一不规则孔，内盛装有椎骨节。孔长 3.9 厘米，宽 0.4 厘米，腹径 14.2 厘米，底径 8.5 厘米，高 14.7 厘米。

纺轮　2012 统万城 T0202 ⑨：17，基本完整。泥质红陶，九瓣瓜棱形，中心穿透圆孔，底平。直径 2.8 厘米，厚 1.3 厘米（图版 314 左上）。

饼　2012 统万城 T0202 ⑤：1，基本完整。泥质夹砂灰陶，圆饼形，顶面隆凸，底面较平。直径 5 厘米，厚 1.7 厘米。

2012 统万城 T0202 ⑤：2，基本完整。泥质夹砂灰陶，圆柱状，薄厚不均，面较平整。直径 3.9 厘米，厚 1.4—1.6 厘米。

方砖　2011 统万城 T0102 ④，基本完整。面有拼制痕迹，表皮风化粗涩扎手，背坑洼较粗糙。边长 30 厘米，厚 4.5 厘米。

板瓦　2012 统万城　西城采集，板瓦残片，泥质灰陶，不规则形。面模印一阳文写意人物图案，方形脸刻划眼、鼻、口，头戴山形冠，方形脸下作“八”字形身，整体似“典”字，背布纹。残长 8.8 厘米、宽 5.5 厘米，厚 1.9 厘米。

2012 统万城 T0201 ④：1，板瓦残片，泥质灰陶，不规则长方形。面墨描一写意人物图案，圆脸五官俱全，耸发，四肢细长，脚下踩圆形物。背布纹。残长 11.2 厘米，宽 6.5 厘米，厚 1.9 厘米（图版 327 上）。

骨梳背　2012 统万城 T0102H15：1，基本完整。骨质，磨光，半椭圆形，前端凿宽 0.3 厘米的薄榫，后端弧圆薄刃状。面打磨圆滑光润，淡黄色泽。长 9.5 厘米，宽 2.7 厘米（图版 308 上）。

卜骨　2013 统万城东城Ⅱ区夯土基址 TG1 ⑥：2，基本完整。动物腓骨，不规则三角形状，较薄，有 14 个小圆透孔。长 15 厘米（图版 307）。

铁笔架　2012 统万城 H35：1，锈蚀严重，“山”字形薄片饰，略拱弧，两侧边较平直，底边局部内凹。长 7.2 厘米，宽 4.3 厘米（图版 314 下）。

石球　2012 统万城 F11：1，基本完整。砂岩质地，表面坑洼粗涩。直径 10.4 厘米。

宋代器物

瓷器

青釉碗　2012 统万城 T0301 ⑥，瓷质，轮制。残存五分之一，修复成形。碗敞口，沿边削三角形小豁口，形成六瓣葵口，沿边微外折，尖唇。深腹壁斜下收，大内凹底心，高圈足，腹壁上有模糊的轮制旋痕。通体施青釉，釉厚而晶莹明亮，玻璃质感极强。胎色灰白，质坚细腻，淘洗极精。口径 17.1 厘米，足径 6 厘米，高 6.6 厘米。

2012 统万城 L2，瓷质，轮制。残存约三分之一，修复成形。碗敞口，尖唇，腹较深，腹壁斜直收，内底心较平，内底心有 3 个呈三角形支垫痕，矮圈足。内腹壁及外壁上部施白釉，釉色微泛黄，釉层薄而晶莹明亮，玻璃质感强。

腹外壁下部及圈足露胎素烧，胎色灰白，胎壁较薄，质坚细腻，淘洗精细。腹外壁有模糊的轮制旋痕。口径13.6厘米，足径4厘米，高4.1厘米。

2012统万城T0302⑤：6，瓷质，轮制。残存约四分之一，修复成形。碗敞口，窄沿微外折，厚圆唇，腹较浅，腹壁斜直收，大内凹底心，内底心残留一个支垫痕，高圈足，足底心微起鸡心。腹内壁及腹外壁上部涂抹一层化妆土，并施白釉，釉色泛青，釉层薄而晶莹明亮，外腹底及圈足露胎素烧，胎色青灰，胎壁较薄，质坚细腻，淘洗精细。腹外壁有明显的轮制旋痕。口径11.5厘米，足径4.4厘米，高3.4厘米。

2012统万城F13，瓷质，轮制。残存约二分之一，修复成形。碗敞口，窄沿微外折，圆唇，腹较深，腹壁斜收，小内凹底心，矮圈足，足沿斜削，足底内斜刹，并有两圈阴弦纹。腹内壁及外壁上部施白釉，釉色泛青灰，釉层薄而浑浊，不太明亮。腹外壁下部及圈足露胎素烧，胎色灰青，胎体较厚，质坚细腻，淘洗精细。腹外壁下部有模糊的轮制同心圆痕。口径11厘米，足径4厘米，高3.6厘米。

2012统万城T0102④：8，瓷质，轮制。残存约四分之一，修复成形。碗敞口，窄沿微外折，圆唇，腹较浅，腹壁斜收，大内凹底心，矮圈足。腹内壁及外壁上部涂一层白色化妆土，并施白釉，釉层薄而浑浊，不太明亮。腹外壁下部及圈足露胎素烧，胎色灰白，胎体较薄，质坚细腻，淘洗精细。内腹壁上有模糊的轮制旋痕，外壁上有模糊的同心圆痕。口径12.8厘米，足径4.5厘米，高3.4厘米。

2014统万城西城西门TG1H7：3，瓷质，轮制。残存约四分之一，修复成形。碗敞口，尖圆唇，腹较深，腹壁斜收微鼓，平底微凹，矮圈足，足沿斜削，足底有轮制同心圆痕。通体施白釉，釉色泛黄，釉层厚而晶莹明亮，玻璃质感强。圈足露胎素烧，胎色青灰，胎壁较薄，质坚细腻，淘洗精细。腹外壁上有明显轮制所形成的瓦阶状旋痕，口沿下饰一道阴弦纹，形成窄沿，内底心有模糊的同心圆痕。口径16.5厘米，足径5.4厘米，高6厘米。

2014统万城西城西门TG1③，瓷质，轮制。残存约五分之一，修复成形。碗敞口，口沿微外折，尖唇，深腹，腹壁直斜收，平底心，内底心残留两个支垫痕，矮圈足。通体施白釉，釉色泛黄，釉层薄而晶莹明亮，有玻璃质感，外壁上有流釉现象。圈足露胎素烧，胎色灰白，胎壁轻薄，质坚细腻，淘洗精细。外壁上有模糊的轮制旋痕。口径 18.8 厘米，足径 6.6 厘米，高 6.8 厘米。

2012 统万城 H27：1，瓷质，轮制。残存约四分之一，修复成形。碗敞口，圆唇，沿边微外折，腹较深，腹壁斜直收，小平底心，小矮圈足。通体施青釉，釉层厚而晶莹明亮，有玉质感。足跟露胎素烧，胎色青灰，胎体较薄，质坚细腻，淘洗精细。腹壁上有明显的轮制旋痕。口径 13.5 厘米，足径 3.6 厘米，高 4.5 厘米。

2014 统万城西城西门 TG1H7：2，瓷质，轮制。残存约二分之一，修复成形。碗敞口，口沿微外折，尖唇，深腹，腹壁斜收微鼓，小内凹底心，矮圈足。通体施青釉，釉层厚而晶莹明亮，玉质感极强。圈足跟露胎素烧，胎色青灰，胎壁较薄，质坚细密，淘洗精细。腹外壁原应刻划十瓣莲花，残存五瓣，每瓣中间起脊棱，隔瓣相间一整一破式，形成双重。口径 14.5 厘米，足径 5.3 厘米，高 4.6 厘米。

2012 统万城 F15，瓷质，轮制。残存约三分之一，修复成形。碗敞口，口沿加厚外折，圆唇，腹较深，腹壁斜收微鼓，圆平底心，内底上 3 个呈三角形分布的支垫痕不太明显，矮圈足，足底内斜刹。通体施青釉，釉层薄而不太明亮。圈足露胎素烧，胎色灰白，胎壁较薄，质坚细腻。外腹壁及圈足上有明显的轮制同心圆痕。口径 14.2 厘米，足径 5.3 厘米，高 4.1 厘米。

青釉盘　2011 统万城 F5，瓷质，轮制。残存约三分之一，修复成形。盘敞口，圆唇，浅腹，平底，外底心内凹，满饰轮制所形成的同心圆痕。通体施青釉，外底釉色因窑变而呈黑色，胎色青灰，质坚细腻，淘洗精细。口径 7 厘米，底径 4 厘米，高 1.2 厘米。

2011 统万城 T0202 ②，瓷质，轮制。残存约四分之一，修复成形。碗敞口，尖圆唇，浅腹，腹壁斜弧收，平底，内底残留一个支垫痕，外底微内凹，上有模糊的同心圆痕。通体施白釉，釉色泛黄，釉层厚而晶莹明亮，有玻璃质感，外底露胎素烧，胎色青灰，胎壁较薄，质坚细腻，淘洗精细。口径 13.4 厘米，底径 5 厘米，高 2.6 厘米。

白釉盒　2012 统万城 T0301 ⑥，瓷质，轮制。残存四分之一，修复成形。盒弇口，薄圆唇，宽折沿外斜刹，深腹微圆鼓，小内凹底心，矮圈足，足沿斜削。腹内壁满施白釉，折沿及腹外壁上部亦施白釉，釉下涂白色化妆土，釉层薄而不太明亮。腹外壁下部及圈足露胎素烧，胎色白中泛黄，质坚细密，淘洗精细。口径 10 厘米，腹径 13.6 厘米，足径 6.6 厘米，高 8.4 厘米。

2011 统万城 T0301 ⑥，瓷质，轮制。残存三分之一，修复成形。盒弇口，薄方唇，凹面宽折沿外斜刹，沿边凸出，深腹圆鼓，大内凹底心，高圈足。腹内壁满施白釉，釉色浑浊不明亮，折沿及腹外壁上部亦施白釉，釉下涂白色化妆土，釉层厚而晶莹明亮。腹外壁下部及圈足露胎素烧，胎色白中泛黄，质坚细密，淘洗精细。口径 9 厘米，腹径 12.9 厘米，足径 6.2 厘米，高 8.2 厘米。

陶器

碗　2012 统万城 T0202H23：1，修复完整。泥质灰陶，轮制。碗敛口，尖圆唇，深弧腹，圈足略高，足底心高隆。内外腹壁饰暗弦纹和轮制形成的细密凹弦纹。口径 19.1 厘米，足径 6.1 厘米，足高 1.2 厘米，高 8.9 厘米。

盆　2011 统万城 T0202 ③，修复完整。泥质夹砂灰陶，轮制。盆敞口，宽折沿，方圆唇，深腹，腹壁斜曲，平底。腹壁有明显的轮制旋痕。口径 23.5 厘米，底径 12.5 厘米，高 8.2 厘米。

扑满　标本 2012 统万城 H27，修复完整。泥质灰陶，手制。圆球形腹，内空，顶部开一细缝孔，小平底。素面。孔长 2.9 厘米，宽 0.4 厘米，腹径 9.6 厘米，底径 4.3 厘米（图版 273 上）。

双耳罐　标本 2011 统万城 T0202 ③：2，修复完整。泥质灰陶，轮制。罐直口，圆唇，矮颈，溜肩，颈肩处附对称的双耳，深腹圆鼓，下腹壁弧收，假圈足，足底内凹。肩部有模糊的菱格形暗纹，腹上部有一道细凹弦纹及模糊的暗弦纹，腹下部有竖线条暗纹。口径 8.9 厘米，腹径 13.2 厘米，底径 6.5 厘米，高 10.6 厘米（图版 277）。

方砖　2014 统万城西城西门 TG1F1，方砖，粘接完整。面及侧沿较平光，背坑洼较粗涩。边长 33 厘米，厚 5.3 厘米（图版 316）。

石器座　2011 统万城 T0101：1，石器座，基本完整。红砂岩质地，器表风化粗涩。器座呈柱础形，雕凿成三重叠涩方形基座，顶上圆饼形础座微隆，中心凿圆形插孔，未穿透。立沿素尽，座底平整。边长 14.4 厘米，高 10.2 厘米，孔径 2.6 厘米，深 3.5 厘米（图版 339）。

2011 统万城 T0202 ④：7，修复完整。砂岩质地，雕凿三重，圆形底座之上雕凿十三仰莲瓣，顶上凿圆形浅臼窝。座底心微凹，表面有雕凿线。底直径 12.4 厘米，顶直径 7.6 厘米，高 6.2 厘米（图版 340）。

陶模具　2013 统西城Ⅱ T0105 ④：2，陶模，基本完整。单模，略呈“S”形，内空，平边。长 26.5 厘米，边最厚 1.5 厘米（图版 315）。

五至十世纪统万城夏州城考古发现与研究

陕西省考古研究院 编著

邢福来 侯甬坚 主编

研究编

WUZHISHISHIJI
TONGWANCHENGXIAZHOUCHENG
KAOGUFAXIANYUYANJIU

陕西新华出版传媒集团
三秦出版社

目　录

第一章　统万城遗址的新认识

陕西省考古研究院　邢福来

统万城遗址位于陕西省榆林市靖边县红墩界镇白城则村北，地处陕蒙交界地带，是十六国时期末代匈奴大单于赫连勃勃所建的大夏国国都。东晋安帝司马德宗义熙三年（407），赫连勃勃在高平（今宁夏固原市原州区）称王建国，赦其境内，年号龙昇，他以匈奴乃夏后氏之苗裔，故称国为夏。公元413年开始，大夏政权发动领北十万夷夏民众，于朔方水北、黑水之南修建都城，历时七载，于真兴元年（419）竣工，并亲自定名为“统万”，以显示他以该城为根基“统一天下，君临万邦”的雄心。

南朝宋刘义隆元嘉五年（428），赫连勃勃死后，大夏败于北魏，统万城沦陷。431年，大夏首领赫连定被吐谷浑部族俘虏，夏灭亡。赫连勃勃创建的大夏只存在了三世二十余年，一代名城随夏灭亡而衰败。大夏国灭亡后，北魏改统万城为统万镇，北魏孝文帝拓跋宏太和十一年（487）以此为夏州治所。隋代统万城属朔方郡，大业末年梁师都据此称帝，国号梁。唐代以其地复为夏州，置都督府。天宝元年（742）改为朔方郡，乾元元年（758）复为夏州。唐贞元中分振武、朔方二节度，置夏州节度使，亦曰盐夏节度使，治夏州，领夏、绥、银三州，兼领宥、盐二州（今陕西绥德以北、甘肃宁夏道东部及内蒙古南部之地）。唐僖宗李儇广明年间（880—881），拓跋思恭因为替唐朝镇压黄巢起义被封为定难军节度使，并赐姓为李。以后李家世代领有定难军。宋初，李继迁起兵反宋，大败宋朝并从宋朝独立。李继迁的孙子李元昊称帝，从此确立了宋辽夏三国鼎立的局面。由于党项族建立的西夏政权以此为据点侵扰北宋，宋太宗淳化五年（994），太宗下诏毁废统万城，迁居民于绥、银等州。从此，统万城逐渐从人们的视野中消失，直到清道光年间，沉睡于毛乌素沙漠数百年的统万城遗址重新被人发现。

历经北魏、西魏、北周、隋唐、五代、北宋，575年间，统万城一直是我国北方地区政治、经济、军事、文化中心之一。1996年被国务院公布为第四批全国重点文物保护单位。

现存统万城遗址由外郭城、西城及东城组成，城内建筑工程浩大，筑造宏伟，城墙建筑色白而牢固。其中东西城城垣大部分留存至今，外郭城也有部分城垣断断续续得以保留。

通过近年大量的考古工作，我们对统万城遗址有了一些新的认识。

一、统万城的设计思想

“宇文忻，字仲乐，本朔方人，徙京兆。祖莫豆于，魏安平公。父贵，周大司马、许国公。忻幼而敏慧，为儿童时，与群辈游戏，辄为部伍，进止行列，无不用命，有识者见而异之。年十二，能左右驰射，骁捷若飞。恒谓所亲曰：‘自古名将，唯以韩、白、卫、霍为美谈，吾察其行事，未足多尚。若使与仆并时，不令竖子独擅高名也。’其少小慷慨如此。年十八，从周齐王宪讨突厥有功，拜仪同三司，赐爵兴固县公。韦孝宽之镇玉壁也，以忻骁勇，请与同行。屡有战功，加位开府、骠骑将军，进爵化政郡公，邑二千户[①]。”

《隋书》卷六八《宇文恺传》：

“宇文恺，字安乐，杞国公忻之弟也。在周，以功臣子，年三岁，赐爵双泉伯，七岁，进封安平郡公，邑二千户。恺少有器局。家世武将，诸兄并以弓马自达，恺独好学，博览书记，解属文，多伎艺，号为名父公子。

①〔唐〕魏徵：《隋书》卷四〇《宇文忻传》。

初为千牛，累迁御正中大夫、仪同三司。

“高祖（隋文帝）为丞相，加上开府中大夫。及践阼，诛宇文氏，恺初亦在杀中，以其与周本别，兄忻有功于国，使人驰赦之，仅而得免。后拜营宗庙副监、太子左庶子。庙成，别封甑山县公，邑千户。及迁都，上以恺有巧思，诏领营新都副监。高颎虽总大纲，凡所规画，皆出于恺。后决渭水达河，以通运漕，诏恺总督其事。后拜莱州刺史，甚有能名。兄忻被诛，除名于家，久不得调。会朝廷以鲁班故道久绝不行，令恺修复之。既而上建仁寿宫，访可任者，右仆射杨素言恺有巧思，上然之，于是检校将作大匠。岁余，拜仁寿宫监，授仪同三司，寻为将作少监。文献皇后崩，恺与杨素营山陵事，上善之，复爵安平郡公，邑千户。

“炀帝即位，迁都洛阳，以恺为营东都副监，寻迁将作大匠。恺揣帝心在宏侈，于是东京制度穷极壮丽。帝大悦之，进位开府，拜工部尚书。及长城之役，诏恺规度之。时帝北巡，欲夸戎狄，令恺为大帐，其下坐数千人。帝大悦，赐物千段。又造观风行殿，上容侍卫者数百人，离合为之，下施轮轴，推移倏忽，有若神功。戎狄见之，莫不惊骇。帝弥悦焉，前后赏赉，不可胜纪[①]。”

从以上记载我们可以看到，宇文恺是中国隋代城市规划和建筑工程专家。字安乐，朔方夏州人，后徙居长安。出身于武将功臣世家，自幼博览群书，精熟历代典章制度和多种工艺技能。官至工部尚书。隋文帝时期修建了著名的大兴城和东京洛阳城。统万城为夏州治所，宇文恺为夏州人，可能从小就生活在统万城，后徙居长安，我们可以大胆推测，夏州治所统万城的城市布局及防御系统给他留下了很深的印象，设计建造隋大兴城及东京洛阳城也肯定借鉴了统万城的某些设计理念。

统万城西门的结构与唐长安城明德门遗址及汉魏洛阳城基本相同。

明德门也是木构架门道的城门。门道两侧各有排列整齐的柱础石 15 个，两列柱础东西对称。

汉魏洛阳城西城墙探出 5 座城门，除北起第二门为一门二洞外，皆为一门一洞。北城墙探出两座城门，西面的一门三洞，是北魏的大夏门，东

①〔唐〕魏徵：《隋书》卷六八《宇文恺传》。

城墙探出 3 座城门，皆为一门一洞。

另外唐代新疆高昌古城、甘肃锁阳城城门外均有瓮城，城垣连接马面。

宋代麟州城、府州城均有瓮城及马面。

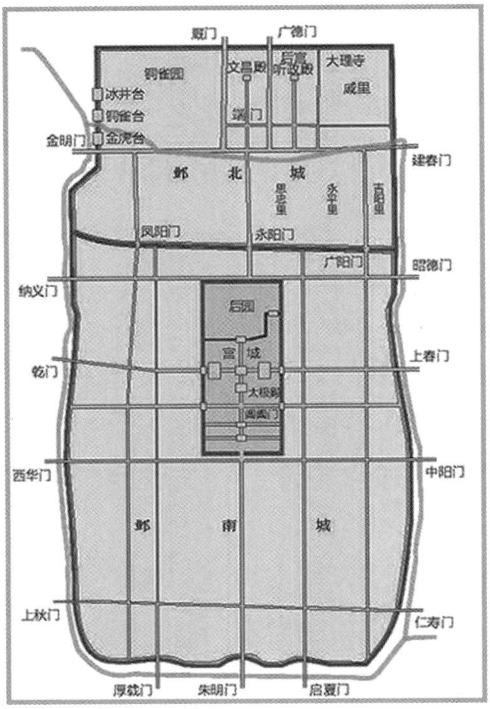

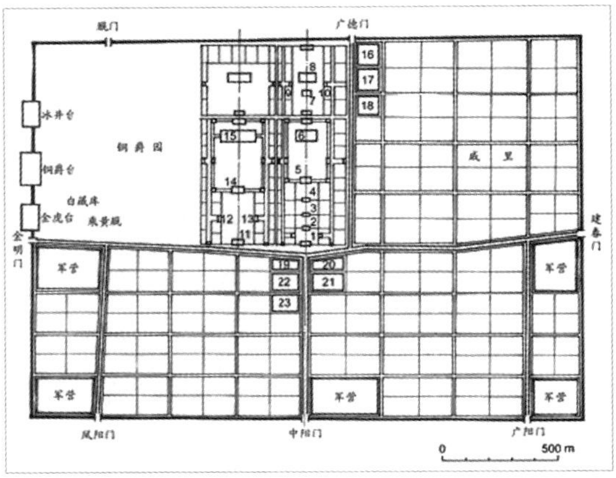

曹魏邺城平面复原图

二、城市布局研究

1. 邺城与统万城布局简介

邺城作为魏晋、南北朝时期六朝古都，文献多有记载，加之多年考古工作成果，城市布局逐渐清晰，成为魏晋南北朝时期城市布局研究的典范。统万城作为东晋十六国时期大夏国都城，其主人虽为匈奴后裔赫连勃勃，但汉化程度较高，加之大量启用汉族官员，其都城布局必受汉长安城、邺城等的影响，比较邺城与统万城，必将对统万城布局研究有所帮助。

邺城遗址分邺北城和邺南城两部分，大体呈“日”字形。邺北城为曹魏时期的城市布局，为曹操主持建设。北城东西 7 华里，南北 5 华里，外城共设 7 个门，南面 3 个，北面 2 个，东西各 1 个门。经勘测邺北城东西长 240 米，南北宽 170 米。城内由贯穿东西城门的大道分割成南北两部分。北部中央为宫殿区，西为禁苑铜爵园，内设马厩、武库，西城垣上筑有壮观的铜雀、金虎、冰井三台。宫殿东面为贵族聚居区戚里及衙署。城南部为居民区，被南北向道路分割成长寿、吉阳、永平、思忠四里。邺北城规划整齐，交通便利，对北朝、隋唐都城的建设产生过深刻影响。

东魏时期，邺南城在邺北城的基础之上续建而成。邺南城紧靠邺北城，二者合二为一，共用一墙，北城南墙即南城北墙，邺南城的北门就是邺北城的南门。

邺南城实测东西 280 米，南北 346 米，城垣迂曲，墙外有护壕。宫墙设在城北部中央，宫北有后苑。居民区分设里坊。正南门朱明门已经发掘，为三门道，门南侧有方形阙楼夯基。

邺城作为魏晋、南北朝时期六朝古都，其布局前承秦汉，后启隋唐。中轴对称制度、单一宫墙布局、明确功能分区的设计理念，在中国古代都城规划史上影响深远。后来的邺南城，隋唐时期的长安城、洛阳城，元明清时期的北京城均沿袭于此，日本奈良的平城京也是仿邺城建造而成。

汉长安城的城墙均为版筑土墙，墙高 8 米，墙基宽 16 米。东墙长 594 米，南墙长 625 米，西墙长 455 米，北墙长 595 米，共有 12 个城门。

《晋书》卷一三〇《赫连勃勃载记》记载，赫连勃勃“乃赦其境内，改元为凤翔。以叱干阿利领将作大匠，发领北夷夏十万人，于朔方水北、黑水之南营起都城。勃勃自言:‘朕方统一天下,君临万邦,可以统万为名。’阿利性尤工巧，然残忍刻暴，乃蒸土筑城，锥入一寸，即杀作者而并筑之。勃勃以为忠，故委以营缮之任”。真兴元年（419）宫殿落成。

《晋书》载《统万城铭》：“崇台霄峙，秀阙云亭，千榭连隅，万阁接屏……温室嵯峨，层城参差，楹雕虬兽，节镂龙螭。莹以宝璞，饰以珍奇……”

《北史》也有记载：“城高十仞，基厚三十步，上广十步，宫墙五仞，其坚可以砺刀斧。台榭高大，飞阁相连，皆雕镂图画，被以绮绣，饰以丹青，穷极文采。”公元 416 年，赫连勃勃趁东晋破后秦之机挥师南下攻取长安。

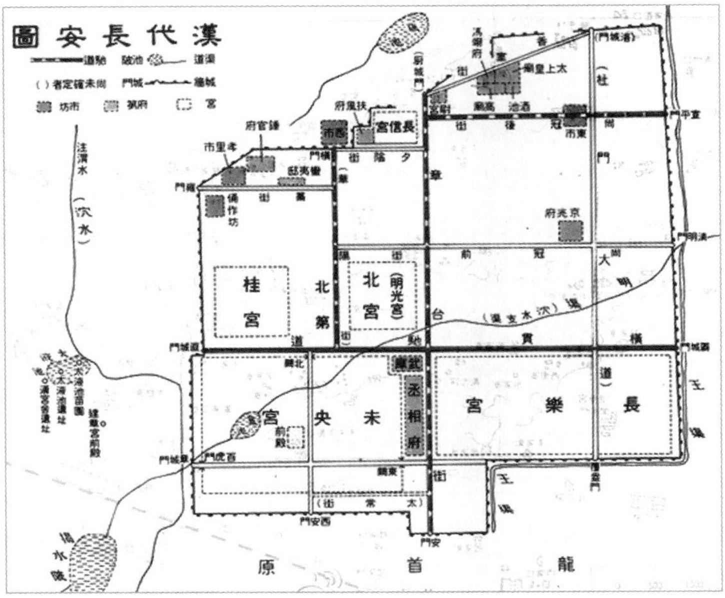

418年，在长安称帝，改元昌武。他留下太子镇守南都长安，自己回师统万城，值宫殿大成，又改元真兴，并刻石歌颂功德。公元425年，赫连勃勃死。公元427年，北魏军攻破统万城，太武帝拓跋珪谓左右曰：“蕞尔小国，而用人如此，虽欲不亡，其可得乎？”公元431年，大夏首领赫连定被吐谷浑部族俘虏，夏灭亡。赫连勃勃创建的夏只传三世二十余年，一代名城随夏灭亡而衰败。

统万城遗址地处东经108°52′04″—108°49′19″，北纬37°59′35″—38°01′31″，基本建在同一水平台地上，西北略高，海拔1157—1183米，分为外郭城、东城和西城。西城保存最好，墙基厚约16米，东城保存略差，墙基厚1米左右。东西城四隅都有高于城垣的宽大的长方形或方形隅台。东西城方向113°，均略呈长方形，西城西垣、东城南垣均有一曲折，东城南垣略有长出。东城周长2566米，其中东垣737米，西垣774米，北垣504米，南垣551米；西城周长247米，东垣692米，西垣721米，北垣557米，南垣500米；墙基加上马面长度可达30米。西城内西半部，紧挨西垣的地方，已为流沙覆盖，沙梁高度几乎与城垣平齐。

城垣、隅台、马面和台基均由苍白色土夯筑而成。夯层厚15—20厘米，城门道、隅墩拐角夯层略薄，为12—14厘米。东西城隔墙夯层厚2—40厘米，西城城垣夯层薄，也最为坚固。

统万城在长时间内是北方的重镇之一。大夏国灭亡后，北魏改统万城为统万镇，太和十一年（487）以此为夏州治所。隋代统万城属朔方郡，大业末年梁师都据此称帝，国号梁。唐代以其地复为夏州，置都督府。天宝元年（742）改为朔方郡，乾元元年（758）复为夏州。由于党项族建立的西夏政权以此为据点侵扰北宋，淳化五年（994），太宗下诏毁废统万城，迁居民于绥、银等州。从此，统万城尽管没有被彻底废弃，但其地位急剧下降，除了偶尔见诸史志文献记载之外，基本上从人们的视野中消失。直至清代横山知县何炳勋寻访统万城，对其地理位置、自然环境及保存状况进行了如实的描绘，统万城遗址才重新被人发现。

2. 统万城与邺城布局比较

我们发现两座城有许多相似之处，同时统万城又有其独特之处。相同之处主要表现在以下几个方面：

①邺城分为南北城，大体呈“日”字形布局，两者共用一墙，北城建于曹魏，南城建于东魏。统万城除外郭城外，分为东西城，两城呈横“日”字形布局，共用一墙，西城为大夏都城，始建于公元413年，东城约建于唐末五代时期。

②都为坐北朝南。关于统万城的方向，学术界有不同的看法和解释，通过大面积的考古钻探和重点的发掘，我们认为统万城为坐北朝南。统万城虽方向为113°，呈东北—西南向，不似汉长安城和邺城那样基本为正南北向，但我们不能忽视一个重要的原因，统万城地处陕西与内蒙古交界处鄂尔多斯高原，这里为毛乌素沙漠南缘。史载赫连勃勃曾经北游到达契吴（今统万城一带），为这里的美景所折服，叹曰：“美哉斯阜，临广泽而带清流。吾行地多矣，自马领以北，大河以南，未有若斯之壮丽矣！”广泽、清流、水草虽美，但经过我们考古发掘，确证统万城城垣直接建在湖相堆积的沙层上，即所谓的广泽、清流、水草之下也为沙层。随着大气候环境的改变，脆弱的平衡很容易被打破，干旱使植被被破坏，沙层露出。凛冽的朔风是居住于这一带居民首要关心的问题。一个现实是，正因为统万城东北—西南走向，现存高达26.67米的西城西南隅台，阻挡了寒风。

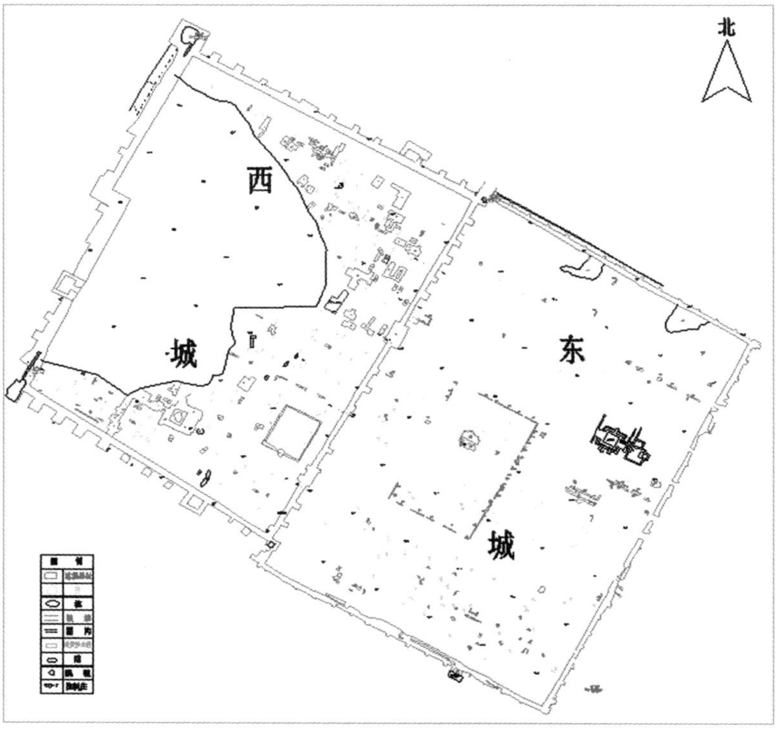

统万城遗址钻探平面图

现西南隅台西侧、南侧，有一道较宽的深沟，不少人认为是护城河，通过钻探发掘，我们获知统万城另有夯土筑成的护城壕。关于这道深沟的形成，我们认为应该是强风遇到阻力后向下回旋带走城外的沙粒，甚至将隅台基础露出，致隅台基础明显高于深沟。基于此，我们可以大胆推测，统万城的设计建造者可能有意让城垣呈东北—西南走向，以高大的西南隅台阻止、缓解凛冽的西北风肆虐，保护城中居民。

《晋书》卷一三〇《赫连勃勃载记》“勃勃还统万，以宫殿大成，于是赦其境内，又改元曰真兴。刻石都南，颂其功德”。将刻有《统万城铭》的石碑竖立在城南，这是统万城坐北朝南的另一证据。

另外我们从统万城现存马面的高度、尺寸等也可证南门为统万城的正门。

③都有南北向中轴线。邺北城城内由贯穿东西城门的大道将整个城市分割成南北两部分，北部中央为宫殿区，西为禁苑铜爵园，内设马厩、武库，西城城垣上筑有壮观的铜雀、金虎、冰井三台。宫殿东面为贵族聚居区戚里及衙署。城南部为居民区，被南北向道路分割成长寿、吉阳、永平、

思忠四里。

统万城西城目前可以确定的城门有 3 座，分别为西门、南门和北门，其中南、北两门距东、西垣距离几乎一致，我们推测南、北门相连的大道将西城分为东西两部分，这条大道可能就是统万城的轴线。这条轴线明显偏东，可能与统万城城内建筑布局有关。另外，统万城东城南北门之间的道路与西城一样也明显偏东。

与郢城相较，统万城设计布局也有其独特之处，主要体现在与防御体系有关的设施上：

①城墙外有护城壕。西城西、南、北垣外经钻探都发现了护城壕，东垣外因唐末五代建造东城，暂未发现。已经发掘的护城壕与城垣平行，距西城西垣底部水平距离 11.3 米，我们只清理了其中的 28.5 米。现存壕堤顶部低于城墙基础表面 3.7 米。护城壕剖面呈梯形，上缘宽 11.5 米，其中壕沟宽 7.1 米、壕堤宽 2.2 米，现存深度 2.2 米，经钻探知壕沟底部夯土厚 0.8 米。已清理的护城壕北高南低，走向与城墙保持平行。护城壕是在原始沙层上先挖好壕沟，然后用与城墙相同的土以平夯筑成，内壁光滑，制作极为规整。

②已确认的城门外均有瓮城。以已发掘的西门瓮城为例，瓮城位于西城西垣偏南处，南北长 38.5 米、东西宽 22 米，瓮城内长 3 米、宽 20.7 米、深 1 米，瓮城城垣宽 3.8 米。瓮城内流沙堆积厚近 8 米，清理出隋代墓葬 1 座、瓮棺 1 座、灰坑 10 多个。另外，还发现水井 1 眼，已清理了 4 米，经钻探深 13 米仍不见底。瓮城门面南，紧贴西城西垣。另外瓮城底部发现比统万城城垣年代早的方形灰坑。从发掘情况看，至迟在隋代，瓮城门已坍塌，门洞以夯土块封堵，瓮城内成为废墟。西门在宋代遭焚毁，宋代地层普遍有一层灰烬、木炭块等，从而证明宋太宗淳化五年（994），下诏毁废统万城的记载不虚。

③城门均为单门洞。单门洞的设置看起来与都城不符，但可能也与防御有关。以已发掘的西门为例，西门平面呈“亞”字形，东西即门道内外侧均有凸出夯土台，进深 20.6 米，为单门洞，门道宽 6.5 米，长 19.5 米，门道西部底部宽 3.9 米，门道底部夯土厚 0.8—1.2 米，内含沙石。门道南北两侧各有一排 15 个柾木洞，有圆形与六边形，六边形洞 6 个，直径

26—45 厘米，圆形 9 个，直径约 20 厘米，两边洞自下而上侧向门道中央。洞一半在夯土内。洞底部有东西向横木，长 14.75 米，宽 0.25 米，高 0.2 米。门道伸向城内及瓮城部分两侧均有凸出的夯土台，用以加固城门，南侧宽 6.8 米，北侧宽 7.3 米。夯土基础凸出夯土台 0.5—1.3 米。

门道中部南北各有一个似为门墩被移走后留下的坑，两坑之间亦有一似顶门石被移走后留下的方坑。门道内有唐代东西向排水渠，下有柱础石。从唐至蒙元，西门门道内均有人为利用南北两侧夯土及废弃建筑材料搭建住屋的痕迹。

西门内发现唐代灰坑、井，并多有打破夯土的情况，其中 H11 出土礌石 460 枚，石刻残件多件。

从地层堆积看，唐代西门瓮城废弃后，西门内侧人为修筑夯土，隔断城内与瓮城的联系。

④城垣四面均有马面。西城经钻探确认 35 座马面，其中东墙 12 座马面、南墙 9 座、西墙 4 座（可确认的）、北墙 10 座，这些马面，现存高度 10—12 米，基本呈覆斗形，基础边长 10—28 米。东城经钻探也发现 45 座马面，其中东墙 18 座、南墙 14 座、北墙 13 座。

⑤城角均有明显高于城垣的规模较大的隅台，这些隅台作为统万城的制高点，可以全面观察城内外动静。西城东南隅台东西长 21—24 米、南北宽 15—16.5 米、高 4.8—9 米，残高 4.6—9 米。西南隅台现存夯基南北长 43.8 米、东西宽 25 米，残高 26.67 米。西北隅台东西长 51 米、南北宽 44.5 米、高 7.3—16.3 米。东北隅台现存南北长 4—8.5 米、东西宽 3.5—8 米，残高约 4 米。

3. 北朝时期，城市布局方面，坐北朝南、南北中轴线似乎已经成为一个大的发展趋势

与邺城相较，统万城的防御体系更加完善，大夏政权统治的主要地域为陕西秦岭以北、甘肃东部、宁夏部分地区及内蒙古西南部。东北为其主要敌人北魏，西有南凉、北凉，南有后秦（刘宋），基于十六国时期频仍的战乱，统万城的设计、建设更注重防御。统万城建于无定河（红柳河）与纳林河相交形成的台地上，两条河流成为其南、东、北首道防线；依河流和地势修建的外郭城成为其第二道防线；护城壕是其第三道防线；现存高1—12米，顶宽达1—16米的城垣、密布的马面、瓮城等形成第四道立体防御系统。“城高十仞，基厚三十步，上广十步，宫墙五仞，其坚可以砺刀斧。台榭高大，飞阁相连，皆雕镂图画，被以绮绣，饰以丹青，穷极文采”正是对统万城的形象描述。《晋书》卷一三〇《赫连勃勃载记》：“勃勃还统万，以宫殿大成，于是赦其境内，又改元曰真兴。刻石都南，颂其功德，曰：‘……乃远惟周文，启经始之基；近详山川，究形胜之地，遂营起都城，开建京邑。背名山而面洪流，左河津而右重塞。高隅隐日，崇墉际云，石郭天池，周绵千里。其为独守之形，险绝之状，固以远迈于咸阳，超美于周洛。’”

三、关于统万城东城的问题

现存统万城东西城是一次建成抑或是陆续建成？它们之间有何关系？有人认为东城即为汉奢延城[①]；有人认为西城是宫城，是大夏皇帝和宫人居住之所，东城为皇城，是大夏国政府部门所在之处，而百姓则居于外郭城内[②]；也有学者认为东城即外郭城[③]，那么它们之间的时空关系究竟是怎样的呢？在《中国大百科全书·考古学》魏晋南北朝考古章节中，宿白先生写道“（统万城）分东西两城，两城外围有郭城。西城和郭城都用略带青灰色的夯土版筑。东城系后建，所以西城即当时统万城的内城”[④]。考古钻探及发掘证明宿白先生所说极是，但东城究竟建于何时呢？

1. 统万城东西城的异同

我们注意到，东西城同处红柳河以北、纳林河以西的三角形台地上，

①刘景纯：《统万城布局结构及相关问题的探讨和推测》，《统万城遗址综合研究》，西安：三秦出版社，2004年。

②王宏雷、王智真：《统万城研究文集》，香港：中国图书文化出版社，2013年6月。

③邓辉：《统万城——民族文化交流的丰碑、生态环境变迁的见证》，《统万城遗址综合研究》，西安：三秦出版社，2004年。

④《三国两晋南北朝考古—北方地区—大夏和吐谷浑城址》，《中国大百科全书·考古学》，北京，中国大百科全书出版社，1986年，第426页。

位于外郭城内，并排屹立，形成“日”字形结构，城垣走向基本一致，共用中间城垣，西城城垣外、东城南和东及北垣外均有马面，城垣均夯筑。但我们同时也注意到它们之间存在的不同之处：

①东西城建筑规格不同。平面布局上东西城并列呈“日”字形，北垣基本位于一条直线上。东城南垣外凸，西城城垣、马面、瓮城规模更大，更利于防守。

城垣　西城东垣南北长69米（不含隅墩）、宽7.7—12.9米、残高10.5—11米，由含白、青、灰色颗粒的沙土夯实构成，土质坚硬，夯层厚0.1—0.13米，墙体剖面呈梯形，上窄下宽，西垣南北长648.7米、宽3—12.3米、残高7.5—14.5米，由两段组成，至南向北378米，向西34米，再向北27米，地表下6.2米见夯土层，厚2.6—9.8米，由含白、青、灰色颗粒的沙土夯实构成，土质硬，剖面呈梯形，上窄下宽。马面确认4个。北垣东西长524.5米、宽11—14米、残高7.8—12米，地表下11.5米见夯土层，厚0.5—12米，由含白、青、灰色颗粒的沙土夯实构成，夯层厚0.1—0.13米，土质坚硬，墙体剖面呈梯形，上窄下宽。马面11个。南垣东西长464.8米、宽1—11.5米、残高7.8—12米，由含白、青、灰色颗粒的沙土夯实构成，夯层厚0.1—0.13米，土质坚硬，墙体剖面呈梯形，上窄下宽。

东城东垣南北长753米、墙体宽7.5—9.5米、残高0.3—3.6米，由褐白、褐黄、褐灰杂色黏土颗粒夯筑构成，夯层厚0.1—0.13米，土质较硬，墙体剖面呈梯形，上窄下宽。西垣长765米、墙体宽9—11米、残高6—10.8米，土质硬，没发现马面。北垣长524米、墙体宽8—12米、残高4.9—7米，地表下0.2—2.5米见夯土层，厚3.4—3.9米，由含白、青、灰色颗粒的沙土夯实构成，土质硬。南垣长572米、墙体宽9—11米、残高1.3—5.5米，地表下0.9—5米见夯土层，残高0.3—2.4米，土质硬。东城保存略差，墙基厚1米左右。

马面　西城共有马面35座。

西城东垣外有12座

例：1号马面，位于西城东墙南部，南距东南隅墩29米，呈长方形，东西长11米、南北宽9米、深10.3米，地表下0.2—5.8米见夯土层，厚4.5—10.1米，由含白、青、灰色颗粒的沙土夯实构成，土质坚硬。

南墙马面 9 座（由东向西）

例：1 号马面，位于西城南墙东部，东距东南隅墩 3 米，呈正方形，东西长 11.7 米、南北宽 11.7 米、深 8.7 米，地表下 1.5—4.5 米见夯土层，厚 4.2—7.5 米，由含白、青、灰色颗粒的沙土夯实构成，土质硬。

西墙马面 4 座（由南向北）

例：1 号马面，位于西城西墙南部，南距西南隅墩 85 米，呈长方形，南北长 16.2 米、东西宽 11 米、深 16.2—17 米，地表下 7.5—14.5 米见夯土层，厚 1.7—9.5 米，由含白、青、灰色颗粒的沙土夯实构成，土质硬。

北墙马面 10 座（由东向西）

例：1 号马面，位于西城北墙东部，东距东北隅墩 3 米，呈长方形，东西长 9.4 米、南北宽 10.8—11 米、深 8—12.3 米，地表下 0.3—5.3 米见夯土层，厚 4—12 米，由含白、青、灰色颗粒的沙土夯实构成，土质硬。

东城东、南、北三面共有马面 45 座。

东墙 18 座

例：1 号马面，位于东墙南部，南距东南隅墩 23 米，略呈长方形，南北长 4.8 米、东西宽 4.5 米、深 3.1 米，地表下 2.1 米见夯土层，厚 1 米，由含白、青、灰色颗粒的沙土夯实构成，土质较硬。

南墙 14 座（由西向东）

例：1 号马面，位于南墙西部，西距西南隅墩 7 米，呈长方形，东西长 6 米、南北宽 2 米、深 2.5 米，地表下 2 米见夯土层，厚 0.5 米，由含白、青、灰色颗粒的沙土夯实构成，土质硬。

北墙 13 座（由东向西）

例：1 号马面，位于北墙东部，东距东北隅墩 31 米，呈长方形，东西长 4.5 米、南北宽 4.1 米、深 3.1—3.5 米，地表下 2.5 米见夯土层，厚 0.6—3.5 米，由含白、青、灰色颗粒的沙土夯实构成，土质硬。

隅台　西城东南隅台位于西城东南角，呈曲尺形，东西长 21—24 米、南北宽 15—16.5 米、深 4.8—9 米，地表下 4.3 米见夯土层，厚 4.6—9 米，由含白、青、灰色颗粒的沙土夯实构成，土质坚硬。地面现存夯土南北长 9 米、东西宽 9 米、高约 1—4.2 米，呈正方形，夯层清晰，夯面平整，夯层厚 0.08—0.13 米。

西南隅台已发掘，位于西城西南角，地面现存夯基南北长 43.8 米、东西宽 25 米、高约 1—26.67 米，夯层清晰，夯面平整，夯层厚 0.08—0.13 米。

西北隅台位于西城西北角，呈长方形，东西长 51 米、南北宽 44.5 米、深 7.3—16.3 米，地表下 0.4—5.3 米见夯土层，厚 2—15.9 米，由含白、青、灰色颗粒的沙土夯实构成，土质坚硬。地面现存夯基呈长方形，南北长 3 米、东西宽 27 米、高约 8.5 米，夯层清晰，夯面平整，夯层厚 0.1—0.15 米。

东北隅台位于西城东北角，现存夯基呈椭圆形，南北长 4—8.5 米、东西宽 3.5—8 米、高约 4 米，夯层清晰，夯面平整，夯层厚 0.1—0.13 米。

东城东南隅台位于东城东南部，呈不规则形，东西长 11—13 米、南北宽 10.5—13 米、深 4.3—8.6 米，地表下 1.5—8.6 米见夯土层，厚 0.3—2.8 米，由含白、青、灰色颗粒的沙土夯实构成，土质硬。

西南隅台位于东城西南部，呈不规则形，南北长 8—36 米、东西宽 11—25 米、深 3—12 米，地表下 2.4—3 米见夯土层，厚 2.4—9.7 米，由含白、青、灰色颗粒的沙土夯实构成，土质硬。

西北隅台由于现代墓葬干扰勘探未能进行，范围不详。

东北隅台位于东城东北部，呈不规则形，东西长 15—19 米，南北宽 6—14 米、深 3.6—4.2 米，地表下 0.2—3.2 米见夯土层，厚 1—3.4 米，由含白、青、灰色颗粒的沙土夯实构成，土质硬。

②共用的城垣有伸向东城的马面，且马面的规模与西城南、北及西垣外马面规格相符，而西城内没有发现东城伸向西城的马面。

③现存东西城不在同一个水平面，西城低处仍普遍比东城地面高 4 米以上。

④夯土颜色及夯土强度明显不同，西城夯土为青灰色，东城夯土颜色明显发黄，西城夯土夯层厚 15—20 厘米，隅墩拐角夯层略薄，为 12—14 厘米，东西城隔墙夯层厚 2—40 厘米。西城城垣夯层薄，但也最为坚固。

⑤经考古钻探，目前西城已发现南门、西门、北门，东城也发现南门、北门（东垣因当地居民取夯土建房大部分已毁，门址暂不易确认），这 5 座城门外均有瓮城，史载“名其南门曰朝宋门，东门曰招魏门，西门曰服

凉门，北门曰平朔门”[①]，那么这四门究竟指的是哪四座城门？

⑥东西城瓮城及城门规格不同。西门南瓮城位于西城南垣偏东处，距西城东垣126米，东西长34.5米、南北宽24.5米，其中城内长25.5米、宽2米，门道宽7米。西城南垣宽1米，瓮城城垣宽4.5米，保存高度不详。北瓮城位于西城北垣偏东处，距西城东垣12米，东西长43米、南北宽27米，内部长31米、宽19米，门道宽18米，城垣宽6.5米。西城北垣宽13.5米。西瓮城位于西城西垣偏南处，距西城西南隅台外端204米，瓮城南北长38.5米、东西宽22米，瓮城内长3米、宽20.7米，底部长27.6米、宽16.3米，深1米。瓮城城垣宽3.8米。西门瓮城位于西城西垣偏南处，距西城西南隅台外端204米，瓮城南北长38.5米、东西宽22米，瓮城内长3米、宽20.7米，底部长27.6米，宽16.3米、深1米。瓮城城垣宽3.8米。瓮城内流沙堆积厚近8米，清理出隋代墓葬1座、瓮棺1座、灰坑10多个。

东城北门瓮城长28.22米、宽17.05米，瓮城内长17.2米、宽8.6米。东城北垣宽8米，瓮城西垣长14.81米、宽5.5米、北垣长28.1米、宽7.8米，瓮城门位于东垣下。门道宽6.7米。

南门瓮城长20.9米、宽19.17米，瓮城内长11.1米、宽14.7米。

2. 考古钻探及发掘证明，东城大型夯土建筑基址叠压唐代地层

面对如此多的差异，近几年的考古工作能否解决统万城东城建造的年代及相关问题呢？

2012年，我们对东城中部偏北现地面隆起的部分进行了考古钻探，发现了一组大型夯土建筑基址。这组建筑东西96米、南北48米。从其所处位置来看，距东城南垣44米，距北垣251米，距东垣57米，距西垣379米，距南北门连线53米。其应该是东城的主体建筑之一。从发掘情况看，这组建筑中心部分夯土台基东西宽39.4米、南北长36.5米，建筑面积1438平方米。在其南78米处还有另一组建筑，宽55米、长25米，应该是与这组建筑为同一组建筑的前后院落。这组建筑坐西北面向东南，夯土边缘与城垣方向一致。中心夯土台东西宽28.3米，南北进深26.7米，面积755平方米。夯土台侧面用厚2—4厘米的白色土涂抹，平整光滑。东南部夯

①〔唐〕房玄龄等：《晋书》卷一三〇《赫连勃勃载记》，北京：中华书局，1974年11月，第1版。

土厚度达 2 米。南面有两个斜坡漫道，长 6.8 米、宽 4.4 米，漫道两侧及夯土台外侧有砖砌散水。南半部中心夯土台外有“U”字形夯土带，与中心夯土台相隔 2.2—2.6 米，中间形成凹槽，凹槽内发现近 40 个柱洞。夯土台外地面出土数十件兽面瓦当，另有沙石雕刻莲花座、壶门内雕刻的残佛头等。出土的陶瓷片大多为五代、北宋时期。经过钻探，我们发现夯土以下，仍有灰土地层堆积，有的地方灰土层厚达 1 米余，钻探出的残瓷片为唐代耀州窑所产。发掘解剖的结果验证了钻探的成果。大型夯土建筑基址直接建筑在唐代地层上，由于统万城遗址唐代地层堆积普遍较厚，单凭钻探还不足以对唐代地层进行分期。所以我们认为这组大型夯土建筑修建年代大约为晚唐五代时期。那么修建这些大型建筑，与统万城使用过程中哪段历史相吻合呢？

3. 相对稳定的政局及雄厚的财力是建造这组大型夯土建筑的基础

要修建如此大型的夯土建筑，需起码具备两个条件，即相对稳定的政局和雄厚的财力。我们注意到历史文献中唐末五代迄宋时期的几条记载。

“始，天宝末，平夏部有战功，擢容州刺史、天柱军使。其裔孙拓拔思恭，咸通末窃据宥州，称刺史。黄巢入长安，与鄜州李孝昌坛而坎牲，誓讨贼，僖宗贤之，以为左武卫将军，权知夏绥银节度事。次王桥，为巢所败，更与郑畋四节度盟，屯渭桥。中和二年，诏为京城西面都统、检校司空、同中书门下平章事。俄进四面都统，权知京兆尹。贼平，兼太子太傅，封夏国公，赐姓李。嗣襄王煴之乱，诏思恭讨贼，兵不出，卒。以弟思谏代为定难节度使，思孝为保大节度、鄜坊丹翟等州观察使，并检校司徒、同中书门下平章事。王行瑜反，以思孝为北面招讨使，思谏东北面招讨使。思孝亦因乱取鄜州，遂为节度使，累兼侍中。以老荐弟思敬为保大军兵马留后，俄为节度使。”①

“夏州，汉朔方郡，后魏置夏州，深在沙汉之地。唐开元中，为朔方军大总管兼安北都护。唐末，拓拔思恭镇是州，讨黄巢有功，赐姓李氏，世有银夏绥宥静五州之地。五代李仁福彝超继领节钺，号定难军。宋太平

①〔宋〕欧阳修、宋祁：《新唐书》卷二二一上《西域上》，北京：中华书局，1975 年 2 月，第 1 版。

兴国中，李继捧来朝，愿纳土疆，得州四，酋豪二百七十人，部族五万帐，复为王土。其弟继迁时十七岁，不乐内徙，啸聚亡命，侵扰边界，淳化中诏废毁旧城，其州兵徙相州置营，仍曰夏州；迁居民于绥银州，分官地给之。咸平末，继迁死。景德中，子德明款塞内附，得假本道节制。德明死，子元景康定初复叛，遂封夏国王绥怀之，尽有夏、银、绥、宥、灵、会、盐、兰、胜、凉、甘、肃十二州之地。东银州三百余里，西盐州三百里，南盐州三百八十里，北蕃界，东南绥州四百里，西南庆州五百九十里，西北丰州九百里，东北胜州九百里。”①

“拓跋思恭本党项羌，始祖赤辞，初臣吐谷浑，可汗慕容伏允待之厚，与结婚姻。太宗时，诸羌归顺，拓跋氏不至。贞观八年，行军大总管李靖奉诏击吐谷浑，赤辞屯狼道峡抗王师。廓州刺史久且洛生遣使谕以祸福，辞曰：‘浑主以腹心待我，不知其他，若速去，且污吾刀。’洛生怒，引轻骑破之肃远山，斩首数百级，虏杂畜六千。太宗因其败，令岷州都督李道彦招之。赤辞从子思头潜纳款，其下拓跋细豆亦以所部请降。赤辞知宗族携沮，稍欲自归。岷州大都督刘师立复诱之，乃与思头俱内属。分其地为懿、嵯、麟、可三十二州，以松州为都督府，擢赤辞西戎州都督，赐姓李，遂职贡不绝。开元中，吐蕃浸盛，拓跋畏逼，请内徙。元宗诏庆州置静边等州处之，以赤辞孙守寂为右监门都督，封西平公。天宝之乱，守寂有战功，擢容州刺史，领天柱军使。广德二年，河北副元帅仆固怀恩叛，诱党项、浑、奴刺入寇。朔方节度郭子仪以党项、吐谷浑部落散处盐、庆诸州，恐其滋乱，表徙静边州及夏州、乐容等六府党项于银州之北、夏州之东。复徙宁朔州吐谷浑驻夏西，以离沮之。于是召大首领左羽林大将军拓跋朝光、拓跋乞梅等五刺史入朝，代宗厚赉之，使还绥其部。自后乞梅居庆州，号东山部；朝光居银夏，号平夏部。贞元中，有夏州刺史拓跋乾晖、银州刺史拓跋乾曜、拓跋澄等，俱官其地。思恭，乾晖裔孙也。据有宥州，称刺史。时冤句盗黄巢，由潼关陷长安。僖宗幸蜀，关中大乱。思恭纠合夷夏兵数万，约渭北鄜延节度李孝昌会于鄜州，誓牲讨贼，克日入援。”②

①〔宋〕曾公亮等撰，房立中编：《兵书观止》第二卷，北京：北京广播学院出版社，1994 年 1 月。

②〔清〕吴广成：《西夏书事》卷一。

"彝兴，彝超之弟也，本名彝殷，避宋宣祖讳，改'殷'为'兴'。初为行军司马，清泰二年，彝超卒，遂加定难军节度使。晋初，加同平章事，开运初，授契丹西南招讨使。汉初，加兼侍中。周初，加中书令，显德初，封西平王，世宗即位，加太保，恭帝初，加太傅。"

"克睿初名光睿，避太宗讳改'光'为'克'。彝兴之卒，自权知州事，授检校太保、定难军节度使。"

"继筠，初为衙内都指挥使、检校工部尚书，克睿卒，自权知州事，授检校司徒、定难军节度观察留后。太宗征北汉，继筠遣银州刺史李光远、绥州刺史李光宪率蕃、汉兵列阵渡河，略太原境以张军势。"

"端拱初，改感德军节度使。屡发兵讨继迁不克，用宰相赵普计，欲委继捧以边事，令图之。因召赴阙，赐姓赵氏，更名保忠，太宗亲书五色金花笺以赐之，授夏州刺史，充定难军节度使、夏银绥宥静等州观察处置押蕃落等使，赐金器千两、银器万两，并赐五州钱帛、刍粟、田园。保忠辞日，宴于长春殿，赐袭衣、玉带、银鞍马、锦彩三千匹、银器三千两，又赐锦袍、银带五百副，马百匹。至镇数月，上言继迁悔过归款，乃授继迁官，然实无降心也……开宝七年，授定难军管内都知蕃落使。"

"咸平春，继迁复表归顺，真宗乃授夏州刺史、定难军节度、夏银绥宥静等州观察处置押蕃落等使，加邑千户，实封二百户，益功臣号，乃放张浦还。复遣押衙刘仁谦表让恩命，诏不允，赐仁谦锦袍、银带。寻遣弟继瑗来谢恩，授继瑗亳州防御使，封继迁母卫慕氏卫国太夫人，子德明为定难军节度行军司马。未几，复抄边。"

"三年，复遣牙将刘仁勖奉誓表请藏盟府，且言父有遗命。帝嘉之，乃授特进、检校太师兼侍中、持节都督夏州诸军事、行夏州刺史、上柱国，充定难军节度、夏银绥宥静等州管内观察处置押蕃落等使，西平王，食邑六千户，食实封一千户，仍赐推忠保顺亮节翊戴功臣。遣内侍左右班都知张崇贵、太常博士赵湘等充旌节官告使，赐袭衣、金带、银鞍勒马、银万两、绢万匹、钱三万贯、茶二万斤，给奉如内地。因责子弟入质，德明谓非先世故事，不遣。乃献御马二十五匹、散马七百匹、橐驼三百头谢恩。"

“曩霄本名元昊，小字嵬理，国语谓惜为‘嵬’，富贵为‘理’。母曰惠慈敦爱皇后卫慕氏。性雄毅，多大略，善绘画，能创制物始。圆面高准，身长五尺余。少时好衣长袖绯衣，冠黑冠，佩弓矢，从卫步卒张青盖。出乘马，以二旗引，百余骑自从。晓浮图学，通蕃汉文字，案上置法律，常携《野战歌》《太乙金鉴诀》。弱冠，独引兵袭破回鹘夜洛隔可汗王，夺甘州，遂立为皇太子……元昊曰：‘衣皮毛，事畜牧，蕃性所便。英雄之生，当王霸耳，何锦绮为？’德明卒，即授特进、检校太师兼侍中、定难军节度、夏银绥宥静等州观察处置押蕃落使、西平王，以工部郎中杨告为旌节官告使，礼宾副使朱允中副之。”①

通过以上记载我们看到，唐朝末年，党项平夏部首领拓跋思恭参与镇压黄巢农民起义军的军事行动。唐朝以夏州为定难军，以拓跋思恭为节度使，封爵夏国公，赐李姓。从此党项族便据有银、夏、绥、宥、静五州（一说四州，无静州）。五代十国时期，夏州李氏政权为保存实力，避免卷入内战，在名义上先后对统治中原的后梁、后唐、后汉、后周各政权保持着臣属关系。后汉乾祐二年（949），后汉政府正式将静州（今陕西米脂县北）隶属定难军，“定难五州”的局面正式形成。

党项拓跋部利用藩镇争战、朝代更替的机会，逐渐发展壮大自己的力量。到后周末年，已经形成一个以夏州为中心的地方割据势力。“虽未称国，而王其土”②宋朝初建，夏州定难军节度使李彝殷即附宋，并助兵对北汉作战。宋朝亦对夏州李氏政权羁縻统治。太宗太平兴国五年（980）传至李继捧，发生了党项贵族内部争夺权位的斗争。太平兴国七年，李继捧率族人投附宋朝，献夏、绥、银、宥、静五州之地。宋封继捧为彰德军节度使，留居京城，党项族内部由此引起了急剧的分裂。继捧弟李继迁采纳部下张浦的建策，率领贵族逃入夏州东北三百里的地斤泽，抗宋自立。这也是西夏立国的前身。

定难军节度使，又称夏绥节度使，是唐朝在今西北地区设置的节度使。

---

①〔元〕脱脱：《宋史》卷四八五《夏国传上》，北京：中华书局，1977 年 12 月，第 1 版。

②〔元〕脱脱：《宋史》卷四八六《夏国传下》，北京：中华书局，1977 年 12 月，第 1 版。

881年，党项首领拓跋思恭在此割据，成为西夏王朝的前身。历11任150年，直至西夏立国。

时处唐末五代乱世，群雄豪起，虽号称定难军，接受唐政府任命，实则与割据政权无异。其政权的稳定和财力的雄厚符合修建这些建筑的条件，加之统万城为夏州治所，统万城东城内这组建筑，当与定难军有关。

4. 主体建筑为唐末五代定难军所修，统万城东城的修建当与主体建筑年代相当，即唐末五代时期

史载，赫连勃勃“乃赦其境内，改元为凤翔。以叱干阿利领将作大匠，发领北夷夏十万人，于朔方水北、黑水之南营起都城。勃勃自言：‘朕方统一天下，君临万邦，可以统万为名。’阿利性尤工巧，然残忍刻暴，乃蒸土筑城，锥入一寸，即杀作者而并筑之。勃勃以为忠，故委以营缮之任”[①]。真兴元年（419）宫殿落成。“初，夏世祖性豪侈，夏王勃勃，庙号世祖。筑统万城，事见一百十六卷晋安帝义熙九年。高十仞，基厚三十步，上广十步，宫墙高五仞。其坚可以砺刀斧。台榭高大，皆雕镂图画，被以绮绣，饰以丹青，穷极文采。魏主顾谓左右曰：‘蕞尔小国而用民如此，欲不亡得乎！’”[②]大夏国灭亡后，北魏改统万城为统万镇，太和十一年（487）以此为夏州治所。隋代统万城属朔方郡，大业末年梁师都据此称帝，国号梁。唐代以其地复为夏州，置都督府。天宝元年（742）改为朔方郡，乾元元年（758）复为夏州。淳化五年（994），太宗下诏毁废统万城，迁居民于绥、银等州。

统万城始建于公元413年，418年宫殿落成。历经大夏、北魏、西魏、北周、隋，至唐末已400余年。土木建筑的宫殿及其他建筑坍塌损坏当十分严重。我们在清理西城西门外瓮城时，于填土中发现隋代及唐代墓葬，瓮城门也是坍塌后用夯土块封闭的，这就说明在隋唐之际，统万城西门瓮城已不再使用，转而变成可以葬人的偏僻之地。

在西城其他发掘点，统万城建成后历代堆积层厚约5米，唐代堆积层厚2—3米，几乎占一半以上，足以说明唐代统万城居民人口的众多及活

①〔唐〕房玄龄等：《晋书》卷一三〇《赫连勃勃载记》，北京：中华书局，1974年11月，第1版。

②〔北宋〕司马光：《资治通鉴》卷一二〇《宋纪二·太祖文皇帝上之上》。

动的频繁。

西城残破不堪用，利用其东垣修筑一座崭新的城应当可以理解。

如是，则作为大夏国都的统万城其初建时当没有东城，只有西城及部分外郭城，文献中所称朝宋、服凉、平朔三门，即我们已经钻探清楚的西城南门、西门、北门，而东门即招魏门一直无法确认的原因可能与修建东城有关。

四、关于统万城防御的问题

冷兵器时代，一座城池特别是都城的防御体系一直是一个国家考虑的重要问题，这种防御体系与城池选取的位置、经济重心、主要防御对象等许多方面有关。十六国时期大夏都城统万城的选址及完备的防御体系可称为城市防御系统的典范。

1. 大夏国都的选址和其主要防御对象及经济重心有关

处于东晋十六国时期的割据政权大夏国，将其国都选址在鄂尔多斯高原的统万城而不是帝王之都的长安，与其主要防御对象为北魏有关。

西晋政治腐败、奢靡成风、宗室权力扩张、游牧民族大举内迁，关中和凉州的外族已占当地人口一半。西晋时，中国北部、东部和西部，尤其是并州和关中一带，大量胡族与汉族杂住。史书记载“西北诸郡皆为戎居”，关中百万余口“戎狄居半”，阶级矛盾进一步激化，八王之乱、永嘉之祸后，群雄混战，生灵涂炭，社会经济受到严重摧毁，影响了中华民族、文化、政治、军事等发展走向。北方的黄河流域成为各少数民族的逐鹿之地，直至东晋灭亡，此时期统称“五胡十六国”。

五胡十六国，自 304 年李雄和刘渊分别在蜀地建立成国（成汉）、在中原建立前赵时起，至 439 年北魏拓跋焘（太武帝）灭北凉为止。这期间，中国江南、荆湘地区由东晋控制，而北方和西南则先后建立了二十多个国家。其中的成汉、前赵、后赵、前凉、北凉、西凉、后凉、南凉、前燕、后燕、南燕、北燕、夏、前秦、西秦、后秦十六个国家实力强劲，被统称为十六国。“五胡”为匈奴、鲜卑、羯（匈奴分支）、羌和氐，代表建立北方诸国的主要民族，但实际上建立者还有汉族（前凉、西凉等等）、高句丽族（北燕）、丁零族（翟魏）等族。

赫连勃勃（381—425），匈奴族铁弗部，十六国时期夏国创建者。407—425年在位。赫连勃勃骁勇剽悍，善骑射，多智谋，称雄漠北，早年归附后秦姚兴，深得姚兴信任。历任骁骑将军、奉车都尉、持节、安北将军，并封为五原公。后秦弘始八年（406）出镇朔方，是年杀害岳父没奕干。弘始九年（407）反叛后秦，起兵自立，称大单于，大夏天王，年号龙昇，并改姓赫连氏。

413年改元凤翔，在朔方水北、黑水之南营建都城，名曰“统万”（今靖边县北白城子），寓“统一天下，君临万邦”之意。同时重用后秦降将王买德为谋士，设置百官、衙署，建立健全国家制度，图谋发展。

“群臣劝都长安，勃勃曰：‘朕岂不知长安累帝旧都，有山河四塞之固！但荆、吴僻远，势不能为人之患。东魏与我同壤境，去北京裁数百余里，若都长安，北京恐有不守之忧。朕在统万，彼终不敢济河，诸卿适未见此耳！’其下咸曰：‘非所及也。’乃于长安置南台，以璝领大将军、雍州牧、录南台尚书事。”①

萨拉乌苏河为无定河中上游，因河两岸生长红柳又命名为红柳河，秦汉时为奢延水，纳林河即为黑水。成书于六世纪的郦道元《水经注》记载：“奢延水……出奢延县西南赤沙阜，东北流……俗因县土，谓之奢延水，又谓之朔方水矣。东北流，径其县故城南……赫连龙昇七年（413），于是水之北，黑水之南……改筑大城，名曰统万城，蒸土加工，雉堞虽久，崇墉若新。”② 唐代，奢延水改称无定河。黑水为今乌审旗南部的纳林河，是无定河上游的一条支流。《水经注》载“黑水出奢延县黑涧，东南历沙

①〔唐〕房玄龄等：《晋书》卷一三〇《赫连勃勃载记》。
②〔北魏〕郦道元：《水经注》卷三《河水》。

陵注奢延水”。[1]

大夏国经济重心为游牧业，处于列强夹击的大夏国，东、北以河为界接壤北魏，西为北凉、南凉，南为后秦。疆域包括今陕西秦岭以北，甘肃东部、宁夏及内蒙西南部，核心区域为今河套地区。河套西、北、东三面环以黄河，阴山横亘黄河之北，其沟谷多为古代大漠南北之重要通道。贺兰山耸峙于黄河之西，芦芽山屏障于黄河之东，南邻陕北高原。依山阻河，形势险要。套里为鄂尔多斯高原，地表呈波状起伏，中部高，四周低。境内之黄河，水流平稳，两岸土地肥沃，可耕可牧，史有“黄河百害，唯富一套”之说。水草肥美，湖泊遍地，是发展畜牧经济的理想之地，也是赫连勃勃及其族群势力发展壮大之地，经济以游牧为主。赫连勃勃北游到此感叹道：“美哉斯阜，临广泽而带清流，吾行地多矣，自马领以北，大河以南，未有若斯之壮丽矣！”[2]魏军入统万城，获夏王、公、卿、将、校及后妃、宫人等以万数，府库珍宝、器物不计其数，马三十余万匹，牛羊数千万头。从史书记载中我们可以窥见大夏国畜牧业的盛况。

建都统万城，更有利于大夏国就近调集举国之力凭借黄河之险防御北魏入侵，强盛的畜牧业又为战争提供更多的战马及肉食。

2. 统万城的防御体系

依托黄河天险构成大夏国第一道防线，另外，统万城完备的防御体系是都城及皇戚贵族安全的保证。

匈奴后裔赫连勃勃建立大夏政权后，听从汉族谋臣的建议，改变游牧民族逐水草而居的生活习惯，依照中原城市形制规划修筑都城。出于防御劲敌北魏的需要，统万城的规划修建更注重于防守，同时对工程的质量严密把关，以圆锥检验夯土质量，锥入一寸即杀施工人员。

经过化验分析，统万城夯土主要成分为产于当地沙层下的白色黏土、沙及白灰，三者以一定比例混合搅拌均匀，然后用石夯打成夯土，构成城垣、马面、隅台、瓮城、护城壕等防御设施。

经过五年的修建，一座坚固奢华的统万城屹立于鄂尔多斯高原。真兴元年（419）宫殿落成。《晋书》载《统万城铭》：“崇台霄峙，秀阙云亭，

①〔北魏〕郦道元：《水经注》卷三《河水》。

②〔宋〕乐史：《太平寰宇记》卷三十七《关西道十三》。

千榭连隅，万阁接屏……温室嵯峨，层城参差，楹雕虬兽，节镂龙螭。莹以宝璞，饰以珍奇……”①

《北史》也有记载：“城高十仞，基厚三十步，上广十步，宫墙五仞，其坚可以砺刀斧。台榭高大，飞阁相连，皆雕镂图画，被以绮绣，饰以丹青，穷极文采。”②416年，赫连勃勃趁东晋破后秦之机挥师南下攻取长安，418年，在长安称帝，改元昌武。他留下太子镇守南都长安，自己回师统万城，值宫殿大成，又改元真兴，并刻石歌颂功德。425年，赫连勃勃死。427年，北魏军攻破统万城，太武帝拓跋珪谓左右曰：“蕞尔小国，而用人如此，虽欲不亡，其可得乎？”③

统万城完备的防御体系由以下几方面组成。

①由红柳河、纳林河天然河谷和外郭城城垣组成统万城的第一道防线。统万城建于红柳河、纳林河形成的三角形台地上，背靠广袤的河套平原，这里地势高且平坦，地下水位浅，两条河流冲积成河谷，特别是红柳河河谷与台地落差近4米，丰沛的河水平时可供城市生活及畜牧业用水，战时可以作为都城第一道防线，延缓敌人进攻，居高临下迎击来犯之敌。

经过6个多月的调查及钻探，我们基本确认统万城外郭城呈曲尺形，周长13865.4米，其中南垣长4853.5米，西垣长200米，东垣长891米，面积7.7平方千米，西北部凸出，城垣走向与东西城城垣基本平行。东部沿红柳河岸修建，与河谷形成巨大落差，部分城垣因河水冲刷，河岸倒塌而无存。东北部城垣外地势低洼，有雨水冲积形成的沟壑，城内外落差明显。仅残存东北城角隅台，从城垣连线看，城角均非直角。从残存城垣看，东部城垣宽达8米，西部只有1米余。外郭城东、东南、东北城内外落差明显，西部因沙漠覆盖，地势难以判断，总体而言，守城将士可以凭借天然河谷，居高临下，在城垣上御敌。

②由高大的夯土城垣、马面、垛台以及护城壕、虎落等形成的立体防御系统。

统万城西城城墙外有护城壕。西城西、南、北垣外经钻探都发现了护

①〔北魏〕郦道元：《水经注》卷三《河水》。

②〔唐〕李延寿：《北史》。

③〔北齐〕魏收：《魏书》列传第八十三。

城壕，东垣外因唐末五代建造东城，暂未发现。已经发掘的西城西垣外护城壕走向与城垣平行，距西垣底部水平距离 11.3 米，我们清理了其中的 28.5 米。现存壕堤顶部低于城墙基础表面 3.7 米。护城壕剖面呈倒梯形，上缘宽 11.5 米，其中壕沟宽 7.1 米、壕堤宽 2.2 米，现存深度 2.2 米，经钻探知壕沟底部夯土厚 0.8 米。已清理的护城壕北高南低，走向与城墙保持平行。护城壕是在原始沙层上先挖好壕沟，然后用与城墙相同的土以平夯筑成，内壁光滑，制作极为规整。

城门外均有瓮城。西城经钻探确认的城门有三处，分别为南门、北门及西门。以已发掘的西门瓮城为例，瓮城位于西城西垣偏南处，南北长 38.5 米、东西宽 22 米，瓮城内长 3 米、宽 20.7 米、深 1 米。瓮城城垣宽 3.8 米。瓮城内流沙堆积厚近 8 米，清理出隋代墓葬 1 座、瓮棺 1 座、灰坑 10 多个。另外，还发现水井 1 眼，已清理了 4 米，经钻探，深 13 米仍不见底。瓮城门面南，紧贴西城西垣。另外瓮城底部发现比统万城城垣年代早的方形灰坑。从发掘情况看，至迟在隋代，瓮城门已坍塌，门洞以夯土块封堵，瓮城内成为废墟。西门在宋代遭焚毁，宋代地层普遍有一层灰烬、木炭块等，从而证明宋太宗淳化五年（994），下诏毁废统万城的记载不虚。

城门均为单门洞。单门洞的设置看起来与都城不符，但可能也与防御有关。以已发掘的西门为例，西门平面呈“亞”字形，东西即门道内外侧均有凸出夯土台，进深 20.6 米，为单门洞，门道宽 6.5 米、长 19.5 米，门道西部底部宽 3.9 米，门道底部夯土厚 0.8—1.2 米，内含沙石。门道南北两侧各有一排 15 个排插孔，有圆形与六边形，六边形 6 个，直径 26—45 厘米，圆形 9 个，直径约 20 厘米，两边排插孔自下而上侧向门道中央，孔一半在夯土内，底部有东西向地袱用以承柱，长 14.75 米、宽 0.25 米、高 0.2 米。门道伸向城内及瓮城部分两侧均有凸出的夯土台，用以加固城门，南侧宽 6.8 米、北侧宽 7.3 米。夯土基础凸出夯土台 0.5—1.3 米。门道中部南北各有一个似为门墩被移走后留下的坑，两坑之间亦有一似顶门石被移走后留下的方坑。门道内有唐代东西向排水渠，下有柱础石。从唐至蒙元，西门门道内均有人为利用南北两侧夯土及废弃建筑材料搭建住屋的痕迹。西门内发现唐代灰坑、井，并多有打破夯土的情况，其中 H11 出土礌石 460 枚，石刻残件多件。从地层堆积看，唐代西门瓮城废弃后，西门内侧人为修筑夯土，隔断城内与瓮城的联系。

城垣四面均有马面。西城经钻探确认35座马面，其中东墙12座马面、南墙9座、西墙4座（可确认的）、北墙10座，这些马面，现存高度10—12米，基本呈覆斗形，基础边长10—28米。东城经钻探也发现45座马面，其中东墙18座、南墙14座、北墙13座。

马面周围及城垣基础外均发现排列整齐、密集的柱洞，这些柱洞可能为“虎落”，战时柱洞中插入削尖的木棒或竹竿，可有效阻止敌人的攻击。另外在西城东北部通外郭城外的夯土道路上也发现有类似的设施。

城角均有明显高于城垣的规模较大的隅台，这些隅台作为统万城的制高点，可以全面观察城内外动静。西城东南隅台东西长21—24米、南北宽15—16.5米、高4.8—9米、残高4.6—9米。西南隅台现存夯基南北长43.8米、东西宽25米、残高26.67米。西北隅台，东西长51米、南北宽44.5米、残高7.3—16.3米。东北隅台现存南北长4—8.5米、东西宽3.5—8米、残高约4米。

10余米高的城垣与凸出城外的马面，使统万城城外形成若干三面包围的区域，当敌攻城时，守城将士可以从三面居高临下打击敌人。修建瓮城，更有利于城门的防守。

有了坚固的城垣，大夏国又制造了质量优良的兵器。

晋书记载：“阿利造五兵之器，精锐尤甚，既成呈之工匠，必有死者，射甲不入即斩弓人，如其入也便斩铠匠。又造百炼钢刀为龙雀大环，号曰大夏龙雀，铭其背曰：‘古之利器，吴楚湛卢，大夏龙雀，名冠神都。可以怀远，可以柔逋；如风靡草，威服九区。’”①

礌石也是守城的主要武器。我们在西门发掘中发现唐代灰坑H11出土礌石460枚。这种礌石由沙石打造，基本呈圆球形，重10多斤。

护城壕、瓮城及密集的马面、高大的城垣、隅台，加之虎落及地面散布的铁蒺藜等组成的防御系统，使处于5世纪冷兵器时代的统万城易守难攻，固如金汤。史载北魏几次攻打统万城都无功而返，夏军放弃固守，出城与北魏决战是统万城失守的主要原因。

①〔北魏〕郦道元：《水经注》卷三《河水》。

北魏始光三年（426）九月，北魏太武帝拓跋焘闻夏主赫连勃勃卒，诸子互相残杀，局势动荡，遂遣司空奚斤率兵四万五千袭夏蒲坂（今山西永济西南）。十月，魏帝自平城（今山西大同东北）出发，于十一月进至君子津（今内蒙古准格尔旗东北黄河上），时值黄河封冻，遂率轻骑两万越河袭夏国国都统万城。

夏主赫连昌见魏军来攻，率兵出战，败退入城。魏军于城北大肆抢掠，俘杀数万人，得牛马十余万，因城坚难下，遂徙其民万余家而还。次年六月，魏帝率军至统万，分兵埋伏于深谷之中，以少数人马至城下诱战。夏军坚守不出。魏帝退军示弱，另遣五千骑西掠居民。北魏以少量骑兵直抵城下，故意示弱，诱固守之夏军脱离坚城。夏主得知魏军粮尽，且步兵未至，乃急率步骑三万出击。魏帝收众伪遁，引而疲之。夏军分两路追击。时遇风雨，飞沙蔽天，魏军逆风，不利作战。魏帝分出两队精锐骑兵为左右两队，绕到夏军主力身后而顺风击之，大败夏军。赫连昌不及入城，逃奔上邽（今甘肃天水）。魏军入统万城，获夏王、公、卿、将、校及后妃、宫人等以万数，府库珍宝、器物不计其数，马三十余万匹，牛羊数千万头。与魏军相持于长安的赫连定闻统万已破，亦奔上邽。魏帝率军东还，以拓跋素为征南大将军，与执金吾桓贷、莫云留镇统万。从此统万城被北魏占领，不久大夏国灭亡。

3. 统万城防御系统对后世的影响

统万城的建造设计借鉴了秦咸阳、汉长安城、汉魏洛阳城的形制，并加以完善。立于城南的《统万城铭》记载："近详山川，究形胜之地，遂营起都城，开建京邑。背名山而面洪流，左河津而右重塞。高隅隐日，崇墉际云，石郭天池，周绵千里。其为独守之形，险绝之状，固以远迈于咸阳，超美于周洛。"

出于防御需要，统万城由护城壕、城垣、马面、瓮城、隅台等组成的防御设施是六世纪中国城市最完备的防御系统。

五、关于统万城周边墓葬的问题

1. 统万城及夏州城沿革

统万城遗址位于陕西省榆林市靖边县红墩界镇白城则村北，地处陕蒙交界地带，是十六国时期末代匈奴天王大单于赫连勃勃所建的大夏国国都。东晋安帝司马德宗义熙三年(407)，赫连勃勃在高平(今宁夏固原市原州区)称王建国，赦其境内，年号龙昇，他以匈奴乃夏后氏之苗裔，故称国为夏。公元413年开始，大夏政权发动十万夷夏民众，于朔方水北、黑水之南修建都城，历时七载，于真兴元年（419）竣工，并亲自定名为“统万”，以显示他以该城为根基“统一天下，君临万邦”的雄心。

统万城分为东城、西城与外郭城，城内建筑工程浩大，筑造宏伟，城墙建筑色白而牢固。南朝宋刘义隆元嘉五年（428），赫连勃勃死后，大夏败于北魏，统万城沦陷。大夏国灭亡后，北魏改统万城为统万镇，北魏孝文帝拓跋宏太和十一年（487）以此为夏州治所。隋代统万城属朔方郡，大业末年梁师都据此称帝，国号梁。唐代以其地复为夏州，置都督府。天宝元年（742）改为朔方郡，乾元元年（758）复为夏州。唐贞元中分振武、朔方二节度，置夏州节度使，亦曰盐夏节度使，治夏州(今陕西横山县西北)，领夏、绥、银三州，兼领宥、盐二州（陕西绥德以北、甘肃宁夏道东部及内蒙古南部之地），广明初拓跋思恭有其地，赐号定难军，五代因之，宋入于西夏。定难军拓跋思恭因为替唐朝镇压黄巢暴动被封为定难军节度使，并赐姓为李。以后李家世代领有定难军。宋初，李继迁起兵反宋，大败宋朝从宋朝独立，并向辽国求援。李继迁的孙子李元昊称帝，从此确立宋辽夏三国鼎立局面。由于党项族建立的西夏政权以此为据点侵扰北宋，宋太宗淳化五年（994），太宗下诏毁废统万城，迁居民于绥、银等州。从此，统万城从人们的视野中消失，直到清道光年间，沉睡于毛乌素沙漠800余年的统万城遗址重新被人发现。

历经北魏、西魏、北周、隋唐、五代、北宋，575年间，统万城一直是我国北方地区政治、经济、军事、文化中心之一。1996年被国务院公布为第四批全国重点文物保护单位。

关于统万城的人口我们通过以下几条记载可以做个粗略的估算：

“魏主行至君子津，会天暴寒，冰合，戊寅，帅轻骑二万济河袭统万。壬午，冬至，夏主方燕群臣，魏师奄至，上下惊扰。魏主军于黑水，去城三十余里。夏主出战而败，退走入城。门未及闭，内三郎豆代田帅众乘胜入西宫，焚其西门；宫门闭，代田逾宫垣而出。魏主拜代田勇武将军。魏军夜宿城北，癸未，分兵四掠，杀获数万，得牛马十余万。魏主谓诸将曰：‘统万未可得也，它年当与卿等取之。’乃徙其民万余家而还。”①

这是发生在元嘉三年(426)冬的事，宫门关闭的情况下，魏兵杀获数万。

“六月甲辰，昌引众出城，大破之。事在《昌传》。昌将麾下数百骑西南走，奔上邽，诸军乘胜追至城北，死者万余人，临阵杀昌弟河南公满及其兄子蒙逊。会日暮，昌尚书仆射问至拔城，夜将昌母出走。乙巳，车驾入城，虏昌君弟及其诸母、姊妹、妻妾、宫人万数，府库珍宝车旗器物不可胜计，擒昌尚书王买、薛超等及司马德宗将毛修之、秦雍人士数千人，获马三十余万匹，牛羊数千万。以昌宫人及生口、金银、珍玩、布帛班赉将士各有差。昌弟平原公定拒司空奚斤于长安城，娥清率骑五千讨之，西走上邦。辛酉，班师，留常山王素、执金吾桓贷镇统万。”②

这事发生在北魏太武帝拓跋焘始光四年（427）六月，赫连昌奔上邽，大夏军死万余人，魏兵虏昌君弟及其诸母、姊妹、妻妾、宫人万数。两者相加人数当在2万多到3万，如果算上老幼妇孺（每家以3口计，成年男子当兵，死万余兵，老幼妇孺当有近3万），统万城人口保守估计应当在6万以上。两件事情是连续两年发生的，如果大夏没有从外部调兵，其居民当在七八万之多。

隋代“朔方郡（注云：后魏置夏州，后周置总管府，大业初府废。）

①〔北宋〕司马光：《资治通鉴》卷一二〇《宋纪二·太祖文皇帝上之上》。

②〔北齐〕魏收：《魏书》卷四上《世祖纪第四上》。

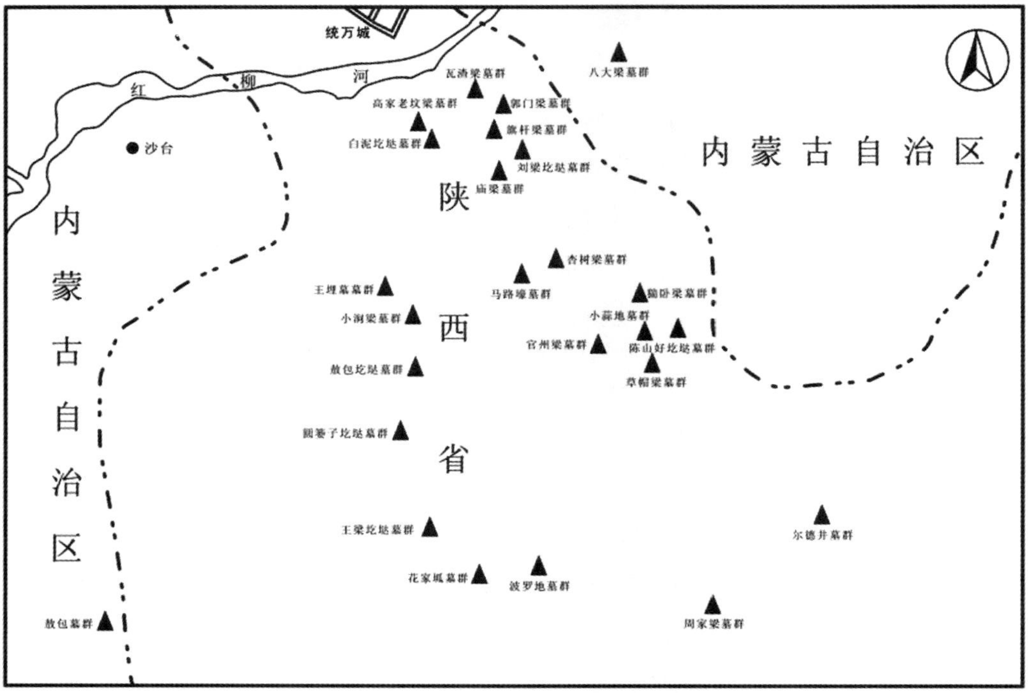

统县三，户一万一千六百七十三”①。

统万城自建立至淳化五年（994）太宗下诏毁废，历经北魏（含大夏）、西魏、北周、隋唐、五代至北宋，凡575年，虽各个时期居住人口数量不同，但作为北方重镇，人口当在数万，这些居民的墓地究竟在哪里？

2. 统万城周边墓葬的特征

20世纪八九十年代起，统万城周边地区盗墓猖獗，陆续有墓志流出，当时的榆林地区文物管理委员会办公室、靖边县文物管理委员会办公室征集收藏了一批北周、唐、五代及宋代墓志②。

从这些墓志内容及征集地点看，主要有以下几个特征：

一是都位于统万城周边，距统万城近则一两千米，远则二三十千米，大多墓志出土在距统万城7千米的圪坨河村、11千米的华家洼林场、12.4千米的尔德井村、15千米的内蒙古乌审旗纳林河乡背锅沙郭梁村等。经过第三次文物普查及统万城考古队去年对统万城周边墓地的调查，可以看到

①〔唐〕魏徵：《隋书》卷二九《地理志上》。

②康兰英、张仲权、宋英编著：《榆林碑石》，西安：三秦出版社，2003年10月。

陕西境内与统万城有关的墓葬群分布范围大体为：南至华家洼、波罗地梁、周家梁墓群，东南至尔德井墓群，西至敖包墓群，北至瓦渣梁墓群。加之内蒙古考古所清理的郭家梁大夏二年墓，整体范围南北约 10 千米、东西约 20 千米，面积 200 余平方千米。

二是其延续年代与统万城的建立和废弃大体吻合。最早的是大夏二年田煛墓，另有北周墓志 1 方、隋代墓志 1 方、梁师都永隆年代墓志 2 方、唐代墓志 50 方、五代墓志 5 方、宋代墓志 2 方。榆林市榆阳区红石桥乡拱盖梁村，后唐长兴元年（930）李仁宝妻破丑夫人、后晋开运三年（946）李仁宝墓暂未发现早于统万城建立年代及晚于统万城焚毁年代的墓志或其他带有文字的文物。统万城是北魏至宋代今陕西北部、内蒙古西南部、甘肃东部及宁夏东部一带最大的城市，应该说这些墓主人大多为统万城当时的居民。通过对统万城周边被盗墓葬形制及采集的陶器、陶片的分析，墓葬年代大致为北魏至宋代。

三是通过墓志集中出土的几个地点，我们对墓葬的年代及墓地墓葬的构成有了初步的认识。这些地点主要有靖边县红墩界镇尔德井村、华家洼林场、圪坨河村、内蒙古乌审旗纳林河乡背锅沙郭梁村等。结合我们调查和发掘成果，我们发现，统万城周边特别是隔河（红柳河）相望的南部，因雨水冲刷，沟壑相隔，形成无数低矮的丘陵，这些丘陵几乎都有墓葬区，分布有密集的墓葬。各墓葬区内，大多有北朝、隋唐、五代及宋代墓葬，也有大中型唐代墓葬的密集分布区，如华家洼林场等。另外从我们发掘看，有多例唐、五代墓葬打破北朝墓葬的情况。

3. 统万城周边墓葬的时代特征

1992 年内蒙古自治区文物考古研究所、鄂尔多斯博物馆、乌审旗文物管理所在乌审旗纳林河乡郭梁村清理了大夏二年田煛墓等 5 座墓葬。另外 4 座为北魏墓葬，这些墓葬均为带有墓道的土洞墓。小型墓葬由墓道、甬道、墓室组成，大型墓葬由墓道、过洞、天井、甬道和墓室组成①。

陕西省考古研究院与榆林市文物保护研究所、榆林市考古勘探工作队、靖边县文物管理办公室、靖边县统万城文物管理所联合组成考古队于 2011

①内蒙古自治区文物考古研究所、鄂尔多斯博物馆、乌审旗文物管理所：《内蒙古乌审旗郭家梁村北魏墓葬发掘简报》，《中原文物》2012 年第 1 期。

年、2012年在八大梁、谷地梁、田满壕梁等地发掘北朝至宋代墓葬40余座。基本搞清了与统万城有关的中小型墓葬年代、形制及各时代之间墓葬形制的演变序列。

北朝墓葬均为长斜坡墓道，1个天井，单室土洞墓。墓向220°—272°。其中4座墓葬墓室在生土上雕刻仿木结构，两座墓绘有壁画。壁画均无地障层。八大梁M10于天井侧壁并不铲平的壁面直接绘制壁画（马）。土洞墓室内于生土上雕刻梁、椽、斗拱、立柱等仿木结构。八大梁M13墓室顶部绘制天象图，中间为莲花形藻井，后壁顶部绘龙。八大梁M1墓门仿石窟寺门造型，左右门柱均在生土上刻半圆形立柱并施以红彩，拱形顶绘火焰纹。墓室绘宗教气息浓郁的壁画。北朝墓出土器物以陶器为主，也有部分漆器。陶器主要有陶罐、双耳罐、单耳罐、盘口细颈瓶等。漆器有盘、碗、钵、耳杯等，均保存欠佳，只能大概看出器型。

唐代墓葬均为土洞墓，由墓道、天井、过洞、甬道及墓室组成，墓向190°—260°。墓道分为斜坡墓道和台阶式墓道两种。墓葬平面有“甲”字形、刀形、梯形、横室等。出土器物以陶瓷器为主，也有部分铜器、铁器等。另有3块砖志。主要器型有：陶罐、塔式罐、白釉瓷碗、青釉瓷碗、黑釉执壶、铜镜、铜带具、三彩盂等。塔式罐底座均镂空。

五代时期墓葬，墓向西南，由台阶式墓道、单天井、甬道及洞室组成，平面呈刀形，墓道顶端斜度很大。

宋代墓葬，由墓道、过洞、天井、甬道、墓室等部分组成，墓向90°左右。墓道均为台阶式，墓室为砖砌穹窿顶。墓室左右及后壁砖雕门窗盗扰严重，出土“元符通宝”“祥符通宝”“景德元宝”等。

值得一提的是，这批墓葬有的利用另一座墓葬的墓道作为墓道及墓室，这些墓葬均为唐墓打破北朝墓，另有因墓向不同而产生的打破关系，为我们研究墓葬的年代及相对早晚关系提供了珍贵的资料。

八大梁、谷地梁一带的北朝墓葬，大多墓室结构为生土上雕刻的仿木结构，个别墓葬墓室绘有壁画。墓室内生土雕刻并彩绘仿木结构是北朝时期这一地区乃至甘肃、宁夏、内蒙古南部、山西北部一种独特的现象。

田满壕梁、八大梁、谷地梁、瓦渣梁均为面向红柳河的山梁，因雨水冲刷形成的沟壑相隔，相距并不远，前者目前只发现唐代墓葬，后几处除唐代墓葬外均有北朝墓葬，谷地梁还发现了宋代墓葬。墓地延续时间长，不仅谷地梁，出土墓志较多的尔德井、圪坨河、郭家梁等也是。有的墓地墓葬年代甚至伴着统万城的建立而开始，随着统万城的焚毁而终结。

已发掘的墓葬均为中小型。这些墓葬的主人应为当时生活在统万城的中下层官吏或平民。

墓葬依地势修建，墓室均位于梁峁较高处，这样墓向均不统一，与中原关中地区自北周开始的坐北朝南的葬俗形成鲜明的对比。

台阶式墓道在北朝墓葬中暂未发现，唐、五代、宋墓均有发现。这些墓葬与带有斜坡墓道的墓葬相比普遍墓道坡度较陡，也许为了上下方便，也许为了省工，不过延续时间较长，也不失为统万城周边墓葬的一个特点。

统万城作为我国北方地区北朝至宋代的政治、经济、军事、文化中心之一，周边墓葬数以万计，这些墓葬与周边地区同期墓葬相比既有共性也有其地域特性，这些特性当与统万城地处农耕与畜牧文化相接处有关，也与其多民族性有关。同时我们也注意到统万城周边墓葬与甘肃河西走廊、宁夏、大同等地发掘的同时期墓葬有更多的相似之处，对其进行发掘研究，无疑将对统万城居民的构成、佛教的东传、汉与少数民族的文化交融互动以及农耕与畜牧文化交接处、人们的宗教信仰、丧葬习俗等的研究提供更多的帮助。

第二章　统万城与夏州古城在中国古代都城史上的地位

陕西师范大学　侯甬坚

统万城与夏州古城是同一座城，两个城名在这里并列，是为了更好地突出十六国时期大夏国的都城——统万城，更清楚地展示大夏国之后，以夏州古城命名的城址在北魏至宋初漫长时期的历史形象。

还有一个事实，即1994年第四批全国重点文物保护单位公布之时，统万城遗址（十六国时期，编号4-0043-1-043）列在其中，其历史内涵标注清晰。由于它历经古代，延续至今，在人们的心目中，又不能认为它仅仅归于十六国时期的夏国，它还在延续，还在散发着历史影响。所以，在相应的场合和范围内，统万城之名又是覆盖其城址存世的全部时期。

这座地处北方农牧交错带上的古城，究竟在中国古代都城史上有着怎样的地位？在做出判断之前，还是要基于其遗址本体，回顾历史，了解已有的研究情况，探讨清楚前人做过的工作，理出头绪后，再来做出尊重史实的判断。

一、统万城兴起原因探讨

统万城位于今鄂尔多斯高原南侧，毛乌素沙地与陕北黄土高原接壤区，兴起之时正是十六国诸雄群起搏斗的年代。欲以探寻统万城兴起的原因，事实上就是分析天下何处可以是赫连勃勃集团的落脚之处。

统万城的创建者也就是大夏国的创立者是匈奴族后裔赫连勃勃。勃勃少年时，和父亲刘卫辰等许多人住在河套内的悦跋城，却遭到北魏军队的突袭，当时部落崩溃，父子惊遁，其父为部下所杀。《魏书·铁弗刘虎列传》记述："先是，河水赤如血，卫辰恶之，及卫辰之亡，诛其族类，并投之于河。"勃勃是逃出来了，悦跋城的血腥之灾他却不会忘记。

之后，赫连勃勃在一次次战场厮杀中长大并走向成熟，他和他的将领、族众，在父辈拼杀过的朔方之地崛起，于407年建立了大夏政权。他们敢于和势力强大的拓跋魏对抗决战，从后秦政权手中夺得了安定（今甘肃泾川北）等城，从东晋军队手中夺下了关中名城长安，还灭掉了西边的西秦政权，这都体现了十六国时期"先据一方，自立基本，乃图进取"的对抗特点。大夏政权还有一个亮点，就是在纷乱的战事中，抓住时机，征发领北夷夏十万人，修筑了高大坚固的都城——统万城。

《晋书·赫连勃勃载记》记述413年，统万城建在"朔方水北，黑水之南"，具体是在今无定河上游与纳林河交汇处的北岸，位于内蒙古和陕西交界地带的陕西一侧。《元和郡县图志》卷四引《十六国春秋》原文"赫连勃勃北游契吴，叹曰：'美哉，临广泽而带清流。吾行地多矣，自马领以北，大河以南，未之有也！'"称道的是统万城城址所在的契吴山、朔方水、黑水之间水草丰美的地理条件。

到大夏国建立后的第十年（418），大夏军队攻下长安城，群臣劝都长安时，赫连勃勃说："东魏与我同壤境，去北京裁数百余里，若都长安，北京恐有不守之忧。朕在统万，彼终不敢济河，诸卿适未见此耳！"相对于长安，勃勃视统万城为北京，北魏在河东（故称东魏），这段话也透露出当年统万城选址之用意在于阻止北魏军队进入河套。因此，可以说统万城城址选建在朔方水北岸，乃是基于赫连勃勃的远见和勇敢，413—425年也正是大夏国兴盛稳定时期，在相当程度上起到了这一阻止作用。425年勃勃故去，其子赫连昌为夏王，局势很快就发生了变化。

在陕西省靖边县统万城遗址的多次考察中，每遇晴天，城墙就格外耀眼，其墙土自然就有白土之称。在西汉上郡管辖的13个县中，就有一个白土县，说明当地的白土很有来历。2010 年 3 月 29 日，课题组成员在遗址西面的内蒙古乌审旗巴图湾镇的“八一牧场”附近，找到了一处挖取白土的大坑，当地人介绍这种白土性质坚硬，在烧砖普遍使用前曾作为建筑材料来使用。无定河边的白城则村村民介绍说，统万城遗址以北两三千米处就有白土的天然分布，早先的村民从遗址上搬迁下来的时候就曾用白土筑房。

事实上，早在 1956 年 9 月，陕北文物调查征集组来到这个村调查时，还把统万城东西城称之为“内外城”，记录“内外城都是用略带灰青色的白土所筑成，版筑清晰可数，很坚实。群众说：‘这里在早年是白泥滩，城墙即为就地取土所筑成。至于是否蒸过，我们还没有做过试验。’”① 到了后来，村里的成年人已经忘记了当年老年人说过的话。

大夏国采用白土修建了自己的都城——统万城，当时只能是就地取材，做法也只能是汲取当地的营造经验。《晋书·赫连勃勃载记》说“初，屈孑性奢，好治宫室”，及至修筑统万城时，达到了“城高十仞，其厚三十步，上广十步，宫墙五仞，其坚可以砺刀斧”的效果，这与将作大匠——叱干阿利的严厉监工很有关系，营造技术主要体现在夯土版筑、架梁升高方面，工程规模则集中在获取巨量土方、速送白土到施工面上。史载“蒸土以筑都城”之意，推测是对强烈日照下，数万人参与的热气腾腾的筑城劳作场面的形象描述，有关人士做出的是为配制三合土，或熬制糯米汁，或蒸土以杀植物种子等解释，但这还缺乏史实予以印证。

407 年，铁弗匈奴赫连勃勃自称天王、大单于，建元龙，置百官，自以为匈奴系夏后氏之苗裔，故国号为“大夏”，正式建立政权。413 年（勃勃龙昇七年，即凤翔元年），“发领北夷夏十万人，于朔方水北、黑水之南营起都城”，即统万城，《十六国春秋·夏录》记载“发领北民夷十万于朔方黑渠之界，营起京城”，经过 5 年，至昌武元年（418）十一月，“所建宫殿苑囿大成”。城北有契吴山，城内建有永安殿、太庙、冲天台、真珠楼、西宫、亢敌楼等建筑。

413—418 年，大夏国修筑的统万城汇聚了赫连勃勃集团的 3 个心愿：在长期的战斗中人身获得安全的保障、已获财富的安全收藏及其享受、作

①陕北文物调查征集组（俞少逸执笔）：《统万城遗址调查》，《文物参考资料》1957 年第 10 期。

为都城应予显现的国家威仪和力量[①]。

《晋书·赫连勃勃载记》称赫连勃勃“性奢，好治宫室”，这似乎与他的出身、与他少年时从血腥的尸首堆里逃出来的经历相关。大夏国建立时，他还是不赞同臣属们“专固一城”的经略方式，直到诸州建立，基础牢固，才赞同倾力建造国都统万城。

在修筑统万城的同时，勃勃又委任叱干阿利以营缮之任，造五兵之器，造号称“大夏龙雀”的百炼钢刀，还“铸铜为大鼓，飞廉、翁仲、铜驼、龙兽之属，皆以黄金饰之，列于宫殿之前”。统万城本身建的“台榭高大，飞阁相连，皆雕镂图画，被以绮绣，饰以丹青，穷极文采”。当时所有的大夏国统治集团成员们，一定是兴奋极了！

大夏国的政治昭示，见于统万城诸门的命名上，南门称朝宋门，东门称招魏门，西门称服凉门，北门称平朔门，当然是敌友分明，有所区别。现存31.62米的高耸而庞大的西南角楼，以及南墙边巍然耸立的8座马面，均可作为历史上统万城军事防守功能强大的论述依据。

作为乱世中崛起于鄂尔多斯高原南端的统万城，其兴也速，其亡也速，这正是当时国家敌对、民族对抗状态下的一种转瞬即逝，兴亡交替。426年，北魏世祖拓跋焘率军西伐，适逢冬至之日。夏王赫连昌领军出城迎战，“世祖驰往击之，昌退走入城，未及闭门，军士乘胜入其西宫，焚其西门。夜宿城北。明日，分军四出，略居民，杀获数万，生口牛马十数万，徙万余家而还”。由于守城将士的反击，北魏将士被赶出西门，住在城外的大夏国居民及其养殖的牛马，却被北魏将士掳去许多，但统万城没有被攻破。

427年，拓跋焘再次率军西伐，已确定采用轻骑奔袭加诱敌的战术。史载，群臣齐声劝谏：“统万城坚，非十日可拔，今轻军讨之，进不可克，退无所资，不若步军攻具，一时俱往。”拓跋焘坚信已定的战术为上策，遂领军前来，至统万城外黑水低洼处潜伏下来。魏军一再示弱以后，激起了出城作战的赫连昌的求胜心理，结果遭遇魏军夹击，拓跋焘又身先士卒，魏军异常勇猛，最后获得“昌军大溃，不及入城，奔于上邽，遂克其城”

①侯甬坚：《修筑统万城：乱世中的超常创造》，《中国社会科学报》2019年3月8日第6版。

的胜局。

于此可见，魏军并没有对统万城展开攻城之战，统万城失陷的原因在于赫连昌不守城，出城后并不能掌控战事，屡屡出现败阵及落荒而逃的糟糕局面。赫连勃勃死后，诸子不和，人心涣散，军士缺乏训练，虽有高大坚固的城池，亦不能挽回人力的不足。还有滥用民力一条，也是当时的实情，拓跋焘绕观已得手的统万城，对左右随从说："蕞尔小国，而用人如此，虽欲不亡，其可得乎？"此话一点不错。

二、统万城到夏州城的延续

在中国古代史上，一座城池的规模和影响，很大程度上取决于在这里设下的行政建置。县级政区是基本的行政单位，县之上政区——州的建立，在国家版图上是不可或缺的行政管理单位。

洪亮吉《十六国疆域志》卷一六所考夏国政区设置，有幽州、雍州、朔州、秦州、北秦州、并州、凉州、豫州、荆州，共9个州。幽州所在，视大城位置而定，大城位置现有两说，则幽州所在分别指为统万城遗址今址，或今内蒙古杭锦旗西南。

统万城的居住人口，据其征战时进出人口记录口径，最多时可能达到七八万，只是十六国北朝时期各国以掳掠人口为常事，人口数量极不稳定，不能正常反映人口与当地社会经济发展水准之间的关系[①]。其时，经济生活以畜牧业为主。

1. 北魏（后魏）

夏州　北魏太武帝始光四年（427）六月，北魏军队大破赫连昌，入统万城，灭大夏国，易名为统万镇。孝文帝太和十一年（487）改统万镇

①侯甬坚、周杰、王燕新：《北魏（AD386—534）鄂尔多斯高原的自然—人文景观》，《中国沙漠》2001年第21卷第2期，第188—194页。

为夏州，治大夏（可作统万城之代称），它仍然是高原东南缘上的一处重地。王仲荦先生《北周地理志》卷一“关中”部分“按统万城当时亦称统万突、吐万突”，这属于胡名汉译，有所省简[①]。《魏书》卷一〇六下《地形志》记太和二十一年（497）政区，夏州下属四郡九县，四郡分别是化政、阐熙、金明、代名。

化政郡　太和十二年（488）置，下辖革融、岩绿二县，治岩绿县，即统万城。《北史》卷六〇《宇文贵传》记载：“其先昌黎大棘人，徙居夏州。（贵）从魏孝武西迁，进爵化政郡公。其子忻，幼而敏慧，善骑射，年十八，有战功，亦进爵化政郡公。”

岩绿县，北魏置，化政郡治所。

2. 西魏

弘化郡　西魏置，治所在统万城，郡下无县，隋朝开皇初废。

三夏州　《北周地理志》卷一“关中”部分记夏州，曰：“按西夏州即此夏州，东夏州即后改为延州者也，北夏无考。”

西夏州　隋开皇十三年《叱奴延辉墓志》记：“君讳字延辉，西夏州人也。”

东夏州　《庾信周柱国大将军拓跋俭神道碑》：“西魏文帝大统元年（535），授使持节东夏州刺史。五年（539），迁都督东北三夏州诸军事西夏州刺史。”

北夏州　尚无考。

《北齐书·神武纪》记：“东魏孝静帝（元善见）天平三年（536）正月甲子，神武率万骑袭西魏夏州，身不火食，四日而至。缚矛肖为梯，夜入其城，擒其刺史费也头斛拔俄弥突，因而用之，留都督张琼以镇守。迁其部落五千户以归。”如此看来，西魏夏州的防守仍很戒备，晚上则有所懈怠，而城内居民数量仍然不少，未迁五千户之前，城内居民可能会上万户。

3. 北周

夏州　北魏置，北周因之，领化政、金明二郡。化政郡领岩绿、宁朔、代名三县，治岩绿县。金明郡领永丰、启宁、广洛三县，治永丰县。

---

①王仲荦：《北周地理志》（上册）卷一“关中”部分，二十四史研究资料丛刊，北京：中华书局，1980年。

岩绿县　《北周地理志》卷一“关中”部分有“岩绿”条，其下解为“统万城今内蒙古伊克昭盟乌审旗南境白城子，亦曰横都城”，又曰统万城“今名横都城”，此称来历不详。

夏州总管府　《隋书》卷二九《地理上》记朔方郡，曰：“后周置总管府，大业初府废。”《周书·赫连达传》记：“保定初，传主迁大将军夏州总管三州五防诸军事。”

4. 隋代

朔方郡　大业初设置，下辖三县，分别为岩绿、宁朔、长泽。

朔方郡人口　朔方郡有 11673 户，按每户 5 人计，为 58365 人，每县平均 3891 户。（以上据《隋书》卷二九《地理上》）

人类活动　统万城北黑水有黑渠之称，说明夏州城周围有农业生产。唐初梁师都据守夏州城，唐军“频选轻骑践其禾稼，城中渐虚，归命者相继”，可作为城外有农田庄稼的补证。

5. 唐代

夏州都督府　《旧唐书》卷三八《地理一·关内道》载：“贞观二年（628），讨平梁师都，改为夏州都督府，领夏、绥、银三州，属关内道。天宝元年（742），改为朔方郡。乾元元年（758），又改为夏州。”

夏州　贞观二年（628），领德静、岩绿（当年改为朔方）、宁朔、长泽四县。天宝初，复改为朔方郡。乾元初，复为夏州。贞元三年（787），置夏州节度使。中和二年（882），赐号定难军，所以到唐末，夏州成为定难军节度使治所。

朔方县　即隋岩绿县，唐前期曾两度分置过宁朔县，随后又废。《新唐书》卷三七《地理一》记：“朔方县有天柱军，天宝十四载置，宝应元年废。”

夏州人口有贞观、天宝两次户口统计。前次为 2323 户计 12816 人；后次 9213 户计 53104 人（表一）。加上寄寓朔方县的 6 个都督府、12 个小州，唐朝前期在朔方县的居住人口达到过 25683 人（先取全州的 1/4 人数，再加上寄寓人口），全州人口则达到 65511 人。民族类别有稽胡（步落稽）、突厥、党项、延陀等部落。

表一　　夏州都督府辖县、寄寓都督府及其户口

辖县 / 寄寓县	府　县　名　称	户数（户）	口数（人）
辖县	朔方（附郭夏州城） 德静（陕西省榆林市榆阳区西，海流兔河东岸） 宁朔（陕西省榆林市横山区南，芦河上游） 长泽（内蒙古自治区鄂托克前旗城川乡南）	贞观十三年（639）2323 户 天宝十三载（754）9213 户	贞观十三年（639）12816 人 天宝十三载（754）53104 人（《新唐书·地理志》作 53014 人）
寄寓朔方县	云中都督府（党项部落，管 5 个小州）	1430	5681
	呼延都督府（党项部落，管 3 个小州）	155	650
	桑乾都督府（管 4 个小州）	274	1323
	安化都督府	483	2053
	宁朔都督府	374	2027
	仆固都督府	122	673
寄寓宁朔县	定襄都督府（突厥部落，管 4 个小州）	460	1463
	达浑都督府（延陀部落，管 5 个小州）	124	495

资料来源：《旧唐书》卷三八《地理一》“关内道”条夏州都督府介绍。关于云中、呼延、桑乾都督府及其属州设置缘由，可参见《新唐书》卷四三下《地理七下》“关内道”条。

在唐代，夏州境内人口的起落幅度较大。第一次是六胡州人口的进出，出的方向是东南淮河上游一带。调露元年（679），唐朝“于灵、夏南境以降突厥置鲁州、丽州、含州、塞州、依州、契州，以唐人为刺史，谓之六胡州”，其中有不少粟特人，到开元元年（713），发生了“康待宾之乱”，平定后遂“徙河曲六州残胡五万余口于许、汝、唐、邓、仙、豫等州，空河南、朔方千里之地”。到开元二十六年（738），朝廷又放归六胡州人，在六胡州旧地置宥州安置他们。第二次是突厥部落的进出，出的方向是北面。武则天时期，默啜可汗势力强大起来，向唐朝索讨六州降户，获得同意，于是，“遂尽驱六州降户数千帐，并种子四万余硕、农器三千事以与之”，

这批人的数量至少在万人以上。[①] 人类活动《新唐书》卷三七《地理一》记关内采访使（以京官领）境内诸州，有夏州朔方郡。对夏州有所补充的材料为：1）都督府等级为中都督府，县的等级为上县；2）土贡有：氈（今“毡”字）、角弓、酥、拒霜薺（今“荠”字）；3）朔方境内有水利活动：德宗贞元七年（791）开延化渠，引乌水（北魏称黑水）入库狄泽，溉田二百顷；4）有两个盐池，当时会有采盐活动。唐宪宗元和七年（812）七月，户部官员一个关于冬季诸州和籴贮粟计划得到认可，该计划给夏州提出的指标是8万石，其直接依据是“今秋丰稔，必资蓄备”，证明边地政区夏州的农业生产的确有了提高。

农业生产方面，记述王方翼任夏州都督之时，当地因出现牛疫，“民废田作”或“无以营田”，王方翼倡导人耕之法，在犁上巧用机关，“力省而见功多”，百姓喜用，很快就恢复了农业生产。

畜牧业生产方面，记述有一次较大的“牛疫”。《唐会要》卷七二记，永隆二年（681）七月十六日，夏州群牧使安元寿奏言，从调露元年（679）九月以后，至次年二月五日，死失马184900匹、牛11600头；马匹死失数约为牛的16倍。安元寿的奏言，似为此次“牛疫”发生后的结果上报。牛为耕牛，其损失对正常的农业生产影响较大，故被人们称为“牛疫”。这次“牛疫”发生的时间是公元679年10月至680年3月（以冬季为主），之后可能还有所延续，从其时夏州都督府辖境内的人口数量和人口密度增大、河湖水量较高等事实判断，唐代夏州“牛疫”当发生在一个与往年冬季相比较温热的环境之中。

7—9世纪及其前后的夏州，社会生活十分兴盛，这在统万城周边的墓葬分布也能看出来。据新近出版的《榆林碑石》所载，统万城南面无定河之外，沿南面、东南面不同距离展开，分布着大片墓地，在无定河北岸统万城的其他方向，则未见发现。内蒙古自治区的考古调查工作，同样认为以统万城遗址为中心，向东近15千米，向南近20千米的范围内，都分布着比较

①杜文玉：《唐五代时期夏州的民族构成与经济形态》，刊于陕西师范大学西北环发中心编《统万城遗址综合研究》，西安：三秦出版社，2004年，第152—158页。

密集的古墓群（北面和西面由于沙漠覆盖，古迹分布情况不清楚）[①]。原因在于比之北岸的风沙地貌，南面原梁上土质生硬的黄土，成为人们选择坟茔的最宜场所。主要是汉人官绅“恐田成碧海，地变桑津”，习惯刻石立碑，埋葬逝者。

6. 五代

夏州节度使　后唐明宗长兴四年（933）三月，夏州节度使李仁福死去，随后在夏州发生了“换镇将”事件。《旧五代史》卷一三二《世袭列传》载“五月，安从进领军城下，（李）彝超不受代，从进驻军以攻之……时又四面党项部族万余骑，薄其粮运，而野无刍牧，关辅之人，运斗粟束藁，动计数千，穷民泣血，复为蕃部杀掠，死者甚众。明宗闻之，乃命班师”。“换镇将”不成功，在那战乱的年代，关中军队北上，给养困难，夏州城外多党项族，连通常的畜牧业生产也极不稳定。

作为北宋坠毁夏州城的一个前奏，后唐明宗李亶就在这一年，为夏州“换镇将”之事降诏，其中云：“但夏、银、绥、宥等州，最居边远，久属乱离，多染夷狄之风，少识朝廷之命，既乍当于移易，宜普示于渥恩。应夏、银、绥、宥等州管内，罪无轻重，常赦所不原者，并公私债负、残欠税物，一切并放；兼自刺史、指挥使、押衙已下，皆勒依旧，各与改转官资。”后唐派出大军五万人护送延州节度使安从进上任，仍不达目的，这已经能说明相当问题。自大夏统万城建立以来，连同周围诸州，不同民族不断进出于此，许多人长期定居，实际上已形成了一个当地的居民社会，其特点是民众剽悍，武将横行，因山高皇帝远，敢于按照自己的意志行事。

7. 宋代

宋初因之，有夏州。宋太宗时，“以夏州深在沙漠，本奸雄窃据之地，将坠其城，迁民于银、绥间”，宰相吕蒙正表示赞同，遂于淳化五年（994）

①内蒙古文物考古研究所、鄂尔多斯博物馆：《乌审旗郭梁隋唐墓发掘报告》，载魏坚主编《内蒙古文物考古文集》第2辑，北京：中国大百科全书出版社，1997年，第484—501页。这份发掘报告认为：“结合以前发掘资料及邻近陕西境内古墓葬出土资料确认，这些古墓葬群大多与统万城址有密切关系。赫连勃勃所建统万城历经南北朝、隋、唐，至宋毁圮，经历了近500年的历史。之后，它仍是当地政治、经济、文化、军事的中心，人口的密集程度亦应相当可观。”

四月乙酉（6月9日）下达了《废夏州旧城诏》。

《宋大诏令集》卷一五九收录《废夏州旧城诏》（淳化五年［994］四月乙酉）。全文曰："日者李继迁辄负国恩，荐为边患，鸠率邻国，侵掠封陲，朕不欲加兵，盖思静乱，遂令李继捧授之节制，俾镇夏台，外则式遏乱略，内则抚绥黎庶。而乃枭音相和，狐性多移，爰与肺腑之亲，潜结辅车之势，迭为表里，孤负倚毗，须举偏师，用平三窟。眷兹民庶，久困兵锋，盖由百雉之城，深在强邻之境，豺狼因而为援，蛇豕得以兴妖，思殄余风，用迁善地，勉务革音之态，永怀按堵之心。其夏州旧域（'域'，应为'城'字），宜令废毁，居民并迁于绥、银等州，分以官地给之，长吏倍加抚存。"这份诏令的执行，是以废掉北宋在此处的行政建置为主，并撤掉一些设施，不让"边患"在此萌生，影响全局。宋朝已难控制夏州城的周边环境，又无什么好办法，只能出此下策，撤销建置，毁掉设施，预防为主。宋初太平兴国（976—984）时，会州、夏州、灵州"番汉相杂"，夏州境内统计有19290户蕃户、2096户汉户，汉户占总户数的9.8%[①]，明显不占优势，虽然这两种类型都不是百分之百的牧业或农业经营，但仍可以作为此地从事农牧业生产人口比例的参考数值。

8. 西夏

据研究，从公元881年（时为唐僖宗中和元年）党项首领拓跋思恭占据夏州城（统万城），到1227年蒙古灭夏，西夏占据统万城346年。其间，党项"部落繁富"，以"平夏部"而著名，建立的是夏州拓跋政权。982年，夏州节度使李继捧前往开封朝觐宋太宗，献出世居的夏、银、绥、宥四州八县之地。随之，宋太宗就下了《废夏州旧城诏》。两年后宋真宗继位，任命李继迁为定难军节度使，夏州等地又归于拓跋李氏掌管。1002年，拓跋李氏攻取灵州（西平府），其政治重心也随之西迁，以后又移至兴州（今银川市），夏州虽然还属于西夏，但已经很不重要了[②]。

《续资治通鉴长编》卷三一八记宋神宗元丰四年（1081）十月事，宋军将领王中正"至夏州，时夏州已降种谔，谔寻引去，中正军于城东，城

①〔北宋〕乐史：《太平寰宇记》卷三七《夏州》。

②杜建录：《西夏时期的统万城》，刊于陕西师范大学西北环发中心编《统万城遗址综合研究》，西安：三秦出版社，2004年，第159—163页。

中居民数十家”，城东可能是指东城，易于驻扎军队，记载未及西城，推测西城居民的数量要大得多。

三、夏州城废弃原因探讨

以北宋夏州城废弃的原因进行探讨，就城名来说，是更为准确的一种表达。有的论著不是这样，还是使用了“统万城废弃的原因分析”这样的题目[①]，也是可以理解的，因为就根本而言，统万城、夏州城是同一座城。

以自然科学工作者李恩菊、谢春林的研究归纳为例，统万城废弃的原因被分为3种观点，每一种观点都有其代表性作者和论著：第一种观点认为，人类的过度开发使本地的生态环境极度破坏，人口大量外迁，最终导致统万城沦为废墟；第二种观点主张，统万城的废弃是自然因素，主要是气候变化导致土地沙漠化，最终导致统万城沦为沙漠中的废墟；第三种观点认为，由于政治和军事需要建立统万城，随着政治地位降低，统万城逐渐被废弃。这3种观点是一种比较常见的归纳分析，分类相当清楚，有其合理性。笔者的观点是接近第三种的，但是却想把讨论放在更接近实际的层面上，便于从历史的演进中寻找和指出更为确切的废弃原因。

我们将统万城的致毁因素分作4个方面，在对资料稍加整理分析后，再来判断决定一座城市兴衰起伏面貌的最主要因素究竟是什么？在北方草原地带，这一主要因素的表现又有什么不同？

1. 人为毁城因素

北魏始光二年（425），此时赫连勃勃已死，世祖开始西伐大夏。《魏书》卷九五《铁弗刘虎》记述，赫连昌当时“退走入城，未及闭门，军士乘机入其西宫，焚其西门。夜宿城北”。此处西门当即现遗址西城之西门，在当时的名字叫“服凉门”。西门被北魏军队焚烧，受到损失，但城内防

①李恩菊、谢春林：《统万城废弃的原因分析》，《中国沙漠》2010年第5期，第1047—1058页。

守势力还强，北魏军队只得退到城北夜宿。

唐德宗贞元二年（786），吐蕃由河陇东进，攻陷盐州、夏州，占据时间不长，就离开了。《新唐书》卷二一六下《吐蕃传下》记载，当时“虏戍盐、夏，涉春疫大兴，皆思归。结赞以骑三千迎之，火二州庐舍，颓郛堞而去”。所谓“火二州庐舍，颓郛堞而去”，不仅使夏州，连盐州也受到很大损失。由于这是占领军的主动弃城行为，临行前纵火焚烧，当然不会是局部燃烧。因此，这次火灾给统万城带来的损失应该相当大。

《旧五代史》卷一三二《世袭列传》载后梁开平四年（910）七月，李仁福时为夏州节度使，“后唐武皇遣大将周德威会邠、凤之师五万同攻夏州，仁福固守月余，梁援军至，德威遁去”。按照这场战争的规模、持续的时间，攻打过程将会非常激烈，唯攻城记述不详，不能确知其经过及给城池带来的损失。

火灾之外，还有攻城时的地道战。《新五代史》卷四〇《世袭列传》记载：“夏州城壁素坚，故老传言赫连勃勃蒸土筑之，（安）从进等穴地道，至城下坚如铁石，凿不能入。”挖地道逼近城墙，这段地道长度总共有几十米，挖掘地道中并未有塌陷之事（避开了地下沙层），进攻应是从东面或北面展开的。

北宋太宗时，“以夏州深在沙漠，本奸雄窃据之地”，下达了《废夏州旧城诏》，将其坠毁。这里说的“奸雄”是指党项族首领率人活动于这一带，不听从北宋政府的政令，政府必然不接受这种情况，却又因为自身无能为力，只得拿出移民坠城的诏令，迫使百姓遵行。虽说是“宜令废毁”，可到底毁到什么程度，迁民出城了多少，还缺乏文献资料佐证。从西夏对夏州城的实际控制情况来看，毁城程度、迁民数量都会是有限的，原因在于当地长吏和百姓如果对毁城诏令不积极执行的话，那就不可能有很大的动作。

宋太宗至道三年（997）十二月，北宋政府承认党项拓跋族李继迁为夏州刺史[1]，此即为三年前发布《废夏州旧城诏》的另一面，夏州还存在，名义上归于北宋，实际上是掌握在党项族的手里。随后建国的西夏对“废毁”的夏州城曾进行了一些修缮，在尚有行政建置的时期，守城长官是会这样

①〔元〕脱脱：《宋史》卷四八五《夏国传上》。

做的。

明朝开始丢弃夏州城于长城之外，仅剩下一些百姓居住在旧城内，甚至在墙体上挖窑洞居住，还有在统万城内外播种庄稼（小麦、豆类为多），这些就会成为对统万城遗址产生影响的间接因素。

2. 地震因素

北魏时期鄂尔多斯高原曾有地震记录，如《魏书·灵征志》记："太和元年（477）五月（5月28日—6月26日），统万镇地震，有声如雷。"地震属于偶然因素，文献中未述及这次地震对城郭有什么具体损害。

《新唐书》卷三五《五行志》记唐宣宗"大中三年（849）十月辛巳，上都及振武、河西、天德、灵武、盐夏等州地震，坏庐舍，压死数千人"，这次地震范围较大，对城内外居民是有明显损害的，却未直接记述到城墙本身。《宋史》卷六七《五行志》记"至道二年（996）十月，潼关西至灵州、夏州、环庆等州地震，城郭庐舍多坏，占曰：'兵饥。'是时，西夏寇灵州，明年，遣将率兵援粮以救之。关西民饥"。这一条似说明前两年的《废夏州旧城诏》（994）在执行中，毁城程度比较有限，等到一场地震发生，倒给灵、夏等州带来新的损失，造成"城郭庐舍多坏"的景象，涉及城墙本身。

3. 风沙气候因素

在统万城位置上，历史上最有名的风沙气候记录，见之于《新唐书》卷三五《五行志》。记载云："唐穆宗长庆二年（822）十月，夏州大风，飞沙为堆，高及城堞。"对于这一极为宝贵的记录，我们有3点认识：

①前往遗址考察，"高及城堞"的这段城墙只能是迎受西北风沙侵袭的西墙，"高及城堞"的沙子也不会是风沙在一个月内刮成，这一记载本身反映了夏州城长期遭受风沙侵袭的事实。

②尽管风沙天气到秋季仍十分猖獗，但夏州的城市地位并没有出现动摇，7至9世纪及其前后，夏州城仍然是具有行政建置的边地城市。

③有人将这一记载作为反映唐代人类活动过度，引起环境变化的证据；我们的意见是，统万城地处我国北方沙漠–黄土过渡带，人类活动的因素对周围环境会产生作用，只是已有的工作尚不够深入细致，按照历史阶段逐段进行分析，还不能在资料上有相对丰富的样本，相对于自然本身的演

变过程，我们也缺乏区分手段和技术。

五至十世纪夏州城环境显得适宜人类居住，这种适宜性表述，并不是说人类对当地环境质量达到了一个相当满意的程度，而是说由于有交通路线的连接作用，夏州城成为一个人流和物流络绎不绝的边地城市，人们为了在这里达到各自的社会目的，就需要在定居下来的生活中逐步去适应具体的环境。

笔者以沙漠－黄土边界带历史文献记录的气候状况作为分析依据，援引《中国近五百年旱涝分布图集》中划分旱涝等级的方法建立的旱涝等级（7 级）年代分布序列和冷暖变化序列（13 段），反映边界带地区气候变化具有明显的波动性，推测这里不存在完整的中世纪温暖期，唐宋 6 个半世纪中间包含至少两个干冷的时段，15 世纪中叶出现“小冰期”导致明清近 5 个半世纪中的干旱年份增多，干旱化特征是春夏连旱年数在逐渐增加，降雨的月季变化也有同样现象。

边界带地区的环境演化具有快速多变的特点，风沙气候因素作用的确在加重，人类作为自然—社会系统中的活跃因素，相当积极地参与了环境变化过程。只要具有最基本的生存条件和气候变暖条件下允许的发展机会，人类从来就没有放弃过。如果面对沙漠前进的主要方向，也意味着人类必须放弃或改变自己的经营和预想。

4. 关中—河套地区之间交通格局的变化

史念海教授所撰《河山集》四集，为以古代长安为中心的历史军事地理论文专辑[①]，附图 48 张，成为该书的一大特色。读图之余，对关中平原北至河套地区的交通格局，可以得到若干较为清楚的认识。

【秦朝】从咸阳出发，大致有两条路：①洛河—上郡—河套；②直道：云阳（甘泉）—九原。

【西汉】从长安出发，大致有三条路：①长安—高奴—桥山—上郡—西河郡—云中，这是最主要的路线；②长安—安定郡—北地郡—鸣泽—五原郡，这是走鄂尔多斯高原中部的路线；③长安—安定郡—上河农—浑怀障—临戎—朔方，此线是先沿泾河、后沿黄河东岸行走。其中①②条路线，

①史念海：《河山集》四集，西安：陕西师范大学出版社，1991 年。

在鄂尔多斯高原中间有支线可供穿插。

【东汉】东汉北地郡的位置，从西汉马领（今甘肃庆阳西北）移到了富平县(今宁夏青铜峡南)。所以,西汉中间一路的交通功能,也就有所下降。

【十六国】统万城城址选择于此原因何在？学术界已有从地缘政治格局、交通和军事地理因素、经济支撑系统、社会背景和自然地理因素诸方面展开的论述，资料和分析均较为周详[①]。统万城与秦直道有没有关系？有学者认为："西汉与东汉在陕北地区都没有大规模的军事中心建设和道路改造，因此整个陕北地区的战略格局一仍秦制不可能改变。赫连勃勃(的建都范围）不会不考虑上郡、不会不考虑秦直道。"[②]不过，这是一个十分大胆的设问。

因此，统万城这个城的位置，对于十六国时期的赫连夏来说，是一个新城址，其城址本身包含了北方来的少数民族的选择眼光和筑城经验。具体选择这里的理由，只能在外部条件予以充分考虑和论述后，根据因地制宜的原则，给予符合当地情况的解说。

①建城于无定河北岸。利用宽敞的河谷本身作为依托，台原上地势平坦开阔，易于选址兴建城市。

②周围有水源可以利用。据航空影像判读和研究，统万城西城的西北角和西南角，均残留有宽大的护城河遗迹；西北角护城河的渠水流进城后，经过宫墙东侧向南，再转向东南流，最后从东南角敌楼的北侧流出东城[③]。

③便于挖取筑城材料——白土。统万城建城规模浩大，取土量也十分可观，取土之处当然不会太远，取土之后原地也必然会留下大坑遗迹。现在统万城遗址周围地带被风沙覆盖，一派荒漠景观，不大容易找到白土出露。2002 年 4 月 13 日，我们在白城则村后面，沿无定河北岸爬上四五十

①丁超、韩光辉：《论赫连夏政权定都统万城的地理背景》，张维慎：《赫连勃勃定都统万城原因试探》，刊于陕西师范大学西北环发中心编《统万城遗址综合研究》，西安：三秦出版社，2004 年，第 62—71、72—77 页。

②王世平：《统万城与秦直道、上郡关系之设疑》，刊于《陕西历史博物馆馆刊》第 11 辑，西安：三秦出版社，2004 年，第 14—142 页。

③邓辉、夏正楷、王琫瑜：《从统万城的兴废看人类活动对生态环境脆弱地区的影响》，《中国历史地理论丛》2001 年第 2 期，第 94—113 页。

米的陡坎时，看到了这种白土，似被人利用过，颜色浅，土中有白点，上面一层有结皮，长草，同周围风沙地貌景观截然不同。

上述诸多考虑能够予以满足和集中实现的地方，可以说就是新选城址所在。它就是无定河北岸、地势平坦开阔、水源和建筑材料可以方便提取的统万城城址。随后可以看到，统万城所在位置，可以策应北面的数个军事据点——3 个受降城。总而言之，它位于向南向北路线的交会点上。

【唐朝】从京兆出发，主要路线是：京兆—坊州—鄜州—延州—芦子关—夏州，从夏州可以向东北偏北 3 个方向通出去，分别到达东受降城（胜州）、中受降城、西受降城（丰州北）。

《新唐书》卷四三下《地理志》所记“夏州塞外通大同云中道”十分详细，具体是：

> 夏州北渡乌水，经贺麟泽、拔利干泽，过沙，次内横划、沃野泊、长泽、白城，百二十里至可朱浑水源。又经故阳城泽（泽，当为“驿”字）、横划北门、突纥利泊、石子岭，百余里至阿颓泉。又经大非苦盐池，六十六里至贺麟驿。又经库也干泊、弥鹅泊、榆禄浑泊，百余里至地颓泽。又经步拙泉故城，八十八里渡乌那水，经胡洛盐池、纥伏干泉，四十八里度库结沙，一曰普纳沙，二十八里过横水，五十九里至十贲故城，又十里至宁远镇。又涉屯根水，五十里至安乐戍，戍在河西壖，其东壖有古大同城……

上述文字记录黄河以南路线，涉及沙地、平地、河流、湖泽、水源、驿站、故城多处。有 8 段路程告诉具体里数，两段路程推测大致为百余里。此种记载，只能说明它是一条利用率较高的、穿越鄂尔多斯高原内部深处的路线。《北周地理志》卷一“关中”部分，解释什贲故城即汉朔方城。

以夏州为中心的都督府，形成相互掎角之势，多批少数民族的迁入，构成了一个较为集中的大居民区。夏州的兴盛，形成“中路崛起”的新局面，它左右了从北魏到隋唐五代这一个时代的交通格局。

在对统万城致毁因素的整理分析中，归纳了人为毁城、地震、风沙气候、交通格局等诸种因素，分析已有的学术见解，排除各种不可能起主导作用的因素，判断统万城最终衰落的原因在于关中—河套地区之间交通格局的变化，而交通格局发生变化的原因，只能是基于当时社会历史的具体内容及其变动。在关中—河套地区之间，无定河流域位置特殊，具有特别明显的作用。一般城邑的选择考虑，主要有两个取向：一是政治军事因素，二是经济商业因素，这是指交通运输地理中体现的主要功能，并不能认为对其他功能具有排斥性；相反，它们之间是彼此并用、相互促进的，相互间真正起抵消作用的场合并不多。赫连勃勃选择了具体的统万城城址，进行都城营建，其原因究竟为何，已给后人留下了无尽的思考。本文认为，以夏州为中心的都督府（下辖夏、绥、银诸州），构成府州郡县多层军政管理系统，相互间形成犄角之势，多批少数民族的迁入，促使这里成为一个集中而较大的居民区。作为一个草原军事堡垒，统万城（夏州城）兴起所形成的鄂尔多斯高原“中路崛起”新局面，向北可以策应河套数个军事据点——3 个受降城，向南则连接关中平原，实际上它左右和引领了从北魏到隋唐五代这一个较长时代的交通格局。

但是，我们又不能不看到，即便是在比较早的历史时期，人类自然选择的沿河交通路线，可能是最合理的，在北魏到隋唐五代时期人们却并没有这样去做，如《新唐书·地理志》所记“夏州塞外通大同云中道”，那是基于军事上的考虑之后，开辟了交通大道，让人们行走在沙地、河湖相接的道路上。而一旦时代条件发生变化，这样的交通格局也就会随之而变，原先道路边上的城镇据点被丢弃在一旁，也就成为历史的遗迹了。

统万城具有行政建置的时期，在城内居住的人口曾达到数万，城外也有相当的人口数量。尽管掠夺性经济确实属于北朝时期的一个显著特点，在隋唐时期这里毕竟有了比较稳定的定居人口，及相应的畜牧业和农业经济。人类生存环境的自然演变过程和人类活动对同一环境产生作用和影响的过程是同时进行的，由于边远地区具体的历史资料和古土壤研究手段的缺乏，以统万城遗址一地来论环境变迁的意义、人类的经济活动如何影响了当地的问题，许多还难以弄清楚，这影响着今人对其进行准确判断。我们只能说，由于统万城的人口数量曾受该城作为通行大道及交通枢纽因素的极大影响，在统万城或兴或衰的不同时期，其人口数量的确发生了惊人的变化，一位旅游观光者对此惊叹说：“从壮丽雄伟的大城倒退缩回一个冷漠而宁静的小村。”立足于一个较长的时间尺度，综合各种社会和自然因素，来全面地揭示一个城市的时代变迁，包括其环境史问题，还是容易让人们接受的。

四、统万城与夏州城的历史作用

早在 1956 年 9 月，陕北文物调查征集组（俞少逸执笔）就发表《统万城遗址调查》一文，文末曾呼吁："我们深深感到统万城遗址在中国民族史以及建筑和考古等方面，都是值得加以深入调查研究的。希望这一篇简略的报道，能够引起有关方面的重视。"

1973 年，侯仁之先生《从红柳河上的古城废墟看毛乌素沙漠的变迁》一文在《文物》上发表，论文将统万城遗址作为沙漠历史地理考察的典型例证提出来进行研究，不仅得出了具体的结论，而且还指出掩藏在沙漠中的古代人类活动遗迹在环境变迁研究上具有十分重要的科学意义。

1990 年，陕西省考古研究所戴应新先生所撰《赫连勃勃与统万城》一书，作为陕西历史文物丛书之一，由陕西人民出版社出版。书中富有激情地说："毋庸讳言，统万城考古还有待进行大规模的发掘，以前的各次调查和试掘，提供的资料仅是一鳞半爪，难窥全豹，至于城址的地层关系，各时代的文化特征及街坊建筑的布局和居民的习俗信仰等情况，只有俟诸将来的考古发现了。我们深信，随着交通的开辟，经济的回升，物质条件的改善，这一天的到来将不会太远！"

在蒙陕交界地区，历代疆域多有变化，农牧界线多有移动，这里分布着许多唐宋古城遗址，南面还有明代长城遗迹，左上方则是明代九边之一的榆林镇。在北方沙漠－黄土边界带上，统万城的地理位置和历史地位十分突出，统万城（夏州城）的历史不会是到宋太宗淳化五年（994）为止，其城市史可能就是延续到公元 1227 年左右（蒙古灭西夏之时），它构成北方农牧交错带上一个可以连续考察的地点，在学术研究上具有非常重要的价值。

在"统一与分裂"的历史主题之下，每个统一的时期，或每个处于分裂的时期，各自都在做着什么样的事情？当时的历史主题是什么？有谁在为下一次统一做着物质上、心理上的诸多准备？

在汉唐之间——魏晋南北朝时期的历史衔接中，统万城所在的河套地区—鄂尔多斯高原，统万城的动向，实际上是显示了区域历史的崛起和重要性，这就是统万城与夏州城的历史作用。那么，这个过程是怎样进行的？再做一试问：每个地区都需要有这样的过程吗？区域融合之路是怎样展开的？

2019 年 9 月 19—22 日，由中华文学史料学学会主办，南京大学文学院中国文学与东亚文明研究协同创新中心、榆林学院文学院联合承办的“大夏与北魏文化史暨统万城考古国际学术论坛”在榆林学院召开，来自中国、日本共 10 余所高校、科研机构的 30 余名学者参加了会议。这次会议就时代之变——文学、历史、经学、考古诸方面，对上述论述主题多有研讨。[①]

魏晋南北朝历史，是随着“五胡”民众，以匈奴为其首，借助东汉时期，南匈奴内附的步履渐缓展开的。他们从最初的内附（安置属地后就近务农），演变到席卷北方广大地区的攻城略地军事活动之中，匈奴、鲜卑、羯、氐、羌的首领，在动乱的年代里建立了大大小小许多政权，有的地区在历史上是畜牧业兴盛之地，也变成了抗拒敌方、自立为王的疆土。赫连勃勃所建大夏、所都统万城就是其中之一。

有人说，赫连勃勃所建立的大夏国并没有固定的领土，与传统的封建王国相比，更像是一个四处抢劫的游牧部落，在后秦的疆土上肆意地掠夺。对于这种情况，赫连勃勃的大臣们也颇有微词，于是就有人上书建言：“陛下将欲经营宇内，南取长安，宜先固根本，使人心有所凭系，然后大业可成。高平险固，山川沃饶，可以都也。”高平所在，为现今的宁夏固原。

赫连勃勃心里最清楚的事实，就是高原上铁骑驰骋，来去神速，攻坚克难，所在必得。建都某处，无异于树敌于草莽，招惹他人前来攻伐，而“吾以云骑风驰，出其不意，救前则击其后，救后则击其前，使彼疲于奔命，我则游食自若，不及十年，岭北、河东尽我有也”。赫连勃勃这样说，也这样做了，最后选中鄂尔多斯高原的南端，南面可及黄土地带的无定河北岸，择地建都统万城，前后兴修了 6 年，目的是这“专固一城”的统万城，必须修建得高大雄伟，可以令人高枕无忧。418 年统万城建成之时，赫连

①康梦煜：《“大夏与北魏文化史暨统万城考古国际学术论坛”召开》，《文学遗产》2020 年第 2 期，第 59 页。

勃勃时值盛年，实现了在鄂尔多斯高原独霸一方的夙愿。

在十六国时期，大夏国的疆域是难得稳定的，今人有谓中国历史上的大夏、西夏两个政权，崛起于河套地区，前者国祚 24 年，后者长达 189 年，很有兴趣地研磨与此有关的材料。这是一个很好的历史比较的题目。

首先是大夏（407—431）、西夏（1038—1227）相隔 600 多年，两个政权所面临的形势有很大的不同，十六国时期“五胡”入主中原，占地称帝，相互吞并，此起彼落；宋夏时期政治集团数量减少，各据一方，相互对峙时间为之延长。

其次，大夏、西夏两个政权最大的不同，在于所据地盘不一样。大夏国境基本在河套内，国都定在统万城，就选择都址这一点来说，这一位置是前无古人、后无来者的，简直可以说是在北魏、后秦、南凉、北凉等势力的围追堵截中选择落脚地的。这里的经济基础很差，最后连驻扎这里也不行，便被北魏世祖拓跋焘提携军旅而灭之，这就是十六国时期极为残酷的政治史，其历史作用是由大夏国及统万城达到的区域政治史的高峰所体现出来的，但这种历史作用的感受是悲凉的。西夏则不同，虽起源于夏州，却迁移银、夏州民于西平府（即灵州），随即为都，最终发展到宁夏平原上，建立了稳固的都城——兴州（今银川）。自西汉起，银川平原农牧兼营，北地郡设有“上河农都尉”，历十六国和北魏的开发经营，到隋初逐渐有了“塞北江南”之称的传播[①]，其经济上的富庶，的确不是 600 年前的大夏国及统万城可以比拟的。

最终判断统万城与夏州城历史作用的关键之处，在于这座城市处于什么样的交通格局之中。在上一部分关于“关中—河套地区之间交通格局的变化”的论述中，已知以夏州为中心的都督府，形成相互犄角之势，多批少数民族的迁入，构成了一个较为集中的大居民区。夏州的兴盛，形成“中路崛起”的新局面，它左右了从北魏到隋唐五代这一个时代的交通格局。

此种情形有如李孝聪先生所论述的一样，“统万城（夏州）在中国历史的魏晋至唐宋时期，曾经因为交通四达的优势而一度成长为区域中心城

①王培华：《宁夏“塞北江南”之称由来考》，刊于侯甬坚主编《鄂尔多斯高原及其邻区历史地理研究》，西安：三秦出版社，2008 年，第 73—84 页。

市。历史上，大批中亚民族来到中国，除了经过关中长安，也有很多是通过统万城（夏州）这条道路，他们或者是匆匆往来的过客，或者在当地卜居编入户籍。因此，我们今天再谈到古代中西交往的‘丝绸之路’，不应当局限于传统观念中的一条线，而应当是对多条线路的考察”。[①]

2013年，在陕西靖边县举行的“统万城建城1600年国际学术研讨会”上，北方民族大学杨蕤教授提出《河套之都：作为区域中心城市的统万城——兼论河套地区中心城市的形成与转移》为题的论文[②]，认为除了梳理清楚统万城自身“单线”发展的历史细节外，需要注意的一点就是统万城的发展与河套地区的区域史密切相关，进而认为在某种意义上，统万城的研究也是河套史研究中的重要内容。这一观点，实质上就是在讨论统万城（夏州）曾经发挥过的历史作用。

表二　　　　鄂尔多斯高原区域中心城市的变迁

阶段划分	**中心城市的变迁**	**经历时间**
孕育阶段	从西汉时期奢延城的建立，到十六国时期成为大夏国的都城	500年左右
兴盛阶段	从大夏国都建立，到党项政权迁都西平府（413—1002）	590年
中衰阶段	从党项政权迁都西平府，到元朝灭亡（1002—1368）	367年
荒弃阶段	明朝以后	

杨蕤教授关于鄂尔多斯高原区域中心城市变迁的轨迹如上表所示，他认为，党项政权迁都西平府，进而迁都兴庆府，完成了河套史上区域中心城市的转移，意即充满活力的党项族，为宋夏交往时期的活跃因素，而区域中心城市的转移，也是依赖党项族的力量和活动完成的。他还注意到永乐初期，宁夏卫上升为宁夏镇，成为明九边重镇之一，与延绥镇驻地榆林

①李孝聪：《历史时期农牧业接壤地区的交通、聚落与文化互动》，刊于陕西师范大学西北环发中心编《统万城遗址综合研究》，西安：三秦出版社，2004年，第39—50页。

②杨蕤：《河套之都：作为区域中心城市的统万城——兼论河套地区中心城市的形成与转移》，刊于侯甬坚、邢福来、邓辉、安介生、陈识仁编《统万城建城一千六百年国际学术研讨会文集》，西安：陕西师范大学出版总社，2015年，第101—111页。

一道成为对河套有着较大影响的城市，而银川和榆林均为国务院1986年颁布的第二批历史文化名城，若不计呼和浩特，则是河套地区仅有的两个古都城市。在我们的研究中，实际上是逐渐将大夏国统万城（夏州）与明代成化年间发展起来的榆林城，作为一个既有继承关系又可以加以衔接的城市体来看待的。当然，元朝势力进入这里的情况不太清楚，致使这个城市体的链条还有模糊之处，但是支持这一看法的依据则是统万城（夏州）、榆林城两个城市之间的地域关联性及其区域发展使命的延续和继承，榆林城至今已发展为蒙陕之间一个十分重要的区域城市，也是便于考察和认识的地域现象。

对此见解稍做评议的话，我们注意到银川和榆林的位置，前者是在统万城西面的黄河岸边，塞上江南之上，后者是在统万城东面的榆溪河岸边，镇北台下。大夏国及统万城已成为历史，由此反见其建立之时所依据的地理基础，的确有许多不尽人意之处，一个重要的理解在于十六国时期的历史背景，犹如统万城西城西南角楼遗迹的外观，所包含的历史苍凉感特色和美学特征，表达了人类在沙漠地带求取生存和竭力发展的愿望，给人们留下的是极为罕见的真实性和强烈的震撼力。

五、统万城在中国古代都城史上的地位

2003年，我们曾讨论过统万城遗址在历史文化和对外宣传上的定位问题，当时有人说统万城“是至今保存基本完好、唯一的早期北方少数民族王国都城遗址”，也有人说它是“世界上唯一遗存的千年匈奴都城”，诸如此类，说法多样。我们当时认为，统万城遗址的定位主要是在“沙漠古都”和“匈奴古都”上，其突出价值和综合影响可以归纳为如下几条：

①自公元413年起，大夏国统万城的修建，距今已有1590年的历史；

②它的行政建置及各个居住民族的历史比较清楚，防御功能明显，构成中国古代农业、牧业民族交往历史的一部分；

③面积近 2 平方千米的城址保存较好，建筑材料取之当地，富有特色，具有鲜明的地方文化和少数民族文化色彩；

④作为沙漠－黄土自然过渡地带上的古代城址，记录了该地区历史环境发生变化的完整过程，专家认定它是中国北方环境变化研究的一处重要地点；

⑤现存西城西南角楼遗迹的外观，具有罕见的真实性和强烈的震撼力，表达了人类在沙漠地带求取生存和竭力发展的愿望，它所包含的最大特色和美学特征，现已成为统万城遗址的象征；

⑥已问世的一批学术研究论著和传媒作品，正在社会上形成更大的影响。

当时，按照《国家“十五”时期文化发展规划纲要》中的“事业发展的重点项目及指标”安排，要实施大型古代文化遗址保护工程，“十五”期间争取建成若干处国家级大遗址保护展示园区，根据上述统万城遗址所具有的突出价值和综合影响，有关方面计划在 2005 年前，将统万城遗址列入国家级大遗址保护展示园区，在国家和省文物局的指导下，进行更完善的保护和建设。

经过多方面的发展，统万城遗址于 2006 年列入了第二批《中国世界遗产预备名单》，统万城国家考古遗址公园于 2014 年在统万城遗址匈奴广场启动后开始兴建，统万城遗址博物馆也于 2017 年年底在红柳河南岸封顶……形势一波比一波强，给学术界提出了许多新的思考角度和值得讨论的问题。

在学术界，继 2003 年召开的“沙漠古都统万城学术研讨会”之后，2013 年陕西师范大学再次举办了“统万城建城一千六百年国际学术研讨会”①。随之，又有“统万城建成 1600 周年暨古代朔方文化研究国际学术研讨会”“陕北历史遗址群在东西方文明发展史中的地位和作用研讨会”“大夏与北魏文化史暨统万城考古国际学术论坛”等，在靖边、榆林的陆续召开。

近年，随着“一带一路”国家倡议的推广，学术界已经将农牧交错地带的概念推进到整个欧亚大陆。那么，如何从欧亚大陆农牧交错地带的视

①侯甬坚、邢福来、邓辉、安介生、陈识仁编：《统万城建城一千六百年国际学术研讨会文集》，西安：陕西师范大学出版总社，2015 年。

角研究统万城及民族间的交流和融合？中国社会科学院民族学与人类学研究所研究员易华先生做出了一个判断——从5世纪初建立直到12世纪，黄土高原北部重镇统万城是欧亚大陆农牧交错地带上的一个典型城市。

易华认为，统万城是至今基本保存完好的早期农牧交错地带都城遗址。统万城独特的建筑形式及各类珍贵文物，使其成为研究从大夏至西夏欧亚大陆农牧交错地带文化和历史的一处标本。①

易华还认为，5世纪整个欧亚大陆中心地带主要是游牧文明，而不是定居文明。从亚洲东部的蒙古高原，到东欧的黑海北方，这一片广袤的草原上疾驰着游牧民。对他们来说，这个世界既没有“欧洲”，也没有“亚洲”。这些游牧民具有与农耕定居民不同的文化，给邻近的东亚、西亚及欧洲带来了很大的影响。他们不只是中央欧亚草原的统治者，也是东西方文化的伟大传播者。

延续800余年的统万城，如同所在的地理位置的含义一样，在沟通、吸引和联系农牧交错带两侧农业、游牧民族来往方面，其历史意义十分重大。西汉上郡、北地郡等郡县是跨交错带而设置的，从事农业生产的民族，所做出的物质生产方面的事务，无时不在发挥着自己的作用，吸引着靠近自身聚落的民族。每当冬季寒冷时节，尤其气候异常，黑夜寒冷难捱之时，这种吸引力就格外增强。

在现存历史文献里，有多处赫连部追慕大禹和夏朝故事的记述。如晋安帝义熙三年（407），赫连勃勃自称天王、大单于，赦其境内，建元曰龙昇，置百官，“自以匈奴夏后氏之苗裔也，国称大夏”，史书即如此记录。在《统万城铭》里也有这样的文字：

昔在陶唐，数钟厄运，我皇祖大禹以至圣之姿，当经纶之会，凿龙门而辟伊阙，疏三江而决九河，夷一元之穷灾，拯六合之沈溺，鸿绩侔于天地，神功迈于造化，故二仪降祉，三灵叶赞，揖让受终，光启有夏。传世二十，历载四百，贤辟相承，哲王继轨，徽猷冠于玄古，高范焕乎畴昔……

---

①陆航：《欧亚大陆农牧交错地带的都城遗址——访中国社会科学院民族学与人类学研究所研究员易华》，《中国社会科学报》2019年3月8日第5版。

这是否就是赫连部从草原走向中原地带的一种姿态呢？的确很像，故而又有“遂乃法玄象以开宫，拟神京而建社，窃先王之徽号，备中国之礼容，驱驾英贤，窥窬天下”的表白。尤其是在居无定所、被他人疯狂追杀之时，赫连勃勃还说“昔轩辕氏亦迁居无常二十余年，岂独我乎”！此处可见，赫连勃勃匈奴铁弗部对华夏文化的倾慕，是有其由来的。

在建立夏国基业之时，赫连勃勃还有一种“统一天下，君临万邦”的思想，在支撑他的行动。他有一个统一领北、河东之地的十年计划，到了407年，这个计划就实现了，他将国取名夏，改姓赫连，都有一种理想孕育其中，正是这一点的透露，许多人皆以赫连勃勃为乱世里的英雄豪杰，为其早逝而扼腕叹息。

第三章 统万城与夏州古城生态环境的历史变迁

陕西师范大学 侯甬坚

历史地理学作为历史学科基本范畴之一，对统万城与夏州古城一直具有很强的研究意愿，因为在以前的研究中，历史地理学的研究考察已经揭示了鄂尔多斯高原地区的历史演变过程，同时也留下一些争议，还期待着学界进一步开阔视野，联合不同学科，共同开展研究工作，以深化已有的研究结论，推进大家的认识。

一、古城城龄的最新考察

统万城的可靠城龄，现在只能说是始自公元 413 年。在公元 994 年北宋毁城以后，夏州城（统万城）的城市史并未结束。西夏史专家认为从公元 881 年（时为唐僖宗中和元年）党项首领拓跋思恭占据夏州城（统万城），到 1227 年蒙古灭夏，西夏占据统万城 347 年。以 1227 年为一截止时间，统万城的城龄就延续到 815 年。参见下表。

表一　　统万城—夏州城的历史记录

公元纪年	历史纪年	史实	备注
413	夏国凤翔元年	匈奴族赫连勃勃征发 10 万人，“蒸土而建”统万城，418 年 11 月建成	《晋书》卷一三〇《赫连勃勃载记》
418	夏国凤翔六年	赫连勃勃击败东晋军队，攻入长安，置“南台”，以统万城为北京	《晋书》卷一三〇《赫连勃勃载记》
427	北魏太武帝始光四年	6 月，北魏大破赫连昌部，攻陷统万城，在此置统万镇	《魏书》卷四上《太武帝纪》
487	北魏孝文帝太和十一年	北魏改统万镇为夏州	《魏书》卷一〇六下《地形志》
605	隋炀帝大业初	隋朝改夏州为朔方郡，领三县，治岩绿县城	《隋书》卷二九《地理上》
627	唐太宗贞观元年	豪强梁师都割据夏州称帝，建梁国	《旧唐书》卷五六《梁师都传》
628	唐太宗贞观二年	唐朝派兵讨平梁师都，置夏州都督府，领夏、绥、银三州，夏州治朔方县城	《旧唐书》卷三八《地理一》
787	唐德宗贞元三年	唐朝置夏州节度观察处置押蕃落使，后领有夏、绥、银、宥四州	《新唐书》卷六四《方镇一》、《元和郡县图志》卷四《关内道》
881	唐僖宗中和元年	党项首领拓跋思恭占据统万城	杜建录：《西夏时期的统万城》，《统万城遗址综合研究》，西安：三秦出版社，2004 年，第 159—163 页
994	宋太宗淳化五年四月	北宋为防止党项人“据城自雄”，下诏废毁夏州城，移民于银、绥二州间	《宋大诏令集》卷一五九《废夏州旧城诏》
997	宋太宗至道三年十二月	北宋授党项拓跋族李继迁夏州刺史	《宋史》卷四八五《夏国上》
1003	宋真宗咸平六年正月	李继迁正式建都西平府，并迁走银州、夏州的民众	《续资治通鉴长编》卷五四至卷五五

续表

公元纪年	历史纪年	史实	备注
1227	宋理宗宝庆三年	蒙古灭西夏	《宋史》卷四八六《夏国下》

还有一些史实不太清楚,那就是元朝攻灭西夏之后,夏州城归元朝所有,元朝在这里设置过什么样的管理机构,有过什么样的经营建设。统万城遗址考古发掘中,曾发现过元代的遗迹,还有待考古单位能尽早予以发表。

二、古城地理环境的考察

20 世纪 70 年代的勘测工作,业已注意到统万城建立的地质基础,在发表的报告中曾明确说道:“考古勘探查明,城址建筑物废墟的瓦块层下,是原生自然堆积的细沙,钻探 13 米,已深入到城墙根基之下,仍是一色的黄沙,这证明沙是筑城前就有的了。”[①]

2002 年的考古发掘工作,是在西城西南隅台“南面发掘一个探沟,西面发掘两个探沟,随后又全面清理出西、南及东部地基。除东南、西南两处拐角部分夯土城墙及基础残损,不可复原外,其余基础保存完好”[②]。考古学者于此得出的看法是一样的,即“经钻探,城址建筑物废墟的瓦块层下,是原生自然堆积的细沙”。夯土基础下为纯粹的原始细沙,这就说明,统万城建立在沙层上。经测量,自基础以上,西南隅台现存高度为 26.62 米,底部长约 35 米,宽约 26 米。

2002 年对永安台(俗称龙墩)地基的探测,得到的结果也是相同的。永安台位于西城南部中央,10 余米高的夯土台是城内的一个制高点。考古人员紧贴现存夯土台基东、西、南、北四面,依正南北或正东西方向各发

①陕西省文物管理委员会(戴应新执笔):《统万城城址勘测记》,《考古》1981 年第 3 期。

②邢福来:《统万城遗址考古发掘的新收获》,《中国历史地理论丛》2003 年增刊。

掘了一个探沟，以期搞清夯土台基原有规模，并从出土物判断夯土台基废毁的大体年代。得到的结果是：永安台为长方形，东西长，南北窄，是由相对独立的夯土块组成的庞大的夯土台，夯土块之间自基础而上有明显的缝隙，系采用平夯方式筑成。夯土台周围有厚 25 厘米左右的踩踏面，之下即为原始沙层。自踩踏面而上，现存夯土台高近 19 米。

在统万城的历史上，最有名的风沙气候记录，见之于《新唐书》卷三五《五行志》。所记唐穆宗长庆二年（822）十月，“夏州大风，飞沙为堆，高及城堞”。不少人认为这一条史料为偶然记下，不能说明太多的问题。实际情况恰恰相反，前往遗址考察后可以做出判断，“高及城堞”的这段城墙只能是迎受西北风沙侵袭的西城西墙，顺着城墙堆积起来的沙子已“高及城堞”，它绝不是风沙在一个月内刮成，而是夏州城长期遭受风沙侵袭的一个基本事实。

联系到鄂尔多斯高原在地质时期的沉积环境，这里遍布的是第四纪古风成沙，北部的库布齐沙漠沙丘高大，南面的毛乌素沙地同样是遭受西北风沙侵袭的地区，而统万城建立的地质基础，由于基址紧靠无定河畔，地处毛乌素沙地最边缘。所以，其下覆的沙层厚度还是较为有限的。

1. 建城之初的环境

侯仁之先生《从红柳河上的古城废墟看毛乌素沙漠的变迁》[①]一文，征引《太平御览》卷五五五引崔鸿《十六国春秋》之文，“初昌父勃北游契吴，升高而叹曰：‘美哉斯阜，临广泽而带清流，吾行地多矣，未有若斯之美。’”查《元和郡县图志》卷四，记为“自马领以北，大河以南，未之有也”，《太平寰宇记》卷三七记为“未有若斯之壮丽也”。侯仁之先生分析认为，根据勃勃的上述叹言，“在统万城初建之时，附近一带非但没有流沙的踪影，而且还是一片水草丰美、景物宜人的好地方”。按照论文的提示，统万城所在的毛乌素沙漠是大夏国以后逐渐出现的。

1987 年，王尚义先生撰写的《历史时期鄂尔多斯高原农牧业的交替及其对自然环境的影响》[②]论文发表。这篇论文论述的地域范围较大，广及

①侯仁之：《从红柳河上的古城废墟看毛乌素沙漠的变迁》，《文物》1973 年第 1 期。

②王尚义：《历史时期鄂尔多斯高原农牧业的交替及其对自然环境的影响》，《历史地理》第 5 辑，上海：上海人民出版社，1987 年，第 11—24 页。

整个高原，时间尺度也很长，基本看法是农牧业的发展，在高原历史上是相间分布，发展情形是取决于游牧民族与汉族的活跃程度。而自然环境变迁的总趋势是由牧区变农垦区，逐渐发展为沙漠。毛乌素沙漠和库布齐沙漠就是这样扩展的。

统万城周边环境的认识，同整个鄂尔多斯高原历史环境的复原工作具有一致性。到 1998 年，赵淑贞、任伯平先生联名发表《历史时期黄河中游环境变迁与下游水患问题的研究》[①]，得出的看法是：地质研究表明鄂尔多斯高原沙漠在史前即已存在，史籍也记载北魏时期该地区有大沙漠，“人造沙漠”的论点不能成立。论文还指出，东汉以后游牧民族的入迁，使该地区及陕北、陇东草原破坏加剧，所谓“改农归牧使森林草原植被得以恢复”的论点与事实不符。由于上述地区植被的严重破坏，土地沙漠化和水土流失加剧，北魏中期黄河下游决、溢水患频繁，灾情极重，所谓“长期安流”的说法，于史实无据。

到 2001 年，侯甬坚等发表《北魏（AD386—534）鄂尔多斯高原的自然－人文景观》[②]一文，取得的分析结果是：本时段内库布齐沙漠面积分布到高原东面，但不能认为已接近黄河，记录中的“大漠”可以认定为较大的沙地，鉴于这一带为北魏君主多有所获的田猎之区，还不能视其为无草无木的流动沙丘。毛乌素沙地仍属风沙地貌，其草场类型多样，过渡性特征更为明显，高原上呈现沙草并存的半干旱荒漠草原景观，符合地理学关于过渡地带景观原理的若干阐述，用前后时代相关资料对照，亦符合内蒙古自治区伊克昭盟历史景观到现代景观间的历史延续性。

2003 年 6 月，邓辉先生发表了《统万城与毛乌素沙地历史时期环境变迁研究评述》[③]一文，认为 2001 年学术界发表的 3 篇研究论文，均注意到历史地理研究与地貌学、第四纪环境学的结合问题，在具体研究工作中尽

①赵淑贞、任伯平：《历史时期黄河中游环境变迁与下游水患问题的研究》，《中国沙漠》1998 年第 18 卷第 4 期。

②侯甬坚、周杰、王燕新：《北魏（AD386—534）鄂尔多斯高原的自然－人文景观》，《中国沙漠》2001 年第 21 卷第 2 期。

③邓辉：《统万城与毛乌素沙地历史时期环境变迁研究评述》，刊于侯甬坚、李令福编《走向世界的沙漠古都——统万城》，《中国历史地理论丛》2003 年专辑。

量把历史文献与地理环境分析结合起来。其中，侯甬坚利用历史文献对北魏时期鄂尔多斯及周边地区的自然环境和人文环境做了细致的复原，论证了“马领”的地望，反驳了有关契吴山位于“云中川”的观点，认为统万城在建城初期周围的自然环境比现在要好。王尚义认为统万城的选址首先是出于军事的考虑，而统万城建城初期的自然环境应该是比较良好的，人类活动应该是自然环境变化的主要原因[①]。邓辉从自然环境区域分异的角度，对历史文献中相互矛盾的记载做了分析，认为流动沙丘、固定沙丘、梁地、低湿草甸等不同类型的隐域环境可以同时存在于毛乌素沙地内部，统万城的具体选址，是充分考虑了周围的良好自然环境，虽然“临广泽而带清流”的契吴山位于统万城以北七十里的苏吉山一带，但从当时人胡义周对统万城的描述中可以看出，统万城初建时期的生态环境应该是比较好的。在统万城周围生态环境退化的过程中，人类的不合理活动起了很大的作用[②]。

从已有论著来看，对于“临广泽而带清流”句的解释很不一样，区别见表二。

表二　　1981 年以来对“临广泽而带清流”句的诸种解释

年份	原文论述分析	文献出处
1981 年	“赫连勃勃说契吴山‘临广泽而带清流’，也有可能是沙漠地区的景象”。	赵永复：《历史上毛乌素沙地的变迁问题》，《历史地理》创刊号，上海人民出版社，1981 年。
1987 年	“可见在统万城初建之时，其附近是一片水草丰美、景物宜人的地方”。（与侯仁之看法相同）	王尚义：《历史时期鄂尔多斯高原农牧业的交替及其对自然环境的影响》，《历史地理》第 5 辑，上海人民出版社，1987 年。
1993 年	“大约在第四纪以来已有小块沙地存在，但面积不大，其间尚分布有草原、沼泽和灌丛”。	邹逸麟编著：《中国历史地理概述》，福建人民出版社，1993 年。

①王尚义、董靖保：《统万城的兴废与毛乌素沙地之变迁》，《地理研究》2001 年第 3 期。

②邓辉、夏正楷、王琫瑜：《从统万城的兴废看人类活动对生态环境脆弱地区的影响》，《中国历史地理论丛》2001 年第 2 期第 16 卷。

续表

年份	原文论述分析	文献出处
2001 年	“今天统万城北部约 70 里的地方，正是乌审旗桃利庙苏木的桃利滩，为一处低湿的芨芨草滩地”。	邓辉等：《从统万城的兴废看人类活动对生态环境脆弱地区的影响》，《中国历史地理论丛》2001 年第 2 期。
2001 年	“契吴位于黄河东岸大黑河与浑河之间，勃勃所赞叹的应是云中川而非鄂尔多斯高原”。	任世芳等：《关于南北朝至隋唐黄土高原北部的土地利用方式》，《中国历史地理论丛》增刊，2001 年。

夏国中书侍郎胡方回（秘书监胡义周之子）所撰《统万城铭》中的“背名山而面洪流，左河津而右重塞”之句，所提背名山只能是北面的契吴山。统万城遗址周围无山，邓辉先生持契吴山位于统万城以北七十里的苏吉山一带的意见，表明赫连勃勃在南下过程中，走上契吴山所说的情况（所谓“升高而叹”），同统万城遗址周围并没有直接的关系。

2. 建城之后周边环境的演变

北宋之后下延到明初（“弃套”之前），在现存史料中还有一些线索可以利用来推进统万城历史的研究，但关键是如何获取元代察罕脑儿城即统万城所在的证据。依现存史料来说，元朝时期统万城城市史很不清楚，到明朝前期，统万城所在的城址就成为长城外的废城。

宋初因之，有夏州。宋太宗时，“以夏州深在沙漠，本奸雄窃据之地，将坠其城，迁民于银、绥间”，宰相吕蒙正表示赞同，遂于淳化五年（994）四月乙酉（6 月 9 日）下达了《废夏州旧城诏》。

《宋大诏令集》卷 159 收录《废夏州旧城诏》［淳化五年（994）四月乙酉］。全文曰：“日者李继迁辄负国恩，荐为边患，鸠率邻国，侵掠封陲，朕不欲加兵，盖思静乱，遂令李继捧授之节制，俾镇夏台，外则式遏乱略，内则抚绥黎庶。而乃枭音相和，狐性多移，爰与肺腑之亲，潜结辅车之势，迭为表里，孤负倚毗，须举偏师，用平三窟。眷兹民庶，久困兵锋，盖由百雉之城，深在强邻之境，豺狼因而为援，蛇豕得以兴妖，思殄余风，用迁善地，勉务革音之态，永怀按堵之心。其夏州旧域（‘域’，应为‘城’字），宜令废毁，居民并迁于绥、银等州，分以官地给之，长吏倍加抚存。”这份诏令的执行，是以废掉北宋在此处的行政建置为主，并撤掉一些设施，不让“边患”在此萌生，影响全局。宋朝已难控制夏州城的周边环境，又无什么好办法，只能出此下策，撤销建置，毁掉设施，预防为主。宋初太平兴国（976—984）时，会州、夏州、灵州“蕃汉相杂”，夏州境内统计有 19290 户蕃户、2096 户汉户，汉户占总户数的 9.8%[①]，明显不占优势，虽然这两种类型都不是百分之百的牧业或农业经营，但仍可以作为此地从事农牧业生产人口比例的参考数值。

据研究，从公元 881 年（时为唐僖宗中和元年）党项首领拓跋思恭占据夏州城（统万城），到 1227 年蒙古灭夏，西夏占据统万城 347 年。其间，党项“部落繁富”，以“平夏部”而著名，建立的是夏州拓跋政权。982 年，夏州节度使李继捧前往开封朝觐宋太宗，献出世居的夏、银、绥、宥四州八县之地。随之，宋太宗就下了《废夏州旧城诏》。两年后宋真宗继位，任命李继迁为定难军节度使，夏州等地又归于拓跋李氏掌管。1002 年，拓跋李氏攻取灵州（西平府），其政治重心也随之西迁，以后又移至兴州（今银川市），夏州虽然还属于西夏，但已经很不重要了[②]。

《续资治通鉴长编》卷三一八记宋神宗元丰四年（1081）十月事，宋军将领王中正“至夏州，时夏州已降种谔，谔寻引去，中正军于城东，城中居民数十家”，城东可能是指东城，易于驻扎军队，记载未及西城，推测西城居民的数量要大得多。

据元人熊梦祥《析津志·大都东西馆马步站》记载天下站名[③]：

一路正北由龙桥至察罕脑儿。

（关中地区）100 龙桥 90 耀州 75 同宫 85 宜君 75 中邽 75 三川 65 鄜州 95 甘泉 65 延安龙安寨门白塔尔察罕脑儿

我们注意到，谭其骧主编《中国历史地图集》第 7 册《元明时期》

①〔北宋〕乐史：《太平寰宇记》卷三七《夏州》。

②杜建录：《西夏时期的统万城》，刊于陕西师范大学西北环发中心编《统万城遗址综合研究》，西安：三秦出版社，2004 年，第 159—163 页。

③〔元〕熊梦祥著：北京图书馆善本组辑：《析津志辑佚》，北京：北京古籍出版社，1983 年。

13—14 幅图“陕西行省”，绘“察罕脑儿站”于内蒙古乌审旗南无定河东岸（今蒙陕交界处，统万城遗址东南），略同于西汉上郡奢延县的位置。

对于“察罕脑儿”这个地名，最早是由内蒙古大学周清澍先生论及。1978 年，周清澍所撰《从察罕脑儿看元代的伊克昭盟地区》[①]一文发表，论文为查询元代察罕脑儿城可能位于今统万城遗址的文献依据，做了大量的文献考据工作。尽管蒙古民族为鄂尔多斯地区带来了大量的蒙古语地名，为历史地名定位研究增加了困难，但这个问题还是饶有趣味，引人入胜。

已为周清澍先生查询的文献资料线索有：

①《中国古今地名大辞典》第 1086 页“察罕脑儿城”词条：“在陕西横山县北。元世祖十七年（按至元年号，为 1280 年），作行宫于察罕脑儿，筑土为墙。”

②《明史》卷一二六《汤和传》记：“又明年，复以右副将军从大将军败扩廓于定西，遂定宁夏，逐北至察罕脑儿，擒猛将虎陈，获马牛羊十余万。徇东胜、大同、宣府皆有功。”时为洪武三年（1370）。

③伯希和所作《马可波罗注释》（P. Pelliot：*Notes on Marco Polo*，第一卷，1959）第 143 条“察罕脑儿”（Ciagonnor），已指出“在马可波罗的时代华北地区有两个察罕脑儿”，并猜想这个察罕脑儿在黄河河套内的鄂尔多斯高原境，榆林以西和横山县以北，明初仍为人所知。

④《剌失德丁集史》第二卷《铁木耳合罕纪》中记“唐兀乃一幅员广阔之大国，汉语称为‘河西’，……此地诸大城曾为诸王之都邑者有：京兆府、甘州府、……阿黑八里（Aq-baliq）”。“Aq-baliq”乃突厥语词，汉语意为“白城”。

⑤姚燧《武略将军知秦州史君神道谒》记：史克恭“刺葭州，葭濒西河，

①周清澍：《从察罕脑儿看元代的伊克昭盟地区》，《内蒙古大学学报》1978 年第 2 期，后收入刘成等编《内蒙古大学学报三十周年论文选（1959—1989）》，呼和浩特：内蒙古大学出版社，1991 年，第 21—39 页（文末附有作者的“补记”）。现又收入作者《元蒙史札》，呼和浩特：内蒙古大学出版社，2001 年，第 271—314 页。最近，周松所撰《元末黄河中游地区的政治形势与军阀集团》一文（《中国历史地理论丛》2006 年第 1 期，第 72—80 页），亦认为“察罕脑儿地区由于长期缺乏直接材料记载，致使许多问题含糊不清，不易清理出较为明确的线索和得出更加肯定的结论”，但能感觉到这个地区相当重要。

方涉延安路事……俄秦藩肇建，于冬发万人筑白海行邸”，事见《牧庵集》卷二五。这个白海，即《顺帝纪》至正十八年豫王阿剌忒纳失里所徙居的“白海”，也就是蒙语察罕脑儿的汉名。因为察罕脑儿南面紧接延安路及其所辖州县，与此“白海”的地理位置也相当，所以令近处延安路和葭州的守令发民夫修筑行邸。可见安西王除开城以外，早已在察罕脑儿另建有“宫邸”。

表三　《元史》《明史》有关察罕脑儿城的记录

年份	资料记述	备注
1310 年	至大三年九月，立宣慰司都元帅府于察罕脑儿之地。	《元史·武宗纪》
1311 年	察罕脑儿等处，设长官司，凡五处；察罕脑儿等处设提领所，凡十处，分掌怯怜口地方，隶各长官司。	《元史·百官志》
1315 年	延祐二年六月辛巳，察罕脑儿诸驿乏食，给粮赈之。	《元史·仁宗纪》
1317 年	延祐四年冬十月壬子，给钞五万锭、粮五万石赈察罕脑儿。	《元史·仁宗纪》
1323 年	至治三年夏四月丙寅，察罕脑儿蒙古军驿户饥，赈之。	《元史·英宗纪》
1324 年	泰定元年十二月乙亥，察罕脑儿千户部饥，赈粮一月。	《元史·泰定帝纪》
1331 年	至顺二年三月壬午，以陕西盐课钞万锭赈察罕脑儿蒙古灾民。	《元史·文宗纪》
1335 年	至元元年秋七月癸卯，立脱脱禾孙于察罕脑儿之地。	《元史·顺帝纪》
1340 年	至元六年春正月……察忽、察罕脑儿等处马灾，赈钞六千八百五十八锭。	《元史·顺帝纪》
1371 年	汤和与元军察罕脑儿城之战，俘虏元猛将虎陈，掳获马、牛、羊十余万。	《明史·汤和传》

元史专家周清澍认为，元朝至大三年（1310）设宣慰使司都元帅府于陕西行省境内的察罕脑儿城，此城“可能是今伊盟乌审旗和陕西靖边县交界处的白城子古城”。1994 年，周清澍所主编的《内蒙古历史地理》一

书[1]，附有“古城今址对照表”，所做文字说明是“本表所收为书中出现的今址可考的古城……今址不一定准确或有异说者在古城名后加‘？’，分别出条”。伊克昭盟部分共8条，第4条即白城子古城，做说明为：乌审旗纳林河乡和陕西省靖边县红墩界乡交界处，无定河北岸的白城子古城？另作：〔元〕白海行宫，白城，“Aq-baliq”，察罕脑儿城，察罕脑儿宣慰使司都元帅府城。

2002年，元史专家邱树森主编《元史辞典》一书在山东教育出版社出版，该书第1012页对“察罕脑儿”词条的解释是：①地名。今陕西靖边东北红墩界北白城子南。②地名。今河北沽源北囫囵淖。第1012页还有对“察罕脑儿宣慰司”词条的解释，引文有“于白海（蒙语察罕脑儿，在今内蒙古乌审旗）筑行宫，分地置蒙古四千户”。

2003年11月，国家文物局主编的《中国文物地图集·内蒙古自治区分册》出版。在这部图集中的伊克昭盟乌审旗遗址单位“三岔河城址及墓群”介绍中，明确说明这个位于乌审旗河南乡古城村西南50米的古城遗址，即“为察罕脑儿故城，安西王阿难答所建，后收归朝廷直辖，设察罕脑儿宣慰司”。在第259页的《乌审旗文物图》中，已清楚绘出“三岔河城址及墓群”的位置。2005年4月2日，笔者曾同陕西师范大学西北环发中心部分师生到这里，考察后认为，若要最终确立此处即元代的察罕脑儿城，尚需结合考古发掘、历史文献和历史地理诸方面的工作，做出更细致的调查研究。

2004年，民族史专家周伟洲教授所撰《统万城遗址出土元青铜十字牌考》[2]一文发表，论文从陕西省博物馆（今改名西安碑林博物馆）保管部所藏两枚出土于统万城遗址的铜牌论起，指出这种青铜十字牌系原信仰基督教的一支景教（又称聂斯托里教）的汪古部人的遗物。元代未见有夏州城的记载，但夏州城遗址上仍然是内蒙各族与陕西各族通商道路所经之地，有居民和游牧民居住其间。邻近信仰景教的汪古部人常经此入关中进行贸易，或于此做长期或短期的居留，他们所佩之十字铜牌留存该地或陕北绥

①周清澍主编：《内蒙古历史地理》，呼和浩特：内蒙古大学出版社，1994年。

②周伟洲：《统万城遗址出土元青铜十字牌考》，刊于陕西师范大学西北环发中心编《统万城遗址综合研究》，西安：三秦出版社，2004年，第51—54页。

德也是有可能的。这一事实说明，元代北方汪古部信仰的景教影响的范围已达今陕西北部地区。

结合清道光年间怀远知县何炳勋调查夏州城故址（统万城）的结果，三道城内“西有钟楼，东有鼓楼，鼓楼仅存，……其钟楼尚堪上去，高约十余丈，白土筑成，鸡笼顶式大厦一间，半间已坍，半间挂钟”的记述，周清澍先生论述道：“赫连勃勃时代，城市建筑决没有什么钟鼓楼制度，所谓‘鸡笼顶式大厦’很可能是穆斯林式建筑。阿难答笃信伊斯兰教，解放后西安安西王府旧址曾发现阿拉伯幻方，说明当时曾有大批来自西亚的穆斯林在其周围，因此在察罕脑儿出现穆斯林式建筑是很自然的。”

上面的论述持论严谨，虽然已有不少线索，但对于元代察罕脑儿城即位于今统万城遗址的问题，尚需更可靠更直接的文献或考古证据，才能予以最后证实。

据研究，元朝灭亡之前，鄂尔多斯地区被元朝太傅、中书左丞相、河南王扩廓帖木儿所占有。至明朝初期，扩廓帖木儿被赶出鄂尔多斯，这一地区改由明王朝派员管辖。公元 1371 年，明朝在今鄂尔多斯南部设察罕脑儿卫，在东胜北部设东胜卫。但不久，故元势力和蒙古各部又相继进入该地区。在一个多世纪里，明王朝多次派军进攻，但始终未能如愿。明朝中期在伊盟南部修筑长城，加设边关，将长城以北鄂尔多斯地区让出，统万城遗址被弃在明长城以外百里左右，周围成为蒙古人游牧地，史书少有记述。

譬如，《英宗实录》1436 年阴历十二月甲戌（1437 年 1 月 19 日）记载，镇守陕西都督同知郑铭等奏：“陕西地界与东胜及察罕脑儿一带沙漠，相接胡寇，侵扰殆无宁岁……洮、岷……访得各卫军丁及民间多有骁勇精锐通武艺之人，乞命廷臣前来慎选，及募自愿立功者，量加赏赉，给廪蠲役，严督训练，有警易为调用……上命行在兵部会议行之。”保证长城两侧居民不受蒙古人的侵扰，是当时守卫将士的一项重要职责，而统万城之名已难以在文献中出现了。

嘉庆《宁夏府志》卷四“废夏州”条：“在古盐州东北三百里，今河套哈喇乌苏之南，即华言赫水，有废城，曰忻都，即夏州也。”此段资料应与《弘治宁夏新志》的记载有关联。古盐州，乃西魏废帝三年（554）

改西安州置，在五原（今陕西定边）；后属西夏，元蒙时废。哈喇乌苏，地望不详，其音同今日所言“河套人”发现地萨拉乌苏之名十分相近（萨拉乌苏河，即无定河上游之红柳河）。“华言赫水”，即《晋书·赫连勃勃载记》所言“于朔方水北、黑水之南营起都城”的黑水，为今乌审旗纳林河。忻都之名，莫解。在夏州城历史上，唯有北周夏州刺史宇文贵之子宇文忻，在名称上同“忻”字有一致之处。宇文忻，前述其幼而敏慧，善骑射，年十八，有战功，进爵化政郡公。拔晋阳，平北齐后，进位大将军。隋初，为丞相。平定尉迟迥之乱后，晋封英国公，最后改封杞国公。后因出言不慎，“谋泄伏诛，家口籍没”。事见《北史》卷六〇《宇文贵附子忻传》。《宁夏府志》卷四“废夏州”条所记表明，还是有人知道夏州城的下落，而不似有些论著所说，在道光年间何炳勋调查夏州城故址（统万城）之前，统万城彻底“消失”，已无人知道统万城的下落了。

道光二十一年（1841），怀远知县何炳勋奉榆林知府李熙龄之命，西去调查夏州城故址（统万城），到达了白城子，见其中有人居住。回来后他写了《复榆林李太守熙龄查夏州城故址禀》，其中所述“土人云，每逢朔望，清晨空中现有城垣楼阁”，表示周围有人居住；所谓“遍询老民，佥称此城之外，怀邑草地并无另有城基”，似为城外居住之当地人[①]。

有关统万城一地的近现代地方资料极为缺乏，原因十分简单，因为在统万城被废弃后，已无主流资料记录该城情况。有一位旅游观光者用文学语言说：“从壮丽雄伟的大城到退缩回一个冷寞而宁静的小村，这就是现实。”——我们说，这就是历史，这就是时代变迁。对此，只有采用靖边、三边的地方性资料，做一些铺垫。

1949年以来的统万城遗址所在地，在行政区划上先后属于靖边县长城区（通称三区，1950—1952年）、海子滩区（通称三区，1956—1958年）、红墩涧乡（驻当铺坬，1989年资料）、红墩界乡（驻当铺坬，1992年资料）、红墩界镇（驻当铺坬，2000年资料）[②]。由于位于县北，交通不便，20世纪70年代以前到达这里的人还非常少。

①侯甬坚：《道光年间夏州城故址（统万城）的调查事由》，《陕西师范大学学报（哲学社会科学版）》2003年第4期，第87—94页。

②靖边县地方志编纂委员会编：《靖边县志》，西安：陕西人民出版社，1993年。

1959年，王达先生撰文说，“陈恒力先生在解放前（伪满时）曾调查辽宁省法库同白城子人的食粮量”，1940年还在延安做了调查，留下了一些统计数字，弥足珍贵，谨见下表[①]。

表四　　白城子三地的食粮量调查

地区	调查时间	单位	折人月食谷量	折人日食谷量
白城子	解放前（伪满时）	市斤	58	1.923
延　安	1940年	市斤	58	1.923
西安西岗	1958年	市斤	60	2.000

表五　　陕北榆林四县行政资料举例

县名	县等级	辖境面积		人口数	附录
		平方千米	对本省（%）		
榆林	2	3046.15	1.62	137428	旧榆林府附郭首县，民国二年二月裁府留县
横山	5	4087.00	2.18	52811	
定边	6	5259.25	2.80	28503	
靖边	6	2945.25	1.57	9589	

资料来源：内政部编，《中华民国行政区划简表》（第十一版），商务印书馆，1947年。

在第三次国内革命战争条件下开展的大生产运动，包括公私农业、工业、手工业、运输业、畜牧业和商业，而且是以农业为主体。

1942年12月，毛泽东在陕甘宁边区高级干部会议上做了题为《经济问题和财政问题》的报告，其第一章《抗日战争的经济问题和财政问题》（原题为《关于过去工作的基本总结》）收录在《毛泽东选集》之中。报告全文由智慧出版社出版。在这篇报告里，毛泽东批评“有许多同志，片面地看重了财政，不懂得整个经济的重要性”，强调陕甘宁边区的财

①转引自吴慧：《中国历代粮食亩产研究》，北京：中国农业出版社，第83—84页。陈恒力先生在1949年以前所做的调查，无论是调查地点，还是具体内容，还有待查询。

政问题“都是由人民的赋税及几万军队和工作人员自己的生产来解决的”。1940 年边区农民缴纳公粮 9 万石，1941 年缴纳 20 万石，1942 年缴纳 16 万石。毛泽东说：“陕甘宁边区虽然是没有直接遭受战争破坏的后方环境，但是地广人稀，只有 150 万人口，供给这么多粮食，是不容易的。”

实行“劳动互助”的“农民合作社”，多犁多锄多上粪，“今年边区有许多变工队，实行集体的耕种、除草、收割，收成比去年多了一倍”。这种合作社的基础，如毛泽东所说：“我们的经济是新民主主义的，我们的合作社目前还是建立在个体经济基础上（私有经济基础上）的集体劳动组织。”

按照靖边县的情况，在发展农业、畜牧业方面做出了确实的成绩。毛泽东《经济问题和财政问题》里举例说“1942 年，靖边同志领导农民在巴图湾、杨桥畔等地方打了 6 个坝，依坝作壕，引水灌地”（1950—1952 年，巴图湾、白城子同属靖边县长城区，时称“巴兔湾”），还在南部山区修建了一种“水漫地”（即今日淤地坝）。1941 年春季牲口大量死亡，靖边县采取种苜蓿、修草园、割秋草、栽柳树、挖草根 5 种办法，号召农民解决了牧草问题。1942 年雨水较多，草的长势也好，上述办法对于恢复牲畜数量也起了很大的作用[①]。

自 1949 年中华人民共和国成立后，文物调查工作开展，方才有人到统万城遗址上进行调查了解。

1956 年 9 月，陕西省文物管理委员会、陕西省博物馆组织的陕北文物调查征集组，到达统万城遗址进行调查，了解到“城址内外，现在居住着 40 多户人家，有 20 多户在城址上挖了窑洞居住”[②]。

1972 年 7 月 4 日，西北大学教师李健超先生来到统万城遗址调查，了解到“如今白城子是红墩界公社的一个生产大队，共有 5 个生产小队，其中 2 队在二道城的南墙，5 队在三道城的西墙，这两队共有 50 余户。其他几个生产队在东城和西城之外的无定河畔”。李健超先生记述道：“在内

①毛泽东：《经济问题和财政问题》（节录），转引自新版《靖边县志》，西安：陕西人民出版社，1993 年，第 51—511 页。

②陕北文物调查征集组（俞少逸执笔）：《统万城遗址调查》，《文物参考资料》1957 年第 10 期。

城（西城）大约有 400 亩地，种的是洋芋和豆子，地面上破砖块、碎瓦片、瓦当比比皆是。”[①]

2000—2003 年，陕西师范大学教师李令福博士多次到统万城遗址考察，尤其注意到清中叶以来该遗址及周边环境的变化情况。按他的调查记录：据当地一姓高的老者介绍，其家最早来到白城子居住的是他爷爷的爷爷。他今年 71 岁，向上推三辈，每一辈以 25 年计算，则高家移居统万城遗址约在 146 年前。这与何炳勋来此考察的时间很接近了，而他家还不是最早移居统万城的。大家一致认为，在统万城遗址挖窑洞居住的是马家、高家两姓，高家原籍横山县之高新庄，马家原来也是横山的，而且马家来此落户的时间还要早一些似的[②]。我们在统万城遗址考察时认识的马俊旺老人（1949 年生）、王治新老人（1941 年生），就是在遗址内的窑洞里出生的。

3. 城池废弃之后周边环境的演变

统万城的位置偏远，对于过去的王朝来说是鞭长莫及，对于今天政府的文物保护工作来说也是不易的。1992 年 4 月 20 日，陕西省政府将靖边县境内统万城遗址公布为陕西省第三批重点文物保护单位，同时公布了保护范围：

①城墙以及城内遗址、龙墩

② A 区外延 5 米

③ B 区外延 20 米

1996 年 11 月，国务院将统万城遗址公布为全国第四批重点文物保护单位，保护范围同上。

靖边县统万城文物管理所自 1982 年 10 月成立起，就担负起对统万城遗址的保护工作。该文管所所划分的保护范围如下[③]：

---

①李健超：《1972 年统万城遗址考察记——匈奴政治经济和社会发展的物化证据》，刊于侯甬坚、李令福编《走向世界的沙漠古都——统万城》，《中国历史地理论丛》2003 年增刊，第 65—67 页。

②李令福：《2000—2003 年统万城遗址考察记》，刊于侯甬坚、李令福编《走向世界的沙漠古都——统万城》，《中国历史地理论丛》2003 年增刊，第 95—105 页。

③王智真：《关于统万城几个问题的说明与探讨》，刊于陕西师范大学西北环发中心编《2006 年统万城、榆林城考察资料汇编》，2006 年 9 月（内部交流）。

内城包括东城、西城城垣、墩台、马面、城垣所围全部面积，其范围同省政府公布范围一致。

外郭城东边从无定河石桥起，沿路一上坡即为外郭城东北角墩台遗迹。以此为起点，向西北延伸至西城北垣西北角向北 25 米处，墙体外延 5 米均为保护区（注：西外郭城在当时划定保护范围时还未发现）。

四处保护点：①无定河南岸圪洞河平台南北并列的两个高出地面的有明显夯层的圆形土丘（考证为“离宫”遗址）；②现白城则村委会院子南坡上平台一圆丘（考证为《统万城铭碑》碑址所在）；③吴家圪崂南高处的瓦渣梁，面积数十平方米的圆形遗迹（考证为“冲天台”遗址）；④西城西北约 100 米的南北排列的两个有夯层、高于地面的圆形土丘（考证为赫连勃勃及其皇后陵墓）。

按照靖边县统万城文管所的认识，统万城遗址保护范围还应包括周边古墓葬，这是对统万城遗址有直接考证价值的遗存，但由于体制方面的原因，统万城周围古墓葬还不属于文管所管。随着统万城研究的深入，不断有新的发现，其保护范围也应据此重新划定。

在统万城遗址的具体保护中，下面几个方面存在着较大的问题：

风蚀　遗址地处毛乌素沙地边缘，常年遭受着西北风的侵袭，高大的西墙南段和西南隅角楼首当其冲，墙体上出现了严重的风化剥蚀现象。东京大学松永光平博士根据统万城西城西南角楼形态的实地观察，将统万城墙体的风化剥蚀过程模式做了如下初步研究[①]：首先基根部形成磨蚀凹槽，其次不断地磨蚀与物理风化加深凹槽，在凹槽上方发生垂直节理。凹槽的加深、溶蚀与水蚀将节理变成裂缝，最后发生错落，墙块在基根部前堆积而形成倒石堆，反复的墙面平行后退，因原貌破坏而塑造成目前的统万城。遗址迎风面墙体上的排排凹槽，显示了岁月的侵蚀痕迹，也是目前

①［日］松永光平：《统万城风化剥蚀过程模式的初步研究》，刊于陕西师范大学西北环发中心编《2006 年统万城、榆林城考察资料汇编》，2006 年 9 月（内部交流）。该文原注：从地貌学上的定义来讲，风化是地表的岩石在原地受地表环境的影响而变质的现象。剥蚀是泛指地表物质受风、流水等流体力作用或重力作用而移离原地。被剥蚀的多是地表岩石风化的产物，地表岩石风化产物被剥离之后原来处下层的岩石又遭风化的过程概称风化剥蚀（杨达源：《剥蚀作用》，参见张根寿主编《现代地貌学》，北京：科学出版社，2005 年，第 31—34 页）。

外露墙体所遭受的最严重的自然破坏。

虫蚀　在统万城墙体内寄生着一种有飞行能力的昆虫。对此昆虫，尚不知其学名，需要查阅有关生物学文献加以了解。此昆虫夏季滋生，飞在高处，统万城墙体自然成为适宜的寄生之所。此昆虫喜集中在背阴处和夯层缝里打洞来寄生。背阴处或低矮处墙体不太干硬，昆虫易于打洞来寄生，多处集中打洞常造成成块墙体剥落，而它们又飞至更为阴湿的剥落处，继续打洞寄生。因此，高大的城墙（如马面）却显得斑痕累累，这多是丧于这类小小昆虫之手。秋冬时节此类昆虫僵死于洞眼之中，春夏时节则又复活。为保护珍贵的统万城墙体，必须将这类虫蚀列为重要的防护事项，有针对性地采用药水予以喷杀。

耕作　耕作活动是一项长期而不间断的人类经济行为。在一些特殊的时期，伴随着特殊的耕作活动，会给遗址带来意料不到的影响。据李健超叙述，在1972年7月的考察中，得知西城大约有400亩（26.67公顷）耕地，种的是洋芋和豆子，地面上破砖块、碎瓦片、瓦当比比皆是。据戴应新叙述，1977年春，白城则大队深翻土地时，拖拉机开进了东城遗址里。深翻土地时，在东城东部稍偏北处犁出了方形石础数十个，还有瓷高足杯、碗、“开元通宝”钱等物。当时此处比周围地面高出2米，而现在已经没有这样明显的高度了。

2007年夏季，笔者参加“农牧交错带城址与环境”2007年中日韩学术考察（8月1—18日）的陕西段调查工作，因系第一次在夏季时节到达统万城遗址，遗址内的人畜（黄牛）嘈杂和糜子、豆类等庄稼的长势情景，予人印象深刻。在国家重点文物保护单位的遗址本体内外，还有常年的耕种活动，这种情形是不多见的（事后得知2008年已将该遗址所涉及保护范围内的土地收为国有，2007年遗址内的庄稼地是为当地农民的最后一次收成）。

2008年3月下旬，笔者同一个“统万城遗址地块调查小组”，围绕遗址内外的田地做了一项调查工作。调查方法有实地踏勘、采访村民、查阅资料等。调查中尤其注意询问当地村民，地块的使用年代、名称，并随时进行图上作业。整个遗址的田地，视其利用过程，分为已遗弃地块（历史部分）、现有地块（现代部分）两类。已遗弃地块的过去耕种史，也是我们的调查内容。具体调查内容为：

1—GZ，1 年耕种地：原为草地，开垦耕种时间仅 1 年。地里多土，土较肥沃。

2—GZ，2 年耕种地：开垦耕种时间已 2 年的田地。有了一些覆沙。

n—GZ，多年耕种地：开垦耕种时间超过 3 年的田地。覆沙已很明显。

1—WZ，1 年未耕地：原为耕地，已 1 年未耕种。长有稀疏的黄蒿。

2—WZ，2 年未耕地：已 2 年未耕种的田地。长有较密的黄蒿。

3—WZ，3 年未耕地：已 3 年未耕种的田地。长有较密的黄蒿等植物。

n—WZ，多年未耕地：已多年未耕种的田地，在一定程度上可以看作是弃耕了。

SD，沙圪土老地：分布在城外的弃耕地。在生产队时期，这类土地因为含沙量大、肥力不足，所以是作为生产队的休耕地来安排使用的。在耕种两三年后，主动放弃，进入休耕阶段，休耕时间为七八年，然后再事耕种。

WZ，未耕地：是指城内的土地，分布在靠近墙垣的地方，略呈缓坡状，可以分为草地、沙地两种情形。沙地缺少利用价值，可以看作是荒地，草地却是当地居民放养牲畜的地方。

对于城内的田地，村民称其为“城趟地”。关于这个“趟”字，我们是经过一番询问、查找、排比，方才确定下来。在我国 1955 年公布的《第一批异体字整理表》中，“趟”的写法有三种，可见这是一个应用面较广的字。即便是现今流行使用的《新华字典》[①]，也给出了“趟（tāng）”字的两种解释：①从有水、草的地方走过去；②用犁、锄等把土翻开，把草锄去。

就土壤层来看，上面为沙土，下面为黑土。这个“黑土”的叫法（名称），是村民自己说出来的，我们不得不倍加关注。我们推测，下面有“黑土”的缘由，可能同当地一年一熟的耕种方式（有浇水等田间作业）、村民秸秆还田的做法、过去的文化堆积物（层）等方面有关。

正因为统万城遗址内外有大量厚层覆沙，当地村民的农耕活动，是在地表之下 30 厘米的土层内进行的，其种植活动较浅，在不利用深耕机械

①《新华字典》(1998 年修订本)，北京：商务印书馆，2001 年 8 月北京第 175 次印刷，第 479 页。

工具，按照传统的耕作方式进行生产的情况下，估计对地下文物的影响还是有限的。但是，伴随着常年农耕活动的展开，从业人员在城内城外进出、各种车辆和工具的使用、同栽培作物有关的生物发育繁衍等，对遗址保护带来的间接负面影响则是很大的。

人车践踏　由于参观考察遗址的交通路线没有得到根本的改进，现今行人和车辆均是过无定河和上坡，进入外郭城，自东向西穿过东城南半部，再沿西城南垣内侧行进，在南垣外第3—4座马面之间越过城墙遗址，驻足或停车于马面下的空地上，开始参观考察。最让人们满意的是，整个参观考察的路线，实际上就是环绕西城那宽宽的墙垣垣面，这对于城墙保护的目的来说，显然尚不到位。按照“统万城遗址保护规划”的控制范围及路线布设来衡量，需要加大投资力度，在东西城外侧开辟新的参观考察路线，以防止人车对遗址可能产生的过度践踏。

三、毛乌素沙地环境演变的重要地点和标尺

最近20多年来，学术界围绕沙漠/黄土边界带季风进退和地质地理环境的演化过程、北方农牧交错带历代疆域变化和农牧分界线移动等问题展开工作，又推出了大批精度较高的研究成果。现有研究表明，统万城的兴废作为反映环境变迁的一个尺度，具有非常典型的意义，能够说明人类活动对生态环境脆弱地区的影响是极为明显的，统万城一地也是具体探讨和区分自然因素与人类因素对环境变迁影响强度的比较理想的实验场所。

不同的国家面积大小不一，却都有自己的边疆地区，各类遗址也多有分布，但只有古代城址拥有特别重要的研究价值。人们知道，城市是一个地区在其生存发展时代，所创造的社会经济文化精华的聚集场所，尽管它后来成了废墟，但具有相当面积的城址却成为历史、考古等专业倍加关注的地方。这是因为被确定了历史身份的古代城址，在专业研究中，不仅可以将历史文献的记载落到实处，而且还可以开展地质勘察、考古发掘和多种实地考察工作（如地理、建筑、民俗等），最后将该城址的地质地理、

考古发掘等现地资料同历史文献资料结合在一起进行研究，这是任一科研项目能够做出重大研究成果的一个先决条件。

统万城遗址的价值即在这座城址本身，这座城址十分特别地建立在鄂尔多斯高原和毛乌素沙地南缘的事实，又与当地环境变迁的问题紧紧地联系在一起。1975—1980 年的城址勘测发现，统万城“城址建筑物废墟的瓦块层下，是原生自然堆积的细沙，钻深 13 米，已深入到城墙根基之下，仍是一色的黄沙，这证明沙是筑城前就有的了”。这一结果告知人们，统万城兴修时的自然环境是以沙地为主，这与对鄂尔多斯高原广泛进行的第四纪地质调查，发现大量第四纪古风成沙的结果相一致。这是统万城遗址在反映农牧交错地区环境变迁方面所提供的研究证据。除环境史之外，就这一城址还可以展开行政建置史、城市史、建筑史、民族史、军事史、交通史、文化史等方面的研究工作，用以探讨民族历史和农牧关系、独特的建筑方法等问题。

北京大学苏秉琦先生提倡：“考古学以研究和恢复历史为其己任，出土物的价值高低自应由它在解决历史问题方面所起的作用来决定。”针对田野考古中看重“挖宝”，把只要挖出“珍宝”就当作工作成绩沾沾自喜的做法，苏秉琦教授着重说道：“必须指出，出土物的珍贵，只说明古代劳动人民的智慧和创造才能，并不说明今天的考古工作水平。真正表明工作水平的，是工作方法是否科学。一件遗物的科学价值，也绝非世俗的价值观念所能衡量。考古学以研究和恢复历史为己任，出土物的价值高低自应由它在解决历史问题方面所起的作用来决定。从这个意义上说，出土的每一件物品都有其特定的价值，都应作为科学标本妥善地处理。”[①] 按照苏秉琦先生提出的原则和标准，在考古工作中放宽视野，熟悉历史研究中已经提出的种种问题，针对问题开展实证研究，长此以往，就会有所发现、有所解释、有所创新。

1. 时间序列说明

在历史研究中加入环境分析的考虑，致使地理学的环境研究方法被尝试着运用进来，故而需要在时间表达上做出说明。

①苏秉琦、殷玮璋：《地层学与器物形态学》，《文物》1982 年第 4 期。

在时间表达方式的选择上，环境分析习惯采用“距今多少年”（以aBP表示）、“最近”（以现时为定点，做距今若干年的资料整理或回溯分析）等词语来说明过去的环境状况，也习惯采用“年际”（以年为时间尺度）、年代际（以10年为时间尺度）、Ka（千）等词语来说明过去环境的精细状况，在这样的分析文本中，是看不见年号、谈话等内容的。

对于所使用的历史文献资料，环境分析擅长按照制定好的表格设计，从资料中提取符合设计的年代、气象要素及灾害类别、地区、程度等内容，填入表格，运用计算方法，展开其分析工作。

这些工作展开的同时，其他实验室正在进行树木年轮、石笋、湖泊沉积物、黄土等样品的分析，有的在进行专门的年代学测定。

2. 多种证据比对

关于统万城建城时的自然环境，究竟是一种什么样的地理面貌，不少人认为当时不可能是沙地，因为按照常识，古代城池（尤其是都城）不可能在沙地上建立，统万城遗址上的覆沙只能是后来才有的。根据该地区所处地理位置，及第四纪以来所遭受西北方向风沙侵袭的证据资料，在考古发掘和原生地层样品实验工作的支持下，对这一问题可以建立新的符合本地和历史条件的认识，从而获得了解和研究统万城遗址各类问题的一个最基本的立足点和工作起点。

（1）气候证据

历史文献记录保存的边界带景观特征，在两周以后逐渐增多。两周时期黄河中下游地区气候转入寒冷，已为许多研究所证实。那么，草原地带究竟是什么样的气候状况？目前根据更细致的研究，4100—3000KaBP的毛乌素沙地，时值龙山文化和夏商时的温暖时期，温暖稍湿，地层记录的孢粉组合表明为灌木和草本组成的典型草原。3000—2700KaBP转变为较干而寒冷，有过流沙活动。2700—2000KaBP时又温和偏湿，植被得到一定程度的恢复和发展，由蒿属、藜科、菊科等耐旱草本灌丛组成的干草原支持了秦朝、西汉在这里的开发。这项研究通过边界带全新世地层的解剖分析，根据陕西神木何家梁、高家村剖面和内蒙古自治区乌审旗桃包剖面孢粉组合提供的环境变化信息，做出了毛乌素沙地1万年以来气候变化图示，值得重视。

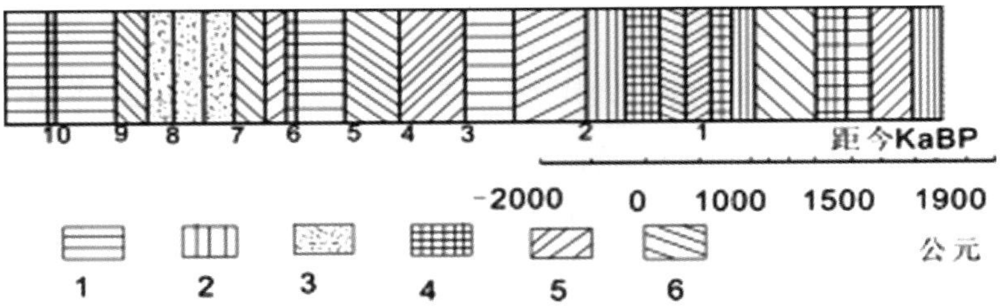

1. 冷干 2. 温凉偏干 3. 暖干 4. 冷湿 5. 温和稍湿 6. 暖湿

图 1　毛乌素沙地 1 万年以来气候变化图示

为配合第四纪地质学对边界带敏感性气候问题的不懈探索，发掘历史文献中的记录，以发挥其应有的作用，作者就成书于公元前 97 年的《史记》（此为成书时间说法之一），止于记述到 1912 年（民国元年）当地天气现象的地方志资料，制作出“最近 2Ka 沙漠－黄土边界带历史文献记录气候状况年表”（本文略），用作分析该地区历史气候变化的基本依据，同可以对比的地质记录——陈渭南等序列（毛乌素沙地剖面孢粉组合）、曹建廷等序列（岱海湖泊岩心沉积），及姚檀栋等从古里雅冰芯记录中提取的很有价值的冷的气候变化信息，处理成年代对应的表六。经过几个气候特征时期若干问题的讨论，包括对北魏鄂尔多斯高原气候状况的分析过程，加强了对历史文献记录的判读和时间分辨率的应用，在表六右栏列出本文气候变化序列。

表六　　　　　　　地质序列与本文序列的比较

陈渭南等序列（毛乌素沙地）	曹建廷等序列（岱海地区）	姚檀栋等研究	本文序列
2700—2000aBP 温和稍湿 2000—1600aBP 温凉偏干			BC200—AD100a　温凉偏干
1600—1400aBP 冷湿			AD100—370a　冷干
1400—1300aBP 温凉偏干			370—500a　冷湿
1300—1100aBP 暖干			500—710a　温凉偏干
			710—820a 温和偏湿
1100—990aBP 温和稍湿			820—980a 偏冷干
990—920aBP 冷湿	980—890aBP 温湿		980—1100a 偏暖湿

续表

陈渭南等序列（毛乌素沙地）	曹建廷等序列（岱海地区）	姚檀栋等研究	本文序列
920—780aBP 温凉偏干 780—530aBP 暖干 530—420aBP 冷湿 420—310aBP 冷干 310—120aBP 温和稍湿 120aBP 温凉偏干	890—790aBP 凉干 790—740aBP 温偏湿 740—540aBP 冷偏湿 540—480aBP 冷干 480—370aBP 温偏湿 370—220aBP 温偏干 220—130aBP 冷偏干 130aBP 凉偏湿	1000a ↓ 2 次冷期 1190a 1400a | | 3 次冷期 ↓ 1900a	1000—1300a 温和偏湿 1300—1450a 温凉偏干 1450—1650a 偏冷干 1650—1690a 温凉偏干 1690—1820a 温和偏湿 1820—1930a 偏暖干

已有文献记录与毛乌素沙地剖面孢粉组合记录有较好的对应，AD—1000a，1100—1200a 的对应最为一致，岱海湖泊岩心沉积记录可能是地理位置和地形条件上的原因，在短尺度比较中互有差异，文献记录在更加丰富和分辨技术得到提高的基础上，有可能证实古里雅冰芯记录中包含的 3 个冷的时段。

（2）生物证据[①]

孢粉分析的结果表明统万城营建之时，其周围地区的植被组成种类丰富，以草本和灌木为主，包括蒿属、藜科，伴有禾本科、葎草、菊科、蔷薇科、豆科、蓼属、白刺、沙拐枣属、胡颓子属、麻黄属、中华卷柏等，同时还有松、桦木、桤木、胡桃、椴树、榆等乔木。

前人对统万城遗址 1 号马面的考古研究表明，当地人主要种植高粱，采集柠条（Caraganakorshinskii）、沙打旺（Astragalusadsurgens）、沙柳（Salix-cheilophila）、沙蒿（Artemisia desertorum）等沙生植物作为柴草，同时还利用杨、侧柏、松、冷杉（Abies）、榆、枣树（Zizyphus）和楸（Catalpa）等多种乔木的原木作为建筑材料等。

综合上述研究成果和资料，我们可以得知当时统万城周围的植被为温带干草原，附近适宜地区存在大片林地。其中，侧柏曾是主要的森林树种。

①孙同兴、王宇飞、侯甬坚、杜乃秋、李承森：《统万城历史自然景观重建及毛乌素沙漠迁移速率的初探》，刊于陕西师范大学西北环发中心编《统万城遗址综合研究》，西安：三秦出版社，2004 年，第 252—256 页。

另外，匈奴是游牧民族，据《魏书·食货志》记载，当时有马匹骆驼数百万，牛羊无数。夏国灭亡后，统万城地区仍然是魏国的天然牧场。

（3）文献证据

关于统万城地面的风沙堆积，《新唐书》卷三五《五行志》记载“长庆二年十月，夏州大风，飞沙为堆，高及城堞”，此年为公元822年。对于这一记录，有人将其作为反映唐代人类活动过度，引起环境变化的证据。2001—2004年，作者多次前往古城遗址进行实地考察，得知“高及城堞”这段城墙只能是受西北风的西墙，高及城堞的沙子绝不是风沙一月刮成，记载本身反映了夏州城长期遭受风沙侵袭的事实。

《榆林碑石》中记载着关于统万城周围自然地理的一些信息，如隋开皇十三年（593）的叱奴延辉墓志，文中记载着关于统万城附近有地名为“沙地”，志文称“迁葬于沙地南山之阳、西北去夏州统万城十里坟穴”，这里的沙地南山之阳中的沙地，应属暴露在地表的沙堆或沙地了，如果这是个事实，那么也就证实了现代考古调查发现统万城城墙下有原生沙存在的情况，是有相关文献佐证的。夏赫连城时这一带虽水草茂盛，但地表之下却存在原生沙，这为日后大量沙子泛起提供了可能。另外，在武则天大周万岁通天二年（697）的安旻墓志文中称其葬地“面沙阜之崎岖，逦迤成菀”，这个沙阜在统万城南20里的地方。在唐王玄度墓志文中，称其在唐景龙三年（709）与夫人合葬在夏赫连氏统万城东南原，其地“沙场万里，远瞰南庭，坟遂三边，遥临北塞”，这段文字就更明确地将这里的微观与宏观地理情况阐述明白了。很有意思的是，到唐代晚期时，似乎统万城附近已是大面积黄沙，在王忠亲墓志中，贞元二十一年（805），其地已“古塞苍茫兮黄沙四起”了，而这种情况与文献记载的穆宗长庆二年十月，夏州大风，流沙堆积高至城堞的情形相吻合。①

（4）考古证据

1975—1980年的城址勘测发现，统万城“城址建筑物废墟的瓦块层下，是原生自然堆积的细沙，钻深13米，已深入到城墙根基之下，仍是一色的黄沙，这证明沙是筑城前就有的了”。这一结果告知人们，统万城兴修

①呼林贵：《〈榆林碑石〉反映的统万城史地问题》，刊于陕西师范大学西北环发中心编《统万城遗址综合研究》，西安：三秦出版社，2004年，第168—172页。

时的自然环境是以沙地为主，这与对鄂尔多斯高原广泛进行的第四纪地质调查，发现大量第四纪古风成沙的结果相一致。这是统万城遗址在反映农牧交错地区环境变迁方面所提供的研究证据。

2003 年 6 月，陕西省考古研究所邢福来副研究员主持了对统万城遗址西城西南角楼底下的城墙、壕沟及城内永安台（俗称“龙墩”，可能是过去的鼓楼）基址进行了保护性发掘，在城外清除地面堆积物后，向下找到了过去筑城时的地面，发现原始地面即为沙地。这种原始沙层成分，据观察同毛乌素沙地流沙基本相同，说明早在建立统万城之前，这里就存在沙层。

（5）第四纪地质证据

1958 年，刘东生等发表《山西陕西黄土分布图》①一文，文章的基础作业是作者 1955—1958 年在山西、陕西黄土高原调查中编制的 1 ∶ 1000000 黄土分布图，文章提出两省黄土分布可分为 3 区，下面是第 2 区：

第二区……鄂尔多斯——黄土高原过渡区（Z Ⅱ）

在本区中，南部萨拉乌苏系相当发育，但未见黄土沉积，黄土状的沉积物和沙质新黄土分布在本区的东部，全部或部分的沙丘所覆盖。本区第四纪沉积物下的基岩起伏较小，沙质新黄土和第四纪沉积物的总厚度多不超过 100 米。

北面第 1 区是鄂尔多斯高原，南面的第 3 区是黄土高原，作者是在考虑黄土的地层和黄土分布颗粒变化中间，产生了两个高原之间“过渡区”的概念。“沙质新黄土”后来被简称为“沙黄土”。

到 1962 年，刘东生、张宗祜发表《中国的黄土》一文，文章阐述道：“黄土在中国北方，自东北各省经山东、河北、山西、陕西到甘肃、青海、新疆一带皆有分布，但以在黄河中游地区最广泛，形成黄土高原。在地形上它位于昆仑山、祁连山（南山）、秦岭、鲁东山区和辽东半岛山地一线以北的干旱和半干旱地带（大约北纬 34°—35°）。黄土在此线以南分布较少，性质也有所改变。在北方大片黄土是沿东西方向呈长条状分布的。

①刘东生、王挺梅、王克鲁、文启忠：《山西陕西黄土分布图》，《科学记录》新 1958 年 2 卷第 5 期，第 145—151 页。收入安芷生主编《刘东生文集》，北京：科学出版社，1997 年，第 5—10 页。

在其分布地带以北，有较大面积的沙漠，沙漠以北有碎石为主的戈壁，在平面位置上，黄土、沙漠、戈壁成带状排列。”① 黄土分布线以北，沙漠、戈壁成东西方向长条状排列。此项观察结果，是从黄土、沙漠带状排列、带状分布中得出的。

1983年，董光荣等发表《鄂尔多斯高原的古风成沙》一文，其中论述：“由本区地层层位上发现古风成沙与黄土互层、它们的矿物成分基本相似、粒度组成由粗变细以及沙质古土壤和粉沙质古土壤同层等事实表明，在黄土高原西北边缘区的沙漠－黄土过渡区，风成沙与黄土无论在纵向或横向上都是犬牙交错的逐步过渡的相变关系，而在其西北部和东南部存在明显的风成分异的细沙与粉尘堆积区，同时北部流沙的出现或固定基本同步。”②此处对沙漠－黄土过渡区的研究意义，在于为深入揭示黄土发育与沙漠发展之间的成因、时代和物源联系，提供了一个重要佐证。

毛乌素沙地的自然条件，远比一般人设想的要复杂。钟德才主编《中国现代沙漠动态演变图》（1∶4000000），正式出版于2003年4月③。该图的简要说明是：本图系根据20世纪90年代的TM卫星图像（1∶500000）、50年代的航空相片（1∶50000）以及野外考察编制而成。沙漠面积数据是根据1∶500000《中国现代沙漠动态演变图》量算与平差后所得，演变的时间尺度为最近1万年。图中所绘毛乌素沙地自然景观，北面是剥蚀平原，南面为黄土梁塬、低山，中间的地貌着色花花绿绿，呈现蠕虫状的斑块图样，反映的是内部地貌演变异常复杂多样。该图提供的现代沙漠动态变化面积量算数据见下表。

表七　　毛乌素沙地动态变化面积数据（单位：平方千米）

总面积	扩大的面积	逆转的面积	缩小的面积	活化的面积	无明显变化的面积
38940	190	6160	0	3420	29170

①刘东生、张宗祜：《中国的黄土》，《地质学报》1962年第42卷第1期，第1—14页。收入安芷生主编《刘东生文集》，北京：科学出版社，1997年，第36—55页。

②董光荣、李保生、高尚玉、吴正、邵亚军：《鄂尔多斯高原的古风成沙》，《地理学报》1983年第38卷第4期，第342—347页。

③钟德才主编：《中国现代沙漠动态演变图》附说明书，北京：中国地图出版社，2003年。

（6）一个旁证：榆林卫的建城环境（1437—1470）

榆林之地，明朝以前无行政建置。《明史》卷四二《地理三》陕西承宣布政使司榆林卫下记："成化六年三月以榆林川置。其城，正统二年所筑也。"正统二年为1437年，成化六年为1470年，即先有城池，后有榆林卫的设置。榆林城环境比之于千年前的统万城，其地理环境并非尽如人意。有人评论，"镇城四望，白苇黄沙，地无产谷，商无通货，一切刍粮，仰给腹里"，应当是榆林城初建时的情景。1999年8月5日，在榆林新建南路西侧金桥大厦施工基地的调查，离地面5.2米深的地层内，上部0—4.06米均为细沙，下部4.06—4.25米沙层含土略多，发潮，再下部4.25—5.2米沙土呈暗色。榆林城西有河，地下沙层与河流冲积有关，据各种记载，可以认为在历史时期内，榆林属沙碛之地[①]。已有的看法认为榆林地区的风沙可能是东汉以后出现的，是基于对陕北东汉画像石内容的认识[②]，陕北画像石集中出现于东汉时代，的确耐人寻味，却并不能作为这一时期没有自然风沙出现的依据，且大范围的风沙活动并不取决于这一地区生产开发活动的有无与是否兴盛。

万历《延绥镇志》记镇及所属32个城堡的草场，共157493.7顷（1049958公顷），规模之庞大，甚至超过西北苑马寺所辖草场。据分析，延绥镇拥有庞大的草场，系由其地理位置的特点所决定，即千里缘边，皆处于黄土高原与沙漠的过渡地带，存在着茫茫广野，以之开设广阔的草场，正是其自然优势。但延绥一带的草场一般比较瘠薄，不若平凉、固原一带苑马寺设置的草场那样水草丰茂，宜于畜牧[③]。

---

①朱照宇：《中国黄土时空分布及其环境意义》，刊于刘东生、安芷生、吴锡浩主编《黄土·第四纪地质·全球变化》第四集，北京：科学出版社，1996年，第22—31页。该文根据前人分析和实地考察，提出在更早的时期内，即1.26MaB.P.（L15）、0.9—0.8MaB.P.（L1—L9）两期沙漠南进可达榆林一带；0.55—0.35MaB.P.左右又推进到榆林，此后沙漠多次旋回移动，榆林是沙漠前锋到达的主要地点。

②侯仁之、袁樾方：《风沙威胁不可怕"榆林三迁"是谣传——从考古发现论证陕北榆林城的起源和地区开发》，《文物》1976年第2期。收入侯仁之《历史地理学的理论与实践》，上海：上海人民出版社，1979年，第125—138页。

③吕卓民：《明代西北农牧业地理》，台北：中华发展基金管理委员会、洪叶文化事业有限公司联合出版发行，2000年，第167—169页。

表八　　榆林城的起源、扩建和发展

年　代	城　建　事　项	资料来源
1369（洪武二年）	明初定陕西，设绥德卫，屯兵数万守之，拨绥德卫千户刘宠屯治榆林	道光《榆林府志》卷二一引自《明奏疏》
1403（永乐元年）	设置榆林寨	《榆林行政建置志》
1436—1449（正统年间）	都督佥事王祯镇守延绥，始议筑榆林城及沿边十八寨	《榆林府志》卷二一引
1437年（正统二年三月癸巳）	陕西绥德卫备御榆林庄指挥佥事刘鹏、千户刘兴等哨守于此（此年筑城）	《明代满蒙史料·蒙古二》卷二八，第456页
1470（成化六年）三月	陕西承宣布政使司以榆林川置榆林卫	《明史》卷四二《地理三》
1472（成化八年）	巡抚余子俊移延绥镇于此，置卫所，设榆林卫指挥使司，并开广城垣	民国《榆林县志》卷六
1486（成化廿二年）	巡抚黄黻扩展北城（所谓一拓）	同上
1492（弘治五年）	巡抚熊绣扩展南城，周长13里314步（所谓二拓）	同上
1503（弘治十六年五月）	榆林大风雨，毁子城垣，移垣洞于其南五十步	《明史》卷二九，五行二
1515（正德十年）	总制邓璋奏：榆林镇城南关人烟辏集，宜筑外城，以卫居民，兵部覆奏从之	《明代满蒙史料·蒙古五》卷一二〇，第374页
	总制邓璋增修南关外城（即今南城）（所谓三拓）	民国《榆林县志》卷六
1567（隆庆元年）	巡抚王遴加筑一段外罗城，自水西门至讯敌楼计7里	同上
1573（万历元年）	巡抚张守中主持增修城垣，上阔3丈，下阔5丈，高3.6丈，池深1.5丈	《榆林府志》卷五
1574（万历二年）	题准延绥镇修建边防设施	引自《明会典》

续表

年　代	城　建　事　项	资料来源
1522—1620 年间	嘉靖、隆庆、万历年间诸守官相继砌以砖墙，号称驼城	《榆林府志》卷五
1724（雍正二年）	将榆林卫废入绥德州	雍正《陕西通志》
1730（雍正八年）	在明榆林卫地设置榆林府	雍正《陕西通志》
1731（雍正九年）	以双山、常乐、保宁、归德、鱼河五堡地设置榆林县	《榆林行政建置志》
1863（同治二年）	常道宪主持弃旧城南移，筑土为垣，东北、西北隅内缩，西狭于东	民国《榆林县志》卷六
1913 年	裁府留县	《行政区划简表》（1947）
1949 年	设立榆林市（县级）	《行政建置志》
1999 年	设立榆林市（地级市），下辖一区十一县	《中华人民共和国行政区划简册》（2000）

资料说明：1）《行政建置志》指吴镇烽编著《陕西省志》第二卷《行政建置志》，西安：三秦出版社，1992 年；2）《明代满蒙史料》指京都大学文学部编纂《明代满蒙史料明实录抄蒙古篇》1—9 册，满蒙史料刊行会发行，1958 年；3）《行政区划简表》指内政部编《中华民国行政区划简表》（第十一版），上海：商务印书馆，1947 年。

清人梁份《秦边纪略》（原名《西陲今略》）卷五《延绥卫》，“延绥镇，今在榆林卫。榆林古无镇，有之自明始。明初亦无镇，有之自王祯、余子俊始”。小字云：“明正统间，东胜州失守，移置绥德，谓之延绥镇。正统中，都督王祯始于出哨之水头，曰榆林庄，筑榆林堡。”又云：“夫榆林，西连宁夏，东通三晋，南引庆、延，北跨河套，东西一千二百里而遥。乃画壤守沙碛不毛之地，示夷以割河套，及今二百年而莫之改，惜哉！”

之后是小字：“榆林西至宁夏之花马池六百三十里，东至山西之岢岚州、楼子营五百四十里。庆阳府界在西南四百八十里，延安府在西南四百五十里，河套在城北十里。榆林西南二路多黄沙环壅，中路（今本作“东路”）多山而土皆瘠薄不毛之地。”

按榆林城的地理位置，正北距长城 10 里，西北距寨城庄长城 40 里，东北距羊圈庄长城 80 里[①]。长城之外为沙荒之地，每年冬春风沙都刮进长城之内。

1697 年，高士奇行至榆林，其旅行记中说，榆林东南面“沙峰置楼，则高于城埒，攻击可虞也”[②]，土山上堆积起沙丘，但尚不及城墙的高度。

1724 年，朱曙荪专门就榆林兵备写道：“今承平已久，诸事废弛，风卷沙土与城平，人往往骑马自沙土上入城，城门无用之物。某莅任后，即会同总兵官捐资募民去沙，今虽雉堞俨然，然离城尽三丈许，无论一年之后，风卷沙聚，其与城平如故，即使沙不至城垣，而三丈之外，沙有高于城者，据沙埠以据巨炮击城，城不能守。”[③]时去 20 余年，沙堆已达到城墙的高度，人们行走可以径直从城墙上进出，城门成为无用之物。从 1998 年的实地考察所得，这个城门指东门（振武门、威宁门，清道光时威宁门已废），可能还有东北方向城墙，因同治六年（1867）夏季，榆林人为慎重防守起见，事先曾“东北铲其沙，西南浚其濠”。从这里得到的认识是，清朝前期榆林一带风沙十分强烈，东门外有较多堆积，如高士奇所说，“镇东门外黄沙十余里如山，近城乱冢无数”。

总之，在毛乌素沙地南缘环境演化方面，榆林之地可以作为一个旁证。明朝以前，榆林之地无行政建置，至明正统二年（1437）筑城，成化六年（1470）置卫，其建城环境比之于西南 70 千米左右在公元 413 年时所建的统万城，亦非尽如人意。现今榆林城下的沙层与河流冲积、北面风沙侵袭均有关，据各种记载判断历史时期内，榆林建城时为布有草丛的沙碛之地。

3. 人类活动强度判断

大致是从民国开始，已经有人关注到中国北方沙漠向南移动的现象。1949 年后，进一步的解释，就把人的活动情况考虑进来，称之为对自然环

①《榆林县志》卷三《舆地志·疆界》。

②高士奇：《扈从纪程》，刊于杨建新主编《古西行记选注》，银川：宁夏人民出版社，1987 年，第 319 页。

③汪景祺：《读书堂西征随笔》，上海：上海书店，1984 年（据 1936 年故宫博物院铅印本影印）。

境的破坏。

1953年，严钦尚先生赴陕北榆林、定边一带考察，研究治沙工程，为有计划地营造绿色长城的林带提供确切的依据。这个研究完成后，1954年便在北京的《科学通报》发表了《陕北榆林定边间流动沙丘及其改造》一文[①]。 文中，严钦尚先生根据大量的地层的沉积物资料，结合形态分析，提出“就鄂尔多斯而言，沙是就地而起的”这一论述，这篇文章成为当地沙漠属于“就地起沙”的最早文献。

如果询问“就地起沙”之“沙”，又是什么时候开始有的，是一种什么性质的沙层，就涉及第四纪地质的野外调查和实验工作情况了。到了1983年，这一沙层被董光荣先生等沙漠专家识别为第四纪古风成沙。董光荣先生解释了这一现象[②]：

> 这反映第三纪末第四纪初以来，随着青藏高原及其外国山地的隆起和扩展，至少在早更新世后期以后本区基本上处于蒙古高压和海洋季风边缘区过渡带位置，但多次受到北半球冰期间冰期气候波动导致的气候带位置移动的影响。本区流沙再起与蔓延，即土地沙漠化，人类不合理经济活动（滥垦、滥牧、滥伐）固然是重要因素，但只是加速、加剧的助长因素，而不是决定因素，根本原因还是全新世新冰期、小冰期以及最近时期的干冷气候波动所致。这与黄土堆积所显示的自然环境演变、深海沉积物的氧同位素记录和70万年来北纬35°地区天文辐射冬半年总量变化，以及我国冰期气候波动的研究结论大体吻合。

该地即便是统万城城址所在，也是有很厚的沙层在底下。

史载，赫连勃勃“初，夏世祖性豪侈，筑统万城，高十仞，基厚三十步，上广十步，宫墙高五仞。其坚可以砺刀斧。台榭壮大，皆雕镂图画，被以绮绣，

①严钦尚：《陕北榆林定边间流动沙丘及其改造》，《科学通报》1954年第11期，第28—34页；严钦尚：《陕北沙丘及其起源》，《地理知识》1954年第11期，第28—29页。

②董光荣、李保生、高尚玉、吴正、邵亚军：《鄂尔多斯高原第四纪古风成沙的发现及其意义》，《科学通报》1983年第16期，第998—1001页。

穷极文采。魏主顾谓左右曰：‘蕞尔小国，而用民如此欲不亡得乎！’”[①] 这是《晋书》及《资治通鉴》的记录，书中就对大夏国滥用民力，耗费钱财，修建这样坚固高大的城池表示不满。在前一次讨伐统万城中，“魏主还平城。统万徙民在道多死，能至平城者什才六七”，这些民众深受战乱之苦，被一再掳掠，不少还死于途中。在赫连勃勃“遣平原公定帅众二万向长安。魏主闻之，伐木阴山，大造攻具，再谋伐夏”。统万城的防守，引起北魏的不安，于是“伐木阴山，大造攻具”，可见战争的刀斧竟然还触及阴山上的森林植被。

如果就统万城地区人类社会生活情况而言，其主要依赖的是农业、牧业生产。再以唐代为例，有和籴贮粟计划的执行；有开渠引水，以浇灌田地；有采盐活动；有用于奉献的土贡，如毡、角弓、酥、拒霜荠（一种野菜）等，都是取之当地。而冬季诸州的和籴贮粟计划，给夏州提出的指标是 8 万石，依据是“今秋丰稔，必资蓄备”，证明边地政区夏州的农业生产的确有了提高。

四、有助于农牧交错带环境演变特点的论证

根据上述资料证据，推测大夏国兴建统万城时，其周边环境已经受到风沙侵袭，这主要是以气候为主导因素的自然背景在制约着毛乌素沙地的演化。统万城周围，在河湖水盛、秋高马肥的季节，对于见惯漠北沙漠荒滩的游牧人来说，自然可以发出自己的赞美之词。就其环境质量来说，当时属于沙质草原，呈现着沙草并存的半干旱荒漠草原景观。以统万城遗址作为一个变迁实例的意义在于，以后的人类活动起因、过程、强度不一，但都是在沙地条件下展开的。1437 年（明正统二年）的榆林城同样修建在边界带上的沙碛之地，这种选择和建城行为并非说明当地无沙，而是基于

①〔唐〕房玄龄等：《晋书》卷一三〇《赫连勃勃载记》；〔北宋〕司马光：《资治通鉴》卷一二〇《宋纪二·太祖文皇帝上之上》。

军事需要和防御上的完善考虑。

由于历史文献记载的特殊性，在具体研究中，自觉或不自觉地容易受到记录者记录、认识水平的影响，研究中需要纠正看轻自然过程作用和力量的习惯。对于具体问题，必须查询当地的历史资料，细心分辨，切忌用大道理来解释小现象和很具体的问题。

最近几年，学术界就统万城的建城环境及其兴衰所反映的环境问题，在前人工作基础上取得了新的研究进展。提高历史文献分辨率的途径之一，仍在于解析文献记录的时代刻度和文字内涵，并同自然地理原理分析结合起来。

统万城筑城环境背景是认识毛乌素沙地北魏时期环境的关键所在。基于野外观察，结合历史文献、考古发现和已有研究成果对此问题进行了深入分析，其中建城时周边的水环境和沙漠化程度是研究的重点。研究结果表明，统万城建城时水环境远好于现在，在统万城东北和西北存在多个湖泊，但单个湖泊面积不大。建城时有可能从西北查干圪台处的湖泊引水至统万城附近，并在沿途人工挖掘形成季节性的小湖。根据现今沙漠化程度划分标准，建城时周边的沙漠化程度属于轻度，局部为中度。本研究提供了认识统万城建城环境的新途径，在明确毛乌素沙地历史环境变化机制中有重要意义。①

统万城地区的环境演化具有快速多变的特点，历史资料证实人类作为自然—社会系统中最活跃的因素，相当积极地参与了环境变化过程，只要具有最基本的生存条件和气候条件允许的发展机会，人类从来就没有放弃过。对于退化了的环境展开修复和重建工作，同样需要“天赐良机”，更重要的是切实减轻人口压力和解决实际生活问题，约束人类自身的不合理行为，在遵循自然演变规律的基础上，达到利用和修复自然的目的。

面对距今2000年来特定地区环境演变中的人文过程，如何从历史遗迹里提取人类活动的痕迹，探索人文因素影响环境变化的方式、作用和强度，利于接近历史的真实，揭示环境演变的规律；如何针对解读历史文献记录中出现的歧义现象，开展历史自然地理研究的实验工作，以利于提高

①黄银洲、王乃昂、冯起、何彤慧、程弘毅：《统万城筑城的环境背景——河流、湖泊及沙漠化程度》，《中国沙漠》2012年第5期，第1233—1237页。

历史记录分辨率，还是一个有待探索的课题；甚望日本考古学、历史地理学者通过合作途径，参与到统万城周边环境变迁研究的工作中来。

第四章　统万城及其周边出土域外相关文物

陕西省考古研究院　苗轶飞

统万城是五胡十六国时期的大夏国都城，建于413年，位于陕西省靖边县西北，与内蒙古相接，该区域一直以来即为农牧交界地带，不同民族和不同文化在这里碰撞交流，因此统万城从建城开始，本身就带着很多非中原的因素。虽然统万城作为国都存在时间很短，但是在北魏攻克统万城之后，统万城处于沟通西北、关中和平城之间的交通要道上，这凸显了其作为中转点的重要性。历经北魏、西魏、北周，统万城一直保持着稳定发展，并不乏胡人的身影；隋唐之际，统万城人口规模上升，经济实力达到巅峰，但是由于此时政治经济中心在关中地区，北方地区军事意义更浓，因此在统万城周围发现大量的武将墓志，其中就包括粟特人的墓志；唐末五代时期，拓跋思恭割据统万城，此时仍零星见有粟特人的信息；北宋淳化五年（994），统万城主体被焚毁，从此统万城作为城市治所的历史不复存在，但是统万城毁而不废，仍有居民居住在城内。

目前在统万城及其周边发现的与西域相关的文物主要集中在北魏和隋唐时期，这也可与其历史发展相对应。

一、大夏时期统万城的西来因素

西晋之后，五胡乱华，诸方势力在北方大地上角逐，“各领风骚”，占据关中地区的氐族政权，苻秦曾一度控制北方，甚至与东晋多次作战，其势有一统之志，可惜383年“淝水之战”一蹶不振，从此直至拓跋代再次统一北方，其间“山头林立”，再无“一家独大”的势力了。赫连勃勃所建立的大夏正是在这一历史背景下建立的，据史载，他出身于“铁弗匈奴”，即匈奴为其父族，鲜卑为其母族，赫连勃勃本人曾仕于前后秦，但终不满寄人篱下，在战败姚秦后，占领关中地区，建立大夏政权，然而出乎意料的，他放弃了环境优渥的关中地区，却把都城选择在了苦寒的朔方之地。并于大夏“凤翔元年（413）春三月，以叱干阿利领将作大匠，发岭北夷夏十万人，于朔方水北、黑水之南营起都城。勃勃自言：‘朕方统一天下，君临万邦，可以统万为名。’”① 大夏时期统万城作为都城，达到了其政治意义的巅峰时刻，也奠定了城址主体的基本规模和形制。

《魏书》卷四《世祖纪第四上》载始光四年（427）北魏攻破统万城，“乙巳，车驾入城，虏昌群弟及其诸母、姊妹、妻妾、宫人万数，府库珍宝车旗器物等不可胜计……以昌宫人及生口、金银、珍玩、布帛班赉将士各有差”。

前田正名认为“统万城里积聚的金玉之类就是经过河西走廊流通的西域珍宝”②，胡戟也从其说③。《统万城铭》中有“九域贡以金银，八方献其瑰宝”的描写，荣新江先生进一步分析，认为“其中应当有从西域贩运而来的物品”④。遗憾的是并不能从考古发现上印证这一观点，目前尚未在统万城明确发现大夏时期与西域相关的文物。大夏时期，正如上文所言，处于“诸雄争霸”的阶段，各个政权之间战争不断，凉国、大夏以及北魏，

①《晋书》卷一三〇《赫连勃勃载记》，《资治通鉴》卷一一六《晋纪三十八·安皇帝辛》也有相同的记载。

②［日］前田正名：《北魏平城时代的鄂尔多斯沙漠南缘路》，《东洋史研究》第31卷第2号，1972年；后胡戟翻译载《西北历史资料》1980年第3期，1981年第4期。

③胡戟：《十六国时期丝绸之路重镇统万城——兼评介前田正名的鄂尔多斯沙漠南缘路研究》，刊于陕西师范大学西北环发中心编《统万城遗址综合研究》，西安：三秦出版社，2004年，第107页。

④荣新江：《中古中西交通史上的统万城》，刊于陕西师范大学西北环发中心编《统万城遗址综合研究》，西安：三秦出版社，2004年，第29页。

此三个北方政权长期作战，虽然北凉和大夏曾短暂结盟，但是总体上还是以交战为多，从西域到统万城之间的道路被阻断，导致西方文化难以顺利到达统万城。由于当时战乱频仍，贸易难以进行，那么如此多的“西域珍宝”从何而来呢？胡戟先生提供了另一种可能性，他认为“掳掠财宝和人口，是赫连勃勃不断发动战争的重要目的，掠夺经济是大夏立国的支柱之一”[①]，只有如此，才能短时间内积聚庞大的财富。大夏以武为国之本，“控弦之众百有余万，跃马长驱，鼓行秦、赵，使中原疲于奔命，诸夏不得高枕……（赫连勃勃）亲御六戎，则有征无战。故伪秦以三世之资，丧魂于关、陇；河源望旗而委质，北虏钦风而纳款……”[②]其中或许也有一部分珍宝来自其他势力的“纳款”。

二、北朝时期统万城的粟特文物

赫连勃勃在位时期，虽然拓跋焘多次攻打统万城，但均“未可得”，随着赫连勃勃于大夏承光元年（425）去世，北魏很快在两年后，即始光四年（427）平大夏，改设统万镇，太和十一年（487）改置夏州[③]，从此统万城性质发生转变，从大夏都城沦为北魏军事重镇。同时北魏国主以统万城为据点，攻克了陇右秃发、沮渠等，“以河西水草丰美，用为牧地”[④]，打通了平城与西北的交通线。虽然由于北魏迁都洛阳之后，平城地位降低；以及北魏分裂之后，统万城又先后归西魏、北周管辖，但是整个北朝时期统万城与西北方的交流并未停止。

①胡戟：《十六国时期丝绸之路重镇统万城——兼评介前田正名的鄂尔多斯沙漠南缘路研究》，刊于陕西师范大学西北环发中心编《统万城遗址综合研究》，西安：三秦出版社，2004年，第107页。

②〔唐〕房玄龄等：《晋书》卷一三〇《赫连勃勃载记》。

③〔北齐〕魏收：《魏书》卷一〇六《地形志二下第七》。

④〔北宋〕司马光：《资治通鉴》卷一三九《齐纪·高宗明皇帝上》。

平城作为当时北方最重要的城市，吸引着西方人士进行朝贡和贸易。据研究，北魏时期，丝绸之路进入河西走廊之后，想要到达平城，主要从鄂尔多斯沙漠南缘通过，即从姑臧（甘肃武威）走白亭河道，再翻越贺兰山，过灵州（宁夏灵武县）、盐池（宁夏盐池县），从白于山北麓向东至统万城、过榆林再向东至平城。①

北魏时期，波斯、西域龟兹、疏勒、乌孙、悦般、渴槃陁、鄯善、焉耆、车师、粟特诸国开始多次遣使朝贡②（表一）。其中统万城应该是他们去平城朝贡的必经之地，在这一时期的统万城及其周边的考古发现也能够与文献记载相互印证。

表一　　北魏迁洛前与西域诸国朝贡统计表③

时　间		国　别
太延中	435—440年	西域龟兹、疏勒、乌孙、悦般、渴槃陁、鄯善、焉耆、车师、粟特
太延五年十一月	439年	高丽及粟特、渴槃陁、破洛那、悉居半
太平真君五年十二月	444年	粟特
太安元年十月	455年	波斯、疏勒
和平二年八月戊辰	461年	波斯
和平三年三月	462年	疏勒、石那、悉居半、渴槃陁
和平六年四月	465年	破洛那
天安元年三月辛亥	466年	高丽、波斯、于阗……

①［日］前田正名著，李凭等译：《平城历史地理学研究》书目，北京：文献出版社，1994年，第156—157页。

②〔北齐〕魏收：《魏书》卷一〇二《西域传》。

③该表据罗丰、荣新江的《北周西国胡人翟曹明墓志及墓葬遗物》一文制作，刊于《粟特人在中国——考古发现与出土文献的新印证》，北京：科学出版社，2016年，第269—299页。

续表

时　间		国　别
皇兴元年九月壬子	467 年	于阗、普岚、粟特
皇兴二年四月	468 年	于阗、波斯
延兴三年冬十月	473 年	悉万斤
承明元年二月、九月癸丑	476 年	蠕蠕、波斯诸国；宕昌、悉万斤
太和三年十二月	479 年	粟特、州逸、河（阿）年龚、叠伏罗、员阔、悉万斤

2011 年秋，陕西省考古研究院在陕西靖边距统万城约 3 千米处清理了 5 座北魏晚期至西魏时期墓葬，这批墓葬对于研究统万城在北朝时期的中西交通方面有着十分重要的指示性作用。

这批墓葬墓室均用生土雕刻出仿木结构，墓葬的主人应为北朝时期统万城居民，其中 M1 保存最好，斜坡墓道单室土洞墓，方向 70° ，自东向西由墓道、封门、甬道、墓室四部分组成，总长 17.5 米。甬道入口两侧于生土上雕刻柱式尖拱形仿石窟窟门，尖拱形门楣两侧绘火焰纹装饰，其两侧稍低的壁面各绘一飞天。墓室整体为生土雕刻的歇山顶梁柱结构，平面呈长方形，仿木结构均以红彩绘制而成。四壁于檐檩、立柱和底部的红色界框范围内以黑彩线绘为主绘满壁画。东壁甬道口南北两侧分别绘制一尊立于覆莲座上的力士，力士两侧绘莲花、莲叶。北壁壁画较复杂，画面大体可以分为三部分：第一部分为东西两端的简约山林轮廓及奔跑的鹿和蹲踞的虎等动物。第二部分为东端山林动物内侧的执刀门吏，体形较大，头微斜向东（即墓室口方向），身体正立。束髻，髻外戴小冠，上身外披裲裆，内着阔袖长衫，下身穿宽腿裤，膝下部分收束起褶下垂。第三部分为门吏至西端山林之间的部分，主要表现胡僧礼拜舍利塔的场面。该部分画面西侧为一体量较大的树，树西侧画面以舍利塔为中心，塔两侧上部为二飞天。塔下部为六名立姿僧人，体态较小，东西向一字排开，双手或掩于袈裟下或出露屈指执细长斜弧莲茎。西侧为一侧身而跪的胡人形象，面东而跪，双手相合，头戴小胡帽，帽子下露出黑密微卷的头发，鬓角至下颌以及人中两侧至嘴角两侧均可见黑密微卷的须发。胡人与最西侧立僧脚部之间可见一高喇叭口、圈足、鼓腹、敛口器物，口部可见出露的桃形火焰纹摩尼宝珠上部。六名立姿胡僧与胡人后面有一面西侧身吐舌而蹲的虎，与其对应的是最东侧立姿胡僧东侧的一条侧身面西行走的龙。龙与东侧飞天之间还有一组东高西低、相对而立的动物，种类相同，似鼠，东侧较大者执一高过西侧较小者的高喇叭口圈足碗。六名立姿僧人下面可见体量较大的纵向细长茎莲花与桃形火焰纹摩尼宝珠图案。西壁壁画以中部檐柱为中心分为南北两部分。北部北侧为轮廓简约的山林及面南侧身做蹲踞或行走或奔跑状的披花垫大象、鹿、盘羊、兔、似虎动物等；南侧为一跪于绳床上的僧人与一立姿僧人。绳床右侧为一根纵向细长茎莲花，下面前部可见一竖置净瓶。胡床及山林动物之间的壁面绘有云朵纹及太阳纹。南部两侧为山林，中间为一较大高台建筑，建筑上方可见线绘的圆形月亮，内绘蟾蜍及玉兔捣药图案。南壁自西向东以四组轮廓简约的连续山林图为背景，绘有跪姿僧人、奔跑的大角山羊、引导人、手持环首仪刀的门吏。

墓室北壁西侧的礼拜佛塔跪姿胡人头戴虚帽、身穿圆领窄袖袍服，应为一位粟特信徒，很可能为该墓主的形象，壁画主要表现了墓主生前参与佛事活动、于山林间禅定修行以及往生西方佛国世界的状况。粟特人宗教信仰中的佛教因素主要源自其本土的贵霜佛教及商路沿途新疆至山西大同一线的佛教。统万城及周边地区在北朝时期是中西交通要道，北魏时期就曾将活跃在北凉首都姑臧的西域粟特人经统万城迁到平城。有学者认为其墓室壁画还有佛教内容，因此统万城在佛教传播中也“扮演着重要角色”[①]。

平城和统万城在墓葬形制方面都是以墓道倾斜的单室土洞墓为主；在随葬品方面，均有器型及装饰纹样都十分相似的轮制夹沙灰陶壶。由此看出统万城周边的北朝壁画墓在墓葬形制和随葬品上都受到了大同地区的影响[②]。

这几座壁画墓形制统一，风格特别，代表了粟特这一群体在统万城的

①李并成、解梅：《夏州与敦煌——晚唐五代宋初夏州与敦煌交通考略》，刊于陕西师范大学西北环发中心编《统万城遗址综合研究》，西安：三秦出版社，2004年，第37—38页。

②田成伟：《陕西靖边县统万城周边北朝仿木结构壁画墓研究》，西北师范大学硕士论文，2015年。

文化面貌，因此统万城及周边地区当居住有一定数量的粟特胡人。这批墓葬的发掘对研究中国北方地区特别是统万城周边地区北朝墓葬的葬俗及统万城居民的构成与宗教信仰具有重要意义[①]。同样生土形制特征迥异于关中汉文化地区的宁夏新集、甘肃高台地埂坡、洛阳吉利济涧北魏墓发现墓室为生土雕刻成的房屋，因此可以说，在北魏统一后，文化交流体现在北方全境，而不限于东西或者南北。

很有可能统万城的粟特人就是在北魏时驻扎下来的，之后北魏分裂，统万城先后属于西魏、北周管辖，虽然时间较短暂，但是却留下了此时最为重要的粟特风格的一座墓葬——翟曹明墓。该墓未经考古发掘，但是墓志和葬具均存放于靖边县博物馆。墓葬具体位置不明，经调查当是出土于统万城东南不远的红墩界乡。该墓有石门存留，雕刻有胡人武士以及公鸡等形象，武士手持三叉戟，另外还有多个狮形石棺床或者石屋支座。墓主为翟曹明，乃北周夏州（治所在统万城）天主仪同，卒于北周大成元年（579），据罗丰和荣新江先生考证，翟为胡姓，翟曹明为粟特人，在北周时担任祆教天主（萨宝），由于祆教讲究政教合一，因此，翟曹明既是夏州粟特人宗教领袖，又是政治首领，这也证明在以统万城为中心的夏州地区生活着一批粟特人[②]。他们虽然生活在夏州，但是从墓葬反映出仍然保留着浓厚的西方因素，这和虞弘墓、安伽墓、康业墓所反映的文化因素相同。并且他们得以制造如此精美的石刻葬具，也从侧面显示了，此时统万城社会环境比较安定。

另外在统万城西方的定边县发现了东罗马金币[③]，同时在相邻的大同平城、西安、咸阳以及宁夏固原也发现有东罗马金币，这些钱币大部分都钻有孔，已经丧失了货币职能，变为随身携带的装饰品了。东罗马金币的

①陕西省考古研究院等：《陕西靖边县统万城周边北朝仿木结构壁画墓发掘简报》，《考古与文物》2013年第3期。

②尹夏清：《陕西靖边出土彩绘贴金浮雕石墓门及其相关问题探讨》，《考古与文物》2005年第1期；罗丰、荣新江：《北周西国胡人翟曹明墓志及墓葬遗物》，载《粟特人在中国——考古发现与出土文献的新印证》，北京：科学出版社，2016年，第269—299页。

③李生程：《陕西定边发现东罗马金币》，《中国钱币》2000年第2期；羽离子：《陕西新发现的东罗马金币及其折射的中外交流》，《文物世界》2002年第1期；羽离子：《对中国西北地区新出土三枚东罗马金币的考释》，《考古》2006年第2期。

出现，也从一定程度上说明在北朝时期，统万城在东西方交通链条上仍然发挥着作用。

三、隋唐时期统万城的粟特墓志

《旧唐书》卷三八《地理志一》："夏州都督府，隋朔方郡。贞观二年，讨平梁师都，改为夏州都督府，领夏、绥、银三州。"治所在统万城，《榆林碑石》中，在统万城周边收集的唐代墓志有50方，为历代墓志中最多，因此可以反映出唐代应该是统万城人口最为繁盛的阶段，政治和经济环境均比较稳定。截至目前的考古发现中，西域因素也有体现，但与当时的两京地区相比，统万城发现的西域因素显得极少，甚至少于北朝时期，这也说明由于政治中心的改变，经济中心也随之改变，统万城已经成为军事边地，善于经商的粟特人从河西走廊进入内陆时，选择南下到两京地区，而不再会向东过统万城。因此在统万城周围发现的多为武将墓志，其中就包括粟特人的墓志。

1995年征集的《安旻墓志铭》[1] 出土于统万城无定河南岸圪汔河村，墓主安旻为夏州朔方县人，葬于唐神功元年（697），墓志记载安氏为"西凉大族，声振当时"，由于其祖上在隋唐两朝均任军职，而"流宦婆娑，遂居塞北"，可知他祖籍凉州（今甘肃武威），因官而定居在统万城，是粟特人无疑。安旻曾祖父曾任隋朝鹰扬郎将，祖父曾任隋朝仪同三司，父曾任唐朝上户军，安旻虽然墓志没有提及是否入仕，但是合理推测他也应该为唐朝武官。安姓在有唐一代任武职的不在少数，还有陪葬昭陵的安元寿及其家族、埋葬于洛阳龙门的唐安国大首领安菩等。

另外《榆林碑石》还刊布一方《王夫人墓志》，王夫人以武周天册万岁元年（695）葬于统万城东十里原，其父族为河东王氏，后"随父外任，

①康兰英：《榆林碑石》，西安：三秦出版社，2003年，第211—212页。

因宦播迁，遂为朔方人……娉适康氏”[①]，此处怀疑王夫人丈夫康氏或为粟特人[②]。

《新唐书》卷三七《地理志一》：“调露元年，于灵、夏南境以降突厥置鲁州、丽州、含州、塞州、依州、契州，以唐人为刺史，谓之六胡州。”学界认为有“大批的粟特人随突厥一起降服”[③]，“作为夏州的一方重镇，统万城，当有大量粟特人”。以上发现的《安旻墓志》能够说明唐代统万城确实有粟特人存在，《安菩墓志》中，安菩曾任六胡州大首领，进一步说明统万城及其周边确实当有一批粟特人生活，但是是否能如历史学者研究所言是大量的，从考古学上尚不能肯定。如果真有大量粟特人存在的话，可能他们中的大部分葬俗已经汉化了，难以从考古学上把其与汉人墓葬区别出来。

四、宋元时期统万城的西方因素

“宋太平兴国……（李）继迁时十七岁，不乐内徙，啸聚亡命，侵扰边界，淳化中诏毁旧城，其州兵徙相州置营，仍曰夏州；迁居民于绥银州。”[④] 北宋时期，由于长期与西夏、金处于战争状态，统万城处于战争前线，宋太宗苦于战事，感到难以控制，于淳化五年（994）撤尽城中居民后，一把火将其焚毁。2012年在西城内探方以及2014年西城西门发掘中，均在宋代地层中发现有火烧的灰烬现象[⑤]， 因此，一定程度上证明了宋高宗焚毁城市的可信性。另外在城址周边目前发现的宋代墓志也仅到开宝二年

①康兰英：《榆林碑石》，西安：三秦出版社，2003年，第25、209页。

②介永强：《统万城唐代胡人〈安旻墓志〉释解》，刊于侯甬坚等编《统万城建城一千六百年国际学术研讨会文集》，西安：陕西师范大学出版总社，2015年，第52—521页。

③张广达：《唐代六胡州等地的昭武九姓》，《北京大学学报》1986年第2期。杜文玉：《唐五代时期夏州的民族构成与经济形态》，刊于陕西师范大学西北环发中心编《统万城遗址综合研究》，西安：三秦出版社，2004年，第153页。

④〔北宋〕曾公亮、丁度：《武经总要·前集》卷一九《西蕃地里》。

⑤康兰英主编：《榆林碑石》，西安：三秦出版社，2003年，第21、22、207页。

（969）[1]，且周边宋代墓葬也极少，2012年曾在无定河南八大梁发现过数座，但是数量很少[2]，而且年代均属于宋早期，所以统万城主体毁废于北宋早期应该是可信的，从此统万城作为城市治所的历史结束。随着唐朝的衰落，经历五代的乱世，粟特人逐渐消失，退出历史舞台，即使有所存留，也基本已经完全汉化了。目前在统万城及其周边的考古发现中，尚无能反映丝路交流的遗迹和遗物，仅有一方墓志可以寻得一点丝路曾经的影响力。

戴应新先生曾于1996年在统万城无定河南的华家洼林场尔德井村征集一方墓志，墓主为北宋定难军管内都指挥使康成此[3]，康成此曾参与夏州定难军对抗后唐削藩之战，之后由于在多次战争中有勇有谋而深得党项府主大王李彝殷的信任，最后因疾卒于北宋乾德四年（966），"归葬于夏州张继堡北"。荣新江先生认为康成此为粟特人[4]，陈玮对其做了进一步分析，根据志盖所题康成此祖籍为太原郡，当时许多粟特人以太原郡为郡望或籍贯，因此康成此当出于粟特[5]。

在统万城焚毁之后的金元时期，仍有居民居住在城内，不过应该都只是普通居民而已，这一阶段也有零星的西方因素发现。在统万城遗址曾发现元代青铜十字牌，周伟洲先生曾作考证，认为其属于聂思脱里教（景教）的汪古部人的遗物[6]。

---

①邢福来：《关于统万城周边墓葬的几个问题》，《考古与文物》2013年第3期。

②陕西省考古研究院等：《统万城遗址近几年考古工作收获》，《考古与文物》2011年第5期。

③戴应新：《有关党项夏州政权的真实记录——记〈故大宋国定难军管内都指挥使康公墓志铭〉》，《宁夏社会科学》1999年第2期，后收入氏著《大夏国统万城》，西安：三秦出版社，2015年，第211—217页；又见康兰英主编《榆林碑石》，西安：三秦出版社，2003年，第82、253页。

④荣新江：《北朝隋唐粟特人之迁徙及其聚落补考》，刊于余太山、李锦绣主编《欧亚学刊》第6辑，北京：中华书局，2007年，第170页。

⑤陈玮：《统万城出土粟特人康成墓志研究》，刊于侯甬坚等编《统万城建城一千六百年国际学术研讨会文集》，西安：陕西师范大学出版总社，2015年，第525页。

⑥周伟洲：《统万城遗址出土元青铜十字牌考》，刊于陕西师范大学西北环发中心编《统万城遗址综合研究》，西安：三秦出版社，2004年，第51—54页。

第五章　统万城所在的无定河上游地区全新世河流地貌环境演化

陕西省考古研究院　胡　珂

一、无定河上游全新世河流地貌演化

1. 无定河上游第四纪地层简介

无定河上游流域的第四纪地层，除东南部黄土丘陵区堆积离石黄土和马兰黄土外，其余大部分地区堆积厚层的河湖相夹风沙相沉积。该套沉积的标准剖面位于无定河上游的萨拉乌苏河流域[1]。该河两岸堆积了厚层的上更新统—全新统，且有丰富的哺乳动物化石和人类化石，是研究晚更新世以来环境变迁的一个理想地点。

近百年来，许多国内外学者对萨拉乌苏河流域不同地点的第四纪地层做过调查研究[2–20]，早在20世纪20—40年代，德日进等法国学者[2–6，21]对该流域进行了第四纪调查，创建了“萨拉乌苏河系（组）”，发现并命名萨拉乌苏动物群和化石人类“鄂尔多斯人”。1964年，裴文中等[7]将德日进认为的“萨拉乌苏河系（组）”近顶部的灰白色泥灰层和沙土堆积的时代推测为全新世，其底部灰蓝色湖相层之下的红黄色沙土层为中更新世。1978年，袁宝印[22]将萨拉乌苏组（即上述萨拉乌苏河系）分为上部和下部，其时代分属晚更新世晚期和中期，分别与玉木冰期和里斯–玉木间冰期相当。80年代以来，董光荣、李保生等[11，13，23]将袁宝印的萨拉乌苏组上部定为城川组，风成沙沉积为主；下部仍称萨拉乌苏组，主要为河湖相。他们将袁宝印[22]研究过的滴哨沟湾剖面进一步划分为滴哨沟湾组、大沟湾组、城川组、萨拉乌苏组和离石组，依次归属于冰后期晚期、冰后期早中期、玉木冰期、里斯－玉木间冰期和里斯冰期。80年代末，郑洪汉[12]对滴哨沟湾剖面地层进行了划分并与深海氧同位素阶段（MIS）做了对比。他认为该剖面近顶部为全新世沼泽相，属MIS1；城川组上部、中部和下部依次为冲积相、冲积与牛轭湖沼泽沉积和湖相，分别属MIS2、MIS3和MIS4，萨拉乌苏组为湖相，属MIS5并跨越到145 kaBP的MIS6；此前的沉积属河流冲积物，时代相当于MIS6—MIS7。1996年，孙继敏等[15]对滴哨沟湾剖面地层自上而下划分为第1—2层的河流相与湖沼相，属MIS1；第3层和第7层的沙漠相，分别属MIS2和MIS4；第4—6层的湖相夹沙漠相，属MIS3；第8层的湖相粉沙与黏土互层，属MIS5；自第9层及其向下的细沙与粉沙互层，属中更新世，他将上述萨拉乌苏河沿岸出露的地层统称为萨拉乌苏组。

根据最新研究，该地上更新统—全新统从老至新可以划分为萨拉乌苏组、城川组、大沟湾组和滴哨沟湾组、范家沟湾组，时代分别属于晚更新世早期、晚期，全新世早中期和晚期[16, 19]。这套沉积的下伏地层属中更新统离石组黄土与风成沙夹层。

（1）萨拉乌苏组

萨拉乌苏组的时代为150000—75000aBP，主要属末次间冰期或者MIS5[19, 24]，堆积深度为36.95米—56.03米。据野外观察和层位确定，该组沉积层序为61LS—86LS，含7层古流动沙丘沙，以细沙为主，次为极细沙，松散，分选均匀，色灰黄至浅橘红；4层古固定－半固定沙丘沙，以粉沙质细沙—粉沙质极细沙为主，致密，分选较均匀，垂直节理发育，色浅灰黄至浅棕褐，底部含钙质结核或钙板，偶见植物根系；10层河湖相，粉沙质或黏土质细沙—极细沙，色浅灰黄至浅灰绿，松软致密，分选较差，含铁质锈斑、钙结核以及较多植物根系或植物残体化石；5层古土壤，黏土质或亚黏土质细沙—粉沙，色浅棕褐至灰褐，含植物根系和铁质斑点、钙结核，有些层鳞片状结构明显。古流动沙丘、古固定－半固定沙丘、河湖相和古土壤等4种沉积相在地层中相互叠覆，为便于阐述，分别以D、FD、LS和S表示之。

（2）城川组

75000—10000aBP，城川组存在多层流水形成的灰绿至灰黄色黏土质粉沙、粉沙质极细沙等堆积，主体是以细沙为主的古流动沙丘沙。此类沉积，常常具有明显的风成沙丘形态、风成的前积纹层、加积纹层，以及风成的大型板状层理和从扫描电镜中观察到的由风暴撞击形成的石英颗粒表面的新月形凹槽、风蚀麻点等。

（3）大沟湾组—滴哨沟湾组

10000—1000 aBP，总体上表现出湖相沉积特征。

（4）范家沟湾组

1000aBP 至现代，风沙沉积，代表了晚近时期的毛乌素沙漠，标志其步入了一个新的岩石沉积时代。

以上沉积单元与黄土高原相同时期层系具有较好的对比关系：离石组\萨拉乌苏组、萨拉乌苏组\城川组和城川组\大沟湾组在地质时代上依次与 L2\S1（时限为 140000 aBP）[25]、S1 \L1 （时限为 80000 aBP）[26]和 L1\S0（时限为 11000—10000 aBP）[27]大体是等时的。如以过去全球气候变化而论，则目前已经可以确切地将米浪沟湾剖面诸沉积单元与深海和大陆冰川最近地质时期的若干氧同位素阶段进行对比：离石组与 MIS6、萨拉乌苏组与 MIS5、城川组与 MIS2—MIS4、滴哨沟湾组 + 大沟湾组 + 范家沟湾组与 MIS1。这一对比关系说明，我国沙漠万年时间尺度环境演变，与黄土的研究结果一样，在很大程度上受到北半球冰期间冰期气候大幅度波动的影响[19]。

2. 无定河流域第四纪更新世的地貌演化背景

通过对无定河干流和支流实地考察获得的河流阶地剖面为基础，结合资料和测年数据，总结不同河段包括最高阶地在内的各级阶地的年龄，从而得出不同河段河流的形成时间和不同时期沉积物的堆积时间，并以此恢复了第四纪以来无定河流域的河流地貌演化情况（无定河流域第四纪河流地貌演化的研究成果另文发表）。无定河流域更新世河流地貌演化被划分为 5 个阶段：

第一阶段：如前所述，无定河流域受早更新世古水系的作用，西北部的基岩接受侵蚀形成古侵蚀盆地，盆地在侵蚀过程中残余部分基岩梁地。

东南部基岩抬升，遭受侵蚀较少，形成基岩台地。西北部与东南部基岩地貌的差异，是无定河流域第四纪地貌特征的基础。中更新世以来，东南部基岩台地接受离石黄土沉积，西北部因侵蚀作用较少保留沉积物。东南部由于黄河的下切，侵蚀基准面下降，在基岩中产生溯源侵蚀作用，形成古无定河雏形。至中更新世晚期，无定河溯源侵蚀至今米脂县镇川镇附近，形成四级阶地（图一 a）。

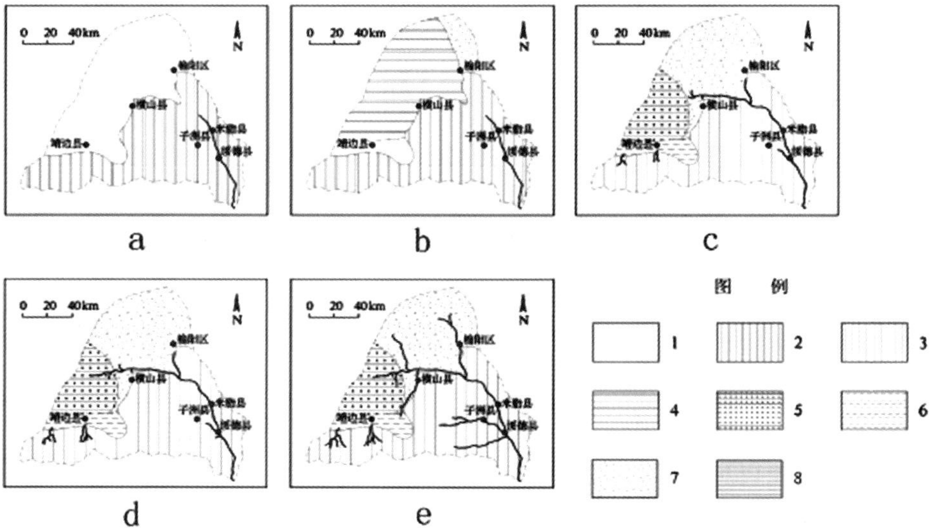

图一　无定河流域第四纪更新世河流地貌演变

1. 侵蚀区 2. 离石黄土堆积区 3. 马兰黄土堆积区 4. 萨拉乌苏组沉积区 5. 城川组沉积区 6. 冲击洪积区 7. 风沙堆积区 8. 全新世湖相沉积区

a. 中更新世晚期 b.75kaBP 左右 c. 晚更新世早期 d. 晚更新世中期 e. 晚更新世晚期

第二阶段：149—75kaBP，本区东南部仍为离石黄土台地，西北部侵蚀区开始接受萨拉乌苏组沉积，除今榆阳区以东为风沙沉积和靖边县附近继续接受侵蚀外，本区西北部基本为湖沼环境（图一 b）。

第三阶段：晚更新世早期，无定河干流切穿横山县响水镇以东的基岩残梁，沿基岩台地北侧，在萨拉乌苏组地层中继续溯源侵蚀至今雷龙湾以东，其支流榆溪河溯源侵蚀至今榆林市三岔湾附近。雷龙湾上游开始接受城川组堆积，以风沙地貌为主，在气候较为湿润时会形成暂时性湖沼，雷龙湾下游由于河流下切脱离水体环境开始风沙沉积。今靖边县附近区域开始堆积山前冲积洪积物。东南部开始接受马兰黄土沉积（图一 c）。

第四阶段：晚更新世中期，无定河干流溯源侵蚀至白城子村附近（图一 d）。

第五阶段：晚更新世晚期，无定河干流溯源侵蚀至巴图湾附近，其支流芦河侵蚀至今杨桥畔镇附近，黑河侵蚀至今高应华渠村附近，其余各支流都向上游不同程度延伸（图一 e）。

3. 无定河上游数个重点剖面反映的河流下切情况

无定河上游河流沿线全新世的地貌演化过程主要是河流溯源侵蚀切穿湖盆，导致湖泊水体外泄以致消失的过程。笔者选取几处剖面来恢复这一过程，这几处剖面均为上覆风沙的湖相沉积。由于上覆风成沉积底部和下垫湖相沉积顶部的年代可以代表湖相沉积脱离水下环境的年代[26，28–30]，因此以这几处湖相沉积剖面顶部的年代作为剖面所在处河流下切、湖泊消失的起始年代讨论地貌变化过程。这几处剖面分别是：滴哨沟湾剖面（图二中 1 处）、杨桥畔剖面（图二中 2 处）、胶泥峁则剖面（图二中 3 处）、羊场钻孔（图二中 4 处）、方滩剖面（图二中 5 处）、土桥梁剖面（图二中 6 处）。

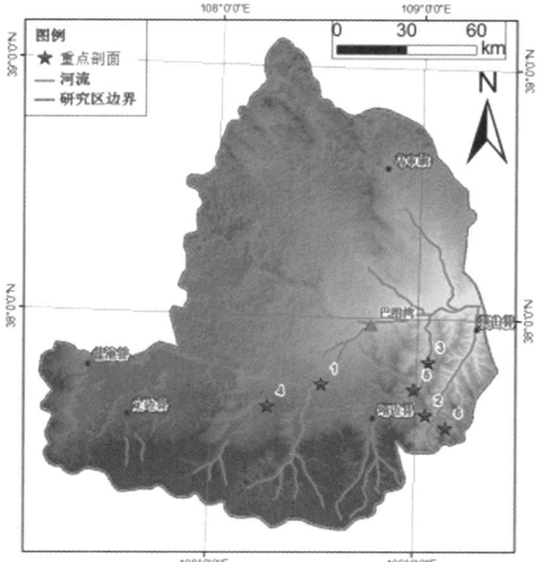

图二　重点剖面位置

1. 滴哨沟湾剖面 2. 杨桥畔剖面 3. 胶泥峁则剖面 4. 羊场钻孔 5. 方滩剖面 6. 土桥梁剖面

（1）滴哨沟湾剖面

①剖面反映的河流下切情况

滴哨沟湾剖面位于无定河上游萨拉乌苏河段的滴哨沟湾，坐标北纬 37° 43′ 16"，东经 108° 31′ 38"，为前述萨拉乌苏组的标准剖面所在地，所处河段近西南—东北流向，地貌上为深切曲流。剖面位于河流东岸，高出河面近 80 米，顶面为近代风沙沉积。从下向上依次为萨拉乌苏组（湖相沉积为主）、城川组（风沙沉积夹湖相沉积）、大沟湾组—滴哨沟湾组（湖相沉积为主）和范家沟湾组（风沙沉积）（图三），各组沉积物性质见前文。根据笔者对滴哨沟湾沉积剖面的观测，萨拉乌苏组、城川组、大沟湾组—滴哨沟湾组顶面距现代河面依次为 40 米、70 米、73 米。根据已有研究成果，萨拉乌苏组、城川组、大沟湾组—滴哨沟湾组的沉积结束年代依次为 75kaBP、10 kaBP、1 kaBP[19]。

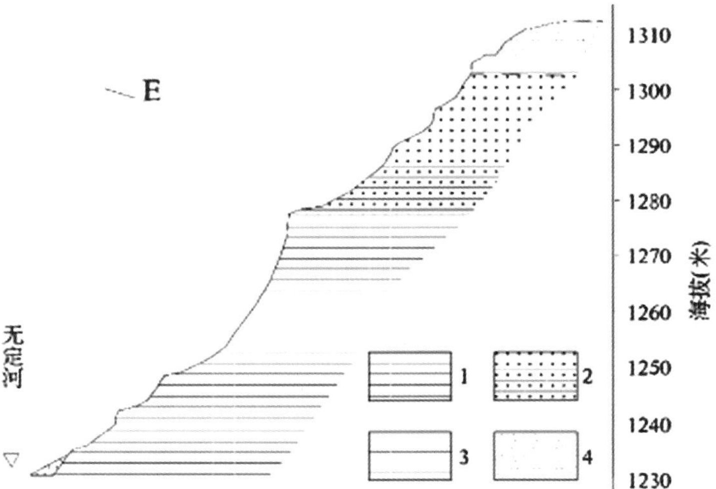

图三　滴哨沟湾剖面

1. 萨拉乌苏组沉积 2. 城川组沉积 3. 大沟湾组—滴哨沟湾组沉积 4. 范家沟湾组沉积

从该剖面可以看出，此处在滴哨沟湾组之前的较长时间内大多保持湖泊环境，滴哨沟湾组之后，由于无定河下切导致水体外泄，湖泊消失，开始风沙堆积。如前所述，剖面中与风沙沉积交界处的湖相沉积的顶部年龄可视作湖相沉积脱离水下环境的年代。该剖面上部全新世大沟湾组—滴哨沟湾组和范家沟湾组分别为湖相沉积和风沙沉积，大沟湾组—滴哨沟湾组顶部年龄为 1 kaBP，说明此处全新世 1 kaBP 前为湖泊环境，1 kaBP 后河流下切，导致湖泊水体外泄而干涸，在湖相沉积物顶面才开始堆积风沙沉积。大沟湾组—滴哨沟湾组顶部高出河面 73 米，说明在 1 千年的时间里此处河流下切了 73 米，平均下切速率高达 73 毫米 / 年。

②滴哨沟湾处无定河下切机理

为了解滴哨沟湾处全新世湖泊存在范围和河流下切情况，笔者从滴哨沟湾沿萨拉乌苏河向下游至巴图湾（见图二）进行了野外地貌考察。巴图湾在滴哨沟湾东北方向萨拉乌苏河边，距滴哨沟湾直线距离约 37 千米。巴图湾附近有一道基岩梁约南东—北西向于第四纪沉积物之下横穿萨拉乌苏河谷，在河谷出露宽约 300 米，高约 30—40 米，中部已被河水侵蚀出一宽约 200 米的豁口，豁口下缘与下游河面平齐（图四）。该基岩梁为前述早更新世侵蚀盆地中的基岩残梁，岩性为白垩纪洛河组（K2l）紫红色沙岩。巴图湾现为巴图湾水库大坝所在地，大坝就建在上述基岩残梁的豁口中，与基岩残梁合为一体，阻断上游水流下泄。大坝上游为巴图湾水库库区，水面海拔 1168 米左右，下游河面高度 1132 米，落差 30 余米。

根据笔者考察，滴哨沟湾处的大沟湾组—滴哨沟湾组全新世湖相沉积向北至与巴图湾之间的一处叫张木样滩的地点逐渐尖灭（图四），再向北不再有此套湖相沉积，近代风沙沉积直接覆盖于城川组沉积之上，说明滴哨沟湾处的全新世湖泊向北的最大分布范围就在张木样滩附近。张木样滩以北河谷较宽，且缺乏全新世湖相沉积，应在全新世前就已经下切。

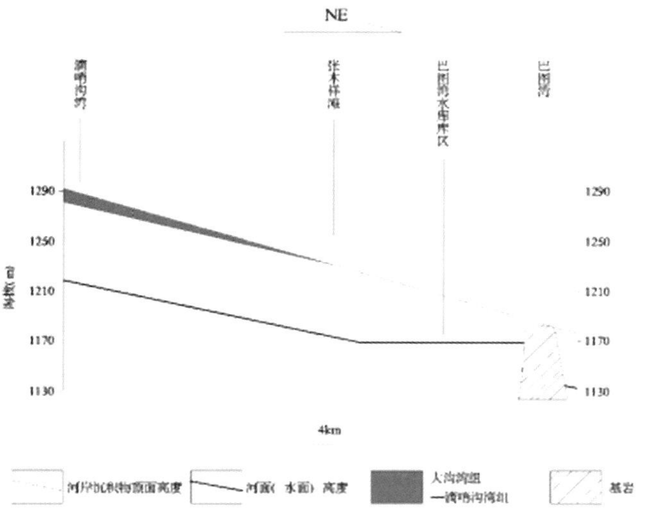

图四　萨拉乌苏河纵剖面

根据湖盆中水体的外流方式，湖盆分为内

流和外流两类。内流湖盆没有径流流出或只有少量流出，湖盆内水体的外损主要是通过蒸发的方式；对于内流湖盆，如果构造运动不明显，湖泊的湖侵—湖退基本上取决于入湖径流量与湖水蒸发量之间的平衡关系。当入湖径流量大于湖水蒸发量时发生湖侵；反之则发生湖退。而对于一个外流湖盆，盆地内的湖面高度基本上取决于出水口的门槛高度。盆地中湖侵的发生只可能发生在以下两种情况下：①相对于湖盆底部，出水口门槛高度抬升；②或相对于出水口门槛，盆底下沉。反之则发生湖退[30]。

根据前述沉积物考察结果，滴哨沟湾处的全新世湖泊下游存在一条出水河流，为一个外流湖泊，湖盆的出水门槛就是巴图湾处的基岩残梁。如前所述全新世期间，研究区所在的鄂尔多斯地区是一个构造上稳定的地块，不存在湖盆的升降。因此湖泊的缩小取决于出水门槛（巴图湾处的基岩残梁）的下降，下降的原因是水流对基岩残梁的侵蚀。基于这一分析，可推断滴哨沟湾—巴图湾间的河流下切、湖泊消失过程如下：

阶段一：全新世早期（图五 a）。巴图湾上游与下游均为较松散的第四纪沉积物，由沙和粉沙组成，仅在巴图湾处存在一处宽数百米的基岩残梁，梁顶基本与上下游第四纪沉积物顶面平齐。巴图湾下游河谷形成较早，在约中更新世晚期，而由于巴图湾处有基岩残梁的存在，基岩的抗侵蚀能力较强，阻碍了河流溯源侵蚀的过程，抬高了上游的侵蚀基准面，使上游下切极少，未影响上游的湖泊存在。

阶段二：1kaBP 前（图五 b）。如前文所述，组成此处基岩残梁的白垩纪洛河组（K2l）紫红色沙岩颗粒较粗，结构松散，易风化剥蚀，笔者野外调查时使用手铲可轻易从此套沙岩上刮下大量沙粒。因此其抗侵蚀能力虽强于第四纪沉积物，但总体上仍较弱。从中更新世晚期开始，经历较长时期，已被大量侵蚀，虽然梁顶下降不多，但剩余的基岩已成为较薄的基岩壁。基岩壁的抗侵蚀能力更弱，其后的时间内，侵蚀速度加快，并伴随基岩梁顶的快速下降。

阶段三：1kaBP 后（图五 c）。下游基岩梁顶的快速下降，使上游的侵蚀基准面下降。巴图湾上游主要由前述各组松散的粗颗粒湖相和风沙相沉积物组成，抗侵蚀能力很弱，随着侵蚀基准面的下降也快速下切，导致湖泊水体外泄，湖泊干涸，并形成河谷。1979 年内蒙古 104 地质队在滴哨沟湾下游不远处的大石砭古城的萨拉乌苏河右岸发现一口被河水侧蚀出来的古井，井水干枯，填满尸骨。古井水位埋深在 5.9—7.3 米。古井下方的下降泉水位已降至谷底即现代萨拉乌苏河河面 。大石砭古城为元代古城，该井系当时城区饮用水源之一，离萨拉乌苏河不远。因此古井水位 5.9—7.3 米可看作当时萨拉乌苏河古河面高度。上述考古证据证明元代（公元 1206 年—1368 年）也就是七八百年以前，无定河上游萨拉乌苏河的下切深度已将近 10 米。

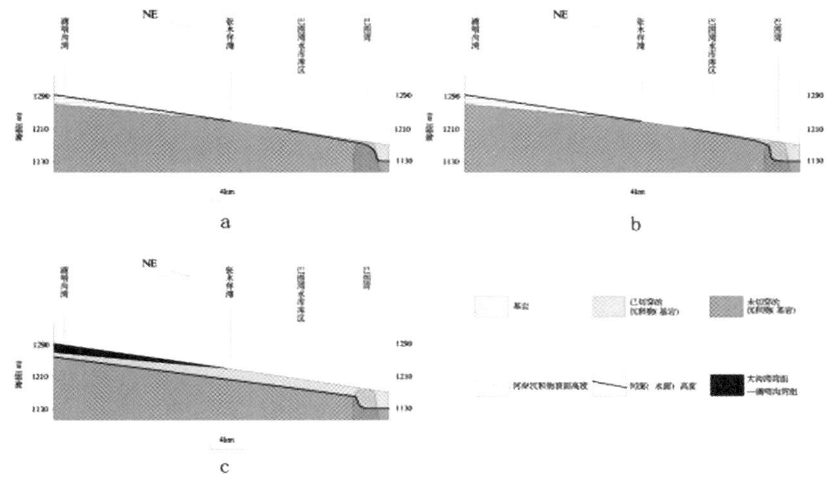

图五　滴哨沟湾—巴图湾间河流下切过程
a. 全新世早期 b.1kaBP 前 c.1kaBP 后

（2）杨桥畔剖面

杨桥畔剖面位于靖边县杨桥畔镇西无定河支流芦河河岸，坐标北纬 37° 37′ 48″，东经 109° 0′ 1″（图二中 2 处），西距靖边县城约 17 千米，东距杨桥畔水库大坝将近 7 千米。剖面从河岸顶部向下出露一套全新世黄绿色湖相沉积，高约 8—10 米，下部被杨桥畔水库水面淹没（图六）。剖面所在的芦河河段基本上由西向东流，当地人俗称为西芦河。根据笔者野外实地考察，此套湖相沉积分布范围为向西约 1 千米，向东约 6 千米，接近杨桥畔水库大坝。大坝处出露红色沙岩，同样为白垩纪洛河组（K2l），基岩顶部接近地表，大坝即建于此处基岩被侵蚀出的豁口之上。大坝再向东数百米，河流坡降加大，深切于基岩之中，再向东近2千米，芦河转而向北，转折处河面海拔低于杨桥畔水库水面120米（图七）。

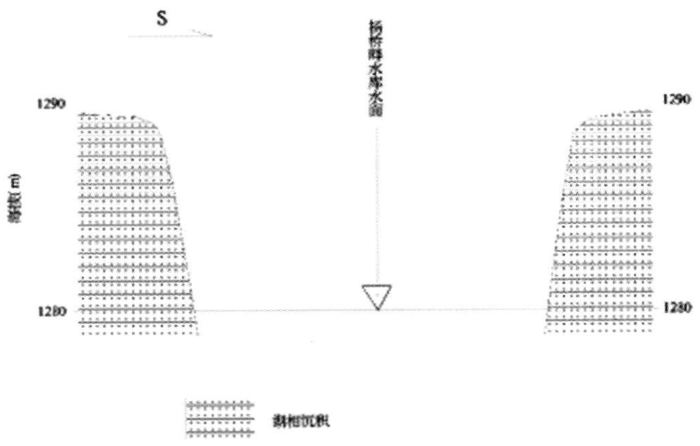

图六　杨桥畔剖面

此套湖相沉积物之上最早可见汉代遗址，说明此处湖泊完全干涸在汉代以前。综前所述，全新世杨桥畔镇附近存在一处湖泊，面积最大时东西长约7千米，此湖泊应消失于战国时期。湖泊消失的原因与前述滴哨沟湾处相似，是由于杨桥畔水库大坝处的基岩被切穿，导致上游侵蚀基准面下降，河流下切，湖泊水体外泄，湖泊消失，同时西芦河形成。关于此处的下切机理不再赘述。

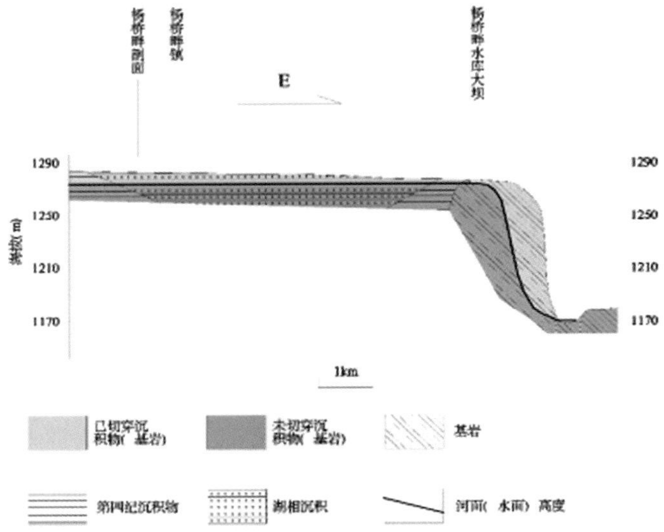

图七　西芦河纵剖面

（3）胶泥峁则剖面

胶泥峁则剖面位于无定河支流黑河的中上游河岸，坐标北纬37° 47′ 19″，东经109° 3′ 52″，东北距靖边县城约32千米（图二中3处）。该剖面位于黑河的西南岸，顶面高出河面25米左右，基本上为湖沼相沉积。现将该剖面描述如下（以顶面高度为0米，向下数值增加，如图八）：

0—4米：风沙沉积。

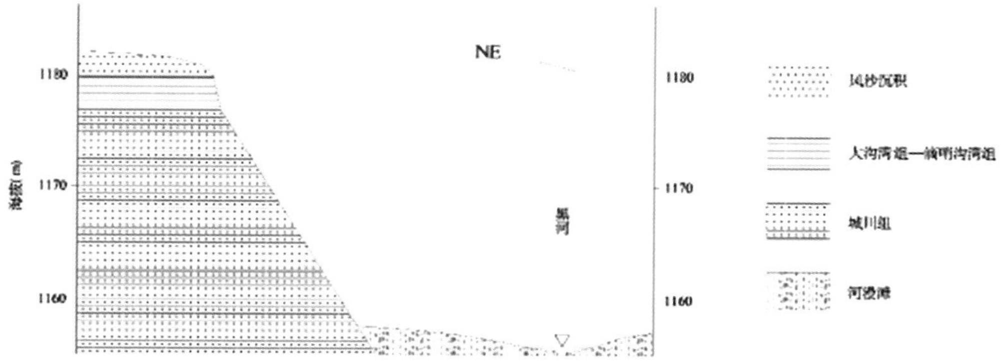

图八　胶泥峁则剖面

4—5.5 米：全新世黑灰色沼泽相沉积。

5.5—6.5 米：全新世黄色湖相沉积。

6.5—7.5 米：全新世黄绿色湖相沉积。

以上 3 组划为大沟湾组—滴哨沟湾组。

7.5—25 米：晚更新世城川组沉积。

胶泥峁则剖面的大沟湾组—滴哨沟湾组全新世湖沼相沉积厚约 3.5 米，分布范围从剖面处向南（上游）约 3 千米，向北（下游）约 5.5 千米，向边缘逐渐变薄至尖灭，向北 6—10 千米处的黑河河谷中断续出露白垩纪洛河组（K2l）基岩，基岩出露处河流坡降较大。

上述情况说明剖面所在地附近在全新世存在湖泊和沼泽。此套全新世湖沼相沉积之上出现的最早期的遗址为商时期遗址，说明此处河流下切，湖泊消失的时间应在商之前的龙山和夏时期，早于滴哨沟湾剖面。剖面沉积相的变化说明此处经历了湖泊—沼泽—干涸的过程。另根据野外考察，此处河流下切，湖泊消失的机理与前两处剖面相同，也是由于下游基岩被切穿，导致上游侵蚀基准面下降，河流下切，湖泊水体外泄，湖泊消失，同时在现在的黑河上游形成。

（4）羊场钻孔

羊场钻孔位于陕西省定边县，坐标北纬 37° 38′ 18″，东经 108° 15′ 32″，东距定边县城 56 千米，西距靖边县城 49 千米，北距内蒙古界 2 千米，在前文滴哨沟湾西南 25 千米，距无定河上游干流垂直距离 17 千米（图二中 4 处）。剖面所在地现在地貌为平坦的草场，据当地人描述在雨水较多的年份会有洪水漫过此处。笔者在此处使用手工钻具钻取了 5.2 米深的样品，钻孔样品岩性描述如下：

0—2 米：黄褐色粉沙夹有棕色黏土条带，洪水相沉积物。

2.0—2.4 米：夹有锈斑的浅黄绿色湖沼相沉积物，黏质粉沙。

2.4—3.3 米：浅灰色黏土质湖沼相沉积物。

3.3—3.7 米：夹有炭屑的黄绿色细沙质湖沼相沉积物。

3.7—4.8 米：夹有金黄色植物根系的浅灰色粉沙质湖沼相沉积物。

4.8—5.2 米：亮黄色粗沙。

笔者在该钻孔 4.5 米处采集了一个光释光样品进行测年，样品测试由南京大学地理与海洋科学学院释光测年实验室完成，样品年代结果为 8.3 ± 1.0kaBP。

钻孔资料反映剖面所在地全新世期间曾经存在一处湖沼，地貌分析显示这处湖沼是白于山北麓山前洪积扇前缘的地下水露头。虽然缺少湖相沉积顶部的年代结果指示该处湖沼干涸的准确时间，但仍可以通过地貌分析推断此时间。构成此处湖盆的基地是前述的萨拉乌苏组和城川组沉积，组成物质以沙和粉沙为主，属于透水层，在地下水位较高时，可以维持湖沼存在（图九 a），而地下水位较低时，湖沼就会因为缺水而干涸，而此处全新世地下水位大幅降低的原因只应是无定河的快速下切（图九 b）。因此该处湖泊干涸的时间应为无定河上游下切的时间，即前文所述的 1kaBP。

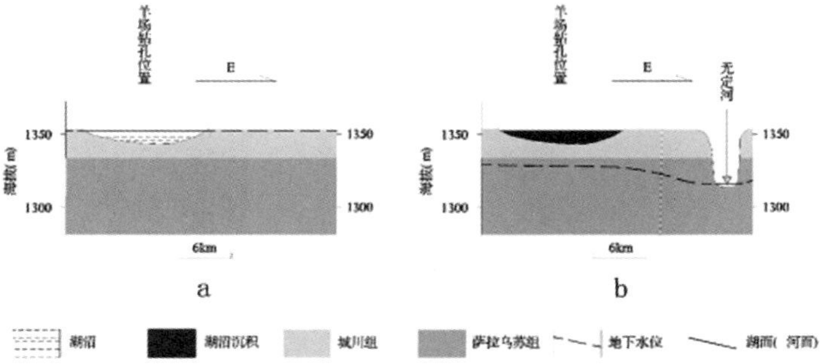

图九　羊场钻孔湖沼变化

a. 无定河下切前 b. 无定河下切后

（图中地下水位高度数据分别来自文献［2］与笔者钻孔实测）

（5）方滩剖面

方滩剖面位于黑河西岸源头附近的沟头裂点处，坐标北纬 37° 43′ 14.1″，东经 108° 59′ 14.7″，南距前述胶泥峁则剖面 10 千米（图二中 5 处）。该剖面为一套湖相沉积（下一章有此剖面的详细描述，此处不赘述），顶部的光释光年龄 130aBP。说明剖面所在地全新世直至 130 年前都存在一处湖泊，而后由于黑河溯源侵蚀不断进行，沟头裂点不断侵入湖区使水体外泄，湖泊外缘不断向黑河反方向退缩，剖面处 130aBP 左右脱离水体环境。

（6）土桥梁剖面

土桥梁剖面位于靖边县杨桥畔镇至高家沟乡的公路旁边，东距县城约 30 千米，坐标北纬 37° 34′ 15″，东经 109° 9′ 3″（图二中 6 处）。该剖面在地貌结构上属于芦河东岸一条支流的二级阶地。该级阶地顶面平坦，面积辽阔，填充于河流两侧高墚地之间的宽谷之中，整体宽度近 1 千米。二级阶地高出现代河面约 25 米。该剖面沉积相如下（以顶面高度为 0 米，向下数值增加，如图十）：

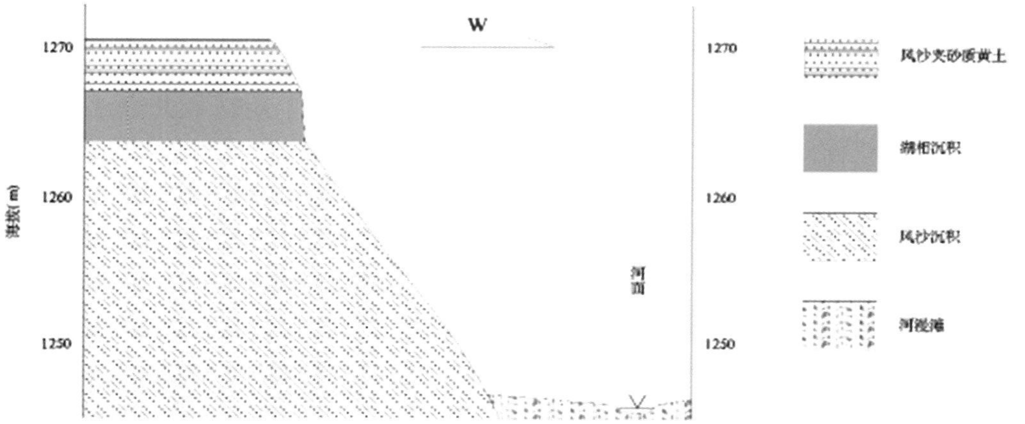

图十　土桥梁剖面

0—3.6 米：风沙沉积，夹有沙质黄土和弱古土壤条带。

3.6—6.6 米：棕灰色、青灰色粉沙质湖相沉积，含大量螺碎片，底部有黄色锈斑条带。

6.6—25 米：风成沙沉积。

笔者在该剖面接近湖相沉积顶部（3.6 米处）采集了光释光样品，光释光测试由北京大学城市与环境学院地表过程分析与模拟教育部重点实验室完成，样品年代 6.7kaBP。说明此处 6.7kaBP 之前存在一处湖泊，6.7kaBP 之后由于河流下切，湖泊干涸。经笔者野外考察，此处河流下切、湖泊干涸的机理同前文滴哨沟湾剖面，不再赘述。

4. 无定河上游全新世地貌演化

如前所述，研究区全新世地貌演化最主要的特点就是河流的溯源侵蚀及其导致的湖泊缩小或干涸。笔者根据上文 6 个剖面反映的湖泊消失的时间，并参考遥感卫星影像、地形数据、野外地貌考察结果、考古遗址与湖相沉积物的叠压关系，将研究区地貌演化分为如下 5 个阶段：

第一阶段：全新世初期（前仰韶时期）

首先，研究区全新世以来北部沙地、南部黄土的地貌格局没有大的变化，北部的毛乌素沙地和南部的黄土山地和丘陵地貌在晚更新世就已经形成[15]。全新世本区毛乌素沙地和中部冲积洪积平原区存在数量较多且面积较大的湖泊，这些湖泊多呈长条状分布，长轴方向均指向研究区中部现无定河干流海拔较低处。河流分布与现在有很大不同，除在南部黄土山区源区有一些下切的冲沟外，其他河流主要分布在研究区中东部。根据前文剖面记录的湖泊变化情况，今无定河上游尚未下切，萨拉乌苏河大部分河段尚不存在，其位置被湖泊占据。同时西芦河也不存在，芦河的源头在前述土桥梁剖面以西的丘陵地带。黑河的长度也较现在短，其源头在今天黑河中游附近。

第二阶段：仰韶、龙山和夏时期

这一阶段河流地貌与上一阶段相比没有大的变化，只是前文所述的土桥梁剖面显示在 6.7kaBP 左右芦河的支流因溯源侵蚀而向上游延长，导致土桥梁剖面附近的湖泊因水体外泄而消失。此阶段的湖泊面积由于气候较为湿润（研究区气候变化情况见后文）面积有所增大。前文的皎泥峁则剖面显示，龙山和夏时期的黑河上游存在一处沼泽。

第三阶段：商—春秋战国时期

前文胶泥峁则剖面显示黑河继续溯源侵蚀过程，该剖面所在位置的沼泽因黑河溯源侵蚀而干涸，河谷从原沼泽处穿过。这一时期由于气候较为干旱（研究区气候变化情况见后文），湖面缩小，原先的一些大湖收缩分裂为若干较小湖泊。

第四阶段：秦汉—五代十国时期

如前文杨桥畔剖面所示，此阶段杨桥畔处溯源侵蚀加速，使此处湖泊因水体外泄而消失。约至隋唐时期，西芦河全线贯通，与靖边县城南的山地中的冲沟连为一体，形成今天芦河的雏形。如以“河源唯远”的标准判断，此阶段无定河源头应在今靖边县城南的山地中，而芦河应为无定河的干流。此阶段湖泊除杨桥畔处湖泊消失外与上一阶段变化不大，湖面较小，由一系列串珠状湖泊组成。

该时期研究区存在众多湖泊的情况也可从古文献中得到佐证。《新唐书》卷四三《地理志下》引贾耽（730—805）的日记，“夏州北渡乌水，经贺麟泽、拔利干泽，过沙，次内横划、沃野泊、长泽、白城，百二十里至可朱浑水源。又经故阳城泽、横划北门、突绝利泊、石子岭，百余里至阿颓泉。又经大非苦盐池，六十六里至贺兰驿。又经库也干泊、弥鹅泊、榆禄浑泊，百余里至地颓驿。又经步拙泉故城，八十八里渡乌那水，经胡洛盐池、纥伏干泉，四十八里度库结沙，一曰普纳沙，二十八里过横水，五十九里至十贲故城，又十里至宁远镇”，该日记记录了从夏州（今统万城）北上过黄河一路的地理情况，可以看出沿途多有湖泊，表明研究区唐时期湖泊众多。

第五阶段：宋元时期

如前文滴哨沟湾剖面显示，萨拉乌苏河段 1kaBP 左右开始加速溯源侵蚀，至宋元时期已下切将近 10 米，今无定河干流全线贯通。河流的下切使其流经区域及附近的湖泊因水体外泄而干涸，一些邻近的未消失的湖泊面积也有所缩小，羊场钻孔处的湖泊也是在这次河流下切的作用下消失的。

5. 研究区地貌变化小结

如前文所述，研究区全新世以来北部沙地、南部黄土的地貌格局没有大的变化，而本区全新世地貌变化最大的特点是河流的溯源侵蚀及湖泊缩小或干涸。湖盆处河流溯源侵蚀和快速下切是由于湖盆出水门槛处的基岩被切穿引发的，而湖泊的干涸和缩小有两个原因：一是气候的干旱化；二是河流下切导致水体外泄。研究区全新世地貌变化有 3 次较大事件：一是商时期湖泊面积的缩小；二是汉代开始的芦河溯源侵蚀加速，并最终使芦河全线贯通；三是萨拉乌苏河的形成和其附近湖泊的干涸和缩小。

二、统万城上游萨拉乌苏河流域宋元时期环境变化与人类活动

萨拉乌苏河位于中国北方的沙漠和黄土过渡地带，同时也是中国北方干旱和半干旱区、农业和牧业分布区的过渡地带。这一区域及其北部的毛乌素沙地长期以来是中外第四纪环境研究关注的热点区域。早在1924年，法国学者德日进等就在萨拉乌苏流域建立了上更新统萨拉乌苏组，发现并命名萨拉乌苏动物群和化石人类“鄂尔多斯人”[2-3]。其后的工作多集中在“萨拉乌苏组”“城川组”等多套第四纪标准地层的建立和时代的界定[1，11，19，22，31-32]、通过该流域的地层剖面分析研究第四纪环境变化情况[18，20，33-35]、剖面反应的第四纪毛乌素沙地变化情况[18，36-43]等几个方面。

研究区历史时期的环境变化和人地关系方面也有一定数量的研究成果。1979年，侯仁之就通过对萨拉乌苏河一些古城遗址的分析研究了毛乌素沙漠历史时期的变化情况[44]。朱士光（1982）认为唐代以来，人类开垦耕地和砍伐森林导致的环境恶化是萨拉乌苏河以西的城川古湖迅速缩小直至近于干涸的主要原因[45]。孙继敏（1995）认为，毛乌素沙地历史时期沙漠化的原因是过度的人类活动和特定的自然条件使“古沙翻新”[46]。牛俊杰（2000）使用历史地理的方法研究认为，毛乌素沙地最晚在北魏时期就已经存在[47]。邓辉（2001）探讨了研究区历史时期人类活动对环境的影响[48]。侯甬坚（2001）研究认为北魏时期毛乌素沙地已有沙地存在，为沙草并存的荒漠草原景观[49]。王乃昂（2006）通过对六胡州古城址的研究认为，唐初研究区北部已有较为严重的沙漠化问题[50]。何彤慧（2006，2008）认为毛乌素沙地东汉至南北朝时期、唐末至宋夏和明清时期发生过3次较大规模的沙漠化事件，还认为研究区历史时期人类过度开发与气候

变化相叠加，容易引起生态退化[51-52]。黄银洲（2009）通过剖面气候指标分析认为毛乌素沙地唐中后期和明后期有两次沙漠活化过程[53]。蒙红卫(2009)通过对剖面孢粉分析,复原了研究区2400aBP以来的环境变化[54]。郝志新（2009）通过分析历史文献中植被变化的记录，总结了包括研究区在内的中国西北地区东部宋（西夏）元时期的气候变化[55]。以上成果或通过历史文献分析，或通过剖面气候代用指标分析，主要讨论内容都在于气候变化、沙漠化和人类活动之间的关系，极少讨论历史时期萨拉乌苏河流域的地貌变化对人类活动的影响。研究区发现宋（西夏）元时期前后，萨拉乌苏河河流地貌有较大变化，对当时的植被和人类活动都产生了重要影响。本文试在研究区地貌、植被和人类活动三者之间的关系上做一些初步探讨。

1. 研究区概况

萨拉乌苏河位于黄河的一级支流无定河的上游。无定河发源于陕北定边县白于山区，在陕北清涧县河口镇汇入黄河，大部分流经陕西省境内，

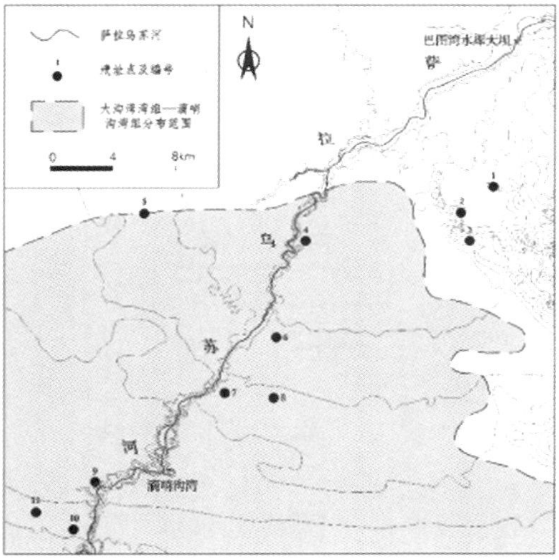

图十一　萨拉乌苏河概况

1. 果园遗址（新石器时代、北魏、西夏）2. 仓窑湾墓群（北朝）3. 沙日特拉界遗址（新石器时代、西夏）4. 酒坊台墓群（西夏）5. 朝代遗址［宋（西夏）元］6. 敖包滩遗址［宋（西夏）元］7. 三岔河城址（西夏）8. 米浪沟湾遗址［宋（西夏）元］9. 大沟湾北遗址（西夏）10. 大沟湾东遗址（西夏）11. 大场子遗址（西夏）

上游有小段流经内蒙古自治区鄂托克前旗和乌审旗。习惯上将内蒙古自治区境内的这一段无定河称为萨拉乌苏河，又称为红柳河。萨拉乌苏河（图十一）从陕西与内蒙古交界处起，流向东北方向，至巴图湾水库大坝处全长约 46 千米，出巴图湾大坝后又向东流入陕西省境内。

萨拉乌苏河河道多为深切曲流，河流两岸地势平缓，河岸高出现代河面 50—70 米。由于地处毛乌素沙地的西南缘，河两岸地表多被风沙覆盖，形成固定 - 半固定沙丘，仅有少量现代村落分布。河流下游南岸存在被风沙覆盖的黄土丘陵地貌，地势较高。河谷内部分地段存在由冲积洪积物形成的三级阶地，有一定数量的现代村落分布于高出河面 10—15 米的二级阶地上（图十二），是现代人类的主要居住面。

萨拉乌苏河两岸出露的地层主要为一套第四纪以来的湖相和风沙相沉积，从老到新依次为萨拉乌苏组、城川组和大沟湾组 - 滴哨沟湾组（图十二）。根据已有研究，其形成年代依次为 150000—75000aBP、75000—10000aBP、10000—1000aBP[3]。其中大沟湾组—滴哨沟湾组是一套灰绿色—

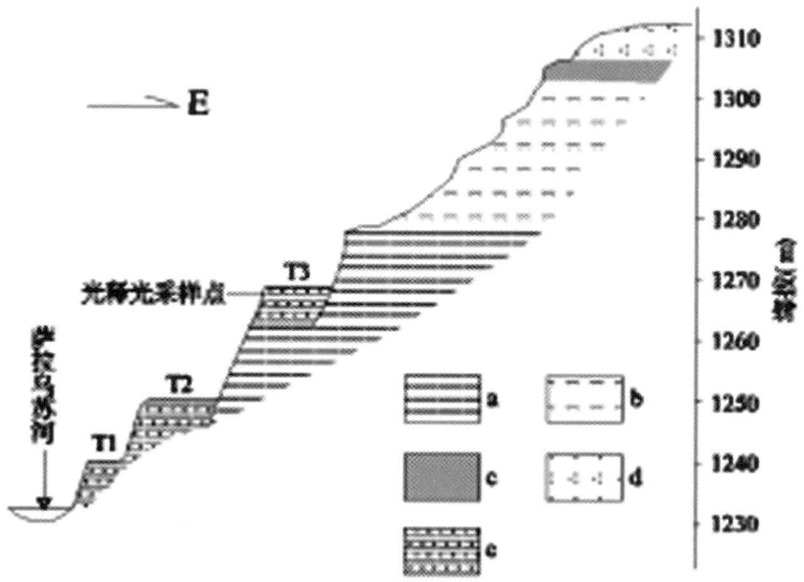

图十二　滴哨沟湾萨拉乌苏河河谷剖面

a. 萨拉乌苏组 b. 城川组 c. 大沟湾组—滴哨沟湾组 d. 全新世晚期风沙堆积 e. 全新世晚期河流相沉积

灰黑色全新世湖沼相沉积，厚约2—3米，上覆近现代风沙堆积。根据笔者野外调查及遥感影像识别，大沟湾组—滴哨沟湾组的大致分布范围如图十一阴影部分所示，这一套分布较为广泛的水平湖相沉积物，是构成萨拉乌苏河两岸平坦地形的基础。以滴哨沟湾（图十一）剖面为例，该地点萨拉乌苏河河面海拔高度约1233米，大沟湾组—滴哨沟湾组湖沼相沉积物的顶面海拔约1305米，高出河面约70米（图十二），整个萨拉乌苏河段均为此类的深切河谷地貌。

2. 研究区宋（西夏）元时期前后的遗址分布情况

本文所使用的遗址数据均来自于《中国文物地图集·内蒙古自治区分册》[56]，遗址位置经校正过后叠加于数字地形图之上（图十一）。据统计研究区共有遗址（墓葬）11处（新石器时代和历史时期遗址，不包括旧石器时代的化石发现点），其中3处（图十一中1—3处）位于前文所述的河流下游南岸黄土丘陵区之上，另外8处均位于萨拉乌苏河两岸平缓的由湖相沉积物（大沟湾组—滴哨沟湾组）和风沙堆积组成的台地之上。需要指出的是，迄今为止已发现的遗址中，除3处位于黄土丘陵区的遗址（墓葬）起始年代较早（最早始于新石器时代，此处为图十一）外，其余8处遗址（墓葬）的起始年代均不早于宋（西夏），且不晚于元代。

也就是说，在全新世从新石器时代开始直至宋（西夏）以前的数千年时间内，研究区范围内总共只出现过3处遗址（墓葬），且全部位于海拔较高的黄土丘陵地区，反而在现今萨拉乌苏河两岸面积较大且较为平坦的区域内未发现人类活动遗迹。这一点与“人类多在靠近水源的平坦地带居住”的常识不符。在随后的宋（西夏）元约400年左右这一相对较短的时期内，研究区共存在过10处遗址（墓葬），多以牧业文化面貌为主。新出现的8处遗址（墓葬）全部位于萨拉乌苏河两岸，除朝代遗址（图十一中编号为5处）外，均靠近河道。这8处遗址（墓葬）中，有4处为面积超过10000平方米的较大遗址，其中还包括面积约260000平方米的大型城址——三岔河古城（图十一中7处）。元代以后，研究区内的所有遗址均未再发现人类活动遗迹，且其后的历史时期中，研究区再未出现新的遗址。根据笔者野外考察，现代萨拉乌苏河两岸也只有少量人口密度较低的村落分布，由于地下水位较低，农业生产主要依靠深机井灌溉。而河谷内高出河面10—15

米的二级阶地上有较为密集的现代村落分布，是研究区内主要的现代居住面，低于宋（西夏）元时期居住面 40—60 米。

研究区宋（西夏）元时期是一段人类活动较为繁荣的时期，与之前和之后人类活动程度低的情况形成了鲜明的反差。这一现象在邻近的陕北和内蒙古中南部地区都较为独特，应是研究区特殊的环境变化情况的反应。

3. 研究区宋（西夏）元时期前后地貌变化

（1）萨拉乌苏河河流地貌变化

如前所述，研究区广泛分布大沟湾组—滴哨沟湾组全新世湖沼相沉积，其顶部年代为 1000aBP。说明 1000aBP 之前研究区存在较大面积的湖沼。根据野外实地考察和遥感影像识别，当时的湖沼区可能包括若干个西北—东南方向呈长条状分布的湖沼。10000—1000aBP 的大沟湾组—滴哨沟湾组湖相沉积在河谷两岸接近顶部位置的广泛分布说明，目前的萨拉乌苏河深切河谷主要是在 1000aBP 以来逐渐下切形成的。另外，笔者在滴哨沟湾（图十二）的河谷内三级阶地上河流沉积物顶面采集的一个光释光年代样品（采样位置低于大沟湾组—滴哨沟湾组全新世湖沼相沉积物顶面 30 余米，见图十二）组成物质以黏土质粉沙为主，实验室年代为 530aBP。反映出 530aBP 左右，萨拉乌苏河水体活动的范围已低于原湖面 30 米左右。之后再逐渐下切到目前的位置。河谷的下切，势必导致河谷两岸湖泊的消失。同时，河谷的下切可能导致河谷两岸附近地区地下水位降低，因而可能成为两岸附近地区湖泊缩小或干涸的原因之一。

1979 年，内蒙古 104 地质队在三岔河古城（图十一 7 号地点）萨拉乌苏河东岸边发现一口被河水侧蚀出来的古井，井水干涸，填满尸骨。古井水位埋深在 5.9—7.3 米。古井下方的下降泉水位已降至谷底即现代萨拉乌苏河河面 。三岔河古城为西夏古城，该井系当时城区饮用水源之一，离萨拉乌苏河不远。因此古井水位 5.9—7.3 米可看作当时萨拉乌苏河古河面高度。上述考古证据证明西夏（1038—1227），萨拉乌苏河的下切深度已有数米。大沟湾组至滴哨沟湾组全新世湖沼相沉积顶部高出现代河面平均约 60 米，可推算出萨拉乌苏河 1000 年以来的平均下切速率约为 60 毫米 / 年。若暂以西夏初年至公元 1038 年左右作为河面下切至 7.3 米（古井水深）的时间，结合平均下切速率可计算出现代萨拉乌苏河开始下切的时间约为公元 916

年（1034aBP）。这一结果与大沟湾组—滴哨沟湾组顶部沉积的实验年代相符，也从侧面印证了现代萨拉乌苏河深切河谷的下切始于1000aBP左右，大致为唐后期至五代十国之间。萨拉乌苏河千余年来下切速度很快，与两岸地层均为极易遭受侵蚀的沙和粉沙为主的松散沉积有关。

（2）宋（西夏）元前期毛乌素沙地南缘的变化

研究区位于毛乌素沙地南缘，已有研究认为，毛乌素沙地的形成时间不晚于0.5MaBP，其间发生过若干次级别不同的沙漠进退事件[46]。历史时期毛乌素沙地的进退是本区环境研究的一项重要内容。高尚玉（1993）和黄银洲（2009）分别对毛乌素沙地南缘两处自然沉积剖面研究后发现，毛乌素沙地南缘在唐代后期和明代后期发生过两次较为严重的沙漠扩张事件[53，57]，毛乌素沙地沙丘活化，范围有所扩大。笔者研究认为，唐后期研究区基本为湖沼环境（详见后文讨论），所以毛乌素沙地南缘唐后期的沙漠化并未涉及研究区，而明晚期的沙漠扩张使包括研究区在内的毛乌素沙地南缘的更大面积的地区被流沙覆盖。

黄银洲（2009）认为，明晚期的沙漠扩张是由人类活动造成的[53]。而笔者认为，在研究区这一较小的范围内，除人类活动等原因外，萨拉乌苏河的快速下切也是导致这次沙漠扩张的重要原因。明代晚期研究区的沙漠化事件应与萨拉乌苏河快速下切使河面高度过低，其两岸的地下水位随之大幅降低有关。如依照前文的下切速率计算，明代晚期萨拉乌苏河河面已低于河岸将近50米。地下水位大幅降低使地表湖泊干涸，植被大量减少，沙体活化，进而造成沙漠化事件。

4. 剖面显示的研究区宋（西夏）元时期前后气候植被变化

根据以往学者对陕北及鄂尔多斯地区全新世气候变化所做的研究，研究区所在区域全新世环境变化过程大致如下：11—6.5kaBP气候由干旱向暖湿波动过渡；6.5—4.5 kaBP气候暖湿，是全新世鼎盛期，植被景观为森林草原，并有较大面积的水域存在。4.5—3.6kaBP气候仍较为暖湿，后期转向干凉，植被景观为疏林草原，部分湖泊缩小或干涸；而3.6kaBP以后气候在波动中进一步干凉，部分地区林地缩小或消失，为干旱草原环境[37，39，58]。

在研究区以东约14千米无定河中上游支流黑河的上游沟头裂点附近，

陕西省榆林地区靖边县海则滩乡一处名叫方滩的地点采集了一处湖相沉积剖面。剖面坐标北纬 37° 43′，东经 108° 59′，海拔高度 1234 米。地貌上处在丘陵间的洼地，从地表向下至沟底出露 4 米多。笔者按照 5 厘米间距采样，共采集样品 80 个，并在剖面深 0 厘米、50 厘米、110 厘米、135 厘米、220 厘米、325 厘米处共采集光释光年代样品 6 个。光释光实验由北京大学考古文博学院释光实验室完成。年代结果显示该剖面开始接受沉积的年代约为 7.48kaBP，沉积结束年代约为 0.13kaBP。笔者还对沉积物样品做了粒度、常量化学元素和孢粉 3 种环境代用指标实验室分析，其中粒度和孢粉分析在北京大学城市与环境学院地表过程分析与模拟教育部重点实验室完成，常量化学元素分析在北京大学地球与空间科学学院北京大学造山带与地壳演化教育部重点实验室完成（剖面研究结果另文发表）。

方滩剖面沉积物粒度以沙和粉沙为主，各种指标的对比显示全新世早中期该地区气候在波动中向暖湿方向发展，6.24kaBP—5.5kaBP 气候暖湿程度最高，为全新世鼎盛期，其后的气候又是一段波动干凉的阶段。该剖面粒度和化学元素指标显示，宋（西夏）元时期之前约唐代中后期研究区有一次干凉波动事件。另外，剖面粒度和化学元素结果还反映宋（西夏）元时期研究区气候较为干旱。孢粉数据也显示宋（西夏）元时期植被中草本的比例高达 90% 以上，说明了当时的草原环境。以上数据均反映了研究区宋（西夏）元时期的环境为干凉气候条件下的草原，与前人研究结果相符。但是，孢粉浓度在宋（西夏）元时期出现了一个峰值，显示此阶段应存在一个较为茂盛的草原环境。宋（西夏）元时期之前和之后的较长时期内，孢粉浓度都远低于这个峰值，显示宋（西夏）元时期前后的草原远不及宋（西夏）元时期茂盛。

蒙红卫（2009）在西距研究区约 75 千米处的陕西省定边县一处近于干涸的盐湖——苟池盐湖采集了全新世湖沼沉积剖面，并做了碳年代和孢粉分析[54]。该剖面距离研究区较近，同处在无定河集水盆地内，能够较大程度地反映研究区环境变化情况。该剖面孢粉分析显示在 1010—600cal.aBP 期间［相当于宋（西夏）元时期］，同样是一个孢粉浓度较高且以草本为主的阶段，该阶段之前和之后孢粉浓度也同样相对较低。该剖面也反映了宋（西夏）元时期研究区附近存在茂盛的草原环境，而之前和之后的一段时期内草原茂盛程度相对较低。

如前所述，研究区宋（西夏）元时期为茂盛草原环境，与之前和之后植被状况反差较大，这种变化的产生除与气候变化有关外，还应与萨拉乌苏河的下切所引起的水文条件的变化有关。这种变化产生的机理将在后文讨论。

5. 古文献反映的研究区宋（西夏）元前后环境变化情况

唐代至宋（西夏）代，研究区大部属宥州（治所位于内蒙古鄂托克前旗城川古城，西距研究区约 10 千米）。宋（西夏）代之前这一地区有关环境变化的古文献较少，可能与当时研究区为湖沼环境，人类活动相对较少有关。宋（西夏）代和明代研究区有一定数量的有关环境的古文献记录，对研究区的环境变化研究有重要参考意义，现整理如下。

宋（西夏）时期古文献：

宋（西夏）时期文献中对于宥州环境的描述常见“水草”“畜牧”之类文字。现将关于宥州的古文献分列于下：

《续资治通鉴长编》卷三五，淳化五年（994）春正月，“保吉叛涣沙碛中十年矣……又以绥、宥州委其弟兄，可误恩宠俱隆矣”。此条文献中虽无直接描述宥州环境，但以宥州作为“恩宠”“委其弟兄”，可推测当时宥州环境条件应较好。

《武经备要·边防》中记载“夏国宥州界，并沙碛，地卑湿，掘丈余则有水”。反映宋代时研究区地下水位深数米，可与前文考古资料印证。

《宋史·夏国传》“逐水草牧畜，无定居。衣皮毛，事畜牧，蕃性所便”。

《西夏书事》卷四，“宋兵遍驻银、夏，势难与争。宥州富庶，恃横山为界……”

《西夏书事》卷四，“继迁攻宥州不胜，仍驻地斤泽，地斤善水草，便畜牧，生聚渐众”。

以上文献反映宋（西夏）时期研究区水草丰盛，环境较好，与前文分析相符。

明代古文献：

笔者目前查阅到的有关研究区环境变化的古文献记录仅有《明英宗实录》中“其河（黄河）道以东至察汗脑儿（三岔河古城，见图十三）直抵绥德，沙漠广远，并无守备”，“陕西地界与东胜及察汗脑儿一带沙漠相连”两条。均反映明代研究区已沙漠化。

综上所述，从古文献记载可反映出研究区宋（西夏）元时期水草条件均较好，适于人类活动，而明代出现沙漠化情况。

6. 讨论

综合前文的所述，研究区及其邻近区域在宋（西夏）元时期前后环境发生较大变化，现讨论如下：

唐中期以前，上游区域现在的萨拉乌苏河深切河谷尚未形成，其位置及周边存在较大面积的湖沼水域，水域内不适宜人类活动。在研究区东北部有一定面积的高出水面的黄土丘陵（图十三）。因此除在黄土丘陵区发现有 3 处唐以前的遗址（墓葬）外，整个湖沼区域未发现唐代及以前的遗址（在湖沼区的边缘有一定数量的新石器时期—汉代遗址分布，但因距研究区较远，未做介绍）。同样，由于研究区位于湖沼水域的较中心位置，相对湖滨等边缘地区较不利于植被生长，导致这一时期地层中孢粉浓度较低。但这一时期研究区之外湖沼边缘地区由于水文条件较为有利，应存在一个水文植被均较好的宜居环境。汉代湖沼边缘地区就有大量遗址分布，是一个农垦兴盛的时期[56, 59]。另外，位于湖沼边缘的唐代古城（城川古城）和大量唐代古钱的发现也是一个佐证[45]。

大约在唐代后期，萨拉乌苏河开始快速下切。河流下切导致两岸及周边区域部分地下水体直接汇入萨拉乌苏河，使湖沼面积缩小。宋（西夏）元时期，萨拉乌苏河继续下切。根据考古资料和古文献记载，至宋（西夏）时河面已低于河岸数米。萨拉乌苏河的下切使其两岸地下水位降低，湖沼面积减小，原先的一些湖沼相沉积物出露成为地表。由于水力坡降的关系，离河道越远的地方地下水位越浅，因此可以推断宋（西夏）元时期离河道稍远一些的区域还应有一定面积的小型湖沼存在。根据前文所述，研究区宋（西夏）元时期气候干凉，再加上大量出露的地表、较浅的地下水、小湖泊的存在，使上游区域此时极为适合草本植物的生长。此时的研究区是一个水草丰美的半干旱区茂盛草原湿地环境，这一点也符合前文孢粉分析的结果。萨拉乌苏河宋（西夏）元时期不足 10 米的河面深度，两岸取水较为方便，再加上良好的湿地草原环境，适于牧业文化活动，使得这一时期的上游区域新出现了8处包括大型城址在内的以牧业为主的较大遗址。据前人研究，研究区在西夏与元代一直是党项和蒙元部族的主要牧场之一[60]，与本文结论相符。需要指出的是，研究区宋（西夏）元时期牧业文化的兴盛除与当地特殊的地貌植被条件有关外，还可能受到当时中国大的气候和人类活动背景影响。当时包括研究区在内的中国北方干旱半干旱区气候普遍干凉，为干旱区草原环境，有利于牧业文化发展，这一时期中国北方也先后出现了金、西夏、元等几个强势的草原文化，而农业文化相对弱势。气候和文化背景对研究区人类活动的影响还需深入研究。

明后期，萨拉乌苏河下切过程继续，深度可能已接近50米。河流下切使上游区域地下水位随之降低，两岸相当距离内的湖沼湿地因地下水位过低而干涸，再加上人类活动对植被的破坏，使沙体活化，呈现沙漠化景观。前文孢粉分析也显示此时期草场已经退化。此时期上游区域环境已不再适合人类生存，没有出现过明代及其后的历史时期的遗址。

研究区萨拉乌苏河下切深度已超过60米，沙化程度仍然较高，但现代的人类活动程度却远高于明代，这可能与现代人类兴修水利、合理利用土地、更科学的农牧业技术等人类利用和改造自然的能力的进步相关。因此在环境考古的研究中，技术和社会发展程度也是一个影响人类活动的不可忽视的重要因素。

上述现象说明，萨拉乌苏河千年以来的快速下切是研究区宋（西夏）元时期前后环境变化的重要原因之一。研究区环境演变的过程中，地貌、气候、水文、植被、沙化、人类活动几个要素之间构成了一个相互影响的体系。其中，萨拉乌苏河的不断下切是较为重要的影响因素，气候对环境也有一定程度影响，在其影响下湖沼面积经历了较大—缩小—干涸的变化，地貌经历了湖沼—草原—沙地的变化，植被经历了稀疏—茂盛—稀疏的变化，人类活动经历了较少—繁荣—衰落的变化。河流下切导致湖泊缩小和干涸，当下切到适宜深度时，地表和地下水位配合较佳，又造就了一个水草丰美、适合人类活动的茂盛草原环境。而在其下切过深时，地下水位下降，水文条件恶化，又导致了沙漠化的发生，不利于人类生存。

7. 结论

根据本文研究，研究区宋元时期前后的水文、沙漠化和植被情况除受气候与人类活动影响之外，还受到萨拉乌苏河下切深度的影响，且人类活动也因上述环境条件的改变发生了相应的变化。主要可归纳为如下几点：

①萨拉乌苏河宋（西夏）元时期前后变化较大。唐中期以前，现在萨拉乌苏河的深切河谷尚未形成，所在地为湖沼环境；唐中后期开始快速下切；宋（西夏）时期下切深度已有数米；明代下切深度可能已近50米。

②受萨拉乌苏河下切影响，研究区宋（西夏）元时期前后环境发生了较大的变化。唐中期以前，现在的萨拉乌苏河两岸区域存在较大面积湖沼；唐中后期，萨拉乌苏河两岸由于河流下切导致湖沼水体外泄而缩小；宋（西夏）元时期，萨拉乌苏河两岸地下水因河流下切而降至适宜位置，大量地表出露，发展为茂盛的草原湿地环境；明代萨拉乌苏河两岸地下水位因河流继续下切而过低，导致草原退化，湖泊干涸，后期发生沙漠化。

③研究区人类活动与环境变化相对应。萨拉乌苏河两岸宋（西夏）元之前因存在大面积湖沼，人类活动较少，仅在湖沼区东北较高的黄土丘陵上有少数遗址分布；宋（西夏）元时期，因萨拉乌苏河下切至适宜高度，研究区为有利于牧业发展的茂盛草原湿地环境，有较多以牧业文化为主的遗址沿萨拉乌苏河两岸分布；明后期萨拉乌苏河继续下切导致地下水位过深，发生沙漠化，不利于人类生存，因而未见人类活动遗迹。

三、统万城以北古河道的发现及其环境意义

《太平御览》卷一六四《州郡部十·关西道·夏州》引崔鸿《十六国春秋》：“郦道元《水经注》：统万城，勃勃蒸土所筑。又曰朔方县有契吴山，勃勃北游登之，叹曰：‘美哉斯阜，临广泽而带清流，吾行地多矣，自马领以北，大河以南，未有若此之善者也。’”《元和郡县图志》和《太平寰宇记》等古文献也有转引。侯仁之（1973）分析认为，在统万城建城之初，附近是一片水草丰美，景物宜人的好地方[44]。侯甬坚（2004）也认为，兴建统万城时周边环境属沙质草原[61]，另有一些学者也赞同上述观点[48, 62-65]。然而，

今天的统万城周边却是典型的荒漠化景观，植被稀疏单调，多为旱生的低矮灌木，地表多被风沙覆盖，形成固定半固定沙丘，极少有人类活动，地下水位极低。统万城遗址西侧也被流沙掩埋。与统万城建城之初的环境形成巨大的反差。那么，是什么原因导致了这千余年来环境巨大的变化？如果统万城建城之初周边是水草丰美的景观的话，那么维持这种景观的水源在哪里？《晋书》卷一三〇《赫连勃勃载记》中记载了统万城建城时由胡方回做的赞文，文中说建好的统万城是“高隅隐日，崇墉际云，石郭天池，周绵千里”，城里有“华林灵沼，重台秘室，通房连阁，驰道苑园”。说明当时城内外是有一定数量的水域的。邓辉（2003）通过对统万城红外影像的判读，发现西城的北部、西部，可能存在古河道[66]。李令福（2003）在实地调查统万城时从当地老人口中得知，在统万城遗址以北不到5千米的地方，即纳林河（纳林河位于统万城东北方向约15千米，是无定河的一条支流，由西北到东南方向汇入无定河）内侧，古时候还有一条河流叫呼油乌苏（蒙古语即二道河子的意思），但早已废弃于沙丘之中[67]。上述古水系在如今的统万城附近已经消失，但这些水系对于解释统万城及周边区域的环境变化有着重要意义。因此，在本文中试使用地理信息系统空间分析方法寻找统万城附近古水系存在的痕迹，希望对统万城环境变化研究工作提供新的线索。

1. 使用地理信息系统方法寻找迹象

本研究使用基于地理信息系统的数字高程模型（Digital Elevation Model，简称DEM）空间分析方法进行水文分析。所采用的数字高程模型原始数据为SRTM（Shuttle Radar Topography Mission）4.1。该数据为美国“航天飞机雷达地形测量计划”所实施的利用合成孔径干涉成像雷达技术所获取的全球北纬60°至南纬56°之间的数字高程模型，像元间隔3″，平面分辨率83米，大地基准WGS-84。该数据为若干个ASCII文件，每个数据文件所覆盖的区域经度和纬度跨度均为5°。统万城周边区域所需数据存于编号为SRTM-58—05的文件中，纬度跨度为北纬35°—40°，经度跨度为东经105°—110°。

使用ArcGIS 9.2地理信息系统软件处理上述数据，生成统万城周边区域的DEM模型。再使用软件“ArcToolbox”工具集中的“Hydrology”工具

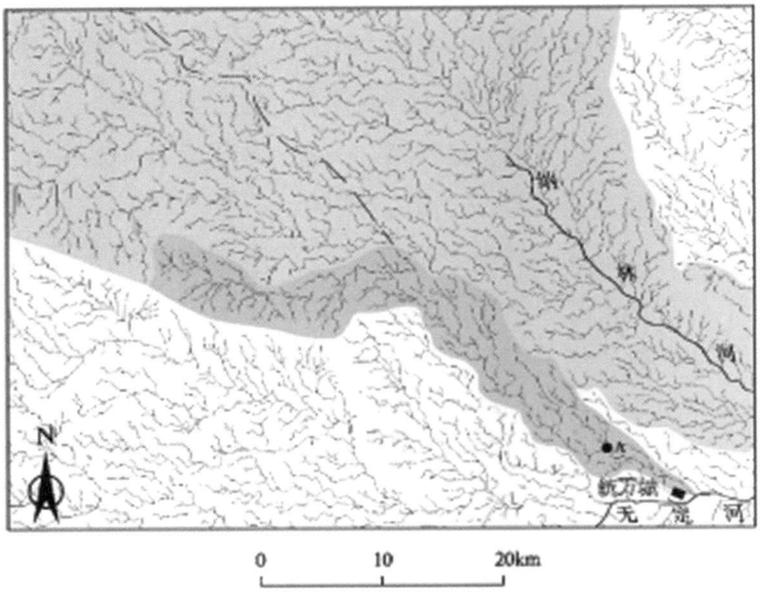

图十三　统万城以北水文分析

系列进行水文分析，按照 DEM 地形生成沟谷网，再依照沟谷网生成集水盆地（Catchment）。集水盆地又称集水区域，是指流经其中的水流和其他物质从一个公共的出水口排出而形成的一个集中的排水区域，也可以用流域（Watershed）、流域盆地（Basin）或水流区域（Contributing area）等来描述。集水盆地显示了每个流域汇水区域的大小。出水口（或点）即流域内水流的出口，是整个流域的最低处。集水盆地间的分界线即为分水岭。分水岭包围的区域称为一条河流或水系的流域，分水岭所包围的区域面积就是流域面积[68]。统万城附近 DEM 水文分析结果如图十三。

水文分析的结果显示，无定河北部大部分地区被纳林河流域占据（图中较浅的阴影部分），纳林河是无定河的一条较大的支流，西北—东南流向，常年都有水流存在。在纳林河与统万城之间还存在一个具有一定规模的集水盆地（图十三中较深的阴影部分），同样为西北—东南流向，该方向长度将近 40 千米，出水口在统万城以东约 1 千米处。该集水盆地所在地现在并不存在河流，地表均被沙丘覆盖。但这样一个面积较大的集水盆地，极有可能曾经存在河流。如果曾存在古河流，则其位置与前人推测也较为接近。为此，笔者决定对此集水盆地区域做一次实地考察以寻找古河道遗迹。在考察之前，对研究区的遥感影像进行了分析，考虑到该地区多为沙地交通不便以及时间因素，决定只对图十四中 A 点下游的区域进行考察。同时，结合 ArcGIS 水文分析的结果在遥感影像上查找了 121 处可能存在河道的点作为野外观测点，将这些点作为野外考察时的参考点。

2. 实地调查结果

对上述 121 处参考点沿线进行了逐点的徒步考察，发现沿线地貌多为较平缓的半固定沙丘，植被多为旱生的沙蒿、沙柳和柠条。调查共发现长条状的沟谷地形 23 处。其中，较靠上游的沟谷切穿一套较为坚硬的白色湖相沉积物，湖相沉积物保存较好，因而沟谷地形相对较易辨认。这些沟谷最宽处超过 100 米，已发现的沟谷大体上呈西北—东南走向。将调查中发现的沟谷参照 DEM 水文分析的结果连接绘制的沟谷分布情况如图十四。从 A 点开始，这一系列沟谷基本上向东南方向延伸，在较靠上游的地方分支较多，而后沿东南方向从统万城北约 500 米左右的距离经过，方向大致与统万城北墙平行，最后在统万城东约 1 千米汇入无定河。

这次调查，笔者还在前文所述的白色湖相沉积物距顶部 30 厘米处采集了光释光样品一个（采样地点在图十四中 a 处），样品经北京大学考古文博学院释光实验室测定，年代为 6.17 ± 0.34kaBP。另外还在图十四中 b 点处的沟谷底部发现了黄绿色水成沉积物，同时还在该处发现有隐约的通往统万城方向的沟道迹象。

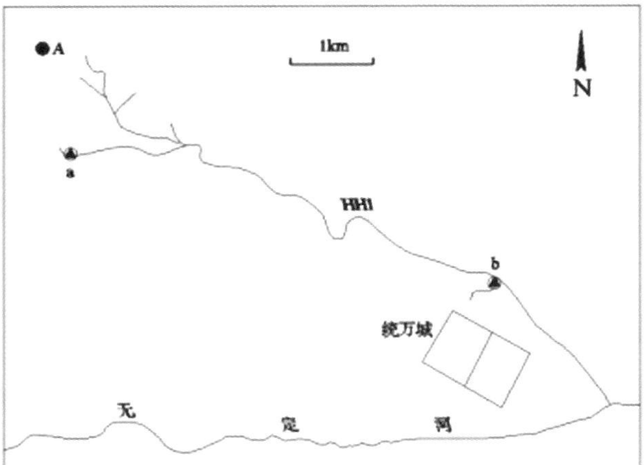

图十四　新发现河道分布图

3. 古河道的发现对研究统万城环境变迁的环境意义

DEM 水文分析方法以往多用于自然地理、地质学及工程等领域，而在考古学，尤其是在以研究古代地貌变化的环境考古领域应用较少。本研究依据前人研究提供的线索，利用DEM水文分析方法寻找已消失的古河道，进而讨论环境变化与人类活动的关系，在环境考古的研究方法上提供了一种较新的思路。

关于古河道成因的初步讨论。本次调查范围较小，多集中于统万城附近 10 千米以内，调查发现的沟谷也大多分布在统万城这样一个曾经有大量人口活动的大型城址周边。因此，不能排除这些沟谷成因中的人为因素。关于沟谷成因中的人为因素有两点迹象可以推断。第一点是前文所述的白色湖相沉积物，它的成分与统万城城墙白色夯土的成分极为相似，应是统万城筑城时的主要建筑材料来源。这一套湖相沉积之上的沟谷支岔较多，至少有一部分沟谷应是筑城时取土形成的。第二点迹象位于本次调查地点的中下游。根据最新的考古调查成果，统万城周围还有一道夯土修筑的外郭城，而本次发现的古河道紧贴北外郭城外侧通过，这样的布局带有明显的防御性质，应是人工改造的结果。但同时根据 DEM 水文分析的结果，这条古河道所处的集水盆地长度达 40 千米，如此大范围的流域不可能是人工形成的。因此，可以断定统万城附近的河道应是在自然河流地貌基础之上人工改造形成的。

关于这条古河道形成和消失的时间如前文所述，本次发现的古河道在较靠上游的地方切穿了一套白色湖相沉积物，说明古河道应是在该套沉积物结束沉积之后形成的。该套沉积物近顶部的测年结果为6.17 ± 0.34kaBP，则古河道的形成时间应在全新世中期之后。对于古河道的消失时间，目前还没有直接的证据，但根据这条河道与统万城之间的关系推测，前者应是后者存在期间的主要水源地之一。所以，至少在统万城使用的早中期，这条河道还没有消失。另外如前文所述，这条河现在还能存在于当地人的传说之中，说明其在水源干涸之后，至少还以“干沟”的形式存续到近代。

几乎所有的古文献都反映至少在统万城建成之初，周边有很好的水文条件，是一片“水草丰美”的好地方。也有不少学者通过研究持相同观点，但是目前还缺乏直接的证据。本次发现通过实地资料在一定程度上印证了前述观点，说明统万城在建成之初，周边是有较好的水文条件作为基础的。而统万城后来被沙丘掩盖以致废弃也应该与这条河道的消失有密切关系。虽然目前的发现尚不足以讨论古河道废弃的原因和其对周边环境及统万城的影响，但可以为今后统万城周边环境的变化提供重要线索。

参考文献（References）

［1］中国地质学编辑委员会，中国科学院地质研究所．中国区域地层表（草案）［M］．北京：科学出版社，1956：167–187.

［2］Teilhard de Chardin P, Licent F. On the Discovery of a Paleolithic Industry in Northern China［J］. Bulletin of the Geological Society of China，1924, 3（1）：45–50.

［3］Teilhard De Chardin P，Licent F. On the Geology of the Northern，Western and Southern Borders of the Ordos, China［J］. Bulletin of the Geological Society of China, 1924, 3（1）：37–44.

［4］Licent E, Teilhard de Chardin P, Black P, et al. On a presumably Pleistocene Human Tooth from the Sjara–Osso–Gol（South–Eastern Ordos.）deposits.Bull. Geol.Soc. China, 1927, 5（3–4）：285–290.

［5］Black D，Teilhard de Chardin P, CC Young , et al. Fossil Man in China［J］. Geol Mem, 1933, Ser.A（No.11）.

［6］德日进．东亚地质及人类原始［M］．北京：北京地质学生物学研究所出版品7号，1941：67–77.

［7］裴文中，李有恒．萨拉乌苏河系的初步探讨［J］．古脊椎动物学报，1964,（02）：99–118.

［8］J.K. Kozlowski. The Problem of the so–called Ordos Culture in the Light of the Palaeolithic Finds from Northern China and Southern Mongolia［J］. Plila Quaternaria, 1971,（39）：73–75.

［9］董光荣，李保生．试论内蒙萨拉乌苏河沿岸马兰黄土与萨拉乌苏组地层的关

系及其环境演化［M］// 中国科学院盐湖研究所．青海柴达木盆地晚新生代地质环境演化．北京：科学出版社，1986：104–132.

［10］李保生，董光荣，高尚玉，等．萨拉乌苏河地区晚更新世环境演化［J］．地理研究，1989，8（2）：64–73.

［11］ 李保生，董光荣，高尚玉，等．鄂尔多斯萨拉乌苏河地区马兰黄土与萨拉乌苏组的关系及其地质时代问题［J］．地质学报，1987,（3）：218–230.

［12］郑洪汉．中国北方晚更新世河湖相地层与风积黄土［J］．地球化学，1989,（04）：343–351.

［13］李保生，董光荣，吴正，等．我国北方上更新统城川组的建立［J］．地质论评，1993,（02）：91–100.

［14］苏志珠，董光荣．萨拉乌苏地层研究新进展［J］．地理科学，1996, 16（03）：75–79.

［15］孙继敏，丁仲礼，袁宝印，等．再论萨拉乌苏组的地层划分及其沉积环境［J］．海洋地质与第四纪地质，1996, 16（1）：23–31.

［16］李保生，靳鹤龄，吕海燕，等．150ka 以来毛乌素沙漠的堆积与变迁过程［J］．中国科学（D 辑：地球科学），1998，28（01）：85–90.

［17］ Li Baosheng, David Dian Zhang, Jin Heling, et al. Paleo–monsoon Activities of Mu Us Desert, China since 150kaB.P.–A Study of the Stratigraphic Sequences of the Milanggouwan Section,Salawusu River Area［J］. Palaeogeography,Palaeoclimatology, Palaeoecology, 2000,（162）：1–16.

［18］张宇红，李保生，靳鹤龄，等．萨拉乌苏河流域 150kaBP 以来的粒度旋回［J］．地理学报，2001, 56（3）：332–344.

［19］ 李保生，靳鹤龄，祝一志， 等．萨拉乌苏河流域第四系岩石地层及其时间界限［J］．沉积学报， 2004， 22（4）：676–682.

［20］ Li Baosheng, David Dian Zhang, Wen Xiaohao, et al. A Multi–cycle Climatic Fluctuation Record of the Last Interglacial Period:Typical Stratigraphic Section in the Salawusu River Valley on the Ordos Plateau,China［J］. Acta Geologica Sinica， 2005， 79（3）：398–404.

［21］ 德日进， 杨钟健．山西西部陕西北部蓬蒂纪后黄土期前之地层观察［J］．地质专报， 1930， （8）：1–19.

［22］袁宝印．萨拉乌苏组的沉积环境及地层划分问题．地质科学［J］，1978，（3）：220–234.

［23］ 董光荣， 李保生， 高尚玉．由萨拉乌苏河地层看晚更新世以来毛乌素沙漠的变迁［J］．中国沙漠， 1983， （2）．

［24］ Martinson D G， Pisias N G， Hays J D, et al. Age Dating and the Orbital Theory of the Ice Ages：Development of a High–resolution 0 to 300000–year Chronostratigraphy［J］. Quaternary Research, 1987, 27（1）：1–29.

［25］ 陈发虎，张维信．甘青地区的黄土地层学与第四纪冰川问题［M］．北京：科学出版社，1993.

［26］ 刘东生．黄土与环境［M］．北京：科学出版社，1985：481.

［27］ 刘嘉麒，王文远．第四纪地质定年与地质年表［J］．第四纪研究，1997,（3）：193–202.

［28］ Porter S C, An Z S. Correlation between Climate Events in the North Atlantic and China during the Last Glaciation［J］. Nature, 1995, 375：305–308.

［29］ Lu H, Miao X, Zhou Y, et al. Late Quaternary Aeolian Activity in the Mu Us and Otindag Dune Fields （North China） and Lagged Response to Insolation Forcing［J］. Geophysical Research Letters, 2005, 32.

［30］胡小猛，郭家秀，胡向阳．汾河地堑湖盆第四纪地貌—沉积特征的构造控制［J］.地理学报，2010, 65（01）：73–81.

［31］刘东生，施雅风，王汝建，等．以气候变化为标志的中国第四纪地层对比表［J］.第四纪研究，2000, 20（2）：108–128.

［32］董光荣，苏志珠，靳鹤龄．晚更新世萨拉乌苏组时代的新认识［J］．科学通报，1998, 43（17）：1869–1872.

［33］ 李保生，温小浩，等．末次间冰期多旋回气候波动记录：鄂尔多斯萨拉乌苏河流域典型地层剖面研究的新进展［J］．地质学报，2005,（3）：430.

［34］欧阳椿陶，李保生，欧先交，等．萨拉乌苏河流域末次间冰期古土壤化学风化与古气候［J］．地理学报，2007, 62（5）：518–528.

［35］靳鹤龄，李明启，苏志珠，等．220 ka 以来萨拉乌苏河流域地层磁化率与气候变化［J］．中国沙漠，2006, 26（5）：680–686.

［36］李智佩，岳乐平，薛祥煦，等．毛乌素沙地沉积物粒度特征与土地沙漠化［J］.

吉林大学学报（地球科学版），2007，37（3）：578-586.

［37］ 李智佩，岳乐平，薛祥煦，等．中国北方沙漠地区全新世气候变化的周期性探讨［J］．干旱区地理， 2007，30（2）：170-176.

［38］李智佩，岳乐平，薛祥煦，等．毛乌素沙地东南部边缘不同地质成因类型土地沙漠化粒度特征及其地质意义［J］．沉积学报，2006， 24（2）：267-275.

［39］周亚利，鹿化煜，张家富，等．高精度光释光测年揭示的晚第四纪毛乌素和浑善达克沙地沙丘的固定和活化过程［J］．中国沙漠，2005， 25（3）：342-350.

［40］高尚玉，王贵勇，哈斯，等．末次冰期以来中国季风区西北边缘沙漠演化研究活化［J］．第四纪研究，2001，21（1）：66-71.

［41］ 丁仲礼，孙继敏，刘东生．上新世以来毛乌素沙地阶段性扩张的黄土－红粘土沉积证据［J］．科学通报，1999，44（3）：324-326.

［42］ Li Baosheng, Jin Heling ,Lü Haiyan, et al. Processes of the Deposition and Vicissitude of Mu Us Desert,China since 150 ka B.P［J］. The Enghish Edition of Science in China （Series D）, 1998,（3）：248-254.

［43］ Sun J M, Ding Z L. Deposits and Soils of the Past 130,000 Years at the Desert-Loess Transition in Northern China［J］. Quaternay Research, 1998,（50）：148-156.

［44］ 侯仁之．从红柳河上的古城废墟看毛乌素沙漠的变迁［J］．文物，1973,（1）.

［45］ 朱士光．内蒙古城川地区湖泊的古今变迁及其与农垦之关系［J］．农业考古，1982,（1）：14-18.

［46］孙继敏，刘东生，丁仲礼，等．五十万年来毛乌素沙漠的变迁［J］．第四纪研究，1996，16（4）：359-367.

［47］ 牛俊杰，赵淑贞．关于历史时期鄂尔多斯高原沙漠化问题［J］．中国沙漠，2000， 20（1）：67-70.

［48］邓辉，夏正楷，王琫瑜．从统万城的兴废看人类活动对生态环境脆弱地区的影响［J］．中国历史地理论丛，2001，16（2）：104-113.

［49］侯甬坚，周杰，王燕新．北魏（AD386—534）鄂尔多斯高原的自然－人文景观［J］．中国沙漠，2001，21（2）：188-194.

［50］ 王乃昂，何慧彤，黄银洲，等．六胡州古城址的发现及其环境意义［J］．中国历史地理论丛，2006， 21（3）：36-46.

［51］ 何彤慧．毛乌素沙地历史时期环境变化研究［D］．兰州大学，2009.

［52］何彤慧，王乃昂，李育，等．历史时期中国西部开发的生态环境背景及后果——以毛乌素沙地为例［J］．宁夏大学学报（人文社会科学版），2006，（2）：26–31.

［53］黄银洲，王乃昂，何彤慧，等．毛乌素沙地历史沙漠化过程与人地关系［J］．地理科学，2009，29（2）：206–211.

［54］蒙红卫，马玉贞，王维，等．陕西定边地区 2400cal.aB.P. 以来高分辨率的花粉记录及环境变化［J］．第四纪研究，2009，29（5）：931–942.

［55］郝志新，葛全胜，郑景云．宋元时期中国西北东部的冷暖变化［J］．第四纪研究，2009，29（5）：871–879.

［56］国家文物局．中国文物地图集·内蒙古自治区分册［M］．西安：西安地图出版社，2003：643.

［57］高尚玉，陈渭南，靳鹤龄，等．全新世中国季风区西北缘沙漠演化初步研究［J］．中国科学（B 辑：化学），1993，23（2）：202–208.

［58］王辉，莫多闻，潘永刚，等．陕西神木新华遗址环境考古研究［M］// 神木新华．北京：科学出版社，2005：383–396.

［59］国家文物局．中国文物地图集·陕西分册［M］．西安：西安地图出版社，1998：660.

［60］榆林地区地方志指导小组．榆林地区志［M］．西安：西北大学出版社，1994：876.

［61］侯甬坚．统万城遗址：环境变迁实例研究［M］// 陕西师范大学西北环发中心．统万城遗址综合研究．西安：三秦出版社，2004：221–222.

［62］王社教．有关统万城建城史和环境史的几个问题［M］// 陕西师范大学西北环发中心．统万城遗址综合研究．西安：三秦出版社，2004：121–128.

［63］孙同兴，王宇飞，侯甬坚，等．陕北统万城地区历史自然景观及毛乌素沙漠迁移速率［J］．古地理学报，2004，（3）：363–371.

［64］丁超，韩光辉．论赫连夏政权定都统万城的地理背景［M］// 陕西师范大学西北环发中心．统万城遗址综合研究．西安：三秦出版社，2004：56–62.

［65］王尚义，董靖保．统万城的兴废与毛乌素沙地之变迁［J］．地理研究，2001，20（3）：347–353.

［66］邓辉，夏正楷，王琫瑜．利用彩红外航空影像对统万城的再研究［J］．考古，2003，（1）：70–77.

［67］李令福．2000—2003年统万城遗址考察记［J］．中国历史地理论丛，2003，（2003年专辑）：103.

［68］汤国安，杨昕．ArcGIS地理信息系统空间分析实验教程［M］．北京：科学出版社，2006.

第六章 中华民族史上的统万城

中国社会科学院民族学与人类学研究所 易 华

提要

统万城被公认为匈奴大夏国都，已是省保和国保单位，其独特性和重要性日益明显，有望进入世界文化遗产名录。赫连勃勃是归附汉朝南匈奴后裔，相信司马迁匈奴为夏后氏苗裔之说，认同夏人为祖先。从大夏国都统万城可以看出匈奴等游牧民族也崇拜夏、禹、黄帝和天、龙、凤，亦是华夏传人。目前中国多数人仍然只知道匈奴是天敌，很少有人明白汉匈也是兄弟。北匈奴西征，南匈奴融入汉族或转为鲜卑。鲜卑建立北魏重新统一北方，绝大多数鲜卑人融入了汉族。蒙古族实际上继承了匈奴、鲜卑与突厥血统和文化传统。北方诸游牧民族在缔造中国历代国都过程中作用不亚于南方农耕民族。汉族本身或中华民族与文明实质上是游牧与农耕民族与文化反复混合的结果，大夏国都统万城就是最好的见证。

引言

统万城，被公认为匈奴都城，也是大夏国都，已是省保和国保单位，其独特性和重要性日益明显，有望不久就进入世界文化遗产名录。从龙山文化石摞摞城到大夏国都统万城，我想起同在榆林地区的石峁遗址和千里之外的元上都。传世文献《统万城铭》肯定有夸张但亦可参考：“高隅隐日，崇墉际云，石郭天池，周绵千里。其为独守之形，险绝之状，固以远迈于咸阳，超美于周洛。若乃广五郊之义，尊七庙之制，崇左社之规，建右稷之礼，御太一以缮明堂，模帝坐而营路寝，闾阖披霄而山亭，象魏排虚而岳峙，华林灵沼，崇台秘室，通房连阁，驰道苑园，可以阴映万邦，光覆四海，莫不郁然并建，森然毕备，若紫微之带皇穹，阊风之跨后土。”初步调查研究表明统万城内城分东西两区，并非同时建成，朝向也非坐北朝南或坐西朝东，还有不规则外郭城。这种古城建筑上可追溯到石峁古城，下可影响北京城。《统万城铭》云：“龙昇北京，则义风盖于九区；凤翔天域，则威声格于八表。”赫连勃勃以统万城为北京亲自据守，以长安城为南京由太子定把守，体现了他游牧民族性格和偏好。

赫连勃勃，是归附汉朝的南匈奴后裔，相信司马迁匈奴为夏后氏苗裔之说，认同夏人为祖先。《晋书·赫连勃勃载记》云：“我皇祖大禹以至圣之姿，当经纶之会，凿龙门而辟伊阙，疏三江而决九河，夷一元之穷灾，拯六合之沉溺……光启有夏。”他还以黄帝自比：“昔轩辕氏亦迁居无常二十余年，岂独我乎！”赫连勃勃自称大夏可从器物或文物印证。当时工匠造百炼钢刀曰“大夏龙雀”：“古之利器，吴楚湛卢。大夏龙雀，名冠神都。可以怀远，可以柔逋。如风靡草，威服九区。”他仿莽泉铸币，面文隶书国号“大夏”，年号“真兴”。“大夏龙雀”是传说名刀；“大夏真兴”是古钱奇葩。赫连勃勃自称为夏人，称他族为夷，曾号召夷夏十万筑统万城。“常居城上，置弓剑于侧，有所嫌忿，便手自杀之……夷夏嚣然，人无生赖。”赫连勃勃有统一万邦的理想和气魄，统万城四门南曰朝宋、东曰招魏、北曰平朔、西曰服凉。顾祖禹《读史方舆纪要》云，大夏强盛时期疆域“南阻秦岭，东戍蒲津，西收秦陇，北薄于河”，大致包括今陕西秦岭以北、河套地区及甘肃东南部，正是周秦龙兴之地，亦是大夏故地。可惜勇猛有余而智慧不足，他欲更换太子，导致兄弟相残父子相逼，自取灭亡。

从大夏国都统万城可以看出匈奴等游牧民族也崇拜夏、禹、黄帝和天、龙、凤，亦是华夏传人。目前，中国大多数人仍然只知道匈奴是汉人天敌，“渴饮匈奴血”；很少有人明白汉匈也是兄弟，都是夏后氏苗裔，也是神话传说中黄帝与大禹的后代。北匈奴西征，南匈奴融入汉族或转为鲜卑。鲜卑建立北魏重新统一北方，绝大多数鲜卑人融入了汉族。后起蒙古族实际上继承了匈奴、鲜卑与突厥血统和文化传统。北方诸游牧民族在缔造中国历代国都和中华民族与文明过程中作用不亚于南方农耕民族。汉族本身或中华民族与文明实质上是游牧与农耕民族与文化反复混合的结果，大夏国都统万城就是最好的见证。

清道光二十五年（1845）榆林知府徐松命横山知县何炳勋寻访夏州城，何知县在无定河畔发现废城一座，确认为统万城遗址。百年后（1957）陕西省文管会和博物馆曾少逸等调查统万城，绘出城址草图。随后北京大学侯仁之、陕西师范大学史念海等先后进行了调查，并分别写出了经典论文。戴应新等于 20 世纪 70 年代开始陆续调查试掘，绘出了四千分之一东西二城址详图，出版了专著。[①] 2003 年召开了全国性“沙漠古都统万城学术研讨会”，会后出版了论文集。[②]2008 年内蒙古大学胡玉春主要利用传世文献完成了博士论文《大夏国史研究》。[③]以“最后一个匈奴”自居的高建群对赫连勃勃情有独钟，创作了《统万城》，通过与鸠摩罗什、阿提拉对比试图阐明赫连勃勃在中国和世界历史上的意义。赫连勃勃匈奴与鲜卑两族混血生命连绵不已，先后征服了铁弗匈奴，建立了威震北方的大夏国，修筑了统万城，后又南下攻关中即位灞上：“统万城是匈奴民族留在大地上的一声绝唱。”[④]最近邢福来主持继续发掘工作，写出了报告初稿……

一、匈奴夏后之苗裔

司马迁与赫连勃勃均坚信匈奴乃夏后氏之苗裔。汉匈是兄弟关系，胜

①戴应新：《赫连勃勃与统万城》，西安：陕西人民出版社，1990 年；增订再版《大夏国与统万城》，西安：三秦出版社，2015 年。

②陕西师范大学西北环发中心:《统万城遗址综合研究》,西安: 三秦出版社,2004 年。

③胡玉春：《大夏国史研究》，呼和浩特：内蒙古大学出版社，2016 年。

④高建群谈“统万城”：中华文明发展链条上的一节，2013 年 01 月 25 日。来源：大众日报 http：//www.chinanews.com/cul/2013-01-25/4521532.shtml。

败乃兵家常事，司马迁因此为李陵辩护而遭宫刑。《史记·匈奴列传》开宗明义："匈奴，其先祖夏后氏之苗裔也，曰淳维。唐虞以上有山戎、猃狁、荤粥，居于北蛮，随畜牧而转移。其畜之所多则马、牛、羊，其奇畜则橐駞、驴、羸、駃騠、騊駼、驒騱。逐水草迁徙，毋城郭常处耕田之业，然亦各有分地。毋文书，以言语为约束。儿能骑羊，引弓射鸟鼠；少长则射狐兔，用为食。士力能弯弓，尽为甲骑。其俗，宽则随畜，因射猎禽兽为生业，急则人习战攻以侵伐，其天性也。其长兵则弓矢，短兵则刀铤。利则进，不利则退，不羞遁走。苟利所在，不知礼义。自君王以下，咸食畜肉，衣其皮革，被旃裘。壮者食肥美，老者食其余。贵壮健，贱老弱。父死，妻其后母；兄弟死，皆取其妻妻之。其俗有名不讳，而无姓字。"匈奴是典型游牧民族，司马迁相信其与周人一样是夏后氏苗裔："夏道衰，而公刘失其稷官，变于西戎，邑于豳。其后三百有余岁，戎狄攻大王亶父，亶父亡走岐下，豳人悉从亶父而邑焉，作周。其后百有余岁，周西伯昌伐畎夷。后十有余年，武王伐纣而营雒邑，复居于丰镐，放逐戎夷泾、洛之北，以时入贡，命曰荒服。"

草原地区更不稳定，"自淳维以至头曼千有余岁，时大时小，别散分离，尚矣，其世传不可得而次云。然至冒顿而匈奴最强大，尽服从北夷，而南与中国为敌国，其世传国官号乃可得而记云"。太史公曰："孔氏著春秋，隐桓之间则章，至定哀之际则微，为其切当世之文而罔褒，忌讳之辞也。世俗之言匈奴者，患其徼一时之权，而务谄纳其说，以便偏指，不参彼己；将率席中国广大气奋，人主因以决策，是以建功不深。尧虽贤，兴事业不成，得禹而九州宁。且欲兴圣统，唯在择任将相哉！唯在择任将相哉！"注引乐产《括地谱》云："夏桀无道，汤放之鸣条，三年而死。其子熏鬻妻桀之众妾，避居北野，随畜移徙，中国谓之匈奴。"

勃勃深信不疑，自觉是复兴圣统的当然人选。匈奴是"百蛮大国"，北匈奴西迁，南匈奴内附，还有十万落匈奴摇身一变为鲜卑。南匈奴归附汉朝之后部落首领赐姓刘，匈奴父鲜卑母为铁弗匈奴。勃勃是铁弗匈奴代表人物，至少有三代祖先已姓刘：父亲刘卫辰、祖父刘务恒、曾祖父刘虎。勃勃相信自己是匈奴夏后氏之苗裔，特意改姓赫连。赫连有天意，试图奉天承运系统恢复匈奴夏后氏文化传统。十六国时期五胡纷纷建国试图复兴燕、秦、汉、魏或新建凉国，令人眼花缭乱，唯有赫连勃勃选择复兴大夏。晋义熙三年（407），勃勃自称天王、大单于，建元龙昇，设置百官，创立大夏。

《山海经·大荒南经》记述了游牧生活方式："不绩不经服也，不稼不穑食也。"黄帝以师兵为营卫，迁徙往来无常处，游牧作风明显，类似于蒙古汗国成吉思汗。黄帝置左右大监，监于万国，举风后、力牧、常先、大鸿以治民。匈奴等游牧帝国又称百蛮大国，继承了黄帝传统：置左右贤王，左右谷蠡王，左右大将，左右大都尉，左右大当户，左右骨都侯。匈奴谓贤曰"屠耆"，故常以太子为左屠耆王。自如左右贤王以下至当户，大者万骑，小者数千，凡二十四长，立号曰"万骑"。诸大臣皆世官。呼衍氏，兰氏，其后有须卜氏，此三姓其贵种也。

《世本》云："黄帝作旃冕。"《礼记·冠义》正义亦云："黄帝造火食旃冕。""旃"即"毡"，"旃冕"即特制毡帽，其既可遮阳也可防寒，是游牧民生活必需品。《物原》："轩辕始作带。"《大戴礼·五帝德》："黄帝黼黻衣大带。"带钩在战国秦汉间又称为师比、犀毗、胥纰或鲜卑。《史记·匈奴列传》索隐引张晏云："鲜卑，郭落带瑞兽名也，东胡好服之。"大量带钩发现于春秋战国秦汉时代欧亚大草原和黄河流域，表明带是游牧民族独特装备。腰带束腰可减轻骑马颠簸，是游牧民族男子汉必备。秦汉之际冠带之民与引弓之国对举，实际上是忘记了胡服骑射影响。匈奴亦是冠带之民，相反中原百姓未必有冠带。《初学记·武部·剑》云："古者天子二十而冠，带剑；诸侯三十而冠，带剑；大夫四十而冠，带剑。隶人不得冠，庶人有事得带剑，无事不得带剑。"

《山海经》明言黄帝为戎狄之祖先。田昌五明确指出黄帝是北方古戎狄宗神，其考古学文化虽不能确指但已有线索。[①]《山海经·大荒北经》中说："大荒之中，有山名曰融父山，顺水入焉。有人名曰犬戎。黄帝生苗龙，苗龙生融吾，融吾生弄明，弄明生白犬，白犬有牝牡，是为犬戎。"

①田昌五：《华夏文明的起源》，北京：新华出版社，1993年，第47页。

犬戎或西戎是黄帝直系子孙，兴于西戎的周人、秦人也就成了黄帝后裔。《山海经·大荒西经》："有北狄之国，黄帝之孙曰始均，始均生北狄。"黄帝为北狄之祖十分可能，故司马迁有匈奴为夏后氏苗裔之说。鲜卑等北方游牧民族追认黄帝为始祖。《魏书·序记》云："黄帝以土德王，北俗谓土为托，谓后为跋，故以为氏。其裔始均，入仕尧世，逐女魃于弱水之北，民赖其勤，帝舜嘉之，命为田祖。爰历三代，以及秦汉，獯鬻、猃狁、山戎、匈奴之属，累代残暴，作害中州；而始均之裔，不交南夏，是以载籍无闻焉。"《国语·晋语》说黄帝有子25人，其得姓者14人为12姓：姬、酉、祁、己、滕、箴、任、荀、僖、姞、儇、依是也，唯青阳与苍林氏同于黄帝，故皆为姬姓。25人分别为四母之子，不一定从父姓或从母姓。正如成吉思汗等游牧帝王有四斡耳朵，儿女后裔得姓亦随意。《晋语》既说黄帝以姬水成，姬姓；而姬姓周人从渭水流域起家。黄帝死后葬桥山，离渭水不远。黄帝姬姓，周朝王族也姓姬。我们可以推断黄帝故事，如果不是周人编造，也是周人乐闻传说。黄帝是夏、周、戎、狄传说始祖。

王国维力证鬼方、猃狁、戎狄、匈奴一脉相传。[①] 殷商时期殷人对鬼方发起过多次大规模战争，鬼方是商王朝西北方向最大劲敌，鬼侯又名列晚商三公之一。"高宗伐鬼方，三年克之"；"震用伐鬼方，三年有赏于大国"。西周，鬼方已成"戎狄"：《逸周书·王会解》提到"鬼亲（戎）"位于宗周正西方位，《竹书纪年》提到"周公季历伐西落鬼戎，俘二十翟王"。西周，金文《小盂鼎》铭文也提到了"鬼方"："唯八月既望。…告曰"□□王［命］盂以□□伐鬼方。□□□□□［执酋］三人，获（聝）四千八百□二聝，俘人万三千八十一人，俘马□□匹，俘车十辆，俘牛三百五十五牛，羊廿八羊"。盂或（又）"□□□□□□呼□我征，执酋一［人］，获聝百卅七聝，［俘人□□□人］，俘［马］百四匹，俘车百辆。"

郭沫若曾说，殷商之前中国当得有先住民族存在，此先住民族当得是夏民族，禹当得是夏民族传说中的神人，此夏民族与古匈奴族当有密

①王国维：《鬼方昆夷猃狁考》，《观堂集林》卷一三，北京：中华书局，2004年。

切的关系。[1] 段连勤主张北狄亦是华夏兄弟民族，离散与迁徙过程中为开拓北方做出了重要贡献。同时他明确反对戎狄姬姓：“姬、子二姓是夏商周三代华夏族著名大姓。鲜虞氏是北狄族，同华夏族在民族、血缘、经济生产、风俗习俗方面完全是另一个系统，因此鲜虞氏的族姓不可能是姬姓和子姓。”[2]日本学者平势隆郎注意到《春秋穀梁传》是中山国史书，反映了鲜虞中山国正统主张：秦、楚非中国，三家分晋、田氏代齐，被视为“中国”的诸侯接二连三地亡国，战国时代诸侯国唯一剩下的只有鲜虞。[3]《春秋穀梁传》记载中山国历法使用“夏正”，表明鲜虞中山国是夏代正宗继承者，也就是中国。鲜虞氏“姬”姓是正宗黄帝子孙。《世本》：“鲜虞，姬姓，白狄也。”杜预《春秋释例》：“鲜虞中山，白狄，姬姓。”《春秋穀梁传集解》范宁与杜预同属东晋人，也说“鲜虞，姬姓，白狄也。”“轩辕”与“鲜虞”“獯鬻”“猃狁”“獯鬻”发音相近，是否一脉相承？中山国被灭后，鲜虞人翻越太行、吕梁两座大山返回陕北，在榆阳鱼河建立“肤施城”。鱼河位于无定河与榆溪河交汇处，是陕北塞上江南。

两汉之际班彪撰《王命论》提出“帝王不可以智力争”，帝王之位因天命而非逐鹿获得，而天命在于刘氏，其影响非常深远。曹丕在禅代仪式中说出“舜禹之事，吾知之矣”，枭雄无不知晓只要军事政治实力具备天命、符瑞、民意都是可以制造。和天命说相比，华夷秩序观念发轫于战国，完备于两汉，其核心要点是华夏居中统治四夷，四夷居外接受统治，天命或许会转移，但绝不会从华夏转到夷狄。[4] 刘琨曾送石勒之母书信：“自古以来，诚无戎狄为帝王者，至于名臣建功业者，则有之矣。”石勒回复道：“君当逞节本朝，吾自夷，难为效。”[5]复兴汉、秦、周大有人在，石勒重建赵国称霸河东（山西及河北西北部内外长城之间地）也鼓舞了勃勃，勃勃

①郭沫若：《中国古代社会研究》，北京：人民出版社，1964 年，第 275 页。

②段连勤：《北狄族与中山国》，桂林：广西师范大学出版社，2007 年，第 24 页。

③［日］平势隆郎：《从城市国家到中华》，讲谈社《中国通史》殷商春秋战国卷，桂林：广西师范大学出版社，2014 年，第 159—161 页。

④侯旭东：《逐鹿或天命：汉人眼中的秦亡汉兴》，《中国社会科学》2015 年第 4 期。

⑤转引自④。

想到了复兴大夏，并勇敢果断行动，取得了初步成功。大夏国已灰飞烟灭，留下大夏都城遗址供后人研究思考。

二、夷夏十万建夏都

从自然地理看，统万城地处陕西与内蒙古交界处，鄂尔多斯高原是黄土高原与蒙古草原结合部。从历史地理看，统万城位于长城地带中部，宜农宜牧，正是游牧与农耕结合部。当年气候更湿润水草更丰美，赫连勃勃曾经北游到达契吴（今统万城一带），为这里的美景所折服："美哉斯阜，临广泽而带清流。吾行地多矣，自马领以北，大河以南，未有若斯之壮丽矣！"千余年之后康熙皇帝选择热河建行宫避暑山庄亦发出类似感慨："朕数巡江干，深知南方之秀丽；两幸秦陇，益明西土之殚陈；北过龙沙，东游长白，山川之壮，人物之朴，亦不能尽述，皆吾之所不取。"① 唯有热河行营"朕每次驻跸，辄饮食倍加，精神爽健"。②陕北、河南地曾是大夏故地。《禹贡》九州之雍州，紧靠冀州。夏商时代石峁遗址所在地榆林地区是翟即狄人活动区。周代雍州白狄仍然活跃，战国时为秦国上郡地。《史记·秦始皇本纪》："西涉流沙，南尽北户，东有东海，北过大夏。"《琅琊刻石》亦云："六合之内，皇帝之土。西涉流沙，南尽北户。东有东海，北过大夏。人迹所至，无不臣者。"《吕氏春秋·古乐篇》也说"北过大夏"。大夏应该位于陕北或鄂尔多斯地区，禹都阳翟或阳城可能就是石峁。巧合的是夏代末都二里头亦位于翟镇：夏王朝建都于此，创造了灿烂古代文明——二里头文化。

黄土高原或鄂尔多斯盆地是大夏故地，直代、云中亦曾是单于之庭。《史记·匈奴列传》："诸左方王将居东方，直上谷以往者，东接秽貉、朝鲜；右方王将居西方，直上郡以西，接月氏、氐、羌；而单于之庭直代、云中：各有分地，逐水草移徙。而左右贤王、左右谷蠡王最为大，左右骨都侯辅政。诸二十四长亦各自置千长、百长、什长、裨小王、相封、都、尉当户、且渠之属。"南匈奴内迁附汉实质也是回迁。

①《御制避暑山庄记》。

②《御制穹览寺碑文》。

东晋安帝司马德宗义熙三年（407），南匈奴屠各铁弗部刘勃勃或铁弗勃勃袭杀岳父后秦高平公没奕干，吞并其土地与民众；改名赫连勃勃，自称大夏天王、大单于，建立大夏国，史称大夏或赫连夏。公元413年改元凤翔，发动岭北十万夷夏民众于朔方水北、黑水之南重建大夏都城；历时七载，于公元419年竣工，赫连勃勃亲自定名为“统万”，改元真兴。《晋书》卷一三〇《赫连勃勃载记》：“乃赦其境内，改元为凤翔。以叱干阿利领将作大匠，发岭北夷夏十万人，于朔方水北、黑水之南营起都城。勃勃自言：‘朕方统一天下，君临万邦，可以统万为名。’阿利性尤工巧，然残忍刻暴，乃蒸土筑城，锥入一寸，即杀作者而并筑之。勃勃以为忠，故委以营缮之任。”匈奴自称夏，其他为夷；五胡七夷共建大夏都城。《续世说》卷九记载：“夏世祖性豪侈。筑统万城，高十仞，基厚三十步，上广十步，宫墙高五仞，其坚可以砺刀斧。台榭壮大，皆雕镂图画，被以绮绣，穷极文采。”

赫连勃勃是一个美男子，身材高大有魅力。公元401年后秦皇帝姚兴在长安城会见两位高人：一位自西方而来的鸠摩罗什，历九九八十一难耗时近20年自龟兹国抵达长安城；一位自北方而来的朔方王刘卫辰之子刘勃勃，满门被灭于榆林代来城，取道大河套，亡命投奔姚兴。姚兴在南城设宴，先见高僧鸠摩罗什，仪态万方玉树临风，遂拜他为国师，安置在皇家寺院草堂寺。再见赫连勃勃，惊为天人，姚兴毫不犹豫赋予刘勃勃军政大权，并封其为五原公、安北将军。刘勃勃获得统领军马权力，其势力迅速扩张。《资治通鉴》：“初，魏主珪灭刘卫辰，其子勃勃奔秦，秦高平公没奕干以女妻之。勃勃魁岸，美容仪，性辩慧，秦王兴见而奇之，与论军国大事，宠遇逾于勋旧。”南朝宋开国皇帝刘裕作为东晋大将灭掉后秦姚兴继任者姚弘，占据长安城以后，曾想率领大军顺势再灭大夏，来到统万城见到赫连勃勃俊美非凡风华绝代，不忍心与他发生战争。而勃勃也竭力逢迎，指着正在修筑的统万城的南门说：“这门将来叫朝宋门，臣勃勃愿意日日清晨面南而拜，永不反宋。”刘裕打消了灭掉大夏国的念头，回去结束东晋统治建宋国。《晋书》：“陛下将欲经营宇内，南取长安，宜先固根本，使人心有所凭系，然后大业可成。高平险固，山川沃饶，可以都也。”

大夏国灭亡后，北魏改统万城为统万镇，为夏州治所。隋代统万城属朔方郡，唐代以其地复为夏州，置都督府领夏、绥、银三州，兼领宥、盐二州。唐僖宗年间，拓跋思恭替唐朝镇压黄巢起义被封为定难军节度使，并赐姓为李。“李彝兴，夏州人也，本姓拓跋氏。唐贞观初，有拓跋赤辞者归唐，太宗赐姓李，置静边等州以处之。其后析居夏州者号平夏部。唐末，拓跋思恭镇夏州，统银、夏、绥、宥、静五州地，讨黄巢有功，复赐李姓。思恭卒，弟思谏代为定难军节度使。思谏卒，思恭孙彝昌嗣。梁开平中，彝昌遇害，将士立其族子蕃部指挥仁福。仁福卒，子彝超嗣。”[①] 党项羌以此为据点发展壮大，宋初李继迁起兵反宋，再次走上重建大夏之路。李继迁孙子李元昊称帝，从此确立宋辽夏三国鼎立的局面，将中国历史带入了第二个“三国时代”：前期它与北宋、辽并立；后期它与南宋、金鼎足。党项族建立夏政权以此为据点侵扰北宋，淳化五年（994）太宗下诏毁废统万城，迁居民于绥、银等州。历经北魏、西魏、北周、隋唐、五代、北宋，575年间，统万城一直是北方地区政治、经济、军事、文化中心之一。直到清道光年间，沉睡于毛乌素沙漠600余年的统万城遗址重新被人发现。1996年被国务院公布为第四批全国重点文物保护单位。

现存统万城遗址由外郭城、西城及东城组成，城内建筑工程浩大筑造宏伟，城墙建筑色白而牢固。其中东西城城垣大部分留存至今，外郭城也有部分城垣断断续续得以保留。有人认为东城即为汉奢延城[②]；有人认为西城是宫城，是大夏皇帝和宫人居住之所，东城为皇城，是大夏国政府部门所在之处，而百姓则居于外郭城内[③]；也有学者认为东城即外郭城[④]。宿白写到“（统万城）分东西两城，两城外围有郭城。西城和郭城都用略带青灰色的夯土版筑。东城系后建，所以西城即当时统万城的内城”。[⑤]考古钻探及发掘证明东西城同处红柳河以北、纳林河以西的三角形台地上，

①〔宋〕欧阳修、宋祁：《新唐书》卷二二一上《西域传上》，北京：中华书局，1975年。

②刘景纯：《统万城布局结构及相关问题的探讨和推测》，《统万城遗址综合研究》西安：三秦出版社，2004年。

③王宏雷、王智真：《统万城研究文集》，北京：中国图书文化出版社，2013年6月。

④邓辉：《统万城——民族文化交流的丰碑生态环境变迁的见证》，《统万城遗址综合研究》，西安：三秦出版社，2004年。

⑤《中国大百科全书·考古学》，北京：中国大百科全书出版社，1986年，第426页。

位于外郭城内，并排屹立，形成“日”字形，城垣走向基本一致，共用中间城垣，西城城垣外与东城南、东及北垣外均有马面，城垣均夯筑。它们之间存在的不同之处：东西城面积不同，东城面积 403613 平方米，西城面积 367934 平方米。东西城城垣宽度、高度及马面大小不同，共用城垣有伸向东城的马面，且马面的规模与西城南、北及西垣外马面相符，而西城内没有发现东城伸向西城的马面。现存东西城不在同一个水平面，西城低处仍普遍比东城地面高 4 米以上。夯土颜色及夯土强度明显不同，西城夯土为青灰色，东城夯土颜色明显发黄，西城夯土夯层厚 15—20 厘米，隅墩拐角夯层略薄，为 12—14 厘米。东西城隔墙夯层厚 20—40 厘米。西城城垣夯层薄，也最为坚固。经考古钻探 6 座城门外均有瓮城，东西城瓮城及城门规格不同。东西城总共 77 万余平方米，与北京故宫相当。

欧亚大陆统万城显得十分独特。斯基泰称雄草原都城已灰飞烟灭，难觅踪迹。阿提拉、成吉思汗、帖木儿被公认为草原历史上三大英雄人物，阿提拉都城还没有发现，成吉思汗龙庭哈剌和林位于蒙古国。在中国历史上统万城可与石峁古城、西夏古城（黑水古城）、元上都三大古城相提并论，均可进入世界文化遗产名录。作为十六国时期大夏国国都，统万城扼守西域与北魏都城平城之间的交通要道，是这一时期中原与西域物质文化交流融合的重要节点城市，同时又是汉民族农耕经济与北方少数民族游牧经济融合地区。大夏国所处特定历史时期复杂的民族关系及其都城所在地特殊地理位置，使统万城遗址一直得到历史、考古学界关注，也得到研究历史地理、东西交通、民族关系、环境变迁等方面专家重视。

大卫·沃克图文并茂全方位介绍了世界上已经消失的 11 座城址：古罗马庞贝，古巴比伦巴比伦城，古希腊特洛伊，匈奴都城统万城，中东佩特拉，克里特岛克诺塞斯，西域古国楼兰、高昌，以及美洲玛雅古城科潘、印加都城马丘比丘、非洲大津巴布韦遗址，每一座消失的城市背后都有一段耐人寻味的历史。第四章“统万：唯一遗存的匈奴都城”介绍了赫连勃勃先世未圆之梦、射猎为业夯土定居以及深陷于沙漠中的白城子，是人类历史上的独特自然与文化标本。[①]

---

①［英］大卫·沃克：《消失的城市：穿越时空的世界城市朝圣之旅》，南京：凤凰出版传媒集团江苏人民出版社，2009 年。

统万城遗址

元上都始建于公元1256年，忽必烈在此登基建立元朝。元上都遗址位于内蒙古自治区锡林郭勒盟正蓝旗草原，南临上都河，北依龙岗山，周围是广阔金莲川草原，中心有土木为主的宫殿、庙宇建筑群，周围又有游牧民族传统蒙古包式建筑，是农耕文明与游牧文明融合典范。曾是世界历史上最大帝国元王朝的首都，1988年被列入第三批全国重点文物保护单位。2012年，第36届世界遗产大会在俄罗斯圣彼得堡正式宣布，将中国元上都遗址列入了《世界文化遗产名录》。

三、奉天承运通天台

赫连勃勃深受汉文化影响，念念不忘其祖先天崇拜：“朕之皇祖，自北迁幽、朔，姓改姒氏，音殊中国，故从母氏为刘。子而从母之姓，非礼也。古人氏族无常，或以因生为氏，或以王父之名。朕将以义易之。帝王者，系天为子，是为徽赫实与天连，今改姓曰赫连氏，庶协皇天之意，永享无疆大庆。系天之尊，不可令支庶同之，其非正统，皆以铁伐为氏，庶朕宗族子孙刚锐如铁，皆堪伐人。”[①] 天崇拜思想已经深入其骨髓与灵魂。

《三辅黄图·台榭》引《汉武故事》：“筑通天台于甘泉，去地百余丈，望云雨悉在其下，望见长安……元凤间，自毁。”汉武帝在今陕西省淳化县甘泉山甘泉宫祭太乙，上通天台，招仙人。《史记·孝武本纪》：“于是上令长安则作蜚廉桂观，甘泉则作益延寿观，使卿持节设具而候神人。乃作通天台。置祠具其下，将招来神仙之属。”“天子为塞河，兴通天台，若有光云，乃下诏……”《汉书·武帝纪》：“〔元封〕二年冬十月……作甘泉通天台。”颜师古注：“通天台者，言此台高，上通于天地。”《汉旧仪》：“云高三十丈，望见长安城。”[②]2015 年考古人员在甘泉宫遗址 8 平方千米范围发现 5 处大型建筑遗址，并确认 2 号墩台是汉武帝时修建的通天台。2 号墩台高约 15 米，三层夯土台基结构，底部平面长方形南北长 74 米，东西残宽 57 米，高 2 米至 4 米，顶部近似方形南北长 21 米，东西残宽 2 米，高 4 米至 5 米，3 层台基上共发现柱础石 18 处，给后人想象甚至重构汉武帝版“通天台”提供了重要资料。[③]《十六国春秋·夏录》载真兴“二年十月起冲天台于统万城山，欲登之以望长安”。在城南山上找到了一处方形台基，现存残迹长 1 米，宽 7 米，土筑，周围散布瓦块，有筒瓦、板瓦、平砖。[④]《水经注》郦道元云勃勃建通天楼：“其子城在罗城，东门曰凤阳，本有三门，夷人多尚东，故东向开。真珠楼、通天楼，皆勃

---

①〔唐〕房玄龄等：《晋书》卷一三〇《赫连勃勃载记》。

②〔南朝〕沈炯《经通天台奏汉武帝表》：臣闻桥山虽掩，鼎湖之灶可祠；有鲁遂荒，大庭之迹无泯。伏惟陛下，降德猗兰，纂灵丰谷。汉道既登，神仙可望。射之罘于海浦，礼日观而称功；横中流于汾河，指柏梁而高宴。何其甚乐，岂不然与？既而运属上仙，道穷晏驾。甲帐珠帘，一朝零落。茂陵玉碗，遂出人间。凌云故基，与原田而朊朊；扶风于趾，带陵阜而茫茫。羁旅缧臣，能不落泪！昔承明既厌，严助东归；驷马可乘，长卿西返。恭闻故实，窃有愚心。黍稷非馨，敢望徽福。但雀台之吊，空怆魏君；雍丘之祠，未光夏后。瞻仰烟霞，伏增凄恋。

③陕西考古首次确认汉武帝倡导建立的“通天台”，2015 年 12 月 9 日。来源：https：//www.sohu.com/a/47375390_119586。

④戴应新：《大夏国与统万城》，西安：三秦出版社，2015 年，第 98 页。

勃建，在城内。”①

赫连勃勃改姓赫连自称天王，其天崇拜思想可通过汉匈楚秦追溯到周夏。秦公簋铭文中有“受天命鼏宅禹迹”，𡢁加编钟上“帅禹之堵”，表明春秋之世秦楚东西两大国均信禹为古之帝王，且先汤而有天下。遂公盨铭文开篇为“天命禹敷土，随山浚川”，与《禹贡》开篇“禹敷土，随山刊木”相似，进一步表明在西周中期禹的传说已经被人们当作历史传说。“帝”或“天”命禹治理水患并获得成功，《诗经》《论语》及战国诸子文献记述上天派禹治水成功后获得空前威望，奠定了夏王朝基础。《左传》哀公元年记载夏王朝第五代统治者少康曾“复禹之绩，祀夏配天，不失旧物”。《尚书·商书·盘庚》也有“天其永我命于兹新邑，绍复先王之大业，底绥四方”。甲骨文“天”多表示“大”，但也有“王弗病朕天”那样作为“人之巅峰”的例子。甲骨文中“天”概念很多场合是由“帝”字来表示，《诗经·商颂·长发》“帝命不违”的“帝”就可能是“天”。胡适曾提出过一个大胆假设：“天”与“帝”同义，乃世界最古老之字；梵文 deva，拉丁文 dues，希腊文 zeus，“z”与“d”相通，五字同出一源大概很可能。② Ball 认为有可能源于巴比伦。③郭沫若曾指出商代人以天为卜问对象，卜辞中“帝”指至高神，也就是形象化了的“天”；承认了巴比伦影响。④傅礼初提出了一神信仰同源假说（a single universal god）：起源于雅利安人，东亚天崇拜与印欧游牧民特别是吐火罗人活动有关。⑤利玛窦注意到了中国上帝与西方天主的关联：“天主何？上帝也。”⑥杨鹏梳理

①《太平寰宇记》卷三七（乐史原著，光绪八年金陵书局底本）郦道元云：“统万城蒸土加功，雉堞虽久，崇墉若新。其城南门曰朝宋，北门曰平朔，东门曰招魏，西门曰服凉。其子城在罗城，东门曰凤阳，本有三门，夷人多尚东，故东向开。真珠楼、通天楼，皆勃勃建，在城内。”

②胡适：《论帝天及九鼎书》，顾颉刚编《古史辨》第一册。

③ C. J. Ball：*Chinese and Sumerian*，Oxford University Press，1913，p.26

④郭沫若：《先秦天道观之进展》《青铜时代》，收入《郭沫若全集》历史篇第一卷，北京：人民出版社，1982 年，第 317—376 页。

⑤ Joseph Fletcher：*The Mongols*：*Ecological and Social Perspectives*，1986.

⑥［意］利玛窦著，［法］梅谦立注、谭杰校勘：《天主实义今注》，北京：商务印书馆。

了中国典籍中的上帝信仰。[1] 大体而言，商代多称帝，周代多称天，游牧民多称腾格里。在苏美尔语中有“din-gir”“di-gir”“dim-mer”等读音，不无可能初次传入读“帝”，再次传入读“天”，三次传入读“腾格里”。“天”的概念可能产生在周代之前，天命思想或天崇拜周代盛行，可以上溯夏，亦影响秦汉与匈奴。汉代血池祭天遗址成功发掘成了中国考古学界大事，让人不禁想起“匈奴祭天金人”：祭天是否为游牧民族文化传统？汉代祭天仪轨大体继承了秦文化传统，同时与匈奴祭天交相辉映。汉代血池大型祭天遗址出土大量牛羊马牺牲，几乎未见猪狗鸡；表明游牧风格明显，与匈奴祭天大体相同。

匈奴时代天崇拜进入了高级阶段。天是游牧民，特别是统治者心目中的至上神灵。国之大事，在于祀与戎。祭天是匈奴政治文化生活中的大事。《史记·匈奴列传》云：“岁正月，诸长少会单于庭，祠。五月大会龙城，祭其先、天地、鬼神。”《后汉书·南匈奴传》记述更明确：“匈奴俗，岁有三龙祠，常以正月、五月、九月戊日祭天神。”匈奴每年集会祭天已形成制度或风俗，不亚于秦汉王朝。匈奴将西域某高耸入云之山作为天或天神象征，称之为天山。“天汉二年秋，贰师将军李广利将三万骑击匈奴右贤王于祁连天山。”[2]据考证，“祁连”与“撑犁”为同音异译，意为天[3]，祁连山即天山，是匈奴人心目中的神山。蒲立本将“祁连”构拟成“gii-lien”，认为是月支或吐火罗语天[4]；梅维恒在拉丁语中找到了对应词“caelum”，意为天或天空[5]。林梅村进一步考证出祁连和昆仑是汉语中最早的印欧语借词，分别译自吐火罗A（Klyom）和吐火罗语B（Klyomo），均有神圣（holy）之意。[6]匈奴称天为“祁连”或“撑犁”，与突厥、蒙古语之“腾格里”（tangri）

①杨鹏：《上帝在中国源流考》，太原：书海出版社，2016年。

②〔汉〕司马迁：《史记·李将军列传》。

③刘义棠：《祁连天山考辨》，《政治大学民族学报》第21期，1994。

④ Edwin. G. Pulleyblank：*Chinese and Indo-Europeans*，*Journal of the Royal Asiatic Society*，1966，pp.20-21.

⑤ VictorH. Mair：*Reflections on the Origins of the Modern Standard Mandarin Place-Name “Dunhuang”*，李铮等编《季羡林教授八十华诞纪念文集》卷二，南昌：江西人民出版社，1991年，第932页。

⑥林梅村：《祁连与昆仑》，《敦煌研究》1994年第4期。

和汉语之天（tien）有语言学上的联系。[①]

匈奴亦相信天谴之说。丁灵王卫律串通胡巫杀害贰师将军血祭胡社，结果如贰师所诅，雨雪数月、牲畜死亡、人民疫病。单于恐惧，以为天怒，特为贰师设立祠室。匈奴的祭天习俗被突厥、契丹、蒙古所继承。突厥对天的崇拜从突厥碑铭中可略见一斑。《阙特勤碑》云："我，象天一样的，从天所生的突厥毗伽可汗，这时坐上了汗位……由于上天保佑，由于我本人有福，我做了可汗……由于上天赋予力量，我父可汗的军队像狼一样，其敌人像绵羊一样……由于上天保佑，使有国家的失去了国家，使有可汗的失去了可汗，征服了敌人，使有膝的屈膝，使有头的顿首……为了不让突厥人民无名无声，那上天让我自己做了可汗……感谢上天，由于我的福分，由于我的幸运，我振兴了濒死的人民，……九姓乌古斯人民本是我自己的人民，由于天地混乱，乃为敌……寿命是上天决定的，人类之子全都是为死而生。"[②] 其他碑铭如《暾欲谷碑》《毗伽可汗碑》亦有类似记述。由此可见，天在突厥人特别是统治者心目中有着至高无上的地位。汉文史书中的记载亦可印证这一点。《周书·突厥传》云："牙帐东开，盖敬日之所出也。每岁率诸贵人祭其先窟。又以五月中旬，集他人水，拜祭天神。"突厥还有杀人祭天之俗。"射摩怒，遂手斩阿尔首领，仍誓之曰：'自杀此之后，需人祭天，即取阿尔部落子孙斩之以祭也'。至今突厥人以祭纛，常取阿尔部落用之"。[③]突厥人亦深信天谴之说。例如，木杆可汗许婚于周，后又反悔；恰逢大雷风起，破坏其穹庐，旬日不止。木杆可汗"大惧，以为天谴，乃备礼送后。"[④]

周武王、文王自称"予小子"，均不曾称为天子。到了春秋战国时代即周朝名存实亡的时代，天子或周天子之说开始盛行。此时兴起的诸子百

① Sanping Chen：*Sino–Tokharico–Altaica—Two Linguistic Notes*，*Central Asiatic Journal*，Vol.42，No.1，1998.

②耿世民译：《突厥文碑铭译文》，引自林干《突厥史》附录，呼和浩特：内蒙古人民出版社，1988 年。

③〔唐〕段成式：《酉阳杂俎》卷四。

④〔唐〕令狐德棻：《周书》卷九《阿史那皇后传》。

家具有浓厚的人文和理性色彩，大都不以天或帝为最高神灵。[①]《礼记·曲礼》云："君天下为天子。"郑玄注曰："天下，谓外及四海也。今汉于蛮夷称天子，于王侯称皇帝。"天子与帝子有共同渊源。[②] 单于遗汉书曰："天所立匈奴大单于敬问皇帝无恙。前时皇帝言和亲事，称书意，合欢。汉边吏侵侮右贤王，右贤王不请，听后义卢侯难氏等计，与汉吏相距，绝二主之约，离兄弟之亲。皇帝让书再至，发使以书报，不来，汉使不至，汉以其故不和，邻国不附。今以小吏之败约故，罚右贤王，使之西求月氏击之。以天之福，吏卒良，马彊力，以夷灭月氏，尽斩杀降下之。定楼兰、乌孙、呼揭及其旁二十六国，皆以为匈奴。诸引弓之民，并为一家。北州已定，愿寝兵休士卒养马，除前事，复故约，以安边民，以应始古，使少者得成其长，老者安其处，世世平乐。未得皇帝之志也，故使郎中系雩浅奉书请，献橐驼一匹，骑马二匹，驾二驷。皇帝即不欲匈奴近塞，则且诏吏民远舍。使者至，即遣之。"以六月中来至薪望之地。书至，汉议击与和亲孰便。公卿皆曰："单于新破月氏，乘胜，不可击。且得匈奴地，泽卤，非可居也。和亲甚便。"汉许之。孝文皇帝前六年，汉遗匈奴书曰："皇帝敬问匈奴大单于无恙。使郎中系雩浅遗朕书曰：'右贤王不请，听后义卢侯难氏等计，绝二主之约，离兄弟之亲，汉以故不和，邻国不附。今以小吏败约，故罚右贤王使西击月氏，尽定之。愿寝兵休士卒养马，除前事，复故约，以安边民，使少者得成其长，老者安其处，世世平乐。'朕甚嘉之，此古圣主之意也。汉与匈奴约为兄弟，所以遗单于甚厚。倍约离兄弟之亲者，常在匈奴。然右贤王事已在赦前，单于勿深诛。单于若称书意，明告诸吏，使无负约，有信，敬如单于书。使者言单于自将伐国有功，甚苦兵事。服绣袷绮衣、绣袷长襦、锦袷袍各一，比余一，黄金饰具带一，黄金胥纰一，绣十匹，锦三十匹，赤绨、绿缯各四十匹，使中大夫意、谒者令肩遗单于。"

匈奴后裔赫连勃勃建立大夏，党项羌元昊再建大夏，自称赫连、元昊

①饶宗颐：《天神观与道德思想》，收入《中国古上古史未定稿》两周卷，南京：中央研究院历史语言研究所，1985 年。

② Sanping Chen：*Son of Heaven and Son of God*：*Interactions among Ancient Asiatic Cultures Regarding Sacral Kingship and Theophoric Names*，Journal of the Royal Asiatic Studies society，2002，pp.289－325.

均有天意。武则天时代追尊祖宗为“天皇”“天后”见于《资治通鉴》：“皇帝称天皇，皇后称天后，以避先帝、先后之称。”胡三省注曰：“实欲自尊，而以避先帝、先后之称为言，武后之意也。”[①]而天皇源自唐太宗西北诸蕃尊称“天可汗”。[②] 刘义棠认为天可汗即突厥、回鹘“Tangri Qaghan”一词之意译。[③]

突厥、契丹、蒙古继承了祭天传统，满洲清朝将祭天推向了最后高潮。中华传统文化崇尚“天道”，“天、地、君、亲、师”就是中国人传统信仰。《礼记·礼运篇》孔子曰：“大道之行也，天下为公。选贤与能，讲信修睦。故人不独亲其亲，不独子其子，使老有所终，壮有所用，幼有所长，矜寡孤独废疾者皆有所养，男有分，女有归。货恶其弃于地也，不必藏于己；力恶其不出于身也，不必为己。是故谋闭而不兴，盗窃乱贼而不作，故外户而不闭，是谓大同。”中国人坚信“天下大同”人类理想与“天道秩序”终极力量，认为人应“畏天命”（《礼记·季氏》），而在“有教无类”（《论语·卫灵公第十五》）宗旨指导下，“教化”过程则是“天下”人类各群体感悟并接受“天道”的过程，而且坚信所有人群迟早都应能接受这一“天道”。[④]

四、大夏龙雀千古传

赫连勃勃自称大夏可从器物或文物印证。当时工匠造百炼钢刀曰“大夏龙雀”：“古之利器，吴楚湛卢。大夏龙雀，名冠神都。可以怀远，可以柔逋。如风靡草，威服九区。”[⑤]他仿莽泉铸币，面文隶书国号“大夏”，年号“真兴”。“大夏龙雀”是传说名刀；“大夏真兴”是古钱奇葩。他以龙昇、凤翔、真兴为年号，表明其龙凤崇拜精神和真心复兴大夏的理想。

龙崇拜是匈奴核心文化特征，蒙古族一脉相承。《史记·匈奴传》：

---

①〔北宋〕司马光：《资治通鉴》卷二〇二，第6735页。

②罗新：《从可汗号到皇帝尊号》，《唐研究》第十卷，北京：北京大学出版社，2004年。

③刘义棠：《天可汗探原》，《中国西域研究》，台北：正中书局，第71—109页。

④马戎：《中华文明的基本特质》，《学术月刊》2018年第1期。

⑤〔唐〕房玄龄等：《晋书》卷一三〇《赫连勃勃载记》。

"岁正月，诸长小会单于庭，祠。五月，大会茏城，祭其先、天地、鬼神。秋，马肥，大会蹛林，课校人畜计。其法，拔刃尺者死，坐盗者没入其家；有罪小者轧，大者死。狱久者不过十日，一国之囚不过数人。而单于朝出营，拜日之始生，夕拜月。其坐，长左而北向。日上戊己。其送死，有棺椁金银衣裘，而无封树丧服；近幸臣妾从死者，多至数千百人。举事而候星月，月盛壮则攻战，月亏则退兵。其攻战，斩首虏赐一卮酒，而所得卤获因以予之，得人以为奴婢。故其战，人人自为趣利，善为诱兵以冒敌。故其见敌则逐利，如鸟之集；其困败，则瓦解云散矣。战而扶舆死者，尽得死者家财。"

匈奴王冠体现其鹰龙崇拜

1972年鄂尔多斯市杭锦旗阿鲁柴登出土的匈奴王冠分为冠顶和冠带。半球体冠顶上立一展翅欲飞雄鹰，以绿松石为头，冠带由黄金铸成，两端分别做成卧虎、盘角羊和卧马浮雕图案，神似龙蛇或龙马；金龙玉鹰结合既能反映匈奴人的生产生活，也有图腾崇拜影子。

中蒙联合考古项目对蒙古国后杭爱省境内的高勒毛都2号墓地开展调查、测绘、发掘和研究，其中M189墓中出土了2件鎏金银龙，分别位于外椁板上部人骨胸部之下和椁内，长8.5厘米，高4.5厘米，重80.5克。

这种单体龙形器物在匈奴贵族墓葬中是首次发现，被《美国考古杂志》评为 2019 年世界十大考古发现之一。[①] 东汉思想家王符说龙有“九似”：头似驼、角似鹿、眼似兔、耳似牛、项似蛇、腹似蜃、鳞似鲤、爪似鹰、掌似虎。龙形器似虎似狼似犬似马亦似鹿似羊，这不仅说明匈奴人崇拜龙，而且也证实了龙在匈奴境内的形成过程。

蒙古国高勒毛都 2 号墓出土银龙

早在 1924 年，考古学家就在乌兰巴托北约 100 千米处的诺颜乌拉匈奴墓葬中发现了用丝线绣成的苍狼白鹿，亦有龙形。诺颜乌拉匈奴墓葬的“龙”更似格里芬，高勒毛都匈奴墓葬“龙”更接近于中国龙。

中山国出土的错金银双翼青铜神兽

与匈奴关系密切的鲜虞北狄中山国亦出土错金银双翼青铜神兽，亦可称之为中山龙。不约而

① 2017 年 7 月，由河南省文物考古研究院、洛阳市文物考古研究院和蒙古国乌兰巴托大学考古学系组成的中蒙联合考古队，开始在蒙古国后杭爱省高勒毛都 2 号墓地开展工作。据中方考古队执行领队周立刚说：“这一墓地上曾经出土有汉王朝赠予的马车，玉璧和铜镜也是典型的中原物品；玻璃器显然是通过丝绸之路传过去的罗马器物；陶器和金银装饰品则是草原文化产物。在这里，我们能看到西方文化、草原文化和中原文化在 2000 年前的交汇，这也是我们选择在此开展联合考古工作的原因。”

同使用银与铜说明北狄与匈奴确有密切文化与技术联系。

春秋战国时代随着人文精神的高涨，圣人地位有超越四灵的迹象，汉代出现了五灵之说。《大戴礼记·易本命》云：“有羽之虫三百六十而凤皇为之长，有毛之虫三百六十而麒麟为之长，有甲之虫三百六十而神龟为之长，有鳞之虫三百六十而蛟龙为之长，倮之虫三百六十而圣人为之长。此乾坤之美类，禽兽万物之数也。”由此可见，到了汉代圣人的地位已与麟凤龟龙相当。而作为游牧民族代表的匈奴对龙的崇拜更加专一，一年三会龙庭。《史记索隐》引崔浩云：“西方胡皆事龙神，故名大会处为龙城。”《淮南子·要略》谓北方：“操舍开塞，各有龙忌。”高诱注云：“中国以鬼神之事曰忌，北胡、南越皆谓之请龙。”请龙可能就是马祭。《周礼·夏官·廋人》云：“马八尺以上为龙，七尺以上为騋，六尺以上为马。”《说文》亦云：“马七尺为騋，八尺为龙。”马祭是欧亚草原流行的宗教文化现象，与游牧或印欧人的活动有关。[①] 龙马精神，马与龙早已结下不解之缘。《礼记·礼运》：“故天降膏露，地出醴泉；山出器车，河出马图。”注云：“马图，龙马负图而出也。”疏：“伏羲氏有天下，龙马负图出于河，遂法之画八卦。”汉代流行龙马首蛇身图像。《论衡·龙虚》云：“世俗画龙之象，马首蛇尾。由此言之，马蛇之类也。”[②]汉文文献中称马为龙的不乏其例。《吕氏春秋》云：“马之美者，青龙之匹。”《史记·匈奴传》：“冒顿围高帝于平城，所骑西方尽白马，东方尽青龙，北方尽乌骊，南方尽骍马。”从刘邦被围白登山，到霍去病“封狼居胥”，再到呼韩邪单于率南匈奴归降，最后窦宪“勒石燕然”覆灭北匈奴。《后汉书·窦宪传》：“蹑冒顿之区落，焚老上之龙庭。”李贤注：“匈奴五月大会龙庭，祭其先、天地、鬼神。”

---

① R.H.VanGulik：*Hayagriva*：*The Mantrayanic Aspect of Horse-cult in China and Japan*，Leiden：E. J.，1935.

②《论衡·龙虚》：且世谓龙昇天者，必谓神龙。不神，不升天；升天，神之效也。天地之性，人为贵，则龙贱矣。贵者不神，贱者反神乎？如龙之性有神与不神，神者升天，不神者不能。龟蛇亦有神与不神，神龟神蛇复升天乎？且龙禀何气而独神？天有仓龙、白虎、朱鸟、玄武之象也，地亦有龙、虎、鸟、龟之物。四星之精，降生四兽。虎、鸟与龟不神，龙何故独神也？人为倮虫之长，龙为鳞虫之长，俱为物长，谓龙昇天，人复升天乎？龙与人同，独谓能升天者，谓龙神也。世或谓圣人神而先知，犹谓神龙能升天也。因谓圣人先知之明，论龙之才，谓龙昇天，故其宜也。

陕西省博物馆展出秦代青铜龙

蒙古国境内发现的古石碑由中蒙两国学者确认为班固所作《封燕然山铭》："理兵于朔方。鹰扬之校，螭虎之士，爰该六师，暨南单于、东胡乌桓、西戎氐羌，侯王君长之群，骁骑三万。元戎轻武，长毂四分，云辎蔽路，万有三千余乘。勒以八阵，莅以威神，玄甲耀目，朱旗绛天。遂陵高阙，下鸡鹿，经碛卤，绝大漠，斩温禺以衅鼓，血尸逐以染锷。然后四校横徂，星流彗埽，萧条万里，野无遗寇。于是域灭区殚，反旆而旋，考传验图，穷览其山川。遂逾涿邪，跨安侯，乘燕然，蹑冒顿之区落，焚老上之龙庭。"

汉武帝《天马歌》："太一贡兮天马下，沾赤汗兮沫流赭。骋容与兮跐万里，今安匹兮龙为友。"李白《天马歌》："天马来出月支窟，背为虎文龙翼骨。嘶青云，振绿发，兰筋权奇走灭没。腾昆仑，历西极，四足无一蹶。鸡鸣刷燕晡秣越，神行电迈蹑慌惚。天马呼，飞龙趋，目明长庚臆双凫。"匈奴龙崇拜可能源于吐火罗。两《唐书》云焉耆吐火罗王以龙为姓氏，敦煌文献称月氏残部小月氏为龙家，龙是吐火罗人图腾。① 大月氏龙形象大都表现了马蹄和马鬃，其原型可能是马。往往成对出现，吐火罗人的龙神可能源于古代印欧人宗教中的双马神。吐火罗人对神的称谓"nakte"相当于印度雅利安语"nasatya"或米坦尼雅利安语"na-sa-at-ti-ya"，意为双马神。双马神本是印欧人共有的多神教神祇之一，源于里海—黑海北岸的颜那亚文化。②

①林梅村：《大夏黄金宝藏的发现及其对大月氏考古研究的意义》，《文物天地》1991 年第 6 期；《吐火罗人与龙部落》，《西域研究》1997 年 1 期。

②林梅村：《吐火罗神祇考》，《国学研究》第五卷，收入《古道西风》，上海：三联书店，2000 年。

大夏石马

龙城又称“龙庭”；匈奴祭天，大会诸部处。《汉书·匈奴传上》：“五月，大会龙城。”其地在今蒙古国鄂尔浑河西侧和硕柴达木湖附近，为匈奴单于祭天地鬼神之所。南朝齐谢朓《永明乐》诗之五：“化洽鳀海君，恩变龙庭长。西北骛环裘，东南尽龟象。”唐李白《古风》之六：“昔别雁门关，今戍龙庭前。”《敦煌曲子词·菩萨蛮》：“敦煌古往出神将，感得诸蕃遥钦仰。效节望龙庭，麟台早有名。”《旧唐书·唐俭传》：“明公日角龙庭，李氏又在图牒，天下属望，非在今朝。”《新唐书》作“龙廷”。元马致远《汉宫秋》第四折：“枕席间，临寝处，越显的吾当薄倖。万里龙廷，知他宿谁家一灵真性。”清龚自珍《皇朝硕辅颂序》：“八地九天之奇兵，祕乎豹略；五行十守之正道，挞此龙庭。”

陕西省博物馆展出唐代鎏金铁心铜龙

王昌龄："秦时明月汉时关，万里长征人未还。但使龙城飞将在，不教胡马度阴山。"沈佺期《杂诗三首其三》："闻道黄龙戍，频年不解兵。可怜闺里月，长在汉家营。少妇今春意，良人昨夜情。谁能将旗鼓，一为取龙城。"公元 788 年，唐朝同意回纥将族名改为回鹘，取"捷鸷犹鹘然"之意。回纥可汗都城建在蒙古乌兰巴托西部鄂尔浑河西和硕柴达木湖附近，这是匈奴单于龙庭与突厥可汗们行营，也是后来成吉思汗首都和林所在地。蒙古人继承了龙崇拜传统，"蒙古人认为闪电出自某种类似于龙的动物，而且在他们的地区上，居民亲眼见到它怎样从天上降落到地上，以尾击地，蜿蜒而动，并从口中喷出火焰"。① "成吉思汗四大斡耳朵"系指铁木真在位前期于"三河之源"地区建立的四个斡耳朵：春季"怯绿连河的阔帖兀阿阑"、夏季"萨里川的哈老徒"、秋季"土兀剌河的黑林（合剌屯）"三处外，尚有冬季"斡难河的阿鲁兀忽可吾"。铁木真在位后期将汗国统治中心迁到漠北"杭海答班"地区，又先后构筑了春季"不花因失灰"、夏季"龙庭"、秋季"达兰达葩"、冬季"按坦孛都罕"等斡耳朵。金元耶律楚材："勉力龙庭上万言，男儿志不忘沟壑。"龙庭天子一呼即应，金国汉人长春真人丘处机弃宋金而投成吉思汗："前者南京及宋国屡召不从，今者龙庭一呼即至何也？伏闻皇帝天赐勇智，今古绝伦，道协威灵，华夷率服。是故便欲投山窜海，不忍相违；冒雪冲霜，图其一见。"②

元上都遗址出土汉白玉雕龙角柱

龙崇拜始于新石器时代，已知最早龙崇拜遗迹发现于辽宁阜新，距今

①拉施特：《史集》第一卷第一分册，第 256 页。

②李志常：《长春真人西游记》，河北人民出版社，2001。

约 8000 年的兴隆洼文化查海遗址。遗址中心部位清理出一条用石块堆塑的巨龙：龙头朝西南，尾东北，全长 19.7 米，身宽约 2 米；龙头、躯干石块堆塑厚密，尾部较松散；龙昂首张口、弯身弓背，有巨龙腾飞之感。[①]类似的龙形堆塑亦见于湖北黄梅距今约 6000 年的大溪文化焦墩遗址，有一椭圆形红烧土堆积上面用色彩不同的河卵石摆塑成全长 4.46 米的龙；龙首形似牛头张口朝西，尾向正东，龙腹下两足呈爪状，身躯蜿蜒而尾上卷。这类龙形堆塑是新石器时代居民求雨习俗的遗物，是原始农业文化的反映。[②]到了红山文化时代，龙崇拜蔚然成风，大量玉龙和龙形图案发现表明蒙古东部是龙崇拜中心区[③]，红山文化主人是龙文化的主要创造者。[④]

炎帝神氏“姜姓，母日女登，有蛴氏女，少典氏之妃，感神龙而生炎帝”。黄帝轩辕氏“黄龙体”。炎黄二帝皆是龙的化身，大禹亦与龙马有关。玄鸟生商，凤鸣岐山，商周崇鸟。秦始皇称“祖龙”，汉代帝王以龙自居，继承了龙信仰。瞿昙悉达《大唐开元占经 · 客星占六篇》引郗萌曰：“客星舍匈奴星，人面龙身留十余日不去。”

蒙古入侵之前龙在中原农耕民族心目中地位并非至高无上。屠龙氏以杀龙为业，周处斩蛟龙为民除害，元以前龙只不过是中原农耕民族崇拜的众多对象之一。《宋书 · 符瑞志》等书在记载祥瑞时是严格按照麟凤龟龙次序进行。龟龙经常相提并论，其地位应难分上下。[⑤]

突厥和蒙古都流行十二兽纪年，突厥鱼年正是蒙古龙年。匈奴、蒙古语龙语言几乎相同，说明龙崇拜不仅有共同渊源，且有交互影响。龙在游牧民族心目中的地位要崇高一些，正是蒙古族将龙崇拜推向了新的高潮。宋元之际文化变迁的一个重要标志是龙登九天、龟落千丈。[⑥]从此，龙重

---

①辛岩：《查海遗址发掘再获重大成果》，《中国文物报》1995 年 3 月 19 日。

②李锦山：《史前龙形堆塑反映的远古雩祭及原始天文》，《农业考古》1999 年第 1 期。

③孙守道等：《论辽河流域的原始文明与龙的起源》，《文物》1984 年第 6 期。

④苏秉琦：《华人 · 龙的传人 · 中国人——考古寻根记》，沈阳：辽宁大学出版社，1998 年。

⑤《吕氏春秋 · 应用》：“乾泽涸鱼，则龟龙不往。”《汉书 · 公孙弘传》：“麟凤在郊薮，龟龙游于沼。”《盐铁论 · 错币》：“更行白金龟龙。”《书断》：“麟凤一毛，龟龙片甲，亦无所不收。”

⑥易华：《龟龙崇拜在宋元之际的嬗变》，《百科知识》1993 年。

新成为游牧与农耕民族共同崇拜的无上神灵。满清王朝龙旗正是游牧与农耕民族均可接受的旗帜。匈奴、蒙古和中原农耕民一样用十二兽纪年，且蒙古语与汉语龙读音几乎一样，表明龙崇拜有着共同渊源。如果汉族可以自称为龙的传人，蒙古族似乎更有资格。龙可以作为游牧与农耕民族认同的标志或象征。

五、夷夏天龙可认同

司马迁读千卷书行万里路，“究天人之际，通古今之变，成一家之言”。《史记》六国年表总结秦与魏、韩、赵、楚、燕、齐兴亡云：“夫作事者必于东南，收功实者常于西北。故禹兴于西羌，汤起于亳，周之王也以丰镐伐殷。秦之帝用雍州兴，汉之兴自蜀汉。”司马迁注意到做事者必于东南，收功实者常于西北现象，既是夏、商、周、秦、汉五代兴亡历史总结，也是逻辑归纳结果。他认为历史大势所趋“天所助矣”。实际上东亚进入青铜时代也是玉帛古国进入干戈玉国的时代，传统礼乐文化与青铜游牧文化结合形成了复合文明。枪杆子里面出政权，金戈铁马是战略武器，自三代至秦汉的西北游牧青铜文化是中国历史发展的根本动力。炎黄蚩尤与尧舜禹神话传说被司马迁糅合成一个体系，创作了《五帝本纪》。夏、商、周、秦、汉重演“国之大事在祀与戎”，经济文化基础厚实的东南建立的玉帛古国被称为礼仪之邦，西北则是以政治军事取胜建立了干戈王国，号称虎狼之国。

“大一统”国家观念是司马迁民族思想基础，也是汉武帝“中国一统”思想在《史记》中的反映。司马迁建构的一脉相承“五帝世系”是汉朝疆域内各民族共同祖先，即夏周戎狄共祖于黄帝。除了《五帝本纪》，司马迁还为6个边疆民族撰写列传，《匈奴列传》《南越列传》《东越列传》《朝鲜列传》《西南夷列传》《大宛列传》是中国历史学家第一次按照地域方位系统书写多民族中国历史。《汉书·武帝纪》记载汉武帝“中国一统”：“朕闻五帝不相复礼，三代不同法，所由殊路，而建德一也。盖孔子对定公以徕远，哀公以论臣，景公以节用，非期不同，所急异务也。今中国一统而北边未安，朕甚悼之。”汉武帝祭泰山刻碑中进一步表述了“中国一统”：“四海之内，莫不为郡县；四夷八蛮，咸来贡职。”“天马来兮从西极，经万里兮归有德；承灵威兮降外国，涉流沙兮四夷服。”董仲舒曾经对汉武帝说：“春秋大一统者，天地之常经，古今之通谊。”[①]

先有蛮夷，后有戎狄，夏居其中。夏朝建立标志着中国历史的开始。在此之前东亚为蛮夷之地，大禹父子于蛮夷之中建立夏朝，始有东夷西夷、南蛮北蛮之别。周人兴起于戎狄之间，征服了商朝，建立了周朝，追认夏人为祖先。西周始有中国之称。《何尊铭文》：“惟武王既克大邑商，则廷告于天曰：余其宅兹中国，自之辟民……”《说文》：“夏，中国之人也。”周朝夏人实际是夏朝遗民与夷蛮戎狄相结合的产物。西周虽有夏夷蛮戎狄之称，但并无明显高低贵贱或文明与野蛮之分。即使到了春秋时代，楚与南蛮、齐与东夷、晋与北狄、秦与西戎仍难解难分。南蛮楚人、东夷齐人、北狄晋人、西戎秦人争相入主中原，融入华夏，如此便有了诸夏之说。战国时代诸夏打成一片，排斥和贬损更边远的蛮夷戎狄蔚然成风。秦始皇统一中原有力地促进了诸夏认同；诸夏面临的主要挑战来自西戎和北狄。戎狄主要是由西夷和北蛮转化而来，夏商周三代均有“夏人”加入，且不排除少量印欧游牧民加入的可能。匈奴称雄蒙古草原完成了游牧民初步统一，建立了“百蛮大国”。秦汉王朝统治下诸夏是典型农耕民族，主要是夏与夷蛮结合而成，亦融入了部分戎狄。匈奴统治下诸戎众狄是典型游牧民族，主要由蛮夷转化而来，部分融入了夏商周三代之人和印欧游牧民。因此，夷和夏均是中国游牧民与农耕民族的共同祖先。

周人尊夏，亦是自尊。周人自认为是夏后人，其所居疆土也是从夏人那里继承而来。《诗·周颂·清庙之什》：“我求懿德，肆于时夏，允王保之”；“无此疆尔界，陈常于时夏。”《礼记·祭法》：“厉山氏之有天下也，其子曰农，能殖百谷。夏之衰也，周弃继之，故祀以为稷。”周自认为是夏继承者，周代夏崇拜出现了第一个高潮。赫连勃勃、元昊先后建立夏国，实质上是周人崇夏传统的继续。赫连勃勃亦以大禹诸夏继承人自居：“昔在陶唐，数钟厄运，我皇祖大禹以至圣之姿，当经纶之会，凿龙门面辟伊阙，疏三江而决九河，夷一元之穷灾，拯六合之沉溺，鸿绩侔

①王文光、江也川：《司马迁的民族思想与中华民族共同体发展的谱系建构述论》，《思想战线》2020年第3期。

于天地，神功迈于造化，故二仪降祉，三灵叶赞，揖让受终，光启有夏。”①追宗认祖，既是崇拜，也是攀附。②元昊夏国与赫连勃勃夏国地域大体重合。《辽史·西夏外纪》：“西夏，本魏拓跋氏后，其地则赫连国也。”北魏灭赫连勃勃夏国，不久改为夏州；隋改置朔方郡，唐复为夏州。唐末拓跋思恭镇夏州，子孙继之，遂为元昊夏国政治军事经济文化中心。他们继承的不只是土地，还包括文化传统；认为整个西北地区都是大夏国领土。元昊拓拔氏，可通过鲜卑追溯到黄帝；又是党项，可通过羌追溯到禹或夏。《魏书》云：“昔黄帝有子二十五人，或内列诸华，或外分荒服。昌意少子，受封北土，国有大鲜卑山，因以为号。其后世为君长，统幽都之北，广漠之野……黄帝以土德王，北俗谓土为托，谓后为跋，故以为氏。其裔始均，入仕尧世，逐女魃于弱水之北，民赖其勤，帝舜嘉之，命为田祖。爰历三代，以及秦汉，獯鬻、猃狁、山戎、匈奴之属，累代残暴，作害中州，而始均之裔，不交南夏，是以载籍无闻焉。”元昊自认为是拓跋后裔：“藩汉各异，国土迥殊，幸非僭逆，嫉妒何深！况元昊为众所推，盖循拓跋之远裔，为帝图皇，有何不可？”③元昊下令秃发，恢复鲜卑民族特性。

黄帝、夏、羌、匈奴、拓跋、党项有一脉相承之处，擅长游牧和游击。夏人善于游牧和射猎仍有蛛丝马迹可寻。目前，中国最早较完整羊骨架见于甘肃永靖大何庄齐家文化遗址，其次是二里头。绵羊又称夏羊。《尔雅·释畜》：“夏羊，牡羭，牝羖。”《本草纲目·兽·羊》：“生秦晋者为夏羊，头小身大而毛长，土人二岁而剪其毛，以为毡物，谓之绵羊。”夏人善射，夏箭即良箭。司马相如《子虚赋》：“左乌号之雕弓，右夏服之劲箭。”郭璞注引服虔曰：“夏后氏之良弓，名繁弱，其矢亦良，即繁弱箭服，故曰夏服也。”唐李益《从军有苦乐行》：“一矢弢夏服，我弓不再张。”赫连勃勃自比轩辕黄帝，善于游击：“吾以云骑风驰，出其不意，救前则击其后，救后则击其前，使彼疲于奔命，我则游食自若，不及十年，岭北、河东尽我有也。待姚兴死后，徐取长安。姚泓凡弱小儿，擒之方略，

①〔唐〕房玄龄等：《晋书》卷一三〇《赫连勃勃载记》。

②王明珂：《论攀附：近代炎黄子孙国族建构的古代基础》，《中研院历史语言所集刊》七十三本三分，2002年。

③李焘：《续资治通鉴长编》卷一二五。

已在吾计中矣。昔轩辕氏亦迁居无常二十余年，岂独我乎！”[①] 元昊游牧作风明显：“每举兵，必，率部长与猎，有获，则下马环坐饮，割鲜而食，各问所见，择取其长。”[②]

如果真有夏朝，元昊夏国与赫连勃勃夏国是继承者。夏是新石器时代或传说时代到历史时代过渡期，也是游牧与农耕文化激烈碰撞与融合时期。齐家文化与夏代纪年相当，也是东西民族与文化交流的结果。西北地区处在黄河农业文化与西北草原文化的接合部，形成了独特多元的齐家文化。齐家文化与羌有关，不仅是周秦文化之源，而且很可能就是夏文化。《荀子·大略》云“禹学于西王国”。《史记》载“大禹出西羌”。“西羌古国”可能转化为夏王朝，彝语和汉语同源于原始羌夏语。[③]如果真有夏民族，最有可能形成于黄河上游地区；夏末商初四分五裂，部分演变成了汉族，其他变成了羌、匈奴、党项、鲜卑等民族。[④]

从汉代到明代，游牧与农耕民族之间发生过大规模人口迁徙和物质文化交流，这也有利于游牧与农耕民族融合和认同。汉代，特别是武帝时代，农耕民族向北扩张，大批汉人迁徙到长城地带，还有一些汉人因种种原因进入了蒙古草原。据估计，汉代先后进入蒙古草原的汉人不下 30 万，这些汉人与游牧民相结合繁衍成新的群体，密切了游牧与农耕民族的血缘和文化关系。其中最为著名的可能是号称李陵后裔组成的索头虏。《宋书·索虏》云：“索头虏，姓托跋氏，其先汉将李陵后也。陵降，匈奴有数百千种，各立名号，索头亦其一也。晋初，索头种有部落数万家，在云中。”因此索头虏问鼎中原不仅是“五胡乱华”，还有回归故里之意。与此同时匈奴被俘或主动投奔中原的也不下数十万，“所居郡县，使宰牧之，与编户大同，而不输贡赋”[⑤]，“关中之人百余万口，率其少多，戎狄居半”[⑥]，故有江统徙戎之论。江统

①〔唐〕房玄龄等：《晋书》卷一三〇《赫连勃勃载记》。

②〔元〕脱脱：《宋史》卷四八五《夏国传上》。

③陈保亚、汪锋：《论原始羌夏语及其转型——兼说蜀、夏、彝和三星堆文化的渊源关系》，首届古彝文化与三星堆文化探源学术研讨会论文，2009 年。

④易华：《西夏大夏与夏——夏崇拜探索》，《齐家文化与华夏文明国际学术研讨会论文集》，北京：文物出版社，2016 年。

⑤〔唐〕房玄龄等：《晋书》卷九七《北狄·匈奴传》。

⑥〔唐〕房玄龄等：《晋书》卷五六《江统传》。

本着“非我族类，其心必异”，“内诸夏而外夷狄”之所谓《春秋》大义，建议将戎狄迁出中国，“令足自致，各附本种，反其旧土”，以便“戎晋不杂，并得其所”，“纵有猾夏之心，风尘之警，则绝远中国，隔阂山河，虽为寇暴，所害不广。”事实没有江统想象的那么简单，终于酿成“五胡乱华”，而带头兴风作浪的多为深受汉文化熏染的戎狄后裔。刘渊从小好学，无所不读，尤好《左氏春秋》。后赵创建者石勒亦“雅好文学，虽在军旅，常令儒生读史书而听之，每以其意论古帝王善恶，朝贤儒士听者莫不归美焉”[①]。石勒领导起义队伍“虽有胡人，但以汉人为多”[②]。

南北朝时代“华夷之民，相聚为乱”；所谓“五胡乱华”，实则华亦自乱，难分彼此。陈陶《陇西行》：“誓扫匈奴不顾身，五千貂锦丧胡尘。可怜无定河边骨，犹是春闺梦里人。”其过程十分痛苦，其结果却是混一戎华。到了隋唐时代，游牧与农耕民族的关系异常密切。胡三省云：“自隋以后，名称扬于时者，代北子孙十居六七。”[③]李世民母窦氏、皇后长孙氏都属鲜卑大族。正是游牧与农耕民族共同孕育和塑造了天可汗唐太宗。契丹、女金、蒙古先后入主中原，大部分融入了汉族之中，只有少部分退回了蒙古草原，继续游牧生涯。游牧与农耕民族之间虽经常出现贸易摩擦和文化误读，但他们之间的文化和物质交流从未真正终止。“纵使我国历史上发生过许多战争，也出现过几次大的分裂，但我国各民族的经济交流从未间断，始终相互依赖。”[④]明清以降游牧与农耕民族之间不只是交流，而是趋于融合。蒙古草原重新农业化和贸易的深入使游牧与农耕民族经济趋于一体化，草原上出现了定居生活方式。佛教的普及缓和了游牧与农耕民族的信仰冲突，化解了冤仇，消除了斗志。盟旗制度的实施巩固了政治统一。游牧与农耕民族的杂居和通婚使他们水乳交融，密不可分。面对席卷全球的现代化浪潮，游牧和农耕作为民族特征正在消失，游牧与农耕民族的融合势不可当。

---

①〔唐〕房玄龄等：《晋书》卷一〇五《石勒载记下》。

②唐长孺：《晋代北境各族“变乱”的性质及五胡政权在中国的统治》，《魏晋南北朝史论丛》。

③〔北宋〕司马光：《资治通鉴》卷一〇八《烈宗孝武皇帝下》。

④卢勋等：《中华民族凝聚力的形成与发展》，北京：民族出版社，1999年，第113页。

《史记·匈奴传》开篇云“匈奴，夏后氏之苗裔”并非完全杜撰。如果汉族只认夏为祖先，不认夷蛮戎狄，是典型的数典忘祖；而游牧民只认戎狄为祖，以夏为敌，亦犯了同样的错误。因此，匈奴后裔赫连勃勃坚信匈奴为夏后氏之苗裔：“朕大禹之后，世居幽、朔，祖宗重辉，常与汉、魏为敌国，中世不竞，受制于人。逮朕不肖，不能绍隆先构，国破家亡，流离漂虏。今将应运而兴，复大禹之业。”[①] 赫连勃勃自称天王、大单于，建元曰龙昇，国号大夏；为李世民、李元昊等复兴大唐、大夏树立了榜样。作为游牧与农耕民族结合的产物，李世民亦是汉鲜通婚之子，率先高唱夷夏一家：“夷狄亦人耳，其情与中夏不殊……德泽恰，则四夷可使如一家；猜忌多，则骨肉不免为仇敌……自古皆贵中华，贱夷狄，朕独爱之如一。”[②] 唐朝曾出现过“胡、越一家，自古未之有”的景象。元稹《西凉伎·吾闻昔日西凉州》描述了当年胡汉一家欢乐景象：

吾闻昔日西凉州，人烟扑地桑柘稠。
葡萄酒熟恣行乐，红艳青旗朱粉楼。
楼下当垆称卓女，楼头伴客名莫愁。
乡人不识离别苦，更卒多为沉滞游。
哥舒开府设高宴，八珍九酝当前头。
前头百戏竞撩乱，丸剑跳踯霜雪浮。
狮子摇光毛彩竖，胡腾醉舞筋骨柔。
大宛来献赤汗马，赞普亦奉翠茸裘。
……[③]

契丹统治者亦倡导华夷一家。懿德皇后《君臣同志华夷同风应制》[④] 诗云：

①〔唐〕房玄龄等：《晋书》卷一三〇《赫连勃勃载记》。
②〔北宋〕司马光：《资治通鉴》卷一九八《太宗文武大圣大广孝皇帝下之上》。
③〔唐〕彭定求等编：《全唐诗》。
④〔辽〕王鼎《焚椒录》，陈述辑《全辽文》，北京：中华书局，1982年，第62页。

虞廷开盛轨，王会合奇琛。
到处承天意，皆同捧日心。
文章通谷蠡，声教薄鸡林。
大宇看交泰，应知无古今。

《大义觉迷录》记述了曾静和雍正等对夷华关系的反思。以华夏正宗自居的曾静大骂满洲为夷狄，禽兽不如。雍正坦然承认是夷狄，迫使曾静承认自己不如夷狄。“本朝之得天下，较之成汤之放桀，周武之伐纣，更为名正言顺……盖从来华夷之说，乃在晋、宋六朝偏安之时，彼此地丑德齐莫能相尚，是以北人诋南为岛夷，南人指北为索虏。在当日之人不务修德行仁，而徒事口舌相讥，已为至卑至陋之见。今逆贼等于天下一统、华夷一家之时，而妄判中外，谬生忿戾，岂非逆天悖理，无父无君，蜂蚁不若之异类乎！”曾静被迫有所悔悟，作《归仁说》终于承认了古老而简单的事实：“夷狄而进中国也，则中国之；中国而夷狄也，则夷狄之。”[①]

主张夷夏之辨的人实际上是短视的表现。他们不知道夏出于夷，且夷夏可以相互转化，亦可以合二为一。正如张光直所言：“我们逐渐发现从我们几十代的老祖宗开始便受了周人的骗了。周人有文字流传下来，说中原是华夏、是文明，而中原的南北都是蛮夷；蛮夷没有留下文字给他们自己宣传。所以，我们几十代的念书人就上了周人的一个大当，将华夷之辨作为传统上古史的一条金科玉律，一直到今天才从考古学上面恍然大悟。”[②]其实《春秋·公羊传·昭公二十三年》早已明言：“不与夷狄之主中国也。然则曷为不使中国主之？中国亦新夷狄也。”夷夏之辨确是一场持续两千余年的无谓之争。钱锺书注意到：“汉人自称‘华’而目鲜卑为‘胡虏’，魏鲜卑自称‘华’而目柔然为‘夷虏’，先登之齐鲜卑又晚起之周鲜卑为‘夷狄’；后来南宋人之于金、金人之于蒙古，若是班乎……可谓即以其人之箭还射其人之身矣。”[③]夷夏同为中国游牧与农耕民族祖先。赵汀阳《惠

①《大义觉迷录》附《归仁说》，收入《清史资料》第4辑，北京：中华书局，1983年。

②张光直：“中国考古学与历史学整合国际学术研讨会致辞”，见《考古人类学随笔》，上海：三联书店，1999年，第77页。

③钱锺书：《管锥编》，北京：中华书局，1994年，第1487—1490页。

此中国：作为一个神性概念的中国》述史以祭祖通过给内亚游牧民族一个中国先祖显要地位，即承认黄帝游牧民族建立中国政治神学：一个地理开放、资源丰富诱惑异族逐鹿的旋涡成就了内含天下的世界性国家。[1] 他从“逐鹿中原”这个概念中得出中原是猎鹿之地，几千年来吸引野心勃勃的游牧征服者；但它又是一个吞噬猎人和入侵者的旋涡，让其有来无归，化为中国人。宝力格重视内亚或“外亚”的重要性，注意到内亚游牧民族建立“征服王朝”是以往中国历史学“不承认”或鞭挞的对象，已经被中国最富想象力的政治哲学家赵汀阳转化成了对“中国梦”的追逐。中国对内和对外总体实力无论是硬实力还是软实力不是建立在消灭内亚族性和文化不同，而是在承认并尊重多元基础上相互“主体间”建立价值体系追求真正和平。这样一来，中国可成为中心，吸引并获得“外亚”尊重，从而达到“四海无虞”之境界。[2]

五胡十六国时代是民族大融合时代，赫连勃勃以真龙天子自居，真心复兴大夏王朝。血雨腥风中建立的大夏都城依然屹立在大夏故地供我们考察反思。夷夏结合与转换是主旋律。黄帝作为青铜时代首领率领游牧民向定居农耕过渡，开创了游牧和农耕文化结合的历史，从而被崇奉为华夏始祖。青铜时代游牧文化始于黄帝或黄帝时代，黄帝又被尊奉为华夏文明创造者，成为民族凝聚精神纽带。中国游牧与农耕民族有共同的历史和难解难分的血缘和文化联系，天龙、夷夏、炎黄可以作为两者认同的基础，共同利益和共同未来将促使中国游牧与农耕民族走上融合与认同之路。

①赵汀阳：《惠此中国：作为一个神性概念的中国》，北京：中信出版社，2016 年。

②乌·额·宝力格著，田甜、石含笑译：《“内亚”为何对中国如此重要：世界性帝国的多元遗产》，《经济观察报》书评，2019 年。

第七章 从头骨测量特征看统万城遗址人群构成

赵东月 吕 正 邢福来 苗逸飞 陈 靓

统万城遗址位于陕西省靖边县北部，陕西与内蒙古交界的毛乌素沙漠南缘①。作为十六国时期大夏国的都城，统万城从赫连勃勃建城之日至宋太宗下诏毁废，历经500余年，一直是北方的政治、经济、军事重镇。早期对统万城的考古学研究，主要围绕城址展开调查、测绘、钻探和发掘等工作②③④⑤⑥。近年来，随着对统万城城址及周边地区墓葬的系统清理、发掘⑦⑧，城中的居住者和使用者逐渐成为统万城遗址综合研究的关注重点。

统万城遗址所处农牧交错地带，从青铜时代开始，农业文明与牧业文

①陕西省考古研究院、榆林市文物保护研究所等：《统万城遗址近几年考古工作收获》，《考古与文物》2011年第5期。

② 俞少逸：《统万城遗址调查》，《文物参考资料》1957年第10期，第52—55页。

③戴应新：《统万城城址勘测记》，《考古》1981年第3期，第225—232页，第297—298页。

④邢福来：《关于统万城东城的几个问题》，《考古与文物》2014第5期，第109—113页。

⑤陕西省考古研究院、榆林市文物保护研究所等：《统万城遗址近几年考古工作收获》，《考古与文物》2011年第5期。

⑥郑红莉:《试说统万城遗址的三重城垣》,《江汉考古》2018年第3期,第98—103页。

⑦陕西省考古研究院、榆林市文物保护研究所等：《陕西靖边县统万城周边北朝仿木结构壁画墓发掘简报》，《考古与文物》2013年第3期。

⑧ 邢福来：《关于统万城周边墓葬的几个问题》，《考古与文物》2013年第3期，第62—66页。

明在这里碰撞[①②③]，人群也在这里交流融合[④⑤]，统万城更是经过频繁的政权更迭。在这样的时空背景下，生活在统万城的普通居民，其体质特征以及其他特征是否随着王朝兴衰发生了变化，是值得关注的问题。本章内容拟通过对统万城遗址出土头骨的颅面形态特征和测量数据分析，研究统万城古代居民的体质类型和变迁，及其所反映的北方农牧交错地带人群的交流与互动。

一、头骨材料

2006—2015 年，统万城遗址共计发掘北朝至宋代墓葬 91 座，出土人骨标本 48 例。这些墓葬分布在统万城城址内或城址周边，延续年代与统万城的建立和废弃大体相符合，均为中小型墓，墓主人应为当时生活在统万城的中下层官吏或者平民[⑥]。以下选取可进行颅面形态特征观察和测量的颅骨 19 例，其中男性 10 例、女性 9 例，年代主要分为北朝和隋唐时期两个阶段。由于人骨出土于不同地点，为了便于表述和讨论，文中将标本重新编号，男性为 M（Male）1~M8，女性为 F（Female）1~F5，具体编号见表一。

表一　　　　统万城遗址出土颅骨概况

出土地点及墓葬编号	性别	年龄	年代	文中个体号
2012 统万城瓦渣梁 M25	男	14—17	北朝	M1
2012 年统万城瓦渣梁 M26：R1	男	55 ±	北朝	M2

①赵哈林、赵学勇、张铜会、周瑞莲：《北方农牧交错带的地理界定及其生态问题》，《地球科学进展》2002 年第 5 期，第 739—747 页。

② 张兰生、方修琦、任国玉、索秀芬：《我国北方农牧交错带的环境演变》，《地学前缘》1997 年第 Z1 期，第 131—140 页。

③ 邓辉：《试论区域历史地理研究的理论和方法——兼论北方农牧交错带地区的历史地理综合研究》，《北京大学学报（哲学社会科学版）》2001 年第 1 期，第 117—123 页。

④朱泓：《内蒙古长城地带的古代种族》，《边疆考古研究》2002 年第 00 期，第 301—313 页。

⑤赵东月：《 汉民族的起源与形成—体质人类学的新视角》，吉林大学博士学位论述，2016 年。

⑥邢福来：《关于统万城周边墓葬的几个问题》，《考古与文物》2013 年第 3 期，第 62—66 页。

续表

出土地点及墓葬编号	性别	年龄	年代	文中个体号
2015 统万城西梁夯土 M2：R1	男	45—50	隋唐	M3
2015 统万城西梁夯土 M3	男	35—39	隋唐	—
2015 统万城西梁夯土 M6	男	18—19	隋唐	M4
2015 统万城西梁夯土 M12	男	55 ±	唐	—
2014 统万城西城 T0302–H140	男	40—44	唐	M5
2012 统万城谷地梁 M7：R1	男	30—35	唐	M6
2012 统万城谷地梁 M11：R1	男	35—40	唐	M7
2012 统万城田满壕梁 M6：R1	男	35—40	唐	M8
2012 统万城西城 T0302–H161	女	16—20	北朝	F1
2012 统万城瓦渣梁 M22	女	22 ±	北朝	—
2012 统万城瓦渣梁西 M26：R2	女	40—45	北朝	F2
2012 统万城瓦渣梁 M24	女	24—30	唐	F3
2015 统万城西梁 M7	女	20 ±	唐	F4
2012 统万城谷地梁 M7：R2	女	35—47	唐	—
2012 统万城谷地梁 M11：R2	女	47—64	唐	F5
2012 统万城田满壕梁 M2：R1	女	35 ±	唐	—
2012 统万城田满壕梁 M6：R2	女	20—24	唐	—

二、研究方法

对 48 例出土人骨进行性别、年龄鉴定，对可以进行观察和测量的 19 例头骨进行颅面形态特征的观察和测量，该项工作参照邵象清①、朱泓②等的标准和方法完成。

颅骨测量项目采用颅长、颅宽、颅指数标准差的比较方法进行颅骨测量性状种系纯度检验，具体方法为计算统万城遗址颅骨组颅长、颅宽和颅

①邵象清：《人体测量手册》，上海：上海辞书出版社，1985 年，第 1—132 页。

②朱泓主编：《体质人类学》，北京：高等教育出版社，2004 年，第 89—132 页。

指数的标准差，与 K. Pearson[①] 和 G. W. Morant[②]假定的 10 组同种系组别中的颅长、颅宽和颅指数标准差进行比较，当颅长和颅宽的标准差大于 6.5 时，可能视为异种系，当颅长的标准差小于 5.5、颅宽的标准差小于 3.3 时，则可能视为同种系。此外，增加了内蒙古敖汉旗大甸子各组、河南安阳殷墟中小墓组、安阳殷墟祭祀坑组，以及山西曲沃天马曲村组数据作为参考标准。

最后使用 SPSS20.0 软件对颅骨测量数据进行因子分析，提取公因子，制作散点图，概括研究对象的测量性特征。

三、所得结果

1. 颅骨的非测量性形态特征观察

对统万城遗址 19 例颅骨的 30 项非测量性状指标观察表明，统万城遗址男性居民颅形以卵圆形为主，少量椭圆形、楔形、菱形。前额倾斜为主，中等次之。眉弓突度显著者居多，特显著和较弱者出现率持平，发育中等者较少。眉弓范围≥ 1/2 者略多于 <1/2 者。颅顶缝前囟段以微波、深波型为主，顶段以锯齿型为主，顶孔段深波型为主，后段以深波型和锯齿型为主。乳突以中等居多，特大次之。枕外隆凸稍显为主，中等次之。眶形以椭圆形为主，长方形和斜方形次之。梨状孔以梨形为主，心形次之；梨状孔下缘以钝型为主，锐型次之；鼻前棘发育以稍显的Ⅱ级为主，中等的Ⅲ级次之。犬齿窝不发达，以无和中等为主，弱次之。鼻根凹陷以浅居多，无次之，深较少；鼻梁皆为凹型；鼻骨以上部和下部都较宽，中部较窄的Ⅰ型为主，Ⅱ型与Ⅲ型次之。翼区都以“H”型（蝶顶型）为主，翼上骨型次之。男性颧骨很宽，且颧颌缘结节、上颌转折处方折明显的情况偏多。顶孔以左右皆有的比例最高，仅有右孔次之，仅有左孔和无顶孔个体最少。矢状嵴发育以弱为主。额中缝眉间段出现率较高，无额中缝个体偏少。腭形以“U”形为主，无腭圆枕。颏型以圆形居多，方形次之；下颌角区外翻明显居多；

---

① K. Pearson：*II. Homogeneity and Heterogeneity in Collections of Crania*, *Biometrika*, pp.345—347.

② W. W. Howells：*The Early Christian Irish: The Skeletons at Gallen Priory*, *Proceedings of the Royal Irish Academy*, pp.103—219.

颏孔位置多于 P_1、P_2 位，P_2 位次之；无下颌圆枕；摇椅下颌出现率很低。

女性颅形以卵圆形为主，椭圆形次之。前额平直为主。眉弓突度中等或较弱。眉弓范围 <1/2 居多。颅顶缝前囟段以微波型为主，顶段以锯齿型为主，顶孔段以锯齿型为主，后段以深波型为主。乳突主要为小和中等。枕外隆凸稍显或中等。眶形主要有椭圆形、长方形和斜方形。梨状孔以心形为主，梨形次之；梨状孔下缘以锐型为主；鼻前棘发育以稍显的Ⅱ级为主，中等的Ⅲ级次之。犬齿窝不发达，以中等为主，弱次之。鼻根凹陷无或浅；鼻梁 1 例可观察为凸凹型；鼻骨以上部和下部都较宽，中部较窄的Ⅰ型为主，Ⅱ型次之。翼区都以 H 型（蝶顶型）为主，翼上骨型次之。女性颧颌缘结节、上颌转折处方折不甚明显的情况偏多。顶孔类型较为分散，以左右全和无为主。矢状嵴发育较弱。多无额中缝。腭形都以"U"形为主，无腭圆枕。颏型都以圆形为主；下颌角区外翻和直型出现率相同；颏孔皆位于 P_2 位；无下颌圆枕；摇椅下颌出现率较高。

综上所述，统万城遗址古代居民的非测量性形态特征，在前额倾斜程度、眉弓突度、梨状孔形状、乳突大小、颏孔位置、额中缝和摇椅下颌的出现率等方面表现出明显的性别差异。除此之外，统万城遗址男女两性居民在简单的颅顶缝、较宽的颧骨、较浅的鼻根凹陷、发育不明显的犬齿窝，以及不发达的枕外隆凸和鼻前棘等方面具有很强的一致性，表明统万城遗址古代居民具有明显的亚洲蒙古人种特征。

2. 头骨的测量性形态特征观察

统万城遗址 19 例颅骨的测量结果见表二。从头骨的 11 项测量数据分析表明，男性颅型从颅指数看，以圆颅型为主，长颅型和中颅型次之，特长颅型和特圆颅型最少；从颅长高指数看，主要有正颅型和高颅型；从颅宽高指数看，以中颅型和狭颅型为主，阔颅型次之。额型以狭额型为主，中额型次之，阔额型最少。从鼻指数来看，以狭鼻型为主，阔鼻型次之，中鼻型较少；从眶指数（右，mf-ek）来看，以中眶型和低眶型为主。上面指数（pr）表明以中上面型为主，阔上面型和狭上面型次之。从面凸指数来看，面部突度以正颌型为主，中颌型次之。腭形以阔腭形和狭腭形为主。

女性颅型从颅指数看，以中颅型为主，长颅型、特长颅型和圆颅型次之；从颅长高指数看，高颅型居多，正颅型和低颅型次之；从颅宽高指数看，以狭颅型为主，中颅型和阔颅型次之。额型以中额型和狭额型为主，阔额型最少。从鼻指数来看，以狭鼻型为主，中鼻型、阔鼻型、特阔鼻型各1例。从眶指数（右，mf-ek）来看，以低眶型为主，中眶型次之。从上面指数（pr）来看，以狭上面型为主，中上面型次之；从面凸指数来看，面部突度以中颌型和正颌型为主。腭形以阔腭形为主，狭腭形次之。

从测量性形态特征来看，男性居民各项指标体现的类型比较分散，表明其颅面形态特征变异较大。女性颅骨具有相对较强的一致性，主要表现为中颅型、高颅型结合狭颅型，狭鼻型，低眶型，狭上面型和中等的面部突度。

表二　　统万城遗址颅骨个体测量表　　（长度：mm；角度：°；指数：%）

测量号	测量项目	M1 ♂ 北朝	M2 ♂ 北朝	M3 ♂ 隋唐	M4 ♂ 隋唐	M5 ♂ 唐	M6 ♂ 唐	M7 ♂ 唐	M8 ♂ 唐	F1 ♀ 北朝	F2 ♀ 北朝	F4 ♀ 唐	F5 ♀ 唐	F3 ♀ 唐
1	颅长 g-op	174.10	181.40	179.00	175.00	190.00	194.20	188.20	184.00	184.40	181.80	174.00	186.50	171.20
8	颅宽 eu-eu	144.80	145.50	146.00	133.50	142.00	165.10	136.80	145.00	139.90	137.80	130.50	133.80	136.30
17	颅高 b-ba	139.70	127.00	138.00	128.00	143.00	140.10	136.50	150.40	141.40	131.90	130.50	130.00	136.10
9	最小额宽 ft-ft	91.00	90.50	99.50	91.00	100.00	92.30	85.90	97.00	93.70	91.90	84.00	90.00	85.90
48	上面高 n-pr	63.00	70.80	–	63.00	75.00	70.00	70.90	73.20	74.95	68.90	67.00	65.25	67.20
	n-sd	64.90	73.90	–	65.00	78.00	73.10	74.90	79.00	78.41	71.80	69.00	67.99	70.90
45	颧宽 zy-zy	110.10	–	–	–	151.00	138.10	–	143.00	130.50	124.90	122.00	129.90	115.10
O3	眶中宽 or	57.90	–	–	73.50	90.00	60.80	55.80	60.60	68.10	49.90	76.00	60.80	55.60
SR	鼻尖高 sub or-rhi-or	–	–	–	–	12.00	13.00	–	18.10	–	–	–	17.10	14.00
54	鼻宽	24.00	23.90	–	25.50	29.00	24.80	–	23.70	25.60	23.90	28.00	25.80	22.90
55	鼻高 n-ns	52.00	52.50	–	49.00	56.00	52.00	–	55.20	56.50	53.10	46.00	46.00	49.50
SC	鼻最小宽	6.20	7.40	9.00	8.00	10.00	5.90	–	11.60	5.00	7.90	16.00	0.00	7.90
SS	鼻最小高	1.10	3.10	7.00	3.00	4.00	2.00	–	3.00	–	2.50	3.50	0.00	1.20
51	眶宽 mf-ec L	40.00	41.70	–	40.00	43.00	43.90	44.10	44.60	40.13	42.20	39.00	45.10	37.00
	R	40.10	42.30	–	42.00	44.00	–	45.93	42.90	41.88	42.60	40.00	45.00	37.60
51a	眶宽 d-ec L	35.60	39.90	–	39.00	44.00	43.90	–	40.80	38.00	40.30	37.00	41.10	34.20
	R	37.80	39.90	–	38.00	45.00	39.90	–	40.50	42.00	39.90	38.00	40.90	34.40
52	眶高 L	30.80	32.90	–	33.50	36.00	31.40	34.00	33.00	38.69	32.10	33.00	32.40	30.20
	R	30.90	32.00	–	32.00	35.00	31.10	35.00	32.20	36.77	31.60	32.00	31.90	28.10

续表

测量号	测量项目	M1 ♂ 北朝	M2 ♂ 北朝	M3 ♂ 隋唐	M4 ♂ 隋唐	M5 ♂ 唐	M6 ♂ 唐	M7 ♂ 唐	M8 ♂ 唐	F1 ♀ 北朝	F2 ♀ 北朝	F4 ♀ 唐	F5 ♀ 唐	F3 ♀ 唐
72	总面角 n–pr FH	78.90	76.00	–	85.00	88.00	80.00	75.00	76.00	79.00	78.00	84.00	80.00	78.00
74	齿槽面角 ns–pr FH	75.90	65.50	–	80.00	86.00		–	73.20	75.00	73.50	75.00	83.00	81.50
77	鼻颧角 fmo–n–fmo	155.90	144.84	138.00	140.00	143.00	148.43	142.43	149.46	146.64	142.78	140	152.85	142.48
48：17	垂直颅面指数 pr	45.10	55.75	–	49.22	52.45	49.96	51.94	48.67	53.01	52.24	51.34	50.19	49.38
	垂直颅面指数 sd	46.46	58.19	–	50.78	54.55	52.18	54.87	52.53	55.45	54.44	52.87	50.19	52.09
48：45	上面指数 pr	57.22	–	–	–	49.67	50.69	–	51.19	57.43	55.16	54.92	52.34	58.38
	上面指数 sd	58.95	–	–	–	51.66	52.93	–	55.24	60.08	57.49	56.56	50.23	61.60
8：1	颅指数	83.17	80.21	81.56	76.29	74.74	85.02	72.69	78.80	75.87	75.80	75.00	71.74	79.61
17：1	颅长高指数	80.24	70.01	77.09	73.14	75.26	72.14	72.53	81.74	76.68	72.55	75.00	69.71	79.50
17：8	颅宽高指数	96.48	87.29	94.52	95.88	100.70	84.86	99.78	103.72	101.07	95.72	100.00	97.16	99.85
9：8	额宽指数	62.85	62.20	68.15	68.16	70.42	55.91	62.79	66.90	66.98	66.69	64.37	67.26	63.02
52：51	眶指数 L	77.00	78.90	–	83.75	83.72	71.53	77.10	73.99	96.41	76.07	84.62	71.84	81.62
	眶指数 R	77.06	75.65	–	76.19	79.55	–	76.20	75.06	87.80	74.18	80.00	70.89	74.73
52：51a	眶指数 L	86.52	82.46	–	85.90	81.82	71.53	–	80.88	101.82	79.65	89.19	78.83	88.30
52：51a	眶指数 R	81.75	80.20	–	84.21	77.78	77.94	–	79.51	87.55	79.20	84.21	78.00	81.69
54：55	鼻指数	46.15	45.52	–	52.04	51.79	47.69	–	42.93	45.31	45.01	60.87	56.09	46.26
SR：03	鼻尖点指数	–	–	–	–	13.33	21.38	–	29.87	–	–	–	28.13	25.18
SS：SC	鼻根指数	17.74	41.89	77.78	37.50	40.00	33.90	–	25.86	–	31.65	21.88	0.00	15.19

四、颅骨的种系分析结果

1. 与三大人种的比较

通过颅骨形态观察，可以初步判断统万城遗址古代居民具有亚洲蒙古人种的特点。为了进一步明确颅骨的种系特征，将统万城遗址男性颅骨 9 项测量指标与三大人种进行比较。

如表三所示，与三大人种相比，统万城男性居民有鼻指数、上面高、颧宽、眶高（左）、垂直颅面指数等5项指标落入欧洲人种变异范围，鼻尖点指数、鼻根指数、颧宽、眶高（左）、垂直颅面指数等5项指标落入尼罗格人种变异范围。鼻指数、鼻根指数、鼻颧角、齿槽面角、上面高、颧宽、垂直颅面指数等7项指标落入蒙古人种变异范围，并且眶高值也接近蒙古人种的下限，在面部扁平度和面部突度方面更是具有明显蒙古人种特点。总的来说，统万城男性居民的测量性指标表现出明显的蒙古人种指向性。

表三 统万城组颅骨测量项目与三大人种的比较（男性）（长度：mm；角度：°；指数：%）

测量项目	统万城组	三大人种[1]		
		欧洲人种	蒙古人种	尼格罗人种
鼻指数（54：55）	47.69（6）	43—49（小）	43—53（小和中）	51—60（大）
鼻尖点指数（SR：O3）	23.75（3）	40—48（大）	30—39（中）	20—35（小）
鼻根指数（SS：SC）	39.24（7）	46—53（大）	31——49（中和大）	20—45（小和中）
鼻颧角（77）	145.01（9）	135左右（小）	145—149（大）	140—142（中）
齿槽面角（74）	76.12（5）	82—86（大）	73—81（中）	61—72（小和中）
上面高（48sd）	72.69（7）	66—74（小和中）	70—80（中和大）	62—71（小和中）
颧宽（45）	135.55（4）	124—139（小和中）	131—145（中和大）	121—138（小和中）
眶高（左）（52）	33.09（7）	33—34（中）	34—37（大）	30—34（小和中）
垂直颅面指数（48sd：17）	52.79（7）	50—54（中）	52—60（中和大）	47—53（小和中）

2. 种系纯度检验

统万城男性居民具有明显亚洲蒙古人种的特点，女性居民与其在大人种类型上保持了一致性。颅面形态特征的观察与测量结果表明，统万城男性颅骨的特征分布较为分散，可能存在不同的分支类型。因此，对统万城居民进行颅长、颅宽和颅指数标准差的比较，来判断其种系纯度，比较数据见表四。

---

① 韩康信、潘其风：《新疆昭苏土墩墓古人类学材料的研究》，《考古学报》1987年第4期。

在颅长、颅宽、颅指数标准差的对比中，统万城男性颅骨的颅长标准差为7.35，颅宽标准差为10.06，大于异种系的标准6.5，且颅指数标准差为5.44，也远远大于同种系的各对比组标准差，仅比包含不同古人种类型的大甸子组小。这表明统万城男性居民颅骨形态的个体变异较大，可能存在不同的古人种类型或多种古人种类型特征混杂的情况。

女性颅骨的颅长标椎差为7.48，大于异种系标准6.5。颅宽标椎差为4.44，在同种系和异种系标准之间（3.3<4.44<6.5）。颅指数标准差为4.49，大于同古人种类型的各古代对比组。女性颅骨也倾向于存在不同的类型，但离散程度小于男性颅骨。

表四　颅长、颅宽和颅指数标准差比较

组　别	颅长标准差（S.D.）	颅宽标准差（S. D.）	颅指数标准差（S. D.）
统万城组（男性）	7.35（9）	10.06（10）	5.44（9）
统万城组（女性）	7.48（8）	4.44（7）	4.49（7）
Ainos①	5.94（76）	3.90（76）	
Bavarians①	6.01（100）	3.85（100）	
Parisians①	5.94（77）	5.21（77）	
Naqadas①	5.72（139）	4.62（139）	
English①	6.09（136）	4.80（136）	
Egyptians（E）②	5.73	4.76	2.67
Naqadas②	6.03	4.60	2.88
Whitechapel English②	6.17	5.28	2.97
Moorfields English②	5.90	5.31	3.27
Congo Negroes②	6.55	5.00	2.88

① K. Pearson: *II. Homogeneity and Heterogeneity in Collections of Crania*, *Biometrika*, pp.345—347.

② W .W . Howells : *The Early Christian Irish*: *The Skeletons at Gallen Priory*, *Proceedings of the Royal Irish Academy*, pp.103–219.

续表

组　别	颅长标准差（S.D.）	颅宽标准差（S.D.）	颅指数标准差（S.D.）
殷墟祭祀坑组[①]	6.20（319）	5.90（317）	3.98（316）
殷墟中小墓组（男）	5.79（42）	4.44（39）	2.85（135）
殷墟中小墓组（女）[①]	4.95（21）	4.58（20）	2.74（20）
甘肃火烧沟组（男）[②]	5.94（57）	4.78（50）	3.14（49）
甘肃火烧沟组（女）[②]	5.40（60）	4.40（55）	3.33（55）
曲村组[③]	5.46（20）	4.35（20）	2.52（20）
大甸子组[④]	8.09（66）	7.29（65）	6.86（64）
大甸子一组[④]	5.19（30）	4.91（29）	3.06（29）
大甸子二组[④]	4.86（21）	4.16（20）	2.12（21）
大甸子三组[④]	6.13（15）	4.56（15）	3.29（15）

五、颅骨测量数据的多元统计分析

1. 男性颅骨数据分析

为了进一步了解统万城遗址出土颅骨的颅面形态特征与所属古人种类型，将男女两性颅骨数据与各古代组进行多元统计分析。男性组选取古中原类型、古西北类型、古华北类型、古东北类型、古蒙古高原类型，以及青铜时代新疆和唐代各组颅骨数据共 71 个组别，选择颅长、颅宽、颅高、额宽、上面高、颧宽、眶高 R、眶宽 R、鼻高、鼻宽、鼻颧角等 11 项测量

① 中国社会科学院历史研究所：《安阳殷墟头骨研究》，北京：文物出版社，1985 年，第 8—9 页。

② 韩永信：《 中国西北地区古代居民种族研究》，上海：复旦大学出版社，2005 年，第 1—25 页。

③ 邹衡：《天马—曲村》，北京：科学出版社，2000 年，第 1138—1153 页。

④ 中国科学院考古研究所：《大甸子：夏家店下层文化遗址与墓地发掘报告》，北京：科学出版社，1996 年，第 224—323 页。

项目和颅指数、颅长高指数、颅宽高指数、额宽指数、垂直颅面指数、上面指数、眶指数和鼻指数等 8 项指数项目进行因子分析。

因子分析中前 5 个因子的累计贡献率分别为 17.26%、34.31%、48.71%、62.58% 和 73.96%，主成分因子具体数据见表五。第一公因子（PC1）的最大载荷变量包括颅长高指数、颅高、颅宽高指数、垂直颅面指数，代表了颅部与面部的高度特征。第二公因子（PC2）的最大载荷变量包括颅指数、颅宽、额宽指数、鼻颧角，代表了颅部、额部的宽度特征和面部水平方向上的凸起程度。第三公因子（PC3）的最大载荷量包括上面指数、鼻高、上面高，代表了面部的宽度、高度特征以及鼻部高度特征。前 5 个主成分包含了大多数变量信息，将其生成散点图（图 1、图 2）。

表五　前 6 个主成分因子旋转载荷矩阵（男性）

项　目	PC1	PC2	PC3	PC4	PC5	PC6
颅长高指数	.963	–.091	.023	–.159	.061	.040
颅高	.892	–.195	.150	.208	.010	.130
颅宽高指数	.769	–.614	–.021	.061	.023	–.018
垂直颅面指数	–.737	.309	.444	.116	.103	–.025
颅指数	–.157	.911	.042	–.272	.034	.079
颅宽	–.294	.845	.127	.189	–.068	.207
额宽指数	.353	–.752	–.118	.011	.046	.442
鼻颧角	–.071	.602	.193	–.001	–.162	–.374
上面指数	.068	–.001	.811	–.231	–.015	–.216
鼻高	.000	.179	.775	.281	.214	.087
上面高	–.068	.204	.731	.438	.181	.154
眶宽 R	.170	–.109	.049	.782	.238	–.003
颅长	–.215	–.205	.172	.736	–.144	.183
颧宽	–.061	.184	.103	.734	.239	.251
眶指数	–.166	.035	.383	–.536	.417	.396
鼻宽	.118	.070	.118	.186	.909	.015
鼻指数	.096	–.102	–.611	–.100	.681	–.058
眶高 R	–.160	–.261	.276	.145	.659	.105
最小额宽	.134	–.051	–.003	.269	.021	.894

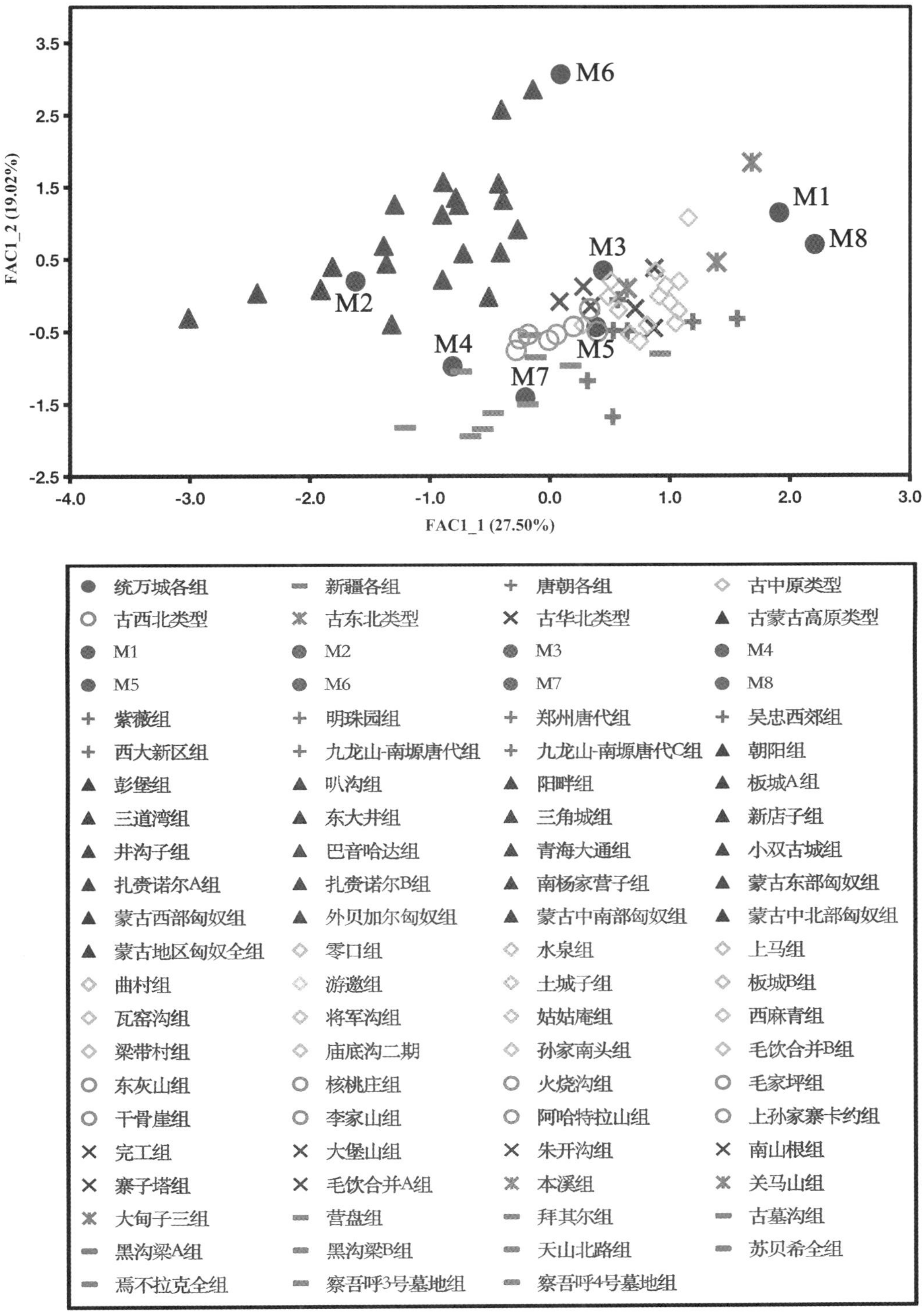

图 1　PC1 与 PC2 的联合分布（男性）

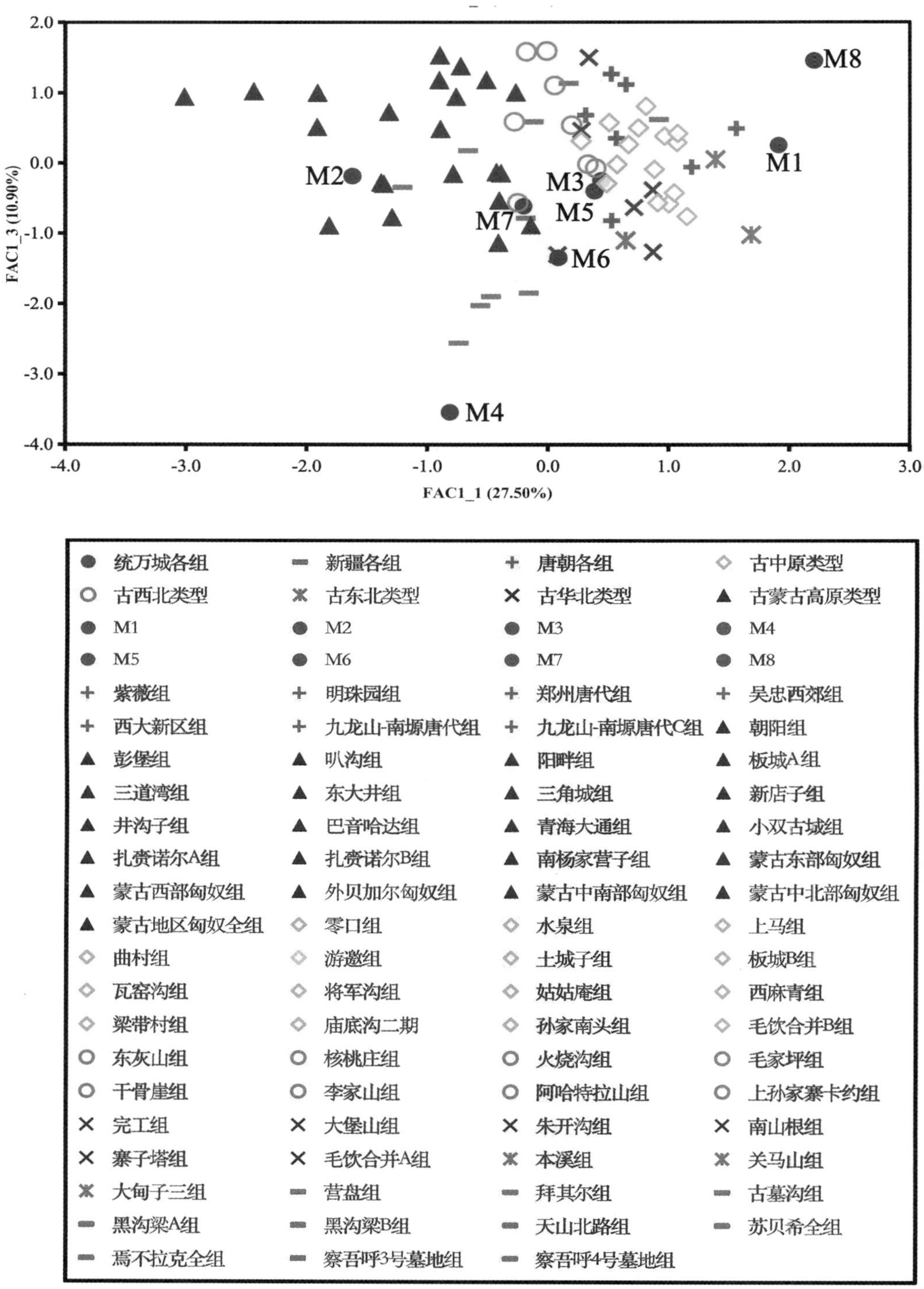

图 2　PC1 与 PC3 的联合分布（男性）

由图1和图2可见，古中原类型、古华北类型、古西北类型、古东北类型、古蒙古高原类型基本都各自聚为一类。新疆各组由于大人种之间的交流，唐代各组由于年代较晚，人群混合特征明显，略微分散。统万城组不同个体之间离散明显，说明统万城遗址男性居民颅面形态确实存在较大差异。

北朝时期男性颅骨有2例，在图1和图2中，M1与各颅骨组都相距甚远，可能其极窄的面宽值（110.10）和较大面部扁平度（鼻颧角155.90）导致了这种结果。考虑到M1鉴定年龄只有14—17岁，面宽可能还有变化空间，其颅型为圆颅型、高颅型结合中颅型，较短的颅型和扁平的上面部应该受到古蒙古高原类型的影响。另一例北朝男性居民M2，颅面形态表现为圆颅型、偏低的正颅型和阔颅型，扁平的面型，明显与古蒙古高原类型最为接近。

隋唐时期男性颅骨有6例，M3具有圆颅型、高颅型伴以中颅型，中等的上面部扁平度，与古中原类型各组最为接近，由于缺少眶型、鼻型等面部特征数据，并不能有效地和古西北类型相区分。

M4和M7明显与新疆各组在颅面形态上具有较多的一致性，M4具有中颅型、正颅型结合中颅型，中眶、阔鼻，中等的上面部扁平度，并且可以观察到发达的鼻前棘（Ⅳ级）和较深的鼻根凹陷。欧式距离系数显示M4与欧亚混血人群黑沟梁B组、拜其尔组、天山北路组最为接近。M7表现为长颅型、正颅型结合狭颅型，低眶型，显著的眉弓突度，上颌与颧骨相接处转折不明显。欧式距离系数表明其距离各古代对比组都较远，可能缺失的鼻型与面型数据对聚类结果有所影响。相对来说，M7个体与属于古中原类型的板城B组及天山北路组、黑沟梁B组距离较近。

M5颅型为长颅型、高颅型配合狭颅型，中等的眶型和较阔的鼻型。在颅部高度、宽度等方面与古中原类型较为接近，因此在图中主要落入古中原类型的分布范围。但其高而阔的面型，较大的上面部扁平度明显受到了古东北类型的影响，欧式距离表明M5与代表古东北类型的本溪组距离最近，其次为紫薇组、西大新区组、九龙山－南塬组等唐代各组。M8的颅面特征与M5有较多的相似性，中颅偏圆、高、狭颅，狭鼻型，低眶型结合较大的面宽和面高值，很大的面部扁平度的特征，与古东北类型的关马山组、唐代紫薇组、九龙山－南塬组欧式距离最近。较大的颅高值（150.40）

应是其在图 1 中偏离各组的主要原因。

M6 表现为特圆颅型、正颅型结合阔颅型，中鼻型，中上面型，很大的上面部扁平度，距离各组都较远，相对来说，与代表古蒙古高原类型的朝阳组、阳畔组、东大井组等较为接近。

2. 女性颅骨数据分析

前述 71 个古代对比组中，有 36 个组别发表了女性数据，选取颅长、颅高、颅宽、额宽、上面高、颧宽、眶高 R、眶宽 R、鼻高、鼻宽、鼻颧角等 11 项测量项目和颅指数、颅长高指数、颅宽高指数、额宽指数、垂直颅面指数、上面指数、眶指数 R 和鼻指数等 8 项进行因子分析。提取出的公因子的因子载荷矩阵见表六。

女性颅骨数据因子分析中前 6 个因子的累计贡献率分别为 24.99%、41.89%、52.45%、62.04%、70.00%和 77.08%。第一公因子（PC1）包括颅高、颅长高指数、颅宽高指数，代表了颅部的整体形态特征。第二公因子（PC2）包括上面高、上面指数、垂直颅面指数、鼻高，代表了颅部、上面部和鼻部的高度特征。第三公因子（PC3）包括颅指数、额宽，代表了颅部与额部的宽度特征。可以看出前 3 个公因子代表了颅骨的大部分特征，生成散点图（图 3、图 4）。

表六　前 7 个主成分因子旋转载荷矩阵（女性）

项目	PC1	PC2	PC3	PC4	PC5	PC6	PC7
颅高	.911	.113	−.023	.208	.094	.061	.055
颅长高指数	.872	−.102	.382	−.104	.069	−.145	.081
颅宽高指数	.757	−.128	−.274	.230	−.083	−.094	.052
上面高	.083	.845	.169	.089	.149	.262	−.118
上面指数	−.110	.816	.100	−.079	.000	−.174	.123
垂直颅面指数	−.595	.672	.230	.062	.040	.040	.184
鼻高	.107	.538	.263	−.002	.480	.261	−.387
颅指数	.042	.215	.940	−.162	.046	.039	.127
颅宽	−.136	.479	.751	.180	.159	.166	.143
最小额宽	.214	.048	.355	.804	.023	.211	−.086

续表

项目	PC1	PC2	PC3	PC4	PC5	PC6	PC7
额宽指数	.391	−.270	−.229	.749	−.047	−.070	.014
颅长	−.075	.391	−.323	.706	.200	.009	.282
眶高 R	.027	.153	−.063	−.096	.858	.316	−.122
眶指数 R	.202	.205	.047	.099	.800	−.447	.065
面角	−.171	−.205	.366	.162	.543	.001	.150
眶宽 R	−.114	.062	.078	.076	.012	.890	.029
鼻宽	.084	.013	−.003	−.508	.090	.520	.472
颧宽	−.076	.134	.382	.370	.384	.500	.341
鼻指数	.191	−.008	.160	.089	−.087	.054	.938
鼻颧角	−.303	.269	.278	−.122	.300	.114	.445

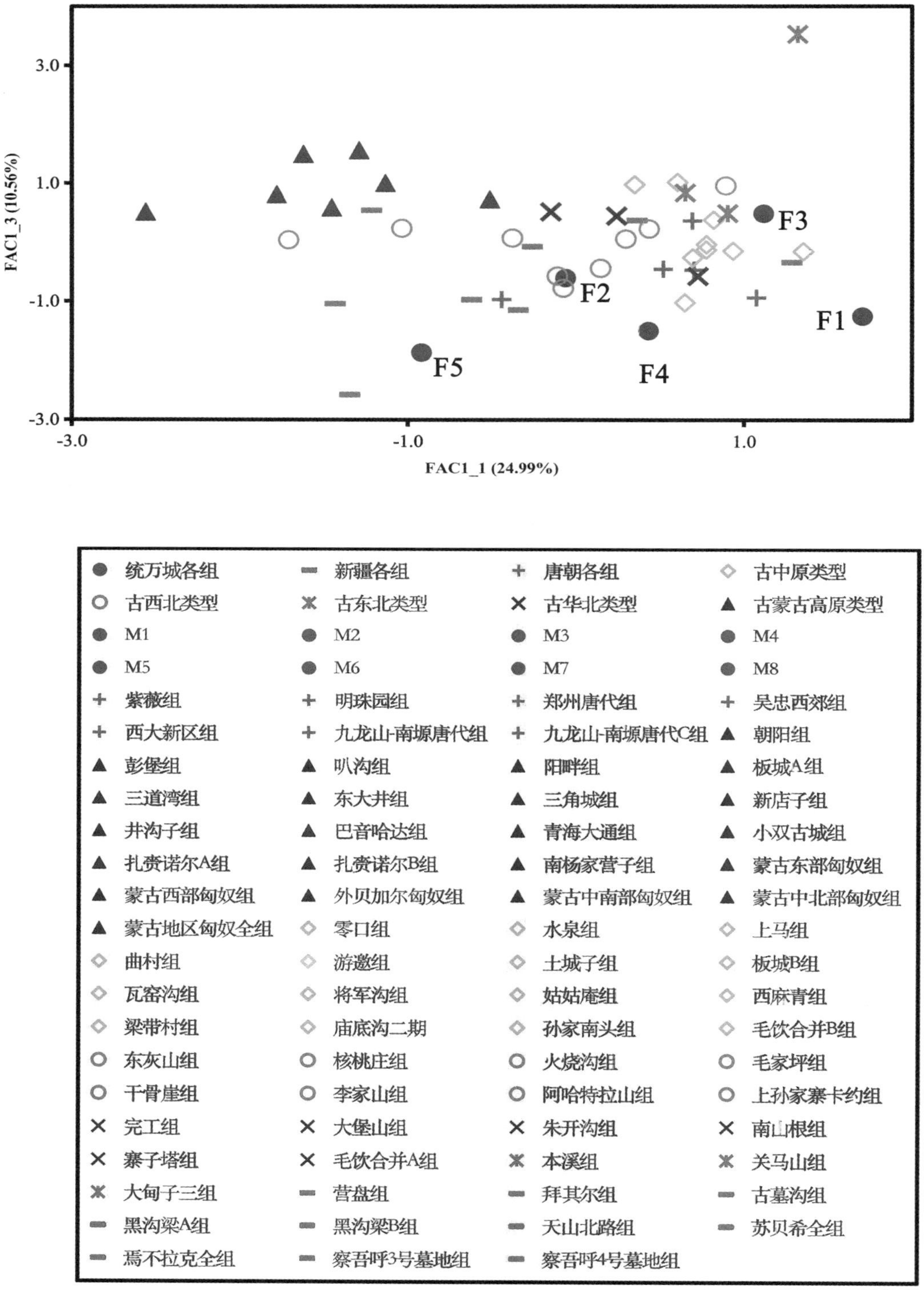

图3　PC1与PC2的联合分布（女性）

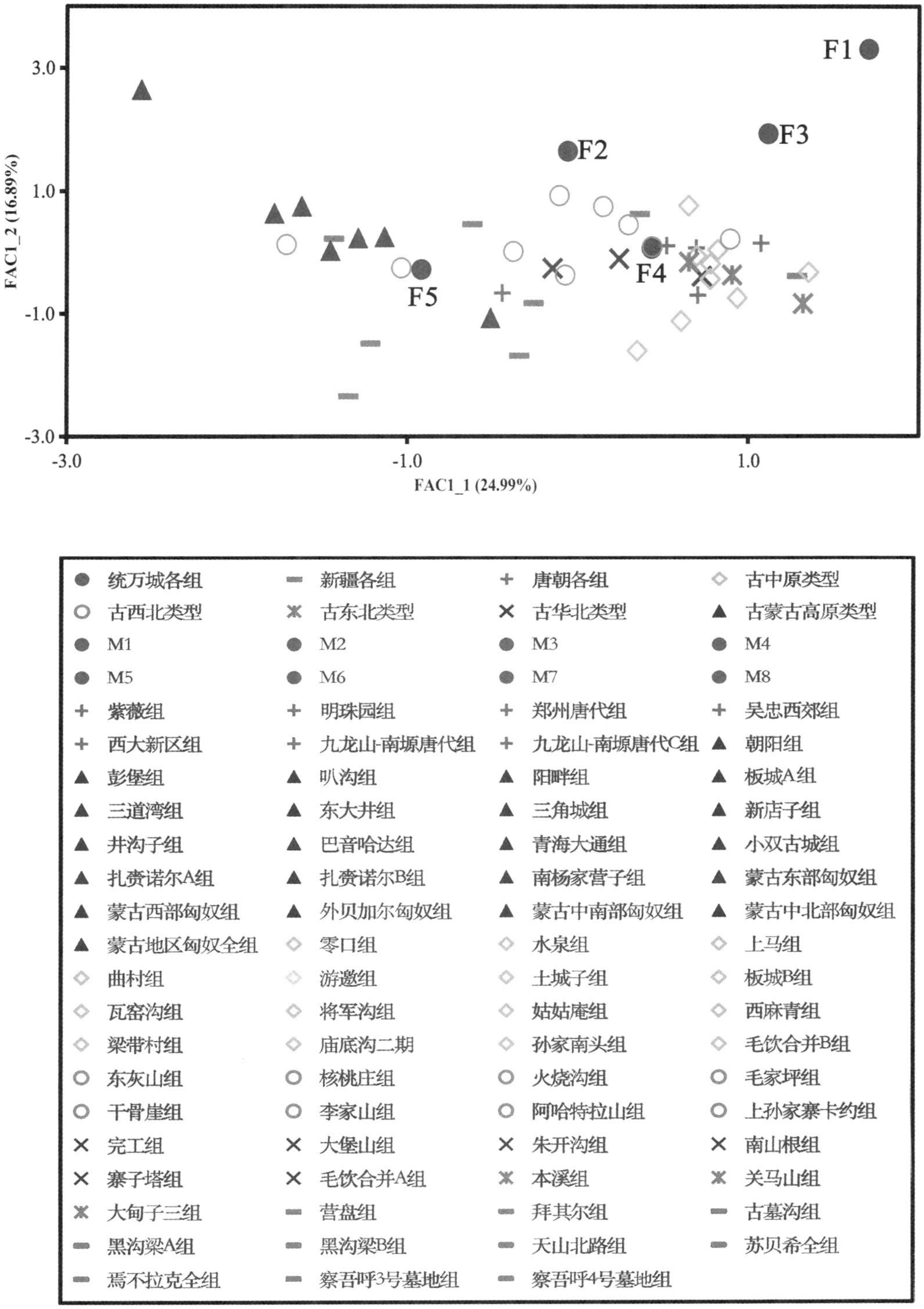

图 4　PC1 与 PC3 的联合分布（女性）

通过图 3、图 4 可以看出，统万城女性个体之间也存在着较大的颅面形态差异。北朝时期女性颅骨有两例，F1 与各对比组的距离都很远，具有中颅型、高颅型结合狭颅型，狭鼻型、中眶型、狭上面型，较大的上面部扁平度。欧式距离系数表明其与青海大通组、瓦窑沟组和上孙家寨卡约组相对较近，体现古西北类型和古中原类型相结合的特点。F2 比较接近古西北类型各组的分布范围，具有中颅－正颅－中颅结合的颅型，狭鼻型，低眶，狭上面型，中等的面部扁平度。欧式距离系数显示其与九龙山－南塬唐代 C 组、九龙山－南塬唐代组、上孙家寨卡约组、瓦窑沟组等距离较近，体现了古中原类型的影响。较高的面高值和较大的上面指数，是 F1 和 F2 个体在图中偏离的主要原因。

隋唐时期颅骨有 3 例，图 4 中 F3 与古中原类型各组最为接近，其中颅型、高颅型伴以狭颅型、狭鼻型、低眶型、偏狭的上面型，中等的上面部扁平度，除了狭窄的鼻型，颅面特征主要体现了古中原类型的特点。较窄的面宽（颧宽值 115.10）影响了 F3 在图 3 纵轴方向的偏离。

F4 与古中原类型、古华北类型和唐代组居民最为相近，具有中颅型、高颅型结合狭颅型，特阔鼻型、中眶型、中上面型，中等的上面部扁平度。欧式距离与大堡山组、土城子组、郑州唐代组，以及九龙山－南塬唐代组较近。

F5 具有长颅型、低颅型结合中颅型，阔鼻型、低眶型和中上面型，很大的上面部扁平度，犬齿窝显著，与板城 B 组、天山北路组、彭堡组和古墓沟组女性居民欧式距离最近。在观察项目上，显著的犬齿窝可能体现了欧罗巴人群基因的影响。

多元统计分析的结果表明，统万城遗址出土男性颅骨在形态上既存在古人种类型的差异，又存在不同支系类型相融合的混合颅面形态特征。北朝时期的两例个体与古蒙古高原类型最为接近，隋唐时期 6 例个体颅面形态更为多样化，包括古蒙古高原类型、古西北类型与古中原类型的混合特征，古东北类型为主同时包含古中原类型、古华北类型等影响因素，另外还有两例个体表现出少量受到欧罗巴人群影响的混血特征。

统万城遗址出土女性颅骨主要表现为混合特征。北朝时期的两例个体兼具古西北类型和古中原类型的特点。隋唐时期 3 例个体的颅面特征主要为古中原类型融合古西北类型，古中原类型融合古华北类型，古中原类型和古蒙古高原类型融合少量欧罗巴人群因素。

六、统万城人群的来源与更迭

如前所述，统万城遗址北朝和隋唐时期颅骨的形态特征，以亚洲蒙古人种为主体，表现出多种古人种类型因素融合的特点，少量个体的某些性状可能受到欧洲人种的影响，这种人群体质特征的融合与其时代背景相吻合。一般我们谈及古人种类型，主要以先秦时期出土的人骨标本为主[①]，这时距离较远的人群往来没有那么密切，多数情况下尚能保持各类型的典型特征。秦汉以降，尤其到隋唐时期，人群交流规模扩大，出土人骨多与现代亚洲蒙古人种的东亚类型最为接近，但同时包含南亚类型、北亚类型和东北亚类型等多种成分，表现出明显的融合性[②]。统万城作为魏晋—隋唐时期河套地区的区域中心城市[③]，作为沟通东西、南北交通的关键节点[④]，随着朝代的更替、政权的变化，统万城地区的人群交流一直处于一个较高的频率上。在北朝时期已有不同的民族聚居于此，包括南下的游牧人群，西南方向的氐羌系居民，东北的鲜卑与乌桓，甚至来自西域的胡人[⑤]，统万城遗址出土颅骨形态特征的多样性也充分证明了这一点。

在性别方面，统万城男性居民表现出更大的迁徙尺度，除了该地区传统居民的古中原类型和古华北类型因素，还有来自西南的古西北类型、北方的古蒙古高原类型，以及欧罗巴人种的影响。统万城女性居民则以兼具古西北类型和古中原类型特点的个体为主，少量融入古华北类型、古蒙古

①朱泓等编著：《体质人类学》，北京：高等教育出版社，2004年，第346—353页。

② 赵东月：《汉民族的起源与形成—体质人类学的新视角》，吉林大学博士学术论文，2016年，第123页。

③杨蕤：《河套之都：作为区域中心城市的统万城——兼论河套地区中心城市的形成与转移》，《宁夏社会科学》2015年第5期，第147—153页。

④ 李辅斌：《唐代陕北和鄂尔多斯地区的交通》，《中国历史地理论丛》1990年第1期，第135—152页。

⑤ 吴洪琳：《十六国北朝时期统万城附近活动的民族》，《中国历史地理论丛》2015年第30卷第四辑，第117—124页。

高原类型和欧罗巴人种因素，两性居民的主体构成可能有不同的来源。在时代变迁方面，北朝时期男性居民主要以古蒙古高原类型为主，到隋唐时期古中原类型因素开始增加；女性在北朝时期以古西北类型为主，受到古中原类型的影响，到隋唐时期，则以古中原类型为主，融合其他各古人种类型因素。这表明从北朝到隋唐，移民趋势发生了变化，南下的游牧人群在北朝时期占据优势，中原地区北上的农人对隋唐时期统万城居民的体质特征产生了重要的影响。

欧罗巴人种因素出现在统万城遗址隋唐时期的个体中，观察性状主要表现在眉弓突度、鼻根凹陷、鼻棘、犬齿窝和颧骨形态等方面，测量特征主要与黑沟梁 B 组、天山北路等以亚欧大陆东部谱系为主、西部谱系为辅的人群相近[①]，这可能与东迁的粟特人有关。作为中亚地区的古老民族，粟特人在西汉时期就与中原地区有商贸往来 ，北朝至初唐时期广泛分布于我国北方地区[②]。魏晋时期，从西域来的使者可由河西走廊经陇东转道陕北，沿鄂尔多斯台地南缘到平城，统万城是必经之路[③]。在城址周边的八大梁北朝墓葬中，M1 墓室壁画的墓主人为粟特信徒形象[④]，也有研究认为统万城及临近地区出土的唐宋墓志中，部分何姓、康姓墓主可能是粟特人的后裔[⑤]。随着与当地居民的交往、通婚，来华粟特人逐渐融入到本地人群之中，同时也给当地人的体质特征带来了影响。

① 魏东：《青铜时代至早期铁器时代新疆哈密地区古代人群的变迁与交流模式研究》北京：科学出版社，2017 年，第 1—145 页。

② 司晓洁：《北朝至隋入华粟特人墓志研究》，《中原文物》2018 年第 1 期，第 113—118 页。 荣新江：《北朝隋唐粟特人之迁徙及其聚落补考》，《欧亚学刊》2004 年第 6 辑，第 165—178 页。王晓晖：《北朝隋唐入华粟特人与农牧业》，《黑龙江民族丛刊》2007 年第 5 期，第 99—105 页。

③罗丰：《固原出土的外国金银币》，《固原南郊隋唐墓地》，北京：文物出版社，1996 年，第 146—168 页。 杨蕤：《河套之都：作为区域中心城市的统万城——兼论河套地区中心城市的形成与转移》，《宁夏社会科学》2015 年第 5 期，第 147—153 页。

④陕西省考古研究院、榆林市文物保护研究院等：《陕西靖边县统万城周边北朝仿木结构壁画墓发掘简报》，《考古与文物》2013 年第 3 期。

⑤ 陈玮：《 中古时期党项与粟特关系论考》，《中国史研究》2015 年第 4 期，第 67—92 页。

第八章　统万城西城遗址动物遗存分析

陕西省考古研究院　胡松梅　杨苗苗

一、概　说

统万城遗址位于陕西省靖边县北部，地理坐标北纬 38°　00′，东经 108°　51.5′，北距县城约 43 千米，地处陕西和内蒙古交界的毛乌苏沙漠南缘，无定河上游红柳河北岸台地上，长城沿线以北的农牧交错带上，是十六国时期匈奴族后裔赫连勃勃建立的大夏国留下的唯一一座都城遗址。

本文对该遗址 2011—2012 年西城出土的动物标本按发掘单位逐一进行了系统的鉴定和研究，其中大部分标本出自灰坑，其次是地层。可鉴定的标本数量为 362 件，不可鉴定标本数量为 141 件。测量内容主要参考《考古遗址出土动物骨骼测量指南》① 一书，另对个别标本测量数据做了补充。鉴定时的对照标本是陕西省考古研究院动物标本室的标本，同时也参考中外文的动物骨骼图谱和论文。结合该遗址完整动物骨骼保存较多的特点，我们主要采用最小个体数统计原则并对数量少、保存差的标本进行了可鉴定标本数的统计。考虑到遗址时代延续较短及文化面貌的统一性，将所有标本放在一起研究。全部标本均为哺乳动物，至少代表 10 个属种的 49 个个体，它们是：

①［德］安格拉·冯登德里施，马萧林、侯彦峰译：《考古遗址出土动物骨骼测量指南》，北京：科学出版社，2007 年。

脊椎动物	*Vertebrate*
哺乳纲	*Mammalia*
食肉目	*Carnivora*
犬科	*Canidae*
狗	*Canisfamiliaris*
猫科	*Felidae*
家猫	*Felis catus*
奇蹄目	*Perissodactyla*
马科	*Equidae*
家驴	*Equus asinus*
家马	*Equus caballus*
偶蹄目	*Artiodactyla*
猪科	*Suidae*
家猪	*Sus domesticus*
骆驼科	*Camelidae*
骆驼	*Camelus bactrianus*
牛科	*Bovidae*
黄牛	*Bos taurus*
山羊	*Capra hircus*
绵羊	*Ovis aries*

二、分类简述

狗 *Canisfamiliaris*

材料 残骨架 1 具（H138：D1），包括基本完整的颅骨、左下颌骨后半段、右下颌骨、左肱骨、左右尺骨、右胫骨各 1 件。残颅骨 1 件（H20：D1）；左上颌骨 1 件（H20：D2）；右肱骨 1 件（H58：D1）；左盆骨 1

件（F2：D1）；左右胫骨各 1 件（F5：D1、T0202⑬：D1）；右胫骨骨干 1 件（H141：D1）。从右胫骨数量为 3，分析其最小个体数为 3。

描述 标本 H138：D1 为基本完整的颅骨 1 件，左侧额骨及枕髁略有缺失。额骨中间部分强烈地向上凸出，从两侧相向倾斜，在头骨中部二骨相接处形成一凹沟，和前部的鼻骨间凹沟相连，构成头骨背侧中间的鼻额沟，该凹沟向后在未达额顶缝前即结束，转为高起的矢状嵴，脑颅较大而圆。上颌变短，牙齿排列紧密，齿隙变小。恒齿已长全，磨蚀较轻，为青年个体。测量数据见表一。

表一　　狗头骨测量数据表　　单位：mm

测量指标＼标本	统万城	横山杨界沙[①]			狼[②]
	H138：D1	CH15：12	AH19：8	AH25：5	
颅全长	177.23	160.55	169.44	—	224.8—253.2
基底长	157.17	143.2	—	—	—
颅顶长	82.25	74.84	76.89	69.65	
吻长	53.87	—	—	—	70.8—83.0
腭正中长	89.15	75.91	82.76	—	101.8—122.3
颊齿列长（C—M）	74.94	—	—	—	95—107.2
臼齿列长	19.58	16.93	17.23	16.72	—
前臼齿列长	45.56	43.44	46.86	47.32	—

①胡松梅、孙周勇、杨利平等:《陕北横山杨界沙遗址动物遗存研究》,《人类学学报》2013 年第 1 期，第 77—92 页。

②李君、乔倩、任雪岩：《1997 年河北徐水南庄头遗址发掘报告》，《考古学报》2010 年第 3 期，第 361—392 页。

续表

测量指标 \ 标本	统万城	横山杨界沙[1]			狼[2]
	H138：D1	CH15：12	AH19：8	AH25：5	
上裂齿 P4 长和宽	18.07 / 9.14	18.27 / 9.05	17.92 / 9.3	17.71 / 8.49	17—18.5（长）
M1 长和宽	11.6 / 15.2	11.7 / 14.87	12.19 / 15.22	12.06 / 14.55	
鼓泡的最大直径	20.63	21.37	—	23.55	—
枕髁最大宽	38.38	32.32	—	35.01	—
枕骨大孔最大宽	21.07	18.06	—	18.74	—
枕骨大孔高	15.48	14.64	—	15.19	—
额骨最大宽	48.38	45.64	42.04	42.94	—
颅骨最大宽	55.8	49.8	—	49.56	—
颧骨最大宽	102.66	90.28	—		124—148.1
眼眶间最小宽	32.17	30.46	29.51	31.1	35—47.5
犬齿齿槽宽	35.08	32.77	33.32	33.18	—
颅高	53.44	52.9	—	—	—

标本 H138：D1 为完整的右下颌骨 1 件，下颌体下缘向下弯曲成弧形，下颌也变短，咬肌窝变浅。测量数据见表二。

表二　　狗下颌测量数据表　　单位：mm

测　量　指　标 \ 标　　本	统万城 H138：D1	狼
全长：从下颌髁 –Id	128.29	

①胡松梅、孙周勇、杨利平等：《陕北横山杨界沙遗址动物遗存研究》，《人类学学报》2013 年第 1 期，第 77—92 页。

②李君、乔倩、任雪岩：《1997 年河北徐水南庄头遗址发掘报告》，《考古学报》2010 年第 3 期，第 361—392 页。

续表

测量指标 \ 标本	统万城 H138：D1	狼
长：下颌角突 -Id	129.53	135—165
从下颌髁与下颌角突间的凹痕 -Id	122.1	—
从下颌髁与下颌角突间的凹痕—犬齿齿槽远口缘	106.28	—
下颌角突—犬齿齿槽远口缘的长	111.19	—
m3 齿槽远口缘—犬齿齿槽远口缘	74.83	—
m3—p1 齿列长	68.04	71—81
臼齿列长	35.62	—
p1—p4 齿列长	34.76	-
m1 长和宽	21.09 / 8.95	2—24（长）
下颌骨垂直部高	52.74	—
颌体的最大厚	10.04	—
m1 后下颌骨高	24.95	—
p2 和 p3 间下颌骨高	18.12	—

从表一和表二的测量数据可以看出，除牙齿 p4 相对稳定外，其余尺寸明显小于狼，狗是人类最早驯化的家畜之一，中国最早的家狗骨骼出土于距今约 10000 年的河北省徐水区南庄头遗址，到了大夏时期，已完全被驯化为家狗。该遗址中狗的材料相对较少，有较完整的头骨、下颌和四肢骨，说明狗主要是用来看家或者帮助放牧，而非食用。

家猫 *Felis catus*

材料 颅骨 1 件（H106：D1）；左下颌骨 1 件（H150：D1）。最小个体数为 1。

描述 标本 H106：D1 为基本完整的颅骨 1 件，左侧颧弓、眼眶及额骨略有缺失。门齿缺失，左侧带有 C、P3、P4，右侧带有 C、P2—M1，裂齿齿尖发育良好。恒齿磨蚀较轻甚至未磨蚀，为青年个体。测量数据见表三。

表三　猫头骨测量数据表　单位：mm

测量指标 \ 标本	统万城 H106：D1	靖边五庄果墚[①] 草原斑猫	陕考古院标本 家猫
颅全长	98.86	99.97	93.56
颅基长	92.04	88.98	90.35
颊齿列长	22.81	21.61	22.18
前臼齿列长	21.59	20.41	20.38
P4 长	9.35	10.64	9.51
枕髁最大宽	21.36	22.46	22.5
枕骨大孔最大宽	13.27	14.39	14.61
枕骨大孔高	11.23	12	11.58
颅骨最大宽	41.67	41.95	41.07
眼眶间最小宽	18.53	15.78	15.55
颚骨最大宽	37.24	37.52	36.05
犬齿齿槽宽	22.65	22.38	23.08

标本 H150：D1 为基本完整的左下颌骨 1 件，冠状突缺失，保存

①胡松梅、孙周勇：《陕北靖边五庄果墚动物遗存及古环境分析》，《考古与文物》2005 年第 6 期，第 72—84 页。

有 C、P3—m1。臼齿仅一枚即裂齿 m1，具双刃型，前、后叶近于等长。测量数据见表四。

表四　　猫下颌测量数据表　　单位：mm

标本 / 测量指标	统万城 H150：D1	陕考古院标本家猫	泉护村 H172：1[①]		靖边五庄果墚草原斑猫[②]	
			左	右	左	右
全长：从下颌髁 –Id	63.43	63.91	—	—	61.23	61.8
从下颌髁与下颌角突间的凹痕 –Id	61.81	58.76	—	—	59.39	60.36
从下颌髁与下颌角突间的凹痕—犬齿齿槽远口缘	54.62	51.74	—	—	52.91	54.41
p3—m1 齿列长	19.6	18.87	20.3	21.25	19.7	20.3
m1 长和宽	6.86 / 3.33	7.1 / 3.13	8 / 3.8	—	⋆ / 3.8	⋆ / 3.8
裂齿齿槽长	6.64	7.18	8.36	8.38	8.1	7.9
m1 后下颌骨高	12.44	10.05	11.57	11.68	10.71	10.78
p3 前下颌骨高	10.11	9.96	9.96	10.17	10.33	9.48

从表三和表四的头骨、下颌骨及牙齿的测量数据来看，还不能明确分出家猫与野猫间的差异。目前考古遗址中明确出土家猫骨骼的遗址有汉长安城城墙西南角遗址[③]、北京大葆台汉墓[④]，在《唐书》明确记载，武则天

①胡松梅：《动物遗存分析》，刊于陕西省考古研究院、渭南市文物旅游局、华县文物旅游局编《华县泉护村——1997 年考古发掘报告·第五章》，北京：文物出版社，2014 年，第 595—657 页。

②胡松梅、孙周勇：《陕北靖边五庄果墚动物遗存及古环境分析》，《考古与文物》2005 年第 6 期，第 72—84 页。

③胡松梅等：《西安汉长安城城墙西南角遗址出土动物骨骼研究报告》，《文博》2006 年第 5 期。

④王子今：《北京大葆台汉墓出土猫骨及相关问题》，《考古》2010 年第 2 期。

当朝，设有猫史，专门掌管宫中养猫事务。可见汉唐时期猫已被人们驯化，因此统万城出土的猫骨可能为家猫。

家驴 *Equus asinus*

材料 右上颌骨（H147：D1）；残下颌骨（J3：D1）；残左右下颌骨（T0202⑬：D2、H54②：D1）；寰椎（H50：D1）；右肩胛骨（H138：D2）；左肱骨远端（H80：D1）；右肱骨骨干（H54②：D2）；右掌骨近段（T0302②：D1）；右股骨远端（H80：D2）；左右胫骨（H80：D3、G6：D2）；左距骨（F2：D2）；Ⅲ指骨（T0202⑫：D1）各1件。最小个体数为2（左右胫骨大小不等）。

描述 标本H147：D1为带有P2—M3的右上颌骨1件，上颊齿具有短的原尖、简单的釉质褶皱、微弱或完全缺失的马刺，可以与马类（家马和野马）相区别，后者的原尖长，褶皱复杂，马刺发达。家驴上颊齿的原尖明显小于普氏野马，与野驴接近。测量数据见表五。

表五 驴上颊齿测量及对比表 单位：mm

测量指标		本文	环县普氏野马[①]	蒙古野驴[②]		
		H147：D1	平均值	平均值	最小值	最大值
P2	L	33.86	35.9	34.4	33.1	36.8
	W	24.14	23.2	23.5	22.8	24.3
	PL	7.18	7.7	6.3	5.4	7
	PI	21.2	21.5	18.5	14.7	20.9
P3	L	26.9	28.7	25.8	24.3	28.1
	W	25.1	26.9	25.3	24.1	26.7
	PL	10.32	12.5	10.6	10	11.7
	PI	38.36	43.7	41.1	35.9	47.7
P4	L	24.7	28.7	25.3	22.9	28.1

①②邓涛、薛祥煦：《中国的真马化石及其生活环境》，北京：海洋出版社，1999年。

续表

测量指标		本文	环县普氏野马平均值	蒙古野驴		
		H147：D1		平均值	最小值	最大值
P4	W	26.85	25.8	25.1	23.5	26.8
	PL	10.11	12.8	11.1	8.9	12.9
	PI	40.93	44.5	44.1	35.3	55.1
M1	L	22.69	26.3	23.5	21.8	24.4
	W	25.36	26.1	24.7	23.2	26.8
	PL	9.89	12.9	10.7	9.9	11.9
	PI	43.59	49.4	45.8	41.8	53.4
M2	L	22.9	25.6	24.5	23	26
	W	25.01	24.5	24.3	22.4	27.1
	PL	10.38	13.4	11.7	10.3	12.9
	PI	45.33	52.9	48	41.2	55.2
M3	L	26.5	28	24.9	22.7	28.7
	W	22.87	22.5	20.9	19.3	21.9
	PL	12.75	14.4	13.3	12.2	14.6
	PI	48.11	51.5	53	51	57.2

注：L、W、PL、PI 分别为牙齿的长度、宽度、原尖长度、原尖指数

标本 J3：D1 为下颌骨前半段 1 件，左侧带有 i1—i3、p2—p4，右侧带有 i1—i3、C，犬齿稍磨蚀，i1 黑窝明显，为 7 岁左右的雄性个体。测量数据见表六。

标本 H54 ②：D1 为带有 p4—m2 的残右下颌骨 1 件，家驴的下颊齿与马有明显的区别，家驴颊齿的内谷呈“V”形，而马类的内谷呈“U”形；

家驴的下后附尖呈方形，而马的下后附尖呈后角尖锐的三角形或菱形；家驴的外谷短，在臼齿上也不进入双叶谷，而马的外谷长，在臼齿上深入双叶颈内。测量数据见表六。

标本 T0202⑬：D2 为带有 m2—m3 的残左下颌骨 1 件，家驴 m3 与马的有明显的区别，家驴 m3 的下齿小尖短而圆，而马的 m3 下齿小尖长而尖。测量数据见表六。

表六　　驴下颊齿测量及对比表　　单位：mm

测量指标＼标本		本文 J3：D1	本文 T0202⑬：D2	本文 H54②：D1	西安万科[①] M1：1	西安万科[②] M1：2	环县普氏野马[③]平均值	蒙古野驴[④]平均值
p2	L	26.6	—	—	26.89	23.89	31.9	30.1
	W	14.09	—	—	13.63	12.87	14.5	12.9
	FL	13.53	—	—	11.73	11.71	15.5	14.1
	FI	50.86	—	—	43.62	49.02	48.7	46.9
p3	L	24.59	—	—	22.03	21.43	27.1	24.4
	W	17.03	—	—	16.46	14.95	14.9	14.3
	FL	11.93	—	—	10.01	11.38	12.8	9.8
	FI	48.52	—	—	45.44	53.1	47.1	40.2
p4	L	24.45	—	25.13	21.82	21.43	26.5	24.2
	W	16.25	—	16.07	15.43	15.85	15.2	14.6
	FL	11.15	—	11.86	9.34	9.15	12.1	10.5
	FI	45.60	—	47.19	42.8	42.7	45.9	43.2

①②西安万科，待刊。

③④邓涛、薛祥煦：《中国的真马化石及其生活环境》，北京：海洋出版社，1999 年。

续表

测量指标 \ 标本		本文			西安万科M1：1	西安万科M1：2	环县普氏野马平均值	蒙古野驴平均值
		J3：D1	T0202⑬：D2	H54②：D1				
M1	L	—	—	23.83	20.71	21.63	26.4	23.4
	W	—	—	15.69	14.31	14.58	14.9	13.9
	FL	—	—	10.54	7.53	6.55	10.5	9.3
	FI	—	—	44.23	36.36	30.28	39.8	39.9
M2	L	—	21.6	22.55	19.43	20.97	26.3	23
	W	—	13.16	15.38	12.87	13.1	14.9	14.9
	FL	—	8.41	8.67	7.77	8.62	11.7	9.1
	FI	—	38.94	38.45	39.99	41.11	44.4	39.4
M3	L	—	24.54	—	25.05	—	30.9	27.8
	W	—	11.49	—	11.75	—	13.3	12.7
	FL	—	10.01	—	8.29	—	10.9	10.2
	FI	—	40.79	—	33.09	—	35.5	36.8

注：L、W、FL、FI分别为牙齿的长度、宽度、后谷长度、后谷指数

驴的遗骸数量较少，当时先民们可能主要以驴负重远行而非食用，不可能大量宰杀。

家马 *Equus caballus*

材料 残骨架1具（T0202⑫：D2），包括残左下颌骨1段，第Ⅰ、Ⅲ趾骨各1件。

左上颌骨后半段1件（H168：D1）；右上颌骨1件（G8：D1）；颌前骨1件（T0202⑬：D3）；左I3单牙1枚（T0202⑬：D4）；下颌联合部1件（T0201⑪：D1）；右下犬齿1枚（T0102②：D1）；寰、枢椎各2件（H54②：D3、G6：D1、H168：D2、T0201⑦：D1）；左右肩胛各4件（H168：

D3、G7：D2、T0202⑬：D5—D6、H54 ②：D4、H69：D2—D3、H141：D2）；左肱骨近段 1 件（G7：D3）、远端 4 件（H80：D4—D5、H141：D3、G7：D4）；左桡骨近段 2 件（H67：D2、G7：D5）、骨干 1 件（H80：D8）；右桡骨近段 1 件（H81：D1）；左、右掌骨各 1 件（H141：D4、T0202⑬：D7）；左Ⅰ指骨 2 件（H168：D4、T0202⑬：D14）；右Ⅰ指骨 1 件（T0202⑬：D15）；左Ⅲ指骨 4 件（H141：D5、T0202⑬：D2—D22）；残左盆骨 2 件（H20：D3、H148：D1）；残右盆骨 1 件（H69：D4）；残左坐骨 1 件（H36：D1）；左股骨近段、远端各 1 件（H67：D3、T0202⑬：D8）；左胫骨近段、远端各 1 件（T0202⑬：D9、T0202⑬：D10）；右胫骨 1 件（H119：D1）、近段 1 件（H141：D6）、骨干 2 段（H69：D9、T0302⑬：D1）；左右跖骨各 2 件（H36：D2、H119：D2、T0202⑬：D11—D12）；掌 / 跖骨远端 1 件（T0202⑬：D26）；左Ⅰ趾 2 件（T0202⑬：D16—D17）；右Ⅰ趾 1 件（T0202⑬：D18）；右Ⅱ趾 1 件（T0202⑬：D19）、近段 1 件（T0202⑬：D13）；左Ⅲ趾 1 件（T0202⑬：D23）；残右Ⅲ趾 2 件（T0202⑬：D24—D25）。最小个体数为 5。

描述 标本 T0202⑬：D3 为左右带有 I1—I3 的颌前骨 1 件，犬齿未发育，I1 磨蚀面呈圆三角形，齿坎为小圆形，判断为 10 岁左右的雌性个体。

标本 T0201⑪：D1 为左右侧均带有 i1—i3、c 的下颌骨联合部 1 件，从犬齿稍磨蚀，i1 磨蚀面呈圆三角形，齿坎痕为横椭圆形，判断为 8 岁左右的雄性个体。

标本 T0202⑫：D2 为带有 p3—m2 的残右下颌骨 1 件，马的下颊齿与家驴区别见家驴部分。该标本牙齿磨蚀严重，对其后谷长度不予测量，其他测量数据见表七。

表七　　马下颊齿测量及对比表　　单位：mm

测量指标		T0202⑫：D2	环县普氏野马[①] 平均值		蒙古野驴[②]		
					平均值	最小值	最大值
p3	L	26.07	27.1	24.4	23.7	25.1	

①②邓涛、薛祥煦：《中国的真马化石及其生活环境》，北京：海洋出版社，1999 年。

续表

测量指标		T0202⑫：D2	环县普氏野马平均值		蒙古野驴		
					平均值	最小值	最大值
p3	W	19.6	14.9	14.3	13.3	14.8	—
p4	L	24.26	26.5	24.2	22.5	27.3	—
	W	18.17	15.2	14.6	12.4	17.1	—
m1	L	20.11	26.4	23.4	21.9	25.2	—
	W	17.43	14.9	13.9	13	14.9	—
m2	L	23.21	26.3	23	21.4	24.5	—
	W	15.56	14.9	14.9	14	16.2	—

注：L、W分别为牙齿的长度、宽度

该遗址位于农牧交错带，是魏晋南北朝时期我国北方地区兵家必争之地。因此，战争在此时是不可避免的。从马年龄主要为中壮年分析，更多的是用于战争，而非用来驮重物、骑乘。

骆驼　*Camelus bactrianus*

材料　残右上颌骨（T0201⑦：D2）；残下颌骨（H81：D2）；残左下颌骨（H69：D5）；右肱骨远端（H148：D2）；左桡骨远端（G7：D6）；右股骨远端（H67：D4）；右跟骨（H54②：D5）；腕/跗骨（T0202⑬：D27）各1件。最小个体数为1。

描述　标本T0201⑦：D2为带有P4—M3的右上颌骨后半段1件，P4、M3残，M1病变。保存长度为147.14毫米。

标本H81：D2为左右均带有i1—i3、c、p3齿根、P4—M1的下颌骨前半段1件，在p3处有砍痕，牙齿均残。骆驼的下门齿呈匙状，c很发达。保存长度为283.81毫米。

标本H69：D5为带有p4—m1的残左下颌骨1段，保存长度为133.03毫米。p4残，m1磨蚀严重，长/宽为31.51/21.43毫米。

标本 H148：D2 为右肱骨远端 1 件，保存长度为 285.24 毫米。远端最大宽 Bd 为 94.09 毫米，滑车最大宽 BT 为 83.45 毫米。

标本 G7：D6 为左桡骨远端 1 件，保存长度为 198.56 毫米。远端最大宽 Bd 为 106.85 毫米，远端关节面最大宽 BFd 为 89.77 毫米。

标本 H67：D4 为右股骨远端 1 件，保存长度为 197.4 毫米。骨骺正在愈合中，外髁有砍痕。

标本 H54②：D5 为右跟骨 1 件，跟骨最大长 GL 为 164.72 毫米，最大宽 GB 为 72.36 毫米。

骆驼的出现，反映了周围有一定的沙漠地带。古代先民们主要以其负重远行而非食用。

家猪 *Sus domesticus*

材料 左上颌、下颌、左下颌各 1 件（G7：D1、H67：D1、H69：D1），最小个体数为 2。

描述 根据猪牙齿萌出、脱落以及磨损情况，建立了该遗址猪的年龄结构（见表八）。

表八 统万城遗址出土猪年龄结构

年龄（月）	左上或下颌（标本）	左 + 右下颌（标本）	总数（数量）
Ⅲ（6—12）	H69：D1	1	
Ⅳ（12—18）	G7：D1	H67：D1	2

该遗址仅出土猪骨 3 件，其屠宰年龄集中在最佳产肉阶段，说明主要为先民的肉食来源。

黄牛 *Bos taurus*

材料 残骨架 1 具（T0202⑫：D3），包括右下颌骨、右肩胛骨远端、右肱骨、右桡骨、缺失髂骨的右盆骨、右跖骨各 1 件；残骨架 1 具（T0202⑫：D4），包括基本完整的右角心、完整左下颌骨、右肩胛骨、右股骨骨干各 1 件；残骨架 1 具（G6：D3），包括右肩胛骨远端、左肱骨近段、右跖骨各 1 件；属同一个体的左右下颌骨各 1 件（H152：D1），m3 正在萌出。

残颅骨2件（T0202⑬：D28、T0201⑪：D2）；残右额骨1件（H54②：D6）；残右眼眶1件（G6：D2）；残颅骨8块（H54②：D9—D11、H168：D5—D6、T0202⑬：D29、T0202⑬：D31—D32）；左角2件（H141：D7、G3：D1）；右角3件（H109：D1、G8：D3、T0302②：D2）；左上颌骨3件（H54②：D7—D8、T0201⑪：D3）；右上颌骨2件（H20：D4、T0202⑬：D30）；左下颌骨4件（H28：D1、H67：D5、T0302⑥：D1、L1：D1）；右下颌骨3件（T0102⑫：D1—D2、G7：D7）、下颌角1件（T0102⑫：D3）、上升支2件（H69：D6、G6：D3）；右m2一枚（H112：D2）；右i2一枚（H112：D1）；寰椎8件（H37：D1、H54②：D12、H69：D7、H168：D7、T0201⑦：D3、0202⑬：D33—D35）；枢椎1件（G8：D2）；左肩胛骨2件（H148：D3、T0202⑬：D36）；右肩胛骨5件（H36：D3、H141：D8、T0201⑦：D4、T0201⑪：D4、T0102⑫：D4）；左肱骨远端4件（H37：D2、H54②：D13、H168：D8、T0202⑬：D37）；右肱骨近段1件（G6：D5）、远端3件（H54②：D14、H168：D9、T0302L1：D2）；左尺桡骨联合1件（H143：D1）；左尺桡骨近段1件（H69：D8—D9）；右尺骨近段2件（H80：D6—D7）；左桡骨1件（H157：D1）、近段1件（H168：D10）、骨干1段（F2：D3）、远端4件（H112：D3、H168：D11、T0202⑬：D38—D39）；右桡骨远端3件（H168：D12、T0201⑦：D5、T0202②：D1）、骨干1段（G6：D6）；左掌骨近、远端各1件（H36：D4、G7：D8）；残左盆骨3件（H168：D14—D15、G7：D9）；左坐骨1件（H69：D10）；右髂骨2件（H37：D3、H168：D13）；左股骨近段2件（H54②：D15、G6：D7）、骨干1件（G6：D8）；右股骨远端和骨干各2件（H58：D2、F2：D4、G6：D9、T0202⑬：D40）；左胫骨1件（H157：D2）、近段及远端各1件（H69：D10、T0202⑬：D41）；右胫骨1件（T0102⑫：D5）、近段1件（H69：D11）、远端2件（H168：D16、F2：D5）；左跖骨2件（T0202⑪：D1、T0202⑬：D42）；左跟骨2件（H36：D5、F2：D6）；右跟骨1件（H27：D1）；Ⅰ指（趾）骨远端1件（H39：D1）、Ⅱ指（趾）1件（H69：D12）。最小个体数为12。

描述 标本T0201③：D1为基本完整的左角心1件，呈圆角锥形，粗而短，角的前内侧平而且微凹，其余角面为弧形，向上稍微内弯，角面布满小孔。略靠基部有长短不一、粗细不等的沟肋。横切面略呈椭圆形，其他完整角心特征同上，测量数据见表九。

表九　　牛角测量数据　　单位：mm

标本 / 测量指标	H141：D7	G3：D1	T0302②：D2	T0201③：D1
角心基部的周长	183.4	—	169.2	189.1
角心基部的最大直径	65.8	50.31	68.62	69.11
角心基部的最小直径	47.09	45.49	65.17	50.7
角心外部弯曲的长	165.5	134.9	—	199.2

标本 T0202⑫：D3 为带有 p2—m3 的基本完整的右下颌骨 1 件。比较粗壮，下颌体相对较厚，下颌支较宽。从 p2—m3 中等磨蚀推断为 3 岁左右。

标本 T0202⑫：D4 为带有 p3、Dp4—m3 的左下颌骨 1 件，m3 萌出 1/2，为 2 岁左右。

遗址中牛骨的大量出现，说明了周围有大面积的草原，农业发展相对滞后。从牛年龄普遍较小为 2—3 岁分析，应该是先民们主要的肉食来源，而非农业耕种用。

山羊　*Capra hircus*

材料　残额骨 1 件（H2：D1）、残颅骨 1 件（H54②：D16）、带右角的残颅骨 1 件（H50：D2）、残颅骨 1 件（H54②：D17）、完整的左角 1 件（G3：D2）、完整的右角 2 件（G7：D1、G3：D3）、右上颌骨 2 件（H141：D9—D10）、下颌骨 1 件（H141：D21）、左下颌骨 3 件（H141：D23、H54②：D19、H58：D3）、右下颌骨 2 件（H141：D33、H141：D15）、完整的寰椎 1 件（H141：D18）、残寰椎 1 件（G6：D10）、右肩胛骨远端 1 件（T0302③：D1）、右掌骨近段 1 件（T0202⑪：D2）、残左盆骨 2 件（T0201⑦：D6、T0202⑪：D3）、残右盆骨 1 件（G6：D11）。最小个体数为 4。

描述　标本 H54 ②：D16 为带有左角的残颅骨 1 件，冠状缝呈“一”字形，人字缝为“人”字形。

标本 H2：D1 为带有完整左右角的额骨 1 件，其角的前后缘较绵羊的薄且锋利。

该遗址中，可鉴定年龄的山羊左下颌 3 件，右下颌 2 件，完整下颌 1 件。根据颌骨上恒齿的萌出和第三臼齿磨蚀程度，统万城遗址山羊的死亡年龄分布见表十。

表十　　山羊死亡年龄分布表

年龄（月）/ 标本	12—20（m2 萌出）	＞30（m3 磨蚀重）	小计
左下颌	H58：D3	H54 ②：D19、H141：D23	3
左＋右下颌	H141：D21	1	—
右下颌	H141：D15、H141：D33	—	2
小计	3	3	6

从表十可以看出，山羊的死亡年龄，有一半集中在产肉的最佳年龄段 12—20 月龄，另一半的羊活过了成年段，可能是因为饲养山羊不仅仅是为了获取肉食资源，开发其副产品皮毛、奶也可能成为古人饲养羊的另一主要目的。

绵羊　*Ovis aries*

材料　属同一个体的残骨架 1 具（G6：D1），包括右肩胛骨、左掌骨、右股骨近段、左胫骨远端各 1 件。属同一个体的残骨架 1 具（T0201 ⑦：D7），包括缺失部分寰椎翼的寰椎、缺失肩臼及喙突的右肩胛骨、右肱骨近段、右盆骨各 1 件。残颅骨 4 件（H141：D20、H54 ②：D18、H141：D19、T0202⑬：D43）、残颅骨 1 块（H138：D3）、右残角 1 段（G6：D12）、上颚骨 1 件（G6：D13）、左下颌骨 6 件（H141：D11、H141：D12、H141：D22、H141：D24、H141：D25、G6：D14）、右下颌骨 12

件（H141：D16、H141：D17、H141：D28、H141：D29、H141：D30、H141：D31、H141：D32、H58：D4、H37：D5、G6：D15、T0202⑬：D45、T0202⑬：D46）、右上升支1件（H69：D13）、左p4单牙1枚（F2：D8）；寰椎2件（H141：D34、G6：D17）、枢椎3件（H69：D14、G6：D18、T0202⑬：D44）、左肩胛骨8件（H45：D1、H58：D5、H120：D1、H141：D35—D36、T0202⑬：D47—D48、T0302⑥：7）、右肩胛骨10件（H37：D6—D8、H47：D1、H54②：D20、H69：D15、H141：D37—D39、T0202⑬：D49）、左肱骨远端4件（H36：D6、H138：D4、G6：D19、T0202⑬：D50）、左尺桡骨近段1件（F2：D9—D10）、右桡骨1件（H141：D40）、左掌骨4件（H141：D41、H141：D42—D43、T0202⑬：D51）；右掌骨3件（H141：D44、T0202⑬：D52—D53）、荐椎1件（T0202⑬：D55）、残左盆骨3件（H61：D1、H141：D45、G6：D20）、右盆骨4件（H72：D1、H141：D46、H168：D17、G6：D21）、左坐骨1件（G6：D22）、右髂骨1段（H168：D18）、右股骨近段1件（T0202⑬：D54）、左胫骨远端3件（G6：D23、H141：D47—D48）、右胫骨远端1件（G7：D10）、右跖骨1件（H141：D49）、左距骨1件（G6：D24）。最小个体数为14。

描述 标本H54②：D18为保存有额骨、顶骨、枕骨及右侧部分颞骨的残颅骨1件，冠状缝呈“人”字形，人字缝为“一”字形。

标本H141：D20为带有左角的残颅骨1件，绵羊角较山羊的厚钝。

遗址中可鉴定年龄的左下颌有6件，右下颌有12件。根据颌骨上恒齿的萌出和第三臼齿磨蚀程度，统万城遗址绵羊的死亡年龄分布见表十一。

表十一　　绵羊死亡年龄分布表

年龄（月）/标本	12—20（m2萌出）	20—30（m3和前臼齿萌出）	> 30（m3磨蚀严重）	小计
左下颌	H141：D11 H141：D12	—	H141：D22 H141：D24 H141：D25	5

续表

年龄（月）/标本	12—20（m2 萌出）	20—30（m3 和前臼齿萌出）	＞30（m3 磨蚀严重）	小计
右下颌	H141：D16 H141：D17 H141：D31 T0202⑬：D46	H141：D30 H37：D5 T0202⑬：D45	H141：D28 H141：D29 H141：D32 H58：D4 G6：D14 G6：D15	13
小计	6	3	9	18

从表十一可以看出，产肉率高的年龄段（12—30 月）和活过成年期的绵羊数量平分秋色。表明对绵羊的利用除了提供肉食来源外，副产品羊毛和奶的开发也是其重要的饲养目的之一。

山羊亚科 *Caprinaegill*，1872

材料残颅骨 3 块（H54 ②：D21、H141：D50—D51）、右 M3 单牙 1 枚（H39：D2）、左下颌骨 3 件（H36：D7、H37：D4、H141：D26）、右下颌骨 2 件（T0202⑬：D56、G6：D16）、右桡骨骨干 1 件（T0202⑬：D57）、残左盆骨 2 件（H37：D9、T0201 ⑦：D8）、残右盆骨 1 件（T0202⑬：D60）、残左髂骨 2 件（T0202⑬：D58—D59）、右髂骨 1 件（T0202⑬：D4）、残左股骨远端 1 件（H36：D9）、左股骨骨干 3 件（T0201 ⑦：D9、T0202⑬：D61、T0202⑬：D63）、右股骨骨干 5 件（H36：D8、H37：D10、H141：D52、H168：D19、T0202⑬：D62）、左胫骨骨干 3 件（T0101 ①：D1、T0202⑬：D5、T0202⑬：D64）、右胫骨骨干 3 件（H141：D53、T0202⑬：D65、T0202⑬：D66）、右掌骨骨干 1 件（T0202⑬：D67）、左距骨 2 件（T0101 ③：D1—D2）、右距骨 1 件（T0101 ③：D3）、右中央跗骨 1 件（H36：D10）、第 1 节指（趾骨）近段 1 件（H39：D3）。最小个体数为 5。

三、小　结

1. 遗址中动物群的成员

榆林统万城遗址中共出土 10 种动物，该遗址属于大夏时期，出土动物均为家养动物，按它们和人类的关系，分为以下几类：

一是提供肉食及副产品的动物：山羊、绵羊、黄牛、猪。

二是可能用来驮重物、骑乘走远路的动物：骆驼、驴。

三是可能为军用的动物：马。

四是可能用来与人做伴、看家护院或用来帮助游牧的动物：狗、猫。

从附表一可看出，该遗址以草原性动物的大量出现为其特点，和关中任何遗址动物群都不同。按动物地理区划，该遗址属于蒙新区东部草原亚区，主要以草原动物绵羊、山羊、驴、马、牛最具代表性，食肉兽中以猫、狗为主。就地理位置而言，遗址已经处于明长城外缘，属北方农牧交错带和干旱半干旱区的过渡带上，生态系统脆弱，对气候变化反映敏感。

2. 遗址当时的自然环境

该遗址中动物遗骸以绵羊、山羊、黄牛、马、驴等典型的草原动物的出现为特征，说明遗址周围有大片开阔的草原，这和古文献都反映至少在统万城建城之初，周边是一片“风吹草低见牛羊”的好地方。统万城西城动物考古实物资料在一定程度还原了历史，对当初选城建址提供了第一手资料。骆驼的出现，说明遗址周围有沙漠化现象出现。

整个遗址兽骨中草原性动物是主体，占整个兽骨最小个体数的 83.33%，可见该遗址畜牧业的发达程度。家猪材料相对较少，仅占整个兽骨最小个体数的 4.17%。家猪的数量是农产品剩余量的间接反映，由此可推想该文化农业发展相对滞后。骆驼的出现，说明遗址处于荒漠半荒漠地区，气候环境恶劣，这也许是农业发展滞后，人们饲养家猪数量少的另一原因。

综上所述，当时遗址周围的环境以草原为主，草原上有各种羊、牛、马、驴等食草动物，不远处为大片的沙漠地带。这与学者邓辉对统万城的兴废时期生态环境的研究相吻合。建城初期虽水草丰美，但已有流沙分布。建成后随着人类的过度放牧，草地减少，沙漠扩张，以至于形成了现在“高耸于漫漫黄沙之中的白色城垣与角楼残迹”的苍凉景象。

3. 经济类型和食物

从遗址中动物骨骼出土的数量（见附表一）来看，山羊、绵羊、黄牛、马，无论是可鉴定标本的绝对数量还是最小个体数都占据了该遗址的绝对份量，分别为 90.06% 和 83.33%。而猪的可鉴定标本的绝对数量和最小个体数都是最少的，分别为 0.83% 和 4.17%，说明该遗址的农业相对滞后，而以饲养家畜的畜牧业为主。统万城人赖以生存的肉食来源主要是兽类中的绵羊、山羊和黄牛。出土的山羊、绵羊遗骸中，有一半活过了成年段，说明饲养羊不仅仅是为了获取肉食资源，开发其副产品皮毛、奶也可能成为古人饲养羊的另一主要目的。

4. 骨骼痕迹分析

（1）风化作用

该遗址中所有的标本表面风化较轻甚至无风化，这一方面说明动物骨骼在地表暴露的时间较短就直接被掩埋起来，另一方面说明土壤的酸碱性适中。

（2）动物作用

动物的作用在该遗址中主要表现在啮齿类动物的咬痕，标本 T0202⑬：D50 为一件羊的左肱骨远端，远端的内外侧滑车上均有大量细密的啮齿类的咬痕。

（3）人工作用

在统万城遗址中，发现有砍、锯、削、灼等人工痕迹。

锯痕标本共计 2 件。标本 G8：D3 为黄牛的完整右角心 1 件，在其角心基部有明显锯痕。标本 G6：D12 为绵羊的右残角 1 段，角尖部有明显锯痕。

削痕标本共计 2 件。标本 H109：D1 为黄牛完整的右角心 1 件，在角心基部周围有明显削痕。标本 T0202⑬：D26 为马掌 / 跖骨远端 1 件，在远端滑车周围有明显削痕。

有砍痕的标本较多，如标本 J3：D1 为家驴的下颌骨前半段 1 件，在下颌联合基部的左右侧均有两道明显的砍痕。标本 H81：D2 为骆驼的下颌骨前半段 1 件，左右两侧 p3 齿根处均有明显砍痕；标本 H67：D4 为骆驼的右股骨远端 1 件，在外侧髁上有砍痕；标本 H36：D2 为马的基本完整的左跖骨 1 件，远端滑车的后内侧有浅的砍痕及被削的痕迹。

另在遗址中有 1 件卜骨，为绵羊的左肩胛骨，在冈下窝上内侧从远端向近端依次向上有排列整齐且规律的灼痕。

附表一：榆林统万城西城遗址动物骨骼的数量、最小个体数及百分比

动物种类	可鉴定标本数量	最小个体数	可鉴定标本数量百分比	最小个体数百分比
狗 *Canis familiaris*	8	3	2.21%	6.25%
家猫 *Felis catus*	2	1	0.55%	2.08%
家驴 *Equus asinus*	14	1	3.87%	2.08%
家马 *Equus caballus*	61	5	16.85%	10.42%
骆驼 *Camelus bactrianus*	8	1	2.21%	2.08%
家猪 *Sus domesticus*	3	2	0.83%	4.17%
黄牛 *Bos taurus*	112	12	30.94%	25.00%
山羊亚科 *Caprinae gill*	40	5	11.05%	10.42%
山羊 *Capra hircus*	26	4	7.18%	8.33%
绵羊 *Ovis aries*	87	14	24.03%	29.17%
动物的总数	362	48	100.00%	100.00%

第九章　统万城的申遗与保护

靖边县统万城申遗办公室　高　展　刘　洪

一、统万城的申遗之路

世界文化遗产，是一项由联合国发起、联合国教育科学文化组织负责执行的国际公约建制，是在全世界范围内，选择具有突出普遍价值的文化遗产列入《世界遗产名录》。进入《世界遗产名录》，是全世界文化遗产领域的最高荣誉，标志着其价值受到世界公认，将会在世界范围内受到全人类的保护并产生深远影响。

在中国历史上，曾经有过一个能与汉民族分庭抗礼、平分秋色的北方少数民族——匈奴族。匈奴民族不仅推动了中国历史的发展，也影响了世界历史的发展。

位于陕北黄土高原与内蒙古草原交汇地带的大夏国都城统万城遗址便是这个民族遗留给历史的唯一见证。

据史书记载，统万城作为大夏国的国都，从公元 413 年开始，动用 10 万民工，耗时6年修建完成。建成后的统万城规模宏大、气势雄浑，亭台楼榭，富丽堂皇极具奢华，可与周之洛阳、秦之咸阳相媲美。

统万城建成之后，历经北魏、西魏、隋唐五代直至宋代，一直是鄂尔多斯地区和陕北黄土高原地区的政治、军事中心，始终发挥着重要的城市功能。统万城遗址是匈奴民族遗留在中国历史上的绝唱。作为一处匈奴民族建造的都城遗址，统万城遗址以其久远的历史、精湛的设计、宏大的规模、独特的文化内涵，真实地表现了北方游牧民族高超的智慧和建筑艺术，彰显了最后的匈奴民族欲“统一天下、君临万邦”的伟大梦想，记录了中国古代北方游牧民族与汉民族之间碰撞、交流、融合的历史过程，体现了草原文明与农耕文明相互交融的多元文化特征，见证了中国历史上“五胡十六国”这一特殊时期的历史进程及大夏国的兴衰演变过程，反映了东西方文明的交流过程，揭示了农牧交汇地带独一无二的地域特色。统万城遗址是研究中国古代北方地区农牧交汇地带的“活化石”，无论从历史学、考古学、民族学、人类学还是古代政治经济、科学技术、文化艺术、军事防卫、城市建设和自然生态及地理环境变迁等方面，都具有突出的普遍价值。

按照世界文化遗产的评估标准，统万城遗址至少有 5 条符合《世界遗产名录》的列入标准。

1. 统万城遗址是人类天才般创造力的杰作

统万城是中国历史上“五胡十六国”时期，匈奴族后裔赫连勃勃建立的大夏国的国都。整座城池选择在台地和两河之间（北面黑水、南面无定河）的原生沙地上建造，将特有的都市功能与独特的地形地貌完美地结合在一起，既满足了人类的聚居需求，又体现了独特的军事防御特征。据《魏书》记载，建成后的统万城城垣“高十仞，基厚三十步，上广十步，宫墙高五仞，其坚可以砺刀斧”；宫殿“台榭高大，飞阁相连，皆雕镂图画，被以绮绣，穷极文采”。整个城池从选址布局、规划设计、材料应用、建造技艺、建筑特色等方面创造了中国古代建筑史上的多个奇迹：是世界上第一座在原生沙地上建造的都城；是第一座完整规划出皇城、宫墙、郭城三城格局且功能分明的都城；是第一座将城门与瓮城完美组合的都城；是第一座在宫墙四角设计出角楼的都城；是第一座将城垣与马面完美组合的都城；是第一座用三合土筑就的都城；是第一座使用木筋工艺进行建筑的都城。它是匈奴、鲜卑民族与汉民族高超智慧的结晶，是多民族共同创造的产物。它是曾与秦、汉帝国分庭抗礼的匈奴民族千年来筑就的第一座都城，是匈奴民族的伟大壮举和天才杰作，是匈奴民族遗留给历史的唯一的、最后的辉煌。它的存在，既体现了中国古代游牧民族天才的创造力和独特的建筑艺术构想，同时也体现了当时的匈奴、鲜卑等少数民族与汉民族共同的创造精神。

2. 统万城是自周、秦、汉、三国、两晋至“五胡十六国时期”，中国北方地区特别是北方游牧地区最早、最著名的都城

纵观中国古代都城建筑史，周之洛阳、秦之咸阳、汉之长安，以及汉魏、西晋的洛阳城均是中原地区最知名的都城，而统万城在建成之后，其不仅成为北方游牧地区最早的都城，而且也是继周、秦、汉、三国、两晋之后，唯一堪与前代历朝都城相提并论、相媲美的一座都城，是从东周至“五胡十六国时期”有史籍记载的所有都城中能够完整保留在 5 个世纪以上并持续发挥都市功能的屈指可数的都城之一；是自商周以来，有史记载的匈奴民族建造的、唯一可考的都城。统万城在空间构造上，既吸收了之前的中国都城建造技术的特点，又表现出了极具北方游牧民族特色的智慧元素。可以说，统万城在中国古代都城建筑史上具有重要位置，它的存在，在中国古代建筑史上具有里程碑意义，对中国后世的都市建设具有深远影响，为中国古代都市建设的发展发挥了承上启下的重要作用，是中国后世城市建设的重要参照。

3. 统万城是当时中国北方地区主要的多民族聚居的草原都市，反映出了中国历史上“五胡十六国”时期北方地区民族大融合、文化大交流的重要历史进程

在建立统万城之前，赫连勃勃从前秦黄石固、我罗城徙七千余家于大城，从清水城徙万六千家于大城。因此，东城居民多为匈奴及与匈奴有关的各种杂胡、丁零（敕勒、高车）、柔然，西南来的有氐、羌民族，来自东北的民族有鲜卑与乌桓，还有来自西域及中亚地区的胡人。由人口数量及构成看，居住在东城的多为游牧民族，大夏国灭亡之后，统万城作为河套地区和陕北黄土高原地区的主要城市存在了 570 多年。在其存在期间，一直是这一地区的政治、军事和商贸、文化中心，持续发挥着重要的城市功能，是匈奴民族与汉民族智慧的结晶，是中国古代多民族相互交流、渗透、融合最具代表性的重要区域和重要实例，为推动中国古代历史的发展发挥了不可替代的作用。

4. 统万城是草原丝绸之路的重要节点

草原丝绸之路是继汉代丝绸之路之后，中国历史上鲜卑族在北方地区开拓的又一条东西方文化交流的交通线，是中国古代丝绸之路的重要组成部分，是汉代丝绸之路的延续。统万城不仅是当时北魏平城通往西域的必经之地，更是中国古代草原丝路的重要路径，同时也是中国古代丝绸之路重要的旁支偏道。

北魏统一北方后，统万城被置为夏州治所，是北魏都城平城（山西大同）通往西域的必经之地，是北魏和西域诸国的使者往来于大同至西域的主要驿站。北魏征服北凉后，控制了整个河西走廊，使河西走廊至灵州（宁夏银川）、夏州到达大同的道路更加畅通便捷。从此，远至波斯、粟特的西域使者不远千里，纷纷到平城向北魏朝贡。统万城内不仅聚集着鲜卑、匈奴等北方少数民族和汉人，而且有相当数量的西域人。这一现象在近年统万城发掘的北朝墓葬的壁画中得到佐证。

5. 统万城是五至十世纪河套地区的政治、军事中心，至今留存着大量历史遗迹

统万城从北魏至宋代一直是中国北方地区著名的城市，是各个王朝在北方地区主要的指挥调度中心，同时也是中原王朝和北方少数民族彼此争夺的重要军事重镇。统万城在其存在的 500 多年间，真实地记录了中国北方地区的世事变幻与政权更迭，是中国城市考古的重要实例。

统万城遗址，包含了相互依存的遗址、戈壁、河谷、沙漠、黄土台塬、墓葬 6 个方面的构成要素，它的兴衰变迁是已经消失了的匈奴民族遗留给历史的特殊见证，也是大夏国发展演变的实物证据，更是草原文明与农耕文明相互渗透、交融的典范例证，具有全球突出历史和审美的普遍价值。

为了将这一珍贵的历史文化遗产列入世界文化遗产名录，统万城从 21 世纪的开局之年便开启了漫漫的申遗之路。

2001 年 5 月 22 日，榆林市副市长高栓平在靖边县宾馆主持召开“统万城遗址申报世界文化遗产座谈会”。会议确定，要借助 2003 年世界遗产委员会第二十七届全委会在中国召开的优势与契机，开始统万城遗址的申遗工作，力争用两年的时间将统万城遗址列入《世界遗产名录》。会后，靖边县委、县政府及时组成了由县委副书记张林森领队，文化文物部门负责人、遗产管理单位负责人、遗产地所在地政府负责人，以及特邀榆林市文物管理委员会办公室主任康兰英参加的联合学习考察组，对已经申遗成功的遗产地进行学习考察。

6月5日下午，考察组向陕西省文物局张廷皓局长汇报了统万城遗址申遗的思路及设想。张廷皓局长就统万城遗址的历史价值给予了充分肯定，并就统万城遗址的依法保护、科学保护、方案编制提出了意见。同时，对榆林市政府、靖边县委、县政府的申遗举措给予了高度赞扬。

6月6日开始，考察组先后对秦兵马俑、重庆大足石刻、成都都江堰、拉萨大昭寺、洛阳龙门石窟5个已列入《世界遗产名录》的遗产地进行了学习考察，并形成了《统万城遗址申报世界文化遗产考察报告》提交县委、县政府。之后不久，县委常委会研究确定，成立“靖边县统万城申报世界文化遗产领导小组”，组长由县委副书记、县长马乐斌担任，副组长由县委副书记张林森、县委宣传部部长王振华、县政府副县长高忠诚担任。领导小组下设办公室，主任由副县长高忠诚兼任。8月20日，县委、县政府拟向榆林市委、市政府呈报的《统万城申报世界文化遗产汇报提纲》起草完成；9月1日，《统万城申报世界文化遗产工作方案》《统万城申报世界文化遗产经费预算报告》起草完成，《方案》对2002年、2003年涉及的申遗文本、保护规划、管理规划编制及环境整治、土地回征、管理办法公布、专家咨询、价值研究等事宜做了详细规划；预算报告就申遗涉及的所需经费进行了逐项测算，总计费用为500万元。2002年年底，由统万城申遗办公室起草的统万城申遗汇报提纲、工作方案和预算报告，在经过一年的意见征求后提交县“五套班子”（县委、人大、政府、政协、武装部）并在会议中进行研究。会上，主管“一府两院”（县政府、法院、检察院）的人大常委会主要领导认为，政府应该把多余的钱用在城市基础设施建设上，为一个土圐圙花500万，得不偿失！

统万城遗址申报世界文化遗产工作因此搁浅！

2011年，沉寂了10年的统万城遗址重拾申遗之事。

2011年4月15日，国家文物局下发了《关于更新中国世界文化遗产预备名单的通知》，陕西省文物局要求统万城遗址应积极申报。6月14日，榆林市文物局向榆林市政府提交《关于统万城遗址申报世界文化遗产有关问题的请示》，建议成立“榆林市统万城申报世界文化遗产工作领导小组”，统一指导、协调、组织统万城申遗工作；由榆林市文物局、靖边县政府共同组成申遗领导小组办公室，具体负责申遗日常工作；设立申遗专户，由市、县财政部门安排专项经费，单独核算，专款专用，保障申遗工作顺利进行。最后，榆林市政府主管文化文物的副市长批示，申遗工作是一项系统工程，需要制订详细方案进行认真研究。主管副市长婉拒了市文物局的申遗请示。但是，他的态度并没有改变靖边县的申遗决心与信心。

2011 年 6 月 23 日，靖边县文化体育广播电视局向县人民政府常务会议提交"关于统万城申报世界文化遗产有关问题的议案"，县长李永奇表示："统万城申遗是大事，其意义重大，功德无量，政府有责任有义务做好统万城的申遗工作。"同时，李县长要求文广局按照申遗规程做好相关工作。

6 月 24 日，在陕西省文物局的积极协调下，国家文物局不仅审批通过了《统万城遗址保护规划》，而且审批通过了《统万城遗址西城西南角墩台保护工程设计方案》并拨付了专项经费。国家文物局和陕西省文物局的大力支持极大地调动了地方政府申遗工作的积极性。

2011 年 8 月 15 日，经靖边县政府第十三次常务会议研究，"靖边县统万城遗址申报世界文化遗产工作领导小组"正式成立，组长由政府县长担任，副组长由主管文化文物的副县长担任，成员由政府办、发改局、财政局、文广局、国土局、交通局、住建局、林业局、公安局、水务局、环保局、电力局、气象局、农业局及遗产地镇政府、统万城旅游与开发筹建处等共同组成，领导小组在县文广局下设了办公室。统万城申遗工作再次启动。

2011 年 12 月，靖边县人民政府按照《保护世界文化和自然遗产公约》及其《实施世界遗产公约操作指南》《世界文化遗产保护管理办法》《世界文化遗产申报项目审核管理规定》的有关要求，委托陕西省文化遗产研究院编制完成了《统万城遗址申报世界文化遗产文本》和《统万城遗址保护管理规划》，陕西省文物局初审后及时上报给了国家文物局。

2012 年 4 月，国家文物局审批通过了统万城申遗文本。5 月 2 日，国家文物局下发了《关于做好中国世界文化遗产预备名单申报项目书面评估和现场考察工作的通知》，西安城墙、韩城党家村、靖边统万城 3 个遗产单位是国家文物局确定的陕西的评估对象，而统万城遗址是唯一需要现场考察的遗产地。5 月 31 日，国家文物局专家组成员、内蒙古博物院塔拉院长受国家文物局委托到统万城进行实地考察。之后，形成了《统万城现场考察报告》。报告认为，统万城作为大型夯土建筑组合而成的都城遗址，建筑于流沙之上，其高超技艺为历史上所未见，也为其他地区所未见。无论是遗址的历史、功能、规模、美感、完整度、保存状况，还是文化传统的代表性，被利益相关者爱护的程度等方面，都在众多都城遗址中最典型，最具有代表性。11 月，国家文物局公布了最新的《中国世界文化遗产预备名单》，统万城遗址正式列入其中。

统万城遗址列入《中国世界文化遗产预备名单》不仅极大地提升了它的影响力，而更重要的是使统万城遗址的管理与保护进入了一个前所未有的全新时期。

2012 年年底，靖边县政府投资 220 万元，对统万城遗址重点保护区进行围网封闭保护，彻底解决了当地居民、游人车辆长期随意穿越遗址城垣的问题。同时，先后投入 400 多万元新建了两千米入境道路，建成了临时停车场和公厕，并对影响统万城环境风貌的高压线路进行了地埋改造。

2013 年 6 月 14 日，由靖边县委、县政府、陕西师范大学联合举办的“匈奴遗址统万城建城一千六百年国际学术研讨会”在靖边县举行，逾百名来自美国、英国、匈牙利、日本、韩国和国内的学者、专家参加会议，会后编辑出版了 50 万字的《统万城建成一千六百年国际学术研讨会文集》，对统万城的价值研究和知名度的提升产生了深远的影响。

2013 年 6 月 16 日，由靖边县政府投资 135 万元拍摄的申遗专题片《匈奴最后的都城》在 CCTV-9 播出。

2013 年 7 月，靖边县政府投资 300 万元，对统万城遗址重点保护区进行三维数字扫描和 1 ∶ 500 地形图测绘，以配合统万城申报第二批国家考古遗址公园。12 月 16 日，统万城正式列入国家考古遗址公园立项名单。

2013 年 8 月 1 日，陕西省人民政府正式公布了《统万城遗址保护规划》。

2013 年 9 月 10 日，陕西省人民政府公布了《关于实施项目带动战略促进文化产业发展的意见》，统万城遗址被列为全省十大重点建设的文化景区之一。

2013 年 10 月 14 日，陕西省人民政府白阿莹副省长主持召开会议，专题研究统万城文化景区规划建设工作。

2014 年 1 月 16 日，陕西省文物局下发了《关于世界文化遗产申报工作的通知》，建议统万城遗址参加 2015 年的世界文化遗产申报工作，并按照《世界文化遗产申报工作过程》的相关要求，由县、市人民政府按程序报请省人民政府同意。1 月 21 日，靖边县人民政府向榆林市人民政府呈报了《关于统万城遗址申遗工作的请示》但未获批复。

2014 年 8 月，靖边县人民政府为夯实申遗基础，搞好遗址公园建设，投资 500 万元征回统万城遗址博物馆建设用地；投资 3200 万元新建了统万大道；投资 100 万元新建统万城专用高压供电线路；投资 500 万元铺设统万城遗址天然气管道。

2015 年 6 月 9 日，陕西省文物局印发了经陕西省人民政府 2015 年第二十一次专题会议审议通过的《陕西省申报世界文化遗产工作规划》。《规划》确定，经过充分论证和遴选，将已列入国家申遗预备名单的统万城遗址、丝绸之路拓展项目、西安城墙、党家村古建筑群等 4 个项目，以及黄帝陵、石峁遗址等 8 个具有申遗潜力的项目一并纳入陕西申遗工作规划之中。统万城遗址被明确为陕西首推的申遗单位，也是最有希望申遗成功的遗产地。《规划》对统万城遗址的认可，再次提振了靖边申遗的信心。2015 年，靖边县人民政府在《靖边县 2015 年财政投资建设项目计划》中安排申遗专项经费 700 万元，保障了统万城申遗工作的正常运行。同时，靖边县人民政府按照陕西申遗《规划》中对统万城遗址的具体要求，安排部署统万城申遗的各项工作。2015 年 6 月 25 日，靖边县人民政府向中国建筑设计院有限公司建筑历史研究所所长陈同滨发出邀请函，邀请她担纲统万城遗址申遗文本和《统万城遗址管理规划》等的技术咨询。2016 年 7 月，靖边县发改局批复了《统万城遗址申报世界文化遗产文本编制和管理规划编制项目招标实施方案》，中国建筑设计院有限公司中标并着手开始编制，成果有望在 2015 年年内提交。

2017 年，靖边县统万城申遗办公室根据《陕西省申报世界文化遗产工作规划》对统万城遗址的申遗要求，结合统万城申遗的具体情况，编制完成了《靖边县统万城遗址申报世界文化遗产工作规划（2018—2020）》，《规划》共确定了 5 年内需要完成的地形图测绘、航拍影像、照片拍摄、基础资料、考古与研究、管理目标、保护展示、环境整治、文本报审 9 大项共 77 小项工作任务。统万城的申遗开始步入正常轨道，各项工作都在有条不紊地进行中。

申遗之路是一条艰辛之路，需要付出艰苦不懈的努力。但是，申报过程本身就是一次深刻的动员，广泛的宣传和有效的播种是社会文明进步的一次飞跃，其积极效应是永存的。

统万城遗址是匈奴民族创造的一部无字的、不朽的史书，是匈奴民族遗留给历史的一座丰碑。我们期盼着这一民族的文化瑰宝能早日列入世界文化遗产名录，早日走向世界。

二、中日联合保护古城

2002 年，由陕西师范大学西北环发中心与东城宪治为代表的日本黄土高原绿化治沙小组作为发起单位，联合陕西省林业厅、陕西省文物局、榆林市林业局、靖边县林业局、中国古都学会，确定 2003 年春季在统万城建立绿色都市恢复基地，开始进行植树活动。

在东城宪治和陕师大专家制订的统万城绿色都市恢复计划里，他们希望用双手在统万城地区营建一个绿化治沙基地，植树种草，恢复它原有的自然景观，在毛乌素沙漠边沿地带重建绿色都市。

从 2002 年开始至 2014 年，日本友人东城宪治先生和陕西师范大学环发中心的师生用 10 多年时间投资 100 多万元，在统万城开展了“绿色都市恢复行动”，共种植樟子松 73.3 余公顷（1100 多亩），为统万城遗址的环境保护做出了积极贡献。

三、遗址保护

1. 组织领导进一步增强，保护得到更加重视

1982 年 10 月，靖边县政府成立了专门的保护管理机构，即统万城文物管理所。2020 年机构改革后，由靖边县文物保护中心保护管理。1983 年，统万城遗址被靖边县人民政府公布为县级文物保护单位。1992 年，

统万城遗址被陕西省人民政府公布为省级重点文物保护单位。1996 年，统万城遗址被国务院公布为全国重点文物保护单位。2005 年，统万城遗址被国家确定为 100 处国保大遗址之一。2011 年 4 月，国家文物局对全国申遗单位进行了调整，陕西确定了 3 家申遗单位，统万城排在第一位。2011 年年底，靖边县启动统万城申报世界文化遗产工作，并成立了领导小组。统万城被第一次列入《中国申报世界文化遗产预备名单》，在陕西省排第一位。2012 年 4 月，统万城申遗文本经国家文物局审批通过，并于 5 月 31 日派专家组来靖边县进行实地考察，召开了统万城遗址保护与管理汇报会。2012 年 11 月，统万城被列入世界文化遗产预备名单，中国共入选 45 个，统万城位列 43 位，并已在联合国教科文组织、世界文化遗产中心备案。2013 年 5 月，省政府第八次常务会议审议通过了《统万城遗址保护总体规划》。2013 年，统万城考古遗址公园被国家文物局审批立项。2014 年，统万城考古遗址公园被陕西省人民政府确定为全省十大重大文化建设项目。2015 年，被列为陕西省重点独立申遗单位。2017 年，在陕西省公布的《“十三五”文化旅游融合发展规划的通知》中，统万城国家考古遗址公园建设项目被确定为陕西的重点建设项目。

2. 规划设计进一步完善，保护工作逐步完善

1993 年，统万城遗址“四有档案”（有保护范围、有保护标志、有记录档案、有保管机构）第一次建档；2000 年，统万城遗址“四有档案”第二次完善健全。2000 年，靖边县人民政府正式颁布了《统万城遗址保护暂行规定》。从 2002 年开始，陕西省考古研究院对统万城遗址进行了全面的考古调查勘探与发掘，发现并确认了外郭城城垣遗址，探明了西门瓮城、南瓮城、北瓮城及护城壕遗址范围。2008 年，陕西考古研究院对统万城西城西门外瓮城进行了发掘，发现隋代、唐代墓葬及灰坑多处，从发掘情况判断，西门应是在宋代遭焚毁。2006 年和 2013 年，县上在近年来考古工作成果基础上，分别两次组织专门机构对已经认定的遗址进行了 GPS 测绘，并对统万城遗址及周边约 25 平方千米的区域进行了航空遥感调查，制作出航空遥感影像图，建立了数字高程模型，为下一步统万城遗址的保护与管理、考古工作和申报世界文化遗产提供了科学翔实的依据、奠定了坚实的基础。2008 年，靖边县政府委托陕西省文化遗产研究院制定了《统万城遗址保护总体规划》。2011 年 6 月，经国家文物局审批通过。2011 年，《统万城西南墩台保护工程方案》获国家文物局批准。2011 年 12 月，靖边县人民政府委托陕西省文化遗产研究院编制完成了统万城遗址申报世界文化遗产文本，并上报国家文物局。2012 年 3 月编制完成了《统万城城墙遗址重要段落保护展示工程设计方案》，已报国家文物局。这些工作的开展，为统万城遗址的科学管理、有效保护奠定了良好的基础。

3. 基础建设进一步加大，保护工作不断深入

近年来，中央、省、市、县各级政府和文物部门加大了对统万城遗址的投入与保护力度，大大加快了保护步伐。2002 年以来，省文物局先后拨付经费，对遭受破坏的永安台等遗址本体进行了修缮加固。2011 年靖边县正式启动统万城申遗工作，向国家争取大遗址保护经费和国家重点文物保护专项经费。2008 年，为了彻底遏制遗址区村民生产、生活对遗址造成的长期破坏，靖边县政府投资，回征了遗址重点保护区的农民耕地、林地 106.7 公顷（1600 亩），搬迁遗址保护区内农户、坟墓等，并拆除了违法建筑。2011 年，对统万城遗址重点保护区实行了铁丝围网封闭，彻底解决了生产、生活车辆及游客车辆长期随意穿越遗址城垣的问题，对遗址本体起到了有效的保护。2012 年 11 月，靖边县政府对统万城遗址核心保护区进行了围网封闭保护，得到了国家文物局专家的认可。同时，还先后修筑统万城入境道路 2 千米，建成了统万城临时停车场、公厕等附属公用设施，并对影响统万城环境风貌的高压线进行地埋改造处理。2013 年，靖边县政府对统万城遗址进行了 1 ∶ 500 地形图测绘、遗址保护区域的航空三维数字扫描，编制完成了《统万城安技防工程方案》。为了改变流沙对遗址的侵蚀，靖边县政府在近年来持续对重点保护区周边的沙漠进行绿化治理，保护区的外围环境有了极大的改观。

4. 宣传工作进一步加强，统万城文化影响更加深远

“让国人了解统万城，让统万城享誉中国”“让世界认识统万城，让统万城走向世界”是靖边县政府宣传统万城一贯坚持的主题。2002 年，中央电视台、新华社《华夏文明》摄制组对统万城进行了全方位拍摄，这是中华人民共和国成立以来最大的媒体第一次面向世界、面向全国宣传统万城遗址。2011 年，县政府完成了统万城冠名权和 49 项知识产权的注册保护。

2012 年年初，为了配合统万城申报世界文化遗产工作，县政府邀请中央电视台拍摄专题片《匈奴最后的都城》，向世界宣传统万城，让国人了解统万城，让群众热爱统万城。

四、国家考古遗址公园建设

统万城考古遗址公园规划占地面积为 42.6 平方千米，规划结构旨在合理保护及展示统万城遗址的历史格局和形制，构建“朝阳一轴、一带两片、一城三圈”的空间结构，形成遗址及其环境展示片区与公共管理服务片区隔河相望的整体格局。“朝阳一轴”——由统万城历史格局形成的、朝向东南方向的遗址历史格局轴线；“一带”——包含无定河河谷及其周边环境的无定河河谷绿洲景观带；“两片”——分别为无定河河谷北侧的遗址及其环境展示片区和无定河河谷南侧的公共管理服务片区；“一城三圈”——围绕统万城遗址及其环境形成的东西城遗址展示圈层、外郭城遗址展示圈层、荒漠草原环境展示圈层。根据统万城考古遗址公园保护及展示需要，规划形成 7 个主要的功能片区：东西城遗址展示区、外郭城遗址展示区、荒漠草原景观展示区、河谷绿洲景观展示区、红沙岩景观展示区、黄土台塬景观展示区、公共管理服务区。规划坚持保护与开发并重的原则，旨在全面、真实、完整地反映统万城遗址所包含的全部历史信息和文化价值。不仅要将统万城考古遗址公园建设成为国家 AAAAA 级景区，更要使其符合申报世界文化遗产条件，实现列入世界文化遗产的最终目的。

统万城考古遗址公园规划期限为 2015—2025 年，截至目前已基本完成了各项工作，正在做最后的开园准备工作。

五至十世纪统万城 夏州城考古发现与研究

陕西省考古研究院 编著

邢福来 侯甬坚 主编

图版编

WUZHISHISHIJI
TONGWANCHENGXIAZHOUCHENG
KAOGUFAXIANYUYANJIU

陕西新华出版传媒集团
三秦出版社

统万城勘察发掘掠影图册

邢福来　高展　主编　　　人物绘画　党琳

东晋义熙九年（413），赫连勃勃命将作大匠叱干阿利开始营建都城，历时七载，419 年建成。勃勃以为，他将“统一天下，君临万邦”，故取名“统万城”，勃勃以夏后氏苗裔自居，定国名为夏，后世称大夏、胡夏、赫连夏。建成的统万城位于今陕西省靖边县境内，因其是用白石灰、石英沙、白色黏土拌和夯筑，整个城垣呈白色，当地人称“白城则”。大夏国共经历了赫连勃勃和儿子赫连昌两代，凡二十七年。427 年统万城被北魏拓跋焘攻陷，称“统万军镇”。唐称“夏州城”。宋太宗淳化五年（994）毁城。从此，统万城消失在茫茫的沙漠之中八百多年。清道光年间，时任陕西榆林知府徐松，命怀远（今横山区）知县何炳勋寻找统万城，何知县骑着毛驴带上属下穿过无定河，历经艰辛终于找到了城的位置，故有《复榆林徐太守松查夏统万城故址禀》。1976—1996 年陕西省考古研究所戴应新先生三次赴白城则实地勘察，用经纬仪测量，绘制了《统万城城址图》等，并进行试掘。2002 年，该所邢福来团队正式考古发掘，使沉睡在大漠下雄伟壮观的统万城（夏州城）重现于世。

大夏都城统万城的考古，主要经历了三个阶段。

復榆林徐太守松查夏統萬城故趾稟

何炳勛

夏州城故趾在懷邑之西八十餘里黑水之南朔方水之北等諭茲於月之九日攜帶羅盤紙筆隨步定向從縣城外之圁水西渡出邊墻又西渡蘑菇河又西渡黑水河又西渡無定河登坡二里許至舊相傳之白土城細加相度在懷遠城正西九十七里所謂黑水河者在無定河之東離縣城僅五十里與所謂城在黑水之南者似未全符惟去白土城北五十里有漳泥河東入無定河之下流是否漳泥河即黑水無從稽考計渡無定河即登彼岸西行二里許進頭道城又西半里進二道城又一二箭許進三道城頭二層城內僅有瓦礫其第三層城內南面西有鐘樓東有鼓樓鼓樓僅存基址建築白土城高五六丈無級可登其鐘樓尚堪登眺高約十餘丈白土築成雞籠頂式大厦一間半間已坍半間懸鐘屋頂行迹宛然屋外飛檐八層插椽孔穴層層可數穴內尚有松椽三四橛

間椽之長出者悉為鞭子猱升拔用南面列有白土墩七座亦堅硬如石似係臺樓已圮而其基尚存者是三道城內自東至西不及一里自南至北約一里有餘土人云是城每逢朔望清晨空中現有城垣樓閣城南無定河自西南來斜繞城南轉抱東城向東北流去遍詢老民僉稱北城之外懷遠草地并無另有城基至于記載水道當日未經身歷沿襲訛外亦未可知謹繪圖貼說以聞

余寄跡懷遠者七年屢問夏州舊都士人皆不解遍訪知者間得一二人僅稱西草地有白土城三層內就鐘樓尚未盡圮不知其為夏州也既閱何太守稟稿似知所云而終以未見為慊癸卯秋末專馬走視始獲目睹周覽之餘回憶壯年出塞間遇古城心知為漢唐故趾而斷壘荒垣無從考證未有適相符合且為西夏發趾之所竟可無疑嗣遍訪七旗之地俱言止此一城可觀餘皆坍廢云

楊江附記

复榆林徐太守松查夏统万城故趾禀

何炳勋

夏州城故趾，在怀邑之西八十余里，黑水之南，朔方水之北（朔方水即无定河）。等谕兹於月之九日，携带罗盘、纸笔，随步定向，从县城外之圁水西渡出边墙，又西渡蘑菇河，又西渡黑水河，又西渡无定河，登坡二里许，至旧相传之白土城。细加相度，在怀远城正西九十七里。所谓黑水河者，在无定河之东，离县城仅五十里，与所谓城在黑水之南者似未全符。惟去白土城北五十里有淖泥河，东入无定河之下流，是否淖泥河，即黑水，无从稽考。计渡无定河即登彼岸，西行二里许，进头道城，又西半里进二道城，又一二箭许进三道城，头二层城内仅有瓦砾，其第三层城内，南面西有钟楼，东有鼓楼，鼓楼仅存基址建筑白土城，高五六丈，无级可登。其钟楼尚堪登眺，高约十余丈，白土筑成鸡笼顶式大厦一间，半间已坍，半间悬钟。屋顶行迹宛然，屋外飞檐，八层插椽孔穴，层层可数穴内尚有松椽三四橛。闻椽之长出者悉为鞭子猱升拔用。

南面列有白土墩七座，亦坚硬如石，似系台楼已圮而其基尚存者，是三道城内自东至西不及一里，自南至北约一里，有余土人云是城，每逢朔望，清晨空中现有城垣楼阁。城南无定河自西南来，斜绕城南。转抱东城向东北流去。遍询老民，佥称北城之外，怀远草地并无另有城基，至于记载水道当日未经身歷沿袭讹外亦未可知，谨绘图贴说以闻。

余寄跡怀远者七年，屡问夏州旧都。土人皆不解，遍访知者，间得一二人仅称西草地有白土城三层，内就钟楼尚未尽圮，不知其为夏州也，既阅何太守禀稿，似如所云，而终以未见为慊。癸卯秋末，专马走视始获目睹。周览之余，回忆壮年出塞，间遇古城，心知为汉唐故趾，而断垒荒垣无从考证，未有适相符合且为西夏发趾之所，竟可无疑嗣遍访七旗之地俱言止此一城可观，余皆坍废云。

杨江附记

第二阶段

20世纪70年代至21世纪初戴应新考古工作掠影

1976、1977、1996年，陕西省考古研究所戴应新勘测、试掘统万城遗址。

1977 年发掘之 2 号马面仓储遗址

统万城外郭城南墙东南角墩台遗址

统万城东城及外郭城

1976 年戴应新考察统万城遗址

西城西北隅台

统万城西城南垣及马面隅台

西城南垣

1996 年统万城西城南垣及马面

统万城西城西垣

永安台遗址

统万城西北垣

西城西垣

东城东垣

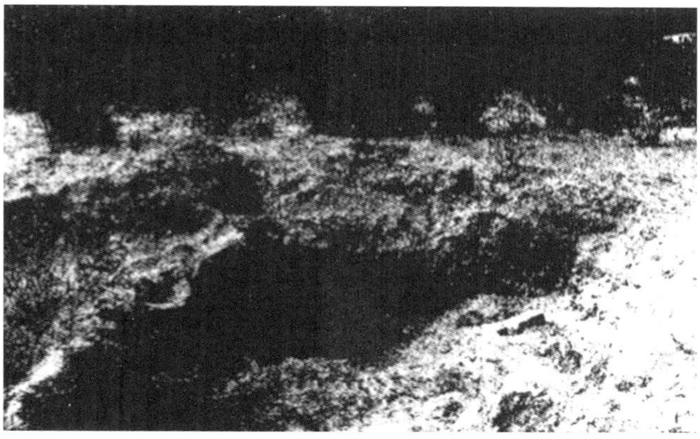

外郭城南垣

1996 年戴应新调查统万城

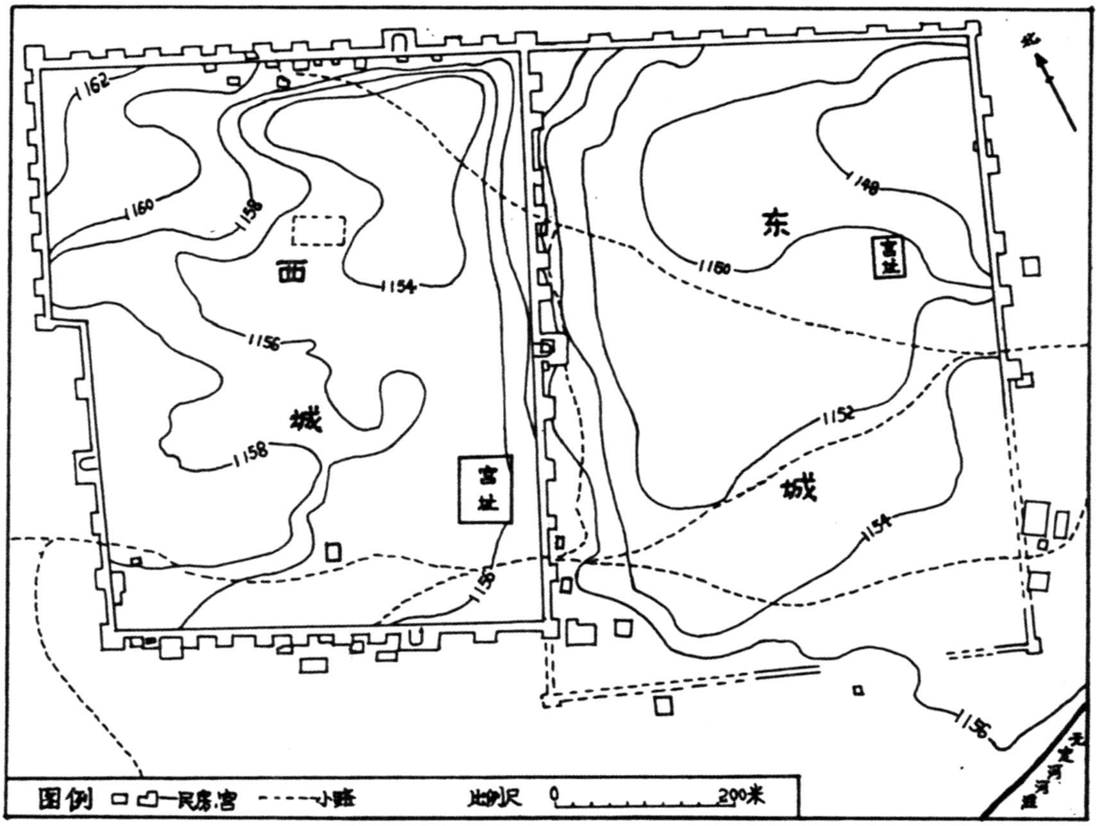

统万城遗址测绘图（1976 年）

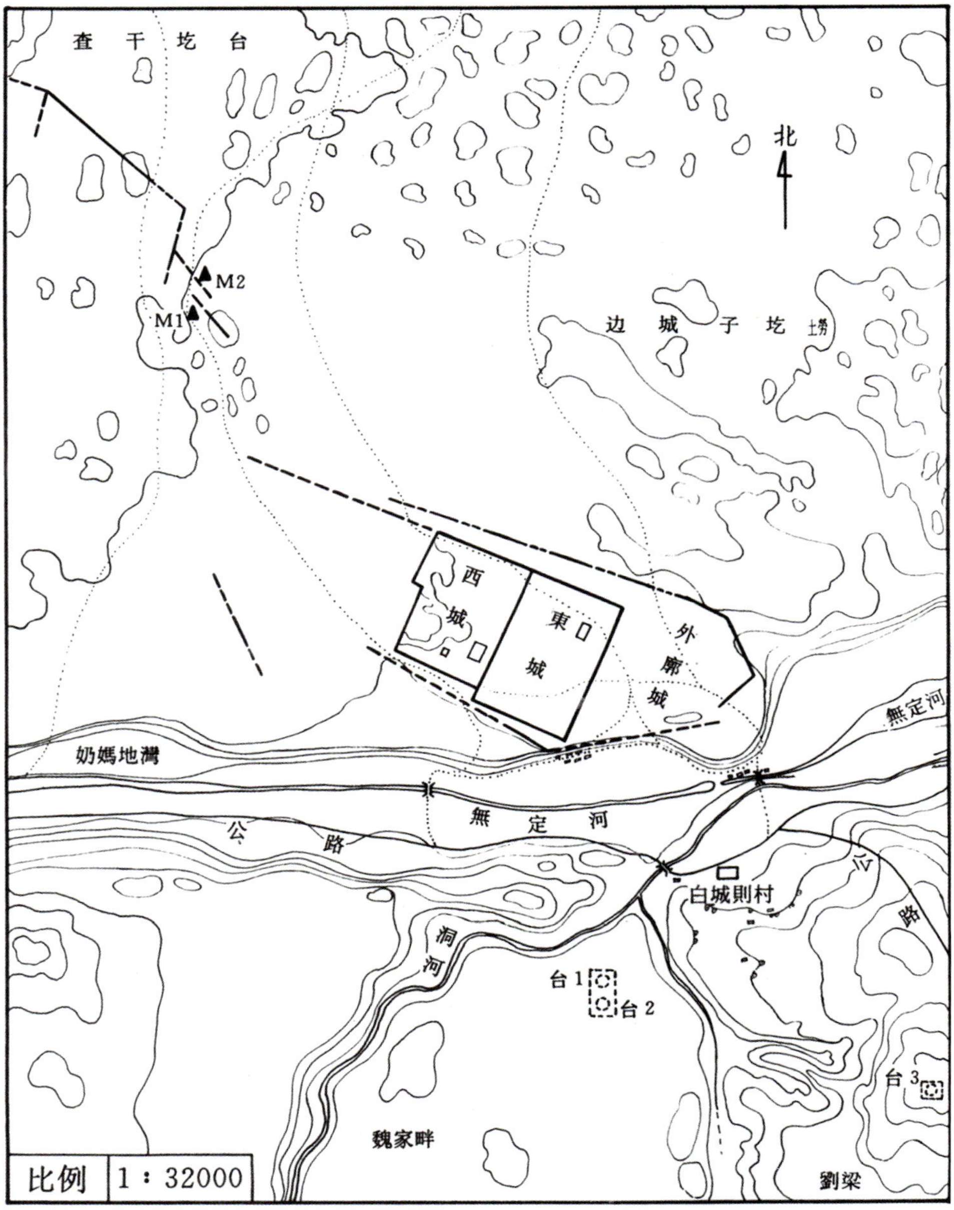

统万城遗址分布图（1976年）

第三阶段

21世纪初至今考古工作掠影

2002年始，陕西省考古研究院（所）邢福来团队全面调查、钻探、发掘统万城遗址。

统万城遗址一带地貌（西南—东北）

统万城遗址远眺（南—北）

统万城遗址航拍图（西南—东北）

红柳河南岸地貌（北—南）

统万城西城遗址航拍图（西南—东北）

统万城东城遗址航拍图（西南—东北）

统万城西城西南隅台（西南—东北）

统万城西城遗址南垣外马面局部（西南—东北）

统万城西城南垣西部（西南—东北）

统万城西城遗址西南隅台（东—西）

统万城西城遗址南垣（东南—西北）

统万城西城遗址西南隅台（西南—东北）

统万城西城遗址西南隅台、南垣外马面（西南—东北）

西城南垣 3 号马面（西南—东北）

永安台遗址（南—北）

西城北门瓮城附近城垣（东北—西南）

西城西瓮城、城垣（东北—西南）

东城一

东城二

东城三

夯土结构

统万城西城南部一

统万城西城南部二

西城北垣内外

西城地面瓦砾

西城东北隅台一

西城东北隅台二

西城东垣

西城东垣南端后期民居

西城西北隅台

西城西北隅台（局部）

专家、领导视察统万城遗址

2011 年 10 月 13 日，北京大学荣新江教授考察统万城遗址发掘

Columbia

2011 年 10 月 14 日，张庆捷、荣新江考察北朝壁画墓

2011 年 10 月 14 日

2011 年 10 月 14 日

2011 年 10 月 15 日贾强、孙周勇观摩北朝墓壁画

2011 年 10 月 15 日张建林观摩北朝墓壁画

2012 年 5 月 8 日土坯制作

2012 年 8 月 10 日省文物局副局长张文一行考察统万城遗址

2012 年 8 月 11 日彩绘培训班参观考察

2012 年 9 月 6 日孙周勇检查工地

2012年10月17日，著名考古学家、北京大学教授李伯谦考察统万城

陕A·VW803

803

2012 年 10 月 17 日省文物局刘云辉考察统万城遗址

2012 年 10 月 17 日进行统万城遗址马面保护加固工程

2012 年 10 月 28 日北京大学博士张翼飞在工地采样

①
②
③
⑤
⑧
⑨

2012 年 11 月 1 日，焦南峰、张建林、王占奎、种建荣检查验收发掘工作

焦南峰、张建林、王占奎、种建荣等检查工地记录

焦南峰检查发掘记录

陈显琪、刘焕学检查工地

张建林、陈显琪等检查工地

王占奎、种建荣等检查工地

2012 年 11 月 8 日剑桥大学 salja 等考察统万城遗址

2012 年 11 月 8 日

2013 年 4 月 23 日杨亚长验收工地

陈星灿、刘莉等检查验收统万城发掘工作

2013 年 6 月 13 日，王小蒙、于春雷视察东城夯土基址发掘

2013 年 6 月 14 日参会代表参观发掘现场

2013 年 6 月 15 日，王小蒙在统万城建城 1600 年国际学术研讨会上致辞

邢福来发言

会议现场

2013 年 7 月 25 日邓辉教授一行利用电磁法探测西城

2013 年 7 月 26 日北京大学莫多闻、邓辉考察统万城

2014 年 9 月 1 日，副省长白阿莹调研统万城

2014 年 9 月 2 日，榆林市市长陆治远、靖边县委书记雒凤翔视察统万城遗址发掘

2014 年 9 月 2 日，省文物局局长赵荣与考古队探讨发掘

2014 年 9 月 2 日，省文物局局长赵荣视察工地

2015 年 8 月 28 日王炜林、路智勇等检查工地

2015 年 10 月 15 日，社科院考古所辽上京考古队董新林、肖淮雁等考察统万城遗址

王玮林视察工地

2015 年 10 月 16 日夏正楷、刘莉、孙周勇等考察工地

2015 年 10 月 30 日，纪录片《远方的家》在统万城遗址开播

统万城遗址发掘现场

全站仪测绘现场

RTK 测绘

航拍

测绘

2012 年西城发掘现场

2012 年西城探方（北—南）

2012 年Ⅱ区发掘现场（西北—东南）

（西北—东南）

2012年Ⅱ区夯土墙（西北—东南）

（东南—西北）

西城西门发掘现场（东南—西北）

（东—西）

28

H11 擂石出土现场

H11 灰坑内的石刻

H11 灰坑

H11 出土石刻

2008 年西门瓮城发掘现场

瓮城内发现的隋代瓦棺墓

西门门道排叉柱洞遗迹

西门门道（底部）

西门门道西南排叉柱洞朽木痕

西门门道南侧纴木洞

西门门道俯视

西城南垣外 4—7 号马面发掘现场（西北—东南）

4号马面全景（东南—西北）

4号马面底部

4号马面夯土

4号马面 TG1 内发现的柱洞遗迹由上至下拍

5号马面 TG1 内发现瓦棺里的骨架

5号马面 TG1 内发现的瓦棺

4号马面底部发现的柱洞

5号马面发掘现场（东北—西南）

5 号马面底部发现的虎落遗迹（西北—东南）

5号马面出土铁蒺藜

5号马面底部、夯层结构

6号马面

西城7号马面（西北—东南）

纴木洞痕

东城夯土建筑基址航拍图（西南—东北）

东城夯土建筑基址发掘现场

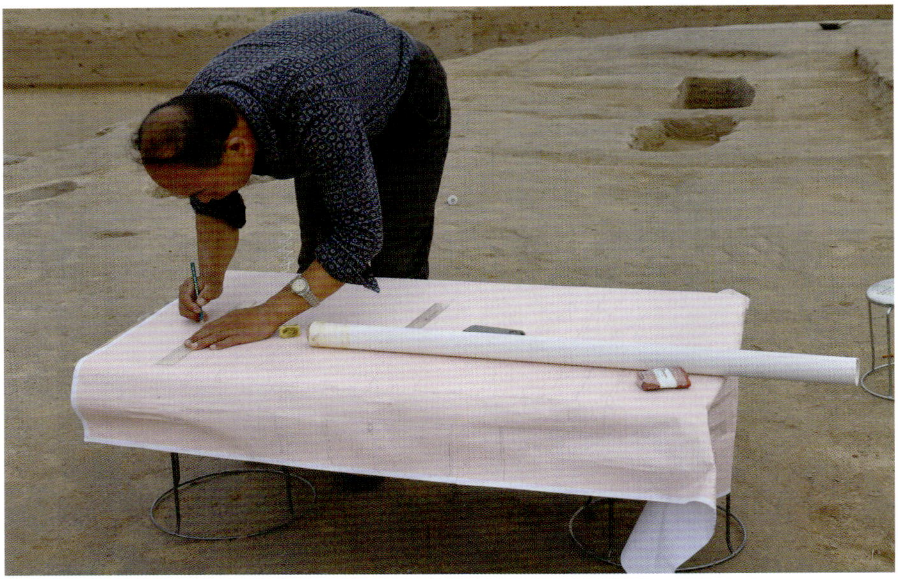

夯土立面　　漫道外侧立砖　　柱洞

东城夯土建筑基址局部、柱洞、出土板瓦

东城夯土建筑基址柱洞

西梁夯土台遗址

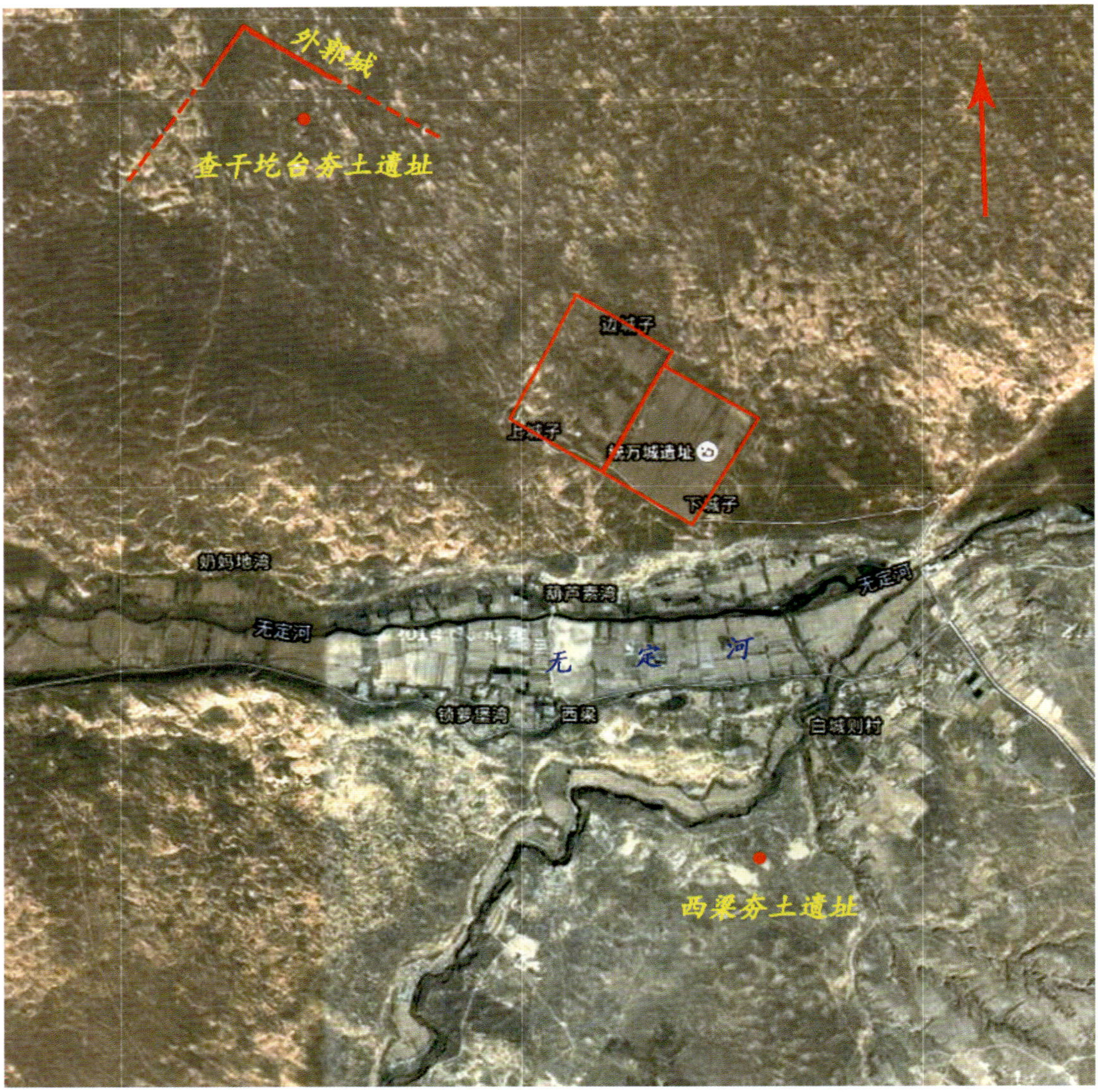

夯土台遗址位置示意图

2015 年西梁祭祀遗址航拍图（东南—西北）

2015年西梁祭祀遗址南夯土台航拍图

（北—南）

西梁祭祀遗址南夯土台夯层结构

西梁祭祀遗址南夯土台局部（东—西）

2015年西梁祭祀遗址中夯土台航拍图

西梁祭祀遗址中夯土台局部

西梁祭祀遗址

2015 年西梁祭祀遗址北夯土台航拍图

西梁祭祀遗址北夯土台局部

西梁祭祀遗址北夯土台夯土结构

西梁祭祀遗址北夯土台局部

西梁祭祀遗址围墙西南角

西梁祭祀遗址围墙东北角

西梁祭祀遗址围墙局部

西梁祭祀遗址围墙局部

西梁祭祀遗址隋唐墓

西梁祭祀遗址唐墓 M1

西梁祭祀遗址唐墓 M2

西梁祭祀遗址唐墓 M3

查干圪台 1 号夯土台航拍图

查干圪台1号夯土台局部

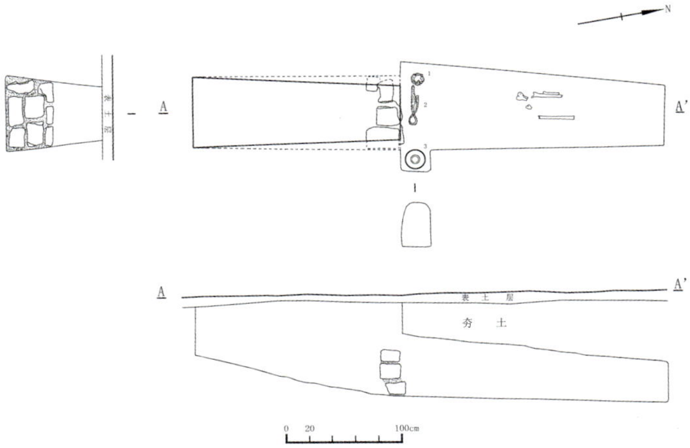

查干圪台 2 号夯土台 M1

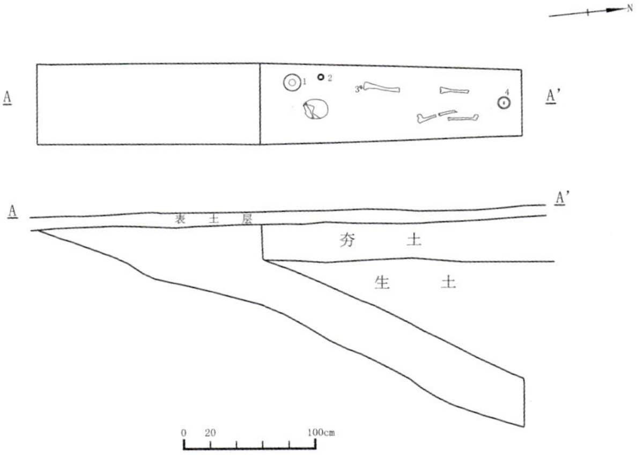

查干圪台 2 号夯土台 M2

外郭城调查

外郭城调查

外郭城城垣

外郭城城垣、隅台

壁画清理保护

壁画揭取

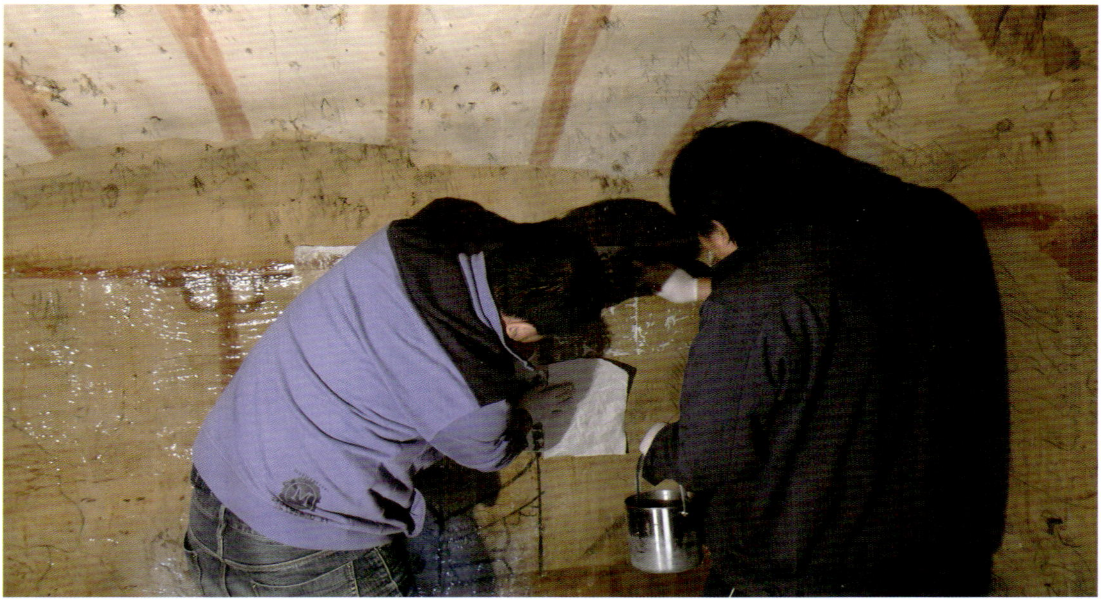

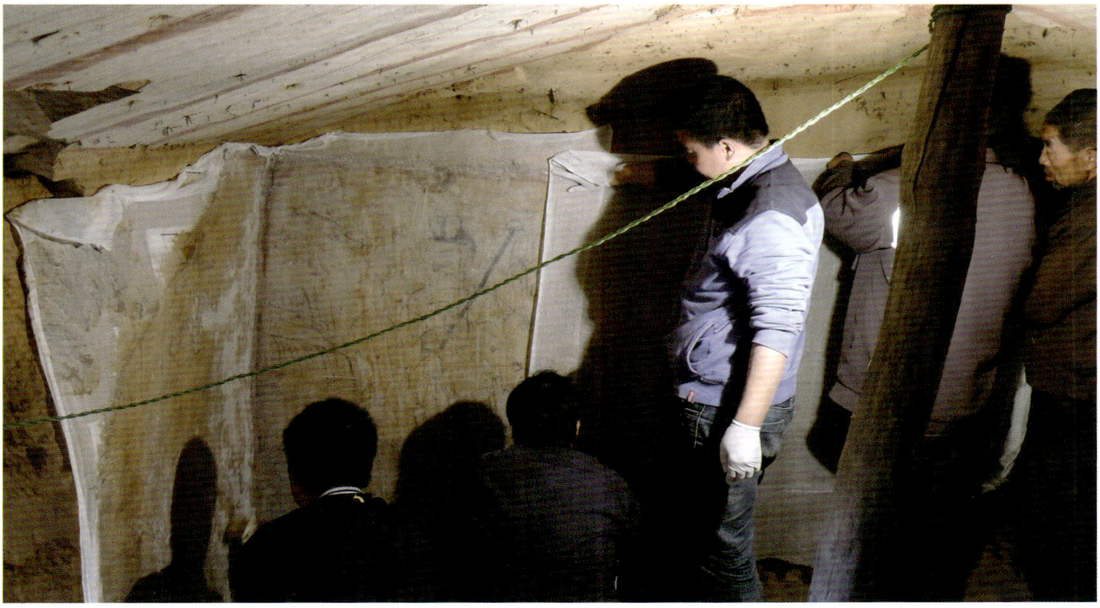

八大梁 M1 壁画

八大梁 M1 壁画、墓门土雕

八大梁 M1 壁画正射影像图

榆林靖边八大梁墓地M1壁画正射影像图	比例尺
制图日期：2011年12月	陕西省考古研究院
制图员：刘冬梅	西安十月信息技术有限公司

榆林靖边八大梁墓地M1壁画正射影像图	比例尺
制图日期：2011年12月	陕西省考古研究院
制图员：刘冬梅	西安十月信息技术有限公司

八大梁 M1 墓顶彩绘

谷地梁 M1 彩绘仿木构土雕

彩绘三足乌

八大梁 M4

八大梁 M5

八大梁 M6

八大梁 M7

八大梁 M7 — 1

八大梁 M7 — 2

八大梁 M8

八大梁 M9

八大梁 M10 墓葬形制、墓门彩绘

八大梁 M10 墓室土雕彩绘仿木结构

八大梁 M12

八大梁 M13

田满梁壕 M1 发掘现场

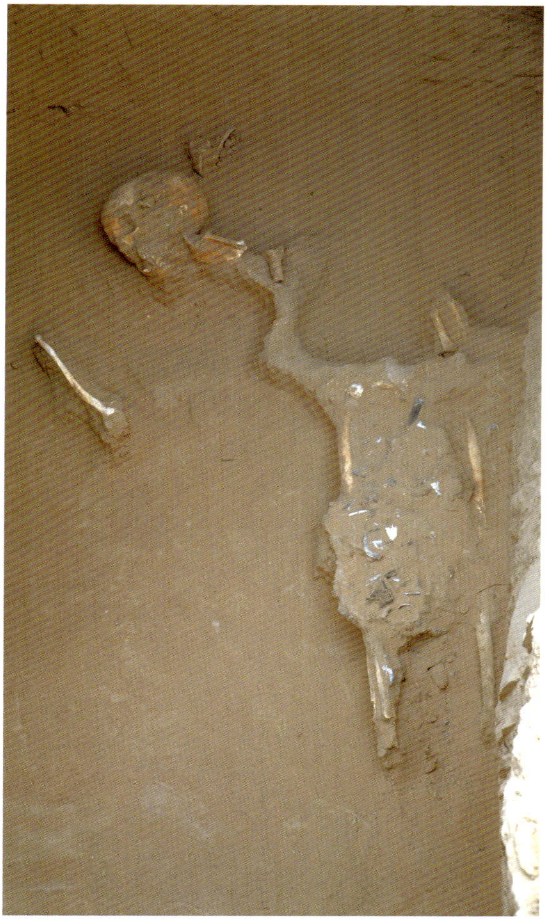

田满梁壕 M1

田满梁壕 M2

田满梁壕 M3

田满梁壕 M4 发掘现场

田满梁壕 M4

田满梁壕 M4 墓道

田满梁壕 M4 天井、出土器物

田满梁壕 M5

田满梁壕 M6

田满梁壕 M7

谷地梁 M3

谷地梁 M3 墓道

谷地梁 M3 墓室局部

谷地梁 M4 发掘现场

谷地梁 M4 墓室顶、墓道

谷地梁 M4 甬道、出土器物

谷地梁 M4 砖雕门、窗

谷地梁 M5 全景

谷地梁 M5 墓道、天井

谷地梁 M5 墓室

谷地梁 M5 墓室

谷地梁 M6

谷地梁 M7 发掘现场

谷地梁 M7

谷地梁 M8

谷地梁 M9

谷地梁 M10

谷地梁 M11

谷地梁 M12

谷地梁 M14

M14

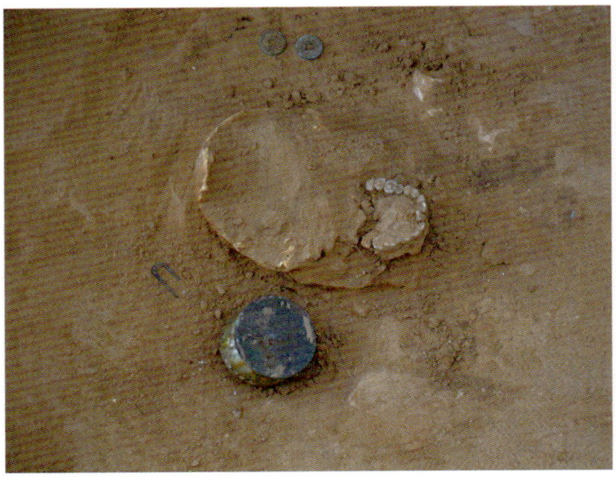

谷地梁 M15

谷地梁 M18 发掘现场

谷地梁 M22 发掘现场

谷地梁 M22 全景

谷地梁 M22 棺床、陶罐等

谷地梁 M26 发掘现场

谷地梁 M26 全景

瓦渣梁 M13

瓦渣梁 M16 发掘场地

瓦渣梁 M16

瓦渣梁 M17

瓦渣梁 M18 — 1

瓦渣梁 M18 — 2

瓦渣梁 M19 — 1

瓦渣梁 M19 — 2

瓦渣梁 M19（局部）

瓦渣梁 M22 发掘现场

瓦渣梁 M24

瓦渣梁 M25

瓦渣梁 M26 发掘现场

草帽梁墓地发掘现场

西塔林场 M1 墓室

西塔林场 M1 出土器物

西塔林场 M2

西塔林场 M3

西塔林场 M4

西塔林场 M5

西塔林场 M6

西塔林场 M7 — 1

西塔林场 M7 — 2

西塔梁 M4

西塔梁 M7

西塔梁 M9

统万城遗址及周边墓葬出土器物

陶罐西城 T0202⑬

陶罐 H25:1

陶罐 F11:2

双耳罐 H27:7

西塔梁 M4:1

八大梁 M1:1

瓦渣梁 M26:1

陶壶　陶灯

陶长颈瓶 八大梁 M12:1

陶壶 八大梁 M5:4

陶瓶　八大梁 M5:1

陶壶 八大梁 M13:2

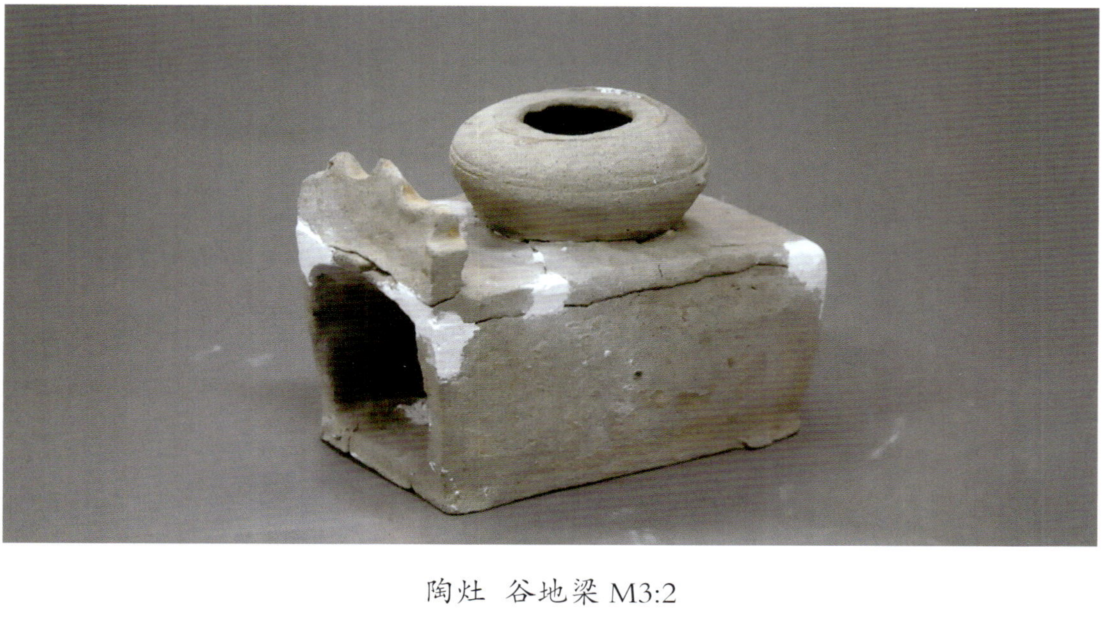

陶灶 谷地梁 M3:2

陶罐 瓦渣梁 M24:7

单耳罐 谷地梁 M6:1

陶盆 瓦渣梁 M24:11

陶瓶 八大梁 M12:1

单耳罐 谷地梁 M6:1

陶罐 八大梁 M12:2

陶瓶 八大梁 M13:4

陶罐 谷地梁 M8:2

陶瓶　瓦渣梁 M17:7

陶罐　谷地梁 M6:3

陶罐　瓦渣梁 M24:4

H142:1

陶罐 T0302 H158:1

陶罐 瓦渣梁 M21:1

泥罐 瓦渣梁 M24:11

陶罐 T0101 ⑥：1

陶双系罐 T0202⑫：23

陶双系罐 T0102⑥：9

陶碗 T0202H23:1

陶钵 T0201⑪：2

陶盆 东城 T1055 ② :1

陶钵 T0202 ④ :6

陶盏 T0102 ⑤ :1

陶盏 田满梁壕 M5:1

陶盆 东城Ⅱ T1155 ②

陶盏 东城Ⅱ T0857 K3:2

陶钵 H54:1

陶钵 T0302⑫ :13

H54:2

T0301 ⑥ :4

陶盆 H69:1

T0202 ⑩ :19

T0202 ③　　陶盆　　T0101 ⑤ :7

T0102 ⑥

陶盆 T0202 ⑦ :15

H141

陶盆 H141

陶盆

陶罐 西城西门 H17

陶扑满 H27

陶盆 T0101 ⑥

陶盆 T0101 ⑥

陶罐 H142:1

陶罐 H158:1

陶双耳罐 T0202⑫：23

陶双耳罐 T0202 ③ :2

陶瓮 西门 TG1F1

陶缸 H140:1

陶瓮　西门 TG1F1

陶壶 西门瓮城 TG1H2:1

彩绘塔式罐罐体 田满梁壕 M4:3

彩绘塔式罐 瓦渣梁 M14:5

彩绘塔式罐罐体 瓦渣梁 M14:5

彩绘塔式罐底座、盖 瓦渣梁 M14:5

陶擂钵 西城西门 H17

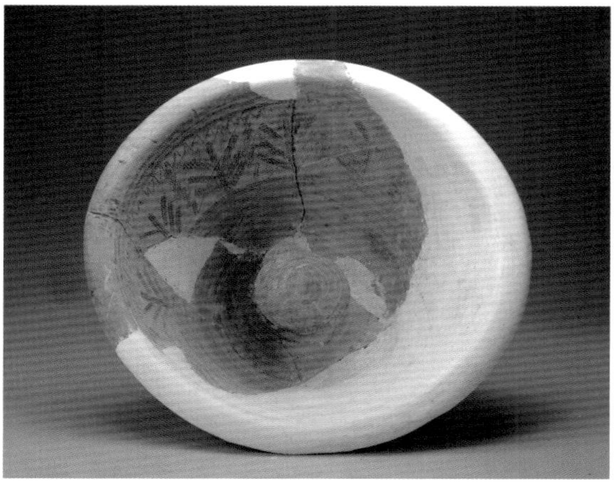

陶擂钵俯视

陶擂钵底视

H40:2

T0202 ②

陶盆　西城西门 H17

陶擂钵　西城西门 H17

刻字、墨书砖墓志　八大梁 M6

石雕北魏四面佛 西城西门 H11

石雕北魏四面佛 西城西门 H11

石雕北魏四面佛 西城西门 H11

石雕北魏四面佛　西城西门 H11

石雕唐增长天王残件 西城西门 H11

石刻唐伎乐 西城西门 H11

残碑刻 西门采集

青釉碗　瓦渣梁 M24:5

白釉碗　瓦渣梁 M24:6

瓦渣梁 M14:1

青釉碗 田满梁壕 M6:1

陶盏 田满梁壕 M7:1

黑釉瓷灯 田满梁壕 M4:4

内白外褐釉盏 田满梁壕 M6:1

青釉碗 瓦渣梁 M14:1

模印标本 西城采集

铜镜 瓦梁渣 M15:1

三彩盂　瓦渣梁 M15:2

青釉葵口碗 瓦渣梁 M14:4

黑釉瓜棱腹执壶 F14:1

茶叶末釉带盖执壶 T0102⑥:8

玉壁残块 东城Ⅱ G1⑤:1

青釉碗 东城Ⅱ T1258K2:1

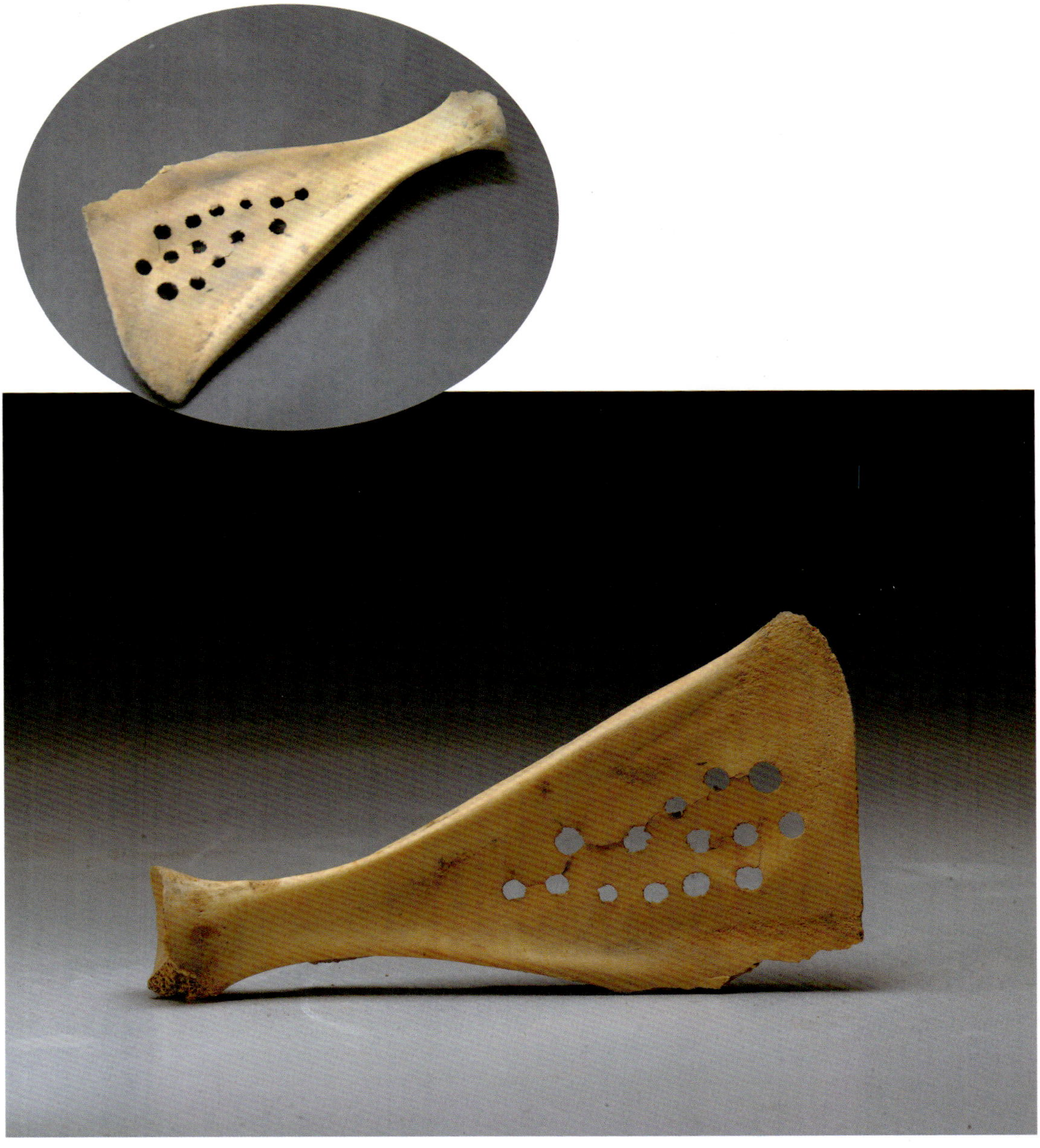

卜骨 东城 TG1 ⑥

骨梳背 H15:1

骨锥 瓦渣梁 M25:3

骨笄 T0101 ⑦：9

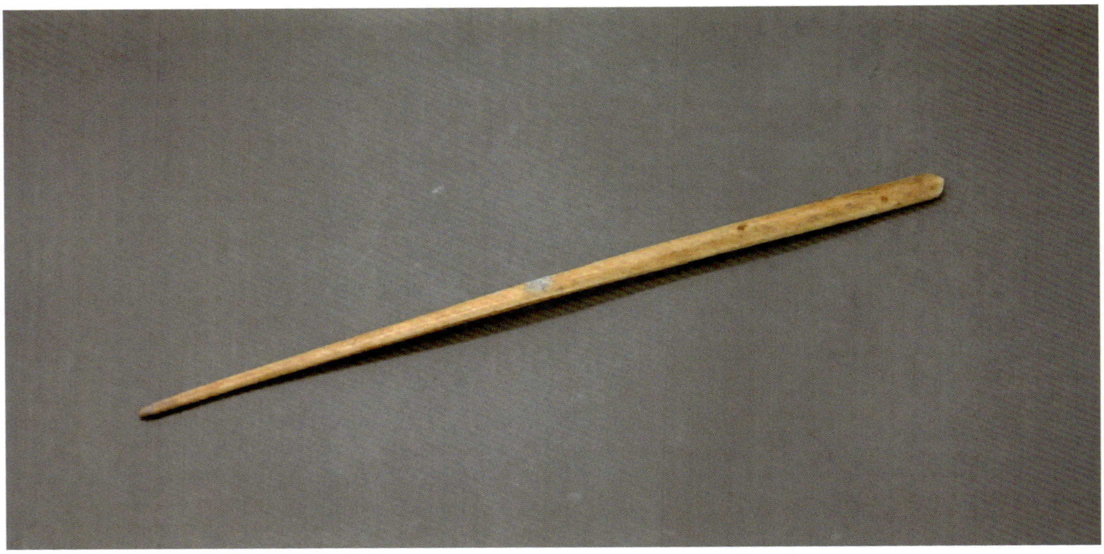

骨笄 T0202⑪：22

泡钉 八大梁 M10:9

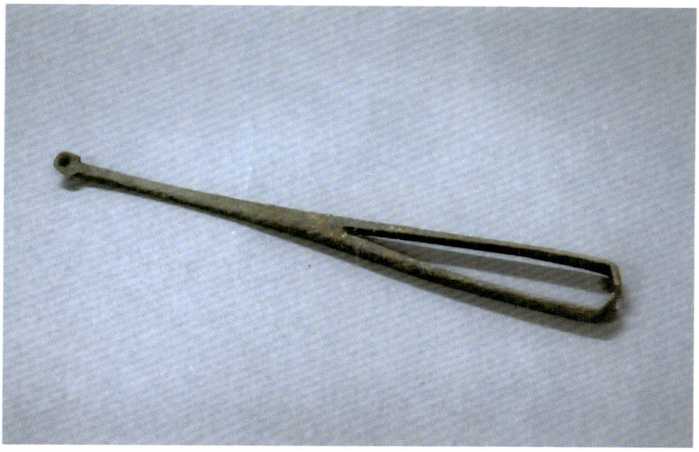

铜镊 H144:1

铁镞 T0302⑫：15

石凿 瓦渣梁 M25:1

铁镞 东城 T0856K3:9

铁蒺藜 东城Ⅱ T1055 ②：4

铁镰

铁镬 东城 T1159K5:1

陶纺轮 东城Ⅱ T1055②：9

螺旋状陶器 东城 1257K3:9

陶饼 T0102⑤:1

陶饼 T0102⑤:1

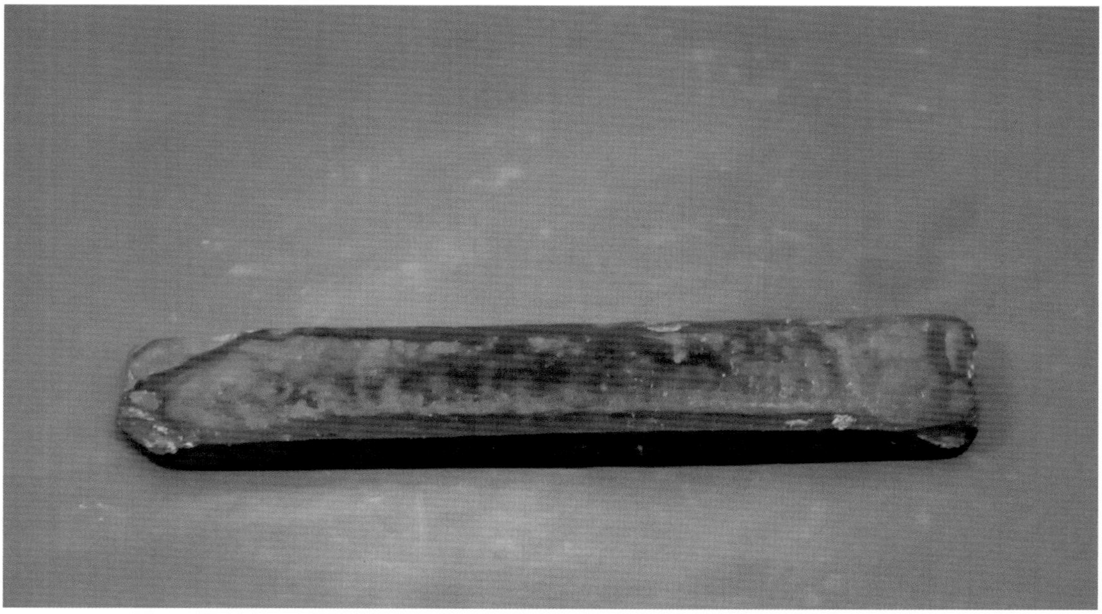

石凿 T0202⑧:16

陶纺轮 T0202⑨:17

瓷杯 T0102⑥

铁笔架 H35

陶模具 T0105 ④：2

铺地方砖 西城西门 TG1F1

莲花纹瓦当侧视

莲花纹瓦当 H63：1

东城Ⅱ T0955 ②：4

东城Ⅱ T0960 ②：1

莲花纹瓦当　东城Ⅱ T0858 ②：4

H63:1

H63:1 东城Ⅱ T0856K3:2

莲花纹瓦当

东城Ⅱ T0757②：2

东城Ⅱ T0856K3：1

兽面瓦当

东城Ⅱ T1155 ②：5

东城Ⅱ T0857K3:3

兽面瓦当残件

东城Ⅱ T0856K3:4

东城Ⅱ T0856K3:2

兽面瓦当

东城Ⅱ T0857K3:15

东城Ⅱ T0856K3:18

兽面瓦当残件

陶雕塑残件 东城Ⅱ T0856K3:19

石雕莲花纹底座 东城Ⅱ T1258K4:7

筒瓦 东城Ⅱ T0856K3:18

筒瓦 H153

板瓦 T0101 ⑦

刻画砖 T0201 ④ :1

方砖 T0102 ④

残石柱 西门瓮城

石雕佛像残件 东城Ⅱ T1156K2：13

石雕佛头残件 东城Ⅱ T1059①：1

石雕佛头残件 东城Ⅱ T1059①：2

石雕残件 东城Ⅱ T0858②：5

石雕残件 东城Ⅱ T1256②：3

石雕猴头 东城Ⅱ T1257K3:1

石雕狮残件 东城Ⅱ T1257K3:5

石雕兽头残件 西城西门 TG1H11

礌石 T0302⑪：12

石础 东城Ⅱ T0856②：1

石础 T0101:1

石础 T0202④：7

石雕建筑构件 西城西门 H11

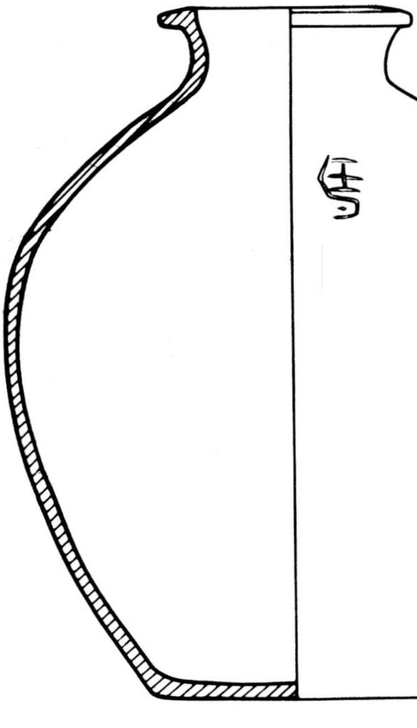

刻字陶罐

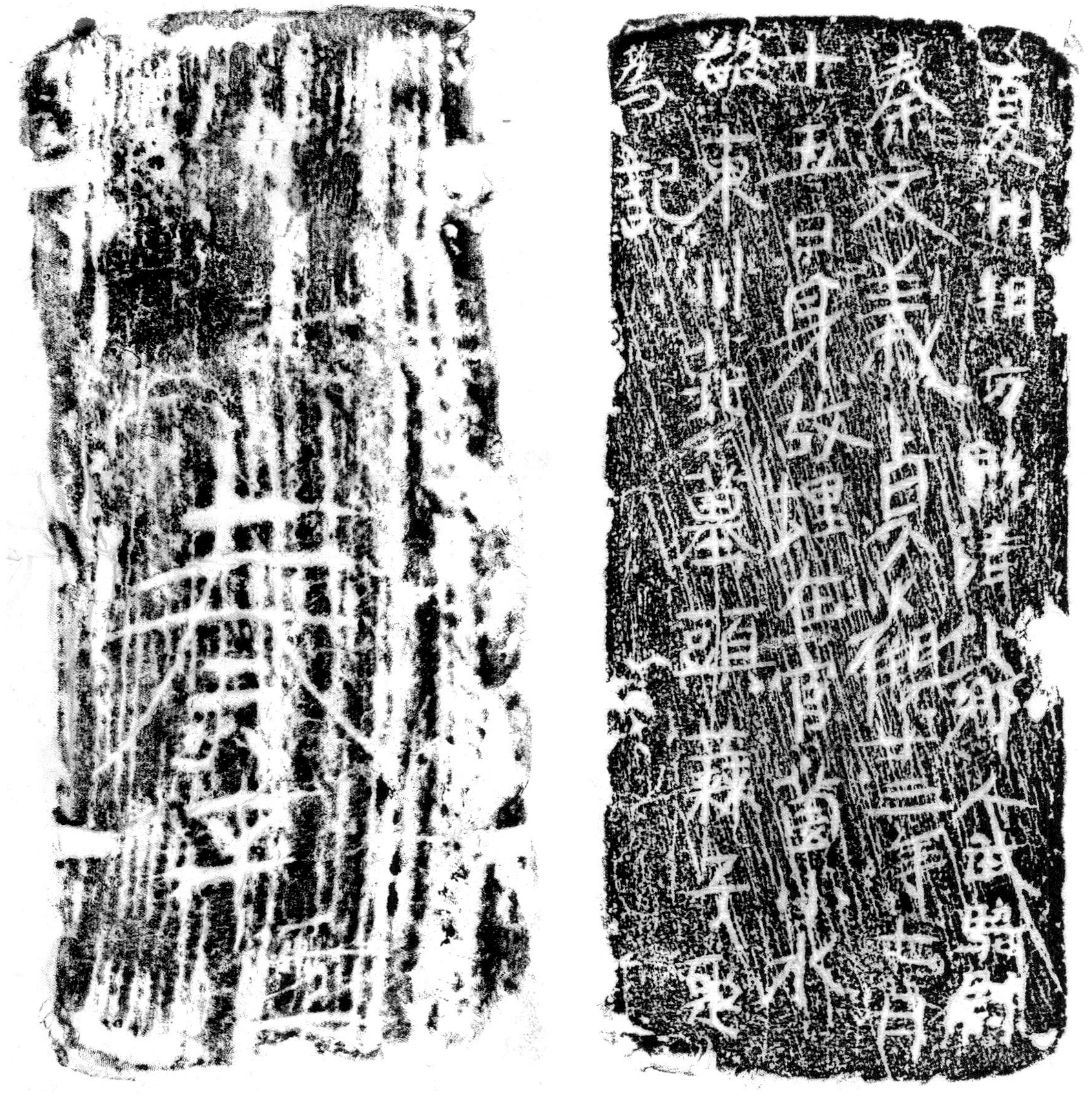

砖志拓本　八大梁 M6:2

夏州朔方縣清化鄉人武騎尉秦
義貞觀廿三年七月十五日身故埋在
官菌小水欲東川北墓頭蘇蒐
為記

砖志摹本

陶壶 陶罐

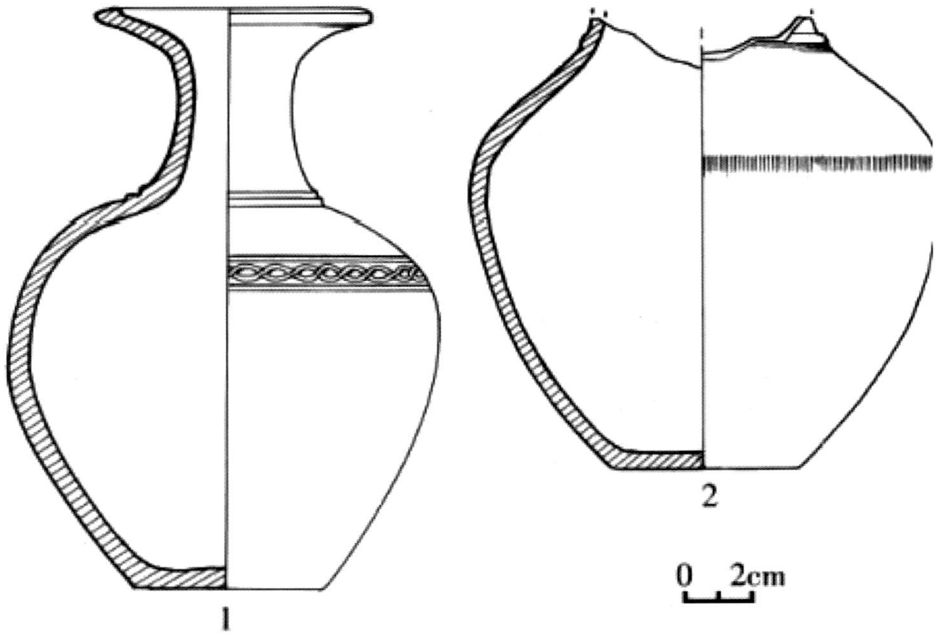

陶壶

附工地验收表及发掘证照

每次考古发掘前，必须提交发掘计划、申请发掘执照，得到国家文物局批准后方可进行；发掘过程中，专家组中期验收及发掘完成后结项验收是必不可少的两个环节。

工地验收表

附件 4

考古发掘项目检查评价表

项 目 名 称：~~陕西高陵杨官寨新石器时代遗址~~ 陕西靖边统万城遗址考古发掘

项目承担单位：陕西省考古研究院

检 查 时 间：2015 年 8 月 25 日　　检查员：王炜林、路智勇、马明志

项目	内容	评价 / 分值 A	B	C	D	得分
人员配备	考古发掘领队职责履行到位	2✓	1.5	1	0.5	3.8
	考古发掘专业人员配备合理	1✓	0.8	0.5	0.3	
	科技考古、文物保护专业人员参与到位	1	0.8✓	0.5	0.3	
设备设施	发掘、信息提取、文物保护等设备器材配置齐全，管理有序	2	1.5✓	1	0.5	2.3
	科研保障与服务设施配置齐备	1	0.8✓	0.5	0.3	
研究基础	对已有相关考古资料的全面收集和认真整理	1	0.8✓	0.5	0.3	2.4
	对遗址范围、内涵、价值的深入了解	1	0.8✓	0.5	0.3	
	调查勘探资料全面、可靠	1	0.8✓	0.5	0.3	
工作目的	学术目的明确，工作目标清楚	4	3✓	2	1	3
工作方案与技术路线	工作方案详细完备，技术路线切实可行	3	2.3	1.5✓	0.8	3 ←小块切割不利于重要夯制性遗迹展示保护和研究。
	发掘区域选择合理，发掘面积掌控得当	2	1.5✓	1 [涂改]	0.5	
发掘技术和管理水平	地层划分合理、准确	8	6✓	4	2	24
	遗迹间层位关系清楚	8	6✓	4	2	
	遗迹现象把握准确	6	4.5	3✓	1.5	
	遗迹现象清理到位	6	4.5	3✓	1.5	
	出土文物和其他科研标本的采集全面、规范	4	3✓	2	1	
	发掘现场管理有序，各种标识齐备醒目	4	3✓	2	1	
发掘记录和资料管理	各类文字记录及表格齐备、准确、规范	8	6✓	4	2	21.1
	各类测绘记录齐全、准确、规范	8	6✓	4	2	
	照相摄像记录齐备、规范	4	3✓	2	1	
	各类标本采集记录齐备、规范	4	3✓	2	1	
	各类资料归档管理科学规范	3	2.3✓	1.5	0.8	
	制备有遗址地形地貌和文化遗存数字化图	1	0.8✓	0.5	0.3	
文物保护与遗址保护	重要出土文物和重要遗迹保护预案详备	3	2.3✓	1.5	0.8	9.8
	遗迹和遗物现场处置与保护及时有效	6	4.5	3✓	1.5	
	出土文物标本的保管、保护妥当安全	6	4.5✓	3	1.5	
创新	发掘、保护、项目管理的理念、技术、方法创新	2	1.5	1✓	0.5	1
总分	70.4					

国家文物局制

附件 5

考古发掘项目检查意见书

基本情况	项目名称：陕西~~高陵杨官寨新石器时代~~靖边统万城考古调查勘探与发掘遗址考古发掘
	项目地点：陕西省~~高陵县姬家乡杨官寨村~~榆林市靖边县红墩界乡白城子村
	项目性质： 主动性考古发掘
	项目承担单位：陕西省考古研究院 项目配合单位：~~高陵县文物局~~榆林市文物考古工作队.
	项目领队：~~王炜林~~邢福来 发掘证照编号：
	检查组织单位：陕西省考古研究院
	检查组成员： 许永杰 卜工 陈洪 王炜林、路智勇 马明志
检查过程和内容	1. 遗址调查勘探资料； 2、遗址航拍、测绘资料平台与各年度发现遗迹~~成果~~、发掘区域在测绘平台上的标识成果。 3. 2015年度红柳河东、西两岸的两组(五座)大型夯土台基遗迹发掘现场。

陕西省考古研究院考古发掘项目验收意见书

2015 年8月28日

基本情况	项目名称	统万城调查发掘	项目地点	靖边县红墩界乡白城则村
	项目性质	主动性项目	协作单位	榆林市考古队
	发掘证号		计划发掘面积	1200 m²
	项目领队	邢福来	联系电话	17791622849
	发掘要求	继续外城调查、勘探；对红柳河西岸西组（五座）台基进行发掘；了解平面关系、个体形制、层位关系、营建程序、年代。		
	验收组织单位	陕西省考古研究院	验收组长	卜工
	验收组成员	许永杰、陈亮、王炜林、张智勇、马明志。		

	具体内容	优	良	差	现场检查内容（填写每项具体内容实际情况）
验收过程和内容	执行协议工期	☑	☐	☐	已基本完成解剖层位工作，面积已过半。
	发掘领队到位	☑	☐	☐	领队全程在位参加工作.
	工地管理规范	☐	☑	☐	分工明确，管理规范.
	现场测绘仪器	☑	■	☐	专业人员测绘（提请单位给款专业人员来测）
	测绘准确程度	☑	☐	☐	专业测绘机构和人员，成果准确。
	现场整洁有序	☐	☑	☐	基本整洁，但风沙太大影响清洁工作。
	影像记录情况	☐	☑	☐	系统、完整、基本准确.
	资料记录手段	☐	☑	☐	传统手段与现代手段结合
	资料记录准确	☐	☑	☐	准确、专业，但受发掘工作局限。
	发掘报告进度	☐	☑	☐	正在进行，略显滞后.
	发掘报告质量	☐	☑	☐	质量科学、较准确.
	与负责人沟通	☑	☐	☐	较好.
	与建设方协调	☑	☐	☐	非常好
	地方单位协调	☑	☐	☐	很好.
	遵章守纪情况	☑	☐	☐	严格遵守各项法规.

其他问题	
综合评价	领队到位，业务力量较强，调查、勘探、测绘工作到位，认识较明确。　综合评价：良.
签字	验收组组长签字：卜工　2015年 8月 28日

邢福来

检查意见	按检查评价表中“项目”栏内容给予评价，重点指出主要优点和存在问题，提出整改意见。 一、主要优点： 1. 考古领队全程在考古一线指挥参与考古工作；考古专业人员配备得当； 2. 前期考古调查工作较充实，了解了统万城自然地理状况、沙漠化历程、空间布局、历史沿革等基础资料。 3. 完成地貌航拍、地形测绘平台，正在进行GIS系统的建立； 4. 对内城、外城、城外进行了选择性考古发掘，并完成了部分区域考古勘探。通过调查勘探，了解了遗址宏观布局；通过发掘，逐步从聚落角度了解各期遗存空间格局。 二、存在问题： 1. 应该把更广范围内与统万城直接相关联的遗迹统一标识在总图上，以便从聚落沿革变迁角度考察。 2. 2015年台基发掘注意总体工作规划，注意层位关系，并充分考虑营建过程附属遗迹与目标遗迹之关系(不能只考虑本[illegible] 位置[illegible] 而应以[illegible] 建夯土[illegible] 基槽[illegible] 更大范围整[illegible] 充分考察，总平面，再局部[illegible] 剖堆积关系 综合评分：70.4 评价：良 （分优、良、合格、不合格四个等级）
签字	检查组组长签字：[signature] 2015年8月28日

国家文物局制

陕西省考古研究院考古发掘项目验收意见书

2014 年 月 日

基本情况	项目名称	统万城遗址	项目地点	榆林市靖边县红墩界乡
	项目性质	大遗址考古	协作单位	
	发掘证号		计划发掘面积	m²
	项目领队	邢福来	联系电话	
	发掘要求			
	验收组织单位	业务处	验收组长	曹龙
	验收组成员	李明、孙顺杰		

	具体内容	优	良	差	现场检查内容（填写每项具体内容实际情况）
验收过程和内容	执行协议工期	□	□	□	
	发掘领队到位	☑	□	□	领队、队员均在岗在位
	工地管理规范	□	☑	□	发掘现场整洁规范，但无警示标志
	现场测绘仪器	□	□	□	
	测绘准确程度	□	□	□	
	现场整洁有序	☑	□	□	
	影像记录情况	☑	□	□	影像资料齐全
	资料记录手段	☑	□	□	航拍、RTK测绘具备
	资料记录准确	☑	□	□	
	发掘报告进度	□	□	□	
	发掘报告质量	□	□	□	
	与负责人沟通	□	□	□	
	与建设方协调	□	□	□	
	地方单位协调	☑	□	□	
	遵章守纪情况	☑	□	□	

其他问题	
综合评价	优
签字	验收组组长签字：曹龙 李明 2015年10月15日

陕西省考古研究院考古勘探项目验收意见书

2015年12月4日

基本情况	项目名称	统万城遗址勘探			项目地点	靖边县统万城遗址
	项目性质	考古勘探			项目承担单位	西安博古文物勘探服务有限公司
	协议编号	陕遗勘协[2015]12			协议勘探面积	450000 m²
	勘探负责人	郭周虎			联系电话	13991355608
	协议要求	梅花孔2米 详见协议				
	验收组织单位				验收组长	刘呆运
	验收组成员	刘呆运、李恭、宋远茹、魏军				
验收过程和内容	具体内容	优	良	差	现场检查内容（填写每项具体内容实际情况）	
	执行协议工期	☑	☐	☐		
	探孔布设密度	☐	☑	☐		
	探孔勘探深度	☑	☐	☐		
	勘探遗迹准确	☐	☑	☐		
	现场测绘仪器	☑	☐	☐		
	测绘准确程度	☑	☐	☐		
	现场标识情况	☐	☑	☐		
	影像记录情况	☐	☑	☐		
	资料记录手段	☐	☑	☐		
	资料记录准确	☑	☐	☐		
	勘探报告进度	☐	☑	☐		
	勘探报告质量	☐	☑	☐		
	与负责人沟通	☑	☐	☐		
	与建设方协调	☑	☐	☐		
	地方单位协调	☑	☐	☐		
	遵章守纪情况	☑	☐	☐		
评价与意见	合格					
签字	刘呆运、李恭 宋远茹 魏军					

陕西省考古研究院考古勘探项目验收意见书

2015年10月14日

基本情况	项目名称	统万城遗址	项目地点	榆林市靖边县红墩界乡
	项目性质	大遗址项目	项目承担单位	西安博古文物勘探服务有限公司
	协议编号	陕古遗勘协[2015]02号	协议勘探面积	450000 m²
	勘探负责人	郭鹏虎	联系电话	13991355608
	协议要求	年度勘探面积450000平方米，自6月15日起工期180天。		
	验收组织单位	业务办	验收组长	李明
	验收组成员	曹龙、孙满杰		

	具体内容	优	良	差	现场检查内容（填写每项具体内容实际情况）
验收过程和内容	执行协议工期	☐	☑	☐	目前已完成约250000米²勘探任务
	探孔布设密度	☐	☑	☐	5×5米布孔，发现遗迹详探，全覆盖
	探孔勘探深度	☑	☐	☐	所有探孔探至生土
	勘探遗迹准确	☐	☑	☐	对遗迹现象的把控较好。
	现场测绘仪器	☑	☐	☐	RTK测绘，手绘草图
	测绘准确程度	☑	☐	☐	
	现场标识情况	☐	☐	☐	目前未发现重要遗迹，地面无需标记
	影像记录情况	☑	☐	☐	摄影、摄像资料皆有
	资料记录手段	☐	☑	☐	每个探孔都有记录资料
	资料记录准确	☑	☐	☐	
	勘探报告进度	☐	☐	☐	
	勘探报告质量	☐	☐	☐	
	与负责人沟通	☑	☐	☐	
	与建设方协调	☐	☐	☐	
	地方单位协调	☑	☐	☐	
	遵章守纪情况	☑	☐	☐	
评价与意见	勘探队与考古队商定勘探方法，开展统万城东城内与城墙勘探，目前已基本探清城墙平面分布，东城内基本未发现遗迹。因今年勘探工作开始较晚，致目前进展仅完成全部任务的一半。总体而言，现场勘探规范，探孔深度到位，对遗迹把控可靠，考古队也认可勘探结果，虽探孔间距较大，但根据实际情况可有效控制地下遗迹现象。总体勘探表现良好。				
签字	李明 曹龙 孙满杰				

发掘证照

中华人民共和国
考古发掘证照

考执字（2008）第79号

发掘单位：陕西省考古研究院

发掘内容：陕西省靖边县统万城遗址西城城门、红敦界镇墓葬区

发掘面积：500平方米

发掘时间：2008年5月至10月

发掘领队：邢福来

国家文物局

2008年4月3日

中华人民共和国
考古发掘证照

考执字（2009）第 93 号

发 掘 单 位： 陕西省考古研究院

发 掘 内 容： 陕西省靖边县红敦界镇白城子村统万城遗址

发 掘 面 积： 1200 平方米

发 掘 时 间： 2009 年 5 月至 11 月

发 掘 领 队： 邢福来

国家文物局

2009 年 3 月 19 日

中华人民共和国
考古发掘证照

考执字（2011）第113号

发掘单位：陕西省考古研究院

发掘内容：陕西省靖边县红墩界镇统万城遗址

发掘面积：1200平方米

发掘时间：2011年5月至11月

发掘领队：邢福来

国家文物局

2011年4月7日

中华人民共和国
考古发掘证照

考执字（2012）第147号

发掘单位：陕西省考古研究院

发掘内容：陕西省靖边县统万城遗址

发掘面积：1500平方米

发掘时间：2012年5月至11月

发掘领队：邢福来

国家文物局

2012年4月9日

中华人民共和国
考古发掘证照

考执字（2013）第260号

发掘单位：陕西省考古研究院

发掘内容：陕西省靖边县红墩界镇统万城遗址

发掘面积：1000平方米

发掘时间：2013年5月至11月

发掘领队：邢福来

国家文物局

2013年4月9日

中华人民共和国
考古发掘证照

考执字（2014）第217号

发掘单位： 陕西省考古研究院
榆林市文物保护研究所
榆林市考古勘探工作队
统万城文管所

发掘内容： 陕西省靖边县红墩界镇统万城遗址

发掘面积： 1200平方米

发掘时间： 2014年5月至11月

发掘领队： 邢福来

国家文物局

2014年5月14日

中华人民共和国
考古发掘证照

考执字（2015）第193号

发掘单位：陕西省考古研究院
榆林市文物保护研究所
榆林市考古勘探工作队
统万城文管所

发掘内容：陕西省靖边县红墩界镇统万城遗址

发掘面积：1200平方米

发掘时间：2015年4月至11月

发掘领队：邢福来

国家文物局

2015年3月18日

荣誉证书
陕西省考古研究院：
你单位参加的陕西靖边统万城遗址考古发掘项目荣获2007～2008年度国家文物局田野考古奖三等奖。
特发此状，以资鼓励。
国家文物局
二〇〇九年九月二十七日

获奖证书

五至十世纪
统万城 夏州城
考古发现与研究

陕西省考古研究院 编著
邢福来 侯甬坚 主编

图版编

WUZHISHISHIJI
TONGWANCHENGXIAZHOUCHENG
KAOGUFAXIANYUYANJIU

陕西新华出版传媒集团
三秦出版社

统万城周边墓葬出土文物图册

康兰英　乔建军　王富春　赵延梅　主编

在《考古编》中，涉及统万城周边很多古墓葬，这些墓葬中出土了许多文物，除了历史文献价值较高的墓志外，还有石器、陶器、青铜器、骨器、瓷器等。这些文物的时间跨度也很大，上自史前，下迄清末。由此，不难看出此地历史悠久、文化灿烂。为了尽可能全面地反映统万城——夏州城遗址及其周边区域出土文物，并通过文物直观地展示当地独特的文化风貌，我们编选了这部图册，其中绝大多数图片由靖边县博物馆提供，榆林市文物保护研究所提供了墓志图片，著名学者康兰英、王富春也提供了不少图片。

榆林地区文管会（今榆林市文研所）自 1996 年以来，陆续在统万城周边发掘、征集了从上古及隋、唐、五代、宋、元、明、清等时期墓志和其他器物。需要说明的是，这些文物有些来路不明，它们在被盗掘出土之后，往往又经历非法交易流转，一般都没有留下有关出土地点、发掘时间等文字记录。如征集到的大多数墓志，都曾经过多次辗转易手，其出土时间和地点均由最后的墓志持有人提供，很不可靠。所以，我们在图注中对于出土时间只能标注“近年”，无法提供准确时间。同样，书中所提供的一些相关墓志的出土地点也不一定可靠，可能存在偏差。

目　录

第一编

出土墓志

隋代墓志

叱奴延辉墓志

隋开皇十三年（593）十一月十三日立石。出土于靖边县红墩界乡圪坨河大队华家洼林场尔德井村。现藏榆林市文研所（原文管办）文物管理委员会办公室。

志石两方，砂石质，正方形，边长均32厘米，厚10厘米。志文楷书，第一方9行，行10字；第二方10行，行10字。剥蚀较重，边沿掉碴较多

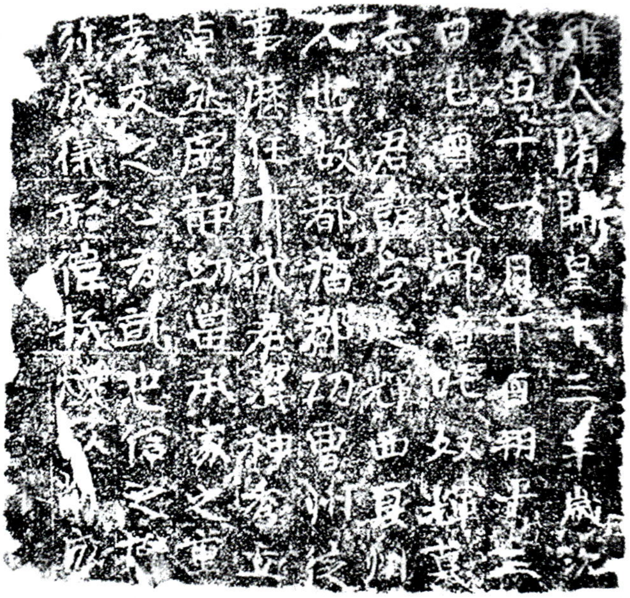

梁明达墓志铭并盖

隋末梁师都永隆二年（618）十一月七日立石。近年出土于内蒙古自治区乌审旗纳林河乡背锅沙村。现藏榆林市文物管理委员会办公室。

盖、志砂岩质。盝形盖，边长各 56 厘米，厚 14.7 厘米。横断为二。盖面阴刻楷书 3 行，行 4 字：“上柱国杞」国公总管」梁明达志。”刹面剔地浅浮雕加阳刻四神图，刹角刻花草纹。志石长方形，长 60 厘米，宽 58 厘米，厚 13 厘米。志文阴刻楷书 16 行，行 17 字。志面裂纹一道，凿、擦痕较多

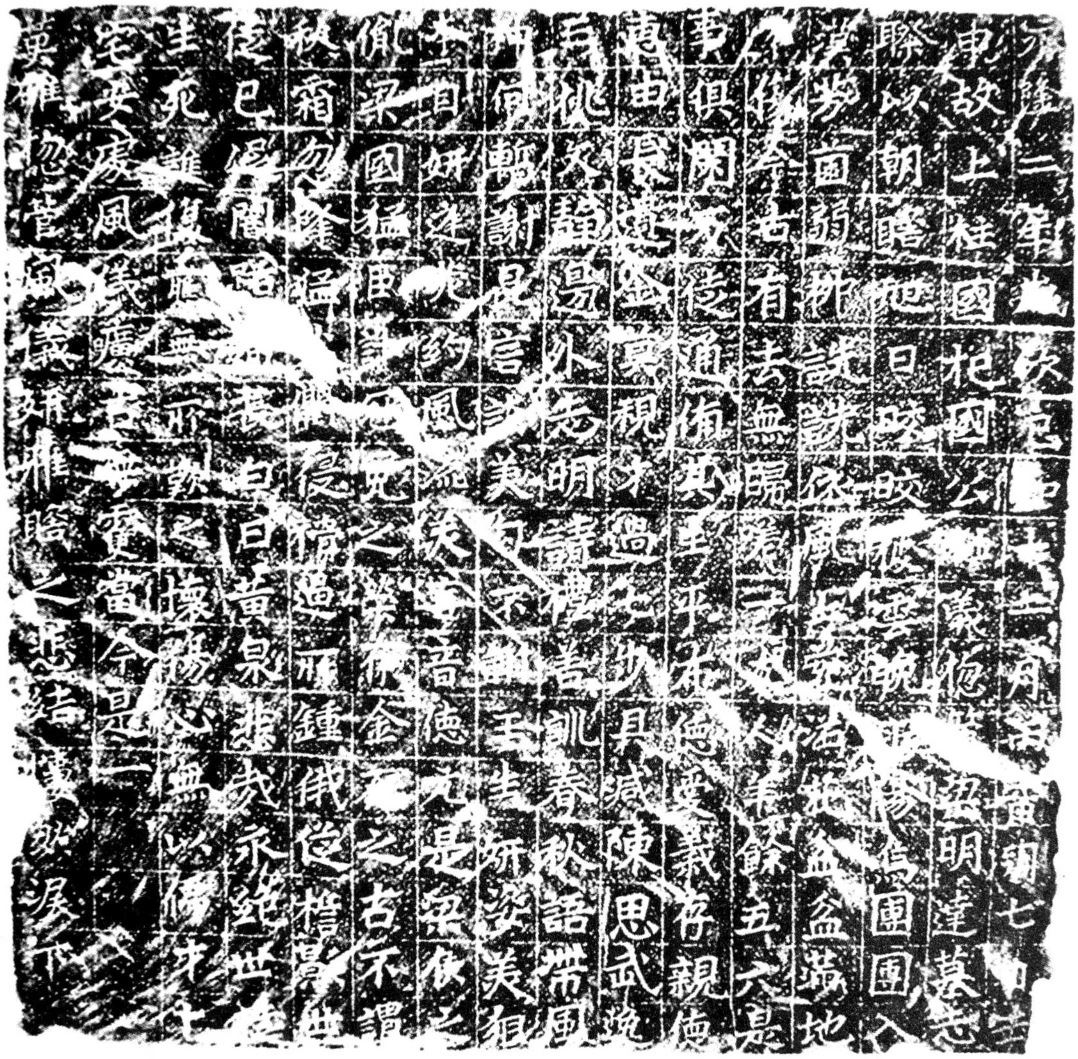

僖公墓志铭并盖

隋末梁师都永隆十一年（627）二月十九日立石。近年出土于靖边县红墩界乡圪坨河村。现藏榆林市文物管理委员会办公室。

盖、志砂岩质。盖为长方形，呈平首削肩式，长30厘米，宽35厘米，厚9.5厘米，下沿中有一缺豁。盖文阳刻篆书4行，行3字：“大梁上」柱国阳」邑僖公」墓志铭。”志石长方形，长29.5厘米，宽33.5厘米，厚11厘米。志文阴刻楷书兼有隶味，11行，行10字；盖底续刻志文11行，行10字，志石右下角残

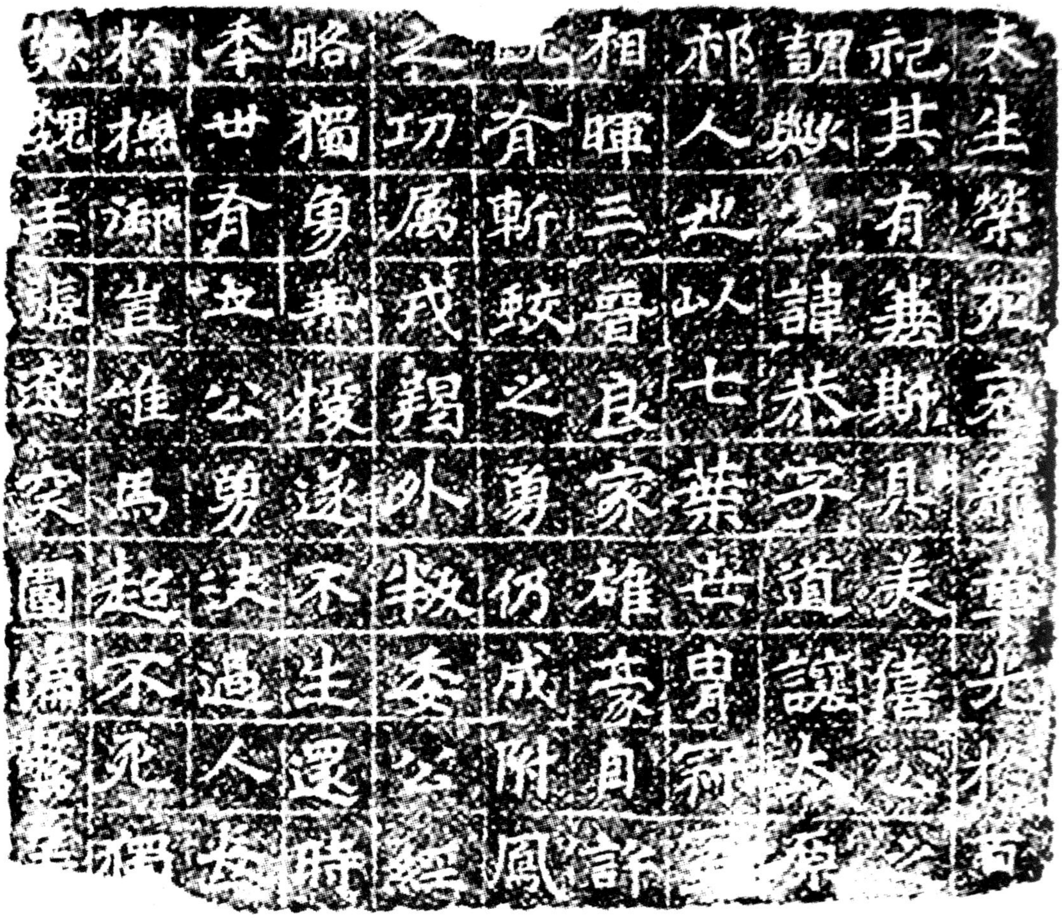
夫生榮充家竊重先朽古
記其有兼斯見美信公[illegible]
諱歟公諱恭字道讓太原
祁人也以七葉世冑[illegible][illegible]
相暉三晉良家雄豪自許
[illegible]育斬蛟之勇仍成附鳳
之功屬戎羯外叛委公經
略獨勇兼援遂不生還時
季世脊去公勇決過人去
矜撫御豈唯馬超不免禍
[illegible]魏手振遂突圍[illegible][illegible][illegible]

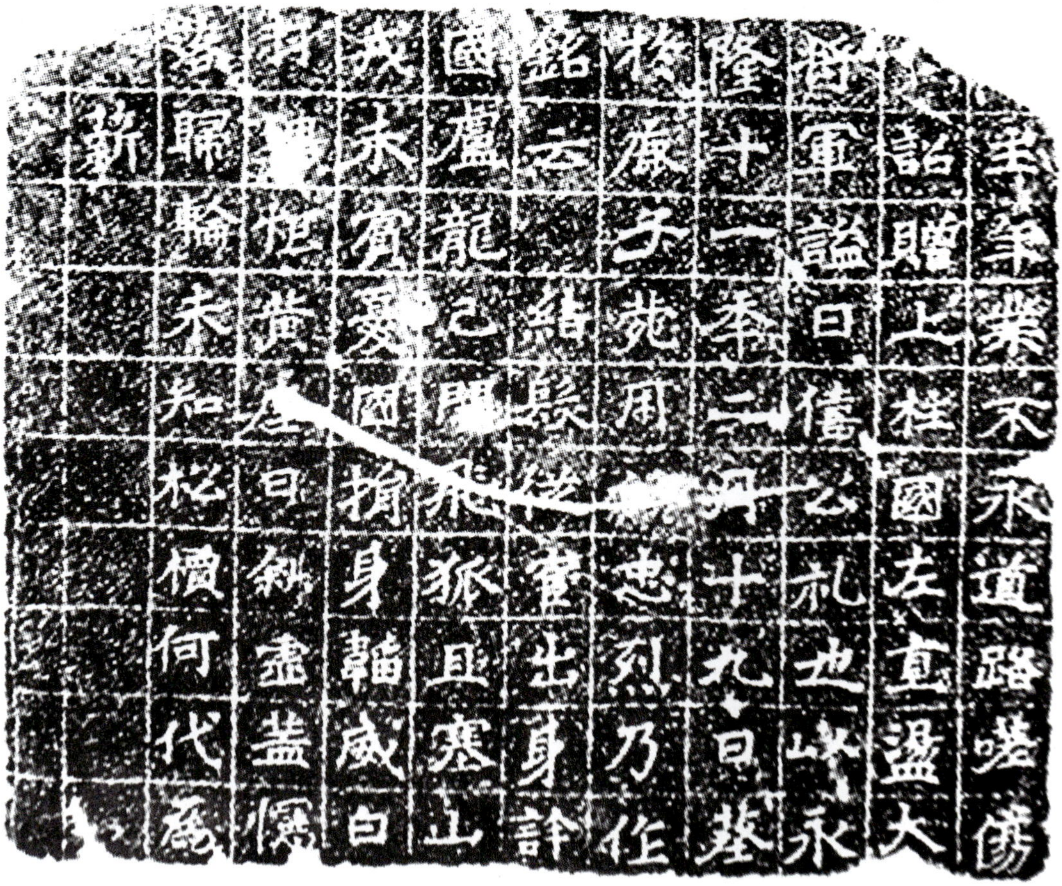

唐代墓志

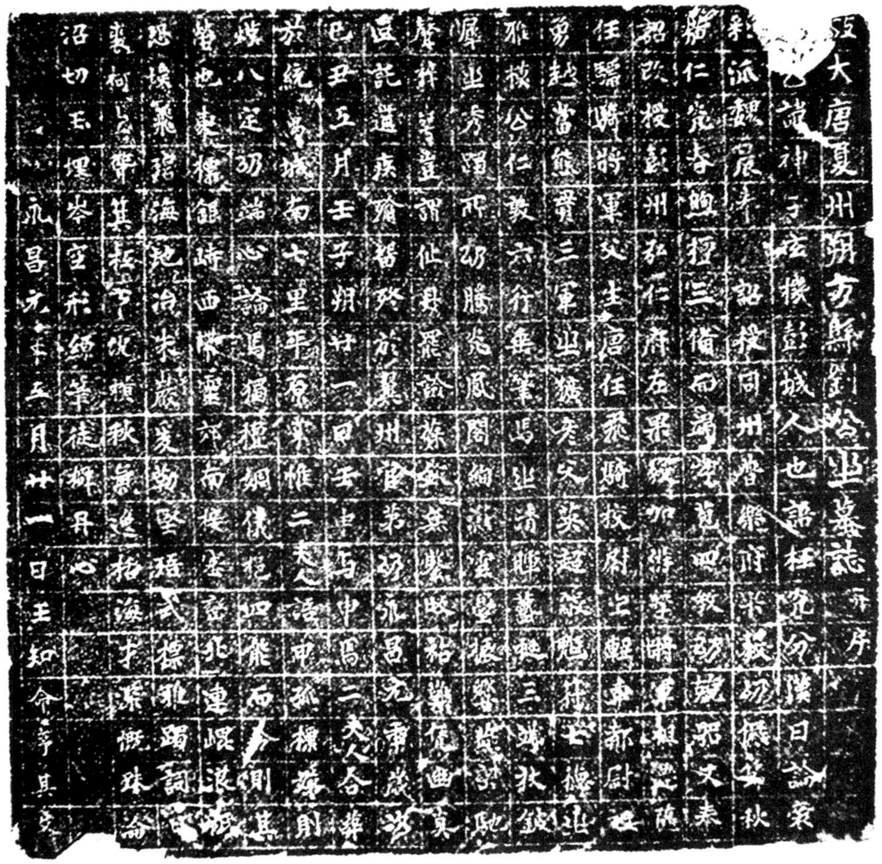

刘神墓志铭

永昌元年（689）五月二十一日立石。王知命撰文。近年出土上于靖边县红墩界乡圪坨河大队华家洼林场尔德井村。现藏榆林市文物管理委员会办公室。

缺盖。志石砂岩质，正方形。边长各 62 厘米，厚 10 厘米。志文楷书，19 行，行 19 字。边棱多有掉碴，近右上角因掉碴面较大，缺第二行第一字，第一行第一字“故”与第二行第二字“公”均残

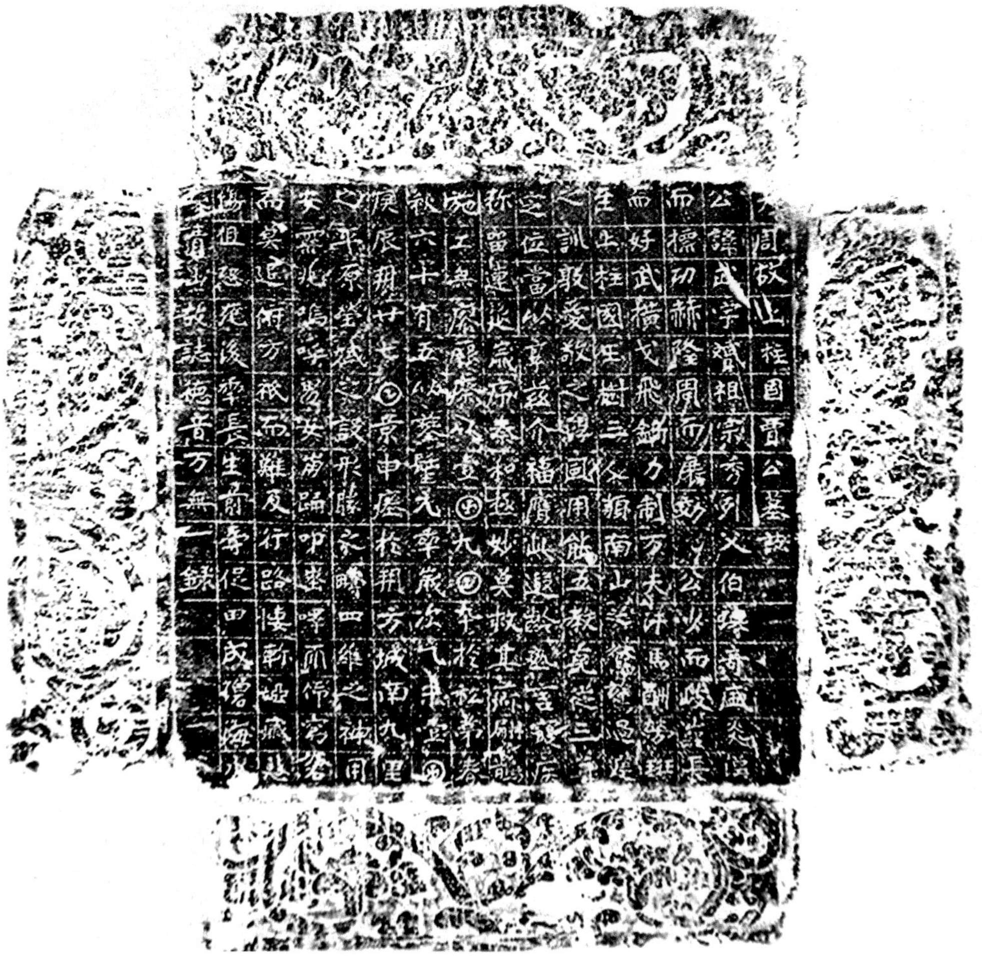

贾武墓志铭

证圣元年（695）一月二十七日立石。近年出土于靖边县红墩界乡圪坨河村。现藏榆林市文物管理委员会办公室。

王夫人墓志铭并盖

天册万岁元年（695）十月十一日立石。近年出土于靖边县红墩界乡圪坨河大队华家洼林场尔德井村。现藏榆林市文物管理委员会办公室。

盖、志皆砂岩质。盝形盖，边长各48厘米，厚11.5厘米。盖文篆书，2行，行2字："王夫｜墓志。"周边刻十二生肖图，刹面及四侧刻缠枝花卉。志石长方形，长47厘米，宽46厘米，厚9厘米。志文阴刻。行楷书。16行，行16字。剥蚀较重，边沿多有磕损

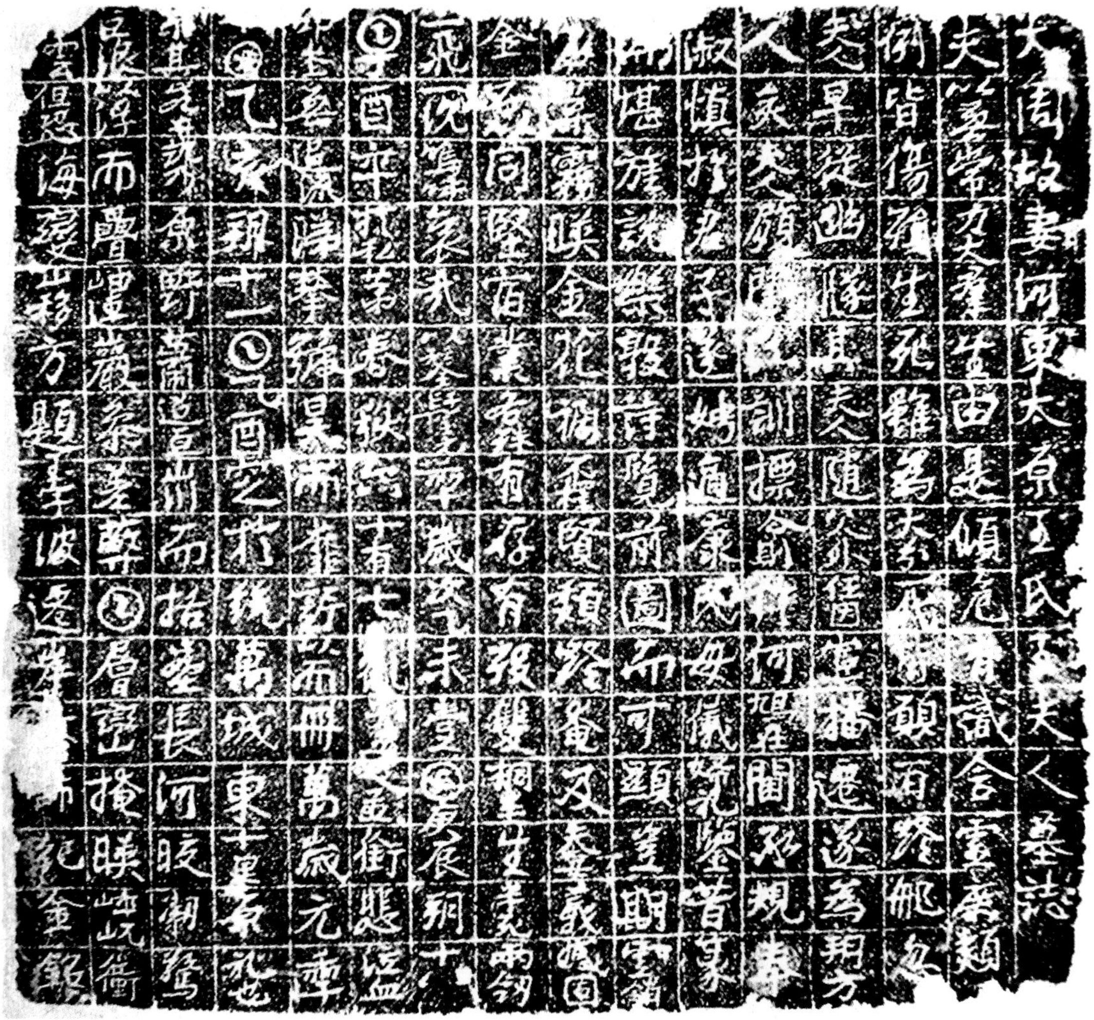
大周故妻河東太原王氏夫人墓誌

徐买墓志铭并盖

万岁通天元年（696）五月二日立石。近年出于内蒙古自治区乌审旗纳林河乡背锅沙郭梁村。现藏榆林市文物管理委员会办公室。

盖、志均砂岩质。盝形盖，边长56厘米，宽56厘米，厚13厘米。盖文篆书，2行，行2字："徐公」墓志。"盖面周边刻十二生肖图。刹面刻如意云纹。侧面刻四神图间饰如意云纹。志石正方形，边长各59厘米，厚9厘米。志文行书，17行，行17字，志面及边沿有多处磕碰痕

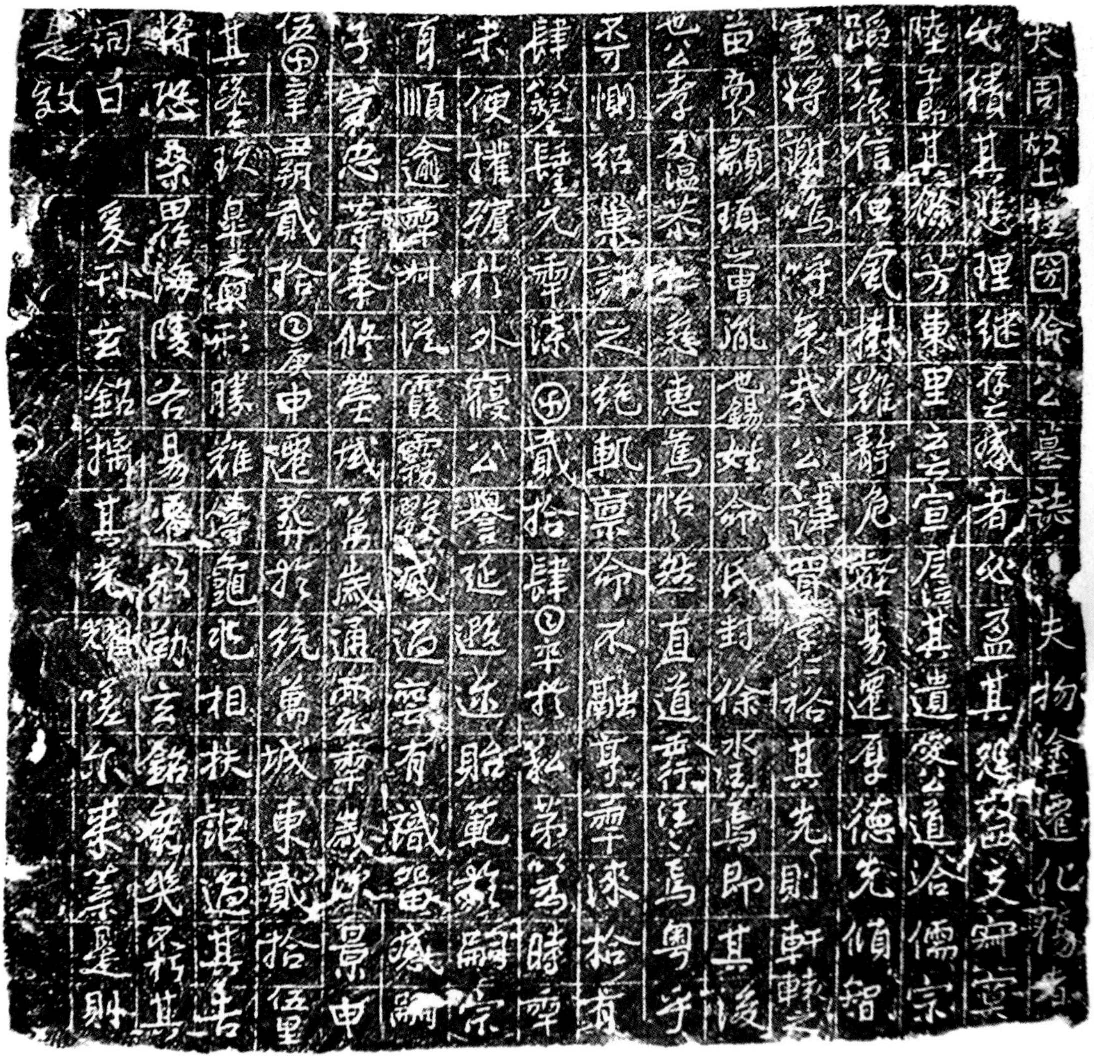
大周故上柱國徐公墓誌

武征墓志铭并盖

万岁通天元年（696）五月二十一日立石。近年出土于内蒙古自治区乌审旗纳林河乡七大队背锅沙郭梁村。现藏榆林市文物管理委员会办公室。

盖、志砂岩质。盝形盖，长 60 厘米，宽 58 厘米，厚 12 厘米。盖文篆书，2 行，行 2 字："武公」墓志。"周边刻十二生肖图，刹面刻牡丹花卉，侧面刻四神图。志石正方形，边长各 58 厘米，厚 10.5 厘米。 志文行楷书，20 行，行 20 字。 剥蚀较重，边沿磕碰掉碴较多

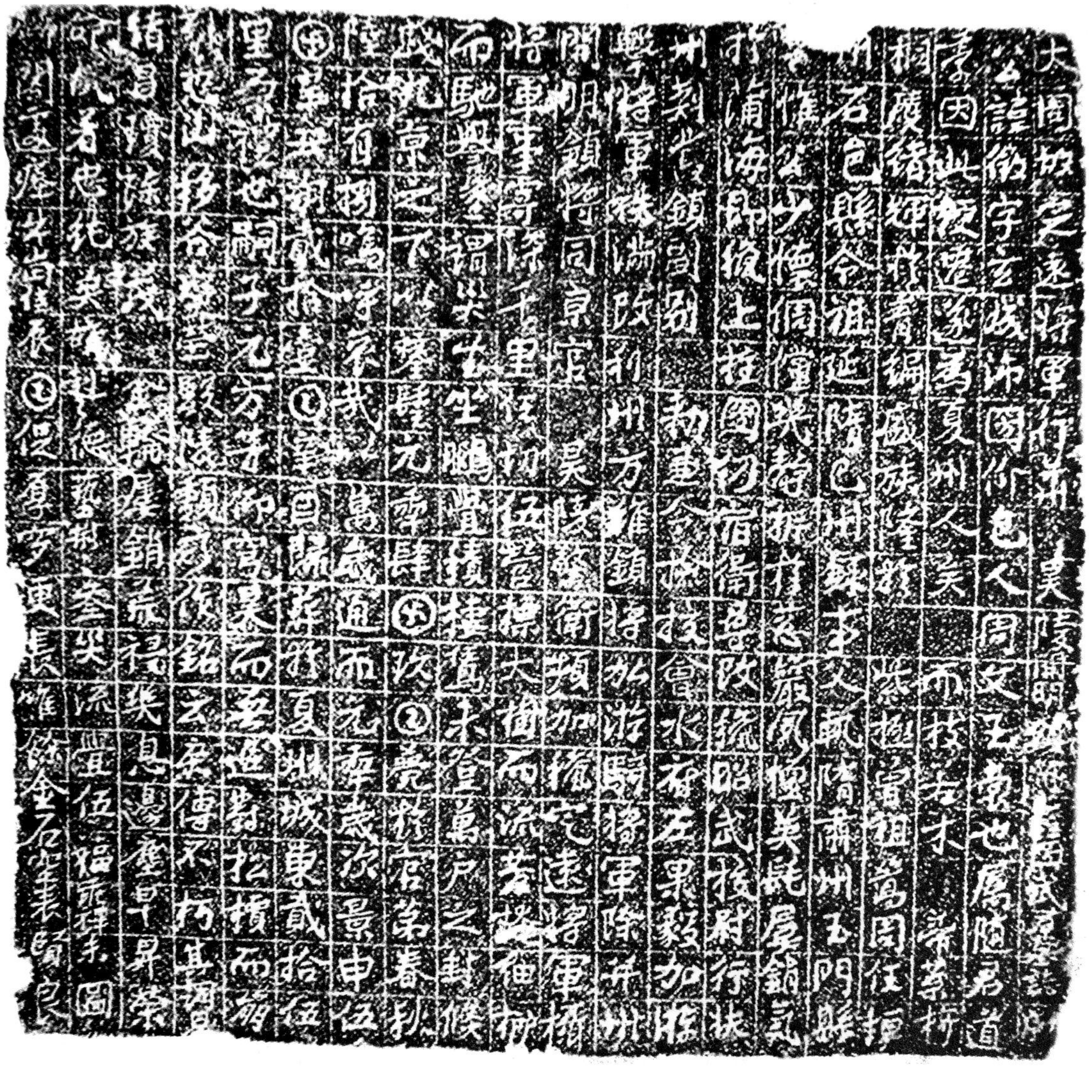

王诠墓志铭并盖

万岁通天元年（696）八月二十一日立石。1995 年 4 月出土于靖边县红墩界乡圪坨河村。现藏榆林市文物管理委员会办公室。

盖、志砂石质。盝形盖，边长各 49.5 厘米，厚 14.3 厘米。盖文楷书，2 行，行 2 字："王君亅墓志。"盖面周边线刻十二生肖图，刹面和侧面刻缠枝花卉纹。志石正方形，边长各 49 厘米，厚 10 厘米。志文楷书，18 行，行 19 字。四侧刻缠枝花卉纹。掉碴和划伤较多

安旻墓志铭并盖

神功元年（697）十月七日立石。1995 年 4 月出土于靖边县红墩界乡圪坨河村。现藏榆林市文物管理委员会办公室。

盖、志砂岩质。盝形盖，长 46.3 厘米，宽 47.8 厘米，厚 12.5 厘米。盖文篆书，2 行，行 2 字：“安公」墓志。”盖面周边刻十二生肖图，刹面刻缠枝花卉纹，侧面刻四神图。志石长方形，长 51 厘米，宽 49.7 厘米，厚 10 厘米。志文楷书，16 行，行 16 字。侧面刻花草纹。錾痕、掉碴较多

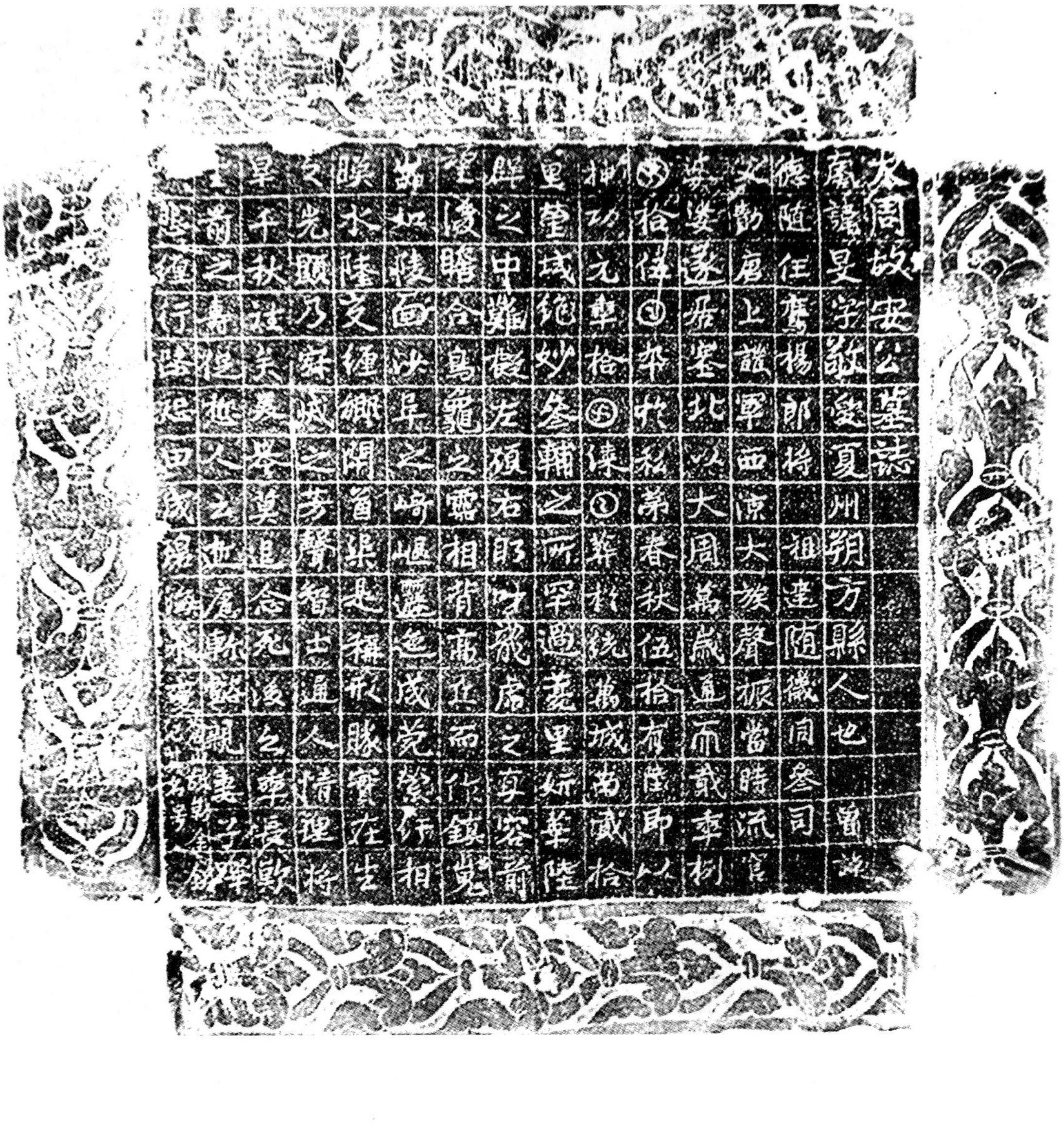
大周故安公墓誌

张德墓志铭并盖

神功元年（697）十月二十一日立石。1995 年 4 月出土于靖边县红墩界乡圪坨河村。现藏榆林市文物管理委员会办公室。

盖、志砂岩质。盝形盖，长 50 厘米，宽 50 厘米，厚 12 厘米。盖文篆书，2 行，行 2 字："张公｜墓志。"盖面周边刻十二生肖图。刹面刻缠枝花卉，侧面主题纹饰为四神图。志石正方形。边长各 50 厘米，厚 7.5 厘米。志文楷书，18 行，行 18 字。盖侧左、右下角残，志石左上斜断为两块。边沿掉碴较多

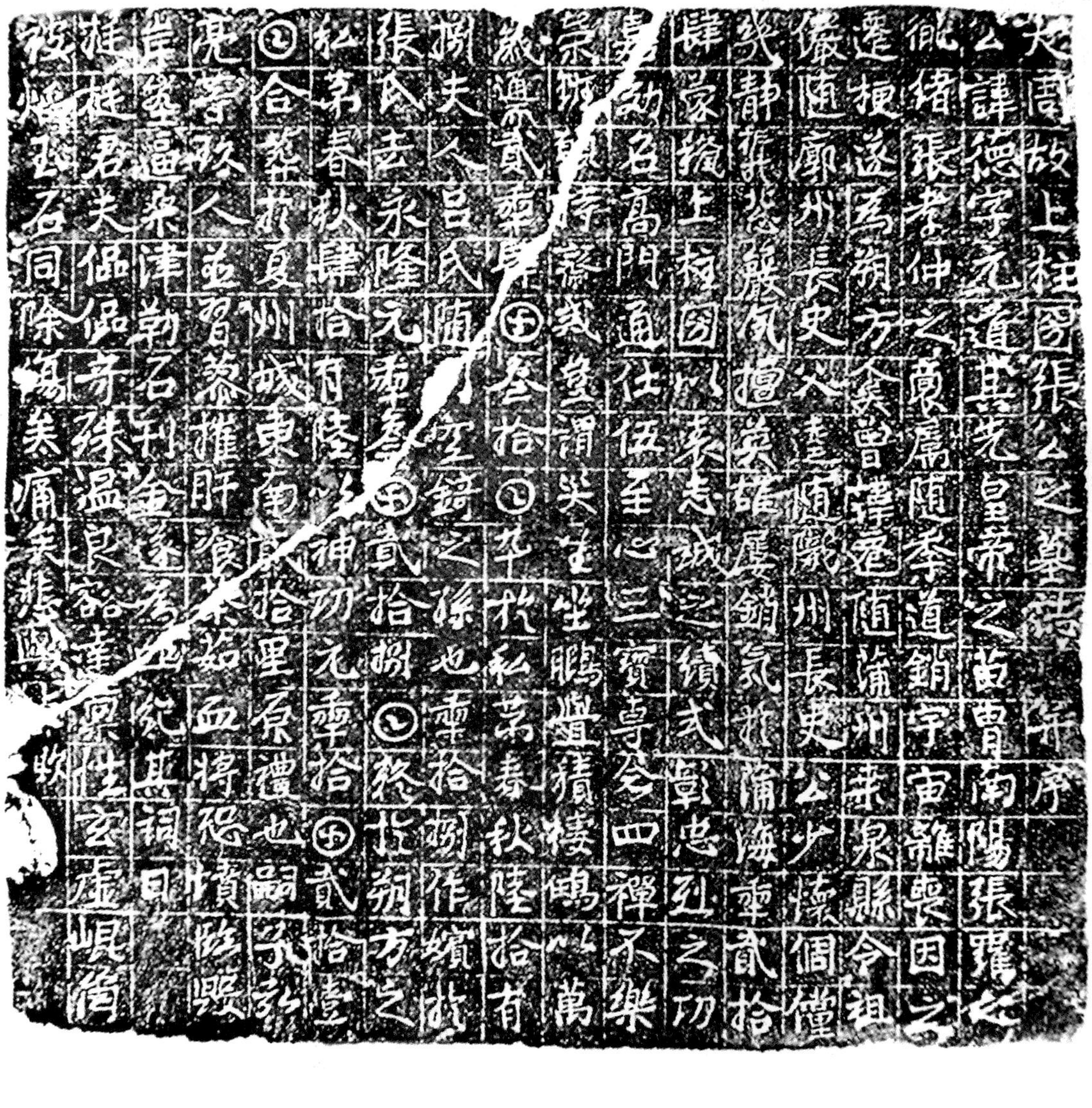

杜识则墓志铭并盖

久视元年（700）六月二十日立石。近年出土于靖边县红墩界乡统万城周围。现藏榆林市文物管理委员会办公室。

盖、志砂石质。盝形盖，长38.5厘米，宽38.5厘米，厚7厘米。盖文篆书，3行，行3字："大周故」杜夫人」墓志铭。"周边及刹面刻牡丹花卉。志石正方形，边长各38厘米，厚5.2厘米。志文楷书，14行，满行15字。四侧刻水波纹

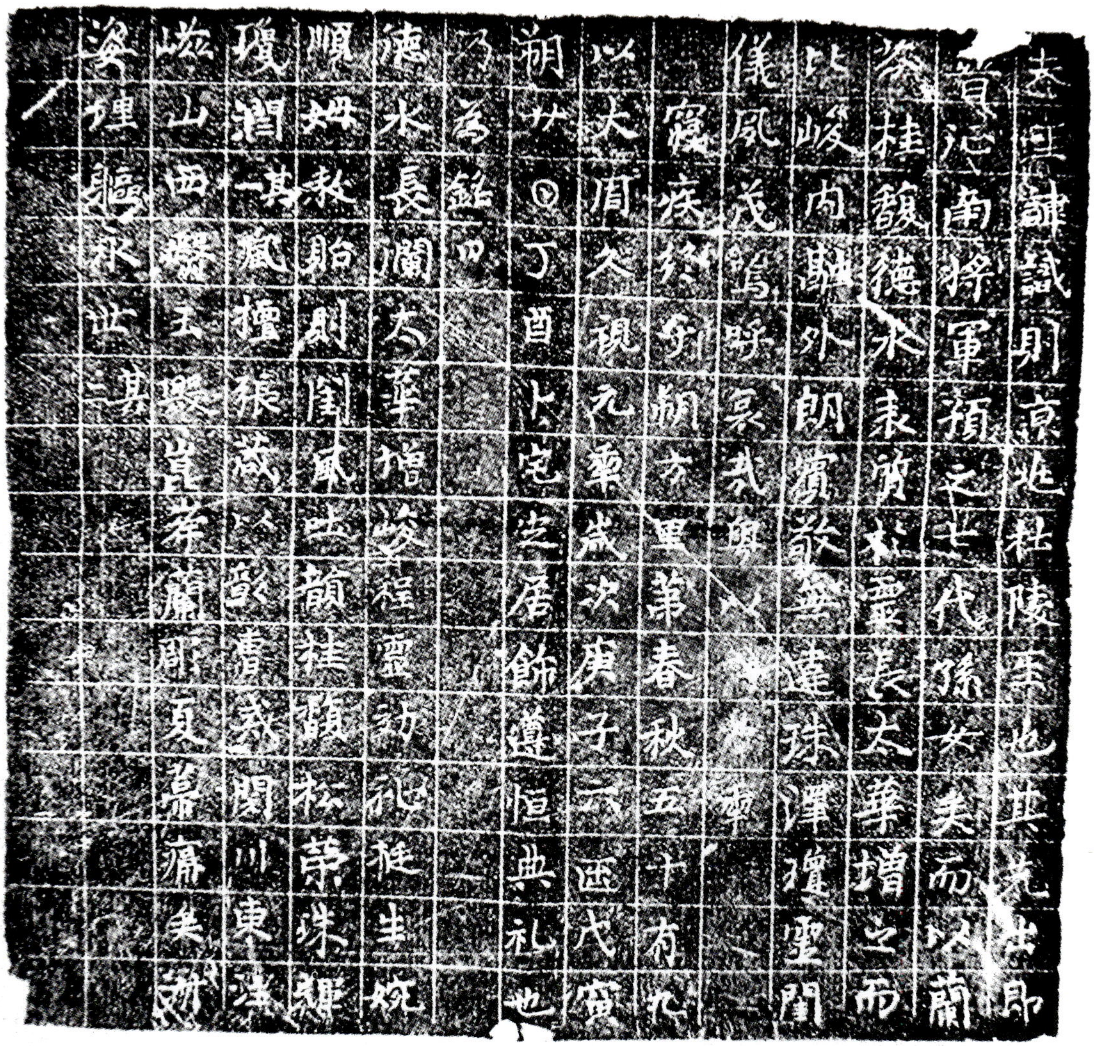
夫人諱識則京兆杜陵人也其先出自
晉征南將軍預之七代孫女矣而以蘭
姿桂馥德水表質於靈長太華增之而
比峻內融外朗賓敬無違珠潭瓊璧閨
儀風茂嗚呼哀哉以[illegible]
寢疾終於朔方里第春秋五十有九
以大周久視元秊歲次庚子六月戊寅
朔廿日丁酉卜宅窆厝飾遵恒典礼也
乃爲銘曰
德水長瀾太華增峻程靈効祉挺生婉
順姆教貽則閨風吐韻桂馥松蘭珠輝
瓊潤其一鳳樓張蕆以彰貴哉閱川東逝
崦山西頹玉毀豈茅蘭凋夏幕霜矣謝
姿埋[illegible]永世其二

任操墓志铭并盖

久视元年（700）十月二十二日立石。近年出土于靖边县红墩界乡圪坨河大队华家洼林场尔德井村。现藏榆林市文物管理委员会办公室。

盖、志砂石质。盝形盖，长 41 厘米，宽 41 厘米，厚 8 厘米。盖文楷书，2 行，行 2 字：“任公」墓志。”盖面周边刻牡丹花卉。刹面刻水波纹。志石正方形，边长各 41.5 厘米，厚 7 厘米。志文楷书，19 行，行 20 字。志侧刻水波纹。盖裂为三块，已粘合

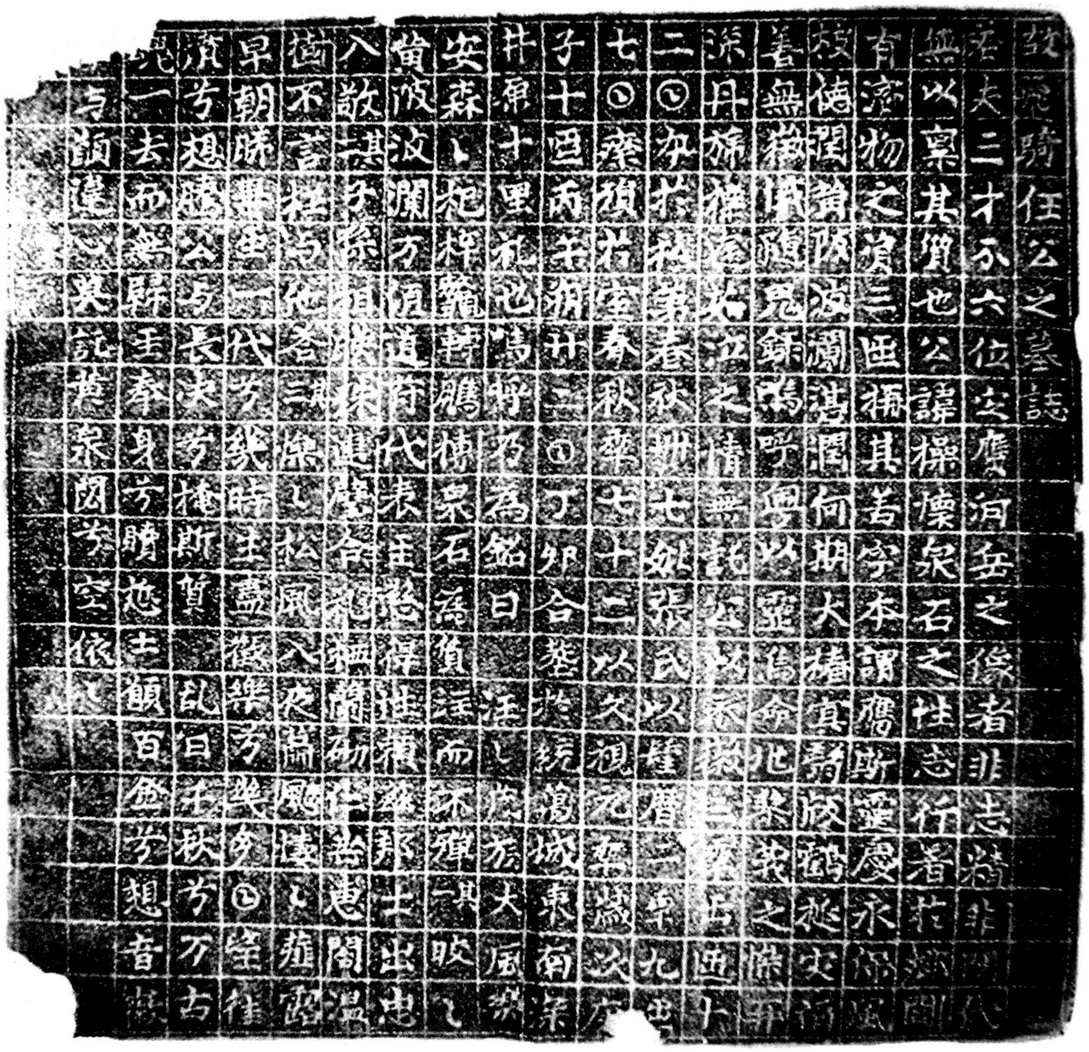
故飛騎任公之墓誌

梁才墓志铭并盖

久视元年（700）十月二十八日立石。近年出土于内蒙古自治区乌审旗纳林河乡背锅沙郭梁村。现藏榆林市文物管理委员会办公室。

盖、志砂石质。盝形盖，长37.5厘米，宽37.5厘米，厚6厘米。盖文楷书，2行，行2字："梁公丨墓志。"盖面周边刻牡丹花卉，刹面刻十二生肖图。侧面刻花草纹。志石正方形，边长各37厘米，厚5.5厘米。志文楷书，15行，行15字至20字不等。志盖有数处錾伤痕，志石右上角略残

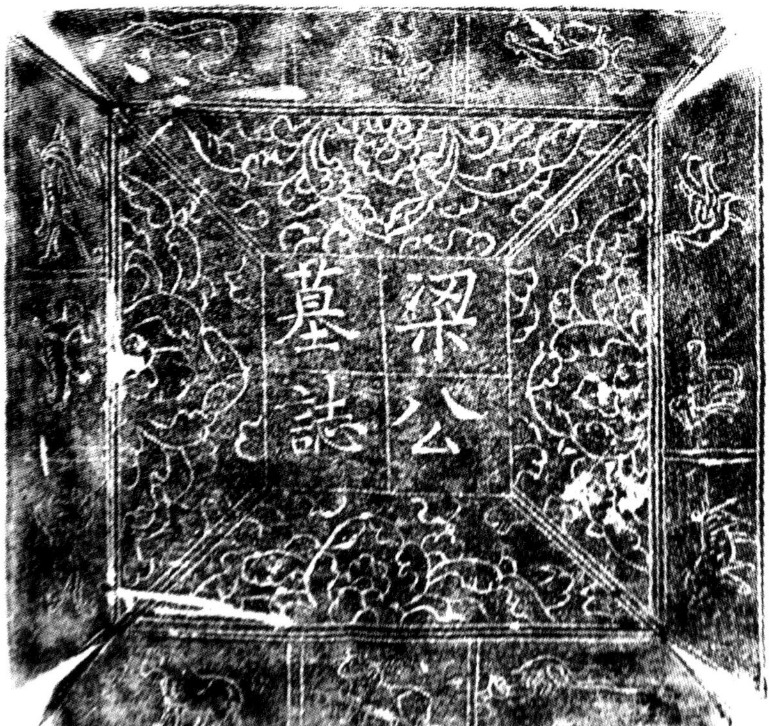

大周故梁公之墓誌并序
公諱才字弘德绛州稷山里也緣封錫
氏即其梁姓因官朔方遂為此土里矣
曾廣齊涼州刺史祖達隨沙州長史父
榮隨蘭州金城令公去龍朔元年四月十五日
終於私第春秋六十有六夫人陳氏太平長寔
之裏也豈期雪銷玉萎雪朕金花芳苙柯
摧蘭孫蒂斷去永隆二年四月十六日殯於私第春
秋七十有四公故子善見孫全意次子嗣等並
早從風燭嗣子恩春父親元年歳次庚子十四日
朔廿日 合遷窆於夏州城東廿
里原礼也恐陵遷岸谷海變桑律勒石刊
金而為頌曰 喪柯上拱箕柩下盤佳
城直峻闇室横寬黄金瘞椰白玉沉棺
從今一閟萬古長安

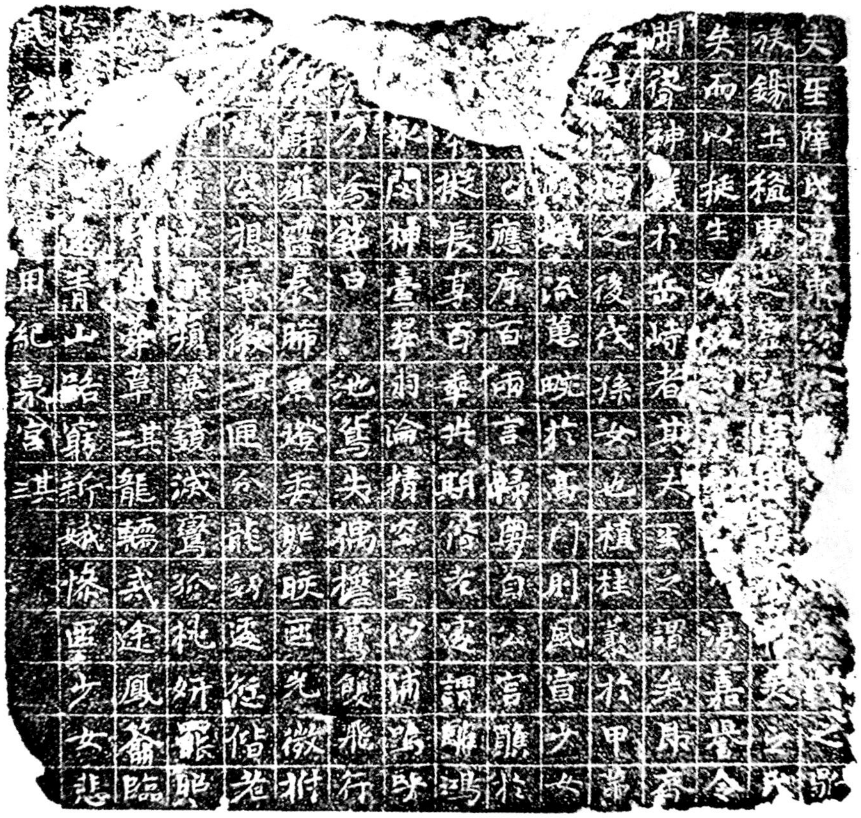

薛氏夫人墓志铭

武周时期（690 ~ 705）立石。近年出土于靖边县红墩界乡统万城周围。现藏榆林市文物管理委员会办公室。

缺盖。志石砂岩质，正方形，边长各 40 厘米，厚 5.5 厘米。志文楷书，16 行，行 16 字。侧面刻水波纹。志面剥蚀严重，右边、上边大面积掉碴，文字漫漶

敬氏夫人墓志铭

武周时期（690 ~ 705）立石。近年出土于靖边县红墩界乡统万城周围。现藏榆林市文物管理委员会办公室。

缺盖。志石砂岩质。正方形，边长各39厘米，厚5厘米。志文楷书，15行，行15字。侧面刻水波纹。剥蚀较重，右上角斜断为两块

辛节墓志铭并盖

景龙二年（708）五月二十八日立石。近年出土于靖边县红墩界乡圪坨河大队华家洼林场尔德井村。现藏榆林市文物管理委员会办公室。

盖、志砂石质。盝形盖，边长各 41 厘米，厚 9 厘米。盖文篆刻 2 行，行 2 字：“辛公｜墓志。”盖面周边刻十二生肖图，刹面刻牡丹花卉图。志石正方形，边长各 41 厘米，厚 9.5 厘米。志文楷书，17 行，行 17 字。侧面刻四神图

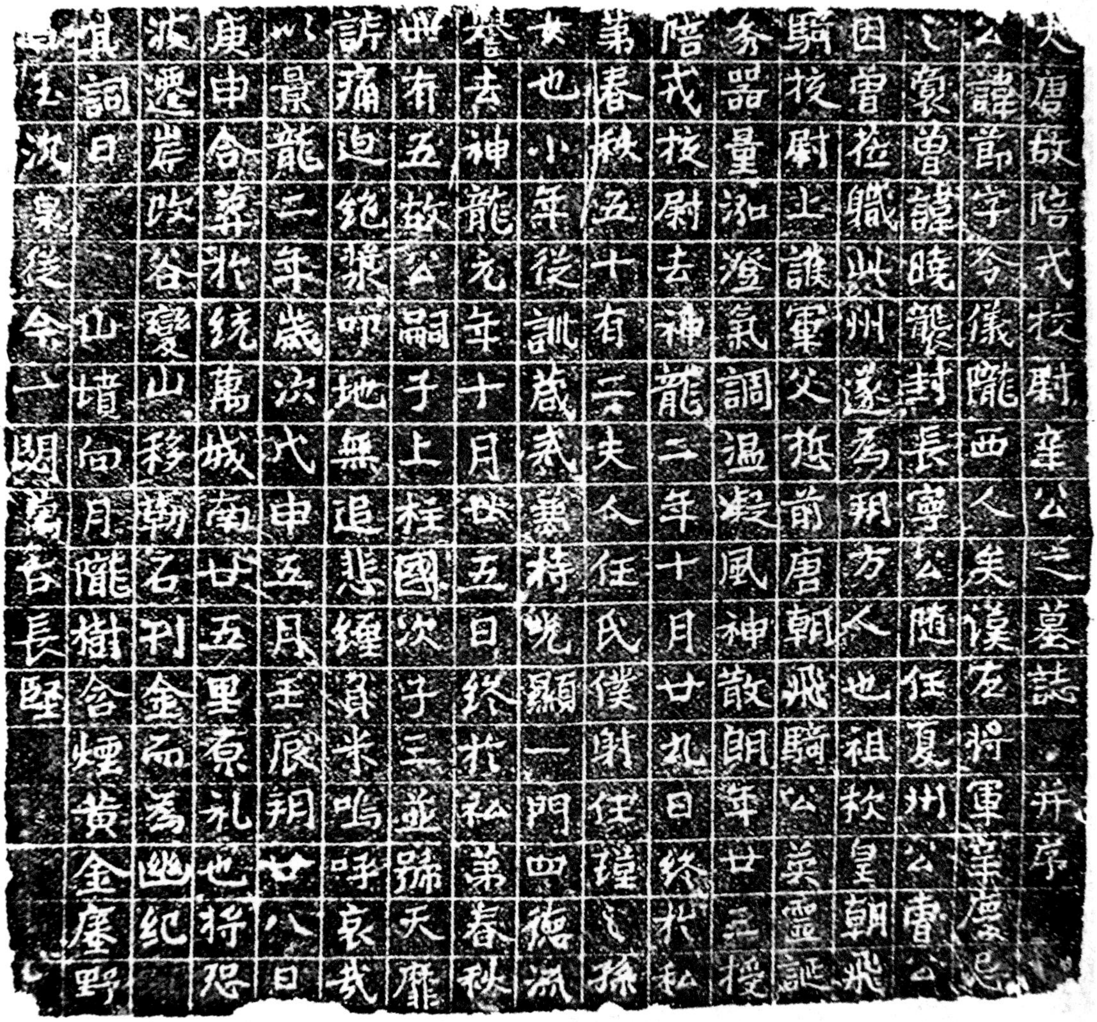

大唐故陪戎校尉韋公之墓誌并序
公諱節字令儀隴西人先漢左將軍韋慶忌
之裔曾諱曉襲封長寧公隨任夏州公曹公
因曾任職此州遂為朔方人也祖秋皇朝飛
騎校尉上護軍父㥁前唐朝飛騎公英靈誕
秀器量淵澄氣調温凝風神散朗年廿三授
陪戎校尉去神龍二年十月廿九日終於私
第春秋五十有二夫人任氏僕射任瓌之孫
女也小年從訓蔵義兼持光顯一門四德流
譽去神龍元年十月廿五日終於私第春秋
卌有五孩公嗣子上柱國次子三並𢈔天靡
訴痛迫絶漿叩地無追悲纏負米嗚呼哀哉
以景龍二年歲次戊申五月壬辰朔廿八日
庚申合葬於统萬城南廿五里意礼也将恐
陵遷岸改谷變山移勒石刊金而為幽紀
其詞曰 山墳向月隴樹含煙黄金塵野
玉沉泉從今一閟萬古長堅

王玄度墓志铭并盖

景龙三年（709）七月十九日立石。近年出土于靖边县红墩界乡圪坨河大队华家洼林场尔德井村。现藏榆林市文物管理委员会办公室。

盖、志砂石质。盝形盖，边长各46厘米，厚10厘米。盖文篆刻2行，行4字："大唐王府」君之墓志。"盖面左、右边和刹面刻牡丹花纹。志石正方形，边长各44.5厘米，厚10厘米。志文楷书，18行，行18字；未完部分续刻于盖背，楷书，17行，行18字。剥蚀较重，边沿多有磕伤

大唐故上柱國王君墓誌銘并序

权通墓志铭并盖

景龙三年（709）十月二十六日立石。1995 年 4 月出土于靖边县红墩界乡圪坨河村。现藏榆林市文物管理委员会办公室。

盖、志砂石质。盝形盖，边长各 39.6 厘米，厚 8.3 厘米。盖文楷书，2 行，行 2 字：“权公」墓志。”盖面周边刻十二生肖图，刹面刻牡丹纹。志石正方形，边长各 39.5 厘米，厚 9.8 厘米。志文楷书，16 行，行 16 字。剥蚀较重，掉碴较多。志盖断裂为三块，已粘合

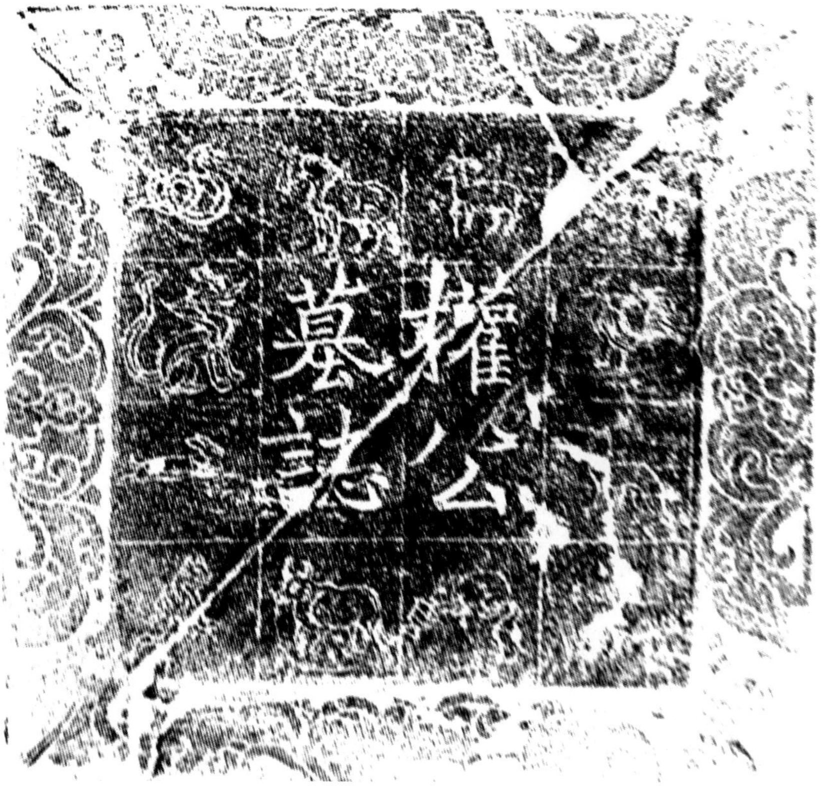

牛兴墓志铭并盖

唐隆元年（710）七月二十一日立石。近年出土于靖边县红墩界乡圪坨河大队华家洼林场。现藏榆林市文物管理委员会办公室。

盖、志砂石质。盝形盖，长 48.5 厘米，宽 44 厘米，厚 8.5 厘米。盖文楷书，2 行，行 3 字："故牛公｣之墓志。"盖面周边刻十二生肖图，刹面和侧面刻牡丹花卉图。志石长方形，长 48.3 厘米，宽 44 厘米，厚 7.5 厘米。志文楷书，17 行，行 18 字。侧面图案分两层，上层勾云纹，下层几何纹。志文右起一、二行中段因磨损掉碴缺 9 字

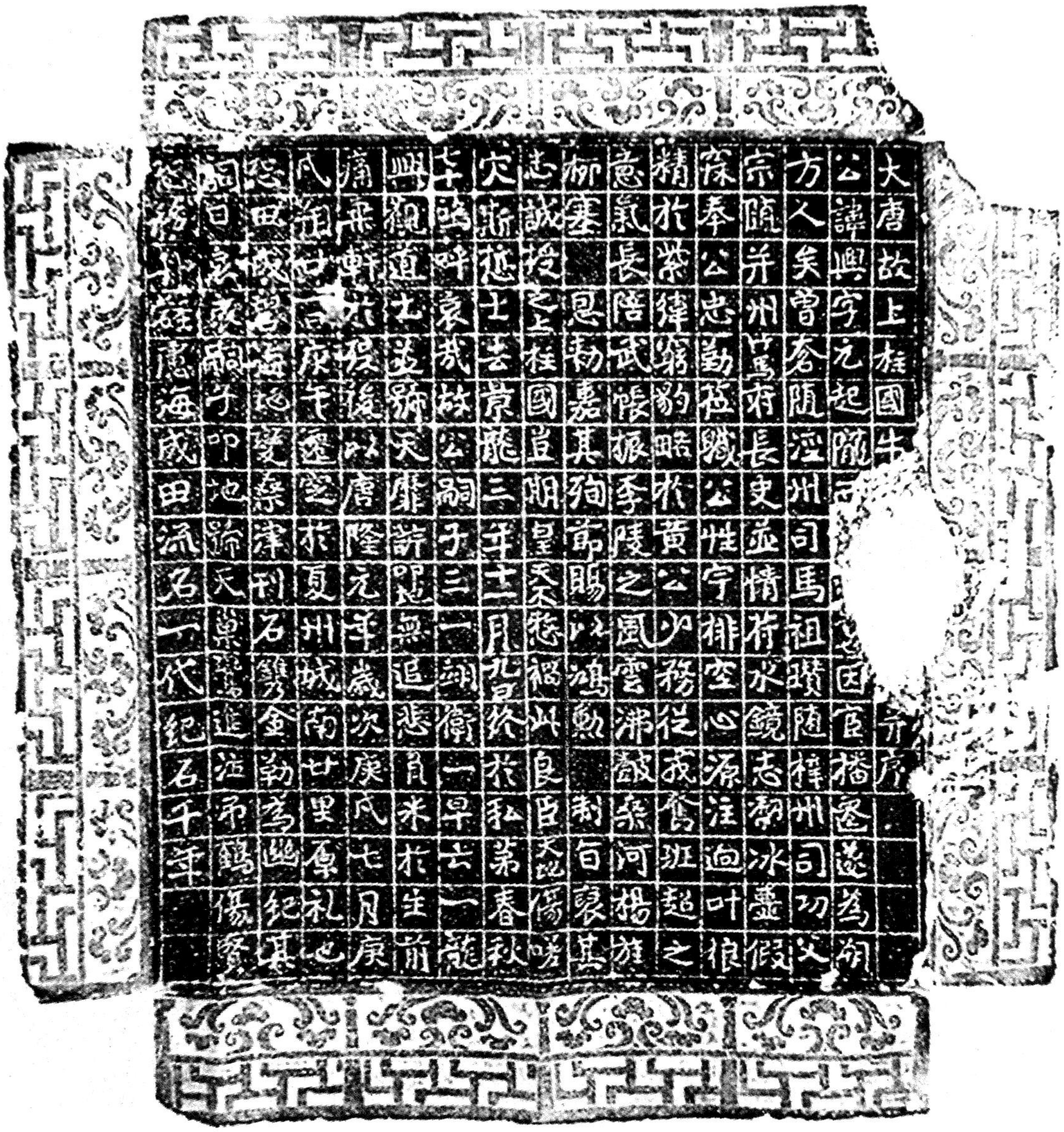

刘保墓志铭并盖

唐隆元年（710）七月二十四日立石。近年出土于内蒙古自治区乌审旗纳林河乡七大队背锅沙郭梁村。现藏榆林市文物管理委员会办公室。

盖、志砂石质。盝形盖，边长各43厘米，厚8厘米。盖文楷书，3行，共8字："大唐故」刘公之」墓志。"盖面周边刻花卉纹，刹面刻卷云纹。志石正方形，边长各41厘米，厚7厘米。志文楷书，18行，行18字。边沿磕碰掉碴较多

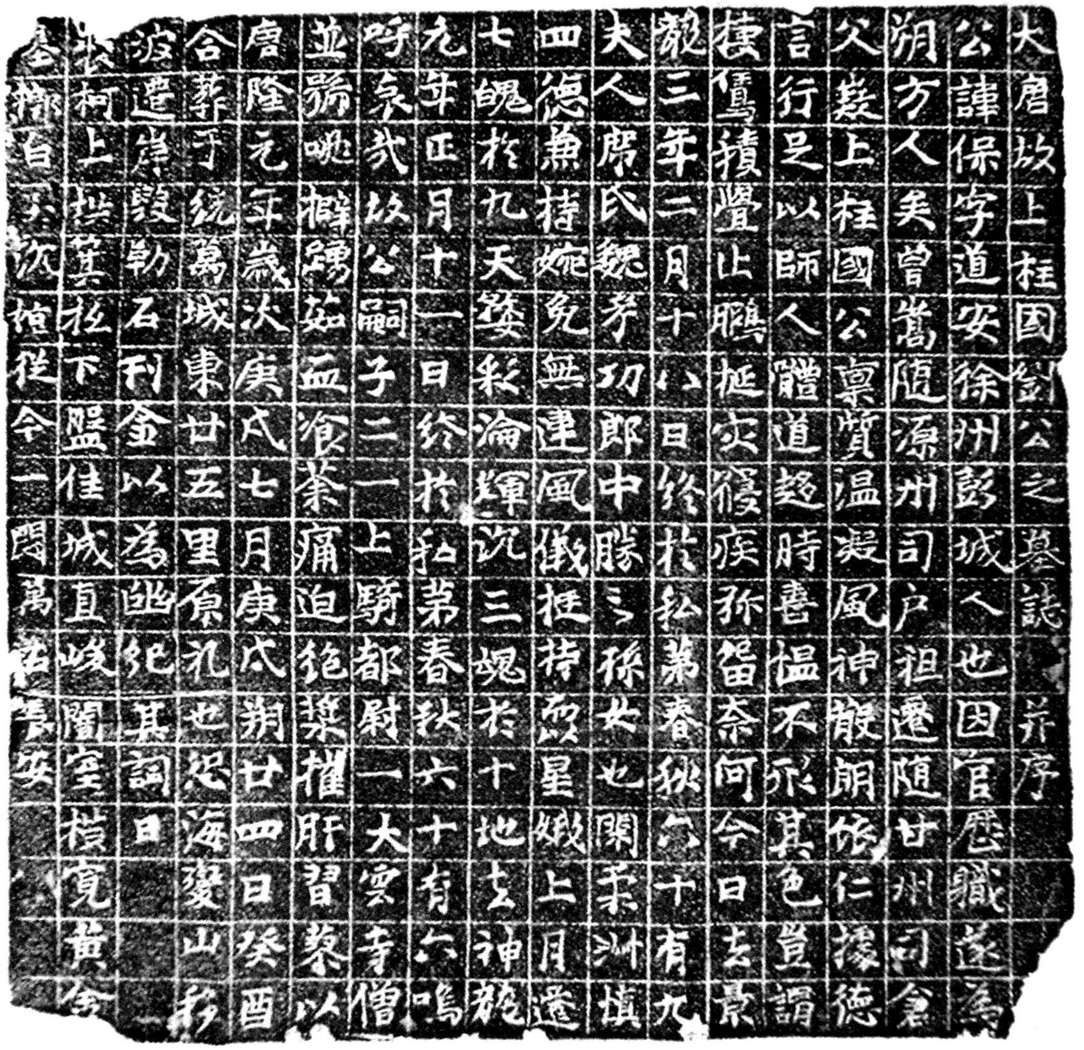

大唐故上柱国劉公之墓誌并序
公諱保字道安徐州彭城人也因官歷職遂為
朔方人矣曾蕭隨源州司户祖遷隨甘州司倉
父嶷上柱國公稟質温凝風神散朗依仁據德
言行是以師人體道超時書偪不形其色豈謂
棲僊積釁止鵬搋灾寖疾孫留奈何今日去景
龍三年二月十八日終於私第春秋六十有九
夫人席氏魏孝功郎中滕之孫女也閑柔淑慎
四德兼持婉免無違風儀柾持而星娥上月還
七魄於九天婺彩淪輝沉三魂於十地去神龍
元年正月十一日終於私第春秋六十有六嗚
呼哀哉故公嗣子二一上騎都尉一大雲寺僧
並號咷擗踴茹血飡荼痛迫絶漿權肝習蓼以
唐隆元年歲次庚戌七月庚戌朔廿四日癸酉
合葬于統萬城東廿五里原孔也恐海變山移
陵遷岸毀勒石刊金以為幽紀其詞曰
松柯上拱茸枝下蹬佳城直峻闇室横寬黄金
奎擲白玉沉埋從今一閉萬古長安

王最墓志铭并盖

唐先天元年（712）九月十九日立石。出土于靖边县红墩界乡圪坨河村。现藏榆林市文物管理委员会办公室。

盖、志砂岩质。盝形盖，边长各 47 厘米，厚 9 厘米。盖文阴刻楷书 3 行，行 3 字：“维大唐」王府君」之墓志。”刹面阴刻十二生肖图，盖侧刻缠枝卷草纹。志石正方形，边长各 46 厘米，厚 8.5 厘米。志文阴刻楷书 17 行，行 18 字。志侧刻缠枝卷草纹。边沿多有掉碴、碰磕伤痕

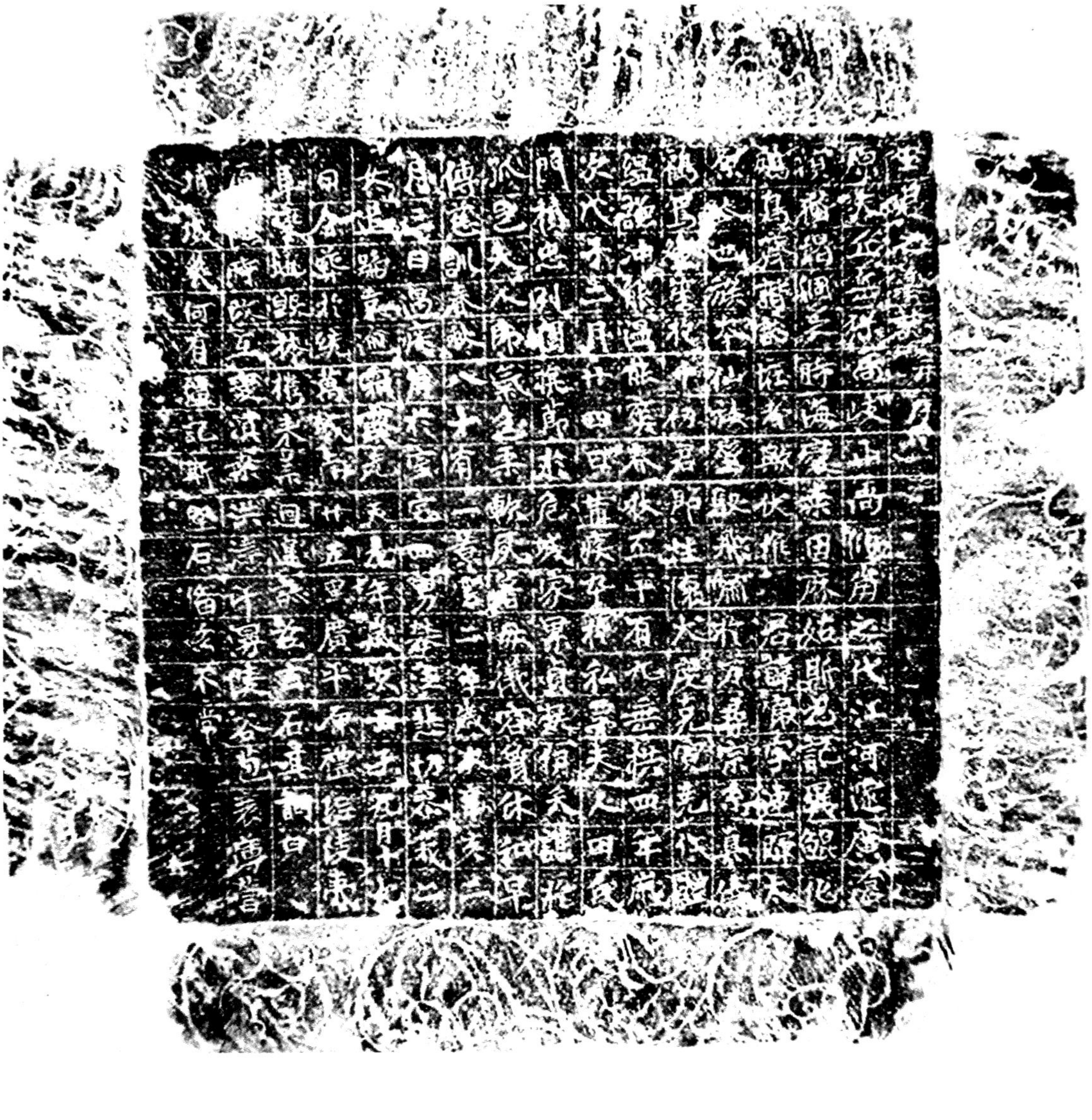

药言墓志铭

开元二年（714）三月十五日立石。近年出土于靖边县红墩界乡圪坨河大队华家洼林场尔德井村。现藏榆林市文物管理委员会办公室。

缺盖。志石砂岩质，正方形，边长各 42 厘米，厚 8 厘米。志文楷书，20 行，行 20 字。侧面刻缠枝卷叶纹。边沿、侧面掉碴较多，右上角 3 行残缺 4 字，右起第一行中部“卫”“汾”二字残

郭逸墓志铭并盖

开元三年（715）正月二十三日立石。1991 年 5 月出土于靖边县红墩界乡尔德井村城梁。现藏靖边县文物管理委员会办公室。

盖、志砂石质。盝形盖，边长各 41 厘米，厚 9 厘米。盖文阴刻楷书 2 行，行 2 字：“郭公｣墓志。”周边阴刻十二生肖图，刹面刻宝相花纹，侧面刻花朵纹。剥蚀较重。志石正方形，边长各 41 厘米，厚 6.5 厘米。志文楷书，19 行，行 18 字。侧面刻宝相花纹。剥蚀严重，掉碴较多，文字模糊

任跬墓志铭并盖

开元六年（718）七月十七日立石。近年出土于靖边县红墩界乡圪坨河大队华家洼林场尔德井村。现藏榆林市文物管理委员会办公室。

盖、志砂石质。盝形盖，边长各41厘米，厚7厘米。盖文篆书，2行，共5字："任公之」墓志。"盖面周边刻十二生肖图，四刹、侧面刻牡丹花卉图。志石正方形，边长各41厘米，厚6厘米。志文楷书，14行，行14字。四侧刻牡丹花卉图。剥蚀较重，边沿多掉碴，盖断裂为三块，已粘合

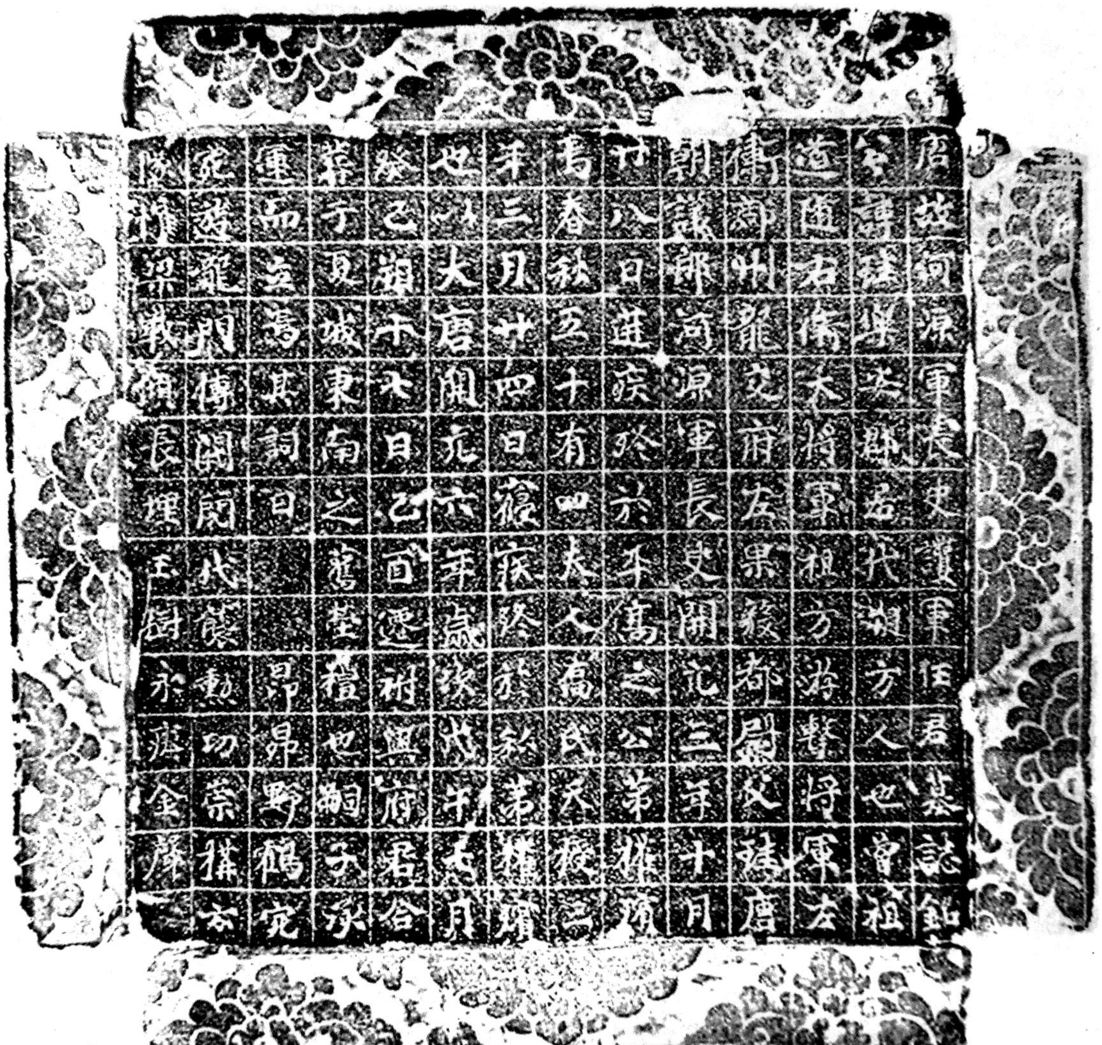

胡公愿墓志铭并盖

开元十四年（726）二月二十三日立石。近年出土于靖边县红墩界乡圪坨河村。现藏榆林市文物管理委员会办公室。

志盖红砂石质，今失拓。正方形，边长各 37.5 厘米，厚 10 厘米。盖文楷体白书 2 行，行 2 字："胡公｜墓志。"志石灰砂石质，盝形，下边长各 37.5 厘米，厚 8.5 厘米。盝形石背面阴刻楷书志文 12 行，行 12 字。边沿掉碴较多，志石右上角残，"大"字不全

曹挥墓志铭并盖

开元十六年（728）七月二十一日立石。近年出土于靖边县红墩界乡蓆芨滩村伍梁沙。现藏榆林市文物管理委员会办公室。

盖、志砂石质。盝形盖，边长各49厘米，厚9.5厘米。盖文篆刻3行，行3字："上柱国」故曹君」之墓志。"刹面剔地刻海石榴纹，侧面刻花朵纹。盖面有擦伤痕。志石正方形，边长各49厘米，厚6.5厘米。志文楷书18行，行19字。侧面刻水波纹，间饰花瓣纹。志面轻度剥蚀，侧面多处掉碴

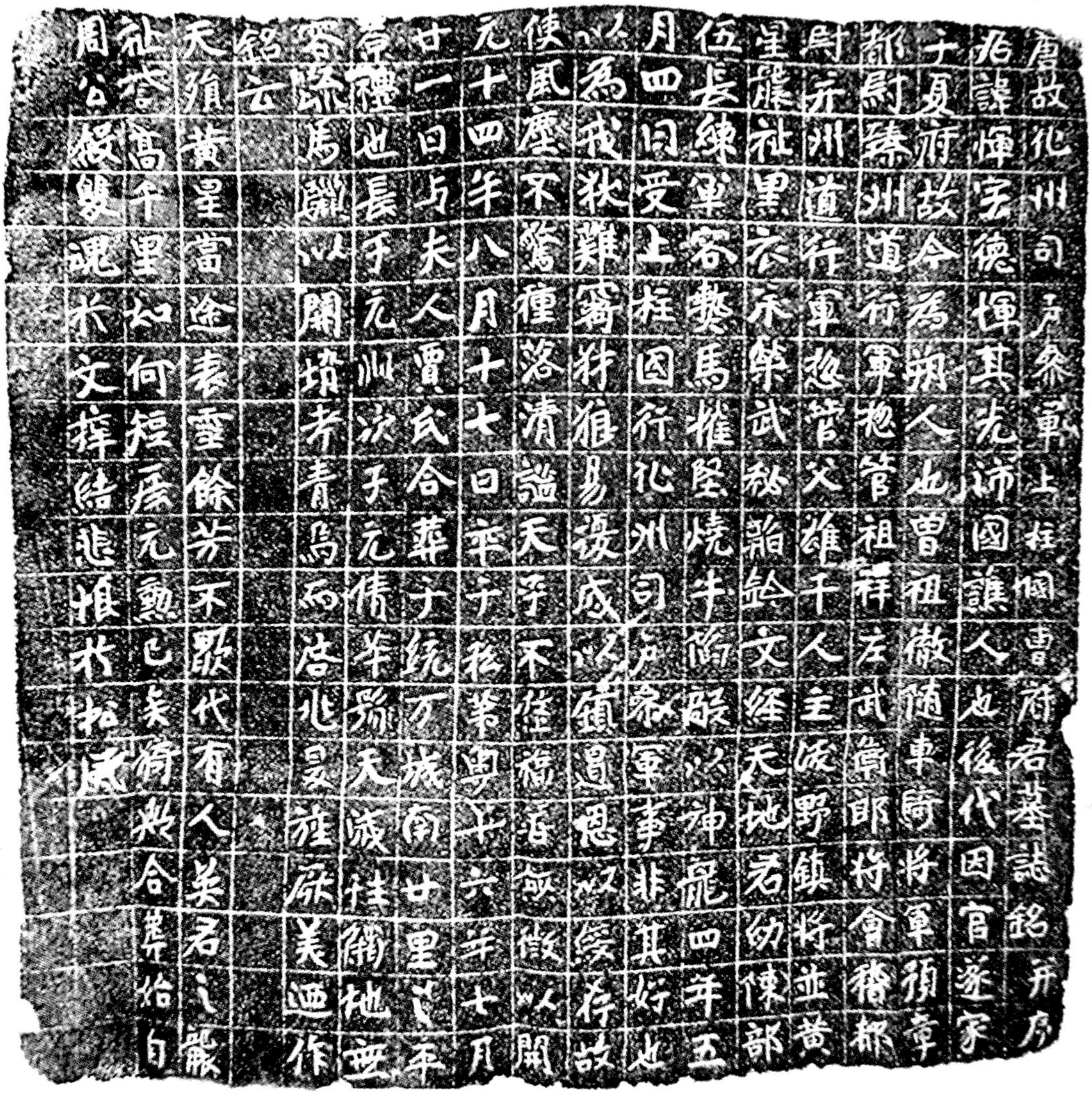
唐故化州司户参军上柱国曹府君墓誌銘并序
君諱暉字德暉其先沛国譙人也後代因官遂家
于夏府故今為朔人也曾祖徹隨車騎將軍領章
都尉臻州道行軍總管祖祥左武衛郎將會稽郡
尉并州道行軍總管父雄千人主威野鎮將並黃
星曜社里衣冠榮武秘韜鈐文經天地君幼俾部
伍長練軍容整馬權壑燒牛陷敵以神龍四年五
月四日受上柱國行化州司户参軍事非其好也
以為戎狄難覊狩狙易役咸以鎮遏恩以綏存故
使風塵不驚種落清謐天子不任舊吾欲徹以開
元十四年八月十七日卒于私第男子六年七月
廿一日与夫人賈氏合葬于统万城南廿里之平
原禮也長子元川次子元倩等号天泣往擗地无
容踐馬躃以闕墳考青烏而启兆曼旌麻美迺作
銘云
天殞黃星當途表靈餘芳不歇代有人英君之嚴
社客高千里如何短辰元勳已矣荷與合葬始自
周公緩嬰魂於文梓結悲恨於松扃

刘嘉庆墓志铭并盖

开元十八年（730）十月二十一日立石。近年出土于靖边县红墩界乡圪坨河大队华家洼林场尔德井村。现藏榆林市文物管理委员会办公室。

盖、志砂石质。盝形盖，边长各42厘米，厚6厘米。盖文篆书，2行，行2字："刘公｣墓志。"盖面周边剔地加线刻牡丹花卉图，刹面刻十二生肖图。志石正方形，边长各43厘米，厚5厘米。志文楷书，16行，行17字。字迹因掉碴多不够清晰

任遂良墓志铭并盖

开元十九年（731）十一月四日立石。近年出土于靖边县红墩界乡圪坨河大队华家洼林场尔德井村。现藏榆林市文物管理委员会办公室。

盖、志砂石质。盝形盖，边长各46厘米，厚5厘米。盖文篆书，3行，行3字："大唐故」任府君」墓志铭。"素面无饰。志石正方形，边长各46厘米，厚7厘米。志文楷书23行，满行23字。剥蚀较重，掉碴较多。志石中部凿了3个圆孔，间距约为4厘米，孔径3.5厘米至4厘米不等，每孔损毁3字至4字，共缺11字

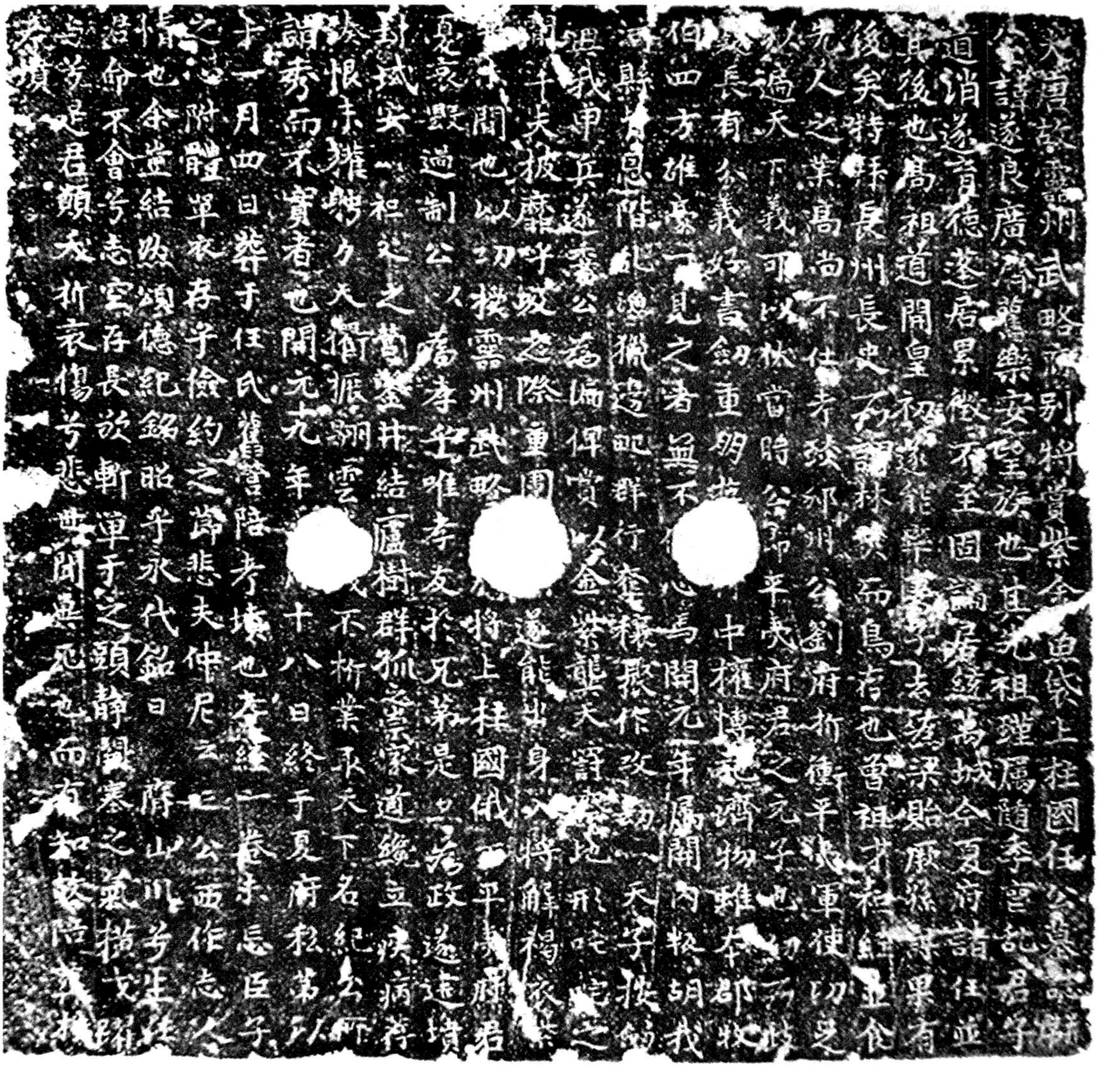
大唐故靈州武略府別將賞紫金魚袋上柱國任公墓誌[illegible]
公諱遂良廣濟[illegible]樂安望族也其先祖璉屬隨季宦記君子
道消遂肯德遂居累徵不至固辭居盛葛城今夏府諸任並
其後也高祖道開皇初遂能卑事子孫梁貽厥孫謀果有
後矣特拜長州長史不營林泉而隱者也曾祖才杞鈍並食
先人之業高尚不仕考璲邠州刺劉府折衝平涼軍使功足
以適天下義可以林官時公節平夷府君之元子也[illegible]而歧
及長有公義好書劍重朋[illegible]中權博施濟物雖本郡牧
伯四方雄豪一見之者無不[illegible]心焉開元元年屬開內粮胡我
河縣[illegible]息階[illegible]獵邊吧群行奪穰聚作孜動天子按劍
遣我東兵遂奮公為偏裨賞[illegible]金紫龔天爵[illegible]地形吃[illegible]之
亂于夫披靡吁威之際重圍[illegible]遂能出身入將解褐衣紫
[illegible]聞也以功授靈州武略[illegible]將上柱國俄[illegible]平[illegible]府君
覓哀毀過制公人高孝至唯孝友於兄弟是亦為政遂遠墳
封式安一祀之營鑿井結廬樹群孤宗家道縱立疾病於
癸恨未獲躬之大衍振翮雲[illegible]不析業及天下名紀公所
謂秀而不實者也開元九年[illegible]十八日終于夏府私第[illegible]人
于一月四日葬于任氏舊塋陪考墳也孝經一卷亲忠臣子
之志附體單衣存乎儉約之節悲夫仲尼云已公西作志人
情也余豈結然頌德紀銘昭乎永代銘曰 蔚山川兮生旌
君命不會兮志空存長歎軒單于之頭靜亂塞之氣擒戈蹈
兮苦是君頗我折衷傷兮悲世間無冤也而有知於陪葬
[illegible]

马文静墓志铭并盖

开元二十年（732）十一月三日立石。近年出土于靖边县红墩界乡圪坨河大队华家洼林场尔德井村。现藏榆林市文物管理委员会办公室。

盖、志砂石质。盝形盖。志石正方形，边长各52厘米，盖厚12厘米，志厚13厘米。盖面正中篆书2行，行2字："马君」之志。"周边刻十二生肖图，斜刹刻宝相花纹，侧面刻流云纹。志文楷书17行，行18字。侧面刻宝相花纹。轻度剥蚀，边棱多有磕碰、掉碴

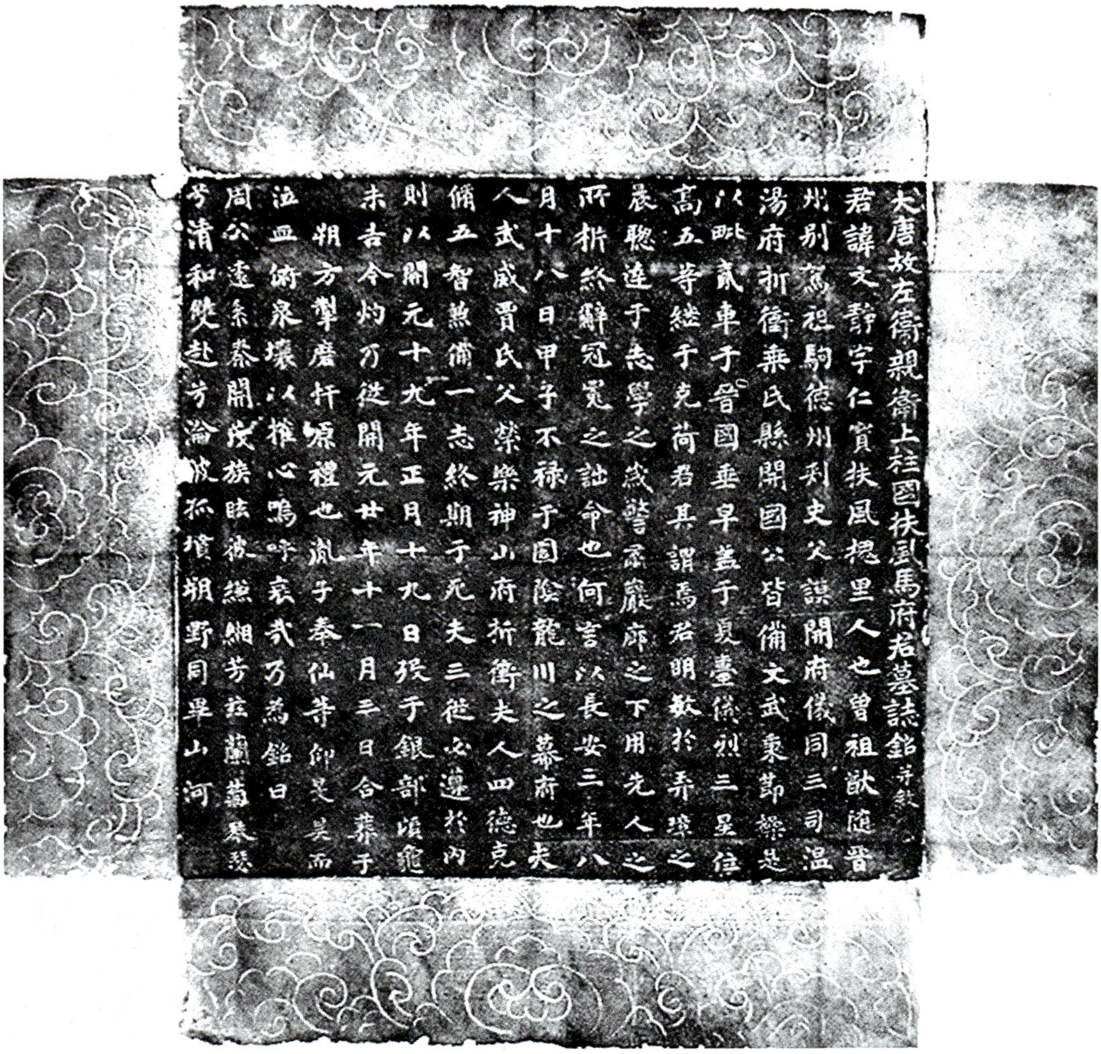
大唐故左衛親衛上柱國扶風馬府君墓誌銘并敘
君諱文静字仁實扶風槐里人也曾祖歆隨晉
州別駕祖駒德州刺史父謨開府儀同三司溫
湯府折衝兼氏縣開國公皆備文武秉節標是
以毗貳東于晉國垂皁蓋于夏臺儀列三星位
高五等繼于克荷君其謂焉君明敏於弄璋之
辰聰達于志學之歲譽承嚴庭之下用先人之
府折衝辭冠冕之誥命也何言以長安三年八
月十八日甲子不祿于園陵龍川之幕府也夫
人武威賈氏父榮樂神山府折衝夫人四德克
脩五智兼備一志終期于死夫三從必遵於內
則以開元十九年正月十九日殁于銀部坊第
未吉令灼乃從開元廿年十一月三日合葬于
朔方掣磨忏源禮也胤子奉仙等仰昊天而
泣血俯泉壤以摧心嗚呼哀哉乃為銘曰
周公遠系恭開茂族昡彼絪縕芳兹蘭蕙琴瑟
兮清和雙赴兮淪波孤墳朔野同畢山河

杨云会墓志铭并盖

开元二十四年（736）七月七日立石。1991 年 7 月 16 日出土于靖边县红墩界乡杨家村东陈梁。现藏靖边县文物管理委员会办公室。

盖、志砂石质。盝形盖，长 56 厘米，宽 55 厘米，厚 10 厘米。盖文篆书，2 行，行 2 字："杨君｣墓志。"刹面刻缠枝卷叶纹。志石正方形，边长各 55 厘米，厚 8.5 厘米。志文楷书，17 行，行 16 字。侧面刻缠枝卷叶纹

唐故上柱國楊府君墓誌銘并序
公諱會字雲會弘農人也因官寓夏宅彼
朔方累葉台司綿代冠冕國史既悉家諜
亦詳今此略之郁有由矣祖朝議大夫慶
州白馬縣令行父朝議郎甘州司馬緒公
即司馬府君之第五子也幼有奇表長包
衆藝懿若斷山湛如洪治以神功元年九
月十四日授左羽林飛騎上柱國天行列
刃坤止攢鋒克有成勳夙稱勤恪降年不
永大耋興嗟嗚呼以開元廿三年正月廿
日卒于私第春秋六十有八以廿四年七
月七日葬于統萬城東卅里原禮也嗣子
思敬等哀哀泣血欒欒棘心以為地啓青
烏墳開馬鬣若幽石不記則孰委遷墳故
託余小才類旌景行銘曰
惟岳降神兮生此吉人惟天不憖兮殲彼
良臣佳城見日兮何歲泉門一閉兮千春

拓拔寂墓志铭并盖

开元二十五年（737）八月十八日立石。郑宏之撰，郑亭书。1965年出土于横山县韩岔乡元岔洼村，藏于农民家中。2003年3月征集入藏榆林市文物管理委员会办公室。

墓志青石质。盖呈盝顶式，长90厘米，宽90厘米，厚10厘米。盖文篆书："唐故拓」拔府君」墓志铭。"顶面周边刻宝相花纹，四刹刻四神流云纹。志石正方形，长90厘米，宽90厘米，厚10厘米。志文35行，行36字，楷体中偶尔间以草体字。四侧刻十二生肖间宝相花纹。志盖阴面增刻志文13行，行13字，正书

志盖阳面

志盖阴面

武令珪墓志铭并盖

开元二十五年（737）十一月十四日立石。近年出土于靖边县红墩界乡圪坨河大队华家洼林场。现藏榆林市文物管理委员会办公室。

盖、志砂石质。盝形盖，边长各54厘米，厚10厘米，素面无文，今失拓。志石长方形，长57厘米，宽56厘米，厚10厘米。志文楷书，18行，行18字。志面多处有磕伤

张令问妻臧氏墓志铭并盖

开元二十七年（739）八月十三日立石。出土于靖边县红墩界乡圪坨河村。现藏榆林市文物管理委员会办公室。

盖、志青石质。盝形盖，边长各 48 厘米，厚 11 厘米。盖文阴刻楷书 3 行，行 3 字：“大唐故」夫人臧」墓志铭。”四刹阴刻缠枝花卉纹。志石正方形，边长各 48 厘米，厚 10 厘米。志文楷书，11 行，行 16 字。盖、志均有凿伤痕，且掉碴较多

李贞墓志铭并盖

天宝元年（742）十一月十九日立石。近年出土于靖边县红墩界乡圪坨河村华家洼林场。现藏榆林市文物管理委员会办公室。

盖、志砂石质。盝形盖，边长各 58.5 厘米，厚 7 厘米。盖文篆刻 2 行，行 2 字："李公」墓志。"盖面周边及刹面刻缠枝牡丹纹。志石长方形，长 59 厘米，宽 58.5 厘米，厚 8.5 厘米。志文楷书，19 行，行 18 字。侧面刻花卉纹。志面多处有擦痕

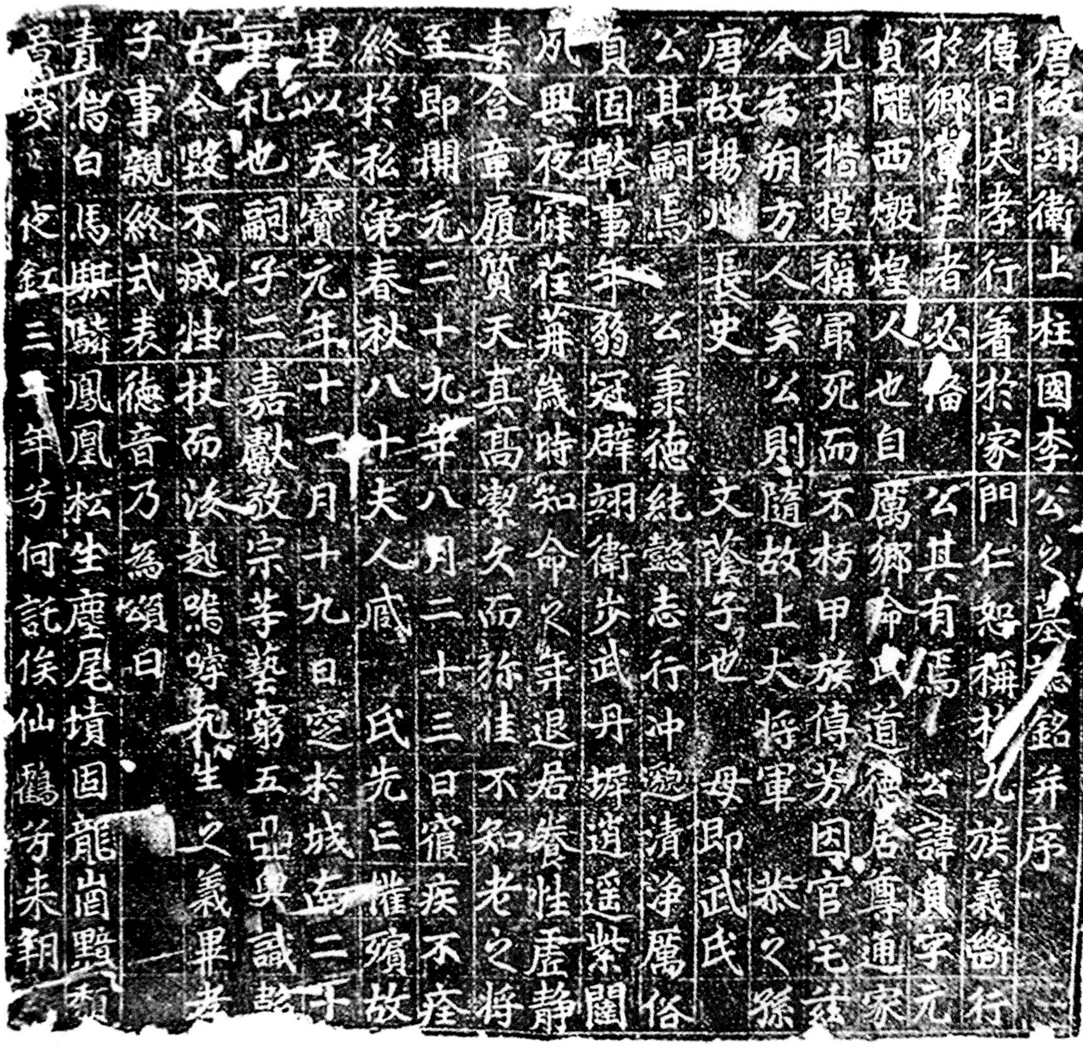
唐故翊衛上柱國李公之墓誌銘并序
傳曰夫孝行著於家門仁恕稱於九族義譽行
於鄉黨者必倫 公其有焉 公諱貞字元
貞隴西燉煌人也自厲鄉命氏道德居尊通家
見求指摸稱眾死而不朽甲族傳芳因官宅焉
今爲朔方人矣 公則隨故上大將軍恭之孫
唐故揚州長史 文蔭子也 母鄭武氏
公其嗣焉 公秉德純懿志行沖邈清淨厲俗
貞固幹事弱冠辟翊衛步武丹墀逍遥紫闥
夙興夜寐荏苒歲時知命之年退居養性虚靜
素合章履質天真高挈久而彌佳不知老之將
至 即開元二十九年八月二十三日寢疾不痊
終於私第春秋八十 夫人咸氏先亡權殯故
里以天寶元年十一月十九日窆於城西二十
里禮也嗣子二嘉獻敬宗等藝窮五典識
古今毀不滅性杖而後起號呼九生之義畢孝
子事親終式表德音乃爲頌曰
青信白馬興騎鳳凰松生塵尾墳固龍崗黯有
冒壘之夜釭三十年兮何託侯仙鶴兮來翔

张亮墓志铭并盖

天宝四载（745）十月二十五日立石。近年出土于靖边县红墩界乡圪坨河村华家洼林场。现藏榆林市文物管理委员会办公室。

盖、志砂石质。盝形盖，边长各52厘米，厚7厘米。盖面篆书，3行，行3字："大唐故｣张公墓｣志之铭。"刹面刻缠枝海石榴花纹。志石正方形，边长各52厘米，厚8厘米。志文楷书，20行，行20字。四侧刻缠枝海石榴花纹。剥蚀较重，多有掉碴

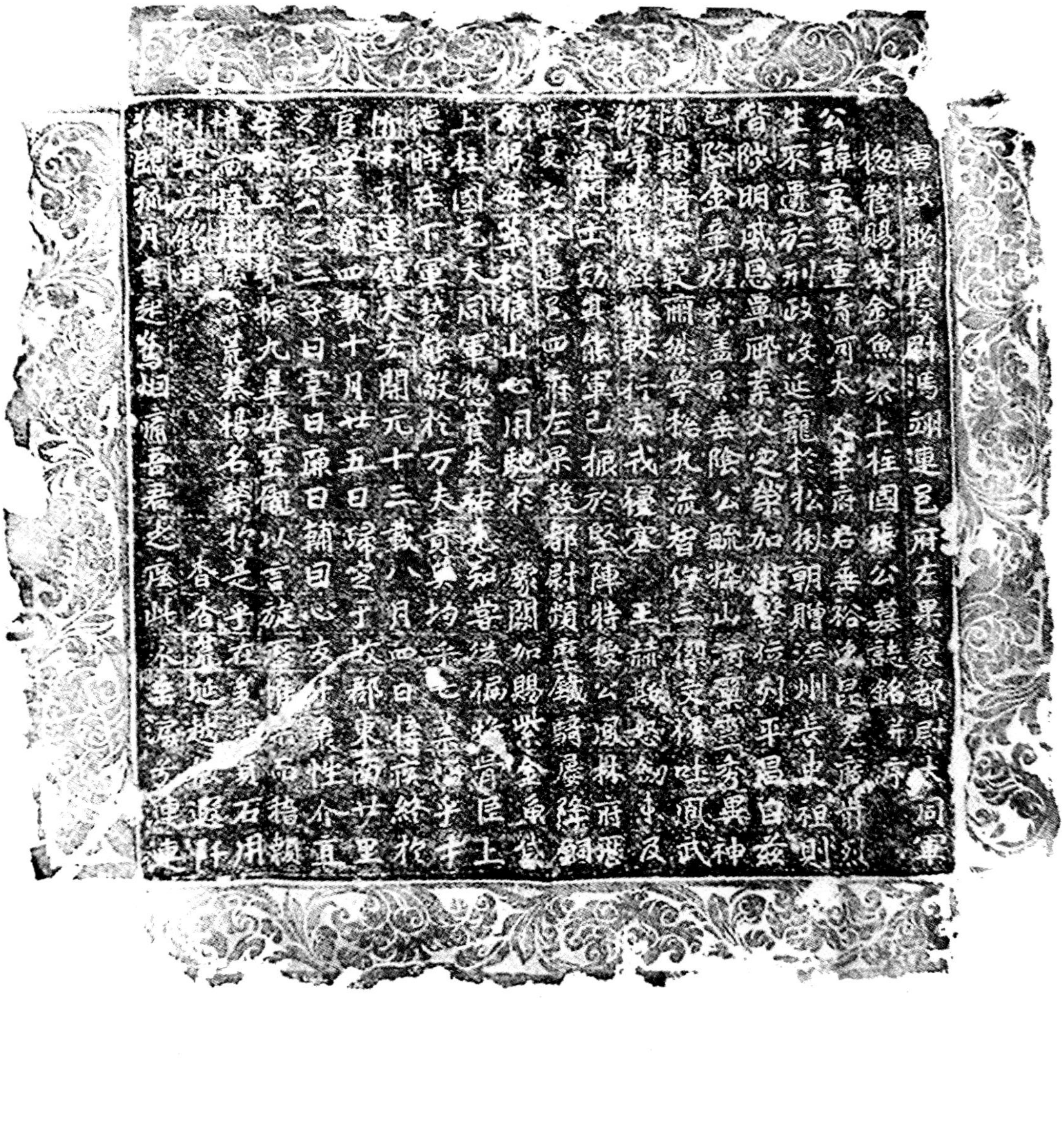

杨洪素墓志铭并盖

天宝四载（745）十月二十五日立石。近年出土于靖边县红墩界乡圪坨河大队华家洼林场尔德井村。现藏榆林市文物管理委员会办公室。

盖、志砂石质。盝形盖，边长各57厘米，厚9厘米。盖文篆书，2行，行2字：“杨公」墓志。”盖面周边刻十二生肖图，刹面和侧面刻牡丹花纹。志石正方形，边长各57厘米，厚8厘米。志文楷书14行，行14字至28字不等。轻度剥蚀，志石左、右下角残

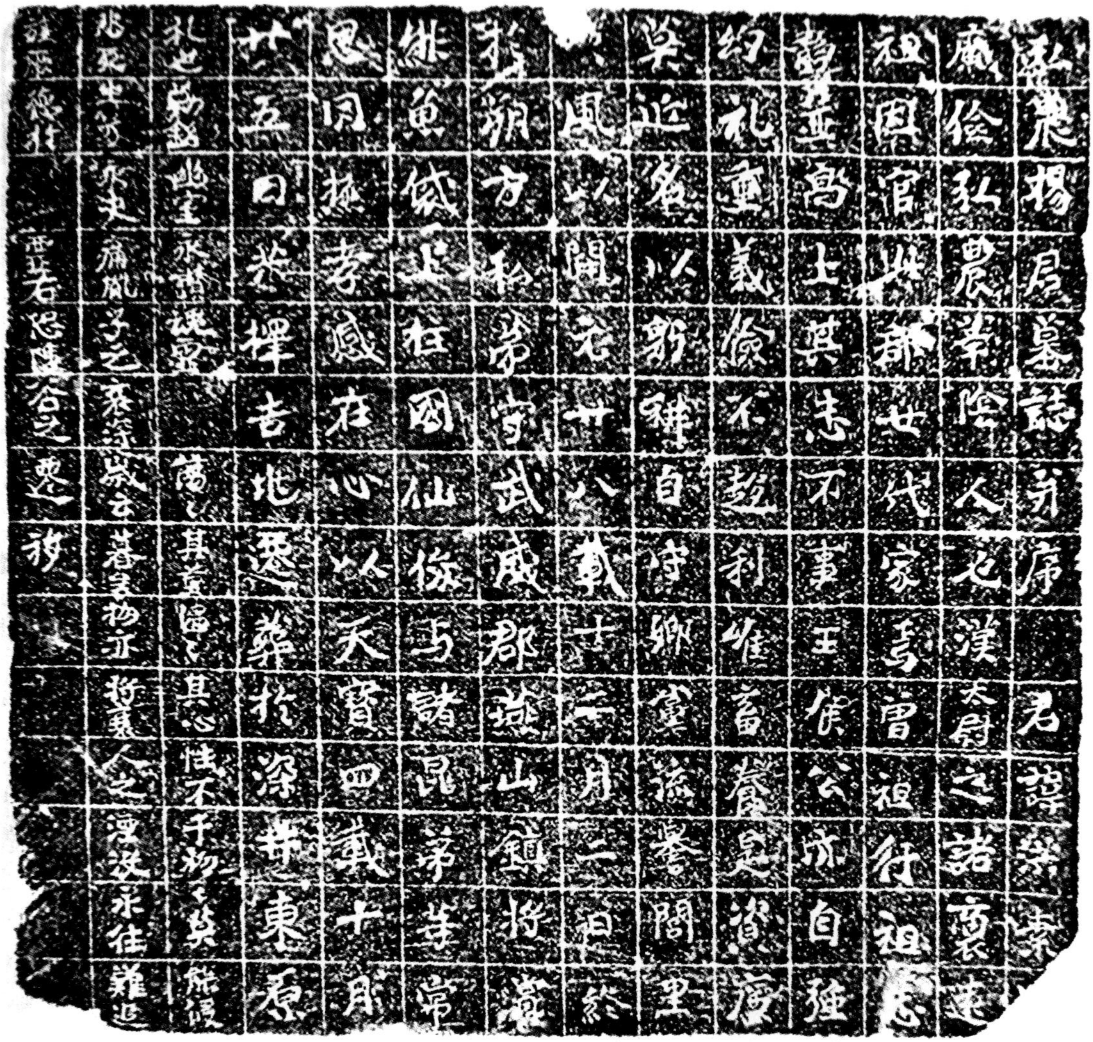

敬奉墓志铭并盖

天宝四载（745）十一月十九日立石。1995 年 4 月出土于靖边县红墩界乡圪坨河村。现藏榆林市文物管理委员会办公室。

盖、志砂石质。盝形盖，长 42.5 厘米，宽 48.5 厘米，厚 6.5 厘米。盖文篆书，3 行，行 2 字：“唐故」敬公」墓志。”刹面刻缠枝卷叶纹。志石长方形，长 43 厘米，宽 52.5 厘米，厚 6.5 厘米。志文楷书，22 行，行 18 字。掉碴较多。志盖横断为两块，已粘合。盖右上角、志石右上角均残

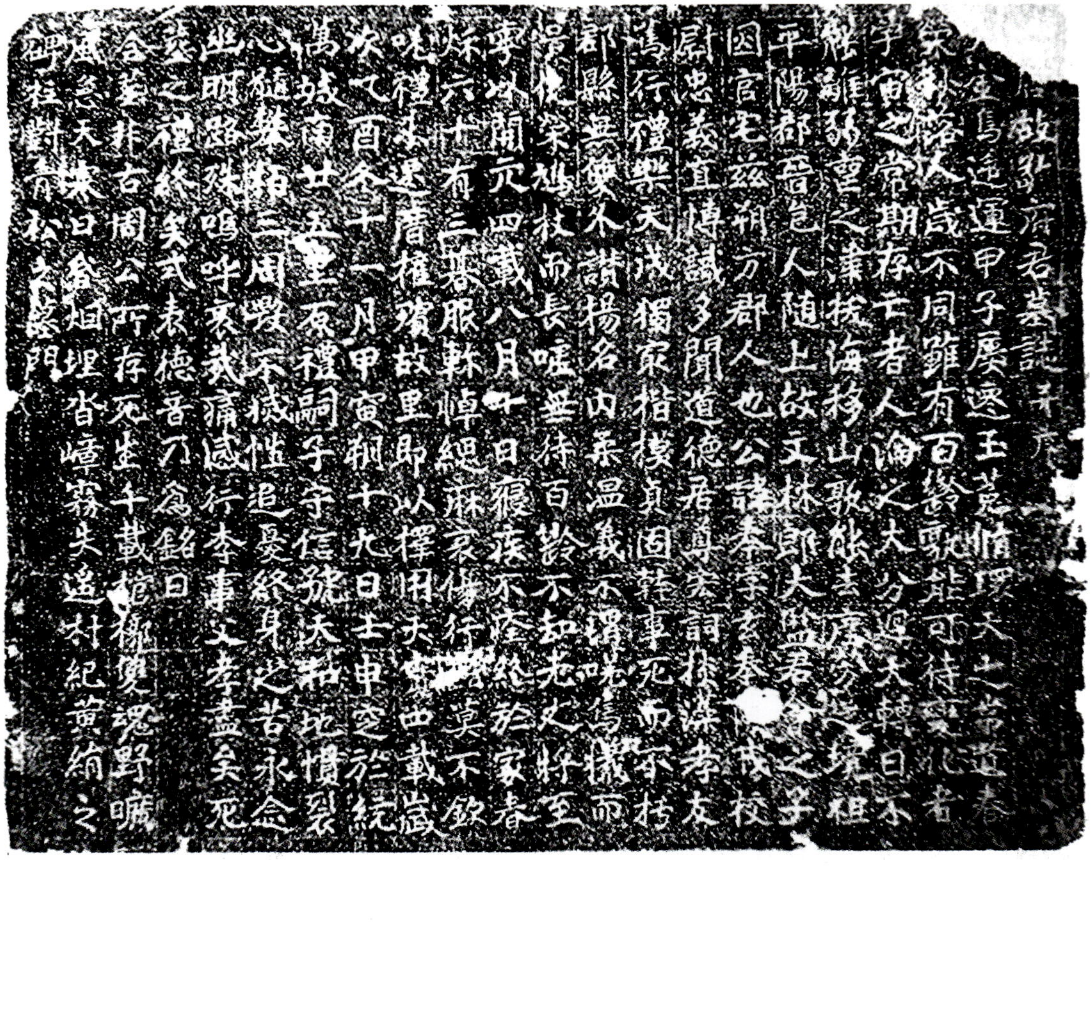

臧一墓志铭并盖

天宝六载（747）八月廿八日立石。近年出土于靖边县红墩界乡圪坨河村。现藏榆林市文物管理委员会办公室。

盖、志砂石质。盝形盖，边长各53.5厘米，厚8厘米。盖文阴刻楷书3行，行2字：“大唐」臧公」墓志。”刹面刻缠枝卷叶纹。志石长方形，长54厘米，宽53厘米，厚8.5厘米。志文楷书，21行，行20字。剥蚀严重，掉碴较多，部分文字不够清晰

蔡君妻武氏墓志铭并盖

天宝六载（747）十月七日立石。近年出土于靖边县红墩界乡圪坨河华家洼林场尔德井村。现藏榆林市文物管理委员会办公室。

盖、志砂石质。盝形盖，边长各52厘米，厚8厘米。盖文篆书，2行，行2字：“武氏｜墓志。”刹面刻缠枝海石榴纹，刹角刻几何纹。志石正方形，边长各51厘米，厚13厘米。四侧线刻十二生肖图。志文楷书，18行，行18字。剥蚀较重，志盖“氏”字右上掉碴一片

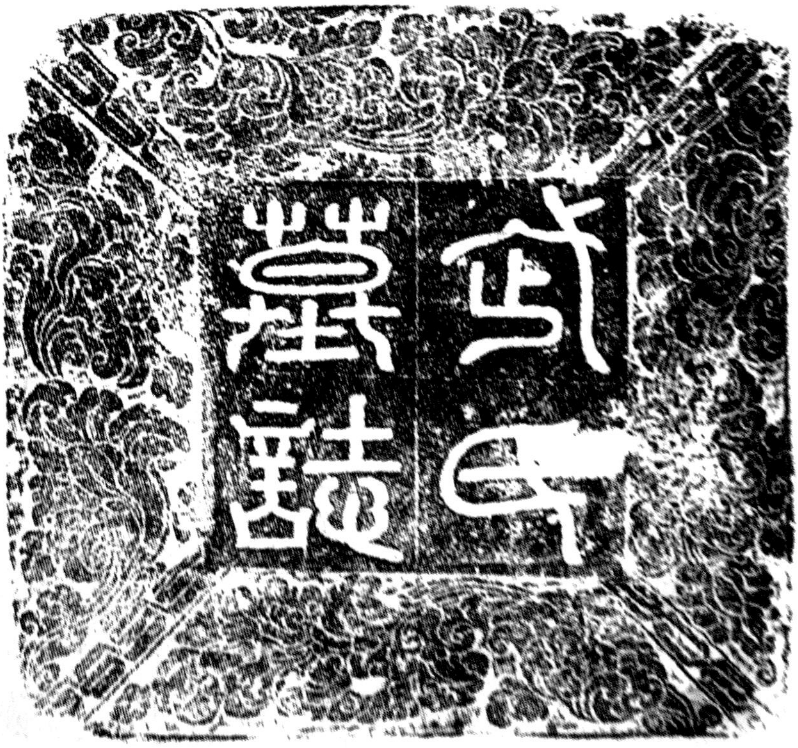

唐故武夫人墓誌銘并序
傳曰夫變化者天地之常期死生者人倫之大
分迴天轉日不能離弱喪之津拔海移山孰能
去塵勞之境夫人武太原祁縣先代因官流居
載正月十四日寢疾不瘳終於家春秋七十有
一禮也遂居雅殯九原擇用天寶六載歲次丁

药元墓志铭并盖

天宝六载（747）十月二十八日立石。近年出土于靖边县红墩界乡华家洼林场。现藏榆林市文物管理委员会办公室。

盖、志砂石质。盝形盖，边长各 55.5 厘米，厚 3.2 厘米。盖文篆书，2 行，行 2 字：“药公｜墓志。”刹面刻牡丹花卉纹。志石正方形，边长各 55 厘米，厚 9 厘米。志文楷书，21 行，行 22 字。志、盖均剥蚀较重

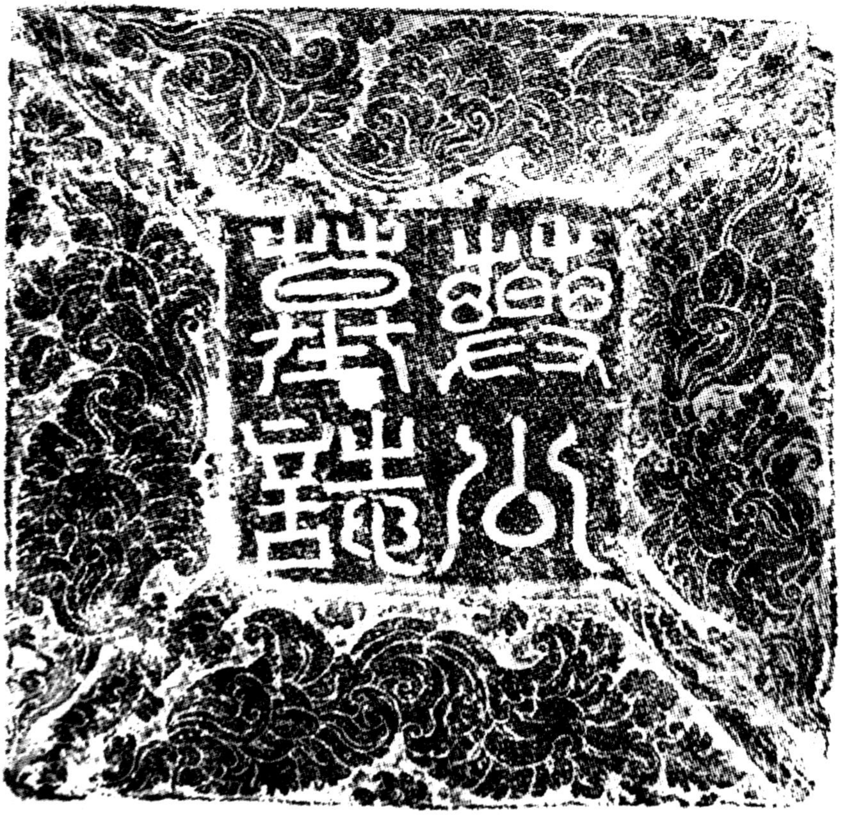

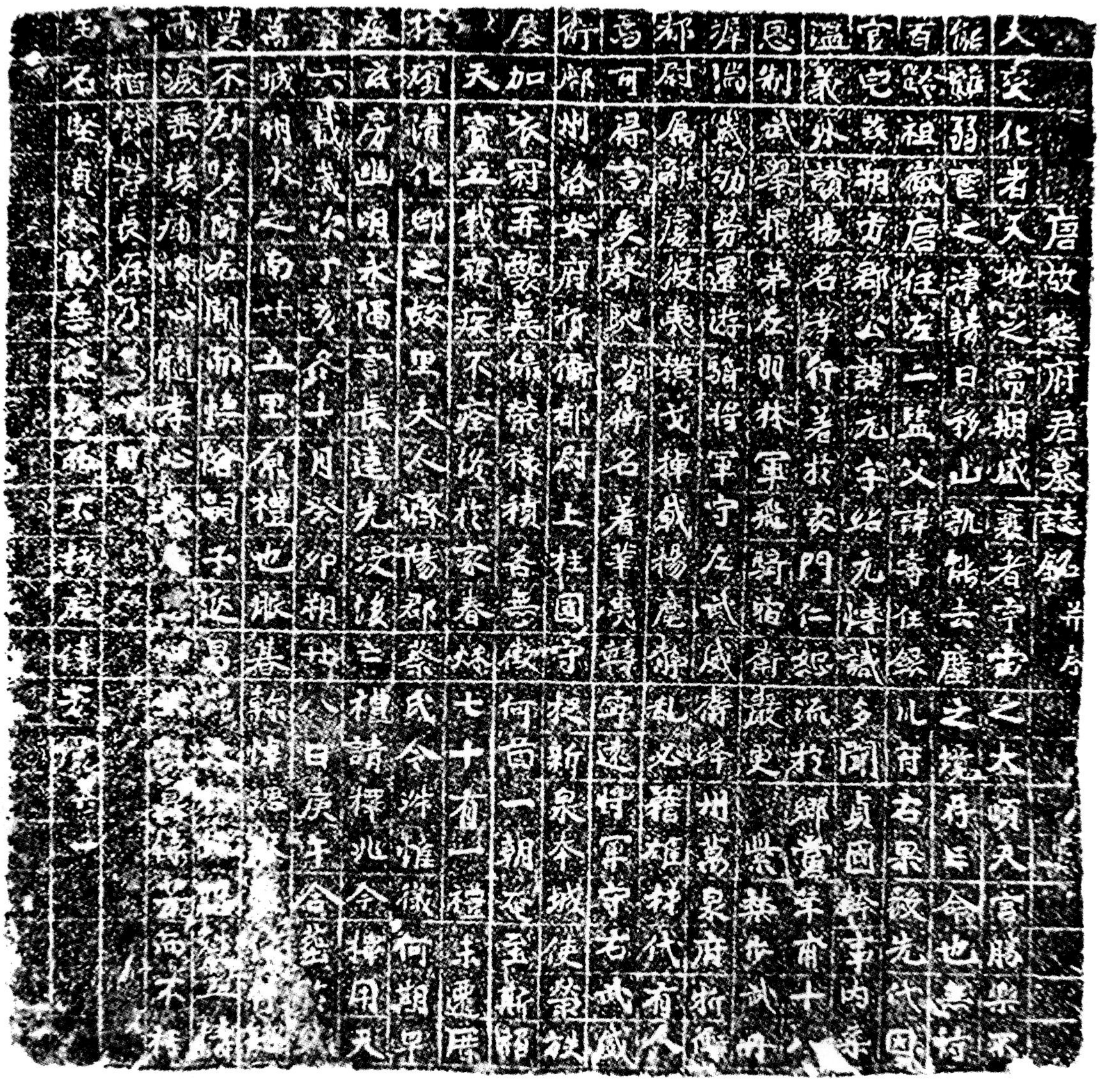

李臣墓志铭并盖

天宝七载（748）正月十一日立石。近年出土于靖边县红墩界乡圪坨河大队华家洼林场尔德井村。现藏榆林市文物管理委员会办公室。

盖、志砂石质。盝形盖，边长各50厘米，厚7厘米。盖文篆书，3行，行3字："大唐故」李府君」墓志铭。"刹面刻缠枝卷叶纹。志石正方形，边长各52厘米，厚6厘米。志文楷书，20行，行20字。剥蚀较重，盖石上部横断为两块，志石左、右上角断裂，右下角残，左边沿因掉碴，六字不全

孟宾墓志铭并盖

天宝十三载（754）七月立石。1995 年 4 月出土于靖边县红墩界乡圪坨河村。现藏榆林市文物管理委员会办公室。

盖、志砂石质。盝形盖，边长各57.5厘米，厚9厘米。盖文篆书，3 行，行 3 字："大唐故」孟公墓」志之铭。"刹面、侧面刻缠枝牡丹纹。志石长方形，长 58 厘米，宽 56.5 厘米，厚 8.5 厘米。志文楷书，20行，行20字。四侧刻缠枝海石榴纹。剥蚀较重，錾痕、掉碴较多

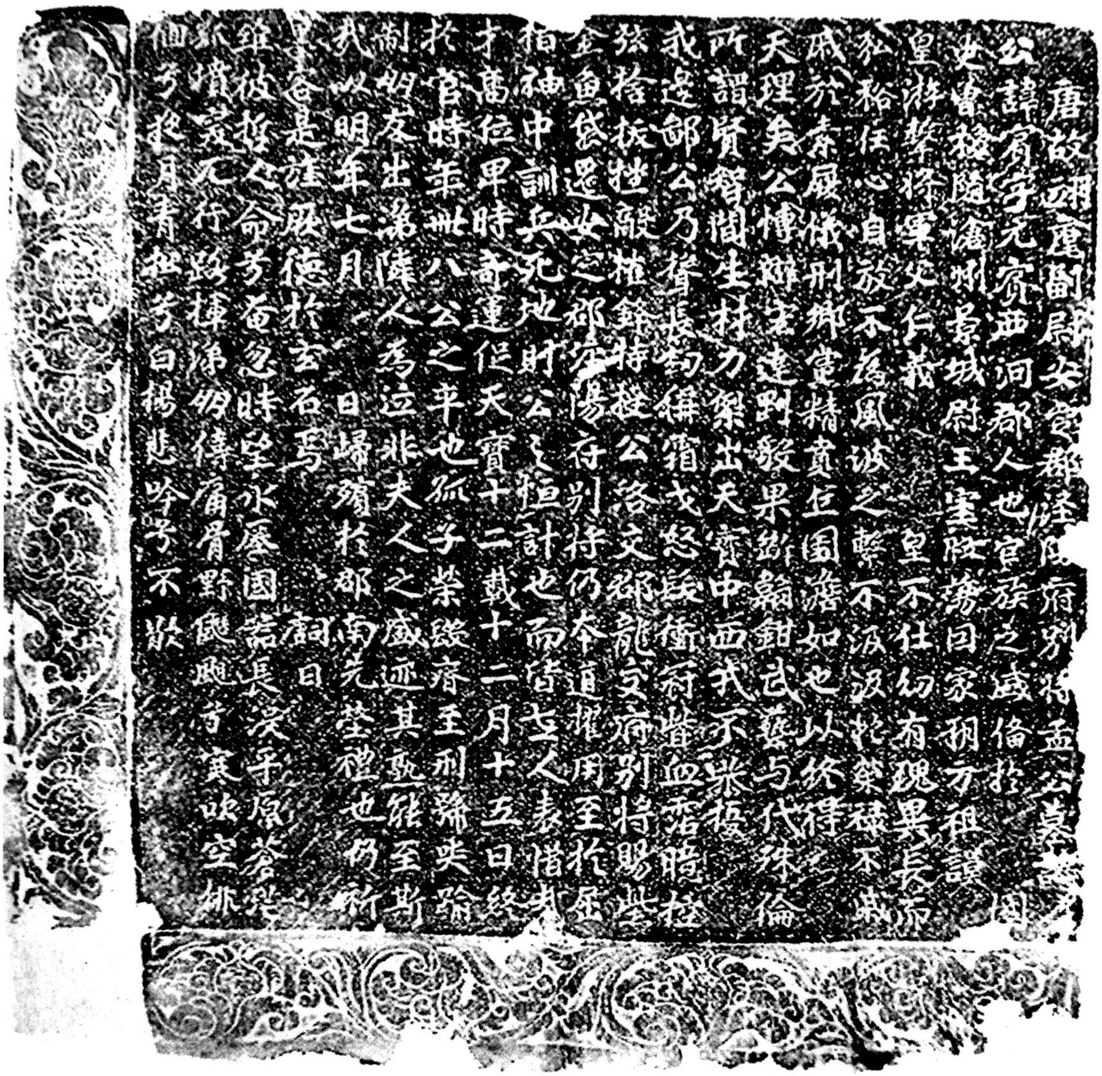
唐故翊麾副尉安定郡涇陽府別將孟公墓誌[illegible]
公諱賓字元賓西河郡人也官族之盛倫於[illegible]
史曾[illegible]隨滄州景城尉王室陵夷因家朔方祖諱[illegible]
皇遊擊將軍父仁義 皇不仕幼有瑰異長[illegible]
弘裕任心自放不[illegible]風波之際不汲汲於榮祿不感
戚於[illegible]屢儀刑鄉黨精貴在國[illegible]如也以終得之倫
天理矣公博雅宏達剛毅果敢翰鈐武藝與代殊倫
所謂賢智間生材力傑出天寶中西戎不賓[illegible]
我邊鄙公乃奮長劍揮霜戈怒髮衝冠皆血洒腥[illegible]
孫[illegible]拔挫[illegible][illegible]鋒持捷公洛交郡龍交府別將賜[illegible]
金魚袋還安定郡涇陽府別將仍本道推用至於[illegible]
栢袖中訓兵死地[illegible]公之恒計也而[illegible]七人表[illegible]
才高位卑時命運促天寶十二載十二月十五日終
於官時年卌八公之平也孤子崇[illegible]奇至刑[illegible][illegible]
制明友出涕隣人為泣非夫人之盛迹其孰能至斯
哉以明年七月一日歸殯於郡南先塋禮也仍銘
[illegible]合是[illegible][illegible]德於玄石焉[illegible]銘曰
[illegible]彼於公命兮奄忽時望永歷國若長[illegible]乎原[illegible]
[illegible]墳[illegible]无行路揮涕明傳痛骨野風颯兮寒吹空松
佪兮攀月青松兮白楊悲吟兮不散

王忠亲墓志铭并盖

贞元二十一年（805）七月二十七日立石。王牟撰并书。近年出土于内蒙古自治区乌审旗纳林河乡背锅沙郭梁村。现藏榆林市文物管理委员会办公室。

盖、志砂石质。盝形盖，边长各41厘米，厚12厘米。盖文篆书，4行，行2字："大唐」故王」府君」墓志。"志石正方形，边长各40厘米，厚12厘米。志文楷书，18行，行多为21字。盖、志表面多处有凿伤

大唐故開府儀同三司試殿中監上柱國王府君墓誌銘并序
從姪登仕郎試虔王府參軍□手撰并書
府君諱忠親字子芬即晉右軍之系焉 曾祖公道天資正性悔以
松月賞心高卧閑雲靜而不仕 祖惟伎少習文武從戎立
勳授儒林郎守平州榆關令兼領鎮遏使 府君即榆關令
之長子也志氣孤直忠謀三 朝恩賜班榮官秩相繼
年甫耳順味道居閑□□莫於兩楹遘寢疾而不愈
以貞元廿一年五月八日薨於夏州之私第也嗣子季武
英謀深敏□□□宅達若慕之榮職列 上公之
右天降凶罰茹□□擗天一聲在地三咽以其年七月
廿七日權厝于州之東廿里蜀水原之禮也
前瞻千里顧城市於寸眸瀰迤平原虎阜與龍
崗相續邊風蕭索孤塚岧嶢恐陵谷遷移聊刊
夏臺之一石其銘曰
古塞蒼茫兮黃沙四起懷我卞玉兮殁於此魂悄悄
兮歸夜泉風蕭蕭兮趨蒿里山月孤明兮子攏雲飢禽
千古兮悲荒榛痛龍劍兮隨逝水刊貞石兮銘斯文
貞元廿一年七月廿七日

张宁墓志铭并盖

元和二年（807）十一月立石。许道敬撰。1995 年 4 月出土于靖边县红墩界乡圪坨河村。现藏榆林市文物管理委员会办公室。

盖、志砂石质。盝形盖，边长各 38 厘米，厚 9 厘米。盖文篆书，2 行，行 2 字：“张公︱墓志。”刹面阴刻八卦图。志石长方形，长 46.3 厘米，宽 47.8 厘米，厚 12.5 厘米。志文楷书，25 行，行 24 字至 28 字不等。剥蚀较重，志面有多道划痕

杨翼贯墓志铭并盖

长庆二年（822）十月十日立石。王文璧撰文。近年出土于靖边县红墩界乡尔德井大队神村界队陈梁村。现藏榆林市文物管理委员会办公室。

盖、志砂石质。盝形盖，边长各42厘米，厚15厘米。盖文篆书，3行，行3字：“唐故弘」农杨公」墓志铭。”刹面线刻缠枝牡丹花纹。志石正方形，边长各42厘米，厚11厘米。志文楷书，17行，行28字。剥蚀较重，文字模糊

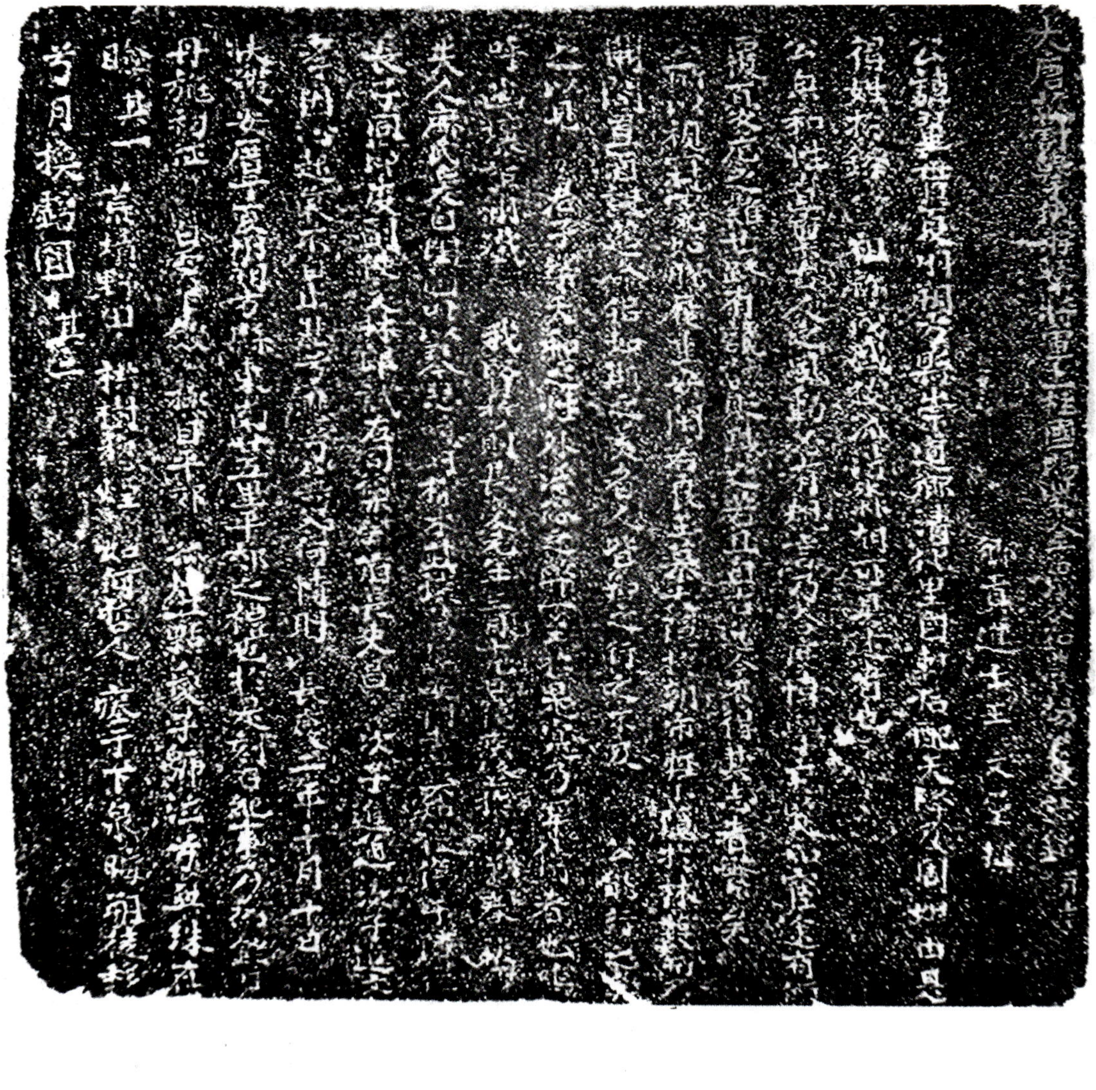

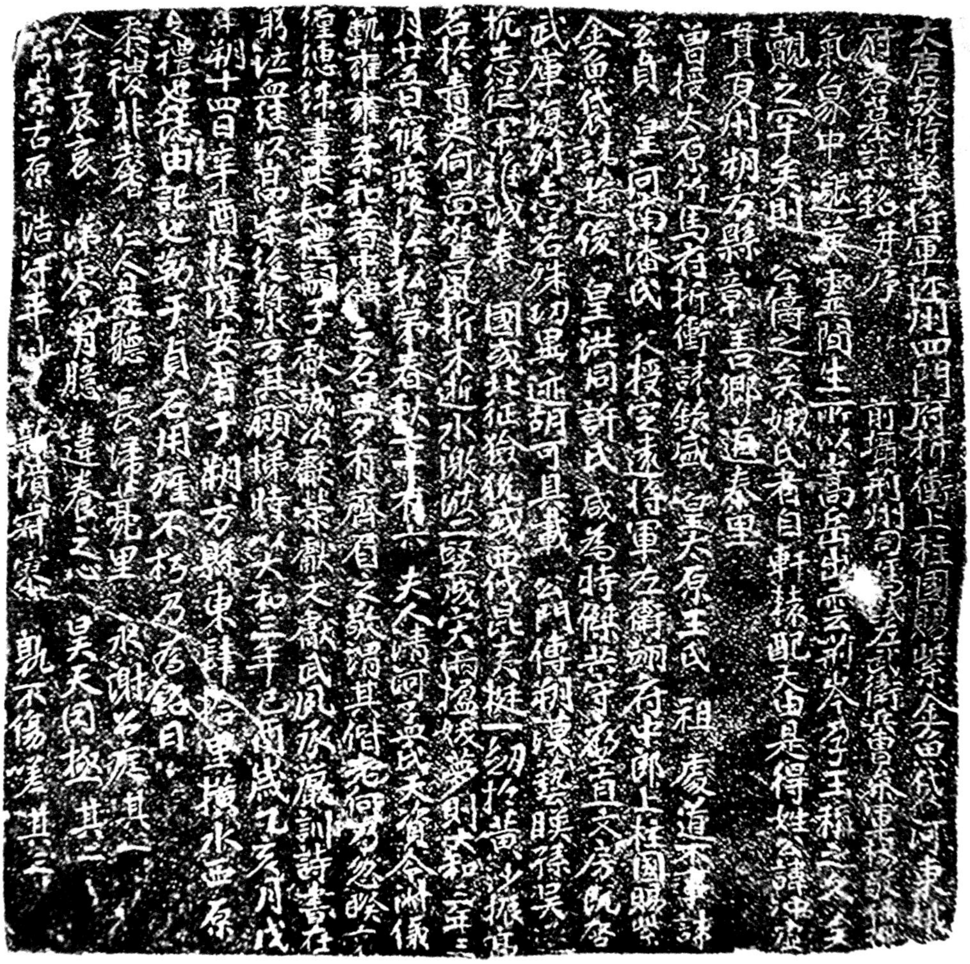

娥冲虚墓志铭

大和三年（829）乙亥月十四日立石。杨敬儒撰。近年出土于横山县雷龙湾乡沙梁村庙梁北。现藏榆林市文物管理委员会办公室。

缺盖。志为砂石质，长方形。长 54 厘米，宽 52 厘米，厚 9.5 厘米。志文楷书，20 行，行多为 24 字。剥蚀较重，掉碴较多

高谅墓志铭并盖

大和五年（831）九月二十五日立石。近年出土于内蒙古自治区乌审旗纳林河乡七大队背锅沙村南沙。现藏榆林市文物管理委员会办公室。

盖、志均砂石质。盝形盖，长 59 厘米，宽 54 厘米，厚 14 厘米。盖文篆书，3 行，行 3 字：“渤海郡」故高府」君墓志。”刹面刻牡丹花纹。志石正方形，边长 58 厘米，厚 12 厘米。志文楷书，23 行，行 28 字。石面錾伤痕和掉碴较多

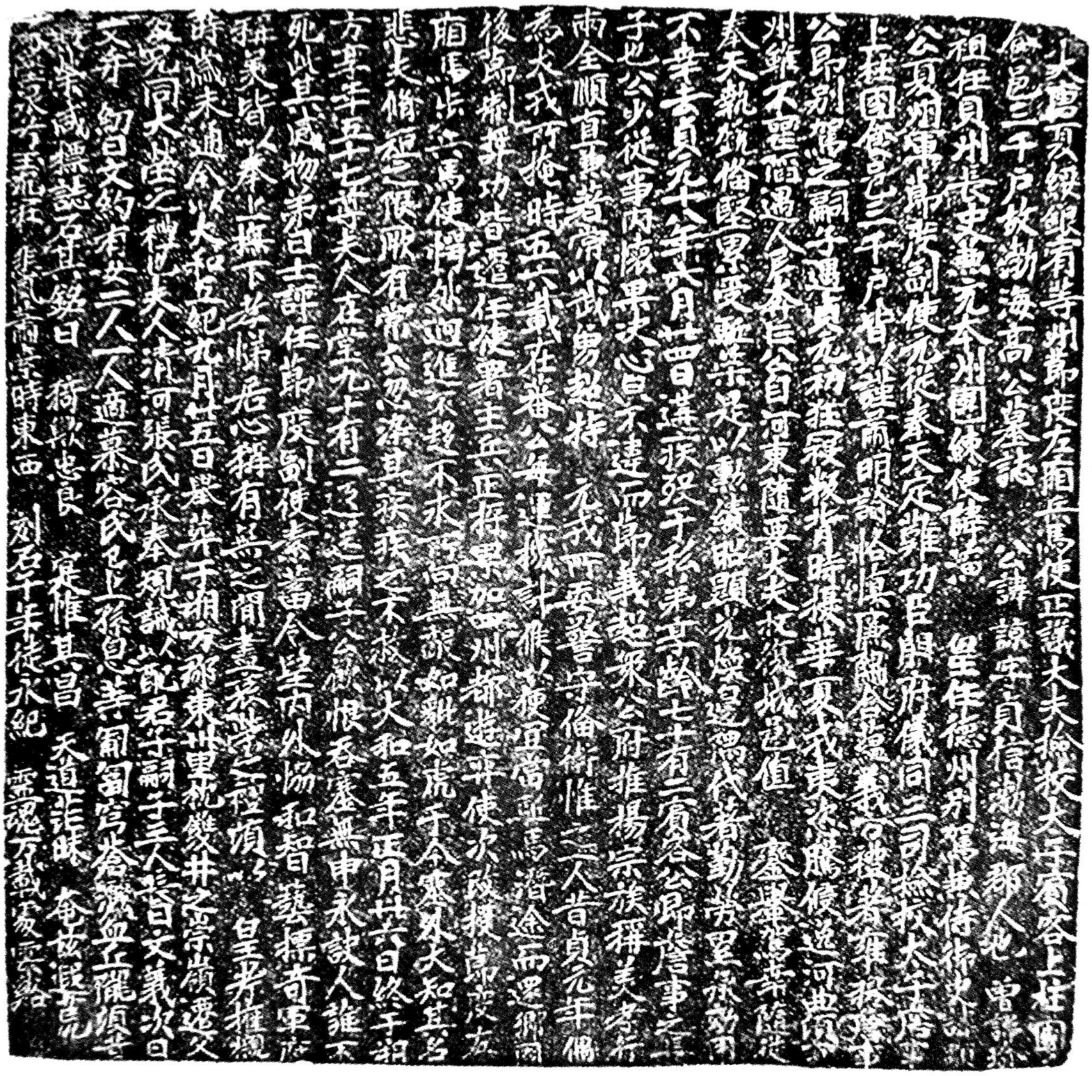

张彦琳及妻王氏墓志铭并盖

咸通二年（861）十一月二十三日立石。张处约撰。近年出土于靖边县红墩界乡蓆芨滩村伍梁沙。现藏榆林市文物管理委员会办公室。

盖、志砂石质。盝形盖，长52厘米，宽51厘米，厚7.5厘米。盖文篆书，2行，行3字："张府君丨墓志铭。"四刹阴刻八卦图。盖面有擦痕，右边两角残。志石正方形，边长各53厘米，厚8厘米。志文楷书，19行，行26字。轻度剥蚀，左上角残

唐故清河郡先張府君夫人太原王氏墓誌銘幷序
鄉貢進士張震約撰
夫造化之原，在先國本，六合之內，配以二儀。清河公素崇門望，早振
芳聲，況雄風卓然，英威特異，既傳威里，共推當人，皆叙其盛美也。
公之曾諱文英，之祖諱道從，皆不仕，積善相承，傳之餘慶。
公諱彥琳，不仕，蘊仁履德，孝謹承家，懷若水之心，挹松筠之節，蓋意未
侵輪，迴遽經沉淪。去大中七年十二月廿五日歿於州，身亡，享年六十七。
夫人王氏，雍容婦道，克稟於三從，度奉母儀，因敬於四德。何期纔
逾耳順，奄謝百年。去大中八年五月十八日終於夏州，享年六十四。須
以孝思未遂，號擗乖心，今擇吉辰，親奉儀禮。嗚呼！孤子號咽，量
卷慘悲天地，冰偈泣血長辭。有子五人，長曰玄位，早亡；次男怙，夏
州節度衙前虞候；次男玄友，次諫玄，次約，皆忠謹承家，謙恭
勵己，嚴奉慈訓，克劾清貞。次女一人，適從趙氏，相視號天，斷心
屠裂，欲報之恩，終天永訣。謹以咸通二年歲次辛巳十一月庚子
朔廿三日癸巳，合祔于夏州東南一十二里，就并舊地，創堅新
塋。懼丘陵之將遷，謹刊石以為紀。
銘曰：
痛哉已往，美德旋歸。鳳凰比翼，何往何之。
魂悠結，寒雲霏霏。花摧松苦，蒼樹依依。

臧允恭墓志铭并盖

咸通九年（868）十月十三日立石。张诚撰。近年出土于内蒙古自治区乌审旗纳林河乡背锅沙郭梁村。现藏榆林市文物管理委员会办公室。

盖、志砂石质。盝形盖，边长各36厘米，厚10厘米。盖文篆书，3行，行3字：“东莞郡」臧府君」墓志铭。”刹面内层刻八卦图，外层刻十二辰铭。志石长方形，长40.5厘米，宽42.5厘米，厚8.5厘米。志文楷书，19行，行23字。剥蚀较重，志石右上角断裂

大唐故[illegible]節度押衙銀青光祿大夫檢校太子賓客兼殿中
侍御史上柱國東莞郡臧府君墓誌銘 并序
[illegible]臧節度押衙銀青光祿大夫檢校太子賓客臧誠謹[illegible]
夫[illegible]通運有常限修短固憑宿業生榮[illegible]前緣乃于諱
大道之所歸依也 祖諱才意 皇任作坊兵[illegible]使軍[illegible]同正
兵馬使 [illegible]侍御諱[illegible]榮 皇累授重難歷職 至押衙任盧子關鎮
遏兵馬[illegible]門三堡兩井西平等鎮遏兵馬使兼 使主步軍左
將右義勇馬軍將左使馬將兵馬使殿中侍御史兄是
使[illegible]臨[illegible]績 豈期神道無徵 處歸大夜 享年
六十有[illegible] 咸通八年十二月五日終於故里 夫人鄭氏 [illegible]容坤
禮稟自天然 訓道無雙 垂範有則 長男公[illegible] 次男公素授
節度衙前兵馬使[illegible]男公及公儒在軍者能盡忠赤不宿者守
其家風 教源於六親 謹慎推於九族 茂芝蘭之[illegible]增[illegible]
[illegible]順義 爲[illegible]行之光 孝友乃一門之德 詩云 樹欲靜而風不
止 子欲養而親不待 嗟呼年及耄耋 志操尚存 俄然[illegible]疾奄謝
明時 [illegible]川 則以咸通九年十月十三日歸葬于城東南原[illegible]
原之私地 嗚呼生榮名於世 殁乃刻石顯能 用保千秋 將傳万古 [illegible]
詞曰 [illegible]霜威 [illegible]重德 功符明時 [illegible]高作則 心懷德業
卓然出群 時[illegible] 世無比倫

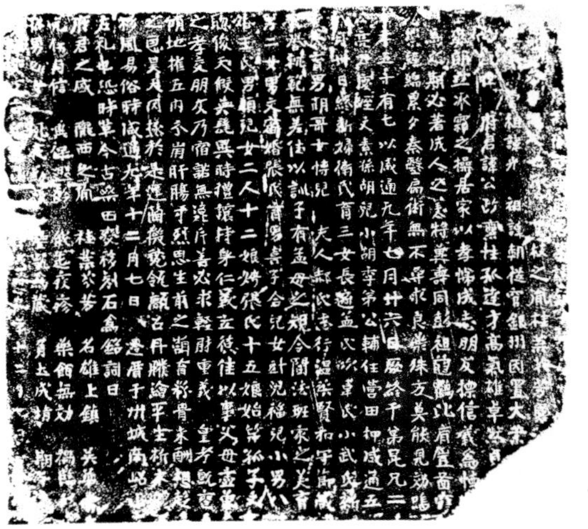

李公政墓志铭并盖

咸通九年（868）十二月七日立石。1966 年出土于横山县党岔乡党岔中学建筑工地。后移藏西安碑林博物馆。

盖呈覆斗形。志石正方形，边长各 38 厘米。盖文篆书“李府君」墓志铭”六字，周刻八卦文字。志文正书 24 行，行 24 字。志石右下角残缺，损十余字。

陈审墓志铭并盖

咸通十一年（870）二月二十四日立石。近年出土于靖边县红墩界乡圪坨河村。现藏榆林市文物管理委员会办公室。

盖、志砂石质。盝形盖，边长各61厘米，厚11厘米。盖文篆书，3行，行4字："大唐故颍」川郡陈府」君墓志铭。"刹面阴刻八卦图。盖面凿刻掉碴较多，右下角残。志石正方形，边长各60厘米，厚9厘米。志文楷书，28行，行26字。志石断裂为4块，志面多处掉碴，左、右下角及下沿残

曹公墓志铭并盖

咸通十四年（873）四月十八日立石。柳罕球撰。近年出土于靖边县红墩界乡圪坨河大队华家洼林场尔德井村。现藏榆林市文物管理委员会办公室。

盖、志砂石质。盝形盖，边长各57厘米，厚10厘米。盖文篆书，2行，行3字："曹府君」墓志铭。"刹面阴刻八卦图，左、右下角残。志石正方形，边长各57厘米，厚7厘米。志文楷书，23行，行38字。右上沿因掉碴致使第四行第一字残。第五行第一字缺、第二字残

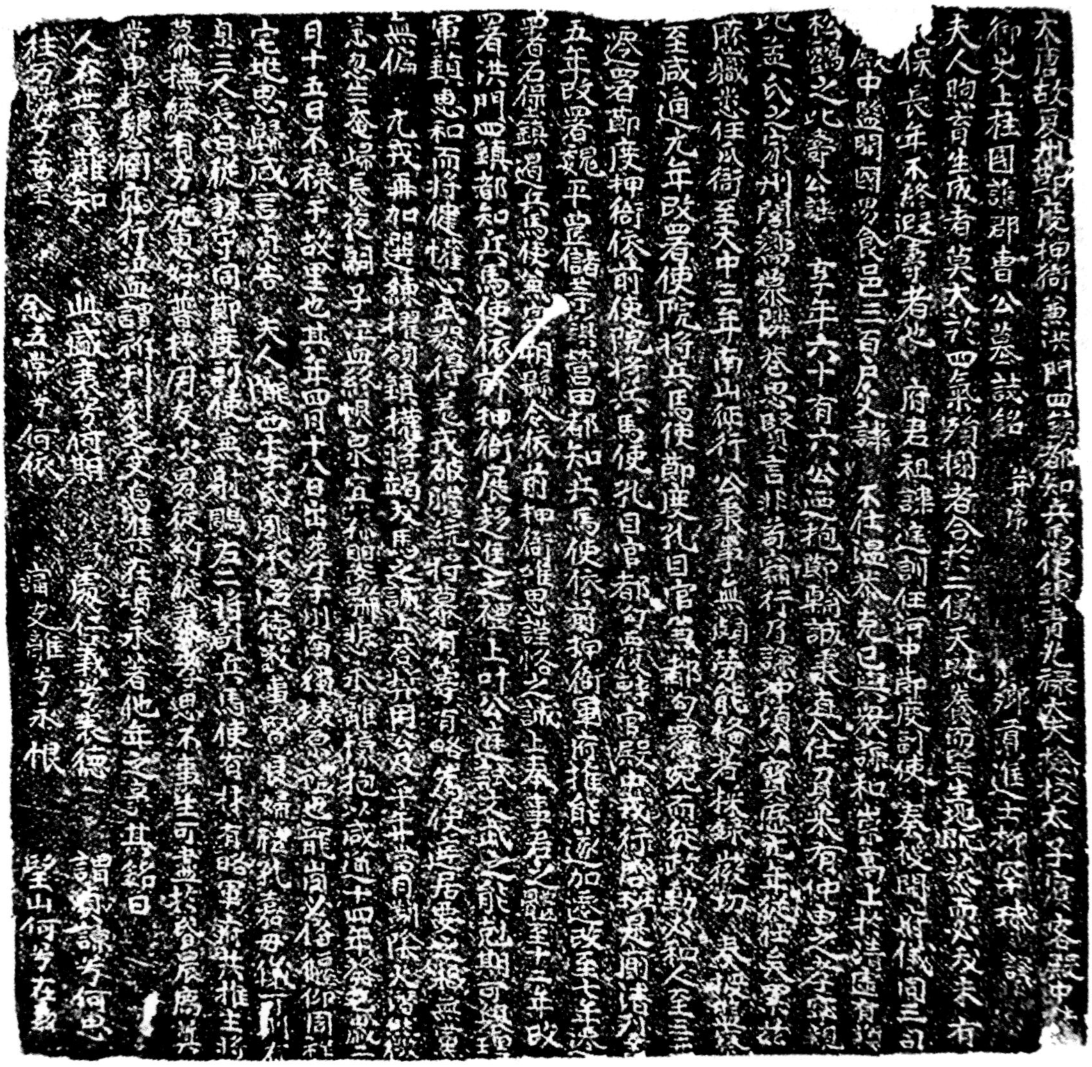

白敬立墓志铭

乾宁二年（895）立石。李潜撰。近年出土于靖边县红墩界乡华家洼林场。1991年征集，现藏于靖边县文物管理委员会办公室。

盖失。墓志砂石质，正方形，边长各77.5厘米，厚11.5厘米。志文楷书38行，行41字。志面、边沿掉碴较多

后唐墓志

李仁宝妻破丑夫人墓志文并盖

长兴元年（930）十月十九日立石。张少卿撰。近年出土于榆林市榆阳区红石桥乡拱盖梁村。1994年在打击盗掘、走私文物活动中缴获。现藏榆林城墙文管所。

盖、志砂石质。盝形盖，边长各54厘米，厚16厘米。盖面无文。刹面阴刻八卦图。志石正方形，边长各53厘米，厚10厘米。志文阴刻楷书19行，行19字至22字不等。下边掉碴一片

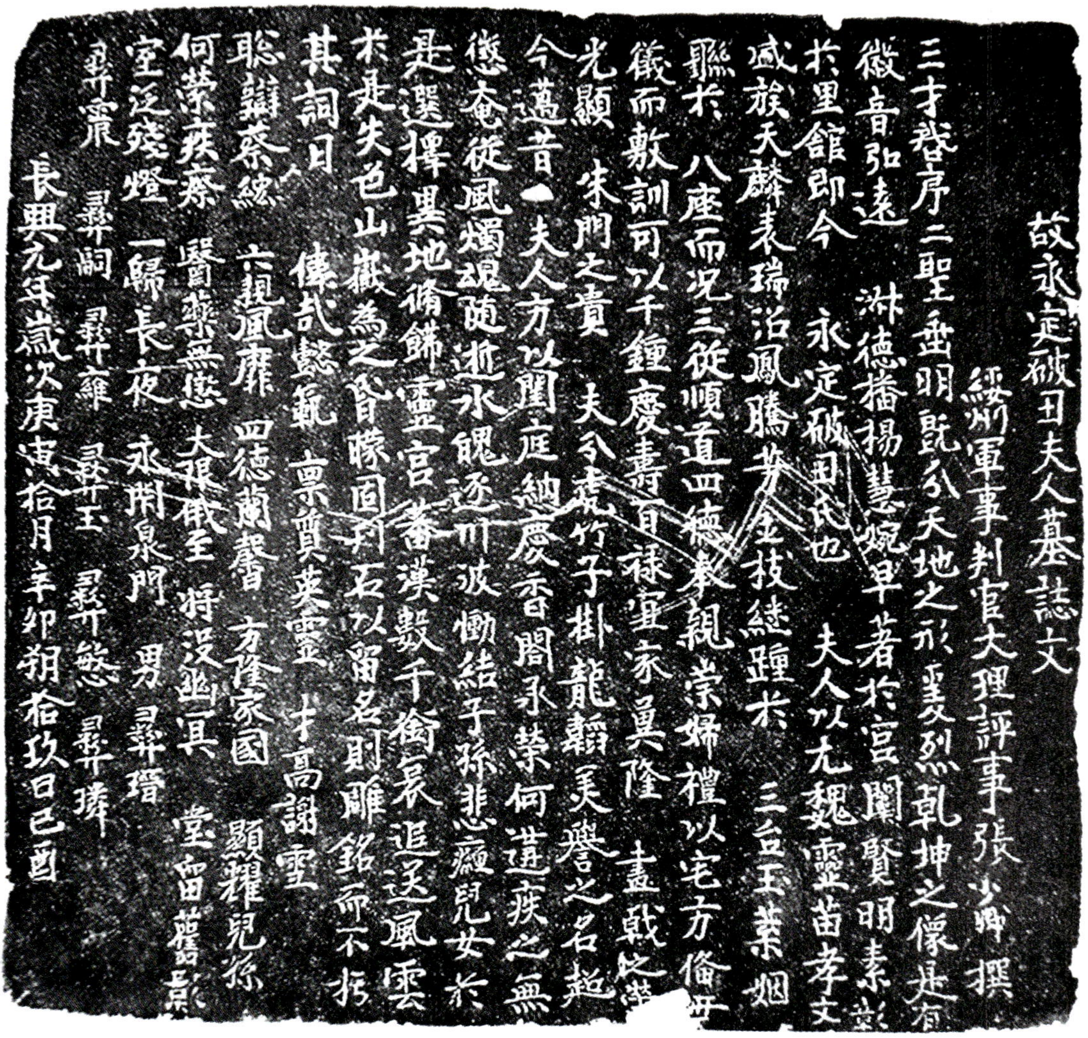
故永定破田夫人墓誌文
綏州軍事判官大理評事張少卿撰
三才啓序二聖垂明既分天地之形爰列乾坤之像是有
徽音弘遠淑德播揚慧婉早著於宮闈賢明素彰
於里館即今永定破田氏也 夫人以元魏靈苗孝文
盛族天麟表瑞治鳳騰芳金枝繼踵於三台玉葉姻
聯於八座而況三從順道四德承親崇婦禮以宅方倫毋
儀而敷訓可以千鍾慶壽百祿宜家冀隆晝戟之榮
光顯朱門之貴 夫分竟竹子掛龍翱美譽之名超
今邁昔 夫人方以蘭庭納慶香閣承榮何遘疾之無
瘳奄從風燭魂隨逝水魄逐川波慟結子孫悲纏兒女於
是選擇異地脩飾靈宮蕃漢數千衛哀追送風雲
於是失色山嶽為之昏矇固刻石以留名則雕銘而不朽
其詞曰 偉哉懿範 禀質英靈 才高謝雪
聰辯蔡繇 六親風靡 四德蘭馨 方隆家國 顯耀兒孫
何嘗疾瘵 醫藥無瘳 大限俄至 將沒幽冥 堂留舊影
室泛殘燈 一歸長夜 永閉泉門 男 彝瑨
彝震 彝嗣 彝雍 彝玉 彝懿 彝璘
長興元年歲次庚寅拾月辛卯朔拾玖日己酉

后晋墓志

毛汶墓志铭并盖

天福七年（942）九月九日立石。牛渥撰，杨从溥书，娥景稠镌。近年出土于靖边县红墩界乡圪坨河村。现藏榆林市文物管理委员会办公室。

盖、志砂岩质。盝形盖，长 69 厘米，宽 70 厘米，厚 13 厘米。盖文篆书，3 行，行 3 字：“荥阳郡｣毛公墓｣志之铭。”刹面阴刻八卦图。志石正方形，边长各 68.5 厘米，厚 11 厘米。志文楷书 30 行，行 33 字至 36 字不等

何德璘墓志铭并盖

天福八年（943）四月二十五日立石。王卿撰。1994 年出土于靖边县红墩界乡华家洼林场。现藏靖边县文物管理委员会办公室。

盖、志砂石质。盝形盖，长 49 厘米，宽 56 厘米，厚 15.3 厘米。盖面篆刻 3 行，行 3 字："南阳郡」何公墓」志之铭。"刹面阴刻八卦图。掉碴较多，四角残。志石长方形，长 53 厘米，宽 59 厘米，厚 14 厘米。志文楷书，27 行，行 29 字。剥蚀较重，边沿掉碴较多

刘敬瑭墓志铭并盖

天福八年（943）七月十四日立石。牛渥撰，杨从溥书，娥景稠刻。近年出土于横山县雷龙湾乡郑安峁村南15公里处。现藏榆林市文物管理委员会办公室。

盖、志砂石质。盝形盖，边长各66厘米，厚15厘米。盖文篆书，3行，行3字："彭城郡｣刘公墓｣志之铭。"刹面阴刻八卦图。志石正方形．边长各66厘米，厚13厘米。志文楷书，34行，行36字。剥蚀较轻，基本完好

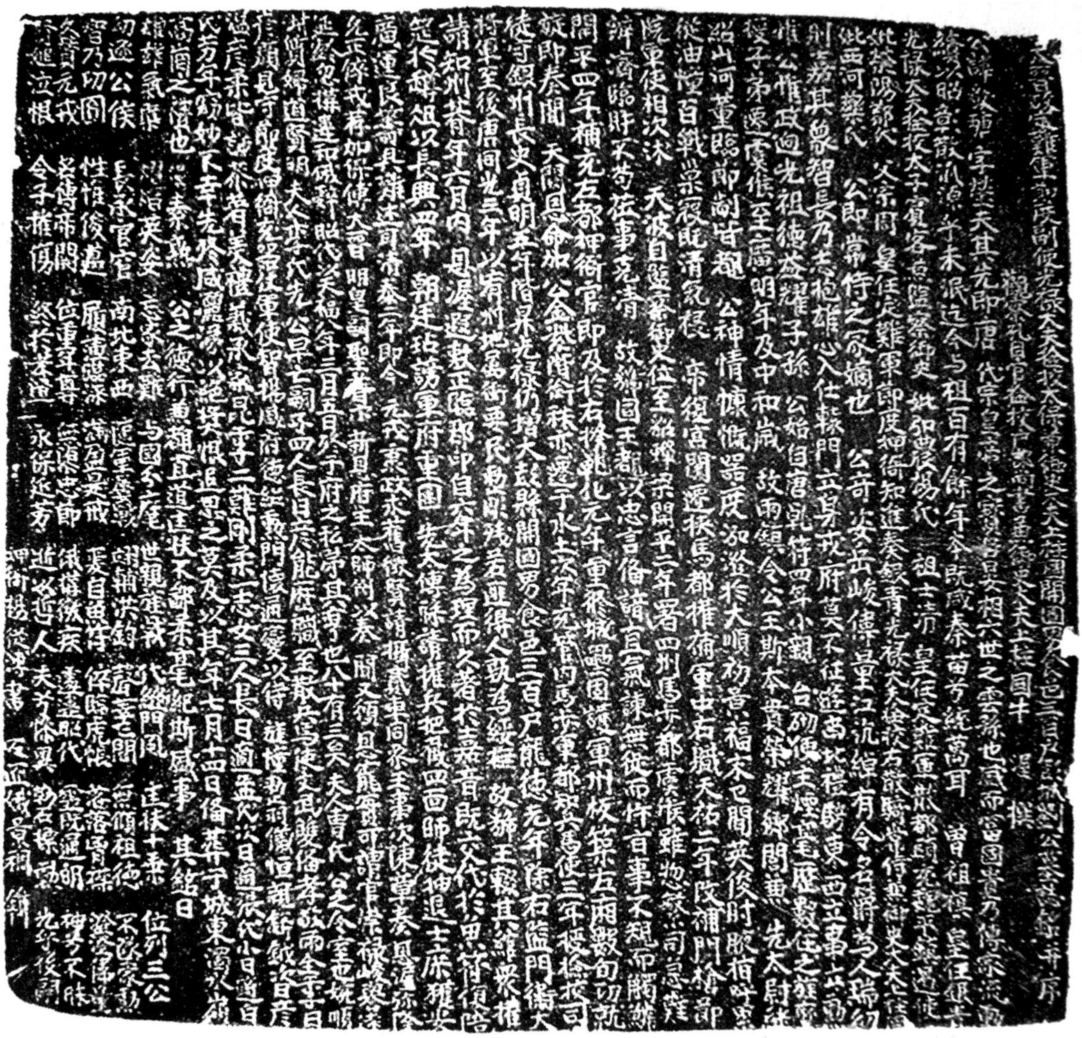

李仁宝墓志铭并盖

开运三年（946）二月五日立石。齐峤撰。出土于榆林市榆阳区红石桥乡拱盖梁村。1996年在打击盗掘、走私文物活动中被榆林市公安局缴获。现藏榆林市榆阳区城墙文管所。

盖、志砂石质。盝形盖，边长各64厘米，厚13厘米。盖面楷书，3行，行3字：“故陇西」李公墓」志之铭。”刹面阴刻八卦图。志石正方形，边长各64厘米，厚11厘米。志文楷书，30行，行36字。盖面有多道錾刻痕

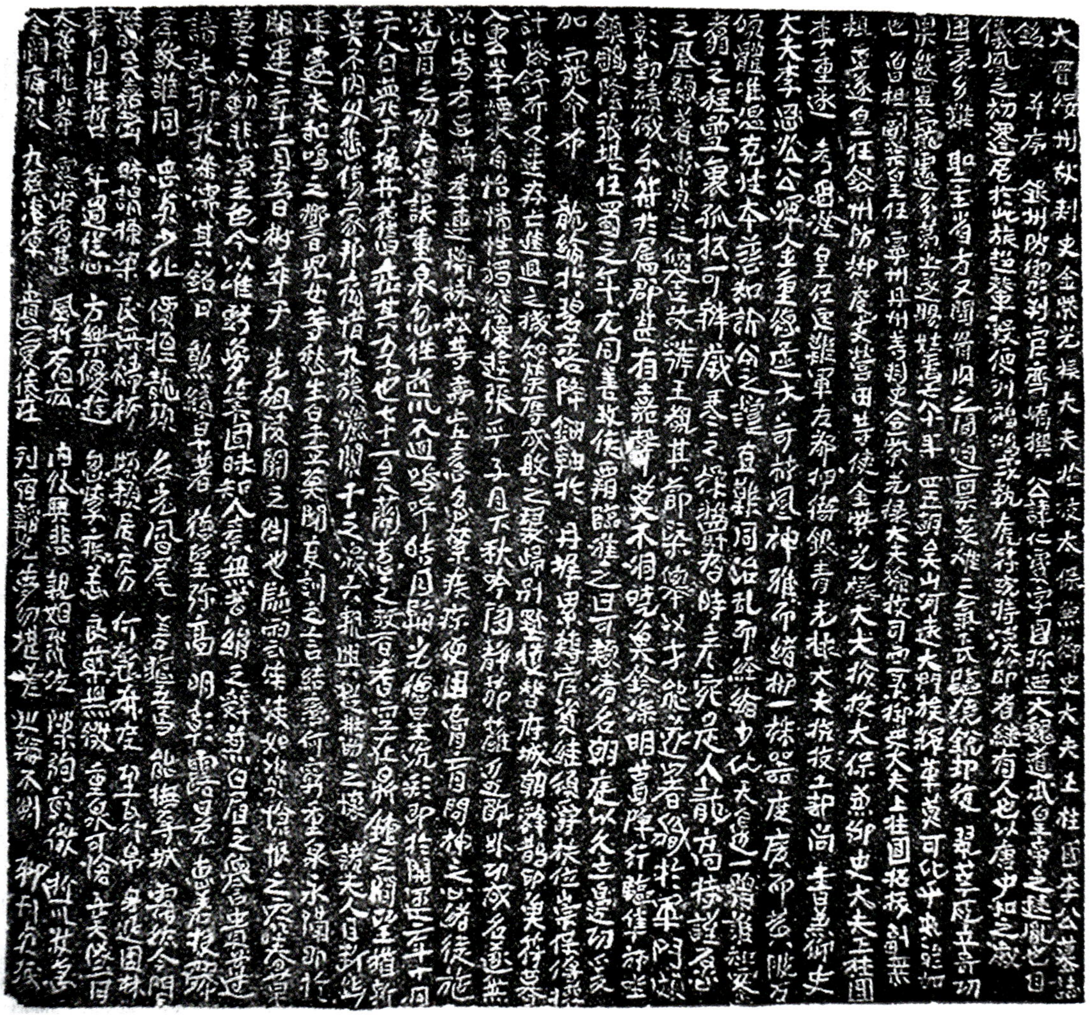

大晉綏州故刺史金紫光祿大夫檢校太保兼御史大夫上柱國李公墓誌
銘并序　鄜州防禦判官喬嶠撰　公諱仁寶字國珍延大魏道武皇帝之遐胤也因
儀鳳之初遷居於此族超輦授綏州[illegible]執虎符爰侍從節者繼有人也以唐尹知之[illegible]
國家多難　聖主省方又聞骨肉之間過宴英雄二氣武臨統鎮節度　帝[illegible]平寇功
果然異寵遷爰兹賜甚舊足今年四朝吳山河表大明梓輦莫可比其忠節加
也　曾祖[illegible]皇任寧州丹州等刺史金紫光祿大夫檢校司空兼御史大夫上柱國招撫副使
祖[illegible]遂皇任銀州防禦使營田等使金紫光祿大夫檢校太保兼御史大夫上柱國
李重遂　考思澄皇任匡難軍左都押衙銀青光祿大夫檢校工部尚書兼御史
大夫李思[illegible]公深全重繼延大司故風神雅而緒物一樣器度廣而容[illegible]懷方
領體淮思克性本善知詳公之謹直難同治亂而經綸必化大道一體[illegible]
者翁之程豐哀孤抵一可辯歲春之樂醫者時舍死是人龍高持誰思
之風顯著懸貞之德金文諱王魏其節梁像以才能延著仍於平門[illegible]
彰勤績微不敢於屬郡甚有嘉聲莫不洞曉其餘條明章降行臨律而[illegible]
鎮鄜陰護堪任蜀之千充同善政後霜臨雉之日可懸清名朝庭以久之邊功[illegible]
加　寵命布　龍綸於碧落降鉤軸於丹墀畀轉官資韓須穿秩位崇保傳[illegible]
計將舒而又進爰退之機知保厚成敗之理[illegible]別豎旌督府城朝辭韶印奠符幕
入雲幸煙永[illegible]怡情性獨縱優遊張平子自天秋吟園靜節[illegible]蓋乃五郡[illegible]名遂[illegible]
以此為方之符季重延齡株松等壽古喜忽鑿疾疾便困膏肓日問神之諸徒施
洗胃之功大還誤重泉勿往徒流不迴嗚呼時因歸光德里[illegible]私第享年[illegible]開運二年十[illegible]
二十八日薨于城井舊邸在其時也七十二公夫人薦[illegible]之[illegible]香靈在[illegible]鐘之相望推新
莫不同及悲傷家邦痛惜九族憐傷干之淚六親無聲之聲諸夫人目新悲
速靈來和鳴之響吉兒女等愁生白首泣哭聞哀訓之言結蘊何窮重泉永隔兩於
開運二年十一月五日葬於于　先祖陵開之側也臨雲失徒如泣淚愴恨之深嗟春草
萋三秋勤悲涼之色今以惟[illegible]勞[illegible]國昧知人之無者紹之辭萬世留之譽書[illegible]遠
請述[illegible]我[illegible]其銘曰　[illegible]緒自古著德望彌高明[illegible]靈[illegible]光[illegible]
[illegible]數雖同　[illegible]化　[illegible]恒[illegible]　名光風居　善[illegible]能[illegible]
[illegible]　[illegible]　[illegible]　何[illegible]存在　[illegible]身[illegible]
年自往哲　年過從心　方樂優遊　[illegible]　良[illegible]　重[illegible]
大[illegible]　風[illegible]　内外[illegible]　[illegible]
全[illegible]　九[illegible]　[illegible]　列宦[illegible]　[illegible]不[illegible]　[illegible]

北宋墓志

康成此墓志铭并盖

乾德四年（966）闰八月十二日立石。郭贻撰文。近年出土于靖边县红墩界乡圪坨河大队华家洼林场尔德井村。现藏榆林市文物管理委员会办公室。

盖、志砂石质。盝形盖，四角内收成弧，边长各57厘米，厚17厘米。盖中方框内篆文3行，行3字："太原郡」康公墓」志之铭。"刹面阴刻八卦图。志石正方形，边长各58厘米，厚11厘米。志文楷书，33行，行38字。志面及边棱轻度剥蚀，略有磕碰掉碴

何公墓志铭并盖

开宝二年（969）十一月十一日立石。郭贻撰。近年出土于靖边县红墩界乡伍梁沙村。现藏榆林市文物管理委员会办公室。

盖、志砂石质。盝形盖，边长各 67 厘米，厚 11.5 厘米。盖中呈薄方块状凸起，篆刻 3 行，行 3 字：“南阳郡」何公墓」志之铭。”剎面阴刻八卦图。志石长方形，长 68.4 厘米，宽 66.6 厘米，厚 11 厘米。志文楷书，35 行，行 40 字。剥蚀较重，擦痕、掉碴较多，很多字模糊

明诰封太夫人赵母王氏墓志铭

王氏，榆林卫指挥使赵钧原配，绥德人，生于弘治十三年（1500），生子二；长子岢，曾任征西前将军镇守大同都督；次子岚，任大同新平堡守将。现藏靖边县文物管理委员会办公室

张泰远及妻陈氏合葬墓志铭

明万历四十四年（1616）九月二十二日立石。麻僖撰文，赵邦清篆额，张廷玉书丹。1991 年 4 月出土于靖边县新城乡罗家窑子村。现藏靖边县文物管理委员会办公室。

盖佚。志石长方形，长 64 厘米，宽 62.5 厘米，厚 10 厘米。志文楷书，29 行，行 31 字。周边浅地宽 2.5 厘米至 3 厘米，深 1.5 厘米。剥蚀较重，边沿掉碴较多

第二编

出土棺椁及壁画

石墓门门楣石画像（东汉）

翟曹明墓彩绘左门扉

（北周）

通高 127.5 厘米，宽 53 厘米，厚 7.7 厘米。青石质。现藏靖边县文 物管理委员会办公室

翟曹明墓彩绘右门扉

（北周）

通高 127.5 厘米，宽 53 厘米，厚 7.7 厘米。青石质。现藏靖边县文物管理委员会办公室

狮形左门砧（北周）

通高 41 厘米，长 48 厘米，宽 22 厘米。青石质。现藏靖边县文物管理委员会办公室

狮形右门砧（北周）

通高 39 厘米，长 49 厘米，宽 21 厘米。青石质。现藏靖边县文物管理委员会办公室

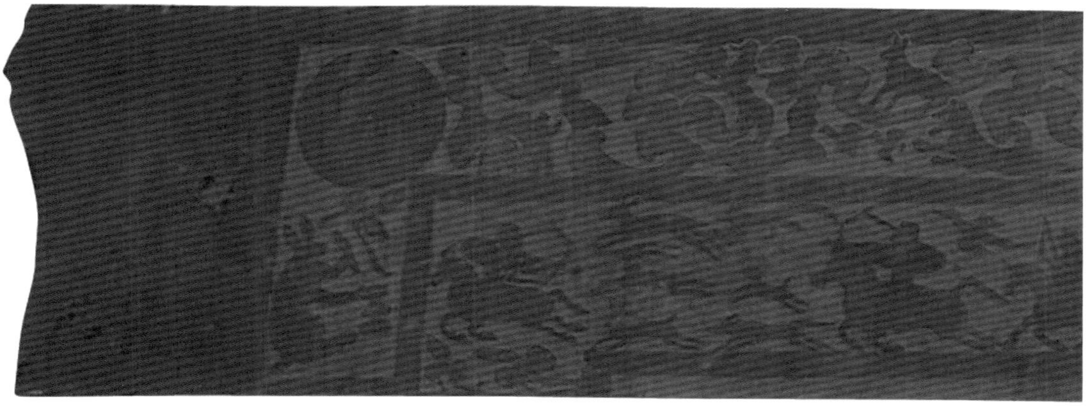

石墓门门楣石画像（东汉）

翟曹明墓画石像

翟曹明（579），北周时期粟特人，以使者的身份来到北朝，后加入军队，以军功任夏州天主仪同，统帅西胡民众为国征战

彩绘贴金石雕墓门十件套组合

门楣石，左、右门柱石，左右门扇，门槛石，左、右门墩石狮子。通高 159 厘米，通宽 127 厘米。1994 年发掘出土于统万城东侧。现藏靖边县文物管理委员会办公室

石刻（元代）

车马骑徒仪仗出行图

画面先以红绿等色打出底稿，再以黑色颜料勾勒轮廓，以各种色彩填充轮廓内各部位置。车骑顶端有“戍曹”“门下曹”等墨书榜题

孔子见老子图

画面由右至左依次为老子、童子、孔子及随从门徒

乐舞图

画面由吹弹各种乐器的女子、击打建鼓者以及男女舞者组成。其中男子上身赤裸，肌肉强健，可能正在进行武术表演；而女子挥舞长袖，双脚舞动于覆置在地面的碗碟之上；阳刚与柔媚相映，动静相衬，气氛欢愉

天象图（局部一）

由多组星宿和具象的神仙、动物组成。每个星宿对应不同的具象题材，星宿旁题星宿名，有五车、天市、史角、毕星等。星宿间以祥云填白，画面极具繁缛，表现出程式化的布局和题材特征

天象图（局部二）

画面局部反映的是织女和牵牛两个星宿及其对应的具象人物。织女端坐于织布机之上，牵牛作跽坐状，手牵一头白色的公牛。织女与牵牛星宿之上为雷公、电母、风伯及众小神击鼓、降雨、放电、扇风的场面

悬弩侍女图

画面上部为一架弩和矢匣，下方为三位侍女，其中两位双手托案，案内置盛酒的耳杯，并以祥云纹环绕填白

镇墓神及山野图

中段以斗拱隔离为左右两半，对称绘制两个硕大而面目狰狞的神怪头像，神秘而怪诞，应是镇守墓宅的神物，可能与后世的镇墓兽有源流上的承袭关系。后壁上部的半圆形范围内绘制写意性极强的山峦、野鹿、飞鸟和树木

杨云会墓石椁

杨云会墓石椁彩绘图局部

杨云会墓石椁彩绘仕女

第三编

出土器皿

史前器物

石　器

新石器时代石刀

1996 年大界村五庄果梁 F5 发掘

新石器时代石斧

长 13.33 厘米，宽 7.3 厘米，厚 3.53 厘米，大界村征集

新石器时代石斧

长 7.5 厘米，宽 5.2 厘米，厚 1.4 厘米，大界村征集

新石器时代石铲

长 13 厘米，宽 7.2 厘米，厚 1.3 厘米，1996 年大界村五庄果梁 F5 发掘

石锛（龙山文化）

长 4.3 厘米，宽 3 厘米，厚 1.2 厘米，1996 年大界村五庄果梁发掘

石斧（龙山文化）

长 20 厘米，刃宽 6.8 厘米，厚 3.5 厘米，大界村五庄果梁征集

石斧（龙山文化）

长 10.9 厘米，宽 4.6 厘米，大界村五庄果梁征集

石柱

大界村五庄果梁征集

刮削器（龙山文化）

长 5.9 厘米，宽 2.9 厘米，厚 0.3 厘米。1996 年大界村五庄果梁发掘

璜形残片（东汉）

长 6.5 厘米，宽 2.5 厘米，1997 年杨桥畔村 M2 出土

椭圆形磨光石器

长径 22.5 厘米，短径 12.5 厘米，厚 5 厘米，完整。平面呈椭圆形，通体磨光，两面隆起，一端对钻一孔。征集于靖边县红墩界乡

石斧（5 厘米 ×10 厘米）

石斧(8.5 厘米 ×10 厘米)

陶 器

小红陶瓶（新石器时代）

高 4.2 厘米，口径 3.1 厘米，底径 11.8 厘米。1996 年大界村五庄果梁 F5 出土

陶器（史前）

陶器（史前）

陶器（史前）

双陶罐（史前）

陶耳杯（史前）

鸟形陶器（史前）

陶器（史前）

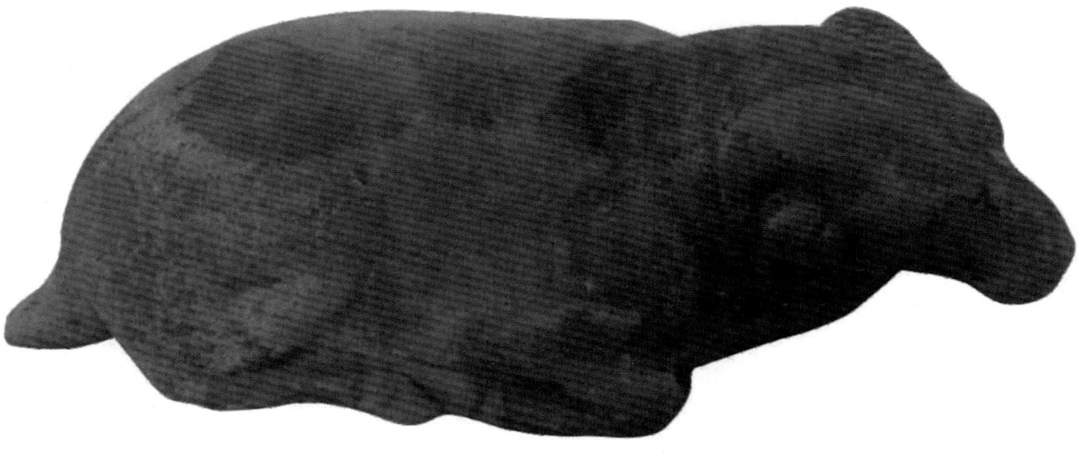

陶羊（汉代）

陶牛（汉代）

陶瓶（汉代）

博山炉（汉代）

鼎鬲（史前）

红陶罐（史前）

红陶尖底瓶（新石器时代）
高 33 厘米，口径 5.6 厘米

彩绘陶盆（汉代）

口径 14 厘米，底径 6.8 厘米，高 2.6 厘米。2005 年老坟梁 M5 发掘

彩绘陶碗（汉代）

口径 13.1 厘米，底径 7 厘米，高 6.2 厘米。2005 年老坟梁 M5 发掘

彩绘三足陶仓（汉代）

口径 7 厘米，底径 13.7 厘米，高 26 厘米。2005 年老坟梁 M3 发掘

彩绘三足陶仓（汉代）

口径 7 厘米，底径 14 厘米，高 25.5 厘米。2005 年老坟梁 M6 发掘

彩绘陶仓（汉代）

口径 4.9 厘米，底径 11.4 厘米，高 16.6 厘米。2005 年老坟梁 M6 发掘

彩绘陶仓（汉代）

口径 5.4 厘米，底径 11.7 厘米，高 15.6 厘米。2005 年老坟梁 M6 发掘

太极彩绘陶仓（汉代）

口径 4 厘米，底径 10.2 厘米，高 18.5 厘米。杨桥畔汉墓群、马圈渠汉墓群出土。全国少见，陕西仅靖边县拥有绘有太极图的彩绘陶仓，具有很高的艺术价值

灰陶双耳罐（汉代）

高 10.6 厘米，口径 8.9 厘米，腹径 13.2 厘米，底径 6.5 厘米。2011 年统万城出土。

陶罐（汉代）

彩绘陶仓（汉代）

口径 4.6 厘米，底径 14.9 厘米，高 26.3 厘米。1997 年杨桥畔村 M2 出土

彩绘陶仓（汉代）

口径 4.8 厘米，底径 11.2 厘米，高 15.5 厘米。2005 年老坟梁 M3 发掘

彩绘陶仓（汉代）

口径 4.9 厘米，底径 11.4 厘米，高 16.6 厘米。2005 年老坟梁 M6 发掘

彩绘陶狗（汉代）

长 13 厘米，高 3.4 厘米。2005 年老坟梁 M4 发掘

彩绘陶鼎（汉代）

口径 4.9 厘米，底径 11.4 厘米，高 16.6 厘米。2005 年老坟梁 M6 发掘

彩绘陶公鸡（汉代）

长 11 厘米，高 8 厘米。2005 年老坟梁 M4 发掘

彩绘陶鸟（汉代）

长 9 厘米，高 5.5 厘米。2005 年老坟梁 M4 发掘

彩绘陶罐（汉代）

口径 5.5 厘米，底径 4.2 厘米，高 11.2 厘米。2005 年老坟梁 M6 发掘

彩绘陶器盖（汉代）

直径 20.3 厘米，高 6.7 厘米。2005 年老坟梁 M6 发掘

彩绘陶罐（汉代）

口径 13 厘米，底径 16.2 厘米，高 30.5 厘米。2005 年老坟梁 M6 发掘

彩绘陶熏炉（汉代）

口径 7 厘米，底径 8.7 厘米，高 11 厘米。2005 年老坟梁 M5 发掘

彩绘陶熏炉（汉代）

口径 7 厘米，底径 6 厘米，高 12.5 厘米。

2005 年老坟梁 M6 发掘

彩绘陶熏炉（汉代）

口径 8.7 厘米，底径 7.3 厘米，高 15.4 厘米。2005 年老坟梁 M5 发掘

陶罐（汉代）

口径 7.5 厘米，底径 8.2 厘米，高 7.9 厘米。2005 年老坟梁 M6 发掘

陶灯（汉代）

口径 6 厘米，底径 5.9 厘米，高 6.2 厘米。2005 年老坟梁 M4 发掘

陶羊（汉代）
2005 年老坟梁 M3 发掘

陶灶（汉代）

长 21.5 厘米，宽 17.5 厘米，通高 12.5 厘米。2005 年老坟梁 M3 发掘

陶灶（汉代）

长 23 厘米，宽 19.5 厘米，通高 12.5 厘米。2005 年老坟梁 M4 发掘

陶瓶（汉代）

口径 22.3 厘米，底径 18 厘米，高 60.5 厘米。1997 年杨桥畔出土

细颈陶瓶（汉代）

口径 4.6 厘米，底径 6.2 厘米，高 12 厘米。2005 年老坟梁 M1 发掘

灰陶灶（北朝）

灶体：长 15 厘米，宽 8.4 厘米，高 7 厘米。釜：口径 3.4 厘米，腹径 7.8 厘米。2012 年统万城谷地梁墓地北朝墓 M3 出土。

冥器。灶呈长方体状，中空，灶上方置一山形挡板。釜圆口，扁圆腹，圜底，腹部饰两道凹弦纹。夹砂粗陶，呈灰白色，胎质疏松。陶灶和釜分别制作，灶体各部分单独模印制作，然后黏结成整体；釜，轮制，器表可见旋痕。现藏靖边县文物管理委员会办公室

灰陶壶（北朝）

高 26.8 厘米，口径 11.3 厘米，腹径 18.2 厘米，底径 6.4 厘米。2012 年统万城八大梁墓地北朝墓 M13 出土。陕西省考古研究院提供

灰陶壶（北朝）

高 21 厘米，口径 5.8 厘米，腹径 13.5 厘米，底径 7.3 厘米。2012 年统万城八大梁墓地北朝墓 M12 出土。陕西省考古研究院提供

彩绘塔罐（唐代）

通高 51.2 厘米。罐：高 29.5 厘米，口径 12.7 厘米，底径 11 厘米。受佛教及佛塔影响而出现的一种随葬器物，主要用作盛放涅磐高僧的骨灰

单耳陶罐（唐代）

高 31 厘米，口径 10.5 厘米，底径 1.5 厘米。圪坨河村征集

陶罐（唐代）

高 32 厘米，口径 14.5 厘米，底径 12.5 厘米。圪坨河村征集

彩绘团花纹灰陶塔式罐（五代）

通高 44.5 厘米。罐：高 25.5 厘米，口径 11 厘米，腹径 23.5 厘米，底径 9.6 厘米。座：高 13.1 厘米，口径 26.2 厘米，底径 15.6 厘米。塔式罐由盖纽、罐身和底座三部分组成。盖纽呈竹节状，盖纽顶部呈短尖状，短尖下方透雕小孔洞，盖中空；罐身圆唇，敞口，短直颈，溜肩，肩、颈衔接处堆塑一周波浪形泥条，圆鼓腹，平底；底座中部束腰，上部仰雕呈莲瓣状，下部呈倒扣喇叭状，腹部透雕花瓣状孔洞。塔罐灰白胎，胎体疏松，胎上彩绘花卉纹饰。2012 年瓦渣梁墓地五代墓 M14 出土。现藏靖边县文物管理委员会办公室

灰陶钵（宋代）

高 9.3 厘米，口径 15.7 厘米，底径 7.5 厘米。圆唇，敛口，弧腹，平底。轮制，器表可见旋痕，夹砂灰陶，胎质疏松多孔。实用器，器物表面可见使用痕迹。2011 年统万城出土。现藏靖边县文物管理委员会办公室

灰陶扑满（唐代）

扑满：高 14.7 厘米，腹径 14.2 厘米，底径 8.5 厘米。孔：长 3.9 厘米，宽 0.4 厘米。2011 年统万城出土。

球形顶，弧腹，平底，底端中部有一条形口。灰色胎体，胎质疏松。扑满即为存钱罐，通常只有顶端一个狭口，装钱只有入口，没有出口，钱装满后，则将其敲碎取之。“满则扑之”，故名。现藏靖边县文物管理委员会办公室

彩绘塔式陶罐（唐代）

通高70.5厘米，罐径15.9厘米，座底径36.5厘米，通刹高71厘米，罐口径16厘米，底径36.5厘米，罐口沿有缺豁两处，塔座边残。征集于榆林市靖边红墩界乡圪坨河村。

泥质灰陶。体积高大，由塔刹、塔身、塔座组成。塔刹三层呈塔式；塔身为罐形，直口微敞，短颈，圆肩，长腹斜收，平底；塔座为覆莲盆形，敞口，束腹，莲瓣状圈足，座底腹部开圆形镂孔。通身施红、白花卉云气纹

石雕砖刻

石雕菩萨像（明代）

砖刻，出土时间不详，1996 年征集

方砖

边长 35 厘米

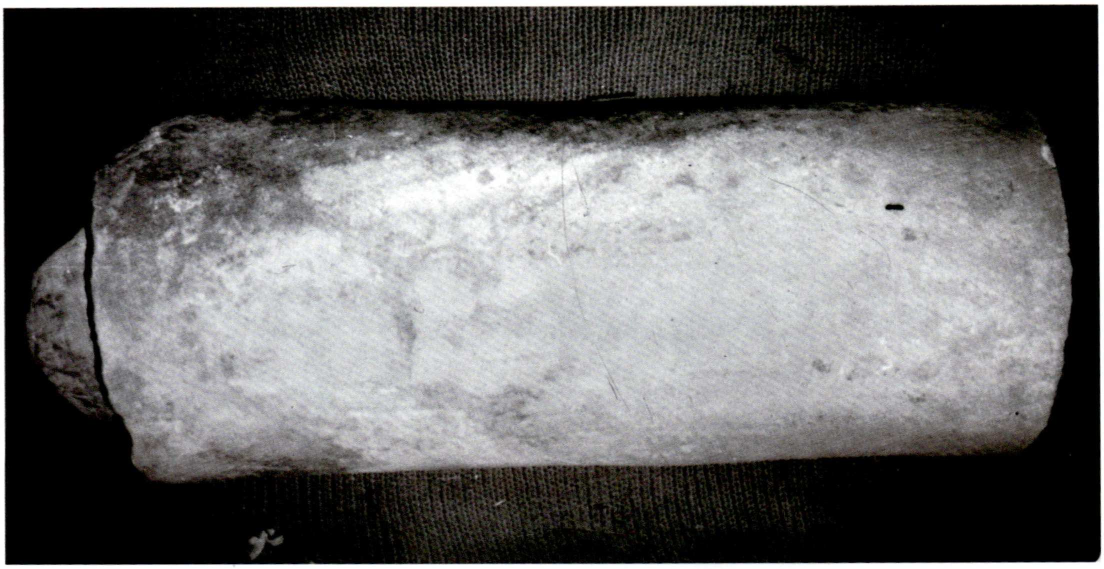

筒瓦

几何图形铺地砖，时间不详，1992 年征集

青铜器

青铜礼器酒器

青铜甗（汉代前）
高 48 厘米，直径 32 厘米

青铜鼎（汉代前）
高 14.5 厘米

青铜爵（汉代）

高 14.5 厘米

提梁壶（汉代）

提梁壶（汉代）
高 32 厘米

青铜钫（汉代）
高 37 厘米

青铜钫（汉代）

高 36 厘米

青铜水壶（汉代）
高 24 厘米

蒜头瓶（汉代）

高 32 厘米

铜扁壶（汉代）
高 22 厘米

铜水井（汉代）
高 28 厘米

铜饭钵（汉代）
直径 18 厘米，高 12 厘米

鸡首壶（汉代）
高 17 厘米

礁斗（汉代）

口径 16 厘米

青铜双耳杯（汉代）
高 27 厘米，耳距 16 厘米

青铜灯（汉代）
高 15 厘米

青铜鼎（汉代）

直径 20 厘米，高 17 厘米

龟灶（汉代）

龟灶（汉代）

通长 36 厘米，宽 23.5 厘米， 高 13 厘米。1997 年杨桥畔村 M2 出土

龟灶（汉代）

通长 35 厘米，宽 21 厘米， 通高 31.5 厘米，1 组 9 件。2014 年在杨桥畔一带征集

带盖铜博山炉（汉代）

通高 10.8 厘米，口径 5.4 厘米，足径 9.5 厘米。1997 年杨桥畔村 M2 出土

曲鋬铜行灯（汉代）

高 7.1 厘米，口径 6.7 厘米，足径 5.7 厘米。1997 年杨桥畔村 M2 出土

高足灯（汉代）
高 29 厘米

铜灯（汉代）

高 11 厘米，长 13 厘米，该灯体呈耳杯状的盒形。盒盖有一半安置活纽，翻上既是灯盏，别具一格

铜勺（汉代）

长 7.5 厘米，宽 4.7 厘米，高 1.8 厘米。1997 年杨桥畔村 M2 出土

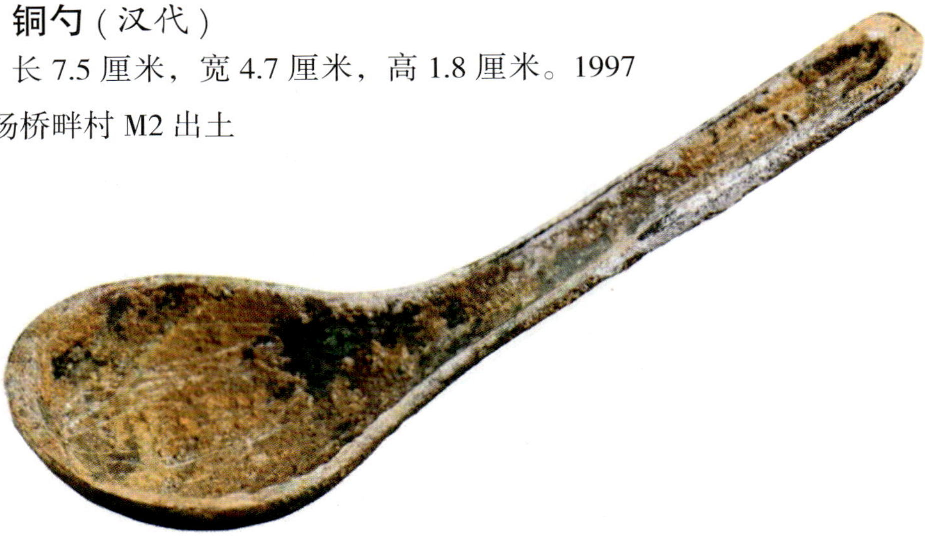

瓢形铜勺（汉代）

长 7.5 厘米，宽 4.7 厘米，高 1.8 厘米。1997 年杨桥畔村 M2 出土

珐琅彩铜瓶（明代）
高 26 厘米

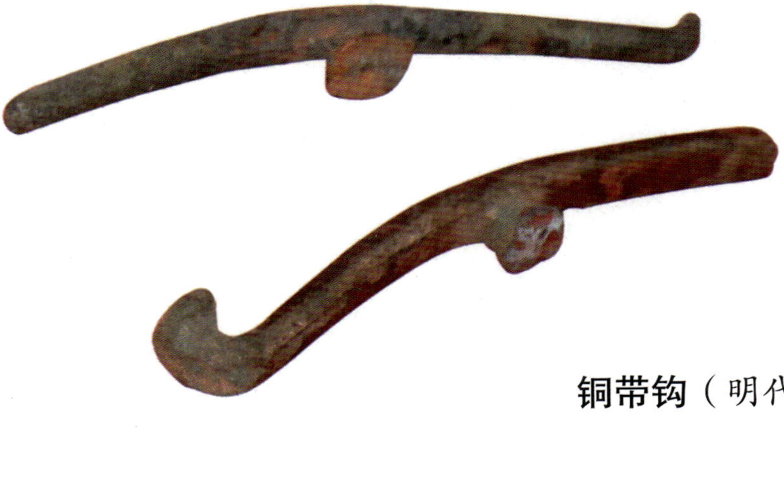

铜带钩（明代）

青铜兵器

①　　②　　③　　④

青铜剑（战国）

①长 58 厘米　②长 73.6 厘米　③长 55 厘米　④长 53 厘米

铜戈（战国）
长20厘米

匈奴削刀（战国）

铜弩机（汉代）

铁镞（汉代）

长 7 厘米，宽 1.8 厘米，厚 0.4 厘米，1997 年杨桥畔村 M2 出土

铜斧（汉代）

铜矛（汉代）

骨　器

盘羊化石

距今约 100 万年前，盘羊因雄性角呈螺旋状盘曲而得名。头部大，体型粗壮，所以又称大角羊。栖息于高原、高山或丘陵地带，善于在崎岖难行的岩石上奔跑。以草及灌木的嫩枝、叶为主要食物

骨笄(龙山文化)

骨镞(龙山文化)

铜　镜

八乳规格纹镜（西汉）

直径 23 厘米

双圈铭文镜（西汉）

直径 13 厘米

见日之光镜（西汉）
直径 5.8 厘米

君宜高官镜（西汉）

直径 14.5 厘米

家常富贵镜（西汉）

直径 10.5 厘米

云雷纹镜（西汉）
直径 20.5 厘米

草叶纹镜（西汉）
直径 10 厘米

神仙人物铭文镜（西汉）
直径 12.8 厘米

四乳四虺镜（西汉）

直径 16.5 厘米

镂空花鸟纹镜（唐代）
直径 16 厘米

镂空花鸟纹镜（唐代）

直径 16.8 厘米

竹林七贤镜（唐代）
直径 24.5 厘米

素面纹方镜（唐代）
直径 16 厘米

宝相花镜（唐代）
直径 13 厘米

海兽葡萄镜（唐代）
直径 11 厘米

葵花形鸾鸟镜（唐代）
直径 23 厘米

龙虎镜（宋代）

直径 12 厘米

人物故事镜（宋代）
直径 17.5 厘米

双鱼铜镜（金代）
直径 10 厘米

鉴真渡海镜（宋代）
直径 15 厘米

长柄镜（宋代）

镜面直径 10 厘米，带柄 17.9 厘米

葵花仙人铜镜（唐代）

直径 14.5 厘米，缘厚 0.6 厘米，基本完整，靖边县红墩界乡尔德井杨云会墓出土。

菱花形，内切圆形，圆钮座，半球钮。钮左右有二仙人作手舞足蹈状，立于并蒂二莲之上。外区纹饰简单，为蜂、云朵

钱 币

“半两”铜钱（汉代）

直径 2.3 厘米，穿径 0.65 厘米。2005 年 6 月杨桥畔老坟梁汉墓 M7 发掘

“五铢”铜钱（汉代）

直径 2.6 厘米，穿径 0.9 厘米。

1999 年 7 月杨桥畔汉墓发掘

钱 186−D−1

钱 161−A−1

钱 156−D−1

钱 155-F-1

钱 160-F-1

钱 157-F-1

钱 156-F-1

钱 161-F-1

钱 162-F-1

钱 183-F-1

钱 158-F-1

钱 185-F-1

钱 186-F-1

钱 187-A-1

钱 187-F-1

钱 182-A-1

钱 182-F-1

正面

反面

“大泉五十”铜钱（新莽时期）

直径 2.3 厘米，穿径 0.84 厘米。1999 年 7 月杨桥畔汉墓发掘

“大泉五十”钱范

“五铢”钱范

大夏真兴

直径 2.3 厘米，十六国赫连勃勃时代所铸，历史上首枚年号兼国号钱，存世罕见

瓷　器

耀州窑黑釉瓜棱执壶（唐代）

高 25.4 厘米，口径 9.4 厘米，腹径 14 厘米，底径 7.4 厘米。2012 年陕西省靖边县白城子村统万城出土。

尖唇，喇叭口，短细颈，丰肩，肩部安管状短流，与流相对位置安一曲鋬。瓜棱腹，腹下部渐收，假圈足，平底，足墙斜削一周，修足规整。器施黑釉，釉色乌黑，釉质莹润、光亮，釉层匀厚，器内满釉，器外施釉至胫处，足部露灰白色胎，胎体细腻、致密。现藏靖边县文物管理委员会办公室

黑釉四耳罐（唐代）

花绘青花碗（明代）

草龙纹碗（明代）

青花瓷小碟（明代）

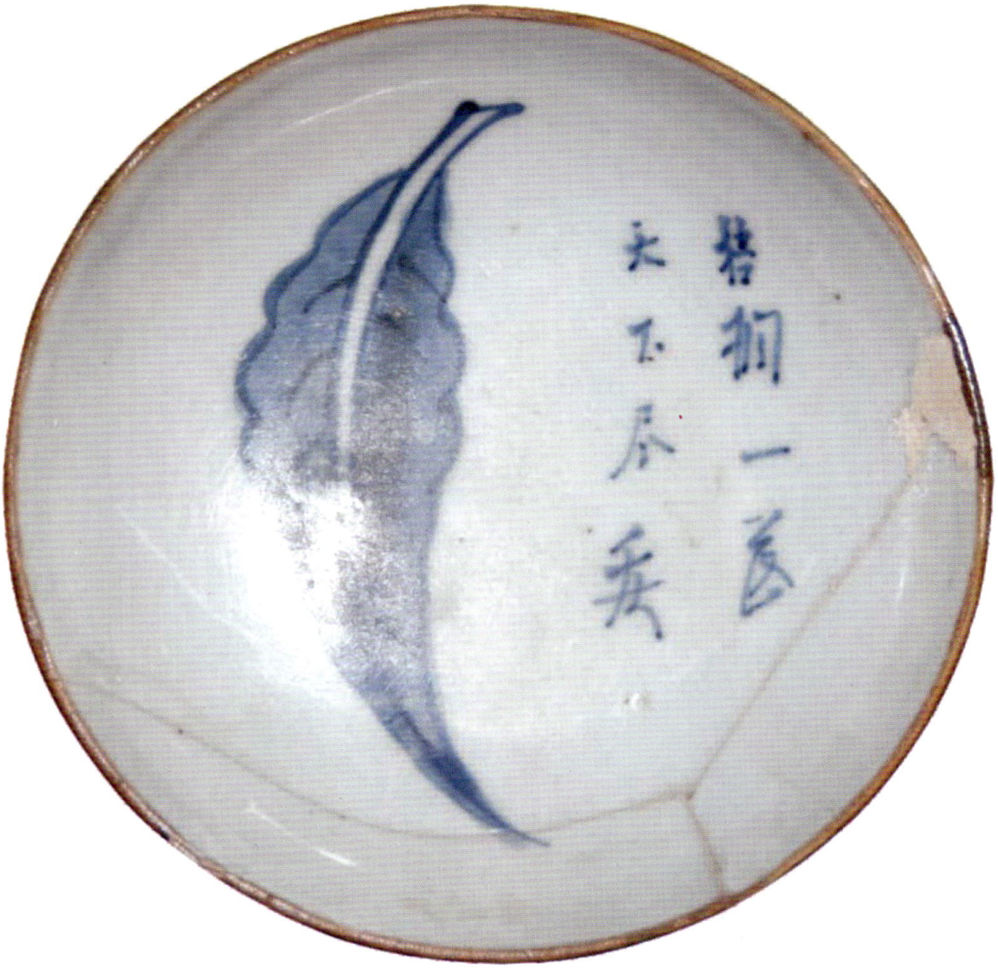

青花诗文碟（明代）

过墙龙青花碟（清代）

灵芝纹青花碟（清代）

贵妃醉酒青花瓷罐（清代）

青花花瓶（清代）

元 押

编后记

《五至十世纪统万城夏州城考古发现与研究》一书，由陕西省考古研究院邢福来、陕西师范大学侯甬坚担任主编。除《研究编》署名者外，《考古编》第一部分 1 ~ 3 由靖边县统万城文管所高展、5 由靖边县博物馆刘慧玲、6 由统万城文管所张梅、9 由靖边县博物馆王靖霞；第二部分由榆林市文物勘探队郝志国；第三部分由刘慧玲、王靖霞分别进行资料整理并编写出初稿。法门寺博物馆退休干部王仓西也为整理付出了艰辛的劳动。部分线图由岳友军清绘。邢福来统稿并负责《考古编》其余章节的撰写。《图版编》两册的照片由戴应新、邢福来、高展、康兰英、乔建军提供，邢福来、乔建军、高展、赵延梅担任主编。

考古资料的形成是历年统万城考古队众多同仁辛勤劳动的成果。调查、发掘、钻探、绘图、记录、照相、测绘、修复等工作，无不渗透着他们辛勤的汗水。陕西省考古研究院胡珂、苗轶飞、席琳、马瑞、段卫、卫峰，榆林市文物保护研究所乔建军、郝建军，榆林市文物考古勘探队康宁武、郝志国，靖边县文管办李文海，靖边县统万城文管所高展及王智龙、翟永峰、赵刚毅、张锦阳、薛春明、刘云苍、吕建平、吕乃明、陈省安、吕宏乐、王小雷、雷升龙、何存礼、王立朋、曹宽宁、葛林、常宏、谢燕、邱俊忠、陈俊峰、冯博、马金虎等曾长期或短暂参加发掘和资料整理工作。资料照片由张明慧、王智龙、张锦阳、邢福来、胡珂、苗轶飞等进行拍摄。

陕西省考古研究院院长孙周勇、副院长王小蒙及原副所长王占奎均对本书的出版给予极大的支持。

在全球新冠疫情肆虐、国内防控形势复杂多变的情况下，该书在一年多时间内便完成全部图文编纂，并将确保按照申报国家出版基金时所承诺时限如期面世，不能不说是一个奇迹！在此，我们谨向所有为该书出版付出辛劳，以及给予支持帮助的机构和个人表示诚挚的感谢！

由于时间紧迫、水平有限，书中难免存在不足和疏误，敬请读者不吝指正。